AF669261

भारतीय इतिहास

Class 6-12 (Old+New)

No. 1
BEST SELLER

भारतीय इतिहास

Class 6-12 (Old + New)

लेखक
राजन शर्मा
प्रवीण कुमार तिवारी
सम्पादक
डॉ. राजेश राजन

अरिहन्त पब्लिकेशन्स (इण्डिया) लिमिटेड

卐 रजि. कार्यालय

'रामछाया' 4577/15, अग्रवाल रोड, दरिया गंज, नई दिल्ली- 110002

फोन: 011-47630600, 43518550

卐 मुख्य कार्यालय

कालिन्दी, टी०पी० नगर, मेरठ (यूपी)– 250002

फोन: 0121-7156203, 7156204

卐 शाखा कार्यालय

आगरा, अहमदाबाद, बरेली, बंगलुरु, चेन्नई, दिल्ली, गुवाहाटी, हैदराबाद, जयपुर, झाँसी, कोलकाता, लखनऊ, नागपुर तथा पुणे

卐 मूल्य ₹ 245.00

PO No. : TXT-59-T071461-6-26

PUBLISHED BY ARIHANT PUBLICATIONS (INDIA) LTD.

'अरिहन्त' की पुस्तकों के बारे में अधिक जानकारी के लिए हमारी वेबसाइट **www.arihantbooks.com** पर लॉग इन करें या **info@arihantbooks.com** पर सम्पर्क करें।

Follow us on...  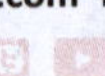 

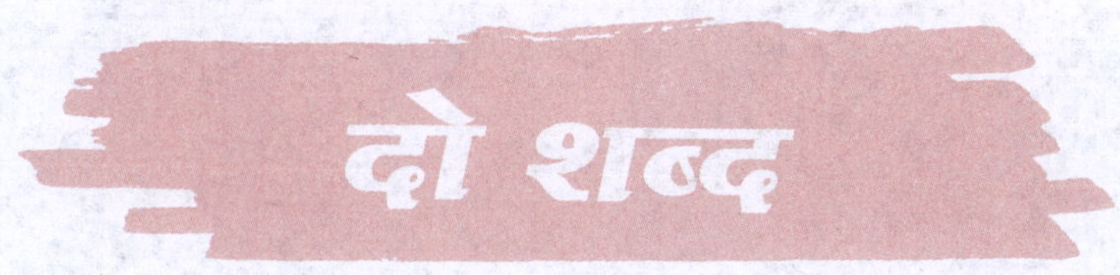

पूरा करना है अगर IAS का सपना तो जरूरी है NCERT को समझना...

सिविल सेवा परीक्षा भारत की सर्वाधिक प्रतिष्ठित, कठिन एवं चुनौतीपूर्ण परीक्षा है। यह परीक्षा इसलिए भी कठिन मानी जाती है क्योंकि इसमें "कितना पढ़ना है" से ज्यादा महत्त्वपूर्ण होता है "क्या पढ़ना है"

सफल अभ्यर्थियों के अनुभवों तथा विगत् वर्षों के प्रश्न–पत्रों के विश्लेषण से यह सिद्ध हुआ है कि इस परीक्षा में **NCERT की पुस्तकों** का विशेष महत्त्व है, क्योंकि इन्हीं पुस्तकों को आधार बनाकर सामान्य अध्ययन के प्रश्नों को परीक्षा में पूछा जाता है।

NCERT पुस्तकों के अध्ययन को आसान तथा उद्देश्यपूर्ण बनाने हेतु 'अरिहन्त पब्लिकेशन्स' द्वारा **'NCERT नोट्स'** सीरीज तैयार की गई है। इस सीरीज में कक्षा 6 से 12 तक की पुरानी व नई **NCERT का कवरेज** किया गया है।

NCERT नोट्स 2nd संस्करण की प्रमुख विशेषताएँ

- Tamil Nadu Board की Books का कवरेज
- NIOS से महत्वपूर्ण Facts का संकलन
- सरल भाषा, मैप, फ्लोचार्ट, डायग्राम, टेबल्स, चित्र आदि से Content का प्रस्तुतीकरण
- महत्वपूर्ण टॉपिक्स का परिशिष्ट के माध्यम से समावेश

इस सीरीज को पूरा करने में विशेषज्ञों की एक टीम ने उत्साह के साथ कार्य किया है। इस पुस्तक के संकलन में विशेषज्ञों के साथ–साथ प्रोजेक्ट मैनेजमेण्ट टीम का भी विशेष योगदान रहा, जिसमें मोना यादव (प्रोजेक्ट मैनेजर), सुमित वर्मा (प्रोजेक्ट कॉर्डिनेटर), रीना (प्रूफ रीडिंग टीम लीड), प्रदीप चौधरी (डीटीपी टीम लीड) और बिलाल हाशमी एवं अंकित त्यागी (कवर एवं इनर डिजाइनर) प्रमुख हैं।

आशा है कि सिविल सेवा तथा अन्य प्रतियोगी परीक्षाओं के अभ्यर्थी इस पुस्तक का अध्ययन कर अपने लक्ष्य को निश्चित ही प्राप्त करेंगे। आपके उपयोगी सुझाव सदैव हमें बेहतर संस्करण बनाने में सहायक सिद्ध हुए हैं। इसलिए आप हमें अपने सुझाव अवश्य भेजें, जिनके आधार पर हम पुस्तक के आगामी संस्करण को और भी बेहतर बना सकें।

लेखकगण

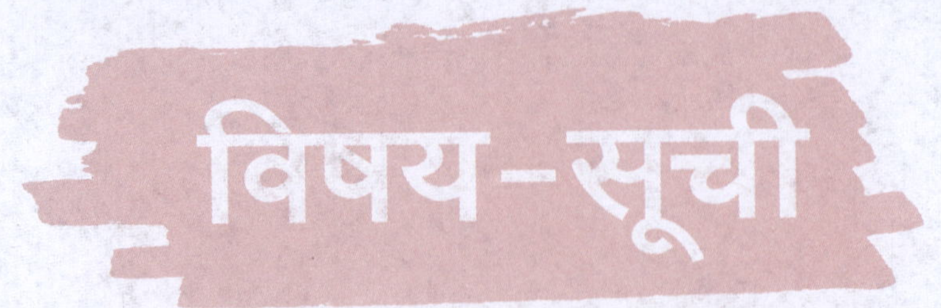

विषय-सूची

प्राचीन इतिहास

अध्याय 1. **ऐतिहासिक स्रोत** **1-6**
- प्राचीन भारतीय इतिहास को जानने के स्रोत 1
- पुरातात्विक स्रोत 1
- साहित्यिक स्रोत 3
- विदेशी विवरण 5
- प्राचीन भारतीय इतिहास का महत्त्व 6

अध्याय 2. **प्रागैतिहासिक संस्कृतियाँ** **7-13**
- भारतीय इतिहास का काल विभाजन 7
- प्रागैतिहासिक काल 7
- आद्य-ऐतिहासिक काल 11
- ऐतिहासिक काल 13

अध्याय 3. **सिंधु घाटी (हड़प्पा) सभ्यता** **14-22**
- हड़प्पा सभ्यता की खोज 14
- सिंधु घाटी सभ्यता के प्रमुख नगर 15
- नगर योजना 18
- वाणिज्य तथा व्यापार 20
- कला एवं संस्कृति 20
- सिंधु सभ्यता की देन 21

अध्याय 4. **वैदिक संस्कृति** **23-29**
- आर्यों का आगमन 23
- वैदिक साहित्य 23
- सूत्र साहित्य 24
- उत्तर वैदिक काल 26

अध्याय 5. **धार्मिक आंदोलन** **30-36**
- नए धार्मिक संप्रदायों का उदय 30
- जैन धर्म 30
- बौद्ध धर्म 32
- जैन एवं बौद्ध मत में तुलना 35

अध्याय 6. **महाजनपद काल** **37-41**
- महाजनपद 37
- मगध साम्राज्यः स्थापना और विस्तार 39
- विदेशी आक्रमण 40
- यूनानी आक्रमण 41

अध्याय 7. **मौर्यकाल** **42-48**
- मौर्यकाल को जानने के स्रोत 42
- मौर्यकालीन प्रमुख शासक 42
- मौर्यकालीन प्रशासनिक व्यवस्था 45
- मौर्यकालीन आर्थिक स्थिति 46
- मौर्यकालीन कला एवं स्थापत्य 47
- मौर्य साम्राज्य के पतन के कारण 48

अध्याय 8. **मौर्योत्तर काल** **49-55**
- मौर्योत्तर इतिहास के स्रोत 49
- मौर्योत्तर काल के प्रमुख राजवंश 49
- मौर्योत्तर काल के विदेशी राजवंश 51
- मौर्योत्तर कालीन प्रशासनिक व्यवस्था 53
- मौर्योत्तर कालीन कला एवं संस्कृति 55
- मौर्योत्तर कालीन विज्ञान और प्रौद्योगिकी 55

अध्याय 9. **गुप्त काल** **56-61**
- गुप्तवंश 56
- गुप्तवंश के प्रमुख शासक 56
- गुप्तकालीन प्रशासनिक एवं न्यायिक व्यवस्था 57
- गुप्तकालीन सामाजिक व्यवस्था 58
- गुप्तकालीन आर्थिक व्यवस्था 59
- गुप्त साम्राज्य का पतन 61

अध्याय 10. **गुप्तोत्तर काल** **62-69**
- पुष्यभूति वंश 62
- पूर्वी भारत में सभ्यता का प्रसार 64
- गुप्तोत्तर काल के अन्य राजवंश 65
- गुप्तोत्तर काल में राजनीतिक विचार और संगठन 66
- गुप्तोत्तर काल में महिलाओं की स्थिति 68

अध्याय 11. **दक्षिण भारत का इतिहास** **70-76**
- सुदूर दक्षिण में राज्यों का उदय 70
- संगम कालीन आर्थिक स्थिति 71
- प्रायद्वीप में नए राज्यों का गठन 72
- चोल साम्राज्य का उदय 74
- चोल काल में सांस्कृतिक जीवन 76

मध्यकालीन इतिहास

अध्याय 12. **भारत पर अरब और तुर्क आक्रमण** **77-81**
- भारतीय इतिहास में मध्यकाल का आरंभ 77
- भारत पर तुर्क आक्रमण 77
- तराइन का युद्ध 80
- तुर्कों की सफलता के कारण 81

अध्याय 13. **दिल्ली सल्तनत** **82-88**
- दिल्ली सल्तनत की स्थापना 82
- गुलाम वंश (1206-1290 ई.) 82
- खिलजी वंश (1290-1320 ई.) 84
- तुगलक वंश (1320-1414 ई.) 86
- सैयद वंश (1414-1451 ई.) 87
- दिल्ली सल्तनत में मंगोल आक्रमण की स्थिति 88

अध्याय 14. **दिल्ली सल्तनतः प्रशासन, अर्थव्यवस्था, समाज एवं कला** **89-95**
- दिल्ली सल्तनत में प्रशासनिक संरचना 89
- केंद्रीय प्रशासन 89
- सैन्य संगठन 91
- दिल्ली सल्तनत में अर्थव्यवस्था 92
- दिल्ली सल्तनत काल में सामाजिक स्थिति 94
- दिल्ली सल्तनतः सांस्कृतिक योगदान 94

अध्याय 15. **विजयनगर एवं बहमनी साम्राज्य** **96-103**
- विजयनगर साम्राज्य 96
- विजयनगर साम्राज्य के प्रमुख वंश 96
- विजयनगर साम्राज्यः प्रशासनिक व्यवस्था 99
- बहमनी साम्राज्य 102
- बहमनी साम्राज्य के उत्तरवर्ती राज्य 102

अध्याय 16. **प्रांतीय राज्यों का उदय** **104-108**
- प्रांतीय राज्यों के उदय के कारण 104
- पूर्वी भारत : बंगाल, असम और उड़ीसा 104
- पश्चिमी भारत : गुजरात, मालवा और मेवाड़ 105
- अन्य प्रांतीय राज्य 108

अध्याय 17. **भक्ति एवं सूफी आंदोलन** **109-116**
- भक्ति आंदोलन 109
- सूफी आंदोलन 114
- सूफी सिलसिले 114

अध्याय 18. **मुगल साम्राज्य** **117-128**
- बाबर 117
- हुमायूँ (1530-40 ई., 1555-1556 ई.) 118
- शेरशाह और सूर साम्राज्य (1540-55 ई.) 119
- अकबर (1556-1605 ई.) 121
- जहाँगीर (1605-27 ई.) 124
- शाहजहाँ (1628-58 ई.) 125
- औरंगजेब (1658-1707 ई.) 126

अध्याय 19. **मुगलकालीन प्रशासन, समाज, आर्थिक एवं कला** **129-136**
- मुगलकालीन प्रशासन 129
- केंद्रीय प्रशासन 129
- प्रांतीय प्रशासन 131
- राजस्व व्यवस्था 132
- सांस्कृतिक एवं धार्मिक गतिविधियाँ 134

अध्याय 20. **मराठा राज्य एवं संघ** **137-143**
- मराठा शक्ति का उदय 137
- शिवाजी 137
- पेशवाओं के अधीन मराठा साम्राज्य 140

आधुनिक इतिहास

अध्याय 21. **उत्तर मुगल (18वीं सदी)** **144-147**
- बहादुरशाह प्रथम (1707-1712 ई.) 144

- फर्रुखशियर (1713-1719 ई.) 145
- शाहआलम द्वितीय (1759-1806 ई.) 146
- मुगल साम्राज्य के पतन के कारण 146

अध्याय 22. भारत में यूरोपीय शक्ति का आगमन 148-151

- पुर्तगाली 148
- डच 149
- आंग्ल-फ्रांसीसी संघर्ष 151

अध्याय 23. प्रांतीय स्वायत्त राजवंश 152-159

- स्वतंत्र राज्यों का उदय 152
- कर्नाटक 152
- अवध 154
- केरल 155
- 18वीं सदी के लोगों की सामाजिक-आर्थिक व्यवस्था 157

अध्याय 24. ब्रिटिश काल की प्रशासनिक एवं आर्थिक नीतियाँ 160-168

- ब्रिटिश काल की प्रशासनिक नीतियाँ 160
- प्रांतीय शासन 162
- ब्रिटिश काल में लोक सेवा (सिविल सर्विस) 163
- ब्रिटिश काल की आर्थिक नीतियाँ 164
- मालगुलारी की नीति 166

अध्याय 25. जनजातीय किसान और मजदूर आंदोलन 169-172

- जनजातीय विद्रोह 169
- किसान आंदोलन 170
- मजदूर आंदोलन 171

अध्याय 26. सामाजिक-धार्मिक सुधार आंदोलन 173-178

- प्रमुख सामाजिक सुधार आंदोलन 173
- ब्रह्म समाज 173
- प्रार्थना समाज 174
- रामकृष्ण मिशन 175
- पश्चिम भारत के प्रमुख समाज सुधारक 176
- प्रमुख धार्मिक सुधार आंदोलन 176
- दलित जातियों के आंदोलन 177

अध्याय 27. भारत में प्रेस एवं शिक्षा का विकास 179-182

- भारत में प्रेस का विकास 179
- शिक्षा का विकास 180
- ब्रिटिश शिक्षा प्रणाली की कमजोरी 181

अध्याय 28. 1857 का विद्रोह 183-189

- 1857 के विद्रोह के प्रमुख कारण 183
- 1857 के विद्रोह का आरंभ एवं उसकी प्रगति 185
- 1857 के विद्रोह की असफलता के कारण 187
- 1857 के विद्रोह का दमन 188
- 1857 के विद्रोह के परिणाम 188

अध्याय 29. भारत का राष्ट्रीय आंदोलन प्रथम चरण (1885-1915) 190-196

- कांग्रेस से पूर्व की राजनीतिक संस्थाएँ 190
- कांग्रेस के उदारवादी एवं उग्रवादी चरण 191
- बंगाल विभाजन 193
- क्रांतिकारी आंदोलन (प्रथम चरण) 195
- प्रथम महायुद्ध के दौरान राष्ट्रीय आंदोलन 196

अध्याय 30. भारत का राष्ट्रीय आंदोलन द्वितीय चरण (1915-1935) 197-207

- प्रमुख अधिवेशन, आंदोलन एवं धाराएँ 197
- लखनऊ अधिवेशन (1916) 197
- गाँधीजी के प्रारंभिक सत्याग्रह 198
- जलियाँवाला बाग हत्याकांड (1919) 199
- असहयोग आंदोलन (1920-22) 200
- स्वराज पार्टी (1923) 202
- क्रांतिकारी आंदोलन : द्वितीय चरण 202
- साइमन कमीशन (1928) 203
- कांग्रेस का लाहौर अधिवेशन (1929) 204
- कांग्रेस का कराची अधिवेशन (1931) 205

अध्याय 31. **भारत का राष्ट्रीय आंदोलन तृतीय चरण** (1935-1947) **208-214**
- भारत की स्वतंत्रता का तृतीय चरण 208
- भारत सरकार अधिनियम, 1935 208
- अगस्त प्रस्ताव (8 अगस्त, 1940) 209
- भारत छोड़ो आंदोलन (1942) 210
- वर्ष 1942 के पश्चात् राष्ट्रीय घटनाक्रम 211
- कैबिनेट मिशन योजना (1946) 213
- भारतीय स्वतंत्रता अधिनियम, 1947 214

अध्याय 32. **गवर्नर, गवर्नर-जनरल एवं वायसराय** **215-220**
- गवर्नर, गवर्नर-जनरल एवं वायसराय पद का सृजन 215
- प्रमुख गवर्नर, गवर्नर-जनरल एवं वायसराय 215
- लॉर्ड कॉर्नवालिस (1786-93 ई.) 216
- लार्ड हेस्टिंग्स (1813-23 ई.) 217
- लॉर्ड डलहौजी (1848-56 ई.) 217
- लॉर्ड रिपन (1880-84 ई.) 219
- लॉर्ड लिनलिथगो (वर्ष 1936-44) 220

अध्याय 33. **स्वतंत्रता के पश्चात् भारत** **221-225**
- स्वतंत्रता के पश्चात् भारत के समक्ष चुनौतियाँ 221
- रियासतों का एकीकरण 222
- बैंकिंग क्षेत्र में सुधार 223
- शिक्षा के क्षेत्र में प्रगति 224

अध्याय 34. **चित्रकला** **226-234**
- भारतीय चित्रकला 226
- भारतीय चित्रकला का विकास क्रम 226
- ऐतिहासिक काल की चित्रकला 227
- पूर्व मध्यकालीन चित्रकला 229
- मध्यकालीन चित्रकला 229
- औपनिवेशिक काल की चित्रकला 232
- लोक चित्रकला 233

अध्याय 35. **मूर्तिकला** **235-241**
- भारतीय मूर्तिकला 235
- मौर्यकालीन मूर्तिकला 236
- कुषाणकालीन मूर्तिकला 237
- दक्षिण भारतीय मूर्तिकला 239
- पूर्व-मध्यकालीन मूर्तिकला 240
- आधुनिक काल की मूर्तियाँ 241

अध्याय 36. **स्थापत्य एवं वास्तुकला** **242-254**
- प्राचीन भारत की स्थापत्य एवं वास्तुकला 242
- आरंभिक स्थापत्य साक्ष्य 242
- स्तूप 243
- गुफाएँ 244
- चैत्यगृह एवं विहार 245
- मंदिर 246
- मध्यकालीन स्थापत्य कला 250
- प्रांतीय स्थापत्य शैलियाँ 251
- आधुनिक स्थापत्य कला 254
- अक्षरधाम 254

अध्याय 37. **संगीत एवं नृत्य** **255-259**
- संगीत 255
- भारतीय संगीत के रूप 256
- नृत्य 258
- भारतीय शास्त्रीय नृत्य 258
- जनजातीय नृत्य 259

अध्याय 38. **भाषा, साहित्य एवं दर्शन** **260-263**
- भाषाएँ 260
- भारत की प्रमुख भाषाएँ 261
- प्राचीन भारतीय साहित्य 262
- मध्यकालीन साहित्य 263

- परिशिष्ट **264-274**

प्राचीन इतिहास

ऐतिहासिक स्रोत

(स्रोत)

New NCERT Class VI Chap 1 प्रारंभिक कथन : क्या, कब, कहाँ और कैसे? Chap 8 गाँव, शहर और व्यापार, Old NCERT Class XI Chap 1 प्राचीन भारतीय इतिहास का महत्त्व, Chap 2 प्राचीन भारतीय इतिहास के आधुनिक लेखक, Chap 3 स्रोतों के प्रकार और इतिहास का निर्माण, Chap 4 भौगोलिक ढाँचा, New NCERT Class XII Chap 2 राजा, किसान और नगर, Tamil Nadu Board (Class XI), NIOS

अतीत को जानने की प्रवृत्ति मनुष्य में प्राचीनकाल से ही रही है। इतिहास इसी रूप में सृजित हुआ है। इतिहास के अध्ययन के लिए जिन स्रोतों का उपयोग किया जाता है, उन्हें 'ऐतिहासिक स्रोत' (Historic Sources) कहा जाता है।

प्राचीन भारतीय इतिहास को जानने के स्रोत

प्राचीन भारतीय इतिहास को जानने के स्रोतों में महत्त्वपूर्ण विविधता पाई जाती है। इन स्रोतों को तीन भागों में विभाजित किया गया है

1. पुरातात्विक स्रोत 2. साहित्यिक स्रोत 3. विदेशी यात्रियों के विवरण

1. पुरातात्विक स्रोत

- पुरातात्विक स्रोत (Archaeological Sources), प्राचीन भारत को जानने का सर्वाधिक सक्षम एवं विश्वसनीय साधन माना जाता है।
- इसके अंतर्गत मुख्यत: अभिलेख, सिक्के, स्मारक, भवन, मूर्तियाँ, चित्रकला आदि सम्मिलित हैं।
- ऐसी वस्तुओं का अध्ययन करने वाला व्यक्ति **पुरातत्त्वविद्** (Archaeologist) कहलाता है। प्रमुख पुरातात्विक स्रोतों का वर्णन निम्न है

भौतिक अवशेष

- इसे पुरातात्विक स्रोतों के रूप में महत्त्वपूर्ण माना जाता है तथा ऐसी वस्तुओं के अध्ययन से जुड़े व्यक्ति को पुरातत्त्वाविद् कहा जाता हैं।
- इनके अंतर्गत ईंट से बनी इमारतों के अवशेषों, चित्रों तथा मूर्तियों, मानवों तथा पशुओं के अवशेषों का अध्ययन किया जाता है।
- ये भौतिक अवशेष संपूर्ण भारत में टीलों के रूप में पाए गए हैं। इनका उत्खन्न कर पुरातत्त्वविद् हथियारों, बर्तनों, आभूषणों आदि के बारे में अनुसंधान करते हैं।
- पुरातत्त्वविद जानवरों, चिड़ियों तथा मछलियों आदि की हड्डियों का भी अध्ययन करते हैं, जो इनके अतीत की जीवन शैली को समझने में सहायक होती हैं।
- उत्खनन से प्राप्त शिल्प कला, मूर्ति कला, मृद्भाण्ड आदि से प्राचीन काल के सामाजिक, सांस्कृतिक तथा ग्रामीण-शहरी जीवन शैली पर प्रकाश पड़ता है।
- महलों, बाजारों या आम घरों के अवशेष बहुत कम मिले हैं। सम्भवत: ये लकड़ी, मिट्टी व कच्ची ईंटों के बने होते थे, जो जलवायु के परिवर्तन के कारण नष्ट हो गए।
- पुरातात्विक अवशेषों के अंतर्गत शिल्पों के नमूने मिलें हैं। इन शिल्पों में मिट्टी के बने टेरा कोटा, मृत्तिका पात्र, आभूषण आदि शामिल हैं।
- यद्यपि कपड़ों का भी उत्पादन होता था (वाराणसी तथा मदुरै मुख्य उत्पादन केंद्र थे।), किंतु इनके अवशेष मौसमी परिवर्तन के कारण नष्ट हो गए होंगे।
- पुरातात्विक वस्तुएँ आंतरिक तथा बाह्य व्यापार के बारे में भी जानकारी प्रदान करती हैं।
- अरिकामेडु (पुदुचेरी), 2,200 से 1,900 ई.पू. एक पत्तन था, जहाँ ईंटों का ढाँचा मिला, जो संभवत: गोदाम रहा होगा।
- अरिकामेडु में भूमध्य सागरीय एम्फोरा पात्र मिले हैं, जिसमें शराब या तरल द्रव रखे जाते होंगे। यहीं से 'एरेटाइन' मुहरयुक्त लाल चमकदार बर्तन भी मिले हैं।
- अरिकामेडु से रोमन शिल्प के लैम्प, शीशे के बर्तन, रत्न, कपड़ा रंगाई के छोटे कुण्ड आदि के पुरातात्विक साक्ष्य प्राप्त हुए हैं।

प्रमुख पुरातात्विक स्थल तथा उनकी खोज

स्थल	खोज
नर्मदा घाटी	प्रारंभिक शिकार तथा खनाबदोश समुदाय
विंध्य का उत्तरी क्षेत्र	चावल का भारत में प्रारंभिक क्षेत्र
मगध	भारत का प्रारंभिक साम्राज्य
उत्तर-पश्चिम में	प्रारम्भिक फसलें; जैसे-गेहूँ और जौ का
सुलेमान तथा किरथर पहाड़ियाँ	लगभग 8000 वर्ष पहले उत्पादन
गारो हिल्स	भारत में प्रारंभिक कृषि
गंगा घाटी	2500 वर्ष पूर्व नगरों का विकास

सिक्के

- सिक्कों (Coins) के अध्ययन को **मुद्राशास्त्र** (Numismatics) कहते हैं। प्राचीन काल में ताँबे, चाँदी, सोने और सीसे के सिक्के बनते थे।
- भारतीय उपमहाद्वीप से प्राप्त सर्वाधिक प्राचीन सिक्कों को **आहत सिक्के** (Punch-Marked Coins) कहा जाता था, जो अधिकांश चाँदी तथा ताँबे से निर्मित थे। अधिकांश सिक्के चौकोर तथा कुछ वर्गाकार एवं गोलाकार थे।
- आहत सिक्के प्रथम शताब्दी ई.पू. में पंजाब तथा हरियाणा के कबीलाई गणराज्यों द्वारा जारी किए गए थे, जिसमें **यौधेय** गणराज्य प्रमुख था।
- प्राचीनकाल में पकाई गई मिट्टी के बने सिक्कों के साँचे बड़ी संख्या में प्राप्त हुए हैं। इनमें से अधिकांश साँचे कुषाण काल के अर्थात् ईसा की आरंभिक तीन सदियों के हैं।
- प्राचीनकालीन सिक्कों की निधियाँ वर्तमान में कोलकाता, पटना, लखनऊ, दिल्ली, जयपुर, मुंबई और चेन्नई के संग्रहालयों में सुरक्षित हैं।
- प्राचीन भारत के आरंभिक सिक्कों पर तो कुछ के प्रतीक मिलते हैं, परंतु बाद के सिक्कों पर शासकों और देवताओं के नाम तथा तिथियाँ भी उल्लेखित हैं।
- प्राचीन भारत में पहली बार स्वर्ण सिक्के जारी करने का श्रेय हिंद यवन (इंडो ग्रीक) शासकों को दिया गया है, जिन्होंने दूसरी तथा पहली शताब्दी ई.पू. में पश्चिमोत्तर भारत पर शासन किया था।
- शासकों से अनुमति लेकर व्यापारियों और स्वर्णकारों की श्रेणियों (व्यापारिक संघों) ने भी प्राचीनकाल में अपने कुछ सिक्के चलाए थे, इससे शिल्पकारों और व्यापार की उन्नतावस्था सूचित होती है।
- सबसे अधिक सिक्के मौर्योत्तर काल के मिले हैं, जो विशेषत: सीसे, पोटिन, ताँबे, काँसे, चाँदी और सोने के हैं।
- गुप्त शासकों ने सबसे अधिक सोने के सिक्के जारी किए, इससे ज्ञात होता है कि व्यापार वाणिज्य की स्थिति गुप्तकाल में समृद्ध थी। इसके विपरीत गुप्तोत्तर काल के सिक्के बहुत कम मात्रा में प्राप्त हुए हैं, जिससे यह ज्ञात होता है कि उस समय व्यापार शिथिल हो गया था।
- सिक्कों पर राजवंशों और देवताओं के चित्र, धार्मिक प्रतीक और लेख भी अंकित हैं और ये सभी तत्कालीन कला और धर्म पर प्रकाश डालते हैं।

अभिलेख

- अभिलेखों (Rewards/Inscriptions) के अध्ययन को **पुरालेखशास्त्र** (Epigraphy) कहते हैं और इनकी तथा दूसरे पुराने दस्तावेजों की प्राचीन तिथि के अध्ययन को **पुरालिपिशास्त्र** (Palaeography) कहते हैं।
- अभिलेख पत्थर, धातु, मिट्टी के बर्तन जैसी कठोर सतहों पर खुदे होते हैं, जो उस काल के शासन, विचार, समाज, इत्यादि के क्रिया-कलाप की जानकारी के स्रोत होते हैं।
- अभिलेख मुहरों, प्रस्तर स्तंभों, स्तूपों, चट्टानों, ताम्रपत्रों, मंदिर की दीवारों, ईंटों तथा मूर्तियों पर भी मिलते हैं।
- समग्र देश में आरंभिक अभिलेख पत्थरों पर खुदे हुए प्राप्त हुए हैं, किंतु ईसा के आरंभिक शतकों में इस कार्य में ताम्रपत्रों का प्रयोग प्रारंभ हुआ।
- पत्थर पर अभिलेख लिखने का कार्य दक्षिण भारत में अत्यधिक प्रचलित रहा। वहाँ के मंदिरों की दीवारों पर भी स्थायी स्मारकों के रूप में भारी संख्या में अभिलेख खोदे गए हैं।
- वर्तमान में सबसे अधिक अभिलेख मैसूर में मुख्य पुरालेखशास्त्री के कार्यालय (Office of Chief Archaeologist) में संग्रहित हैं।
- अभिलेखों का प्रथम साक्ष्य तीसरी शताब्दी ई.पू. का है, जो **प्राकृत भाषा** तथा **ब्राह्मी लिपि** में उत्कीर्ण है।
- अभिलेखों में संस्कृत भाषा ईसा की दूसरी सदी से मिलने लगती है और चौथी-पाँचवीं सदी में इसका सर्वत्र व्यापक प्रयोग होने लगा है। अभिलेखों में प्रादेशिक भाषाओं का प्रयोग नौवीं-दसवीं सदी से होने लगा।
- मौर्य, मौर्योत्तर और गुप्तकाल के अधिकांश अभिलेख **'कार्पस इंसक्रिप्शनम इंडिकेरम्'** नामक ग्रंथमाला में संकलित करके प्रकाशित किए गए हैं।
- हड़प्पा संस्कृति के अभिलेख अभी तक पढ़े नहीं जा सके हैं। ये संभवत: ऐसी किसी भावचित्रात्मक लिपि में लिखे गए हैं, जिसमें विचारों और वस्तुओं को चित्रों के रूप में व्यक्त किया जाता है।
- अशोक के शिलालेख ब्राह्मी लिपि में हैं। यह लिपि बाएँ से दाएँ लिखी जाती थी। अशोक के कुछ शिलालेख खरोष्ठी लिपि में भी हैं, जो दाएँ से बाएँ लिखी जाती थी, लेकिन पश्चिमोत्तर भाग के अतिरिक्त भारत में भिन्न-भिन्न प्रदेशों में ब्राह्मी लिपि का ही प्रचार रहा।
- पाकिस्तान और अफगानिस्तान में मिले अशोक के शिलालेखों में यूनानी और अरामाइक लिपियों का भी प्रयोग हुआ है। गुप्तकाल के अंत तक देश की प्रमुख लिपि ब्राह्मी लिपि ही रही। सबसे पुराने अभिलेख हड़प्पा संस्कृति की मुहरों पर मिलते हैं। ये लगभग 2500 ई.पू. के हैं। सबसे पुराने अभिलेख, जो पढ़े जा चुके हैं, वे ई.पू. तीसरी सदी के अशोक के शिलालेख हैं।
- अशोक के अभिलेखों को पढ़ने में सर्वप्रथम 1837 ई. में **जेम्स प्रिंसेप** को सफलता मिली। यह बंगाल में ईस्ट इंडिया कंपनी की सेवा में उच्च पद पर आसीन अधिकारी था। समुद्रगुप्त का प्रयाग-प्रशस्ति अभिलेख राजा के गुणों और कीर्तियों का वर्णन करने वाला प्रशस्ति अभिलेख है।

प्राचीन शिलालेख

अभिलेखों के प्रकार

- भारत के प्राचीन इतिहास को समझने में चार महत्त्वपूर्ण अभिलेख हमारी सहायता करते हैं, जिनका वर्णन निम्न प्रकार है
  (i) अधिकारियों तथा जनता के लिए जारी किए गए सामाजिक, धार्मिक तथा प्रशासनिक राज्यादेश एवं निर्णयों की सूचना देने वाले अभिलेख।
  (ii) आनुष्ठानिक अभिलेख, जो बौद्ध धर्म, जैन धर्म, वैष्णव, शैव इत्यादि संप्रदायों के अनुयायियों द्वारा भक्तिभाव से स्थापित स्तंभों, प्रस्तर फलकों, मंदिरों तथा प्रतिमाओं पर अंकित होते हैं।
  (iii) राजा तथा विजेताओं के गुणों तथा कीर्तियों का वर्णन करने वाली प्रशस्तियों को अभिलेखों के रूप में उत्कीर्ण किया जाता था।
  (iv) दान-पात्र, शिल्पियों तथा व्यापारियों द्वारा धर्मार्थ कार्यों को संपादित करने के लिए अभिलेखों का प्रयोग किया जाता था।
- शासकों तथा सामंतों द्वारा किए गए भूमिदान के अभिलेख अधिक महत्त्वपूर्ण हैं। इनसे प्राचीन भारत की भू-व्यवस्था तथा प्रशासन के विषय में आवश्यक सूचनाएँ प्राप्त होती हैं।

महत्त्वपूर्ण प्राचीन शिलालेख

शिलालेख	जगह	महत्त्व
उत्तरमेरूर अभिलेख	चेंगलपट्टू (कांचीपुरम, दक्षिण चेन्नई)	• मंदिर स्थापत्य शिलालेख • 7वीं से नौवीं शताब्दी में स्वशासन प्रणाली
एरण अभिलेख	सागर जिला, मध्य प्रदेश (बीना नदी के किनारे)	• सती प्रथा का प्रारंभिक साक्ष्य
बेस नगर अभिलेख	विदिशा, मध्य प्रदेश	• हलियोडोरस द्वारा निर्मित अभिलेख • प्राकृत भाषा तथा ब्राह्मी लिपि का लेख (कुछ शब्द संस्कृत भाषा के)
जूनागढ़ अभिलेख	जूनागढ, गुजरात	• राजा रुद्रदामन द्वारा लिखित शुद्ध संस्कृत भाषा का अभिलेख • पुष्यगुप्त वैश्य (चन्द्रगुप्त मौर्य का गवर्नर) द्वारा सुदर्शन झील के निर्माण का उल्लेख
मेहरौली शिलालेख/ गरुड़ स्तंभ	उदयगिरि (विष्णु पाद) मध्य प्रदेश (वर्तमान में दिल्ली में)	• मूलतः चन्द्रगुप्त विक्रमादित्य द्वारा निर्मित • चन्द्रगुप्त द्वितीय द्वारा वंग तथा वाकाटको पर विजय का उल्लेख
ऐहोल अभिलेख	बागल कोट कर्नाटक	• चालुक्य राजा पुलकेशिन द्वितीय की स्तुति तथा हर्षवर्धन पर इसकी विजय का वर्णन है • रविकीर्ति द्वारा संस्कृत में लिखा गया
इलाहाबाद स्तंभ लेख	प्रयागराज	• समुद्रगुप्त के दरबारी हरिषेण द्वारा संस्कृत भाषा तथा चंपू शैली का काव्य लेख • दक्षिण विजय का उल्लेख
हाथीगुम्फा शिला लेख	उदयगिरि (भुवनेश्वर, उड़ीसा)	• कलिंग शासक खारवेल द्वारा स्थापित
लुम्बिनी स्तंभ शिलालेख	नेपाल	• अशोक द्वारा बुद्ध के जन्म स्थान की यात्रा का उल्लेख
मंदसौर अभिलेख	मंदसौर जिला, मध्य प्रदेश	• वत्सभट्टी द्वारा रचित • सूर्य मंदिर निर्माण का उल्लेख

अभिलेखीय साक्ष्य की सीमाएँ

- तकनीकी सीमा, जिसके अंतर्गत लेख इतने हल्के लिखे होते हैं, जिन्हें पढ़ना कठिन हो जाता है।
- अभिलेखों के शब्दों के वास्तविक अर्थ के बारे में सही ज्ञान का पता लगाना कठिन होता है, क्योंकि कुछ अर्थ विशेष स्थान या समय काल से सम्बन्धित हो सकते हैं।
- संभव है कि राजनीतिक तथा आर्थिक रूप से महत्त्वपूर्ण तथ्यों का उल्लेख ही अभिलेख में हुआ हो, जो तात्कालिक सामाजिक, राजनीतिक जानकारी के मुख्य आधार हैं इसमें दैनिक जीवन शैली, कृषि की दैनिक प्रक्रिया का उल्लेख नहीं मिलता है।
- अभिलेख व्यक्तित्व विशेष से संबंधित होने के कारण उन्हीं के ईद-गिर्द सीमित रहते हैं। इसलिए उनकी समीक्षा में व्यापक आधार को शामिल करना होगा, जिससे अतीत की व्यापक समझ मिल सके।

2. साहित्यिक स्रोत

- पांडुलिपियों, अभिलेखों तथा पुरातत्त्व से ज्ञात जानकारियों के लिए इतिहासकार (Historians), स्रोत (Sources) शब्द का प्रयोग करते हैं।
- अतीत के अध्ययन के लिए अधिकांशतः पुस्तकें हाथ से लिखकर संरक्षित की गई थीं, जिसे पांडुलिपि (Manuscript) कहा जाता है।
- भारत में पांडुलिपियाँ, भोजपत्रों और ताम्रपत्रों पर लिखी हुई प्राप्त हुई हैं, वहीं मध्य एशिया में ये मेषचर्म तथा काष्ठफलकों पर मिलती हैं।
- अधिकांश प्राचीन ग्रंथ धार्मिक विषयों पर हैं, हिंदुओं के धार्मिक साहित्य में वेद, रामायण, महाभारत, पुराण आदि सम्मिलित हैं।
- संपूर्ण भारत में संस्कृत की पुरानी पांडुलिपियाँ प्राप्त हुई हैं, परंतु इनमें से अधिकांश दक्षिण भारत, कश्मीर तथा नेपाल से प्राप्त हुई हैं।
- साहित्यिक स्रोतों को तीन भागों में विभाजित किया जाता है। वैदिक साहित्य, धार्मिक ग्रंथ तथा धर्मेत्तर ग्रंथ।
  - वैदिक साहित्य में वेद, ब्राह्मण ग्रंथ, उपनिषद्, सूत्र साहित्य इत्यादि शामिल हैं।
  - धार्मिक ग्रंथों में हिंदू, बौद्ध, जैन धर्मों से जुड़ी रचनाओं को स्थान दिया गया है।
  - धर्मेत्तर ग्रंथों में प्राचीन भारत के रचनाकारों की रचनाओं को स्थान दिया गया है।

प्रमुख साहित्यिक स्रोतों का वर्णन निम्न है

वैदिक साहित्य

- वैदिक साहित्य में वेद सबसे महत्त्वपूर्ण हैं।
- ऋग्वेद की रचना 1,500-1000 ई.पू. के लगभग मानी जाती है, वहीं अथर्ववेद, यजुर्वेद, ब्राह्मण ग्रंथों, आरण्यकों और उपनिषदों की रचना 1000-500 ई.पू. में हुई थी।
- ऋग्वेद में मुख्यतः देवताओं की स्तुतियाँ हैं, परंतु बाद के वैदिक साहित्य में स्तुतियों के साथ-साथ कर्मकांड, जादू टोना और पौराणिक आख्यान भी हैं।
- वैदिक मूल ग्रंथ का अर्थ समझने के लिए वेदांगों अर्थात् वेद के अंगभूत शास्त्रों का अध्ययन आवश्यक था।

- ये वेदांग हैं-शिक्षा (उच्चारण-विधि), कल्प (कर्मकांड) व्याकरण, निरुक्त (भाषाविज्ञान), छंद और ज्योतिष। इनमें से प्रत्येक शास्त्र के चतुर्दिक प्रचुर साहित्य विकसित हुए हैं। यह साहित्य गद्य में नियम रूप में लिया गया है। संक्षिप्त होने के कारण ये नियम सूत्र कहलाते हैं।
- राजाओं के द्वारा और तीन उच्च वर्णों के धनाढ्य पुरुषों द्वारा अनुष्ठेय सार्वजनिक यज्ञों के विधि-विधान श्रोत सूत्रों में वर्णित हैं।
- गृहसूत्रों में जातकर्म (जन्मानुष्ठान), नामकरण, उपनयन, विवाह, श्राद्ध आदि घरेलू या पारिवारिक अनुष्ठानों का वर्णन मिलता है।
- श्रौतसूत्र और गृहसूत्र दोनों की रचना लगभग ईसा-पूर्व 600-300 के आस-पास हुई थी।
- शुल्वसूत्र में यज्ञवेदी के निर्माण के लिए विधिक प्रकार के मापों का विधान वर्णित है। ज्यामिति और गणित के अध्ययन का आरंभ वहीं से होता है।

धार्मिक ग्रंथ

- महाभारत, रामायण और प्रमुख पुराणों का अंतिम रूप से संकलन 400 ई.पू. के आस-पास हुआ प्रतीत होता है।
- महाभारत को महर्षि वेद व्यास की कृति माना जाता है, इससे दसवीं सदी ई. पू. से चौथी सदी ई. तक की स्थिति का आभास होता है।
- महाभारत में पहले 8,800 श्लोक थे और इसका नाम जय संहिता था, जिसका अर्थ है- विजय संबंधी संग्रह ग्रंथ।
- कालांतर में महाभारत में श्लोकों की संख्या 2,4000 हो गई और यह **भारत** नाम से प्रसिद्ध हुआ, क्योंकि इसमें प्राचीनतम वैदिक जन भरत के वंशजों की कथा है।
- अंततः महाभारत में एक लाख श्लोक हो गए और तद्नुसार यह **शतसहस्री संहिता** या **महाभारत** कहलाने लगा।
- वर्ष 1919 में संस्कृत विद्वान वी. एस.सुकंथांकर के नेतृत्व में महाभारत की समालोचना परियोजना की शुरुआत की गई।
- वाल्मीकि रामायण में मूलतः 6,000 श्लोक थे, जो बढ़कर 12,000 हो गए और अंततः 24,000 श्लोक हो गए। रामायण की रचना संभवत ईसा पूर्व पाँचवीं सदी में शुरू हुई, तब से यह पाँच अवस्थाओं से गुजर चुकी है और इसकी पाँचवीं अवस्था ईसा की बारहवीं सदी में आई है।
- जैनों और बौद्धों के धार्मिक ग्रंथों में ऐतिहासिक व्यक्तियों और घटनाओं का उल्लेख मिलता है।
- प्राचीनतम बौद्ध ग्रंथ **पालि भाषा** में लिखे गए थे। यह भाषा मगध अर्थात् दक्षिण बिहार में बोली जाती थी।
- बौद्ध ग्रंथों को अंततः ईसा-पूर्व दूसरी सदी में श्रीलंका में संकलित किया गया था। बौद्ध धर्म से संबंधित धार्मिकेत्तर ग्रंथों में महात्मा बुद्ध के पूर्व जन्मों की कथाएँ वर्णित हैं।
- इनका विश्वास था कि गौतम के रूप में जन्म लेने से पहले बुद्ध 550 से भी अधिक पूर्व-जन्मों से गुजरे थे।
- बुद्ध के पूर्व-जन्मों की वे कथाएँ जातक कहलाती हैं और प्रत्येक जातक कथा एक प्रकार की लोक-कथा है। ये जातक ईसा-पूर्व पाँचवीं सदी से दूसरी सदी ई. सन् तक की सामाजिक और आर्थिक स्थिति पर प्रकाश डालते हैं।
- जैन ग्रंथों की रचना प्राकृत भाषा में हुई थी। ईसा की छठी सदी में गुजरात के वलभी नगर में इन्हें अंतिम रूप से संकलित किया गया था।
- जैन ग्रंथों से महावीर कालीन बिहार और पूर्वी उत्तर प्रदेश के राजनीतिक इतिहास के पुनर्निर्माण में सहायता मिलती है।
- धर्मसूत्र, स्तुतियाँ तथा टीकाएँ मिलकर धर्मशास्त्र का निर्माण करती हैं। धर्मसूत्रों का संकलन 500-200 ई.पू. में हुआ था।

धर्मेत्तर साहित्य

- सूत्रलेखन का सबसे प्रसिद्ध उदाहरण पाणिनीकृत अष्टाध्यायी (व्याकरण) है, जो 400 ई.पू. के आस-पास लिखी गई थी।
- कौटिल्य का **अर्थशास्त्र** अत्यंत महत्त्वपूर्ण विधिग्रंथ है। यह पंद्रह अधिकरणों या खंडों में विभक्त है, जिनमें दूसरा और तीसरा खंड अधिक प्राचीन है।
- अर्थशास्त्र के अधिकरणों की रचना विभिन्न लेखकों ने की है, इस ग्रंथ का वर्तमान रूप ईसवीं वर्ष के आरंभ में दिया गया। अर्थशास्त्र के प्राचीनतम अंश मौर्यकालीन समाज और अर्थतंत्र का उदाहरण प्रस्तुत करते हैं।
- इसमें प्राचीन भारतीय राजतंत्र तथा अर्थव्यवस्था के अध्ययन के लिए महत्त्वपूर्ण सामग्री मिलती है।
- **पतंजलि** ने अष्टाध्यायी की टीका **महाभाष्यम्** लिखी। पतंजलि द्वितीय शताब्दी ई. पू. के प्रमुख रचनाकार तथा **वैयाकरण** थे।
- कालिदास ने अनेक काव्य और नाटकों की रचना की, जिनमें सबसे प्रसिद्ध **अभिज्ञानशाकुंतलम्** है। इसमें गुप्तकालीन उत्तरी और मध्य भारत का सामाजिक एवं सांस्कृतिक जीवन परिलक्षित होता है।
- दक्षिण भारत में संगम साहित्य का संकलन ईसा की आरंभिक चार सदियों में हुआ, हालाँकि इनका अंतिम संकलन छठी सदी में हुआ था। संगम साहित्य के पद्य 30,000 पंक्तियों में मिलते हैं, जो **आठ एट्टत्तोके** अर्थात् आठ संकलनों में विभक्त हैं।
- पद्य सौ-सौ के समूहों में संग्रहित हैं; जैसे- पुरनानूरु (बारह के चार शतक), मुख्य दो समूह हैं-पटिनेडिकल पट्टिनेनकील कणक्कु (अठारह निम्न संग्रह) और पत्त पाट्ट (दस गीत)।
- संगम ग्रंथ वैदिक ग्रंथों से विशेषकर ऋग्वेद से, भिन्न प्रकार के हैं, ये धार्मिक ग्रंथ नहीं हैं, बल्कि ये लौकिक कोटि के अंतर्गत आते हैं।
- संगम साहित्य की तुलना होमर-युग के वीरगाथा काव्यों से की जा सकती है, क्योंकि इनमें भी युद्धों और योद्धाओं के वीर-युग का चित्रण है।
- संगम ग्रंथों में उल्लिखित चेर राजाओं के नाम दानकर्ताओं के रूप में ईसा की पहली और दूसरी सदी के दानपत्रों में भी आए हैं।

प्राचीन भारत की प्रमुख रचनाएँ

रचनाकार	रचनाएँ
विज्ञानेश्वर	मिताक्षरा
जीमूतवाहन	दायभाग
कालिदास	अभिज्ञानशाकुंतलम्, रघुवंशम, मालविकाग्निमित्रम्, ऋतुसंहारम्
विशाखदत्त	मुद्राराक्षस, देवीचंद्रगुप्तम्
बिल्हण	विक्रमांकदेव चरित

रचनाकार	रचनाएँ
बाणभट्ट	हर्षचरित्
शूद्रक	मृच्छकटिकम्
मेरुतुंग	प्रबंध चिंतामणि
भास्कराचार्य II	सिद्धांत शिरोमणि
नागसेन	मिलिंदपन्हो
भवभूति	उत्तररामचरित
सोमेश्वर	कीर्तिकौमुदी

3. विदेशी विवरण

विदेशी यात्रियों ने प्राचीन भारत के संदर्भ में महत्त्वपूर्ण विवरण दिया है। इसमें **यूनान**, **रोम**, **चीन** तथा **अरब** के यात्री शामिल हैं। इनका वर्णन निम्न प्रकार है

यूनान एवं रोम यात्रियों के विवरण

- भारतीय स्रोतों में सिकंदर के आक्रमण की कोई जानकारी नहीं मिलती, उसके लिए पूर्णत: यूनानी स्रोतों पर आश्रित रहना पड़ता है।
- यूनानी लेखकों ने 326 ई.पू. में भारत पर आक्रमण करने वाले सिकंदर के समकालीन सैंड्रोकोटस (चंद्रगुप्त मौर्य) के नाम का उल्लेख किया है।
- चंद्रगुप्त मौर्य के दरबार में दूत बनकर आए **मेगस्थनीज** की **इंडिका** उन उद्धरणों के रूप में ही सुरक्षित है, जो अनेक प्रख्यात लेखकों की रचनाओं में आए हैं।
- इंडिका से मौर्यकालीन शासन व्यवस्था, सामाजिक तथा आर्थिक क्रियाकलापों के संबंध में जानकारी प्राप्त होती है।
- ईसा की पहली और दूसरी सदियों के यूनानी और रोमन विवरणों से भारतीय बंदरगाहों का उल्लेख मिलता है और भारत तथा रोमन साम्राज्य के मध्य होने वाले व्यापार की वस्तुओं की भी जानकारी प्राप्त होती है।
- यूनानी भाषा में लिखी गई **पेरिप्लस ऑफ द एरिथ्रियन सी** और टॉलमी की **ज्योग्राफी** नामक पुस्तकों में प्राचीन भूगोल और वाणिज्य के अध्ययन के लिए प्रचुर सामग्री मिलती है।
- पेरिप्लस ऑफ द एरिथ्रियन सी की रचना किसी अज्ञात लेखक ने 80 और 115 ई. के बीच में की थी। इस पुस्तक से लाल सागर फारस की खाड़ी और हिंद महासागर में होने वाले रोमन व्यापार की जानकारी मिलती है।
- टॉलमी ने **ज्योग्राफी** नामक पुस्तक की रचना 150 ई. के आस-पास की थी।
- प्लिनी की **नेचुरलिस हिस्टोरिका** ईसा की पहली सदी की है। यह लैटिन भाषा में रचित है और इससे हमें भारत तथा इटली के मध्य होने वाले व्यापार की जानकारी मिलती है।

चीनी यात्रियों के विवरण

- चीन से आने वाले यात्रियों ने बौद्ध विहारों तथा स्थलों का भ्रमण करते हुए महत्त्वपूर्ण विषयों पर चर्चा की।
- फाह्यान (399-414 ई.) पहला चीनी यात्री था, जो चंद्रगुप्त द्वितीय (गुप्त शासक) के समय भारत आया था।
- फाह्यान ने अपनी रचना 'फू-क्यो की' में तत्कालीन भारतीय समाज, धर्म तथा आर्थिक स्थिति का विवरण दिया है।
- इसने पाटलिपुत्र की यात्रा की तथा मौर्य शासक के राजदरबार के अवशेष की चर्चा की।
- ह्वेनसांग (629-645 ई.), हर्षवर्द्धन के शासनकाल में भारत आया था। इसकी रचना सी-यू-की में तत्कालीन समाज का श्रेष्ठ विवरण मिलता है, इसे 'यात्रियों का राजकुमार' (Prince of Travelers) कहा जाता है। इसने भारत को यीन-तू (Yin-tu) अर्थात् **चंद्रमा का देश** (Land of Moons) कहा है।
- इत्सिंग (670-695 ई.) ने अपनी भारत की यात्रा के दौरान अनेक महत्त्वपूर्ण घटनाओं का विवरण दिया है। इसके सामाजिक तथा धार्मिक विवरण अधिक प्रभावशाली हैं।

अरब यात्रियों के विवरण

- अरब व्यापारियों तथा लेखकों (जिन्होंने भारत की यात्रा की) के विवरणों से पूर्व-मध्यकाल के भारतीय समाज तथा संस्कृति के विषय में जानकारी मिलती है।
- अलबरूनी तथा इब्नबतूता प्रमुख अरबी विद्वान् थे, जिन्होंने भारत की यात्रा कर विशिष्ट विवरणों को रचना के रूप में स्थान दिया।
- अलबरूनी ने 'किताब-उल हिंद' के माध्यम से भारत के समाज, संस्कृति तथा रहन-सहन का विशद् विवरण दिया। यह 11वीं शताब्दी के आरंभिक दशकों में भारत आया था।

आधुनिक इतिहास लेखन

- ब्रिटिश ईस्ट इंडिया कंपनी के द्वारा 1776 ई. में सबसे पहले मनुस्मृति का अंग्रेजी अनुवाद **ए कोड ऑफ जेंटू लॉज** (A Code of Gentoo Laws) के नाम से करवाया गया।
- 1784 ई. में बंगाल (कलकत्ता में) में 'एशियाटिक सोसायटी ऑफ बंगाल' की स्थापना हुई थी।
- इसकी स्थापना सर **विलियम जोंस** (1746-1794 ई.) ने की थी। इन्होंने 1789 ई. में अभिज्ञानशाकुंतलम् का अंग्रजी में अनुवाद किया।
- 1785 ई. में विल्किंस ने हिंदुओं के प्रसिद्ध धार्मिक ग्रंथ **भगवद्गीता** का अंग्रेजी में अनुवाद किया था।
- विलियम जोंस ने यह प्रतिपादित किया कि मूलत: यूरोपीय भाषाएँ संस्कृत और ईरानी भाषाओं से बहुत ही मिलती हैं।
- भारतीय विद्या के अध्ययन को सबसे अधिक जर्मनी के **फ्रेडरिक मैक्समूलर** (1823-1902) ने बढ़ावा दिया। उनका अधिकांश जीवन इंग्लैंड में व्यतीत हुआ था।
- मैक्स मूलर के संपादकत्व में विशाल संख्या में प्राचीन धर्मग्रंथों का अनुवाद किया गया। ये अनुवाद **सेक्रेड बुक्स ऑफ द ईस्ट** (The Secred Books of East) सीरीज में कुल मिलाकर पचास खंडों में प्रकाशित हुए।
- विंसेंट आॅर्थर स्मिथ (1843-1920) ने वर्ष 1904 में **अर्ली हिस्ट्री ऑफ इंडिया** नामक पुस्तक लिखी। यह प्राचीन भारत का पहला सुव्यवस्थित इतिहास था।
- आर. जी. भंडारकर ने सातवाहनों के दक्कन के इतिहास का और वैष्णव एवं अन्य संप्रदायों के इतिहास का पुनर्निर्माण किया।
- समाज सुधारक पांडुरंग वामन काणे (1880-1972 ई.) ने **हिस्ट्री ऑफ धर्मशास्त्र** नामक पुस्तक लिखी, जिसे सामाजिक नियमों और आचारों का विश्वकोश माना जाता है।
- राजेंद्र लाल मित्र (1822-1891 ई.) ने अनेक महत्त्वपूर्ण मूल वैदिक ग्रंथों को प्रकाशित किया तथा **इंडो-आर्यंस** (Indo-Aryans) पुस्तक की रचना की। इस पुस्तक में इन्होंने प्राचीन भारतीय समाज को तर्कनिष्ठ दृष्टि से देखा।
- पुरालेखविद् रामकृष्ण गोपाल भंडारकर (1875-1950 ई.) ने अशोक तथा प्राचीन भारत की राजनीतिक संस्थाओं पर पुस्तकें प्रकाशित की।
- इन्होंने प्राचीन भारत के सामाजिक तथा राजनीतिक इतिहास के पुनर्निर्माण के लिए विभिन्न स्रोतों का समायोजन किया।
- आर. सी. मजूमदार (1888-1980) ने **हिस्ट्री एंड कल्चर ऑफ इंडियन पीपल** में हिंदू पुनर्जागरणवाद का विवरण प्रस्तुत किया।

- इतिहासविद् नीलकंठ शास्त्री (1892-1975 ई.) ने **हिस्ट्री ऑफ साउथ इंडिया** लिखकर दक्षिण भारतीय इतिहास को उजागर किया।
- **के.पी. जायसवाल** ने वर्ष 1924 में **हिंदू पॉलिटी** (Hindu Polity) नामक पुस्तक में भारतीय गणराज्यों के अस्तित्व को प्रमाणित किया।
- ब्रिटिश इतिहासकार एवं संस्कृतविद् ए. एल. बाशम ने वर्ष 1951 में **द वंडर दैट वाज इंडिया** (The Wonder that was India) नामक पुस्तक लिखी थी।
- डी. डी. कोसांबी (वर्ष 1907-1966) ने 'एन इंट्रोडक्शन टु द स्टडी ऑफ इंडियन हिस्ट्री' (वर्ष 1957) नामक पुस्तक में भारत के इतिहास का विशद् वर्णन किया है।
- इनके विचार **एंशिएंट इंडियन कल्चर एंड सिविलाइजेशन : ए हिस्टोरिकल आउटलाइन** (वर्ष 1965) के द्वारा प्रकाशित हुए।

प्राचीन भारतीय इतिहास का महत्त्व

- भारत अनेकानेक मानव-प्रजातियों का संगम स्थल रहा है।
- प्राचीनकाल में प्राक्-आर्य, इंडो-आर्यंस, यूनानी, शक, हूण और तुर्क आदि अनेक प्रजातियों ने भारत को अपना आवास बनाया।
- प्राचीन भारतीय इतिहास में पालि और संस्कृत के बहुत से शब्द, जो गंगा के मैदानों में विकसित भावनाओं और संस्थाओं के द्योतक हैं, वे लगभग 300 ई.पू. से 600 ई. के संगम नाम से प्रसिद्ध प्राचीनतम तमिल ग्रंथों में मिलते हैं।
- भाषा वैज्ञानिकों के अनुसार, हिंद-आर्य भाषाओं में प्रचलित फाहा, नौका, खंती आदि शब्द मुंडा भाषाओं से लिए गए हैं।
- संपूर्ण देश को भरत नामक एक प्राचीन वंश के नाम पर भारतवर्ष (अर्थात् भरतों का देश) नाम दिया गया है और इसके निवासियों को **भरत संतति** कहा गया है।
- हिमालय से कन्याकुमारी तक, पूर्व में ब्रह्मपुत्र की घाटी से पश्चिम में सिंधु-पार तक अपने राज्य का विस्तार करने वाले राजाओं का व्यापक रूप से यशोगान किया गया है, ऐसे राजा 'चक्रवर्तीन' कहलाते थे।
- विदेशी सर्वप्रथम सिंधु तटवासियों के संपर्क में आए और इसलिए उन्होंने पूरे देश को ही सिंधु या इंडस (Indus) नाम दे दिया।
- 'हिंद' शब्द संस्कृत के **सिंधु** से निकला है और कालक्रमेण यह देश इंडिया के नाम से प्रसिद्ध हुआ, जो इसके यूनानी पर्याय के बहुत निकट है।
- यह फारसी और अरबी भाषाओं में 'हिंद' नाम से विदित हुआ।
- ईसा-पूर्व तीसरी सदी में प्राकृत देशभर की सम्पर्क-भाषा (लिंगुआफ्रैंका) का कार्य करती थी।
- उत्तर भारत में वर्ण-व्यवस्था या जाति प्रथा का जन्म हुआ, जो पूरे देश में व्याप्त हो गई।

महत्त्वपूर्ण पुस्तकें तथा उनके रचनाकार

पुस्तक	लेखक	पुस्तक	लेखक
मुद्राराक्षस	विशाखादत्त	नीतिसार	कामंदक
राजतरंगिणी	कल्हण	इंडिका	मेगस्थनीज
कथासरित्सागर	सोमदेव	लीलावती	भास्कराचार्य II
कामसूत्र	वात्सायन	हर्षचरित, कादम्बरी	बाणभट्ट
प्रश्नोत्तर मल्लिका	अमोघवर्ष	नागानन्द, रत्नावली, प्रियदर्शिका	हर्षवर्द्धन
स्वप्नवासवदत्तम	भास	गाथा सप्तसथी	हाल
बुद्धचरित	अश्वघोष	अष्टाध्यायी	पाणिनी
नाट्यशास्त्र	भरतमुनि	महाभाष्य	पतंजलि
विक्रमोर्विशयम, रघुवंशम	कालिदास	नैषधचरितम	श्रीहर्ष
अमर कोश	अमर सिंह	मृच्छकटिकम्	शूद्रक
पंचसिद्धांतिका, वृहतसंहिता	वराहमिहिर	गीत गोविंद	जयदेव
सूर्यसिद्धांतम्	आर्यभट्ट	धवला टीका	वीरसेन
पंचतंत्र	विष्णु शर्मा		

अतिरिक्त तथ्य
तमिलनाडु बोर्ड एवं NIOS

- इतिहास का शाब्दिक अर्थ है 'ऐसा हुआ'।
- उत्तर वैदिक काल (600 ई.पू.) में अनुसंधान संबंधी धार्मिक ग्रंथों की बहुलता पाई जाती है। इन्हें ही 'सूत्र' के रूप में जाना जाता है।
- बौद्ध धार्मिक साहित्य के अंतर्गत पिटकों (पिटारों) की रचना की गई, जिन्हें त्रिपिटक (सुत्र पिटक, विनय पिटक तथा अभिधम्म पिटक) कहा गया।
- धर्म से इतर बौद्ध साहित्य में **जातकों** का महत्वपूर्ण स्थान है, जिसमें बुद्ध के पूर्व जन्मों की कहानियाँ हैं।
- **मनु स्मृति** महत्वपूर्ण प्राचीन धर्मेत्तर (धार्मिक विषय से अलग) साहित्य है, जो चोरी, व्याभिचारी, अपराध आदि पर प्राचीनतम न्यायिक संहिता है। ब्रिटिश काल के दौरान इसे अनुवादित कर **भारतीय विधि संहिता** (कोड) का आधार बनाया गया था।
- दक्षिण भारत में **शिल्पादिकारम्**, मणिमैखले जैसे महाकाव्य प्रमुख धर्मेत्तर साहित्य की श्रेणी में आते हैं।
- सिक्के आर्थिक इतिहास को जानने का महत्वपूर्ण स्रोत हैं।
- **कार्बन-14** एक विकिरण शील कार्बनिक पदार्थ है, जो सभी प्रकार के जीवधारियों में पाया जाता है। जीवधारियों की मृत्यु के बाद यह तत्व निश्चित दर पर नष्ट होता रहता है, जिससे उस जीव का काल निर्धारित करने में सहायता मिलती है।
- जेन्द अवेस्ता एक फारसी/ईरानी ग्रंथ है, जो इंडो फारसी भाषा बोलने वाले लोगों तथा देवताओं के बारे में उल्लेख करता है। इसमें भारत के उत्तर-पश्चिम भाग का भी उल्लेख मिलता है।
- **गाथा सप्तसथी**, सातवाहन राजा **हाल** द्वारा रचित एक प्राकृत पाठ है, जो दक्षिण भारतीय राज्यों के समाज के विकास पर प्रकाश डालता है।
- **तोल्कापियम**, संगम युग का महत्वपूर्ण ग्रंथ है।

02

प्रागैतिहासिक संस्कृतियाँ

(स्रोत)

New NCERT Class VI Chap 2 **आखेट-खाद्य संग्रह से भोजन उत्पादन तक,**
Old NCERT Class VI Chap 1 **आदिमानव,** Old NCERT Class IX Chap 1 **प्राक् प्रागैतिहासिक काल में जीवन,**
Old NCERT Class XI Chap 5 **प्रस्तर युग : आदिमानव,** Chap 6 **ताम्रपाषाण कृषक संस्कृतियाँ,**
Chap 8 **आर्यों का आगमन और ऋग्वैदिक युग,** Tamil Nadu Board (Class XI), NIOS

वर्तमान तथा भविष्य की नीतियों के लिए इतिहास का अध्ययन आवश्यक है। इतिहास के अध्ययन के लिए इसे कालक्रमों में विभाजित करना एक उचित प्रक्रिया है। इससे ऐतिहासिक तथ्यों, प्रवृत्तियों के विकास, प्रवाह तथा निरंतरता की जानकारी प्राप्त होती है।

भारतीय इतिहास का काल विभाजन

स्रोतों के आधार पर भारतीय इतिहास को मुख्यत: तीन भागों में बाँटा गया है

1. **प्रागैतिहासिक काल** (Pre-Historic Age) प्राचीन इतिहास का वह काल, जिसके लिए कोई लिखित साक्ष्य उपलब्ध नहीं था तथा जिस काल में मानव का जीवन अपेक्षाकृत पूर्णतया सभ्य नहीं था, प्रागैतिहासिक काल कहलाता है।
2. **आद्य-ऐतिहासिक काल** (Proto-Historic Age) आद्य-ऐतिहासिक काल उस काल को कहा जाता है, जिसमें पुरातात्विक साक्ष्य तो मिले साथ ही लिखित साक्ष्य भी मिले, लेकिन उन्हें पढ़ा नहीं जा सका। इस काल को कांस्य युग भी कहते हैं।
3. **ऐतिहासिक काल** (Historic Age) ऐतिहासिक काल उस काल को कहा जाता है, जहाँ लेखन कला उपलब्ध थी तथा इसे पढ़ने में सफलता भी प्राप्त हो गई। लगभग 600 ई. पू. के बाद का काल ऐतिहासिक काल कहलाता है।

प्रागैतिहासिक काल

भारत में प्रागैतिहासिक काल की अवस्था पाषाणकाल के रूप में परिभाषित की जाती है। इसे विशेषत: तीन भागों में विभाजित किया गया है

1. पुरापाषाण काल
2. मध्यपाषाण काल
3. नवपाषाण काल

पाषाण काल

मानव सभ्यता के आदिकाल को **पाषाण काल** (Stone Age) कहते हैं, क्योंकि इसमें मनुष्य का जीवन पाषाण निर्मित उपकरणों पर निर्भर था। पाषाण काल की कालावधि तीन भागों में विभाजित है

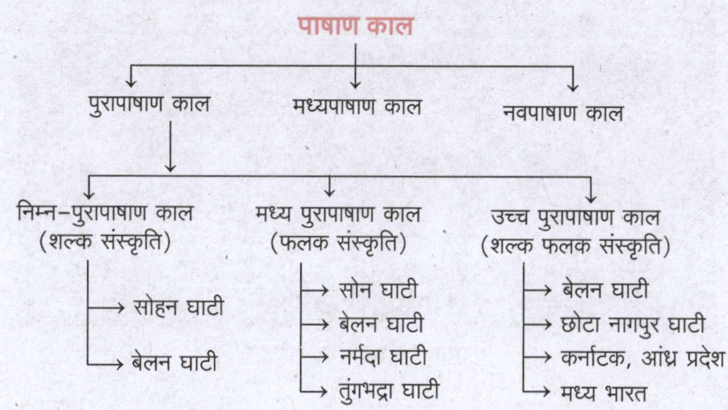

पुरापाषाण काल

- पुरापाषाण काल (Palaeolithic Age) मुख्य रूप से आखेटक और खाद्य संग्राहक युग था।
- मानव भूमि पर प्लाइस्टोसीन (चातुर्थिकी, अतिनूतन) के आरंभ में उत्पन्न हुआ। यह घटना अफ्रीका में लगभग 26 लाख वर्ष पूर्व हुई थी।
- आदिमानव के जीवाश्म (Fossils) भारत में नहीं मिलते हैं। मानव के प्राचीनतम अस्तित्व का संकेत द्वितीय हिमावर्तन (Glaciation) काल के बताए जाने वाले संचयों में मिले पत्थर के औजारों से मिलता है, जिसका काल लगभग 25,00,000 ई. पू. माना गया है।

- महाराष्ट्र के बोरी नामक स्थान से प्राप्त साक्ष्यों के आधार पर मानव की उपस्थिति 14 लाख वर्ष पूर्व मानी जाती है।
- भारत में आदिमानव पत्थर के अनगढ़ और अपरिष्कृत औजारों का प्रयोग करता था। ऐसे औजार सिंधु, गंगा और यमुना के कछारी मैदानों को छोड़कर संपूर्ण देश में पाए गए हैं।
- पुरापाषाण काल के औजार छोटानागपुर के पठार से प्राप्त हुए हैं, जो 1,00,000 ई. पू. के हो सकते हैं, ऐसे औजार जिनका समय 20,000 ई. पू. से 10,000 ई. पू. के मध्य है, आंध्र प्रदेश के कुर्नूल शहर से लगभग 55 किमी की दूरी पर मिले हैं।
- उत्तर प्रदेश के मिर्जापुर जिले की बोलन घाटी में, जो पशुओं के अवशेष मिले हैं, उनसे यह ज्ञात होता है कि पुरापाषाण काल में भेड़-बकरी, गाय-भैंस आदि मवेशियों का पालन किया जाता था।
- भारत में पुरापाषाण युग के दौरान शुतुरमुर्ग होते थे। महाराष्ट्र के पटने पुरा स्थल से शुतुरमुर्ग के अण्डों के अवशेष मिले हैं। इनके कुछ छिलकों पर चित्रांकन भी हुआ है।
- दक्षिण भारत में हुँस्गी पुरापाषाण स्थल से कई प्रकार के औजार मिले हैं। संभवतः यह स्थल आवास और उद्योग स्थल रहे होंगे।
- भारत की पुरापाषाण कालीन सभ्यता का विकास प्लाइस्टोसीन काल या हिमयुग में हुआ था। भारत में लक्षित मानव की प्रथम उपस्थिति मध्य-प्लाइस्टोसीन अर्थात् पाँच लाख वर्ष से पूर्व नहीं थी।

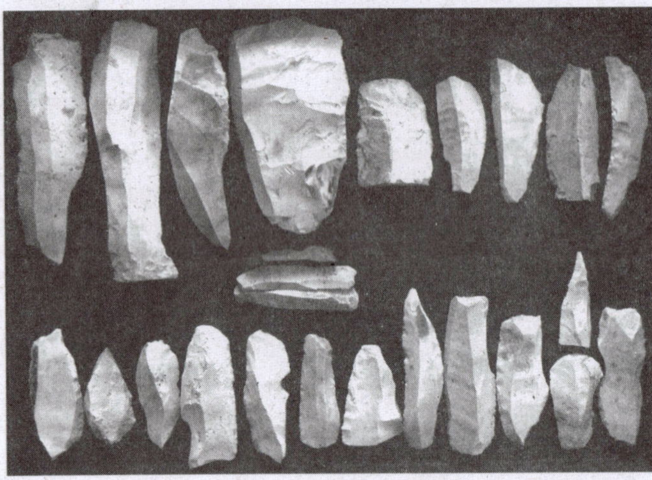

पुरापाषाण काल के औजार

पुरापाषाण काल की अवस्थाएँ

पुरापाषाण काल की अवस्थाओं को मुख्यतः तीन भागों में बाँटा गया है

निम्न-पुरापाषाण काल

- निम्न-पुरापाषाण काल (Lower Palaeolithic Age) की अवधि 5,00,000 ई. पू. से 50,000 ई. पू. के मध्य निर्धारित की गई है।
- कुल्हाड़ी या हस्तकुठार (हैंड-एक्स), विदारणी (क्लीवर) और खंडक (चॉपर) का उपयोग इस काल की विशेषताएँ हैं।
- निम्न-पुरापाषाण काल के स्थल वर्तमान में पाकिस्तान में स्थित पंजाब की सोअन या सोहन नदी की घाटी में पाए जाते हैं। अनेक स्थल कश्मीर और थार मरुभूमि में मिलते हैं।
- निम्न-पुरापाषाण काल के औजार उत्तर प्रदेश के मिर्जापुर जिले की बेलन घाटी में भी पाए गए हैं।
- राजस्थान की मरुभूमि के डिडवाना क्षेत्र में, नर्मदा की घाटियों में तथा मध्य प्रदेश के भोपाल के पास भीमबेटका की गुफाओं और शैलाश्रयों में मिले औजार 1,00,000 ई. पू. के हैं।
- हस्तकुठार द्वितीय हिमालयी अंतर्हिमावर्तन (Inter-glaciation) के समय के जमाव में मिले हैं। इस अवधि में जलवायु में नमी कम हो गई थी।

मध्य-पुरापाषाण काल

- मध्य-पुरापाषाण काल (Middle Palaeolithic Age) की अवधि 50,000 ई. पू. से 40,000 ई. पू. के मध्य निर्धारित की गई है।
- इस काल में उद्योग मुख्यतः पत्थर की पपड़ी से बनी वस्तुओं का था। ये पपड़ियाँ संपूर्ण भारत में पाई गई हैं।
- मध्य-पुरापाषाण काल के मुख्य औजार फलक, वेधनी, छेदनी और खुरचनी हैं।
- इस काल के स्थल, जिस क्षेत्र में मिलते हैं, उसी क्षेत्र में निम्न-पुरापाषाण स्थल भी पाए जाते हैं।
- इस काल में एक प्रकार के सरल **बटिकाश्म उद्योग** (पत्थर के गोलों से वस्तुओं का निर्माण) स्थापित थे, जो तृतीय हिमालयीय हिमावर्तन के काल के थे।
- इस युग की शिल्प-सामग्री नर्मदा नदी के तट के अनेक स्थानों पर और तुंगभद्रा नदी के दक्षिणावर्ती स्थानों पर भी पाई जाती है।

उच्च-पुरापाषाण काल

- उच्च-पुरापाषाण काल (Upper Palaeolithic Age) की अवधि 40,000 ई. पू. से 10,000 ई. पू. के मध्य निर्धारित की गई है।
- इस युग में आर्द्रता कम थी। इस अवस्था में विस्तार हिमयुग की उस अंतिम अवस्था के साथ रहा, जब जलवायु अपेक्षाकृत गर्म हो गई थी।
- नए चकमक उद्योग की स्थापना और आधुनिक प्रारूप के मानव (Homo Sapiens) का उदय उच्च-पुरापाषाण काल की मुख्य विशेषताएँ थीं।
- भारत में फलकों और तक्षणियों का प्रयोग होता है, जो आंध्र प्रदेश, कर्नाटक, महाराष्ट्र, केंद्रीय मध्य प्रदेश, दक्षिणी उत्तर प्रदेश, बिहार के पठार में पाए गए हैं।
- उच्च-पुरापाषाण काल में मानवों के उपयोग के लिए गुफाएँ और शैलाश्रय भोपाल से दक्षिण में 40 किलोमीटर दूर भीमबेटका (मध्य प्रदेश) से मिले हैं।
- गुजरात के टिब्बों के ऊपरी तलों पर ऊपरी पुरापाषाणीय भंडार भी मिला है, जिसकी विशेषताएँ हैं- शल्कों (Flaks), फलकों (Blades), तक्षणियों (Burins) और खुरचनियों (Scrapers) का अपेक्षाकृत अधिक मात्रा में पाया जाना।

मध्यपाषाण काल

- मध्यपाषाण काल (Mesolithic Age) मुख्यत: आखेटक और पशुपालक से संबंधित काल था।
- प्रस्तर-युगीन संस्कृति में 9,000 ई. पू. में एक मध्यवर्ती अवस्था आई, जो मध्यपाषाण काल कहलाती है। यह पुरापाषाण युग और नवपाषाण युग के मध्य का संक्रमण काल है।
- मध्यपाषाण काल के लोग शिकार करके, मछली पकड़कर और खाद्य वस्तुएँ एकत्रित करके भोजन की आपूर्ति करते थे, कालांतर में वे पशुपालन भी करने लगे।
- लोगों द्वारा पौधा उगाने तथा जानवरों की देखभाल को 'बसने की प्रक्रिया' कहा गया। इस प्रक्रिया में कृषि के लिए प्रयुक्त पौधों तथा पालतू बनाए जाने वाले पशुओं में चयनात्मक दृष्टिकोण अपनाया गया।
- प्राय: अहिंसक पशुओं को पालतू बनाया गया। इनमें सबसे पहले पालतू बनाया गया पशु कुत्ता था। इसी प्रकार कृषि के लिए अपनाई गई प्रारम्भिक फसलें गेहूँ तथा जौ थीं।
- मध्यपाषाण युग में पत्थर के बहुत छोटे औजारों (Microliths) का प्रयोग होता था।

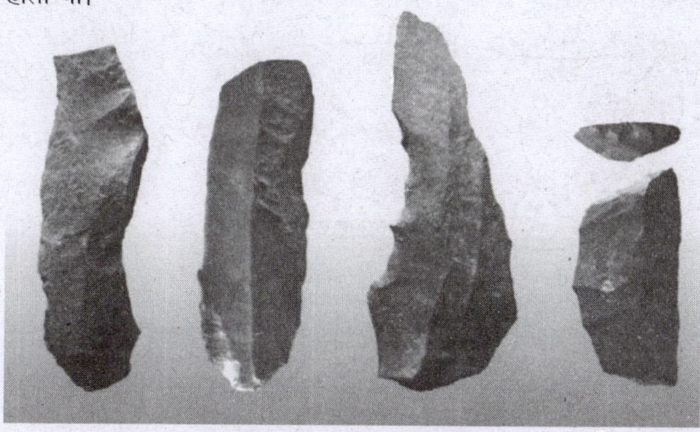

मध्यपाषाण काल के औजार

- इन औजारों का प्रयोग फल-फूल काटने, हड्डियाँ तथा मांस काटने, पेड़ों की छाल तथा जानवरों की छाल उतारने में किया जाता था।
- मध्यपाषाण स्थल राजस्थान, दक्षिणी उत्तर प्रदेश, मध्य और पूर्वी भारत में अधिक मात्रा में पाए जाते हैं तथा दक्षिण भारत में कृष्णा नदी के दक्षिण में पाए जाते हैं।
- मध्यपाषाण स्थलों में से राजस्थान में बागोर स्थल का उत्खनन भली-भाँति हुआ है। यहाँ सुस्पष्ट सूक्ष्म-पाषाण फलकों का उद्योग था और यहाँ के निवासियों की जीविका शिकार तथा पशुपालन पर निर्भर थी।
- मध्य प्रदेश के आदमगढ़ और राजस्थान में बागोर स्थल पशुपालन का प्राचीनतम साक्ष्य प्रस्तुत करते हैं, जिसका समय लगभग 5,000 ई. पू. निर्धारित किया गया है।
- जिन गुफाओं में लोग रहते थे, उनमें कुछ दीवारों पर चित्र मिले हैं। इनमें कुछ के उदाहरण मध्य प्रदेश तथा दक्षिणी उत्तर प्रदेश की गुफाश्रयों से भी मिले हैं। इन्हें शैल चित्र कहा जाता है।
- राजस्थान की पुरानी नमक-झील सांभर के जमावों के अध्ययन से प्रतीत होता है कि यहाँ 7,000-6,000 ई. पू. के आस-पास पौधे लगाए जाते थे।
- मध्यपाषाण संस्कृति का महत्त्व 9,000 ई. पू. से 4,000 ई. पू. तक बना रहा।

नवपाषाण काल

- विश्वस्तरीय संदर्भ में नवपाषाण काल (Neolithic Age) 9,000 ई. पू. में आरंभ होता है। भारतीय उपमहाद्वीप में इसकी अवधि 7,000 ई. पू. मानी जाती है।
- पाकिस्तान के बलूचिस्तान प्रांत में अवस्थित मेहरगढ़ एक नवपाषाणिक स्थल है।
- विंध्य पर्वत के उत्तरी पृष्ठों पर पाए गए कुछ नवपाषाण स्थलों को 5,000 ई.पू. की अवधि का बताया जाता है।
- नवपाषाण काल के लोग पॉलिशदार पत्थर के औजारों और हथियारों का प्रयोग करते थे। वे विशेषत: पत्थर की कुल्हाड़ियों का प्रयोग करते थे।
- नवपाषाण काल में भारत की विभिन्न बस्तियों को प्राप्त औजार और हथियारों के आधार पर तीन क्षेत्रों में विभाजित किया गया है। इन क्षेत्रों का विवरण निम्न प्रकार है

प्रथम क्षेत्र

- उत्तर-पश्चिम में कश्मीरी नवपाषाण संस्कृति की अनेक विशेषताएँ हैं; जैसे- गर्तावास (गड्ढा-घर), मृद्भांड की विविधता, पत्थर और हड्डी के विभिन्न प्रकार के औजारों का प्रयोग तथा सूक्ष्म-पाषाण का पूर्ण अभाव।
- बुर्जहोम एक प्रसिद्ध नवपाषाणिक स्थल है। इसका अर्थ है- भुर्ज वृक्ष का स्थान। यह श्रीनगर से उत्तर पश्चिम की ओर 16 किमी दूर स्थित है।
- गुफकराल एक अन्य महत्त्वपूर्ण नवपाषाणिक स्थल है। इसका अर्थ है- कुलाथ अर्थात् कुम्हार की गुफा।
- गुफकराल के लोग कृषि और पशुपालन दोनों कार्य करते थे। भारत में चिरांद भी एक ऐसा स्थल है, जहाँ हड्डी के अनेक उपकरण प्राप्त हुए हैं।
- बुर्जहोम के लोग रुखड़े, धूसर मृद्भांडों का प्रयोग करते थे, यहाँ कब्रों में पालतू कुत्ते भी अपने मालिकों के शवों के साथ दफनाए जाते थे।
- बुर्जहोम वास स्थान की सबसे पूर्व की तिथि 2,700 ई. पू. की है, किंतु चिरांद में मिली हड्डियों की तिथि 2,000 ई. पू. से बहुत पहले की नहीं है और संभवत: यहाँ के औजार नवपाषाण काल के हैं।

द्वितीय क्षेत्र

- दक्षिण भारत में गोदावरी नदी के किनारे ग्रेनाइट की पहाड़ियों के ऊपर या पठारों में नवपाषाणिक लोग रहते थे।
- वे पत्थर की कुल्हाड़ियों का और अनेक प्रकार के प्रस्तर-फलकों का भी प्रयोग करते थे।

तृतीय क्षेत्र

- असम की पहाड़ियों में नवपाषाणिक औजार मिले हैं। इसके अतिरिक्त ये औजार मेघालय की गारो पहाड़ियों में भी पाए गए हैं।
- कर्नाटक में मास्की, ब्रह्मगिरि, हल्लुर, कोडक्कल, पिकलीहल, संगेनकल्लु, टी. नरसीपुर और तैक्कलकोट तथा तमिलनाडु में पैयमपल्ली ऐसे महत्त्वपूर्ण नवपाषाणिक स्थल हैं, जिनकी खुदाई हुई है।
- दक्षिण भारत में नवपाषाणावस्था 2,000 ई. पू. से 1,000 ई. पू. तक जारी रही।
- कर्नाटक के पिकलीहल के नवपाषाणयुगीन निवासी पशुपालक थे और ये गाय, बैल, बकरी, भेड़ आदि पालते थे। यहाँ राख के ढेर और निवास-स्थान दोनों मिले हैं।

नवपाषाणकालीन आर्थिक एवं सामाजिक स्थिति

- नवपाषाण युग के निवासी सबसे पुराने कृषक समुदाय थे। ये पत्थर की कुदालों (हो) और लकड़ी की छड़ों से भूमि खोदते थे।
- पत्थर के उपकरण बहुत महत्त्वपूर्ण होते थे। इसलिए लोग ऐसे स्थानों पर बसते थे, जहाँ औजारों के उपयुक्त पत्थर मिल सकें। सामान्यत: इन स्थलों को उद्योग स्थल कहा जाता है।
- नवपाषाणकाल आते-आते इन उद्योग स्थलों में वृद्धि देखी गई, क्योंकि छोटे जानवरों के शिकार तथा खाद्यान्न की बढ़ती आवश्यकताओं ने औजारों के निर्माण में प्रौद्योगिकी की आवश्यकता पर बल दिया।
- पाषाण के औजार निर्माण में दो प्रकार की तकनीकी का प्रयोग होता था–

– पत्थर से पत्थर को टकरा कर नए औजारों का निर्माण

– दबाव शल्क तकनीकी, इसमें क्रोड को स्थिर सतह पर रखकर उस पर छेनी के रूप में हड्डी या पत्थर को रखकर शल्क निकाला जाता है।

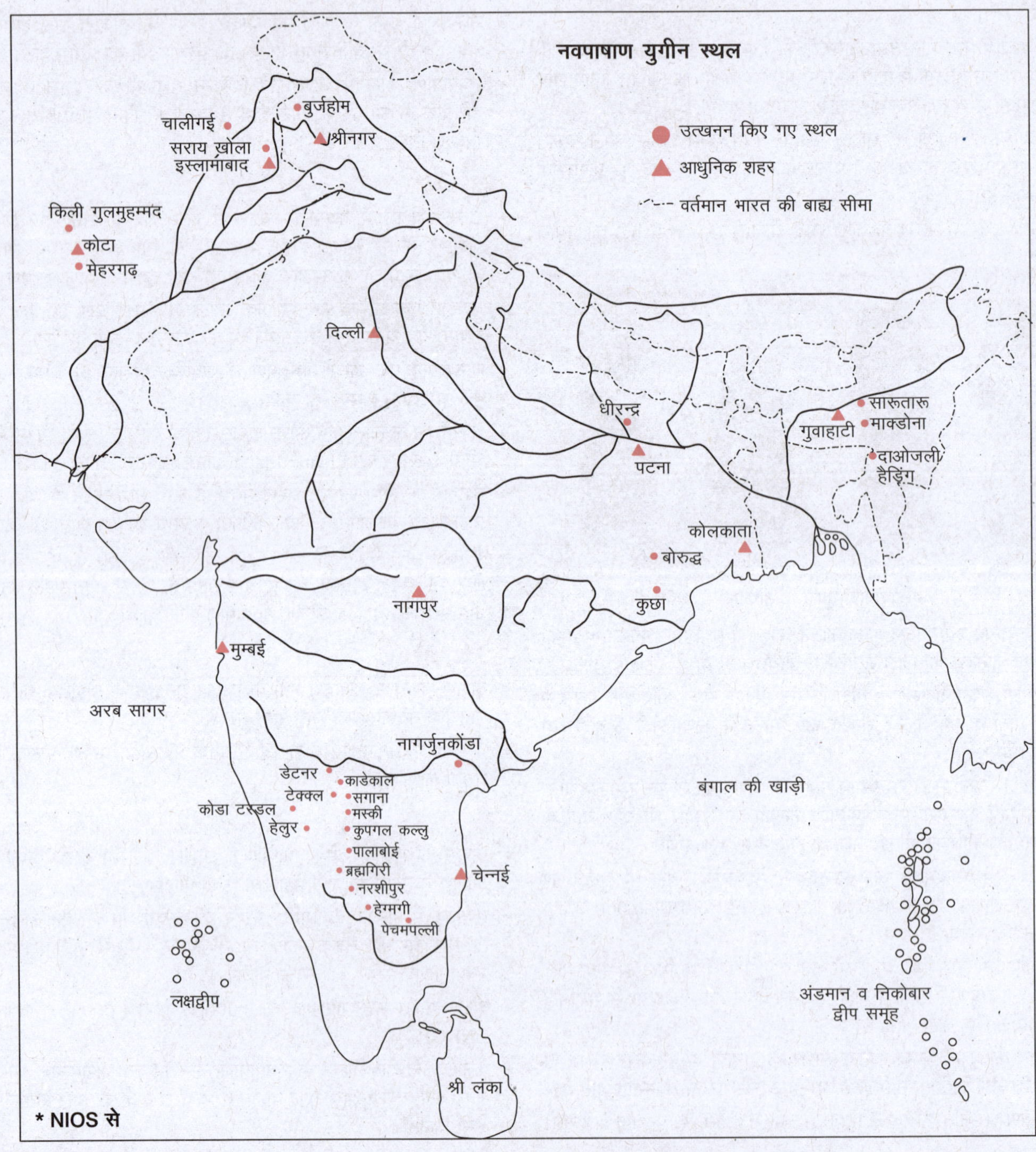

* NIOS से

- मेहरगढ़ में रहने वाले नवपाषाण युग के लोग अधिक उन्नत थे। वे गेहूँ, जौ और रूई की खेती करते थे और कच्ची ईंटों के घरों में रहते थे।
- नवपाषाण युग के सेल्ट, कुल्हाड़ियाँ, बसूले, छेनी आदि औजार उड़ीसा और छोटा नागपुर के पहाड़ी क्षेत्रों से प्राप्त हुए।
- प्रस्तर युग के लोग पूर्णत: पत्थर के ही औजारों और हथियारों पर आश्रित थे, इसलिए ये पहाड़ी क्षेत्रों से दूर जाकर बस्तियाँ नहीं बना सकते थे।
- ये पहाड़ियों की ढलानों पर गुफाओं में और पहाड़ियों से युक्त बड़ी घाटियों में ही निवास करते थे। नवपाषाणकाल में स्थायी जीवन के साक्ष्य मिले हैं।
- कश्मीर में बुर्जहोम ऐसा ही एक स्थल है, जिसे गर्तवास कहा जाता है, क्योंकि यहाँ लोग इसका निर्माण गड्ढ़े के नीचे करते थे, जिसमें उतरने के लिए सीढ़ियों का प्रयोग होता था।
- नवपाषाण युगीन कई पुरा स्थलों से मिट्टी के बर्तन मिले हैं, जो खाद्य संग्रह के काम में लिए जाते रहे होंगे। धीरे-धीरे लोग बर्तनों का प्रयोग खाना बनाने में करने लगे।
- नवपाषाणिक स्थल **दाओजली हैडिंग** (ब्रह्मपुत्र घाटी) से खरल तथा मूसल का साक्ष्य मिला है। साथ ही यहाँ जेडाइट पत्थर (संभवत: चीन से लाया गया हो) और काष्ठाश्म पत्थर भी मिला है।
- कुछ लोग ऐसे रीति-रिवाजों को मानते थे, जो सामान्यतया पहले से प्रचालित थे।
- मेहरगढ़ में ऐसी कई कब्रें मिली हैं, जिनमें मृत्यु पश्चात् जीवन में आस्था को दर्शाया गया है।
- एक कब्र में मृतक के साथ बकरी को दफनाया गया है। संभवत: इसे परलोक में मृतक के खाने के लिए रखा गया होगा।

आद्य-ऐतिहासिक काल

आद्य-ऐतिहासिक काल की अवधि भारत में 3,000 ई.पू. से 800 ई.पू. तक मानी जाती है। इस काल में ताम्रपाषाणिक संस्कृतियों तथा कांस्य युग को स्थान दिया जाता है। इसका विवरण निम्न है

ताम्रपाषाण काल

- नवपाषाण युग के अंत तक धातुओं का प्रयोग प्रारंभ हो गया था। धातुओं में सबसे पहले ताँबे का प्रयोग किया गया।
- ताम्रपाषाणिक (Chalcolithic) काल में पत्थर और ताँबे का उपयोग साथ-साथ होता था।
- तकनीकी दृष्टि से ताम्रपाषाण काल हड़प्पा की कांस्ययुगीन संस्कृति से पूर्व का है, परंतु कालक्रमानुसार भारत की हड़प्पा की कांस्य संस्कृति पहले आती है और अधिकांश ताम्रपाषाण युगीन संस्कृतियाँ बाद में आती हैं।
- भारत में ताम्रपाषाण काल की बस्तियाँ दक्षिण पूर्वी राजस्थान, मध्य प्रदेश के पश्चिमी भाग, पश्चिमी महाराष्ट्र तथा दक्षिणी पूर्वी भारत में पाई गई हैं। दक्षिणी पूर्वी राजस्थान में दो पुरास्थलों की खुदाई हुई है- एक, अहार में था और दूसरा, गिलुंद में था।
- पश्चिमी मध्य प्रदेश में मालवा, कायथा और एरण की खुदाई हुई है। मध्य और पश्चिमी भारत की मालवा ताम्रपाषाण संस्कृति की विलक्षणता है- मालवा मृद्भांड, जिसे ताम्रपाषाण मृद्भांडों में उत्कृष्टतम माना गया है।

भारत की ताम्रपाषाणिक संस्कृतियाँ

- महाराष्ट्र के अहमदनगर जिले में जोरवे, नेवासा और दैमाबाद तथा पुणे जिले में चंदोली, सोनगाँव, इनामगाँव, प्रकाश और नासिक प्रमुख ताम्रपाषाणकालीन स्थल हैं।
- जोरवे संस्कृति ने मालवा संस्कृति से बहुत कुछ ग्रहण किया है, किंतु इसमें दक्षिणी नवपाषाण संस्कृति के तत्त्व भी दिखाई देते हैं।
- जोरवे संस्कृति ग्रामीण थी, फिर भी इसकी अनेक बस्तियाँ; जैसे- दैमाबाद और इनामगाँव नगरीकरण के स्तर तक पहुँच गई थीं।
- महाराष्ट्र के जोरवे और चंदोली में सपाट–आयताकार ताम्र-कुठार पाए गए हैं तथा चंदोली से ताँबे की छेनी प्राप्त हुई है।
- दैमाबाद की ख्याति बड़ी संख्या में कांसे की वस्तुओं की उपलब्धि के लिए है। इनमें से कुछ वस्तुओं पर हड़प्पा संस्कृति का प्रभाव स्पष्ट होता है।
- इनामगाँव ताम्रपाषाण युग की एक बड़ी बस्ती थी। यहाँ पर सौ से भी अधिक घर और अनेक कब्रें पाई गई हैं।
- यह बस्ती किलाबंद है और खाई से घिरी हुई है। ताम्रपाषाण युग के लोग प्राय: पक्की ईंटों से परिचित नहीं थे।
- अनेक ताम्रपाषाण स्थल प्रयागराज जिले के विंध्य क्षेत्र से प्राप्त हुए हैं। पूर्वी भारत में गंगा तटवर्ती चिरांद के अतिरिक्त बर्दवान जिले के पांडु राजार ढिबि और पश्चिम बंगाल के बीरभूम जिले में महिषादल उल्लेखनीय हैं।
- बिहार में सेनुवार, सोनपुर और ताराडीह तथा पूर्वी उत्तरी प्रदेश में खैराडीह और नरहन प्रमुख ताम्रपाषाणिक स्थल हैं।
- अहार संस्कृति के लोग प्रारंभ से ही धातुकर्म जानते थे। अहार का प्राचीन नाम **तांबवती** अर्थात् **तांबावाली** स्थान है।
- अहार संस्कृति का काल 2,100 और 1,500 ई. पू. के मध्य माना जाता है और गिलुंद उस संस्कृति का स्थानीय केंद्र माना जाता है।
- नवदाटोली, एरण और नगदा में पाई गई **मालवा संस्कृति** (1,700 ई. पू. से 1,200 ई. पू.) हड़प्पा संस्कृति से पृथक् मानी जाती है।
- मालवा और राजस्थान में मिली रूढ़ शैली में बनी मिट्टी की वृषभ-मूर्तिकाएँ यह सूचित करती हैं कि वृषभ (साँड) धार्मिक पंथ का प्रतीक था।
- तिथिक्रमिक दृष्टि से गणेश्वर स्थल विशेष रूप से अवलोकनीय है। यह राजस्थान की खेतरी ताम्र-पट्टी के सीकर-झुंझनू क्षेत्र के ताँबे की समृद्ध खानों के निकट स्थित है।
- गणेश्वर के जमाव को 2,800 ई. पू. से 2,200 ई. पू. का माना जाता है, इसलिए इसकी बहुत-सी वस्तुएँ परिपक्व हड़प्पा संस्कृति से पूर्व की हैं।
- राजस्थान के कालीबंगा और हरियाणा की बनावली की प्राक्-हड़प्पीय अवस्था स्पष्टत: ताम्रपाषाणिक है।
- ताम्रपाषाण युग के कुछ कृषक समुदाय सिंधु के बाढ़ वाले मैदानों की ओर बढ़े, उन्हें वहाँ काँसे का तकनीकी ज्ञान प्राप्त हुआ और वे नगरों की स्थापना में सफल हुए।
- भारत के मध्य और पश्चिमी क्षेत्रों में ताम्रपाषाण संस्कृतियाँ 1,200 ई. पू. से 1,000 ई. पू. तक आते-आते समाप्त हो गईं, इसमें केवल जोरवे संस्कृति 700 ई. पू. तक जीवित रही।

कृषि तथा व्यवसाय

- ताम्रपाषाण काल के लोग काले व लाल रंग के बर्तन प्रयोग में लाते थे। इनका प्रयोग लगभग 2,000 ई. पू. से व्यापक रूप में होने लगा।
- दक्षिणी-पूर्वी राजस्थान, पश्चिमी मध्य प्रदेश, पश्चिमी महाराष्ट्र और अन्यत्र रहने वाले ताम्रपाषाण युग के लोग मवेशी पालते थे और खेती करते थे। वे गाय, भेड़, बकरी, सुअर और भैंस आदि रखते थे तथा हिरण का शिकार करते थे। यहाँ पर ऊँट के अवशेष भी मिले हैं।
- सामान्यत: ताम्रपाषाणिक लोग घोड़े से परिचित नहीं थे। कुछ अवशेषों की पहचान घोड़े, गधे या जंगली गधे के अंग के रूप में की गई है।
- ताम्रपाषाणिक लोग गेहूँ और चावल की खेती करते थे। इन मुख्य अनाजों के अतिरिक्त वे बाजरे, मसूर, उड़द, मूँग, मटर आदि कई दलहन की खेती भी करते थे।
- नवदाटोली के लोग बेर और अलसी भी उगाते थे। दक्कन की काली मिट्टी में कपास की पैदावार होती थी।
- निचले दक्कन में रागी, बाजरा और इस प्रकार के अन्य अनाजों की खेती होती थी।
- पूर्वी भारत में बिहार और पश्चिम बंगाल में मछली पकड़ने के काँटे (बंसी) मिले हैं, यहाँ चावल के साक्ष्य भी मिले हैं।
- महाराष्ट्र में कपास, सन और सेमल की रूई से बने धागे भी मिले हैं। इससे यह सिद्ध होता है कि ताम्रपाषाण के लोग वस्त्र-निर्माण से सुपरिचित थे।
- ताम्रपाषाण काल में पूर्वी भारत चावल उगाता था, तो पश्चिमी भारत जौ और गेहूँ के लिए प्रसिद्ध था।

संस्कार एवं पूजा पद्धति

- महाराष्ट्र में ताम्रपाषाणिक लोग मृतक की अस्थियों को कलश में रखकर अपने घर में फर्श के नीचे उत्तर-दक्षिण दिशा में दफनाते थे।
- कब्र में मिट्टी की हांडियाँ और ताँबे की वस्तुएँ रखी जाती थीं, जो परलोक के सिद्धांत की पुष्टि करती हैं।
- मिट्टी की स्त्री-मूर्तियों से प्रतीत होता है कि ताम्रपाषाण युग के लोग मातृदेवी की पूजा करते थे।

ताम्रपाषाण अवस्था का महत्त्व

- जलोढ़ मिट्टी वाले मैदानों और घने जंगल वाले क्षेत्रों को छोड़कर प्राय: देशभर में ताम्रपाषाण संस्कृतियों के अवशेष मिले हैं।
- सभी ताम्रपाषाण समुदाय चाकों पर बने काले व लाल मृद्भांडों का प्रयोग करते थे। चित्रित मृद्भांडों का सबसे पहले प्रयोग ताम्रपाषाण युग के लोगों ने ही किया था।
- दक्षिणी भारत में नवपाषाण अवस्था अलक्षित रूप से ही ताम्रपाषाण अवस्था में परिणत हो गई। अत: इन संस्कृतियों को नवपाषाणीय ताम्रपाषाण संस्कृति का नाम दे दिया गया।
- सर्वप्रथम ताम्रपाषाण युग के लोगों ने ही प्रायद्वीपीय भारत में बड़े-बड़े गाँव बसाए थे और नवपाषाण लोगों के विषय में यह ज्ञात है कि ये अनाज अधिक उगाते थे।
- मध्य प्रदेश में कायथा और एरण की तथा पश्चिमी महाराष्ट्र में इनामगाँव की बस्तियाँ किलाबंद हैं।
- महाराष्ट्र में मृतक को उत्तर-दक्षिण दिशा में रखा जाता था, किंतु दक्षिण भारत में पूर्व-पश्चिम दिशा में।
- पश्चिमी भारत में लगभग संपूर्ण शवाधान (Extantad Burials) प्रचलित था, जबकि पूर्वी भारत में आंशिक शवाधान (Fractional Burials) प्रचलित था।

ताम्रपाषाण संस्कृतियों की दुर्बलताएँ और गैरिक मृद्भांड अवस्था

- ताम्रपाषाण युग के लोग मवेशी पालते थे और उन्हें अपने घरों में ही रखते थे। वे पशुपालन माँस के लिए करते थे।
- बस्तर की गोंड जनजाति के लोग मानते हैं कि पशुओं का दूध केवल पशुओं के बच्चों के लिए होता है।
- पश्चिमी महाराष्ट्र में बड़ी संख्या में बच्चों के शवाधानों से ताम्रपाषाण संस्कृतियों की साधारण दुर्बलता प्रकट होती है।
- काँसे के औजारों के प्रयोग से क्रीट, मिस्र तथा मेसोपोटामिया में और सिंधु घाटी में भी प्राचीनतम सभ्यताओं के विकास में बड़ी सुविधा मिली थी।
- ताम्रपाषाण युग के लोग लिखने की कला नहीं जानते थे और न ही वे नगरों में रहते थे, जबकि कांस्य युग के लोग नगरवासी हो गए थे।
- मध्य प्रदेश के गुंगेरिया से सबसे बड़ी ताम्र-निधि (ताम्र उपकरणों के जखीरे) प्राप्त हुई है, इसमें 424 ताँबे के औजार और हथियार तथा 102 चाँदी के पतले पत्र हैं।
- अधिकांश गैरिक मृद्भांड स्थल दोआब के ऊपरी हिस्से में पड़ते हैं, लेकिन ताम्रनिधियाँ बिहार और अन्य प्रदेशों के पठारी क्षेत्रों में मिली हैं।
- गैरिक मृद्भांड संस्कृति का काल आठ वैज्ञानिक तिथि निर्धारणों के आधार पर सामान्यत: 2,000 ई. पू. से 1,500 ई. पू. के मध्य रखा जा सकता है।

प्रमुख ताम्रपाषाणिक संस्कृतियाँ

संस्कृति	अवधि	क्षेत्र
सावल्दा संस्कृति	2,300-2,000 ई. पू.	महाराष्ट्र का धुलिया क्षेत्र
अहार संस्कृति	2,100-1,500 ई. पू.	राजस्थान का उदयपुर क्षेत्र
कायथा संस्कृति	2,000-1,800 ई. पू.	चंबल नदी का क्षेत्र
प्रभास संस्कृति	2,000-1,400 ई. पू.	गुजरात का तटीय क्षेत्र
रंगपुर संस्कृति	1,700-1,400 ई. पू.	गुजरात का तटीय क्षेत्र
मालवा संस्कृति	1,700-1,200 ई. पू.	नर्मदा नदी का क्षेत्र
जोरवे संस्कृति	1,400-700 ई. पू.	महाराष्ट्र का दैमाबाद व इनामगाँव

कांस्य युग

- कांस्य युग की अवधि 2,500 ई.पू. से 800 ई.पू. के मध्य मानी जाती है। इस समय मनुष्य ने ताँबे तथा टिन के मिश्रण से कांस्य बनाना सीख लिया था।
- मध्य-वर्ग के लोग सबसे पहले कांस्य के हथियार तथा औजार बनाने लगे थे। भारत में सिंधु घाटी सभ्यता के निवासियों ने सबसे पहले कांसे के बर्तनों का निर्माण आरंभ किया था।

लौह युग

- लौह युग (Iron Age) का तात्पर्य उस अवस्था से है, जब मनुष्य लोहे के विषय में जानकारी प्राप्त कर चुका था।
- 800 ई.पू. के पश्चात् भारत में लौह धातु से बने औजारों तथा बर्तनों के अवशेष प्राप्त होते हैं। यह अवस्था ऋग्वैदिक काल के पश्चात् उत्तर भारत में दृष्टिगत होती है।
- दक्षिण भारत में **महापाषाणिक संस्कृति**, लौह युगीन अवस्था को दर्शाती है, जहाँ नव पाषाणकालीन अवस्था से लोगों ने लौह युग में प्रवेश किया।

महापाषाणिक संस्कृतियाँ

- प्रागैतिहासिक युग के पश्चात् प्रायद्वीप के उच्च भागों में रहने वाले लोगों को महापाषाण निर्माता (Megalithic Builder) कहा जाता है।
- महापाषाण निर्माताओं द्वारा बनाए गए पत्थरों के शवाधान वाली कब्रों को महापाषाण कहा जाता है।
- इन कब्रों को महापाषाण इसलिए कहा जाता है, क्योंकि इन्हें बड़े-बड़े पत्थरों के टुकड़ों से घेरकर बनाया जाता था।
- महापाषाण कब्रों में दफनाए गए लोगों के अस्थिपंजर के साथ मृद्भांड और लोहे की वस्तुएँ भी प्राप्त हुई हैं।
- शव के साथ कुछ वस्तुओं को भी दफनाने की प्रथा इस विश्वास पर होगी कि मृतात्मा को परलोक में उन सभी वस्तुओं की आवश्यकता पड़ती होगी।
- महापाषाण की कब्रों से त्रिशूल प्राप्त हुए हैं, जो बाद में भगवान शिव के साथ जुड़ गया।
- महापाषणिक लोग प्रायद्वीप के सभी ऊँचे क्षेत्रों में पाए जाते हैं, लेकिन उनका जमाव पूर्वी आंध्र और तमिलनाडु में अधिक प्रतीत होता है।
- महापाषाणिक संस्कृति का आरंभ लगभग 1,000 ई. पू. माना गया है, लेकिन अनेक मामलों में महापाषाण अवस्था ईसा-पूर्व पाँचवीं सदी से लेकर ईसा-पूर्व पहली सदी तक बनी रही।
- तमिलनाडु के दक्षिणी जिलों में रहने वाले महापाषाणिक लोग मृतकों के अस्थिपंजर को लाल कलश में रखकर गड्ढों में दफनाते थे।
- कृष्णा गोदावरी घाटी में पत्थर के घेरे वाले ताबूत शवाधान या गर्त शवाधान (सिस्ट बेरियल या पिट बेरियल) की परिपाटी प्रचलित थी।
- महापाषाणिक लोग धान और रागी उगाते थे, परंतु उनकी खेती बहुत ही कम भूमि पर होती थी।

ऐतिहासिक काल

- इतिहास में ऐतिहासिक काल (Historical Age) से उस अवस्था का बोध होता है, जब लोगों ने लिखना आरंभ किया था। साहित्यिक स्रोतों के विकास के साथ भारत में ऐतिहासिक काल का विस्तार हुआ।
- भारत में ऐतिहासिक काल की शुरुआत वैदिक काल के पश्चात् ही मानी जाती है। वैदिक काल वस्तुतः आद्य-इतिहास और इतिहास के मध्य का संक्रमण काल है।

अतिरिक्त तथ्य
तमिलनाडु बोर्ड एवं NIOS

ऐतिहासिक सभ्यताएँ	भू-वैज्ञानिक युग	औजार	जीविकोपार्जन
पुरापाषाण युग निम्न पुरापाषाण मध्य पुरापाषाण उच्च पुरापाषाण	प्लीस्टोसीन युग	हस्त कुठार, क्लीवर, चॉपिंग	आखेट तथा खाद्य संग्रह
मध्य पाषाण युग	होलोसीन	छीली गई पतली खपचियों के टुकड़े, माइक्रोलिथ	आखेट, संग्रहण मछली पालन, पशुपालन का प्रारम्भ
नव पाषाण युग	होलोसीन	घिसाई युक्त, तीखे नुकीले पत्थर औजार (सेल्ट उपकरण)	पशुपालन तथा कृषि आधारित अर्थव्यवस्था

- भारत में पहला पुरापाषाण कालीन औजार पल्लवरम (चेन्नई) से प्राप्त किया गया, जिसकी खोज रॉबर्ट ब्रूश फूट द्वारा 1863 ई में की गई।
- भारत में एश्यूलियन तथा सोहनियन संस्कृतियाँ पुरापाषाण युग की दो महत्वपूर्ण संस्कृतियाँ हैं। एश्यूलियन उद्योग मुख्य रूप से हाथ की कुल्हाड़ियों से तथा सोहनियन उद्योग फलक प्रकार के औजारों के निर्माण से जुड़ा था।
- भारत में मानव का प्राचीनतम साक्ष्य हथनोरा (नर्मदापुरम, मध्य प्रदेश) से प्राप्त हुआ है। हथनोरा से (नर्मदा घाटी के उत्तरी क्षेत्र) प्राचीनतम विलुप्त हाथी (स्टेगोडान) के दाँत तथा जबड़े का जीवाश्म भी मिला है। हथनोरा एक पुरापाषाण कालीन स्थल है।
- मध्य पुरापाषाण काल का भारत में पहला ज्ञात स्थल नेवासा (प्रवरा नदी तट) है, जिसे एच. डी. सांकलिया द्वारा खोजा गया।
- ऊपरी पुरापाषाण कालीन मानव गुफाओं में रहता था। ये गुफा स्थल कुर्नूल (आंध्र प्रदेश), हुँस्गी (कर्नाटक), बागोर I तथा बागोर III (सोन घाटी, मध्य प्रदेश), गोदावरी घाटी (तेलंगाना) आदि क्षेत्रों में स्थित हैं।
- ऊपरी पुरापाषाण कालीन स्थल बागोर से पूजा स्थल का साक्ष्य मिला है, संभवतः यह भारत में प्रारंभिक पूजा स्थल है।
- भारत में महत्वपूर्ण मध्य पाषाणिक स्थलों में पैंसरा (मुंगेर, बिहार), लंघनाज (गुजरात), चौपानी माण्डो, सरायनाहर राय, महदहा, दमदमा (सभी उत्तर प्रदेश में), कनगनहल्ली (कर्नाटक), बागोर (राजस्थान) प्रमुख हैं।
- मध्य पाषाण कालीन लोग गोलाकार अस्थायी झोपड़ियों में निवास करते थे। मध्य पाषाणिक लोग मृतकों को दफनाते थे। महदहा में युगल शवाधान (स्त्री-पुरुष) का साक्ष्य मिला है।
- बुर्जहोम के नवपाषाणिक लोग हड़प्पा सभ्यता के समान व्यवहार करते थे। नवपाषाण युग का महत्वपूर्ण औजार हस्त कुठार, बेधक, सूइया, उन्नत कुल्हाड़ी, दराँती, धनुष, तीर आदि हैं। ये औजार मात्र औजारों के उपयोग तक ही सीमित नहीं थे, अपितु शिकारी संग्रहकर्ता लोगों की जीवन शैली में परिवर्तन के द्योतक भी थे।

03

सिंधु घाटी (हड़प्पा) सभ्यता

(स्रोत)

New & Old NCERT Class VI Chap 2 **नगर-जीवन का प्रारंभ**, New NCERT Class VI Chap 3 **आरंभिक नगर**, Old NCERT Class IX Chap 2 **कांस्य युगीन सभ्यताएँ**, Old NCERT Class XI Chap 7 **हड़प्पा संस्कृति : कांस्य युग सभ्यता**, New NCERT Class XII (I) Chap 1 **ईंटें, मनके तथा अस्थियाँ (हड़प्पा सभ्यता)**, Tamil Nadu Board (Class XI), NIOS

हड़प्पा सभ्यता की खोज

- सिंधु घाटी की सभ्यता भारतीय उप-महाद्वीप में 'प्रथम नगरीय क्रांति' (First Urban Revolution) की अवस्था को दर्शाती है।
- सर्वप्रथम **चार्ल्स मैसन** ने 1826 ई. में हड़प्पा नामक स्थल पर एक प्राचीन सभ्यता के होने की जानकारी दी।
- सर्वप्रथम हड़प्पा नामक स्थल की खोज की गई थी। इसका श्रेय 1875 ई. में भारतीय पुरातात्विक सर्वेक्षण (ASI Archaeological Survey of India) के प्रथम महानिदेशक **अलेक्जेंडर कनिंघम** को दिया गया, इन्हें 'भारतीय पुरातत्त्व का जनक' भी कहा जाता है।
- कनिंघम की मुख्य रुचि आरंभिक ऐतिहासिक (लगभग छठी शताब्दी ईसा पूर्व से चौथी शताब्दी ईसवी) तथा उसके बाद के कालों से संबंधित पुरातत्त्व में थी।
- कनिंघम ने हड़प्पा की आरंभिक बस्तियों की पहचान के लिए चौथी से सातवीं शताब्दी ईसवी के मध्य उप-महाद्वीप में आए चीनी बौद्ध तीर्थ यात्रियों द्वारा लिखे गए वृत्तांतों का प्रयोग किया।
- वर्ष 1921 में **दयाराम साहनी** जैसे पुरातत्त्वविदों ने हड़प्पा में मुहरें खोज निकालीं, जो निश्चित रूप से आरंभिक ऐतिहासिक स्तरों से कहीं अधिक प्राचीन स्तरों से संबद्ध थीं।
- एक अन्य पुरातत्त्वविद् **राखालदास बनर्जी** ने हड़प्पा से मिली मुहरों के समान मुहरें मोहनजोदड़ो से वर्ष 1922 में खोजीं, जिससे अनुमान लगाया गया कि ये दोनों पुरास्थल एक ही पुरातात्विक संस्कृति के भाग थे।
- इन्हीं खोजों के आधार पर वर्ष 1924 में भारतीय पुरातात्विक सर्वेक्षण के **डायरेक्टर जनरल जॉन मॉर्शल** ने संपूर्ण विश्व के समक्ष सिंधु घाटी में एक नवीन सभ्यता की खोज की घोषणा की।
- इस प्रकार विश्व को एक नई सभ्यता की जानकारी मिली, जो मेसोपोटामिया के समकालीन थी।
- **जॉन मार्शल** भारत में कार्य करने वाले पहले पेशेवर पुरातत्त्वविद् थे और वे यहाँ यूनान और क्रीट से अपने कार्यों का अनुभव भी लाए थे।
- वर्ष 1944 में **आर. ई. एम. व्हीलर** भारतीय पुरातात्विक सर्वेक्षण के डायरेक्टर जनरल बने तथा इन्होंने इस समस्या का निदान किया कि एकसमान क्षैतिज इकाइयों के आधार पर खुदाई के स्थान पर टीले के स्तर विन्यास का अनुसरण करना आवश्यक है।
- 1980 के दशक से हड़प्पाई पुरातत्त्व में अंतर्राष्ट्रीय स्तर पर भी रुचि लगातार बढ़ती रही है। हड़प्पा और मोहनजोदड़ो दोनों स्थानों पर उप-महाद्वीप के विदेशी विशेषज्ञ संयुक्त रूप से कार्य करते रहे हैं।
- कार्बन डेटिंग (C_{14}) के अनुसार, सिंधु घाटी सभ्यता का काल निर्धारण 2350 से 1750 ई. पू. निर्धारित किया गया है। इसके अतिरिक्त विभिन्न विद्वानों ने इसका निर्धारण निम्नलिखित रूप में किया है

विद्वान्	काल निर्धारण	विद्वान्	काल निर्धारण
मार्टिमर व्हीलर	2,500-1,500 ई. पू.	डेल्स	2,900-1,900 ई. पू.
एम. एस. वत्स	3,500-2,500 ई. पू.	मैके	2,800-2,500 ई. पू.
सर जॉन मार्शल	3,250-2,750 ई. पू.	फेयरसर्विस	2,000-1,500 ई. पू.
डी. पी. अग्रवाल	2,350-1,750 ई. पू.		

सिंधु घाटी सभ्यता के चरण

हड़प्पा सभ्यता को तीन चरणों में विभाजित किया गया है

प्रारंभिक हड़प्पा चरण (3300 से 2600 ई.पू.)

- यह चरण हकरा से संबंधित है, जिसे घग्गर हकरा नदी घाटी के रूप में पहचाना गया है।
- यह चरण केंद्रीकृत प्राधिकरण तथा शहरीकृत जीवन शैली के गुणवत्ता शैली के रूप में विकसित हुआ। कोटदीजी इस चरण का महत्त्वपूर्ण स्थल है।

परिपक्व हड़प्पा चरण (2600 से 1900 ई.पू.)

- 2600 ई. पू. तक हड़प्पा सभ्यता अपने परिपक्व स्वरूप में पहुँच गई थी।
- प्रारंभिक हड़प्पा चरण के केद्र बृहद शहरी केंद्रों में परिवर्तित होने लगे थे; जैसे-मोहन जोदड़ो तथा हड़प्पा (पाकिस्तान), लोथल (भारत)।

उत्तर हड़प्पा चरण (1900 से 1300 ई.पू.)

- हड़प्पा सभ्यता के क्रमिक पतन के संकेत 1800 के आस पास मिलना शुरू हो गया था तथा 1700 ई. पू. तक अधिकांश शहरी केंद्र छोड़ दिए गए थे।
- यद्यपि प्राचीन हड़प्पा सभ्यता के विभिन्न तत्त्वों को बाद की संस्कृतियों में देखा जा सकता है। इन केंद्रों को उत्तर हड़प्पा नगर की संज्ञा दी गई।
- इस चरण के प्रमुख स्थल काठियावाड़ प्रायद्वीप (गुजरात) के रंगपुर और रोजडी में पाए जाते हैं।

सिंधु सभ्यता के समकालीन सभ्यताएँ

सभ्यता	नदी तट	विवरण
मिस्र	नील नदी	इस सभ्यता में पिरामिडों का निर्माण किया गया
मेसोपोटामिया	यूफ्रेटस तथा टाइग्रिस नदियाँ	यह सुमेरियन सभ्यता थी, जिसका हड़प्पा के साथ व्यापारिक संपर्क का साक्ष्य मिलता है।
हवांग हो (चीन)	हवांग हो नदी	

उद्‌भव एवं विस्तार

- हड़प्पा सभ्यता का उद्‌भव ताम्रपाषाणिक पृष्ठभूमि में भारतीय उपमहाद्वीप के पश्चिमोत्तर भाग में हुआ था।
- इस सभ्यता का नाम हड़प्पा संस्कृति पड़ा, क्योंकि इसकी खोज सर्वप्रथम वर्ष 1921 में हड़प्पा नामक आधुनिक स्थल में हुई, जो अब पाकिस्तान में स्थित है।
- परिपक्व हड़प्पा संस्कृति का केंद्र-स्थल पंजाब और सिंध में मुख्यत: सिंधु घाटी में पड़ता है। यहीं से इसका विस्तार दक्षिण और पूरब की ओर हुआ।
- हड़प्पा सभ्यता का भौगोलिक विस्तार उत्तर में जम्मू से लेकर दक्षिण में नर्मदा के मुहाने तक और पश्चिम में बलूचिस्तान के मकरान समुद्र तट से लेकर उत्तर-पूर्व में आलमगीरपुर (मेरठ) तक था।
- हड़प्पा सभ्यता का संपूर्ण क्षेत्र त्रिभुजाकार का है। इसका पूरा क्षेत्रफल लगभग 12,99,600 वर्ग किलोमीटर तक विस्तृत है। भारतीय उपमहाद्वीप में हड़प्पा संस्कृति के ज्ञात स्थलों की संख्या लगभग 1,500 है।
- इनमें कुछ स्थल हड़प्पा संस्कृति की आरंभिक अवस्था के हैं, कुछ परिपक्व अवस्था के और कुछ उत्तर अवस्था के हैं।
- परिपक्व अवस्था वाले स्थलों की संख्या सीमित है और उनमें केवल सात को ही नगर की संज्ञा दी गई है।
- इनमें दो सर्वाधिक महत्त्वपूर्ण नगर थे-पंजाब में **हड़प्पा** और सिंध में **मोहनजोदड़ो** (अर्थात् मृतकों का टीला)। दोनों की अवस्थिति पाकिस्तान में है।
- हड़प्पा तथा मोहनजोदड़ो दोनों एक-दूसरे से 483 किलोमीटर दूर थे और सिंधु नदी द्वारा जुड़े हुए थे।
- तीसरा नगर **चन्हूदड़ो सिंध** में मोहनजोदड़ो से 130 किमी दूर लगभग दक्षिण में स्थित था। चौथा नगर **लोथल** गुजरात के खंभात की खाड़ी के किनारे स्थित था।
- पाँचवाँ नगर **कालीबंगा** (काले रंग की चूड़ियाँ) उत्तरी राजस्थान में व छठा नगर **बनावली** (हिसार, हरियाणा) था।
- सातवाँ नगर **धौलावीरा** गुजरात के कच्छ क्षेत्र में अवस्थित था।

इस स्थल से हड़प्पा संस्कृति की तीनों अवस्थाएँ देखने को मिलती हैं

- भारतीय उप-महाद्वीप में हड़प्पा संस्कृति का विकास उसी समय हुआ, जब एशिया तथा अफ्रीका के अन्य भागों में मुख्यत: नील, फरात, दजला तथा ह्वांगहो नदियों की घाटियों में दूसरी सभ्यताओं का विकास हो रहा था।
- हड़प्पा संस्कृति को लगभग 2,500 ईसा पूर्व में अर्थात् आज से लगभग 4,500 वर्ष पहले महत्त्व प्राप्त हुआ।
- उस समय मिस्र में पिरामिडों का निर्माण करवाने वाले फराओ (प्राचीन मिस्र के राजाओं की उपाधि) की सभ्यता थी।

सिंधु घाटी सभ्यता के प्रमुख नगर

सिंधु घाटी सभ्यता के प्रमुख नगर निम्नलिखित हैं

हड़प्पा

- हड़प्पा के दुर्ग में छ: कोठार मिले हैं, जो ईंटों के बने चबूतरों पर दो पंक्तियों में निर्मित हैं। प्रत्येक कोठार 15.23 मी लंबा, 6.09 मी चौड़ा है और नदी के किनारे से कुछ मीटर की दूरी पर है।
- इन बारह इकाइयों का समूचा तलक्षेत्र लगभग 838.1025 वर्ग मीटर है, जो लगभग उतना ही है, जितना मोहनजोदड़ो के कोठार का है।
- हड़प्पा के कोठारों के दक्षिण में खुला फर्श है और इस पर दो पंक्तियों में ईंटों के वृत्ताकार चबूतरे बने हुए हैं।
- कोठारों के दक्षिण फर्श का उपयोग फसल को संरक्षित रखने हेतु होता था, क्योंकि फर्श की दरारों में गेहूँ और जौ के दाने मिले हैं।

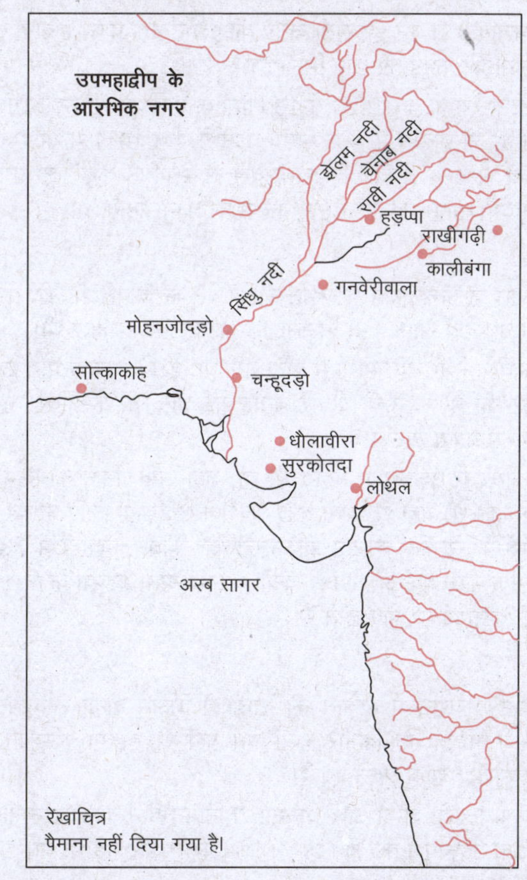

मोहनजोदड़ो

- मोहनजोदड़ो का सबसे महत्त्वपूर्ण सार्वजनिक स्थल विशाल स्नानागार है, जिसका जलाशय दुर्ग के टीले में स्थित है। यह ईंटों के स्थापत्य का सुंदर उदाहरण है। यह 11.88 मी लंबा, 7.01 मी चौड़ा और 2.43 मी गहरा है।

मोहनजोदड़ो : विशाल स्नानगार

- स्नानागार के निर्माण में ईंट और प्लास्टर ऑफ पेरिस का प्रयोग किया गया था। इस स्नानागार में दोनों तरफ (उत्तर एवं दक्षिण) उतरने के लिए सीढ़िया बनाई गई थीं और चारों तरफ कमरे बनाए गए थे। इसमें भरने के लिए कुएँ से पानी निकाला जाता था।
- मोहनजोदड़ो की सबसे बड़ी इमारत अनाज रखने का कोठार है, जो 45.71 मी लंबा और 15.23 मी चौड़ा है। मोहनजोदड़ो के कई आवासों में कुएँ भी थे, जिनकी संख्या लगभग 700 थी।
- मोहनजोदड़ो से कपड़ों के टुकड़ों के अवशेष, चाँदी के एक फूलदान का ढक्कन तथा कुछ अन्य ताँबे की वस्तुएँ मिली हैं। मोहनजोदड़ो से प्राप्त एक व्यक्ति की मूर्ति को कढ़ाईदार वस्त्र पहने हुए दिखाया गया है।
- मोहनजोदड़ो से बुने हुए सूती कपड़े का एक टुकड़ा प्राप्त हुआ है और अनेक वस्तुओं पर कपड़े की छाप मिली है।
- डेड मेन लेन से वर्ष 1925 में 16 लोगों के अस्थिपंजर उन आभूषणों सहित मिले हैं, जो इन्होंने मृत्यु के समय पहने थे। वर्ष 1947 में मर्टियन व्हीलर ने इसका सम्बन्ध ऋग्वैदिक पुराविंध्वस से स्थापित करने का प्रयास किया, किंतु वर्ष 1960 में जॉर्ज डेल्स ने इस पर प्रश्न उठाया था।

धौलावीरा

- गुजरात के कच्छ क्षेत्र में स्थित खदिर बेत के किनारे धौलावीरा नगर बसा हुआ था। वहाँ साफ पानी मिलता था और जमीन उपजाऊ थी।
- धौलावीरा नगर तीन भागों में बाँटा गया था। इसके प्रत्येक भाग के चारों ओर पत्थर की ऊँची-ऊँची दीवारें बनाई गई थीं, जिसके अंदर जाने के लिए बड़े-बड़े प्रवेश द्वार थे।
- इस नगर में एक खुला मैदान भी था, जहाँ सार्वजनिक कार्यक्रम आयोजित किए जाते थे। यहाँ से प्राप्त कुछ अवशेषों में हड़प्पा लिपि के बड़े-बड़े अक्षर पत्थरों पर उत्कीर्ण हैं। इन अभिलेखों को संभवत: लकड़ी में जड़ा गया था। यह एक महत्त्वपूर्ण अवशेष है, क्योंकि सामान्यत: हड़प्पा के लेख मुहर जैसी छोटी वस्तुओं पर पाए जाते हैं।

लोथल

- लोथल, गुजरात में खंभात की खाड़ी में मिलने वाली साबरमती की एक उपनदी भोगवा के किनारे बसा था। यहाँ से हड़प्पा संस्कृति के अनेक महत्त्वपूर्ण अवशेष प्राप्त हुए हैं।
- लोथल पत्थरों, शंखों और धातुओं से निर्मित होने वाली वस्तुओं के निर्माण का एक महत्त्वपूर्ण केंद्र था। इस नगर में एक भंडार गृह भी था।
- लोथल के इस भंडार गृह से अनेक मुहरें और मुद्रांकन या मुहरबंदी (गीली मिट्टी पर दबाने से बनी उनकी छाप) मिले हैं। लोथल से अग्निकुंड के साक्ष्य प्राप्त हुए हैं।
- लोथल में एक इमारत मिली है। जहाँ संभवत: मनके बनाने का कार्य होता था। यहाँ पत्थर के टुकड़े, अधबने मनके, मनके बनाने वाले उपकरण और तैयार मनके भी प्राप्त हुए हैं। लोथल के लोग 1,800 ई. पू. में धान उगाते थे, जिसके अवशेष यहाँ पाए गए हैं।

कालीबंगा

- कालीबंगा का अर्थ 'काले रंग की चूड़ी' है। यहाँ ईंटों से निर्मित चबूतरा, लकड़ी के पाइप तथा अनेक घरों से कुएँ के साक्ष्य प्राप्त हुए हैं।
- कालीबंगा का नगर दुर्ग समानांतर चतुर्भुजाकार था। कालीबंगा के फर्श में अलंकृत ईंटों का प्रयोग किया गया था। यह हड़प्पा सभ्यता स्थलों में एकमात्र स्थल है, जहाँ अलंकृत ईंटों के प्रयोग का साक्ष्य प्राप्त हुआ है।
- कालीबंगा से शल्य-चिकित्सा के साक्ष्य भी प्राप्त हुए थे तथा यहाँ पर बच्चे की एक खोपड़ी मिली थी, जिसमें 6 छेद थे। इससे जल कपाली या मस्तिष्क शोथ की बीमारी का पता चलता है।
- कालीबंगा से प्राप्त एक कंकाल के बाएँ घुटने पर किसी धारदार कुल्हाड़ी से काटने का निशान था। कालीबंगा से भी अग्निकुंड के साक्ष्य मिले हैं।

चन्हूदड़ो

- चन्हूदड़ो से प्राक् हड़प्पा संस्कृति, झूकर एवं झांगर संस्कृति के भी अवशेष मिले हैं। चन्हूदड़ो से किलेबंदी के साक्ष्य नहीं मिले हैं।
- चन्हूदड़ो का निर्माण एकमात्र टीले पर हुआ है, जो दुर्गीकृत नहीं है। यह एकमात्र हड़प्पा स्थल है, जहाँ से वक्राकार ईंटें प्राप्त हुई हैं। चन्हूदड़ो से टेराकोटा निर्मित बैलगाड़ी तथा कांस्य खिलौना गाड़ी प्राप्त हुई है।

बनावली

- बनावली से अच्छे किस्म के जौ, ताँबे का बाणाग्र, पक्की मिट्टी के बने हल की आकृति का खिलौना, ताँबे की कुल्हाड़ी, पत्थर एवं मिट्टी के बने मकान के साक्ष्य प्राप्त हुए हैं।
- बनावली में निकास पद्धति का अभाव था तथा नगर योजना शतरंज के जाल के आकार की बनाई गई थी। यहाँ दुर्ग तथा निचला नगर अलग-अलग न होकर एक ही प्राचीर से घिरे थे। एक मकान से **धावन पात्र** (Wash Basin) के साक्ष्य मिले हैं और एक अन्य मकान से सोने, लाजवर्द, कार्नेलियन के मनके तथा छोटे बटखरे प्राप्त हुए हैं।

रोपड़

- रोपड़ से ताँबे की कुल्हाड़ी एवं एक कब्रगाह में आदमी के साथ कुत्ते को दफनाए जाने का साक्ष्य मिला है।
- यहाँ से प्राप्त मिट्टी के बर्तन, आभूषण, चर्ट तथा फलक महत्त्वपूर्ण हैं।

बालाकोट

- बालाकोट में भवन निर्माण के लिए मुख्यत: कच्ची ईंटों का ही प्रयोग किया जाता था। सीप उद्योग यहाँ का सबसे समृद्ध उद्योग था।
- यहाँ से बड़ी संख्या में सीप की बनी चूड़ियों के टुकड़े प्राप्त हुए हैं।

कोटदीजी

- कोटदीजी से पत्थर की नींव पर आधारित मकान का साक्ष्य मिला है।
- यहाँ से पत्ती के आकार का बाणाग्र, काँसे से बनी मोटी चूड़ी का टुकड़ा, चाक पर निर्मित मृद्भांड, जिस पर छ: दलीय पुष्प, झुमका, हृदय, छत्ते जैसी आकृतियाँ आदि निर्मित हैं।

सिंधु सभ्यता के प्रमुख स्थल

स्थल	भौगोलिक अवस्थिति	खोजकर्ता/वर्ष	प्राप्त साक्ष्य
हड़प्पा	रावी नदी (मोंटगोमरी, पाकिस्तान)	दयाराम साहनी, 1921	श्रमिक निवास, सोलह भट्टियाँ, धोती पहने मूर्ति, एक पंक्ति में छः अन्नागार, R-37 कब्रिस्तान, शंख का बना बैल, काँसे का एक्का एवं दर्पण, मंजूषा व बर्तन पर मछुआरे का चित्र।
मोहनजोदड़ो	सिंधु नदी (लरकाना व पाकिस्तान)	राखालदास बनर्जी, 1922	मृतकों का टीला, स्नानागार, अन्नागार, काँसे की नग्न नर्तकी, कुम्हार के छः भट्टे, सूती कपड़ा, शतरंज की गोटियाँ, दाढ़ी वाला साधु, हाथी का कपाल खंड एवं पशुपति के अंकन की मुहर।
सुत्कागेंडोर	दाश्क नदी (बलूचिस्तान व पाकिस्तान)	औरेल स्टाइन, 1927 एवं जॉर्ज डेल्स	नदी की तटीय व्यापारिक चौकी, राख से भरा बर्तन, ताँबे की कुल्हाड़ी एवं मिट्टी से बनी चूड़ियाँ।
आमरी	सिंधु नदी (सिंध व पाकिस्तान)	एन. जी. मजूमदार, 1929 जॉर्ज एफ. डेल्स 1963/79	ऐसा पहला स्थल, जहाँ पूर्व हड़प्पा सभ्यता के चिह्न तथा परिवर्ती परिवर्तन के चरणों की पहचान हुई एवं बारहसिंगा का नमूना।
चन्हूदड़ो	सिंधु नदी (सिंध व पाकिस्तान)	एन. जी. मजूमदार, 1931	मुहर उत्पाद केंद्र, औद्योगिक शहर, मिट्टी की बनी बैलगाड़ी का प्रतिरूप, काँसे की खिलौना गाड़ी, दवात, दुर्ग का अभाव, लिपिस्टिक का साक्ष्य व मनके का कारखाना।
कालीबंगा	घग्गर नदी (राजस्थान)	अमलानंद घोष, 1953/60	आरंभिक हड़प्पा, हल द्वारा जुते खेत, बेलनाकार मुहर, पक्की मिट्टी का हल, सबसे पहले ज्ञात भूकंप का साक्ष्य, अग्निकुंड, ऊँट की हड्डियाँ, कच्ची एवं अलंकृत ईंट, अर्द्ध-काले रंग की चूड़ी।
कोटदीजी	सिंधु नदी (सिंध व पाकिस्तान)	फजल अहमद, 1953-54	पूर्व हड़प्पा, मिश्रित स्तर, पत्थर की नींव वाले घर, पत्ती के आकार का बाणाग्र, गर्तावास, गहनों का जखीरा तथा चाक पर निर्मित मृद्भांड।
देसलपुर	भादर नदी (कच्छ, गुजरात)	ए.घोष/एस.आर.राव 1963	टेराकोटा मुहर, ताँबा मुहर, सेलखड़ी मुहर और भूरे रंग के मिट्टी के बर्तन।
रोपड़	सतलुज नदी (पंजाब)	यज्ञदत्त शर्मा, 1953-54	ताँबे की कुल्हाड़ी, शंख की चूड़ियाँ, मिट्टी के बर्तन, आभूषण, चर्ट, कुत्ते को मालिक के साथ दफनाने का साक्ष्य।
रंगपुर	मादर नदी (गुजरात)	रंगनाथ राव, 1953-54	धान की भूसी, घोड़े की मृण्मूर्ति, कच्ची ईंटों का दुर्ग, पत्थर के फलक।
सुरकोटडा	कच्छ (गुजरात)	जे. पी. जोशी, 1954	घोड़े की हड्डियाँ व बर्तन में शवाधान।
लोथल	भोगवा नदी (अहमदाबाद, गुजरात)	रंगनाथ राव, 1957	अन्नागार, सोने के मनके, मनका कारखाना, गोदीवाड़ा (बंदरगाह), युग्म शवाधान व धान की खेती।
आलमगीरपुर	हिंडन नदी (उत्तर प्रदेश)	यज्ञदत्त शर्मा, 1958	रोटी बेलने की चौकी, कटोरे के टुकड़े, मिट्टी के बर्तन व गंगा-यमुना दोआब का पहला उत्खनित स्थल।
धौलावीरा	कच्छ (गुजरात)	बी. बी. लाल, 1959, आर. एस. बिष्ट, 1990-91	तीन भागों में विभाजित एकमात्र शहर, नागरिक उपयोग के लिए सबसे बड़ा अभिलेख, खेल का मैदान, पत्थर की बनी नेवले की मूर्ति।
राखीगढ़ी	घग्गर नदी (हरियाणा)	सूरजभान, 1963	प्राक् हड़प्पा एवं परिपक्व हड़प्पा के साक्ष्य, भारत में स्थित इस सभ्यता का सबसे बड़ा स्थल।
मीताथल	हरियाणा	सूरजभान, 1968	ताँबे की कुल्हाड़ी, संस्कृति के तीनों स्तर
बनावली	सरस्वती नदी (हिसार, हरियाणा)	आर. एस. बिष्ट, 1973	पूर्व-हड़प्पा, हड़प्पा तथा उत्तर नगरीय, सुव्यवस्थित अपवहन तंत्र का अभाव, स्वर्णपट्ट, मिट्टी के मनके तथा हल का प्रतिरूप, वास्तविक हल के कुछ टूटे टुकड़े, प्रतिरक्षा दीवार के बाहर गहरी और चौड़ी खाई, मिट्टी के बने चक्के के प्रतिरूप व सोना लगी हुई परखने की कसौटी।
बालाकोट	अरब सागर (बलूचिस्तान, पाकिस्तान)	आर. एस. बिष्ट, 1974/77	पूर्व हड़प्पा के अवशेष, भवन निर्माण के लिए कच्ची ईंटों का प्रयोग, सीपों की कार्यशाला, सीप की चूड़ियों के टुकड़े।
भगवानपुरा	सरस्वती नदी (कुरुक्षेत्र, हरियाणा)	जी. पी. जोशी, 1975-76	सफेद, काली एवं आसमानी रंगों की चूड़ियाँ व ताँबे की चूड़ियाँ।
अल्लाहदीनो	सिंधु नदी (पश्चिमी पंजाब, पाकिस्तान)	डब्ल्यू. ए. फेयरसर्विस, 1976	वितरण केंद्र, पत्थर की विशाल दीवार की नींव व गहनों का जखीरा।

नगर योजना

- हड़प्पा संस्कृति की सबसे महत्त्वपूर्ण विशेषता इसकी नगर योजना प्रणाली थी।
- हड़प्पाई नगरों में से कई को दो या उससे अधिक भागों में विभाजित किया गया था। प्रायः पश्चिमी भाग छोटा, किंतु ऊँचाई पर बना था और पूर्वी भाग बड़ा, किंतु निचले क्षेत्र में स्थित था।
- ऊँचाई वाले भाग को पुरातत्वविदों ने दुर्ग नगर, जबकि निचले भाग को निचला नगर कहा है। दोनों हिस्सों की चहारदीवारियाँ पक्की ईंटों से बनी होती थीं।
- धौलावीरा तथा लोथल जैसे स्थलों पर किलेबंद थी, जबकि लोथल में दुर्ग नगर कुछ ऊँचाई पर बनाया गया था।
- हड़प्पा तथा मोहनजोदड़ो के अपने-अपने दुर्ग थे, जहाँ शासक वर्ग के लोग रहते थे। प्रत्येक नगर में दुर्ग के बाहर उससे निम्न स्तर का एक शहर था, जहाँ ईंटों के मकानों में सामान्य लोग रहते थे।
- इन नगरों में स्थित भवन जाल (ग्रिड) की भाँति व्यवस्थित थे। तदानुसार सड़कें एक-दूसरे को समकोण बनाते हुए काटती थीं और ये अनेक खंडों में विभक्त थीं।
- हड़प्पा संस्कृति के नगरों में पक्की ईंटों का प्रयोग एक विशेष तथ्य है, क्योंकि मिस्र के समकालीन भवनों में धूप में सुखाई गईं ईंटों का ही प्रयोग हुआ था।
- समकालीन मेसोपोटामिया में पक्की ईंटों का प्रयोग होता था, परंतु हड़प्पा संस्कृति के नगरों में पक्की ईंटों का प्रयोग बड़े पैमाने पर हुआ था।

हड़प्पा का नगर नियोजन

अन्नागार/धान्यागार

- हड़प्पा के दुर्ग में धान्यागारों की इमारतें बड़ी सावधानी से आयताकार रूप में बनाई गईं, जो नदी के समीप थीं।
- वस्तुएँ, नदी मार्ग द्वारा नावों से लाई जाती थीं और धान्यागारों में संचित की जाती थीं।
- वस्तुओं को एक स्थान से दूसरे स्थान तक ले जाने के लिए नाव सबसे अच्छा साधन था, क्योंकि सस्ता और बेहतर होने के अतिरिक्त इसमें श्रम भी कम लगता था।
- परकोटे से घिरे हुए मोहनजोदड़ो के दुर्ग में भी ऐसी अनेक अन्नागार इमारतें थीं और यहाँ से प्राप्त एक बड़े भवन से ज्ञात होता है कि यह राजमहल या किसी शासक का घर था।

निकास प्रणाली

- मोहनजोदड़ो की जल निकासी प्रणाली अद्‌भुत थी। लगभग सभी नगरों के प्रत्येक छोटे या बड़े मकान में प्रांगण और स्नानागार होते थे।
- कालीबंगा के अनेक घरों में अपने-अपने कुएँ होते थे। घरों का पानी बहकर सड़कों तक आता था, जहाँ इनके नीचे नालियाँ बनी हुई थीं।
- ये नालियाँ ईंटों और पत्थरों की सिल्लियों से ढकी रहती थीं। सड़कों की इन नालियों में नरमोखे (मैनहॉल) भी बने होते थे।
- सड़कों और नालियों के अवशेष बनावली से भी प्राप्त हुए हैं। स्नानघरों और नालियों की व्यवस्था भी महत्त्वपूर्ण थी।
- हड़प्पा की निकास प्रणाली विलक्षण थी। संभवतः कांस्य युग की दूसरी किसी भी सभ्यता ने स्वास्थ्य और सफाई को इतना महत्त्व नहीं दिया, जितना कि हड़प्पा संस्कृति के लोगों ने दिया।

सड़कें, भवन एवं नाले

- हड़प्पा सभ्यता की सड़कें चौड़ी थीं। मुख्य सड़क लगभग दस मीटर चौड़ी थी, जो आधुनिक नगरों की बड़ी-बड़ी सड़कों के बराबर थी। सड़क के दोनों ओर मकान बनाए जाते थे।
- मकानों की दीवारें मोटी और मजबूत होती थीं। दीवारों पर पलस्तर और रंग किया जाता था। छतें सपाट होती थीं और इनमें खिड़कियाँ कम, परंतु दरवाजे अधिक होते थे। इनके दरवाजे लकड़ी के बने होते थे।
- रसोई में एक चूल्हा होता था और वहीं पर धान्य तथा तेल रखने के लिए मिट्टी के बड़े-बड़े घड़े होते थे।
- मकानों में एक आँगन होता था, जिसके चारों ओर कमरे होते थे। जिसमें भोजन पकाने के लिए एक चूल्हा होता था। यहीं पर गृहिणी सिल-बट्टे से मसाला पीसने के लिए बैठती थी।
- बकरा-बकरी और कुत्ते जैसे घरेलू जानवर भी आँगन में रहते थे। कुछ घरों में कुएँ भी होते थे, जिससे ज्ञात होता है कि घर के अंदर पानी सदैव उपलब्ध रहता था।

सामाजिक जीवन

- हड़प्पाई समाज मातृसत्तात्मक समाज था। इस समाज की संकल्पना विभिन्न अवशेषों से सामने आई है।
- पुरुषों और महिलाओं दोनों के शवाधानों से आभूषण प्राप्त हुए हैं। हड़प्पा के कब्रिस्तान में हुए उत्खननों में एक पुरुष की खोपड़ी के समीप शंख के तीन छल्लों, जैस्पर (एक प्रकार का उपरत्न) के मनके तथा सैकड़ों की संख्या में सूक्ष्म मनकों से बना एक आभूषण प्राप्त हुआ था।
- कहीं-कहीं पर मृतकों को ताँबे के दर्पणों के साथ दफनाया गया था, परंतु हड़प्पा सभ्यता के निवासियों को मृतकों के साथ बहुमूल्य वस्तुएँ दफनाने में विश्वास नहीं था।
- हड़प्पाई लोग जौ और गेहूँ को चक्कियों में पीसकर उनके आटे की रोटी बनाते थे। इन्हें फल भी पसंद थे, विशेष रूप से अनार और केले और ये मांस और मछली भी खाते थे।
- हड़प्पाई लोग कपड़ा बुनना जानते थे। यहाँ से प्राप्त मिट्टी के तकुए से ज्ञात होता है कि बहुत-सी स्त्रियाँ घर पर सूत कातने का कार्य करती थीं।
- स्त्रियाँ छोटा घाघरा पहनती थीं, जो कमरबंद से कसा रहता था। पुरुष कपड़े की लंबी चादर शरीर पर ओढ़ लेते थे।

- हड़प्पा सभ्यता में सूती कपड़े तथा ऊन का भी उपयोग होता था। स्त्रियाँ अपने केश भाँति-भाँति से संवारती तथा गूँथती थीं और कंघों से सजाती थीं।
- फयान्स (बालू, रंग तथा चिपचिपे पदार्थ से बना) के लघु पात्र, जिनका प्रयोग संभवत: सुगंधित द्रवों को रखने में किया जाता होगा, को हड़प्पा तथा मोहनजोड़दो से प्राप्त किया गया है। यह उस समाज में विलासितापूर्ण जीवन की ओर संकेत करता है।
- स्त्री और पुरुष दोनों को आभूषण पहनने का शौक था। पुरुष ताबीज बाँधते थे और स्त्रियाँ कंगन और हार पहनती थीं। ये आभूषण क्वार्ट्ज और सीप के बने होते थे; परंतु ये अमीरों के लिए सोने और चाँदी के बनाए जाते थे।
- हड़प्पावासी विभिन्न प्रकार के मनोरंजन के साधनों का प्रयोग करते थे। यहाँ से बच्चों के खेलने के लिए कंचे और मिट्टी की बैलगाड़ी तथा चिड़ियों के आकार की सीटियाँ और विभिन्न प्रकार के झुनझुने मिले हैं।
- मोहनजोदड़ों का गृह स्थापत्य एकांतता के महत्त्व की ओर संकेत करता है। यहाँ भूमि तल पर बनी दीवारों पर खिड़कियाँ नहीं पाई गईं।

धार्मिक जीवन

- हड़प्पा सभ्यता से किसी भी प्रकार का कोई भी धार्मिक भवन अथवा मंदिर के साक्ष्य प्राप्त नहीं हुए हैं।
- इसका अपवाद विशाल स्नानागार (मोहनजोदड़ो) हो सकता है, जिसका उपयोग स्नान (शुद्धि या सफाई) हेतु किया जाता है।
- उत्तर हड़प्पाई अवस्था में गुजरात के लोथल में अग्नि पूजा की परंपरा थी, किंतु इसके लिए मंदिरों का प्रयोग नहीं होता था।
- हड़प्पाई लोग धरती को उर्वरता की देवी समझते थे और इसकी पूजा उसी प्रकार करते थे, जिस प्रकार मिस्र के लोग नील नदी की देवी 'आइसिस' की करते थे।
- हड़प्पा काल में पशु-पूजा का भी प्रचलन था। इसमें सबसे महत्त्वपूर्ण पशु एक सींग वाला जानवर (यूनीकार्न) जो गैंड़ा हो सकता है।
- हड़प्पा सभ्यता में **कूबड़ वाले साँड** की पूजा होती थी। इसी प्रकार सींग वाले देवता के चतुर्दिक पशुओं की उपस्थिति से प्रकट होता है कि उनकी भी पूजा होती थी।
- पुरुष देवता के सिर पर तीन सींग थे। वह एक योगी की ध्यानमुद्रा में पद्मासन अवस्था में दिखाया गया है।
- उसके चारों ओर एक हाथी, एक बाघ और एक गैंड़ा था और आसन के नीचे एक भैंसा तथा पाँवों पर दो हिरण बैठे थे।
- मुहर पर चित्रित देवता को पशुपति 'महादेव' की संज्ञा दी गई है, क्योंकि सींग वाले देवता अन्य प्राचीन सभ्यताओं में भी पाए गए हैं।

मुहर पशुपति देवता

- हड़प्पा में पत्थर पर बने लिंग और योनि के अनेक प्रतीक प्राप्त हुए हैं, संभवत: ये पूजा के लिए बने थे। लिंग-पूजा हड़प्पा काल में शुरू हुई और यह हिंदू समाज में पूजा की विशिष्ट विधि मानी जाने लगी।
- सिंधु क्षेत्र के लोग वृक्ष पूजा भी करते थे। एक मुहर (सील) पर पीपल की डालियों के बीच विराजमान देवता चित्रित थे।
- हड़प्पाई लोग विश्वास करते थे कि भूत-प्रेत उनको नष्ट कर सकते हैं और इसलिए उनसे बचने के लिए वे ताबीज पहनते थे।
- हड़प्पा स्थलों से मिले शवाधानों में सामान्यत: मृतकों को गर्तों में दफनाया गया था।
- कभी-कभी शवाधान गर्त की बनावट एक-दूसरे से भिन्न होती थी, कुछ स्थानों पर गर्त की सतहों पर ईंटों की चिनाई की गई थी।
- शवों को प्राय: उत्तर-दक्षिण दिशा में लिटाया जाता था, जिसमें सिर उत्तर दिशा में एवं पैर दक्षिण दिशा में होते थे।
- कुछ कब्रों में मृद्भांड तथा आभूषण मिले हैं, जो संभवत: एक ऐसी मान्यता की ओर संकेत करते हैं, जिसके अनुसार, इन वस्तुओं का मृत्यु के बाद प्रयोग किया जा सकता था।
- कुछ हड़प्पाई स्थलों में मृतकों के साथ ताँबे के दपर्ण को दफनाए जाने का साक्ष्य मिला है।

आर्थिक स्थिति (कृषि एवं पशुपालन)

- कृषि तथा व्यापार, हड़प्पा सभ्यता स्थलों की आर्थिक गतिविधियों का केंद्र है। कृषि को अत्यधिक महत्त्व प्राप्त था।
- हड़प्पा सभ्यता के स्थलों पर प्रतिवर्ष बाढ़ आती थी। सिंधु सभ्यता के लोग बाढ़ उतर जाने पर नवंबर के महीने में बाढ़ वाले मैदानों में बीज बो देते थे और अगली बाढ़ के आने से पहले अप्रैल माह में गेहूँ और जौ की फसल काट लेते थे।
- हड़प्पा स्थल अधिकांशतया अर्द्ध-शुष्क क्षेत्रों में स्थित था, जहाँ संभवत: सिंचाई की आवश्यक पड़ती थी। सिंचाई के साक्ष्यों के अंतर्गत शोर्तुघई (अफगानिस्तान) से नहरों के अवशेष मिले हैं। यद्यपि पंजाब तथा सिंध में ऐसे प्रमाण नहीं मिले।
- धौलावीरा (गुजरात) में मिले जलाशयों का प्रयोग संभवत: कृषि जल संचयन के लिए होता होगा।
- हड़प्पा सभ्यता में कोई फावड़ा या फाल नहीं मिला है, लेकिन कालीबंगा की प्राक् हड़प्पा अवस्था में जुते हुए खेत का साक्ष्य मिला है।
- इस खेत में हल रेखाओं के दो समूह एक-दूसरे को समकोण पर काटते हुए दिखाई देते हैं, जो दर्शाते हैं कि एक साथ दो अलग-अलग फसलें उगाई जाती थीं।
- हड़प्पाई लोग लकड़ी के हलों का प्रयोग करते थे, इस हल को आदमी खींचते थे या बैल, इसकी अभी तक पुष्टि नहीं हुई है।
- हरियाणा के हिसार जिले में बनवाली से मिट्टी से बने हल का साक्ष्य मिला है।
- लोथल और रंगपुर से मिट्टी के बर्तनों में चावल की भूसी के बचे हुए कणों से वहाँ चावल की वृहत् खेती के साक्ष्य मिले हैं।
- फसल काटने के लिए पत्थर के हँसियों का प्रयोग होता था।
- सिंधु सभ्यता में गेहूँ, जौ, राई, मटर आदि अनाज का उत्पादन अधिक था।
- बनावली से जौ की अच्छी किस्में प्राप्त हुई हैं। इसके अतिरिक्त वे तिल और सरसों भी उगाते थे।
- मोहनजोदड़ो और हड़प्पा के साथ कालीबंगा में भी अनाज, बड़े-बड़े कोठारों (अन्नागार) में संरक्षित किया जाता था, जोकि संभवत: किसानों से राजस्व के रूप में लिया जाता था।
- सबसे पहले कपास को उगाने का श्रेय सिंधु सभ्यता के लोगों को दिया गया है। यही कारण है कि यूनान के लोगों ने इसे सिंडन (Sindon) कहकर संबोधित किया।

- हड़प्पाई लोग बैल, गाय, भैंस, बकरी, भेड़ और सुअर पालते थे, उन्हें कूबड़ वाला साँड विशेष प्रिय था।
- हड़प्पा सभ्यता में कुत्ते तथा बिल्ली दोनों की पहचान पालतू जानवर के रूप में की गई है।
- हड़प्पावासी गधे और ऊँट भी रखते थे और वे संभवतः इन पर बोझा ढोते थे। घोड़े के अस्तित्त्व का संकेत मोहनजोदड़ो की एक ऊपरी सतह से तथा लोथल में मिली एक मूर्तिका (टेराकोटा) में मिला है।
- गुजरात में अवस्थित सुरकोटडा से घोड़े की हड्डियों के अवशेष प्राप्त हुए हैं, जो 2000 ई. पू. के हैं। हड़प्पाई लोग हाथी तथा गैंडे जैसे वन्य पशुओं से परिचित थे।

वाणिज्य तथा व्यापार

- हड़प्पाई लोग सिंधु-सभ्यता क्षेत्र के अंतर्गत पत्थर, धातु तथा हड्डी का व्यापार करते थे।
- हड़प्पावासी धातु के सिक्के का प्रयोग व्यापार के लिए नहीं करते थे, बल्कि वे व्यापार के लिए **वस्तु विनिमय प्रणाली** (वस्तुओं का आदान-प्रदान) का प्रयोग करते थे।
- हड़प्पावासी अपनी वस्तुओं और अनाजों को नाव तथा बैलगाड़ी के माध्यम से एक स्थान से दूसरे स्थान तक ले जाते थे।
- हड़प्पावासी अरब सागर के तट पर स्थित बंदरगाह सुत्कागेंडोर तथा लोथल से बाह्य व्यापार करते थे। यहाँ के लोग पहिए से परिचित थे, वे ठोस पहिए वाली बैलगाड़ियों का प्रयोग करते थे।
- हड़प्पावासियों का व्यापारिक संबंध राजस्थान, अफगानिस्तान और ईरान से था। इसके अतिरिक्त बहुत-सी हड़प्पाई मुहरें मेसोपोटामिया की खुदाई से भी प्राप्त हुई हैं।
- 2,350 ई. पू. के आस-पास और उसके पश्चात् मेसोपोटामिया अभिलेखों में 'मेलुहा' शब्द का उल्लेख किया गया है, जो सिंधु क्षेत्र का प्राचीन नाम है।
- मेसोपोटामिया अभिलेखों में दो मध्यवर्ती व्यापार केंद्रों का उल्लेख मिलता है- **दिलमुन** और **मकरान**। ये दोनों मेसोपोटामिया और मेलुहा के मध्य स्थित हैं।

सिंधु घाटी में आयातित वस्तुएँ

वस्तु	देश
ताँबा	खेतड़ी (राजस्थान), बलूचिस्तान, ओमान
टीन	अफगानिस्तान, ईरान
सेलखड़ी	दक्षिणी राजस्थान, उत्तरी गुजरात, बलूचिस्तान
लाजवर्द	अफगानिस्तान (शोर्तुघई), मेसोपोटामिया
सोना	दक्षिणी भारत, अफगानिस्तान, फारस
सीसा	ईरान, अफगानिस्तान, राजस्थान
चाँदी	ईरान, अफगानिस्तान
नीलमणि	महाराष्ट्र (दक्षिण भारत)
शंख, कौड़ियाँ	सौराष्ट्र (दक्षिण भारत)
कार्नेलियन	लोथल

कला एवं संस्कृति

- हड़प्पा संस्कृति कांस्य युगीन संस्कृति थी। सामान्यतः कांस्य धातु को ताँबे में टिन मिलाकर धातु शिल्पियों द्वारा बनाई जाती थी।
- हड़प्पा समाज में शिल्पियों में कसेरों (कांस्य-शिल्पियों) के समुदाय का महत्त्वपूर्ण स्थान था, जो ईंटों की विशाल इमारतों से स्पष्ट होता है कि स्थापत्य (राजगिरि) महत्त्वपूर्ण शिल्प था। हड़प्पाई कारीगर मणियों के निर्माण में निपुण थे।
- नागेश्वर, बालाकोट, चन्हूदड़ो, लोथल, धौलावीरा महत्त्वपूर्ण शिल्प निर्माण के केंद्र थे।

हड़प्पावासियों की कला एवं संस्कृति निम्न बिंदुओं से ज्ञात होती है

मृद्भांड

- हड़प्पाई लोग कुम्हार के चाक का उपयोग करने में कुशल थे, उनके बर्तनों पर विभिन्न रंगों की चित्रकारी देखने को मिलती है।

हड़प्पाकालीन मृद्भांड

- इस सभ्यता के लोग काले रंग के डिजाइन किए हुए खूबसूरत लाल मिट्टी के बर्तन बनाते थे।
- हड़प्पा मृद्भांडों पर सामान्यतः वृत्त या वृक्ष की आकृतियाँ उत्कीर्ण हैं। कुछ ठीकरों पर मनुष्य की आकृतियाँ भी दिखाई देती हैं।

मृण्मूर्तियाँ

- हड़प्पाई शिल्पी धातु की सुंदर मूर्तियाँ बनाते थे। काँसे की नर्तकी उनकी मूर्तिकला का सर्वश्रेष्ठ उदाहरण है।
- सेलखड़ी की एक मूर्ति के बाएँ कंधे तथा दाएँ हाथ के नीचे अलंकृत वस्त्र है, और सिर के पीछे उसके बालों की छोटी लटें एक बुनी हुई पट्टिका द्वारा संवारी गई है।
- सिंध प्रदेश में बड़ी संख्या में अग्नि में पकी मिट्टी (जो टेराकोटा कहलाती है) की बनी मूर्तिकाएँ (फिगरिंन) मिली हैं।
- मृण्मूर्तिकाओं में पक्षी, कुत्ते, भेड़, गाय-बैल और बंदर की प्रतिकृतियाँ मिलती हैं।
- पुरुषों और स्त्रियों की प्रतिकृतियाँ भी मिलती हैं, जिनमें स्त्रियों की संख्या पुरुषों से अधिक है।
- फेयंस कृत्रिम रूप से तैयार किया जाने वाला टेराकोटा था। यह बालू या स्फटिक पत्थरों के चूर्ण को गोंद में मिलाकर बनाया जाता था। उस पर चिकनी परत चढ़ाई जाती थी।
- इस चिकनी परत के रंग प्रायः नीले या हल्के समुद्री हरे होते थे। फेयंस से मनके, चूड़ियाँ और छोटे बर्तन बनाए जाते थे।

मनका निर्माण

- मुहरों का प्रयोग सामान से भरे उन डिब्बों या थैलों को चिह्नित करने के लिए किया जाता था, जिन्हें एक स्थान से दूसरे स्थान पर भेजा जाता था।
- चन्हूदड़ो शिल्प कार्यों के लिए प्रसिद्ध था, शिल्पकार्यों में मनके बनाना, शंख की कटाई, धातुकर्म, मुहर निर्माण तथा बाट बनाना सम्मिलित थे।
- कार्नीलियन (लाल रंग का), जैस्पर, स्फटिक, क्वार्ट्ज तथा सेलखड़ी जैसे पत्थर, तांबा, कांसा तथा सोने जैसी धातुएँ, शंख, फयॉन्स और पक्की मिट्टी सभी का प्रयोग मनका निर्माण में होता था।
- कुछ मनके दो या उससे अधिक पत्थरों को आपस में जोड़कर बनाए जाते थे और कुछ सोने के टोप वाले पत्थर के होते थे।
- इन मनकों के कई आकार होते थे; जैसे-चक्राकार, बेलनाकार, गोलाकार, ढोलाकार, खंडित आदि। कुछ को उत्कीर्ण या चित्रकारी के माध्यम से सजाया जाता था और कुछ पर रेखाचित्र बनाए गए थे।

माप तथा बाट

- हड़प्पा सभ्यता में बाटों की एक सूक्ष्म या परिशुद्ध प्रणाली प्रचलित थी। ये बाट सामान्यत: चर्ट नामक पत्थर से बनाए जाते थे और ये किसी भी प्रकार के निशान से रहित व घनाकार होते थे। इन बाटों के निचले मानदंड द्विआधारी (1,2,4,8,16,32 इत्यादि 12,800 तक) थे, जबकि ऊपरी मानदंड दशमलव प्रणाली का अनुसरण करते थे।
- बाट के रूप में प्रयोग की गई कई वस्तुओं के अवशेष हड़प्पा स्थलों से प्राप्त हुए हैं, जिनसे स्पष्ट होता है कि तौल में 16 या उसके आवर्तकों का प्रयोग होता था।
- हड़प्पाई लोग मापना भी जानते थे। यहाँ से ऐसे डंडे प्राप्त हुए हैं, जिन पर माप के निशान लगे हुए हैं, इनमें एक डंडा कांसे का भी था।
- लोथल से हाथी दाँत से निर्मित एक पैमाना मिला है, जो हड़प्पा स्थलों में मापन-प्रणाली के ज्ञान की पुष्टि कर सके।

मुहरें

- हड़प्पा सभ्यता की सर्वोत्तम कलाकृतियाँ मुहरें हैं, अब तक लगभग 2000 मुहरें प्राप्त हुई हैं। हड़प्पा सभ्यता के लोग सेलखड़ी पत्थर की मुहरें बनाते थे। इन आयाताकार मुहरों पर सामान्यतः जानवरों के चित्र मिलते हैं।
- इनमें से अधिकांश मुहरों पर लघु लेखों के साथ-साथ एक शृंगी पुश, भैंस, बाघ, बकरी और हाथी की आकृतियाँ उत्कीर्ण थीं।

हड़प्पाकालीन मुहरें

राजनीतिक संरचना

- हड़प्पा सभ्यता की वृहद् संरचना तथा एकरूपता को स्पष्ट करते हुए यह संभावना प्रकट की गई है कि यह क्षेत्र केंद्रीयकृत शासन द्वारा शासित था, किंतु इसका स्पष्ट साक्ष्य प्राप्त नहीं हुआ है।
- हड़प्पा स्थलों से प्राप्त दुर्गीकृत भाग तथा वृहद् निर्माण इस ओर संकेत करते हैं कि यहाँ कोई संप्रभु सत्ता (Sovereign Power) अवश्य रही होगी।
- हड़प्पा तथा मोहनजोदड़ो को इस क्षेत्र की दो राजधानियों के रूप में देखा जाता है।
- यहाँ के निर्माण राजस्व संग्रह की प्रणाली तथा स्थायी सरकार की ओर संकेत करते हैं।
- अनेक विद्वानों ने पुरोहितों के शासन के विषय में बात की है, किंतु सिंधु सभ्यता स्थलों से किसी मंदिर अथवा पूजा स्थल के अवशेष नहीं मिले हैं, जो पुरोहितों के शासन को स्पष्ट कर सकें।

हड़प्पाई लिपि

- हड़प्पा सभ्यता की लिपि को सर्वप्रथम 1875 ई. में अलेक्जेंडर कनिंघम ने प्रकाशित किया था।
- यह लिपि वर्ष 1923 तक प्रकाश में आ गई, किंतु वह अभी तक पढ़ी नहीं जा सकी है।
- हड़प्पाई लेखन के लगभग 4,000 नमूने पत्थर की मुहरों और अन्य वस्तुओं पर मिले हैं।
- इन मुहरों का प्रयोग धनाढ्य लोग अपनी निजी संपत्ति को चिह्नित करने और पहचानने के लिए करते थे।
- हड़प्पा लिपि वर्णात्मक नहीं, बल्कि मुख्यत: **चित्रलेखात्मक** (Pictographic) होती है। अधिकांश अभिलेख संक्षिप्त हैं, सबसे लंबे अभिलेख में लगभग 26 चिह्न हैं।
- हड़प्पाई लिपि में लगभग 375 से 400 तक चित्राक्षर हैं और चित्र के रूप में लिखा प्रत्येक अक्षर किसी ध्यान, भाव या वस्तु का सूचक है।
- हड़प्पा सभ्यता के लेखन में बाउस्ट्रोफेडॉन (Boustrophedon) प्रणाली को अपनाया गया है।
- इसमें लिपि को एक पंक्ति में सीधा और दूसरी पंक्ति में उल्टा (दर्पण प्रतिबिंब की भाँति) लिखा जाता था।
- चित्रात्मक लिपि होने के कारण इसे दाईं ओर से बाईं ओर तथा पुन: बाईं ओर से दाईं ओर लिखे जाने का आभास होता है।

सिंधु सभ्यता का पतन

- लगभग 3900 वर्ष पहले लोगों ने हड़प्पाई नगरों को छोड़ दिया तथा लेखन, मुहर और बाटों का प्रयोग बंद हो गया।
- कच्चे माल का आयात कम हो गया। मोहनजोदड़ो में सड़कों पर कचरे के ढेर बनने लगे, जल निकास प्रणाली नष्ट हो गई और सड़कों पर ही झुग्गीनुमा घर बनाए जाने लगे।
- कुछ विद्वानों का कहना है कि नदियाँ सूख गई थीं और जंगलों का विनाश हो गया था।
- मवेशियों के बड़े-बड़े झुंडों से चरागाह और घास वाले मैदान समाप्त हो गए तथा कुछ क्षेत्रों में बाढ़ आ गई।
- 1,800 ईसा पूर्व तक चोलिस्तान जैसे क्षेत्रों में अधिकांश विकसित हड़प्पा स्थलों को त्याग दिया गया था।
- इसके साथ ही गुजरात, हरियाणा तथा पश्चिमी उत्तर प्रदेश की नई बस्तियों में आबादी बढ़ने लगी थी।

- मार्टिमर व्हीलर ने हड़प्पा सभ्यता के पतन के लिए **बाह्य आक्रमण** (आर्यों के आक्रमण) को उत्तरदायी माना है।
- हड़प्पा संस्कृति लगभग एक हजार वर्ष तक जीवित रही। 1,500 ई. पू. के आस-पास हड़प्पा संस्कृति का पतन हो चुका था।
- कुछ विद्वानों के अनुसार, किसी अज्ञात महामारी या रोग ने बड़ी संख्या में लोगों को क्षति पहुँचाई, जिसके परिणामस्वरूप इस सभ्यता का पतन हो गया।
- जलवायु परिवर्तन के कारण यहाँ की जलवायु शुष्क तथा भूमि रेगिस्तान में बदलने लगी, जिससे हड़प्पा तथा मोहनजोदड़ो जैसे नगर लुप्त हो गए।

पतन के संदर्भ में विभिन्न मत

विद्वान्	मत
गार्डन चाइल्ड एवं व्हीलर	बाह्य एवं आर्यों का आक्रमण
जॉन मार्शल, मैके तथा राव	बाढ़
आरेल स्टाइन, ए. एन घोष	जलवायु परिवर्तन
एम. आर. साहनी	भू-गर्भिक परिवर्तन
जॉन मार्शल	प्रशासनिक शिथिलता
के. यू. आर. कनेडी	प्राकृतिक आपदा

परवर्ती हड़प्पा

- हड़प्पा सभ्यता के पतन के पश्चात् 1,900 ई.पू. में अनेक विस्तीर्ण संस्कृतियों का विकास हुआ, जो नगरीय अवस्था से पृथक् नगरेत्तर संस्कृति का आभास देते हैं।
- हड़प्पा संस्कृति की नगरेत्तर अवस्था को **उपसिंधु संस्कृति** भी कहते हैं। पूर्व में इस संस्कृति को हड़प्पोत्तर कहा जाता था, परंतु वर्तमान में यह उत्तर-हड़प्पा संस्कृति के नाम से जानी जाती है।
- उत्तर-हड़प्पा संस्कृतियाँ मूलत: ताम्रपाषाणिक हैं, जिनमें पत्थर और ताँबे के औजारों का उपयोग होता था।
- गिलुंद एक उत्तर-हड़प्पा संस्कृति थी, जिसकी अवधि 2,000 ई. पू. से 1,500 ई. पू. के मध्य की थी।
- बस्तियों में सबसे बड़ी दैमाबाद की जोरवे बस्ती थी, जो लगभग 22 हेक्टेयर में बसी थी और यहाँ की आबादी लगभग 4,000 थी। इसका स्वरूप 'आद्य-नागरीय' (Proto-Urban) कहा जा सकता है।

सिंधु सभ्यता की देन

- सिंधु सभ्यता के पतन के बावजूद इसकी सातत्यता (Continuity) प्रभावित करती है। इस नगरीय सभ्यता ने अनेक महत्त्वपूर्ण क्षेत्रों में अपना योगदान दिया है।
- सिंधु सभ्यता (हड़प्पा सभ्यता) ने दशमलव पद्धति पर आधारित माप-तोल की प्रणाली प्रदान की, जिसका व्यवहार आधुनिक प्रक्रियाओं में भी यथावत् किया जा रहा है।
- नगर नियोजन तथा निकास प्रणाली हड़प्पा सभ्यता की वैज्ञानिक देन है, जिसे अब भी नगर निर्माण में प्रयुक्त किया जाता है।
- नालियों के साथ मेनहोल का निर्माण आधुनिक 'सीवेज प्रणाली' का भाग है।
- हड़प्पा सभ्यता स्थलों में प्रचलित धार्मिक तथा आध्यात्मिक प्रतीकों को वर्तमान समय में भी यथावत् प्रयोग में लाया जाता है।
- हड़प्पाई लोग लिंग पूजा और पशु को पवित्र मानते थे तथा मातृदेवी की आराधना करते थे। वर्तमान में भी यह प्रचलित है।
- वृक्षों को पवित्र मानना, स्वस्तिक प्रयोग, स्नान का महत्त्व आज भी हड़प्पा सभ्यता की भाँति विद्यमान है।
- योग को हड़प्पा सभ्यता के दौरान भी महत्त्व दिया जाता था।

हड़प्पाई पुरातत्त्व के विकास के प्रमुख चरण

वर्ष	घटनाक्रम
1875	हड़प्पाई मुहर पर कनिंघम की रिपोर्ट
1921	दयाराम साहनी द्वारा हड़प्पा का उत्खनन
1925	मोहनजोदड़ो में उत्खननों का प्रारंभ
1946	आर. ई. एम. व्हीलर द्वारा हड़प्पा में उत्खनन
1953	एस. आर. राव द्वारा लोथल में खुदाई का आरंभ
1960	बी. बी. लाल के नेतृत्व में कालीबंगा में उत्खननों का आरंभ
1974	एम. आर. मुगल द्वारा बहावलपुर में अन्वेषणों का आरंभ
1980	जर्मन-इतालवी संयुक्त दल द्वारा मोहनजोदड़ो में सतह-अन्वेषणों का आरंभ
1986	अमेरिकी दल द्वारा हड़प्पा में उत्खननों का आरंभ
1990-91	आर. एस. बिष्ट द्वारा धौलावीरा में उत्खननों का आरंभ

अतिरिक्त तथ्य
तमिलनाडु बोर्ड एवं NIOS

- हड़प्पावासियों के लिए कृषि जीविका का एक महत्वपूर्ण स्रोत थी। उन्होंने दोहरी फसल प्रणाली अपनाई।
- हड़प्पा के मवेशियों को **जेबू** कहा जाता है। यह एक बड़ी नस्ल है, जो प्रायः अपनी मुहरों से प्रदर्शित होती है।
- **रोहरी चार्ट** चर्ट एक बारीक दाने वाला पत्थर है, जो पाकिस्तान में पाया गया था। इस क्षेत्र में तलछटी चट्टानें पाई गईं थीं। पाकिस्तान में रोहरी का उपयोग किया गया था। हड़प्पावासी इसका प्रयोग पत्थर के ब्लेड और औजार बनाने के लिए करते थे।
- राजस्थान क्षेत्र ताँबे के भण्डार से समद्ध है और हड़प्पावासी ताँबा मुख्य रूप से यहीं स्थित खेतड़ी की खदानों से प्राप्त करते थे।
- कर्नाटक के कोलार क्षेत्र तथा हिमालयी नदियों के नदी तल से सोने की आपूर्ति होती थी। चाँदी का प्रमुख स्रोत राजस्थान की जावर खदानें मानी जाती हैं।
- **कालीबंगा** और **लोथल** जैसे कुछ स्थलों पर अग्निपूजा के प्रमाण मिले हैं।

वैदिक संस्कृति

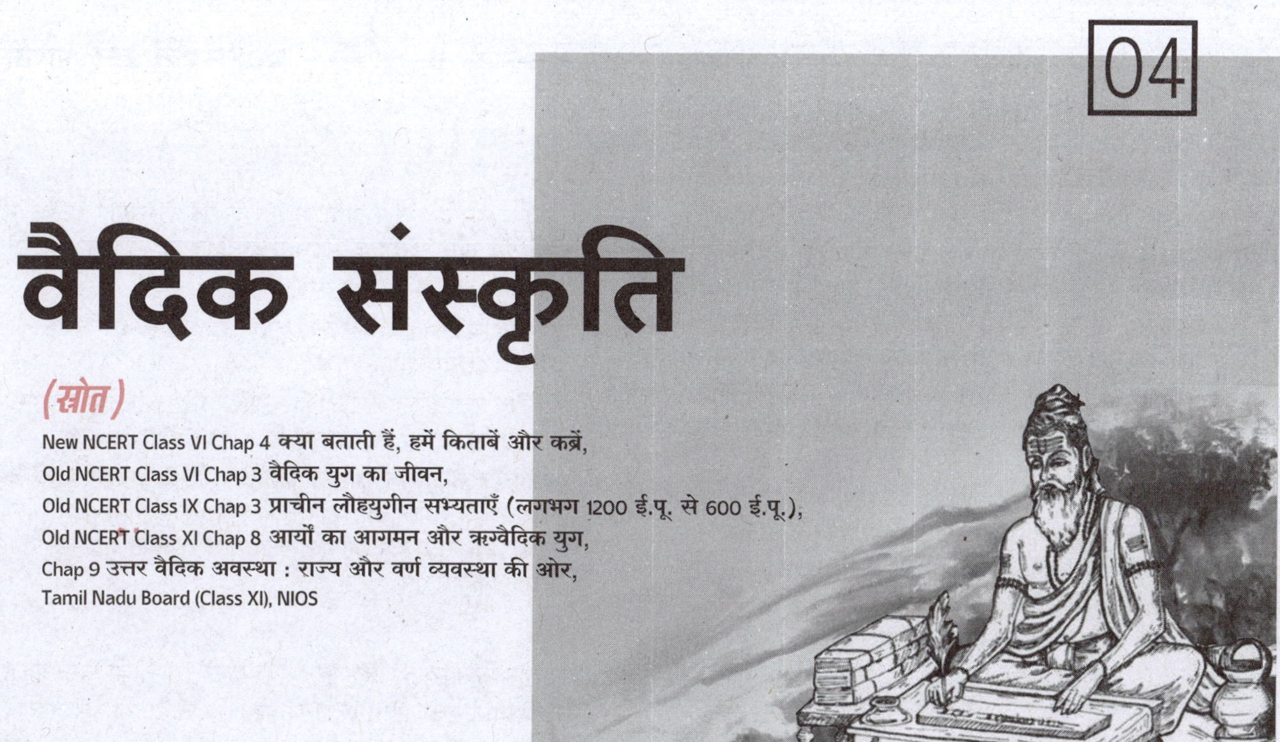

04

(स्रोत)

New NCERT Class VI Chap 4 **क्या बताती हैं, हमें किताबें और कब्रें,**
Old NCERT Class VI Chap 3 **वैदिक युग का जीवन,**
Old NCERT Class IX Chap 3 **प्राचीन लौहयुगीन सभ्यताएँ (लगभग 1200 ई.पू. से 600 ई.पू.),**
Old NCERT Class XI Chap 8 **आर्यों का आगमन और ऋग्वैदिक युग,**
Chap 9 **उत्तर वैदिक अवस्था : राज्य और वर्ण व्यवस्था की ओर,**
Tamil Nadu Board (Class XI), NIOS

आर्यों का आगमन

- आर्य शब्द का तात्पर्य 'श्रेष्ठ' अथवा 'कुलीन' होता है। भारत में आर्यों का आगमन 1,500 ई. पू. से पहले हुआ था।
- 'आर्य' जिस भाषा का प्रयोग करते थे, उसे इंडो-यूरोपीयन परिवार की भाषा माना गया। वेदों की रचना संस्कृत में की गई। इंडो-यूरोपीयन भाषा का सबसे प्राचीन नमूना 1,600 ई. पू. के आस-पास उत्कीर्ण इराक के **कस्साइट अभिलेख** तथा सीरिया के **मितन्नी अभिलेख** से मिलता है।
- आर्यों के मूल निवास पर विद्वानों में मतभेद हैं, किंतु आल्पस पर्वत के पूर्वी क्षेत्र, जिसे यूरेशिया कहा जाता है, संभवत: आर्यों का मूल निवास है।
- भारत में आर्यों ने जिस क्षेत्र में निवास किया, उसे **सप्त सैंधव प्रदेश** कहा जाता है। यह क्षेत्र पूर्वी अफगानिस्तान, पाकिस्तान तथा भारत में पंजाब एवं हरियाणा तक विस्तृत था।
- ऋग्वेद में 'आर्य' शब्द का उल्लेख 36 बार हुआ है, परंतु सामान्यत: इससे सांस्कृतिक समुदाय का बोध होता है। आर्य लोग एक ही प्रजाति से संबंधित नहीं थे, परंतु इनकी प्रारंभिक संस्कृति लगभग समान थी। वे सभी हिंद-यूरोपीय परिवार की भाषा बोलते थे।
- आर्यों का मुख्य व्यवसाय पशुचारण था तथा साथ ही कृषि का स्थान गौण था। यही कारण है कि इसकी पहचान ग्रामीण संस्कृति के रूप में की गई है।
- आर्यों के जीवन में घोड़े का महत्त्व सबसे अधिक था। पालतू घोड़े पहली बार ईसा पूर्व छठी सहस्राब्दि में काला सागर और यूराल पर्वत के क्षेत्र में प्रयोग किए गए थे।
- भारत आगमन के समय आर्य छिद्रवाली कुल्हाड़ी, कांसे की कटार तथा खड्ग का प्रयोग करते थे। आरंभिक आर्यों का निवास पूर्वी अफगानिस्तान, पाकिस्तान और भारत के पंजाब तथा हरियाणा में था।
- आर्यों की सबसे प्रमुख नदी सिंधु है, जिसका ऋग्वेद में अनेक बार उल्लेख किया गया है।
- आर्यों द्वारा उल्लिखित दूसरी नदी सरस्वती है, जिसे 'नदीतम' अर्थात् सर्वश्रेष्ठ नदी कहा गया है।
- भारतीय उपमहाद्वीप में वह संपूर्ण क्षेत्र जिसमें आर्य सबसे पहले बसे उसे 'सात नदियों की भूमि' कहा गया। समुद्र शब्द का उल्लेख ऋग्वेद में मिलता है, जिसे 'जल के संग्रह' के अर्थ में प्रयोग किया गया।

नदियाँ तथा उनके प्राचीन नाम

प्राचीन नाम	नवीन नाम	प्राचीन नाम	नवीन नाम
वितस्ता	झेलम	शुतुद्रि	सतलज
अस्किनी	चिनाब	गोमल	गोमती
परुष्णी	रावी	कुभा	काबुल
विपासा	व्यास	सरस्वती	घग्गर

वैदिक साहित्य

वैदिक साहित्य में चार वेदों–ब्राह्मण, आरण्यक, उपनिषद् एवं वेदांग को शामिल किया जाता है, जिनका विवरण निम्न प्रकार है

वेद

वेद शब्द 'विद्' धातु से बना है, जिसका अर्थ है- जानना अर्थात् ज्ञान। वेदों के संकलनकर्ता **कृष्णद्वैपायन** थे। इन्हें वेदों के पृथक्करण-व्यास के कारण **वेदव्यास** भी कहा जाता है। चारों वेदों को सम्मिलित रूप से **संहिता** कहा जाता है। वेदों की रचना देवताओं द्वारा किए जाने के कारण इसे **अपौरुषेय** कहा जाता है।

इनमें ऋग्वेद, यजुर्वेद एवं सामवेद को सम्मिलित रूप से **वेदत्रयी** कहा जाता है, जो इस प्रकार हैं

(i) **ऋग्वेद** इसमें 10 मंडल, 1,028 सूक्त और 11 बालखिल्य सूक्त शामिल हैं। सूक्त का अर्थ है-अच्छी तरह से बोला गया। ऋग्वेद की भाषा वैदिक संस्कृत (प्राक् संस्कृत) थी। ऋग्वेद का दूसरे से सातवाँ मंडल सर्वाधिक प्राचीन है। दसवाँ मंडल सबसे नवीन है। ऋग्वेद का पाठ करने वाला 'होता' या 'होतृ' कहलाता था। ऋग्वेद के दूसरे से आठवें मंडल के रचयिता क्रमश: गृत्समद, विश्वामित्र, वामदेव, अत्रि, भारद्वाज, वशिष्ठ, कण्व तथा अंगिरा हैं।

ऋग्वेद की पाँच शाखाएँ हैं-शाकल, वाष्कल, आश्वलायन, शंखायन तथा मण्डूकायन। नौवाँ मंडल सोम को समर्पित है। ऋग्वेद के दशवें मंडल में, जिसे पुरुषसूक्त भी कहा जाता है, सर्वप्रथम शूद्रों का उल्लेख मिलता है। ऋग्वेद और ईरानी ग्रंथ जेन्द अवेस्ता में समानता पाई जाती है। ऋग्वेद में की गई प्रार्थनाओं को सूक्त कहा गया है। सूक्त का तात्पर्य 'अच्छी तरह से बोला गया' होता है, जो देवी-देवताओं की स्तुतियों से संबंधित है।

(ii) **सामवेद** इसके अंतर्गत कुल 1,875 ऋचाओं में से 75 सूक्तों को छोड़कर शेष ऋग्वेद से लिए गए हैं। यह भारतीय संगीतशास्त्र की प्राचीनतम पुस्तक है। सामवेद का गायन करने वाला **उद्गाता** या **उद्गातृ** कहलाता था। इसकी तीन शाखाएँ हैं- **कौथुम, जैमिनीय** एवं **राणायनीय**। सामवेद का प्रथम द्रष्टा वेदव्यास के शिष्य जैमिनी को माना जाता है।

(iii) **यजुर्वेद** इस ग्रंथ में गद्य एवं पद्य में लिखित यज्ञ की विधियों पर बल दिया गया है। इसमें 40 मंडल तथा 2,000 मंत्र हैं। इसके दो भाग-कृष्ण यजुर्वेद व शुक्ल यजुर्वेद हैं। शुक्ल यजुर्वेद से 'वाजसनेयी संहिता' संबद्ध है। यजुर्वेद का पाठ करने वाले को अध्वर्यु कहा जाता था। कृष्ण यजुर्वेद 'गद्य' में तथा शुक्ल यजुर्वेद 'पद्य' में रचित है।

(iv) **अथर्ववेद** इसकी रचना अथर्वा ऋषि ने की थी। इसमें तंत्र-मंत्र संकलित हैं। इसमें तत्कालीन भारतीय औषधि एवं विज्ञान संबंधी जानकारी मिलती है। इसमें रोग तथा उसके निवारण के साधन के रूप में जादू-टोनों आदि की जानकारी दी गई है, इसकी दो शाखाएँ हैं-**शौनक** एवं **पिप्पलाद**।

ब्राह्मण ग्रंथ

- वेदों की विशिष्ट व्याख्या के लिए ब्राह्मण ग्रंथों की रचना की गई। ये गद्य रूप में लिखे गए हैं।
- सभी ब्राह्मण ग्रंथों का संबंध किसी-न-किसी वेद से जुड़ा है। इन ग्रंथों में वेदों के सूक्तों की व्याख्या तथा धार्मिक अनुष्ठानों का विशद् वर्णन मिलता है।
- ब्राह्मण ग्रंथों का रचयिता याज्ञवल्क्य मुनि को माना जाता है। ऐतरेय, कौशितकी, जैमिनीय इत्यादि प्रमुख ब्राह्मण ग्रंथ हैं।

आरण्यक

- 'आरण्यक' शब्द अरण्य (Forest) से बना है, जिसका अर्थ- वन है। यह ब्राह्मण ग्रंथों का परिशिष्ट है।
- इस ग्रंथ में रहस्यवादी सिद्धांतों का विवरण मिलता है। इसमें जन्म, मृत्यु, पुनर्जन्म इत्यादि का विशद् विवरण दिया गया है।

उपनिषद्

- उपनिषद् का अर्थ उस विद्या से है, जो गुरु के समीप बैठकर सीखी जाती है। इसमें ब्रह्म और आत्मा के संबंध में दार्शनिक चिंतन दिया गया है।
- उपनिषद् भारतीय दर्शन के प्रस्थान बिंदु हैं।
- उपनिषदों को 'वेदांत' भी कहा जाता है, क्योंकि इनमें वेदों का सर्वोच्च और अंतिम उद्देश्य बताया गया है।
- उपनिषद् उत्तर वैदिक ग्रंथ का हिस्सा थे, जो आत्मा तथा ब्रह्म (सार्वभौम आत्मा) के दार्शनिक विचारों का संकलन है।
- यह विचार सामान्यत: वार्तालाप के रूप में प्रस्तुत किए गए, जिनमें सामान्यत: पुरुष ब्राह्मण तथा राजा शामिल होते थे, किंतु कभी-कभी गार्गी जैसी महिला विदुषी तथा सत्यकाम जाबाल जैसे दास के वार्तालाप को उपनिषद् दर्शन में शामिल किया गया।

वेदांग

वेदांग ज्ञान में सहायक शास्त्र है। इसकी संख्या 6 है, जो निम्न प्रकार है

(i) **शिक्षा** इसका संबंध उच्चारण की विधि से है तथा इसका उद्देश्य वैदिक मंत्रों के विशुद्ध उच्चारण से है।

(ii) **कल्प** इसका संबंध यज्ञों के नियम से है।

(iii) **व्याकरण** इसे वेदों का मुख कहते हैं तथा इसका संबंध शब्दों के यथार्थ ज्ञान से है।

(iv) **ज्योतिष** इसमें वैदिक यज्ञों तथा अनुष्ठानों का समय बताया जाता है।

(v) **छंद** इसे वेदों का आवरण कहा जाता है। इसका उद्देश्य वैदिक मंत्रों के समुचित पाठ की सुरक्षा से है।

(vi) **निरुक्त** इसका तात्पर्य वेदों में दिए गए शब्दों के अर्थ से है। इसे 'वेद की आत्मा' कहा गया है।

वेदों के ब्राह्मण, आरण्यक तथा उपनिषद्

वेद	ब्राह्मण	आरण्यक	उपनिषद्	उपवेद
ऋग्वेद	ऐतरेय, कौशितकी	ऐतरेय, कौशितकी	ऐतरेय, कौशितकी	आयुर्वेद
सामवेद	पंचविश, छांदोग्य, षड्विश, जैमिनीय	छांदोग्य, जैमिनीय	छांदोग्य, केन	गंधर्ववेद
यजुर्वेद	तैत्तरीय, शतपथ	वृहदारण्यक, तैत्तरीय	श्वेताश्वतर, वृहदारण्यक, ईश, मैत्रायणी, कठ, तैत्तरीय	धनुर्वेद
अथर्ववेद	गोपथ	–	मुंडक, प्रश्न, मांडुक्य	शिल्पवेद

सूत्र साहित्य

- छठी शताब्दी ई. पू. से तीसरी शताब्दी ई. पू. का काल **सूत्रकाल** कहलाता है। इस समय सूत्र साहित्य की रचना हुई।
- सूत्र साहित्यों में समाज तथा व्यवस्था के लिए महत्त्वपूर्ण विधियों एवं आचार-विचारों पर चर्चा की गई है।
- सूत्रकाल तक आते-आते वर्ण जातियों में परिवर्तित हो गए। जातियों का आधार कर्म न होकर जन्म हो गया।
- प्रथम तीन वर्णों–ब्राह्मण, क्षत्रिय और वैश्य को द्विज कहा गया तथा इन्हें शूद्रों से पृथक् माना जाने लगा।

सूत्र साहित्य का विवरण

कल्प सूत्र	विधि एवं नियमों का प्रतिपादन
श्रौत सूत्र	यज्ञ से संबंधित विस्तृत विधि-विधानों की व्याख्या
शुल्व सूत्र	इसमें यज्ञ स्थल तथा अग्निवेदी के निर्माण, माप से संबंधित नियम तथा भारतीय ज्यामिति के प्रारंभिक रूप की प्रतीति है
धर्म सूत्र	सामाजिक-धार्मिक कानून तथा आचार-संहिता
गृह सूत्र	मनुष्य के लौकिक एवं पारलौकिक कर्त्तव्य

संस्कृत तथा अन्य भाषाएँ

- साहित्य के विकास तथा संवर्द्धन में भाषा की प्रमुख भूमिका होती है। संस्कृत भाषा, भारोपीय (भारत-यूरोपीय) भाषा परिवार का हिस्सा है। भारत की अन्य भाषाओं में असमिया, गुजराती, हिंदी, कश्मीरी, सिंधी आदि तथा एशियाई भाषाओं में फारसी तथा यूरोप की फ्रांसीसी, जर्मन, यूनानी, इतावली आदि इसी भाषा परिवार से जुड़ी हैं।
- भारतीय उपमहाद्वीप में दूसरे भाषा परिवार की भाषाओं का प्रयोग होता रहा है; जैस-पूर्वोत्तर क्षेत्र में तिब्बत-बर्मा परिवार की भाषाएँ, द्रविड़ भाषा परिवार में तमिल, तेलुगू, कन्नड़, मलयालम तथा ऑस्ट्रो एशियाटिक भाषा परिवार में मध्य भारत तथा झारखण्ड में बोली जाने वाली भाषाएँ शामिल हैं।

वैदिक काल

अध्ययन की सुविधा की दृष्टि से वैदिक संस्कृति को दो भागों में बाँटा गया है- (i) ऋग्वैदिक काल (1,500-1,000 ई. पू.) तथा (ii) उत्तर वैदिक काल (1,000-600 ई. पू.)।

ऋग्वैदिक काल

ऋग्वैदिक काल की जानकारी का एकमात्र स्रोत **ऋग्वेद** है। इस काल में आर्यों का जीवन कबीलाई प्रकार का था। इस काल को निम्न शीर्षकों के माध्यम से समझा जा सकता है

राजनीतिक संरचना

- ऋग्वैदिक काल में कबीला प्रशासन का केंद्र था। कबीले का प्रमुख प्रशासन-तंत्र का प्रधान होता था। वह राजन (अर्थात् राजा) कहलाता था। ऋग्वैदिक काल में राजा का पद आनुवंशिक था।
- ऋग्वैदिक कालीन राजा बाद के राजाओं से भिन्न थे, जिनके पास न तो सेना होती थी, न कराधान की शक्ति और न ही महल या राजधानी । यह पद वंशानुगत नहीं था।
- राजा एक प्रकार का सरदार था। इसके हाथ में असीमित अधिकार नहीं रहते थे, क्योंकि इसे कबायली संस्थाओं से परामर्श लेना पड़ता था।
- ऋग्वैदिक काल में कबीलों या कुलों के आधार पर अनेक संस्थाएँ बनी थी; जैसे-सभा, समिति, विदथ और गण आदि।
- कबीले की आम सभा, जो समिति कहलाती थी, अपने राजा को चुनती थी। ऋग्वैदिक काल में स्त्रियाँ भी सभा और विदथ में भाग लेती थीं। सभा और समिति दोनों संस्थाएँ इतनी महत्त्वपूर्ण थीं कि प्रधान या राजा भी समर्थन के लिए प्रतीक्षारत् रहते थे।
- समिति में कोई भी व्यक्ति अपना स्पष्ट परामर्श दे सकता था। स्पष्ट होता है कि सभा चुने हुए लोगों की एक छोटी संस्था थी। दैनिक प्रशासन में कुछ अधिकारी राजा की सहायता करते थे। सबसे महत्त्वपूर्ण अधिकारी पुरोहित होता था।
- ऋग्वेद-काल में **वशिष्ठ** और **विश्वामित्र** दो महान् पुरोहित हुए। वशिष्ठ रूढ़िवादी थे और विश्वामित्र उदार थे। ऋग्वैदिक काल में लोगों को आर्य बनाने के लिए विश्वामित्र ने गायत्री मंत्र की रचना की।
- ऐसा कोई अधिकारी स्पष्ट नहीं है, जो कर वसूलता हो। संभवत: प्रजा स्वयं राजा को उसका अंश स्वेच्छा से दे देती थी, इस अंश का नाम बलि अर्थात् चढ़ावा था।
- चारागाह या बड़े जत्थे का प्रधान **व्राजपति** कहलाता था, वहीं परिवारों के प्रधानों को, जो **कुलपा** कहलाते थे अथवा लड़ाकू दलों के प्रधानों को, जो **ग्रामणी** कहलाते थे, को राजा एक साथ करके युद्ध में ले जाता था।
- आरंभ में ग्रामणी छोटी-सी कबायली तथा लड़ाकू टोली का मुखिया होता था, परंतु बाद में जब ऐसी टोली स्थिरवासी हो गई, तब ग्रामणी सभी गाँवों का मुखिया हो गया और कालांतर में वही व्राजपति बन गया।
- इसके अतिरिक्त व्रात, गण, ग्राम और सर्ध नाम से विदित विभिन्न कबायली टोलियाँ लड़ाई लड़ती थीं।

सामाजिक स्थिति

- समाज में लोगों का वर्गीकरण काम, भाषा, परिवार या समुदाय, निवास स्थान आदि के आधार पर किया जा रहा है। ऋग्वेद में काम के आधार पर सामाजिक वर्गीकरण किया गया था। ऋग्वेद में पुरोहित (यज्ञ, अनुष्ठान का कार्य) तथा राजा का उल्लेख इसी संदर्भ को दर्शाता है।
- पूर्ववैदिक काल में सामाजिक संगठन का आधार गोत्र या जन्ममूलक संबंध था। कई ऋग्वैदिक राजाओं के नामों से ज्ञात होता है कि व्यक्ति की पहचान उसके कुल या गोत्र से होती थी।
- ऋग्वेद में जन शब्द का उल्लेख लगभग 275 बार हुआ है, परंतु जनपद अर्थात् राज्यक्षेत्र शब्द का उल्लेख एक बार भी नहीं हुआ है।
- ऋग्वेद में दूसरा महत्त्वपूर्ण शब्द विश् है, जो कबीले के अर्थ में मिलता है। इसका अनुवाद गोत्र या कलैन में भी किया जाता है।
- ऋग्वेद में विश् का उल्लेख 170 बार हुआ है, संभवत: विश् को लड़ाई के उद्देश्य से ग्राम नामक टोलियों में बाँटा गया था तथा वैश्य नामक बहुसंख्यक वर्ण का उदय इसी विश् या कबायली जनसमूह से हुआ है।
- रोमन साम्राज्य की भाँति ऋग्वैदिक समाज पितृसत्तात्मक परिवार था, जिसमें पिता मुखिया होता था। इस समाज में लोग सदैव वीर पुत्रों की प्राप्ति के लिए देवताओं से प्रार्थना करते थे।
- ऋग्वेद में पुत्री के लिए कामना व्यक्त नहीं की गई है, जबकि प्रजा (संतान) और पशु की कामना सूक्तों में बार-बार आई है।
- विवाह नामक संस्था स्थापित हो चुकी थी, यद्यपि कुछ आदिम प्रथाओं के अवशेष का भी आभास मिलता है। इस काल में **बहुपति-प्रथा** के भी कुछ संकेत मिले हैं, उदाहरणार्थ मरुतों ने रोदसी को मिलकर भोगा और सूर्य की पुत्री सूर्या दोनों अश्विन भाइयों के साथ रहती थी, लेकिन ऐसे उदाहरण अत्यधिक नहीं हैं।
- ऋग्वेद में **नियोग-प्रथा** और **विधवा विवाह** के प्रचलन का भी आभास होता है, परंतु इसमें बाल विवाह का कोई उदाहरण नहीं मिलता।
- ऋग्वैदिक काल में सोलह-सत्रह वर्ष की आयु में विवाह होता था। इस समय बाल विवाह की चर्चा नहीं मिलती है।
- वर्ण शब्द का प्रयोग रंग के अर्थ में होता था और प्रतीत होता है कि आर्य भाषायी गौरे वर्ण के थे और मूलवासी लोग काले रंग के थे।

- ऋग्वैदिक कबायली समाज तीन वर्गों में बँट गया-योद्धा, पुरोहित और सामान्य लोग (प्रजा)। इस प्रकार का विभाजन ईरान में भी हुआ था।
- चौथा वर्ग जो शूद्र कहलाता था, ऋग्वेद काल के अंत में स्पष्ट होता है, क्योंकि इसका सर्वप्रथम उल्लेख ऋग्वेद के **दसवें मंडल** के 'पुरुष सूक्त' में किया गया है, जो संभवत: अंत में जोड़ा गया है।
- ऋग्वेद के युग में ही व्यवसाय के आधार पर समाज में विभेदीकरण आरंभ हुआ, किंतु यह विभेदीकरण अधिक स्पष्ट नहीं था। आरंभ में ब्राह्मणों और क्षत्रियों का दर्जा समान था, परंतु धीरे-धीरे ब्राह्मण इतने प्रभावशाली हो गए कि उन्होंने समाज में प्रथम स्थान प्राप्त कर लिया।

आर्यों का जनजातीय संघर्ष

- भारत में आर्यों का दास, दस्यु आदि नाम के स्थानीय जनों से संघर्ष हुआ। ऋग्वेद में वर्णित है कि भरत वंश के राजा दिवोदास ने शंबर को पराजित किया था।
- ऋग्वेद में दस्यु हत्या शब्द का उल्लेख मिलता है, परंतु दास हत्या शब्द का प्रयोग एक बार भी नहीं मिलता।
- आर्य सर्वप्रथम पंजाब में आकर बस गए। धीरे-धीरे वे दक्षिण-पूर्व की ओर बढ़कर दिल्ली के उत्तरी क्षेत्र तक पहुँच गए।
- इंद्र ने आर्यों के शत्रुओं को पराजित किया था। ऋग्वेद में इंद्र को **पुरंदर** कहा गया है, जिसका अर्थ है- दुर्गों को तोड़ने वाला।
- परंपरानुसार आर्यों के पाँच कबीले अर्थात् जन थे, जिनका समुदाय **पंचजन** कहलाता था।
- भरत और त्रित्सु आर्यों के शासक वंश थे और पुरोहित वशिष्ठ दोनों वंशों के समर्थक थे।
- बाद में चलकर इस देश का नाम इसी भरत कुल के आधार पर भारतवर्ष पड़ा, इसका उल्लेख ऋग्वेद में मिलता है।
- भरत और दस राजाओं के बीच जो लड़ाई हुई, वह दाशराज्ञ युद्ध **दस राजाओं के बीच युद्ध** (दसराज युद्ध) के रूप में विदित है।
- यह युद्ध परुष्णी नदी के तट पर लड़ा गया था, इसकी पहचान रावी नदी से की जाती थी। इस युद्ध में सुदास विजयी हुआ।

धार्मिक स्थिति

- ऋग्वेद में सबसे अधिक प्रतापी देवता **इंद्र** है, जिन्हें पुरंदर अर्थात् **किले को तोड़ने वाला** कहा गया है।
- **इंद्र** आर्यों के युद्ध नेता के रूप में चित्रित हैं, जिसने असुरों से लड़ने में आर्य-सैनिकों का नेतृत्व किया और उन्हें विजय दिलाई। इंद्र पर 250 सूक्त हैं। ये बादलों के देवता माने गए हैं, जो वर्षा करते हैं।
- **अग्नि** देवता का स्थान दूसरा है, इस पर 200 सूक्त हैं। अग्नि की उपासना न केवल भारत में अपितु ईरान में भी की जाती रही है। वैदिक काल में अग्नि ने देवताओं और मानवों के बीच मध्यस्थ का कार्य किया था।
- **वरुण** को जल या समुद्र का देवता माना गया है, इसे ऋतु अर्थात् प्राकृतिक सन्तुलन का रक्षक कहा गया है और यह समझा जाता था कि जगत में, जो भी घटना होती है, वह इसी की इच्छा का परिणाम है।
- **सोम** को वनस्पतियों का अधिपति माना गया है और मादक रस का नाम इसी के नाम पर पड़ा है तथा मरुत आँधी के देवता हैं।
- देवताओं में कुछ देवियाँ भी हैं; जैसे- अदिति और ऊषा, जो प्रभात के समय के प्रतिरूप हैं। देवताओं की उपासना की मुख्य रीति थी- स्तुति पाठ करना और यज्ञ-बलि (चढ़ावा) अर्पित करना। ऋग्वेद में स्तुति पाठ अधिक प्रचलित था। प्रत्येक कबीले या गोत्र का अपना अलग देवता होता था। स्तुति पाठ कबीले या गौत्र के लोग समवेत स्वर में करते थे तथा इंद्र और अग्नि समस्त जन द्वारा दी गई बलि ग्रहण करने के लिए आहूत होते थे।
- बलि या यज्ञाहुति में शाक, जौ आदि वस्तुएँ दी जाती थीं, परंतु ऋग्वैदिक काल में ये वस्तुएँ चढ़ाते समय आनुष्ठानिक या याज्ञिक मंत्र नहीं पढ़े जाते थे।

आर्थिक स्थिति

- आर्यों ने आरायुक्त पहिया चलाया, जो सबसे पहले कौकेसस क्षेत्र में 2,300 ई. पू. में प्रयोग में लाया गया था।
- आर्य भारतीय उपमहादेश के पश्चिमी भाग में बसे तथा वहाँ से उन्हें राजस्थान की खेत्री खानों से ताँबे की प्राप्ति हुई।
- ऋग्वैदिक लोगों को खेती की अधिक जानकारी थी। ऋग्वेद के प्राचीनतम भाग में फाल का उल्लेख मिलता है, ये फाल लकड़ी के थे।
- ऋग्वेद में गाय और साँड की चर्चा है कि ऋग्वैदिक आर्यों को मुख्य रूप से पशुचारण कहा गया है।
- ऋग्वेद में युद्ध का पर्याय **गाविष्टि** (गाय का अन्वेषण) है। यहाँ गाय को सबसे उत्तम धन माना जाता था।
- ऋग्वेद काल में व्यापार वस्तु विनिमय पर आधारित था। व्यापारियों के लिए 'पणि' शब्द का प्रयोग हुआ है।
- ऋग्वेद अर्थव्यवस्था मुख्य रूप से ग्रामीण अर्थव्यवस्था थी। कृषि इस अर्थव्यवस्था का मुख्य आधार था। ऋग्वेद में बढ़ई, रथकार, बुनकर, चर्मकार, कुम्हार आदि शिल्पियों का उल्लेख मिलता है।
- ताँबे या काँसे के अर्थ में 'अयस' शब्द के प्रयोग से प्रकट होता है कि उन्हें धातुकर्म की जानकारी थी। लोहा तथा चाँदी का उल्लेख ऋग्वेद में नहीं मिलता है।
- इसमें नियमित व्यापार के होने का कोई स्पष्ट प्रमाण नहीं मिलता है। आर्य जन या वैदिक जन का अधिक संबंध स्थल मार्ग से था, क्योंकि ऋग्वेद में उल्लिखित समुद्र शब्द मुख्यत: जल राशि का वाचक है।
- हरियाणा में भगवानपुरा तथा पंजाब में तीन स्थलों की खुदाई में उन्हें ऋग्वैदिक कालीन स्थल माना गया है, यहाँ से लोहे की वस्तु के प्रमाण नहीं मिले हैं।

उत्तर वैदिक काल

- उत्तर वैदिक काल का इतिहास उन वैदिक ग्रंथों पर आधारित है, जिनकी रचना ऋग्वैदिक काल के पश्चात् हुई।
- उत्खनन और अनुसंधान के फलस्वरूप उत्तर वैदिक काल और उत्तरी गंगा के मैदान में लगभग 700 स्थल प्रकाश में आए, जहाँ सबसे पहले बस्तियाँ स्थापित हुई थीं।
- उत्तरी गंगा के मैदान में पाए गए स्थलों को **चित्रित धूसर मृद्भांड** (PGW-Painted Gray Ware) स्थल कहते हैं, क्योंकि यहाँ के निवासी मिट्टी के चित्रित और भूरे रंग के कटोरे और थालियों का प्रयोग करते थे।
- उत्तर वैदिक कालीन ग्रंथ और चित्रित धूसर मृद्भांड तथा लौह अवस्था के पुरातत्त्व से आभास होता है कि ईसा पूर्व प्रथम शताब्दी के पूर्वार्द्ध में पश्चिमी उत्तर प्रदेश और पंजाब, हरियाणा और राजस्थान में आर्यों का निवास था।

- भरत और कुरु इस काल के प्रसिद्ध कबीले थे, जो सरस्वती और दृष्द्वती नदियों के समीप रहते थे।
- कुरुओं ने दिल्ली क्षेत्र और दोआब के ऊपरी भाग पर अधिकार कर लिया, जो कुरुक्षेत्र नाम से प्रसिद्ध हुआ।
- कुरु तथा पंचालों ने हस्तिनापुर को अपनी राजधानी बनाया, जो मेरठ जिले में स्थित है। कुरु कुल का इतिहास महाभारत युद्ध को लेकर प्रसिद्ध है, जिस पर महाभारत नामक महाकाव्य आधारित है।
- महाभारत का युद्ध 950 ई. पू. के आस-पास कौरवों और पांडवों के बीच हुआ था, हालाँकि ये दोनों कुरु कुल के ही थे, इस युद्ध के फलस्वरूप वस्तुत: सभी कुरुवंशियों का विनाश हो गया।
- प्राचीन कथाओं के अनुसार हस्तिनापुर बाढ़ में बह गया और कुरुवंश में जो जीवित रहे वे इलाहाबाद (अब प्रयागराज) के पास कौशांबी में आकर बस गए।
- उत्तर वैदिक काल का अंत होते-होते 600 ई. पू. के आस-पास वैदिक लोग दोआब से पूरब की ओर पूर्वी उत्तर प्रदेश के कोसल और उत्तरी बिहार के विदेह में बस गए।
- विस्तार के द्वितीय दौर में (पहला ऋग्वैदिक काल में) वैदिक लोग इसलिए सफल हुए, क्योंकि उनके पास लोहे के हथियार और अश्वचालित रथ थे।
- लगभग 1,000 ई. पू. में लोहा कर्नाटक के धारवार जिले में मिलता था। इसके अतिरिक्त पूर्वी पंजाब, पश्चिमी उत्तर प्रदेश, राजस्थान और मध्य प्रदेश से भी लोहे के प्रयोग के साक्ष्य मिले हैं।
- उत्तर वैदिक ग्रंथों में लौह धातु को श्याम या कृष्ण अयस नाम से संबोधित किया गया है।

राजनीतिक संरचना

- उत्तर वैदिक काल में **विदथ** नामक संस्था का लोप हो गया तथा सभा और समिति में राजाओं एवं अभिजात्य वर्ग का वर्चस्व स्थापित हो गया।
- सभा नामक संस्था में स्त्रियों का प्रवेश निषिद्ध हो गया, साथ ही इसमें कुलीनों तथा ब्राह्मण वर्ग का प्राबल्य (वर्चस्व) स्थापित हो गया।
- उत्तर वैदिक काल में पांचाल एक जन या कबीले का नाम था, कालांतर में यह प्रदेश का नाम हो गया।
- राष्ट्र शब्द का उल्लेख सर्वप्रथम उत्तर वैदिक काल में मिलता है, इसे प्रदेश अथवा क्षेत्र के नाम से भी जाना जाता है।
- उत्तर वैदिक काल में राज्य के प्रधान या राजा का निर्वाचन होता था, जो व्यक्ति शारीरिक रूप में स्वस्थ तथा अन्य गुणों में सर्वश्रेष्ठ होता था, उसे ही राजा चुना जाता था। राजा का पद आनुवंशिक बन गया, इसके अंतर्गत राजा का पद सामान्यत: उसके ज्येष्ठ पुत्र को मिलता था।
- अथर्ववेद में सभा तथा समिति को प्रजापति की दो पुत्रियाँ कहा गया है। राजा की उत्पत्ति का सिद्धांत सर्वप्रथम ऐतरेय ब्राह्मण में मिलता है।
- राजा के अधिकार में इस समय (उत्तर वैदिक काल) में वृद्धि हुई थी। इसके परिणामस्वरूप अलग-अलग दिशाओं के शासक पृथक् नामों से जाने जाते थे। पूर्व के शासक को सम्राट, पश्चिम के शासक को स्वराट, उत्तर के शासक को विराट तथा दक्षिण के शासक को भोज कहा जाता था।
- शतपथ ब्राह्मण में राज्य के 12 उच्च अधिकारियों की चर्चा मिलती है, जिन्हें 'रत्निन' कहा गया। रत्निनों में शामिल थे-सेनानी, पुरोहित, युवराज, महिषी सूत, ग्रामणी, संग्रिहित्री, भागादुध, क्षेत्रपाल, अक्षावाप, गोविनकर्तान तथा पालागल।

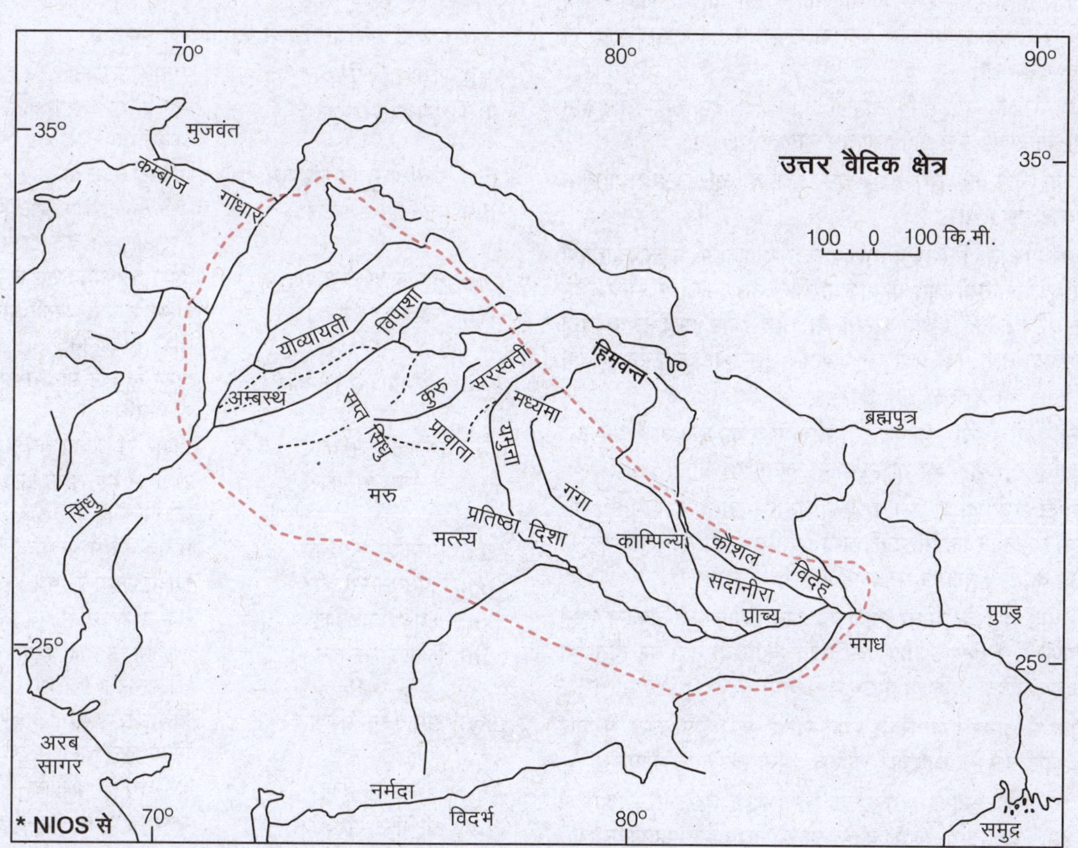

वैदिक राजनीतिक/प्रशासनिक संरचना

पद	कार्य	पद	कार्य
राजा	सेना का प्रमुख	क्षेत्रपाल	प्रतिहारी
युवराज	राजकुमार	अक्षावापा	लेखाधिकारी
पुरोहित	राजा का परामर्शदाता	संग्रिहित्री	कोषाध्यक्ष
महिषी	मुख्य रानी	भागादुध	राजस्व संग्राहक
पालागल	विदूषक	ग्रामणी	गाँव का मुखिया
गोविनकर्तान	जंगल विभाग का प्रधान	सूत	राजा का सारथी

सामाजिक स्थिति

- उत्तर वैदिक काल में समाज चार वर्णों-ब्राह्मण, राजन्य या क्षत्रिय, वैश्य और शूद्र में विभाजित था।
- यज्ञ का अनुष्ठान अत्यधिक बढ़ गया, जिससे ब्राह्मणों की शक्ति में अपार वृद्धि हुई।
- राजाओं के परिजन होते हुए भी वैश्य जनसामान्य की कोटि में रखे गए और उन्हें उत्पादन संबंधी कार्य सौंपा गया; जैसे- कृषि, पशुपालन आदि।
- उनमें से कुछ लोग पंसारी या शिल्पी का कार्य भी करते थे, इस काल में केवल वैश्य ही राजस्व चुकाते थे।
- वर्ण व्यवस्था में ऊपर के तीन वर्णों की सामान्य विशेषता यह थी कि वे उपनयन संस्कार के अधिकारी थे अर्थात् वैदिक मंत्रों के साथ यज्ञोपवीत धारण करने का अनुष्ठान करा सकते थे।
- चौथा वर्ण (शूद्र) उपनयन-संस्कार का अधिकारी नहीं था, वह गायत्री मंत्र का उच्चारण नहीं कर सकता था और यहीं से उपनयन का अभाव शूद्र की दासता का द्योतक बन गया।
- ऐतरेय ब्राह्मण ग्रंथ में कहा गया है कि ब्राह्मण जीविका चाहने वाला और दान लेने वाला है, लेकिन राजा उन्हें अपदस्थ कर सकता था।
- शिल्पियों में रथकार जैसे कुछ वर्गों का स्थान ऊँचा था और उन्हें यज्ञोपवीत पहनने का अधिकार प्राप्त था।
- स्त्रियों का दर्जा सामान्यत: निम्न था, यद्यपि कुछ महिलाओं ने शास्त्रार्थों में भाग लिया और कुछ रानियाँ पति के राज्याभिषेक अनुष्ठानों में साथ रहीं, परंतु सामान्यत: स्त्रियों का स्थान पुरुषों के नीचे और अधीनस्थ माना जाने लगा। सती प्रथा तथा पर्दा प्रथा का प्रचलन उत्तर वैदिक काल में नहीं था, परंतु बाल विवाह का प्रचलन था।
- उत्तर वैदिक काल में गोत्र प्रथा स्थापित हुई। गोत्र शब्द का मूल अर्थ है-गोष्ठ या वह स्थान जहाँ समूचे कुल का गोधन पाला जाता था।
- कालांतर में गोत्र का अर्थ एक ही मूल पुरुष से उत्पन्न लोगों का समुदाय था। तत्पश्चात् गोत्र से बाहर विवाह करने की प्रथा प्रचलित हुई। तदनुसार एक ही गोत्र या मूल पुरुष के बीच आपस में विवाह निषिद्ध हो गया।
- 1000 ई.पू. के बाद वर्ण के भीतर गोत्र की अवधारणा का विकास हुआ (विशेषतया ब्राह्मणों में)। प्रत्येक गोत्र एक वैदिक ऋषि के नाम पर होता था तथा गोत्र के सदस्य वैदिक ऋषि के वंशज माने जाते थे।
- उत्तर वैदिक काल में **आश्रम व्यवस्था** स्थापित हो गई। इस काल में चार आश्रम स्पष्ट दिखाई देते हैं- ब्रह्मचर्य, गृहस्थ, वानप्रस्थ और संन्यास।
- गृहस्थ आश्रम को सभी आश्रमों में श्रेष्ठ माना गया है, इस आश्रम में पंचमहायज्ञ व त्रिवर्ग (धर्म, अर्थ, काम) व त्रिऋण से निवृत्त होना आवश्यक था।
- त्रिऋण मनुष्य को गृहस्थ आश्रम में 3 ऋणों से उऋण होना आवश्यक था
  (i) ऋषि ऋण-वैदिक ग्रंथों का अध्ययन करना
  (ii) पितृ ऋण-पुत्र की उत्पत्ति
  (iii) देव ऋण-यज्ञ करवाना।

विवाह के प्रकार

प्रमुख स्मृति ग्रंथ, मनुस्मृति में विवाह के आठ प्रकार का उल्लेख है, जिनका वर्णन निम्नलिखित है

(i) **ब्रह्म** यह प्रशंसनीय विवाह है, इसके अंतर्गत कन्या के वयस्क होने पर उसके माता-पिता द्वारा योग्य वर खोजकर उसका विवाह किया जाता था।

(ii) **दैव** यह प्रशंसनीय विवाह है, इसके अंतर्गत यज्ञ करने वाले पुरोहित के साथ कन्या का विवाह कर दिया जाता था।

(iii) **आर्ष** यह प्रशंसनीय विवाह है, इसके अंतर्गत कन्या के पिता द्वारा यज्ञ कार्य हेतु एक अथवा दो गाय के बदले में अपनी कन्या का विवाह किया जाता था।

(iv) **प्रजापत्य** यह प्रशंसनीय विवाह है, इसके अंतर्गत वर स्वयं कन्या के पिता से कन्या माँगकर विवाह करता था।

(v) **आसुर** यह निंदनीय विवाह है, इसके अंतर्गत कन्या के पिता द्वारा धन के बदले में कन्या का विक्रय किया जाता था।

(vi) **गंधर्व** यह निंदनीय विवाह है, इसके अंतर्गत कन्या तथा पुरुष प्रेम अथवा कामुकता के वशीभूत होकर विवाह कर लेते थे।

(vii) **पैशाच** यह निंदनीय विवाह है, इसके अंतर्गत सोई हुई अथवा विक्षिप्त कन्या के साथ सहवास कर विवाह किया जाता था।

(viii) **राक्षस** यह निंदनीय विवाह है, इसके अंतर्गत बलपूर्वक कन्या को छीनकर या अपहरण कर उससे विवाह किया जाता था।

16 संस्कार

16 संस्कार से संबंधित तथ्यों का विवरण निम्न है

(i) गर्भाधान संस्कार	–	संतान उत्पन्न करने के लिए
(ii) पुंसवन संस्कार	–	स्त्री के गर्भधारण के तीसरे, चौथे और आठवें महीने में
(iii) सीमंतोन्नयन संस्कार	–	गर्भ की रक्षा के लिए संस्कार
(iv) जातकर्म संस्कार	–	बच्चे के जन्म के बाद पिता द्वारा शिशु को मधु और घी चटाने का संस्कार
(v) नामकरण संस्कार	–	शिशु का नामकरण संस्कार
(vi) निष्क्रमण संस्कार	–	जन्म के बाद पहली बार शिशु को घर से बाहर निकालना
(vii) अन्नप्राशन संस्कार	–	जन्म के छठे माह में अन्न खिलाने से संबंधित
(viii) चूड़ाकर्म संस्कार	–	तीसरे से आठवें वर्ष के मध्य (मुंडन)
(ix) कर्णवेध संस्कार	–	रोगों से मुक्ति के लिए कान छेदने का संस्कार
(x) विद्यारंभ संस्कार	–	पाँचवें वर्ष में बच्चों को अक्षर ज्ञान
(xi) उपनयन संस्कार	–	शिक्षा ग्रहण से पूर्व किया गया संस्कार
(xii) वेदारंभ संस्कार	–	वेद अध्ययन से पूर्व किया गया संस्कार
(xiii) केशांत संस्कार	–	16 वर्ष के बाद पहली बार केशों को उतारना
(xiv) समावर्तन संस्कार	–	विद्याध्ययन समाप्त कर घर लौटने पर किया जाने वाला संस्कार
(xv) विवाह संस्कार	–	वर-वधू के परिणय-सूत्र में बँधना
(xvi) अंत्येष्टि संस्कार	–	मृत्यु के पश्चात् होने वाला संस्कार

धार्मिक स्थिति

- उत्तर वैदिक काल में उत्तरी दोआब ब्राह्मणों के प्रभाव से आर्य संस्कृति का केंद्र स्थल बन गया। यज्ञ इस संस्कृति का मूल तत्त्व बन गया।
- देवताओं में दो सबसे बड़े देवता इंद्र और अग्नि अब प्रमुख नहीं रहे। इनके स्थान पर उत्तर वैदिक देवमंडल में सृजन के देवता **प्रजापति** को सर्वोच्च स्थान मिला।
- पशुओं के देवता रुद्र ने उत्तर वैदिक काल में महत्ता पाई, इन्हें पालक और रक्षक माना जाने लगा। पूषन शूद्रों के देवता बन गए, वे पशुओं की रक्षा करने का कार्य करते थे। उत्तर वैदिक काल में घर का प्रत्येक व्यक्ति अग्नि में आहुति देता था और ऐसा प्रत्येक कर्म अनुष्ठान या यज्ञ का रूप धारण कर लेता था।
- यज्ञ में बड़े पैमाने पर पशुबलि दी जाती थी, जिससे विशेष रूप से पशुधन का ह्रास होता गया। यज्ञ करने वाला **यजमान** कहलाता था और यज्ञ का फल इस बात पर निर्भर करता था कि यज्ञ में मंत्रों का उच्चारण कितनी शुद्धता से किया गया।
- राजा के राज्याभिषेक के समय राजसूय यज्ञ किया जाता था। राजसूय यज्ञ में 17 प्रकार के जलों से राजा का अभिषेक होता था।
- अश्वमेध यज्ञ का संबंध राजा द्वारा किए गए राज्य विस्तार से था। इसमें एक घोड़ा छोड़ा जाता था, जिसके आधार पर राज्य की सीमा का निर्धारण होता था। राजसूय यज्ञ तथा अश्वमेध यज्ञ की विस्तृत चर्चा **शतपथ ब्राह्मण** में दी गई है।
- राजा वाजपेय यज्ञ (रथदौड़) भी कराता था, जिससे राजा का रथ उसके अन्य सभी बंधुओं के रथों से आगे निकलता था।
- 600 ई. पू. के आस-पास उपनिषदों का संकलन हुआ था, इन दार्शनिक ग्रंथों में कर्मकांड की निंदा की गई थी।
- उपनिषदों में कहा गया है कि अपनी आत्मा का ज्ञान प्राप्त करना चाहिए और ब्रह्म के साथ आत्मा का संबंध जानना चाहिए।
- पंचाल और विदेह के अनेक क्षत्रिय राजाओं ने उपनिषद् के चिंतन को अपनाया और ब्राह्मण धर्म में सुधार लाने के लिए उपयुक्त वातावरण बनाया। राजा राजसूय यज्ञ करता था, जिससे यह समझा जाता था कि उसे दिव्य शक्ति मिल गई।

उत्तर वैदिक काल के राज्य

राज्य	क्षेत्र
कुशीनगर	उत्तर प्रदेश का उत्तरी क्षेत्र
काशी	आधुनिक वाराणसी
पांचाल	बदायूं तथा फर्रुखाबाद (उत्तर प्रदेश)
कोशल	अयोध्या (उत्तर प्रदेश)
उत्तरी मद्र	अमृतसर क्षेत्र
दक्षिणी मद्र	कश्मीर
पूर्वी मद्र	कांगडा
ककेय	व्यास नदी तट (गांधार के पूर्व)
गांधार	पेशावर

आर्थिक स्थिति

- उत्तर वैदिक काल में लोगों की आजीविका का मुख्य आधार कृषि थी। वैदिक ग्रंथों में छह, आठ, बारह और चौबीस तक बैल हल में जोते जाने की चर्चा की गई है।
- **शतपथ ब्राह्मण** में हल संबंधी अनुष्ठान का वर्णन मिलता है, इसमें कहा गया है कि सीता के पिता और विदेह के राजा जनक ने हल चलाया था।
- कृष्ण के भाई बलराम हलधर कहलाते थे, क्योंकि हल उनका हथियार था। उत्तर वैदिक काल में उच्च वर्गों के लिए हल चलाना वर्जित था।
- उत्तर वैदिक काल में चावल और गेहूँ मुख्य फसल थी। कालांतर में गेहूँ, पंजाब और पश्चिमी उत्तर प्रदेश में मुख्य खाद्य हो गया।
- वैदिक लोगों का चावल से परिचय सबसे पहले दोआब में हुआ। वैदिक ग्रंथों में इसका नाम **व्रीहि** है।
- चावल के अवशेष हस्तिनापुर में मिले हैं, वह ईसा-पूर्व आठवीं सदी के हैं, इसी समय के आस-पास एटा जिले में स्थित अतरंजीखेड़ा में भी चावल के साक्ष्य प्राप्त हुए हैं।
- उत्तर वैदिक काल में शिल्प कार्यों में ताम्रशिल्पी प्रसिद्ध पेशा था, ताँबे की वस्तुएँ चित्रित धूसर मृद्भांड स्थलों में पाई गई हैं, इनका उपयोग लड़ाई और शिकार तथा आभूषण के रूप में किया जाता था।
- उत्तर वैदिक काल के लोग चार प्रकार के मृद्भांड से परिचित थे, काला-लाल मृद्भांड, काला पॉलिशदार मृद्भांड, चित्रित धूसर मृद्भांड और लाल मृद्भांड।
- चित्रित धूसर मृद्भांड स्थल न केवल कुरु पंचाल क्षेत्र अर्थात् पश्चिमी उत्तर प्रदेश और दिल्ली में ही व्यापक रूप से विस्तृत हैं, बल्कि मद्र क्षेत्र अर्थात् पंजाब और हरियाणा के संलग्न भागों में और मत्स्य क्षेत्र अर्थात् राजस्थान के संलग्न क्षेत्रों में भी मिले हैं।
- वैदिक ग्रंथों में समुद्र और समुद्रयात्रा की चर्चा की गई है। इसमें वाणिज्य का संकेत मिलता है, जिसे नई-नई कलाओं और शिल्पों के उदय से बल मिला। उत्तर वैदिक काल में मैदानों में बसने वाले किसान अपने निर्वाह के लिए पर्याप्त अनाज उत्पन्न कर लेते थे। वे अपनी उपज का कुछ भाग अपने मुखिया, राजा और पुरोहितों के लिए भी बचा लेते थे।
- उत्तर वैदिक काल में कर और नजराना (ट्रिब्यूट) का संग्रह प्रचलित हो गया था। इसके संग्रह और संचय के लिए एक अधिकारी होता था, जो संग्रहीता कहलाता था।

अतिरिक्त तथ्य
तमिलनाडु बोर्ड एवं NIOS

- आर्य मूलतः दक्षिणी रूस से मध्य एशिया में फैले घास के मैदानों (स्टेप्स) में रहते थे। इन्होंने यहीं से आर्य समूह के रूप में भारत के उत्तर-पश्चिम में प्रवेश किया। पुरातात्विक साक्ष्यों के आधार पर इन्हें एंद्रोनोवो सभ्यता (साइबेरिया) से जुड़ा माना जाता है।
- वरुण को 'ऋत' (ब्रह्मांडीय व्यवस्था या जनजातीय व्यवस्था) का पोषक माना जाता था।
- 'पूषन', चारवाहों और पालतू पशुओं का देवता था।
- मुंडा तथा द्रविड संस्कृति के लगभग 300 शब्दों को संस्कृत ग्रंथों में पहचाना गया, जो सांस्कृतिक मिश्रण की ओर संकेत करता है।
- बलि एक प्रकार का कर था, जो योद्धा (राजा) को दिया जाता था।

धार्मिक आंदोलन

(स्रोत)

New NCERT Class VI Chap 6 **नए प्रश्न नए विचार**,
New NCERT Class XII Chap 4 **विचारक, विश्वास और इमारतें**,
Old NCERT Class XI Chap 10 **जैन और बौद्ध धर्म**,
Chap 13 **बुद्ध काल में राज्य और वर्ण समाज**, Tamil Nadu Board (Class XI), NIOS

नए धार्मिक संप्रदायों का उदय

- छठी शताब्दी ई. पू. के उत्तरार्द्ध में मध्य गंगा के मैदानों में लगभग 62 धार्मिक संप्रदायों का उदय हुआ।
- समकालीन बौद्ध ग्रंथों में 64 संप्रदायों (चिंतन परंपराओं) का उल्लेख मिलता है।
- नए धार्मिक संप्रदायों में जैन तथा बौद्ध संप्रदाय सबसे महत्त्वपूर्ण थे और ये दोनों धार्मिक सुधार के परम शक्तिशाली आंदोलन के रूप में सामने आए।
- छठी सदी ईसा पूर्व में वैदिक कर्मकांडों तथा वर्णव्यवस्था को जन्ममूलक मानने के विरुद्ध एक प्रकार का आंदोलन प्रारंभ हुआ।
- बुद्ध, महावीर जैसे दार्शनिक शिक्षकों द्वारा ब्राह्मणवाद तथा कर्मकाण्डों पर कुटाग्रशालाओं में (नुकीली छत वाली झोंपड़ी) चर्चाएँ की जाती थीं, जहाँ तार्किक आधार पर ये अपने अनुयायियों की समझ विकसित करते थे।
- वर्ण विभाजित समाज में तनाव उत्पन्न हुआ। क्षत्रिय, जो शासक वर्ग के थे, ने ब्राह्मणों के वर्चस्व को चुनौती प्रदान की तथा वैश्यों ने अत्यधिक संपत्ति अर्जित की थी, किंतु उस अनुरूप उन्हें सामाजिक मान्यता नहीं मिल रही थी।
- जैन धर्म के संस्थापक वर्धमान महावीर और बौद्ध धर्म के संस्थापक गौतम बुद्ध दोनों क्षत्रिय वंश के थे और दोनों ने ब्राह्मणों की मान्यता को चुनौती दी।
- ब्राह्मण वर्चस्व को दी जा रही चुनौती के साथ ही नए धार्मिक संप्रदायों के उद्भव का यथार्थ कारण पूर्वोत्तर भारत में नई कृषि-मूलक अर्थव्यवस्था का विस्तार होना था।
- वणिकों, जो सेट्ठि कहलाते थे, ने गौतम बुद्ध और उनके शिष्यों को प्रचुर मात्रा में दान दिया था। इसके महत्त्वपूर्ण कारण निम्न हैं
  - नवोदित धर्मों ने वर्ण व्यवस्था को नहीं माना, जो वणिक वर्गों को उचित सम्मान नहीं दे रहा था। जबकि जैन तथा बौद्ध धर्मों में वणिक वर्गों को सम्मान दिया गया। इसके अतिरिक्त अहिंसा का समर्थन किया गया तथा युद्धों को हतोत्साहित किया, जो वाणिज्य-व्यापार के लिए बाधक था।
  - वैदिक विधि ग्रंथ जिन्हें **धर्मसूत्र** कहा जाता था, के अनुसार सूद पर धन लगाने के कारोबार को निंदनीय माना गया था और सूद पर जीने वाले को **अधम** कहा जाता था।
  - बौद्ध और जैन दोनों संप्रदाय सरल, शुद्ध और संयमित जीवन के पक्षधर थे। बौद्ध और जैन दोनों भिक्षुओं हेतु आदेश था कि वे जीवन में विलास की वस्तुओं का उपयोग न करें।

अन्य धार्मिक संप्रदाय

संप्रदाय	संस्थापक
आजीवक	मक्खलिपुत्त गोशाल
घोर अक्रियावादी	पूरण कश्यप
भौतिकवादी	अजित केशकंबलिन
अनिश्चयवादी	संजय वेट्ठिपुत्र
नियतिवादी	पकुध कच्चायन

जैन धर्म

- जैन धर्मावलंबियों का विश्वास है कि उनके सबसे महान धर्मोपदेष्टा (धर्म उपदेशक) महावीर से पहले तेईस और आचार्य हुए हैं, जो **तीर्थंकर** कहलाते हैं। महावीर को अंतिम या चौबीसवाँ तीर्थंकर माना जाता है।

- जैन धर्म के प्राचीनतम सिद्धांतों के उपदेष्टा तेईसवें तीर्थंकर पार्श्वनाथ माने जाते हैं, जो वाराणसी के निवासी थे। वास्तविक रूप से जैन धर्म की स्थापना महावीर स्वामी ने की थी।
- आदि तीर्थंकर ऋषभ देव का उल्लेख ऋग्वेद में मिलता है। ऋग्वेद में एक अन्य तीर्थंकर अरिष्टनेमी का भी उल्लेख है। पार्श्वनाथ 23वें तीर्थंकर थे, जिनका मूल स्थान वाराणसी में था।

वर्धमान महावीर

- एक परंपरा के अनुसार महावीर का जन्म 540 ई. पू. में वैशाली (बिहार) के निकट कुंडलग्राम में हुआ था।
- महावीर के पिता सिद्धार्थ क्षत्रिय 'ज्ञात्रिक' कुल के प्रधान थे तथा उनकी माता का नाम त्रिशला था, जो लिच्छवि नरेश चेटक की बहन थी।
- आरंभ में महावीर गृहस्थ जीवन में थे, किंतु सत्य की खोज में वे 30 वर्ष की आयु में सांसारिक जीवन का परित्याग करके यती (संन्यासी) हो गए।
- 12 वर्षों की कठोर तपस्या के पश्चात् 42 वर्ष की आयु में महावीर को **कैवल्य** (पूर्ण ज्ञान) की प्राप्ति हुई। कैवल्य की प्राप्ति के बाद वह 'केवलिन' कहलाए।
- कैवल्य द्वारा महावीर ने सुख-दु:ख पर विजय प्राप्त की। इस विजय के कारण वे महान शूर या **जिन** अर्थात् **विजेता** कहलाए और उनके अनुयायी जैन कहलाए।
- कोसल, मगध, मिथिला, चंपा आदि प्रदेशों में भ्रमण करके महावीर ने 30 वर्षों तक अपने धर्म का प्रचार किया। महावीर का निर्वाण 468 ई. पू. में 72 वर्ष की आयु में राजगीर के समीप पावापुरी (बिहार) में हुआ।

जैन धर्म के सिद्धांत

- जैन धर्म का मूल सिद्धांत छठी सदी ई. पू. में वर्धमान महावीर के जन्म से पूर्व ही उत्तर भारत में प्रचलित था।
- जैन दर्शन की महत्त्वपूर्ण अवधारणा यह रही कि सम्पूर्ण विश्व प्राणवान है। पत्थर, चट्टान तथा जल में भी जीवन की कल्पना की गई।
- जैन धर्म पुनर्जन्म चक्र को तोड़ने के लिए कर्म चक्र से मुक्ति पर बल देता है, जिसके लिए त्याग और तपस्या की आवश्यकता को महत्त्वपूर्ण बताया।
- जैन धर्म के पाँच सिद्धांत हैं–1. अहिंसा (हिंसा न करना), 2. अमृषा (झूठ न बोलना), 3. अचौय (चोरी न करना), 4. अपरिग्रह (संपत्ति अर्जित न करना), 5. ब्रह्मचर्य (इंद्रिय निग्रह करना)।
- पाँच व्रतों में से चार व्रत पहले से ही स्थापित थे, महावीर ने इनमें केवल पाँचवाँ व्रत (ब्रह्मचर्य) जोड़ा। इन्हें सम्मिलित रूप से 'अणुव्रत' कहा गया। जैन धर्म में अहिंसा या किसी प्राणी को न सताने के व्रत को सबसे अधिक महत्त्व दिया गया है।
- महावीर के पूर्व तीर्थंकर पार्श्वनाथ ने अपने अनुयायियों को निचले और ऊपरी अंगों को वस्त्र से ढकने की अनुमति दी थी, परंतु महावीर ने वस्त्र का सर्वथा त्याग करने का आदेश दिया।
- वस्त्र धारण के विषय पर जैन धर्म दो संप्रदायों **श्वेतांबर** अर्थात् सफेद वस्त्र धारण करने वाले और **दिगंबर** अर्थात् नग्न रहने वाले में विभक्त हो गया।
- जैन धर्म में देवताओं का अस्तित्व स्वीकार किया गया है, परंतु इनका स्थान जिन से नीचे है। जैन धर्म में वर्णव्यवस्था की निंदा नहीं की गई है।
- महावीर के अनुसार, पूर्व जन्म में अर्जित पुण्य या पाप के अनुसार ही किसी का जन्म उच्च या निम्न कुल में होता है। महावीर ने चांडालों में भी मानवीय गुणों का होना संभव बताया है, उनके मतानुसार शुद्ध और अच्छे आचरण वाले निम्न जाति के लोग भी मोक्ष पा सकते हैं।
- जैन मत के अनुसार, मोक्ष पाने के लिए कर्मकांडीय अनुष्ठान की आवश्यकता नहीं है, यह **सम्यक् ज्ञान, सम्यक् ध्यान** और **सम्यक् आचरण** से प्राप्त किया जा सकता है। ये तीनों जैन धर्म के त्रिरत्न अर्थात् तीन जौहर माने जाते हैं।
- जैन धर्म में युद्ध और कृषि दोनों वर्जित हैं, क्योंकि दोनों में जीवों की हिंसा होती है, फलत: जैन धर्मावलंबियों में व्यापार और वाणिज्य करने वालों की संख्या अधिक हो गई।

जैन धर्म के तीर्थंकर एवं उनके प्रतीक

तीर्थंकर	प्रतीक	तीर्थंकर	प्रतीक
ऋषभदेव	वृषभ	विमलनाथ	वराह
अजितनाथ	गज (हाथी)	अनंतनाथ	श्येन
संभवनाथ	अश्व (घोड़ा)	धर्मनाथ	वज्र
अभिनंदननाथ	कपि (बंदर)	शांतिनाथ	मृग
सुमतिनाथ	क्रौंच	कुंथुनाथ	अज
पद्मप्रभ	पद्म	अरनाथ	मीन
सुपार्श्वनाथ	स्वस्तिक	मल्लिनाथ	कलश
चंद्रप्रभ	चंद्र	मुनिसुव्रत	कूर्म
सुविधिनाथ	मकर	नेमिनाथ	नीलोत्पल
शीतलनाथ	श्रीवत्स	अरिष्टनेमि	शंख
श्रेयांसनाथ	गैंडा	पार्श्वनाथ	सर्प फण
वासु पूज्य स्वामी	भैंस	महावीर स्वामी	सिंह

जैन साहित्य

- जैन साहित्य प्राकृत एवं संस्कृत भाषा में मिलते हैं। प्राचीनतम जैन ग्रंथ पूर्व कहे जाते थे। 14 पूर्वों में महावीर द्वारा प्रचारित सिद्धांत संगृहीत हैं। स्वयं महावीर ने इसे अर्द्धमागधी एवं प्राकृत भाषा में अपने शिष्यों तक पहुँचाया।
- यह माना जाता है कि इन ग्रंथों की जानकारी केवल भद्रबाहु को थी। जब भद्रबाहु दक्षिण की ओर चले गए, तो स्थलबाहु के नेतृत्व में एक सभा आयोजित की गई, इस सभा में 14 पूर्वों का स्थान 12 अंगों ने ले लिया।
- जैन साहित्य जिसे **आगम** कहा जाता है, इसमें पूर्व के स्थान पर 12 अंग, 12 उपांग, 10 प्रकीर्ण, 6 छेद सूत्र, 4 मूलसूत्र तथा 2 मिश्रित ग्रंथ शामिल हैं। दूसरे जैन सम्मेलन में सभी आगम साहित्य को लिपिबद्ध किया गया, इसमें 11 अंगों को लिपिबद्ध किया गया तथा 12वें अंग 'दृष्टिवाद' को नष्ट मान लिया गया।

जैन संगीतियाँ

सम्मेलन	वर्ष	स्थान	अध्यक्ष	मुख्य बिंदु
प्रथम	322-298 ई.पू.	पाटलिपुत्र	स्थूलभद्र	12 अंगों का संकलन
द्वितीय	512 ई.	वल्लभी	देवार्धि क्षमाश्रमण	कुल 11 अंगों को लिपिबद्ध किया गया

जैन धर्म का प्रसार

- जैन धर्म के उपदेश के प्रचार-प्रसार के लिए महावीर ने अपने अनुयायियों का संघ बनाया, जिसमें स्त्री और पुरुष दोनों को स्थान मिला। महावीर के अनुयायियों की संख्या लगभग 14,000 बताई गई है।
- कर्नाटक में जैन धर्म का प्रचार मौर्य शासक चंद्रगुप्त मौर्य (322-298 ई. पू.) ने किया था। अनेक जैन बाहुभद्र के नेतृत्व में प्राण बचाने के लिए दक्षिण भारत चले गये। शेष जैन स्थलबाहु के नेतृत्व में मगध में ही रह गए।
- जैन धर्म के मुख्य उपदेशों को संकलित करने के लिए पाटलिपुत्र (आधुनिक पटना) में एक परिषद् का आयोजन हुआ।
- पाटलिपुत्र में परिषद् के आयोजन के पश्चात् दक्षिणी जैन **दिगंबर** कहलाए और मगध के जैन **श्वेतांबर** कहलाए।
- कलिंग या उड़ीसा (ओडिशा) में जैन धर्म का प्रचार ईसा पूर्व चौथी सदी में हुआ और ईसा पूर्व पहली सदी में इसे आंध्र और मगध के राजाओं को पराजित करने वाले कलिंग नरेश खारवेल का संरक्षण मिला।

जैन धर्म का योगदान

- आरंभ में जैनों ने मुख्यतः ब्राह्मणों द्वारा संपोषित संस्कृत भाषा का परित्याग किया और अपने धर्मोपदेश के लिए सामान्यजन की बोलचाल की 'प्राकृत' भाषा को अपनाया। इससे प्राकृत भाषा और साहित्य समृद्ध हुए।
- प्राकृत भाषा से कई क्षेत्रीय भाषाएँ विकसित हुईं, इनमें विशेष उल्लेखनीय हैं शौरसेनी, जिससे मराठी भाषा उत्पन्न हुई।
- जैनों के धार्मिक ग्रंथ अर्द्धमागधी भाषा में लिखे गए और ये ग्रंथ ईसा की छठी सदी में गुजरात में वल्लभी नामक स्थान पर संकलित हुए।
- जैनों ने अपभ्रंश भाषा में पहली बार कई महत्त्वपूर्ण ग्रंथ लिखे और इसका पहला व्याकरण तैयार किया। जैन रचनाकार हेमचंद्र ने पहला अपभ्रंश व्याकरण लिखा।
- गुजरात और राजस्थान के जैन मठों में ऐसी कई पांडुलिपियाँ पाई जाती हैं, जो अप्रकाशित हैं।
- जैनों ने आरंभ में मूर्तिपूजा का विरोध किया, बाद में वे महावीर और तीर्थंकरों की भी पूजा करने लगे। जैन विशाल प्रस्तर-प्रतिमाएँ कर्नाटक, गुजरात, राजस्थान और मध्य प्रदेश में निर्मित हुई थीं।

जैन धर्म के पतन के कारण

- जैन धर्म का क्रमिक रूप से पतन हुआ, इसके पतन के लिए किसी एक कारण को उत्तरादायी नहीं माना जा सकता। जैन धर्म के पतन के कारण निम्न हैं
  - अहिंसा पर अत्यधिक बल तथा धर्म को क्लिष्ट स्वरूप प्रदान करना।
  - जाति व्यवस्था के दर्शन को बनाए रखना तथा ब्राह्मण धर्म से स्वयं को पृथक् नहीं कर पाना। आत्मपीड़न कठोर व्रत एवं तपस्या पर बल देना।
  - उचित राज्याश्रय का अभाव एवं ब्राह्मण धर्म का पुनरुत्थान।
  - जैन धर्म अपने समकालीन बौद्ध धर्म से प्रतिस्पर्द्धा नहीं कर पाया। बौद्ध धर्म के प्रसार ने जैन धर्म के पतन का मार्ग प्रशस्त कर दिया।

बौद्ध धर्म

- गौतम बुद्ध, महावीर के समकालीन थे। इनका जन्म 563 ई. पू. में शाक्य नामक क्षत्रिय कुल में कपिलवस्तु के निकट नेपाल की तराई में अवस्थित **लुंबिनी** में हुआ था।
- गौतम बुद्ध के पिता शुद्धोधन कपिलवस्तु के निर्वाचित शासक और गणतांत्रिक शाक्यों के प्रधान थे तथा इनकी माता महामाया कोसल राजवंश की कन्या थी।
- 16 वर्ष की अवस्था में गौतम बुद्ध, जिन्हें आरंभ में सिद्धार्थ नाम से पुकारा जाता था, का विवाह यशोधरा नामक कन्या से हुआ, उन्हें एक पुत्र की प्राप्ति हुई, जिसका नाम राहुल रखा गया।
- 29 वर्ष की आयु में बुद्ध ने गृह त्याग कर दिया था। गृह त्याग की परिघटना 'महाभिनिष्क्रमण' कहलाती है। गृह त्याग के उपरांत सिद्धार्थ दो गुरुओं के संपर्क में आए, जिनका नाम अलार कलाम तथा उदक रामपुत्र था।
- गुरुओं की शिक्षा से असंतुष्ट रहने के बाद सिद्धार्थ ने उरुवेला (गया) में पीपल के वृक्ष के नीचे तपस्या आरंभ की।
- यहीं 35 वर्ष की आयु में ज्ञान प्राप्ति के बाद वे बुद्ध अर्थात् प्रज्ञावान कहलाने लगे।
- गौतम बुद्ध ने अपना प्रथम उपदेश वाराणसी के निकट सारनाथ नामक स्थान पर दिया, इसे 'धर्मचक्र प्रवर्तन' कहा गया।
- एक परंपरा के अनुसार, गौतम बुद्ध 80 वर्ष की आयु में 483 ई. पू. में कुशीनगर नामक स्थान पर स्वर्गवासी हुए। यह परिघटना महापरिनिर्वाण के रूप में जानी जाती है।

बौद्ध धर्म के सिद्धांत

- गौतम बुद्ध ने यह सिद्धांत प्रस्तुत किया कि संसार दुःखमय है और लोग केवल काम (इच्छा, लालसा) के कारण दुःख पाते हैं।
- काम अर्थात् लालसा पर विजय पाई जाए, तो निर्वाण प्राप्त हो जाएगा, जिसका अर्थ है कि जन्म और मृत्यु के चक्र से मुक्ति मिल जाएगी।
- बौद्ध धर्म का आधारभूत सिद्धांत आर्य सत्य कहलाता है। इसके अनुसार चार आर्य सत्य हैं, जो निम्न प्रकार हैं
  1. **दुःख है** अर्थात् संसार दुःखों से भरा है।
  2. **दुःख समुदाय,** दुःख का कारण इच्छा, लालसा इत्यादि हैं।
  3. **दुःख निरोध** दुःखों को समाप्त किया जा सकता है।
  4. **दुःख निरोध गामिणी प्रतिपदा** इसे समाप्त करने के लिए उपाय हैं और अष्टांगिक मार्ग है।
- गौतम बुद्ध ने दुःख की निवृत्ति के लिए अष्टांगिक मार्ग (अष्टविधा साधन) बताया है। अष्टांगिक मार्ग को ईसा पूर्व तीसरी सदी के आस-पास के एक ग्रंथ में बुद्ध का बताया हुआ है।
- अष्टांगिक मार्ग के आठ साधन हैं- सम्यक् दृष्टि, सम्यक् संकल्प, सम्यक् वाक्, सम्यक् कर्मांत, सम्यक् आजीव, सम्यक् व्यायाम, सम्यक् स्मृति और सम्यक् समाधि।
- बौद्ध धर्म की आचार-संहिता के मुख्य नियम हैं
  - पराये धन का लोभ नहीं करना
  - हिंसा नहीं करना
  - नशे का सेवन न करना
  - झूठ नहीं बोलना
  - दुराचार से दूर रहना
- बौद्ध दर्शन के अनुसार, विश्व अनित्य है और लगातार बदल रहा है। यह आत्माविहीन है, क्योंकि यहाँ कुछ भी स्थायी या शाश्वत नहीं है।

- बुद्ध का अंतिम उपदेश था कि "तुम सब अपने लिए स्वयं ही ज्योति बनो, क्योंकि तुम्हें स्वयं ही अपनी मुक्ति का रास्ता ढूंढ़ना है।"
- प्रतीत्य समुत्पाद तथा क्षण भंगुरवाद बौद्ध दर्शन का मूल तत्त्व है। बुद्ध ने अत्यधिक सूखपूर्वक जीवन तथा अत्यधिक पीड़ा दोनों को वर्जित कर मध्यम मार्ग को अपनाने पर बल दिया।
- महात्मा बुद्ध ने पुनर्जन्म को नहीं माना। बौद्ध धर्म ने क्षणिकवाद के सिद्धांत को स्वीकार किया। क्षणिकवाद के अनुसार विश्व की प्रत्येक वस्तु का अस्तित्व क्षणिक है।
- बौद्ध धर्म की प्रारंभिक परंपराओं में 'ईश्वर' के होने न होने को अप्रासंगिक माना गया था। इसलिए बुद्ध व्यक्तिगत प्रयासों से सामाजिक बदलाव के पक्षधर थे। उनका मानना था कि समाज का निर्माण व्यक्तियों ने किया है, ईश्वर ने नहीं।

बौद्ध संगीतियाँ

संगीति	समय	स्थान	शासक	अध्यक्ष
प्रथम	483 ई. पू.	राजगृह	अजातशत्रु	महाकस्सप
द्वितीय	383 ई. पू.	वैशाली	कालाशोक	सब्बकामिनी
तृतीय	250 ई. पू.	पाटलिपुत्र	अशोक	मोगलिपुत्त तिस्स
चतुर्थ	प्रथम सदी ई.	कुंडलवन (कश्मीर)	कनिष्क	वसुमित्र

बुद्ध के अनुयायी

- बुद्ध के प्रिय शिष्य आनंद के कहने पर महिलाओं का संघ में प्रवेश हुआ। संघ में शामिल होने वाली पहली भिक्खुनी या भिक्षुणी बुद्ध की उपमाता महाप्रजापति गोतमी थी।
- संघ में शामिल कई स्त्रियाँ धम्म की उपदेशिकाएँ बन गईं।
- आगे चलकर ये उपदेशिकाएँ थेरी बन गईं अर्थात् ऐसी महिलाएँ, जो निर्वाण प्राप्त कर चुकी हों।
- बुद्ध के अनुयायी विभिन्न वर्गों राजा, व्यापारी, गृहपति आदि से थे।
- बौद्ध संघ की संचालन पद्धति गणों तथा प्राचीन संघीय प्रणाली (मत निर्णय) पर आधारित थी।

बौद्ध धर्म के दस शील

- बौद्ध धर्म में भिक्षुओं के लिए दस शील का अनुसरण अनिवार्य है, जिसमें प्रथम पाँच शील भिक्षुओं व उपासकों के लिए समान रूप से अनिवार्य हैं।
- ये दस शील निम्न हैं
  (i) दूसरे के धन की इच्छा न करना
  (ii) असत्य नहीं बोलना
  (iii) हिंसा से दूर रहना
  (iv) मादक द्रव्यों का सेवन नहीं करना
  (v) व्यभिचार नहीं करना
  (vi) संगीत एवं नृत्य में भाग नहीं लेना
  (vii) सुगंधित द्रव्यों का उपयोग नहीं करना
  (viii) असमय भोजन नहीं करना
  (ix) सुखप्रद बिस्तर पर नहीं सोना तथा
  (x) किसी प्रकार के द्रव्य का संचय नहीं करना।

हीनयान एवं महायान में अंतर

हीनयान	महायान
बुद्ध एक महापुरुष हैं	बुद्ध एक देवता हैं
व्यक्तिवादी धर्म, सभी को अपने प्रयत्नों से मोक्ष प्राप्त करना चाहिए	परसेवा तथा परोपकार पर बल, उद्देश्य समस्त मानव जाति का कल्याण
मूर्ति पूजा एवं भक्ति में विश्वास नहीं	मूर्ति पूजा का विधान, मोक्ष के लिए बुद्ध की कृपा आवश्यक
साधना पद्धति अत्यंत कठोर, भिक्षु जीवन का पक्षधर	सिद्धांत सरल एवं सुलभ, भिक्षुओं तथा उपासकों को भी महत्त्व
आदर्श 'अर्हत' पद को प्राप्त करना	आदर्श 'बोधिसत्व' है
साहित्य 'पालि' भाषा में रचित है	साहित्य 'संस्कृत' भाषा में रचित है

बौद्ध साहित्य

- बुद्ध के किसी भी संभाषण को उनके जीवन काल में नहीं लिखा गया था।
- बुद्ध की मृत्यु के बाद (पाँचवीं-चौथी सदी ई. पू.) उनके शिष्यों ने 'ज्येष्ठों' या अधिक वरिष्ठ श्रमणों की एक सभा वैशाली (बिहार) में बुलाई।
- वैशाली की सभा में बुद्ध की शिक्षाओं का संकलन किया गया। इन संग्रहों को **त्रिपिटक** (भिन्न प्रकार के ग्रंथों को रखने के लिए 'तीन टोकरियाँ') कहा जाता था। त्रिपिटक में शामिल हैं-विनयपिटक, सुत्तपिटक तथा अभिधम्मपिटक।
- त्रिपिटक को पहले मौखिक रूप से ही संप्रेषित किया जाता था, परंतु बाद में लिखकर विषय और लंबाई के अनुसार वर्गीकरण किया गया।
- **विनयपिटक** में संघ या बौद्ध मठों में रहने वाले लोगों के लिए नियमों का संग्रह था।
- बुद्ध की शिक्षाएँ **सुत्तपिटक** में संकलित हैं और दर्शन से जुड़े विषय **अभिधम्म पिटक** में वर्णित हैं। प्रत्येक पिटक के अंदर अनेक ग्रंथ होते थे। बौद्ध विद्वानों ने इन ग्रंथों पर टीकाएँ लिखीं।
- जब बौद्ध धर्म श्रीलंका जैसे नए देशों में प्रसारित हुआ, तब दीपवंश (द्वीप का इतिहास) और महावंश (महान इतिहास) जैसे क्षेत्र विशेष के बौद्ध इतिहास को लिखा गया। जब बौद्ध धर्म पूर्व एशिया में प्रसारित हुआ, तब फा-शिएन और श्वेन त्सांग जैसे तीर्थयात्री बौद्ध ग्रंथों की खोज करने चीन से भारत आए।
- मातंग जातक (पालि) में बोधिसत्त (पूर्व जन्म में बुद्ध) को चाण्डाल के रूप में चित्रित किया गया है।

बौद्ध धर्म का प्रसार

- बौद्ध धर्म ईश्वर और आत्मा की सत्ता को स्वीकार नहीं करता। यह भारत के धर्मों के इतिहास में एक क्रांतिकारी विचारधारा थी। बौद्ध धर्म में सभी वर्णों व जाति के लोगों को एक समान स्थान प्राप्त था।
- स्त्रियों को भी संघ में प्रवेश का अधिकार था, जिससे उन्हें पुरुषों की बराबरी प्राप्त होती थी। जनसाधारण की भाषा **पालि** को अपनाने से बौद्ध धर्म के प्रचार को बल मिला। बौद्ध संघ में शामिल होने के बाद इसके सदस्यों को इंद्रियनिग्रह, अपरिग्रह (धनहीनता) और श्रद्धा का संकल्प लेना पड़ता था।
- बौद्ध धर्म के तीन प्रमुख अंग थे- बुद्ध, संघ और धम्म। इन्हें 'त्रिरत्न' कहा गया है। भिक्षुओं को संघ के नियमों का निष्ठापूर्वक पालन करना होता था।
- बुद्ध के निर्वाण के दो सौ वर्षों बाद प्रसिद्ध मौर्य सम्राट अशोक ने बौद्ध धर्म ग्रहण किया था।
- अशोक ने अपने धर्मदूतों के द्वारा बौद्ध धर्म को मध्य एशिया, पश्चिमी एशिया और श्रीलंका में फैलाया तथा इसे विश्व धर्म का रूप दिया।

बौद्ध धर्म के पतन के कारण

- बौद्धों ने कालांतर में वैदिक कर्मकांडों को अपनाया तथा साथ ही जन सामान्य की भाषा पालि को छोड़कर संस्कृत को अपना लिया।
- सातवीं सदी के आते-आते बौद्ध विहार विलासी लोगों के प्रभुत्व में आ गए और उन कार्यों के केंद्र बन गए, जिनका गौतम बुद्ध ने कड़ाई के साथ निषेध किया था। बौद्ध धर्म का यह नया रूप **वज्रयान** नाम से प्रसिद्ध हुआ।
- बुद्ध ने अपने शिष्य आनंद से कहा था "यदि विहारों में स्त्रियों का प्रवेश न हुआ होता, तो यह धर्म हजार वर्ष टिकता, लेकिन जब स्त्रियों को प्रवेशाधिकार दे दिया गया है, तो अब यह धर्म केवल पाँच सौ वर्ष ही रहेगा"।
- कई परवर्ती शासक बौद्ध धर्म के विरोधी हुए। ब्राह्मण शासक पुष्यमित्र शुंग ने बौद्धों को सताया था तथा शैव संप्रदाय के हूण राजा मिहिरकुल ने सैकड़ों बौद्धों की हत्या कर दी।
- गौड़ (बंगाल) के शैव शासक शशांक ने बोधगया में स्थित उस बोधिवृक्ष को काट डाला, जिसके नीचे बुद्ध को ज्ञान प्राप्त हुआ था।
- चीनी यात्री ने लिखा है कि 1,600 स्तूप और विहार तोड़ दिए गए और हजारों भिक्षुओं और उपासकों को मार दिया गया।

बौद्ध धर्म का प्रभाव

- संघ में कर्जदारों का प्रवेश वर्जित कर दिया गया, इससे महाजनों और धनवानों को लाभ हुआ।
- संघ ने दासों के प्रवेश-निषेध का नियम बनाया, जो दासों के स्वामियों के लिए लाभदायक हुआ।
- बौद्ध धर्म ने स्त्रियों और शूद्रों के लिए अपने द्वार खोलकर समाज में गहरा प्रभाव स्थापित किया।
- बौद्ध धर्म ने अहिंसा और जीवमात्र के प्रति दया की भावना उत्पन्न कर देश में पशुधन की वृद्धि की।
- प्राचीनतम बौद्ध ग्रंथ सुत्तनिपात में गाय को अन्नदा, वन्नदा, सुखदा (भोजन, रूपा और सुख देने वाली) कहा गया है।
- आरंभिक पालि साहित्य को तीन कोटियों में बाँटा गया है
  - प्रथम कोटि में बुद्ध के वचन और उपदेश हैं।
  - दूसरी कोटि में संघ के सदस्यों द्वारा पालनीय नियम हैं।
  - तीसरी कोटि में धम्म का दार्शनिक विवेचन है।
- ईसा की प्रथम तीन सदियों में पालि और संस्कृत को मिलाकर एक नई भाषा चलाई, जिसे मिश्रित संस्कृत कहते हैं।
- बिहार में नालंदा और विक्रमशिला तथा गुजरात में वल्लभी महान बौद्ध विद्या केंद्र थे तथा बिहार के गया में और आंध्र प्रदेश के साँची और भरहुत में जो चित्रफलक (पैनल) मिले हैं, वे बौद्ध कला के उत्कृष्ट नमूने हैं।

बौद्ध साहित्य की प्रमुख रचनाएँ

रचनाएँ	रचनाकार	रचनाएँ	रचनाकार
ललित विस्तर	अश्वघोष	बुद्धचरित	अश्वघोष
मिलिन्दपन्हो	नागसेन	विसुद्धिमग्ग	बुद्धघोष
महावंश	महानामा	–	–

बौद्ध स्थापत्य

स्तूप

- बौद्ध साहित्य में स्तूपों की चर्चा है। यह स्तूप बुद्ध के जीवन से जुड़े स्थान हैं; जैसे जहाँ वे जन्मे थे (लुम्बिनी), जहाँ उन्हें ज्ञान प्राप्त हुआ (बोध गया), जहाँ उन्होंने उपदेश दिया (सारनाथ), जहाँ उन्हें निब्बान प्राप्त हुआ (कुशीनगर)।

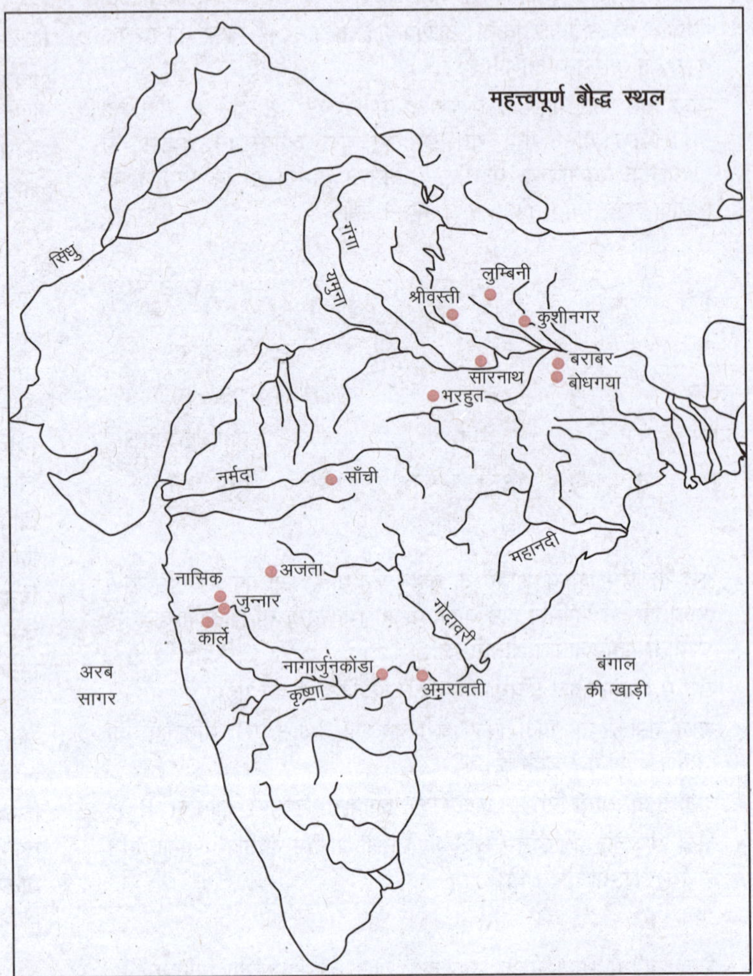

- अशोक द्वारा लुम्बिनी में एक स्तम्भ का निर्माण करवाया गया था।
- स्तूप (संस्कृत शब्द टीला) एक गोलार्द्ध लिए हुए मिट्टी की संरचना है, जिसे बाद में अंड कहा गया। अंड के ऊपर एक हर्मिका होती थी, जो छज्जों जैसी संरचना होती थी। हर्मिका देवताओं के घर का प्रतीक था।
- हर्मिका की एक संरचना यष्टि थी, जिस पर अक्सर एक छतरी लगी होती थी। इस टीले के चारों ओर एक वेदिका होती थी।

साँची का पूर्वी तोरण द्वार

- साँची तथा भरहुत के प्रारंभिक स्तूपों में वेदिकाएँ तथा तोरणद्वार की संरचना पाई गई। तोरण द्वारा चारों दिशाओं में होते थे, जिस पर नक्काशी बनाई गई थी।
- उपासक पूर्वी तोरण द्वार में प्रवेश कर स्तूप की दक्षिणावर्त परिक्रमा करते थे।

- अमरावती और पेशावर (पाकिस्तान) में शाह जी की ढेरी में स्तूपों में ताख तथा मूर्तियों के उत्कीर्ण करने की कला के साक्ष्य मिलते हैं।
- अमरावती स्तूप का प्रारंभिक साक्ष्य 1796 ई. में एक स्थानीय राजा को मंदिर बनवाने के दौरान मिला, जबकि साँची का स्तूप 1818 ई. में मिला था।
- साँची के स्तूप (कनक खेड़ा, भोपाल) के बारे में भोपाल की नवाब शाहजहाँ बेगम (1838-1901) ने अपनी आत्मकथा 'ताज-उल-इकबाल तारीख भोपाल' में उल्लेख किया है।

मूर्तिकला

- मूर्तिकला को पत्थरों पर कथाओं के रूप में उत्कीर्ण किया गया है। स्तूपों के तोरण द्वारों पर मूर्तियों की बनावट एक विशेष कथा से जुड़ी प्रतीत होती हैं।
- साँची के तोरण द्वार (उत्तरी) पर उत्कीर्ण मूर्तियाँ वेसान्तर जातक से ली गई हैं।
- बौद्ध मूर्तिकला उपासना के प्रतीक के रूप में प्रयुक्त की जाती थी। ये मूर्तियाँ धर्मचक्र प्रवर्तन, महापरिनिब्बान, ज्ञान प्राप्ति आदि के दृश्यांकन से जुड़ी थीं।
- मूर्तियाँ लोक परंपराओं तथा शुभ प्रतीकों के रूप में भी प्रयुक्त होती थीं। साँची से सालभंजिका की मूर्ति इसका एक उदाहरण है।
- ऐतिहासिक अध्ययन इसे (शालभंजिका मूर्ति) शुभ प्रतीक के रूप में स्वीकरण देते हैं।
- तोरण द्वारों में प्रयुक्त विभिन्न जानवरों, पौधों आदि को लोक परंपरा के प्रतीकात्मक स्वरूप में स्वीकार किया जाता है। इन प्रतीकों में कमल दल, गज लक्ष्मी, सर्प, हाथी आदि की मूर्तियाँ मिलती हैं।

जैन एवं बौद्ध मत में तुलना

समानता

- जैन एवं बौद्ध दोनों मतों के संस्थापक क्षत्रिय कुल के थे।
- इनमें ब्राह्मणवादी संस्कार, वेदों की प्रामाणिकता, यज्ञ तथा ईश्वर के अस्तित्व को अस्वीकार किया गया। जबकि कर्म एवं पुनर्जन्म के सिद्धांत को स्वीकार किया तथा सामान्य जन भाषा में उपदेश दिए।
- इनमें जाति प्रथा तथा स्त्री-पुरुष असमानता की निंदा की।
- इन्होंने शूद्रों एवं महिलाओं द्वारा मोक्ष-प्राप्ति की संभावना को स्वीकार किया। इन दोनों मतों ने उपनिषदों की शिक्षाओं से प्रेरणा ली।

असमानता

- जैनियों ने साधारण जन को अपनी व्यवस्था में मुख्य स्थान दिया, जबकि बौद्ध, संघ प्रणाली पर निर्भर रहे।
- बौद्धों के अनुसार निर्वाण इसी जीवन में संभव है, जबकि जैनियों के अनुसार निर्वाण शरीर-मुक्ति के पश्चात् ही संभव है।
- जैन धर्म आत्मा में विश्वास करता है, जबकि बौद्ध धर्म अनात्मवादी है। जैन मत कर्म को एक भौतिक तत्त्व के रूप में मानता है, जबकि बौद्ध इच्छा से किए गए कार्य को ही कर्म कहता है।
- महात्मा बुद्ध ने मध्यम मार्ग का उपदेश दिया। वे मोक्ष के लिए कठोर साधना एवं कायाक्लेश में विश्वास नहीं करते थे।
- महावीर ने बुद्ध की अपेक्षा अहिंसा तथा अपरिग्रह पर अधिक बल दिया है।
- महात्मा बुद्ध ने जाति व्यवस्था जैसी सामाजिक कुरीतियों का प्रबल शब्दों में खंडन किया, महावीर के विचार सामाजिक विषयों में ब्राह्मण व्यवस्था से साम्यता रखते थे।

अन्य धार्मिक आंदोलन

आजीवक तथा यदृच्छा वादी भारत के प्रमुख विधर्मी आंदोलन के रूप में जाने जाते हैं।

आजीवक

- इस संप्रदाय के प्रवर्तक माक्खलि गोशाल थे। यह पूर्व में वर्धमान महावीर के शिष्य थे। इनके अनुसार, ब्रह्माण्ड में प्रत्येक वस्तु भाग्य तथा नियति से बँधी है।
- यह संप्रदाय भाग्यवाद, कर्म तथा अति अकर्मण्यता पर विश्वास करता था।
- मौर्य वंशीय शासक बिंदूसार के समय तक यह धर्म प्रचलित था।

यदृच्छावाद

- इस संप्रदाय के नेता अजित केस कंबली थे, जो छठी शताब्दी ई. पू. के प्रसिद्ध भारतीय दार्शनिक थे।
- इन्हें भारतीय भौतिकतावाद का प्रारंभिक प्रस्तावक माना जाता है। इनके अनुसार, मृत्यु पश्चात् जीवन नहीं होता है।

भागवत धर्म

- इस धर्म की उत्पत्ति मौर्येत्तर काल में हुई थी। भागवत का अर्थ है-'एक समर्पित ईश्वर'।
- इस धर्म ने 'अवतार वाद के सिद्धांत' को प्रस्तुत किया, जिसके अन्तर्गत विष्णु के दस अवतार की व्याख्या की गई।
- विष्णु के दस अवतारों में मत्स्य, कूर्मा, बराह, नरसिंह, वामन, परशुराम, राम, कृष्ण, बुद्ध तथा काल्की है।
- भागवत संप्रदाय मथुरा से संबंधित था, जो बाद में उत्तर-पश्चिम उत्तरी दक्कन तथा दक्षिण भारत में फैल गया।
- भागवत धर्म के प्रमुख संरक्षण राजाओं मे हेलियोडोरस, हुविष्क, गुप्त, बादामी के चालुक्य, लक्ष्मण सेन तथा पूर्वी ओडिशा के गंग शामिल हैं।

भागवत संप्रदाय की लोकप्रियता

- इस संप्रदाय की उदारता ने विदेशियों को आकर्षित किया। भागवत संप्रदाय की 'भक्ति की अवधारणा' तथा 'अहिंसा' ने कृषि समुदाय, वैश्य तथा शुद्रों को अपनी ओर अपर्याप्त आकर्षित किया।
- इस संप्रदाय का मुख्य बल भक्ति को अपनाने तथा मोक्ष प्राप्ति के लिए कर्म और ज्ञान मार्ग को चुना गया।

भागवत धर्म से संबंधित विभिन्न दार्शनिक संप्रदाय

विशिष्टा द्वैतवाद	रामानुज
द्वैतवाद	मध्वाचार्य
शुद्धा द्वैतवाद	बल्लभाचार्य
अचिन्त्य भेद अभेद	चैतन्य महाप्रभु

महत्त्वपूर्ण शब्दावली

- **संतचरित्र** यह किसी संत या धार्मिक नेता की जीवनी है। संतचरित्र, संत की उपलब्धियों का गुणगान करते हैं, जो तथ्यात्मक रूप से पूरी तरह सही नहीं होते हैं। ये इसलिए महत्त्वपूर्ण हैं, क्योंकि ये हमें उस परंपरा के अनुयायियों के विश्वासों के बारे में बताते हैं।
- **थेरी गाथा** यह अनूठा बौद्ध ग्रंथ सुत्तपिटक का भाग है। इसमें भिक्षुणियों द्वारा रचित छंदों का संकलन किया गया है। इससे महिलाओं के सामाजिक और आध्यात्मिक अनुभवों के बारे में अंतर्दृष्टि मिलती है।
- **चैत्य** बौद्ध स्थापत्य में पूजा स्थल के रूप में संकेतिक स्थान। इसका उपयोग ध्यान वन्दना तथा चिंतन तपश्चर्चा के लिए किया जाता है। चैत्य सभागृह का कार्य भी करता था।
- **स्तूप** बुद्ध की मृत्यु के पश्चात् उनके अवशेषों पर बनाए गए पूजा स्थल को स्तूप कहा जाता है। 'अशोकावदान' नामक एक बौद्ध ग्रंथ के अनुसार अशोक ने बुद्ध के अवशेषों के हिस्सों को महत्त्वपूर्ण शहरों में बाँटकर उनके ऊपर स्तूप बनाने का आदेश दिया। ईसा पूर्व दूसरी सदी तक भरहुत, साँची और सारनाथ जैसे स्थानों पर स्तूप बनाए जा चुके थे।
- **महाभिनिष्क्रमण** 29 वर्ष की अवस्था में बुद्ध ने गृह त्याग दिया, जिसे बौद्ध ग्रंथों में महाभिनिष्क्रमण कहा जाता है।
- **निर्वाण** 6 वर्ष की कठोर तपस्या के बाद 35 वर्ष की अवस्था में गया के समीप उरूवेला नामक स्थान पर निरंजना नदी (फल्गु नदी) के किनारे पीपल के वृक्ष के नीचे वैशाख पूर्णिमा के दिन बुद्ध को ज्ञान की प्राप्ति हुई, जिसे निर्वाण कहा जाता है।
- **धर्मचक्र प्रवर्तन** निर्वाण प्राप्ति के बाद बुद्ध ने सारनाथ में अपने पाँच साथियों को बौद्ध धर्म में दीक्षित किया, जिसे धर्मचक्र प्रवर्तन कहा जाता है।
- **हीनयान**, महायान द्वारा दूसरे बौद्ध परंपरा के समर्थकों को हीनयान कहा गया।
- **थेरवादी**, पुराने तथा प्रतिष्ठित शिक्षकों (थेरों) के रास्ते पर चलने वाले।
- **जेन्द अवेस्ता** ईरानी पैगंबर जरथुस्त्र की शिक्षाओं का संकलन, इनकी मूल शिक्षा में 'सद् विचार, सद्वचन तथा सद् कार्य' शामिल हैं।

धार्मिक बदलाव की तिथियाँ

प्रारंभिक वैदिक (ऋग्वैदिक परम्परा)	लगभग 1500-1000 ई. पू.
उत्तर वैदिक परम्परा	लगभग 1000-500 ई. पू.
जैन धर्म, बौद्ध धर्म, उपनिषद्	छठी शताब्दी ई. पू.
आरंभिक स्तूप	लगभग तीसरी सदी ई. पू.
महायान बौद्ध मत का विकास, वैष्णववाद, शैववाद, देवी पूजन	लगभग दूसरी सदी ई. पू.से आगे
प्रारंभिक मंदिर	तीसरी सदी ईसवी

अतिरिक्त तथ्य
तमिलनाडु बोर्ड एवं NIOS

- 'भगवती सूत्र' एक प्रमुख जैन ग्रंथ है।
- बौद्ध ग्रंथ 'समन्नफल सुत' (Samannaphala sutta) में मगध में आजातशत्रु तथा गौतम बुद्ध की भेंट का उल्लेख है।
- हूण शासक तोरमाण तथा मिहिर कुल बौद्ध धर्म के प्रबल विरोधी थे। हूणों ने बौद्ध धर्म के विस्तार पर करारा प्रहार किया।
- मणिमेक लाई (सथनार द्वारा रचित) दक्षिण संगम कालीन प्रमुख काव्य है, जिसमें दक्षिण में प्रचलित अन्य धर्मों की बौद्ध धर्म से तुलना की गई है।

06

महाजनपद काल

(स्रोत)

New NCERT Class VI Chap 5 **राज्य, राजा और एक प्राचीन गणराज्य,**
Old NCERT Class VI Chap 4 **भारत : 600 ई. पू. से 400 ई. पू. तक,**
Old NCERT Class XI Chap 11 **जनपद-राज्य और प्रथम मगध साम्राज्य,**
Chap 12 **ईरानी और मकदूनियाई आक्रमण,**
New NCERT Class XII (I) Chap 2 **राजा, किसान और नगर (आरंभिक राज्य और अर्थव्यवस्थाएँ),** Tamil Nadu Board (Class XI), NIOS

महाजनपद

- छठी शताब्दी ई. पू. में पूर्वी उत्तर प्रदेश और पश्चिमी बिहार में लोहे का व्यापक प्रयोग होने से बड़े-बड़े प्रादेशिक या जनपद राज्यों के निर्माण के लिए उपयुक्त परिस्थिति निर्मित हुई।
- बुद्ध के समय में 16 बड़े राज्यों का उदय हुआ, जिन्हें महाजनपद कहा जाता था। सोलह महाजनपदों में अधिकांश विंध्य के उत्तर में और पश्चिमोत्तर सीमा प्रांत से बिहार तक विस्तृत थे। इस समय कई महत्त्वपूर्ण गणराज्य भी अस्तित्व में आए थे।
- बौद्ध ग्रंथ **अंगुत्तर निकाय** एवं जैन ग्रंथ **भगवती सूत्र** में 16 महाजनपदों का उल्लेख मिलता है। सोलह महाजनपदों में मगध, कोसल, वत्स और अवंति अधिक शक्तिशाली थे।
- जनपद शब्द का प्रयोग प्राकृत तथा संस्कृत दोनों में मिलता है। इसका अर्थ है-लोगों (जन) के बसने की जगह।
- महाजनपदों का विकास जनपदों से हुआ था, जो जनपद महत्त्वपूर्ण हो गए, वे महाजनपद के रूप में विकसित किए गए।
- प्रत्येक महाजनपद की एक राजधानी होती थी, जिसे प्रायः किले से घेरा जाता था। राजधानियों के रख-रखाव के लिए सेना, कर प्रणाली का विकास, सिक्कों का विकास, आर्थिक परिवर्तन इत्यादि हुए।
- भाग नामक कर का विकास (उपज का 1/6) इसी काल में हुआ। यह महत्त्वपूर्ण कृषि कर था।
- अधिकांश महाजनपदों का शासक राजा होता था, किंतु गण और संघ नाम से प्रसिद्ध राज्यों में (मल्ल, वाज्जि संघ आदि) लोगों के समूह द्वारा शासन का संचालन होता था।
- गणराज्यों में ओलीगार्की (समूह शासन) प्रणाली थी। इसमें सत्ता पुरुषों के समूह के अधीन होती थी।

महाजनपदों का विवरण

छठी शताब्दी ई. पू. के इन महाजनपदों का विवरण निम्न प्रकार है

- **अंग** पूरब से शुरू करने पर पहला जनपद अंग था, जिसमें आधुनिक मुंगेर और भागलपुर जिले सम्मिलित हैं। अंग की राजधानी चंपा थी, जहाँ ईसा पूर्व छठी सदी से आबादी होने के प्रमाण मिलते हैं। यहाँ पाँचवीं सदी ईसा पूर्व के लगभग का मिट्टी का किला मिला है।
- **मगध** इस महाजनपद में आधुनिक पटना और गया जिला तथा शाहाबाद का कुछ हिस्सा सम्मिलित था। गंगा के उत्तर में आज के तिरहुत प्रमंडल में वज्जियों का राज्य था। यह आठ जनों का संघ था।
- मगध, गंगा तथा सोन जैसी नदियों से सिंचित क्षेत्र था, जो उपजाऊ जमीन, यातायात तथा जल वितरण की दृष्टि से महत्त्वपूर्ण रहा। साथ ही यह क्षेत्र लौह अयस्क (आधुनिक झारखण्ड) संपन्न था, जिससे सैन्य औजार, कृषि उपकरण बनाना आसान था।
- **वज्जि** इसके आठ जनों में सबसे प्रबल लिच्छवि थे, इनकी राजधानी वैशाली में थी, जिसकी पहचान आधुनिक वैशाली जिले के बसाढ़ नामक गाँव से की जाती है। पुराण के अनुसार वैशाली अधिक प्राचीन नगरी है, परंतु पुरातत्त्व के अनुसार बसाढ़ की स्थापना ईसा पूर्व छठी सदी से पूर्व नहीं हुई थी।
- **काशी** इस महाजनपद की राजधानी वाराणसी थी। राजघाट की खुदाई से ज्ञात होता है कि सबसे पुराना शहरी निवास स्थल काशी में लगभग 500 ई. पू. का था।
- **कोसल** इस जनपद में पूर्वी उत्तर प्रदेश पड़ता था, इसकी राजधानी श्रावस्ती थी, जिसकी पहचान उत्तर प्रदेश के गोंडा और बहराइच जिलों की सीमा पर सहेत-महेत नामक स्थान से की जाती है। कोसल में महत्त्वपूर्ण नगरी अयोध्या भी थी, जिसका संबंध रामकथा से जोड़ा जाता है।

- **मल्ल** इनकी राजधानी कुशीनारा में थी। यहाँ बुद्ध की मृत्यु हुई थी। इसकी पहचान देवरिया जिले के कसिया नामक स्थान से की गई है।
- **वत्स** इसकी राजधानी इलाहाबाद (प्रयागराज) के पास कौशांबी में थी। वत्स लोग वही कुरुजन थे, जो हस्तिनापुर छोड़कर कौशांबी में आकर बस गए थे।
- **अवंति** यह राज्य मध्य मालवा और मध्य प्रदेश के सीमावर्ती नगरों में विस्तृत था। इस राज्य के दो भाग थे–उत्तरी भाग और दक्षिणी भाग। इसमें उत्तर भाग की राजधानी उज्जैन और दक्षिण भाग की राजधानी महिष्मती थी। कालांतर में उज्जैन ने महिष्मती को परास्त कर दिया। यहाँ बड़े पैमाने पर लौह कर्म का विकास हुआ और इसकी सुदृढ़ किलेबंदी की गई।
- **कुरु** मेरठ, दिल्ली तथा थानेश्वर के भू-भाग में कुरु महाजनपद अवस्थित था। इसकी राजधानी इंद्रप्रस्थ में थी, जो वर्तमान दिल्ली में स्थित है। इस महाजनपद पर युधिष्ठिर के वंशजों ने शासन किया।
- **पांचाल** यह उत्तर प्रदेश के बरेली, बदायूँ तथा फर्रूखाबाद में स्थित महाजनपद था। यह महाजनपद दो भागों में विभाजित था-उत्तरी पांचाल तथा दक्षिणी पांचाल। उत्तरी पांचाल की राजधानी अहिच्छत्र थी तथा दक्षिणी पांचाल की राजधानी काम्पिल्य थी।
- **शूरसेन** यह उत्तर प्रदेश के ब्रजमंडल क्षेत्र में स्थित था। शूरसेन महाजनपद की राजधानी मथुरा थी।
- **चेदि** आधुनिक बुंदेलखंड में चेदि महाजनपद का क्षेत्र विस्तृत था। इसकी राजधानी सोत्थिवती थी।
- **मत्स्य** यह आधुनिक जयपुर के आस-पास का क्षेत्र था। इसकी राजधानी विराटपुर थी।
- **गांधार** यह पाकिस्तान के उत्तर-पश्चिमी क्षेत्र में स्थित था। इसकी राजधानी तक्षशिला थी।
- **अश्मक** यह महाजनपद दक्षिण भारत में गोदावरी नदी के तटीय क्षेत्र में अवस्थित था। इसकी राजधानी पोतन या पोटली थी।
- **कंबोज** यह उत्तरपथ में स्थित महाजनपद था। इसकी राजधानी हाटक या राजपुर थी।

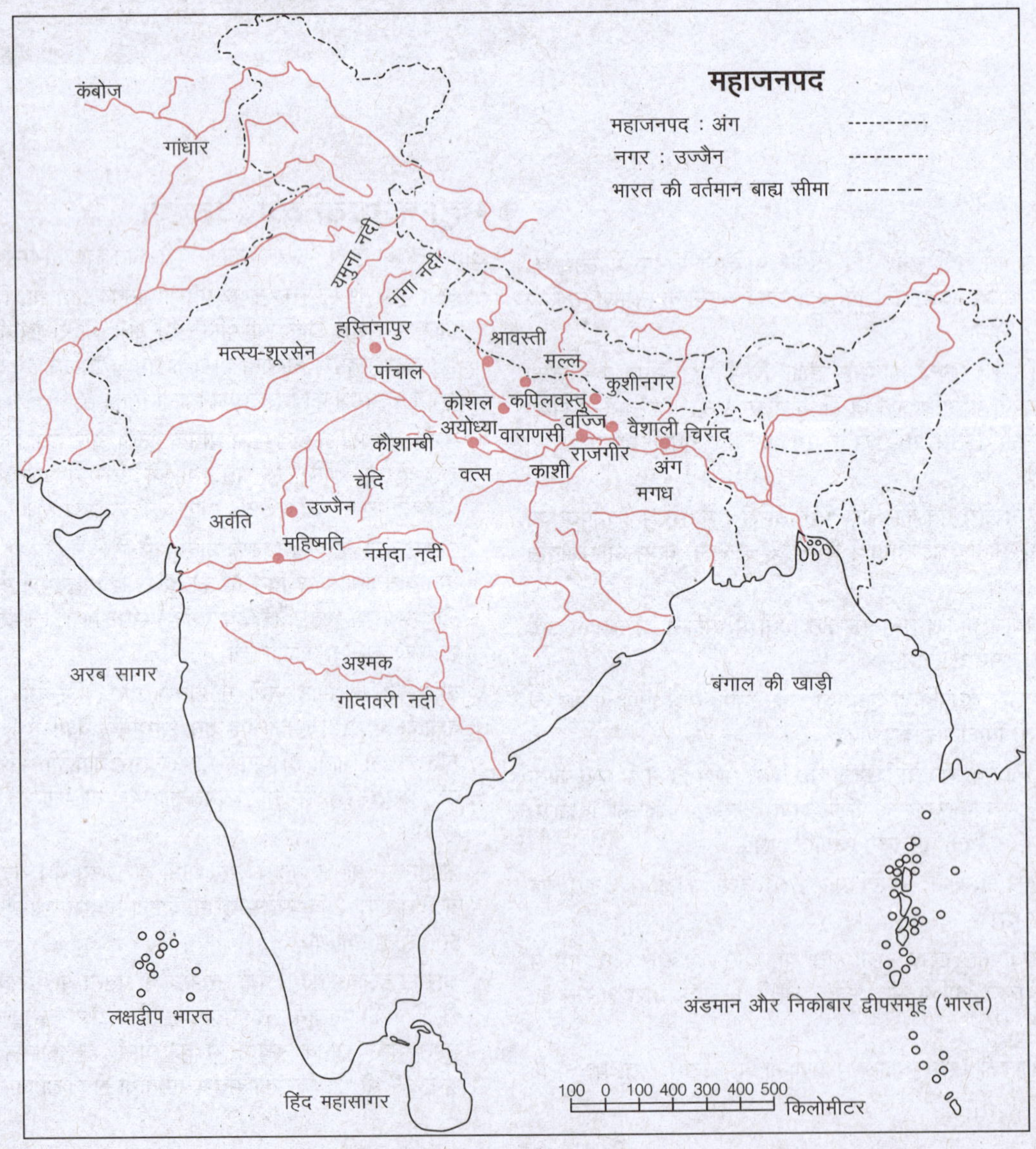

सोलह महाजनपद

महाजनपद	राजधानी/विस्तार
काशी	वाराणसी
कोशल/कोसल	श्रावस्ती/अयोध्या
अंग	चंपा (भागपुर और मुंगेर, बिहार)
मगध	राजगृह/गिरिव्रज (दक्षिण बिहार)
वज्जि	वैशाली (उत्तर बिहार)
मल्ल	कुशीनगर (प्रथम) एवं पावा (द्वितीय भाग) (पूर्वी उत्तर प्रदेश का गोरखपुर-देवरिया क्षेत्र)
चेदि	सोत्थिवती/सुक्तिमति (आधुनिक बुंदेलखंड)
वत्स	कौशांबी (प्रयागराज एवं बाँदा)
पांचाल	उत्तरी पांचाल-अहिच्छत्र (रामनगर, बरेली), दक्षिणी पांचाल-काम्पिल्य (फर्रुखाबाद)
मत्स्य	विराट नगर (अलवर, भरतपुर, राजस्थान)
शूरसेन	मथुरा (आधुनिक ब्रजमंडल)
अश्मक	पोतना या पोटली (दक्षिण भारत का एकमात्र महाजनपद)
अवंति	उज्जयिनी (उत्तरी) महिष्मती (दक्षिणी)
गांधार	तक्षशिला (पेशावर, रावलपिंडी, पाकिस्तान)
कंबोज	हाटक (कश्मीर)
कुरु	इंद्रप्रस्थ (मेरठ, दक्षिण-पूर्व हरियाणा)

मगध साम्राज्य : स्थापना और विस्तार

मगध साम्राज्य पर अनेक वंशों ने शासन किया, जिनका वर्णन निम्न प्रकार है

हर्यंक वंश

हर्यंक वंश के प्रमुख शासकों का वर्णन निम्न है

बिंबिसार

- बिंबिसार (544-492 ई. पू.) ने हर्यंक वंश की स्थापना की थी, उसके शासनकाल में मगध ने विशिष्ट स्थान प्राप्त किया। यह बुद्ध का समकालीन था। बिंबिसार ने अंग महाजनपद पर अधिकार कर लिया और उसका शासन अपने पुत्र **अजातशत्रु** को सौंप दिया।
- बिंबिसार ने वैवाहिक संबंधों से अपनी स्थिति को मजबूत किया। उसने कोसल, वैशाली तथा गांधार के साथ वैवाहिक संबंधों के साथ मगध महाजनपद को महत्त्वपूर्ण बनाया।
- बिंबिसार की प्रथम पत्नी कोसल राजा की पुत्री और प्रसेनजित की बहन थी। इस विवाह में उसे दहेज स्वरूप काशी ग्राम प्राप्त हुआ, जिससे उसे एक लाख की आय होती थी। बिंबिसार की दूसरी पत्नी वैशाली की लिच्छवि राजकुमारी चेल्लणा थी, जिसने अजातशत्रु को जन्म दिया था।
- बिंबिसार की तीसरी पत्नी पंजाब के मद्र कुल (गांधार महाजनपद की इकाई) के प्रधान की पुत्री थी।
- विभिन्न राजकुलों से वैवाहिक संबंधों के कारण बिंबिसार को राजनीतिक प्रतिष्ठा मिली और इस प्रकार मगध राज्य को पश्चिम और उत्तर की ओर विस्तृत करने का मार्ग प्रशस्त हुआ।
- मगध की शत्रुता अवंति से थी, जिसकी राजधानी उज्जैन में थी, इसके राजा चंडप्रद्योत महासेन का युद्ध बिंबिसार से हुआ था, परंतु कुछ समय पश्चात् शत्रुता मित्रता में परिवर्तित हो गई।
- चंडप्रद्योत पीलिया रोग से ग्रस्त था, तब बिंबिसार ने अवंति राज के अनुरोध पर अपने राजवैध जीवक को उज्जैन भेजा था।
- मगध की पहली राजधानी **राजगीर** में थी, उस समय इसे **गिरिव्रज** कहते थे। यह स्थल पाँच पहाड़ियों से घिरा था।
- बौद्ध ग्रंथों के अनुसार बिंबिसार ने लगभग 544 से 492 ईसा पूर्व तक 62 वर्षों तक शासन किया था।
- बिंबिसार ने शहरों और गाँवों को आपस में जोड़ने के लिए सड़कें बनवाईं और नदियों पर पुल बनवाए थे।
- बिंबिसार ने सुदूर देशों, यहाँ तक कि पश्चिमोत्तर भारत के गांधार राज्य में भी अपने राजदूत भेजे थे।

अजातशत्रु

- अजातशत्रु (492-460 ई. पू.) ने अपने पिता की हत्या करके सिंहासन प्राप्त किया था, इसलिए इसे **पितृहंता** कहा गया।
- अजातशत्रु की माता लिच्छवि कुल की राजकुमारी थी, फिर भी उसने वैशाली पर आक्रमण किया।
- अजातशत्रु की विस्तारवादी आक्रामक नीति का काशी और कोसल ने मिलकर सामना किया।
- मगध और कोसल के बीच काफी समय तक संघर्ष जारी रहा, अंत में अजातशत्रु की विजय हुई।
- कोसल नरेश को अजातशत्रु के साथ अपनी पुत्री का विवाह करने और अपने जमाई को काशी सौंप कर संधि के लिए विवश होना पड़ा।
- अजातशत्रु ने **रथमूसल** तथा **महाशिलाकंटक** नामक हथियारों का प्रयोग कर वैशाली को जीत लिया था।
- अजातशत्रु के प्रतिद्वंद्वियों में अवंति का शासक अधिक शक्तिशाली था। अवंति के राजाओं ने कौशांबी के वत्सों को पराजित किया था।
- अवंति के राजा मगध पर आक्रमण करने की धमकी दे रहे थे, इसी समस्या का सामना करने के लिए अजातशत्रु ने राजगीर की किले बंदी करवाई थी।
- अजातशत्रु ने अपने कूटनीतिज्ञ मंत्री वस्सकार की सहायता से लिच्छवियों के संघ को भंग किया था। अजातशत्रु की हत्या उसके पुत्र उदायिन ने की थी।

उदयिन

- उदयिन (460-444 ई. पू.) अजातशत्रु के बाद मगध के सिंहासन पर बैठा था। उदयिन ने पटना में गंगा और सोन के संगम पर एक किला बनवाया, इसका कारण यह था कि पटना, मगध साम्राज्य के केंद्र में था।
- पटना का विकास पाटलिपुत्र नामक ग्राम से हुआ था। पाँचवीं सदी ई. पू. में (उदयिन द्वारा) साम्राज्य की राजधानी राजगाह से पाटलिपुत्र कर दी गई।
- चौथी शताब्दी ई. पू. तक आते-आते यह एशिया के सबसे बड़े नगरों में से एक बन गया।

- सातवीं सदी में चीनी यात्री ह्वेन त्सांग की यात्रा के दौरान यह (पाटलिपुत्र) एक खण्डहर के रूप में बदल गया था।
- ह्वेन त्सांग चीन लौटते हुए चंदन की लकड़ी की बनी बुद्ध की मूर्तियाँ तथा 600 से ज्यादा पांडुलिपियाँ अपने साथ ले गया। वह समुद्र के रास्ते चीन लौटा था। ह्वेन त्सांग ने नालंदा बौद्ध विद्या केंद्र में अध्ययन किया था।
- उदयिन के काल में मगध का साम्राज्य उत्तर में हिमालय से लेकर दक्षिण में छोटानागपुर की पहाड़ियों तक विस्तृत था।

शिशुनाग वंश

शिशुनाग वंश के शासक निम्न हैं

- **शिशुनाग** (412-394 ई. पू.) इसने उदयिन की मृत्यु के पश्चात् शिशुनाग वंश की स्थापना की थी। शिशुनागों ने अपनी राजधानी कुछ समय के लिए वैशाली में भी स्थापित की। अवंति (जिसकी राजधानी उज्जैन थी) की शक्ति को समाप्त करना शिशुनाग वंश की सबसे बड़ी उपलब्धि मानी जाती है। शिशुनागों ने अवंति को मगध साम्राज्य का हिस्सा बनाया, जो मौर्य साम्राज्य के अंत तक बना रहा।
- **कालाशोक** (394-366 ई. पू.) यह शिशुनाग का उत्तराधिकारी था। इसके शासनकाल में वैशाली में द्वितीय बौद्ध संगीति का आयोजन हुआ था। कालाशोक ने वैशाली से अपनी राजधानी का स्थानांतरण पाटलिपुत्र में किया, जिसे शिशुनाग द्वारा मगध महाजनपद की राजधानी बनाया गया था।

नंद वंश

नंद वंश के शासक निम्न हैं

- **महापदमनंद** (344-334 ई. पू.) इसने शिशुनाग वंश के अंतिम शासक की हत्या करके नंद वंश की स्थापना की थी, इसने स्वयं को **एकराट** कहा था।
- महापदमनंद ने न केवल कलिंग पर अधिकार किया, बल्कि उसके विरुद्ध विद्रोह करने वाले कोसल को भी मगध साम्राज्य में मिला लिया।
- नंद शासकों के पास एक वृहद् सेना थी। इस सेना में 2,00,000 पदाति, 20,000 घुड़सवार और 3,000 से लेकर 6,000 तक हाथी थे।
- **धनानंद** (334-323 ई. पू.) इस वंश का अंतिम शासक था, इसके समय में ही सिकंदर ने भारत पर आक्रमण (326 ई. पू.) किया था। नंद वंश के शासक जैन मत के पोषक थे। घनानंद के अमात्य शकटाल तथा स्थूलभद्र थे।

मगध साम्राज्य के राजवंश

वंश का नाम	शासक	कुल शासनकाल
हर्यंक वंश (544-412 ई. पू.)	1. बिंबिसार 2. अजातशत्रु 3. उदयिन	132 वर्ष
शिशुनाग वंश (412-344 ई. पू.)	1. शिशनाग 2. कालाशोक (काकवर्ण) 3. काकवर्ण के 10 पुत्र	68 वर्ष
नंदवंश (344-323 ई. पू.)	1. महापदमनंद 2. धनानंद	21 वर्ष

मगध की सफलता के कारण

- मगध का पहला उल्लेख अथर्ववेद में मिलता है। महाभारत तथा पुराणों के अनुसार मगध साम्राज्य की स्थापना वृहद्रथ ने की थी। वृहद्रथ जरासंध का पिता था। जरासंध ने मगध के युद्ध में हिस्सा लिया था।
- लौह युग में मगध की भौगोलिक स्थिति उपयुक्त थी तथा लोहे के समृद्ध भंडार राजगीर के समीप अवस्थित थे।
- समृद्ध लौह खनिज के भंडार समीप ही उपलब्ध होने के कारण मगध के शासक अपने लिए प्रभावशाली हथियार तैयार करा सके।
- मगध की दोनों राजधानियाँ प्रथम, राजगीर और द्वितीय, पाटलिपुत्र सामरिक दृष्टि से अति महत्त्वपूर्ण स्थानों पर थीं। पाटलिपुत्र प्राच्य (पूर्वी) व्यापार का केंद्र था, जिसके कारण इस नगर ने समृद्धि प्राप्त की।
- मगध मध्य गंगा के मैदान के मध्य में स्थित था। इस अति उर्वर प्रदेश से जंगल समाप्त हो चुके थे तथा भारी वर्षा होती थी, इसलिए सिंचाई के बिना भी क्षेत्रों को उत्पादक बनाया जा सकता था।
- मगध पहला साम्राज्य था, जिसने अपने पड़ोसियों के विरुद्ध युद्ध में हाथियों का बड़े पैमाने पर प्रयोग किया। यूनानी स्रोतों से ज्ञात होता है कि नंदों की सेना में 6,000 हाथी थे।

विदेशी आक्रमण

विदेशी आक्रमणों में ईरानी और यूनानी आक्रमण निम्न हैं

ईरानी आक्रमण

- छठी सदी ईसा पूर्व में जब मगध के राजा अपना साम्राज्य विस्तार कर रहे थे, उसी समय ईरान में हखमनी शासक भी सुदृढ़ हो रहे थे।
- ईरान के शासकों ने भारत की पश्चिमोत्तर सीमा पर व्याप्त राजनीतिक फूट का लाभ उठाया तथा **दारयवहु** (डेरियस) के नेतृत्त्व में भारतीय सीमा में प्रवेश किया। डेरियस ने 516 ई. पू. में पंजाब, सिंध नदी के पश्चिम के क्षेत्रों और सिंध को जीत कर अपने साम्राज्य में मिला लिया।
- सिंध क्षेत्र फारस (ईरान) का बीसवाँ प्रांत या क्षत्रपी बन गया। फारस साम्राज्य में कुल मिलाकर अट्ठाईस क्षत्रपिगाँ थीं। भारतीय क्षत्रपी में सिंधु, पश्चिमोत्तर सीमा प्रांत तथा पंजाब का सिंधु नदी के पश्चिम वाला भाग सम्मिलित था।
- सिंध का क्षेत्र फारस साम्राज्य का सबसे अधिक आबाद और उपजाऊ भाग था। इस क्षेत्र से 360 टैलेंट (मुद्रा तथा भार का प्राचीन माप) सोना राजस्व के रूप में आता था, जो फारस के सभी एशियाई प्रांतों से मिलने वाले कुल राजस्व का एक-तिहाई था।
- दारयवहु के उत्तराधिकारी **क्षयार्ष** (जरसिस) ने यूनानियों के विरुद्ध लंबी लड़ाई में भारतीयों को अपनी फौज में शामिल किया। सिकंदर के आक्रमण तक पश्चिमोत्तर भारत पर ईरानी साम्राज्य का प्रभाव बना रहा।

ईरानी आक्रमण का परिणाम

- ईरानी लिपिकार (कातिब) भारत में लेखन का एक विशेष रूप लेकर आए, भविष्य में यह खरोष्ठी नाम से प्रसिद्ध हुआ। खरोष्ठी लिपि अरबी की भाँति दाईं से बाईं ओर लिखी जाती थी।
- ईसा पूर्व तीसरी सदी में पश्चिमोत्तर भारत में अशोक के कुछ अभिलेख इसी लिपि में लिखे गए। पश्चिमोत्तर सीमा प्रांत में ईरानी सिक्के भी मिलते हैं, जिनसे ईरान के साथ व्यापार होने का संकेत मिलता है।

- अशोककालीन स्मारक, विशेषकर घंटे के आकार के गुंबज ईरानी प्रतिरूपों पर आधारित थे।
- ईरानी शब्द 'दिपी' के लिए अशोककालीन लेखकों ने लिपि शब्द का प्रयोग किया है।

यूनानी आक्रमण

- ईसा पूर्व चौथी सदी में विश्व पर अपना आधिपत्य स्थापित करने के लिए यूनानियों और ईरानियों के बीच संघर्ष आरंभ हुआ।
- मकदूनिया के शासक सिकंदर के नेतृत्त्व में यूनानियों ने ईरानियों के साम्राज्य को नष्ट कर दिया।
- सिकंदर ने न केवल एशिया माइनर (तुर्की) और इराक को ही नहीं, बल्कि ईरान को भी जीत लिया।
- इतिहास के पिता कहे जाने वाले **हेरोडोटस** और अन्य यूनानी लेखकों ने भारत का वर्णन अपार संपत्ति वाले देश के रूप में किया था। इस वर्णन को पढ़कर सिकंदर भारत पर आक्रमण करने के लिए प्रेरित हुआ।
- सिकंदर के आक्रमण के समय भारत की पश्चिमोत्तर सीमा पर दो राज्य सर्वाधिक विख्यात थे, पहला तक्षशिला का राजा **आम्भि** और दूसरा **पोरस**, जिसका राज्य झेलम और चिनाब के मध्य था।
- तक्षशिला के शासक आम्भि ने सिकंदर के सामने आत्मसमर्पण कर दिया।
- ईरान पर विजय प्राप्त करने के बाद सिकंदर काबुल की ओर बढ़ा, जहाँ से खैबर दर्रा पार करते हुए वह 326 ई. पू. में भारत आया। सिकंदर को सिंधु नदी तक पहुँचने में पाँच महीने लगे।
- झेलम नदी के किनारे पहुँचने पर सिकंदर का पहला और सबसे शक्तिशाली प्रतिरोध पोरस ने किया।
- सिकंदर की सेना ने व्यास नदी को पार करने से मना कर दिया था, क्योंकि वे लड़ते-लड़ते थक गए थे।
- यूनानी इतिहासकार **एरियन** ने लिखा है, "युद्धकला में भारतवासी अन्य तत्कालीन जनों से अत्यंत श्रेष्ठ थे।"
- मगध पर नंद वंश का शासन था, उसकी सेना सिकंदर की सेना से बड़ी थी। इससे डरकर सिकंदर की सेना ने आगे बढ़ने से मना कर दिया।
- सिकंदर ने अपने सैनिकों के संबंध में कहा कि "मैं उन दिलों में उत्साह भरना चाहता हूँ, जो निष्ठाहीन और कायरतापूर्ण डर से दबे हुए हैं।"
- सिकंदर तथा उसकी सेना ने भारत में 19 महीने व्यतीत किए। वापस जाते हुए 323 ई. पू. में बेबीलोन में उसका निधन हो गया।

हाईडेस्पीज का युद्ध

- हाईडेस्पीज के युद्ध को **झेलम का युद्ध** भी कहा जाता है। यह युद्ध सिकंदर तथा पोरस के बीच 326 ई. पू. में लड़ा गया था।
- पोरस का राज्य झेलम और चिनाब नदी के बीच स्थित था। झेलम नदी के किनारे हुए हाईडेस्पीज के युद्ध में पोरस की पराजय हुई थी।
- हाईडेस्पीज के युद्ध में भारतीय शासक शशिगुप्त, आम्भि तथा संजय ने सिकंदर की सहायता की थी।
- सिकंदर पोरस की बहादुरी और साहस से बड़ा प्रभावित हुआ, इसलिए उसने उसका राज्य वापस कर दिया तथा पोरस को अपना सहयोगी बना लिया।

यूनानी आक्रमण के परिणाम

- सिकंदर के अभियान से चार भिन्न-भिन्न स्थल मार्गों और जलमार्गों के द्वार खुले, इससे यूनानी व्यापारियों और शिल्पियों के लिए मार्ग प्रशस्त हुए तथा व्यापार की तत्कालीन सुविधाएँ बढ़ीं।
- सिकंदर ने अपनी विजय के उपलक्ष्य में निकैया शहर की स्थापना की, जबकि अपने प्रिय घोड़े की स्मृति में बुकाफेला शहर स्थापित किया।
- सिकंदर ने अपने मित्र नियार्कस के नेतृत्त्व में एक दल को सिंधु नदी के मुहाने से फरात नदी के मुहाने तक समुद्र तट का पता लगाने और बंदरगाहों को ढूँढ़ने के लिए भेजा था।
- इस अभियान के कारण भारत तथा मध्य एशिया के बीच प्रसिद्ध जलमार्ग का पता लगा।
- यूनानी आक्रमण का सबसे महत्त्वपूर्ण पहलू यह था कि यूनानियों ने भारत के संदर्भ में अपने विचारों को लिपिबद्ध किया, जो भारतीय इतिहास की जानकारी के लिए मूल्यवान प्रमाणित हुआ।

अतिरिक्त तथ्य

तमिलनाडु बोर्ड एवं NIOS

- महाजनपद काल में राजस्व का मुख्य स्रोत **भूमि उत्पादन पर कर** तथा **वाणिज्यिक गतिविधियों पर शुल्क** था। प्रशासनिक संरचना तथा सेना बनाए रखने और विस्तृत करने के लिए करों के माध्यम से राजस्व संग्रह किया जाता था।
- अधिक धनी जमींदारों को **गृहपति** कहा जाता था। ये जमींदार **दास** या **कर्मकार** कहलाने वाले मजदूरों को नियोजित करते थे। छोटे जमींदारों को **कसाक** या **कृषक** कहा जाता था।

मौर्यकाल

(स्रोत)

New NCERT Class VI Chap 7 **राज्य से साम्राज्य**, Chap 8 **गाँव, कस्बे और व्यापार**, Chap 10 **इमारतें, चित्र तथा किताबें**, Old NCERT Class VI Chap 5 **मौर्य साम्राज्य**, Old NCERT Class XI Chap 14 **मौर्य युग**, Chap 15 **मौर्य शासन का महत्त्व**, NEW NCERT Class XII (I) Chap 2 **राजा, किसान और नगर (आरंभिक राज्य और अर्थव्यवस्थाएँ)**, Tamil Nadu Board (Class XI), NIOS

मौर्यकाल को जानने के स्रोत

- मौर्य साम्राज्य के इतिहास को जानने में हमारी सहायता करने वाले साहित्यिक तथा पुरातात्विक साक्ष्यों की कमी नहीं है। इस समय के विदेशी यात्रियों के विवरण तथा विदेशी रचनाकारों की पुस्तकों से मौर्यकालीन इतिहास पर प्रकाश डाला गया है।
- बौद्ध रचनाएँ (दिव्यावदान, महावंश, दीपवंश इत्यादि) तथा जैन साहित्य (कल्पसूत्र, परिशिष्ट पर्वन इत्यादि) भी मौर्यकाल के इतिहास के प्रमुख स्रोत हैं।
- कौटिल्य का **अर्थशास्त्र**, विशाखदत्त का **मुद्राराक्षस**, सोमदेव के **कथासरित्सागर**, कल्हण कृत **राजतरंगिणी**, क्षेमेंद्र की रचना **वृहत कथामंजरी** से मौर्य प्रशासनिक तंत्र तथा तत्कालीन समाज का चित्र प्रस्तुत हुआ है।
- 'परिशिष्टपर्वन', हेमचंद्र द्वारा रचित ग्रंथ में जैन शिक्षकों का इतिहास वर्णित है। यह रचना मगध साम्राज्य तथा मौर्य शासकों के बारे में जानकारी का महत्त्वपूर्ण स्रोत है। इसमें चंद्रगुप्त के प्रारंभिक जीवन, मगध विजय, मगध के अकाल तथा चंद्रगुप्त मौर्य के जैनचार्यों से संवाद का विवरण मिलता है।
- मंजू श्री मूल कल्प भी बौद्धों तथा नंदों को जाने का महत्त्वपूर्ण स्रोत है।
- मेगस्थनीज की 'इंडिका' के आधार पर प्लिनी तथा प्लूटार्क ने मौर्य शासन काल की विविध प्रवृत्तियों को स्पष्ट किया है।
- नियार्कस, आनसिक्रिटस तथा अन्य ग्रीक रचनाकारों ने भी इस दौर की 'ऐतिहासिक घटनाओं' का विवरण प्रस्तुत किया है।
- चंद्रगुप्त मौर्य, अशोक तथा रुद्रदामन के शिलालेखों एवं अभिलेखों से मौर्यकालीन व्यवस्था की जानकारी मिलती है। अशोक के शिलालेख भारत में भिन्न-भिन्न क्षेत्रों से प्राप्त हुए हैं।

मौर्यकालीन प्रमुख शासक

मौर्यकालीन प्रमुख शासक निम्न हैं

चंद्रगुप्त मौर्य (323-148 ई. पू.)

- चंद्रगुप्त मौर्य ने मौर्य राजवंश की स्थापना की थी। इसका संबंध सामान्य कुल से था।
- चंद्रगुप्त ने कौटिल्य (चाणक्य) की सहायता से नंद राजवंश को सत्ता से हटा कर मौर्य वंश की स्थापना की थी।
- चंद्रगुप्त के शत्रुओं के विरुद्ध चाणक्य ने जो रणनीति बनाई, उसका विस्तृत वर्णन **मुद्राराक्षस** नामक नाटक से मिलता है। इसकी रचना विशाखदत्त ने सातवीं शताब्दी में की थी।
- जस्टिन नामक यूनानी लेखक के अनुसार, चंद्रगुप्त मौर्य ने अपने साम्राज्य के विस्तार के क्रम में 6,00,000 सैनिकों की फौज लेकर पूरे भारत में सैन्य अभियान किया था।
- चंद्रगुप्त और सेल्यूकस निकेटर के मध्य 305 ई. पू. में युद्ध हुआ था, जिसमें चंद्रगुप्त विजयी हुआ तथा उसने पश्चिमोत्तर भारत को (सिंधु नदी के पश्चिम का क्षेत्र) अपने साम्राज्य में मिला लिया।
- सेल्यूकस ने चंद्रगुप्त मौर्य को पूर्वी अफगानिस्तान, बलूचिस्तान और सिंध का पश्चिमी क्षेत्र दिया, साथ ही चंद्रगुप्त ने भी उसे 500 हाथी उपहार स्वरूप भेंट किए।
- चंद्रगुप्त मौर्य के समय मौर्यों का शासन तमिलनाडु तथा पूर्वोत्तर भारत के कुछ भागों को छोड़कर पूरे भारतीय उप-महाद्वीप में था।
- चंद्रगुप्त के साम्राज्य विस्तार की जानकारी मेगस्थनीज की रचना 'इंडिका' तथा कौटिल्य की रचना 'अर्थशास्त्र' से मिलती है।

- मेगस्थनीज यूनानी राजदूत था, जो सेल्यूकस निकेटर का दूत बनकर चंद्रगुप्त मौर्य के दरबार में आया था। मेगस्थनीज की 'इंडिका' में साम्राज्य की राजधानी पाटलिपुत्र के नगरीय प्रशासनिक तंत्र का विशिष्ट विवरण मिलता है। इस रचना से मौर्य प्रशासन, समाज तथा अर्थव्यवस्था पर प्रकाश डाला गया है।
- चंद्रगुप्त मौर्य की दक्षिण भारत की विजय के विषय में जानकारी तमिल ग्रंथ 'अहनानूरु' एवं 'पुरनानूरु' से मिलती है।
- चंद्रगुप्त मौर्य ने अपने जीवन के अंतिम चरण में सिंहासन छोड़कर जैनमुनि भद्रबाहु से जैन-धर्म की दीक्षा ली और श्रवणबेलगोला (मैसूर) जाकर 298 ई. पू. में उपवास (संलेखना पद्धति) द्वारा शरीर त्याग दिया।

कौटिल्य का अर्थशास्त्र

- मौर्यों के इतिहास का सबसे महत्त्वपूर्ण स्रोत अर्थशास्त्र है। कौटिल्य (विष्णु गुप्त, चाणक्य नामों से भी ज्ञात) ने इस ग्रंथ की रचना संस्कृत में की है। चाणक्य तक्षशिला के शिक्षा केंद्र में अध्यापन का कार्य करते थे। पुराणों में इन्हें द्विजर्षभ (श्रेष्ठ ब्राह्मण) कहा गया है।
- चाणक्य को **भारत का मैकियावेली** भी कहा जाता है। अर्थशास्त्र, राजनीति और लोक-प्रशासन पर लिखी गई प्रामाणिक पुस्तक है। अर्थशास्त्र में 15 अधिकरण, 180 प्रकरण तथा 6,000 श्लोक हैं। यह गद्य तथा पद्य दोनों शैली में है, जिसे सामान्यतः महाभारत शैली कहा जाता है।
- अर्थशास्त्र में सैन्य तथा प्रशासनिक संगठन के बारे में विस्तृत विवरण मिलता है।

बिंदुसार (298-272 ई. पू.)

- चंद्रगुप्त मौर्य के पश्चात् उसका पुत्र बिंदुसार मौर्य साम्राज्य का शासक बना। बिंदुसार के शासनकाल में मौर्य साम्राज्य दक्षिण में मैसूर तक विस्तृत हुआ और इस प्रकार उसमें लगभग संपूर्ण देश शामिल था।
- बिंदुसार के शासनकाल में केवल कलिंग (उड़ीसा) और सुदूर दक्षिण भारत के राज्य ही उसके साम्राज्य में शामिल नहीं थे।
- यूनानियों ने बिंदुसार को **अमित्रचेट्स** या **अमित्रघात** कहा है, जिसका अर्थ है-शत्रुओं का नाश करने वाला। बिंदुसार को विभिन्न रचनाओं में सिंहसेन एवं भद्रसार भी कहा गया है।
- बिंदुसार के शासनकाल में सीरिया के शासक एण्टियोकस ने डाइमेकस नामक राजदूत भेजा था। बिंदुसार ने एण्टियोकस से सूखी अंजीर, मदिरा तथा दार्शनिक की माँग की थी। एण्टियोकस ने दार्शनिक को भेजने से इंकार कर दिया था।
- मिस्र के शासक टॉलेमी द्वितीय फिलाडेल्फस ने **डायनोसिस** नामक राजदूत बिंदुसार के दरबार में भेजा था।
- **दिव्यावदान** के अनुसार, बिंदुसार के समय तक्षशिला (प्रांत) में दो विद्रोह हुए, जिसका दमन करने के लिए पहली बार अशोक को तथा दूसरी बार सुसीम को भेजा गया। बिंदुसार आजीवक संप्रदाय का अनुयायी था। उसकी सभा में आजीवक संत रहते थे।
- बिंदुसार ने 500 सदस्यों की एक मंत्रिपरिषद् गठित की थी, जिसका प्रमुख 'खल्लाटक' को नियुक्त किया गया था।

अशोक (273-232 ई. पू.)

- अशोक ने 273 ई. पू. में सत्ता प्राप्त की, किंतु उसका राज्याभिषेक 269 ई.पू. में हुआ। सत्ता प्राप्ति तथा राज्याभिषेक के मध्य के 4 वर्षों में सत्ता के लिए संघर्षों का दौर चला।
- मंत्री राधा गुप्त की सहायता से अशोक निर्विवाद रूप से मौर्य सम्राट बन सका।
- अशोक पहला भारतीय राजा था, जिसने अपने अभिलेखों के द्वारा अपनी प्रजा को संबोधित किया।
- अशोक के अभिलेखों को पाँच श्रेणियों में बाँटा गया है

  1. दीर्घ शिलालेख 2. लघु शिलालेख 3. पृथक् शिलालेख
  4. दीर्घ स्तंभ लेख 5. लघु स्तंभ लेख
- अशोक का नाम केवल प्रथम लघु शिलालेख पर ही मिला है, जो कर्नाटक के तीन स्थान और मध्य प्रदेश के एक स्थान पर पाए गए हैं। अशोक के शेष अभिलेखों में केवल **देवानांपियदस्सी** (देवों का प्यारा) उसकी उपाधि के रूप में मिलता है।
- अशोक के अभिलेख भारतीय उपमहादेश और अफगानिस्तान में भी पाए गए हैं। ये 45 स्थानों में कुल 182 पाठांतरों में पाए गए हैं।
- प्राकृत भाषा में लिखे अशोक के अभिलेख साम्राज्य के अधिकांश भागों में ब्राह्मी लिपि में लिखित हैं। पश्चिमोत्तर भाग में अशोक के अभिलेख खरोष्ठी और अरामाइक लिपियों में हैं और अफगानिस्तान में इनकी भाषा और लिपि अरामाइक और यूनानी दोनों हैं।
- अशोक एक धर्म, एक भाषा और प्रायः एक लिपि के सूत्र में संपूर्ण देश को जोड़ने में सफल रहा। अशोक के अधिकांश लेख **ब्राह्मी** लिपि में हैं परन्तु देश के एकीकरण में उसने **ब्राह्मी, खरोष्ठी, अरामाइक** और **यूनानी** सभी लिपियों का सम्मान किया।

आरंभिक ब्राह्मी | देवनागरी (हिन्दी) अ | बांग्ला | मलयालम | तमिल

ब्राह्मी लिपि से प्रभावित भाषाएँ

- अशोक ने ग्रीक, प्राकृत तथा संस्कृत जैसी भाषाओं को और अधिक प्रसारित किया तथा विविध धार्मिक संप्रदायों को समन्वित किया। उसने सहनशील धार्मिक नीति अपनाई। बौद्ध धर्म का प्रचारक होते हुए उसने अन्य धर्मों को सम्मानित किया।
- अशोक ने आजीवकों के लिए बराबर की पहाड़ियों में गुफाओं का निर्माण करवाया। इतिहास में अशोक का नाम उसकी शांति, अनाक्रमण और सांस्कृतिक विजय की नीति के लिए अमर है।

अशोक के लघु शिलालेख

शिलालेख	स्थान	शिलालेख	स्थान
एर्रगुडि	आंध्र-प्रदेश	रूपनाथ	मध्य प्रदेश
ब्रह्मगिरि	कर्नाटक	भाब्रू	राजस्थान
सिद्धपुर	कर्नाटक	अहरौरा	उत्तर प्रदेश
जतिंग रामेश्वर	कर्नाटक	सासाराम	बिहार
गोविमठ	कर्नाटक	पंगुररिया	मध्य प्रदेश
राजुल मंडगिरि	आंध्र प्रदेश	सन्नति	कर्नाटक
मास्की	कर्नाटक	पालकि गुंडु	कर्नाटक
गुर्जरा	मध्य प्रदेश		

चौदह वृहत शिलालेख

पहला	पशुबलि की निंदा	आठवाँ	सम्राट की धर्मयात्राओं का उल्लेख, बोधिवृक्ष के भ्रमण का उल्लेख
दूसरा	मनुष्यों एवं पशुओं दोनों की चिकित्सा व्यवस्था का उल्लेख। चोल, पांड्य, सत्तियपुत्र एवं केरलपुत्र की चर्चा।	नौवाँ	विभिन्न प्रकार के समारोहों की निंदा
तीसरा	राजकीय अधिकारियों (युक्त, रज्जुक और प्रादेशिक) को हर पाँचवें वर्ष दौरा करने का आदेश।	दसवाँ	ख्याति एवं गौरव की निंदा तथा धम्म नीति की श्रेष्ठता पर बल
चौथा	भेरीघोष की जगह धम्मघोष की घोषणा	ग्यारहवाँ	धम्म नीति की व्याख्या
पाँचवाँ	धम्म-महामात्रों की नियुक्ति के विषय में जानकारी	बारहवाँ	सर्वधर्म समभाव एवं स्त्री महामात्र की चर्चा
छठा	प्रतिवेदक की चर्चा	तेरहवाँ	कलिंग युद्ध का वर्णन, पड़ोसी राज्यों का वर्णन, अपराध करने वाली आटविक जातियों का उल्लेख
सातवाँ	सभी संप्रदायों के लिए सहिष्णुता की घोषणा	चौदहवाँ	अशोक ने जनता को धार्मिक जीवन व्यतीत के लिए प्रेरित किया।

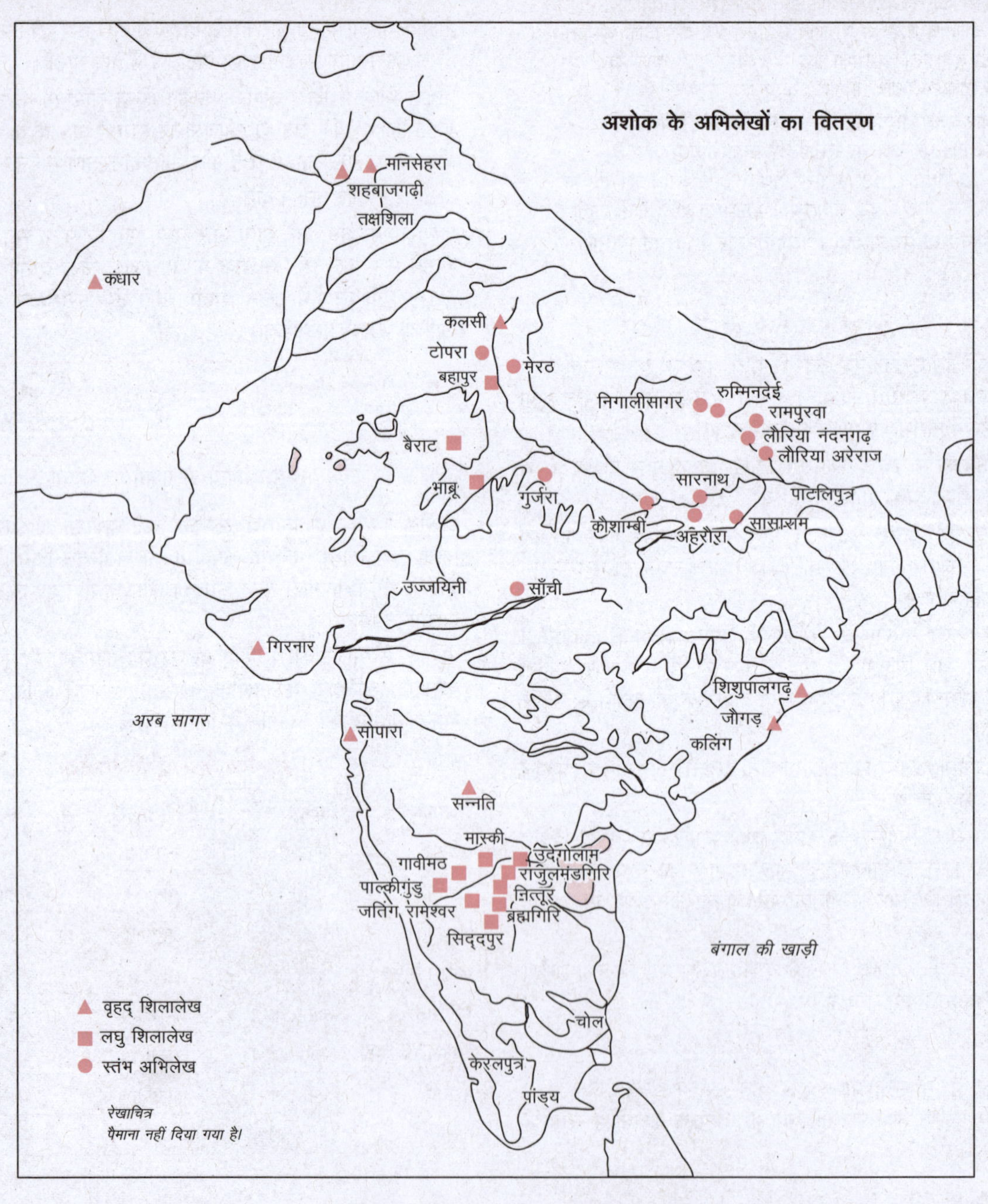

अशोक का अंतिम युद्ध (कलिंग युद्ध)

- अशोक की गृह और विदेश नीति बौद्ध धर्म के आदर्श से प्रेरित है। शासक बनने के पश्चात् उसने केवल एक युद्ध किया, जो कलिंग युद्ध के नाम से प्रसिद्ध है।
- अशोक के राज्याभिषेक के 8 वर्षों के पश्चात् अर्थात् 261 ई.पू. में 'कलिंग का युद्ध' लड़ा गया। इस युद्ध में 1 लाख लोग मारे गए तथा 1.50 लाख लोग बंदी बनाए गए।
- कलिंग युद्ध में हुए भारी नरसंहार से अशोक का ह्रदय द्रवित हो गया। उसने भेरी-घोष के स्थान पर धम्म घोष की नीति अपनाई अर्थात् उसने दूसरे राज्यों पर भौतिक विजय की नीति त्याग दी और सांस्कृतिक विजय पाने की नीति को अपनाया।
- अशोक यह मानने लगा कि पराए राज्यों को सैनिक विजय के उपयुक्त क्षेत्र समझना अनुचित है। वह उन्हें आदर्श विचारों से जीतने का प्रयास करने लगा।
- अशोक ने 'राजुक' नामक अधिकारी की नियुक्ति की, जिसे प्रजा को पुरस्कार तथा दंड दोनों देने का अधिकार प्राप्त था।
- कंधार अभिलेख से ज्ञात होता है कि अशोक की धम्म नीति का प्रभाव बहेलियों और मछुआरों पर भी हुआ, इन्होंने जीव-हिंसा को त्याग दिया और कृषक जीवन जीने लगे।

अशोक की धम्म नीति

- कलिंग युद्ध के पश्चात् अशोक बौद्ध बन गया, उसने बौद्धों को अपार दान दिया तथा धम्म यात्रा की।
- अशोक ने श्रीलंका और मध्य एशिया में बौद्ध धर्म के प्रचार के लिए अपने धर्म प्रचारक भेजे। ईसा-पूर्व दूसरी और पहली सदियों के ब्राह्मी अभिलेख श्रीलंका में मिले हैं।
- पारंपरिक अनुश्रुति के अनुसार, अशोक ने बौद्धों का तीसरा सम्मेलन (संगीति) आयोजित किया।
- धम्म नीति के प्रचार के लिए धम्म महामात्र नामक विशेष अधिकारी की नियुक्ति की।
- अशोक ने अपने विषय में बड़ा उच्च आदर्श रखा। यह आदर्श था-राजा का पिता के तुल्य होना। उसने अपने अधिकारियों को निर्देश दिया कि वह राजा के प्रतिनिधि के नाते प्रजा की देखभाल करें।
- अशोक ने स्त्रियों सहित समाज के विभिन्न वर्गों के मध्य धर्म का प्रचार करने के लिए धम्म महामात्र नियुक्त किए।
- अशोक कर्मकांडों का विशेषत: स्त्रियों में प्रचलित अनुष्ठानों या रस्मों का विरोधी था तथा उसने अनेक प्रकार के पशु-पक्षियों की हिंसा पर रोक लगा दी थी।

अशोक के उत्तराधिकारी

- अशोक के शासन के पश्चात् अगले 50 वर्ष तक उसके उत्तराधिकारियों का कमजोर शासन चलता रहा। अशोक के पश्चात् कुणाल मौर्य सम्राट बना, उसे दिव्यावदान में '**धर्मविवर्धन**' कहा गया है।
- 'राजतरंगिणी' के अनुसार, मगध में कुणाल के शासन के समय कश्मीर का शासक जालौक था।
- अशोक के अन्य उत्तराधिकारियों के रूप में संप्रति, दशरथ, शालिशुक एवं वृहद्रथ का नाम प्राप्त होता है।

मौर्यकालीन प्रशासनिक व्यवस्था

- मौर्यकालीन प्रशासनिक व्यवस्था में राजा शीर्ष पर होता था। कौटिल्य ने राजा को धर्मप्रवर्तक अर्थात् सामाजिक व्यवस्था का संचालक कहा है।
- मौर्य साम्राज्य का आकार बड़ा था, इसलिए अलग-अलग हिस्सों पर अलग-अलग ढंग से शासन किया जाता था। पाटलिपुत्र तथा आस-पास के क्षेत्रों पर सम्राट का प्रत्यक्ष नियंत्रण था।
- मौर्य प्रशासन में शीर्षस्थ अधिकारी तीर्थ कहलाते थे। अधिकतर अधिकारियों को नकद वेतन दिया जाता था। मंत्री, पुरोहित, सेनापति तथा युवराज उच्चतम कोटि के अधिकारी थे, इन्हें उदारतापूर्ण पारिश्रमिक मिलता था।
- उच्चतम कोटि के अधिकारियों को 48 हजार पण की रकम मिलती थी, जो पण 3/4 तोले के बराबर चाँदी का सिक्का होता था।
- निचले दर्जे के अधिकारियों को कुल मिलाकर 60 पण मिलते थे, हालाँकि कुछ कर्मचारियों को महज दस-बीस पण ही दिए जाते थे।
- संदेश वाहक एक महत्त्वपूर्ण अधिकारी था, जो एक स्थान से दूसरे स्थान पर घूमता रहता और राजा के जासूस अधिकारियों के कार्यों पर दृष्टि रखता था।
- केंद्रीय शासन में दो दर्जन से अधिक विभाग थे, जो कम-से-कम राजधानी के निकटवर्ती क्षेत्रों में सामाजिक और आर्थिक गतिविधियों पर नियंत्रण रखते थे।

प्रांतीय प्रशासन

- मौर्य साम्राज्य अनेक प्रांतों में विभक्त था। प्रत्येक प्रांत एक-एक कुमार या आर्यपुत्र के अधीन होता था। कुमार या आर्यपुत्र राजवंश की ही किसी संतान को बनाया जाता था।
- प्रांत भी छोटी-छोटी इकाइयों में विभक्त थे। ग्रामांचल और नगरांचल दोनों में प्रशासन की व्यवस्था थी।
- मौर्य साम्राज्य पाँच बड़े प्रांतों में विभाजित था। ये प्रांत उत्तरापथ, दक्षिणापथ, अवंति, कलिंग तथा प्राच्य प्रदेश थे।
- उत्तरापथ की राजधानी तक्षशिला, दक्षिणापथ की राजधानी सुवर्णगिरि, अवंति की राजधानी उज्जयिनी, कलिंग की राजधानी तोसली तथा प्राच्य प्रदेश की राजधानी पाटलिपुत्र थी।
- प्रांतों का विभाजन अनेक मंडलों में किया जाता था, मंडल जिलों में विभक्त थे, जिसे 'विषय' कहा जाता था। विषय का अधिकारी प्रादेशिक, रज्जुक तथा युक्तक होते थे। ग्राम प्रशासन की सबसे छोटी इकाई थी, जिसका प्रधान 'गामिक' होता था।

नगर प्रशासन

- मेगस्थनीज ने पाटलिपुत्र के नगर प्रशासन का वर्णन किया है। नगर का प्रमुख अधिकारी **एस्ट्रोनोमोई** तथा जिले का अधिकारी **एग्रोनोमोई** था।
- पाटलिपुत्र नगर का प्रशासन 30 सदस्यों के समूह द्वारा चलाया जाता था। इसकी कुल 6 समितियाँ होती थीं तथा प्रत्येक समिति में 5 सदस्य होते थे।

न्याय प्रशासन

- मौर्यकाल में दीवानी न्यायालय 'धर्मस्थीय' तथा फौजदारी न्यायालय 'कंटकशोधक' कहा जाता था। 'धर्मस्थीय' न्यायालय का न्यायाधीश 'व्यावहारिक' तथा कंटकशोधन न्यायालय का न्यायाधीश 'प्रदेष्टा' कहलाता है।
- जिला स्तरीय न्यायालय का प्रमुख रज्जुक था। ग्रामीण स्तर पर ग्राम न्यायालय की व्यवस्था की गई थी। कौटिल्य के अनुसार, विधि के चार स्रोत; जैसे-धर्म, व्यवहार, चरित्र, राजाज्ञा थे।

सैन्य प्रशासन

- यूनानी लेखक प्लिनी के अनुसार, चंद्रगुप्त की सेना में 6,00,000 पैदल सिपाही, 30,000 घुड़सवार और 9,000 हाथी थे।
- एक अन्य स्रोत में वर्णित है कि मौर्यों के पास 8,000 अश्वचालित रथ थे। मौर्यों के पास नौसेना भी थी।
- मेगस्थनीज के अनुसार, सैनिक प्रशासन के लिए तीस अधिकारियों की एक परिषद् थी, जो पाँच-पाँच सदस्यों की छः समितियों में विभक्त थी। ऐसा ज्ञात होता है कि पैदल, घुड़सवार, हाथी, रथ, नाव और सवारी सेना के संचालन की जिम्मेदारी 6 समितियों पर होती थी।
- मौर्य सेना, नंद सेना से लगभग तिगुनी थी। राजक्षेत्र और आय स्रोतों में बहुत अधिक वृद्धि होने के कारण ही ऐसा संभव हो पाया।

समिति	कार्य
प्रथम समिति	जल सेना की व्यवस्था
द्वितीय समिति	यातायात एवं रसद की व्यवस्था
तृतीय समिति	पैदल सैनिकों की देख-रेख
चतुर्थ समिति	अश्वारोही सेना की देख-रेख
पंचम समिति	गजसेना की देख-रेख
छठी समिति	रथ सेना की देख-रेख

गुप्तचर व्यवस्था

- मौर्यकालीन प्रशासन तथा न्याय व्यवस्था को सुचारू रूप से संचालित करने के लिए 'गुप्तचर व्यवस्था' की स्थापना की गई।
- गुप्तचरों को 'गुप्त पुरुष' तथा इसके प्रधान अधिकारी को 'महामात्यापसर्प' कहा गया। अर्थशास्त्र में दो प्रकार के गुप्तचरों का विवरण है-संस्था तथा संचार।
- संस्था संगठित होकर कार्य करती थी, जबकि संचार घुमक्कड़ थे। पुरुष गुप्तचर को सान्ती, तिष्णा एवं सरद कहा जाता था, जबकि स्त्री गुप्तचर को वृषाली, भिक्षुकी एवं परिव्राजक कहा जाता था।

मौर्यकालीन आर्थिक स्थिति

कौटिल्य के अर्थशास्त्र के अनुसार, राज्य में 27 अध्यक्ष नियुक्त किए गए थे, उनका कार्य मुख्य रूप से राज्य की आर्थिक गतिविधियों का नियमन करना था। मौर्यकालीन आर्थिक स्थिति को निम्नलिखित प्रकार से समझ सकते हैं

कृषि

- ये अधिकारी कृषि, व्यापार वाणिज्य और बाट-माप का तथा कताई,बुनाई, खान आदि शिल्पों का नियमन-नियंत्रण करते थे।
- राज्य, कृषकों की भलाई के लिए सिंचाई और जल वितरण की व्यवस्था करता था।
- मेगस्थनीज के अनुसार, मिस्र की भाँति ही मौर्य राज्य में अधिकारी जमीन को मापता और नहरों का निरीक्षण करता था, जिनसे होकर पानी छोटी नहरों में पहुँचता था।
- कौटिल्य के अर्थशास्त्र में कृषि कार्यों में दासों को लगाए जाने की व्यवस्था है, जो एक महत्त्वपूर्ण सामाजिक विकास था।
- मेगस्थनीज का कहना है कि उसने दास नहीं देखे, परंतु इस बात में कोई संदेह नहीं है कि भारत में गृहदास वैदिककाल से ही पाए जाते थे।
- मौर्यकाल में ही दासों को कृषि कार्यों में बड़े पैमाने पर लगाया गया। राज्य के पास बड़े-बड़े कृषि क्षेत्र थे, जिनमें अनगिनत दास और मजदूर लगाए जाते थे। कलिंग युद्ध के पश्चात्, जो डेढ़ लाख युद्ध बंदी कलिंग से पाटलिपुत्र लाए गए संभवतः वे कृषि-कार्य में ही लगा दिए गए होंगे।
- डेढ़ लाख की संख्या अतिशयोक्ति जैसी लगती है, जो भी हो उत्पादन की दृष्टि से प्राचीन भारतीय समाज दास-समाज नहीं था।
- यूनान और रोम में जो कार्य दास करते थे। वह भारत में शूद्रों से लिया जाता था।

परिवहन व्यवस्था

- मौर्य साम्राज्य की उन्नत आर्थिक व्यवस्था में मार्गों का अधिक योगदान था। पाटलिपुत्र से एक राजमार्ग वैशाली और चंपारण होते हुए नेपाल जाता था।
- हिमालय की तराई में भी एक सड़क थी। यह सड़क वैशाली से चंपारण होकर कपिलवस्तु, कलसी, देहरादून जिले में हाजरा होते हुए अंत में पेशावर पहुँचती थी।
- मेगस्थनीज ने एक सड़क की चर्चा की है, जो पश्चिमोत्तर भारत को पटना से जोड़ती थी। यह सड़क पटना और सासाराम के बीच भी थी, जो वहाँ से मिर्जापुर और मध्य भारत को जाती थी।
- पाटलिपुत्र से एक सड़क पूर्वी मध्य प्रदेश होते हुए कलिंग जाती थी और फिर कलिंग भी आंध्र और कर्नाटक से जुड़ा हुआ था। यातायात में घोड़ों की महत्त्वपूर्ण भूमिका रही होगी। उत्तरी मैदानों में तो गंगा और अन्य नदियाँ भी यातायात का साधन थी।
- अशोक के अभिलेखों के मिलने के स्थान महत्त्वपूर्ण राजमार्गों पर पड़ते हैं। पत्थर के स्तंभ वाराणसी के पास चुनार में तैयार किए जाते थे और वहाँ से उत्तरी और दक्षिण भारत में पहुँचाए जाते थे।
- अशोक के अभिलेखों से ज्ञात होता है कि उसके राज्यादेश पूर्वी छोर और दक्षिणी छोर के अतिरिक्त संपूर्ण देश में प्रचारित किए गए, आंध्र प्रदेश और कर्नाटक के 9 स्थानों पर अशोक के अभिलेख मिलते हैं।

उद्योग धंधे

- मौर्यकाल में अनेक उद्योग धंधे प्रचलित थे। सूत कातने तथा कपड़ा बुनने का कार्य प्रमुख उद्योग था। काशी, बंग, कलिंग तथा मालवा सूती वस्त्र बनाने के प्रमुख केंद्र थे। कौटिल्य ने 'चीन पट्ट' का उल्लेख किया है, जो रेशम निर्मित वस्त्र था।
- रेशम बनाने की तकनीकी का सर्वप्रथम आविष्कार चीन में हुआ था। यहीं से लोग पैदल, घोड़ों या ऊँटों द्वारा यात्रा करते थे और अपने साथ रेशमी कपड़ों को ले जाते थे, जिस मार्ग से यह यात्रा की जाती थी, वह 'सिल्क रूट' के नाम से प्रसिद्ध हुआ।
- पत्थर तराशने तथा लोहा से अस्त्र-शस्त्र बनाने का उद्योग भी मौर्यकाल के उद्योग धंधों का अंग था।

वाणिज्य व्यापार

- कौटिल्य ने कृषकों शिल्पियों और व्यापारियों से उगाहे जाने वाले बहुत सारे करों का नामोल्लेख किया है।
- वाणिज्य व्यापार पर राज्य का नियंत्रण था। ताम्रलिप्ती, पूर्वी तट का प्रमुख बंदरगाह था, जहाँ से श्रीलंका के लिए जहाज खुलते थे। पश्चिमी तट पर भड़ौच और सोपारा प्रमुख बंदरगाह थे।

- मौर्यकाल में व्यापार पश्चिम एशिया, मिस्र, चीन तथा श्रीलंका के लिए होता था।
- भारत से हाथी दाँत, मोती, नील इत्यादि का निर्यात इन देशों को किया जाता था।

कर राजस्व

- समाहर्ता कर-निर्धारण का सर्वोच्च अधिकारी होता था और सन्निधाता राजकीय कोषागार और भंडारागार का संरक्षक होता था।
- कर-निर्धारण का विशद संगठन पहली बार मौर्यकाल में ही देखा जाता है।
- ग्रामीण क्षेत्रों में राजकीय भंडार-घर होते थे, जिससे स्पष्ट होता है कि कर अनाज के रूप में भी वसूल किया जाता था।
- कृषि क्षेत्र बढ़ने से राज्य को अच्छी आय होने लगी, क्योंकि उस पर नए-नए बसाए गए किसानों से अच्छा राजस्व आने लगा।
- किसानों से वसूला गया कर उनकी उपज के चौथे भाग से छठे भाग तक होता था।
- जिन किसानों को सिंचाई सुविधा दी गई, उनसे सिंचाई कर वसूला जाता था। इसके अतिरिक्त आपातकाल में किसानों को अधिक अन्न उत्पन्न करने के लिए बाध्य किया जाता था।
- नगरों में बिक्री के लिए जो सामग्री लाई जाती थी, उन पर प्रवेश द्वार पर ही चुंगी ले ली जाती थी।
- मौर्य साम्राज्य में खान, मद्य की बिक्री, हथियारों का निर्माण आदि पर राज्य का एकाधिकार था।

मुद्रा व्यवस्था

- मौर्यों की राजकीय मुद्रा 'पण' थी। इस समय आहत मुद्राएँ प्रचलित थीं। आहत मुद्राओं पर मोर, पर्वत, अर्द्धचंद्र इत्यादि अंकित होते थे। आहत मुद्राएँ अधिकांशत: चाँदी की बनी होती थीं।
- कर्षापण, धरण, काकणी, अर्द्धकाकणी इत्यादि मौर्यकाल में प्रचलित अन्य मुद्राएँ थी।
- कर्षापण तथा धरण चाँदी का सिक्का था। काकणी तथा अर्द्धकाकणी ताँबे के सिक्के थे।

मौर्यकालीन कला एवं स्थापत्य

- मौर्य कला के अंतर्गत ही सबसे पहले पत्थर की इमारत बनाने का कार्य बड़े पैमाने पर प्रारंभ हुआ।
- चीन के बौद्ध यात्री फाह्यान ने पाटलिपुत्र में स्थित मौर्य राजप्रासाद की भव्यता का विवरण प्रस्तुत किया था।
- पत्थर के स्तंभों के टुकड़े और उनके ठूँठ (Stump) के प्रमाण आधुनिक पटना के कुम्हरार नामक स्थल से मिले हैं, जो 80 स्तंभों वाले विशाल भवन के अस्तित्व का संकेत देते हैं।
- मौर्यकालीन स्तंभ पांडु रंगवाले (पीले रंग वाले) बलुआ पत्थर के एक ही टुकड़े का बना है, जिनका केवल शीर्ष भाग स्तंभों के ऊपर जोड़ा गया है और तराशे गए सिंह और सांड विलक्षण वास्तुशिल्प के प्रमाण हैं।
- मौर्य शिल्पियों ने बौद्ध भिक्षुओं के निवास के लिए चट्टानों को काटकर गुफाएँ बनाने की परंपरा भी प्रारंभ की। इसका सबसे पुराना उदाहरण बराबर की गुफाएँ हैं, जो गया से 30 किमी की दूरी पर स्थित हैं।
- मौर्यकाल में ही पूर्वोत्तर भारत में सर्वप्रथम पकाई हुई ईंट का प्रयोग हुआ, इस काल में बनी पकी ईंटों की संरचनाएँ बिहार और उत्तर प्रदेश में पाई गई हैं।
- मेगस्थनीज ने मौर्य राजधानी पाटलिपुत्र में बने लकड़ी के भवनों का उल्लेख किया है।
- उत्खनन से ज्ञात होता है कि लकड़ी के लट्ठों का प्रयोग बाढ़ और बाहरी आक्रमण से बचाव के लिए महत्त्वपूर्ण रक्षा बाँध बनाने में किया गया था।
- सबसे पहले मौर्यकाल में ही गंगा घाटी क्षेत्र में छल्लेदार कुएँ प्रचलन में आए, जो कालांतर में साम्राज्य के केंद्रीय भाग से बाहर भी फैल गए।
- बांग्लादेश में जहाँ जिला बोगरा में मौर्य ब्राह्मी लिपि में महास्थान का अभिलेख पाया गया है, वहीं मिदनापुर जिले के बनगढ़ में उत्तरी काले पॉलिशदार मृद्भांड मिले हैं।
- शिशुपालगढ़ (उड़ीसा) की बस्ती मौर्यकाल की ईसा-पूर्व तीसरी सदी की मानी जाती है और इसमें उत्तरी काले पॉलिशदार मृद्भांड के साथ-साथ लोहे के उपकरण और आहत मुद्राएँ भी मिली हैं।
- मौर्यकाल में आंध्र और कर्नाटक में अनेक स्थानों पर लोहे के औजार और हथियार पाए गए हैं।
- मौर्य संपर्कों के माध्यम से ही इस्पात बनाने की कला देश के कुछ भागों में विस्तृत हुई थी।
- इस्पात के औजारों के बनने से कलिंग के जंगल की सफाई और खेती में अच्छे तरीकों का प्रयोग होने लगा और इसके परिणामस्वरूप उस क्षेत्र में चेदि राज्य के उदय के लिए उपयुक्त स्थिति उत्पन्न हुई।

मौर्यकालीन सामाजिक स्थिति

- मौर्यकालीन साम्राज्य अनेक वर्गों में विभाजित था। मेगस्थनीज ने भारतीय समाज को सात वर्गों में विभाजित बताया है।
- मेगस्थनीज के विभाजन के अनुसार, भारत में दार्शनिक, किसान, शिकारी एवं पशुपालक, शिल्पी एवं कारीगर, योद्धा, निरीक्षक एवं गुप्तचर तथा अमात्य एवं सभासद नामक वर्ग थे।
- कौटिल्य ने अपनी पुस्तक 'अर्थशास्त्र' में मौर्यकालीन समाज में अनेक वर्णशंकर जातियों का उल्लेख किया है, जिनमें अम्बष्ठ, निषाद, मागध, सूत वेण आदि शामिल थे।
- स्त्रियों को पुनर्विवाह एवं नियोग की अनुमति थी। संभ्रांत घर की स्त्रियाँ प्राय: घर के अंदर ही रहती थीं, जिसे कौटिल्य ने अनिष्कासिनी कहा है।

मौर्यकालीन धार्मिक स्थिति

- मौर्यकाल में वैदिक धर्म ही प्रचलित था, किंतु कर्मकांड प्रधानत: अभिजात्य ब्राह्मण तथा क्षत्रियों तक ही सीमित था।
- कौटिल्य ने भारत के प्राचीन धर्म को **त्रयी धर्म** कहा है, वहीं मेगस्थनीज ने मौर्यकालीन धार्मिक व्यवस्था में डायोनिसस एवं हेराक्लीज की चर्चा की है, जिनकी पहचान क्रमश: शिव और कृष्ण से की गई है।
- पतंजलि के अनुसार, मौर्यकाल में देवमूर्तियों को बेचा जाता था, जिन्हें बनाने वाले शिल्पियों को **देवताकारू** कहा जाता था।
- अर्थशास्त्र के अनुसार, मौर्य साम्राज्य में ब्रह्मा, इंद्र, यम और स्कंद की मूर्तियाँ बनवाकर नगर के चारों द्वार पर स्थापित की जाती थीं।

मौर्य साम्राज्य के पतन के कारण

232 ई. पू. में अशोक के राज्य काल के समाप्त होते ही इसका विघटन प्रारंभ हो गया, इसके पतन के निम्नलिखित कारण थे

ब्राह्मणों की प्रतिक्रिया

- अशोक ने पशुपक्षियों के वध को निषिद्ध कर दिया और स्त्रियों में प्रचलित कर्मकांडीय अनुष्ठानों की खिल्ली उड़ाई। स्वभावत: इससे लोगों में विरोध की भावना बढ़ी।
- बौद्ध धर्म के और अशोक के यज्ञविरोधी रुख से ब्राह्मणों को अत्यधिक नुकसान हुआ, क्योंकि यज्ञों से मिलने वाली दान-दक्षिणा प्रभावित हो गई। अशोक की नीति भले ही सहनशील हो, परंतु ब्राह्मणों में उसके प्रति विद्वेष की भावना जागने लगी।
- मौर्य साम्राज्य के पतन के पश्चात् गठित नए राज्यों के शासक ब्राह्मण हुए। मध्य प्रदेश में और उससे पूर्व मौर्य साम्राज्य के अवशेषों पर शासन करने वाले शुंग और कण्व ब्राह्मण थे। पश्चिम दक्कन और आंध्र में चिरस्थायी राज्य स्थापित करने वाले सातवाहन भी अपने को ब्राह्मण मानते थे।

वित्तीय संकट

- सेना और प्रशासनिक अधिकारियों पर होने वाले भारी खर्च के बोझ से मौर्य साम्राज्य के सामने वित्तीय संकट खड़ा हो गया।
- अशोक ने बौद्ध भिक्षुओं को अत्यधिक दान दिया, जिसके कारण राजकोष खाली हो गया, इससे मौर्य साम्राज्य का पतन हुआ। मौर्य साम्राज्य की अंतिम अवस्था में अपने खर्च को पूर्ण करने के लिए मौर्यों को सोने की देव प्रतिमाएँ तक गलानी पड़ी थीं।

दमनकारी शासन

- मौर्य साम्राज्य के टूटने का एक महत्त्वपूर्ण कारण प्रांतों में दमनकारी शासन को लागू करना था। बिंदुसार के शासनकाल में तक्षशिला के नागरिकों ने दृष्टामात्यों अर्थात् दुष्ट अधिकारियों के कुशासन की कड़ी शिकायतें की थीं।
- अशोक के कलिंग अभिलेखों से प्रकट होता है कि प्रांतों में हो रहे अत्याचारों से अशोक चिंतित था, उसने महामात्रों को आदेश दिया कि समुचित कारण के बिना वे नागरिकों को सताएँ नहीं।
- इसी दृष्टि से तोसली (कलिंग स्थित), उज्जैन तथा तक्षशिला में अधिकारियों के स्थानांतरण की परिपाटी चलाई गई थी।

दूरवर्ती क्षेत्र में नए ज्ञान की पहुँच

- जब मगध साम्राज्य के विस्तार के फलस्वरूप भौतिक संस्कृति के तत्त्व मध्य भारत, दक्कन और कलिंग पहुँचे, तब गंगा के मैदान का वर्चस्व घटने लगा। जैसे-जैसे मध्य गंगा क्षेत्र से बाहर वाले प्रांतों में लोहे के औजारों का प्रयोग बढ़ता गया, वैसे-वैसे मौर्य साम्राज्य का पतन होता गया।
- नए ज्ञान की पहुँच के कारण मध्य भारत में शुंगों और कण्वों का कलिंग में चेदियों का और दक्कन में सातवाहनों का उदय हुआ।

पश्चिमोत्तर सीमा प्रांत की उपेक्षा और चीन की महादीवार

- अशोक देश और विदेशों में मुख्यत: धर्म-प्रचार के काम में ही व्यस्त रहा, अत: ध्यान नहीं दे सका कि पश्चिमोत्तर सीमावर्ती दर्रे की रक्षा कैसे हो। इसने साम्राज्य के पतन में महत्त्वपूर्ण भूमिका निभाई।
- सीथियन शकों ने पश्चिमोत्तर सीमा की दुर्बलता का लाभ उठाकर भारत में प्रवेश किया।
- चीन के राजा शी हुआंग ती (247-40 ई. पू.) ने सीथियन शकों के हमले से अपने साम्राज्य की सुरक्षा के लिए लगभग 220 ई. पू. में चीनी महादीवार बनवाई।

विदेशी आक्रमण की शुरुआत

- यूनानियों ने उत्तर अफगानिस्तान में बैक्ट्रिया नाम का राज्य स्थापित किया। सर्वप्रथम इन्होंने ही 206 ई. पू. में भारत पर आक्रमण किया।
- यूनानियों के पश्चात् भारत में विदेशी आक्रमणों का सिलसिला प्रारंभ हुआ और यह सिलसिला ईस्वी सन् के आरंभ तक जारी रहा।

देशी राज्यों का उदय

- मौर्य साम्राज्य को पुष्यमित्र शुंग ने 185 ई. पू. में अंतिम रूप से नष्ट कर दिया। पुष्यमित्र शुंग ब्राह्मण होते हुए भी अंतिम मौर्य राजा वृहद्रथ का सेनापति था।
- पुष्यमित्र शुंग ने जनता के सामने वृहद्रथ की हत्या की और बलपूर्वक पाटलिपुत्र का राजा बना।
  शुंगवंशियों ने पाटलिपुत्र और मध्य भारत में शासन किया और ब्राह्मणीय जीवन पद्धति का प्रारंभ किया तथा वैदिक यज्ञ किए।
- शुंगों ने बौद्धों को प्रताड़ित किया, उनके स्थान पर कण्ववंशी सत्ता में आए, वे भी ब्राह्मण थे।

अतिरिक्त तथ्य

तमिलनाडु बोर्ड एवं NIOS

- प्रशासन का मुखिया राजा होता था, जिसे मंत्रिपरिषद् तथा पुरोहित द्वारा सहायता प्रदान की जाती थी।
- राजस्व संग्रह, एक कलेक्टर जनरल (समाहर्ता) की जिम्मेदारी थी, जो राजकोष का प्रभारी होता था। यह वित्त मंत्री की भाँति कार्य करता था।
- महा सार्थवाह व्यापारी समूह के नेता थे। सार्थवाह, व्यापारिक समूह के रूप में कार्य करते थे, जो एक सुरक्षा का दृष्टिकोण था।
- सीताध्यक्ष कृषि अधीक्षक थे। कृषि संबंधित कर हिरण्य, भाग, भग आदि थे।
- दीदार गंज-यक्षिणी की मूर्ति चौरी वाहक पॉलिशदार पत्थर की मूर्ति है, जो मौर्य स्थापत्य का अद्भुत नमूना है।

08

मौर्योत्तर काल

(स्रोत)

New NCERT Class VI Chap 9 **नए साम्राज्य और राज्य,** Old NCERT Class VI Chap 6 **भारत : 200 ई.पू. से 300 ई.पू.,** Old NCERT Class XI Chap 16 **मध्य एशिया से संपर्क और उनके परिणाम,** Chap 17 **सातवाहन युग,** Chap 19 **मौर्योत्तर युग में शिल्प, व्यापार और नगर,** Tamil Nadu Board (Class XI), NIOS

मौर्योत्तर इतिहास के स्रोत

- मौर्योत्तर कालीन इतिहास के प्रमुख स्रोतों में साहित्यिक स्रोतों, अभिलेखों तथा सिक्कों को प्रमुखता दी जाती है। बौद्ध ग्रंथ, दिव्यावदान, ललित विस्तर, मंजूश्री मूलकल्प प्रमुख रचनाएँ हैं, जो इस काल की स्थितियों का विवरण प्रस्तुत करती हैं।
- **मिलिंदपन्हो** (नागसेन), **महाभाष्य** (पतंजलि), **मालविकाग्निमित्र** (कालिदास) जैसी रचनाओं में मौर्योत्तर राजवंशों का इतिहास तथा शासकों के जीवनवृत्त की जानकारी मिलती है।
- विदेशी रचनाकारों विशेषकर ग्रीक रचनाकार प्लिनी, प्लूटार्क, टॉलेमी इत्यादि की रचनाओं से इस काल के इतिहास पर प्रकाश डाला गया है।
- नेचुरल हिस्ट्री (प्लिनी), ज्योग्राफी (टॉलेमी) तथा पेरिप्लस ऑफ एरीथ्रियन सी (अज्ञात लेखक) जैसी रचनाओं से भारतीय व्यापार की प्रवृत्तियों की जानकारी मिलती है।
- बेसनगर का अभिलेख तथा अयोध्या में धनदेव के अभिलेख से शुंग वंश के शासन की जानकारी प्राप्त होती है। इस समय सिक्कों पर तिथियों के अंकन से ये महत्त्वपूर्ण ऐतिहासिक स्रोत बन गए।

मौर्योत्तर काल के प्रमुख राजवंश

मौर्यों के पतन के पश्चात् शुंग वंश सत्तारूढ़ हो गया। कुछ वर्षों की शांति के बाद उत्तर भारत पर हिंद-यवन, शक, पार्थियाई तथा कुषाणों ने आक्रमण कर अपनी राजसत्ता स्थापित की। इस समय भारतीय चेतना में विदेशी तत्त्वों का प्रवेश तीव्र गति से हुआ। मौर्योत्तर काल के राजवंशों का विवरण निम्न है

शुंग वंश (185-75 ई.पू.)

- शुंग वंश की स्थापना 185 ई.पू. में मौर्य सेनापति **पुष्यमित्र शुंग** ने अंतिम मौर्य शासक वृहद्रथ की हत्या करके की थी। शुंगवंशियों ने 90 वर्षों तक पाटलिपुत्र तथा मध्य भारत पर शासन किया।
- पुष्यमित्र शुंग धार्मिक रूप से ब्राह्मणवादी शासक था। इसने दो अश्वमेध यज्ञों का अनुष्ठान किया।
- सुप्रसिद्ध वैयाकरण **पतंजलि** उसके अश्वमेध यज्ञ के पुरोहित थे। धनदेव के अयोध्या अभिलेख से पुष्यमित्र शुंग द्वारा कराए गए 'अश्वमेध यज्ञ' की चर्चा मिलती है। संभवत: पुष्यमित्र शुंग बौद्ध विरोधी था, लेकिन भरहुत स्तूप बनाने का श्रेय पुष्यमित्र शुंग को ही दिया जाता है।
- शुंग शासक भागभद्र (भागवत) के शासनकाल के 14वें वर्ष में तक्षशिला के यवन शासक एंटियालसीड्स के राजदूत **हेलियोडोरस** ने विदिशा में वासुदेव के सम्मान में **गरुड़ स्तंभ** स्थापित किया।
- अग्निमित्र, वसुमित्र, वज्रमित्र, भागभद्र एवं देवभूति क्रमश: पुष्यमित्र शुंग के उत्तराधिकारी थे। अग्निमित्र 'मालविकाग्निमित्र' का नायक है, जिसमें अग्निमित्र की अमात्य परिषद् की चर्चा की गई है।

कण्व वंश (75-30 ई.पू.)

- शुंग वंश के अंतिम शासक **देवभूति** की हत्या कर उसके मंत्री **वसुदेव** ने 75 ई.पू. में कण्व वंश की स्थापना की थी।
- कण्व वंश एक ब्राह्मण वंश था, इसमें केवल चार शासक वसुदेव, भूमिमित्र, नारायण तथा सुशर्मन थे।
- अंतिम शासक सुशर्मन की हत्या 30 ई.पू. में सिमुक ने की और एक नवीन ब्राह्मण वंश आंध्र सातवाहन की स्थापना की।

सातवाहन वंश

- सातवाहन शासक दक्कन और मध्य भारत में मौर्यों के सबसे प्रबल उत्तराधिकारी थे। सातवाहन और पुराणों में उल्लिखित **आंध्र** एक ही माने जाते हैं। पुराणों में केवल आंध्र शासन का उल्लेख मिलता है।
- सातवाहन पूर्व बस्तियों का अस्तित्व दक्कन के अनेक स्थलों पर काले व लाल मृद्भांड और गेरूआ लेपित चित्रित मृद्भांड के पाए जाने से प्रमाणित होता है।

- मौर्योत्तर काल में लोहे के फाल का प्रयोग, धान की रोपनी, नगरीकरण, लेखन-कला आदि के आगमन से सातवाहनों के द्वारा राज्य के गठन के लिए उपयुक्त परिस्थितियाँ निर्मित की गई थीं। पुराणों के अनुसार, आंध्रों ने 300 वर्षों तक शासन किया।
- सातवाहनों के सबसे पुराने अभिलेख ईसा-पूर्व पहली सदी के हैं, उसी समय सातवाहनों ने कण्वों को पराजित कर मध्य भारत के कुछ भागों में अपनी सत्ता स्थापित की।
- आरंभिक सातवाहन शासक आंध्र में नहीं, बल्कि उत्तरी महाराष्ट्र में थे, जहाँ उनके प्राचीनतम सिक्के और अधिकांश आरंभिक अभिलेख मिले हैं।
- सातवाहनों ने अपनी सत्ता का विस्तार कर्नाटक और आंध्र में किया। सातवाहनों के सबसे बड़े प्रतिद्वंद्वी शक थे, जिन्होंने अपनी सत्ता दक्कन और पश्चिमी भारत में स्थापित की थी।

प्रमुख सातवाहन शासक

प्रमुख सातवाहन शासक निम्न हैं

- **शातकर्णी प्रथम** (106-130 ई.पू.) सातवाहन वंश का पहला महत्त्वपूर्ण शासक शातकर्णी प्रथम था, जिसकी उपलब्धियों की जानकारी नागानिका (इसकी रानी) के नानाघाट अभिलेख से मिलती है। भूमिदान का पहला साक्ष्य इसी अभिलेख से प्राप्त होता है। इसने दक्षिणाधिपति की उपाधि धारण की थी।
- **हाल** (20-24 ई.) सातवाहन वंश में हाल महानतम शासक था। यह एक बड़ा कवि तथा कवियों एवं विद्वानों का आश्रयदाता था। हाल ने प्राकृत भाषा में 'गाथासप्तशती' नामक काव्य की रचना की थी। इसकी राजसभा में वृहत्कथा के लेखक गुणाढ्य तथा कातंत्र व्याकरण के लेखक सर्ववर्मन निवास करते थे। गुणाढ्य ने वृहत्कथा की रचना प्राकृत भाषा में की थी।
- **गौतमीपुत्र शातकर्णी** (106-130 ई.) सातवाहन वंश के ऐश्वर्य को गौतमीपुत्र शातकर्णी ने स्थापित किया था। इसने स्वयं को एकमात्र ब्राह्मण कहा, शकों को पराजित किया और अनेक क्षत्रिय शासकों का नाश किया। गौतमीपुत्र शातकर्णी का दावा था कि उसने क्षहरात वंश का नाश किया, क्योंकि उसका शत्रु नहपान इसी वंश का था। नहपान के 8,000 से अधिक चाँदी के सिक्के नासिक से मिलते हैं, जिन पर सातवाहन राजा द्वारा फिर से ढलाए जाने के चिह्न मिलते हैं। गौतमीपुत्र शातकर्णी का साम्राज्य उत्तर में मालवा से लेकर दक्षिण में कर्नाटक तक विस्तृत था, संभवत: आंध्र पर भी उसका आधिपत्य था।
- **वशिष्ठीपुत्र पुलुमावी** (130-154 ई.) इसके सिक्के और अभिलेख आंध्र में मिले हैं, जिनसे स्पष्ट होता है कि यह क्षेत्र द्वितीय सदी के मध्य तक सातवाहन राज्य का अंग बन चुका था। वशिष्ठीपुत्र पुलुमावी ने अपनी राजधानी आंध्र प्रदेश के औरंगाबाद जिले में गोदावरी नदी के किनारे पैठन या प्रतिष्ठान में बनाई थी।
- **यज्ञश्री शातकर्णी** (174-203 ई.) यह सातवाहन वंश का अंतिम राजा था। यज्ञश्री शातकर्णी ने उत्तर कोंकण और मालवा को शक शासकों से वापस ले लिया था। यज्ञश्री शातकर्णी व्यापार और जलयात्रा का प्रेमी था, इसके सिक्के न केवल आंध्र प्रदेश, अपितु महाराष्ट्र, मध्य प्रदेश और गुजरात में भी पाए गए हैं। इन सिक्कों पर जहाज का चित्र है, जो जलयात्रा और समुद्री व्यापार के प्रति उसके प्रेम का परिचायक है।

सातवाहन कालीन सामाजिक स्थिति

- गौतमी बलश्री शातकर्णी के नासिक अभिलेख में गौतमी पुत्र शातकर्णी को **अद्वितीय ब्राह्मण** कहा गया है।
- सातवाहनों के सबसे प्रसिद्ध राजा गौतमीपुत्र शातकर्णी ने विच्छिन्न होते चातुर्वर्ण्य (चार वर्णों वाली व्यवस्था) को फिर से स्थापित किया और वर्णसंकर (वर्णों और जातियों के सम्मिश्रण) को रोका।
- सातवाहन काल में वर्णसंकर का संकट शकों के प्रवेश से तथा दक्कन में रहने वाले जनजातीय लोगों के सतही ब्राह्मणीकरण के कारण उत्पन्न हो गया था।
- इस काल में जब शकों और सातवाहनों के मध्य वैवाहिक संबंध होने लगे, तब शकों का क्षत्रिय के रूप में ब्राह्मणीय समाज में प्रवेश सरल हो गया था।
- ब्राह्मणों को भूमि अनुदान या जागीर देने वाले प्रथम शासक सातवाहन ही हुए, हालाँकि भिक्षुओं के लिए इस प्रकार के अनुदान के उदाहरण अधिक मिलते हैं।
- सातवाहन समाज में वणिक और शिल्पी वर्ग का सामाजिक व्यवस्था में उत्थान हुआ। वणिक लोग अपने-अपने नगर का नाम अपने नाम से जोड़ने लगे।
- दाता के रूप में शिल्पियों में गंधिकों के नाम का उल्लेख किया गया है। इत्र बनाने वाले शिल्पी गांधिक कहलाते थे। कालांतर में इस शब्द का अर्थ व्यापक हो गया और सभी प्रकार के दुकानदारों के लिए यह शब्द प्रयुक्त होने लगा। आज का उपनाम 'गांधी' इसी प्राचीन शब्द से निकला है।
- सातवाहन वंश से मातृतंत्रात्मक ढाँचे का आभास होता है, उनके राजाओं के नाम उनकी माताओं के नाम पर रखने की प्रथा थी। गौतमीपुत्र, वशिष्ठीपुत्र आदि नामों से ज्ञात होता है कि उनके समाज में माता की प्रतिष्ठा अधिक थी।
- बृहदारण्यक उपनिषद् में आचार्यों तथा शिष्यों की उत्तरोत्तर पीढ़ियों की सूची मिलती है, जिसमें से कई लोगों को उनके मातृनामों से निर्दिष्ट किया गया है। कुछ सातवाहन राजा बहुपत्नी प्रथा को मानते थे।
- सातवाहनों में अतर्गोत्रिय (अन्तर्विवाह) विवाह का भी प्रचलन था, क्योंकि कुछ रानियों का विवाह के पश्चात् भी गोत्र में परिवर्तन नहीं हुआ, जो इस तथ्य का प्रमाण है।
- सातवाहन्त काल में रानियों ने स्वाधिकारपूर्वक बड़े-बड़े धार्मिक दान किए और अनेक रानियों ने तो प्रतिशासक (रीजेंट) के रूप में भी कार्य किया।

सातवाहन कालीन धार्मिक व्यवस्था

- सातवाहन शासक ब्राह्मण थे और उन्होंने ब्राह्मणवाद के विजयाभिमान का नेतृत्व किया। आरंभ से ही राजाओं और रानियों ने अश्वमेध, वाजपेय, जैसे यज्ञ किए। सातवाहन शासक कृष्ण, वासुदेव आदि बहुत-से वैष्णव देवताओं के भी उपासक थे।
- सातवाहन शासकों ने भिक्षुओं को भी ग्रामदान देकर बौद्ध धर्म का प्रसार किया। उनके राज्य में बौद्ध धर्म के महायान संप्रदाय का वर्चस्व था।
- आंध्र प्रदेश में **नागार्जुनकोंड** और **अमरावती** नगर सातवाहनों के शासन में और विशेषकर उनके उत्तराधिकारी इक्ष्वाकुओं के शासन में बौद्ध संस्कृति के महत्त्वपूर्ण केंद्र बन गए।
- सातवाहन काल में महाराष्ट्र में पश्चिमी दक्कन के नासिक और जुनार क्षेत्रों में भी व्यापारियों का संरक्षण प्राप्त कर बौद्ध धर्म का विस्तार हुआ।

सातवाहन कालीन प्रशासनिक ढाँचा

- सातवाहन शासकों ने धर्मशास्त्रों में बताए गए राजा के आदर्श पर चलने का प्रयास किया, क्योंकि राजा धर्म का संरक्षक होता था।
- सातवाहन राजा का वर्णन राम, भीम, केशव, अर्जुन आदि पौराणिक महापुरुषों के गुणों से विभूषित रूप में किया गया है।
- बल और पराक्रम में राजा की तुलना उक्त पौराणिक पुरुषों और दिव्य विभूतियों से की गई है। स्पष्टत: ऐसा सातवाहन राजा में देवत्व सिद्ध करने के लिए किया होगा। सातवाहनों ने अनेक प्रशासनिक इकाइयाँ रखीं, जो अशोक के काल में प्रचलित थीं।
- सातवाहनों के समय में जिले को अशोक के काल की भाँति ही आहार कहते थे। उनके अधिकारी, मौर्यकाल की भाँति ही **अमात्य** और **महामात्य** कहलाते थे।
- सातवाहनों के प्रशासन में कुछ मुख्य सैनिक और सामाजिक लक्षण विद्यमान थे। सेनापति को प्रांत का शासनाध्यक्ष या गवर्नर बनाया जाता था।
- सातवाहन काल में ग्रामीण क्षेत्रों में प्रशासन का काम **गौल्मिक** नामक अधिकारी के अंतर्गत था।
- गौल्मिक एक सैनिक टुकड़ी का प्रधान होता था, जिसमें नौ रथ, नौ हाथी, पच्चीस घोड़े और पैंतालीस पैदल सैनिक होते थे। गौल्मिक को ग्रामीण क्षेत्रों में इसलिए रखा जाता था ताकि वह शांति व्यवस्था बनाए रखे।
- सातवाहन शासन में सैनिक लक्षण उनके अभिलेखों में वर्णित शब्दों कटक और स्कंधावार से प्रकट होते हैं।
- कटक तथा स्कंधावार सैनिक शिविर और बस्तियाँ होते थे, वे तब तक प्रशासनिक केंद्र के रूप में कार्य करते थे, जब तक वहाँ पर राजा स्वयं रहते थे। सातवाहनों ने ब्राह्मणों और बौद्ध भिक्षुओं को कर-मुक्त ग्रामदान देने की प्रथा आरंभ की थी।
- ब्राह्मणों एवं बौद्ध भिक्षुओं को जो उर्वर भूमि और ग्राम दान में दिए जाते थे, उन्हें राजपुरुषों, सैनिकों और राजकीय अधिकारियों के हस्तक्षेप से पूर्णतया मुक्त घोषित कर दिया जाता था।
- सातवाहन राज्य में सामंतों की तीन श्रेणियाँ प्रचलित थीं। पहली श्रेणी का सामंत **राजा** कहलाता था और उसे सिक्का ढालने का अधिकार था।
- द्वितीय श्रेणी का सामंत **महाभोज** कहलाता था और तृतीय श्रेणी का सामंत **सेनापति** कहलाता था। इन सामंतों को अपने-अपने क्षेत्रों में कुछ सत्ता प्राप्त थी।

सातवाहन कालीन कला

- सातवाहन काल में पश्चिमोत्तर दक्कन या महाराष्ट्र में ठोस चट्टानों को काटकर अनेक चैत्य और विहार बनाए गए।
- चैत्य बौद्धों के मंदिर का कार्य करता था और विहार भिक्षु निवास का, चैत्य अनेक स्तंभों पर निर्मित था, जो बड़े कमरे (हॉल) के समान था और विहार में एक केंद्रीयशाला होती थी, जिसमें सामने के बरामदे की ओर एक द्वार था।
- कार्ले का चैत्य (पश्चिम दक्कन) सातवाहन काल का सबसे प्रसिद्ध चैत्य है। यह लगभग 40 मी लंबा और 15 मी ऊँचा है।
- विहार चैत्यों के पास बनाए जाते थे, उनका उपयोग वर्षा काल में भिक्षुओं के निवास के लिए होता था।
- नासिक में तीन विहार के साक्ष्य मिले हैं, किंतु उनमें नहपान और गौतमीपुत्र के अभिलेख हैं, इसलिए प्रतीत होता है कि वे ईसा की प्रथम-द्वितीय शताब्दियों के हैं।
- शिलाखंडीय वास्तुकला आंध्र में कृष्णा-गोदावरी क्षेत्र में भी पाई जाती है, परंतु यह क्षेत्र वस्तुत: स्वतंत्र बौद्ध संरचनाओं के लिए प्रसिद्ध है।
- स्तूप गोल स्तंभाकार ढाँचा होता है, जो बुद्ध के किसी अवशेष के ऊपर खड़ा किया जाता था।
- अमरावती स्तूप का निर्माण 200 ई.पू. में आरंभ हुआ, किंतु ईसा की द्वितीय सदी के उत्तरार्द्ध में आकर वह पूर्णरूपेण निर्मित हुआ।
- अमरावती के स्तूप का गुंबज नींव के आर-पार 53 मी है और इसकी ऊँचाई 33 मी है। यह स्तूप भित्ति-प्रतिमाओं से भरा हुआ है। इसमें बौद्ध के जीवन के विभिन्न दृश्य उकेरे हुए हैं।
- नागार्जुनकोंड सातवाहनों के उत्तराधिकारी इक्ष्वाकुओं के काल में अपने उत्कर्ष की चोटी पर था। नागार्जुनकोंड में केवल बौद्ध स्मारक ही नहीं, बल्कि सबसे पुरानी ईंटों के बने हिंदू मंदिर भी हैं।

सातवाहन कालीन भाषा/साहित्य

- सातवाहनों की राजकीय भाषा प्राकृत थी। सभी अभिलेख प्राकृत भाषा में और ब्राह्मी लिपि में उत्कीर्ण किए गए हैं।
- प्राकृत ग्रंथ **'गाथा सप्तशती'** हाल नामक सातवाहन राजा की रचना बताई जाती है, इसमें 700 श्लोक हैं, जो प्राकृत में हैं।

सातवाहन कालीन आर्थिक व्यवस्था

- सातवाहनों ने करीमनगर और वारंगल में से प्राप्त लौह-अयस्क का उपयोग किया था। करीमनगर जिले में एक उत्खनित स्थान पर लोहार की एक दुकान भी मिली है।
- कोलार क्षेत्र से प्राप्त स्वर्ण खदानों का उपयोग सातवाहनों ने बहुमूल्य धातु के रूप में किया था।
- सातवाहनों ने भी कुषाणों की भाँति सोने के सिक्के नहीं चलाए, उनके सिक्के अधिकांश सीसे (लेड) के हैं, जो दक्कन में पाए जाते हैं। सातवाहनों ने पोटीन, ताँबे और कांसे की मुद्राएँ भी चलाईं।
- दक्कन के लोग धान की खेती करते थे और शुरुआत की ही सदियों में कृष्णा और गोदावरी के बीच का क्षेत्र, विशेषकर दोनों नदियों की चट्टानों का क्षेत्र चावल का विशाल भंडार हो गया था।
- विदेशियों के विवरणों में आंध्र कपास के उत्पादन में प्रसिद्ध बताया गया है तथा उत्तर के संपर्क से दक्कन के लोगों ने सिक्के, पकी ईंट, छल्लेदार कुआँ, लेखन कला आदि का प्रयोग सीखा।

मौर्योत्तर काल के विदेशी राजवंश

मौर्योत्तर काल की सबसे महत्त्वपूर्ण परिघटना उत्तर-पश्चिम की ओर से भारत में अनेक जातियों का आगमन तथा भारतीय समाज में उनके समावेश की प्रवृत्ति थी। इनका विवरण निम्न है

हिंद-यूनानी

- सर्वप्रथम 200 ई.पू. में यूनानियों ने हिंदूकुश पर्वत पार करके भारत में प्रवेश किया था। यूनानी उत्तर अफगानिस्तान के अंतर्गत आमूदरिया (ओक्सस) के दक्षिण में बैक्ट्रिया में शासन करते थे। भारत पर आक्रमण सबसे पहले उन यूनानियों ने किए, जो हिंद-यूनानी या बैक्ट्रियाई यूनानी कहलाते थे।
- ईसा-पूर्व द्वितीय सदी के आरंभ में हिंद-यूनानियों ने पश्चिमोत्तर भारत के विशाल क्षेत्र पर अधिकार कर लिया।

- यह क्षेत्र सिकंदर द्वारा जीते गए क्षेत्र से भी बड़ा था, ऐसा माना जाता है कि यूनानी अयोध्या और पाटलिपुत्र तक पहुँच गए थे। मौर्योत्तर काल में दो यूनानी राजवंशों ने एक ही समय में पश्चिमोत्तर भारत में समानांतर शासन किया था।
- पहला हिंद-यवन आक्रमणकारी डेमेट्रियस प्रथम था, जिसने 183 ई.पू. में पंजाब के बड़े क्षेत्र पर अधिकार कर लिया था। इसने **साकला** (आधुनिक सियालकोट) को अपनी राजधानी बनाया।
- हिंद-यवन शासकों में मिनांडर (165-145 ई.पू.) प्रमुख था, यह मिलिंद के नाम से भी जाना जाता था।
- मिनांडर की राजधानी पंजाब में साकला (आधुनिक सियालकोट) में थी और इसने गंगा-यमुना दोआब पर भी आक्रमण किया। मिनांडर को नागसेन ने बौद्ध धर्म की दीक्षा दी।
- मिनांडर ने नागसेन से बौद्ध धर्म पर अनेक प्रश्न पूछे, ये प्रश्न और नागसेन द्वारा दिए गए उनके उत्तर एक पुस्तक के रूप में संगृहीत हैं, जिसका नाम **मिलिंदपन्हो** अर्थात् 'मिलिंद के प्रश्न' है।
- भारतीय इतिहास में हिंद-यूनानी शासन का महत्त्व इसलिए है कि यूनानी शासकों ने भारी संख्या में सिक्के जारी किए।
- हिंद-यूनानी शासक भारत के पहले शासक हुए, जिनके जारी किए गए सिक्कों के विषय में निश्चित रूप से कहा जा सकता है कि सिक्के किन-किन राजाओं के हैं।

हिंद-यूनानी शासक एंटीयालसीड्स के सिक्के

- सबसे पहले भारत में हिंद-यूनानियों ने ही सोने के सिक्के जारी किए, परंतु इनकी मात्रा कुषाणों के शासन में अत्यधिक थी।
- हिंद-यूनानी शासकों ने भारत के पश्चिमोत्तर सीमा प्रांत में यूनान की कला चलाई, जिसे **हेलेनिस्टिक आर्ट** कहते हैं। हिंद-यवन शासक एंटियालसीड्स ने शुंग शासक भागभद्र के दरबार में हेलियोडोरस को दूत के रूप में भेजा। हेलियोडोरस ने विदिशा में स्तंभ की स्थापना की।

शक

- यूनानियों के पश्चात् शक भारत आए। शकों ने यूनानियों से अधिक क्षेत्रों पर शासन किया।
- शकों की पाँच शाखाएँ थीं और प्रत्येक शाखा की राजधानी भारत और अफगानिस्तान के अलग-अलग भागों में थी। इन शाखाओं का विवरण निम्न प्रकार है
  - पहली शाखा अफगानिस्तान में थी।
  - दूसरी शाखा पंजाब में थी, जिसकी राजधानी तक्षशिला थी।
  - तीसरी शाखा मथुरा में बसी, जहाँ इसने लगभग दो सदियों तक शासन किया।
  - चौथी शाखा ने अपनी सत्ता पश्चिम भारत में स्थापित की थी, जहाँ इसने ईसा की चौथी सदी के आरंभ तक शासन किया।
  - पाँचवीं शाखा ने ऊपरी दक्कन पर अपना प्रभुत्व स्थापित किया।
- लगभग 57-58 ई.पू. में उज्जैन के एक राजा ने शकों से युद्ध किया तथा उन्हें पराजित किया था, वह स्वयं को विक्रमादित्य कहता था।
- विक्रम संवत नामक, 57 ई.पू. में शकों पर उसकी विजय से आरंभ हुआ, तब से विक्रमादित्य शासक की सामान्य उपाधि हो गई तथा ऊँची प्रतिष्ठा और सत्ता का प्रतीक बन गई।
- भारतीय इतिहास में विक्रमादित्य की उपाधि धारण करने वाले शासकों की कुल संख्या 14 थी। गुप्त सम्राट चंद्रगुप्त द्वितीय सबसे विख्यात विक्रमादित्य हुए।
- शकों की पश्चिम में स्थापित शाखा ने लगभग चार सदियों तक शासन किया। वे गुजरात में चल रहे समुद्री व्यापार से लाभांवित हुए और उन्होंने भारी संख्या में चाँदी के सिक्के चलाए।
- **रुद्रदामन प्रथम** (130-150 ई.पू.) शकों का सबसे प्रसिद्ध शासक था, इसका शासन न केवल सिंध में, बल्कि कोंकण, नर्मदा घाटी, मालवा, काठियावाड़ और गुजरात के बड़े भाग में भी था।
- रुद्रदामन ने काठियावाड़ के अर्द्धशुष्क क्षेत्र की प्रसिद्ध झील **सुदर्शन झील** का जीर्णोद्धार किया। यह झील मौर्यकाल में निर्मित थी, इसका प्रयोग सिंचाई के लिए किया जाता था।
- रुद्रदामन संस्कृत प्रेमी था, इसने ही सबसे पहले विशुद्ध संस्कृत भाषा में लंबा अभिलेख (जूनागढ़ अभिलेख) जारी किया था।

पार्थियाई या पह्लव

- पश्चिमोत्तर भारत में शकों के आधिपत्य के बाद पार्थियाई लोगों का आधिपत्य हुआ।
- प्राचीन भारत के अनेक संस्कृत ग्रंथों में इन दोनों का एक साथ उल्लेख शक-पह्लव के रूप में मिलता है।
- पार्थियाई लोगों का मूल स्थान ईरान में था, जहाँ से इन्होंने भारत की ओर प्रस्थान किया।
- यूनानियों और शकों के विपरीत पह्लव ईसा की पहली सदी में पश्चिमोत्तर भारत के एक छोटे से भाग पर ही सत्ता स्थापित कर पाए।
- **गोंदोफर्निस** (20-41 ई.) सबसे प्रसिद्ध पार्थियाई शासक था, इसके शासनकाल में सेंट टॉमस ईसाई धर्म का प्रचार करने के लिए भारत आया था।

कुषाण

- पार्थियाइयों के पश्चात् कुषाण भारत आए। ये यूची (Yuchi) और तोखारी भी कहलाते हैं। यूची पाँच कुलों में विभाजित एक कबीला था, कुषाण इन्हीं में से एक कुल के थे।
- कुषाण उत्तरी मध्य एशिया के हरित मैदानों के खानाबदोश लोग थे और चीन के पड़ोस में रहते थे। कुषाणों ने सबसे पहले बैक्ट्रिया और उत्तरी अफगानिस्तान पर अधिकार किया और वहाँ से शकों को भगा दिया।
- कुषाणों ने कालांतर में काबुल घाटी की ओर बढ़कर हिंदूकुश को पार करके गंधार पर अधिकार किया और वहाँ यूनानियों और पार्थियाइयों को अपदस्थ कर सत्ता स्थापित की।
- कुषाणों ने निचली सिंधु घाटी पर तथा गंगा के मैदान के अधिकांश भागों पर अधिकार कर लिया।
- कुषाणों का साम्राज्य आमूदरिया से गंगा तक, मध्य एशिया के खुरासान से उत्तर प्रदेश के वाराणसी तक विस्तृत हो गया।

- कुषाणों के अंतर्गत दो राजवंशों की स्थापना हुई, पहले राजवंश की स्थापना कडफिसस नामक सरदारों के एक घराने ने की।
- कडफिसस घराने का शासन 50 ई.पू. से 28 वर्षों तक चला, इसमें दो राजा हुए।
- पहला राजा **कडफिसस प्रथम** (15-64 ई.) था, इसने हिंदूकुश के एशिया में सिक्के चलाए थे, इसने रोमन सिक्कों की नकल करके ताँबे के सिक्के ढलवाए।
- दूसरा राजा **कडफिसस द्वितीय** था, इसने बड़ी संख्या में स्वर्ण मुद्राएँ जारी कीं और अपना राज्य सिंधु नदी के पूरब में विस्तृत किया।
- भारत में कुषाण शक्ति का वास्तविक संस्थापक **विम कडफिसस** को माना जाता है। इसी वंश में कनिष्क शासक हुआ। कनिष्क राजवंश के राजाओं ने ऊपरी भारत और निचली सिंधु घाटी में अपना प्रभुत्व स्थापित किया।
- आरंभिक कुषाण राजाओं ने बड़ी संख्या में स्वर्ण मुद्राएँ जारी कीं, उनकी स्वर्ण मुद्राएँ धातु की शुद्धता में गुप्त शासकों की स्वर्ण मुद्राओं से उत्कृष्ट हैं।
- मथुरा में जो कुषाणों के सिक्के, अभिलेख, संरचनाएँ और मूर्तियाँ मिली हैं, उनसे स्पष्ट होता है कि मथुरा भारत में कुषाणों की द्वितीय राजधानी थी। कुषाणों की पहली राजधानी आधुनिक पाकिस्तान में अवस्थित पुरुषपुर या पेशावर में थी।

कनिष्क

- कनिष्क सर्वाधिक प्रसिद्ध कुषाण शासक था, उसने मथुरा को अपनी राजधानी बनाया। इसने 78 ई. में **शक संवत्** चलाया था, जो वर्तमान में भी भारत सरकार द्वारा प्रयोग में लाया जाता है।
- कनिष्क ने कश्मीर के कुंडलवन में चौथी बौद्ध संगीति का आयोजन किया। जहाँ बौद्ध धर्म दो संप्रदायों 'हीनयान' तथा 'महायान' में विभाजित हो गया था।
- **बुद्धचरित** के रचनाकार कवि अश्वघोष कनिष्क के समकालीन थे। अश्वघोष ने संस्कृत में लेखन का आरंभ इसी काल में शुरू किया था।
- कनिष्क के उत्तराधिकारी पश्चिमोत्तर भारत पर लगभग 230 ई.पू. तक शासन करते रहे और उनमें से कुछ ने तो शुद्ध भारतीय नाम धारण कर लिए जैसे-वासुदेव।
- ईरान की सासानी शक्ति ने ईसा की तीसरी सदी के मध्य में अफगानिस्तान और सिंधु के पश्चिम के क्षेत्र कुषाण साम्राज्य से छीन लिए।

मौर्योत्तर कालीन प्रशासनिक व्यवस्था

- मौर्योत्तर काल में कुषाण राजाओं ने **महाराजाधिराज** की गौरवपूर्ण उपाधि धारण की, जिसका आशय यह था कि वे छोटे-छोटे राज्यों के राजा थे।
- शकों और कुषाणों ने इस भावना को बढ़ावा दिया कि राजा देवता का अवतार होता है।
- यह राजाओं द्वारा उच्च स्थिति प्राप्त करने का एक साधन था। मध्य एशिया से लेकर पश्चिमोत्तर भारत तक शासन करने वाले कुषाणों द्वारा इसका सबसे अच्छा उद्धरण प्रस्तुत किया गया है।
- कुषाण राजा **देवपुत्र** कहलाते थे। यह उपाधि कुषाणों ने चीनियों से ली, जो अपने राजा को स्वर्ग का पुत्र कहते थे।
- मथुरा के पास माट में कुषाण शासकों द्वारा लगाई गई वृहद् मूर्तियाँ इसी का प्रतीक हैं।
- स्मृतिकार मनु ने कहा है कि राजा बच्चा ही क्यों न हो उसका आदर करना चाहिए, क्योंकि वह मानव रूप धारण करके शासन करने वाला देवता होता है।
- कुषाणों ने राज्य-शासन की क्षत्रप प्रणाली अपनाई थी। साम्राज्य अनेक क्षत्रपियों (उपराज्यों) में बाँट दिया गया और प्रत्येक राज्य एक-एक क्षत्रप के शासन में छोड़ दिया गया।
- मौर्योत्तर काल में कुछ अन्य प्रथाएँ भी शुरू की गईं, जैसे दो आनुवंशिक राजाओं का संयुक्त शासन, जिसमें एक ही समय में एक ही राज्य पर दो राजाओं का शासन हो सकता है।
- यूनानियों ने सेनानी-शासन (सैन्य तंत्र) की परिपाटी चलाई। वे इसके लिए शासक सेनानियों की नियुक्ति करते थे, जो यूनानी भाषा में **स्ट्रेटेगोस** कहलाते थे।

मौर्योत्तर कालीन सामाजिक स्थिति

- यूनानी, शक, पार्थियन और कुषाण सभी भारत में अपनी पहचान अन्ततः खो चुके थे और वे धीरे-धीरे पूर्णरूप से भारतीय बन गए।
- वे अधिकांश विजेता के रूप में आए थे, इसलिए वे भारतीय समाज में क्षत्रिय वर्ण में समाविष्ट हुए।
- स्मृतिकार मनु ने कहा कि अधम क्षत्रिय ही शक और पह्लव थे, क्योंकि ये अपने कर्त्तव्यों से युक्त थे। इन्हें द्वितीय क्षेत्रों के क्षत्रिय का स्थान मिला।
- भारतीय समाज में विदेशियों का आत्मसातकरण जितना अधिक मौर्योत्तर काल में हुआ उतना शायद प्राचीन भारत के इतिहास में और किसी काल में नहीं हुआ।

मौर्योत्तर कालीन धार्मिक स्थिति

- मौर्योत्तर काल में अनेक विदेशी शासकों ने वैष्णव संप्रदाय को अपना लिया तथा जगत के पालनकर्ता विष्णु के उपासक बन गए।
- यूनानी राजदूत हेलियोडोरस ने मध्य प्रदेश में स्थित विदिशा में ईसा-पूर्व लगभग दूसरी सदी के मध्य में वासुदेव की आराधना के लिए एक स्तंभ का निर्माण किया। इस स्तंभ से विष्णु का बोध होता है।
- प्रख्यात यूनानी राजा मिनांडर ने बौद्ध धर्म को अपनाया। नागसेन के साथ इसका प्रश्नोत्तर मौर्योत्तर काल के बौद्धिक इतिहास का अच्छा स्रोत है।
- कुषाण शासक शिव और बुद्ध दोनों के उपासक थे, कुषाण मुद्राओं में दोनों देवताओं के चित्र मिलते हैं।
- कई कुषाण शासक वैष्णव बने, इसमें वासुदेव का नाम प्रमुख है। वासुदेव नाम ही विष्णु के अवतार कृष्ण का पर्यायवाची है।
- मौर्योत्तर काल में बौद्ध धर्म का एक नया रूप महायान सामने आया। महायान का उदय होने पर बौद्ध धर्म का पुराना शुद्धताचारी (प्यूरिटन) संप्रदाय 'हीनयान' कहलाने लगा।

मौर्योत्तर कालीन आर्थिक स्थिति

- शक-कुषाण काल में भवन-निर्माण के कार्यों में प्रगति हुई, इसमें पकी ईंटों का प्रयोग फर्श बनाने में किया गया। मौर्योत्तर काल में खपरों का प्रयोग फर्श और छत दोनों में किया गया।
- लाल बर्तन कुषाणकाल का अपना मुख्य मृद्भांड है, जो सादा और पॉलिशदार है। लाल पॉलिशदार मृद्भांड बनाने की कला मध्य एशिया में सुविदित थी।

- शकों और कुषाण शासकों ने बड़े पैमाने पर उत्तम अश्वारोही सेना और अश्वारोहण की परंपरा प्रारंभ की। शकों और कुषाणों ने लगाम और जीन का प्रयोग प्रचलित किया, जो हमें ईसा की दूसरी और तीसरी सदियों की बौद्ध मूर्तियों में दिखाई देता है।
- शकों और कुषाणों में पगड़ी, ट्यूनिक (कुर्ती), पायजामा और भारी लंबे कोट का प्रचलन था।
- कुषाणों ने रेशम के उस प्रख्यात मार्ग पर नियंत्रण कर लिया, जो चीन से होता हुआ पश्चिम एशिया तक जाता था।
- भारत में बड़े पैमाने पर सोने का सिक्का चलाने वाले प्रथम शासक कुषाण ही थे।

मौर्योत्तर कालीन अर्थव्यवस्था

- मौर्योत्तर कालीन अर्थव्यवस्था को 'भारतीय प्राचीन अर्थव्यवस्था का स्वर्णकाल' कहा जाता है। इस काल में शिल्प और वाणिज्य के क्षेत्र में अत्यधिक विस्तार हुआ।
- सिक्कों का प्रचलन, बंदरगाहों एवं नगर मार्गों का विकास तथा भू-राजस्व की प्रणाली की शुरुआत इस काल की विशेषताएँ हैं।

शक सिक्के

- सोने के सिक्के सबसे पहले प्रथम शताब्दी ईसवी में कुषाण राजाओं द्वारा जारी किए गए थे, जो आकार तथा वजन में रोमन साम्राज्य तथा पार्थियन शासकों द्वारा जारी सिक्कों के समान थे।
- इस काल में अर्थव्यवस्था के विस्तार तथा उन्नति के निम्न लक्षण थे
  - नगरीय तथा ग्रामीण क्षेत्रों में नए वर्गों का उदय।
  - रोम एवं चीन के साथ व्यापारिक संबंधों का विकास तथा रेशम मार्ग की स्थापना।
  - हिप्पालस द्वारा भारत के मानसूनी समुद्री मार्ग की खोज।
  - रोम तथा दक्षिण पूर्व एशिया के साथ व्यापारिक तथा सांस्कृतिक संबंधों की स्थापना
  - लंबी दूरी की व्यापारिक यात्राएँ विशेष तथा सातवाहनों तथा मध्य एशियाई मूल के शकों द्वारा।

शिल्प तथा उद्योग

- मौर्योत्तर काल में शिल्पियों का विशेषीकरण हुआ। 'दीघनिकाय' में 24 तथा 'महावस्तु' में 36 प्रकार के व्यवसायों की चर्चा की गई है। 'मिलिंदपन्हो' में 75 प्रकार के व्यवसायों का विवरण मिलता है।
- **शाटक** नामक एक विशिष्ट वस्त्र का निर्माण आरंभ हुआ था। उरैयूर तथा अरिकामेडु में ईंटों से बने रंगाई के हौज के अवशेष प्राप्त हुए हैं।
- मगध वृक्ष के रेशों से बनने वाले वस्त्रों के लिए प्रसिद्ध था। बंगाल के पुण्ड्र में मलमल का निर्माण होता था, जिसे **गंगई** कहा गया था।
- करीमनगर तथा नालगोंडा लौह-इस्पात उत्पादन का केंद्र था। भारत से इसका निर्यात पार्थियाई तथा अबीसिनियाई बंदरगाहों के लिए होता था। नालगोंडा तथा कोंडापुर मूर्तियों के निर्माण के लिए प्रसिद्ध थे।

व्यापार

- भारत तथा रोम के मध्य व्यापार बड़ी मात्रा में किया जाता था, किंतु इस व्यापार में दैनिक आवश्यकताओं की वस्तुएँ शामिल नहीं थीं। यहाँ विलासिता संबंधी वस्तुओं का व्यापार अधिक होता था।
- रोम के सिक्के तमिल क्षेत्रों में प्राप्त हुए हैं। रोम के व्यापारी दक्षिण भारत से मसालों का आयात करते थे। वे मध्य तथा दक्षिण भारत से मलमल, मोती, रत्न तथा माणिक्य का आयात करते थे।
- लोहे की वस्तुएँ विशेषकर बर्तन रोम को भेजी जाने वाली महत्त्वपूर्ण वस्तुएँ थीं। पौधे और उसके उत्पाद तथा औषधियाँ भी भारत से भेजी जाती थीं। रेशम चीन से भारत के रास्ते रोमन साम्राज्य को भेजा जाता था।
- रोम से भारत को शराब, शराब के दोहत्थे कलश तथा मिट्टी के अन्य पात्र भेजे जाते थे। ऐसी वस्तुएँ उत्खनन के बाद तामलुक (पश्चिम बंगाल), अरिकमेडु (पुदुचेरी) तथा दक्षिण भारत के अन्य स्थानों में मिली हैं।
- रोम से भारत आने वाली वस्तुओं में सबसे महत्त्वपूर्ण रोमन सिक्के थे, जो प्रायः सोने और चाँदी के थे। भारतीय उप-महाद्वीप में 150 स्थानों पर रोमन सिक्के मिले हैं। इनमें से अधिकांश स्थल विंध्य पर्वत से दक्षिण के हैं।
- रोम से सोने के सिक्कों का भारत आने पर रोमन लेखक प्लिनी ने दुःख व्यक्त किया था। इसका विवरण **नेचुरल हिस्ट्री** में मिलता है। रोम ने 'गोल काली' मँगाने पर अत्यधिक व्यय किया था।
- पश्चिम के लोगों को भारतीय काली मिर्च अत्यधिक प्रिय थी। इसी कारण गोल मिर्च को संस्कृत में **यवन प्रिय** कहा गया। भारत तथा रोम के संदर्भ में व्यापार संतुलन भारत के पक्ष में था।
- भारत तथा रोम व्यापार में 'जहाजरानी' (Shipping) की महत्त्वपूर्ण भूमिका रही। अनेक रोमन व्यापारी दक्षिण भारत में बस गए थे। रोम में प्राप्त मिट्टी के बर्तनों से यह स्पष्ट हुआ है कि अनेक तमिल सौदागार रोम साम्राज्य के समय मिस्र (Egypt) में बस गए थे।

मुद्रा व्यवस्था

- हिंद यवन शासकों ने स्वर्ण मुद्राएँ जारी कीं। कुषाणों के समय इनकी संख्या अधिक थी। भारत की स्वर्ण मुद्राएँ केवल रोमन सिक्कों से नहीं ढाली गई थीं, बल्कि भारत में अनेक स्थानों पर सोने की खानें थीं।
- रोम के संपर्क के फलस्वरूप कुषाणों ने दीनार सदृश स्वर्ण मुद्राएँ जारी कीं, जो गुप्त शासकों के शासनकाल में प्रचलित रहीं। स्वर्ण मुद्राओं का प्रयोग रोजमर्रा के लेन-देन में नहीं होता था। इसमें सीसे, पोटीन और ताँबे के सिक्कों का प्रयोग होता था।

नगरों का विकास

- शिल्प और वाणिज्य की संवृद्धि तथा मुद्रा के अत्यधिक प्रयोग के कारण नगरों का विस्तार हुआ। वैशाली, पाटलिपुत्र, वाराणसी, कौशाम्बी, श्रीवस्ती, हस्तिनापुर, मथुरा, इंद्रप्रस्थ जैसे नगरों का उल्लेख साहित्यिक ग्रंथों में होता है।
- चीनी यात्रियों द्वारा भी ऐसे नगरों की चर्चा की गई है। बिहार के कई पुरास्थल कुषाण काल में समृद्ध थे। इसमें चिरांद, सोनपुर, बक्सर इत्यादि प्रमुख हैं।

- सातवाहन काल में पैठन, धान्यकटक, अमरावती, नागार्जुनकोंड, भड़ौच, सोपारा, अरिकमेडु तथा कावेरीपट्टनम समृद्ध नगर थे। तेलंगाना में इस समय के अनेक स्थल उत्खनन से प्राप्त हुए हैं।
- प्राय: सभी नगर संचार मार्गों के किनारे बसे थे। पाटलिपुत्र जैसे नगर नदियों के किनारे बसे थे तथा उज्जयिनी प्रमुख वाणिज्यिक मार्ग पर बसा था।
- इस काल में मथुरा जैसे अनेक शहर व्यावसायिक, सांस्कृतिक और राजनीतिक गतिविधियों के केंद्र थे।

मौर्योत्तर कालीन कला एवं संस्कृति

- मौर्योत्तर काल में कला की गांधार और मथुरा शैली का विकास हुआ, इनका संबंध मूर्तिकला से था।
- मध्य एशिया से जो मूर्तिशिल्प की कृतियाँ प्राप्त हुई हैं, उनमें बौद्ध धर्म के प्रभाव की छाया में स्थानीय और भारतीय दोनों लक्षणों का मिश्रण पाया जाता है।
- भारतीय शिल्पकारों का, विशेषकर भारत के पश्चिमोत्तर सीमा प्रांत गांधार में, मध्य एशियाई, यूनानी और रोमन शिल्पकारों के साथ संपर्क हुआ।
- इससे नई शैली की कला का उदय हुआ, जिसमें बुद्ध की प्रतिमाएँ यूनान और रोम की मिश्रित शैली में बनाई गईं।
- गांधार कला का प्रभाव मथुरा में भी पहुँचा, हालाँकि वह मूलत: देशी कला का केंद्र था।
- मथुरा में बुद्ध की विलक्षण प्रतिमाएँ बनीं, परंतु इस स्थान को ख्याति कनिष्क की सिर विहीन खड़ी मूर्ति के द्वारा प्राप्त हुई है, जिसके निचले भाग में कनिष्क का नाम खुदा है।
- कला की मथुरा शैली ईसवी सन् की आरंभिक सदियों में विकसित हुई और इसकी लाल बलुआ पत्थर की कृतियाँ मथुरा के बाहर भी पाई जाती हैं।

मौर्योत्तर कालीन साहित्य और विधा

- काव्य-शैली का पहला नमूना रुद्रदामन का काठियावाड़ में जूनागढ़ अभिलेख है, जिसका समय लगभग 150 ई.पू. है।
- साहित्यकार अश्वघोष को कुषाणों का संपोषण प्राप्त था, इसने बुद्ध की जीवनी 'बुद्धचरित' के नाम से लिखी।
- अश्वघोष ने **सौंदरानंद** नामक काव्य भी लिखा, जो संस्कृत काव्य का उत्कृष्ट उदाहरण है।
- महायान बौद्ध संप्रदाय की प्रगति के कारण अनेक 'अवदानों' की रचना हुई। अनेक अवदान बौद्धों की मिश्रित संस्कृत भाषा में लिखे गए हैं।
- अवदानों का उद्देश्य लोगों को महायान के उपदेशों से अवगत कराना है, इस कोटि की प्रमुख कृतियाँ हैं- महावस्तु और दिव्यावदान।
- यूनानियों ने परदे का प्रचलन आरंभ कर भारतीय नाट्यकला के विकास में भी योगदान दिया, परंतु परदा यूनानियों की देन था, इसलिए वह यवनिका के नाम से विदित हुआ।
- यवनिका शब्द यवन शब्द से बना है और यवन शब्द आयोनियन का संस्कृत प्रतिरूप है।
- धर्मेतर साहित्य का सबसे अच्छा उदाहरण वात्स्यायन द्वारा रचित कामसूत्र है, इसका काल ईसा की तीसरी सदी माना जाता है।

मौर्योत्तर कालीन विज्ञान और प्रौद्योगिकी

- मौर्योत्तर काल में यूनानियों के संपर्क से खगोल और ज्योतिषशास्त्र में प्रगति हुई। यूनानी शब्द 'हारोस्कोप' संस्कृत में 'होराशास्त्र' हो गया, जिसका संस्कृत में अर्थ **फलित ज्योतिषशास्त्र** है।
- यूनानी शब्द द्रकम (Drachma) भारत में द्रम्म हो गया। यूनानी शासकों ने ब्राह्मी लिपि चलाई और अपने सिक्कों पर कई भारतीय रूपांक (मोटिफ) चलाए।
- चरक संहिता में उन वनस्पतियों के नाम हैं, जिनसे रोग की चिकित्सा के लिए दवाएँ बनाई जाती थीं।
- कनिष्क को लंबे कोट, चुस्त पायजामा तथा लंबे जूतों में चित्रित किया गया है। चमड़े के जूते बनाने का प्रचलन भारत में संभवत: मौर्योत्तर काल से आरंभ हुआ।
- भारत में प्रचलित ताँबे के कुषाण कालीन सिक्के रोमन सिक्कों की नकल थे। भारत में कुषाणों ने, जो सोने के सिक्के ढलवाए, वे रोमन स्वर्णमुद्राओं की नकल थे।
- प्राचीन भारत में किसी भी अन्य काल में शीशे के कार्य में ऐसी प्रगति नहीं हुई, जैसी मौर्योत्तर काल में हुई थी।

अतिरिक्त तथ्य
तमिलनाडु बोर्ड एवं NIOS

- उत्तर भारत में शुंग शक्ति के विस्तार के समय में ही बल्ख में हिंद यूनानी (यवनों) का भी स्वतंत्र शक्ति के रूप में उदय हुआ। पुष्यमित्र शुंग का बल्ख के शासक डेमीट्रियस से संघर्ष हुआ था।
- सातवाहन साम्राज्य 'आहार (राष्ट्ररूपी)' उप-प्रभागों अर्थात् जिलों में विभाजित था। प्रशासन की लघुत्तम इकाई **ग्राम** थी।
- सातवाहनों द्वारा प्रथम बार धार्मिक उद्देश्यों से बौद्धों तथा ब्राह्मणों को कर मुक्त भूमियाँ दान में दी गईं।
- कुषाण काल में मूर्तिकला के गांधार तथा मथुरा शैली को संरक्षण प्रदान किया गया।
- कलिंग (वर्तमान उड़ीसा) अशोक के पश्चात् चेदि वंश में महत्त्वपूर्ण हुआ। चेदि वंश के बारे में जानकारी का मुख्य स्रोत उदयगिरि पहाड़ी पर स्थित हाथी गुम्फा अभिलेख है।
- मौर्योत्तर काल में व्यापार के दो मार्ग थे-**उत्तरापथ** (उत्तर तथा पूर्वी हिस्सों को उत्तर-पश्चिम से जोड़ता था) तथा **दक्षिणापथ** (प्रायद्वीपीय भारत को पश्चिम तथा उत्तर से जोड़ता था।)।
- मौर्योत्तर काल में हस्तशिल्प का उत्पादन व्यापक स्तर पर हुआ। उज्जैन में माला उत्पादन का तथा दक्षिण भारत में रंगाई हस्तकला का व्यापक विकास हुआ।
- व्यापारियों का संगठन के रूप में विकास हुआ, जिसका अध्यक्ष 'श्रेष्ठि' कहा जाता था। अन्य व्यावसायिक समूह 'सार्थवाह' के अधीन कार्य करते थे। हस्तशिल्पी संघ का प्रमुख **ज्येष्ठ** कहलाता था।
- मौर्योत्तर काल में कला की तीन शैलियों का विकास हुआ-**मथुरा शैली** (लाल बलुआ पत्थर का प्रयोग, ब्राह्मणों का प्रभाव, हिंदू देवी-देवताओं की मूर्तियों का निर्माण), **गांधार शैली** (भारतीय उपमहाद्वीप के उत्तर-पश्चिम में विकसित, हिंद-यूनानी-बौद्ध कला से प्रभावित) तथा **अमरावती शैली** (कृष्णा-गोदावरी की निचली घाटियों के मध्य विकसित, आकृतियों को उभारने में सफेद संगमरमर का प्रयोग)।

09

गुप्त काल

(स्रोत)

New NCERT Class VI Chap 9 **नए साम्राज्य और राज्य,**
Old NCERT Class VI Chap 7 **गुप्त काल,**
Old NCERT Class XI Chap 20 **गुप्त साम्राज्य का उद्भव और विकास,**
Chap 21 **गुप्त काल का जीवन,** Tamil Nadu Board (Class XI), NIOS

गुप्त वंश

- गुप्त साम्राज्य का उद्भव उत्तर भारत में कुषाण साम्राज्य के पतन के पश्चात् हुआ। गुप्तों ने कुषाणों और सातवाहन से भी बड़े भू-भाग पर राज्य स्थापित किया था। गुप्त शासक मुख्यत: वैश्य थे, इन्होंने उत्तर भारत को चौथी तथा पाँचवीं शताब्दी तक एक सूत्र में बाँधे रखा।
- ईसा की तीसरी सदी के अंत में गुप्त वंश का आरंभिक शासन उत्तर प्रदेश और बिहार में था, जबकि उनकी सत्ता का केंद्र प्रयाग में था।
- गुप्त वंश के शासक प्रारंभ में कुषाणों के सामंत थे। गुप्तों ने जीन, लगाम, बटन वाले कोट, पतलून और जूतों का प्रयोग कुषाणों से सीखा था।
- कुछ गुप्त राजाओं को उत्तम और अद्वितीय महारथी (रथ पर लड़ने वाले) कहा गया है, लेकिन उनकी मूल शक्ति का आधार घोड़ों का प्रयोग था।
- गुप्त शासकों ने कालांतर में अपना आधिपत्य **अनुगंग** (मध्य गंगा का मैदान), **प्रयाग** (आधुनिक प्रयागराज), **साकेत** (आधुनिक अयोध्या) और **मगध** (आधुनिक दक्षिण बिहार) पर स्थापित किया।
- गुप्त वंश के अभिलेखीय साक्ष्यों के आधार पर गुप्तों के आदि पुरुष का नाम श्रीगुप्त (240-280 ई.) था, उसका उत्तराधिकारी व पुत्र घटोत्कच (280-319 ई.) था। प्रभावती गुप्त के ताम्रपत्र अभिलेख से पता चलता है कि श्री गुप्त, गुप्त वंश का संस्थापक था।

गुप्त वंश के प्रमुख शासक

गुप्त वंश के प्रमुख शासक निम्न हैं

चंद्रगुप्त प्रथम (319-334 ई.)

- गुप्त वंश का पहला प्रसिद्ध शासक चंद्रगुप्त प्रथम था, उसने एक लिच्छवि राजकुमारी से विवाह किया, जो संभवत: नेपाल से थी।
- लिच्छवि राजकुमारी क्षत्रिय कुल से थी, क्षत्रिय कुल में विवाह करने से चंद्रगुप्त प्रथम की प्रतिष्ठा में बढ़ोतरी हुई।
- चंद्रगुप्त प्रथम एक महान शासक था, उसने 319-20 ई. में अपने राज्यारोहण के स्मारक के रूप में **गुप्त संवत** चलाया था।
- चंद्रगुप्त प्रथम ने साकेत (अयोध्या) का प्रदेश, प्रयाग (प्रयागराज) और मगध पर शासन किया था।
- चंद्रगुप्त प्रथम ने **महाराजाधिराज** की उपाधि धारण की थी, उसने ही सर्वप्रथम रजत (चाँदी) मुद्राओं का प्रचलन करवाया था।

समुद्रगुप्त (335-380 ई.)

- चंद्रगुप्त प्रथम के पुत्र और उत्तराधिकारी समुद्रगुप्त ने गुप्त साम्राज्य का विस्तार किया।
- समुद्रगुप्त की माँ कुमारदेवी, लिच्छवि गणराज्य से थी तथा पिता चंद्रगुप्त गुप्तवंश के पहले शासक थे, जिन्होंने महाराजाधिराज की उपाधि धारण की।
- समुद्रगुप्त प्रकृति में मौर्य सम्राट अशोक के विपरीत था।
- अशोक शांति और अनाक्रमण की नीति में विश्वास करता था, परंतु समुद्रगुप्त को हिंसा और विजय से आनंद मिलता था।
- समुद्रगुप्त का दरबारी कवि **हरिषेण** था। अपने एक लंबे अभिलेख (प्रयाग प्रशस्ति) में उसने वर्णित किया है कि समुद्रगुप्त ने किन-किन लोगों और प्रदेशों को जीता था।

सिक्के पर वीणा बजाते हुए समुद्रगुप्त

- समुद्रगुप्त द्वारा विजित स्थान और क्षेत्रों को पाँच समूहों में बाँटा गया है
  1. **प्रथम समूह** इसमें गंगा-यमुना दोआब के वे राजा शामिल हैं, जिन्हें पराजित कर उनके राज्य गुप्त साम्राज्य में मिला लिए गए।
  2. **द्वितीय समूह** इसमें पूर्वी-हिमालय के राज्यों और कुछ सीमावर्ती राज्यों के शासक शामिल हैं; जैसे- नेपाल, असम, बंगाल आदि।
  3. **तृतीय समूह** इसमें वे आटविक राज्य (जंगली क्षेत्रों में स्थित राज्य) सम्मिलित थे, जो विंध्य क्षेत्र में आते थे।
  4. **चतुर्थ समूह** इसमें पूर्वी दक्कन और दक्षिण भारत के 12 शासक शामिल हैं, जिन्हें पराजित कर छोड़ दिया गया।
  5. **पंचम् समूह** इसमें शकों और कुषाणों के नाम दिए गए हैं, जिनमें से कुछ अफगानिस्तान में शासन करते थे।
- एक चीनी स्रोत के अनुसार, श्रीलंका के राजा मेघवर्मन ने गया में बुद्ध का मंदिर बनवाने की अनुमति प्राप्त करने के लिए समुद्रगुप्त के पास दूत भेजा था। प्रयाग प्रशस्ति (प्रशंसात्मक अभिलेख) के अनुसार समुद्रगुप्त को कभी पराजय का सामना नहीं करना पड़ा।
- समुद्रगुप्त को अपनी बहादुरी एवं युद्ध कौशल के कारण ब्रिटिश इतिहासकार विंसेंट आर्थर स्मिथ ने 'भारत का नेपोलियन' कहा है।

रामगुप्त (380 ई.)

- समुद्रगुप्त के पश्चात् रामगुप्त शासक बना, किंतु यह एक कमजोर शासक था।
- विशाखदत्त की रचना 'देवीचंद्रगुप्त' के अनुसार रामगुप्त ने शक आक्रमणकारियों के समक्ष समर्पण कर दिया था। चंद्रगुप्त द्वितीय, समुद्रगुप्त का छोटा (कनिष्ठ) पुत्र था, जिसने रामगुप्त को अपदस्थ कर गुप्त साम्राज्य का शासन अधिगृहीत कर लिया। इसने शकों को पराजित किया।
- शकों के समक्ष रामगुप्त के समर्पण और चंद्रगुप्त द्वितीय के सत्ता अधिग्रहण की घटना की चर्चा **हर्षचरित** (बाणभट्ट), **काव्यमीमांसा** (राजशेखर) तथा राष्ट्रकूट शासक गोविंद चतुर्थ के **सांगली ताम्रलेख** में भी मिलती है।

चंद्रगुप्त द्वितीय (380-412 ई.)

- चंद्रगुप्त द्वितीय के शासनकाल में गुप्त साम्राज्य अपने उत्कर्ष के शीर्ष पर पहुँच गया।
- चंद्रगुप्त द्वितीय ने वैवाहिक संबंध और विजय दोनों के सहारे साम्राज्य का विस्तार किया। चंद्रगुप्त द्वितीय ने अपनी कन्या प्रभावती का विवाह वाकाटक शासक रुद्रसेन द्वितीय से कराया, जो ब्राह्मण था।
- प्रभावती के भूमिदान संबंधी अभिलेख, जिनकी लिपि पर गुप्तकालीन प्राच्य शैली का प्रभाव है। इससे पता चलता है कि वह अपने पिता के हित में काम करती थी। चंद्रगुप्त द्वितीय ने मालवा के पास स्थित उज्जैन को गुप्त साम्राज्य की द्वितीय राजधानी बनाया था।
- दिल्ली के कुतुबमीनार के निकट स्थित लौह स्तंभ पर खुदे हुए अभिलेख में चंद्र नामक किसी राजा की कीर्ति का वर्णन किया गया है। यदि इस चंद्र को चंद्रगुप्त द्वितीय मान लिया जाए, तो यह कहा जा सकता है कि उसने गुप्त साम्राज्य का प्रभुत्व पश्चिमोत्तर भारत में और बंगाल के भाग में भी स्थापित किया।
- चंद्रगुप्त द्वितीय ने **विक्रमादित्य** की उपाधि धारण की। यही उपाधि इससे पूर्व 57 ई. पू. में उज्जैन के शासक ने भी पश्चिमी भारत के शक क्षत्रपों पर विजय पाने के उपलक्ष्य में धारण की थी।
- चन्द्रगुप्त द्वितीय के सिक्कों तथा अभिलेखों से पता चलता है कि इसने पश्चिम भारत के सैन्य अभियान में अंतिम शक शासक को परास्त किया था।
- चंद्रगुप्त द्वितीय का उज्जैन में स्थित दरबार कालिदास और अमरसिंह जैसे बड़े-बड़े विद्वानों से विभूषित था।
- चंद्रगुप्त द्वितीय के समय में ही चीनी यात्री **फाह्यान** (399-414 ई. पू.) भारत आया और यहाँ के लोगों के जीवन के बारे में विस्तृत विवरण लिखा।

चंद्रगुप्त द्वितीय के नवरत्न

चंद्रगुप्त द्वितीय के दरबार में नौ विद्वानों ने आश्रय प्राप्त किया, जिन्हें नवरत्न कहा गया; ये हैं

1. कालिदास	2. अमरसिंह	3. शंकु
4. धनवंतरि	5. क्षपणक	6. बेतालभट्ट
7. वररुचि	8. घटकर्पर	9. वाराहमिहिर

कुमारगुप्त प्रथम (415-455 ई.)

- चंद्रगुप्त द्वितीय का उत्तराधिकारी कुमारगुप्त प्रथम था, उसने 40 वर्षों तक शासन किया और अश्वमेध यज्ञ भी किया था।
- भीतरी प्रस्तर अभिलेख के अनुसार, कुमारगुप्त प्रथम के शासनकाल में दो आक्रमण हुए। पहला आक्रमण हूणों का था, तो दूसरा पुष्यमित्रों का, जिन्होंने गुप्त शासकीय प्रदेशों पर आक्रमण किए।

स्कंदगुप्त (455-467 ई.)

- स्कंदगुप्त ने कुमारगुप्त प्रथम की मृत्यु के उपरांत सत्ता प्राप्त की। कौहम अभिलेख में स्कंदगुप्त को शक्रोपण से संबोधित किया गया है।
- भीतरी तथा जूनागढ़ अभिलेखों के अनुसार स्कंदगुप्त ने अपने शासनकाल में निम्न चार प्रकार के शत्रुओं से संघर्ष किया
  - (i) पुष्यमित्रों का हमला
  - (ii) अपदस्थ शासकों का विद्रोह
  - (iii) हूणों का आक्रमण
  - (iv) उत्तराधिकार के लिए संघर्ष

हूणों का आक्रमण

- गुप्त साम्राज्य के चरमोत्कर्ष की स्थिति में पाँचवीं शताब्दी ई. में उत्तर-पश्चिम से भारत पर हूणों का आक्रमण आरंभ हुआ। हूणों ने सर्वप्रथम 458 ई. में आक्रमण किया, उस समय उत्तर भारत पर स्कंदगुप्त का शासन था।
- स्कंदगुप्त ने तोरमाण के नेतृत्व में हुए इस आक्रमण का जवाब दिया, जिसमें हूण पराजित हुए, किंतु उत्तरवर्ती गुप्त शासकों के शासनकाल में मिहिरकुल के नेतृत्व में हूणों ने भारत में सफलता प्राप्त की।

गुप्तकालीन प्रशासनिक एवं न्यायिक व्यवस्था

- गुप्त राजाओं ने परमेश्वर, महाराजाधिराज, परमभट्टारक जैसी उपाधियाँ धारण की थीं।
- गुप्त काल में राजपद वंशानुगत था, परंतु राजसत्ता ज्येष्ठाधिकार की अटल प्रथा के अभाव में सीमित थी।
- इस काल में राजगद्दी हमेशा ज्येष्ठ पुत्र को ही नहीं मिलती थी, जिसका लाभ सामंत और उच्चाधिकारी भी उठा सकते थे।
- गुप्त राजाओं ने ब्राह्मणों को उदारतापूर्वक दान दिया। ब्राह्मणों ने राजा की तुलना विभिन्न देवताओं से करके उनके प्रति अपना आभार प्रकट किया।

- इतिहासकारों द्वारा भूमिदान को एक ओर कृषि को नए क्षेत्रों में प्रोत्साहित करने की रणनीति के रूप में देखा गया, तो वहीं दूसरी ओर कुछ इतिहासकारों द्वारा भूमिदान को अपने समर्थकों में वृद्धि के रूप में देखा गया, क्योंकि शासकों की अपने सामंतों पर पकड़ कमजोर हो रही थी।
- गुप्त काल में राजा को रक्षा और पालन करने वाले भगवान विष्णु के रूप में देखा जाने लगा। राजसत्ता की देवी लक्ष्मी विष्णु की पत्नी के रूप में सिक्कों पर सदा अंकित होती रही।
- गुप्त सेना की संख्या ज्ञात नहीं है। यद्यपि गुप्त शासक स्थायी सेना रखते थे, किंतु सामंतों द्वारा समय-समय पर प्रदत्त सेनाएँ उसकी पूरक होती थीं।
- गुप्त काल में अश्वचालित रथ की लोकप्रियता कम होने लगी और घुड़सवारों की महत्ता बढ़ गई। घोड़े पर सवार होकर तीर-चलाना अच्छा रण-कौशल माना जाता था।
- गुप्त काल में सेना का सर्वोच्च अधिकारी **महाबलाधिकृत** कहलाता था।
- गुप्त काल में भूमि संबंधी करों की संख्या बढ़ गई, परंतु वाणिज्य करों की संख्या घटी। भू-राजस्व के रूप में राज्य संभवत: उपज का चौथे भाग से लेकर छठे भाग तक कर के रूप में लेता था।
- गुप्त काल में मध्य और पश्चिम भारत में ग्रामवासियों से सरकारी सेना और अधिकारियों की सेवा के लिए **बेगार** (नि:शुल्क श्रम) कराया जाता था, जो **विष्टि** कहलाता था।
- गुप्त काल में पहली बार दीवानी और फौजदारी कानून (व्यवहार-विधि और दंड-विधि) भली-भाँति परिभाषित और पृथक्कृत हुए।
- राजा न्याय-निर्णय ब्राह्मण पुरोहितों की सहायता से करता था। नियम कानून बनाए रखना राजा का कर्त्तव्य था।
- गुप्त काल में सम्राट, सर्वोच्च न्यायाधीश होता था। गुप्तों के समय न्यायाधीशों को 'दंडनायक' तथा 'महादंडनायक' कहा जाता था।
- व्यापारियों तथा व्यावसायिक श्रेणियों के अपने पृथक् न्यायालय थे, जिन्हें राज्य द्वारा मान्यता प्रदान की गई थी।
- वैशाली और प्रयागराज के निकटवर्ती भीटा से प्राप्त मुहरों से पता चलता है कि गुप्त काल में श्रेणियाँ अच्छी अवस्था में चल रही थीं।
- गुप्त साम्राज्य के सबसे बड़े अधिकारी **कुमारामात्य** होते थे, उन्हें राजा उनके अपने प्रांत से ही नियुक्त करता था।
- गुप्त राजाओं ने प्रांतीय और स्थानीय शासन की पद्धति चलाई। राज्य कई भुक्तियों अर्थात् प्रांतों में विभाजित था और प्रत्येक भुक्ति एक-एक उपरिक के प्रभार में रहती थी।
- भुक्तियाँ कई विषयों अर्थात् जिलों में विभाजित थीं, प्रत्येक विषय का प्रभारी **विषयपति** होता था।
- पूर्वी भारत में प्रत्येक विषय को वीथियों में बाँटा गया था और वीथियाँ ग्रामों में विभाजित थीं।
- गुप्त काल में गाँव का मुखिया अधिक महत्त्वपूर्ण हो गया, वह ग्राम श्रेष्ठों की सहायता से गाँव का कार्य देखता था।
- ग्रामों और छोटे-छोटे शहरों में प्रशासन से स्थानीय लोग जुड़े हुए थे। उनकी अनुमति के बिना जमीन की खरीद-बिक्री नहीं हो सकती थी।
- वैशाली से प्राप्त सीलों से प्रकट होता है कि गुप्त काल में शिल्पी, वणिक और लिपिक एक ही संस्था में काम करते थे और नगर प्रशासन से जुड़े हुए थे। प्रमुख नगरों में नगरपालिकाएँ होती थीं। नगर का प्रधान अधिकारी पुरपाल कहलाता था।
- उत्तरी बंगाल (बांग्लादेश) के **कोटिवर्ष** विषय की प्रशासनिक परिषद् में मुख्य वणिक, मुख्य व्यापारी और मुख्य शिल्पी शामिल थे।
- भीटा और वैशाली के शिल्पियों और वणिकों की अलग-अलग श्रेणियों का वर्णन गुप्त काल में मिलता है।
- मालवा के मंदसौर और इंदौर में रेशम बुनकरों की अपनी विशेष श्रेणी थी। पश्चिमी उत्तर प्रदेश मे बुलंदशहर जिले में तेलियों की अपनी श्रेणियाँ थी।
- गुप्त साम्राज्य के अधिकतर भाग सामंतों या मंडलेश्वरों के हाथ में थे, जिनमें से अनेक को समुद्रगुप्त ने अपने अधीन कर लिया था।
- गुप्त काल में अधिकारियों को वेतन का भुगतान जमीन देकर किया जाता था या नहीं, यह स्पष्ट नहीं है। स्वर्णमुद्रा की बहुतायत से पता चलता है कि ऊँचे अधिकारियों को नकद वेतन देने की परिपाटी थी।

गुप्तकाल के केंद्रीय स्तर के अधिकारी

अधिकारी	विभाग
कुमारामात्य	प्रांतों का प्रशासक
महादंडनायक	न्यायाधीश
महाबलाधिकृत	सेना का सर्वोच्च अधिकारी
भंडागाराधिकृत	राजकोष का अधिकारी
ध्रुवाधिकरण	भूमि कर संग्रह करने वाला अधिकारी
अग्रहारिक	दान विभाग का प्रधान
पुरपाल	नगरीय क्षेत्रों का प्रमुख

गुप्तकालीन सामाजिक व्यवस्था

- गुप्तकालीन समाज परंपरागत रूप से चार वर्णों में विभाजित था। सभी वर्णों का आधार कर्म न होकर जन्म था।
- ब्राह्मणों को बड़े पैमाने पर ग्राम-अनुदान मिलना इस बात का द्योतक है कि ब्राह्मणों की श्रेष्ठता गुप्त काल में बनी रही।
- नगरश्रेष्ठी 'मुख्य बैंकर' तथा 'सार्थवाह' व्यापारियों के समूह का नेतृत्वकर्ता होता था। प्रथम कुलिक, शिल्पियों के संघ का प्रमुख था। वह कायस्थ अथवा लेखाकारों का भी प्रधान होता था।
- ब्राह्मणों को दी जाने वाली भूमि को **अग्रहार** कहा जाता था। ब्राह्मणों से भूमिकर नहीं वसूला जाता था, बल्कि इन्हें स्थानीय लोगों से कर वसूलने का अधिकार था। पाँचवीं सदी में रचित 'नारद स्मृति' में ब्राह्मणों को गुप्त काल में मिलने वाले अनेक विशेषाधिकारों का वर्णन मिलता है।
- गुप्त काल में वर्ण अगणित जातियों-उपजातियों में विभाजित हुए। इस विभाजन के दो कारण हुए पहला, भारी संख्या में विदेशों से आए लोग भारतीय समाज में घुल-मिल गए और उन विदेशियों का प्रत्येक समूह एक-एक मुख्य जाति समझा जाने लगा।
- ब्राह्मणीय सिद्धांतों में वर्ण की तरह जाति भी जन्म पर आधारित थी। वस्तुत: जहाँ कहीं भी नए समुदायों (निषाद, स्वर्णकार आदि) को ब्राह्मणीय व्यवस्था या वर्ण व्यवस्था में स्थान नहीं मिला, उनका भी विकास जाति के रूप में होने लगा।
- स्मृतियों में चार वर्णों से अलग एक नए वर्ग 'अस्पृश्य' का भी उल्लेख मिलता है। इस वर्ग में उन्हें शामिल किया जाता था, जो दूषित कार्य (जैसे शवों की अंत्येष्टि, मृत पशुओं को छूना आदि) करते थे। मनुस्मृति में इनके कर्त्तव्यों की सूची मिलती है।

- गुप्त काल से पूर्व विदेशी लोग विजेता के रूप में भारत आए, इसलिए समाज में उन्हें क्षत्रिय का स्थान मिला।
- गुप्त काल की स्मृतियों में मिश्रित जातियों का उल्लेख मिलता है।
- 'कायस्थ' का पहला उल्लेख इसी समय 'ओशनम स्मृति' तथा 'याज्ञवल्क्य स्मृति' में मिलता है। भूमि और राजस्व के हस्तांतरण के कारण यह जाति अस्तित्व में आई।
- जातियों की संख्या बढ़ने का दूसरा कारण ग्राम-अनुदान की प्रक्रिया में बहुत-से जनजातीय लोगों का ब्राह्मणीय समाज में समा जाना था।
- जनजातीय सरदार लोग उच्च कुल के माने गए, किंतु उनके सामान्य स्वजनों को नीचे कुल का माना गया और प्रत्येक जनजाति अपने नए जीवन में एक-न-एक जाति के रूप में अवतीर्ण हुई।
- गुप्त काल में शूद्रों की स्थिति में सुधार हुआ। अब उन्हें रामायण, महाभारत और पुराण सुनने का अधिकार मिल गया।
- शूद्र अब कृष्ण नामक नए देवता की पूजा भी कर सकते थे, उन्हें कुछ गृह संस्कारों या घरेलू अनुष्ठानों का भी अधिकार मिला।
- सातवीं सदी से शूद्रों की पहचान मुख्यत: कृषक के रूप में होने लगी, जबकि पूर्व काल में उनका चित्रण केवल अपने ऊपर के तीनों वर्णों की सेवा करने वाले वर्ग सेवक, दास और कृषि-मजदूर के रूप में ही होता था।
- गुप्त काल में दास प्रथा का विधान था। 'नारद स्मृति' में 15 प्रकार के दासों का उल्लेख है, जबकि 'मनुस्मृति' में 7 प्रकार के दासों की चर्चा की गई है।
- स्त्रियों की स्थिति में गुप्त काल में गिरावट आई। पति के मरने पर उसकी पत्नी का पति की चिता में आत्मदाह करने का पहला अभिलेखीय उदाहरण गुप्त काल में 510 ई. पू. में मिलता है। भानु गुप्त के **ऐरण अभिलेख** में सती प्रथा का विवरण है।
- **मनुस्मृति** (सबसे पुरानी स्मृति) में कहा गया है कि विवाह के समय वधु को भेंट के रूप में माँ-बाप द्वारा दिए गए भूषण, अलंकरण, वस्त्र आदि सामान स्त्रीधन होते हैं।
- छठी सदी के स्मृतिकार **कात्यायन** का कहना कि ''स्त्री अपने स्त्रीधन के साथ अपनी अल्प संपत्ति को भी बेच सकती है और गिरवी रख सकती है।''
- कात्यायन के अनुसार जमीन में स्त्रियों को हिस्सा मिलता था, परंतु भारत के पितृतंत्रात्मक समाज में धर्मशास्त्र के अनुसार, सामान्यत: बेटी को अचल संपत्ति का उत्तराधिकार नहीं मिलता था।
- संपत्ति पर अधिकार का एक अन्य (लैंगिक आधार के अतिरिक्त) वर्ण भी था, जो ऊपर के वर्ण से नीचे के वर्ण तक क्रमश: घटता हुआ प्रतीत होता है। यद्यपि बौद्ध धर्मग्रंथ मज्झिमनिकाय (पाली भाषा) में सामाजिक वर्ण क्रम के अनुसार प्रतिष्ठा की आलोचना की।
- धर्मशास्त्रों के विपरीत अभिलेखीय साक्ष्यों से पता चलता है कि प्रभावती गुप्त भूमि की स्वामी थी तथा उसने आस्पदि चढालस्वामी को भूमिदान भी किया था। इसका विवाह दक्षिण (दक्कन पठार) के वाकाटक परिवार में हुआ था।
- **फाह्यान** के अनुसार, भारतीय समाज में लोग कानून का पालन करने वाले और ईमानदार थे। कानून नरम थे और दंड भी कठोर नहीं थे।
- गुप्त काल में अधिकतर लोग शाकाहारी थे, परंतु मांसाहार भी प्रचलित था।

गुप्तकालीन धार्मिक व्यवस्था

- गुप्तकाल में बौद्ध धर्म को राजाश्रय मिलना समाप्त हो गया, हालाँकि इस काल में कुछ स्तूपों और विहारों का निर्माण हुआ तथा नालंदा बौद्ध धर्म का केंद्र बन गया।
- 'विष्णु' की पहचान नारायण नामक देवता से होने लगी और ईसा पूर्व दूसरी सदी में वे नारायण-विष्णु कहलाने लगे।
- फाह्यान ने जैन धर्म की चर्चा नहीं की है, किंतु गुप्त काल में जैन धर्म अवश्य ही उन्नत अवस्था में था। कदंब तथा गंग शासकों ने जैन धर्म को संरक्षण प्रदान किया था।
- मथुरा तथा वल्लभी श्वेतांबर जैनों का प्रमुख केंद्र था, जबकि पुंड्रवर्द्धन (बंगाल) दिगंबर जैनों का प्रमुख स्थल था।
- बौद्ध तथा जैन धर्मों के साथ वैदिक धर्म भी अपना विकास कर रहा था। गुप्त शासकों ने धार्मिक रूप से सहिष्णुता की नीति अपनाई थी।
- नारायण मूलत: अवैदिक जनजातीय देवता था, वह **भगवत्** कहलाता था और उनके उपासक भागवत कहलाते थे।
- कालांतर में विष्णु पश्चिमी भारत के निवासी वृषण कुल के पौराणिक महापुरुष से एक हो गए, जो कृष्ण-वासुदेव कहलाते थे।
- कृष्ण की विष्णु से अभिन्नता दिखाने के उद्देश्य से महान गाथाकाव्य महाभारत को नया रूप दिया गया। गुप्त काल में उदित हुए भागवत संप्रदाय का मुख्य तत्त्व भक्ति और अहिंसा था।
- भक्ति का अर्थ है- प्रेममय निष्ठा निवेदन। यह एक प्रकार की निष्ठा है, जो जनजाति के लोग अपने सरदार के प्रति रखते हैं या प्रजा राजा के प्रति रखती है।
- अहिंसा अर्थात् किसी जीव का वध नहीं करना, कृषक समाज के लिए अनुकूल था तथा विष्णु से जुड़ी प्राणदायिनी उर्वरता के पंथ से भी मेल खाती थी। गुप्त काल में महायान बौद्ध धर्म की तुलना में भागवत या वैष्णव संप्रदाय अधिक प्रभावी हो गया।
- महायान बौद्ध धर्म ने अवतारवाद का उपदेश दिया और इतिहास को विष्णु के दस अवतारों के चक्र के रूप में प्रतिपादित किया गया।
- छठी सदी में आकर विष्णु की गणना शिव और ब्रह्मा के साथ त्रिदेव से होने लगी। गुप्तवंश के कुछ राजा शिव के उपासक हुए, जो संहार या प्रलय के देवता हैं।
- गुप्त काल में मूर्ति पूजा ब्राह्मणीय धर्म का सामान्य लक्षण हो गई, अनेक त्योहार मनाए जाने लगे तथा गुप्तवंशी राजाओं ने विभिन्न धार्मिक संप्रदायों के प्रति सहनशीलता का मार्ग अपनाया।
- गुप्त काल में हिंदू धर्म शक्तिशाली बन गया, परंतु अभी 'हिंदू' शब्द का प्रयोग नहीं होता था। बाद में अरबों ने हिंद के निवासियों के लिए इस शब्द का प्रयोग किया।

गुप्तकालीन आर्थिक व्यवस्था

- प्राचीन भारत के गुप्त राजाओं ने सबसे अधिक स्वर्णमुद्राएँ जारी कीं, जो उनके अभिलेखों में 'दीनार' कही गई हैं।
- गुप्त शासकों के स्वर्ण सिक्के उतने शुद्ध नहीं थे, जितने कुषाण शासकों के सिक्के थे। यद्यपि सर्वाधिक भव्य स्वर्ण सिक्कों में से कुछ सिक्के गुप्त शासकों के भी थे।
- गुप्त शासकों के आरंभिक स्वर्ण सिक्कों में प्रयुक्त सोना उच्च कोटि का था।

- गुजरात-विजय के पश्चात् गुप्त राजाओं ने बड़ी संख्या में चाँदी के सिक्के भी जारी किए, क्योंकि पश्चिमी क्षत्रपों के यहाँ चाँदी के सिक्कों का महत्त्वपूर्ण स्थान था। कुषाणों के विपरीत, गुप्तों के ताँबे के सिक्के बहुत कम मिलते हैं।
- हिरण्य (नकद), भूमिकर (भाग), मेय (अनाज) इत्यादि कर राजस्व के प्रकार थे। फाह्यान के अनुसार दैनिक विनिमय में कौड़ियों का मुद्रा के रूप में प्रयोग होता था।
- गुप्त काल में पूर्व काल की तुलना में, दूर व्यापार में ह्रास हुआ। 550 ई. पू. तक भारत पूर्वी रोमन साम्राज्य के साथ कुछ-कुछ व्यापार करता रहा, जहाँ वह रेशम बेचता था।
- 550 ई. के आस-पास पूर्वी रोमन साम्राज्य के लोगों ने चीनियों से रेशम उत्पन्न करने की कला सीख ली, इससे भारत के निर्यात व्यापार पर बुरा प्रभाव पड़ा।
- पाँचवीं सदी के मध्य में रेशम बुनकरों की एक श्रेणी पश्चिम भारत में स्थित अपने मूल निवास स्थान लाट देश को छोड़कर मंदसौर चली गई और वहाँ उन बुनकरों ने अपना मूल व्यवसाय छोड़कर अन्य व्यवसायों को अपनाया।
- इस काल में गंगा के नदी-मुख प्रदेश (डेल्टा) में स्थित ताम्रलिप्ति (तामलुक), बंदरगाह से दक्षिण-पूर्व एशिया के स्वर्णभूमि (बर्मा, अब म्यांमार), यवद्वीप (जावा) और कंबोज (कंबोडिया) जैसे देशों के साथ सबसे अधिक व्यापार होता था।
- भड़ौच, सोपारा और कल्याण पश्चिमी तट पर मुख्य बंदरगाह थे। वहाँ से भी दक्षिण-पूर्व को जहाज भेजे जाते थे।

गुप्तकालीन कला एवं संस्कृति

- गुप्त काल को प्राचीन भारत का **स्वर्ण-युग** कहा जाता है। कला और साहित्य के क्षेत्र में अत्यधिक विकास के कारण ही गुप्त काल को ऐसी संज्ञा दी जाती है।
- आर्थिक क्षेत्र में इस दौर में उत्तर भारत के कई नगर पतनोन्मुख हुए थे, अत: सभी क्षेत्रों में ऐसी स्थिति नहीं थी।
- गुप्त काल में मंदिर निर्माण कला का जन्म हुआ। गुप्तकालीन उत्तर भारत के मंदिरों का निर्माण नागर शैली में किया गया था।
- गुप्त काल में उदयगिरि के गुफा मंदिर का निर्माण चंद्रगुप्त द्वितीय के सेनापति वीरसेन ने करवाया था। इस मंदिर में विष्णु के **वराह अवतार** की मूर्ति स्थापित की गई है।
- गुप्तकालीन मंदिरों की छतें अधिकांश सपाट थीं, साथ ही शिखर युक्त मंदिरों का निर्माण भी इस समय हुआ था।
- गुप्त काल के कानपुर के भीतरगाँव, गाजीपुर के भीतरी और झाँसी के देवगढ़ आदि ईंट के मंदिर प्रसिद्ध हैं।
- गुप्त काल में बनी दो मी से भी ऊँची बुद्ध की कांस्यमूर्ति भागलपुर के निकट सुल्तानगंज में पाई गई है।
- फाह्यान ने 25 मी से भी अधिक ऊँची बुद्ध की एक ताम्रमूर्ति देखी थी, लेकिन वर्तमान में इसका कोई ठोस प्रमाण नहीं मिलता।
- गुप्त काल में सारनाथ और मथुरा से बुद्ध की प्रतिमाएँ प्राप्त हुई हैं।
- अजंता की चित्रावली गुप्तकालीन बौद्ध कला का सर्वश्रेष्ठ उदाहरण है। इन चित्रों में गौतम बुद्ध और उनके पिछले जन्मों की विभिन्न घटनाएँ चित्रित हैं।
- गुप्त काल में ही पहली बार विष्णु, शिव तथा अन्य हिंदू देवताओं की प्रतिमाएँ मिलनी प्रारंभ हुईं।
- गुप्त काल में कई स्थानों पर संपूर्ण देवमंडल मिलते हैं, जहाँ मध्य में मुख्य देवता हैं और चारों ओर उसके परिचर और गौण देवता एक ही पट्ट पर विराजमान हैं।
- नालंदा का बौद्ध महाविहार पाँचवीं सदी में बना और इसकी सबसे पहले की संरचना, जो ईंट की है, गुप्त काल में निर्मित है।
- गुप्त काल में वाराणसी के निकट सारनाथ में एक विशाल बौद्ध विहार था। यहाँ से बुद्ध की प्रस्तर-मूर्तियाँ मिली हैं। इसकी गणना भारतीय मूर्तिकला की सबसे सुंदर कृतियों में होती है।

गुप्तकालीन साहित्य

- गुप्त काल लौकिक साहित्य के विस्तार के लिए स्मरणीय है, भास के तेरह नाटक इसी काल के हैं।
- **शूद्रक** का लिखा नाटक 'मृच्छकटिकम' (माटी की खिलौना-गाड़ी), जिसमें निर्धन ब्राह्मण के साथ वैश्या का प्रेम वर्णित है, प्राचीन नाटकों में सर्वोत्कृष्ट कोटि का माना जाता है।
- गुप्त काल की रचना कालिदास का **अभिज्ञानशाकुंतलम** विश्व की सौ उत्कृष्टतम साहित्यिक कृतियों में से एक है।
- अभिज्ञानशाकुंतलम में राजा दुष्यंत और शकुंतला के प्रेम की कथा चित्रित है, जिनका पुत्र भरत नामी राजा हुआ।
- अभिज्ञानशाकुंतलम प्रथम भारतीय रचना है, जिसका अनुवाद यूरोपीय भाषाओं में हुआ। ऐसी दूसरी रचना भगवदगीता है।
- गुप्तकालीन सभी नाटकों की पहली मुख्य विशेषता यह थी कि ये सभी नाटक सुखांत हैं।
- इन नाटकों की दूसरी विशेषता यह है कि इनमें उच्च वर्गों के लोग भिन्न-भिन्न भाषाएँ बोलते हैं। इन नाटकों में स्त्री और शूद्र प्राकृत बोलते हैं, जबकि भद्रजन संस्कृत बोलते हैं।
- गुप्त काल की अधिकांश रचनाओं में प्रबल धार्मिक रुझान है। दो महान गाथाकाव्य रामायण और महाभारत ईसा की चौथी सदी में आकर लगभग पूरे हो चुके थे।
- गुप्त काल में पाणिनि और पतंजलि के ग्रंथों के आधार पर संस्कृत व्याकरण का भी विकास हुआ।
- गुप्त काल विशेष रूप से स्मरणीय है, **अमरकोश** का संकलन चंद्रगुप्त द्वितीय की सभा के एक नवरत्न अमरसिंह ने किया था।
- गुप्त काल में रचित **पंचतंत्र** कहानियों के संग्रह की महत्त्वपूर्ण पुस्तक है। इसकी रचना विष्णु शर्मा ने की थी।

गुप्तकालीन विज्ञान और प्रौद्योगिकी

- गणित के क्षेत्र में गुप्त काल का महत्त्वपूर्ण ग्रंथ **आर्यभटट्टीय** है, इसके रचयिता आर्यभट्ट थे, वह पाटलिपुत्र के निवासी थे।
- आर्यभट्ट ने स्पष्ट किया था कि पृथ्वी सूर्य की परिक्रमा करती है, परंतु उनके इस सिद्धांत को स्वीकार नहीं किया गया।
- प्रयागराज के निकट प्राप्त 448 ई. के एक गुप्त अभिलेख से ज्ञात होता है कि ईसा की पाँचवीं सदी के आरंभ में भारत में दाशमिक पद्धति ज्ञात थी।

- ब्रह्मगुप्त ने सर्वप्रथम बताया कि पृथ्वी में गुरुत्वाकर्षण बल है। ब्रह्मगुप्त ने ब्रह्म सिद्धांत की रचना की।
- धनवंतरि गुप्त काल के महान् चिकित्सक थे, उन्हें आयुर्वेद का जनक भी कहा जाता है।
- वाराहमिहिर गुप्त काल के ज्योतिषी थे, उन्होंने पंचसिद्धांतिका, वृहतसंहिता, वृहतजातक नामक ग्रंथों की रचना की तथा पालकाप्य ने पशु चिकित्सा पर आधारित ग्रंथ हस्तायुर्वेद की रचना की।
- खगोलशास्त्र में **रोमक सिद्धांत** नामक पुस्तक की रचना की गई, इसके नाम से ही अनुमान लगाया जा सकता है कि इस पर यूनानी चिंतकों का प्रभाव था।
- गुप्तकालीन शिल्पकारों ने अनेक लौह और कांस्य कृतियों का सृजन किया।
- दिल्ली के महरौली में स्थित लौह स्तंभ लोहे से निर्मित वस्तुओं का उत्कृष्ट उदाहरण है। इसका निर्माण ईसा की चौथी सदी में हुआ था।
- भारतीय अंक पद्धति और अंक संकेतों को अरबों ने अपनाया। इसके बाद वहाँ से इन्हें यूरोप ले जाया गया, जिन्हें हम अरबी अंक कहते हैं, वे वस्तुतः भारतीय मूल के अंक हैं।
- **वृहतसंहिता** वाराहमिहिर की सुविख्यात कृति है। यह ईसा की छठी सदी की पुस्तक है।
- वाराहमिहिर के अनुसार चंद्रमा, पृथ्वी का चक्कर लगाता है और पृथ्वी सूर्य का चक्कर लगाती है।
- औषधियों का उल्लेख सबसे पहले अथर्ववेद में मिलता है। सुश्रुत और चरक दो महान् आयुर्विज्ञान के ज्ञाता थे।
- सुश्रुत ने **सुश्रुत संहिता** में मोतियाबिंद, पथरी तथा अनेक रोगों का शल्योपचार बताया है, इन्होंने शल्य क्रिया के 121 उपकरणों का उल्लेख किया है।
- चरक की **चरक संहिता** भारतीय चिकित्साशास्त्र का विश्वकोश है, इसमें ज्वर, कुष्ठ, मिरगी और दमे के अनेक भेदोपभेद का वर्णन है।
- चरक की पुस्तक में अधिक संख्या में उन पेड़-पौधों का वर्णन है, जिनका प्रयोग दवाइयों के रूप में होता है।

गुप्त साम्राज्य का पतन

- चंद्रगुप्त द्वितीय के उत्तराधिकारियों को ईसा की पाँचवीं सदी के अंतराल में मध्य एशिया के हूणों के आक्रमण का सामना करना पड़ा।
- स्कंदगुप्त के काल में हूणों ने भारत पर आक्रमण किया था।
- हूण घुड़सवारी में दक्ष थे तथा धातु के बने रकाबों का प्रयोग करते थे।
- 485 ई. में हूणों ने पूर्वी मालवा और मध्य भारत के बड़े भागों को अपने अधिकार क्षेत्र में कर लिया, इससे गुप्त साम्राज्य छोटा हो गया।
- मालवा के औलिकर सामंत वंश के यशोवर्मन ने हूणों को पराजित किया था। उसने उत्तर भारत में अपना प्रभुत्व स्थापित करने के उपलक्ष्य में 532 ई. में विजयस्तंभ का निर्माण किया।
- भू-स्वामी सामंतों ने स्थानीय स्तर पर वर्चस्व स्थापित कर गुप्त साम्राज्य को अत्यधिक दुर्बल बना दिया।
- मौखरि वंश के लोगों ने गुप्तकाल के पश्चात् बिहार और उत्तर प्रदेश में सत्ता स्थापित की और कन्नौज को राजधानी बनाया।
- स्कंदगुप्त के शासन के पश्चात् 467 ई. की कई गुप्त मुद्राएँ या अभिलेख पश्चिमी मालवा और सौराष्ट्र में मिले।
- गुप्त काल में रेशम बुनकरों की एक श्रेणी 473 ई. में गुजरात से मालवा चली गई, जिससे गुप्त साम्राज्य का पतन प्रारंभ हुआ।

अतिरिक्त तथ्य
तमिलनाडु बोर्ड एवं NIOS

- समुद्रगुप्त केवल विजेता नहीं, अपितु एक संगीतकार तथा शिक्षा का संरक्षक भी था। इसका उल्लेख उसकी **मुद्राओं** से मिलता है।
- चंद्रगुप्त द्वितीय ने भी वैवाहिक संबंधों द्वारा साम्राज्य का सुदृढ़ीकरण किया। इसने नागाराजकुमारी कुबेर नागा से विवाह किया, जिससे प्रभावती नामक पुत्री हुई।
- हूणों का प्रथम आक्रमण स्कंदगुप्त द्वारा विफल किया गया था।
- हूण शासक मिहिर कुल को मालवा शासक यशोवर्मन तथा गुप्त शासक नरसिंह गुप्त बालादित्य द्वारा पराजित किया गया।
- गुप्त काल में भू-करों में व्यापक वृद्धि हुई। भूमि कर बलि कुल उत्पादन का 1/4 से 1/6 होता था। **उद्रंग** तथा **उपरिकर** नामक नए कृषि कर लगाए गए।
- गुप्त शासकों द्वारा **दीनार** नाम से स्वर्ण मुद्राएँ चलाई गईं।
- गुप्त काल में पुराण साहित्य का सृजन हुआ, जिसमें विष्णु पुराण, वायु पुराण, मत्स्य पुराण आदि मुख्य हैं।
- कामांदक का नीतिसार तथा फाह्यान का मथुरा, पाटलिपुत्र का उल्लेख गुप्त शासन के जानने का मुख्य स्रोत है।
- गुप्त काल में उस्तपाल नामक अधिकारी जिले के सभी भूमि लेन-देन, गाँव के खातों का रिकॉर्ड आदि रखता था।
- गुप्त काल में भूमि का वर्गीकरण निम्न प्रकार था

क्षेत्र	खेती योग्य भूमि
खिल	बंजर भूमि
अप्रहत	जंगल या बंजर भूमि
वास्तु/वस्ती	रहने योग्य भूमि
गपाता सारा	चरागाह भूमि
क्षेत्र	खेती योग्य भूमि

गुप्तोत्तर काल

(स्रोत)

Old NCERT Class VI Chap 8 **छोटे-छोटे राज्यों का युग,** Old NCERT Class VII Chap 3 **(मध्यकालीन भारत) उत्तर भारत के राज्य (800 ई.-1200 ई.),** Old NCERT Class XI Chap 2 **(मध्यकालीन भारत) उत्तर भारत : तीन साम्राज्यों का काल (आठवीं से दसवीं सदी),** Chap 4 **(मध्यकालीन भारत) आर्थिक तथा सामाजिक जीवन, शिक्षा और धार्मिक विश्वास (800 ई.-1200 ई.),** Chap 22 **पूर्वी भारत में सभ्यता का प्रसार,** Chap 23 **हर्ष और उसका काल,** New NCERT Class VI Chap 9 **नए साम्राज्य और राज्य,**New NCERT Class VII Chap 2 **राजा और उनके राज्य,** Tamil Nadu Board (Class XI), NIOS

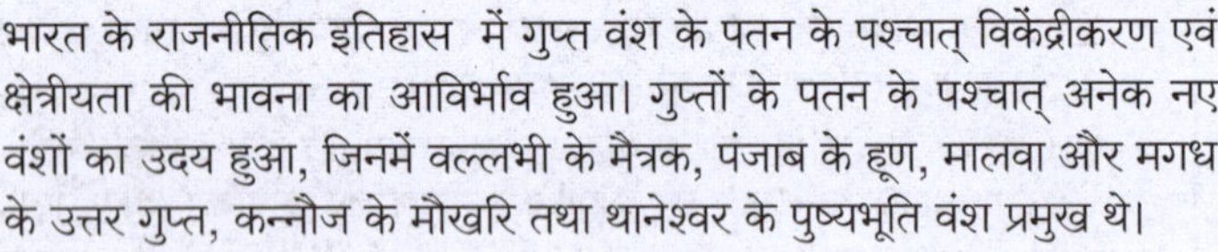

भारत के राजनीतिक इतिहास में गुप्त वंश के पतन के पश्चात् विकेंद्रीकरण एवं क्षेत्रीयता की भावना का आविर्भाव हुआ। गुप्तों के पतन के पश्चात् अनेक नए वंशों का उदय हुआ, जिनमें वल्लभी के मैत्रक, पंजाब के हूण, मालवा और मगध के उत्तर गुप्त, कन्नौज के मौखरि तथा थानेश्वर के पुष्यभूति वंश प्रमुख थे।

पुष्यभूति वंश

- छठी शताब्दी के उत्तरार्द्ध तथा सातवीं शताब्दी के पूर्वार्द्ध में थानेश्वर (हरियाणा) में पुष्यभूति वंश ने राजनीतिक विस्तार प्राप्त किया था।
- पुष्यभूति वंश के शासक संभवत: गुप्तों के सामंत थे। हर्षवर्द्धन के मधुबन, बांसखेड़ा, सोनीपत तथा नालंदा से प्राप्त अभिलेख इस वंश के आरंभिक इतिहास की जानकारी देते हैं।
- प्रभाकरवर्द्धन, पुष्यभूति वंश का पहला शासक था, जिसने **महाराजाधिराज** की उपाधि धारण की।
- **हर्षचरित** में प्रभाकरवर्द्धन को **प्रतापशिला** कहा गया है।
- हर्षवर्द्धन ने परिस्थितियों के अनुरूप पुष्यभूति वंश तथा वर्द्धन वंश को विलय कर कन्नौज (उत्तर प्रदेश) को अपनी राजधानी बनाया।
- बाणभट्ट की रचना हर्षचरित तथा चीन के यात्री ह्वेनसांग के विवरणों से हर्षवर्द्धन की शासन-व्यवस्था तथा तत्कालीन भारतीय इतिहास की जानकारी प्राप्त होती है।

हर्षवर्द्धन

- हर्षवर्द्धन का जन्म थानेश्वर में हुआ था। वह 606 ई. में अपने भाई **राज्यवर्द्धन** की मृत्यु के पश्चात् शासक बना था।
- हर्षवर्द्धन (606-647 ई.) हरियाणा में स्थित थानेश्वर का शासक था। 'हर्ष के टीले' थानेश्वर से प्राप्त हुए हैं।
- मौखरि शासक गृहवर्मन की शशांक द्वारा हत्या के बाद हर्षवर्द्धन ने **कन्नौज** को अपनी राजधानी बनाया तथा मौखरि एवं पुष्यभूति वंश का परस्पर विलय किया।
- कन्नौज को राजधानी बनाने का कारण यह था कि सातवीं सदी में पाटलिपुत्र का पतन प्रारंभ हो गया था।
- कन्नौज, उत्तर प्रदेश के फर्रूखाबाद जिले में स्थित था। यह स्कंधवारों (फौजी पड़ाव) के लिए प्रसिद्ध था।
- हर्षवर्द्धन के शासनकाल का आरंभिक इतिहास बाणभट्ट से ज्ञात होता है। बाणभट्ट, हर्षवर्द्धन का दरबारी कवि था, जिसने **हर्षचरित** नामक पुस्तक लिखी।
- चीनी यात्री ह्वेनसांग ईसा की सातवीं सदी में भारत आया और लगभग 15 वर्ष तक भारत में रहा।
- चीनी यात्री श्वैन त्सांग भी लम्बे समय तक हर्ष के दरबार में रहा।
- हर्षवर्द्धन को भारत का अंतिम हिंदू सम्राट कहा गया है, लेकिन वह न तो कट्टर हिंदू था और न ही संपूर्ण देश का शासक।
- हर्षवर्द्धन का राज्य कश्मीर को छोड़कर उत्तर भारत तक सीमित था। राजस्थान, पंजाब, उत्तर प्रदेश और बिहार उसके प्रत्यक्ष नियंत्रण में थे।
- हर्षवर्द्धन को पूर्वी भारत में गौड़ शासक शैव राजा शशांक से युद्ध करना पड़ा था, जिसने बोधिवृक्ष को काट दिया था।
- दक्षिण भारत की ओर हर्षवर्द्धन के अभियान को नर्मदा के किनारे चालुक्य वंश के राजा पुलकेशिन द्वितीय ने रोका था।
- पुलकेशिन आधुनिक कर्नाटक और महाराष्ट्र के बड़े भू-भाग पर शासन करता था। उसकी राजधानी कर्नाटक में आधुनिक बीजापुर जिले के बादामी में थी।

- हर्षवर्द्धन का राज्य गुप्तों की भाँति था, उसने जिन राज्यों पर विजय प्राप्त की थी, वे उसे राजकर देते थे और जब वह युद्ध करता था, तो उसकी सहायता के लिए सैनिक भेजते थे।
- हर्षवर्द्धन ने थानेश्वर के स्थान पर कन्नौज को अपनी राजधानी बनाया, क्योंकि कन्नौज उसके राज्य के मध्य स्थित था।
- कन्नौज पर हर्षवर्द्धन के बहनोई गृहवर्मन का शासन था, किंतु बंगाल के शासक द्वारा गृहवर्मन की हत्या कर दी गई, जिसके उपरांत हर्ष ने कन्नौज को अपने अधीन कर लिया।
- हर्ष को मगध तथा बंगाल में व्यापक सफलता मिली। जब हर्ष नर्मदा नदी को पार कर दक्कन की ओर बढ़ने लगा, तो चालुक्य नरेश पुलकेशिन द्वितीय ने इन्हें रोक दिया।
- हर्षवर्द्धन एक उच्चकोटि का नाटककार था, उसने **प्रियदर्शिका**, **रत्नावली** और **नागानंद** नामक तीन नाटकों की रचना की थी।
- कुछ विद्वानों का मानना है कि धावक नामक कवि ने हर्षवर्द्धन से पुरस्कार लेकर इसके नाम से उपरोक्त तीनों नाटक लिखे थे।

हर्षवर्द्धन का प्रशासन

- हर्षवर्द्धन का प्रशासन सामंतीय प्रभाव युक्त और विकेंद्रित था। हर्षवर्द्धन के पास 1,00,000 घोड़े और 60,000 हाथी थे।
- राज्य को समर्पित विशेष सेवाओं के लिए पुरोहितों को भूमि-दान देने की परंपरा जारी रही।
- हर्षवर्द्धन ने पदाधिकारियों को शासनपत्र (सनद) के द्वारा भूमि देने की प्रथा चलाई।
- चीनी यात्री ह्वेनसांग के अनुसार, हर्षवर्द्धन की राजकीय आय निम्न चार भागों में बाँटी जाती थीं

  1. राजा के खर्च के लिए
  2. विद्वानों के लिए
  3. पदाधिकारियों और अमलों के लिए
  4. धार्मिक कार्यों के लिए

- राज्य के मंत्रियों और ऊँचे अधिकारियों को जागीर दी जाती थी। ऐसा ज्ञात होता है कि अधिकारियों को वेतन और पुरस्कार के रूप में भूमि देने की सामंती प्रथा हर्षवर्द्धन ने ही शुरू की थी।
- हर्षवर्द्धन के साम्राज्य में विधि व्यवस्था सही नहीं थी। चीनी यात्री ह्वेनसांग की सुरक्षा का प्रबंध राज्य की ओर से विशेष रूप से किया गया था, फिर भी डाकुओं ने उसके पास जो कुछ भी था, उसे छीन लिया।
- ह्वेनसांग के अनुसार डकैती करने वाले को राजद्रोही माना जाता था। इसके लिए डाकुओं का दायाँ हाथ काट दिया जाता था।

ह्वेनसांग का विवरण

- हर्षवर्द्धन के शासनकाल का महत्त्व चीनी यात्री ह्वेनसांग के भ्रमण को लेकर [illegible] चीन से 629 ई. में चला और भ्रमण करते हुए भारत पहुँचा। वह अनेक वर्षों तक भारत में रहा और 645 ई. में चीन वापस लौट गया।
- ह्वेनसांग नालंदा महाविहार अर्थात् बौद्ध विश्वविद्यालय में जो बिहार के आधुनिक नालंदा जिले में स्थित है, पढ़ने के लिए और साथ ही भारत से बौद्ध ग्रंथ एकत्रित करने के लिए आया था।
- ह्वेनसांग के प्रभाव में आकर हर्षवर्द्धन बौद्ध धर्म का महान् समर्थक बन गया और उसने इसके लिए उदारतापूर्वक दान दिया।
- ह्वेनसांग के अनुसार हर्षवर्द्धन के राज्य में ब्राह्मण और क्षत्रिय लोग सादा जीवन व्यतीत करते थे। वस्तुत: सामंतों और पुरोहितों का जीवन विलासमय था।
- ब्राह्मण औ[illegible] क्ष[illegible]िय दोनों वर्णों के अधिकांश लोग कृषि करने लगे थे। ह्वेनसांग न[illegible] शूद्रों को कृषक कहा है।

हर्षवर्द्धन के काल में अर्थव्यवस्था

- हर्षवर्द्धन के शासनकाल में अर्थव्यवस्था पूर्णत: सामंतवादी प्रणाली पर आधारित थी। इसके शासनकाल में कर प्रणाली अधिक कठोर नहीं थी तथा राजस्व का मुख्य आधार कृषि कर था, जो कुल उपज का 1/6 भाग वसूला जाता था।
- इस काल के तीन प्रकार के करों की चर्चा मिलती है

  (i) **हिरण्य** नकद भुगतान के रूप में (ii) **भाग** फसल उत्पादन में हिस्सा (iii) **बलि** राजा को मिलने वाला उपहार

हर्ष कालीन सिक[illegible]

प्रयाग में सभा

- हर्षवर्द्धन ने प्रत्येक 5 वर्षों की अ[illegible]धि पर प्रयागराज में राजकीय सभा के आयोजन की प्रक्रिया आरंभ की। इस सभा में शाही खजाने से लोगों के कल्याण के लिए व्यय किया जाता था।
- बुद्ध, सूर्य तथा शिव की प्रतिमाओं को इस सभा में पूजा के लिए रखा जाता था। ह्वेनसांग ने प्रयागराज की छठी सभा में हिस्सा लिया था।

ह्वेनसांग के समय बौद्ध धर्म तथा नालंदा

- ह्वेनसांग के समय में बौद्ध धर्म 18 संप्रदायों में बँटा हुआ था।
- नालंदा बौद्ध धर्म का सबसे विख्यात केंद्र था। यहाँ बौद्ध भिक्षुओं को शिक्षित करने के लिए एक बड़ा विश्वविद्यालय था।
- ऐसा माना जाता है कि नालंदा विश्वविद्यालय में 10,000 छात्र थे, जो सभी बौद्ध भिक्षु थे, उन्हें महायान संप्रदाय का बौद्ध दर्शन पढ़ाया जाता था।
- ह्वेनसांग के अनुसार नालंदा विश्वविद्यालय का भरण-पोषण 100 गाँवों के राजस्व से होता था।
- इत्सिंग (670 ई.) नामक एक अन्य चीनी यात्री के अनुसार नालंदा विश्वविद्यालय का भरण-पोषण 200 गाँवों के राजस्व से होता था।
- हर्षवर्द्धन ने कन्नौज में महायान के सिद्धांतों के प्रचार के लिए एक विशाल सम्मेलन आयोजित किया था।
- हर्षवर्द्धन द्वारा आयोजित सम्मेलन में न केवल चीनी यात्री ह्वेनसांग और कामरूप के राजा भास्कर वर्मन आए, बल्कि 20 देशों के राजा और विभिन्न संप्रदायों के हजारों पुरोहित शामिल हुए थे।
- हर्षवर्द्धन ने कन्नौज के पश्चात् प्रयाग में महासम्मेलन आयोजित किया, जो बौद्ध धर्म से संबंधित था।

पूर्वी भारत में सभ्यता का प्रसार

- ईसा की चौथी सदी के मध्य तक पूर्वी मध्य प्रदेश के अधिकतर भागों में तथा ओडिशा, पश्चिम बंगाल, बांग्लादेश और असम के संलग्न क्षेत्रों में कोई लिखित दस्तावेज नहीं मिलता है।
- चौथी से सातवीं सदी तक के काल की विशेषताओं में मध्य प्रदेश, ओडिशा, पूर्वी और दक्षिण-पूर्वी बंगाल तथा असम में उन्नत कृषि अर्थव्यवस्था के प्रसार तथा गठन और सामाजिक वर्गों की स्थापना आदि शामिल थीं।
- पूर्वी भारत में मिले अभिलेख ऐसे शासन पत्र हैं, जिनके माध्यम से सामंतों और अन्य लोगों में धर्मार्थ भूमि-दान बौद्धों, ब्राह्मणों, वैष्णव मंदिरों और बौद्ध विहारों को दिए गए हैं।

ओडिशा और पूर्वी तथा दक्षिण मध्य प्रदेश

- महानदी के दक्षिण में उड़ीसा (ओडिशा) के समुद्र तटवर्ती प्रदेश को **कलिंग** कहा जाता था, इसका प्रसिद्ध शासक **खारवेल** था।
- भुवनेश्वर से 60 किमी दूरी पर खारवेल की राजधानी कलिंग नगरी के स्थल पर शिशुपालगढ़ में जो खुदाई हुई है, उसमें रोम की अनेक वस्तुएँ मिली हैं, जिनसे स्पष्ट होता है कि वहाँ रोमन साम्राज्य से व्यापारिक संपर्क था।
- चौथी सदी के मध्य से छठी सदी तक उड़ीसा में **माठर वंश** की स्थापना हुई, इसे पितृभक्त वंश भी कहा जाता है।
- वसिष्ठ, नल और मान वंशों के राज्य माठर के पड़ोसी और समकालीन थे।
- वसिष्ठ वंश का राज्य दक्षिण कलिंग में आंध्र प्रदेश की सीमा में था, जबकि नल वंश का राज्य महाकान्तार के वन्य प्रदेशों में था और मान वंश का राज्य महानदी के पार उत्तर के समुद्र तटवर्ती क्षेत्र में था।
- नल वंश और मान वंश ने भी सिक्के ढलवाए थे।
- मध्य प्रदेश में बस्तर के जनजातीय क्षेत्रों में जो नल वंश की स्वर्ण मुद्राएँ मिली हैं, वे कुछ महत्त्वपूर्ण स्थान रखती हैं।
- मान वंश ने भी ताँबे के सिक्के जारी किए, जिसका तात्पर्य यह है कि शिल्पियों और किसानों के मध्य भी सिक्कों का प्रचलन था।
- अधिकांश राजा वैदिक यज्ञ करते थे, जिसका उद्देश्य न केवल पुण्य अर्जित करना था, बल्कि अपनी शक्ति, प्रतिष्ठा और वैधता स्थापित करना भी था।
- माठरों ने महेंद्र पर्वत के क्षेत्र में महेंद्रभोग नाम का नया जिला बनाया, उसके पास दंतयवायुभोग नामक एक जिला था, जहाँ से इसके प्रशासकों को हाथी दाँत और चावल का मांड प्राप्त होता था।
- माठरों ने एक प्रकार के न्यास स्थापित किए, जो **अग्रहार** कहलाते थे, इन अग्रहारों का उद्देश्य पठन-पाठन और धार्मिक अनुष्ठानों में लगे ब्राह्मणों का भरण-पोषण करना था।
- ओडिशा के समुद्रतटवर्ती भाग में लेखन-कला ईसा पूर्व तीसरी सदी से ही ज्ञात थी और इसके अतिरिक्त ईसा की चौथी सदी तक के अभिलेख प्राकृत में मिलते हैं।
- ओडिशा के समुद्रतटवर्ती भाग में 350 ई. के आस-पास से संस्कृत का प्रयोग प्रारंभ हुआ।
- संस्कृत के शासनपत्रों (चार्टरों) में पुराणों और धर्मशास्त्रों के वचन उद्धृत किए गए हैं, इसमें राजा स्वयं को **अर्थव्यवस्था का रक्षक कहता है।**
- संस्कृत के शासनपत्रों में प्रयाग के गंगा-यमुना संगम में स्नान को पवित्र माना गया और विजयी राजा प्रयाग की तीर्थयात्रा करते हैं।

बंगाल

- बंगाल में लगभग मध्य चौथी सदी में महाराज उपाधि धारक एक राजा बाँकुरा जिले की दामोदर नदी के तटवर्ती क्षेत्र पोखरना में राज करता था। वह संस्कृत जानता था और विष्णु का उपासक था, जिसकी पूजा के लिए उसने एक गाँव का अनुदान दिया था।
- गंगा और ब्रह्मपुत्र के मध्य का प्रदेश, जहाँ संप्रति बांग्लादेश है, पाँचवीं और छठी शताब्दियों में बस्तियों से समृद्ध था और वहाँ संस्कृत शिक्षा का प्रचलन प्रारंभ हो चुका था।
- ऐसा ज्ञात होता है कि 550 ई. के पश्चात् गुप्त राजाओं के गवर्नर स्वतंत्र हो गए और उन्होंने उत्तर बंगाल पर अधिकार कर लिया।
- गुप्तोत्तर काल में स्थानीय अधीनस्थ राजाओं को **सामंत महाराज** कहते थे।
- 600 ई. में आकर कामरूप का क्षेत्र **गौड़** कहलाने लगा और यहाँ हर्षवर्द्धन के शत्रु शशांक ने अपना स्वतंत्र राज्य स्थापित किया।
- 432-33 ई. से लेकर लगभग सौ वर्षों तक पुंड्रवर्द्धन भुक्ति में बड़ी संख्या में ताम्रपत्र मिले हैं, जिन पर भूमि के विक्रय और अनुदान अभिलिखित हैं।
- बंगाल का ब्रह्मपुत्र द्वारा गठित त्रिभुजाकार भाग **समतट** कहलाता था, जिसे चौथी सदी में समुद्रगुप्त ने जीता था।
- लगभग 525 ई. से समतट प्रदेश में सुसंगठित राज्य रहा है, जिसमें समतट के अतिरिक्त इसकी पश्चिमी सीमा से लगा बंगाल का भाग भी शामिल था। यह समतट राज्य या बंगाल कहलाता था।
- सातवीं सदी में ढाका क्षेत्र में खड्ग वंश का अस्तित्व था।
- लोकनाथ नामक ब्राह्मण सामंत का राज्य तथा राजवंश का राज्य खड्ग वंश के समकालीन था।
- बंगाल और ओडिशा के मध्य वाले सीमांत क्षेत्रों में **दंडभुक्ति** नाम की राजस्व और प्रशासन संबंधी इकाई बनाई गई थी। दंडभुक्ति की स्थापना उस क्षेत्र के जनजातीय बाशिंदों को सुधारने और सजा देने के उद्देश्य से की गई थी।
- धार्मिक न्यासों की देखभाल के लिए **अग्रहारिक** नामक अधिकारी की नियुक्ति की गई थी।
- सामान्यतः भूमि पर अलग-अलग परिवारों का स्वामित्व होता था, लेकिन भूमि की खरीद-बिक्री पर ऊपरी नियंत्रण स्थानीय समितियों का रहता था, जिनमें मुख्य स्थान शिल्पियों, वणिकों, भू-स्वामियों, लिपिकारों आदि का होता था।

असम

- ब्रह्मपुत्र मैदान में पूरब से पश्चिम तक विस्तृत कामरूप सातवीं सदी में विकसित हुआ था।
- चौथी शताब्दी ई. के बाद गुप्तशासक समुद्रगुप्त ने डवाक और कामरूप से कर वसूला था।

- डवाक संभवत: नवगाँव जिले का भाग था और कामरूप ब्रह्मपुत्र के मैदान में स्थित था।
- गुवाहाटी के पास अंबारी में हुए उत्खननों से स्पष्ट होता है कि वहाँ छठी और सातवीं सदी में बस्तियाँ उचित रूप से विकसित हो चुकी थीं।
- कामरूप के राजा ने **वर्मन** की उपाधि धारण की थी।
- यह उपाधि केवल उत्तर, मध्य और पश्चिम भारत में ही नहीं, अपितु बंगाल, ओडिशा, आंध्र प्रदेश, कर्नाटक और तमिलनाडु में भी विस्तृत है।
- वर्मन उपाधि, जिसका अर्थ है- **कवच** या **जिरह-बख्तर** और जो योद्धा होने का प्रतीक है, मनु ने क्षत्रियों के लिए निर्धारित की है।
- कामरूप के राजाओं ने ब्राह्मणों को भूमिदान देकर अपनी स्थिति को सुदृढ़ बनाया।

गुप्तोत्तर काल के अन्य राजवंश

गुप्तोत्तर काल के अन्य राजवंश निम्नलिखित हैं

पाल वंश

- पाल साम्राज्य की स्थापना 750 ई. में **गोपाल** (750-770 ई.) नामक व्यक्ति ने की थी। यह प्रजा (प्रमुख लोगों) द्वारा चुना गया राजा था।
- गोपाल ने 20 वर्षों तक शासन किया। 770 ई. में उसकी मृत्यु के पश्चात् उसका पुत्र **धर्मपाल** (770-810 ई.) राजा बना।
- धर्मपाल ने 810 ई. तक शासन किया। धर्मपाल को राष्ट्रकूट राजा **ध्रुव** ने पराजित किया था।
- धर्मपाल ने कन्नौज पर अधिकार कर लिया और वहाँ एक भव्य दरबार लगाया, जिसमें पंजाब, राजस्थान आदि के उन राजाओं ने भाग लिया, जिन्होंने उसकी अधीनता स्वीकार कर ली थी।
- धर्मपाल कन्नौज पर अपना स्थायी अधिकार स्थापित नहीं कर पाया, उसे प्रतिहार शासक नागभट्ट द्वितीय ने कन्नौज छोड़ने पर विवश कर दिया था।
- बिहार और आधुनिक पूर्वी उत्तर प्रदेश पर अपना-अपना नियंत्रण स्थापित करने के लिए पालों और प्रतिहारों के मध्य संघर्ष चलता रहा, यद्यपि बंगाल के साथ-साथ बिहार पर पालों का ही अधिक समय तक नियंत्रण स्थापित रहा।
- **सुलेमान** नामक एक अरब व्यापारी ने नौवीं सदी के मध्य में भारत की यात्रा की थी उस समय पाल शासक देवपाल (810-850 ई.) पूर्वी भारत का शासक था।
- सुलेमान के यात्रा-विवरण से पालों की शक्ति की पुष्टि होती है, इसने पाल राज्य को **रूहमा** या 'धर्म' अर्थात् धर्मपाल का संक्षिप्त रूप कहा है।
- सुलेमान के अनुसार पाल राजा का अपने पड़ोसी प्रतिहारों और राष्ट्रकूटों से संघर्ष चल रहा था, लेकिन उसकी सेना उसके शत्रुओं की सेनाओं से विशाल (बड़ी) थी।
- पालों के संबंध में तिब्बती ऐतिहासिक विवरणों से भी जानकारी मिलती है, हालाँकि ये विवरण सत्रहवीं सदी में लिखे गए थे।
- तिब्बती स्रोतों के अनुसार पाल शासक बौद्ध ज्ञान-विज्ञान तथा धर्म के महान् संरक्षक थे।
- पूर्वी दुनिया में विख्यात नालंदा विश्वविद्यालय का धर्मपाल ने पुनरुद्धार किया, उसका खर्च चलाने के लिए 200 गाँवों की आय उसे दान में दे दी गई।
- धर्मपाल ने **विक्रमशिला विश्वविद्यालय** की भी स्थापना की थी, जो नालंदा के पश्चात् सबसे विख्यात विश्वविद्यालय के रूप में उभरा।

प्रतिहार वंश

- प्रतिहारों को **गुर्जर-प्रतिहार** भी कहा जाता था, जिसका कारण संभवत: उनका उद्‌भव गुर्ज राष्ट्र या दक्षिण-पश्चिम राजस्थान में होना था।
- गुर्जर-प्रतिहार हरिश्चंद्र ब्राह्मण थे, जिन्होंने अपने परंपरागत पेशे को छोड़कर शस्त्र धारण किया तथा क्रमश: कर्नाटक और राजस्थान में अपना राज्य स्थापित किया।
- प्रतिहारों को सिंध से लेकर राजस्थान पर होने वाले अरबों के कुछ आक्रमणों का मुकाबला करने के कारण प्रतिष्ठा मिली।
- 730 ई. में गुजरात के चालुक्य शासकों ने अरबों को निर्णायक रूप से पराजित किया था, जो प्रतिहारों के समकालीन थे।
- 'नागभट्ट प्रथम' प्रतिहार वंश का संस्थापक था, उसका उल्लेख पुलकेशिन द्वितीय के ऐहोल अभिलेख में मिलता है।
- संस्कृत में लिखी गई ग्वालियर (मध्य प्रदेश) प्रशस्ति में नागभट्ट द्वारा कन्नौज के शासक चक्रायुद्ध को पराजित करने का उल्लेख है। इन्होंने बंग, अर्नत (गुजरात), किरात (वनवासी), तुरुष्क (तुर्क), मत्स्य राजाओं को पराजित किया।
- वत्सराज (775-800 ई.) को राष्ट्रकूट शासक ध्रुव ने पराजित किया। नागभट्ट द्वितीय (800-833 ई.) को भी राष्ट्रकूट शासक गोविंद तृतीय से हार का सामना करना पड़ा।
- प्रतिहार साम्राज्य का वास्तविक संस्थापक और महानतम शासक भोज था। उज्जैन के भोज परमार से उसका अंतर बताने के लिए उसे मिहिर भोज भी कहा जाता है। वस्तुत: भोज परमार ने मिहिर भोज के कुछ समय पश्चात् शासन किया था।
- मिहिर भोज ने 836 ई. के आस-पास कन्नौज पर फिर से अधिकार कर लिया और यह नगर लगभग एक सदी तक प्रतिहार साम्राज्य की राजधानी रहा।
- नर्मदा के तट पर हुए युद्ध के पश्चात् भोज मालवा तथा गुजरात के कुछ क्षेत्रों पर अधिकार करने में सफल रहा था।
- अरब यात्रियों के वृत्तांतों से ज्ञात होता है कि प्रतिहारों के पास भारत में सबसे समृद्ध अश्वारोही सेना थी।
- पाल शासक देवपाल की मृत्यु के पश्चात् भोज ने पूर्व की ओर अपने साम्राज्य का विस्तार किया।
- मिहिर भोज विष्णु का भक्त था और उसने 'आदिवराह' की उपाधि धारण की। उसके सिक्कों पर **आदिवराह** शब्द अंकित था।
- मिहिर भोज की मृत्यु 885 ई. के लगभग हुई थी, इसके पश्चात् उसका पुत्र महेंद्रपाल प्रथम राजा बना।
- महेंद्रपाल (885-910 ई.) तक के शासनकाल में भोज के साम्राज्य को बनाए रखा और अपनी सीमाओं का विस्तार मगध तथा उत्तर बंगाल तक कर लिया।

- महेंद्रपाल के अभिलेख काठियावाड़, पूर्वी पंजाब और अवध से प्राप्त हुए हैं, इसने कश्मीर के राजा से युद्ध किया था।
- बगदाद-निवासी **अल-मसूदी** ने 915-916 ई. में गुजरात की यात्रा की थी। इसके विवरण से प्रतिहार शासकों की शक्ति, प्रतिष्ठा तथा इनके साम्राज्य की विशालता की पुष्टि होती है।
- अल-मसूदी ने गुर्जर-प्रतिहार राज्य को **अल-जुजर** कहा है। जुजर, गुर्जर का विकृत रूप है।
- अल-मसूदी राजा को **बौरा** कहता था। बौरा 'आदिवराह' का विकृत रूप है।
- प्रतिहार शासक ज्ञान-विज्ञान और साहित्य के उदार संरक्षक थे।
- संस्कृत का महान् कवि और नाटककार राजशेखर भोज के पौत्र महीपाल के दरबार में रहता था।
- 963 ई. में एक राष्ट्रकूट राजा कृष्ण तृतीय ने उत्तर भारत पर आक्रमण करके प्रतिहार शासक को परास्त कर दिया।
- 1018 ई. में महमूद गजनवी ने प्रतिहार शासक राज्यपाल को हराकर उसके विस्तृत क्षेत्र को लूटा।

राष्ट्रकूट वंश

- राष्ट्रकूट वंश की स्थापना दक्कन में **दंतिदुर्ग** ने की थी। इसने आधुनिक शोलापुर (महाराष्ट्र) के निकट मान्यखेत या मालखंड को अपनी राजधानी बनाया।
- राष्ट्रकूट, कर्नाटक के चालुक्य राजाओं के अधीनस्थ थे। दंतिदुर्ग ने चालुक्यों की अधीनस्थता अस्वीकार कर 'हिरण्य गर्भ' नामक अनुष्ठान करवाया, इसे जन्मना क्षत्रिय न होते हुए भी क्षत्रिय के रूप की स्वीकृति थी।
- **गोविंद तृतीय** (793-814 ई.) और **अमोघवर्ष** (814-878 ई.) सबसे महान् राष्ट्रकूट राजा थे।
- कन्नौज के नागभट्ट पर सफल आक्रमण करने और मालवा को अपने साम्राज्य का अंग बना लेने के बाद गोविंद तृतीय दक्षिण के अभियान पर चला गया था।
- गोविंद तृतीय के काल में लंका के इष्टदेव की दो प्रतिमाएँ मान्यखेत लाई गईं और शिव मंदिर के सामने विजयस्तंभों के रूप में प्रतिष्ठित कर दी गई थीं।
- अमोघवर्ष ने 68 वर्षों तक शासन किया। वह एक उच्च कोटि का लेखक था। इसे राजनीति पर कन्नड़ की प्रथम कृति की रचना करने का श्रेय दिया जाता है।
- अमोघवर्ष का पौत्र इंद्र तृतीय (915-927 ई.) एक महान् शासक था, इसने राष्ट्रकूट वंश को पुनर्जीवित किया था।
- इंद्र तृतीय ने 915 ई. में प्रतिहार शासक महिपाल को पराजित किया तथा कन्नौज को जीत लिया था।
- **अल-मसूदी** के अनुसार राष्ट्रकूट राजा बलहारा या **बल्लभराज** भारत का सबसे प्रतापी राजा था।
- राष्ट्रकूट वंश का अंतिम प्रतापी राजा कृष्ण तृतीय (934-96 ई.) था। इसे मालवा के परमारों और वेंगी के पूर्वी चालुक्यों से युद्ध करना पड़ा था।
- कृष्ण तृतीय ने तंजौर के चोल शासक के विरुद्ध सैनिक अभियान किया।
- चोलों ने कांची के पल्लवों का राज्य छीन लिया था, लेकिन कृष्ण तृतीय ने चोल शासक परांतक प्रथम को तक्कोलम के युद्ध (949 ई.) में परास्त करके चोल साम्राज्य के उत्तरी भाग पर अधिकार कर लिया।
- दक्कन में राष्ट्रकूट शासन दसवीं सदी के अंत तक लगभग दो सौ वर्षों तक स्थापित रहा।
- राष्ट्रकूट शासकों के धार्मिक-विचारों में बहुत अधिक सहिष्णुता और उदारता थी।
- राष्ट्रकूट राजा कृष्ण प्रथम ने एलोरा का प्रसिद्ध शिव मंदिर नौवीं सदी में बनवाया था।
- राष्ट्रकूट शासक अमोघवर्ष के संबंध में कहा जाता है कि वह जैन मतावलबी था। इसने अन्य धर्मों को भी संरक्षण दिया था।

कन्नौज के लिए त्रिदलीय संघर्ष

- हर्ष के समय से ही कन्नौज का नियंत्रण उत्तरी भारत पर प्रभुत्व का प्रतीक माना जाता था।
- वस्तुतः कन्नौज पर आधिपत्य होने से गंगा घाटी एवं इसमें उपलब्ध व्यापारिक एवं कृषि संबंधित समृद्ध संसाधनों पर नियंत्रण हो सकता था।
- आठवीं शताब्दी में कन्नौज पर अधिकार करने के लिए तीन बड़ी शक्तियों-पाल, प्रतिहार और राष्ट्रकूट के बीच संघर्ष आरंभ हो गया। यह त्रिपक्षीय संघर्ष लगभग 200 वर्षों तक चला। यह संघर्ष अनेक चरणों में समाप्त हुआ।

गुप्तोत्तर काल में राजनीतिक विचार और संगठन

- गुप्तोत्तर काल में राजा सभी प्रशासनिक गतिविधियों का केंद्र था। वह प्रशासन का मुखिया और प्रधान सेनापति था।
- गुप्तोत्तर राजाओं ने महाराजाधिराज तथा त्रिभुवन चक्रवर्तिन की उपाधियाँ धारण कीं।
- उत्सवों के अवसर पर राज परिवार की स्त्रियाँ भी दरबार में उपस्थित होती थीं। अरब लेखकों के अनुसार, राष्ट्रकूट साम्राज्य में स्त्रियाँ पर्दा नहीं करती थीं।
- मेधातिथि नामक एक समकालीन लेखक का विचार था कि व्यक्तियों को शस्त्र धारण करने का अधिकार होना चाहिए, क्योंकि इन्हें चारों ओर से हत्यारों से अपनी रक्षा करनी पड़ती थी।
- इस काल में राजा की स्थिति सामान्यतः वंशानुगत थी। सामान्यतः उत्तराधिकार ज्येष्ठ पुत्र को प्राप्त होता था।
- राजकुमारियों को सरकारी पदों पर नियुक्त नहीं किया जाता था, लेकिन इसका एक अपवाद मिलता है।
- राष्ट्रकूट शासक अमोघवर्ष प्रथम की पुत्री चंद्रोबलव्बे ने कुछ समय तक रायपुर दोआब का प्रशासन संभाला था।
- इस विवरण के अनुसार पाल राजाओं के पास सबसे अधिक हाथी थे। जबकि प्रतिहारों के पास सबसे समर्थ अश्वारोही सेना थी।
- पालों की पैदल सेना में मालवा, खस (असम), लाट (दक्षिण गुजरात) और कर्नाटक के सैनिक शामिल थे।
- पाल और प्रतिहार साम्राज्य के प्रत्यक्ष-शासित प्रदेश भुक्ति (प्रांत), मंडल और विषय (जिले) में विभाजित थे।
- भुक्ति का शासक **उपरिक** कहलाता था और विषय का प्रशासक **विषयपति** था।

- उपरिक से भू-राजस्व वसूल करने और अपनी भुक्ति में सेना की सहायता से शांति-व्यवस्था बनाए रखने की आशा की जाती थी।
- राष्ट्रकूट राज्य में प्रत्यक्ष-शासित प्रदेश राष्ट्र (प्रांत), विषय और भुक्ति में बँटे हुए थे। राष्ट्र के प्रधान को राष्ट्रपति कहा जाता था।
- विषय आधुनिक जिले के समान था और भुक्ति उससे छोटी इकाई थी।
- पाल और प्रतिहार साम्राज्यों में विषय से नीचे की इकाई **पत्तल** कहलाती थी।
- गाँव, प्रशासन की सबसे छोटी इकाई थी। गाँव का प्रशासन मुखिया और पटवारी चलाते थे, ये दोनों पद सामान्यत: वंशानुगत होते थे।
- शहर और उसके आस-पास के क्षेत्रों में शांति व्यवस्था बनाए रखने की जिम्मेदारी **कोष्टपाल** या **कोतवाल** की थी।
- दक्कन में वंशानुगत राजस्व अधिकारी नाड-गवुंडो या देश-ग्रामकूटों का उदय हुआ। ये वही काम करते थे, जो बाद में महाराष्ट्र में देशमुख और देशपांडे करते थे।
- मेघातिथि के अनुसार, राजा की सत्ता का स्रोत धर्मशास्त्र था, जिसमें वेद और अर्थशास्त्र दोनों शामिल थे।

गुप्तोत्तर काल में बाह्य शासकों से संबंध

- पाल शासकों का तिब्बत के साथ घनिष्ठ सांस्कृतिक संबंध था। शांतरक्षित तथा दीपांकर (जिसे अतिश कहा जाता था) जैसे प्रमुख बौद्ध विद्वानों को तिब्बत में आमंत्रित किया गया और उन्होंने वहाँ बौद्ध धर्म के एक नए रूप का प्रचार किया।
- पाल वंश के काल में दक्षिण-पूर्व एशिया में शैलेंद्रों के साम्राज्य का वर्चस्व था। इसका साम्राज्य मलाया, जावा, सुमात्रा और आस-पास के द्वीपों तक विस्तृत था।
- शैलेंद्र शासक बौद्ध थे, इन्होंने अपने दूत पाल दरबार में भेजे और पाल शासक से नालंदा में एक विहार बनाने की अनुमति माँगी।
- शैलेंद्र ने पाल राजा देवपाल से इस विहार के खर्च के लिए पाँच गाँवों की आय देने का अनुरोध किया।
- यह अनुरोध स्वीकार कर लिया गया। इस प्रकार पालों और शैलेंद्रों के पारस्परिक संबंधों की घनिष्ठता के विषय में कोई संदेह नहीं है।

गुप्तोत्तर काल में आर्थिक व्यवस्था

- उत्तरी भारत में 800-1200 ई. तक के काल में सोने और चाँदी के सिक्कों का अभाव दृष्टिगोचर होता है।
- गुप्तोत्तर काल में राज व्यवस्था का वित्तीय आधार उत्पादकों अर्थात् किसानों, पशुपालकों, कारीगरों से वसूला जाने वाला **भाग** (लगान) तथा व्यापारियों से लिया जाने वाला राजस्व कर होता था।
- राजस्व वसूली के लिए पदाधिकारियों की नियुक्ति सामान्यतया प्रभावशाली परिवारों से होती थी तथा ये प्राय: वंशानुगत होते थे। सेना में भी यही व्यवस्था होती थी।
- गुप्तोत्तर काल में विदेशी व्यापार के ह्रास को रोमन साम्राज्य के साथ हुए व्यापार के ह्रास के रूप में देखा जाता है।
- गुप्तोत्तर काल में भारत के दक्षिण-पूर्वी एशिया, जिसे स्वर्णभूमि या सोने की भूमि कहा जाता था और चीन के साथ व्यापारिक संबंध थे।
- बंगाल में चाँदी की मुद्रा जारी रही और दक्षिण भारत में सोना अधिक मात्रा में था।
- समुद्री यात्रा पर लगा निषेध दक्षिण-पूर्व एशिया तथा चीन के साथ भारत के समुद्री व्यापार की अभिवृद्धि में बाधक नहीं हो सका।
- हरिषेण कृत 'वृहतकथाकोश' में **'जादुई समुद्र'** नामक क्षेत्र में भारतीय व्यापारियों से संबंधित अनेक कथाएँ प्रचलित थीं। यही कथाएँ नाविक सिंदबाद से जुड़ी कहानियों का आधार बनीं।
- भारतीय व्यापारी श्रेणियों (गिल्डों) में संगठित थे। इनमें मणिग्रामन और नानदेसी की श्रेणियाँ सबसे विख्यात थीं, जो प्रारंभिक काल में ही सक्रिय थीं।
- जावा में बोरोबुदूर का बौद्ध मंदिर और कंबोडिया के **अंकोरवाट** नामक ब्राह्मणीय मंदिर, विदेशी व्यापार के द्वारा बौद्ध तथा हिंदू धर्म के प्रसार के प्रमाण हैं।
- दक्षिण-पूर्व एशियाई देशों की भौतिक प्रगति सभ्यता के विकास और बड़े राज्यों के उदय का आधार है, वहाँ चावल की सिंचित खेती भारतीय विधि का प्रभार था।
- जावा, सुमात्रा आदि की यात्रा के लिए मुख्य बंदरगाह बंगाल का ताम्रलिप्ति बंदरगाह था। ऐसा उल्लेखित है कि उस काल की अधिकांश कथाओं में व्यापारी लोग सुवर्णद्वीप (आधुनिक इंडोनेशिया) की यात्रा ताम्रलिप्ति से ही आरंभ करते थे।
- जावा की चौदहवीं सदी के एक लेखक से ज्ञात होता है कि जंबूद्वीप (भारत), कर्नाटक (दक्षिण भारत) और गौड़ से लोग लगातार बड़ी संख्या में और बड़े-बड़े जहाजों से जावा पहुँचते थे।
- चीन हिंद महासागर के समुद्री व्यापार में हिस्सा लेने वाला प्रमुख देश बन चुका था। चीनी लोग अधिक मात्रा में मसालों का उपयोग करते थे, जिनका आयात ये दक्षिण-पूर्व एशिया और भारत से करते थे।
- चीनी लोग हाथी के दाँतों का भी आयात करते थे। सबसे उत्तम कोटि के हाथी के दाँत उन्हें अफ्रीका से और सीसे के बर्तन पश्चिम एशिया से मिलते थे।
- फारस के लोगों और बाद में अरबों के साथ भारतीय व्यापार में विशेष रूप से तमिल और कलिंग (आधुनिक ओडिशा और बंगाल के) व्यापारी इस व्यापार में सक्रिय भूमिका निभाते थे।
- मालाबार, बंगाल और बर्मा की सागवान की लकड़ी चीन में जहाज निर्माण में सबल परंपरा के लिए आधार का कार्य करती थी।
- चीन में विदेशी व्यापार के लिए मुख्य समुद्री बंदरगाह **कैंटन** था, इसी को अरब यात्रियों ने **कानफू** कहा है।
- चीनी जहाज कई मंजिलों के होते थे और इनमें 400 से 600 यात्री तक सफर कर सकते थे।
- चीनी जहाजों के विकास का एक महत्त्वपूर्ण कारण मेरिनर कंपस (नाविकों को दिशा का ज्ञान कराने वाले उपकरण) का प्रयोग था। बाद में यह आविष्कार चीन से पश्चिमी देशों में पहुँचा।

गुप्तोत्तर काल में सामाजिक व्यवस्था

- गुप्तोत्तर काल में सामंती समाज का वर्चस्व स्थापित हुआ। फ्यूडल समाज की सामान्य विशेषता यह है कि उनमें प्रभुत्व की स्थिति उन लोगों की होती है, जो जमीन को जोतने-बोने के कार्य न करते हुए भी उसी से अपनी जीविका प्राप्त करते थे।
- कपड़ा बनाने, सोने-चाँदी का कार्य करने और धातुकर्म जैसी दस्तकारियों के स्तर में 800-1200 ई. में कोई गिरावट नहीं आई।

- मंत्री अधिकारी और सरदार महासामंताधिपति जैसी वृहद् उपाधियाँ धारण करते थे और उनके अपने ध्वज, छत्र, छत्र-चंवर आदि विशिष्टता सूचक प्रतीक होते थे।
- चालुक्य साम्राज्य के एक करोड़पति (कोटीश्वर) के बारे में मालूम होता है कि उसके घर पर झंकार वाले घुँघरूओं से युक्त बड़े-बड़े ध्वज लहराते थे।
- गुजरात में मंत्री के पदों पर आसीन वस्तुपाल और तेजपाल अपने समय के सबसे अधिक समृद्ध व्यापारी माने जाते थे।
- कल्हण की रचना **राजतरंगिणी** के अनुसार दरबारी लोग भुना हुआ मांस खाते थे और फूलों से सुगंधित ठंडी मंदिरा का पान करते थे।
- सामान्य लोगों को भात और उत्पन्न शाक (कड़वी किस्म की जंगली सब्जी) पर गुजारा करना पड़ता था।
- इस काल में स्मृतिकारों ने ब्राह्मणों की विशेष स्थिति का प्रबल अनुमोदन किया और शूद्रों के सामाजिक तथा धार्मिक प्रतिबंधों पर जोर देने में वे अपने पूर्ववर्ती स्मृतिकारों को भी पीछे छोड़ गए।
- राजा प्राय: ब्राह्मणों को भूमिदान से पुरस्कृत करते थे। ये ताम्रपत्रों पर अभिलिखित होते थे, जो भूमि पाने वाले को दिया जाता था।
- पराशर नामक एक स्मृतिकार के अनुसार शूद्र का भोजन ग्रहण करने, इसके साथ रहने, इसके साथ एक आसन पर बैठने और शिक्षा ग्रहण करने से श्रेष्ठ-से-श्रेष्ठ व्यक्ति भी दलित हो जाता है।
- समकालीन लेखकों ने कुम्हार, जुलाहे, सोनार, गायक, नाई, मूँजिया (रस्सी बाँटने का काम करने वाला), चर्मकार, मछलीमार, बहेलिया आदि अनेक जातियों का उल्लेख किया है।

गुप्तोत्तर काल में राजपूतों का उदय

- 800-1200 ई. के मध्य काल में राजपूत नामक एक नई जाति का उदय हुआ। राजपूतों के उद्भव के संबंध में विद्वानों के मध्य अनेक विवाद हैं।
- अनेक राजपूत कुल (कलान) अपने मूल को महाभारत में उल्लिखित सूर्यवंशी और चंद्रवंशी क्षत्रियों से जोड़ते हैं। कुछ अन्य कुल दावा करते हैं कि उनका उद्भव मुनि वशिष्ट द्वारा माउंट आबू पर प्रमाणित यज्ञाग्नि से हुआ।
- राजपूतों की उत्पत्ति से संबंधित परंपराओं पर भरोसा नहीं किया जा सकता, क्योंकि इनमें से कई का प्रथम उल्लेख बाद की चारण परंपराओं में ही हुआ है।
- कुछ भारतीय और विदेशी विद्वान् मानते हैं कि इन कुलों में से कुछ के पूर्वज वे सीथियाई और हूण लोग थे, जो हर्षवर्द्धन के काल के पश्चात् भारत में बस गए थे।
- कालांतर से विभिन्न जातियों के सभी शासक घरानों को राजपुत्र या राजपूत कहा जाने लगा एवं उन्हें क्षत्रियों का दर्जा दे दिया गया।
- जातियों की व्यवस्था उतनी कठोर नहीं थी, जितनी कभी-कभी मानी जाती है। व्यक्ति और समूह वर्ण-सोपान में ऊपर उठ सकते हैं और नीचे गिर सकते हैं।
- ब्राह्मणों और शूद्रों सहित विभिन्न जातियों के लोग राजकीय स्थानों में कार्यरत् थे, उन्हें मूलत: कायस्थ कहा जाता था।

गुप्तोत्तर काल में महिलाओं की स्थिति

- पूर्वकाल की ही भाँति गुप्तोत्तर काल में भी स्त्रियों को सामान्यत: मानसिक दृष्टि से हीन माना जाता था।
- इस काल के कुछ नाटकों से ज्ञात होता है कि दरबारी स्त्रियों और यहाँ तक कि रानी की अनुमतियाँ भी संस्कृत और प्राकृत में उत्कृष्ट कविताएँ लिख सकती थीं।
- यदि किसी स्त्री का पति पुत्र-विहीन मर जाता था, तो कुछ मर्यादाओं के साथ उस स्त्री को पति की पूरी संपत्ति का उत्तराधिकार प्राप्त होता था।
- विधवा की संपत्ति का उत्तराधिकार उसकी पुत्री को भी प्राप्त था, इस प्रकार सामंती समाज ने विकास में निजी संपत्ति की अवधारणा को मजबूत बनाया।

गुप्तोत्तर काल में जीवन पद्धति

- धोती पुरुषों का और साड़ी स्त्रियों का सामान्यत: अधोवस्त्र बनी रही। इसके अतिरिक्त उत्तर भारत में पुरुष अंगरखा और स्त्रियाँ चोली पहनती थीं।
- मूर्तियों से जानकारी मिलती है कि उत्तर भारत में उच्च वर्ग के लोग लंबा कोट, पायजामा और जूते भी पहनते थे।
- राजतरंगिणी के अनुसार, हर्षवर्द्धन ने कश्मीर में राजा के योग्य परिधान का आरंभ किया। इसमें लंबा कोट भी शामिल था, क्योंकि ऐसा उल्लेख मिलता है कि एक भूतपूर्व महामंत्री को इसीलिए राजा का कोपभाजन बनना पड़ा कि उसने छोटा कोट पहन रखा था।
- राजतरंगिणी, कल्हण द्वारा रचित संस्कृत काव्य है, जिसमें कश्मीर पर राज करने वाले राजाओं का इतिहास दर्ज है। यह बारहवीं सदी का ग्रंथ है।
- **चाउजू कुआ** नामक एक चीनी यात्री कहता है कि गुजरात के स्त्री-पुरुष दोनों दोहरे कुंडल-बालियाँ पहनते थे और उनके कपड़े तंग होते थे।
- प्रसिद्ध यात्री मार्कोपोलो के अनुसार, मालाबार के स्त्री-पुरुष केवल कटिवस्त्र ही पहनते थे और राजा भी इसका अपवाद नहीं था।
- इस काल में शाकाहारी और माँसाहारी दोनों प्रकार के लोग थे। मोर, घोड़े, जंगली गधे, वन मुर्गे और वनैले सुअर का माँस खाना उचित माना जाता था।

गुप्तोत्तर काल में शिक्षा तथा ज्ञान-विज्ञान

- मंदिर उच्च स्तर की शिक्षा की व्यवस्था करते थे। उच्च शिक्षा प्राप्त करने के लिए शिष्य को सामान्यत: गुरु के घर जाना पड़ता था या उसके साथ रहना पड़ता था।
- अध्ययन के मुख्य विषय वेद और व्याकरण, तर्क-शास्त्र और दर्शन आदि, जिसमें विज्ञान भी सम्मिलित था।
- नालंदा बौद्ध विहार शिक्षा का सबसे प्रसिद्ध केंद्र था। इस प्रकार के दूसरे केंद्र विक्रमशिला और ओदंतपुर थे, ये तीनों बिहार में स्थित थे।
- कश्मीर शिक्षा का दूसरा बड़ा केंद्र था। इस काल में कश्मीर में अनेक शैवपंथ और शिक्षा केंद्र थे। इस काल में भास्कर द्वितीय की रचना **लीलावती** दीर्घकाल तक मानक ग्रंथ बनी रही।
- अलबरूनी भारतीय ज्ञान-विज्ञान का बहुत प्रशंसक था, लेकिन इसने यहाँ के ज्ञानी लोगों अर्थात् ब्राह्मणों की वर्जनशील वृत्ति की शिकायत की है।

गुप्तोत्तर काल में धार्मिक स्थिति

- गुप्तोत्तर काल में हिंदू धर्म का पुनरुत्थान और विस्तार हुआ तथा बौद्ध और जैन धर्मों का ह्रास जारी रहा। ओडिशा में स्थित पुरी का मंदिर कभी एक बौद्ध मंदिर था, जो बाद में हिंदू मंदिर बना।
- गुजरात के चालुक्य शासकों ने जैन धर्म को संरक्षण दिया। इसी काल में माउंटआबू के दिलवाड़ा मंदिर जैसे कुछ भव्य जैन मंदिरों का निर्माण हुआ।
- कर्नाटक के गंग शासक जैन धर्म के प्रबल संरक्षक थे।
- श्रवणबेलगोला की विशालकाय मूर्ति इसी काल में स्थापित की गई। यह मूर्ति लगभग 18 मी ऊँची है और इसे कृष्णारम (ग्रेनाइट) की चट्टान को तराश कर बनाया गया है।
- गुप्तोत्तर काल में शिव और विष्णु मुख्य देवता बन गए और उनकी प्रधानता की घोषणा करने के लिए भव्य मंदिरों का निर्माण किया गया।
- गुप्तोत्तर काल के बाद देवमाला में देवताओं को स्थान उनकी श्रेष्ठता के आधार पर दिया जाने लगा।
- विष्णु, शिव और दुर्गा ये तीनों मुख्य देवता के रूप में गृहीत हुए और कई अन्य देव-देवियाँ उनके अधीन या गौण देवता माने गए।
- ब्रह्मा, गणपति, विष्णु, शक्ति और शिव को सम्मिलित रूप से **पंच देवता** कहा जाने लगा।
- मुख्य देवता शिव या किसी अन्य देव या देवी को मुख्य मंदिर में स्थापित किया जाता था और उसके चारों ओर बने चार गौण मंदिरों में चार अन्य देवता स्थापित किए जाते थे, ऐसे मंदिर को **पंचायतन** कहा जाता था।
- वैदिक देव इंद्र, वरुण और यम का स्थान निम्न हो गया और वे लोकपाल की कोटि में आ गए।
- भक्ति का अर्थ- अपने आराध्य देव को सब कुछ समर्पित कर देना और उसके प्रतिफल में केवल आराध्य देव की कृपा प्राप्त करना था।
- ईसा की छठी सदी के आस-पास से भारत में धर्म के क्षेत्र में तांत्रिक संप्रदाय का विस्तृत होना सबसे बड़ी घटना थी।
- तंत्र-मार्ग में स्त्री और शूद्र दोनों के लिए द्वार खुले थे और इसमें जादुई अनुष्ठान प्रमुख थे।

अतिरिक्त तथ्य
तमिलनाडु बोर्ड एवं NIOS

- मैत्रक गुप्त वंश के सहायक मुखिया थे। इस वंश का प्रमुख शासक ध्रुवसेन द्वितीय था, जो हर्षवर्द्धन का समकालीन था। मैत्रकों ने वल्लभी को अपनी राजधानी बनाया, जो ज्ञानार्जन का महत्वपूर्ण केंद्र बना।
- मौखरीवंश का शासन उत्तर प्रदेश के मथुरा में था। यह गुप्त शासकों के 'सामंत' थे।
- हर्षवर्द्धन काल के प्रमुख अधिकारी

अवंति	विदेश सचिव तथा युद्ध मंत्री
सिंह नाद	महासेनापति
कुंतल	मुख्य घुड़सवार सेना अधिकारी
स्कंदगुप्त	गज सेना प्रधान
सर्वघात	गुप्त चर सेवा प्रमुख
महा प्रतिहार	स्थान रक्षा प्रमुख

- गुप्तोत्तर काल में दक्षिण-पूर्व एशिया के साथ संबंधों का विस्तार हुआ, यद्यपि इस क्षेत्र से व्यापारिक संबंध प्राचीन काल से ही था।
- दक्षिण-पूर्व एशिया में प्रथम साम्राज्य की स्थापना फूनान (कंबोडिया) में कौण्डिन्य नामक ब्राह्मण ने की थी। यहाँ से व्यापारिक संबंध 800 ई. 1300 ई. तक चरमोत्कर्ष पर रहा।
- दक्षिण-पूर्व एशिया का प्रमुख वंश शैलेन्द्र वंश था, जिसके साम्राज्य में जावा, सुमात्रा तथा दक्षिण-पूर्वी एशिया का क्षेत्र शामिल था। ये बौद्ध धर्म के अनुयायी थे।
- शीलभद्र, एक प्रतिष्ठित बौद्ध विद्वान थे, जो मूलतः असम के रहने वाले थे तथा नालंदा विश्वविद्यालय के प्रमुख थे।
- भगवान विष्णु को समर्पित प्रसिद्ध अंकोरवाट मंदिर (कंबोडिया) का निर्माण सूर्यवर्मन द्वितीय द्वारा करवाया गया था।
- राष्ट्रकूटों द्वारा भारतीय कला में महत्त्वपूर्ण योगदान दिया गया। महाराष्ट्र स्थित गल्लौर तथा एलिफैंटा गुफा इसी काल के हैं।

दक्षिण भारत का इतिहास

(स्रोत)

New NCERT Class VII Chap 2 राजा और उनके राज्य, Old NCERT Class VII Chap 2 (मध्यकालीन भारत) दक्षिण भारत के राज्य (800 ई. से 1200 ई.), Old NCERT Class XI Chap 3 (मध्यकालीन भारत) चोल साम्राज्य (नवीं से बारहवीं सदी तक), Chap 18 सुदूर दक्षिण में इतिहास का आरंभ, Chap 24 प्रायद्वीप में नए राज्यों के गठन और ग्राम-विस्तार, Tamil Nadu Board (Class XI), NIOS

सुदूर दक्षिण में राज्यों का उदय

- सुदूर दक्षिण का क्षेत्र **तमिलकम** या **तमिषकम** कहलाता है।
- ईसा-पूर्व चौथी सदी में उत्तर तथा दक्षिण के बीच सांस्कृतिक और आर्थिक संबंध स्थापित हुए।
- दक्षिण भारत में उभरे इस **तमिलकम** (तमिलनाडु, आंध्र प्रदेश तथा केरल का हिस्सा) में राजधर्म की सरदारी व्यवस्था का उदय हुआ। ये राज्य बहुत ही समृद्ध तथा स्थायी सिद्ध हुए।
- आरंभिक संगम ग्रंथ के लेखकों को गंगा तथा सोन नदी ज्ञात थी।
- **संगम साहित्य** की जानकारी मगध साम्राज्य की राजधानी पाटलिपुत्र से मिलती है।
- अशोक के अभिलेखों में साम्राज्य की सीमा पर बसने वाले चोलों, पांड्यों, केरलपुत्रों और सतियपुत्रों का उल्लेख है, जिनमें सतियपुत्रों की पहचान अभी तक स्पष्ट नहीं हो पाई है।
- दक्षिण भारत में जंगलों को काटकर, कृषि कार्य को प्रभावी बनाया गया।
- जनपदों में लोहे के औजारों तथा हथियारों से शक्ति अर्जित की गई।
- उत्तर-दक्षिण संबंधों के स्थापित होने के बाद तीन राज्यों-चोल, चेर तथा पांड्य ने सत्ता स्थापित की।
- मेगस्थनीज ने पांड्य प्रदेश की चर्चा अपनी रचना **इंडिका** में की है, उसके अनुसार यह क्षेत्र मोतियों के लिए प्रसिद्ध था।
- मेगस्थनीज के अनुसार पांड्य राज्य का शासन स्त्री द्वारा संचालित था, जिससे यह लक्षित होता है कि पांड्य समाज पर मातृतंत्रात्मक प्रभाव था।

दक्षिण के प्रमुख राज्य

दक्षिण के प्रमुख राज्य निम्न हैं

पांड्य राज्य

- पांड्य राज्य भारतीय उप-महाद्वीप के सुदूर दक्षिण और दक्षिण-पूर्वी भाग में स्थित था। उसमें तमिलनाडु के आधुनिक तिन्नवेल्ली, रामनाथपुरम् और मदुरा जिले शामिल हैं। पांड्य राज्य की राजधानी **मदुरा** थी।
- ईसा की आरंभिक सदियों में तमिल-परिषदों में संकलित साहित्य में, जो संगम साहित्य नाम से विख्यात है, पांड्य राजाओं का उल्लेख है, किंतु उनमें कोई क्रमबद्धता नहीं है।
- आरंभिक पांड्य शासकों में नेदियान, पलशलाई मुदुकुदमी तथा नेदुनजेलियन प्रमुख थे। 'शिल्लपादिकारम्' रचना के नायक कोलवन की मृत्यु नेदुनजेलियन के शासनकाल में मानी जाती है।
- नेदुनजेलियनं के पश्चात् इसी नाम के एक अन्य शासक की चर्चा मिलती है, जो अनेक महत्त्वपूर्ण सैन्य विजयों का भाग था।
- संगम साहित्य से ज्ञात होता है कि पांड्य राज्य धनवान और समृद्ध था। पांड्य राजाओं को रोमन साम्राज्य के साथ व्यापार में लाभ होता था।
- पांड्य राजाओं ने रोमन सम्राट ऑगस्टस के दरबार में राजदूत भेजे।

चोल राज्य

- चोल राज्य मध्य काल के आरंभ में **चोलमंडलम्** (कोरोमंडल) कहलाता था। यह पेन्नार और वेलार नदियों के बीच में पांड्य राज्यक्षेत्र के पूर्वोत्तर कोण में था।
- संगम साहित्य से चोलों के राजनीतिक इतिहास की जानकारी प्राप्त होती है। उनकी राजनीतिक सत्ता का केंद्र **उरैयूर** था, जो सूती कपड़े के व्यापार के लिए प्रसिद्ध था।

- ईसा-पूर्व दूसरी सदी के मध्य में एलोरा नामक चोल राजा ने श्रीलंका पर विजय प्राप्त की और लगभग 50 वर्षों तक वहाँ पर शासन किया।
- चोलों का अधिक सुनिश्चित इतिहास ईसा की दूसरी सदी में उनके प्रख्यात राजा करिकाल से प्रारंभ होता है।
- करिकाल ने पुहार नगर की स्थापना की और कावेरी नदी के किनारे 160 किलोमीटर लंबा बाँध बनाया था।
- पुहार का निर्माण 12,000 गुलामों से कराया गया था, जो श्रीलंका से बंदी बनाकर लाए गए थे। पुहार की पहचान **कावेरीपट्टनम** से की गई है, जो चोलों की राजधानी थी।
- चोलों के वैभव का मुख्य स्रोत सूती कपड़ों का व्यापार था उनके पास कुशल नौसेना भी थी।
- करिकाल को अनेक अभियानों से जोड़ा जाता है। पट्टुपाट्ट की एक कविता में उसके युद्ध और स्वयं को राजा घोषित करने की गाथा कही गई है।
- करिकाल ने 'बेन्नी की लड़ाई' में पांड्य, चेर तथा अन्य शासकों के एक गठबंधन को पराजित किया।
- इस युद्ध में करिकाल ने शासकों की विजय पताका को धूलधूसरित किया। चेर शासक ने इस युद्ध में पराजित होने के उपरांत आत्महत्या कर ली।
- करिकाल ने वहाईपरनदलाई में भी विजय दर्ज की तथा उसने अनेक शासकों के शाही छत्र (Royal Umbrellas) को अपने अधिकार में लिया।
- ईसा की चौथी से नौवीं सदी तक के दक्षिण भारतीय इतिहास में चोलों की भूमिका नगण्य रही।

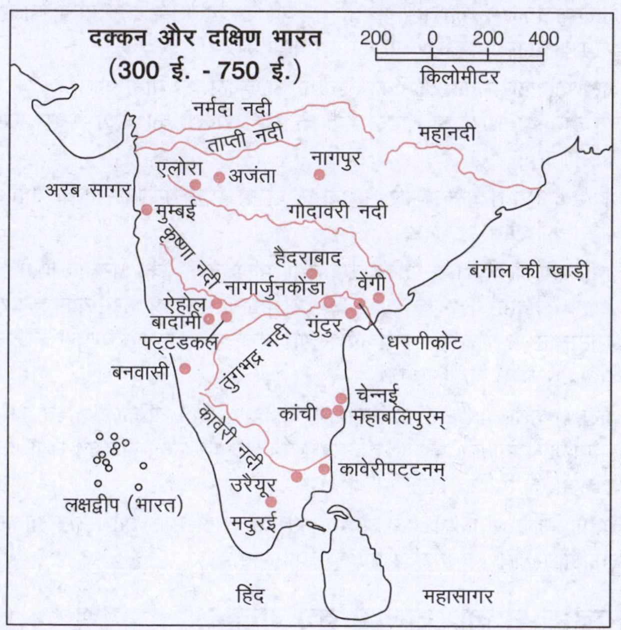

चेर राज्य

- चेर या केरल देश पांड्य क्षेत्र के पश्चिमोत्तर में था।
- चेर राज्य में समुद्र और पहाड़ों के बीच की एक संकरी-सी पट्टी थी, जिसमें आधुनिक केरल राज्य का और तमिलनाडु का अंश था।
- ईसा की आरंभिक सदियों में चेर क्षेत्र का महत्त्व चोलों और पांड्यों के क्षेत्रों के समान था।
- चेरों का रोम के साथ व्यापार अत्यधिक व्यापक था। रोमनों ने मुजरिस तथा क्रांगनोर में अपना व्यापारिक केंद्र स्थापित किया।
- चेरों के क्षेत्र क्रांगनोर में रोमनों ने **ऑगस्टस का मंदिर** भी बनवाया था।
- चेरों का इतिहास चोलों और पांड्यों के साथ निरंतर युद्ध का इतिहास है। यद्यपि चेरों ने चोल नरेश करिकाल के पिता का वध कर दिया, लेकिन चेर नरेश को भी अपनी जान गँवानी पड़ी।
- कालांतर में चेर राजा ने चोलों के विरुद्ध पांड्य शासकों से गठजोड़ किया, लेकिन चोलों ने दोनों को पराजित कर दिया।
- उदयेंजिराल (नेंदुजेराल अदन), सेनगुट्टुवन, इंलैगजेराल, इरम्पुराई प्रमुख चेर शासक थे। उदयेंजिराल को आरंभिक चेर शासक माना जाता है।
- उदयेंजिराल के पुत्र नेंदुजिराल अदन ने सात शासकों के समूह को हराकर **अधिराज** की उपाधि ग्रहण की।
- इसने मालाबार तट के अनेक शासकों को पराजित किया। उसने अनेक यवनों को भी कैद कर लिया, किंतु बाद में उन्हें छोड़ दिया।
- नेंदुजेराल अदन ने चोल शासक के विरुद्ध युद्ध किया, जिसमें दोनों शासक युद्ध के मैदान में ही मारे गए।
- नेंदुजेराल अदन की मृत्यु के बाद उसका पुत्र सेनगुट्टुवन चेर शासक हुआ। सेनगुट्टुवन ने 'कन्नगी की पूजा' आरंभ कराई।
- चेर कवियों के अनुसार उनका सबसे महत्त्वपूर्ण चेर शासक **सेंगुट्टुवन** था, जिसे **लाल** या **भला चेर** भी कहा जाता था।
- सेंगुट्टुवन ने उत्तरी दिशा में (उत्तर भारत में) अभियान किया तथा गंगा को पार किया।
- चेरों द्वारा मलयालम भाषा का सरकारी अभिलेखों में प्रयोग किया जाता था, जो संभवतः भारतीय उपमहाद्वीप के सरकारी अभिलेखों में प्रयुक्त पहली क्षेत्रीय भाषा का उदाहरण है।
- ईसा की दूसरी सदी के पश्चात् चेर शक्ति का ह्रास हुआ और उसके बाद ईसा की आठवीं सदी तक उनके इतिहास के विषय में कुछ भी ज्ञात नहीं है।

तीन संगमकालीन साम्राज्य

साम्राज्य	राजधानी	राजकीय चिह्न	बंदरगाह
पांड्य	मदुरै	मछली	कोरकई
चोल	उरैयूर/पुहार	बाघ	पुहार
चेर	वज्जि	तीर	तोंडी, मुसिरी

संगम कालीन आर्थिक स्थिति

- प्राचीन तमिल काव्यों में रेशम के ऊपर तरह-तरह की नक्काशीदार बुनाई का वर्णन किया गया है। उरैयूर अपने सूती कपड़े के व्यापार के लिए जाना जाता था।
- दक्षिण भारत में आठवीं शताब्दी तथा परवर्ती काल में 'मणिग्रामम्' तथा 'नानादेशी' नामक व्यापारिक संघ थे, जो प्रायद्वीप के भीतर और दक्षिण-पूर्व एशिया तथा चीन के साथ भी व्यापार करते थे। इसके अतिरिक्त चेट्टियार और गरवाड़ी ओसवाल भी थे।
- प्राचीन काल में तमिल लोग एक ओर यूनानी या मिस्र के हलेनिस्टिक राज्य तथा अरब के साथ, दूसरी ओर मलय द्वीप समूह के साथ और वहाँ से चीन के साथ व्यापार करते थे।
- व्यापार के फलस्वरूप चावल, अदरक, दालचीनी आदि अनेक वस्तुओं के नाम यूनानी भाषा में तमिल भाषा से लिए गए हैं।

- संगम काल में सौदागरों की सुरक्षा के लिए तथा तस्करी रोकने के लिए सड़कों पर सैनिक लगातार चौकसी करते रहते थे।
- राज्य की आय का मुख्य स्रोत खेती की उपज से आने वाला कर था।
- खेती की उपज का कितना हिस्सा राजा के लिए होता था और कितना वसूला जाता था इसकी स्पष्ट जानकारी नहीं है।
- किसानों से वसूले गए करों से राज्य अपनी सेना रखता था, इस सेना में बैल जुते रथ, हाथी, घुड़सवार और पैदल सिपाही रहते थे।
- युद्ध में हाथी महत्त्वपूर्ण भूमिका निभाते थे। पांड्य राज्य में घोड़े समुद्र के रास्ते बाहर से मँगाए जाते थे।
- सामंत तथा राजकुमार या सेनापति हाथी पर चढ़ते थे और सेनानी (कमांडर) रथ पर रहते थे।
- पैदल सिपाही और घुड़सवार पाँव की रक्षा के लिए चमड़े की पनही (जूता) पहनते थे।

संगम कालीन सामाजिक स्थिति

- तमिल भूमि में ब्राह्मणवाद का दर्शन सबसे पहले संगम युग में होता है। संगम साहित्य में वर्णित है कि आदर्श राजा वह है, जो ब्राह्मण को नहीं सताए।
- राजा करिकाल ने एक कवि को 16,00,000 स्वर्ण मुद्राओं से पुरस्कृत किया था, पर यह अतिशयोक्ति लगती है।
- स्वर्ण के अतिरिक्त कवियों और भाटों को नकद, भूमि, रथ, घोड़े और हाथी भी दिए जाते थे।
- तमिल ब्राह्मण मदिरा पीते और माँस का सेवन करते थे। क्षत्रिय और वैश्य संगम साहित्य में नियमित वर्ण के रूप में दिखाई देते हैं।
- सेनाध्यक्षों को औपचारिक अनुष्ठान के साथ **एनाडि** की उपाधि दी जाती थी।
- चोल और पांड्य दोनों राज्यों में असैनिक और सैनिक दोनों प्रकार के अधिकारियों के पद 'वल्लाल' या 'धनी किसान' रखे जाते थे।
- शासक वर्ग को **अरसर** कहा जाता था और उस वर्ग के लोगों का वल्लालों से वैवाहिक संबंध होता था, जबकि वल्लाल चौथी जाति में आते थे।
- खेत-मजदूर का कार्य सबसे निचले वर्ग के लोग (कडैसियर) करते थे, जिनकी स्थिति गुलामों जैसी थी।
- परियार लोग कृषक-मजदूर थे, लेकिन पशु की खाल या चर्म का कार्य करते थे और चटाई के रूप में उसका प्रयोग करते थे।
- धनी-लोग सुर्खी और ईंट के मकानों में रहते थे और गरीब लोग झुग्गियों तथा झोंपड़ियों में रहते थे।
- तमिल क्षेत्र में वेदानुयायी ब्राह्मण शास्त्रार्थ करते थे, परंतु पहाड़ी प्रदेशों के लोगों के मुख्य स्थानीय देवता **मुरूगन** थे।
- मुरूगन आरंभिक मध्यकाल में सुब्रामनियम या **सुब्रह्मण्यम्** कहलाने लगे।

तमिल भाषा एवं संगम साहित्य

- संगम तमिल कवियों का संघ या सम्मेलन था, जो संभवत: किसी सामंत या राजा के आश्रय में आयोजित होता था।
- ईसा की आठवीं सदी में लिखी गई संगम की तमिल टीकाओं में कहा गया है कि तीन संगम 9990 वर्ष तक चलते रहे। उनमें 8598 कवि जुटे और 197 पांड्य राजा उनके संयोजक थे।
- मदुरै में संगम सम्मेलन राजाश्रय में आयोजित होते थे। इन सम्मेलनों में रचित संगम साहित्य, जो उपलब्ध है, उसे लगभग 300 ई. और 600 ई. के मध्य संकलित किया गया।
- संगम को सामान्यत: दो समूहों में बाँटा जा सकता है- आख्यानात्मक और उपदेशात्मक।
- आख्यानात्मक ग्रंथ, **मेलकणक्कु** अर्थात् अठारह मुख्य ग्रंथ कहलाते हैं। ये अठारह मुख्य ग्रंथ हैं; आठ पद्य संकलन और दस ग्राम्य गीत।
- उपदेशात्मक ग्रंथ **कीलकणक्कु** अर्थात् अठारह लघु ग्रंथ कहलाते हैं।
- आख्यानात्मक ग्रंथों को वीरगाथा काव्य कहते हैं, जिनमें वीर पुरुषों की कीर्ति का गायन है और पशुहरणों का बार-बार उल्लेख किया गया है।
- संगम साहित्य में लोहे की वस्तुएँ; जैसे-कीलक (फन्नी), सपाट सेल्ट, बाणाग्र, लंबी तलवार, खूंटी और शूलाग्र, हार्सबेट (Harsebit) आदि का प्रतिरूप मिलता है।
- संगम साहित्य में वर्णित सामाजिक विकास की आरंभिक अवस्था, आरंभिक महापाषाण अवस्था से संबद्ध है।
- संगम ग्रंथों के अतिरिक्त एक और ग्रंथ है, जो **तोलकापियम** कहलाता है। यह तमिल व्याकरण ग्रंथ है, जिसके रचनाकार तोलकापियर हैं।
- एक और महत्त्वपूर्ण तमिल ग्रंथ है तिरुकुरल, जिसमें दार्शनिक विचार और सूक्तियाँ हैं।
- **शिलप्पादिकारम्** तथा **मणिमेकलै** तमिल के दो प्रसिद्ध महाकाव्य हैं, इनकी रचना ईसा की छठी सदी के आस-पास हुई।
- शिलप्पादिकारम को तमिल साहित्य का उज्ज्वलतम रत्न माना जाता है, इसमें कोवलन और कण्णगी की प्रेम कथा है।
- शिलप्पादिकारम का रचनाकार इलैंगो आदिगल को माना जाता है, जो एक जैन संत था और वह तमिल देश के सभी राज्यों को कथा-स्थल बनाना चाहता था।
- मणिमेकलै में कोवलन और माधवी के संगम से उत्पन्न कन्या के साहसिक जीवन का वर्णन है।
- दोनों महाकाव्यों (शिलप्पादिकारम् तथा मणिमेकलै) की प्रस्तावना में कहा गया है कि दोनों के लेखक ईसा की दूसरी सदी में राज्य करने वाले चेर राजा सेंगुट्टुवन के मित्र और समकालीन थे। चेरों द्वारा संस्कृत परंपरा का प्रयोग व्यापक रूप से किया गया।
- चौदहवीं शताब्दी में 'लीला तिलकम' जो व्याकरण तथा काव्यशास्त्र विषयक है 'माणि प्रववालम' शैली में लिखा गया है। यह शैली संस्कृत तथा क्षेत्रीय भाषाओं की मिश्रित शैली है।
- ब्राह्मी लिपि में लिखे 75 से भी अधिक छोटे-छोटे अभिलेख प्राकृतिक गुफाओं में, विशेषकर मदुरै प्रदेश में पाए गए हैं।

प्रायद्वीप में नए राज्यों का गठन

- प्रायद्वीप में 300 से 600 ई. के बीच लगभग आधा दर्जन राज्यों का उदय हुआ, जिनका पता हमें अनुदानपत्रों से चलता है।
- कालक्रमेण, सातवीं सदी के आरंभ तक काँची के पल्लव, बादामी के चालुक्य और मदुरै के पांड्य प्रमुख रूप से उदित हुए थे।
- तमिलनाडु में पल्लवों और कर्नाटक में बादामी के चालुक्यों के शासन में शिव और विष्णु के प्रस्तर मंदिरों का निर्माण प्रारंभ हुआ।

- पल्लव, कदंब, बादामी के चालुक्य और उनके अन्य समकालिक शासक वैदिक यज्ञ के प्रबल समर्थक थे।
- उन्होंने अश्वमेध और वाजपेय यज्ञ किए, जिससे न केवल उनकी राज सत्ता को वैधता मिली तथा उनकी प्रतिष्ठा बढ़ी, बल्कि पुरोहित वर्ग की आय में भी अधिक वृद्धि हुई।

वाकाटक

- उत्तरी महाराष्ट्र और विदर्भ (बेराट) में सातवाहनों के स्थान पर एक स्थानीय शक्ति वाकाटकों ने प्रभुत्व जमाया। वाकाटक वंश के राजा ब्राह्मण धर्म के महान पक्षधर थे, उन्होंने अनेक वैदिक यज्ञ किए।
- चंद्रगुप्त द्वितीय ने अपनी बेटी प्रभावती का विवाह वाकाटक राजपरिवार में कराया और उस राजघराने की सहायता से ईसा की चौथी सदी के अंतिम चरण में शक क्षत्रपों से गुजरात और उससे संलग्न पश्चिमी भारत के हिस्से जीत लिए थे।

चालुक्य

- वाकाटकों के बाद चालुक्यों का प्रभाव बढ़ा, उन्होंने 757 ई. तक लगभग दो सौ वर्ष दक्कन में महत्त्वपूर्ण भूमिका निभाई।
- चालुक्यों को उन्हीं के सामंत राष्ट्रकूटों ने अपदस्थ कर दिया।
- चालुक्यों ने छठी सदी के आरंभ में पश्चिमी दक्कन में अपना राज्य स्थापित किया तथा अपनी राजधानी वातापी (बीजापुर, कर्नाटक) को बनाया।

इक्ष्वाकु

- प्रायद्वीप के पूर्वी भाग में सातवाहनों के अवशेष पर कृष्णागुंटूर क्षेत्र में इक्ष्वाकुओं का उदय हुआ।
- इक्ष्वाकुओं ने कृष्णागुंटूर क्षेत्र में द्वितीय भूमि अनुदान की प्रथा चलाई। इन्होंने अपने वंश का नामकरण 'इक्ष्वाकु' किया था।
- इक्ष्वाकुओं को अपदस्थ कर उनकी जगह पर पल्लव आए।

पल्लव

- पल्लव शब्द का अर्थ है- लता और यह शब्द टोंडाई का रूपांतरण है, जो लता का ही वाचक है।
- संभवत: पल्लवों की स्थानीय जनजाति थी, जिसने टोंडाईनाडु अर्थात् लताओं के देश में अपनी सत्ता स्थापित की।
- तमिल भाषा में पल्लव शब्द का अर्थ डाकू होता है। पल्लवों का अधिकार दक्षिणी आंध्र और उत्तरी तमिलनाडु पर था। पल्लवों ने अपनी राजधानी काँची (आधुनिक काँचीपुरम) में बनाई।
- काँचीपुरम पाँचवी-छठी शताब्दी में वैदिक शिक्षा का प्रमुख केंद्र था। यहाँ अनेक महत्त्वपूर्ण मंदिर स्थापित हुए।

कदंब

- पल्लव वंशियों का आरंभ में कदंबों से संघर्ष हुआ। कदंब राज्य की स्थापना मयूरशर्मन ने की। मयूरशर्मन ने अठारह अश्वमेध यज्ञ किए और ब्राह्मणों को असंख्य गाँव दान में दिए।
- कदंबों ने चौथी शताब्दी ई. में उत्तरी कर्नाटक तथा कोंकण में अपनी सत्ता स्थापित की।
- कदंबों ने अपनी राजधानी कर्नाटक के उत्तरी केनरा जिले में वैजयंती या बनवासी में बनाई।

गंग

- पल्लवों के दूसरे महत्त्वपूर्ण समसामयिक गंग थे, इन्होंने चौथी सदी के आस-पास दक्षिणी कर्नाटक में अपना शासन स्थापित किया।
- गंगों का राज्य पूरब में पल्लवों के राज्य और पश्चिम में कदंबों के राज्य के मध्य में था।
- इन्हें पश्चिम गंग या मैसूर के गंग कहा जाता है, क्योंकि पूर्वी गंग राजवंश इससे पृथक् है, जिसने पाँचवीं शताब्दी में कलिंग ओडिशा पर शासन किया।
- पश्चिमी गंग, पल्लवों के सामंत थे और इनकी पहली राजधानी कोलार में थी, जहाँ स्थित सोने की खानों के कारण इस राजवंश का अत्यधिक उत्थान हुआ। पश्चिमी गंग राजाओं ने भूमि अनुदान अधिकतर जैनों को दिया।

कलभ्रों का विद्रोह

- 300 ई. से 750 ई. के मध्य प्रायद्वीपीय भारत में राज्य के गठन तथा कृषि विस्तार की प्रक्रिया ने शासकीय वंशों को अत्यधिक सशक्त बनाया।
- छठी शताब्दी ई. में एक महत्त्वपूर्ण घटना कलभ्रों के नेतृत्व में हुई थी। इस विद्रोह का प्रभाव पल्लवों तथा अन्य समकालीन शासकों पर पड़ा। कलभ्रों ने तत्कालीन तमिल क्षेत्र को अधिकृत किया।
- कलभ्रों ने बौद्ध धर्म को प्रोत्साहन दिया और ब्राह्मणों को मिले ब्रह्मदेय अधिकारों को समाप्त कर दिया।
- इस व्यापक विद्रोह को पल्लवों तथा बादामी के चालुक्यों के संयुक्त प्रयास से दबाया जा सका।

पल्लव-चालुक्य संघर्ष

- पल्लव तथा चालुक्य दक्षिण भारत के महत्त्वपूर्ण राजवंश थे। पल्लवों का राज्य उनकी राजधानी काँचीपुरम के आस-पास के क्षेत्र से लेकर कावेरी डेल्टा तक, जबकि चालुक्यों का राज्य कृष्णा और तुंगभद्रा नदियों के बीच विस्तृत था।
- पल्लव और चालुक्य ब्राह्मण-धर्म के समर्थक थे और दोनों ने वैदिक यज्ञ किए इसके बावजूद दोनों के बीच लूटपाट, प्रतिष्ठा और क्षेत्रीय संसाधनों को लेकर झगड़े हुए।
- पल्लव और चालुक्य ने कृष्णा और तुंगभद्रा के दोआब पर प्रभुत्व जमाने की चेष्टा की। उत्तर मध्य काल में यह दोआब विजयनगर और बहमनी राज्यों के बीच झगड़े का कारण बन गया।
- चालुक्य शासक पुलकेशिन द्वितीय (609-642 ई.) के ऐहोल से संघर्ष की जानकारी प्राप्त होती है।
- एहोल अभिलेख में पुलकेशिन द्वितीय के दरबारी कवि रविकीर्ति द्वारा रचित प्रशस्ति उत्कीर्ण है।
- पुलकेशिन द्वितीय ने 610 ई. में कृष्णा और गोदावरी का दोआब पल्लवों से छीन लिया।
- यहाँ पर मुख्य राजवंश की एक शाखा स्थापित की गई जो वेंगी का पूर्वी चालुक्य राजवंश कहलाने लगी।
- पल्लवों के राज्य पर पुलकेशिन का दूसरा हमला विफल रहा और पल्लव राजा नरसिंहवर्मन (630-668 ई.) ने चालुक्य राजधानी वातापी पर लगभग 642 ई. में अधिकार कर लिया।
- उस समय पल्लवों से युद्ध करते हुए पुलकेशिन द्वितीय शायद मारा गया। नरसिंहवर्मन ने **वातापीकोण्ड** अर्थात् वातापी विजेता की उपाधि धारण की।

- चालुक्य शासक विक्रमादित्य द्वितीय (733-745 ई.) ने काँची पर तीन बार विजय प्राप्त की, इसने 740 ई. में पल्लवों को पूर्ण रूप से पराजित कर दिया।
- 757 ई. में दंतिदुर्ग नामक पल्लव सामंत ने राष्ट्रकूट वंश की स्थापना की तथा अंतिम पल्लव शासक 'अपराजित पल्लव' को हराया।

दक्षिण भारत के मंदिर

- मंदिर की स्थापत्य शैली, उनके संरक्षक की शक्ति, धन-वैभव तथा भक्ति भाव के प्रदर्शन का आधार थे, क्योंकि मंदिरों के नाम अक्सर राजाओं के नाम से मिलते थे, जो इस बात के भी संकेत थे कि राजा का नाम मंगलकारी है तथा राजा स्वयं ईश्वर के रूप में दिखना चाहता था।
- पल्लव शासक नरसिंहवर्मन ने महाबलिपुरम् (मद्रास से 65 किमी दूर) में रथ के रूप में सात मंदिरों का निर्माण करवाया था।
- महाबलिपुरम् या मामल्लपुरम् की स्थापना नरसिंहवर्मन ने ही की थी। यह नगर एक प्रसिद्ध बंदरगाह तथा तट मंदिर (शोर टेंपल) के कारण भी अत्यधिक प्रसिद्ध हुआ।
- पल्लव राजाओं ने अपनी राजधानी कांची में कई मंदिरों का निर्माण किया। आठवीं सदी में बना कैलाशनाथ मंदिर इसका अच्छा उदाहरण है।
- बादामी के चालुक्य शासकों ने भी 610 ई. और उसके बाद ऐहोल में अनेक मंदिर बनवाए। एहोल में मंदिरों की संख्या 70 तक थी।
- पट्टडकल में सातवीं-आठवीं सदी में बने दस मंदिर हैं। इनमें सबसे अधिक प्रसिद्ध हैं- पापनाथ मंदिर (लगभग 680 ई.) और विरुपाक्ष मंदिर (लगभग 740 ई.)। पापनाथ मंदिर की ऊँचाई 30 मी है और उसका बुर्ज उत्तर भारतीय शैली से बना है।
- विरुपाक्ष मंदिर पूर्णत: दक्षिण भारतीय शैली में बना है और इसका शिखर बहुत ऊँचा तथा आयताकार है। इस मंदिर की दीवारें रामायण के दृश्यों वाली सुंदर मूर्तियों से सजी हैं।

महाबलिपुरम् मंदिर

किसान, ग्रामीण विस्तार, सामाजिक ढाँचा

- कृषक-समुदायों पर पड़े कर-भार का स्वरूप पल्लव राज्य और वाकाटक राज्य में एक जैसा था।
- उपज के एक हिस्से के रूप में लिए जाने वाले भूमि-कर के अतिरिक्त राजा अन्न और स्वर्ण के रूप में नजराना ले सकता था तथा गुड़, मदिरा, जैसी वस्तु निकालने के लिए ताड़ आदि पेड़ों से रस निकलवा सकता था।
- राजा को विष्टि अर्थात् बेगार (नि:शुल्क कार्य लेने) लेने का अधिकार था।
- जनजातीय क्षेत्रों में ब्राह्मणों को भूमि दी गई तथा जनजातीय किसानों ने पशुपालन की उपयोगिता और खेती के उन्नत तरीके उन ब्राह्मणों से सीखे।
- दक्षिण भारत में तीन प्रकार के गाँव स्थापित हुए थे। इन गाँवों को उर, सभा तथा नगरम् कहा जाता था। इनका वर्णन निम्न है
  - **उर** सर्वाधिक प्रचलित गाँव थे, जहाँ किसानों की बस्तियाँ होती थीं। किसान इन गाँवों की जमीन पर सामुदायिक अधिकार के साथ निवास करते थे। ऐसे गाँवों के ग्राम प्रधान द्वारा कर वसूल करके शासक को सौंपा जाता था।
  - **सभा** ब्राह्मणों का गाँव था, जो 'ब्रह्मदेय' के रूप में शासकों द्वारा प्रदान किया जाता था। इन गाँवों को अग्रहार भी कहा जाता था। 'अग्रहार' गाँवों में भूमि पर उस ब्राह्मण का अधिकार होता था, जिसे वह ब्रह्मदेय के रूप में प्राप्त होता था।
  - **नगरम्** कोटि का गाँव वह होता था, जहाँ व्यापारियों और वणिकों का मिला-जुला वास होता था और उन्हीं का दबदबा रहता था।
- चालुक्य क्षेत्रों में गाँव की कार्य-व्यवस्था गाँव के श्रेष्ठजन करते थे, जो महाजन कहलाते थे।
- समाज पर राजाओं और पुरोहितों का दबदबा था। राजा लोग ब्राह्मण या क्षत्रिय होने का दावा करते थे। 300-750 ई. की अवधि में पुरोहितों ने भूमिदान के बल पर अपना प्रभाव और प्रभुत्व जमाया।
- कर्नाटक में 'बीदरी' शिल्प कला का विकास हुआ। इस शिल्प कला में ताँबे तथा चाँदी की जड़ाई का काम किया जाता था।
- पांचाल समुदायों में सुनार, कसेरा, लोहार, राजमिस्त्री तथा बढ़ई शामिल थे, जबकि सलियान (फैक्कोलार) बुनकरों का समुदाय था।
- यदि किसान या शिल्पी लोग उत्पादन-कर्म में, सेवा-कर्म में या दायित्व चुकाने में चूकते थे, तो इसे धर्म अर्थात् परंपरागत सामान्य नियम से विचलन माना जाता था, ऐसी ही स्थिति को कलियुग कहा गया है।
- वाकाटक, पल्लव, कदंब और पश्चिमी गंग राजाओं ने धर्म महाराज की उपाधि धारण की। सिंहवर्मन (पल्लव शासक) के विषय में कहा गया है कि कलियुग के दुर्गुणों से ग्रस्त धर्म का उन्होंने उद्धार किया।

चोल साम्राज्य का उदय

- नौवीं सदी में दक्षिण भारतीय प्रायद्वीप में चोल वंश का पुन: उत्थान हुआ। चोल साम्राज्य की स्थापना विजयालय ने की, जो आरंभ में पल्लवों का सामंत था। 850 ई. में उसने तंजौर पर अधिकार कर लिया।
- चोलों से पूर्व कावेरी डेल्टा में **मुट्टरियार** नाम से प्रसिद्ध मुखिया परिवार रहते थे, जिसे उरइयारों (विजयालय) द्वारा हराया गया तथा विजयालय ने यहाँ तंजावुर शहर की स्थापना की।
- नौवीं सदी के अंत तक चोल काँची के पल्लवों को पराजित कर चुके थे और पांड्यों की शक्ति का हरण कर चुके थे।
- सबसे समृद्ध चोल शासक राजराज प्रथम (985-1014 ई.) और उसका पुत्र राजेंद्र प्रथम (1014-1044 ई.) थे।
- राजराज प्रथम ने त्रिवेंद्रम (तिरुवनंतपुरम्) के चेरों की नौसेना को ध्वस्त कर दिया था तथा कोइलोन पर आक्रमण किया था।

- राजराज प्रथम ने मदुरै पर आक्रमण कर पांड्य राजा को बंदी बना लिया उसने श्रीलंका के उत्तरी हिस्से को जीत कर अपने साम्राज्य में मिला लिया।
- राजराज प्रथम के नौसैनिक पराक्रम का एक उदाहरण मालदीव की विजय थी। राजराज प्रथम की विस्तारवादी नीति को आगे बढ़ाते हुए राजेंद्र प्रथम ने पांड्य और चेर देशों को पूर्णत: पराभूत करके अपने साम्राज्य में मिला लिया।
- राजेंद्र प्रथम ने श्रीलंका को जीत लिया, श्रीलंका अगले 50 वर्षों तक चोल नियंत्रण से मुक्त नहीं हो पाया।
- राजराज प्रथम ने 1010 ई. में तंजौर में **राजराजेश्वर मंदिर** का निर्माण करवाया था।
- राजेंद्र प्रथम के शासनकाल का एक अत्यंत उल्लेखनीय सैनिक अभियान कलिंग के रास्ते बंगाल पर किया गया आक्रमण था।
- गजनी का सुल्तान महमूद गजनवी, चोल राजेंद्र प्रथम का समकालीन था।
- चोल सेना ने गंगा को पार करके दो स्थानीय राजाओं को पराजित किया।
- 1022 ई. में एक चोल सेनापति 'विक्रम चोल' के नेतृत्व में किए गए। इस अभियान में उसी मार्ग का अनुसरण किया गया था, जिससे होकर महान विजेता समुद्रगुप्त ने दक्षिण भारत पर आक्रमण किया था।
- इस विजय की स्मृति में राजेंद्र ने **गंगईकोंडचोल** (अर्थात् गंगा का चोल विजेता) का विरूद्ध धारण किया।
- राजेंद्र प्रथम ने कावेरी के मुहाने पर नई राजधानी बसाई और उसका नाम **गंगइकोंडचोलपुरम्** (अर्थात् गंगा राज्य के चोल विजेता का नगर) रखा।

समकालीन विदेशी शासक

- श्रीविजय साम्राज्य, चोल वंश के समकालीन था उसमें मलय प्रायद्वीप, सुमात्रा, जावा और आस-पास के द्वीप शामिल थे।
- श्रीविजय साम्राज्य पर शैलेंद्र राजवंश का शासन था।
- शैलेंद्र शासक बौद्ध धर्म के मानने वाले थे और चोलों के साथ उनके संबंध मधुर थे।
- शैलेंद्र शासक ने नागपट्टनम् में एक बौद्ध विहार भी बनवाया था और उसके अनुरोध पर राजेंद्र ने विहार का खर्च चलाने के लिए एक गाँव दान में दिया था।
- चोल राज्य का सत्तर व्यापारियों वाला एक दूत-मंडल 1077 ई. में चीन पहुँचा और एक चीनी विवरण के अनुसार, उसे नजराने के रूप में भेजे गए काँच के बर्तनों, कपूर, कमखाब, गेंडे के सींगों, हाथी के दाँतों आदि के बदले में ताँबे के सिक्के की 81800 मालाएँ प्राप्त हुईं।
- चोलों ने श्रीलंका के शासकों की प्राचीन राजधानी अनुराधापुर को बर्बाद कर दिया और उनके राजा और रानी के साथ दुर्व्यवहार किया।

चोल प्रशासन

- चोल प्रशासन में राजा (शासक) सबसे महत्त्वपूर्ण व्यक्ति था। सारी सत्ता उसके हाथों में केंद्रित रहती थी।
- राजा को सलाह देने के लिए मंत्रियों की एक परिषद् भी होती थी।
- चोलों के पास एक विशाल सेना थी, जिसमें हस्ति-सेना, अश्वारोही और पैदल सेनाएँ शामिल थीं। ये तीनों शाखाएँ सेना के तीन अंग मानी जाती थीं।
- वेनिस यात्री मार्को पोलो ने तेरहवीं सदी में केरल की यात्रा की थी। उसका कहना है कि जब राजा मरता था, तो उसके सभी अंगरक्षक सैनिक उसके साथ ही चिता में जल मरते थे।
- चोल साम्राज्य मंडलों या प्रांतों में विभाजित था और मंडलम् वलनाडुओं और नाडुओं में बँटे होते थे।
- चोल साम्राज्य में 8 मंडल थे। मंडल का प्रधान, शासक द्वारा नियुक्त किया जाता था।
- चोलों ने सिंचाई की ओर ध्यान दिया, कावेरी तथा अन्य नदियों का उपयोग इस प्रयोजन के लिए किया जाता था।
- चोल कालीन अभिलेखों में दो सभाओं का उल्लेख मिलता है, इनमें से एक है-**उर** और दूसरी सभा या **महासभा**।
- उर गाँव की आम सभा थी, लेकिन स्रोतों महासभा के कार्य-कलाप के संबंध में अधिक जानकारी मिलती है।
- महासभा अग्रहार कहे जाने वाले ब्राह्मण गाँवों के वयस्क सदस्यों की सभा थी।
- अग्रहारों में ब्राह्मण लोग निवास करते थे और वहाँ की अधिकांश भूमि लगान मुक्त होती थी।
- तमिलनाडु के चिंगलपुट जिले के उत्तमेरूर से प्राप्त अभिलेख से भी चोलों के प्रशासनिक संगठन के बारे में सूचना मिलती है।

चोल स्थानीय स्वशासन

- चोल प्रशासनिक-तंत्र में स्थानीय स्वशासन महत्त्वपूर्ण था। ग्राम, स्वशासन की पूर्ण इकाई थे।
- परांतक प्रथम के उत्तर मेरूर अभिलेख (919 ई.) में ग्रामीण स्वशासन की चर्चा की गई है।
- 'उर' को किसानों की बस्तियों के रूप में भी जाना जाता था। ये बस्तियाँ सिंचाई के साथ बहुत समृद्ध थीं।
- इस तरह के गाँवों के समूह को नाडू कहा जाता था। ग्राम परिषदें तथा नाडू, न्याय करने और कर वसूलने जैसे प्रशासकीय कार्य करती थीं।
- वेल्लाल जाति के धनी किसानों को 'नाडू' के काम-काज का अच्छा नियंत्रण प्राप्त था। कई धनी किसानों को सम्मान के रूप में 'भुवेंदवेलन', 'प्रधान' जैसी उपाधियाँ दी जाती थीं।
- ग्रामीण स्तर पर स्वशासन के संचालन के लिए समितियों का गठन किया जाता था। प्रत्येक समिति में 30 सदस्यों का चयन ग्रामीण जनसंख्या से होता था।
- ग्रामीण समिति को **वारियम** कहा जाता था। अनेक महत्त्वपूर्ण समितियाँ- एनवारियम (सिंचाई समिति), पोनवारियम (स्वर्ण समिति), तोट्टावारियम (उपवन समिति) इत्यादि गठित की गई थीं।
- चोल प्रशासन में तालाब समिति एक महत्त्वपूर्ण समिति थी, यह खेतों को पानी वितरित करने के कार्य की देख-रेख करती थी।
- चोलों की कई उपलब्धियाँ कृषि में हुए विकास से संभव हुई। डेल्टा क्षेत्र में बाढ़ को रोकने के लिए तटबंध बनाए जाते थे तथा खेतों तक पानी ले जाने के लिए नहरों का निर्माण किया जाता था।
- सिंचाई प्रबंधन के कारण कई क्षेत्रों में दो फसल चक्र होते थे।

महत्त्वपूर्ण तथ्य

- वेल्लनवगाई - गैर-ब्राह्मण किसान स्वामी की भूमि
- ब्रह्मदेय - ब्राह्मणों को उपहार में दी गई भूमि
- शालाभोग - किसी विद्यालय के रख-रखाव के लिए भूमि
- देवदान - तिरुनमड्डक्कनी मंदिर को उपहार में दी गई भूमि
- पल्लिच्चंदम - जैन संस्थानों को दान की गई भूमि

चोल काल में सांस्कृतिक जीवन

- चोल शासनकाल में दक्षिण भारत का मंदिर स्थापत्य चरमोत्कर्ष पर था।
- इस काल में स्थापत्य की जो शैली लोकप्रिय हुई उसे द्रविड़ शैली कहते हैं।
- द्रविड़ शैली की मुख्य विशेषता थी गर्भगृह के ऊपर एक-के-बाद एक कई मंजिलों का निर्माण।
- मंजिलें पाँच से सात तक होती थीं और वे एक विशेष शैली में बनी होती थीं, जिसे **विमान शैली** कहते हैं।
- मंदिर के मुख्य भवन के सामने सामान्यतः स्तंभों पर बना हुआ एक विशाल कक्ष होता था, जिसकी छत सपाट होती थी।
- स्तंभों को अत्यधिक अलंकृत किया जाता था, इस कक्ष को **मंडप** कहते थे।
- मंदिर के चारों ओर एक विशाल परिक्रमा पथ होता था, जो ऊँची चारदीवारी से घिरा रहता था।
- चारदीवारियों में जगह-जगह ऊँचे सिंहद्वार बने होते थे, जिन्हें **गोपुरम्** कहा जाता था।
- द्रविड़ शैली के मंदिरों का आरंभिक उदाहरण काँचीपुरम् का कैलाशनाथ मंदिर है।
- द्रविड़ शैली का सर्वोत्कृष्ट उदाहरण **राजराज प्रथम** द्वारा तंजौर में बनवाया गया **वृहदीश्वर मंदिर** है।
- राजराज द्वारा राज राजेश्वर मंदिर का निर्माण करवाया गया था। शिव को समर्पित इस मंदिर का वास्तुकार कुंजर मल्लन था।
- तंजावूर एक मंदिर नगर का उदाहरण है। मंदिर नगर, नगरीकरण का एक महत्त्वपूर्ण प्रतिरूप प्रस्तुत करते हैं।
- मंदिर अक्सर समाज तथा अर्थव्यवस्था को व्यापक आधार तैयार करते थे। तमिलनाडु में कांचीपुरम तथा मदुरै और आंध्र प्रदेश में तिरुपति अन्य मंदिर नगर हैं।

गंगईकोंड चोलपुरम् का मंदिर

- दक्षिण भारत में मूर्ति निर्माण कला को भी अत्यधिक प्रोत्साहन मिला था। श्रवणबेलगोला में गोमतेश्वर की विशाल प्रतिमा इसका उदाहरण है।
- मंत्री चामुंडराय ने 57 फीट ऊँची पश्चिम गोमतेश्वर बाहुबली की प्रतिमा का निर्माण 981 ई. में गंग शासक ने करवाया था।
- चोलों द्वारा निर्मित नटराज मूर्ति, मूर्तिकला का अद्भुत स्वरूप प्रस्तुत करती है, नटराज शिव की मूर्ति में चार भुजाएँ हैं। चोलकालीन सांस्कृतिक जीवन पर शासकों की आधारित चेतना का प्रभाव अत्यधिक था।
- अधिकांश चोल शासक शैव मतावलंबी थे, जिसका प्रभाव मंदिर तथा मूर्ति निर्माण-कला पर भी स्पष्ट होता है और अधिकांश निर्माण इसी मत के प्रभाव में हुए।

अतिरिक्त तथ्य
तमिलनाडु बोर्ड एवं NIOS

- चालुक्य शासक पुलकेशिन द्वितीय ने हर्षवर्द्धन को पराजित कर **दक्षिणपथेश्वर** की उपाधि धारण की।
- चोलकालीन उत्तरमेरुर शिलालेख में प्रशासनिक कार्यों के निमित्त गणित बाह्मणों की सभा में निर्वाचन के बारे में उल्लेख करती है।
- चोल शासन में कुडी माई एक महत्त्वपूर्ण भू-राजस्व बाक्स था। यह खेती करने वाले काश्तकारों द्वारा सरकार तथा भू-स्वामियों को दिया जाता था।
- सम्बुवरायर सामंत थे, जो कभी-कभी स्वयं के लिए तथा कभी-कभी अपने अधिपति के लिए युद्ध करते थे।

12

मध्यकालीन इतिहास

भारत पर अरब और तुर्क आक्रमण

(स्रोत)

Old NCERT Class VI Chap 9 **भारत और संसार**,
Old NCERT Clss XI Chap 5 **(मध्यकालीन भारत) संघर्ष का युग (लगभग 1000 ई. 1200 ई.)**,
New NCERT Class XII Chap 5 (II) **यात्रियों के नजरिए**,
Tamil Nadu Board (Class XI), NIOS

भारत में 8वीं शताब्दी को प्राचीन भारत की समाप्ति तथा मध्यकालीन भारत के आरंभ के रूप में चिह्नित किया गया है। इस समय भारतीय समाज के अनेक पहलुओं में बदलाव आए। इसके राजनीतिक और आर्थिक पहलुओं ने सामाजिक नियमों, धर्म, भाषा और कला आदि सभी को प्रभावित किया।

भारतीय इतिहास में मध्यकाल का आरंभ

- 8वीं से 13वीं सदी तक के काल को प्रारंभिक मध्यकाल माना जाता है। प्रारंभिक मध्यकाल के संबंध में जानकारी के अधिकांश स्रोत; जैसे-ताम्रपत्र अभिलेख एवं शिलालेख तथा विविध प्रकार की साहित्यिक रचनाएँ हैं।
- प्राचीन भारत की तुलना में मध्यकालीन भारत के बारे में अधिक जानकारी उपलब्ध है; जैसे–ताम्रपत्रों या प्रस्तरों पर शिलालेख।
- इस काल में अधिकांश प्रारंभिक लेखन ताड़पत्रों और वृक्ष की छाल पर होता था, लेकिन 13वीं सदी से लेखन के लिए कागज का उपयोग किया जाने लगा।

भारत में अरब आक्रमण

- अरबों ने सर्वप्रथम 712 ई. में **मुहम्मद-बिन-कासिम** के नेतृत्व में पश्चिम भारत में स्थित सिंध पर विजय प्राप्त की। इस समय सिंध का शासक दाहिर था। मुहम्मद-बिन-कासिम बसरा के गवर्नर अल-हज्जाज का सेनापति था।
- मुहम्मद-बिन-कासिम को वर्तमान राजस्थान के स्थानीय शासकों द्वारा भारत के आंतरिक भागों में प्रवेश नहीं करने दिया गया, लेकिन सिंध पर उसका शासन स्थापित हुआ।
- अरब व्यापारियों ने भारत के पश्चिमी तट पर अनेक बस्तियाँ स्थापित की और एशिया के अन्य प्रदेशों के साथ होने वाले भारतीय व्यापार में भाग लिया।
- भारत में इस्लाम धर्म का प्रादुर्भाव अरबों के आगमन के पश्चात् हुआ। अरबों के साथ भारत में न केवल इस्लाम का आगमन हुआ, बल्कि नई संस्कृतियों का भी आगमन हुआ। तत्पश्चात् भारतीय समाज, शासन और संस्कृति में अनेक परिवर्तन हुए।
- अरब के लोग यहाँ स्थानीय लोगों के साथ शांतिपूर्वक रहते थे, उनसे वैवाहिक संबंध स्थापित करते थे तथा एशिया के अन्य क्षेत्रों के साथ भारतीय व्यापार में भाग लेते थे।

भारत पर तुर्क आक्रमण

1000-1200 ई. तक के काल के दौरान पश्चिम एवं मध्य एशिया तथा उत्तर भारत में तीव्र परिवर्तन हुए। इन्हीं परिवर्तनों के परिणामस्वरूप इस काल के अंतिम चरण में तुर्कों ने अपनी सैनिक शक्ति के बल पर भारत में प्रवेश किया।

गजनवी

- 9वीं शताब्दी के अंतिम चरण में ट्रांस-ऑक्सियाना, खुरासान और ईरान के कुछ भाग पर सामानियों (सामानी शासकों) का शासन था, जो ईरानी मूल के थे।
- सामानी सूबेदारों में **अलप्तगीन** नामक एक तुर्क गुलाम भी था।
- कालांतर में इसने गजनी को अपनी राजधानी बनाकर एक स्वतंत्र राज्य की स्थापना की।
- 990-991 ई. में अलप्तगीन के दास और दामाद **सुबुक्तगीन** ने हिंदूशाही राज्य पर आक्रमण किया और जलालाबाद एवं काबुल को गजनी राज्य के अधीन कर लिया। **महमूद गजनवी** ने भी इस युद्ध में भाग लिया था।
- सुबुक्तगीन की मृत्यु के पश्चात् महमूद गजनवी 998 ई. में गजनी का शासक बना।
- महमूद गजनवी गजनी के राजसिंहासन पर (998-1030 ई.) आसीन रहा।

- महमूद गजनवी ने स्वयं के विषय में यह दावा किया कि वह ईरान के पौराणिक राजा अफरासियाब का वंशज है, इसके शासनकाल में फारसी भाषा एवं साहित्य को प्रोत्साहन मिला।
- महमूद ने भारत पर 17 बार आक्रमण किया, इसके शुरुआती आक्रमणों का लक्ष्य पेशावर और पंजाब पर शासन करने वाले हिंदूशाही राज्य के शासक थे। हिंदूशाही राज्य की राजधानी **वैहिंद** (पेशावर) थी।
- 1030 ई. में महमूद गजनवी की मृत्यु के पश्चात् सेलजुकों के शक्तिशाली साम्राज्य की स्थापना हुई।
- इस राज्य में सीरिया, ईरान और ट्रांस-ऑक्सियाना क्षेत्र शामिल थे।
- सेलजुक तुर्कों ने खुरासान पर अधिकार के लिए गजनवी राज्य से युद्ध किया।

अलबिरूनी और किताब-उल-हिंद

- अलबरूनी का जन्म 973 ई. में आधुनिक उज्बेकिस्तान में स्थित ख्वारिज्म में हुआ था।
- ख्वारिज्म शिक्षा का एक महत्त्वपूर्ण केंद्र था। अलबरूनी अनेक भाषाओं का ज्ञाता था, जिसमें सीरियाई, फारसी, हिब्रू तथा संस्कृत शामिल हैं। अलबिरूनी संभवत: ग्रीक भाषा (यूनानी) नहीं जानता था।
- अनेक भाषाओं में दक्षता प्राप्त होने के कारण अल-बिरुनी भाषाओं की तुलना तथा ग्रंथों का अनुवाद करने में सक्षम था। इसने पतंजलि के व्याकरण ग्रंथ 'महाभाष्य' का अरबी भाषा में अनुवाद किया।
- अपने ब्राह्मण मित्रों के लिए, इसने **यूक्लिड** (यूनानी गणितज्ञ) के कार्यों का संस्कृत में अनुवाद किया।

भारत पर महमूद गजनवी के प्रमुख आक्रमण

राज्य/शासक	वर्ष	संबंधित विशिष्ट तथ्य
जयपाल (हिंदूशाही वंश) (पश्चिमोत्तर पाकिस्तान तथा पूर्वी अफगानिस्तान)	1001 ई.	इस युद्ध में जयपाल पराजित हुआ तथा हिंदूशाही राजधानी वैहिंद/उद्भांडपुर ध्वस्त कर दी गई। धन तथा हाथी देकर जयपाल मुक्त हुआ तथा अपमानित जयपाल ने आत्महत्या कर ली।
भेरा विजय	1003 ई.	महमूद गजनवी ने अगला आक्रमण झेलम तट पर स्थित भेरा पर किया, भेरा को जीतने के पश्चात् महमूद गजनवी क्रूरतापूर्वक वहाँ से विशाल संपत्ति लूटकर गजनी वापस आ गया।
मुल्तान पर प्रथम आक्रमण	1006 ई.	महमूद गजनवी ने जयपाल के पुत्र आनंदपाल को पराजित किया तथा मुल्तान पर अधिकार किया।
मुल्तान पर द्वितीय आक्रमण (सुखपाल)	1008 ई.	महमूद ने सुखपाल को मुल्तान का गवर्नर नियुक्त किया, क्योंकि उसने इस्लाम धर्म स्वीकार कर लिया (नवाशासाह), लेकिन जल्द ही उसने इस्लाम को त्यागकर अपने मूल धर्म को अपना लिया और एक स्वतंत्र शासक के रूप में शासन करने लगा। इससे नाराज होकर महमूद ने मुल्तान पर आक्रमण किया तथा फतेह दाउद को पुनः मुल्तान का शासक नियुक्त किया।
आनंदपाल (हिंदूशाही वंश)	1008 ई.	हिंदूशाहियों ने नंदना को अपनी नई राजधानी बनाया था, जो सॉल्टरेंज में स्थित थी। महमूद ने नंदना को नष्ट किया तथा आनंदपाल ने समर्पण किया।
थानेश्वर	1014 ई.	महमूद गजनवी ने थानेश्वर पर आक्रमण किया, दिल्ली के शासक ने विरोध किया, किंतु वह सफल नहीं रहा।
कश्मीर	1015 ई.	लोहार वंश की शासिका, रानी दिद्दा से महमूद पराजित हुआ (संभवतः प्रतिकूल मौसम के कारण)। यह भारत में महमूद की प्रथम पराजय थी।
कन्नौज	1018 ई.	प्रतिहार शासक राज्यपाल बिना युद्ध किए ही पलायन कर गया। राज्यपाल को दंडित करने हेतु कालिंजर के शक्तिशाली चंदेल शासक विद्याधर ने शासकों का एक संघ बनाया तथा कन्नौज की गद्दी पर त्रिलोचनपाल को बैठाया।
मथुरा और वृंदावन	1018 ई.	क्षेत्रीय कलचुरि शासक-कोक्कल द्वितीय पराजित हुआ। महमूद ने हिंदू तीर्थ स्थलों में भारी लूटपाट व तोड़फोड़ की और मथुरा तथा वृंदावन को पूर्णतः विध्वंस कर दिया गया।
बुंदेलखंड	1020 ई.	महमूद गजनवी ने विद्याधर की सेना को पराजित किया तथा विद्याधर युद्ध के मैदान से भाग गया।
कालिंजर लूट	1022 ई.	महमूद ने 1022 ई. में कालिंजर पर आक्रमण किया। शासक ने महमूद की अधीनता को स्वीकार किया और युद्ध के हर्जाने के रूप में बड़ी धनराशि दी।
ग्वालियर	1021 ई.	महमूद गजनवी ने ग्वालियर के शासक कीर्तिराज को पराजित किया।
सोमनाथ	1025 ई.	काठियावाड़ का शासक भीमदेव बिना युद्ध किए ही पलायन कर गया। पवित्र शिव मंदिर नष्ट करके लोगों की निर्मम हत्या की गई और लूट से अपार सामग्री प्राप्त हुई। कुछ विद्वानों का मानना है कि महमूद ने 1027 ई. में सिंध के जाटों के विरुद्ध आक्रमण किया, यह महमूद का हिंदुस्तान के विरुद्ध अंतिम अभियान था।
जाटों के विरुद्ध अभियान	1027 ई.	महमूद का अंतिम बड़ा अभियान सिंध में जाटों के विरुद्ध था उसने जाट क्षेत्रों को लूटा और उनमें आग लगा दी। उसने पुरुषों को मार दिया तथा महिलाओं और बच्चों को गुलाम बनाया। यह महमूद द्वारा हिंदुस्तान में किया गया अंतिम आक्रमण था।

- महमूद गजनवी ने 1017 ई. में ख्वारिज्म पर आक्रमण किया और वहाँ से अपने साथ अनेक विद्वानों और कवियों को अपनी राजधानी गजनी ले गया।
- अलबिरूनी भी उन्हीं में से एक था। गजनी में ही अलबरूनी को भारत के प्रति रुचि विकसित हुई।
- अलबिरूनी ने ब्राह्मण पुरोहितों तथा विद्वानों के साथ अनेक वर्ष व्यतीत किए, जहाँ इसने संस्कृत, धर्म तथा दर्शन का ज्ञान प्राप्त किया। इसने उत्तर भारत के बड़े हिस्से तथा पंजाब का भ्रमण किया था।
- अलबिरूनी ने अपनी पुस्तक **किताब-उल-हिंद** की रचना अरबी भाषा में की।
- यह एक विस्तृत ग्रंथ है, जिसे धर्म और दर्शन, त्योहारों, खगोल विज्ञान, रीति-रिवाजों एवं प्रथाओं, सामाजिक जीवन, माप-तौल मापन विधियों, मूर्तिकला, कानून, मापतंत्र विज्ञान आदि विषयों के आधार पर 80 अध्यायों में विभाजित किया गया है।
- अलबिरूनी ने अपने लेखन में अरबी भाषा का प्रयोग किया, जो संभवत: उपमहाद्वीप के सीमांत क्षेत्रों में रहने वाले लोगों के लिए लिखी गई थी।
- वह (अलबिरूनी) संस्कृत, पालि तथा प्राकृत भाषा के ग्रंथों के अरबी भाषा में अनुवादों तथा रूपांतरणों से परिचित था।
- इसमें दंतकथाओं से लेकर खगोल-विज्ञान और चिकित्सा संबंधी सभी कृतियाँ शामिल थीं।
- अलबिरूनी ने अपने ग्रंथों के लेखन में आलोचनात्मक दृष्टिकोण अपनाया। यद्यपि वह इसमें परिवर्तन चाहता था।
- ब्राह्मणवादी वर्ण व्यवस्था को मानने के बावजूद अलबिरूनी अपवित्रता की अवधारणा को मानता था। उसके अनुसार, अपवित्र वस्तु अपनी मूल स्थिति को पाने का प्रयास करती है।
- जाति व्यवस्था में सन्निहित अपवित्रता की अवधारणा को वह प्राकृतिक नियमों के विरुद्ध मानता था।
- जाति व्यवस्था के विषय में इसका विवरण उसके नियामक संस्कृत ग्रंथों पर पूर्णतया आश्रित है।

गजनवी के आक्रमण का प्रभाव

- गजनवी की पंजाब विजय के पश्चात् उसके उत्तराधिकारियों ने गंगा घाटी और राजपूताना पर लगातार अनेक आक्रमण किए और अनेक अवसरों पर इन्होंने तुर्कों के विरुद्ध जीत भी प्राप्त की।
- मुस्लिम व्यापारियों का देश (भारत) में स्वागत किया गया, क्योंकि वे मध्य तथा पश्चिम एशियाई देशों में भारत का व्यापार बढ़ाने में सहायक सिद्ध हो रहे थे और व्यापार की वृद्धि से राज्य की समृद्धि बढ़ रही थी।
- इस काल में हिंदू और इस्लाम धर्मों तथा हिंदू और इस्लामी समाजों के मध्य आदान-प्रदान की एक प्रक्रिया आरंभ हुई।
- लाहौर, अरबी और फारसी भाषाओं और साहित्य का केंद्र बन गया। तिलक जैसे हिंदू सेनापतियों ने गजनवी की सेना का नेतृत्त्व किया, जिसमें हिंदू सैनिक भी शामिल थे।

मुहम्मद गौरी

- 12वीं सदी के मध्य के आस-पास तुर्क कबाइलियों के अन्य समूह ने, जो अंशत: बौद्ध लेकिन अंशत: पेगन (पुराने धार्मिक विश्वास वाले, जिसमें बहुत से देवताओं की पूजा होती थी) थे, सेलजुक तुर्कों के साम्राज्य को नष्ट कर दिया।
- इस राजनीतिक शून्यता को भरने के लिए दो नई शक्तियों का उदय हुआ, जिसमें से एक था ईरान का ख्वारिज्मी साम्राज्य तथा दूसरा उत्तर पश्चिम अफगानिस्तान में गौर नामक प्रदेश में स्थित गौरी साम्राज्य।
- गौरियों (गौरी वंश के शासकों) ने अपने राजनीतिक जीवन का आरंभ गजनी के सामंत शासकों के रूप में किया, किंतु शीघ्र ही वे गजनवियों (गजनवी शासकों) से पूर्ण रूप से स्वतंत्र हो गए। सुल्तान **अलाउद्दीन** के अधीन गौरियों की शक्ति में वृद्धि हुई।
- 12वीं सदी के मध्य में अपने भाइयों के साथ हुए दुर्व्यवहार का बदला लेने के लिए सुल्तान अलाउद्दीन ने गजनी के संपूर्ण क्षेत्र पर आधिपत्य स्थापित करके भीषण आगजनी की घटना को अंजाम दिया। इस घटना के कारण क्षेत्र के लोग उसे **जहाँसोज** अर्थात् दुनिया को जलाने वाला कहने लगे।
- 1173 ई. में गजनी के सिंहासन पर **शहाबुद्दीन मुहम्मद** (मुइज्जुद्दीन मुहम्मद-बिन-साम) आसीन हुआ। इसी समय उसका बड़ा भाई गौर पर शासन कर रहा था।
- गोमल दर्रे को पार करते हुए मुइज्जुद्दीन (इतिहास में मुहम्मद गौरी के नाम से प्रचलित) ने 1175 ई. में मुल्तान तथा उच्छ पर आक्रमण कर उसे जीत लिया।
- 1178 ई. में मुहम्मद गौरी ने राजपूताना रेगिस्तान से होकर गुजरात में प्रवेश करने का प्रयास किया, किंतु माउंट आबू के नजदीक हुए युद्ध में गुजरात के शासक भीम द्वितीय ने उसे पराजित किया।
- इस युद्ध में पराजित होने के पश्चात् मुहम्मद गौरी ने यह अनुभव किया कि यदि उसे भारत को जीतना है, तो पंजाब में एक मजबूत आधार बनाना अति आवश्यक है।
- 1190 ई. तक मुइज्जुद्दीन पेशावर, लाहौर और स्यालकोट को जीत चुका था। इसी समय उत्तर भारत में चौहानों की शक्ति और प्रभाव धीरे-धीरे बढ़ रहा था।
- चौहान शासक राजस्थान पर आक्रमण करने वाले अनेक तुर्कों को पराजित कर चुके थे। 12वीं सदी के मध्य के आस-पास चौहान शासकों ने तोमर शासकों से **दिल्ली** (ढिल्लिका) को जीता।
- पंजाब की ओर इनकी शक्ति के विस्तार ने इन्हें गजनवी शासकों (मुहम्मद गौरी) के विरुद्ध खड़ा कर दिया।

मुहम्मद गौरी के भारतीय अभियान

वर्ष	स्थान	शासक/शासकीय वंश
1175 ई.	मुल्तान	करमाथी वंश
1178 ई.	गुजरात	भीम द्वितीय
1181 ई.	पंजाब	खुसरो मलिक
1186 ई.	पंजाब	खुसरो मलिक
1191 ई.	तराइन का प्रथम युद्ध	पृथ्वीराज चौहान
1192 ई.	तराइन का द्वितीय युद्ध	पृथ्वीराज चौहान
1194 ई.	चंदावर का युद्ध	जयचंद
1195 ई.	बयाना	भीम द्वितीय
1205 ई.	खोखरों के विरुद्ध	-

तराइन का युद्ध

- मुइज्जुद्दीन मुहम्मद (मुहम्मद गौरी) और पृथ्वीराज चौहान (पृथ्वीराज तृतीय) के मध्य तबरहिंद (पंजाब) पर अधिकार को लेकर 1191 ई. में तराइन के मैदान में युद्ध हुआ।
- इसे इतिहास में **तराइन का प्रथम युद्ध** के नाम से भी जाना जाता है। इस युद्ध में मुहम्मद गौरी, पृथ्वीराज चौहान से पराजित हुआ।
- पृथ्वीराज चौहान (पृथ्वी राज तृतीय), चाहमान वंश का प्रसिद्ध शासक था।
- चाहमानों को पश्चिमी क्षेत्र में विस्तार के क्रम में गुजरात के चालुक्यों तथा पश्चिमी उत्तर प्रदेश के गहड़वालों का सामना करना पड़ा।
- पृथ्वीराज चौहान ने तबरहिंद पर 12 महीनों तक घेरा डालने के पश्चात् अधिकार कर लिया, लेकिन उसने गौरियों को पंजाब से बाहर भेजने का कोई प्रयास नहीं किया।
- 1192 ई. में हुए तराइन के द्वितीय युद्ध को भारतीय इतिहास में एक नया मोड़ माना गया है।
- इस युद्ध के लिए मुहम्मद गौरी ने बहुत सावधानीपूर्वक तैयारी की थी, जिसमें इसने 1,20,000 (एक लाख बीस हजार) सैनिकों के साथ आक्रमण किया था। इसमें 10,000 घुड़सवार धनुर्धारी भी शामिल थे।
- गौरी की सेना में घुड़सवार सैनिक बड़ी संख्या में थे, जो इस्पात के बख्तरबंदों और ढालों से सुसज्जित (लैस) थे।
- पृथ्वीराज चौहान युद्धभूमि में अपने 3,00,000 (तीन लाख) सैनिकों के साथ आया था, जिसमें बड़ी संख्या में घुड़सवार और 300 हाथी भी शामिल थे।
- भारतीय सेना संख्या बल में तुर्क सेना से अधिक थी, लेकिन तुर्क सेना अधिक सुसंगठित थी और उसे उचित सैनिक नेतृत्व भी प्राप्त था।
- इस युद्ध (तराइन का दूसरा युद्ध) के समय पृथ्वीराज चौहान और तराइन के प्रथम युद्ध का अनुभवी सेनापति **स्कंद** अन्यत्र दूसरे स्थान पर मोर्चा संभाले हुए था।
- पृथ्वीराज चौहान ने मुहम्मद गौरी की उपस्थिति के खतरे के आभास से उत्तर भारत के लगभग सभी राजाओं से सहायता माँगी।
- बहुत से राजाओं ने अपनी-अपनी सैन्य टुकड़ियों को भेजा, लेकिन कन्नौज के शासक जयचंद ने ऐसा नहीं किया, जिसका कारण दोनों राज्यों (शासकों) के मध्य पुराना विवाद था।
- तुर्क सेना का श्रेष्ठ संगठन और तीव्र गतिशीलता तराइन के दूसरे युद्ध की जीत में निर्णायक सिद्ध हुई।
- युद्ध में पराजित होने के पश्चात् पृथ्वीराज चौहान भाग रहा था, लेकिन सरस्वती किला वर्तमान सिरसा के नजदीक उसे बंदी बना लिया गया।
- तुर्क सेना ने हाँसी, सरस्वती और समाना के किलों पर अधिकार करने के साथ-साथ अजमेर पर भी अधिकार कर लिया।
- अजमेर जीतने के पश्चात् भी मुहम्मद गौरी ने पृथ्वीराज चौहान को कुछ समय तक अजमेर पर शासन करने दिया।
- इसके साक्ष्य के रूप में कुछ सिक्के ऐसे मिले हैं, जो युद्ध (तराइन के दूसरे युद्ध) के बाद के हैं, जिसके एक ओर तिथि तथा **पृथ्वीराज** अंकित हैं तथा दूसरी ओर **श्री मुहम्मद साम** लिखा हुआ है।
- तराइन युद्ध 1192 ई. के कुछ समय पश्चात् पृथ्वीराज चौहान की षड्यंत्र करने के आरोप में मुहम्मद गौरी के द्वारा हत्या कर दी गई। इसके पश्चात् पृथ्वीराज के पुत्र को अजमेर की गद्दी पर बैठाया गया।
- तुर्कों ने अजमेर पर फिर से अधिकार कर लिया और उसका शासन एक तुर्क सेनापति को सौंप दिया।
- पृथ्वीराज चौहान के पुत्र ने वहाँ (अजमेर) से रणथंभौर जाकर, एक नए शक्तिशाली चौहान राज्य की स्थापना की। इस प्रकार दिल्ली क्षेत्र और पूर्वी राजस्थान तुर्क शासन के अधीन हो गया।
- इस प्रकार तराइन और चंदावर के युद्धों ने भारत में तुर्क शासन की नींव रखी, लेकिन तुर्कों के लिए इन जीते गए क्षेत्रों पर अपने आधिपत्य को स्थायित्व देना कठिन कार्य था।
- मुहम्मद गौरी 1206 ई. तक जीवित रहा। इसने अपने शासनकाल में ही दिल्ली के दक्षिणी भाग की रक्षा के लिए बयाना और ग्वालियर के मजबूत किले को जीता।
- मुहम्मद गौरी का भारत पर अंतिम बार आक्रमण 1206 ई. में हुआ। यह आक्रमण पश्चिम बंगाल में खोखर जाति के विद्रोहों को दबाने के लिए था। इसने खोखरों की एक बड़ी जनसंख्या की हत्या कर दी।
- इस अभियान के पूरा होने के पश्चात् गजनी की लौटते समय एक कट्टरपंथी मुसलमान द्वारा इसकी हत्या कर दी गई।

गंगा घाटी, बिहार और बंगाल पर तुर्कों की विजय

- 1192 और 1206 ई. के मध्य तुर्क शासन गंगा-यमुना दोआब और उसके आस-पास के प्रदेशों (क्षेत्रों) तक विस्तृत हो गया।
- तुर्कों ने बिहार और बंगाल पर भी अपना प्रभुत्व स्थापित किया। दोआब पर अधिकार करने के लिए तुर्कों को सबसे पहले कन्नौज के गहड़वाल राज्य को जीतना पड़ा।
- गहड़वाल शासक **जयचंद** कन्नौज पर शांतिपूर्वक शासन कर रहा था। वह उस समय भारत का शक्तिशाली राजा माना जाता था, परंतु वह एक अच्छा योद्धा नहीं था, क्योंकि बंगाल के सेन शासकों से वह पहले ही पराजित हो चुका था।
- तराइन युद्ध के पश्चात् मुहम्मद गौरी भारत का शासन अपने विश्वस्त गुलाम कुतुबुद्दीन ऐबक को सौंपकर गजनी वापस लौट गया। दो वर्ष के पश्चात् तुर्कों ने उपरी दोआब के हिस्से को जीत लिया।
- 1194 ई. में मुहम्मद गौरी पुनः भारत आया। 50,000 घुड़सवारों के साथ उसने यमुना नदी को पार करके कन्नौज पर आक्रमण कर दिया।
- कन्नौज के नजदीक **चंदावर** (वर्तमान फिरोजाबाद) नामक स्थान पर मुहम्मद गौरी और जयचंद के मध्य युद्ध हुआ।
- मुहम्मद गौरी बनारस की ओर बढ़ा, वहाँ इसने अत्यधिक लूटपाट की और अनेक मंदिरों को नष्ट किया।
- इस प्रकार तुर्कों का शासन विशाल क्षेत्र पर स्थापित हो गया, जिसकी सीमा बिहार को स्पर्श करती थी।
- मुहम्मद गौरी ने कुतुबुद्दीन ऐबक को उत्तर भारतीय क्षेत्र का गवर्नर नियुक्त किया था। 1206 ई. में मुहम्मद गौरी की मृत्यु के पश्चात् ही उसने स्वतंत्र **गुलाम वंश** की स्थापना की।

- तुर्कों को अधिक सफलता पूर्व (पूरब) में प्राप्त हुई, जिसका एक प्रमुख कारण **बख्तियार खिलजी** नामक अधिकारी था, जिसे बनारस से पूरब की ओर के कुछ क्षेत्रों को संभालने की जिम्मेदारी सौंपी गई।
- बख्तियार खिलजी के आक्रमण के समय बिहार में कोई मजबूत शक्ति उपस्थित नहीं थी, जिसका लाभ उठाकर इसने बिहार पर अनेक आक्रमण किए। अपने आक्रमण के दौरान इसने बिहार के प्रसिद्ध विश्वविद्यालयों (बौद्ध विहारों) नालंदा और विक्रमशिला को नष्ट किया।
- इस दौरान बख्तियार खिलजी ने अत्यधिक धन इकट्ठा कर लिया और अपने अनुगामियों का एक दल भी खड़ा कर लिया था।
- बख्तियार खिलजी बहुत सावधानीपूर्वक तैयारी करके नादिया (बंगाल) की ओर बढ़ा।
- नदिया एक तीर्थ स्थान था, जहाँ सेन शासक लक्ष्मण सेन यात्रा के लिए गया हुआ था।
- बख्तियार खिलजी ने घोड़ों के सौदागर का वेश धारण करके 1204 ई. में धोखे से राजमहल में प्रवेश करके अचानक से आक्रमण कर दिया।
- इस अचानक आक्रमण से लक्ष्मण सेन अचंभित हो गया और यहाँ से भागकर सोनार गाँव में जाकर शरण ली।
- बख्तियार खिलजी सेन शासकों की राजधानी लखनौती की ओर बढ़ा और बिना किसी विरोध के उस पर अधिकार कर लिया, क्योंकि उस समय सेन शासक दक्षिण बंगाल के सोनार गाँव में था।
- **लक्ष्मण सेन** तथा उसके उत्तराधिकारियों ने वहाँ से दक्षिण बंगाल पर अनेक वर्षों तक शासन किया।
- 1206 ई. में बख्तियार खिलजी ने 10 हजार घुड़सवारों के साथ देवकोट पर हमला किया। देवकोट में पराजय के बाद बख्तियार खिलजी गंभीर रूप से बीमार हो गया और उसकी मृत्यु हो गई।
- **मिन्हाज-उस-सिराज** के अनुसार बख्तियार खिलजी के एक सैन्य नायक अली मर्दान ने देवकोट में उसकी हत्या कर दी।

तुर्कों की सफलता के कारण

- तुर्कों की श्रेष्ठता सामाजिक तथा संगठनात्मक क्षेत्रों में थी।
- सामंतवाद (फ्यूडलिज्म) का प्रसार अर्थात् स्थानीय भूमिपतियों और सरदारों के उदय के कारण भारतीय राज्यों का प्रशासनिक ढाँचा और सैनिक संगठन कमजोर हो गया था।
- तुर्क अपनी जनजातीय संरचना और एकता तथा खालिसा प्रणालियों के विकास के कारण बड़ी एवं स्थायी सेनाएँ रखते थे, जो लंबे समय तक मैदान में स्थायी रहती थीं, जबकि भारतीय शासक स्थानीय सरदारों पर निर्भर रहते थे और ये सरदार आपसी सामंजस्य नहीं रखते थे।
- युद्ध समाप्त होते ही वे तुरंत अपने-अपने क्षेत्रों में वापस लौट जाते थे।
- राजपूत शासकों में रणनीतिक युद्ध दृष्टि का अभाव था। वह लड़ते-लड़ते मर जाने में विश्वास रखते थे, जबकि तुर्क सैनिक युद्ध में रणनीति को महत्त्व देते थे और आगे बढ़ने के पश्चात् पीछे भी आते थे।
- राजपूत शासकों ने पश्चिमोत्तर भारत पर तुर्की विजय को अधिक गंभीरता से नहीं लिया। भारतीय शासकों के मध्य एकता का अभाव उनकी पराजय का कारण बना।

तुर्कों की विजय का प्रभाव

- तुर्क आक्रमण के पश्चात् भारत में बहुराज्य तंत्र की समाप्ति हुई तथा एक केंद्रीय शक्ति के रूप में 'तुर्क' स्थापित हुए।
- सामंतवाद समाप्त हुआ तथा राजनीतिक रूप से सशक्त शासन की स्थापना हुई। यह केंद्रीकृत निरंकुश शासन व्यवस्था पर आधारित था।
- आर्थिक दृष्टि से शहरी अर्थव्यवस्था का उदय हुआ। कानून तथा राजस्व प्रणाली की एकरूपता से वाणिज्यिक गतिविधियों का विकास संभव हुआ।
- सैन्य संरचना में नया परिवर्तन आया। सेना के गठन तथा रख-रखाव की प्रणाली विकसित हुई। सेना में बिना किसी भेदभाव के प्रवेश मिलना संभव हुआ। फारसी भाषा का विकास भारत में हुआ। इसे राजकीय भाषा के रूप में मान्यता मिली।
- इससे प्रशासनिक कार्यों में एकरूपता आई और तुर्कों ने नई प्रौद्योगिकियों का प्रयोग आरंभ किया। इससे अर्थव्यवस्था में संरचनात्मक परिवर्तन आया और 'शहरी क्रांति' उत्पन्न हुई।

अतिरिक्त तथ्य
तमिलनाडु बोर्ड एवं NIOS

- मुहम्मद-बिन-कासिम, उमैयद खलीफा का सेनापति था।
- अरबों का भारत की समृद्धि के प्रति आकर्षण, आक्रमण का एक कारण, किंतु तात्कालिक कारण देबोल के लुटेरों द्वारा अरबी मालवाहक जहाज को लूटा जाना तथा राजा दाहिर द्वारा इन्हें दंड न दिया जाना था।
- मुहम्मद गोरी का पहला भारतीय अभियान 1175 ई. में पंजाब (मुल्तान) का था। इसके पश्चात् 1179-80 ई. में पेशावर तथा 1186 ई. में लाहौर पर अधिकार किया।
- अरब और तुर्की आक्रमण के दौरान महत्त्वपूर्ण राजपूत साम्राज्य थे-तोमर (दिल्ली), चौहान (राजस्थान), सोलंकी (गुजरात), परमार (मालवा), गहड़वाल (कन्नौज) और चंदेल (बुंदेलखंड)।
- अरब और तुर्की आक्रमण की सफलता का कारण सैन्य श्रेष्ठता थी। राजपूत सेना की तुलना में तुर्की घुड़सवार सेना अधिक गतिशील एवं सक्रिय थी। जबकि राजपूत सेना हाथियों पर अधिक निर्भर थी।
- अलबिरुनी ने आर्यभट्ट की महान रचना **आर्यभट्टियम** का अध्ययन किया था।

13

दिल्ली सल्तनत

(स्रोत)

New NCERT Class VII Chap 3 **दिल्ली : बारहवीं से पंद्रहवी शताब्दी**, Old NCERT Class VII Chap 4 **दिल्ली के सुल्तान** (1206 ई.-1290 ई.), Old NCERT Class XI Chap 6 **दिल्ली सल्तनत-I** (1200 ई.-1400 ई.), Chap 7 **दिल्ली सल्तनत-II** (1200 ई.-1400 ई.), Chap 8 **दिल्ली सल्तनत के अधीन शासन और आर्थिक तथा सामाजिक जीवन**, Chap 10 **उत्तर भारत में साम्राज्य के लिए संघर्ष-I** (लगभग 1400 ई.-1525 ई.), Tamil Nadu Board (Class XI), NIOS

दिल्ली सल्तनत की स्थापना

तुर्क आक्रमणकारियों ने पंजाब और मुल्तान पर अधिकार के पश्चात् गंगा की घाटी के साथ-साथ बिहार और बंगाल पर अपना आधिपत्य स्थापित किया। तत्पश्चात् इन आक्रमणकारियों ने जिस राज्य की स्थापना की, वह दिल्ली सल्तनत के नाम से प्रसिद्ध हुआ। दिल्ली सल्तनत के अंतर्गत गुलाम, खिलजी, तुगलक, सैयद और लोदी राजवंशों के शासकों ने शासन किया, जिनका अध्ययन निम्नवत् है

1. गुलाम वंश (1206-1290 ई.)

गुलाम वंश दिल्ली सल्तनत पर शासन करने वाला प्रथम राजवंश था। इसे **मम्लूक, मामूलक** या **दास वंश** भी कहा जाता है, क्योंकि इसके संस्थापक **कुतुबुद्दीन ऐबक** सहित, इल्तुतमिश और बलबन गुलाम थे। इन शासकों का विवरण निम्न है

कुतुबुद्दीन ऐबक (1206-1210 ई.)

- मुहम्मद गौरी की मृत्यु 1206 ई. के पश्चात् उसके द्वारा विजित भारतीय प्रदेशों का उत्तराधिकार कुतुबुद्दीन ऐबक को प्राप्त हुआ।
- कुतुबुद्दीन ऐबक ने शासक बनने के उपरांत 'मलिक' तथा 'सिपहसालार' की उपाधियाँ धारण कीं, किंतु सुल्तान की पदवी धारण नहीं की थी।
- कुतुबुद्दीन ऐबक ने चंदेल शासकों से कालिंजर, महोबा और खजुराहो को छीन लिया।
- दोआब को अपना आधार बनाकर तुर्कों ने आस-पास के क्षेत्रों पर अनेक आक्रमण किए। कुतुबुद्दीन ऐबक ने गुजरात के सोलंकी शासक भीम द्वितीय को पराजित किया।
- कुतुबुद्दीन ऐबक ने लाहौर को अपनी राजधानी बनाया, इसकी उदारता के कारण उसे **लाखबख्श** भी कहा जाता था।
- इसकी मृत्यु 1210 ई. में चौगान (पोलो) खेलते समय घोड़े से गिरने के कारण लाहौर में हुई थी।

इल्तुतमिश (1210-1236 ई.)

- कुतुबुद्दीन ऐबक की मृत्यु के पश्चात् उसका पुत्र आरामशाह दिल्ली सल्तनत का शासक बना, लेकिन ऐबक के दामाद इल्तुतमिश ने उसे पद से हटाकर स्वयं को शासक घोषित किया।
- इस प्रकार इल्तुतमिश ने पिता का उत्तराधिकार पुत्र को प्राप्त होने की रीति को सल्तनत काल के आरंभ में ही समाप्त कर दिया।
- इल्तुतमिश ने तुर्कों की भारत विजय को स्थायित्व प्रदान किया, जिसमें उसने अलीमर्दान खाँ, कुबाचा, ख्वारिज्म शाह आदि शासकों के विद्रोह का दमन कर दिल्ली सल्तनत का विस्तार किया, इसी कारण उसे 'दिल्ली सल्तनत का वास्तविक संस्थापक' माना जाता है।
- इल्तुतमिश ने अपने शासनकाल के आरंभिक वर्षों में उत्तर-पश्चिमी क्षेत्रों की ओर ध्यान आकर्षित किया और साथ ही दिल्ली सल्तनत की सीमा को सिंधु नदी क्षेत्र तक विस्तारित किया।
- इल्तुतमिश के शासनकाल में बंगाल और बिहार प्रांत में **इवाज** नामक व्यक्ति ने सुल्तान गयासुद्दीन की पदवी धारण कर स्वयं को स्वतंत्र शासक घोषित कर दिया था।
- 1226-27 ई. में इल्तुतमिश के पुत्र नसीरुद्दीन महमूद ने लखनौती के निकट हुए युद्ध में इवाज को पराजित किया था।

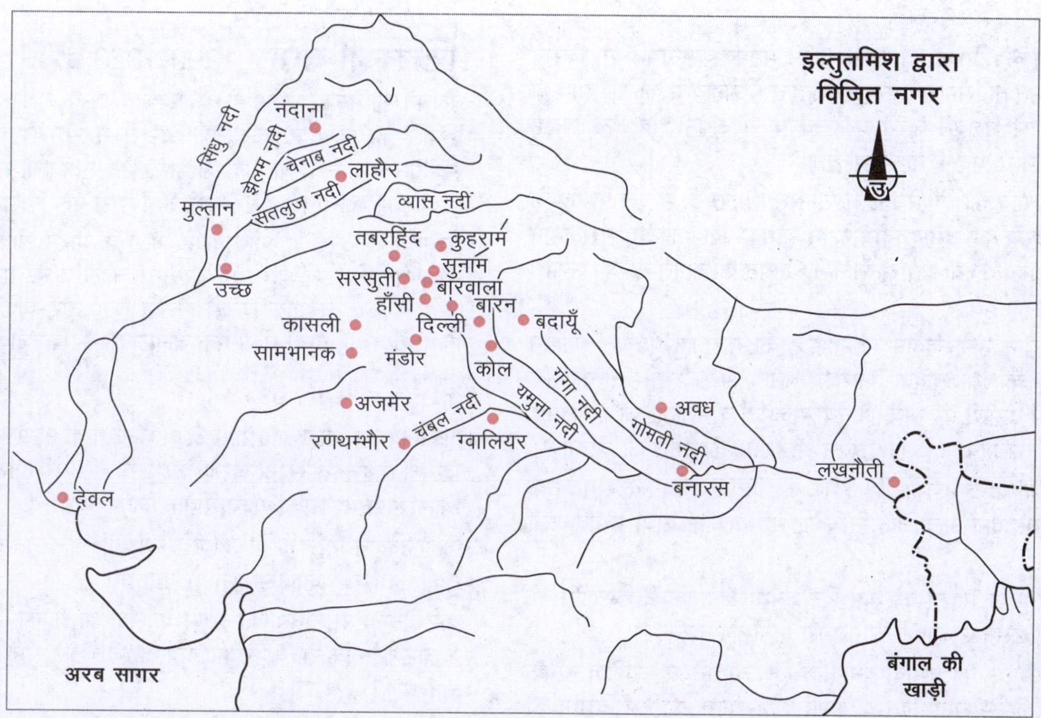

रजिया (1236-1240 ई.)

- इल्तुतमिश ने अपने जीवन काल के अंतिम वर्षों में अपने पुत्रों को उत्तराधिकारी न घोषित करते हुए अपनी पुत्री को दिल्ली सल्तनत की साम्राज्ञी घोषित किया। इस प्रकार रजिया ने मध्यकाल के दौरान प्रथम महिला शासिका के रूप में सत्ता की बागडोर सँभाली।

दिल्ली सल्तनत के राजवंश

- गुलाम वंश–1206-1290 ई.
- खिलजी वंश–1290-1320 ई.
- तुगलक वंश–1320-1414 ई.
- सैयद वंश–1414-1451 ई.
- लोदी वंश–1451-1526 ई.

- रजिया के शासक बनने के साथ ही तुर्क सरदारों की संस्था **चालीसा** या **चहलगानी** ने उसका विरोध आरंभ किया। 'चालीसा' या 'चहलगानी' की स्थापना इल्तुतमिश ने राजकाज में नीतिगत सहायता के लिए की थी।
- रजिया के सत्ता में आने के साथ ही सत्ता के लिए राजतंत्र और उन तुर्क सरदारों के मध्य संघर्ष आरंभ हो गया, जिन्हें इल्तुतमिश के काल में 'चहलगानी' या 'चालीसा' कहा जाता था, हालाँकि इल्तुतमिश इन सरदारों के साथ बहुत आदर से पेश आता था।
- इल्तुतमिश की मृत्यु के पश्चात् चालीसा या चहलगानी सरदार किसी अयोग्य को शासक घोषित कर सत्ता की वास्तविक बागडोर स्वयं सँभालना चाहते थे।
- रजिया महिलाओं की पारंपरिक पोशाक बुर्का और पर्दा को त्यागकर पुरुषों के समान **कुबा** (कोट), **कुलाह** (टोपी) आदि धारण कर दरबार में आती थी। वजीर निजाम-उल-मुल्क जुनैदी ने रजिया का विरोध किया था और उसके विरुद्ध अमीर सरदारों द्वारा किए जा रहे विद्रोह का समर्थन किया था।
- रजिया ने राजपूतों पर अपना आधिपत्य स्थापित करने के उद्देश्य से रणथंभौर पर आक्रमण किया था और संपूर्ण राज्य में शांति-व्यवस्था को स्थापित किया था।
- रजिया ने इक्ताओं में बदलाव कर नई नियुक्तियाँ कीं। उसने एक अबीसीनियाई गुलाम जलालुद्दीन याकूत को **अमीर-ए-आखूर** (अश्वशाला का प्रमुख) नियुक्त किया। जलालुद्दीन याकूत को उच्च पद देने का तुर्क अमीरों ने विरोध आरंभ किया।
- परिणामस्वरूप लाहौर और सरहिंद में विद्रोह का दमन करने हेतु रजिया ने क्रमशः लाहौर पर आक्रमण कर वहाँ के सूबेदार को अपनी अधीनता स्वीकार करने हेतु विवश कर दिया।
- सरहिंद पर आक्रमण के समय रजिया के सैनिकों में आपसी संघर्ष के कारण याकूत की मृत्यु हो गई और रजिया को तबरहिंद में बंदी बना लिया गया।
- रजिया ने अपनी कूटनीति का परिचय देते हुए बंदी बनाने वाले सरदार अलतूनिया के साथ विवाह कर पुनः दिल्ली पर आधिपत्य का प्रयास किया, परंतु इस प्रयास में वह असफल रहीं और कैथल में उसकी हत्या कर दी गई।
- रजिया के पश्चात् इल्तुतमिश के वंश के अनेक अयोग्य व निर्बल उत्तराधिकारी सिंहासन पर आसीन हुए, जिसमें मुइज़ुद्दीन बहरामशाह (1240-42 ई.), अलाउद्दीन मसूदशाह (1242-46 ई.) तथा नसीरुद्दीन महमूद शाह (1246-66 ई.) आदि शामिल हैं।
- ये सभी नाममात्र के शासक थे, जबकि वास्तविक सत्ता तुर्क अमीरों के हाथों में थी, अतएव शासन तंत्र में तुर्क सरदार व राजतंत्र में निरंतर संघर्ष चलता रहा। इतिहासकार मिन्हाज-ए-सिराज ने स्वीकार किया कि रजिया अपने सभी भाईयों में योग्य थीं।

गयासुद्दीन बलबन (1266-1287 ई.)

- तुर्क सरदारों और राजतंत्र में जारी गतिरोध की स्थिति का लाभ उठाकर उलुग खाँ नामक एक तुर्क सरदार ने सल्तनत पर आधिपत्य स्थापित किया और 1266 ई. में दिल्ली सल्तनत की गद्दी पर आसीन हुआ।
- यह तुर्क सरदार भारतीय इतिहास में **बलबन** के नाम से प्रसिद्ध है।

- बलबन इल्तुतमिश के कनिष्ठ पुत्र नासीरुद्दीन महमूद का नायब था, जिसने सुल्तान को सल्तनत के सिंहासन पर आरूढ़ होने में सहायता की थी, साथ ही स्वयं की स्थिति को मजबूत करने के उद्देश्य से अपनी पुत्री का विवाह सुल्तान नसीरुद्दीन महमूद से कर दिया था।
- बलबन के बढ़ते प्रभाव को देखते हुए सुल्तान ने 1250 ई. में एक षड्यंत्र के अंतर्गत उसे अपदस्थ कर **इमादुद्दीन रैहान** नामक एक भारतीय मुसलमान को नायब का पद प्रदान किया था। सुल्तान ने बलबन को उलुग खाँ की उपाधि (1249 ई.) प्रदान की थी।
- 1266 ई. में सुल्तान नसीरुद्दीन महमूदशाह की मृत्यु के पश्चात् बलबन दिल्ली सल्तनत का वास्तविक शासक बना और उसने तात्कालिक समस्याओं, जिसमें अमीरों पर नियंत्रण तथा राजपूतों व मंगोलों की आक्रामक स्थिति शामिल थीं, से निपटने के लिए **रक्त और लौह की नीति** को अपनाया।
- बलबन ने 'चालीसा' या 'चहलगानी' को भंग कर दिया। बलबन के समय तक तुर्क सरदारों का यह दल अत्यधिक निरंकुश, महत्त्वाकांक्षी तथा प्रभावशाली हो चुका था।
- बलबन ने उलेमाओं के महत्त्व को कम किया तथा अनावश्यक हस्तक्षेप को कम करने के लिए उसने उलेमाओं से परामर्श लेना बंद कर दिया।
- बलबन ने सैन्य संगठन को प्रभावी बनाने के लिए **दीवान-ए-आरिज** नामक एक सैन्य विभाग की स्थापना की तथा इमाद-उल-मुल्क को इस विभाग का प्रमुख नियुक्त किया।
- बलबन ने गुप्तचर व्यवस्था तथा न्याय-व्यवस्था को भी महत्त्व दिया। गुप्तचर विभाग का नाम **बरीद-ए-मुमालिक** तथा गुप्तचर अधिकारी को **बरीद** कहा जाता था। न्याय व्यवस्था का शीर्ष अधिकारी सुल्तान स्वयं था।
- 1279 ई. में बलबन ने बंगाल का अभियान किया तथा तुगरिल खाँ बेग के विद्रोह का दमन किया। तुगरिल खाँ के विद्रोह का दमन करने में बलबन को 2 वर्षों का समय लगा।
- बलबन की मृत्यु 1286 ई. में हुई और उसके पश्चात् कैकुबाद (1287-90 ई.) तथा कैयूमर्स (1290 ई.) शासक बने, लेकिन इनके अल्पकाल की शासन पद्धति के पश्चात् गुलाम वंश के शासकों की अयोग्यता व दुर्बलता का लाभ उठाकर जलालुद्दीन खिलजी ने दिल्ली सल्तनत पर आधिपत्य स्थापित कर लिया।

बलबन का राजत्व सिद्धांत

- बलबन राजपद की शक्ति और प्रतिष्ठा की अभिवृद्धि हेतु निरंतर प्रयत्नशील रहा और उसने घोषणा की कि वह विख्यात ईरानी शहंशाह अफरासियाब का वंशज है।
- बलबन का राजत्व सिद्धांत वसाया में संकलित है, उसके अनुसार, सुल्तान **जिल्लेइलाही** (ईश्वर का प्रतिरूप) तथा **नियाबते खुदाई** (ईश्वर का प्रतिनिधि) है, उसका स्थान पैगंबर के पश्चात् है।
- बलबन ने अपनी उच्च स्थिति को दर्शाने हेतु ईरानी शैली में अपने भव्य दरबार का निर्माण करवाया। साथ ही **सिजदा** (दंडवत करने) तथा **पैबोस** (सुल्तान के कदमों को चूमना) प्रथा को भी प्रारंभ किया।
- उसने ईरानी त्योहार **नौरोज** (नववर्ष) की प्रथा को प्रारंभ किया तथा अपनी शासन पद्धति में शालीनता हेतु सामान्य लोगों से मिलना, शराब पीना तथा सार्वजनिक रूप से अपनी भावनाएँ प्रकट करने आदि पर रोक लगा दी थी।
- इतिहासकार जियाउद्दीन बरनी ने लिखा है कि बलबन कहता था, ''जब भी मैं किसी नीच कुल में उत्पन्न व्यक्ति को देखता हूँ, तो मेरी आँखों में अंगारे फूटने लगते हैं और क्रोध से मेरा हाथ (उसे मारने के लिए) मेरी तलवार पर चला जाता है।''

2. खिलजी वंश (1290-1320 ई.)

- बलबन की मृत्यु (1286 ई.) के पश्चात् उसके अयोग्य उत्तराधिकारियों की स्थिति का लाभ उठाकर तुर्क अमीरों ने सभी उच्च पदों पर अधिकार स्थापित कर लिया था, जिससे अन्य गैर-तुर्क वर्गों में असंतोष की स्थिति उत्पन्न हो गई थी। इन गैर-तुर्क वर्गों में से एक खिलजी थे।
- खिलजी गैर-तुर्क थे, जो मुहम्मद गौरी के भारत आक्रमण के समय उसके साथ आए थे, उन्हें कभी भी सल्तनत काल में सम्मान नहीं मिला था तथा उन्हें मंगोलों के आक्रमण से सुरक्षा हेतु उत्तर-पश्चिमी प्रांत में नियुक्त किया गया था, इन्हीं में से एक जलालुद्दीन खिलजी था।

जलालुद्दीन खिलजी (1290-1296 ई.)

- जलालुद्दीन खिलजी 1290 ई. में बलबन के अयोग्य उत्तराधिकारियों को दिल्ली सल्तनत से अपदस्थ कर सिंहासन पर आसीन हुआ, तत्पश्चात् **किलोखरी** में उसका राज्याभिषेक किया गया।
- जलालुद्दीन खिलजी के उदय के साथ ही सल्तनत काल में उच्च पदों पर तुर्कों का एकाधिकार समाप्त हो गया था।
- वह दिल्ली सल्तनत का प्रथम शासक था, जिसने स्पष्ट शब्दों में यह विचार रखा कि राज्य को शासितों के स्वैच्छिक समर्थन पर आधारित होना चाहिए।
- उसने हिंदुओं को अपने धर्म और रीति-रिवाजों का पालन करने की पूर्ण स्वतंत्रता प्रदान की थी।
- जलालुद्दीन खिलजी ने सहिष्णुता का व्यवहार करने और कड़े दंड प्रावधान की नीति को न अपनाकर अमीरों की सद्भावना को भी प्राप्त करने का प्रयास किया।
- 1290 ई. में मलिक छज्जू ने कड़ा (प्रयागराज के समीप) विद्रोह कर स्वयं को सुल्तान घोषित कर दिया था, परंतु जलालुद्दीन खिलजी ने उसे युद्ध में पराजित करके दंड नहीं दिया था।
- इसके विपरीत, ईरान के फकीर **सीदी मौला** को मृत्युदंड की सजा दी गई थी, क्योंकि उसने सुल्तान जलालुद्दीन के विरुद्ध षड्यंत्र किया था।
- अलाउद्दीन खिलजी 1296 ई. में अपने श्वसुर और चाचा जलालुद्दीन खिलजी की हत्या कर स्वयं सुल्तान बन गया।

अलाउद्दीन खिलजी (1296-1316 ई.)

- अलाउद्दीन खिलजी 1296 ई. में सल्तनत का सुल्तान बना और इसका राज्याभिषेक दिल्ली में हुआ था।
- जलालुद्दीन के शासनकाल के दौरान वह कड़ा का इक्तादार था, इसने जलालुद्दीन के शासन के दौरान 1292 ई. में भिलसा पर तथा 1296 ई. में देवगिरि पर आक्रमण किया था।
- अवध की सूबेदारी के समय इसने देवगिरि पर आक्रमण कर अकूत संपत्ति प्राप्त की थी और इस संपत्ति की लालसा में जलालुद्दीन, अलाउद्दीन से मिलने चला गया, तत्पश्चात् अलाउद्दीन ने उसकी हत्या कर दी और कुछ समय पश्चात् तक वह अनेक विद्रोहों का सामना करता रहा।
- अपने विरोधियों को आतंकित करने के लिए अलाउद्दीन ने अधिक-से-अधिक कठोरता और निष्ठुरता का तरीका अपनाया उसने अमीरों के षड्यंत्र को रोकने के लिए अनेक नियम बनाए; जिसमें भोजों और उत्सवों के आयोजन को अमीरों के लिए निषिद्ध कर दिया गया। वे आपस में वैवाहिक संबंध स्थापित नहीं कर सकते थे।

- अलाउद्दीन खिलजी ने **सिकन्दर-ए-सानी** अर्थात् सिकंदर द्वितीय की उपाधि ग्रहण की। इसने अमीरों के लिए शराब व नशीले पदार्थों के सेवन पर रोक लगा दी।
- अलाउद्दीन ने एक गुप्तचर प्रणाली स्थापित की, जिसके सदस्य अमीरों की कही गई प्रत्येक बात और कार्रवाई से सुल्तान को अवगत कराते थे। अलाउद्दीन के विरुद्ध विद्रोह करने वाले अमीरों में अकत खाँ, हाजी मौला (दिल्ली), मलिक उमर (बदायूँ) तथा मंगू खाँ (अवध) शामिल थे।
- सल्तनत की बाहरी सीमाओं का विस्तार अलाउद्दीन खिलजी द्वारा दक्षिण भारत को लक्ष्य बनाकर किया गया। जबकि आंतरिक सीमाओं का विस्तार गैरिसन शहरों (सैनिकों के लिए स्थापित किला शहर) की भीतरी सीमाओं में गंगा-यमुना दोआब क्षेत्र में हुआ। भीतरी विस्तार खिलजी से पूर्व हुआ था।

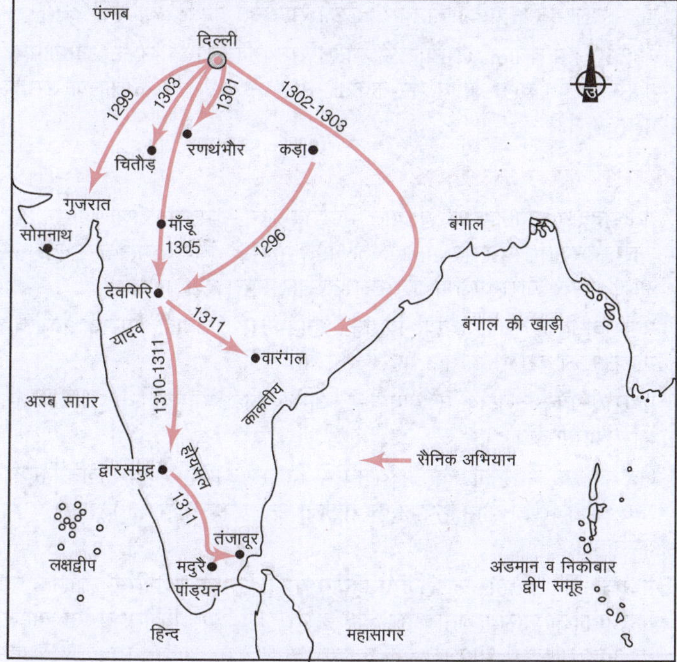

- अलाउद्दीन खिलजी ने दक्षिण भारत के राज्यों पर आक्रमण के लिए सेनाएँ भेजीं तथा 1296 ई. में देवगिरि के शासक रामचंद्र को पराजित किया।
- अलाउद्दीन खिलजी ने 1298-99 ई. में गुजरात के लिए अभियान किया। इसी अभियान में उसे 'मलिक काफूर' प्राप्त हुआ। मलिक काफूर को **हजार दीनारी** भी कहा जाता था।
- अलाउद्दीन खिलजी ने 1301 ई. में रणथंभौर पर आक्रमण किया। इस आक्रमण के समय वहाँ का शासक हम्मीर देव था। इस अभियान का नेतृत्व अलाउद्दीन खिलजी के सैन्य अधिकारियों उलूग खाँ एवं नुसरत खाँ ने किया था।
- 1303 ई. में अलाउद्दीन खिलजी ने चित्तौड़ पर आक्रमण किया इस आक्रमण का कारण चित्तौड़ की रानी पद्मावती की सुंदरता से सुल्तान का प्रभावित होना माना जाता है।
- मलिक मुहम्मद जायसी की रचना **पद्मावत** में इस युद्ध की चर्चा है। अलाउद्दीन खिलजी ने 1309 ई. तेलंगाना के वारंगल पर विजय प्राप्त की।
- वारंगल के काकतीय शासक प्रताप रुद्रदेव ने अलाउद्दीन खिलजी की अधीनता स्वीकार की। इसी समय मलिक काफूर को कोहिनूर हीरा प्राप्त हुआ।
- वर्ष 1311 में मलिक काफूर के नेतृत्व में अलाउद्दीन खिलजी की सेना ने पांड्य शासक सुंदर पांड्य को पराजित कर मदुरै पर विजय प्राप्त की।
- अलाउद्दीन खिलजी ने सैन्य विभाग में सुधार किया। सैनिकों को नकद् वेतन के साथ घोड़ों को दागने की प्रथा आरंभ की। उसने 'बाजार नियंत्रण की नीति' आरंभ की।
- 1316 ई. में अलाउद्दीन खिलजी की मृत्यु के पश्चात् उसके कृपापात्र मलिक काफूर (अलाउद्दीन के दक्षिण अभियान का नेतृत्वकर्ता) ने उसके नाबालिग बेटे को सिंहासनारूढ़ किया और अन्य बेटों को या तो कैद कर लिया या उन्हें अंधा बना दिया गया, लेकिन अमीरों ने विरोध नहीं किया। हालाँकि कुछ समय पश्चात् महल के रक्षकों द्वारा मलिक काफूर की हत्या कर दी गई।
- इस घटना के पश्चात् खुसरो नामक एक व्यक्ति, जो हिंदू से मुसलमान बना था, दिल्ली सल्तनत के राजसिंहासन पर आसीन हुआ, यद्यपि समकालीन इतिहासकार खुसरो पर प्रत्येक अपराध में शामिल रहने का आरोप लगाते हैं।
- दिल्ली के प्रसिद्ध सूफी संत **निजामुद्दीन औलिया** ने खुसरो से भेंट की थी तथा उसे सम्मान दिया था।
- 1320 ई. में गयासुद्दीन तुगलक के नेतृत्व में अधिकारियों के एक गुट ने इस्लाम के नाम पर विद्रोह कर दिया, जिसमें सुल्तान (खुसरो) के समर्थकों व विद्रोहियों के मध्य युद्ध हुआ तथा खुसरो की पराजय हुई और उसकी हत्या कर दी गई।

अलाउद्दीन खिलजी का प्रादेशिक विस्तार व विजय अभियान

उत्तर भारत में

राज्य	शासक	खिलजी सरदार	विशेष/विवरण
गुजरात 1298 ई.	रायकरन वघेला (कर्ण)	उलूग खाँ और नुसरत खाँ	इसने गुजरात अभियान के मार्ग में जैसलमेर विजित किया तथा कर्ण भाग गया।
रणथंभौर 1301 ई.	राणा हम्मीर देव (चौहान शासक)	उलूग खाँ और नुसरत खाँ	पहले राणा ने आक्रमण विफल कर दिया और नुसरत खाँ मारा गया, तब अलाउद्दीन स्वयं आया तथा राजपूत रानियों ने जौहर किया और हम्मीर युद्ध में मारा गया।
चित्तौड़ 1303 ई.	रतन सिंह	अलाउद्दीन खिलजी	चित्तौड़ पर अधिकार कर उसका नाम 'खिज्राबाद' रखा गया। 1311 ई. में चित्तौड़ मालदेव को सौंप दिया गया।
मालवा 1305 ई.	महलकदेव	आइनुलमुल्क मुल्तानी	इस युद्ध में महलकदेव मांडू भाग गया और मालवा खिलजी साम्राज्य में मिला लिया गया।
सिवाना 1308 ई.	शीतलदेव (परमार वंशीय)	कमालुद्दीन कुर्ग	इस युद्ध में शीतलदेव मारा गया तथा उसका राज्य सल्तनत में मिला लिया गया।
जालौर 1311 ई.	कान्हदेव (कृष्णदेव)	कमालुद्दीन कुर्ग	इस युद्ध में शासक के भाई मालदेव को खुश होकर चित्तौड़ सौंपा।

दक्षिण भारत में

राज्य	शासक	खिलजी सरदार	विशेष/विवरण
देवगिरि 1296 ई.	रामचंद्र देव (यादव शासक)	अलाउद्दीन खिलजी	इस युद्ध में रामचंद्र देव ने एलिचपुर प्रांत की आय देने का वादा किया।
देवगिरि 1307 ई.	रामचंद्र देव	मलिक काफूर	रामचंद्र ने कर देना बंद कर दिया था, अतः आक्रमण हुआ। रामचंद्र ने समर्पण किया और दिल्ली चला गया। वहाँ अलाउद्दीन ने मित्रवत् व्यवहार कर उसे 'रायरायान' की उपाधि दी, साथ ही नवसारी जिला भेंट किया।
वारंगल 1309 ई.	प्रतापरुद्र देव (काकतीय शासक)	मलिक काफूर	देवगिरि ने मलिक काफूर को सहायता दी और वह तेलंगाना की राजधानी पहुँच गया और शासक की सोने की मूर्ति व कोहिनूर हीरा तथा भारी मात्रा में लूट का माल लेकर लौटा।
द्वारसमुद्र 1310 ई.	वीर बल्लाल तृतीय (होयसल वंश)	मलिक काफूर	देवगिरि का सेनापति पारसदेव (परशुराम दलावे) भी मलिक काफूर की सहायता के लिए साथ हो गया। वीर बल्लाल स्वयं पांड्य उत्तराधिकार युद्ध में भाग लेने गया था। बल्लाल ने समर्पण किया और काफूर के साथ दिल्ली गया, वहाँ अलाउद्दीन ने उनका भव्य स्वागत किया।
पांड्य 1311 ई.	वीर पांड्य	मलिक काफूर	मलिक काफूर पांड्य राज्य के उत्तराधिकार युद्ध में सुंदर पांड्य के पक्ष में गया था, उसके साथ में वीर बल्लाल भी था। यह अभियान लूट की दृष्टि से श्रेष्ठ था।
देवगिरि 1313 ई.	शंकरदेव (सिंघण द्वितीय)	मलिक काफूर	सिंघण मारा गया और देवगिरि अधिकांशतः दिल्ली सल्तनत में शामिल कर लिया गया।

3. तुगलक वंश (1320-1414 ई.)

खिलजियों के पश्चात् दिल्ली सल्तनत में तुगलकों का शासन आरंभ हुआ, जिसके महत्त्वपूर्ण शासकों में निम्न शासक शामिल थे

गयासुद्दीन तुगलक (1320-1325 ई.)

- गयासुद्दीन तुगलक ने एक नए राजवंश की स्थापना की, जिसे **तुगलक वंश** के नाम से जाना जाता है। गयासुद्दीन तुगलक का साम्राज्य विस्तार संपूर्ण देश पर था।
- उसने सुदूर दक्षिण तक के क्षेत्रों पर अपना प्रत्यक्ष नियंत्रण स्थापित किया। वारंगल, प्रथम दक्षिण भारतीय राज्य था, जिसे तुगलकों द्वारा प्रत्यक्ष नियंत्रण में लाया गया, इसे **सुल्तानपुर** उपनाम दिया गया।
- गयासुद्दीन तुगलक के दक्षिण अभियान का नेतृत्व उसके पुत्र जौना खाँ ने किया था। मध्यकालीन इतिहास में जौना खाँ, मुहम्मद-बिन-तुगलक के रूप में जाना जाता है।
- राजमुंदरी अभिलेख में गयासुद्दीन तुगलक को **दुनिया का खान** कहा गया है, हालाँकि वह **गाजी मलिक** की उपाधि से भी सुशोभित था।
- गयासुद्दीन तुगलक ने **तुगलकाबाद** नगर बसाया। उसका मकबरा वास्तुकला की तुगलक शैली में बनाया गया था।
- गयासुद्दीन तुगलक ने कई महत्त्वपूर्ण सुधार किए, उसने डाक व्यवस्था की शुरुआत की तथा इसके लिए एक नए विभाग की स्थापना की। डाक विभागों का प्रधान 'बरीद-ए-मुमालिक' नियुक्त किया गया।
- 1324 ई. में गयासुद्दीन तुगलक ने बंगाल तथा बिहार का अभियान किया तथा इन क्षेत्रों को जीतकर दिल्ली सल्तनत का हिस्सा बना दिया।
- 1325 ई. में बंगाल अभियान से लौटते समय दिल्ली के निकट अफगानपुर में उसके पुत्र द्वारा बनाए गए लकड़ी के भवन के गिरने के कारण उसकी मृत्यु हो गई।

मुहम्मद-बिन-तुगलक (1325-1351 ई.)

- गयासुद्दीन तुगलक के पश्चात् मुहम्मद-बिन-तुगलक राजसिंहासन पर आसीन हुआ। अपने पूर्व शासक की भाँति मुहम्मद-बिन-तुगलक ने एक ऐसे साम्राज्य पर शासन किया, जिसका विस्तार संपूर्ण देश पर था।
- मुहम्मद-बिन-तुगलक एक विद्वान्, धार्मिक व तर्कवादी शासक था। वह योग्यता को वंश से अधिक महत्त्व देता था।
- मुहम्मद-बिन-तुगलक ने 'दीवान-ए-अमीर कोही' नामक एक कृषि विभाग की स्थापना की।
- क्षेत्र को एक अधिकारी की अध्यक्षता में विकास ब्लॉकों में विभाजित किया गया था, जिसका काम कृषकों को तकावी ऋण देकर कृषि का विस्तार करना था।
- मध्यकालीन इतिहासकार **जियाउद्दीन बरनी** ने मुहम्मद-बिन-तुगलक को महत्त्वाकांक्षी शासक बताते हुए कहा है कि "वह विश्व विजेता बनना चाहता था और भारत में भूमि का एक टुकड़ा (कतरा) भी अपने नियंत्रण से बाहर नहीं जाने देना चाहता था।"
- इतिहासकार इब्नबतूता ने भी मुहम्मद-बिन-तुगलक के संबंध में यह कहा है कि "वह अत्यधिक इनाम और दंड देता है।"
- मुहम्मद-बिन-तुगलक के शासनकाल में राजधानी परिवर्तन हुआ और देवगिरि का नाम परिवर्तन कर **दौलताबाद** को नई राजधानी बनाया गया, लेकिन दिल्ली भी तुगलकों की राजधानी बनी रही।
- मुहम्मद-बिन-तुगलक के द्वारा किए गए दो सैन्य अभियान खुरासान और कराचिल प्रमुख रहे।
- खुरासान अभियान, खुरासान के शासक अबू सैयद के विरुद्ध किया गया था। इसका उद्देश्य गजनी और काबुल पर नियंत्रण स्थापित कर मंगोल आक्रमणों से रक्षा करना था।
- मुहम्मद-बिन-तुगलक द्वारा एक विवादास्पद योजना 'सांकेतिक मुद्रा' का प्रचलन किया गया।
- बरनी के अनुसार-सुल्तान ने सांकेतिक मुद्रा की शुरूआत की, क्योंकि सुल्तान की विजय योजनाओं के कारण खजाना खाली हो गया था।

- मुहम्मद-बिन-तुगलक ने चांदी के सिक्के (टका) के स्थान पर एक तांबे का सिक्का (पीतल) पेश किया और आदेश दिया कि इसे टका के समकक्ष माना जाए। इससे पूर्व ही चीन के कुबलाई खान ने सांकेतिक मुद्रा का सफल प्रयोग कर चुका था। यद्यपि भारत में सांकेतिक मुद्रा का विचार नया था और व्यापारियों तथा आम लोगों के लिए इसे स्वीकार करना कठिन था।
- मुहम्मद-बिन-तुगलक के समय अनेक विद्रोह हुए, जिसमें प्रथम विद्रोह सागर के इक्तादार **बहाउद्दीन गुरशास्प** के द्वारा 1327 ई. में किया गया था। तत्पश्चात् 1334-35 में **माबर** (मदुरै) में अहसान शाह ने विद्रोह किया और स्वतंत्र राज्य की स्थापना की।
- इसी के शासनकाल के दौरान दक्षिण भारत में **विजयनगर** (1336 ई.) और **बहमनी** (1347 ई.) नामक दो स्वतंत्र राज्यों का भी प्रादुर्भाव हुआ।
- 1340 ई. में अवध के नायब आइन-उल मुल्क-मुल्तानी का विद्रोह सबसे बीभत्स था, लेकिन अंततः वह पराजित हुआ।
- गुजरात में तगी के विद्रोह के परिणामस्वरूप थट्टा (निचला सिंध) में 1351 ई. में मुहम्मद-बिन-तुगलक की मृत्यु हो गई।

फिरोजशाह तुगलक (1351-1388 ई.)

- मुहम्मद-बिन-तुगलक की मृत्यु के पश्चात् उसका चचेरा भाई और गयासुद्दीन तुगलक का भतीजा फिरोजशाह तुगलक सुल्तान बना, उसने उलेमा और सरदारों के समर्थन से राजसिंहासन प्राप्त किया था।
- फिरोजशाह तुगलक का साम्राज्य अपने पूर्ववर्ती शासकों की अपेक्षा छोटा अवश्य था, फिर भी उसका विस्तार अलाउद्दीन खिलजी के साम्राज्य के बराबर था।
- फिरोजशाह तुगलक अपने महत्त्वपूर्ण सुधारों के लिए जाना जाता है। उसने 24 प्रकार के अबवावों (शुल्कों) को समाप्त कर चार महत्त्वपूर्ण करों को जारी रखा। उसने **जजिया** को ब्राह्मणों पर भी लागू किया।
- फिरोज तुगलक ने कृषि तथा सिंचाई के विकास के लिए महत्त्वपूर्ण कदम उठाए। उसने दिल्ली तथा उसके आस-पास के क्षेत्रों में 11 नहरों का निर्माण करवाया।
- फिरोजशाह तुगलक ने कई महत्त्वपूर्ण विभागों दारूल शफा (राजकीय अस्पताल), दीवान-ए-खैरात (दान विभाग), दफ्तर-ए-रोजगार (बेरोजगारों के लिए दफ्तर) इत्यादि की स्थापना की।
- फिरोजशाह तुगलक ने कई महत्त्वपूर्ण स्मारकों का निर्माण करवाया। उसने अशोक के दो स्तंभों को मेरठ तथा टोपरा से लाकर दिल्ली में स्थापित करवाया।
- फिरोजशाह तुगलक ने सल्तनत की नींव को बनाए रखने हेतु जनकल्याण और परोपकारिता पर बल दिया। उसके शासनकाल के अंतिम दौर में साम्राज्य अस्थिरता से ग्रस्त हो गया और उसकी मृत्यु के पश्चात् दिल्ली सल्तनत विभाजित हो गई तथा उत्तर भारत अनेक छोटे-छोटे राज्यों में बँट गया, इसी दौरान 1394 ई. में जौनपुर में शर्की राज्य की स्थापना हुई थी।

नसीरुद्दीन महमूद (1394-1412)

- नसिरुद्दीन महमूद तुगलक वंश का अंतिम शासक था, इसके साम्राज्य का विस्तार दिल्ली से पालम तक सीमित था।
- इसी समय भारत पर तैमूर लंग का आक्रमण हुआ, जिसने तुगलक वंश के साम्राज्य को समाप्त कर दिया।

तैमूर लंग का भारत पर आक्रमण

- तैमूर 1369 ई. में समरकंद का शासक बना था। वह एक कुशल राजनीतिज्ञ तथा महान् सेनापति था। अपनी विजयों के पश्चात् उसने ईरान, अफगानिस्तान, सीरिया, कुर्दिस्तान आदि को जीतकर एक विशाल साम्राज्य स्थापित किया।
- उसने अत्यधिक धन संपदा की लूट के उद्देश्य से 1398 ई. में दिल्ली सल्तनत पर आक्रमण किया और दिल्ली जीतने के पश्चात् 15 दिनों तक दिल्ली में रहकर 1399 ई. में वापस लौट गया।

4. सैयद वंश (1414-1451 ई.)

तुगलक वंश के पतन के पश्चात् सैयद वंश (1414-1451 ई.) का दिल्ली सल्तनत पर आधिपत्य स्थापित हुआ। इस वंश के प्रमुख शासक निम्नलिखित हैं

- **खिज्र खाँ** (1414-1421 ई.) सैयद वंश का संस्थापक खिज्र खाँ था। तैमूर लंग ने भारत से जाते समय खिज्र खाँ की सेवाओं से प्रसन्न होकर मुल्तान और दीपालपुर की सूबेदारी खिज्र खाँ को सौंप दी। मुल्तान और दीपालपुर की सूबेदारी मिलने के पश्चात् वह प्रभावशाली हो गया और दिल्ली के शासक दौलत खाँ लोदी को पराजित कर स्वयं दिल्ली के सिंहासन पर आसीन हुआ।
- **मुबारक शाह** (1421-1434 ई.) मुबारक शाह एक योग्य शासक था, जिसने सल्तनत के विस्तार को देखते हुए मेवात, बयाना और ग्वालियर के विरुद्ध सफल अभियान किए और राज्य की आय में वृद्धि के स्रोत को बढ़ाया।
- अन्य शासक मुबारक शाह के पश्चात् मोहम्मद शाह (1434-1443 ई.) एक निर्बल शासक के रूप में दिल्ली सल्तनत की राजगद्दी पर आसीन हुआ, इसी के शासन काल के दौरान बहलोल लोदी ने महमूद खिलजी के आक्रमण से दिल्ली की रक्षा की थी। तत्पश्चात् अलाउद्दीन आलम शाह (1443-1451 ई.) सुल्तान बना, लेकिन बहलोल लोदी ने उसकी अयोग्यता की स्थिति का लाभ उठाकर दिल्ली पर अधिकार कर लिया।

5. लोदी वंश (1451-1526 ई.)

दिल्ली सल्तनत पर शासन करने वाला अंतिम राजवंश लोदी वंश था। ये मूलतः अफगानी थे। इन्होंने दिल्ली सल्तनत की गरिमा और प्रतिष्ठा को पुनः स्थापित करने का प्रयत्न किया था। लोदी वंश के शासक निम्नलिखित हैं

- **बहलोल लोदी** (1451-1489 ई.) सैयद वंश के अयोग्य और निर्बल उत्तराधिकारियों की स्थिति का लाभ उठाकर बहलोल लोदी ने लोदी वंश की स्थापना की थी।

  इसने विद्रोही गवर्नरों की शक्तियों को दबाने का प्रयत्न किया और साथ ही जौनपुर को पुनः दिल्ली सल्तनत के अधीन कर लिया।
- **सिकंदर लोदी** (1489-1517 ई.) सिकंदर लोदी, लोदी वंश का योग्यतम शासक था। इसने पश्चिम बंगाल तक गंगा घाटी पर अपना नियंत्रण स्थापित किया था तथा बंगाल के शासक अलाउद्दीन हुसैन शाह से मैत्री संबंध भी स्थापित किए थे।

  इसने अपनी राजधानी 1506 ई. दिल्ली से स्थानांतरित कर आगरा में स्थापित की। कालांतर में यह शहर प्रसिद्ध हुआ तथा इस शहर की स्थापना (1504 ई.) का श्रेय सिकंदर लोदी को दिया जाता है।

- **इब्राहिम लोदी** (1517-1526 ई.) इब्राहिम लोदी सिकंदर लोदी का ज्येष्ठ पुत्र व उत्तराधिकारी था, इसे अपने शासन काल के प्रारंभिक वर्षों के दौरान ही राणा सांगा और अफगान सरदारों के विद्रोह का सामना करना पड़ा।
- लोदी सुल्तान अफगान सरदारों की राजभक्ति पर अत्यधिक निर्भर थे, किंतु सुल्तान की शक्तिशाली स्थिति को देखकर सरदार अत्यधिक प्रसन्न नहीं थे। उनमें से कुछ सरदारों ने विद्रोह के द्वारा अपने असंतोष को व्यक्त किया।
- कुछ प्रमुख अफगान सरदारों ने इब्राहिम लोदी के विरुद्ध षड्यंत्र कर काबुल के शासक बाबर को आक्रमण हेतु आमंत्रित किया और फलस्वरूप 1526 ई. में पानीपत के प्रथम युद्ध में इब्राहिम लोदी की पराजय के साथ ही लोदी वंश समाप्त हो गया तथा मुगल सत्ता की स्थापना हुई।

दिल्ली सल्तनत में मंगोल आक्रमण की स्थिति

- भारत अपनी प्राकृतिक सीमाओं के कारण अधिकांश बाहरी आक्रमणों से सुरक्षित था, लेकिन उत्तर-पश्चिमी सीमा की ही स्थिति कमजोर थी।
- हूण, सीथियन आदि की भाँति तुर्क भी इसी क्षेत्र के पहाड़ी दर्रों से होकर भारत में प्रवेश करते थे। इन पहाड़ों का विस्तार इस प्रकार हुआ था कि पंजाब और सिंध की उपजाऊ घाटियों की सुरक्षा हेतु काबुल से लेकर गजनी होते हुए कंधार तक पहुँचने वाले क्षेत्रों पर नियंत्रण आवश्यक था।
- हिंदुकुश से घिरे क्षेत्र पर नियंत्रण स्थापित करना इससे भी अधिक आवश्यक था, क्योंकि यह मध्य एशिया से कुमक पहुँचने का मुख्य मार्ग था।
- चंगेज खान के नेतृत्व में मंगोलों ने 1219 ईं में उत्तर-पूर्वी ईरान में ट्रांसऑक्सियाना (आधुनिक उज्बेकिस्तान) पर हमले के बाद दिल्ली सल्तनत की ओर आगे बढ़ा।

इल्तुतमिश के समय मंगोल आक्रमण

- इल्तुतमिश के काल में ख्वारिज्म साम्राज्य के उदय के फलस्वरूप काबुल, कंधार और गजनी पर गुलाम वंश के शासकों का नियंत्रण तीव्रता से समाप्त होने लगा था, लेकिन 1218 ई. में चंगेज खाँ (मंगोल) ने ख्वारिज्म साम्राज्य पर आक्रमण कर उसे पूर्णत: नष्ट कर दिया।
- भारत पर मंगोलों के आक्रमण का खतरा 1221 ई. में आया, जब ख्वारिज्म राजा की पराजय के पश्चात् युवराज जलालुद्दीन ने चंगेज खाँ के भय से सिंधु नदी को पार कर भारतीय सीमा में प्रवेश किया, परंतु इल्तुतमिश ने जलालुद्दीन के शरण देने के अनुरोध को अस्वीकार कर दिया।

बलबन के समय मंगोल आक्रमण

- चंगेज खाँ की मृत्यु (1226 ई.) के पश्चात् उसका विशाल साम्राज्य उसके पुत्रों में विभाजित हो गया।
- 1241 ई. में हेरात, गोर, गजनी और तुखारिस्तान में मंगोल सेनापति तैर बहादुर लाहौर की सीमा तक आ चुका था और लाहौर के सूबेदार ने दिल्ली सल्तनत से सहायता माँगी, लेकिन तत्कालीन सुल्तान बलबन ने किसी भी प्रकार का सहयोग नहीं दिया और अंतत: लाहौर पर मंगोलों का अधिकार हो गया।
- 1245 ई. में मंगोलों द्वारा सुल्तान पर आक्रमण के पश्चात् बलबन ने उसका सामना किया और उसे पराजित किया, इसी बीच इमादुद्दीन रैहान ने बलबन के प्रतिद्वंद्वियों के साथ मिलकर उसे पदच्युत करने का प्रयत्न किया, लेकिन वह असफल रहा।
- तुर्क अमीर, जिनमें शेर खाँ शामिल था, उसने मंगोलों के साथ मिलकर बलबन के प्रति अपनी प्रतिक्रिया को दर्शाया। शेर खाँ मुल्तान का सूबेदार था।
- मंगोलों से निपटने हेतु बलबन ने जिस रणनीतिक तथा कूटनीतिक व्यवस्था का निर्माण किया था, वह 1286 ई. में उसकी मृत्यु के पश्चात् भी जारी रही।

खिलजियों के समय मंगोल आक्रमण

- जलालुद्दीन खिलजी, बलबन के समय उत्तर-पश्चिमी सीमाओं का प्रधान रक्षक था, इसने अनेक परंतु लड़ाइयों में मंगोलों के विरुद्ध अपनी योग्यता का परिचय दिया था।
- 1292 ई. में हलाकू का एक पौत्र अब्दुल्ला 1,50,000 घुड़सवारों के साथ दिल्ली पर आक्रमण हेतु बढ़ रहा था, परंतु जलालुद्दीन खिलजी ने उस सेना को बलबन द्वारा स्थापित (भटिंडा, सुनाम आदि में) सीमा सुरक्षा पंक्ति के समीप पराजित कर दिया और मंगोलों द्वारा युद्ध विराम के निवेदन के पश्चात् 4,000 मंगोल इस्लाम स्वीकार करने के बाद दिल्ली के आस-पास बस गए थे।
- अलाउद्दीन खिलजी ने अपने शासनकाल के दौरान उन सभी मंगोलों को पूरी तरह से नष्ट कर दिया, जो जलालुद्दीन के शासनकाल में दिल्ली के पास बस गए थे।
- अलाउद्दीन के शासनकाल में 1299 ई. में नवीन मुसलमानों (मंगोल) द्वारा गुजरात अभियान के पश्चात् लूट में अत्यधिक हिस्से की माँग के पश्चात् विद्रोह कर दिया गया, जिसके परिणामस्वरूप नवीन मुसलमानों के साथ-साथ उनके स्त्री और बच्चों को भी अलाउद्दीन खिलजी द्वारा कड़ी सजा दी गई थी।
- दिल्ली सल्तनत के अधीन सुल्तानों द्वारा मंगोल आक्रमणों व उनकी स्थिति में आए परिवर्तनों को नियंत्रित किया जा सका।
- मंगोलों के प्रति अलाउद्दीन खिलजी का दृष्टिकोण उनकी प्रतिरक्षा करना था। वहीं मुहम्मद-बिन-तुगलक द्वारा उठाया गया कदम मंगोलों के विरुद्ध सैन्य आक्रमण का हिस्सा बना।

अतिरिक्त तथ्य
तमिलनाडु बोर्ड एवं NIOS

- कुतुबुद्दीन ऐबक ने यल्दौज से गजनी और जयचंद के उत्तराधिकारी हरिश्चंद्र से बदायूँ तथा कन्नौज अपने अधिकार में लिए।
- सैन्य अभियानों द्वारा इल्तुतमिश ने 1226 ई. में रणथम्भौर को तथा 1231 ई. में मंदौर, जालौर; बयाना तथा ग्वालियर पर अधिकार किया।
- 1229 ई. में इल्तुतमिश ने बगदाद के खलीफा से वैधता पत्र प्राप्त किया।
- अलाउद्दीन खिलजी की उपाधि **अमीर-ए-तुजुक** (उत्सवों का शहंशाह) थी तथा बाद में वह आरिज-ए-मुमालिक (युद्ध मंत्री) भी बना।
- अलाउद्दीन के गुजरात अभियान के सेनापति नुसरत खान तथा उलुग खाँ ने की थी तथा उस समय गुजरात का शासक राय करन था।
- अलाउद्दीन ने अपने पुत्र खिज्र खाँ के नाम पर चित्तौड का नाम **खिज्राबाद** रखा।
- अलाउद्दीन खिलजी का पहला दक्कन अभियान 1306-07 ई. में प्रारंभ हुआ, जबकि सुदूर दक्षिण का पहला अभियान 1309 ई. में तेलगांना क्षेत्र में वारंगल था।
- तुगलक वंश द्वारा उड़ीसा के शासक भानुदेव द्वितीय को पराजित किया गया। तुगलक सेना को नेतृत्व उलूग खाँ कर रहा था।
- बहलोल लोदी ने दोआब तथा मेवात के विद्रोह का दमन किया तथा जौनपुर को दिल्ली सल्तनत का हिस्सा बनाया।

14

दिल्ली सल्तनत :
प्रशासन, अर्थव्यवस्था, समाज एवं कला

(स्रोत)

New NCERT Class VII Chap 3 दिल्ली : बारहवीं से पंद्रहवी शताब्दी, Old NCERT Class-XI Chap 7 दिल्ली सल्तनत-II (लगभग 1200 - 1400 ई.), Chap 8 दिल्ली सल्तनत के अधीन शासक और आर्थिक तथा सामाजिक जीवन, Tamil Nadu Board (Class XI), NIOS

- बारहवीं सदी के अंतिम वर्षों में उत्तर भारत में तुर्कों द्वारा स्थापित राज्य धीरे-धीरे एक शक्तिशाली और अत्यंत केंद्रीकृत राज्य के रूप में उभरकर सामने आया और कुछ समय तक लगभग समस्त देश पर, दक्षिण में मदुरै तक के प्रदेशों पर, उसका नियंत्रण स्थापित रहा।
- दिल्ली सल्तनत का विघटन पंद्रहवीं सदी के आरंभ में हुआ, जिसके पश्चात् अनेक स्वतंत्र राज्य स्थापित हुए, लेकिन दिल्ली सल्तनत की शासन प्रणाली का स्पष्ट प्रभाव उनमें से अनेक राज्यों पर दृष्टिगोचर हुआ।

दिल्ली सल्तनत में प्रशासनिक संरचना

दिल्ली सल्तनतकालीन प्रशासन केंद्रीकृत नौकरशाही व्यवस्था पर आधारित था, किंतु प्रशासन में सर्वोच्चता सुल्तान को ही प्राप्त थी। प्रशासन का नियमन भी सुल्तान की योग्यता पर आधारित था।

दिल्ली के आरंभिक सुल्तान, विशेषकर इल्तुतमिश, सामंतों और जमींदारों के स्थान पर अपने विशेष गुलामों को सूबेदार नियुक्त करते थे। फारसी में इन गुलामों को 'बंदगाँ' कहा जाता था।

सुल्तान

- भारत के अनेक तुर्क सुल्तानों ने स्वयं को बगदाद के अब्बासी खलीफा का प्रतिनिधि घोषित किया। खिलाफत की स्वीकृति तथा खुतबे पर खलीफा का नाम शामिल करने के बावजूद दिल्ली सल्तनत स्वतंत्र शासक वर्ग था। भारत में खलीफा की स्थिति मात्र नैतिक थी।
- सल्तनतकालीन प्रशासन में सुल्तान का स्थान सर्वाधिक महत्त्वपूर्ण था और सर्वोच्च राजनीतिक, न्यायिक और सैन्य सत्ता भी इसमें निहित थी।
- यह राज्य की सुरक्षा और प्रशासनिक कार्यों के सुचारू रूप से संचालन हेतु उत्तरदायी था। यह सल्तनतकालीन सेना का प्रधान सेनापति भी था।
- कानून और न्याय की व्यवस्था करना सुल्तान का कर्त्तव्य था। इस कार्य हेतु यह न्यायाधीशों की नियुक्ति करता था।
- राज्य के अधीन कार्यरत् किसी भी पदाधिकारी के अन्यायपूर्ण कृत्यों के विरुद्ध सीधे अपील की जा सकती थी। सल्तनतकालीन सुल्तानों में बलबन और मुहम्मद-बिन-तुगलक अपनी न्याय व्यवस्था हेतु प्रसिद्ध थे।
- सल्तनतकालीन सुल्तानों में उत्तराधिकार का कोई स्पष्ट नियम विकसित नहीं हुआ था। इस्लामी कानून में शासक के चयन की व्यवस्था थी, लेकिन व्यावहारिक रूप में सफल शासक के पुत्र के उत्तराधिकार को स्वीकार कर लिया जाता था, परंतु सिंहासन पर सुल्तान के सभी पुत्रों को समान दावेदार माना जाता था।

केंद्रीय प्रशासन

- दिल्ली सल्तनत में सुल्तान के शासन कार्य में सहायता हेतु अनेक मंत्री होते थे, जिनका चयन वह स्वयं करता था और जिनका पदासीन रहना या पद्च्युत किया जाना सुल्तान पर निर्भर करता था।
- इन मंत्रियों की संख्या, इनके अधिकारों और कर्त्तव्यों में समय-समय पर परिवर्तन होता रहता था। प्रशासन की एक सुनिश्चित प्रणाली का विकास तेरहवीं सदी के अंत तक हुआ था।
- खिलजी और तुगलक शासक बंदगाँ (गुलाम) की नियुक्ति के साथ अपने पर आश्रित निम्न वर्गीय लोगों को भी उच्च राजनीतिक पदों पर नियुक्त करते थे।
- जियाउद्दीन बरनी के अनुसार, सल्तनतकालीन प्रशासन में प्रमुख चार विभाग महत्त्वपूर्ण स्थान रखते थे, जिनका विवरण निम्नलिखित है

दीवान-ए-विजारत

- प्रशासन में सबसे महत्त्वपूर्ण व्यक्ति **वजीर** होता था। आरंभिक सल्तनतकाल में वजीर मुख्य रूप से सैन्य प्रबंधक (सैनिक नेता) होता था। चौदहवीं सदी में वजीर को राजस्व मामलों का विशेषज्ञ माना जाने लगा। इस प्रकार वजीर एक विस्तृत विभाग, जिसे **दीवान-ए-विजारत** कहा जाता था, वहाँ का प्रधान बन गया, जिसमें आय तथा व्यय दोनों का प्रबंध किया जाता था।

- मुहम्मद-बिन तुगलक ने राजस्व विभाग के संगठन की ओर विशेष ध्यान दिया था। उसका वजीर **ख्वाजाजहाँ** सम्मान का पात्र था, जब भी मुहम्मद-बिन-तुगलक विद्रोहों को दबाने हेतु राज्य से बाहर जाता था।
- संपूर्ण राज्य की जिम्मेदारी उसके वजीर पर होती थी। इसके शासनकाल के अधीन राजस्व विभाग ने मौर्य साम्राज्य के विघटन के पश्चात् सबसे बड़े विभाग के रूप में सफलता प्राप्त की।
- फिरोजशाह तुगलक ने इस्लाम में धर्मांतरित एक-तेलंग ब्राह्मण **खान-ए-जहाँ** को अपना वजीर नियुक्त किया था।
- तुगलक काल के विद्वानों ने वजीरों की दो प्रमुख श्रेणियों को बताया है
  (i) **वजीर-ए-तौफीद** इसे असीमित अधिकार प्राप्त थे।
  (ii) **वजीर-ए-तनफीद** इसे सीमित अधिकार प्राप्त थे और यह सुल्तान के आदेशों का अनुसरण करता था।
- सल्तनतकालीन प्रशासन के अंतर्गत वजीर के अधीन अनेक अन्य विभाग थे, जो राजस्व कार्यों से जुड़े थे, जो निम्न हैं
  - **दीवान-ए-अमीर कोही** इस विभाग की स्थापना मुहम्मद-बिन-तुगलक ने कृषि विभाग को बढ़ावा देने के लिए की थी।
  - **दीवान-ए-वकूफ** इस विभाग को जलालुद्दीन खिलजी ने व्यय के कागजात की देखभाल हेतु स्थापित किया था।
  - **दीवान-ए-मुस्तखराज** इस विभाग की स्थापना अलाउद्दीन खिलजी ने बकाया राजस्व की जाँच एवं वसूली हेतु की थी।
  - **इमलाक** इस विभाग की स्थापना फिरोजशाह तुगलक ने सुल्तान की प्रत्यक्ष आय से संबंधित विषयों हेतु की थी।
  - **नायब-ए-मुमलकत** बहरामशाह के काल में वजीर के समकक्ष नाइब/नायब का पद सृजित किया गया था, इसे नायब-ए-मुमलकत कहा जाता था।
- **दीवान-ए-विजारत** के अन्य प्रमुख अधिकारी भी थे, जिनका विवरण निम्नानुसार है
  - **मुशरिफ -ए-मुमालिक** इसका मुख्य दायित्व प्रांतों एवं अन्य विभागों से प्राप्त होने वाली आय एवं उसके व्यय का लेखा-जोखा रखना था। नाजिर इसका सहायक होता था।
  - **मुस्तौफी-ए-मुमालिक** यह महालेखा परीक्षक था, जो व्यय का ब्यौरा रखता था।
  - **वकील-ए-सुल्तान** इसकी नियुक्ति वजीर की सहायता एवं सैन्य व्यवस्था की देख-रेख हेतु तुगलक शासक नसीरुद्दीन महमूद के काल में की गई थी, परंतु अत्यधिक शक्तिशाली पद होने के कारण इसे समाप्त कर दिया गया था।
  - **वकील-ए-दर** फिरोज तुगलक ने गुलामों का एक अलग विभाग स्थापित किया था, जिसे वकील-ए-दर के नाम से जाना जाता था, जिसके अंतर्गत कई गुलामों को शाही कार्यशालाओं में नियुक्त किया जाता था। यह दरबार में उचित मर्यादा बनाए रखने और औपचारिक स्वागत समारोहों में रईसों को उनके उचित क्रम में रखने के लिए जिम्मेदार था।
  - **आमिल** राजस्व प्रशासन में राजस्व वसूली के प्रभारी (राजस्व अधिकारी) को आमिल कहा जाता था। यह परगना स्तर पर एक महत्त्वपूर्ण अधिकारी था।
  - **मजूमदार** यह आय-व्यय का लेखा-जोखा रखता था साथ ही उधार का भी हिसाब-किताब रखता था।

दीवान-ए-अर्ज

- वजीर के पश्चात् राज्य का सबसे महत्त्वपूर्ण विभाग दीवान-ए-अर्ज या सैन्य विभाग था, इस विभाग के प्रधान को **आरिज-ए-मुमालिक** कहा जाता था।
- भारत में आरिज, एक अलग विभाग की स्थापना बलबन ने की थी, तत्पश्चात् अलाउद्दीन खिलजी ने भी इस विभाग पर विशेष ध्यान दिया था।

दीवान-ए-रिसाल/रसालत

- यह विभाग धार्मिक मामलों, धार्मिक संस्थानों, सुपात्र विद्वानों और धर्मतत्त्वज्ञों को दिए जाने वाले अनुदान संबंधी कार्यों का संचालन करता था।
- इस विभाग का सर्वोच्च अधिकारी **आला सदर** कहलाता था, जो सामान्यतः प्रमुख काजी हुआ करता था। यह विभाग विदेशी मामलों से भी संबंधित था।

दीवान-ए-इंशा

- यह विभाग राज्य में पत्र व्यवहार के कामकाज की देख-रेख करता था। सुल्तान और अन्य देशों के शासकों के मध्य तथा सुल्तान और उसके अधीनस्थ अधिकारियों के मध्य संपन्न होने वाले सभी औपचारिक और गोपनीय पत्र व्यवहार को इसी विभाग के द्वारा सँभाला जाता था।
- इस विभाग का प्रमुख अधिकारी दबीर-ए-खास या दबीर-ए-मुमालिक कहलाता था। मध्यकालीन विद्वान् मिनहाज-उस-सिराज इस विभाग को दीवान-ए-अशरफ कहकर संबोधित करता था।

सल्तनतकालीन अन्य प्रमुख केंद्रीय अधिकारी

- **अमीर-ए-आख्वुर** यह शाही घुड़साल का अधीक्षक था।
- **दरोगा-ए-पील** यह हाथियों से संबंधित अधिकारी था।
- **सरजांदार** यह सुल्तान के अंगरक्षकों का नायक था।
- **बरीद-ए-मुमालिक** यह गुप्तचर विभाग (दीवान-ए-बरीद) का प्रमुख अधिकारी था।
- **मुन्हियान** यह भी एक गुप्तचर था, जिसे अलाउद्दीन ने नियुक्त किया था।
- **सद्र-उस-सुदूर** यह धार्मिक मामलों में सुल्तान का प्रमुख परामर्शदाता था तथा यह इस्लामी नियमों को लागू करता था।
- **सद्र-ए-जहाँ** धार्मिक और धर्मार्थ बंदोबस्ती की प्रभारी अधिकारी।
- **अमीर-ए-हाजिब** यह बारबक भी कहलाता था। यह दरबारी शिष्टाचार से संबद्ध था।
- **मुहतसिब** यह सद्र के अधीन तथा लोगों के आचरण और माप-तौल नियंत्रण से संबद्ध था।
- **वकील-ए-दर** यह एक महत्त्वपूर्ण अधिकारी था, जो शाही हरम और शहजादों से संबद्ध था।
- **मीर-ए-इमारत** यह फिरोजशाह द्वारा स्थापित लोक निर्माण विभाग (दीवान-ए-इमारत) का प्रमुख अधिकारी था। मलिक गाजी शहना को यह पद दिया गया था।
- **काजी-उल-कुज्जात** यह न्याय विभाग (दीवान-ए-कजा) का प्रमुख था।
- **अमीर-ए-दाद** न्याय का प्रभारी अधिकारी (अभियोजक)।
- **शहना-ए-मंडी** यह बाजार मूल्य नियंत्रण बाट-माप की जाँच करता था।
- **ख्वाजा/साहिबे दीवान** यह राजस्व प्रशासन का प्रभारी था। यह बलबन द्वारा स्थापित प्रांत में नियुक्त होता था और केंद्र को लेखा-जोखा भेजता था।
- **मजलिस-ए-आम या मजलिस-ए-खलवत** यह सुल्तान के मित्रों और विश्वास पात्रों का समूह था।
- **अमीर-ए-मजलिस** शाही दावतों, सम्मेलनों और त्योहारों का प्रभारी अधिकारी
- **दीवान-ए-इस्तिहाक** यह पेंशन विभाग का अधिकारी था।
- **मुतशर्रिफ** यह शाही कारखानों का महानिदेशक था।

प्रांतीय प्रशासन

- दिल्ली सल्तनत की प्रांतीय शासन व्यवस्था में **इक्ता प्रणाली** महत्त्वपूर्ण थी, जिसे **इल्तुतमिश** के शासनकाल में प्रारंभ किया गया था।
- प्रारंभ में तुर्कों द्वारा भारत के विजित क्षेत्रों को अनेक प्रदेशों में बाँटा गया, जिन्हें **इक्ता** कहा जाता था। इस प्रणाली को लागू करने का मुख्य उद्देश्य भारत में प्रचलित सामंती व्यवस्था को समाप्त करना और साम्राज्य के दूरस्थ प्रदेश को केंद्र से जोड़ना था।
- सल्तनत काल में इक्ता प्रायः तुर्क अमीरों को सहयोग प्रदान करने के लिए दिया जाता था, जिन अमीरों को इक्ता प्रदान की जाती थी, उन्हें **मुफ्ती** या **वली** कहा जाता था। यही प्रदेश बाद के वर्षों में **प्रांत** या **सूबा** में परिणत हो गए।
- आरंभ में मुफ्ती या वली लगभग स्वतंत्र हुआ करते थे, इनका कार्य संबंधित प्रदेशों में शांति-सुव्यवस्था स्थापित करना तथा सरकार को दिए जाने वाले भू-राजस्व की वसूली करना था।
- इस प्रकार मुफ्ती द्वारा एकत्रित किए जाने वाले धन में से सिपाहियों को वेतन दिया जाता था।
- बचे हुए धन में से अपना खर्च निकालकर शेष बची हुई रकम, जिसे **फवाजिल** कहा जाता था, उसे केंद्र के पास भेजना होता था।
- सूबे के नीचे **शिक** और शिक के नीचे **परगना** होता था। शिक का प्रमुख अधिकारी शिकदार कहलाता था। इन इकाइयों की व्यवस्था के संबंध में स्पष्ट जानकारी प्राप्त नहीं होती है, लेकिन शिक नामक इकाई की स्थापना बलबन द्वारा की गई थी।
- इन स्रोतों से ज्ञात होता है कि गाँव, सौ-सौ या चौरासी-चौरासी की इकाइयों (चौरासी गाँवों की इकाई एक पारंपरिक व्यवस्था थी) में संगठित थे। गाँव के सबसे महत्त्वपूर्ण लोग **खुत** (भूस्वामी) और **मुकद्दम** (मुखिया) थे।

सैन्य प्रशासन

- सल्तनतकाल में सैन्य विभाग का प्रमुख **आरिज-ए-मुमालिक** प्रधान था, लेकिन यह सेनाध्यक्ष नहीं होता था, क्योंकि सभी सैन्यबलों का दायित्व सुल्तान स्वयं सँभालता था।
- यह सैनिकों की भर्ती करना, उन्हें सभी प्रकार से सज्जित करना और उनके वेतन संबंधी कार्य आरिज करता था।
- सल्तनतकालीन शासकों में अलाउद्दीन खिलजी ने सैनिकों की नियमितता पर बल दिया, साथ ही घोड़ों को दागने की प्रथा भी प्रारंभ की, ताकि घटिया किस्म के घोड़ों को सैन्य दलों में शामिल न किया जा सके। प्रत्येक सैनिक की एक विवरण सूची रखे जाने का भी प्रावधान किया गया।
- सेना को देश के विभिन्न भागों में तैनात किया जाता था और एक विशाल सेना की टुकड़ी राजधानी में सुल्तान के साथ रहती थी।
- शिकार के नाम पर सेना को लंबे-लंबे कूचों पर ले जाकर बलबन उसे स्फूर्तिदायक स्थिति में रखता था।
- दिल्ली के सुल्तानों में से अलाउद्दीन के पास बड़ी और स्थायी सेना थी। जियाउद्दीन बरनी के अनुसार उसके सैनिकों की संख्या 3,00,000 थी।
- अलाउद्दीन खिलजी की बाजार नियंत्रण नीति सैन्य सुधारों का ही दृष्टिकोण था, क्योंकि सैनिक अधिकांशतः दिल्ली के व्यापारियों से वस्तुएँ खरीदते थे और व्यापारी इसका मनमाना दाम न वसुलते, इसलिए इसे निरीक्षण में रखा गया।
- अलाउद्दीन खिलजी ने सभी सैनिकों को नकद वेतन देना प्रारंभ किया था। इसके पूर्व तुर्क सिपाहियों को उनके वेतन के बदले दोआब में बहुत-से गाँव प्रदान किए जाते थे।
- वह प्रत्येक घुड़सवार को सालाना 238 टंका प्रदान करता था और जो दो घोड़े रखता था, उसे 78 टंके और दिए जाते थे।
- गयासुद्दीन तुगलक ने वेतन रजिस्टर **वसीयत-ए-हश्म** को तैयार करवाया तथा स्वयं उसकी जाँच की थी।
- सल्तनतकालीन सुल्तान के सैनिक **हश्म-ए-कल्ब** कहलाते थे। सामंतों व प्रांतपतियों की सेना **हश्म-ए-अतरफ** कहलाती थी। सुल्तान की सेवा में रहने वाली टुकड़ियाँ खासाखेल कहलाती थीं।
- अलाउद्दीन खिलजी ने सैनिकों के लिए सीरी नामक नया गैरिशन शहर बनवाया, जबकि मुहम्मद तुगलक ने 'देहली-ए-कुहना' से निवासियों को हटाकर वहाँ सैन्य छावनी का निर्माण करवाया।

सैन्य संगठन

- सल्तनतकालीन सैन्य संगठन में निम्न पद सम्मिलित थे
  - **अमीर-ए-दह** यह दस सैनिकों का सेनानायक था।
  - **अमीर-ए-सदा** यह दस अमीरों या सौ सैनिकों का सेनानायक था।
  - **अमीर-ए-हजारा** यह एक हजार सैनिकों का सेनानायक था।
  - **अमीर-ए-तुमन** यह दस हजार सैनिकों का सेनानायक था।
- जियाउद्दीन बरनी ने इस सैन्य वर्गीकरण (दशमलव प्रणाली) को अपने अनुसार स्पष्ट किया है।
- सबसे छोटी इकाई **सरखेल** तथा सबसे बड़ी इकाई **खान** के अधीन थी। खान से ऊपर सुल्तान होता था, इनका वर्गीकरण निम्न प्रकार से है
  - **सरखेल** यह दस घुड़सवारों की टुकड़ी का प्रधान था।
  - **सिपहसालार** यह दस सरखेल (100 घुड़सवार) का प्रधान था।
  - **अमीर** यह दस सिपहसालार (1,000 घुड़सवार) का प्रधान था।
  - **मलिक** यह दस अमीर (10,000 घुड़सवार) का प्रधान था।
  - **खान** यह दस मलिक (1,00,000 घुड़सवार) का प्रधान था।
  - **सुल्तान** यह दस खान (सर्वोच्च सेनापति) का प्रधान था।

राजस्व प्रशासन

- भारत में तुर्क आर्थिक व्यवस्था मुस्लिम कानून की हनफी विचारधारा पर आधारित थी। सल्तनत काल में पाँच प्रकार के कर प्रचलित थे
  1. **उश्र** यह केवल मुसलमानों से 5 से 10% तक लिया जाने वाला भूमिकर था।
  2. **खराज** यह गैर-मुसलमानों से लिया जाने वाला भूमिकर था, जो उपज का लगभग 50% होता था।
  3. **खुम्स** यह लूट का माल या भूमि में गड़ा या छिपा धन था। सल्तनत काल के शासक अलाउद्दीन खिलजी व मुहम्मद-बिन-तुगलक प्रायः इसका 4/5 भाग अपने पास रख लेते थे, जबकि फिरोजशाह तुगलक 1/5 भाग अपने पास रखता था।
  4. **जकात** यह सल्तनत काल में मुसलमानों से लिया जाने वाला धार्मिक कर है। यह 2.5% तक होता था।
  5. **जजिया** यह गैर-मुसलमानों से लिया जाने वाला कर था और जिसके बदले में नागरिकों से उनके जीवन व संपत्ति की रक्षा करने का वचन दिया जाता था।

राजस्व निर्धारण प्रणाली

- भू-राजस्व की वसूली सल्तनत काल में हिंदू सरदारों की सहायता से की जाती थी।
- बाजार नियंत्रण के अतिरिक्त अलाउद्दीन खिलजी ने भू-राजस्व की व्यवस्था के क्षेत्र में भी महत्त्वपूर्ण कदम उठाए।
- अलाउद्दीन दिल्ली सल्तनत का प्रथम शासक था, जिसने इस बात पर ध्यान दिया कि दोआब से भू-राजस्व का निर्धारण कृषि हेतु प्रयोग की जा रही भूमि के मापन के आधार पर किया जाए।
- इसका यह तात्पर्य था कि गाँव के खुत और मुकद्दम तथा अमीर लोग अपना राजस्व किसी और पर न डाल सकें।
- अलाउद्दीन खिलजी ने भू-राजस्व वसूली तथा राजस्व निर्धारण का कार्य अपने नियंत्रण में ले लिया।
- स्थानीय सामंतों से कर लगाने का अधिकार छीन लिया गया तथा उनके ऊपर भी करारोपण का भार डाल दिया गया।
- तत्कालीन समाज में तीन प्रकार के कर, कृषि पर कर (खराज), मवेशियों पर कर (चराई) तथा घरों पर कर (घराई) प्रचलित थे। इन करों की वसूली हेतु अलाउद्दीन द्वारा आमिल, मुतसर्रिफ आदि सरकारी अधिकारियों की नियुक्ति की गई।
- गयासुद्दीन तुगलक ने बँटाई को राजस्व निर्धारण का आधार बनाया, जबकि मुहम्मद-बिन-तुगलक ने पुनः मापन (पैमाइश) को अपनाया। भू-राजस्व निर्धारण के तीन प्रमुख तरीके थे, जिनका संक्षिप्त वर्णन निम्न है
  - **बँटाई** इसमें वास्तविक उपज में से राज्य के हिस्से का निर्धारण किया जाता था। इसे गल्ला बख्शी, किस्मत-ए-गल्ला हासिल आदि कहा जाता था।
  - **मसाहत** यह भूमि की पैमाइश पर आधारित व्यवस्था थी। इसे जोती या बोई गई भूमि की माप के आधार पर एक मानक भू-राजस्व देना पड़ता था।
  - **मुक्ताई** यह लगान निर्धारण की एक मिश्रित प्रणाली थी। इस पद्धति में किसान तथा सरकारी कर्मचारी आपसी समझौते से उपज का आकलन करते थे, जिसके आधार पर किसान राजस्व देने को तैयार रहता था।

न्याय एवं दंड व्यवस्था

- सल्तनतकालीन न्यायिक व्यवस्था के अंतर्गत आला काजी न्याय विभाग का प्रधान होता था।
- काजियों को साम्राज्य के विभिन्न भागों में, सामान्यतः जहाँ मुसलमानों की अत्यधिक आबादी होती थी, उन स्थानों पर नियुक्त किया जाता था।
- काजी, दीवानी मुकद्मों का फैसला शरीअत (मुस्लिम कानून) के अनुसार करता था। हिंदुओं पर इसके स्वयं के वैयक्तिक कानून लागू होते थे। हिंदुओं के मामलों में इन कानूनों के अनुसार न्याय करने का कार्य गाँवों की पंचायतें करती थीं तथा शहरों में अलग-अलग जातियों के मुखिया होते थे।
- फौजदारी कानून शासकों द्वारा समय-समय पर बनाए गए नियमों पर आधारित होते थे।
- सल्तनतकाल में मुस्लिम कानून के चार प्रमुख स्रोत थे-कुरान, हदीस, इजमा तथा कयास। इस्लामी कानून का व्याख्याता **मुजतहिद** कहलाता था।
- सल्तनतकाल में **दादबक** नामक अधिकारी करों की मनमानी वसूली पर अंकुश लगाता था।
- बादशाह स्वयं को 'अल्लाह की परछाई' मानता था।
- दिल्ली की मस्जिद के एक अभिलेख से पता चलता है कि अल्लाह ने अलाउद्दीन को बादशाह इसलिए चुना, क्योंकि उसमें विधि निर्माता मूसा और सूलेमान की विशेषता मौजूद थी। इस प्रकार न्यायिक प्रक्रिया के सर्वोच्च पायदान पर सुल्तान था।

दिल्ली सल्तनत में अर्थव्यवस्था

दिल्ली सल्तनत की अर्थव्यवस्था के अंतर्गत व्यापारियों की स्थिति व तकनीकी विकास आदि शामिल हैं। इनका वर्णन निम्नलिखित है

व्यापार

- तोमर और चौहानों के काल में ही दिल्ली वाणिज्य का महत्त्वपूर्ण केंद्र बन गई थी।
- इस शहर में बहुत-से जैन व्यापारी रहते थे, जिन्होंने बड़ी संख्या में मंदिरों का निर्माण करवाया। यहाँ 'देहलवी' नाम से सिक्के भी ढाले गए।
- दिल्ली सल्तनत के सुदृढ़ आधार और बेहतर संचार सुविधाओं एवं चाँदी के **टंके** और ताँबे के **दिरहम** पर आधारित एक ठोस मुद्रा प्रणाली की स्थापना ने तत्कालीन व्यापार के विकास को एक निश्चितता प्रदान की, इसके साथ ही शहरों और शहरी जीवन की भी अभिवृद्धि हुई।
- इब्नबतूता ने दिल्ली को इस्लामी दुनिया के पूर्वी हिस्से का सबसे बड़ा नगर कहा है।
- इसका कहना है कि क्षेत्रफल (फैलाव) की दृष्टि से दौलताबाद (देवगिरि) दिल्ली के बराबर था। यह उत्तर और दक्षिण भारत के मध्य के व्यापार के विकास का सूचक है।
- सल्तनतकालीन अन्य महत्त्वपूर्ण व्यापारिक नगरों में उत्तर-पश्चिम में लाहौर और मुल्तान, पूर्व में कड़ा और लखनौती तथा पश्चिम में अन्हिलवाड़ (पाटन) और कैंबे (खंभात) शामिल थे।
- बंगाल और गुजरात के शहर अपने उत्तम कपड़ों और सोने तथा चाँदी के कार्य हेतु प्रसिद्ध थे। बंगाल का सोनार गाँव अपने कच्चे रेशम और मलमल के लिए विख्यात था।

व्यापारी वर्ग

- सल्तनतकाल में अंतर्राष्ट्रीय व्यापार जल और स्थल दोनों मार्गों से होता था। यद्यपि हिंद महासागर के मार्ग से होने वाले व्यापार में अरब लोग सबसे बड़े साझेदार थे, लेकिन उनका इस व्यापारिक मार्ग पर एकाधिकार स्थापित नहीं था, क्योंकि भारत के तमिल और गुजराती व्यापारी, जिनमें हिंदू और मुस्लिम दोनों शामिल थे, वे इस मार्ग से व्यापार करते थे।
- तटवर्ती व्यापार तथा तटवर्ती बंदरगाहों और उत्तर भारत के मध्य होने वाला व्यापार मारवाड़ियों और गुजरातियों के अधिकार क्षेत्र में था, जिसमें जैन समुदाय की संख्या सर्वाधिक थी। इस व्यापार में मुसलमान बोहरा व्यापारियों की भी हिस्सेदारी थी।
- मध्य और पश्चिमी एशिया के साथ स्थल मार्ग से होने वाले व्यापार में मुल्तानी (ज्यादातर हिंदू) और खुरासानी (अफगानी, ईरानी आदि) की संख्या सर्वाधिक थी। इनमें से बहुत-से व्यापारी दिल्ली में बस गए थे।
- इस काल में कैंबे एक समृद्ध नगर था, जिसमें बहुत-से समृद्ध व्यापारी निवास करते थे।

अलाउद्दीन खिलजी की बाजार नियंत्रण तथा कृषि संबंधी नीति

- अलाउद्दीन खिलजी ने बाजार पर नियंत्रण स्थापित करने के उद्देश्य से अनेक आदेशों के माध्यम से खाद्यान्नों, शक्कर एवं रसोई तेल से लेकर सूई तक तथा आयात किए जाने वाले कीमती वस्त्रों से लेकर घोड़े, मवेशी, गुलामों (स्त्री व पुरुष दोनों) तक की कीमत निश्चित कर दी।
- सुल्तान अलाउद्दीन खिलजी 'बंजारों' के व्यापारिक काँरवा, जिसे 'टांडा' कहा जाता था, के द्वारा इन बाजारों के लिए माल ढुलाई करवाता था।
- इस प्रयोजन को पूर्ण करने हेतु इसने दिल्ली में तीन बाजार स्थापित किए। पहला, खाद्यान्नों के लिए, दूसरा, कीमती वस्त्रों के लिए तथा तीसरा, घोड़ों, मवेशियों तथा गुलामों के लिए। प्रत्येक बाजार एक उच्च अधिकारी के नियंत्रण में होता था, जिसे शहना कहा जाता था।
- कीमतें स्थायी रखने हेतु आपूर्ति की निरंतरता पर बल दिया गया। किसानों को 10 मन से अधिक अनाज अपने पास रखने पर रोक थी। गेहूँ साढ़े 7 जीतल प्रतिमन, जौ 4 जीतल प्रतिमन तथा अच्छी किस्म का चावल 5 जीतल प्रतिमन बिकता था।
- मध्यकालीन भारत में सुल्तान द्वारा महत्त्वपूर्ण कपड़ों आदि की कीमतें निर्धारित की गईं तथा व्यापारियों को अग्रिम भुगतान भी किया जाता था, ताकि वह वस्त्रों को बाहर से लाकर सरकारी दर पर बेचें। वस्तुओं की बिक्री हेतु नवीस उत्तरदायी था।
- घोड़ों की कीमतों का नियंत्रण सुल्तान के लिए विशेष महत्व रखता था। गुजरात विजय के पश्चात् अच्छी नस्ल के घोड़ों की आपूर्ति में सुधार हुआ। अच्छी नस्ल के घोड़े केवल राज्यों को ही बेचे जाते थे।
- अलाउद्दीन खिलजी ने अव्वल दर्जे के घोड़े की कीमत 100 से 120 टंका निश्चित की, जबकि सेना के काम न आने वाले टट्टू की कीमत 22 से 25 टंका निश्चित की गई थी।

उद्योग

सल्तनतकाल में विभिन्न प्रकार के उद्योग अस्तित्व में थे। इस काल के उद्योगों की विशेषता इनमें अरबी व फारसी तत्त्वों का समावेशन था। इन्हें निम्न प्रकार से वर्गीकृत किया जा सकता है

शाही कारखानें

- सल्तनतकाल में शाही कारखानें राजपरिवार और सुल्तान से संबंधित समस्त आवश्यकताओं को पूरा करते थे। ये रेशम, सोने, चाँदी आदि महत्त्वपूर्ण वस्तुओं का निर्माण करते थे। साथ ही प्रसिद्ध और दुर्लभ वस्तुओं के लिए भंडारों का कार्य करते थे।
- शाही आवश्यकताओं की अधिकांश वस्तुओं पर सोने-चाँदी और जवाहरात के कार्य किए जाते थे।
- ये कारखाने शाही हरम में रहने वाली महिलाओं की आवश्यकताओं की वस्तुओं की पूर्ति करते थे।
- शाही कारखानों का निर्माण सर्वप्रथम मुहम्मद-बिन-तुगलक के शासनकाल में हुआ था और इसका विकास फिरोजशाह तुगलक के काल में हुआ था।

वस्त्र उद्योग

- सल्तनतकाल में **चरखे** का चलन आरंभ होने से वस्त्र उत्पादन में सुधार हुआ।
- धुनकी की सहायता से कपास को तेजी से और अच्छी तरह से साफ किया जाता था, जिसके फलस्वरूप वस्त्र उद्योग में अभूतपूर्व प्रगति हुई।
- जियाउद्दीन बरनी ने खजकौल, मशरूमेशेरी उत्तम, शीरीन, बुरद आदि वस्त्रों का वर्णन किया।
- इसके साथ ही **ज्योतिरिश्वर ठाकुर** ने अपने ग्रंथ **वर्णरत्नाकर** में सल्तनतकालीन 20 प्रकार के वस्त्रों का उल्लेख किया है।
- मुहम्मद-बिन-तुगलक अपने अमीरों को वर्ष में दो बार (ग्रीष्म और शीत ऋतु) वस्त्र प्रदान करता था, जिसका निर्माण शाही कारखानों में किया जाता था। ये पोशाकें सामान्यतः आयात किए गए मखमल, दमस्क या ऊन की बनी होती थीं।
- इस काल में भारत का लाल सागर और फारस की खाड़ी के आस-पास के देशों के साथ वस्त्र व्यापार किया जाता था।
- बंगाल और गुजरात में वस्त्र उद्योग के प्रमुख केंद्र थे। इस काल में चीन को उत्तम कोटि का भारतीय वस्त्र निर्यात किया जाता तथा साथ ही चीन से कच्चा रेशम आयात किया जाता था।

धातु उद्योग

- सल्तनतकाल में अहमदाबाद, दिल्ली व बंगाल लौह उद्योग के प्रमुख केंद्र थे। लाहौर, कालिंजर, बनारस, सियालकोट तथा गोलकुंडा आदि में उत्तम श्रेणी की तलवारें बनाई जाती थीं।
- भारत पश्चिम एशिया से काँच के बर्तनों तथा चीन से चीनी मिट्टी के बर्तनों का आयात करता था। बीदर, बर्तनों पर सोने-चाँदी की कारीगरी के लिए प्रसिद्ध था।

अन्य उद्योग

- सल्तनतकाल में चर्मकारी, धातुकर्म, गलीचों की बुनाई, लकड़ी का काम, फर्नीचर बनाना, पत्थर को तराशना आदि कार्य भी किए जाते थे और इस कार्य के लिए भारतीय शिल्पकार प्रसिद्ध थे।
- गुजरात में चमड़ा उद्योग प्रचलित था। दिल्ली व मुल्तान हाथीदाँत के लिए प्रसिद्ध थे। चीनी उद्योग हेतु बंगाल तथा लकड़ी दस्तकारी हेतु कश्मीर का उल्लेख मिलता है।

तकनीकी विकास

- सल्तनतकाल में तकनीकी विकास के अंतर्गत **चुंबकीय कुतुबनुमा** एक प्रमुख और महत्त्वपूर्ण उपकरण था। इस दिशासूचक उपकरण से समुद्री यात्राओं में सहायता मिली।
- रहट (पर्शियन व्हील) का प्रयोग सिंचाई व्यवस्था की एक विशिष्ट प्रौद्योगिकी के रूप में किया गया था, जिससे गहरे कुएँ से सिंचाई के लिए पानी निकाला जाता था।
- वास्तुकला के क्षेत्र में **अनुप्रस्थ टोडा निर्माण** शैली भी तकनीकी विकास का प्रतीक है। आठवीं से तेरहवीं शताब्दी के बीच मंदिरों, मस्जिदों, मकबरों, बावलियों से जुड़े भवन निर्माण में इस शैली का प्रयोग हुआ था।
- कागज निर्माण का कार्य तुर्कों की देन है। भारत में कागज की प्राचीनतम पांडुलिपि 1223-24 ई. की है, जो गुजरात से मिली है।
- कागज बनाने की विधि का आविष्कार दूसरी सदी में चीन द्वारा किया गया था।
- पाँचवीं सदी में अरब जगत कागज से परिचित था, लेकिन यूरोप में यह कला चौदहवीं सदी में विकसित हुई।
- घोड़े के पैरों में **नाल** और **रकाब** का प्रयोग सल्तनतकाल में ही प्रारंभ हुआ था। नाल और रकाब का उल्लेख कुतुबुद्दीन ऐबक के काल की रचना फख्र-ए-मुदब्बिर में मिलता है।

दिल्ली सल्तनत काल में सामाजिक स्थिति

- दिल्ली सल्तनत में समाज मुख्य रूप से दो वर्गों में बँटा हुआ था। पहला वर्ग, अमीरों का था, जिसकी प्रशासन में महत्त्वपूर्ण भूमिका होती थी। दूसरा वर्ग, निम्न वर्ग था। समाज मुख्यत: अशराफ और अजलाफ में बँटा हुआ था।
- अशराफ में अमीर तथा उनके वंशज और उच्चवर्गीय उलेमा शामिल थे। **अहल-ए-सैफ** तथा **अहल-ए-कलम** इस वर्ग की दो कोटियाँ थीं।
- अहल-ए-सैफ मुख्यत: योद्धा वर्ग था तथा अहल-ए-कलम विद्वान् वर्ग था, ये धार्मिक और न्यायिक पदों पर आसीन थे।
- अजलाफ के संबंध में तत्कालीन समाज से बहुत कम जानकारी उपलब्ध हुई है, क्योंकि अजलाफ और अशराफ का एक-दूसरे से संबंध नहीं था।

किसान और गुलामों की स्थिति

- सल्तनतकाल में पूर्व की भाँति जनसंख्या का एक बड़ा भाग किसानों का था, लेकिन निरंतर अकाल और युद्ध की समस्या के परिणामस्वरूप इनके जीवन निर्वाह का स्तर निम्न होता गया।
- इस काल के दौरान खूत और मुकद्दमों की स्थिति अपेक्षाकृत उच्च स्तरीय थी। इनके पास भूमि अधिक होती थी, लेकिन इसके अतिरिक्त ये कभी-कभी अपने पद का दुरुपयोग करते हुए अपने हिस्से का राजस्व किसानों को अदा करने हेतु मजबूर करते थे, हालाँकि अलाउद्दीन खिलजी ने इनके विशेषाधिकारों के विरुद्ध सख्त कदम उठाते हुए इनके अधिकारों में कमी कर दी थी।
- सल्तनतकालीन समाज में 'राजा' शब्द का प्रयोग गाँवों के वास्तविक शासकों के लिए किया जाता था। इन्हें राय, राणा, रावत आदि नामों से जाना जाता था। हिंदू रायों की बलबन के दरबार में उपस्थिति के अनेक उल्लेख किए गए हैं।
- सल्तनतकालीन शहरी जीवन का एक बड़ा हिस्सा गुलामों से परिपूर्ण था। तुर्कों ने भारत में और भारत के बाहर भी बड़े पैमाने पर युद्धबंदियों को गुलाम बनाया।
- फिरोजशाह तुगलक ने गुलामों को अधिक महत्त्व दिया और इसने 1,80,000 गुलाम एकत्रित किए थे।
- इसी से संबंधित एक नया विभाग **दीवान-ए-बंदगान** की स्थापना की गई, लेकिन गुलामों और अमीरों के मध्य उभरती हुई तनावपूर्ण स्थिति में इसे समाप्त कर दिया।

स्त्रियों की दशा

- सल्तनतकालीन समाज में स्त्रियों की दशा अत्यंत दयनीय थी। पुरुषों की भाँति स्त्रियाँ भी गुलाम बनाई जाती थीं और ये सुल्तान के हरम में रहती थीं।
- हिंदू स्त्रियों की स्थिति अपेक्षाकृत दयनीय हो गई। उनमें पर्दा प्रथा, जौहर प्रथा, बाल विवाह आदि का प्रचलन बढ़ा।
- मुस्लिम स्त्रियों की स्थिति भी अपेक्षाकृत कमजोर थी, क्योंकि मुस्लिम पुरुष अनेक विवाह कर सकते थे और कभी भी तलाक दे सकते थे।
- मध्यकालीन समाज असमानताओं से पूर्ण था और इसका स्पष्ट विवरण हमें तत्कालीन स्थितियों से मिलता है, जिसमें हिंदुओं की अपेक्षा मुस्लिम समाज अपेक्षाकृत अधिक आडंबरयुक्त जीवन व्यतीत कर रहा था।

अमीर खुसरो

- अमीर खुसरो को 'तोता-ए-हिंद' (तूती-ए-हिंद) की उपाधि प्रदान की गई थी। इन्होंने फारसी कविता का भारतीयकरण किया। इन्होंने फारसी की एक नवीन शैली प्रारंभ की, जिसे 'सबक-ए-हिंदी' या भारत की शैली कहा गया।
- इसकी प्रमुख रचनाओं में 'तुगलकनामा', 'खजाइन-उल-फुतूह', 'अफजल-उल-फवायद', 'किरान-उस-सादैन', 'देवलरानी-ख्रिजखाँ' आशिका आदि शामिल हैं।
- खजाइन-उल-फुतूह में अमीर खुसरो ने अलाउद्दीन की विजयों का वर्णन किया है।
- मुहम्मद-बिन-तुगलक ने जैन विद्वान् राजशेखर को संरक्षण प्रदान किया था। तारीख-ए-फिरोजशाही और फतवा-ए-जहाँदारी के लेखक जियाउद्दीन बरनी तथा दीवान-ए-चाच के रचयिता बद्र-ए-चाच इसके दरबार में थे। फिरोजशाह तुगलक ने जियाउद्दीन बरनी और शम्स-ए-सिराज अफीक को संरक्षण प्रदान किया था।

इब्नबतूता

- इब्नबतूता उत्तर अफ्रीका में स्थित मोरक्को के टांजियर का निवासी था, जो चौदहवीं सदी में मुहम्मद-बिन-तुगलक के समय भारत आया था, उसने आठ वर्षों तक मुहम्मद-बिन-तुगलक के दरबार में जीवन व्यतीत किया था।
- उसके द्वारा अरबी भाषा में रचित 'रेहला' नामक ग्रंथ से तत्कालीन सामाजिक, आर्थिक, सांस्कृतिक विषयों के संबंध में जानकारी प्राप्त होती है, उसने भारतीय दास व्यापार तथा उनकी स्थितियों का भी व्यापक वर्णन किया है।
- वह भारत की उपजों के विषय में विस्तृत जानकारी प्रदान करता है, जिसमें फल-फूल, जड़ी-बूटियाँ आदि शामिल हैं। इसके अनुसार, भारत की मिट्टी अत्यधिक उपजाऊ है, जिसमें वर्ष में दो फसलें उगाई जाती हैं और चावल की तीन फसलें उगाई जाती हैं। साथ ही यहाँ अलसी, गन्ना और कपास की कृषि भी की जाती है।
- यह विभिन्न ग्रामोद्योगों; जैसे-तेल निकालने की विधि, गुड़ बनाने तथा बुनाई आदि का भी वर्णन करता है। इनके अतिरिक्त इसने सड़क व्यवस्था और लोगों के सामाजिक जीवन का भी उल्लेख किया है।

दिल्ली सल्तनत : सांस्कृतिक योगदान

सल्तनतकालीन शासकों ने कला एवं साहित्य के क्षेत्र में अभूतपूर्व योगदान दिया। विभिन्न शासकों के काल में स्थापत्य तथा शिक्षा एवं साहित्य का विकास निम्न रूपों में हुआ

स्थापत्य कला

- सल्तनतकाल में विकसित होने वाली स्थापत्य कला को 'इंडो-इस्लामिक' शैली कहा जाता है, क्योंकि इसमें दोनों कला शैलियों का समन्वय मिलता है।
- कुतुबुद्दीन ऐबक ने दिल्ली में स्थित कुतुबमीनार के निर्माण कार्य को प्रारंभ कराया था। साथ ही इसने दिल्ली में **कुव्वत-उल-इस्लाम मस्जिद** तथा अजमेर में **अढ़ाई दिन का झोपड़ा** मस्जिद का निर्माण कराया था।
- इल्तुतमिश ने कुतुबमीनार के निर्माण कार्य को पूर्ण कराया था तथा सुल्तानगढ़ी नामक मकबरे का निर्माण कराया था।
- अलाउद्दीन खिलजी ने अलाई दरवाजा का निर्माण कराया, जोकि कुव्वत उल इस्लाम मस्जिद का एक प्रवेश द्वार है। यह कुतुबमीनार परिसर में स्थित है।

- फिरोजशाह तुगलक ने अनेक नगर बसाए, जिनमें हिसार-फिरोजा, फिरोजाबाद, फतेहाबाद तथा जौनपुर प्रसिद्ध हैं।
- सिकंदर लोदी के मंत्री मियाँ भुँइया द्वारा 'मोठ की मस्जिद' का निर्माण दिल्ली में करवाया गया था।

भाषा एवं साहित्य

- तुर्कों की प्रशासनिक भाषा फारसी थी और लगभग इसी भाषा में तत्कालीन साहित्यों की रचना की गई।
- भारत में अरबी भाषा मुख्यत: इस्लामी विद्वानों और धार्मिक दार्शनिकों के छोटे-छोटे समूह तक सीमित रही।
- इल्तुतमिश के दरबार में मिनहाज-उस-सिराज तथा मलिक ताजुद्दीन जैसे विद्वान् रहते थे।
- मिनहाज-उस-सिराज ने इल्तुतमिश के वंशज नसीरुद्दीन महमूद को समर्पित 'तबकात-ए-नासिरी' की रचना की थी।
- अलाउद्दीन खिलजी ने अमीर खुसरो तथा अमीर हसन देहलवी को संरक्षण प्रदान किया था।
- अमीर खुसरो सर्वप्रथम सल्तनतकालीन शासक अलाउद्दीन खिलजी का दरबारी कवि बना था।
- **तारीख-ए-फिरोजशाही** जियाउद्दीन बरनी की कृति है। फिरोजशाह तुगलक की आत्मकथा **फुतुहात-ए-फिरोजशाही** है।
- 'इसामी ने फुतुह-उस-सलातीन' की रचना की।
- इस रचना में मुहम्मद-बिन-तुगलक के शासनकाल की प्रवृत्तियों पर प्रकाश डाला है।
- याह्या-बिन-अहमद बिन अब्दुल्लाह सरहिंदी ने 'तारीख-ए-मुबारकशाही' की रचना की।
- इस रचना में सैयद वंश की जानकारी मिलती है। सरहिंदी ने फिरोजशाह तुगलक द्वारा बनवाई गई नहरों की चर्चा की है।
- मुहम्मद-बिन-तुगलक के शासनकाल में जिया नक्शवी ने **तूतीनामा** की रचना की। यह संस्कृत कहानियों का फारसी में अनुवाद है।
- फिरोजशाह तुगलक के शासनकाल में भारतीय शास्त्रीय संगीत साहित्य का में अनुवाद कराया गया था। सिकंदर लोदी के शासनकाल में संगीत से संबंधित रचना 'लज्जत-ए-सिकंदरी' की रचना की गई।

अन्य प्रमुख पुस्तकें

लेखक	पुस्तक
फिरोजशाह	फतवा-ए-फिरोजशाही
अबूबक्र	चचनामा
अमीर खुसरो	खजाइन-उल-फुतूह, तुगलकनामा

सल्तनतकालीन स्थापत्य निर्माण

शासक	स्थापत्य कला
कुतुबुद्दीन ऐबक	कुव्वत-उल-इस्लाम मस्जिद, कुतुबमीनार, अढ़ाई दिन का झोपड़ा
इल्तुतमिश	सुल्तानगढ़ी का मकबरा, गंधक की बावली, होजए सुल्तानी
बलबन	लाल महल (दिल्ली)
अलाउद्दीन खिलजी	जमायत खाना मस्जिद अलाई दरवाजा, अलाई मीनार (अपूर्ण), सीरी फोर्ट, हजार सितून (दिल्ली)
गियासुद्दीन तुगलक	तुगलकाबाद का किला
मुहम्मद-बिन-तुगलक	जहाँपनाह नगर, निजामुद्दीन औलिया का मकबरा
फिरोजशाह तुगलक	फिरोजशाह कोटला, खानेजहाँ तेलंगानी का मकबरा
सिकंदर लोदी	मोठ की मस्जिद, आगरा शहर

अतिरिक्त तथ्य

तमिलनाडु बोर्ड एवं NIOS

- इस्लाम सातवीं शताब्दी में पैगंबर मुहम्मद साहब द्वारा स्थापित किया गया धर्म है। इस धर्म की प्रमुख पुस्तक 'कुरान' है। 632 ई. से 661 ई. तक इस्लाम में चार पवित्र खलीफा हुए, जिसमें उमैयद खलीफा, खलीफाओं के उत्तराधिकारी थे।
- अलाउद्दीन द्वारा स्थापित कपड़ा बाजार को 'सराय आदिल' कहा जाता था।
- वंशानुगत बिचौलियों (जिन्हें अब चौधरी कहा जाता है) और ग्राम प्रधान (खुत) के राजकोषीय दावों में सल्तनत काल के दौरान, विशेषकर लोदी वंश में भारत कटौती की गई थी।
- सल्तनत काल की प्रमुख चुनौतियों में मंगोल आक्रमण, कुलीन वर्ग की आपसी कलह, प्रांतीय (क्षेत्रीय शक्तियों का उत्थान), प्रांतीय समस्याएँ शामिल हैं।
- सल्तनत काल में जौनपुर के शासक मलिक करनफुल ने मुबारक शाह की उपाधि धारण की थी। इब्राहिम शर्की के काल में जौनपुर महत्त्वपूर्ण शिक्षा केंद्र बना। इसके शासनकाल में जौनपुर में शर्की स्थापत्य का विकास हुआ। जौनपुर की अटाला मस्जिद इसका प्रमुख उदाहरण है।
- क्षेत्रीय शक्तियों में कश्मीर का शासक शक्सुद्दीन शाह प्रथम मुस्लिम शासक था। कश्मीर के शासक जैनुअल आबदीन ने महाभारत तथा राजतरंगिणी का फारसी में अनुवाद करवाया।
- गुजरात का प्रमुख शासक अहमदशाह था। इसने अहमदाबाद शहर की स्थापना की थी।
- बंगाल को बलबन द्वारा सल्तनत के अधीन रहने के लिए बाध्य किया तथा बुगरा खान को वहाँ का शासक नियुक्त किया। अलाउद्दीन हुसैन शाह के काल में बंगाल धनी तथा संपन्न प्रदेश बना।

विजयनगर एवं बहमनी साम्राज्य

(स्रोत)

Old NCERT Class XI Chap 9 **विजयनगर और बहमनियों का काल तथा पुर्तगालियों का आगमन (लगभग 1350-1565 ई.)**, Chap 10 **उत्तर भारत में साम्राज्य के लिए संघर्ष-1 (लगभग 1400 ई.-1525 ई.)**, New NCERT Class XII (II) Chap 7 **एक साम्राज्य की राजधानी : विजयनगर (लगभग चौदहवीं से सोलहवीं सदी तक)**, Tamil Nadu Board (Class XI), NIOS

दिल्ली सल्तनत में व्याप्त राजनीतिक अस्थिरता का लाभ उठाकर अनेक राज्य स्वतंत्र हुए। दक्षिण भारत में इसका लाभ उठाते हुए विजयनगर व बहमनी राजवंशों की स्थापना हुई। इन दोनों राजवंशों ने दक्षिण भारत की समृद्धि में बहुत योगदान दिया।

विजयनगर साम्राज्य

- विजयनगर साम्राज्य की स्थापना 1336 ई. में हरिहर एवं बुक्का नामक दो भाइयों के द्वारा की गई थी। यह साम्राज्य उत्तर में कृष्णा नदी से लेकर प्रायद्वीप के सुदूर दक्षिण तक विस्तृत था।
- 1565 ई. में आक्रमण के पश्चात् इस साम्राज्य को नष्ट कर दिया गया और सत्रहवीं तथा अठारहवीं शताब्दी तक यह साम्राज्य पूर्ण रूप से नष्ट हो चुका था।
- वर्तमान कर्नाटक में स्थित पुरातात्विक स्थल **हम्पी** का नाम विजयनगर था। हंपी के भग्नावशेष 1800 ई. में ईस्ट इंडिया कंपनी में कार्यरत् एक अभियंता तथा पुराविद् **कॉलिन मैकेंजी** द्वारा प्रकाश में लाए गए थे। इन्होंने इस स्थान का प्रथम सर्वेक्षण कर मानचित्र तैयार किया था।
- हम्पी नगर, कृष्णा और तुंगभद्रा नदियों की घाटी में स्थित है। यह नगर 1336 ई. में स्थापित विजयनगर साम्राज्य का केंद्र स्थल था। हंपी नाम की उत्पत्ति यहाँ की स्थानीय मातृदेवी पंपादेवी के नाम से हुई थी।
- मैकेंजी द्वारा प्राप्त की गई प्रारंभिक जानकारियाँ विरुपाक्ष तथा पंपा देवी के पूजा स्थल के पुरोहितों की स्मृतियों पर आधारित थीं।
- कॉलिन मैकेंजी को 1815 ई. में भारत का पहला सर्वेयर जनरल बनाया गया।
- 1836 ई. से ही अभिलेखकर्ताओं ने हंपी के अन्य मंदिरों से अभिलेखों के साक्ष्यों को एकत्रित करना प्रारंभ कर दिया था।
- हम्पी शहर तथा विजयनगर साम्राज्य के इतिहास के पुनर्निर्माण के प्रयास में इतिहासकारों द्वारा प्राप्त किए गए स्रोतों का विदेशी यात्रियों ने वृत्तांतों तथा कन्नड़, तेलुगू, तमिल और संस्कृत साहित्यों से भी मिलान किया।
- इतिहासकार विजयनगर साम्राज्य शब्द का प्रयोग करते थे और समकालीन लोगों ने इसके लिए कर्नाटक साम्राज्य (साम्राज्युम) का प्रयोग किया।

विजयनगर साम्राज्य के प्रमुख वंश

विजयनगर साम्राज्य पर विभिन्न राजवंशों के शासकों ने शासन किया, जिसका विवरण निम्नवत् है

संगम वंश (1336-1485 ई.)

- विजयनगर राज्य की स्थापना हरिहर एवं बुक्का नामक दो भाइयों ने की थी। ऐतिहासिक उल्लेखों के अनुसार ये दोनों वारंगल के काकतीय राजा के सामंत थे तथा काम्पिली राजवंश के शासन में मंत्री बनाए गए।
- मुहम्मद-बिन-तुगलक द्वारा कांपिली (आधुनिक कर्नाटक में) पर आक्रमण के दौरान इन दोनों भाइयों को बंदी बनाकर इस्लाम में दीक्षित किया गया तथा उन्हें कांपिली के विद्रोहियों के दमन का उत्तरदायित्व सौंपा गया।
- तत्कालीन राज्यों; जैसे-मदुरै, मैसूर तथा वारंगल अपनी स्वतंत्रता की प्राप्ति हेतु प्रयत्नशील थे।
- हरिहर और बुक्का ने भी अपनी स्वतंत्रता हेतु मुस्लिम (इस्लाम) धर्म का परित्याग कर अपने **गुरु विद्यारण्य** के निर्देश पर पुन: हिंदू धर्म में दीक्षित हुए तथा संगम वंश की स्थापना की, जिसकी राजधानी विजयनगर थी।

हरिहर प्रथम (1336-56 ई.)

- हरिहर प्रथम 1336 ई. में सिंहासनारूढ़ हुआ। इस नवोदित राज्य को मैसूर के होयसल राजा और मदुरै के सुल्तान से युद्ध करना पड़ा।
- मदुरै का सुल्तान महत्त्वाकांक्षी था तथा इसने होयसल राजा को पराजित कर उसकी हत्या कर दी थी और संपूर्ण राज्य पर आधिपत्य स्थापित कर लिया था।
- होयसल राज्य के विघटन ने हरिहर और बुक्का को अपने प्रादेशिक विस्तार का अवसर प्रदान किया और 1346 ई. तक संपूर्ण होयसल राज्य विजयनगर साम्राज्य के अंतर्गत शामिल किया जा चुका था। इस प्रकार आरंभ में विजयनगर राज्य एक सहकारी राज्य व्यवस्था थी।

बुक्का प्रथम (1356-77 ई.)

- हरिहर प्रथम की मृत्यु के पश्चात् बुक्का प्रथम सिंहासन पर आसीन हुआ। इसने 1356 ई. से लेकर 1377 ई. तक कुल 21 वर्षों तक शासन किया।
- इसने वेद-मार्ग-प्रतिष्ठापक की उपाधि धारण की तथा चार दशक तक चले मदुरै के सुल्तान के साथ संघर्ष के पश्चात् मदुरै को विजयनगर साम्राज्य का अंग बना लिया था।
- इसका वर्णन गंगा देवीकृत **मदुरा विजयम्** में किया गया है।
- मदुरै पर विजय के पश्चात् विजयनगर साम्राज्य का विस्तार समस्त दक्षिण भारत में हो चुका था।
- दक्षिण में उसकी सीमा तमिल तथा चेर (केरल) देशों को समाहित करते हुए रामेश्वरम् तक विस्तारित थी।

हरिहर द्वितीय (1377-1404 ई.)

- हरिहर द्वितीय ने प्रादेशिक विस्तार की नीति अपनाई तथा मदुरै पर विजय प्राप्त की।
- उसने विजयनगर साम्राज्य का विस्तार पूर्वी समुद्र तट की ओर किया।
- पूर्वी समुद्र तट की ओर अभियान में हरिहर द्वितीय का सामना उत्तर में रेड्डी और दक्षिण में वारंगल से हुआ। ये दोनों हिंदू शासक थे। इन क्षेत्रों में बहमनी सुल्तानों की भी रुचि थी।
- हरिहर द्वितीय ने बहमनी राज्य से बेलगाम और गोवा को प्राप्त कर लिया तथा इसने उत्तर श्रीलंका पर भी आक्रमण किया और वहाँ से कर वसूला।
- इसने **महाराजाधिराज** तथा **राजपरमेश्वर** की उपाधि धारण की थी।
- हरिहर द्वितीय के चन्नरायपट्टन अथवा चन्नरामपटीना शिलालेख में बुक्का प्रथम की सैन्य उपलब्धियों का वर्णन मिलता है।

देवराय प्रथम (1406-22 ई.)

- हरिहर द्वितीय की मृत्यु के पश्चात् कुछ समय की अनिश्चितता के उपरांत देवराय प्रथम सिंहासनारूढ़ हुआ।
- उसके शासनकाल के आरंभ में ही तुंगभद्रा दोआब पर अधिकार करने हेतु, उसका बहमनी सुल्तान फिरोजशाह से संघर्ष आरंभ हुआ और देवराय प्रथम इस संघर्ष में पराजित हुआ।
- बहमनी सुल्तान से पराजय के पश्चात् हर्जाने के रूप में देवराय प्रथम को दस लाख हूण, मोती और हाथियों की बहुत बड़ी संख्या देनी पड़ी, साथ ही शांति में स्थायित्व हेतु अपनी पुत्री का विवाह भी बहमनी सुल्तान से करना पड़ा और बांकापुर का क्षेत्र भी बहमनी सुल्तान को देना पड़ा।
- देवराय प्रथम ने तुंगभद्रा नदी पर **हरिद्रा नामक बाँध** का निर्माण कर जल की समस्या को दूर किया।
- इस बाँध से नहरों का निर्माण कर खेतों में सिंचाई की सुविधा प्रदान की गई।

देवराय द्वितीय (1422-46 ई.)

- देवराय द्वितीय इस वंश का सबसे प्रतापी शासक था। इसे इम्मादि देवराय, प्रौढ़ देवराय तथा **गजबेटकर** (हाथियों का शिकारी) भी कहा जाता था।
- देवराय द्वितीय ने सेना को मजबूत बनाने के लिए अधिक मुसलमानों को सेना में शामिल किया तथा अरब से घोड़ों का आयात किया।
- सोलहवीं सदी के पुर्तगाली लेखक **नूनिज** से यह ज्ञात होता है कि क्विलोन, श्रीलंका, पुलीकट, पेगू तथा तेनासरीम (बर्मा तथा मलाया) आदि देवराय द्वितीय को कर देते थे।
- यह साहित्य का महान संरक्षक था और इसने बादरायण कृत ब्रह्मसूत्र पर टीका तथा **'महानाटक सुधानिधि'** नामक संस्कृत ग्रंथों की रचना की।
- देवराय द्वितीय ने भी तेलुगू लेखक श्रीनाथ को संरक्षण दिया (पूर्व में देवराय प्रथम ने भी इन्हें संरक्षण प्रदान किया था) और कनकाभिषेक से सम्मानित किया था। श्रीनाथ की प्रमुख रचना **हरविलासम्** थी।
- देवराय द्वितीय के पश्चात् मल्लिकार्जुन शासक बना, जिसने देवराय द्वितीय की भाँति **प्रौढ़ देवराय** की उपाधि धारण की थी।
- मल्लिकार्जुन के समय चीनी यात्री मा हुआन (1451 ई.) विजयनगर की यात्रा पर आया था।
- विरुपाक्ष द्वितीय (1465-85 ई.) संगम वंश का अंतिम शासक था।

सालुव वंश (1485-1505 ई.)

- देवराय द्वितीय की मृत्यु के पश्चात् उत्पन्न अनिश्चितता की स्थिति ने विजयनगर साम्राज्य पर अधिकार हेतु अनेक सामंतों और नए राजवंशों को उत्साहित किया। चूँकि विजयनगर में ज्येष्ठाधिकार संबंधी किसी भी प्रकार का नियम नहीं था, अत: राजा के मंत्री सालुव ने नए राजवंश की नींव रखी।
- **सालुव नरसिंह** (1485-90 ई.), एक शक्तिशाली सामंत था। यह राज्य में व्याप्त राजनीतिक अस्थिरता का लाभ उठाकर स्वयं सिंहासनारूढ़ हो गया। इसने राज्य में शांति व्यवस्था स्थापित की।
- अल्पजीवित रहे सालुव वंश पर शीघ्र ही नरसा नायक, जोकि इम्मादि नरसिंह (सालुव नरसिंह का पुत्र) का संरक्षक था, ने अपना प्रभाव स्थापित कर लिया तथा 1505 ई. में नरसा नायक के पुत्र वीर नरसिंह ने सालुव नरेश इम्मादि नरसिंह की हत्या कर सत्ता पर अपना अधिकार करके नए राजवंश तुलुव वंश की नींव रखी।

तुलुव वंश (1505-70 ई.)

तुलुव राजवंश को स्थापित करने का श्रेय वीर नरसिंह को दिया जाता है। इसने पुर्तगाली गवर्नर अल्मीड़ा से घोड़ों को खरीदने का समझौता किया था। वीर नरसिंह ने विवाह कर को भी हटा दिया था।

कृष्ण देवराय (1509-29 ई.)

- कृष्ण देवराय, वीर नरसिंह का अनुज एवं इस राजवंश का सबसे महान् शासक था।
- कुछ इतिहासकारों ने इन्हें विजयनगर साम्राज्य का सबसे महान् शासक माना है।

- कृष्ण देवराय के राज्यारोहण के समय विजयनगर अत्यंत विषम परिस्थिति में था।
- एक ओर उड़ीसा के गजपति शासक, जिसने विजयनगर के अधिकतर प्रदेशों पर अधिकार कर लिया था, तो दूसरी ओर बीजापुर और पुर्तगाली भी विजयनगर की असामान्य स्थिति का लाभ उठाने को प्रयत्नशील थे।
- कृष्ण देवराय ने उड़ीसा के गजपति शासक को पराजित कर उदयगिरि पर 1513 ई. में अधिकार किया तथा बीजापुर के यूसुफ आदिलशाह को पराजित कर रायचूर दोआब और मुडकल के क्षेत्र पर अधिकार स्थापित कर लिया।
- कृष्णा तथा तुंगभद्रा नदियों के बीच का क्षेत्र रायचूर दोआब कहलाता है।
- कृष्ण देवराय ने अपनी माँ के नाम पर विजयनगर के समीप नगलापुरम नामक उपनगर की स्थापना की।
- कृष्ण देवराय ने पुर्तगालियों के उदय की उपेक्षा की, क्योंकि उन्हें घोड़ों के आयात हेतु पुर्तगालियों की आवश्यकता थी।
- चोलों और विजयनगर के कुछ आरंभिक राजाओं के विपरीत कृष्ण देवराय ने नौसेना के विकास पर कोई ध्यान नहीं दिया।
- कृष्ण देवराय एक महान् निर्माता था। उसने विजयनगर के निकट एक नया शहर बसाया तथा एक विशाल तालाब की भी स्थापना की, जिसका उपयोग सिंचाई के लिए किया जाता था।
- कृष्ण देवराय स्वयं तेलुगू और संस्कृत का विद्वान् था। उसके काल में तेलुगू साहित्य में नए युग का सूत्रपात हुआ।
- उसने तेलुगू भाषा में राजव्यवस्था और प्रशासन संबंधी विचारों को 'अमुक्तमाल्यद' में संकलित किया है। साथ ही संस्कृत में जांबवती कल्याणम् तथा उषा परिणय की रचना की।
- कृष्ण देवराय के शासनकाल में संस्कृत ग्रंथों की नकल करने के स्थान पर स्वतंत्र साहित्य का सृजन किया जाने लगा। उन्होंने तेलुगू, कन्नड़ और तमिल कवियों को प्रश्रय प्रदान किया।
- विद्वानों का संरक्षक होने के कारण इन्हें 'आंध्रभोज' व 'अभिनव भोज' कहा जाता था।
- इनके दरबार में तेलुगू के आठ विद्वान् सुशोभित थे, जिन्हें 'अष्ट दिग्गज' कहा जाता था। इनमें पेड्डाना नामक विद्वान् प्रमुख थे।

कृष्णदेव राय के अष्ट दिग्गज

अष्टदिग्गज	रचनाएँ
अल्लासानी पेड्डाना	स्वरोचिस मनुसंभवम् व हरिकथा सार
नंदी तिम्मन	पारिजातपहारनमु
भट्टमूर्ति	नरस भूपालियम
धूर्जटि	कलहस्ति महात्म्य
मादय्यगिरि मल्लन	राजशेखर चरित
अच्चलराजु रामचंद्र	सकल कथा सार-संग्रह व रामाभ्युदयम
पिंगली सूरन्न	राघव पांडवीय
तेनाली राम	पांडुरंग महात्म्य

अच्युत देवराय (1529-42 ई.)

- अच्युत देवराय कृष्ण देवराय का चचेरा भाई था, क्योंकि कृष्ण देवराय की मृत्यु (1529 ई.) के समय उसका पुत्र सदाशिव राय केवल अठारह महीने का था।
- अत: अच्युत देवराय राजसिंहासन पर आसीन हुआ, लेकिन कृष्ण देवराय के दामाद (रामराजा रामराय) को यह व्यवस्था नापसंद थी, अत: उसे शासन में सहभागिता प्रदान की गई थी।
- अच्युत देवराय ने तिरुपति और कालहस्ती, इन दोनों स्थानों पर अपना राज्याभिषेक कराया था। इसने बीजापुर के शासक से रायचूर तथा मुद्गल को प्राप्त किया था।

सदाशिव राय (1543-67 ई.)

- सदाशिव राय के शासनकाल के दौरान सत्ता की वास्तविक बागडोर रामराजा के अधीन थी।
- रामराजा ने अपनी कूटनीति से तत्कालीन मुस्लिम शासकों को निरंतर आपस में संघर्षशील रखा तथा पुर्तगालियों के साथ एक व्यापारिक संधि कर बीजापुर के शासक को घोड़ों की आपूर्ति पर पाबंदी लगा दी।
- रामराजा के समय विजयनगर अत्यधिक शक्तिशाली राज्य था, क्योंकि उसने बीजापुर को लगातार अनेक युद्धों में पराजित किया था। साथ ही इन्होंने गोलकुंडा तथा अहमदनगर के शासकों को भी पराजित किया था।
- परिणामस्वरूप इन तीनों राज्यों (अहमदनगर, बीजापुर और गोलकुंडा) के शासकों ने मिलकर विजयनगर के विरुद्ध संघर्ष आरंभ कर दिया और 23 जनवरी, 1565 को तालिकोटा के निकट बन्निहट्टि की लड़ाई में विजयनगर साम्राज्य का नेतृत्व करने वाले रामराजा को संयुक्त सेना ने परास्त कर उसकी हत्या कर दी।
- तालिकोटा के युद्ध को **राक्षसी-तंगड़ी की लड़ाई** के नाम से भी जाना जाता है और यही युद्ध सामान्यतया विजयनगर के महान युग का अंत माना जाता है। यद्यपि इसके पश्चात् भी यह राज्य लगभग सौ वर्षों तक जीवित रहा।
- **सेवेल** इस युद्ध का प्रत्यक्षदर्शी था और इसने अपनी पुस्तक 'ए फारगॉटन एंपायर' में विजयनगर के विनाश का वर्णन किया है।
- **सीजर फ्रेडरिक**, जोकि पुर्तगाल का निवासी था, इसने भी तत्कालीन स्थिति का वर्णन किया है।

अरविडु वंश (1570-1652 ई.)

- विजयनगर के नष्ट होने के पश्चात् साम्राज्य का केंद्र पूर्व की ओर स्थानांतरित हो गया।
- रामराजा के भाई तिरुमल ने अरविडु वंश की स्थापना कर पेनुकोंडा को राजधानी बनाकर शासन किया।
- तत्पश्चात् **वेंकट द्वितीय** (1586-1614 ई.) शासक बना, जो इस वंश का महान् शासक था, जिसने चंद्रगिरि (तिरुपति के समीप) को अपना मुख्यालय बनाया और वहीं से शासन किया। इसने मुस्लिम आक्रमण से राज्य को सुरक्षित रखा।
- वेंकट द्वितीय का स्पेन के शासक फिलिप तृतीय के साथ पत्र-व्यवहार था और उसे वेल्लोर में गिरिजाघर बनाने की अनुमति भी प्रदान की गई थी।

- **श्रीरंग तृतीय** (1642-1652 ई.) विजयनगर का अंतिम शासक था। इसके शासन में पूर्व से ही अयोग्यता व निर्बलता स्पष्ट रूप से परिलक्षित होने लगी थी और इसके शासन के समय मैसूर, बेदनूर, तंजौर आदि स्वतंत्र राज्यों की स्थापना हुई और सामंती शक्तियाँ प्रबल हो गईं। विरिंचिपुरम की लड़ाई (1652) में गोलकुंडा की सेना से पराजित होने के बाद विजयनगर साम्राज्य का पूर्ण पतन हो गया।

विजयनगर आने वाले प्रमुख विदेशी यात्री

विदेशी यात्री	संबंधित देश	मुख्य बातें
निकोलो-डी-कोंटी	इटली	• यह देवराय प्रथम के शासनकाल में भारत आया था। • यह विजयनगर की यात्रा करने वाला प्रथम विदेशी यात्री था, जिसने अपना विवरण लैटिन भाषा में लिखा था।
अब्दुर्रज्जाक	ईरान (खुरासान)	• यह ईरान के शासक मिर्जा शाहरुख का दूत था, जो देवराय द्वितीय के काल में आया था। • इसने विजयनगर को विश्व का श्रेष्ठतम नगर माना है और साथ ही सती प्रथा का भी उल्लेख किया है।
मा हुआन	चीन	• यह 1451 ई. में मल्लिकार्जुन के काल में भारत आया था।
एडुआर्ड बारबोसा	पुर्तगाल	• इसने कृष्ण देवराय के काल में विजयनगर की यात्रा की। • इसके अनुसार, दक्षिण भारत के जहाज मालदीव में बनते थे।
डोमिंगो पेस	पुर्तगाल	• यह कृष्ण देवराय के काल में आया था और इसने कृष्ण देवराय को महान एवं न्यायप्रिय शासक बताया था। • इसने विजयनगर की तुलना रोम से की है।
फार्नाओ नूनिज	पुर्तगाल	• यह घोड़ों का व्यापारी था, जो अच्युत देवराय के काल में आया था। • इसने विजयनगर की तत्कालीन अराजकता व आंतरिक विद्रोह के वातावरण का वर्णन किया है।

विजयनगर साम्राज्य : प्रशासनिक व्यवस्था

- सल्तनत से धार्मिक विरोधाभास के बावजूद भी सल्तनत से शत्रुता अपरिहार्य रूप से उतनी नहीं थी। उदाहरण के लिए कृष्णदेव राय द्वारा सल्तनत की सत्ता में दावेदारी के प्रश्न पर समर्थन करना, कृष्णदेव राय द्वारा ''यवनराज स्थापनाचार्य'' का विरुद्ध धारण करना।
- विजयनगर प्राचीन हिंदू आदर्शों पर स्थापित राज्य था, जो सप्तांग राज्य की विचारधारा पर आधारित था।
- विजयनगर के शासक स्वयं को राय कहते थे, जो शासन के केंद्र बिंदु थे। विजयनगर की प्रशासनिक व्यवस्था का अध्ययन निम्न रूपों में किया जा सकता है

केंद्रीय शासन

विजयनगर साम्राज्य में शासन व्यवस्था की धुरी राजा/राय होते थे, जिन पर धर्म का अंकुश था।

शासक देवताओं से अपने संबंध स्थापित करने के लिए विरुद्ध 'हिंदू सूरतराणा' का प्रयोग करते थे। यह अरबी भाषा के शब्द 'सुल्तान' का समानार्थी था। राजा पर विभिन्न संस्थाएँ अंकुश लगाने का कार्य करती थीं। इनका वर्णन निम्न है

- **राजपरिषद्** यह राजा को राज्य की नीतियों से संबंधित मामलों में परामर्श प्रदान करती थी। राजपरिषद् की जिम्मेदारी राजा के राज्याभिषेक की होती थी। इस परिषद् के प्रमुख सदस्यों में बड़े नायक, निगमाध्यक्ष (व्यापारी), अधीनस्थ सामंत आदि शामिल थे।
- **मंत्रिपरिषद्** विजयनगर राज्य में राजा को राज्य संचालन संबंधी कार्यों में परामर्श देने हेतु मंत्रियों की एक परिषद् होती थी, जिसमें लगभग 20 सदस्य शामिल होते थे और इसके प्रधान राज्य के प्रमुख सरदार होते थे।
- **दंडनायक** विजयनगर राज्य में दंडनायक एक विशिष्ट श्रेणी थी, जिसके अंतर्गत सेनापति, प्रांतपति न्यायाधीश व प्रशासकीय अधिकारी सम्मिलित थे। प्रमुख केंद्रीय अधिकारी निम्न थे
  - **सर्वनायक** मुख्य सचिव
  - **मानेय प्रधान** गृहमंत्री
  - **रायसम** राज्यादेश लेखक
  - **मुद्राकर्ता** शाही मुद्राधारक
  - **कर्णिकम** लेखाधिकारी
  - **कवलकरम्** राजमहल की सुरक्षा

प्रांतीय शासन

- विजयनगर साम्राज्य के प्रांतीय शासन के अंतर्गत कृष्णदेवराय के काल में प्रांतों की संख्या सर्वाधिक (6) थी।
- प्रांतों को राज्य या मंडलम कहा जाता था। मंडलम के नीचे क्रमशः वलनाडु (जिला), स्थल (उप-जिला) और ग्राम होता था।
- मंडल (कमिश्नरी) प्रांतों के अंतर्गत थे। कोट्टम/वलनाडु, जिले कहलाते थे। नाडु (परगना या तहसील) वलनाडु के अंतर्गत थे।
- मेलाग्राम (पचास ग्राम) नाडुओं के अंतर्गत थे तथा स्थल एवं सीमा कुछ गाँव के समूह होते थे। प्रशासन की सबसे छोटी इकाई उर या ग्राम थी।
- प्रांतों का विभाजन करने में सैन्य दृष्टिकोण का ध्यान रखा जाता था।
- प्रांतों पर राजपरिवार के व्यक्तियों को ही 'गवर्नर' के रूप में नियुक्त किया जाता था।
- गवर्नर को सिक्के प्रसारित करने, नए कर लगाने तथा पुराने करों को माफ करने तथा भूमिदान देने संबंधी अधिकार प्राप्त थे। प्रांत में कानून एवं व्यवस्था बनाए रखना प्रांतीय गवर्नरों का सबसे प्रमुख उत्तरदायित्व था।

नायंकार व्यवस्था

- विजयनगर साम्राज्य की प्रांतीय प्रशासन व्यवस्था के संदर्भ में नायंकार व्यवस्था एक महत्त्वपूर्ण अंग थी।
- साम्राज्य में शक्ति का प्रयोग करने वालों में सेना प्रमुख होती थी, इन्हें **नायक** कहा जाता था।
- नायक वस्तुतः भू-सामंत थे, जिन्हें वेतन के बदले अथवा अधीनस्थ सेना के रख-रखाव हेतु विशेष भूखंड (अमरम) प्रदान की जाती थी।
- अमर-नायक प्रणाली विजयनगर साम्राज्य की एक प्रमुख राजनीतिक खोज थी। यह प्रणाली दिल्ली सल्तनत की इक्ता प्रणाली के सदृश थी।

- **अमर-नायक** राजा को वर्ष में एक बार भेंट भेजा करते थे और अपनी स्वामी भक्ति प्रकट करने के लिए राजकीय दरबार में उपहारों के साथ स्वयं उपस्थित हुआ करते थे।
- अमर शब्द का मान्यतानुसार आविभवि संस्कृत शब्द समर से हुआ है, जिसका अर्थ है लड़ाई या युद्ध।
- यह फारसी शब्द अमीर (कुलीन व्यक्ति) से मिलता-जुलता है।

आयंगार व्यवस्था

- विजयनगर साम्राज्य में ग्रामीण प्रशासन की एक अन्य महत्त्वपूर्ण विशेषता आयंगार व्यवस्था थी।
- इस व्यवस्था के अनुसार एक स्वतंत्र इकाई के रूप में प्रत्येक ग्राम को संगठित किया जाता था, जिस पर शासन के लिए बारह शासकीय व्यक्तियों को नियुक्त किया जाता था। इन बारह शासकीय अधिकारियों के समूह को 'आयंगार' कहा जाता था।
- इन बारह आयंगार कर्मचारियों (ग्रामीण) में कर्णिकम, गाँव का प्रधान लिपिक होता था। तलारी, ग्राम का पुलिसकर्मी या चौकीदार होता था।
- ब्रह्मदेय ग्राम (ब्राह्मणों को भू अनुदान के रूप में प्रदत्त गाँव) की सभाओं को **चतुर्वेदी मंगलम्** कहा गया है।
- नाडु गाँव की एक राजनीतिक इकाई थी। इनकी सभा को नाडु तथा इसके सदस्य को **नात्तवार** कहा जाता था। गैर-ब्रह्मदेय ग्राम की सभा उर कहलाती थी।
- आयंगारों के पद आनुवंशिक होते थे, उन्हें वेतन के बदले लगान और कर मुक्त भूमि प्रदान की जाती थी।

राजस्व प्रशासन

- विजयनगर साम्राज्य कृषि प्रधान अर्थव्यवस्था होने के कारण 'लगान' आय का प्रमुख साधन था। संभवत: इस काल में कोई ऐसा व्यवसाय नहीं था, जिस पर कर न लगाया जाता हो।
- एक अभिलेख के अनुसार करों की दरें निम्न प्रकार की थीं
  - सर्दी के मौसम में **कुरुवै** (एक किस्म का चावल) की उपज का एक-तिहाई भाग
  - तिल, रागी, चने आदि की पैदावार का एक-चौथाई भाग
  - शुष्क भूमि में उत्पन्न किए जाने वाले मोटे अनाजों और दूसरी फसलों का छठा भाग
- इस प्रकार फसल और मिट्टी की किस्म, सिंचाई की विधि आदि के अनुसार राजस्व की दरों में अंतर होता था।
- भू-राजस्व के अतिरिक्त और भी ऐसे कर थे; जैसे-संपत्ति कर, पैदावार की बिक्री पर लगने वाले कर, पेशागत कर, सैनिक कर, विवाह कर (वर एवं वधू) दोनों पक्षों को देना होता था, जिसे राज्यों द्वारा वसूल किया जाता था।
- पफलूगार (पालिगार) या नायक कहे जाने वाले सरदारों को राज्य की सेवा हेतु एक निश्चित संख्या में पैदल सैनिक, हाथी और घोड़े रखने पड़ते थे, साथ ही इन्हें केंद्रीय कोषों में से कुछ धन भी देना होता था।
- **शिष्ट** नामक भूमिकर विजयनगर साम्राज्य की आय का प्रमुख स्रोत था। केंद्रीय राजस्व विभाग को **अठावने** (अस्थवन या अथवन) कहा जाता था। राजस्व नगद एवं उपज (जिंस) दोनों रूपों में वसूल किया जाता था। नगर राजस्व को 'सिद्धदाय' कहा जाता था।

न्याय प्रशासन

- विजयनगर साम्राज्य के अंतर्गत राजा स्वयं सर्वोच्च न्यायालय था। मंत्रियों व अधिकारियों द्वारा मुकदमों का निर्णय करने में राजा की सहायता की जाती थी। निम्न स्तरीय अदालतें प्रांतपतियों व उनके प्रतिनिधियों के अधीन थीं। न्यायालय के चार प्रकार थे

  1. तिष्टिता
  2. चल
  3. मुद्रिता
  4. शास्त्रिता।

- कानून का आधार याज्ञवल्क्य स्मृति व पराशर स्मृति पर माधव की टीका थी। चोरी, व्यभिचार तथा विद्रोह के लिए प्राणदंड की व्यवस्था थी।

सामाजिक व्यवस्था

- विजयनगर साम्राज्य वर्णाश्रम अवस्था पर आधारित पारंपरिक सामाजिक संरचना को सुरक्षित व संबंधित करना अपना कर्त्तव्य समझता था। इस समय उत्तर भारत से बहुत बड़ी संख्या में लोग दक्षिण भारत में बस गए थे, इन्हें **बड़वा** कहा जाता था।
- मध्य वर्गों में 'शेट्टी या चेट्टी' नामक एक वृहत समूह था। अधिकांश व्यापार इन्हीं के द्वारा संपन्न किया जाता था। चेट्टी बहुत अच्छे लिपिक एवं कार्यों में दक्ष थे।
- चेट्टियों के ही समतुल्य व्यापार करने वाले तथा दस्तकार वर्ग के लोगों को **वीर पांचाल** कहा जाता था।
- इस काल में निचली जातियों ने ऊँची जातियों के विशेषाधिकारों को स्वयं में समाहित कर लिया और जिन निचली जातियों को उच्च जातियों के विशेषाधिकर प्रदान किए गए, वे सत्-शूद्र या अच्छे शूद्र कहलाए।
- विजयनगर में दास प्रथा प्रचलित थी। मनुष्यों के क्रय-विक्रय को 'वेस-वाग' कहा जाता था। इस संबंध में निकोलो-डी-कोंटी के द्वारा जानकारी प्रदान की गई है।
- विजयनगर में स्त्रियों की स्थिति सम्मानजनक थी। कुछ स्त्रियाँ महान विदुषी और प्रसिद्ध साहित्यकार थीं। संगीत और शिक्षा उनके प्रमुख भाग थे। इस काल में स्त्रियों को विभिन्न राजकीय पदों पर नियुक्त किया जाता था।
- इस काल में कन्यादान को आदर्श विवाह माना जाता था। समाज में पर्दा प्रथा प्रचलित थी। मंदिरों में देव पूजा के लिए रहने वाली स्त्रियों को देवदासी कहा जाता था।
- विजयनगर साम्राज्य में सती प्रथा को सहगमन, मृतपति के साथ महाप्रयाण कहा जाता था।
- बुक्का प्रथम के समय का 1354 ई. का एक अभिलेख प्राप्त हुआ है जिसमें मालागौड़ नामक महिला के सती होने का उल्लेख मिलता है।
- विजयनगर में सामान्य वर्ग के पुरुष धोती और सफेद सूती रेशमी कमीज पहनते थे। राज्य परिवार की स्त्रियाँ, जिसे **पावड** कहा जाता था।
- युद्ध में वीरता प्रदर्शन करने वाले पुरुषों को **गंडपेद्र** नामक पैर में धारण करने वाले कड़े को सम्मान का प्रतीक माना जाता था।

विजयनगर : अर्थव्यवस्था

- विजयनगर साम्राज्य में अर्थव्यवस्था का मुख्य आधार कृषि थी। चावल मुख्य कृषि उपज थी। नील एवं कपास की खेती भी व्यापक रूप से की जाती थी।
- युद्ध कला प्रभावी अश्वसेना पर आधारित होती थी। इसलिए प्रतिस्पर्धी राज्यों के लिए अरब तथा मध्य एशिया से घोड़ों का आयात होता था।

- यह व्यापार आरंभिक चरण में अरब व्यापारियों के द्वारा नियंत्रित था। व्यापारियों के स्थानीय समूह जिन्हें कुदिरई चेट्टी कहा जाता है, इस व्यापार में सहभागी थे।
- विदेशी यात्रियों के विवरण से विदेशी व्यापार की समृद्धि की अवस्था ज्ञात होती है। नूनिज ने यहाँ की हीरे की खानों को विश्व की सबसे बड़ी खानें बताया है। साम्राज्य का सबसे बड़ा बंदरगाह कालीकट था। अब्दुर्रज्जाक ने राज्य में 300 बंदरगाहों के विषय में बताया है।
- इस राज्य से काली मिर्च व अदरक का विश्व के अन्य भागों में निर्यात किया जाता था। मलाया, बर्मा, चीन, अरब, अफ्रीका, पुर्तगाल आदि से विदेशी व्यापार होता था।
- विजयनगर का सर्वाधिक प्रसिद्ध सिक्का स्वर्ण का 'वराह' था, जिसे विदेशी यात्रियों ने हूण, परदौस या पगोडा के रूप में संबोधित किया है।
- सोने के छोटे सिक्के को 'प्रताप' तथा 'फणम्' कहा जाता था। चाँदी के छोटे सिक्के 'तार' कहलाते थे।

विजयनगर की विशिष्ट जल व्यवस्था

- विजयनगर की भौगोलिक स्थिति के विषय में सबसे अधिक आश्चर्यचकित तथ्य तुंगभद्रा नदी द्वारा निर्मित एक प्राकृतिक कुंड है। यह नदी उत्तर-पूर्व दिशा में बहती थी। इसके आस-पास के क्षेत्र भूदृश्य ग्रेनाइट की पहाड़ियों से परिपूर्ण हैं, जहाँ अनेक जल धाराएँ आकर मिलती हैं।
- लगभग सभी धाराओं के साथ-साथ बाँध बनाकर अलग-अलग आकार के हौज बनाए गए थे। चूँकि यह प्रायद्वीप के सबसे अधिक शुष्क क्षेत्रों में से था, इसलिए जल के संचयन और इसे शहर तक ले जाने हेतु व्यापक प्रबंध करना आवश्यक था।
- वर्तमान समय के कमलपुरम् जलाशय का निर्माण आरंभ में 15वीं शताब्दी में हुआ था। हिरिया नहर के माध्यम से भी जल संचयन किया जाता था।

विजयनगर में कला एवं साहित्य

- विजयनगर साम्राज्य में की गई किलेबंदियाँ अद्भुत थीं, जिनका वर्णन अब्दुर्रज्जाक ने किया था। इन किलेबंदियों के द्वारा न केवल शहरों को, बल्कि कृषि में प्रयुक्त आस-पास के क्षेत्र तथा जंगलों को भी घेर लिया था।
- विजयनगर साम्राज्य के अंतर्गत मंदिर स्थापत्य के संदर्भ में गोपुरम् मंदिर का प्रवेशद्वार था, जिसे विमानम् भी कहा जाता था। यह केंद्रीय देवालयों की मीनारों पर बने द्वार का कार्य करता था।
- मंडपम्, स्थापत्य कला के संदर्भ में स्तंभों पर खड़े बाहरी हॉल को कहते थे, जिसमें लोग विभिन्न प्रकार के कार्यों को संपादित करते थे।
- विजयनगर के शासक शिक्षा एवं साहित्य के संरक्षक थे। इस काल में तमिल, तेलुगू, कन्नड़, मलयालम आदि भाषाओं की सर्वाधिक उन्नति हुई थी।
- इस काल में भीमक द्वारा रचित **वासवपुराण** (कन्नड़ भाषा) प्रसिद्ध लिंगायत ग्रंथ था।

1. राजकीय केंद्र

- राजकीय केंद्र बस्तियों के दक्षिण-पश्चिम भाग में स्थित होते थे। इन केंद्रों में 60 से अधिक मंदिर होते थे।
- मंदिरों और संप्रदायों को प्रश्रय देना शासकों के लिए महत्त्वपूर्ण होता था, क्योंकि स्थापित देवी-देवताओं से संबंध स्थापित कर वह सत्ता की वैधता स्थापित करते थे।
- बड़ी संरचनाओं वाले महलों को आनुष्ठानिक कार्यों से नहीं जोड़ा जाता था। इन संरचनाओं की भिन्नता इस आधार पर थी कि इनका निर्माण राजगिरी मिस्त्री द्वारा जबकि धर्मेत्तर भवनों की अधिरचना विकारी वस्तुओं द्वारा की जाती थी।
- राजकीय केंद्र का प्रमुख उदाहरण लोटस महल है। मैकेंजी के अनुसार, यहाँ राजा अपने परामर्श दाताओं से मिलता था।
- हजारा मंदिर इसका एक अन्य उदाहरण है। इस मंदिर का प्रयोग संभवत: राज परिवारों द्वारा ही किया जाता था।

2. शहरी केंद्र

- सामान्य लोगों के आवासों के अपेक्षाकृत कम पुरातात्विक साक्ष्य मिले हैं।
- शहरी केंद्रों पर परिष्कृत चीनी मिट्टी के साक्ष्य मिले हैं, जो यह संकेत देते हैं कि यहाँ अमीर व्यापारी रहते होंगे।
- इन शहरी रिहायशी केंद्रों में मुस्लिम रिहायशी मुहल्ला भी था। यहाँ स्थित मकबरों तथा मस्जिदों के विशिष्ट कार्य रहे फिर भी इनका स्थापत्य हंपी से मिले मंदिर स्थापत्य से मिलता जुलता है।

महानवमी डिब्बा

- महानवमी डिब्बे का निर्माण राजा कृष्णदेवराय द्वारा उदयगिरि पर हुई विजय के उपलक्ष्य में करवाया गया था। यह एक चौकोर संरचना है, जो एक आनेगोंडी क्षेत्र में विशालकाय मंच की भाँति स्थित है।
- यह लगभग 11000 वर्ग फीट के आधार पर 40 फीट की ऊँचाई तक की थी। इस पर लकड़ी की एक संरचना बनाई गई थी।
- राजा कृष्ण देवराय ने इसका निर्माण उदयगिरि पहाड़ी पर विजय के उपलक्ष्य में 1513 ई. में करवाया था। इस स्थल पर राजा अपनी शक्ति और पद का प्रदर्शन 'दशहरा' या 'महानवमी' के अवसर पर करते थे।

विरुपाक्ष मंदिर

- तुंगभद्र नदी के तट पर स्थित यह मंदिर वास्तु कला का संपन्न आधार है। यह संभव है कि विजयनगर के स्थान का चयन वहाँ विरुपाक्ष तथा पम्पादेवी के मंदिरों के अस्तित्व से प्रेरित था।
- विजय नगर के शासक भगवान विरुपाक्ष की ओर से शासन का दावा करते थे तथा सामान्यतया सभी अभिलेखों में कन्नड़ लिपि में 'श्रीविरुपाक्ष' शब्द अंकित होता था। विरुपाक्ष, भगवान शिव के रूप थे, जिन्हें राज्य का संरक्षक देवता माना जाता था तथा जिससे कुल देवी पंपा ने विवाह किया था।
- इस मंदिर का निर्माण कई शताब्दियों में हुआ। यद्यपि विजयनगर शासन काल में इसका विस्तार हुआ।
- कृष्णदेव राय ने अपने राज्यारोहण के अवसर पर मुख्य मंदिर के सामने मंडप बनवाया था। मंदिर में सभागार भी होता था, जिसका प्रयोग संगीत, नृत्य तथा नाटकों के कार्यक्रमों में होता था। देवी-देवताओं के विवाह के लिए कल्याण मंडपम् भी बनाया गया था।

विट्ठल मंदिर

- यहाँ के प्रमुख देवता विट्ठल हैं, जो सामान्यत: महाराष्ट्र में पूजे जाने वाले विष्णु के रूप हैं। कर्नाटक में भगवान विष्णु की उपासना साम्राज्यिक संस्कृति के निर्माण में अलग-अलग परंपराओं के आत्मसातीकरण का प्रतीक था।
- विट्ठल मंदिर की चारित्रिक विशेषता रथ मंदिर है, जो मंदिर के गोपुरम् से सीधी रेखा में जाती है। इनके दोनों ओर स्तंभ वाले मंडप थे जिनमें व्यापारी अपनी दुकानें लगाते थे।

बहमनी साम्राज्य

- बहमनी सल्तनत दक्षिण भारत का दूसरा शक्तिशाली राजवंश था। दौलताबाद में एकत्रित अमीरान ए-सदा के नेता इस्माइल ने प्रमुख अमीर हसन गंगू को अमीर-उल-उमरा तथा जफर खाँ की उपाधि देकर बहमनी साम्राज्य की स्थापना का मार्ग प्रशस्त किया।
- **अमीरान ए-सादा** तुगलक साम्राज्य का प्रशासन चलाने के लिए पश्चिमी और दक्षिणी प्रांतों में नियुक्त सैनिक सरदार थे। ये राजस्व वसूली के साथ-साथ स्थानीय प्रशासन की देख-रेख भी करते थे। इस राज्य का प्रथम अभिलक्षण विजयनगर से निरंतर होने वाला संघर्ष तथा दूसरा प्रमुख अभिलक्षण राज्य के अंतर्गत अफाफी तथा दक्कनी मुस्लिमों के मध्य होने वाला संघर्ष था।
- अफाफी, मुख्यत: विदेशी मुसलमान थे, जिनमें ईरानी प्रमुख थे। वहीं दूसरी ओर दक्कनी कहे जाने वाले मुसलमानों में अफगान, हब्शी तथा स्थानीय मुसलमान थे।

प्रमुख बहमनी शासक

प्रमुख बहमनी शासक इस प्रकार थे

- **हसन गंगू** (1347-58 ई.) इसने 1347 ई. में अबू मुजफ्फर अलाउद्दीन हसन बहमन शाह की उपाधि धारण कर बहमनी वंश की स्थापना की और गुलबर्गा को अपनी राजधानी बनाया। यह हिंदुओं से जजिया कर वसूलने पर रोक लगाने वाला भारत का प्रथम मुस्लिम शासक था।
- **मोहम्मद शाह प्रथम** (1358-1375 ई.) इसने पहली बार बारूद का उपयोग किया तथा इसने तेलंगाना के शासक को पराजित कर गोलकुंडा पर अधिकार किया।
- **फिरोजशाह बहमनी** (1397-1422 ई.) इसे ताजुद्दीन फिरोजशाह के नाम से भी जाना जाता है। इसने प्रशासन में हिंदुओं को स्थान दिया तथा इसने दौलताबाद के निकट एक वेधशाला को स्थापित किया। इसने ईरान तथा इराक से आए विद्वानों को प्रोत्साहन दिया। यह एक विद्वान शासक था। इसने भीमा नदी के तट पर फिरोजाबाद नगर की नींव रखी। सोनार की बेटी के युद्ध में विजयनगर के शासक देवराय प्रथम को पराजित करने के पश्चात् इसने देवराय की पुत्री से विवाह किया।
- **शिहाबुद्दीन अहमद** (1422-36 ई.) यह न्याय एवं धर्मनिष्ठा के लिए प्रसिद्ध था। यह **वली** (संत) कहलाता था। इसने गुलबर्ग के स्थान पर बीदर को अपनी राजधानी बनाया तथा इसके साथ ही इसने उसे मोहम्मदाबाद नाम दिया।
- **अलाउद्दीन अहमद द्वितीय** (1436-58 ई.) इसके शासनकाल में अफगानियों का आगमन हुआ तथा उनका प्रभाव बढ़ा और गजपति शासक (उड़ीसा) से बहमनी राज्य के अनेक संघर्ष हुए।
- **अलाउद्दीन हुमायूँ** (1458-61 ई.) इसे अपनी क्रूरता के कारण क्रूर तथा आलसी स्वभाव के कारण **दक्कन का नीरो** कहा जाता था, इसने महमूद गवाँ को अपना प्रधानमंत्री बनाया।
- **शम्सुद्दीन मोहम्मद तृतीय** (1463-82 ई.) यह बहमनी साम्राज्य का अंतिम महत्त्वपूर्ण शासक था, इसके काल में रूसी यात्री निकितिन ने बहमनी राज्य की यात्रा की थी। मोहम्मद तृतीय ने अपने योग्य प्रधानमंत्री महमूद गवाँ को राजद्रोह की आशंका में मृत्युदंड दे दिया तथा इसके बाद बहमनी राज्य का तीव्र पतन हुआ।

महमूद गवाँ

- महमूद गवाँ (1411-1481 ई.) के आरंभिक जीवन के संबंध में स्पष्ट जानकारी नहीं मिलती है। यह जन्म से ईरानी था और आरंभ में वाणिज्य-व्यापार में लगा हुआ था।
- जब सुल्तान (शम्सुद्दीन मोहम्मद तृतीय) से इसका परिचय करवाया गया, तो वह शीघ्र ही इसका कृपापात्र बन गया। सुल्तान ने उसे **मलिक-उन-तुज्जार** की उपाधि प्रदान की, इसके पश्चात् ही वह सुल्तान का प्रधानमंत्री बन गया। 1481 ई. में उसे मृत्युदंड दिया गया।
- लगभग 20 वर्षों तक राज्य शासन में महमूद गवाँ का वर्चस्व रहा। पूर्व में प्रदेशों को जीतकर इसने बहमनी सल्तनत की सीमाओं का विस्तार किया।
- वह बेलगाम में विजयनगर साम्राज्य के विरुद्ध संघर्ष के दौरान भारत में बारुद की शुरुआत करने वाला पहला व्यक्ति था। (बाबर भारत में तोपखाने की शुरुआत करने वाला पहला व्यक्ति था)।
- महमूद गवाँ का प्रमुख सैनिक योगदान पश्चिमी तट के प्रदेशों पर, जिसमें हामोल और गोवा भी शामिल थे, प्राप्त की गई विजय थी। इन बंदरगाहों से आधिपत्य समाप्त हो जाने से विजयनगर को गहरा आघात लगा।
- महमूद गवाँ ने राज्य की उत्तरी सीमाओं को भी स्थायित्व प्रदान करने का प्रयत्न किया था। प्रथम अहमदशाह के समय से ही खिलजी शासकों के अधीन मालवा राज्य, गोंडवाना, बरार और कोंकण पर वह अपना प्रभुत्व स्थापित करने के लिए प्रयत्नशील था।
- महमूद गवाँ ने अनेक आंतरिक सुधार भी किए। इसने राज्य को आठ प्रांतों या भागों में विभाजित कर दिया।
- इसने राजधानी बीदर में एक शानदार मदरसा या कॉलेज भी बनवाया।

बहमनी साम्राज्य के उत्तरवर्ती राज्य

- 1481 ई. में सुल्तान ने महमूद गवान को मृत्युदंड की सजा दे दी, इसके पश्चात् बहमनी सल्तनत के अमीरों का विवाद तीव्र हो गया और विभिन्न सूबेदार स्वतंत्र हो गए।
- शीघ्र ही बहमनी सल्तनत पाँच छोटे-छोटे राज्यों में बँट गई; जैसे-गोलकुंडा, बीजापुर, अहमदनगर, बरार और बीदर। इनमें से अहमदनगर, बीजापुर और गोलकुंडा ने दक्कन की राजनीति में महत्त्वपूर्ण भूमिका निभाई। अंत में इसे मुगल साम्राज्य में मिला लिया गया। इन राज्यों का संक्षिप्त विवरण इस प्रकार है
  - **गोलकुंडा** इसकी स्थापना 1512 ई. में तुर्की दास कुलीशाह ने की थी। इब्राहिम (1550-80 ई.) कुतुबशाह उपाधि धारण करने वाला पहला शासक था, जिसने कुतुबशाही वंश की स्थापना की।
  - **बीजापुर** इसकी स्थापना यूसुफ आदिलशाह ने 1489 ई. में की और आदिलशाही वंश के शासन की शुरुआत की। मोहम्मद आदिलशाह ने अपना मकबरा गोल गुंबद बनवाया, जिसका गुंबद संसार के विशालतम गुंबदों में से एक है।
  - **अहमदनगर** 1490 ई. में मलिक अहमद ने अहमदनगर को स्वतंत्र घोषित कर निजामशाही वंश की स्थापना की। बुरहान निजामशाह पहला शासक था, जिसने निजामशाह की उपाधि धारण की।
  - **बरार** इसकी स्थापना हिंदू से मुसलमान बनने वाले फतहउल्ला इमाद शाह ने 1490 ई. में की थी। इसने इमादशाही वंश की स्थापना की। बहमनी राज्य से पृथक् होने वाली प्रथम सल्तनत बरार थी।

– **बीदर** अमीर अली बरीद ने बीदर को स्वतंत्र घोषित (1526-27 ई.) करके बरीदशाही वंश की स्थापना की। अमीर अली बरीद को **दक्कन की लोमड़ी** कहा जाता है।

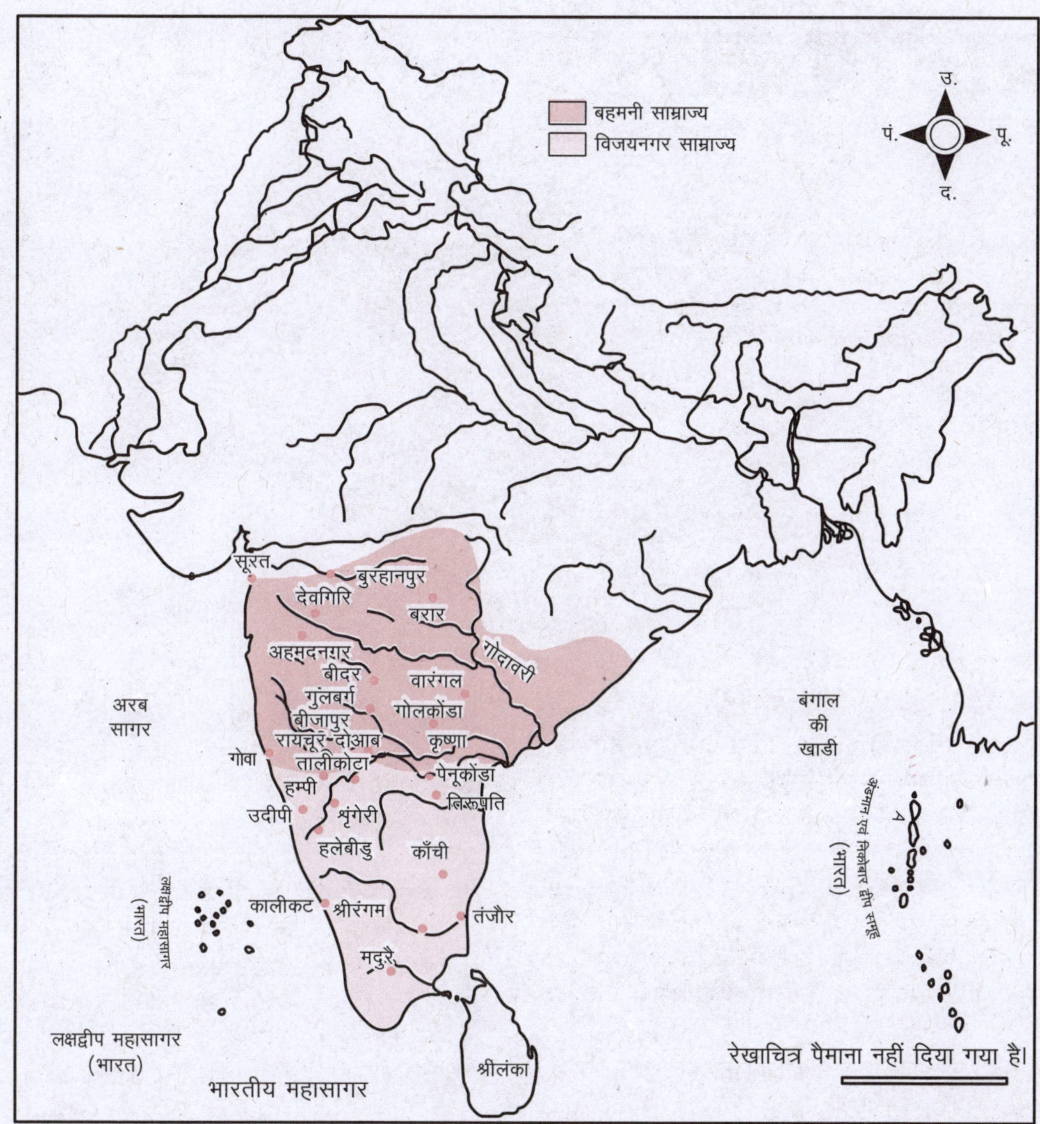

अतिरिक्त तथ्य

तमिलनाडु बोर्ड एवं NIOS

- गोलकुंडा के प्रसिद्ध हीरे की खदान रायचुर दोआब में स्थित है। यह दोआब क्षेत्र विजय नगर शासकों तथा बहमनी शासकों के बीच संघर्ष का मुख्य आधार था। संघर्ष के अन्य क्षेत्र मराठावाड़ा क्षेत्र और कृष्णा-गोदावरी डेल्टा भी रहे।
- मोहम्मद-बिन-तुगलक द्वारा **अमीरन-ए-सदा** (सदा अमीर) की नियुक्ति की गई।
- मुख्यमंत्री को **महाप्रधान** कहा जाता था। उन्होंने दलावरी (कमांडर) जैसे कई निचली रैंकिंग के अधिकारियों का नेतृत्व किया। जागीरदार (महल का रक्षक), रायसम (सचिव/लेखाकार), आदिप्पम (निजी परिचारक) और करिया-कर्ता (कार्यकारी एजेंट)।

अन्य महत्त्वपूर्ण शब्दावली

शब्द	अर्थ
वाणिज्यिक केंद्र	पेट्टई
व्यापारी	बालिगा
कार्यशाला के लोग	पट्टदाई, कसाया-बर्गम

प्रांतीय राज्यों का उदय

(स्रोत)

New NCERT Class VII Chap 7 **क्षेत्रीय संस्कृतियों का निर्माण**, Old NCERT Class XI Chap 10 **उत्तर भारत में साम्राज्य के लिए संघर्ष-I (लगभग 1400 ई.-1525 ई.)**, Tamil Nadu Board (Class XI), NIOS

प्रांतीय राज्यों के उदय के कारण

- दिल्ली सल्तनत की बढ़ती हुई कमजोरी, 1398 ई. में दिल्ली पर तैमूर का आक्रमण और आक्रमण के परिणामस्वरूप तुगलक सुल्तान का राजधानी से स्थानांतरण आदि अनेक कारणों से उत्साहित होकर कई सूबेदारों और सल्तनत की अधीनता में स्वायत्त शासन का उपयोग करने वाले छोटे-छोटे राज्यों ने स्वयं को स्वतंत्र घोषित कर दिया।
- दक्कनी राज्यों के अतिरिक्त पूर्व में बंगाल तथा पश्चिम में सिंध और मुल्तान ने दिल्ली सल्तनत से स्वतंत्रता प्राप्त की। तत्पश्चात् गुजरात, मालवा और जौनपुर (पूर्वी उत्तर प्रदेश) के सूबेदारों ने भी अपनी स्वतंत्रता की घोषणा कर दी।
- इसके पश्चात् अजमेर के मुसलमान सूबेदारों को अपदस्थ कर राजपूताना के विभिन्न राज्य (मेवाड़, मारवाड़, आम्बेर आदि) भी स्वतंत्र हो गए।

प्रमुख प्रांतीय राज्यों का वर्णन निम्न है

पूर्वी भारत : बंगाल, असम और उड़ीसा

पूर्वी भारत में बंगाल, असम और उड़ीसा राज्यों का उदय हुआ इनका वर्णन निम्नलिखित है

बंगाल

- बंगाल अपनी दूरी और जलवायु के कारण दिल्ली के नियंत्रण से मुक्त ही रहा।
- इसका एक मुख्य कारण बंगाल का संचार मुख्य रूप से जलमार्ग पर निर्भर होना और तुर्क शासकों का ऐसे मार्गों से अपरिचित होना था।
- जब मुहम्मद-बिन-तुगलक दिल्ली सल्तनत के विभिन्न भागों में भड़क उठे विद्रोहों को दबाने का प्रयास कर रहा था, उसी समय 1338 ई. में बंगाल पुनः दिल्ली से स्वतंत्र हो गया था।
- कुछ समय पश्चात् इलियास खाँ नामक एक अमीर लखनौती और सोनारगाँव पर अधिकार कर सुल्तान **शम्सुद्दीन इलियास खाँ** की उपाधि के साथ बंगाल की सत्ता पर आसीन हुआ। उसने पश्चिम में अपने शासन का विस्तार तिरहुत, चंपारन तथा गोरखपुर तक किया और बनारस पर भी आधिपत्य स्थापित किया।
- फिरोजशाह तुगलक ने इलियास खाँ के नवविजित प्रदेशों पर अधिकार करते हुए बंगाल पहुँचकर, उसकी राजधानी पंडुआ पर अधिकार कर लिया, जिसके पश्चात् इलियास खाँ को एकदाला के किले में शरण लेनी पड़ी।
- फिरोजशाह तुगलक और इलियास खाँ की सेनाओं के मध्य हुए युद्ध में इलियास खाँ पराजित हुआ और दोनों के मध्य एक संधि हुई, जिसके अनुसार बिहार से होकर बहने वाली कोसी नदी, दोनों राज्यों की सीमा निर्धारित की गई।
- दिल्ली के साथ अपने मैत्रीपूर्ण संबंधों का लाभ उठाकर इलियास खाँ ने कामरूप राज्य (आधुनिक असम में) पर अधिकार कर लिया था।
- इलियास खाँ की मृत्यु के पश्चात् उसका पुत्र सिकंदर शाह गद्दी पर आसीन हुआ और उसने पंडुआ में **अदीना मस्जिद** का निर्माण करवाया।
- इलियास खाँ के राजवंश का सबसे प्रसिद्ध शासक गयासुद्दीन आजमशाह (1389-1409 ई.) था, जो अपनी न्यायप्रियता के लिए प्रसिद्ध था। इसके प्रसिद्ध विद्वान् शिराज के फारसी शायर हाफिज से उसके घनिष्ठ संबंध थे, इसने चीन के साथ मित्रतापूर्ण संबंध स्थापित किए थे।
- इसके काल के दौरान **चिटगाँव** एक महत्त्वपूर्ण व्यापारिक बंदरगाह बन गया था, जहाँ से चीनी वस्तुओं का दूसरे देशों को पुनर्निर्यात किया जाता था।
- बंगाल के सुल्तानों के अधीन पांडुआ और गौड़, जोकि इनकी राजधानियाँ थीं, आकर्षक स्थापत्य का विकास किया गया, जो दिल्ली में विकसित शैली से भिन्न था। यहाँ पर निर्मित भवनों में ईंटों और पत्थरों, दोनों का प्रयोग किया गया था।

- गुप्त वंशीय शासक द्वारा उत्तरी बंगाल पर नियंत्रण स्थापना के साथ ब्राह्मणों को बसाना शुरू किया, जिससे मध्य गंगा घाटी के भाषायी तथा सांस्कृतिक प्रभाव प्रबल हो गए और बंगाल में सर्वत्र संस्कृत से संबंधित भाषाओं का प्रयोग होने लगा।
- यद्यपि बंगाली भाषा का उद्भव संस्कृत से माना जाता है, किंतु इस दौरान यह अपने विकास के कई क्रमों से गुजरता है।
- संस्कृत के अतिरिक्त इसमें जनजातीय भाषाओं, फारसी, यूरोपीय भाषाओं आदि स्रोतों से आधुनिक बंगाली का जन्म हुआ।
- बंगाल के प्रारंभिक साहित्य को दो श्रेणियों में बाँटा जा सकता है। एक श्रेणी संस्कृत की ऋणी है, दूसरी स्वतंत्र।
- प्रथम श्रेणी में संस्कृत महाकाव्यों के अनुवाद, 'मंगल काव्य' और भक्ति साहित्य जैसे गौड़ीय वैष्णव आंदोलन के नेता चैतन्य देव की जीवनियाँ तथा दूसरी श्रेणी में नाथ साहित्य; जैसे-गोपीचंद्र के गीत, धर्म की पूजा आदि परी कक्षाएँ, लोक कथा आदि शामिल हैं।
- बंगाल के सुल्तानों ने बांग्ला भाषा को भी प्रश्रय दिया। ऐसा प्रश्रय पाने वालों में श्रीकृष्ण विजय का संकलनकर्ता मालाधर बसु भी था। उसे **गुणराज खाँ** की उपाधि दी गई थी और उसके पुत्र को **सत्यराज खाँ** की उपाधि प्रदान की गई थी।
- बांग्ला भाषा का सर्वांगीण विकास अलाउद्दीन हुसैन शाह (1493-1519 ई.) के काल में हुआ। इसके शासनकाल के दौरान बंगाल के इतिहास में एक सही कानून-व्यवस्था और उदार नीति का युग आरंभ हुआ।
- अलाउद्दीन हुसैन शाह ने उदार नीति अपनाते हुए हिंदुओं को ऊँचे पदों पर नियुक्त किया।
- दो भाई रूपा और सनातन, उच्च पदों पर आसीन थे। उनमें से एक सुल्तान का निजी सचिव था।
- सुल्तान अलाउद्दीन हुसैन शाह महान वैष्णव संत चैतन्य का आदर करता था।

अहोम (असम)

- अहोम राज्य असम के उत्तर-पूर्व क्षेत्र में स्थित राज्य था। असम नाम अहोम से ही व्युत्पन्न हुआ है। अहोम उत्तर बर्मा के मंगोलियाई मूल के कबीलाई लोगों का समूह था।
- तेरहवीं सदी में इन्होंने असम में एक शक्तिशाली राज्य की स्थापना करने में सफलता प्राप्त की थी।
- मुहम्मद-बिन-बख्तियार खिलजी के समय से ही बंगाल के मुस्लिम शासक आधुनिक असम की ब्रह्मपुत्र घाटी पर अधिकार करने हेतु प्रयत्नशील थे, परंतु उन्हें सफलता प्राप्त नहीं हुई।
- सुखाफा के नेतृत्व में अहोम राज्य की स्थापना की गई थी और कालांतर में उन्होंने हिंदू रीति-रिवाजों और धर्म को अपना लिया, परंतु अहोम राज्य का बंगाल के सुल्तानों तथा मुगलों से निरंतर संघर्ष होता रहा। 1671 ई. में लाचित बर फुकन द्वारा मुगल सेना का कड़ा प्रतिरोध किया गया था।
- अहोम शासकों में सबसे प्रसिद्ध सुहुगमुंग था, जिसने अपना नाम परिवर्तित कर **स्वर्ग नारायण** रख लिया था, इसके अधीन पूर्वी ब्रह्मपुत्र घाटी का क्षेत्र था।
- वैष्णव सुधारक शंकरदेव, सुहुगमुंग के समकालीन थे। इसने अहोम क्षेत्र में वैष्णव धर्म के प्रचार-प्रसार में महत्त्वपूर्ण भूमिका निभाई थी।

उड़ीसा

- मध्यकालीन भारतीय इतिहास के दौरान प्रांतीय राज्यों के उदय में उड़ीसा भी एक महत्त्वपूर्ण राज्य था।
- उड़ीसा पर मुख्यत: तीन वंशों का शासन रहा, जिसमें पूर्वी गंग वंश, गजपति वंश तथा भोई वंश सम्मिलित थे।
- पूर्वी गंग वंश के शासकों में **अनंतवर्मन चोडगंग** (1076-1148 ई.) सबसे महान् शासक था, जिसने उड़ीसा को संगठित एवं शक्तिशाली बनाया। इसने पुरी के विश्वप्रसिद्ध **जगन्नाथ मंदिर** तथा भुवनेश्वर के **लिंगराज मंदिर** का निर्माण कराया था।
- गंग शासक नरसिंह प्रथम (1238-64 ई.) ने कोणार्क के प्रसिद्ध **सूर्य मंदिर** का निर्माण कराया था।
- बंगाल पर दिल्ली सल्तनत के शासन के दौरान उड़ीसा के गंग राजाओं ने राधा (दक्षिण बंगाल) पर आक्रमण किया था और लखनौती को भी जीतने का प्रयास किया था, प्रतिक्रिया स्वरूप इलियास शाह ने जाजनगर (उड़ीसा) पर आक्रमण किया था।
- 1360 ई. में अपने बंगाल अभियान से लौटते समय फिरोजशाह तुगलक ने उड़ीसा पर आक्रमण कर जगन्नाथ मंदिर को नष्ट कर दिया था। इन दोनों आक्रमणों के पश्चात् गंग वंश का पतन स्वत: प्रारंभ हुआ और कालांतर में गजपति राजवंश का उदय हुआ।
- गजपति वंश के शासनकाल को उड़ीसा के इतिहास का उत्कर्ष काल माना जाता है। इस वंश के शासक महान निर्माता और अदम्य योद्धा थे। इस वंश का संस्थापक **कपिलेंद्र** था, जिसने बंगाल के शासक नूरुद्दीन को पराजित कर **गौड़ेश्वर** की उपाधि धारण की थी।
- दक्षिण में कर्नाटक की ओर उड़ीसा के शासन का विस्तार करने का श्रेय मुख्य रूप से गजपति शासकों को ही दिया जाता है, लेकिन उड़ीसा का दक्षिण के विजित प्रदेशों पर अधिक समय तक अधिकार नहीं रहा, जिसका प्रमुख कारण विजयनगर और बहमनी राज्यों की शक्ति और सामर्थ्य था।
- अलाउद्दीन हुसैन शाह ने उड़ीसा में पुरी और कटक के प्रदेशों पर आक्रमण किए थे। प्रतापरुद्र गंग वंश का अंतिम शासक था, जिसे कृष्ण देवराय के साथ युद्ध में पराजय का सामना करना पड़ा था। भोई राजवंश का संस्थापक गोविंद विद्यासागर/विद्याधर था।

पश्चिमी भारत : गुजरात, मालवा और मेवाड़

पश्चिमी भारत में गुजरात, मालवा और मेवाड़ राज्यों का उदय हुआ। इनका वर्णन निम्न है

गुजरात

- अपनी उत्कृष्ट दस्तकारियों, विकसित समुद्री बंदरगाहों तथा उपजाऊ भूमि के कारण गुजरात दिल्ली सल्तनत के सर्वाधिक धनी प्रांतों में से एक था। फिरोजशाह तुगलक के अधीन **फरहत उल मुल्क** गुजरात का सूबेदार था। उसने हिंदू धर्म को प्रोत्साहन (फरिश्ता के अनुसार) दिया था।
- 1391 ई. में जफर खाँ गुजरात का सूबेदार बना। तैमूर के आक्रमण के पश्चात् गुजरात और मालवा नाममात्र को ही दिल्ली के अधीन रह गए थे। 1407 ई. में जफर खाँ ने दिल्ली की नाममात्र अधीनता का परित्याग कर स्वयं को स्वतंत्र घोषित कर दिया तथा **मुजफ्फरशाह** के नए नाम से गुजरात के सिंहासन पर आसीन हुआ।

- गुजरात राज्य का वास्तविक संस्थापक मुजफ्फरशाह का पौत्र अहमदशाह (1411-43 ई.) था।
- यह राजधानी को पाटन से स्थानांतरित कर अहमदाबाद नामक नए नगर में ले गया, जिसकी स्थापना 1413 ई. में की गई थी।
- अहमदशाह ने गुजरात की समृद्ध जैन परंपरा से वास्तु की विधियों को ग्रहण किया, जिसकी प्रमुख विशेषताएँ थीं-क्षीण कंगूरे, पत्थरों में की गई नक्काशी, अलंकृत दीवारगीरे आदि।
- अहमदाबाद की जामा-मस्जिद तथा तीन-दरवाजा इस शैली की स्थापत्य के उत्कृष्ट नमूने हैं।
- मुस्लिम इतिहासकारों का मानना है कि अहमदशाह मूर्तिभंजक था। उसने गुजरात में पहली बार हिंदुओं पर जजिया कर लगाया तथा हिंदू तीर्थस्थल सिद्धपुर को नष्ट कर दिया।
- अहमदशाह के अधिकारियों में बनिया या व्यापारी जाति के हिंदू **मानिकचंद** और **मोतीचंद** इसके मंत्री थे।
- अहमदशाह के उत्तराधिकारियों ने राज्य की विस्तार नीति को जारी रखा। इसके पश्चात् के शासकों में **महमूद बेगड़ा** प्रसिद्ध था।
- उसने 50 वर्षों से अधिक समय तक शासन किया था। उसे बेगड़ा इसलिए कहा जाता था, क्योंकि उसने एक ही दिन में दो अत्यंत शक्तिशाली गढ़ों गिरनार और चंपानेर को जीता था।
- महमूद बेगड़ा ने 1450-1511 ई. में पहाड़ी की तलहटी में **मुस्तफाबाद** नामक नए शहर की स्थापना की थी और उसे गुजरात की दूसरी राजधानी बनाया।
- 1479 ई. में उसने चंपानेर को जीतने के पश्चात् मुहम्मदाबाद नामक नए शहर की स्थापना की थी।
- इसने तुर्की और मिस्र के सुल्तानों के साथ एक नया गठबंधन बनाया और चोल की लड़ाई (1508 ई.) में पुर्तगालियों को हराया, लेकिन अगले वर्ष दीव की लड़ाई में हार गया।
- मलिक गोरी महमूद बेगड़ा का मुख्यमंत्री तथा **उदयराज** दरबारी कवि था, जिसने महमूद चरित्र नामक काव्य की रचना की थी।
- इतालबी यात्री बार्थेमा और पुर्तगाली यात्री बारबोसा महमूद बेगड़ा के दरबार में आए थे।
- बहादुरशाह (1526-1535) गुजरात का अंतिम शासक था।
- 1531 ई. में इसने तुर्की नौसेना की सहायता से दीव में पुर्तगालियों को परास्त किया और **बुर्ज-ए-बहादुरशाही** नामक स्तंभ का निर्माण करवाया था, इसने महान् मंझू कलावंत को संरक्षण दिया था।

मालवा

- मालवा राज्य, नर्मदा और ताप्ती नदियों के बीच ऊँचे पठार पर स्थित था। वह गुजरात को उत्तर भारत और उत्तर भारत को दक्षिण भारत से जोड़ने वाले मुख्य मार्गों पर स्थित था।
- जब तक मालवा प्रदेश शक्तिशाली रहा, तब तक वह गुजरात, मेवाड़ तथा बहमनी राज्य के लिए अंकुश के रूप में कार्य करता रहा।
- उत्तरी भारत की भौगोलिक-राजनीतिक स्थिति ऐसी थी कि इस क्षेत्र का जो भी शक्तिशाली राज्य मालवा पर नियंत्रण स्थापित कर लेता।
- वह संपूर्ण उत्तर भारत पर अपना प्रभुत्व स्थापित करने के मार्ग में अग्रसर हो जाता।
- 1305 ई. में अलाउद्दीन खिलजी ने मालवा पर अधिकार स्थापित किया था। तत्पश्चात् फिरोजशाह तुगलक के अमीर हुसैन खाँ गौरी ने 1401 ई. में स्वतंत्र मालवा राज्य की स्थापना की थी, इसने **दिलावर खाँ** की उपाधि धारण की थी।
- 1406 ई. में अलप खाँ, हुशंगशाह के नाम से मालवा के राजसिंहासन पर आसीन हुआ। 1407 ई. में मुजफ्फरशाह ने इसे बंदी बना लिया था।
- पंद्रहवीं सदी के दौरान मालवा राज्य अपने शिखर पर था। वह राजधानी को हटाकर धार से माँडू ले गया।
- मालवा की प्रमुख इमारतों में जामा मस्जिद, हिंडोला महल और जहाज महल आदि प्रसिद्ध हैं।
- मालवा के शासक हुशंगशाह ने धार्मिक सहिष्णुता की उदार नीति अपनाई थी। इसने मेवाड़ के राणा मोकल के दो भाइयों को मालवा में जागीरें प्रदान की थीं।
- इसी काल में निर्मित ललितपुर मंदिर के अभिलेखों से ज्ञात होता है कि मंदिर निर्माण पर कोई प्रतिबंध नहीं था।
- हुशंगशाह ने जैनों को, जो इस क्षेत्र के प्रमुख व्यापारी और साहूकार (बैंकर) थे, उनको प्रश्रय प्रदान किया।
- नरदेव सोनी हुशंगशाह का खजांची और सलाहकार था।
- महमूद खिलजी (1436-69 ई.) मालवा के शासकों में सबसे अधिक शक्तिशाली था, जिसने मेवाड़ के राणा कुंभा और पड़ोसी हिंदू राजाओं से अपने संघर्ष के दौरान मंदिरों को नष्ट किया था।
- मुगल शासक अकबर ने मालवा को जीतकर मुगल शासन में शामिल कर लिया था। इस समय **बाज बहादुर** मालवा का शासक था। इसे मुगल मनसबदार बनाया गया था।

मेवाड़

- पंद्रहवीं सदी में मेवाड़ का उदय उत्तर भारत की एक महत्त्वपूर्ण राजनीतिक घटना थी।
- अलाउद्दीन खिलजी द्वारा रणथंभौर की विजय के बाद राजपूताना में चौहानों की शक्ति का ह्रास हो चुका था। उसके ध्वंसावशेषों में अनेक राज्यों का उदय हुआ, मेवाड़ भी इनमें से एक था।
- मेवाड़ का प्रारंभिक शासक मोकल था, जिसके शासनकाल में माना, फन्ना एवं विशाल नामक शिल्पकारों तथा कविराज, वानी विलास (योगेश्वर) और विष्णुभट्ट नामक विद्वानों को संरक्षण प्रदान किया गया था।
- मेवाड़ की राजधानी जोधपुर (1465 ई. में स्थापित) थी। इस क्षेत्र का दूसरा महत्त्वपूर्ण राज्य नागौर एक मुस्लिम राज्य था।
- मेवाड़ को एक प्रबल शक्ति प्रदान करने का श्रेय राणा कुंभा (1433-68 ई.) को दिया जाता है।
- राणा कुंभा ने मालवा के शासक महमूद खिलजी के विरुद्ध जीत की स्मृति में चित्तौड़ में **विजयस्तंभ** या **कीर्ति स्तंभ** का निर्माण कराया था।
- राणा कुंभा ने 'विजयस्तंभ लेख' के रचयिता **अत्रि** तथा **महेश** को संरक्षण प्रदान किया था। उन्होंने स्वयं जयदेव कृत गीत गोविंद पर **रसिकप्रिया** नामक टीका लिखी।
- राणा कुंभा एक महान् संगीतकार थे। साथ ही वे एक कुशल वीणावादक भी थे। इन्होंने 'संगीतराज', 'संगीत मीमांसा', 'सूंड प्रबंध' आदि ग्रंथों की रचना की।

- 1508 ई. में राणा कुंभा का पौत्र राणा सांगा मेवाड़ की गद्दी पर बैठा।
- इसने मालवा के महमूद खिलजी द्वितीय तथा गुजरात के मुजफ्फरशाह द्वितीय को पराजित करने में सफलता प्राप्त की थी।
- घटोली के युद्ध में (1517-18 ई.) इब्राहिम लोदी को राणा सांगा ने परास्त किया था तथा 1527 ई. में खानवा के युद्ध में बाबर ने राणा सांगा को पराजित किया।
- 1528 ई. में राणा सांगा की हत्या उसके सरदारों द्वारा विष देने के कारण हुई थी।

उत्तर-पश्चिम भारत : जौनपुर (शर्की) और कश्मीर

उत्तर-पश्चिम भारत में जौनपुर तथा कश्मीर राज्यों का उदय हुआ। इनका वर्णन निम्न हैं

जौनपुर (शर्की सुल्तान)

- फिरोजशाह तुगलक ने जौना खाँ (मुहम्मद-बिन-तुगलक) की स्मृति में जौनपुर नगर की स्थापना की थी।
- तैमूर के आक्रमण के कारण का लाभ उठाकर मलिक सरवर (ख्वाजा जहाँ) नामक एक हिजड़े ने जौनपुर में स्वतंत्र शर्की राज्य की स्थापना की थी।
- मलिक सरवर फिरोजशाह तुगलक के समय में वजीर के पद पर आसीन था। मुहम्मद शाह तुगलक द्वितीय ने उसे मलिक-उस-सर्क (पूर्व के स्वामी) तथा **ख्वाजा-ए-जहाँ** की उपाधि प्रदान की थी।
- शर्की सुल्तानों ने जौनपुर को (पूर्वी उत्तर प्रदेश में) अपनी राजधानी बनाया और उसे शानदार इमारतों, मस्जिदों और मकबरों से सुसज्जित किया था। इन सुल्तानों में इब्राहिम शाह शर्की महत्त्वपूर्ण था।
- इब्राहिम शाह शर्की को जौनपुर शैली का जन्मदाता माना जाता है। इसने **सिराज-ए-हिंद** की उपाधि धारण की थी।
- अटाला मस्जिद का निर्माण कार्य इसी काल में पूर्ण हुआ था। इन्होंने विद्वत्ता और संस्कृति को अधिक मात्रा में संरक्षण दिया था।
- कालांतर में जौनपुर को **पूरब का सिराज** कहा जाने लगा, क्योंकि तत्कालीन समय में वह शहर सांस्कृतिक उन्नति का केंद्र बन गया था।
- प्रसिद्ध हिंदी महाकाव्य **पदमावत** के रचयिता मलिक मुहम्मद जायसी ने जौनपुर में शिक्षा ग्रहण की थी।
- उनके उत्कर्ष काल में यह पश्चिमी उत्तर प्रदेश में अलीगढ़ से लेकर उत्तर बिहार में दरभंगा तक और उत्तर में नेपाल की सीमा से लेकर दक्षिण में बुंदेलखंड तक विस्तृत थी, अंततः 1484 ई. में सुल्तान बहलोल लोदी ने जौनपुर को जीतकर शर्की राज्य को दिल्ली सल्तनत का अंग बना लिया।

कश्मीर

- दिल्ली सल्तनत के पश्चात् प्रांतीय राज्यों में कश्मीर का एक महत्त्वपूर्ण स्थान रहा है। पंद्रहवीं सदी में कश्मीर सरदारों के नियंत्रण में था।
- इससे पूर्व 1320 ई. में मंगोल नायक दलूचा द्वारा कश्मीर पर किए गए आक्रमण के परिणामस्वरूप हिंदू शासन का अंत आरंभ हुआ।
- मंगोल आक्रमण के सौ वर्षों के बाद जैनुल आबिदीन कश्मीर की गद्दी (1420-70 ई.) पर आसीन हुआ। इससे पूर्व कार्कोट वंश, लोहार वंश आदि ने कश्मीर पर शासन किया था।
- दुर्लभवर्द्धन नामक व्यक्ति ने सातवीं शताब्दी में कार्कोट वंश की स्थापना की थी। **ललितादित्य मुक्तापीड** इस वंश का प्रतापी शासक था।
- भगवान सूर्य को समर्पित प्रसिद्ध मार्तंड मंदिर का निर्माण इसी ने करवाया था। कश्मीर में परिहासपुर नामक नगर को बसाने का श्रेय ललितादित्य को दिया जाता है।
- कार्कोट वंश के पश्चात् **उत्पल वंश** कश्मीर की सत्ता में स्थापित हुआ। इसकी स्थापना अवंतिवर्मन (855-883 ई.) ने की थी।
- इसके पश्चात् क्षेमेंद्र गुप्त (950 ई.) सत्ता पर आसीन हुआ, जिसका विवाह लोहार वंश की राजकुमारी दिद्दा से हुआ था।
- रानी दिद्दा एक महत्त्वाकांक्षी महिला थीं और लगभग 50 वर्षों तक कश्मीरी शासन इसी के अधीन रहा।
- संग्राम राज ने (1003-28 ई.) लोहार वंश की स्थापना की थी। हर्ष इस वंश का प्रसिद्ध शासक था, इसे **कश्मीर का नीरो** कहा जाता है। हर्ष ने कल्हण को संरक्षण प्रदान किया था।
- कल्हण द्वारा रचित 'राजतरंगिणी' से कश्मीर के इतिहास के संबंध में जानकारी प्राप्त होती है।
- कश्मीर में 1286 ई. में सिंहदेव द्वारा एक हिंदू राजवंश की स्थापना की गई। 1339 ई. में शासक उदयनदेव की मृत्यु के पश्चात् उसके मंत्री शाहमीर ने कश्मीर की सत्ता पर अधिकार कर लिया।
- शाहमीर ने कश्मीर में प्रथम मुस्लिम शासक बनने के साथ ही शाहमीरी वंश की स्थापना की। सिकंदर इस वंश का एक महत्त्वपूर्ण शासक था।
- इसके काल (1389-1413 ई.) में तैमूर का भारत पर आक्रमण हुआ तथा इसे **बुतशिकन** (मूर्ति तोड़ने वाला) भी कहा जाता है।
- **जैनुल आबिदीन**, सिकंदर का पुत्र था। यह एक उदार शासक था।
- जैनुल आबिदीन ने अपने पूर्व के सभी आदेशों को समाप्त कर दिया और साथ ही कश्मीर से जाने वाले सभी गैर-मुसलमानों को वापस कश्मीर बुला लिया।
- जैनुल आबिदीन ने जजिया कर और गोवध पर प्रतिबंध लगा दिया और साथ ही सती प्रथा पर लगी पाबंदी को हटा दिया।
- उसके शासन में अनेक हिंदू ऊँचे पदों पर आसीन थे, जिसमें श्री भट्ट, न्याय विभाग के मंत्री और दरबारी वैद्य थे।
- जैनुल आबिदीन स्वयं एक विद्वान् था और यह कविताएँ लिखता था। उसे **फारसी, कश्मीरी, संस्कृत** और **तिब्बती** भाषाओं के विषय में ज्ञान था। इसने संस्कृत और फारसी के विद्वानों को संरक्षण प्रदान किया।
- इसके आदेश पर महाभारत व राजतरंगिणी के साथ अन्य कई रचनाओं का संस्कृत और फारसी में अनुवाद कराया गया।
- अपनी उदारता तथा सहिष्णुता के कारण जैनुल आबिदीन को **कश्मीर का अकबर** कहा जाता है। इसके संगीत प्रेमी होने के कारण ग्वालियर के राजा ने इसे दो दुर्लभ कृतियाँ भेंट की थीं।
- जैनुल आबिदीन ने कश्मीर के आर्थिक विकास की ओर ध्यान देते हुए दो व्यक्तियों को कागज बनाने और जिल्दसाजी की कला सीखने के लिए समरकंद भेजा था। इन्होंने कश्मीर में अनेक शिल्पों को बढ़ावा दिया; जैसे-पत्थर काटना और पत्थर पर पॉलिश करना, स्वर्णकारी आदि।
- उन्होंने बड़ी संख्या में नहरें, बाँध और पुल का निर्माण कर कृषि को प्रोत्साहित किया।

- **जैना लंका** इसकी इंजीनियरिंग संबंधी उत्कृष्ट उपलब्धि थी। यह वुलर झील में निर्मित कृत्रिम द्वीप था, जिस पर जैनुल आबिदीन ने राजमहल और मस्जिद बनवाई थी।
- जैनुल आबिदीन को कश्मीर के लोग **बडशाह** (बड़ा शाह) कहते हैं। इसने लद्दाख पर मंगोल आक्रमण को असफल किया था और साथ ही कश्मीरी राज्य का एकीकरण किया था।

अन्य प्रांतीय राज्य

अन्य प्रांतीय राज्यों का वर्णन निम्न है

कामरूप (कामता)

- अहोम (असम) राज्य के पश्चिम में कामता (जिसे उस युग के लेखक कामरूप कहते थे) राज्य अवस्थित था, जो अहोम और बंगाल के साथ निरंतर संघर्षरत् रहता था।
- कामता राज्य की राजधानी कामतापुर थी, जो आधुनिक कूच बिहार में स्थित है, जिसे अलाउद्दीन हुसैन शाह ने अपने आक्रमण के पश्चात् नष्ट कर दिया था।
- बंगाल के शासक इलियास शाह ने कामता पर अधिकार हेतु आक्रमण किया और गुवाहाटी तक अपने राज्य को विस्तारित कर लिया, लेकिन कालांतर में वह इस क्षेत्र पर अपने अधिकार को स्थायी रखने में असफल रहा, परिणामस्वरूप **कारातोया नदी** को बंगाल की उत्तरी-पूर्वी सीमा मान लिया गया था।

मारवाड़

- मारवाड़ (आधुनिक जोधपुर) राजपूताना का एक महत्त्वपूर्ण राज्य था। इसकी स्थापना संतराम के पुत्र **सीहा** ने की थी। इसी वंश के जोधा (1438-89 ई.) नामक शासक ने 1459 ई. में जोधपुर नगर की स्थापना की थी।
- जोधा एक पराक्रमी शासक था और इसकी बढ़ती राजनैतिक शक्ति के कारण मेवाड़ के शासक राणा कुंभा को मेवाड़ तथा मारवाड़ की सीमा निर्धारित करने हेतु संधि करनी पड़ी थी।
- जोधा का पुत्र **बीका** था। इसने 1488 ई. में बीकानेर नामक नगर की स्थापना की थी। इस वंश का प्रमुख शासक **मालदेव** (1532-62 ई.) था।

आम्बेर

- आम्बेर के शासक सूर्यवंशी कच्छवाहा थे, जो स्वयं को भगवान राम का वंशज मानते थे। इस वंश के संस्थापक **दुलह राय** थे।
- हम्मीर देव इस वंश का सबसे प्रसिद्ध शासक था।
- इस वंश के शासक राजा भारमल ने मुगलों की सत्ता को स्वीकार किया था और अपनी पुत्री जोधाबाई का विवाह अकबर के साथ कर वैवाहिक संबंध स्थापित किए थे।
- आम्बेर को वर्तमान में **जयपुर** के नाम से जाना जाता है।

अतिरिक्त तथ्य
तमिलनाडु बोर्ड एवं NIOS

- 1338 ई. में फिरोजशाह तुगलक की मृत्यु के पश्चात् प्रांतीय सूबेदारों द्वारा स्वतंत्र सत्ता के रूप में संचालन शुरू किया गया।
- बिहार ने इब्राहिम लोदी के काल में स्वयं को स्वतंत्र घोषित किया, जबकि पंजाब के सूबेदार **दौलत खाँ** ने बगावत कर दी तथा 1526 ई. में बाबर को भारत आक्रमण का आमंत्रण दिया।
- ग्यारहवी शताब्दी में कश्मीर पर शैव शासकों का शासन था। अलबरूनी ने अपनी पुस्तक **किताब-उल-हिंद** में कश्मीर का उल्लेख किया है।
- कश्मीर के शासकों द्वारा मंगोल आक्रमण का सामना ना कर पाने के कारण जनसमर्थन खो दिया तथा 1339 ई. में शम्सुद्दीन शाह ने शैव शासकों को अपदस्थ कर दिया।
- बंगाल के शासक गयासुद्दीन आजम के काल में फारसी साहित्य को प्रोत्साहन मिला। इसका चीन के साथ व्यापारिक संबंध था। चटगाँव का बंदरगाह **वस्तु विनिमय** का एक महत्वपूर्ण केंद्र था। चीन के शासक की माँग पर आजम ने चीन में बौद्ध भिक्षु भेजे थे।
- 1538 ई. में शेरशाह सूरी ने बंगाल को अपने राज्य में मिला लिया तथा 1586 ई. में अकबर ने इसे **सूबा** बना दिया।
- विदेशी यात्री **ड्यूआरटो बारबोसा** ने गुजरात शासक महमूद बेगढा के बारे में लिखा है कि इसे बचपन में जहर खिलाया जाता था, जिसने उसे जहरीला बना दिया। 1507 ई. में इसने पुर्तगालियों के विरुद्ध अभियान की अगुवाई की।

17

भक्ति एवं सूफी आंदोलन

(स्रोत)

New NCERT Class VI Chap 12 **इमारतें, चित्र तथा किताबें**, New NCERT Class VII Chap 6 **ईश्वर से अनुराग**, Old NCERT Class VII Chap 5 **जनता का जीवन**, Chap 8 **वैभव विलास का युग**, Old NCERT Class VIII Chap 8 **धार्मिक तथा सामाजिक सुधार आंदोलन और सांस्कृतिक जागृति**, Old NCERT Class XI Chap 11 **भारत में सांस्कृतिक विकास (13वीं-15वीं सदी तक)**, New NCERT Class XII Chap 6-(II) **भक्ति-सूफी परंपराएँ**, Tamil Nadu Board (Class XI), NIOS

मध्यकालीन भारतीय समाज में भक्ति एवं सूफी आंदोलन के रूप में एक नई आध्यात्मिक और सामाजिक चेतना का प्रारंभ हुआ तथा इस आंदोलन का प्रभाव संपूर्ण भारत पर था।

भक्ति आंदोलन

- ईश्वर और जीव की रहस्यवादी एकता पर बल देने वाला भक्ति आंदोलन भारत में तुर्कों के आगमन के पूर्व से ही प्रचलन में था। भक्ति का बीज वेदों में विद्यमान है, जहाँ कुछ स्रोतों में दैवीय शक्ति के प्रति आश्चर्य व्यक्त किया गया है।
- ईसवी सन् की प्रारंभिक सदियों के दौरान महायान बौद्ध मत में बुद्ध की पूजा अवलोकित या कृपालु के रूप में की जाने लगी।
- गुप्त काल में **रामायण** और **महाभारत** जैसे बहुत से धर्मग्रंथों का पुनर्लेखन किया गया और कर्म के साथ भक्ति को भी मोक्ष के मान्य मार्ग के रूप में स्वीकार किया गया।
- भक्ति आंदोलन की प्रगति दो प्रक्रियाओं के अंतर्गत परिलक्षित हुई। प्रथम प्रक्रिया में ब्राह्मणवादी विचारधारा का प्रचार था तथा दूसरे में स्त्री, शूद्र तथा अन्य सामाजिक वर्गों की आस्थाओं तथा आचरणों का ब्राह्मणों द्वारा स्वीकरण था।
- भारत में भक्ति आंदोलन का विकास 7वीं और 12वीं सदी के मध्य दक्षिण भारत में हुआ। शैव नयनारों तथा वैष्णव अलवारों ने मोक्ष के मार्ग के रूप में ईश्वर के प्रति व्यक्तिगत भक्ति का उपदेश दिया।
- भक्ति आंदोलन के दो पक्ष रहे हैं-प्रथम प्रपत्ति या समर्पण मार्ग तथा द्वितीय प्रेम मार्ग। प्रपत्ति मार्ग में ईश्वर तथा भक्त का संबंध स्वामी तथा दास की भाँति था। प्रेम मार्ग में ईश्वर तथा भक्त के संबंध समानता पर आधारित थे।
- इस मार्ग में मुक्ति की नहीं, बल्कि दैवीय जीवन में भागीदारी की आकांक्षा की जाती थी।
- श्रीमद्भगवद्गीता में यह विचार किया गया है कि यदि मनुष्य भक्तिभाव से परमेश्वर की शरण में जाए, तो परमेश्वर, व्यक्ति को इस बंधन से मुक्त कर सकता है। यह विचार ईसवी सन् की प्रारंभिक शताब्दियों में लोकप्रिय हो गया था।
- विशद् धार्मिक अनुष्ठानों के माध्यम से शिव, विष्णु तथा दुर्गा को परम देवी-देवताओं के रूप में पूजा जाने लगा। साथ-ही-साथ भिन्न-भिन्न क्षेत्रों में पूजे जाने वाले देवों एवं देवियों को शिव, विष्णु या दुर्गा का रूप माना जाने लगा।
- भक्ति आंदोलन के अंतर्गत प्रेम आधारित भक्ति में शिव एवं विष्णु की प्रेमपूर्ण भक्ति, दक्षिण में छठी से दसवीं शताब्दी तक प्रभावपूर्ण रहने वाले भक्ति आंदोलन का आधार बनी।

उद्भव एवं विकास

- भक्ति आंदोलन का प्रारंभ तमिल क्षेत्र में पल्लव राजवंश के समय हुआ और इसका प्रसार दक्षिण के विभिन्न भागों में हुआ। प्रारंभिक भक्ति आंदोलन (लगभग छठी शताब्दी) **अलवारों** (वैष्णव) और **नयनारों** (शैव) के नेतृत्व में हुआ।
- इन दोनों शाखाओं का संदेश वर्ग, जाति या लिंग की सीमाओं से दूर सभी के लिए था। ये लोग एक स्थान से दूसरे स्थान पर भ्रमण करते हुए तमिल में अपने इष्ट की स्तुति में भजन गाते थे।
- अपनी यात्राओं के दौरान अलवार और नयनार संतों ने कुछ पावन स्थलों को अपने इष्ट का निवास स्थल घोषित किया, जो आगे चलकर प्रमुख तीर्थस्थल माने गए।
- अलवार और नयनार संतों की रचनाओं को वेद जितना महत्त्वपूर्ण बताकर इस परंपरा को आगे बढ़ाया गया। इसके अतिरिक्त दक्षिण भारत में **सित्तर** (सिद्ध) भी थे, जो एकेश्वरवादी थे तथा एकमात्र शिव की उपासना किया करते थे, किंतु वे शिव के लिंग रूप की पूजा नहीं करते थे।

- अलवार तथा नयनार संतों ने जाति प्रथा तथा ब्राह्मण प्रभुत्व के विरोध में आवाज उठाई, क्योंकि भक्ति संत विविध समुदायों से थे; जैसे-ब्राह्मण, शिल्पकार तथा कुछ तो 'अस्पृश्य' जातियों से।
- तमिल भक्ति रचनाओं की एक मुख्य विषय-वस्तु बौद्ध और जैन धर्म के प्रति उनका विरोध है।
- विरोध का स्वर नयनार संतों की रचनाओं में विशेष रूप से उभरकर आता है, यह विरोध उस समय राजकीय अनुदान को लेकर था।
- शक्तिशाली चोल (9वीं से 13वीं शताब्दी) सम्राटों ने ब्राह्मणीय और भक्ति परंपरा को समर्थन दिया तथा विष्णु और शिव के मंदिरों के निर्माण के लिए भूमि-अनुदान दिए।
- इस परंपरा की सबसे बड़ी विशिष्टता इसमें स्त्रियों की उपस्थिति थी, जैसे **अंडाल** नामक अलवार स्त्री की भक्ति गीत परंपरा, जिसमें वह स्वयं को विष्णु की प्रेयसी रूप में दर्शाती है। इसी तरह नयनार परम्परा में स्त्री शिवभक्त **करइक्काल अम्मइयार** का भी नाम है।
- इन स्त्रियों ने भक्ति मार्ग के लिए अपनी सामाजिक परंपरा का त्याग किया तथा स्त्रियों के जीवन पद्धति तथा पितृ सत्तात्मक आदर्शों को भी चुनौती दी।
- नयनार संतों का दर्शन शिल्पकारों के लिए प्रेरणा का स्रोत बना। इस काल में कांस्य निर्मित शिव प्रतिमा, चिदंबरम, तंजावुर, गंगैकोंड-चोलपुरम, मंदिरों के निर्माण में इसकी अभिव्यक्ति दिखाई देती है।
- नयनार तथा अलवार संत वल्लाल कृषकों द्वारा सम्मानित होते थे। संभवतः इसी कारण शासकों ने भी इन संतों का समर्थन पाने का प्रयास किया।
- इन सम्राटों ने तमिल भाषा के शैव भजनों का गायन इन मंदिरों में प्रचलित किया। 945 ईसवीं के एक अभिलेख से पता चलता है कि चोल सम्राट परांतक प्रथम ने संत कवि अप्पार संबंदर और सुंदरम् की धातु प्रतिमाएँ एक शिव मंदिर में स्थापित करवाई।
- पश्चिम भारत में महाराष्ट्र में सर्वप्रथम भक्ति आंदोलन का उदय हुआ।
- भारत में भक्ति आंदोलन के दो रूप थे-एक, जो असमान सामाजिक व्यवस्था एवं ब्राह्मण विशेषाधिकारों का विरोध करते हुए समानता आधारित व्यवस्था का पक्षधर था।
- दूसरा, जिसमें मूर्तिपूजा, कर्मकांड, अवतारवाद आदि का विरोध एवं एकेश्वरवाद पर बल था।
- प्रथम सहस्राब्दी ईसवी के उत्तरार्द्ध में विभिन्न राज्यों का उद्भव और विकास हुआ, जिसमें पल्लव और पांड्य राज्य (छठी से 9वीं शताब्दी ई.) शामिल थे। हालाँकि बौद्ध और जैन धर्म इस क्षेत्र में अनेक शताब्दियों से थे और उन्हें व्यापारी व शिल्पी वर्गों का प्रश्रय प्राप्त था।

भक्ति आंदोलन की विशेषताएँ

- भक्ति आंदोलन की प्रमुख विशेषताएँ निम्नलिखित हैं
  - ईश्वर की एकता (एकेश्वरवाद) पर बल
  - भक्ति मार्ग को महत्त्व
  - धार्मिक अंधविश्वासों, आडंबरों और कर्मकांडों का विरोध
  - जनसाधारण की भाषा में प्रचार
  - ईश्वर के प्रति आत्मसमर्पण
  - मानवतावादी दृष्टिकोण
  - समाज सुधार का प्रयास

भक्ति आंदोलन की शाखाएँ

भक्ति आंदोलन की दो शाखाएँ थीं

- **सगुण** इस परंपरा के अनुसार, ईश्वर शरीरधारी है। वह रंग, रूप, आकार, आनंद, दया, क्रोध जैसे गुणों से युक्त है। इस वर्ग में शिव, विष्णु तथा उनके अवतार व देवियों की आराधना आती है, जिनकी मूर्त रूप में अवधारणा हुई है। इस वर्ग के संतों में वल्लभाचार्य, तुलसी, सूरदास, मीरा, चैतन्य आदि प्रमुख हैं।
- **निर्गुण** इस भक्ति परंपरा में अमूर्त, निराकार ईश्वर की उपासना की जाती थी। कबीर तथा नानक निर्गुण परंपरा के सर्वाधिक प्रसिद्ध तथा लोकप्रिय संत थे। ये निराकार ईश्वर में आस्था रखते थे तथा इन्होंने वैयक्तिक साधना और तपस्या पर बल दिया।

प्रारंभिक भक्ति संत

आरंभ में भक्ति आंदोलन का सूत्रपात दक्षिण में अलवार तथा नयनार संतों ने किया था।

अलवार संत

- अलवार संतों की संख्या 12 थी, जो विष्णु के उपासक थे। ये संत भिन्न-भिन्न प्रकार की पृष्ठभूमि से आए थे। इनमें प्रमुख संत पेरियअलवार, इनकी पुत्री अंडाल तथा नम्मलवार, थिरुमंगई मधुरकवि, तोंडरडिप्पोडी, कुलशेखर पोइगई आदि थे।
- नम्मलवार सभी अलवार संतों में सबसे महान थे। उनके कार्यों को 'दक्षिण के चार वेद' कहा जाता है।
- थिरुमंगई की कविताओं को तमिल के 6 वेदांग माना जाता है।
- एकमात्र अलवार महिला संत अंडाल को दक्षिण भारत की मीराबाई कहा जाता है।
- पोइगई को अंतिम अलवार संत माना जाता है।
- नम्मलवार ने विष्णु की प्रशंसा में अत्यंत भक्तिपूर्ण गीतों की रचना की। अलवार भक्ति आंदोलन मूलतः भावनात्मक था, दार्शनिक नहीं।
- मधुरकवि, नम्मलवार के शिष्य थे। इन्होंने गुरु भक्ति को ईश्वर भक्ति के समान बताया।
- अंडाल प्रमुख महिला संत थीं। तिरुमंगाई शूद्र वर्ण से संबंधित थे। इन संतों के गीत **नालयिरा दिव्य प्रबंधम्** में संकलित हैं।

नयनार संत

- ये संत शिव के उपासक थे और इनकी संख्या 63 थी। इन्होंने शिव भक्ति के गीतों की रचना की, जो तेवरम् नाम से संकलित हैं।
- भक्ति गीतों को **तिरुपाडुयम** या **तिरुमुडै** कहा जाता है। इन गीतों को **नंबि अंडार नंबि** ने व्यवस्थित रूप दिया है।
- नयनार संतों में सर्वाधिक प्रसिद्ध थे-अप्पार, संबंदर, सुंदरार, माणिक्वासगर और सुंदरमूर्ति आदि।
- सुंदरमूर्ति ने एक सहस्र भक्ति गीतों की रचना की, इस कारण इन्हें तंबिरान तोलन (ईश्वर मित्र) की उपाधि दी गई।
- माणिक्कवासगर के गीतों का संकलन 'तिरुवाचक' ग्रंथ में संकलित है।
- अप्पार संबंदर और सुंदरार की कविताओं को 'तवरम' नाम से संकलित किया गया था।

प्रमुख दार्शनिक संत

भक्ति आंदोलन के प्रसार में प्रमुख दार्शनिक संतों का योगदान महत्त्वपूर्ण था। प्रमुख दार्शनिक संतों का विवरण निम्न है

शंकराचार्य (788-820 ई.)

- भारत के सर्वाधिक प्रभावशाली दार्शनिकों में से एक शंकर का जन्म 8वीं शताब्दी में केरल प्रदेश में हुआ था। ये अद्वैतवाद के समर्थक थे, जिसके अनुसार जीवात्मा और परमात्मा (जो परम सत्य है), दोनों एक ही हैं। इन्होंने यह शिक्षा दी कि ब्रह्म, जो एकमात्र परम सत्य है, वह निर्गुण और निराकार है।
- इन्होंने हमारे चारों ओर के संसार को मिथ्या या माया माना है और संसार का परित्याग करने अर्थात् संन्यास लेने, ब्रह्म की सही प्रकृति को समझने तथा मोक्ष प्राप्त करने के लिए ज्ञान के मार्ग को अपनाने का उपदेश दिया।
- इन्होंने भारत की सांस्कृतिक एवं धार्मिक एकता को अक्षुण्ण बनाए रखने तथा वेदांत दर्शन के प्रचार हेतु चार दिशाओं में चार मठ स्थापित किए हैं-उत्तर में **बद्रीनाथ** (विष्णु को समर्पित), दक्षिण में **शृंगेरी पीठ** (शिव को समर्पित), पूर्व में पुरी में **गोवर्द्धन पीठ** (बलभद्र एवं सुभद्रा को समर्पित) तथा पश्चिम में द्वारिका में **शारदा पीठ** (कृष्ण को समर्पित)।

रामानुजाचार्य (1017-1137 ई.)

- रामानुजाचार्य का 11वीं शताब्दी में तमिलनाडु में जन्म हुआ था। ये विष्णुभक्त अलवार संतों से बहुत प्रभावित थे। इनके अनुसार मोक्ष प्राप्त करने का उपाय विष्णु के प्रति अनन्य भक्ति भाव रखना है।
- इसके अनुसार भगवान विष्णु की कृपा दृष्टि से भक्त उनके साथ एकाकार होने का परमानंद प्राप्त कर सकता है।
- रामानुजाचार्य ने **विशिष्टाद्वैत** के सिद्धांत को प्रतिपादित किया, जिसके अनुसार आत्मा, परमात्मा से जुड़ने के पश्चात् भी अपनी अलग सत्ता बनाए रखती है।
- रामानुजाचार्य ने श्री संप्रदाय की स्थापना की, इन्होंने वेदांतसार, ब्रह्मसूत्रभाष्य (श्री भाष्य) व न्यायकुलीश की रचना की।
- रामानुज द्वारा प्रतिपादित भक्ति की धारा का विकास परवर्ती काल में उत्तर-भारत में हुआ।

अन्य दार्शनिक संत

प्रमुख संत	दार्शनिक मत	अन्य मुख्य बातें
निंबार्काचार्य (12वीं शताब्दी)	द्वैताद्वैतवाद	• इन्होंने सनक संप्रदाय की स्थापना की। इन्होंने कृष्ण भक्ति को मुक्ति का मार्ग बताया है। • इन्होंने 'वेदांत पारिजात सौरभ' तथा 'दश श्लोकी' की रचना की।
माध्वाचार्य (1192-1278 ई.)	द्वैतवाद	• इन्होंने ब्रह्म संप्रदाय की स्थापना की और इन्हें वायु का अवतार माना जाता है। • इन्होंने कन्नड़ भाषा में उपदेश दिए, जो सूत्र भाष्य में संकलित हैं।
वल्लभाचार्य (1479-1531 ई.)	शुद्धाद्वैतवाद	• ये कृष्ण भक्त संत थे और इन्होंने पुष्टिमार्ग का प्रवर्तन किया। • इन्होंने विजयनगर साम्राज्य में वैष्णव संप्रदाय की स्थापना की, जिससे इन्हें जगतगुरु महाप्रभु श्री महाचार्य की उपाधि मिली।

प्रमुख भक्ति संत

प्रमुख भक्ति संत निम्न हैं

रामानंद (1299-1411 ई.)

- रामानंद का जन्म प्रयागराज में हुआ था और ये रामानुजाचार्य के अनुयायी थे। इन्होंने विष्णु के अवतार राम की उपासना का प्रवर्तन किया, ये श्री संप्रदाय, वैरागी संप्रदाय एवं रामावत (रामानंदी) संप्रदाय से संबद्ध थे।
- इन्होंने अपना भक्ति उपदेश चारों वर्णों के लोगों को दिया और सभी जातियों के लोगों को, जिनमें निम्न जातियों के लोग भी शामिल थे, को अपना शिष्य बनाया। इनके शिष्यों में रविदास, कबीर, सेन धन्ना प्रमुख थे।

रामानंद के 12 शिष्य

कबीर	मुस्लिम बुनकर	सुरसुरानंद	ब्राह्मण
रैदास	मोची	सुखानंद	ब्राह्मण
पीपा	राजपूत	भावानंद	ब्राह्मण
धन्ना	जाट	अनंनानंद	ब्राह्मण
सेना	नाई	पद्मावती	महिला
नरहर्यानंद	ब्राह्मण	सुरसरि	महिला

- रामानंद प्रथम संत थे, जिन्होंने हिंदी भाषा में अपने उपदेश दिए। इन्होंने उत्तर एवं दक्षिण के बीच सेतु का कार्य किया और भक्ति को दक्षिण से उत्तर की ओर स्थापित किया।

नरसी मेहता (1414-1481 ई.)

- ये गुजरात के प्रसिद्ध संत थे। ये दादू दयाल के शिष्य थे। गाँधीजी के प्रिय भजन 'वैष्णव जन ते तेणे कहिए' के रचनाकार नरसी मेहता ही थे।
- गुजराती साहित्य के विकास में नरसी मेहता का महत्त्वपूर्ण योगदान है।

कबीर (1440-1510 ई.)

- कबीर का जन्म **लहरतारा** (वाराणसी) में हुआ और ये रामानंद के शिष्य थे। ये ईश्वर के निर्गुण स्वरूप के उपासक थे, इन्होंने यह उपदेश दिया कि भक्ति के माध्यम से ही मोक्ष अर्थात् मुक्ति की प्राप्ति हो सकती है।
- कबीर, वेदांत दर्शन से प्रभावित थे और सत्य को अलख (अदृश्य), निराकार ब्रह्म और आत्मन कहकर संबोधित करते थे, इन्होंने इस्लामी दर्शन के अंतर्गत सत्य को अल्लाह, खुदा, हजरत और पीर माना है तथा शून्य और शब्द जैसी अभिव्यंजना योगी परंपरा से ली है।
- इन्होंने मूर्तिपूजा, तीर्थाटन तथा औपचारिक कर्मकांडों का विरोध किया एवं हिंदू व मुसलमान दोनों धर्मों की रूढ़िवादी परंपराओं पर प्रश्न चिह्न लगाया। ये एकेश्वरवादी थे, अत: मानव समानता पर बल देते थे।
- कबीर की वाणी तीन विशिष्ट किंतु परस्पर व्याप्त परिपाटियों में संकलित है। **कबीर बीजक**, कबीर पंथियों द्वारा वाराणसी तथा उत्तर प्रदेश से, **कबीर ग्रंथावली**, राजस्थान के दादू पंथियों से संबंधित है तथा कबीर के कई पद आदि ग्रंथ साहिब में संग्रहित हैं।
- कबीर के उपदेशों की जानकारी उनकी साखियों, सबद और रमैनी के विशाल संग्रहों से मिलती है, इसके अतिरिक्त इनके कुछ भजन गुरु ग्रंथ साहिब, पंचवाणी और बीजक में संग्रहीत हैं।
- इनके प्रमुख शिष्यों में **दादू** एवं **मलूक दास** को माना जाता है। इनके अनुयायी **कबीरपंथी** कहलाए।

- कबीर की रचनाएँ अनेक भाषाओं और बोलियों में मिलती हैं। इनमें से कुछ निर्गुण कवियों की विशेष बोली संत भाषा में है। इनकी कुछ रचनाएँ, जिन्हें उलटबाँसी (उल्टी कही उक्तियाँ) के नाम से जाना जाता है।
- **उलटबाँसी** इस प्रकार से लिखी गई है कि उनके रोजमर्रा के अर्थ को उलट दिया गया; जैसे- 'कबीरदास की उल्टी वाणी बरसे कंबल भीजे पानी'।
- इनकी कविताएँ जिक्र और इश्क के सूफी सिद्धांतों का उपयोग 'नाम सुमिरन' की हिंदू परंपरा की अभिव्यक्ति करने के लिए करती हैं।
- कबीर ने जाति-प्रथा के रूप से अस्पृश्यता की तीव्र आलोचना की। मनुष्य की मूलभूत एकता पर बल देते हुए इन्होंने मानव जाति के मध्य धर्म या जाति, नस्ल या परिवार अथवा संपत्ति के आधार पर किए जाने वाले हर भेदभाव का प्रबल विरोध किया।

शंकरदेव (1449-1568 ई.)

- 15वीं शताब्दी के उत्तरार्द्ध में असम में शंकरदेव वैष्णव धर्म के मुख्य प्रचारक के रूप में उभरे। ये असम के सबसे बड़े संत थे और इन्होंने कृष्ण तथा विष्णु पूजा पर विशेष बल दिया।
- इनके उपदेशों को **भगवती धर्म** कहकर संबोधित किया जाता है, क्योंकि ये भगवद्गीता और भागवत पुराण पर आधारित थे। ये उपदेश सर्वोच्च देवता विष्णु के प्रति पूर्ण समर्पण भाव पर केंद्रित थे।
- शंकरदेव ने भक्ति के लिए नाम कीर्तन और श्रद्धावान भक्तों के सत्संग में ईश्वर के नाम उच्चारण पर बल दिया।
- इन्होंने आध्यात्मिक ज्ञान के प्रचार के लिए सत्र या मठ तथा नामघर जैसे प्रार्थनागृह की स्थापना को बढ़ावा दिया। इन्होंने एक **शरण संप्रदाय** की स्थापना की। शंकरदेव की प्रमुख काव्य रचनाओं में **कीर्तनघोष** भी है।

गुरु नानक (1469-1539 ई.)

- गुरु नानक का जन्म 1469 ई. में रावी नदी के तट पर तलवंडी (अब ननकाना) नामक गाँव में एक खत्री परिवार (हिंदू व्यापारी परिवार) में हुआ था। इनका विवाह अल्पायु में ही सुलक्षणी नामक कन्या से हो गया था।
- गुरु नानक ने करतापुर (रावी नदी के तट पर डेरा बाबा नानक) में एक केंद्र स्थापित करने से पहले अनेक यात्राएँ कीं।
- गुरु नानक ने मूर्तिपूजा एवं धार्मिक आडंबरों का विरोध किया एवं निर्गुण निराकार ईश्वर की आराधना पर बल दिया। ऐसे ईश्वर को इन्होंने **अकाल पुरुष** कहा।
- इनका मानना था कि श्रद्धा एवं भक्ति द्वारा ईश्वर का नाम जपकर मोक्ष प्राप्त किया जा सकता है। ये कर्मवाद एवं पुनर्जन्म के सिद्धांत के समर्थक थे।
- नानक ने अपने विचार पंजाबी भाषा में 'शबद' के माध्यम से दिए। नानक ये शबद अलग-अलग रागों में गाते थे तथा उनका सेवक मरदाना, रबाब बजाता था। नानक ने सामुदायिक उपासना (संगत) को प्रचलित किया तथा इसके नियम निर्धारित किए।
- गुरु नानक ने अपना उत्तराधिकारी 'लहणा' को चुना, जो गुरु अंगद के नाम से जाने गए। गुरु अंगद ने नानक की रचनाओं का संग्रह नई लिपि **गुरुमुखी** में किया तथा 'नानक' नाम से संग्रह भी लिखा।
- गुरु अर्जन देव ने गुरु नानक तथा उनके चार उत्तराधिकारियों, बाबा फरीद तथा कबीरदास के उपदेशों को आदि ग्रंथ साहिब (गुरबानी) में संकलित करवाया। बाद में गुरु गोविंद सिंह जी ने इसमें नौवें गुरु तेग बहादुर सिंह की वाणियों को शामिल किया तथा इसे 'गुरु ग्रंथ साहिब' कहा।

सूरदास (1478-1583 ई.)

- इनका जन्म रुनकता नामक ग्राम में हुआ था। ये वल्लभाचार्य के शिष्य थे।
- सूरदास सगुण भक्ति मार्ग के प्रमुख संत थे और ये वल्लभाचार्य के शिष्य थे। इनकी प्रमुख रचनाएँ **सूरसागर, सूरसारावली** तथा **साहित्य लहरी** हैं।

चैतन्य (1486-1533 ई.)

- चैतन्य को **गौरांग महाप्रभु** के नाम से जाना जाता है और इनके बचपन का नाम निमाई था। इन्होंने संगीत गोष्ठी या ईश्वर नाम के कीर्तन को लोकप्रिय बनाया।
- चैतन्य ने कृष्ण भक्ति का प्रचार किया। ये जातीय भेदभावों तथा पशुबलि, मदिरापान आदि के विरोधी थे, इनके अनुसार नृत्य, संगीत, भक्ति के विशिष्ट पक्ष हैं।
- इनका अधिकांश समय गया व पुरी में व्यतीत हुआ एवं इन्होंने वृंदावन में राधा-कृष्ण की भक्ति को आध्यात्मिक रूप दिया तथा वृंदावन को तीर्थस्थल के रूप में विकसित किया।

मीराबाई (1498-1546 ई.)

- मीराबाई मेड़ता (मेवाड़) के राजा रतनसिंह राठौर की पुत्री तथा राणा सांगा के पुत्र भोजराज की पत्नी थीं। ये संभवत: भक्ति परंपरा की सबसे सुप्रसिद्ध कवयित्री थीं और विष्णु के अवतार कृष्ण को अपना एकमात्र पति स्वीकार करती थीं।
- मीराबाई के कृष्ण भक्ति गीत मुख्यत: ब्रजभाषा तथा आंशिक रूप से राजस्थानी भाषा में हैं, इनकी कुछ रचनाएँ गुजराती में भी मिलती हैं।

तुलसीदास (1532-1623 ई.)

- तुलसीदास का जन्म राजापुर (बाँदा, उत्तर प्रदेश) में हुआ था। ये रामानंद की परंपरा के संत थे और इनके गुरु नरहरिदास थे।
- इन्होंने राम को परमब्रह्म मानकर अवधी भाषा में **रामचरितमानस** की रचना की। इनको वैष्णव व शैव धर्मों के बीच समन्वय स्थापित करने का श्रेय दिया जाता है। इनकी अन्य रचनाएँ हैं-गीतावली, कवितावली, रामललानहछू, विनय-पत्रिका आदि।

दादू दयाल (1544-1603 ई.)

इनका जन्म अहमदाबाद में हुआ तथा इनका मूल नाम **महाबली** था। उन्होंने ब्रह्म सम्प्रदाय की स्थापना की। इनकी शिक्षाएँ 'बानी' नामक पुस्तक में संकलित हैं। दादू दयाल निर्गुण ईश्वर की भक्ति में विश्वास करते थे, इन्होंने विनयशील बनने और अहम् से मुक्त रहने की शिक्षा दी और इन्होंने असांप्रदायिक मार्ग (निपख) का उपदेश दिया।

ब्रजभाषा में दादू दयाल की रचनाएँ उनके शिष्य रज्जब द्वारा संकलित की गई हैं और उन्हें दादू अनुभव वाणी के रूप में जाना जाता है, जो 5,000 छंदों का संकलन है।

रैदास (रविदास)

रैदास रामानंद के शिष्य थे। कबीर इनको **संतों का संत** कहते थे, इन्होंने ईश्वर के प्रति आत्मसमर्पण का प्रचार किया, इनके अनुयायियों ने रैदासी संप्रदाय की स्थापना की।

कर्नाटक की वीरशैव परंपरा

- 12वीं शताब्दी में कर्नाटक में एक नवीन आंदोलन का उद्भव हुआ, जिसका नेतृत्व **बासवन्ना** (1106-68) नामक एक ब्राह्मण ने किया। बासवन्ना कलचुरि राजा के दरबार में मंत्री थे। इनके अनुयायी वीरशैव (शिव के वीर) व लिंगायत (लिंग धारण करने वाले) कहलाए।
- लिंगायत समुदाय के पुरुष वाम कंधे पर चाँदी के एक पिटारे में एक लघु लिंग को धारण करते थे। इनमें जंगम तथा यायावर भिक्षु शामिल हैं। लिंगायतों का विश्वास है कि मृत्योपरांत भक्त शिव में लीन हो जाएँगे तथा इस संसार में पुनः नहीं लौटेंगे।
- लिंगायतों ने जाति की अवधारणा और कुछ समुदायों के दूषित होने की ब्राह्मणीय अवधारणा का विरोध किया। ये पुनर्जन्म के सिद्धांत को नहीं मानते थे। इस समुदाय ने वयस्क विवाह, विधवा पुनर्विवाह आदि का समर्थन किया। इन्होंने जाति प्रथा तथा कर्मकांडों का विरोध किया और ये अपने मृतकों को भूमि में दफनाते थे।
- वीरशैव परंपरा के अन्य संतों में अल्लमा प्रभु और अक्कमहादेवी प्रमुख हैं।
- इस परंपरा की उत्पत्ति कन्नड़ भाषा में रचे गए उन वचनों से मानी जाती है, जो भक्ति आंदोलन के दौरान रचे गए थे।

महाराष्ट्र में भक्ति आंदोलन

- 13वीं से 17वीं शताब्दी तक महाराष्ट्र में अनेकानेक संत कवि हुए, जिनके सरल मराठी भाषा में लिखे गए गीत आज भी जन-मन को प्रेरित करते हैं।
- इन संतों में सबसे महत्त्वपूर्ण थे-ज्ञानेश्वर, नामदेव, एकनाथ तुकाराम तथा सखूबाई जैसी स्त्रियाँ और चोखामेला का परिवार, जो अस्पृश्य समझी जाने वाली महार जाति की थीं। भक्ति की यह क्षेत्रीय परंपरा पंढरपुर में विट्ठल (विष्णु का एक रूप) पर और जन-मन के हृदय में विराजमान व्यक्तिगत देव (ईश्वर) संबंधी विचारों पर केंद्रित थी।
- पंढरपुर आंदोलन से संबद्ध दो मुख्य संप्रदाय थे-वरकरी संप्रदाय जोकि रहस्यवाद से संबद्ध था तथा इनसे जुड़े प्रमुख संत थे-नामदेव, तुकाराम, ज्ञानेश्वर, एकनाथ, सखूबाई और चोखामेला। धरकरी संप्रदाय, रामभक्ति से संबद्ध था तथा इसके अनुयायी स्वयं को **रामदासी** कहते थे। इनमें प्रमुख संत थे-रामदास।
- इन संत-कवियों ने सभी प्रकार के कर्मकांडों, पवित्रता के आडंबरों और जन्म पर आधारित सामाजिक अंतरों का विरोध किया। इन्होंने इस बात पर बल दिया कि सच्ची भक्ति दूसरों के दुःखों को बाँट लेना है, इससे एक नए मानवतावादी विचार का उद्भव हुआ।

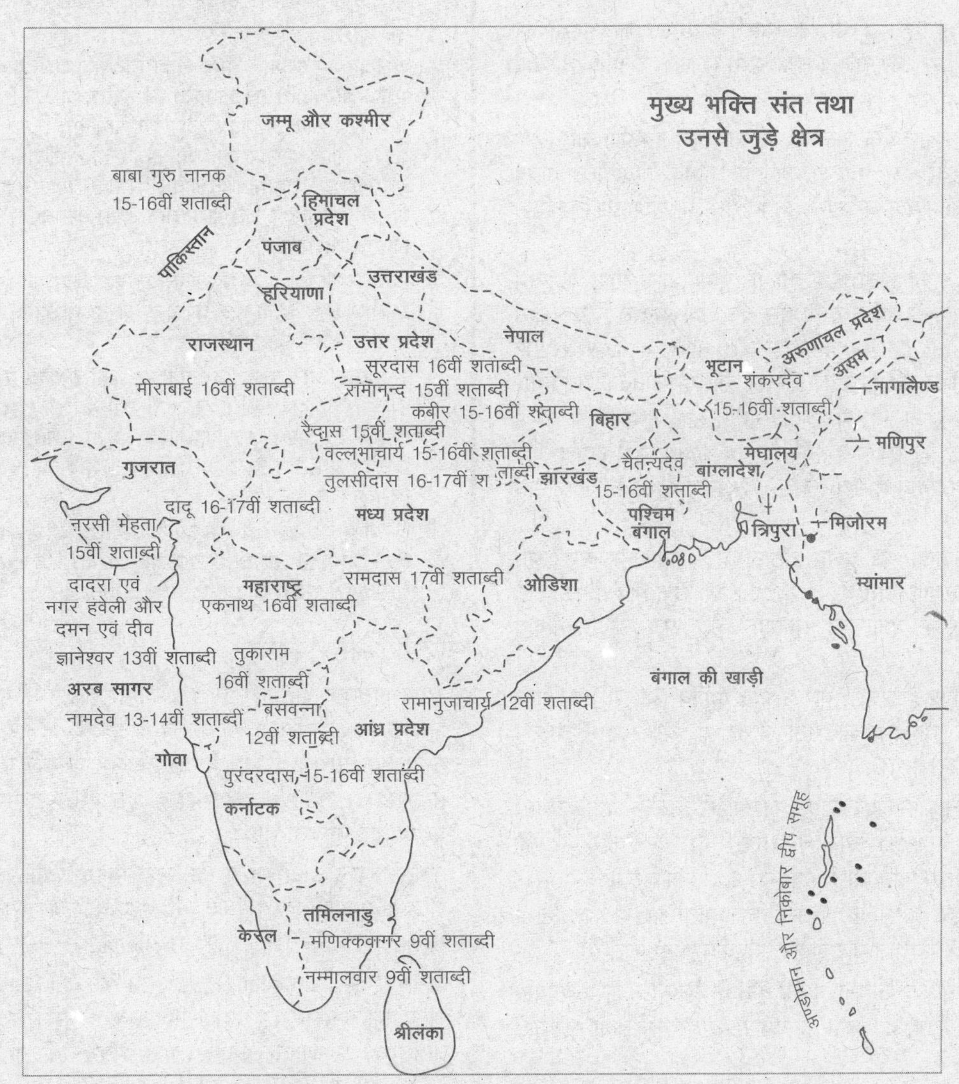

नाथपंथी, सिद्ध और योगी परंपरा

- इस काल में अनेक ऐसे धार्मिक समूहों का उद्भव हुआ, जिन्होंने साधारण तर्क-वितर्क का सहारा लेकर रूढ़िवादी धर्म के कर्मकांडों और अन्य बनावटी पहलुओं तथा समाज-व्यवस्था की आलोचना की, इनमें नाथपंथी, सिद्धाचार और योगी जन उल्लेखनीय हैं।
- इन्होंने संसार का परित्याग करने का समर्थन किया, उनके विचार से निराकार परम सत्य का चिंतन-मनन और उसके साथ एक हो जाने की अनुभूति ही मोक्ष का मार्ग है। इसके लिए योगासन, प्राणायाम और चिंतन-मनन जैसे कठोर प्रशिक्षण पर बल दिया गया।
- इस समूह के लोग विशेष रूप से नीची जातियों में बहुत लोकप्रिय थे, इन्होंने रूढ़िवादी धर्म की आलोचना की और भक्तिमार्गीय धर्म को आश्रय दिया।

सूफी आंदोलन

- इस्लाम की धार्मिक तथा राजनीतिक संस्था के रूप में, खिलाफत की बढ़ती विषयशक्ति के विरुद्ध जिन लोगों का वैराग्य तथा रहस्यवाद की ओर झुकाव बढ़ा। उन्हें सूफी कहा गया। इन्होंने रूढ़िवादी परिभाषाओं तथा धर्माचार्यों की अतार्किकता का खंडन किया।
- सूफी मुसलमान रहस्यवादी थे। वे धर्म के बाहरी आडंबरों को अस्वीकार करते हुए ईश्वर के प्रति प्रेम और भक्ति तथा सभी मनुष्यों के प्रति दयाभाव रखने पर बल देते थे।
- इस्लाम में एकेश्वरवाद अर्थात् एक अल्लाह के प्रति पूर्ण समर्पण का दृढ़ता से प्रचार किया गया। 8वीं और 9वीं शताब्दी में धार्मिक विद्वानों ने पवित्र कानून (शरिया) और इस्लामिक धर्मशास्त्र के विभिन्न पहलुओं को विकसित किया।
- मध्य एशिया के महान सूफी संतों में गज्जाली, रूमी और सादी के नाम उल्लेखनीय हैं। इन्होंने किसी औलिया या पीर की देख-रेख में जिक्र (नाम का जाप), चिंतन, समा (गाना), रक्स (नृत्य), नीति-चर्चा, साँस पर नियंत्रण आदि के माध्यम से प्रशिक्षण की विस्तृत रीतियों का विकास किया।
- 11वीं शताब्दी में अनेक सूफी संत मध्य एशिया से आकर भारत में बसने लगे थे। दिल्ली सल्तनत की स्थापना के साथ यह प्रक्रिया उस समय और भी दृढ़ हो गई, जब उपमहाद्वीप में सर्वत्र बड़े-बड़े अनेक सूफी केंद्र विकसित हो गए।
- सूफी संत अपने खानकाहों में विशेष बैठकों का आयोजन करते थे, जहाँ सभी प्रकार के भक्तगण आते थे। वे यहाँ आध्यात्मिक विषयों पर चर्चा करते थे तथा अपनी समस्याओं को सुलझाने हेतु संतों से आशीर्वाद माँगते थे।
- खानकाह का नियंत्रण **शेख** (अरबी), पीर अथवा **मुर्शीद** (फारसी) के हाथों में था। वे अनुयायियों (मुरीदों) की भर्ती करते थे और अपने वारिस (खलीफा) की नियुक्ति करते थे।
- पीर की मृत्यु के पश्चात् उसकी दरगाह (फारसी में इसका अर्थ दरबार) उसके मुरीदों के लिए भक्ति का स्थल बन जाती थी। इस प्रकार पीर की दरगाह पर **जियारत** के लिए जाने की विशेष रूप से उनकी बरसी के अवसर पर प्रथा प्रचलित हुई। इस परिपाटी को **उर्स** कहा जाता था, क्योंकि लोगों का मानना था कि मृत्यु के पश्चात् पीर ईश्वर से एकीभूत हो जाते हैं।
- लोग आध्यात्मिक और ऐहिक कामनाओं की पूर्ति के लिए उनका आशीर्वाद लेने जाते थे, इस प्रकार शेख का वली के रूप में आदर करने की परिपाटी शुरू हुई।

सूफी परंपरा के इतिहास के पुनर्निर्माण के लिए विभिन्न स्रोत

- **कश्फ-उल-महजुब** यह सूफी विचारों और आचारों पर एक 'प्रबंध पुस्तिका' है। यह पुस्तक अली बिन उस्मान हजविरी द्वारा लिखी गई है।
- **फवाइद-उल-फुआद** यह पुस्तक शेख निजामुद्दीन औलिया की बातचीत पर आधारित एक संग्रह है, जिसका संकलन प्रसिद्ध फारसी कवि अमीर हसन सिज्जी देहलवी ने किया। मुलफुज़ात सूफी संतों की बातचीत पर यह एक आरंभिक ग्रंथ है। इसका संकलन विभिन्न सूफी सिलसिलों के शेखों की अनुमति से हुआ, इसका उद्देश्य मुख्यतः उपदेशात्मक था।
- **मक्तुबात** (लिखे हुए पत्रों का संकलन) ये वे पत्र थे, जो सूफी संतों द्वारा अपने अनुयायियों और सहयोगियों को लिखे गए। वे इन पत्रों में अपने अनुयायियों के लौकिक और आध्यात्मिक जीवन तथा उनकी आकांक्षाओं और समस्याओं या मुश्किलों पर भी टिप्पणी करते थे। विद्वान् बहुधा 17वीं शताब्दी के नक्शबंदी सिलसिले के शेख अहमद सरहिंदी के लिखे मक्तुबात-ए-इमाम रब्बानी पर चर्चा करते थे।
- **तज़किरा** (सूफी संतों की जीवनियों का स्मरण) भारत में लिखा पहला सूफी तज़किरा मीर खुर्द किरमानी का **सियार-उल-औलिया** है। यह तज़किरा मुख्यतः चिश्ती संतों के विषय में है। सबसे प्रसिद्ध तज़किरा अब्दुल हक मुहाद्दिस देहलवी का अख्बार-उल-अखयार है।
- **उलमा** (आलिम का बहुवचन) ये इस्लाम धर्म के ज्ञाता थे। इस परिपाटी के संरक्षक होने के नाते वे धार्मिक कानूनी और अध्यापन संबंधी जिम्मेदारी निभाते थे।
- **शरिया** ये मुसलमान समुदाय को निर्देशित करने वाला कानून है। यह कुरान शरीफ और हदीस पर आधारित है। हदीस का अर्थ है, पैगंबर साहिब से जुड़ी परंपराएँ जिनके अंतर्गत उनके स्मृत शब्द और क्रिया-कलाप आते हैं। अरब क्षेत्र के बाहर इस्लाम का प्रसार हुआ, तो वहाँ के आचार-व्यवहार भिन्न थे और कियास (सदृश्यता के आधार पर तर्क) एवं इजमा (समुदाय की सहमति) को भी कानून का स्रोत माना जाने लगा। इस प्रकार शरिया, कुरान, हदीस, कियास और इजमा से उद्भूत हुआ।
- **वली** (वली का बहुवचन-औलिया) यह ईश्वर का मित्र, जो सूफी जो अल्लाह के नजदीक होने का दावा करता था और उनसे मिली बरकत से करामात करने की शक्ति रखता था।
- **सूफीवाद और तसव्वुफ** सूफीवाद 19वीं शताब्दी में मुद्रित एक अंग्रेजी शब्द है। इस सूफीवाद के लिए इस्लामी ग्रंथों में जिस शब्द का उपयोग होता है, वह है- तसव्वुफ। कुछ विद्वानों के अनुसार, यह शब्द सूफ से निकला है, जिसका अर्थ-ऊन है। अन्य विद्वान् इस शब्द की व्युत्पत्ति सफा से मानते हैं, जिसका अर्थ है- साफ।
- जिम्मी वे लोग होते थे, जो उघटित धर्म ग्रंथ को मानने वाले होते थे; जैसे-इस्लामिक शासन में रहने वाले यहूदी, हिंदू तथा ईसाई लोग, जो शासकों से सुरक्षा सुविधा के बदले जजिया कर देते थे।

सूफी सिलसिले

- 12वीं शताब्दी के आस-पास इस्लामी दुनिया में सूफी सिलसिलों का गठन होने लगा। सिलसिला का शाब्दिक अर्थ है-जंजीर, जो शेख और मुरीद के मध्य एक निरंतर रिश्ते की द्योतक है, जिसकी पहली अटूट कड़ी पैगंबर मोहम्मद से जुड़ी है। इस कड़ी के द्वारा आध्यात्मिक शक्ति और आशीर्वाद मुरीदों तक पहुँचता था।
- अबुल फजल ने **आइन-ए-अकबरी** में 14 सिलसिलों की चर्चा की है। इनमें से 5 अधिक लोकप्रिय हैं-चिश्ती, सुहरावर्दी, कादिरी, शत्तारी और नक्शबंदी।
- अधिकतर सूफी सिलसिले उन्हें स्थापित करने वालों के नाम पर पड़े; जैसे-कादरी सिलसिला शेख अब्दुल कादिर जिलानी के नाम पर पड़ा। कुछ अन्य सिलसिलों का नामकरण उनके जन्मस्थान पर हुआ; जैसे-चिश्ती नाम मध्य अफगानिस्तान के चिश्ती शहर से लिया गया।

चिश्ती सिलसिला

- चिश्ती सूफी सिलसिला की स्थापना **ख्वाजा अब्दुल चिश्ती** ने हेरात में की थी। भारत में इस सिलसिले की स्थापना का श्रेय ख्वाजा मुइनुद्दीन चिश्ती को जाता है, जिन्होंने अपना केंद्र अजमेर को बनाया।
- चिश्ती सूफी अपनी सादगी, उदारता एवं नि:स्वार्थ भाव से जन सेवा करने के लिए जाने जाते थे। ये सरकारी धन, सेवा आदि से दूर रहकर गरीबी एवं अभावपूर्ण जीवन जीने पर बल देते थे।
- शेख मुइनुद्दीन चिश्ती (1143-1236 ई.) मुहम्मद गौरी के साथ भारत आए। मुहम्मद तुगलक अजमेर स्थित ख्वाजा मुइनुद्दीन चिश्ती की मजार पर जाने वाला पहला सुल्तान था। ख्वाजा मुइनुद्दीन चिश्ती को **गरीब नवाज** भी कहा जाता था।
- पंद्रहवी शताब्दी के उत्तरार्द्ध में शेख की मजार पर सबसे पहली इमारत का निर्माण मालवा के सुल्तान गयासुद्दीन खिलजी ने करवाया था।
- अकबर यहाँ 14 बार आया था तथा दरगाह के अहाते में एक मस्जिद का निर्माण करवाया था।

प्रमुख चिश्ती संत

प्रमुख चिश्ती संत निम्न हैं

- **कुतुबुद्दीन बख्तियार काकी** (1173-1235 ई.) इल्तुतमिश ने इनको शेख-उल-इस्लाम की उपाधि दी। इनकी दरगाह दिल्ली में स्थित है।
- **शेख फरीदुद्दीन गंज-ए-शकर** (1175-1265 ई.) इन्हें 'बाबा फरीद' के नाम से भी जाना जाता है। ये कुतुबुद्दीन बख्तियार काकी के शिष्य थे तथा इनके पद गुरु ग्रंथ साहिब में सम्मिलित हैं। इनका कार्य क्षेत्र हाँसी और अजोधन था और इनकी दरगाह अजोधन (पाकिस्तान) में है।
- **शेख निजामुद्दीन औलिया** (1238-1325 ई.) ये बाबा फरीद के शिष्य थे तथा दिल्ली के सर्वाधिक लोकप्रिय चिश्ती संत थे। इन्होंने दिल्ली के सात सुल्तानों का शासनकाल देखा था।
- **शेख नासीरुद्दीन चिराग-ए-देहलवी** (1274-1356 ई.) ये शेख निजामुद्दीन औलिया के शिष्य थे तथा दिल्ली के अंतिम महत्त्वपूर्ण चिश्ती संत थे। इन्हें चिराग-ए-देहलवी भी कहा जाता था, इनकी दरगाह दिल्ली में स्थित है।
- **ख्वाजा सैयद मोहम्मद गेसूदराज** (1320-1422 ई.) इन्होंने गुलबर्गा को अपना केंद्र बनाकर चिश्ती सिलसिले का प्रचार किया। सिराजुद्दीन अली सिराज ने बंगाल में चिश्ती सिलसिले का प्रचलन या शुरुआत की।
- **शेख सलीम चिश्ती** (1478-1572 ई.) इनका निवास फतेहपुर सीकरी था और ये अकबर के समकालीन थे, इनके आशीर्वाद के बाद ही अकबर के यहाँ पुत्र उत्पन्न हुआ, जिसका नाम इन्हीं के नाम पर सलीम रखा गया, इनका मकबरा फतेहपुर सीकरी में स्थित है।

चिश्ती सिलसिला के प्रमुख उपदेशक

सूफी	मृत्यु का वर्ष	दरगाह का स्थान
शेख मुइनुद्दीन चिश्ती	1235	अजमेर (राजस्थान)
ख्वाजा कुतुबुद्दीन बख्तियार काकी	1235	दिल्ली
शेख फरीदुद्दीन गंज-ए-शकर	1265	अजोधन (पाकिस्तान)
शेख निजामुद्दीन औलिया	1325	दिल्ली
शेख नासीरुद्दीन चिराग-ए-देहलवी	1356	दिल्ली

सुहरावर्दी सिलसिला

- सुहरावर्दी सिलसिला के संस्थापक शेख शिहाबुद्दीन सुहरावर्दी (1145-1234 ई.) थे। इनकी गतिविधियों का मुख्य केंद्र पंजाब एवं मुल्तान थे।
- भारत में सुहरावर्दी सिलसिला के संस्थापक शेख बहाउद्दीन जकारिया (1182-1263 ई.) थे। इल्तुतमिश ने शेख बहाउद्दीन जकारिया को शेख-उल-इस्लाम की उपाधि से सम्मानित किया था।
- चिश्तियों के विपरीत सुहरावर्दी संत गरीबी का जीवन बिताने में विश्वास नहीं करते थे। इन्होंने राजकीय सेवाओं में प्रवेश लिया तथा कई संत धार्मिक विभागों में उच्च पदों तक पहुँचे थे।
- सुहरावर्दी सिलसिले के अन्य संत सैयद जलालुद्दीन जहानियाँ जहाँगश्त, शेख मूसा और शाह दौला दरियाई थे। कालांतर में यह सिलसिला 5 शाखाओं में बँट गया।

कादिरी सिलसिला

- इस सिलसिले के संस्थापक शेख अब्दुल कादिर जिलानी (1077-1166) थे, जिन्होंने बगदाद (इराक) में इसकी स्थापना की।
- भारत में इस सिलसिले को प्रसारित करने का श्रेय **शाह नियामतुल्लाह मखदूम जिलानी** को जाता है।
- कादिरी सिलसिले के अनुयायी गाने-बजाने के विरोधी थे, वे हरे रंग की पगड़ी बाँधते थे। दाराशिकोह इस सिलसिले को मानता था। भारत में यह सिलसिला आगरा एवं उच्छ तक विस्तारित था।

नक्शबंदी सिलसिला

- नक्शबंदी एक सूफी सिलसिला है, जिसकी स्थापना ख्वाजा अब्दुल्लाह ने की। भारत में इसका प्रचार-प्रसार सर्वप्रथम **बकी बिल्लाह** (1563-1603 ई.) ने किया।
- भारत में इस सिलसिले के सर्वाधिक प्रसिद्ध संत शेख अहमद सरहिंदी थे। शेख अहमद सरहिंदी बकी बिल्लाह के शिष्य थे।

फिरदौसी सिलसिला

- यह सुहरावर्दी सिलसिले की एक शाखा थी, जिसका कार्यक्षेत्र बिहार था। इसके संस्थापक बहरुद्दीन थे।
- इस सिलसिले को शेख शरीफ-उद्दीन याह्या ने लोकप्रिय बनाया। इस सिलसिले के सबसे प्रसिद्ध संत शर्फुद्दीन याह्या मनेरी थे।

सत्तारी सिलसिला

- भारत में इस सिलसिले के संस्थापक शेख अब्दुल्ला सत्तार थे। भारत में इस सिलसिला के प्रमुख केंद्र बंगाल, जौनपुर व दक्कन थे।
- अब्दुल्ला सत्तार की दरगाह मांडु (मध्य प्रदेश) में स्थित है। अब्दुल्ला सत्तार सैनिकों के साथ चलते थे।
- सत्तारी सिलसिला में श्री कृष्ण को 'औलिया' कहा गया था।

अबुल हसन अल हुजाविरी

- फारसी भाषा में लिखी गई 'कश्फ-उल-महजूब' पुस्तक सूफी परंपरा (तसण्वुफ) तथा सूफियों के बारे में महत्त्वपूर्ण स्रोत है।
- सुल्तान महमूद गजनवी के पोते द्वारा लाहौर में इनकी मजार बनवायी गई। इनकी मजार को 'दाता दरबार' कहा जाता है।
- अबुल हसन अल हुजाविरी 'दाता गंज बख्श' के रूप में प्रसिद्ध है।

सूफी भाषा तथा संपर्क

- सूफी परंपरा में नाच तथा संगीत 'जिरायत' का हिस्सा था।
- सूफी संत जिक्र (ईश्वर का नाम जाप) तथा सभा (नाम श्रवण) अर्थात् आध्यात्मिक संगीत सभा द्वारा ईश्वर उपासना करते थे।
- चिश्ती संप्रदाय द्वारा भक्ति परंपरा में सभा का महत्त्व इस पर बल देता है कि चिश्ती स्थानीय परंपरा से जुड़े थे।
- बाबा फरीद ने क्षेत्रीय भाषा में काव्य रचना की, जो गुरु ग्रंथ साहिब में संकलित है। सूफियों द्वारा लंबी कविताओं की रचना की गई, जिसे 'मसनवी' कहा जाता है।
- सूफी कविता की एक अन्य विधा की रचना बीजापुर (कर्नाटक) के आस-पास हुई। यह दक्खनी (उर्दू का रूप) में लिखी छोटी कविताएँ थीं, जिन्हें लोरी नामा (छोटे बच्चों को सुलाने के लिए), शादीनामा, चरखानामा आदि के रूप में पाया जाता है।
- अमीर खुसरो द्वारा **कौल** (कहावत) की रचना कर **चिश्ती समा** (चिश्ती आर्डर) को विशिष्ट रूप दिया। इसे कव्वाली के शुरू में तथा आखिरी में गाया जाता था। इसकी भाषा फारसी, हिंदवी तथा उर्दू में होती थी।

सूफ़ी परंपरा के इतिहास के पुनर्निर्माण के लिए विभिन्न स्रोत

सूफ़ी ख़ानक़ाहों के आसपास अनेक ग्रंथों की रचना हुई जिनमें शामिल हैं:

- सूफ़ी विचारों और आचारों पर प्रबंध पुस्तिका कश्फ-उल-महजुब इस विधा का एक उदाहरण है।
- यह पुस्तक अली बिन उस्मान हुजविरी (मृत्यु 1071) द्वारा लिखी गई। साहित्य इतिहासकारों को यह जानने में मदद करता है कि उपमहाद्वीप के बाहर की परंपराओं ने भारत में सूफ़ी चिंतन को किस तरह प्रभावित किया।
- **मुलफ़ुज़ात** (सूफ़ी संतों की बातचीत) : मुलफ़ुज़ात पर एक आरंभिक ग्रंथ फवाइद-अल-फ़ुआद है।
- यह शेख निज़ामुद्दीन औलिया की बातचीत पर आधारित एक संग्रह है, जिसका संकलन प्रसिद्ध फ़ारसी कवि अमीर हसन सिजज़ी देहलवी ने किया। स्रोत 9 में इस ग्रंथ से लिया एक अंश उद्धत है।
- मुलफ़ुज़ात का संकलन विभिन्न सूफ़ी सिलसिलों के शेखों की अनुमति से हुआ। इनका उद्देश्य मुख्यत: उपदेशात्मक था।
- उपमहाद्वीप के अनेक भागों से जिसमें दक्कन शामिल है, अनेक उदाहरण इस तरह के मिलते हैं। कई शताब्दियों तक उनका संकलन होता रहा।
- **मक्तुबात** (लिखे हुए पत्रों का संकलन) : ये वे पत्र थे, जो सूफ़ी संतों द्वारा अपने अनुयायियों और सहयोगियों को लिखे गए। इन पत्रों से धार्मिक सत्य के बारे में शेख के अनुभवों का वर्णन मिलता है, जिसे वह अन्य लोगों के साथ बाँटना चाहते थे।
- वह इन पत्रों में अपने अनुयायियों के लौकिक और आध्यात्मिक जीवन, उनकी आकांक्षाओं और मुश्किलों पर भी टिप्पणी करते थे।
- **तज़किरा** (सूफ़ी संतों की जीवनियों का स्मरण) : भारत में लिखा पहला सूफ़ी तज़किरा मीर खुर्द किरमानी का सियार-उल-औलिया है।
- यह तज़किरा मुख्यत: चिश्ती संतों के बारे में था। सबसे प्रसिद्ध तज़किरा अब्दुल हक मुहाद्दिस देहलवी (मृत्यु 1642) का अखबार-उल-अखयार है।
- तज़किरा के लेखकों का मुख्य उद्देश्य अपने सिलसिले की प्रधानता स्थापित करना और साथ ही अपनी आध्यात्मिक वंशावली की महिमा का बखान करना था।

अतिरिक्त तथ्य
तमिलनाडु बोर्ड एवं NIOS

- एकेश्वर वादी परंपरा मूलत: निर्गुण भक्ति परंपरा मानी जाती थी, जिसमें कबीर, नानक, धन्ना जाट शामिल थे। यह परंपरा सूफीवाद, वैष्णव, नाथपंथी आंदोलन से प्रभावित थी।
- वैष्णव परंपरा के प्रमुख संत रामानंद दक्षिणी मूल के थे, किंतु बनारस में निवास करते थे। ये उत्तर भारत में राम की उपासना के जनक थे तथा जाति प्रथा के विरोधी थे।
- लोकप्रिय तजकिरा-ए-औलिया-ए-हिंद (मुस्लिम संतों के जीवन) के अनुसार कबीर मुस्लिम सूफी शेख तकी के शिष्य थे।
- रामानंद अपने भक्ति सिद्धान्त का हिंदी में प्रचार करने वाले पहले व्यक्ति थे।
- बंगाल का भक्ति आंदोलन उत्तर तथा दक्षिण से अलग था। 12वीं सदी के जयदेव इस परंपरा के प्रमुख कवि थे।
- गुरु नानक की उपासना में सत्य, हलाल (ईमानदारी की कमाई), खैर (दूसरों के दुआ) तथा नियत सम्मिलित थे।
- सिखों की एकता बनाए रखने के लिए कुछ नई परंपराओं का पालन अनिवार्य कर दिया गया; जैसे-खड़े द्वारा, दोधारी तलवार, अमृत चखणा, केश रखना, शस्त्र धारण करना तथा नाम में सिंह, अनाम रखना।
- गुरु गोविंद सिंह द्वारा **खालसा**' पंथ स्थापित किया गया।
- महाराष्ट्र में भक्ति आंदोलन के प्रमुख संत तुकाराम निराकार ईश्वर में विश्वास करते थे। उनके अनुसार, सांसारिक गतिविधियों के साथ आध्यात्मिक आनंद को जोड़ना संभव नहीं था। उन्होंने ईश्वर की सर्वव्यापकता पर वल दिया। उन्होंने वैदिक बलिदानों, समारोहों, तीर्थयात्राओं मूर्तिपूजा आदि को अस्वीकार कर दिया।
- भारत में सूफी पंथ की शुरुआत 11वीं शताब्दी में हुई। अल हजविरी, अलअदवई, अल जुनैद तथा बयाजिद बस्तमी, प्रारंभिक सूफियों में थे।
- 10वीं शताब्दी में इस्लामी साम्राज्य के सभी महत्वपूर्ण क्षेत्रों में सूफी पंथ का विस्तार हुआ। ईरान, खुरासान, ट्रांस आक्सियाना, मिश्र, सीरिया तथा बगदाद प्रमुख सूफी केंद्र थे।
- **अल-गजली** सर्वाधिक सम्मानित सूफी संतों में से एक माने जाते हैं, इन्होंने सूफी रहस्यवाद को अनुकूल बताया।
- अल हुजवीरी को उपमहाद्वीप का सबसे पुराना सूफी संत माना जाता है।

शब्द	अर्थ
कुरबल	दिव्य सामीव्य
हुलु	दिव्य आत्मा का संचार
फना	आत्म विनाश
मकामत	विभिन्न चरण
वहदत अल वजूद	होने की
जियारत	कब्रों पर जाने की प्रथा

18

मुगल साम्राज्य

(स्रोत)

New NCERT Class VII Chap 4 **मुगल सोलहवीं से सत्रहवीं शताब्दी**, Chap 5 **जनजातियाँ, खानाबदोश और एक जगह बसे हुए समुदाय**, Old NCERT Class VII Chap 6 **मुगलों और यूरोपवासियों का भारत में आगमन**, Chap 7 **अकबर**, Old NCERT Class XI Chap 12 **उत्तर भारत में साम्राज्य के लिए संघर्ष-II, मुगल और स्थापना** (1524-1555 ई.) Chap 13 **मुगल साम्राज्य का सुदृढ़ीकरण (अकबर का काल)**, Chap 14 **दक्कन और दक्षिण भारत (1656 ई.)**, Chap 15 **सत्रहवीं सदी के पूर्वार्द्ध में भारत**, Chap 16 **मुगलों के अधीन आर्थिक तथा सामाजिक जीवन**, Chap 17 **सांस्कृतिक और धार्मिक गतिविधियाँ**, Chap 18 **मुगल साम्राज्य का चर्मोत्कर्ष और विघटन-I**, Chap 19 **मुगल साम्राज्य का चर्मोत्कर्ष और विघटन-II**, New NCERT Class XII Chap 8 **किसान, जमींदार और राज्य**, Tamil Nadu Board (Class XI), NIOS

बाबर के पिता उमर शेख मिर्जा फरगना घाटी का शासक था। बाबर मूल रूप से मंगोलिया के बर्लास कबीले से संबंधित था। बाबर, तैमूर और चैंगेज खान का वंशज था। आरंभिक समय में बाबर समरकंद का शासक बना, परंतु समरकंद पर उज्बेकों के आधिपत्य के पश्चात् वह भारत विजय की ओर उन्मुख हुआ।

बाबर

- बाबर का जन्म 1483 ई. में अदिजान् (उज्बेकिस्तान) में हुआ था। 1494 ई. में बाबर फरगना का शासक बना था। इस समय इसकी उम्र 12 वर्ष थी। उसने अपने चाचा से समरकंद को प्राप्त करने का प्रयास किया और उसे दो बार सफलता भी प्राप्त हुई, लेकिन दोनों बार यह क्षेत्र उसके अधीन नहीं हो पाया। अंतत: उज्बेक सरदार शैबानी खाँ ने बाबर को पराजित करके समरकंद को जीत लिया। परिणामस्वरूप बाबर ने काबुल की ओर अभियान किया और 1504 ई. में उसे जीत लिया।
- 1510 ई. में मेरू के निकट हुए एक युद्ध में ईरान के शाह इस्माइल ने शैबानी खाँ को पराजित कर उसकी हत्या कर दी और बाबर ईरानी फौजों की सहायता से समरकंद पर प्रतिष्ठित हुआ, लेकिन उज्बेकों ने पुन: समरकंद से बाबर को अपदस्थ कर दिया।
- इस प्रकार बाबर के विरुद्ध हुई निरंतर इन घटनाओं ने उसे भारत पर विजय की ओर विवश कर दिया।

बाबर द्वारा भारत जीतने का अभियान

- बाबर की भारत विजय की आकांक्षा का सर्वप्रथम कारण उसकी आय का स्रोत व उज्बेक सरदार की सैनिक कार्रवाइयों से सुरक्षित होना था और इन दोनों कार्यों हेतु भारत एक उपयुक्त स्थान था।
- बाबर बदख्शाँ, कंधार और काबुल पर शासन करता था, जहाँ से प्राप्त आय उसके सैनिकों की आवश्यकताओं के लिए पर्याप्त नहीं थी।
- उत्तर-पश्चिम भारत की तत्कालीन राजनीतिक परिस्थिति भारत में बाबर के प्रवेश के लिए उपयुक्त थी, क्योंकि 1517 ई. में सिकंदर लोदी की मृत्यु के पश्चात् इब्राहिम लोदी एक बड़े केंद्रीकृत साम्राज्य की रचना में व्यस्त था, जिसने अफगान सरदार दौलत खाँ लोदी (पंजाब का सूबेदार) और राजपूतों को सशंकित कर दिया।
- बाबर ने सर्वप्रथम 1518-19 ई. में भेरा (भिरा) के शक्तिशाली दुर्ग को जीता था और इसी दुर्ग को जीतने के समय सर्वप्रथम बाबर द्वारा तोप और बारूद का प्रयोग किया गया था।
- 1520-21 ई. में पुन: बाबर ने सिंधु नदी को पार कर भेरा तथा स्यालकोट पर विजय प्राप्त की। साथ ही लाहौर और पेशावर को जीतकर उसने संपूर्ण पंजाब पर अपना आधिपत्य स्थापित कर लिया था।

पानीपत का प्रथम युद्ध (20 अप्रैल, 1526)

- बाबर द्वारा अपने पूर्व के चार आक्रमणों के पश्चात् पाँचवाँ आक्रमण 21 अप्रैल, 1526 को दिल्ली के सुल्तान इब्राहिम लोदी के विरुद्ध किया गया।
- इन दोनों की सेनाओं के मध्य युद्ध पानीपत के मैदान में हुआ, जिसमें बाबर विजयी रहा और इब्राहिम लोदी युद्ध क्षेत्र में मारा गया।
- ग्वालियर का शासक विक्रमजीत भी इब्राहिम लोदी की ओर से लड़ते हुए युद्ध में मारा गया।
- इस युद्ध में विजय के पश्चात् बाबर ने काबुल के प्रत्येक निवासी को चाँदी का सिक्का (शाहरुख) प्रदान किया। अपनी उदारता के कारण बाबर **कलंदर** के रूप में प्रसिद्ध हुआ।
- इस युद्ध के पश्चात् बाबर का नियंत्रण दिल्ली तथा आगरा तक के संपूर्ण क्षेत्र पर स्थापित हो गया और आगरा में लोदियों द्वारा जमा धनराशि से बाबर आर्थिक कठिनाइयों से उभर गया। इस युद्ध में बाबर की जीत का श्रेय उस्मानी तथा तुलगुमा पद्धति को दिया जाता है।

- तोपों और गाड़ियों को आपस में जोड़ने की उस्मानी (रूसी) युक्ति, जिसे उस्मानियों ने ईरान के शाह इस्माइल के विरुद्ध उपयोग किया था।
- दूसरी, घूमकर पीछे से आक्रमण करने की तकनीक, जिसे उज्बेकों द्वारा अपनाया गया था, उसे **तुलगुमा पद्धति** कहा जाता था।
- पानीपत के प्रथम युद्ध में बाबर ने पहली बार तोपों तथा गोलाबारी का प्रभावी ढंग से प्रयोग किया।
- इस युद्ध में बाबर के दो प्रमुख उस्मानी तोपचियों-उस्ताद अली और मुस्तफा ने प्रमुख और निर्णायक की भूमिका निभाई थी।

मुगल वंश की स्थापना और बाबर (1526-30 ई.)

- पानीपत के प्रथम युद्ध में विजय प्राप्त करने के पश्चात् भारत में बाबर ने मुगल वंश की स्थापना की। बाबर का पूरा नाम **जहीरुद्दीन मोहम्मद बाबर** था।
- बाबर मूलतः तुर्की जाति के चगताई वंश से संबंधित था, जिसे **मुगल** कहा गया। बाबर मातृपक्ष से चंगेज खाँ का 14वाँ वंशज तथा पितृपक्ष से तैमूर का पाँचवाँ वंशज था।
- मुगल स्वयं को मंगोल या मुगल से ज्यादा तैमूर का वंशज कहलाना अधिक पसंद करते थे, क्योंकि मंगोलों के नरसंहार की छवि से ज्यादा तैमूर की विजेता छवि (1398 ई. में दिल्ली पर कब्जा) ज्यादा प्रभावी थी।
- बाबर का शासनकाल (1526-30 ई.) चार वर्षों तक रहा। दिसंबर, 1530 में बाबर की मृत्यु हुई और उसे आगरा के आरामबाग (चारबाग) में दफनाया गया।
- शेरशाह के काल में उसकी अस्थियों को उसकी इच्छानुसार काबुल के बाग-ए-बाबर में दफनाया गया था।

बाबर के प्रमुख विजय अभियान

- **खानवा का युद्ध** यह युद्ध 17 मार्च, 1527 को बाबर और राणा साँगा के मध्य फतेहपुर सीकरी के समीप हुआ था, इस युद्ध में बाबर की जीत हुई। इस युद्ध के पश्चात् दिल्ली-आगरा क्षेत्र में बाबर की स्थिति सुदृढ़ हो गई और इसने आगरा से पूर्व की ओर ग्वालियर, धौलपुर आदि कई किलों को जीत लिया। इस युद्ध को बाबर ने 'जिहाद' की संज्ञा दी और जीत के पश्चात् 'गाजी' की उपाधि धारण की।
- **चंदेरी का युद्ध** यह युद्ध 29 जनवरी, 1528 को बाबर और मालवा के मेदिनी राय के मध्य लड़ा गया, जिसमें बाबर विजयी हुआ।
- **घाघरा का युद्ध** यह युद्ध 6 मई, 1529 को बाबर और अफगानों तथा नुसरत शाह (बंगाल का शासक) की संयुक्त सेना के मध्य हुआ, जिसमें बाबर विजयी रहा। इस युद्ध में महमूद लोदी ने अफगानों का नेतृत्व किया था। यह जल एवं थल दोनों पर लड़ा गया युद्ध था। यह बाबर का अंतिम विजय अभियान था।

बाबर के भारत आगमन का महत्त्व

- बाबर का भारत आगमन अनेक दृष्टियों से महत्त्वपूर्ण था। कुषाण साम्राज्य के पतन के पश्चात् यह पहला अवसर था, जब काबुल और कंधार मुगल साम्राज्य के अंग बने।
- काबुल और कंधार भारत पर आक्रमण के लिए आधार का कार्य करते रहे, इसलिए इन क्षेत्रों पर अपना प्रभुत्व स्थापित कर बाबर और उसके उत्तराधिकारी लगभग 200 वर्षों तक भारत को बाहरी आक्रमण से सुरक्षित रखने में सफल रहे।
- आर्थिक दृष्टि से काबुल और कंधार पर नियंत्रण के पश्चात् भारत में विदेशी व्यापार को बढ़ावा मिला, क्योंकि ये दोनों शहर पूर्व में चीन की ओर तथा पश्चिम में भूमध्य सागर के बंदरगाहों की ओर जाने वाले व्यापारिक गतिविधियों के प्रस्थान स्थल थे।
- बाबर द्वारा उत्तर भारत में राणा सांगा के नेतृत्व में स्थापित महासंघ की शक्ति को नष्ट कर दिया गया। इस प्रकार उस क्षेत्र में विद्यमान शक्ति संतुलन को समाप्त कर बाबर ने अखिल भारतीय साम्राज्य की स्थापना की दिशा में एक महत्त्वपूर्ण कदम उठाया।
- बाबर द्वारा युद्ध में बारूद और तोपों के प्रयोग के फलस्वरूप भारत में बारूद और तोपखाने की लोकप्रियता तेजी से बढ़ गई। अपनी सैनिक पद्धतियों और व्यक्तिगत आचरण के द्वारा बाबर ने फिरोजशाह तुगलक की मृत्यु के पश्चात् पुनः राजपद की प्रतिष्ठा को स्थापित किया।
- बाबर रूढ़िवादी सुन्नी था, लेकिन वह धर्मांध नहीं था। अतः वह इस्लाम के धर्म विशारदों (धर्म के ज्ञाता) तथा उलेमाओं का समर्थक नहीं था।
- बाबर को फारसी और अरबी भाषा का अधिक ज्ञान था और उसे तुर्की भाषा के प्रसिद्ध लेखकों में गिना जाता था। उसने अपनी आत्मकथा **तुजुक-ए-बाबरी** चगताई तुर्की भाषा में लिखी, जो विश्व साहित्य की एक अमरकृति मानी जाती है, इसे **बाबरनामा** भी कहा जाता है।
- बाबर, अली शेर नवाई के बाद चगताई तुर्की भाषा का दूसरा प्रसिद्ध लेखक माना जाता है। यह चित्रकार 'बिहजाद' का प्रशंसक था तथा नृत्य, संगीत एवं साहित्य में भी रुचि लेता था। बाबर ने 'मुबइयान' नामक एक पद्य शैली विकसित की थी, जो इस्लामी विधि की एक पुस्तक है।

हुमायूँ (1530-40 ई., 1555-1556 ई.)

- हुमायूँ का जन्म 1508 ई. में काबुल (अफगानिस्तान) में हुआ था। यह बाबर का ज्येष्ठ पुत्र था।
- बाबर की मृत्यु के पश्चात् हुमायूँ दिसंबर, 1530 में आगरा के सिंहासन पर आसीन हुआ, उस समय हुमायूँ की आयु 23 वर्ष थी।
- मुगल ज्येष्ठाधिकार में विश्वास नहीं करते थे, बल्कि इसके विपरीत उत्तराधिकार में वे सहदायाद की मुगल (मंगोल) तथा तैमूर परंपरा को अपनाते थे, जिसके अंतर्गत उत्तराधिकार का विभाजन सभी पुत्रों में बराबर किया जाता था।
- बाबर ने हुमायूँ को तैमूरी परंपरा के विरुद्ध साम्राज्य के विभाजन का कोई निर्देश नहीं दिया था, लेकिन इसके बावजूद हुमायूँ ने मुगल साम्राज्य को अपने भाइयों में बाँट दिया।
- अस्करी को संभल प्रांत, हिंदाल को मेवात प्रांत तथा कामरान को काबुल व कंधार प्रांत प्राप्त हुआ। कामरान ने हुमायूँ की व्यस्तता का लाभ उठाते हुए लाहौर और मुल्तान पर भी अधिकार स्थापित कर लिया था।

प्रारंभिक समस्याएँ

- मुगल साम्राज्य के शासन की बागडोर सँभालते ही हुमायूँ के समक्ष अनेक समस्याएँ उत्पन्न हुई थीं, जिनका पूर्व में बाबर द्वारा समाधान नहीं किया गया था।
- साम्राज्य की प्राथमिक समस्याओं में प्रशासन का सुदृढ़ न होना और राज्य की वित्तीय स्थिति का दयनीय होना शामिल था। इसके अतिरिक्त हुमायूँ के भाइयों द्वारा किया जा रहा असहयोग पूर्ण व्यवहार ने भी प्रारंभिक समस्याओं को बल प्रदान किया।
- हुमायूँ के लिए पूर्व में अफगानों की तीव्रता से बढ़ती हुई शक्ति और गुजरात के शासक बहादुरशाह की बलवती होती महत्त्वाकांक्षाएँ भी प्रारंभिक समस्याओं की द्योतक थीं।

हुमायूँ के विजय अभियान

हुमायूँ के विजय अभियान को निम्न बिंदुओं द्वारा समझ सकते हैं

- **कालिंजर अभियान** (1531 ई.) यह अभियान हुमायूँ का प्रारंभिक अभियान था, जहाँ के शासक प्रतापरुद्र देव ने हुमायूँ की अधीनता को स्वीकार कर लिया था।
- **दौराह अभियान** (1532 ई.) हुमायूँ ने दौराह नामक स्थान पर बिहार को जीतने वाली अफगान सेना, जिसका नेतृत्वकर्ता महमूद खिलजी था, को गोमती नदी के तट पर परास्त कर पूर्वी उत्तर प्रदेश के जौनपुर पर अधिकार स्थापित कर लिया।
- **चुनार का प्रथम घेरा** (1532 ई.) दौराह की सफलता के पश्चात् हुमायूँ ने चुनार दुर्ग पर घेराबंदी अभियान प्रारंभ किया। यह दुर्ग आगरा और पूर्व के मध्य के स्थल मार्ग और जल मार्ग को नियंत्रित करता था और यह पूर्वी भारत के प्रवेश द्वार के रूप में जाना जाता था। इस समय यहाँ का शासक शेरशाह था। चार महीने की घेराबंदी के पश्चात् शेरशाह और हुमायूँ के मध्य हुए एक समझौते के अंतर्गत दुर्ग को शेरशाह के ही अधिकार में छोड़ दिया गया और इसके बदले शेरशाह का पुत्र कुतुब खाँ हुमायूँ की सेवा में भेज दिया गया।
- **गुजरात अभियान** (1535-36 ई.) चुनार की घेराबंदी के पश्चात् हुमायूँ का प्रमुख सैन्य अभियान गुजरात के शासक बहादुरशाह के विरुद्ध था। वह एक सुयोग्य व महत्त्वाकांक्षी शासक था। 1526 ई. में राजगद्दी पर आसीन होते ही उसने मालवा, रायसेन, अजमेर एवं चित्तौड़ पर अधिकार स्थापित कर लिया था। हुमायूँ ने मालवा के शासक तातार खाँ को परास्त किया और तत्पश्चात् मालवा और गुजरात पर भी अपना अधिकार स्थापित कर लिया।
- **चुनार का दूसरा घेरा** (1537 ई.) हुमायूँ ने नई सुसज्जित सेना के साथ दूसरी बार 1537 ई. में घेराबंदी की थी, हालाँकि शेरशाह के पुत्र कुतुब खाँ ने उसे योजनाबद्ध तरीके से छह माह तक रोके रखा।
- **बंगाल अभियान** (1538 ई.) आगरा से हुमायूँ की गैर-मौजूदगी (फरवरी, 1535 से फरवरी, 1537) के दौरान शेरशाह ने अपनी स्थिति और भी सुदृढ़ कर ली थी। वह बहादुरशाह के साथ घनिष्ठ संबंध स्थापित कर चुका था और उसे आर्थिक सहायता भी प्राप्त हुई थी।

  शेरशाह ने इन आर्थिक संसाधनों को आधार बनाकर एक कुशल और संगठित सेना का निर्माण किया तथा बंगाल पर आक्रमण कर उसने बंगाल के शासक को पराजित करके उससे 13,00,000 दीनार (सोने के सिक्के) वसूल किए। हुमायूँ द्वारा बंगाल की राजधानी गौड़ का पुनर्निर्माण कर उसका नाम **'जन्नताबाद'** रखा गया। शेरशाह निरंतर मुगल प्रदेशों को विजित करने में लगा था। दूसरी ओर हुमायूँ के भाई हिंदाल ने आगरा पर अधिकार स्थापित कर स्वयं को बादशाह घोषित कर दिया। बंगाल से लौटते समय शेरशाह ने हुमायूँ के मार्ग को अवरुद्ध कर दिया, जिसके परिणामस्वरूप दोनों के मध्य संघर्षों की शुरुआत हुई।

हुमायूँ और शेरशाह के मध्य हुए युद्ध

हुमायूँ और शेरशाह के मध्य निम्नलिखित युद्ध हुए, जो निम्न प्रकार हैं

- **चौसा का युद्ध** (मार्च, 1539) यह युद्ध हुमायूँ और शेरशाह की अफगान सेना के मध्य कर्मनासा नदी तट पर स्थित चौसा नामक स्थान पर हुआ, जिसमें हुमायूँ के नेतृत्व वाली मुगल सेना की पराजय हुई। हुमायूँ ने निजाम नामक एक भिश्ती की सहायता से कर्मनासा नदी को तैरकर पार किया और अपनी रक्षा की।
- **बिलग्राम/कन्नौज का युद्ध** (मई, 1540) हुमायूँ की मुगल सेना और शेरशाह की अफगान सेना पुन: कन्नौज के निकट बिलग्राम नामक स्थान पर गंगा नदी के तट पर आपस में संघर्षशील रही, लेकिन अंततः शेरशाह की अफगान सेना विजयी रही। इस युद्ध में पराजय ने हुमायूँ को पलायन हेतु विवश कर दिया और सिंध तथा मारवाड़ के शासक मालदेव द्वारा शरण न दिए जाने के कारण वह ईरान की ओर प्रस्थान कर गया, जहाँ के शासक शाह ने उसे शरण दी। इस युद्ध में हुमायूँ के दो भाई हिंदाल और अस्करी भी युद्धरत् थे। हालाँकि युद्ध की स्थिति का लाभ उठाते हुए कामरान ने काबुल और कंधार पर अपना आधिपत्य स्थापित कर लिया था।

साम्राज्य की पुनः प्राप्ति

- हुमायूँ ने ईरान के शाह की सहायता से 1545 ई. में काबुल और कंधार पर पुन: अपना अधिकार स्थापित कर लिया और कामरान को अपदस्थ कर दिया गया।
- तत्पश्चात् उसने पेशावर, लाहौर तथा मच्छीवारा नामक स्थान पर सिकंदर सूर के सरदारों में से एक तातार खाँ (मच्छीवारा का युद्ध, 1555) को पराजित किया।
- हुमायूँ ने बैरम खाँ की सहायता से जून, 1555 में 'सरहिंद के युद्ध' में सिकंदर सूर को पराजित किया। इसके पश्चात् हुमायूँ ने दिल्ली, आगरा, संभल आदि क्षेत्रों पर अधिकार कर लिया तथा 23 जुलाई, 1555 को उसका दिल्ली में पुन: राज्याभिषेक किया गया।

हुमायूँ की उपलब्धियाँ

- हुमायूँ का जीवन अनेक उतार-चढ़ाव से पूर्ण था, परंतु उसने अपने जीवन के प्रारंभिक काल में साम्राज्य को सुस्थिर करने का प्रयत्न किया।
- हुमायूँ ने अपने जीवन की सभी समस्याओं का धैर्य और साहस के साथ सामना किया और साम्राज्य की पुन: प्राप्ति हेतु उसने अपने चारित्रिक बल का परिचय दिया।
- उसने शासन का संबंध जनता से बढ़ाने के उद्देश्य से **तबल-ए-अदल** (न्याय ढोल) की स्थापना की और दिल्ली के निकट यमुना नदी के तट पर 'दीनपनाह' नामक नए नगर की स्थापना की।
- हुमायूँ की मृत्यु उसके **शेरमंडल** नामक पुस्तकालय की सीढ़ियों से गिरने के कारण 27 जनवरी, 1556 को हुई थी।

शेरशाह और सूर साम्राज्य (1540-55 ई.)

- शेरशाह का मूल नाम फरीद था। शेरशाह का जन्म 1472 ई. में सासाराम (बिहार) में हुआ था। इसके पिता हसन शाह सूर जौनपुर के छोटे-से जागीरदार थे। अपने पिता की देख-रेख में जिम्मेदारी सँभालते हुए, इसने प्रशासन का अनुभव प्राप्त किया था।
- इब्राहिम लोदी की पराजय और मृत्यु के पश्चात् अफगानों के मध्य, जो अनिश्चितता और अव्यवस्था उत्पन्न हुई थी, उसमें से फरीद एक सर्वाधिक महत्त्वपूर्ण अफगान सरदार के रूप सामने आया।
- फरीद को बहार खाँ लोहानी ने 'शेर खाँ' की उपाधि प्रदान की थी। शीघ्र ही वह बिहार में शासन कर रहे सत्ता के नाममात्र शासकों को अपदस्थ कर स्वयं बिहार का शासक बन गया।
- शेरशाह दिल्ली के सिंहासन पर 67 वर्ष की आयु में आसीन हुआ। उसने दिल्ली में द्वितीय अफगान वंश के शासन की स्थापना की।

साम्राज्य विस्तार

- शेरशाह ने मुहम्मद-बिन-तुगलक की मृत्यु के पश्चात् उत्तर भारत में स्थापित सबसे बड़े साम्राज्य पर शासन किया। इसका साम्राज्य बंगाल से लेकर सिंधु नदी तक (कश्मीर को छोड़कर) विस्तृत था।
- पश्चिम में शेरशाह ने मालवा और लगभग पूरे राजस्थान तक अपने साम्राज्य का विस्तार किया था।
- उस काल के दौरान मालवा की स्थिति कमजोर और अनिश्चित थी। इसलिए वह शेरशाह का प्रतिरोध नहीं कर सका, लेकिन राजस्थान की स्थिति भिन्न थी।
- 1532 ई. में मारवाड़ की गद्दी पर बैठने वाले राजा मालदेव ने तीव्रता के साथ पश्चिमी और उत्तरी राजपूताना पर अपना आधिपत्य स्थापित कर लिया था।
- शेरशाह के साथ हुमायूँ के संघर्ष के दौरान इसने अपना प्रादेशिक विस्तार करते हुए जैसलमेर के भाटियों की सहायता से अजमेर पर विजय प्राप्त की।
- इन विजय अभियानों में मेवाड़ और बीकानेर भी शामिल था।
- बीकानेर के राजा की मृत्यु के पश्चात् उसके बेटे कल्याण दास और भीम ने शेरशाह के दरबार में शरण ली थी। इसके अतिरिक्त इन सभी में मेड़ता का बीरम देव भी शामिल था, जिसे मालदेव ने जागीर से वंचित कर दिया था।
- सेमल का युद्ध जिसे गिरी सेमल के युद्ध के नाम से भी जाना जाता है, 1544 ई. में लड़ा गया।
- यह युद्ध शेरशाह सूरी की सेनाओं तथा मालदेव के नेतृत्व में राजपूत सेनाओं के मध्य हुआ।
- अफगान सेना ने अपने सैन्य बल और तोपों के प्रयोग से राजपूतों की सेना को पराजित किया।
- सेमल के युद्ध के पश्चात् शेरशाह ने अजमेर और जोधपुर पर अपना आधिपत्य स्थापित कर लिया।
- परिणामस्वरूप मालदेव को सिवाना के किले में शरण लेनी पड़ी। इसके पश्चात् शेरशाह ने मेवाड़ पर आधिपत्य स्थापित कर माउंट आबू तक अपना सीमावर्ती विस्तार किया।
- शेरशाह का अंतिम सैन्य अभियान कालिंजर (1545 ई.) के विरुद्ध था। कालिंजर एक मजबूत किला था और उस पर अधिकार करना बुंदेलखंड पर आधिपत्य करने की भाँति था, लेकिन कालिंजर की घेराबंदी के दौरान एक तोप के फट जाने से शेरशाह घायल हो गया और 1545 ई. में उसकी मृत्यु हो गई।
- शेरशाह की मृत्यु के पश्चात् इस्लाम शाह गद्दी पर आसीन हुआ और उसने 1553 ई. तक शासन किया।
- वह एक योग्य शासक और सेनापति था, लेकिन उसे अपना अत्यधिक समय अपने भाइयों के विद्रोहों को दबाने और अफगानों के बीच होने वाले कबाइली झगड़ों को निपटाने में लगाना पड़ता था।
- इस्लाम शाह की मृत्यु कम उम्र में हो गई और उसके पश्चात् गृहयुद्ध के कारण हुमायूँ ने पुन: अपना साम्राज्य प्राप्त किया और दिल्ली की सत्ता पर अधिकार स्थापित कर लिया।

विभिन्न क्षेत्रों में शेरशाह का योगदान

शेरशाह ने विभिन्न क्षेत्रों में नवीन सुधार किए। इन सुधारों को निम्न शीर्षकों के माध्यम से देखा जा सकता है।

प्रशासनिक व्यवस्था : केंद्रीय प्रशासन

- शेरशाह के काल की प्रशासनिक व्यवस्था अत्यंत केंद्रीकृत थी। वह स्वयं प्रशासन की धुरी था और अपने द्वारा सभी महत्त्वपूर्ण कार्यों को संपन्न कराता था।
- केंद्रीय प्रशासन के अंतर्गत प्रमुखत: चार विभाग थे-राजस्व विभाग, सैन्य विभाग, अनुदान विभाग तथा दीवान-ए-इंशा। इन विभागों के विभागाध्यक्षों को कोई स्पष्ट शक्ति प्राप्त नहीं थी।
- शेरशाह ने न्याय पर अत्यधिक बल दिया। शेरशाह ने गुप्तचर संस्था की स्थापना की थी, जिसका कार्य राज्य की महत्त्वपूर्ण सूचनाओं से शेरशाह को अवगत कराना था।

महत्त्वपूर्ण अधिकारी

दीवान-ए-विजारत	राजस्व और वित्त
दीवान-ए-आरिज	सेल का प्रभारी
दीवान-ए-रसालत	विदेशमंत्री
दीवान-ए-इंशा	संचार मंत्री
बरीद	गुप्तचर

प्रांतीय एवं स्थानीय प्रशासन

- शेरशाह ने सल्तनत काल से प्रचलित प्रशासनिक विभाजनों में परिवर्तन नहीं किए। कई गाँवों को मिलाकर एक परगना बनता था, जो शिकदार के नियंत्रण में होता था। वह गाँव की शांति और व्यवस्था का ध्यान रखता था।
- मुंसिफ या आमिल भू-राजस्व की उगाही की देख-रेख करता था।
- लेखा (Accounts) फारसी और स्थानीय भाषा (हिंदवीं) दोनों में रखे जाते थे। परगना से ऊपर की इकाई शिक या सरकार थी, जो शिकदार-ए-शिकदारान (फौजदार) और एक **मुंसिफ-ए-मुंसिफान** के नियंत्रण में होती थी।
- बंगाल के कुछ क्षेत्रों में वास्तविक शक्ति कबीलाई सरदारों के अधीन रहती थी और सूबेदार का उस पर बहुत कम नियंत्रण रहता था।

राजस्व व्यवस्था

- शेरशाह ने अपने पिता की जागीर को कई वर्षों तक संभाला था, अत: वहाँ से प्राप्त अनुभवों के आधार पर वह भली-भाँति समझ गया था कि भू-राजस्व प्रणाली अलग-अलग स्तरों पर किस प्रकार कार्य करती है। प्रशासकों के एक सुयोग्य दल के माध्यम से उसने संपूर्ण प्रणाली को बेहतर करने का प्रयास किया।
- शेरशाह ने मापन या पैमाइश के आधार पर भू-राजस्व निर्धारण पर बल दिया। भिन्न-भिन्न प्रकार की फसलों में राज्य का हिस्सा निर्धारित करते हुए दरों की सूची (जिसे **'रय'** कहते थे) तैयार की गई।
- अहमद खाँ द्वारा भूमि की माप करवाई गई तथा भूमि के मापन हेतु 'सिकंदरी गज' एवं 'सन की डंडी' का प्रयोग किया गया। जमीन को **उत्तम**, **मध्यम** और **निम्न** तीन दर्जों में बाँटा गया और उपज में राज्य का हिस्सा एक-तिहाई निर्धारित किया गया।
- किसानों को सुविधानुसार 'जिंस या नकद' में कर अदायगी की छूट थी, हालाँकि सरकार को नकद अदायगी अधिक पसंद थी। बोई गई जमीन के क्षेत्रफल, लगाई गई फसलों की किस्में और प्रत्येक किसान द्वारा देय लगान एक कागज पर दर्ज करने की प्रथा प्रचलित की गई, जिसे **पट्टा** कहा जाने लगा। प्रत्येक किसान को पट्टे की पूर्ण जानकारी दी जाती थी।

- अकाल तथा दूसरी प्राकृतिक विपत्तियों से निपटने हेतु प्रति बीघा 2.5 सेर की दर से एक अतिरिक्त शुल्क को भी राज्य द्वारा वसूल किया जाता था, लेकिन किसी भी किसान से अतिरिक्त वसूली की कोई अनुमति नहीं थी और पैमाइश करने वाले दलों को अपने कार्य के बदले निर्धारित दरें प्राप्त होती थीं।

न्याय व्यवस्था

- शेरशाह ने न्याय को अपनी शासन व्यवस्था में ऊँचा स्थान दिया था। अलग-अलग स्थानों में न्याय करने हेतु 'काजी' नियुक्त किए जाते थे, लेकिन गाँवों में पूर्व की भाँति फौजदारी और दीवानी अर्थात् दोनों प्रकार के मामलों का निपटारा स्थानीय रूप से पंचायतें और जमींदार किया करते थे।
- शेरशाह के पुत्र और उत्तराधिकारी इस्लाम शाह ने न्याय के क्षेत्र में एक महत्त्वपूर्ण कदम उठाते हुए इस्लामी कानूनों की एक संहिता तैयार करवाई, जिससे उनके व्याख्याताओं की आवश्यकता समाप्त हो गई।
- उसने अमीरों की सत्ता और विशेषाधिकारों पर भी अंकुश लगाने और सिपाहियों को नकद वेतन देने का प्रयास किया, लेकिन उसकी मृत्यु के साथ ही अधिकांश नियम समाप्त हो गए।

मुद्रा व्यवस्था

- शेरशाह द्वारा किए गए मुद्रा संबंधी सुधारों से व्यापार और शिल्प को प्रोत्साहन मिला।
- उसने तत्कालीन प्रचलित मिश्रित धातु के घटिया सिक्कों के स्थान पर सोने, चाँदी और ताँबे के सुंदर मानक सिक्कों को प्रचलित किया। चाँदी का **रुपया** सर्वप्रथम शेरशाह ने चलाया था।
- चाँदी के **रुपये** एवं ताँबे के **दाम** का अनुपात 64:1 था। शेरशाह के समय सिक्का ढालने की 23 टकसालें थीं।
- सिक्कों पर शेरशाह का नाम, पद और टकसाल का नाम अरबी या नागरी लिपि में अंकित होता था।

सैन्य प्रशासन

- शेरशाह ने अपने साम्राज्य विस्तार हेतु एक शक्तिशाली सैन्य व्यवस्था की स्थापना की। उसने सिपाहियों की भर्ती तथा सिपाहियों के हुलिया को लिखने की प्रक्रिया को प्रारंभ किया, जिसे **तसहीहा** कहा जाता था।
- शेरशाह ने अपने पूर्व के शासक अलाउद्दीन खिलजी की भाँति 'दाग-प्रणाली' की शुरुआत की, जिसके अंतर्गत घोड़े पर निशान लगाए जाते थे, ताकि युद्ध में घटिया नस्ल के घोड़े का प्रयोग न किया जाए।
- सैनिकों एवं सरदारों को मुख्यत: जागीर के माध्यम से वेतन दिया जाता था।

लोक कल्याणकारी कार्य

- शेरशाह ने अपने राज्य में वाणिज्य व्यापार के उत्थान और संचार-सुविधाओं के सुधार की ओर विशेष ध्यान दिया।
- उसने चार महत्त्वपूर्ण सड़कों का निर्माण करवाया, जिसमें 'ग्रांड ट्रंक रोड' प्रमुख थी। उसने पश्चिम में सिंधु नदी से लेकर बंगाल में सोनार गाँव तक जाने वाली शाही सड़क का पुन: परिचालन प्रारंभ कराया।
- उसने आगरा से जोधपुर और चित्तौड़ तक एक सड़क का निर्माण करवाया, जो संभवत: गुजरात के बंदरगाहों को जोड़ती थी। इसके अतिरिक्त आगरा से बुरहानपुर तथा लाहौर से मुल्तान तक की सड़क का निर्माण करवाया।
- यात्रियों की सुविधा के लिए शेरशाह ने दो-दो कोस (लगभग 8 किमी) की दूरी पर सरायों का निर्माण करवाया।
- शेरशाह ने कुल 1,700 सराय बनवाईं। शेरशाह की बनवाई सड़कों और सरायों को **साम्राज्य की धमनियाँ** कहा गया है।

वाणिज्य एवं व्यापार

- शेरशाह ने व्यापार वाणिज्य को प्रोत्साहित करने के उद्देश्य से अनेक सुधार किए।
- उसके संपूर्ण साम्राज्य में व्यापार की वस्तुओं पर केवल दो स्थानों पर चुंगी लगती थी, जिनमें शामिल थे-बंगाल और बिहार की सीमा पर तथा मध्य और पश्चिम एशिया से आने वाली व्यापारिक वस्तुओं पर सिंधु नदी के किनारे पर।

कला एवं संस्कृति में योगदान

- शेरशाह ने अपने जीवनकाल में ही सासाराम में अपना मकबरा बनवाया, जो स्थापत्य का एक उत्कृष्ट नमूना है। शेरशाह के मकबरे को पूर्ववर्ती स्थापत्य शैली की चरम परिणति और शैली का आरंभिक बिंदु माना जाता है।
- शेरशाह ने दिल्ली के निकट यमुना के किनारे वर्ष 1540 से 1545 के बीच किला-ए-कुन्हा नामक नगर का निर्माण किया। उसने कन्नौज में **शेरसूर** नामक नगर बसाया।
- शेरशाह ने अपने काल में विद्वानों को भी संरक्षण प्रदान किया। हिंदी की कुछ प्रमुख रचनाएँ उसके काल में लिखी गईं, जिनमें से एक मलिक मुहम्मद जायसी का **पद्मावत** काव्य ग्रंथ भी है।

अकबर (1556-1605 ई.)

- अकबर का जन्म 1542 ई. में अमरकोट के राजपूत राजा वीरसाल के महल में हुआ था। अकबर के जन्म के समय हुमायूँ, शेरशाह से परास्त होकर ईरान प्रवास कर गया था और उसी दौरान उसका चाचा कामरान उसे बंदी बनाकर अपने साथ कंधार ले गया।
- हुमायूँ की मृत्यु के समय अकबर पंजाब में कलानौर नामक स्थान पर था। 14 फरवरी, 1556 को पंजाब के गुरदासपुर में स्थित कलानौर नामक स्थान पर मात्र तेरह वर्ष चार महीने की आयु में उसका राज्याभिषेक किया गया।
- इंग्लैंड की शासक रानी एलिजाबेथ (1558-1603), ईरान का सफाविद शासक शाह अब्बास (1588-1629), रूसी शासक जार ईवान चतुर्थ बेसिलयोविच (1530-1584) अकबर के समकालीन शासक थे।

बैरम खाँ का प्रभाव काल और पर्दाशासन

- हुमायूँ का विश्वस्त तथा प्रिय अधिकारी बैरम खाँ चार वर्षों (1556-60 ई.) तक अकबर का संरक्षक रहा। अकबर ने बैरम खाँ को 'खान-ए-खाना' की उपाधि प्रदान की थी।
- बैरम खाँ को मुगल साम्राज्य में वजीर का पद प्राप्त था। पानीपत का द्वितीय युद्ध अकबर और हेमू के बीच 5 नवंबर, 1556 को हुआ था। हेमू अफगान शासक आदिलशाह सूर का सेनापति था, जिसे उसने 'विक्रमादित्य' की उपाधि देकर वजीर नियुक्त किया था।
- पानीपत के द्वितीय युद्ध में हेमू की पराजय हुई और हेमू को बंदी बनाकर उसकी हत्या कर दी गई।
- बैरम खाँ ने आरंभिक दौर के शासन में साम्राज्य को एक सूत्र में बाँधे रखा और इस दौरान उसने अमीरों को पूर्ण नियंत्रण में रखा, लेकिन राज्य पद पर उसका प्रभुत्व बहुत अधिक था और उसके विरुद्ध षड्यंत्र किए गए, अंतत: बैरम खाँ ने विद्रोह कर दिया।

अकबर के साम्राज्य का विस्तार

राज्य	शासक	विशिष्ट तथ्य
मालवा (1561 ई.)	बाजबहादुर	1561 ई. में सेनापति अधम खाँ ने सारंगपुर के युद्ध में बाजबहादुर को हराया। बाजबहादुर भाग गया, जबकि उसकी रानी रूपमती ने आत्महत्या कर ली। 1562 ई. पीर मुहम्मद खाँ को मालवा का सूबेदार बनाया गया तथा दक्कनी राज्यों की सहायता से बाजबहादुर ने पुनः आक्रमण किया। पीर मुहम्मद खाँ मारा गया तथा मालवा पर पुनः बाजबहादुर का अधिकार हो गया। अब्दुल्ला खाँ उजबेक ने पुनः मुगल अधिकार स्थापित किया और बाजबहादुर मुगल मनसबदार बना दिया गया।
चुनार (1561 ई.)	–	1561 ई. में कड़ा के सूबेदार आसफ खाँ ने चुनार के किले पर अधिकार किया।
गोंडवाना (1564 ई.)	वीरनारायण (इसकी माता रानी दुर्गावती संरक्षिका थीं)	1564 ई. में आसफ खाँ ने चौरागढ़ के पास दुर्गावती को हराया। वीरांगना दुर्गावती ने आत्महत्या कर ली, जबकि वीरनारायण लड़ते हुए मारा गया। रानी दुर्गावती महोबा के चंदेल वंश से संबंधित थीं।
आमेर (जयपुर) (1562 ई.)	भारमल	1562 ई. में कछवाहा शासक भारमल (बिहारीमल) पहला राजपूत शासक था, जिसने स्वेच्छा से अधीनता मानी तथा अपनी पुत्री हरखा बाई का विवाह अकबर से किया। इसी से पुत्र सलीम उत्पन्न हुआ। अकबर ने भारमल के पुत्र भगवानदास और पोते मानसिंह को उच्च मनसबदार बनाया।
मेड़ता (1562 ई.)	जयमल (ये मेवाड़ के राणा उदयसिंह के अधिकार में था)	1562 ई. में मुगल अधिकारी शर्फुद्दीन ने अधिकार किया।
मेवाड़ (1567 ई.)	उदयसिंह	1567 ई. में अकबर के नेतृत्व में आक्रमण, राणा ने मालवा के बाजबहादुर तथा विद्रोही मिर्जाओं को संरक्षण दिया था। राणा भाग गया तथा जयमल एवं फत्ता अदम्य वीरता दिखाते हुए वीरगति को प्राप्त हुए। अकबर ने चित्तौड़ के किले में कत्लेआम करवाकर तीस हजार लोगों की हत्या करवाई और आसफ खाँ को वहाँ का किलेदार बनाया। जयमल एवं फत्ता की गज आसीन मूर्तियाँ आगरा के किले के द्वार पर लगवाई।
रणथंभौर (1569 ई.)	सुरजनराय (ये मेवाड़ के अधीन था)	45 दिनों तक डेरा डालने के बाद मुगल सेना ने जीत प्राप्त की।
कालिंजर (1569 ई.)	रामचंद्र	1569 ई. रीवां के राजा रामचंद्र ने स्वेच्छा से किला मुगल अधिकारी मजनू खाँ को सौंप दिया।
मारवाड़ (1570 ई.)	चंद्रसेन	1570 ई. चंद्रसेन ने अकबर से भेंट करके अधीनता स्वीकार की तथा वैवाहिक संबंध स्थापित किया। इसका अपने भाई रामचंद्र से गद्दी के लिए विवाद था। रामचंद्र ने भी अकबर की अधीनता मानी थी।
बीकानेर (1572 ई.)	राय कल्याण मल	1572 ई. में अकबर की अधीनता स्वीकार कर वैवाहिक संबंध स्थापित किए।
बंगाल एवं बिहार (1574-76 ई.)	दाऊद	1574-76 ई. के दौरान दाऊद पहले मुनीम खाँ से लड़ा, जिसमें तुकारोई में पराजय के बाद उसने संधि की, परंतु कालांतर में संधि तोड़ने के कारण खान-ए-जहाँ ने उसे राजमहल के पास हराकर मार डाला।
चितौड़ (1576 ई.)	राणा प्रताप	7-18 जून, 1576 को मानसिंह तथा आसफ खाँ के नेतृत्व में मुगलों एवं राणा प्रताप के मध्य हल्दी घाटी युद्ध हुआ, जिसमें घायल राणा को युद्ध क्षेत्र छोड़ना पड़ा तथा झाला, राणा का मुकुट पहन कर लड़ता रहा। 1597 ई. में अपनी मृत्यु से पहले राणा ने मेवाड़ के अधिकांश भू-भाग पर पुनः अधिकार कर लिया।
काबुल (1581 ई.)	मिर्जा हकीम	मिर्जा हकीम अकबर का सौतेला भाई था, जो काबुल का सूबेदार था। इसने बार-बार विद्रोह किया तथा स्वयं को बादशाह घोषित किया। अंततः मानसिंह ने काबुल पर अधिकार कर लिया। अकबर ने मिर्जा हकीम की बहन बख्तुन्निसा बेगम को काबुल का सूबेदार बनाया। 1581 ई. में मिर्जा हकीम की मृत्यु हो गई। 1581 ई. में मानसिंह सूबेदार बना।
कश्मीर (1586 ई.)	याकूब खाँ	1586 ई. में भगवान दास तथा कासिम खाँ ने आक्रमण किया तथा यूसुफ खाँ को कैद किया। इसके पुत्र याकूब खाँ ने विद्रोह किया। अंततः कश्मीर को मुगल राज्य में मिलाया गया।
सिंध (1591 ई.)	मिर्जा जानीबेग	1591 ई. में अब्दुर्रहीम खान-ए-खाना के समक्ष जानीबेग ने समर्पण किया।
खानदेश (1591 ई.)	अली खाँ	1591 ई. में खानदेश के शासक अली खाँ ने स्वेच्छा से अधीनता स्वीकारी और मुगलों के साथ अहमदनगर के युद्ध में लड़ता हुआ मारा गया, किंतु उसके पुत्र मीरन बहादुरशाह ने मुगलों के विरुद्ध विद्रोह कर दिया। राजधानी बुरहानपुर पर अधिकार कर लिया।
ओडिशा (1590 ई.)	निसार खाँ	1591-92 ई. में मानसिंह ने अधिकार किया।
बलूचिस्तान (1595 ई.)	मीर मासूम	1595 ई. में मीर मासूम ने सीदी के किले पर अधिकार करके कंधार तक के संपूर्ण क्षेत्र पर अधिकार किया।
कंधार (1595 ई.)	मुजफ्फर हुसैन मिर्जा	1595 ई. में कंधार के किलेदार मुजफ्फर हुसैन मिर्जा ने मुगल अधिकारी शाहबेग को स्वेच्छा से किला सौंपा, क्योंकि फारस से उसके संबंध बिगड़ गए थे।
अहमदनगर (1595 ई.)	बहादुर निजामशाह (संरक्षिका चाँदबीबी)	1597-1600 ई. तक मुगलों का निजाम शाही से संघर्ष चला, जिसमें मुराद एवं अब्दुर्रहीम खान-ए- खाना ने मुगल पक्ष का नेतृत्व किया। दौलताबाद व अहमदनगर के किले मुगलों को प्राप्त हुए।

- बैरम खाँ की हज के लिए मक्का जाते समय अहमदाबाद के निकट पाटन नामक स्थान पर एक अफगान द्वारा हत्या कर दी गई।
- बैरम खाँ के पुत्र को अकबर का संरक्षण प्राप्त हुआ। वह अब्दुर्रहीम खान-ए-खाना के रूप में प्रसिद्ध हुआ, जिसने साम्राज्य के कुछ सर्वाधिकार महत्त्व के असैनिक तथा सैनिक पदों पर कार्य किया।

राजत्व सिद्धांत

- अकबर के राजत्व की अवधारणा को अबुल फजल ने विस्तार से प्रस्तुत किया। इसके अनुसार, राजत्व एक दैवीय देन थी, जो ईश्वर बिना किसी मध्यस्थ की सहायता के शासक को प्रदान करता था तथा राजत्व से युक्त शासक का स्थान सबसे उच्च था।
- अबुल फजल ने प्रभुसत्ता (राजत्व) को सामाजिक अनुबंध के तहत् परिभाषित किया। जिसके अंतर्गत बादशाह अपनी प्रजा के चार सत्वों- जीवन, धन, सम्मान (नामस) तथा विश्वास की रक्षा करता है। बदले में वह प्रजा से आज्ञापालन तथा संसाधनों में हिस्सेदारी चाहता है।
- यह मूल रूप से उदार निरंकुशता की अवधारणा थी। राजत्व संबंधी इस अवधारणा में प्राचीन ईरानी विचारों के साथ-साथ हिंदू एवं इस्लामी चिंतन से संबंधी धारणाओं का समावेश किया गया था।

राजपूत नीति

- अकबर द्वारा मुगल साम्राज्य के विस्तार के दौरान राजपूत शक्तियों के साथ विशिष्ट संबंध स्थापित हुए।
- कालांतर में राजपूत शक्तियाँ मुगल साम्राज्य की पक्षधर तथा सैन्य शक्ति का महत्त्वपूर्ण आधार बन गईं।
- अकबर के शासनकाल के प्रारंभिक विद्रोहों में शामिल उसके सौतेले भाई मिर्जा हकीम, उज्बेकों तथा अफगानों आदि के विद्रोह ने अकबर को राजपूतों से मैत्री संबंध स्थापित करने हेतु प्रेरित किया।
- अकबर द्वारा राजपूतों के साथ मैत्री के साथ-साथ वैवाहिक संबंध भी स्थापित किए गए।
- इसके फलस्वरूप मुगलों को राजपूतों के रूप में शक्तिशाली योद्धाओं की सेवाएँ प्राप्त हुईं, जिसने न केवल अपनी निष्ठा और वफादारी स्पष्ट की, अपितु मुगल साम्राज्य के सुदृढ़ीकरण और विस्तार में भी महत्त्वपूर्ण कट्टरता भूमिका निभाई।

धार्मिक नीति

- अकबर ने शासन की बागडोर सँभालते ही मुस्लिम राज्य में गैर-मुसलमानों पर लगाए जाने वाले जजिया नामक व्यक्तिगत कर को समाप्त कर दिया साथ ही उसने प्रयाग, बनारस आदि पवित्र स्थलों में स्नान करने के लिए जाने वाले लोगों पर लगाया जाने वाला तीर्थ कर भी समाप्त कर दिया।
- अकबर ने सुयोग्य हिंदुओं को सरदार के वर्ग में स्थान देकर उदार सिद्धांतों को मजबूत किया, इनमें सबसे अधिक राजपूत थे, लेकिन गैर-राजपूत मनसबदारों में राजा टोडरमल (राजस्व मामलों का विशेषज्ञ) तथा राजा बीरबल (दरबारी कृपापात्र) प्रमुख थे।
- इबादत खाने में धार्मिक चर्चाओं के बाद अकबर ने कट्टरता से अलग सुलह-ए-कुल की नीति का अनुसरण किया। यह नीति धार्मिक सहिष्णुता पर आधारित थी।
- 'सुलह-ए-कुल' आधारित शासन दृष्टि के निर्माण में अबुल फजल ने प्रभावी भूमिका बनाई। इस नीति का अनुसरण आगे जहाँगीर तथा शाहजहाँ ने भी किया।
- धार्मिक साहिष्णुता नीति के अंतर्गत ही अकबर द्वारा 1563 ई. में तीर्थयात्रा कर तथा 1564 ई. में जजिया को समाप्त किया गया।

इबादतखाना

- 1575 ई. में अकबर ने अपनी नई राजधानी फतेहपुर सीकरी में एक बड़े कक्ष का निर्माण करवाया, जिसे 'इबादतखाना' कहा जाता था। यह एक प्रार्थना कक्ष था, जिसमें अकबर विभिन्न धर्मों के विद्वान्, रहस्यवादियों तथा बौद्धिक जनों की गोष्ठियाँ आयोजित करता था। अकबर उनके साथ आर्थिक तथा आध्यात्मिक विषयों पर चर्चा करता था।
- अकबर द्वारा 1582 ई. में इबादतखाने में प्रारंभ हुई कटुता और वैमनस्यता की भावना को देखते हुए होने वाली संगोष्ठि को बंद कर दिया।
- अकबर ने हिंदू धर्म के सिद्धांतों की व्याख्या करने के लिए पुरुषोत्तम और देवी, जरथ्रुस्टी धर्म के सिद्धांतों की व्याख्या के लिए महारानी राणा और ईसाई धर्म के विशेषज्ञों के लिए अनुरोध पत्र के साथ अपना एक दूतमंडल गोवा भेजा और पुर्तगालियों ने अक्वावीवा तथा मौनसेरट नामक दो मिशनरियों को अकबर के दरबार में भेजा, जहाँ वे तीन वर्षों तक रहे।
- इसके अतिरिक्त अकबर के अनुरोध पर काठियावाड़ के प्रमुख जैन मुनि हरि विजय सूरि ने भी उसके दरबार में दो वर्ष तक निवास किया।
- अकबर ने मुल्लाओं के व्यवहार से विरक्ति के कारण इबादतखाने को ईसाइयों, जरथ्रुटियों, हिंदुओं और जैनों के अतिरिक्त नास्तिकों के लिए भी खोल दिया था। इस कारण अब इबादतखाने में होने वाली चर्चाओं का क्षेत्र विस्तृत हो गया।
- इसी समय आला सदर **अब्दुन्नबी** की कारगुजारियों की जाँच की गई और उसे धर्मार्थ जमीनों (मदद-ए-माश) के वितरण में भ्रष्टाचार और अत्याचार का दोषी पाया गया।

महजर की घोषणा

- सितंबर, 1579 ई. में अकबर ने मुल्लाओं (धार्मिक मामलों के ज्ञाता) के समान अपनी स्थिति को और मजबूत करने के लिए 'महजर' या घोषणा-पत्र को जारी किया।
- इस घोषणा-पत्र में यह दावा किया गया था कि जिन लोगों को कुरान की व्याख्या करने का अधिकार है, यदि उनके बीच मतभेद की स्थिति उत्पन्न हो जाए, तो राजा (अकबर) को यह अधिकार है कि वह ऐसी व्याख्या का पालन करें, जो देश हित में हो और सुव्यवस्था के प्रति अपनी भागीदारिता के निर्वाहन में सक्षमता प्रदान करें।

दीन-ए-इलाही

- अकबर द्वारा विभिन्न धर्मों के संपर्क में आने के पश्चात् 1582 ई. में एक नए धर्म **दीन-ए-इलाही** (तौहीद-ए-इलाही) की स्थापना की गई।
- बदायूँनी के अनुसार, अकबर इस्लाम से विमुख हो गया और एक नए धर्म की स्थापना की, जो हिंदू, ईसाई तथा जरथ्रुस्टी आदि धर्मों का मिश्रण था।
- इसके लिए अबुल फजल और बदायूँनी ने 'तौहीद-ए-इलाही' शब्द का प्रयोग किया है, जिसका अर्थ होता है-एकेश्वरवाद। 'तौहीद-ए-इलाही' वास्तव में, सूफीमत जैसा एक पंथ था, इसे 'दीन-ए-इलाही' भी कहा गया है।

- अबुल फजल के अनुसार, लोगों की सांसारिक एवं धार्मिक प्रवृत्तियों में सामंजस्य हेतु आवश्यक था कि बादशाह लोगों की **रहनुमाई** (मार्गदर्शन) करें तथा **मुरीद** (अल्लाह की खिदमत करने वाला) बनाए। इसके अंतर्गत अकबर लोगों को मुरीद बनाता था।
- प्रत्येक रविवार दीक्षा का दिन निर्धारित था। नव दीक्षित व्यक्ति अपना सिर सम्राट के चरणों में रख देता था और सम्राट उसे एक मंत्र देता था, जिसे सूफियों की भाषा में 'शास्त्र' कहा जाता था।
- वह एक-दूसरे का अभिवादन 'अल्ला-ओ-अकबर' कहकर करते थे। वे सभी व्यक्ति अपने जन्मदिन के महीने में मांसाहार से परहेज तथा दान-दक्षिणा आदि करते थे।
- बदायूँनी के अनुसार, सदस्यों की निष्ठा की चार अवस्थाएँ हुआ करती थीं-संपत्ति का अर्पण, जीवन का अर्पण, सम्मान का अर्पण और धर्म का अर्पण।
- कुछ प्रमुख अधिकारी, जिनमें बीरबल (हिंदू सरदार) भी एक था, उसमें शामिल हुए या शामिल होने के लिए आमंत्रित किए गए।
- राजा मानसिंह ने इस आमंत्रण को अस्वीकार कर दिया था।
- अकबर की मृत्यु के साथ ही 'तौहीद-ए-इलाही' का अंत हो गया। हालाँकि मुरीद और शास्त्र की प्रथा जहाँगीर के काल तक जारी रही।
- बदायूँनी का मानना था कि अकबर एक नया धर्म बना रहा था, लेकिन समकालीन इतिहासकारों का मानना है कि वह केवल इंसान-ए-कामिल का दर्जा हासिल करने की कोशिश कर रहा था।

अकबर के दरबार के नवरत्न

राजा मान सिंह	वह मुगल सेना के चीफ ऑफ स्टॉफ थे
तानसेन	प्रसिद्ध गायक
मुल्ला दो-प्याजा	ग्रहमंत्री
बीरबल	विदेश मंत्री और दीन-ए-इलाही में परिवर्तित होने वाले एकमात्र हिंदू
फैजी	शिक्षा मंत्री और शाही राजकुमारों के गुरु
अबुल फजल	वजीर या प्रधानमंत्री
फकीर अजीजुद्दीन	धार्मिक मामलों के मंत्री
अब्दुल रहीम खान-ए-खाना	रक्षा मंत्री, हिंदी में कई दोहों के रचनाकार
राजा टोडरमल	वित्तमंत्री, दहसाला प्रणाली के जन्मदाता

जहाँगीर (1605-27 ई.)

- अकबर के ज्येष्ठ पुत्र सलीम का जन्म 1569 ई. में फतेहपुर सीकरी में हुआ। अपने पिता की मृत्यु के पश्चात् बिना किसी कठिनाई के जहाँगीर के नाम से वह राजसिंहासन पर आसीन हुआ।
- उसका राज्याभिषेक आगरा के किले में हुआ था और उसने नूरुद्दीन मोहम्मद जहाँगीर बादशाह गाजी की उपाधि धारण की थी।
- जहाँगीर के सत्तासीन होते ही कुछ समय पश्चात् उसके ज्येष्ठ पुत्र खुसरो ने विद्रोह कर दिया।
- जहाँगीर ने लाहौर के निकट एक युद्ध में उसे पराजित कर दिया और बंदी बनाकर जेल में डाल दिया।
- 1622 ई. में जहाँगीर ने खुसरो को आशीर्वाद एवं सहायता का आरोप लगाकर पाँचवें सिख गुरु अर्जनदेव को भी फाँसी की सजा दी थी।
- जहाँगीर के काल में ईस्ट इंडिया कंपनी का प्रतिनिधित्व **विलियम हॉकिंस** (1608-11 ई.) ने किया तथा सम्राट जेम्स प्रथम का दूत सर टॉमस रो 1615-19 ई. में भारत आया था। जहाँगीर ने हॉकिंस को 400 का मनसब प्रदान किया था।

साम्राज्य विस्तार

- जहाँगीर ने अपने शासनकाल में मेवाड़ की ओर ध्यान आकृष्ट किया और महावत खाँ के नेतृत्व में अनेक अभियान (1605-13 ई.) मेवाड़ भेजे गए।
- इनमें अंतिम अभियान शहजादा खुर्रम के नेतृत्व में भेजा गया और इसके फलस्वरूप मेवाड़ के राणा अमर सिंह और मुगलों के मध्य एक संधि (1615 ई.) हुई।
- मुगलों के साथ मेवाड़ की संधि के पश्चात् जहाँगीर ने महाराणा प्रताप के पुत्र राणा अमरसिंह और उसके पुत्र करण सिंह को 5,000/5,000 का मनसब प्रदान किया।
- संधि के पश्चात् राणा अमर सिंह ने अपना राजकार्य पुत्रों को सौंपकर नौचौकी नामक स्थान पर अपना शेष जीवन व्यतीत किया।
- जहाँगीर के शासनकाल का दूसरा प्रमुख अभियान दक्कन था। जहाँगीर द्वारा दक्कन (अहमदनगर) भेजे गए अभियानों में उसे सफलता नहीं मिली, क्योंकि उसका (दक्कन) कुशल नेतृत्वकर्ता मलिक अंबर था।
- अंतत: 1617 ई. में खुर्रम (शाहजहाँ) के नेतृत्व में भेजे गए अभियान के फलस्वरूप अहमदनगर तथा मुगलों के मध्य संधि हुई, इसके बाद जहाँगीर ने खुर्रम को शाहजहाँ की उपाधि दी।

नूरजहाँ

- नूरजहाँ का वास्तविक नाम मेहरुन्निसा था, इसकी माता अस्मत बेगम थीं, जिन्होंने इत्र की खोज की थी। अकबर ने नूरजहाँ के पिता गयास बेग को **ऐतमादुद्दौला** की उपाधि दी थी तथा काबुल का दीवान बनाया था। इसका भाई आसफ एक दीवान था।
- नूरजहाँ का विवाह अली कुली खाँ से 1594 ई. में हुआ था। जहाँगीर ने अली कुली खाँ को शेर अफगान की उपाधि दी। शेर अफगान की मृत्यु के पश्चात् 1611 ई. में जहाँगीर से उसका विवाह हुआ और जहाँगीर ने नूरजहाँ को नूरमहल की उपाधि प्रदान की थी। नूरजहाँ भी जहाँगीर के काल में दरबार में प्रमुख स्थान रखती थी। उसका दरबार पर बहुत अधिक प्रभाव था।
- कुछ आधुनिक इतिहासकारों के अनुसार, नूरजहाँ ने दरबार में अपने प्रभाव को बढ़ाने के उद्देश्य से अपने पिता, भाई और खुर्रम को साथ लेकर एक गुट (जुंटा) बना लिया था, जिसके परिणामस्वरूप जहाँगीर पर और दरबार में कोई पद या सरकारी सेवा में पदोन्नति बिना उसके समर्थन के संभव नहीं थी।
- जहाँगीर की मृत्यु के पश्चात् वह राजनीतिक परिदृश्य से अलग होकर अपना शेष जीवन लाहौर में व्यतीत करती रहीं तथा 1645 ई. में उसकी मृत्यु हुई।

प्रमुख विद्रोह

- जहाँगीर के काल का सबसे प्रमुख विद्रोह शाहजहाँ द्वारा किया गया था। इस विद्रोह का तात्कालिक कारण शाहजहाँ का कंधार जाने से इनकार करना था।
- कंधार पर ईरानियों के आक्रमण के फलस्वरूप शाहजहाँ को उनसे युद्ध करने हेतु भेजा जा रहा था, लेकिन शाहजहाँ को यह संदेह था कि नूरजहाँ उसे सत्ता से दूर करने का प्रयास कर रही थी। इस कारण उसने विद्रोह का रास्ता अपनाया।
- शाहजहाँ को इस विद्रोह में मुगलों की दक्कनी सेना का पूर्ण समर्थन प्राप्त था। गुजरात और मालवा ने भी उसे समर्थन देने की घोषणा कर दी थी, लेकिन अंततः महावत खाँ ने उसके विद्रोह को दबा दिया।
- शाहजहाँ ने अपने पुत्र दारा एवं औरंगजेब को मुगल दरबार में भेजकर अपनी वफादारी दिखाई और उसे बालाघाट की सूबेदारी प्रदान की गई।
- जहाँगीर के काल का दूसरा प्रमुख विद्रोह महावत खाँ का विद्रोह था। यह 1626 ई. में घटित हुआ था।
- महावत खाँ ने शाहजहाँ के विद्रोह का दमन करने में महत्त्वपूर्ण भूमिका निभाई थी और उसकी बढ़ती प्रतिष्ठा से दरबार के कुछ महत्त्वपूर्ण लोग क्षुब्ध थे, जिनमें से एक नूरजहाँ भी थीं।
- नूरजहाँ को महावत खाँ और शहजादा परवेज की निकटता पसंद नहीं थी और उसने दोनों को अलग करने का प्रयत्न किया।
- महावत खाँ ने जहाँगीर के शाही शिविर को झेलम के तट पर काबुल जाते समय नियंत्रण में ले लिया, परंतु नूरजहाँ ने कूटनीति से महावत खाँ पर आक्रमण करवाए, किंतु वह असफल रहीं और महावत खाँ दक्षिण की ओर चला गया।
- महावत खाँ की पराजय नूरजहाँ की सबसे बड़ी विजय थी। कुछ समय पश्चात् 1627 ई. में जहाँगीर की मृत्यु हो गई और उसे लाहौर के निकट शाहदरा में दफनाया गया।

शाहजहाँ (1628-58 ई.)

- शाहजहाँ का जन्म 1592 ई. में लाहौर (पाकिस्तान) में हुआ था। वह एक राजपूत माता का पुत्र था। उसकी माता 'जगत गोसाई' मारवाड़ के राणा उदयसिंह की पुत्री थीं।
- शाहजहाँ का शासनकाल (1628-58 ई.) बहुमुखी प्रवृत्तियों का काल था। जहाँगीर की मृत्यु के पश्चात् उसके वकील आसफ खाँ ने शाहजहाँ को उत्तराधिकार दिलाने में महत्त्वपूर्ण भूमिका निभाई।
- शाहजहाँ का काल उत्तम स्थापत्य कला का युग था। दक्कन और गुजरात की अकाल घटना उसके शासन काल की प्रमुख घटना थी, जिसका वर्णन **पीटर मुंडी** तथा **अब्दुल लाहौरी** ने किया है।
- शाहजहाँ ने 1648 ई. में अपनी राजधानी को दिल्ली स्थानांतरित किया था। मोहम्मद सैयद ने, जिसे मीर जुमला भी कहा जाता है, शाहजहाँ को कोहिनूर हीरा भेंट किया था।
- शाहजहाँ का विवाह आसफ खाँ की पुत्री अर्जुमंद बानो बेगम (मुमताज महल) से 1612 ई. में हुआ था, जिसे 'मलिका-ए-जमानी' के रूप में भी जाना जाता है।

साम्राज्य विस्तार

- शाहजहाँ के काल में साम्राज्य विस्तार का पहला प्रयास अहमदनगर के विरुद्ध किया गया था, जिसमें 1633 ई. में उसे सफलता मिली और अहमदनगर मुगल साम्राज्य का अभिन्न अंग बन गया।
- 1636 ई. शाहजहाँ ने बीजापुर पर आक्रमण कर उसे मुगलों के आधिपत्य को स्वीकार करने और साथ ही ₹ 20 लाख प्रतिवर्ष देने हेतु बाध्य किया।
- इसके अतिरिक्त शाहजहाँ ने उज्जैनिया, रतनपुर, पालामऊ, मालवा, गढ़वाल, कुमाऊँ आदि राज्यों को जीतकर मुगल साम्राज्य में सम्मिलित कर लिया और मुगल साम्राज्य के विस्तार में वृद्धि की।
- शाहजहाँ ने अपने काल में मध्य एशिया अभियान करते हुए 1646 ई. में बल्ख व बदख्शाँ प्रदेश पर विजय प्राप्त करने हेतु अपने पुत्र मुराद को भेजा, परंतु वह असफल रहा, लेकिन 1647 ई. में औरंगजेब ने इसमें सफलता प्राप्त की।
- 1648-49 ई. में कंधार का किला, जोकि जहाँगीर के काल में मुगलों का था, अंतिम रूप से मुगलों की सत्ता से बाहर हो गया और पुनः कभी भी मुगल इस पर अधिकार नहीं कर सके।

प्रमुख विद्रोह

- शाहजहाँ के काल का पहला प्रमुख विद्रोह 1628 ई. में बुंदेलखंड के **बुंदेलों** के द्वारा किया गया था, जिसका नेतृत्व वीर सिंह बुंदेला के पुत्र जुझार सिंह तथा पौत्र विक्रमजीत ने किया था।
- शाहजहाँ ने 1632 ई. में कासिम खाँ के नेतृत्व में सेना भेजकर **पुर्तगालियों** के कृत्यों के लिए उनके गढ़ हुगली पर आक्रमण किया।
- शाहजहाँ और सिखों के छठे गुरु हरगोविंद के मध्य विवाद का प्रश्न व्यास नदी के तट पर 'गोविंदपुर' नामक शहर को बसाने तथा **बीधीचंद्र** नामक डाकू द्वारा गुरु को घोड़ा उपहार स्वरूप देने के कारण उत्पन्न हुआ था।
- अंततः गुरु हरगोविंद कश्मीर की पहाड़ियों में स्थित कीरतपुर नामक स्थान पर जीवन व्यतीत करने लगे, जहाँ उनकी मृत्यु हो गई।

धार्मिक नीति

- शाहजहाँ ने पूर्व से चली आ रही उदारता की नीति में परिवर्तन करते हुए मध्यमार्ग को अपनाया।
- उसने औपचारिक रूप से राज्य को इस्लामी राज्य घोषित किया तथा शरीयत के प्रति आदर भाव दिखाया।
- उसने सिजदा एवं पाबोस की प्रक्रिया को बंद कर तथा उसके स्थान पर **चहार तस्लीम** की प्रथा चलाई।
- इलाही संवत् के स्थान पर शाहजहाँ ने हिजरी संवत् को प्रारंभ किया। पगड़ी में बादशाह की तस्वीर पहनने पर रोक लगा दी गई।
- इसके शासनकाल में झरोखा दर्शन, तुलादान, हिंदू राजाओं को तिलक लगाने की प्रथा थी।
- वृंदावन (मथुरा) के वैष्णव मंदिरों को दिए गए अनुदानों की पुष्टि की गई, खंभात (गुजरात) में नागरिकों के अनुरोध पर गौ हत्या पर प्रतिबंध लगा दिया गया तथा अहमदाबाद (गुजरात) में चिंतामणि मंदिर की मरम्मत की छूट प्रदान की गई।

उत्तराधिकार की समस्याएँ

- शाहजहाँ के शासन के अंतिम वर्षों में उसके पुत्रों के मध्य उत्तराधिकार हेतु युद्ध की स्थिति उत्पन्न हो गई थी।
- शाहजहाँ के चार पुत्र थे-दाराशिकोह, शाहशुजा, औरंगजेब तथा मुराद बक्श, लेकिन तैमूरी शासन परंपरा में उत्तराधिकारी की कोई स्पष्ट परंपरा नहीं थी।
- 1657 ई. के अंतिम महीनों में शाहजहाँ दिल्ली में बीमार हो गया और स्थिति अति दयनीय हो गई।
- इस समय उसके तीनों पुत्र बंगाल में शाहशुजा, गुजरात में मुराद बक्श तथा दक्कन में औरंगजेब उत्तराधिकार के युद्ध की तैयारियों में लगे थे।
- अपने पुत्रों के मध्य संघर्ष रोकने हेतु शाहजहाँ ने दाराशिकोह को अपना वली-अहद या उत्तराधिकारी नियुक्त करने का निर्णय लिया।
- उसने दारा के मनसब को 40,000 जात से बढ़ाकर 60,000 कर दिया।
- इस निर्णय के पश्चात् उत्तराधिकार युद्ध अवश्यभावी हो गया और इस युद्ध में औरंगजेब विजयी हुआ।

उत्तराधिकार के लिए हुए युद्ध

बहादुरपुर का युद्ध (फरवरी, 1658)	यह युद्ध बनारस के निकट शाहशुजा और शाही सेना (सुलेमान शिकोह व जयसिंह के नेतृत्व में) के बीच हुआ, जिसमें शाही सेना विजयी रही।
धरमट का युद्ध (15 अप्रैल, 1658)	यह युद्ध शाही सेना (जसवंत सिंह एवं कासिम खाँ के नेतृत्व में) और औरंगजेब तथा मुराद की सम्मिलित सेना के बीच हुआ, इस युद्ध में शाही सेना की पराजय हुई।
सामूगढ़ का युद्ध (29 मई, 1658)	यह युद्ध दाराशिकोह और औरंगजेब तथा मुराद की संयुक्त सेना के मध्य हुआ, जिसमें दाराशिकोह पराजित हुआ, इस युद्ध में औरंगजेब ने मुराद को बंदी बनवाकर उसकी हत्या करा दी।
खजवा का युद्ध (5 फरवरी, 1659)	इलाहाबाद के निकट खजवा नामक स्थान पर शाहशुजा और औरंगजेब के मध्य हुए इस युद्ध में शाहशुजा की पराजय हुई और वह अराकान प्रवास कर गया, जहाँ उसकी मृत्यु हो गई।
देवराई का युद्ध (अप्रैल, 1659)	अजमेर के पास देवराई में दाराशिकोह तथा औरंगजेब के मध्य हुए इस युद्ध में दाराशिकोह को बंदी बना लिया गया और दिल्ली में उसे मृत्युदंड दिया गया। इस प्रकार औरंगजेब मुगल वंश का शासक बन गया।

औरंगजेब (1658-1707 ई.)

- औरंगजेब का जन्म 1618 ई. दाहोद (गुजरात) में हुआ था। उसे 1638 ई. में दक्कन का सूबेदार नियुक्त किया गया। औरंगजेब उत्तराधिकार युद्ध (1658-59) में विजयी होकर मुगल वंश का शासक बना।
- उसका राज्याभिषेक सामूगढ़ की विजय के उपरांत 31 जुलाई, 1658 को दिल्ली में किया गया। उसने 'अबुल मुजफ्फर आलमगीर पादशाह गाजी' की उपाधि धारण कर शासन प्रारंभ किया।
- खजवा व देवराई के युद्ध में विजयी होने के पश्चात् उसने 15 जून, 1659 को दिल्ली में पुनः अपना राज्याभिषेक करवाया। औरंगजेब ने लगभग 49 वर्षों तक शासन किया।
- साम्राज्य के उत्कर्ष के वर्षों में वह उत्तर में कश्मीर से लेकर दक्षिण में जिंजी तक और पश्चिम में हिंदकुश से लेकर पूरब में चटगाँव तक विस्तृत था।
- 1686 ई. में औरंगजेब ने शहजादा मुअज्जम को, गोलकुंडा शासक के साथ मिलकर साजिश करने के आरोप में कैद कर लिया और 12 वर्षों का कारावास दंडस्वरूप दिया। अपने पूर्ववर्ती शासकों के विपरीत औरंगजेब को आडंबर और दिखावा प्रिय नहीं था। उसका व्यक्तिगत जीवन सामान्य था।
- उसकी ख्याति एक कट्टरतावादी और ईश्वर से डरने वाले मुसलमान के रूप में थी। कालांतर में उसे **जिंदापीर** कहा जाने लगा था।

साम्राज्य विस्तार

- औरंगजेब द्वारा मुगलों के साम्राज्य विस्तार की नीति के तहत असम के अहोम राज्य पर मीर जुमला ने 1661 ई. में आक्रमण किया। मीर जुमला बंगाल में तत्कालीन मुगल सूबेदार था।
- 1663 ई. में अहोम शासक पराजित हुआ और उसे अपमानजनक संधि हेतु विवश होना पड़ा। मुगलों की सीमा ब्रह्मपुत्र के उत्तर में भराली नदी तक विस्तारित हो गई।
- बंगाल के गवर्नर शाइस्ता खाँ ने पुर्तगालियों के साथ समझौता किया तथा दक्षिण बंगाल की समस्या के समाधान हेतु प्रयास किया। उसने कूच बिहार को भी मुगल साम्राज्य के अधीन किया।

- बंगाल की खाड़ी में स्थित सोनदीप पर अधिकार कर शाइस्ता खाँ ने अराकानियों से चिटगाँव को प्राप्त किया।
- 1666 ई. में इस जीत के पश्चात् बंगाल में विदेशी व्यापार में त्वरित प्रगति हुई। 1686 ई. में दक्कन क्षेत्र में स्थित बीजापुर पर आक्रमण कर औरंगजेब ने उसे मुगल साम्राज्य का अंग बना लिया।
- अक्टूबर, 1687 में गोलकुंडा को मुगल साम्राज्य के अंतर्गत शामिल किया गया तथा वहाँ के शासक अबुल हसन को बंदी बनाकर दौलताबाद के किले में भेज दिया गया।
- औरंगजेब के लिए दक्कन में मराठे, मुगलों के लिए सबसे बड़ी समस्या थे। शिवाजी के नेतृत्व में मराठों ने मुगलों की शक्ति को निरंतर चुनौती दी थी।
- गोलकुंडा और बीजापुर पर औरंगजेब के आधिपत्य का मूल कारण मराठों को नियंत्रण में लाना था।
- शिवाजी द्वारा शाइस्ता खाँ की पराजय के पश्चात् औरंगजेब ने जयसिंह को मराठों के विरुद्ध अभियान हेतु भेजा, लेकिन शिवाजी को पुरंदर की संधि (1665 ई.) के कारण अल्पकाल के लिए मुगलों के अधीन होना पड़ा।
- औरंगजेब अपने जीवनपर्यंत मराठों के साथ संघर्षरत् रहा और यह मुगल साम्राज्य के पतन का एक महत्त्वपूर्ण कारण था।

धार्मिक नीति

- औरंगजेब की धार्मिक नीति के संबंध में इतिहासकारों में मतभेद हैं, लेकिन औरंगजेब के संबंध में लिखी गई नवीनतम कृतियों के संबंध में एक नई दृष्टि विकसित हुई है।
- औरंगजेब की राजनीतिक एवं धार्मिक नीतियों का मूल्यांकन उस काल की सामाजिक, आर्थिक एवं संस्थागत घटनाक्रम के संदर्भ में किया जाना आवश्यक है।
- औरंगजेब के धार्मिक विचार रूढ़िवादी थे। दार्शनिक बहसों या रहस्यवाद में उसकी रुचि नहीं थी। औरंगजेब ने मुस्लिम कानून की हनीफी व्याख्या को अपनाया, जिसका पालन भारत में पारंपरिक रूप से किया जा रहा था, परंतु उसने धर्मनिरपेक्ष फरमान जारी करने में कोई संकोच नहीं किया, जिसे **जवाबित** कहा जाता था।
- इसके शासनकाल में गैर-मुस्लिमों पर लगाया जाने वाला जजिया कर पुनः लगाया गया।
- औरंगजेब एक रूढ़िवादी मुसलमान होने के साथ एक शासक भी था, अतः उसने मुगल साम्राज्य के हित में निर्णयों को संपादित किया।

राजपूत नीति

- औरंगजेब राजपूतों के साथ मित्रता को अत्यधिक महत्त्व देता था, उसने मेवाड़ के महाराणा का सक्रिय समर्थन प्राप्त करने का प्रयत्न किया और उसके मनसब को 5,000/5,000 से बढ़ाकर 6,000/6,000 दर्जे का कर दिया था।
- मारवाड़ का राठौर शासक जसवंत सिंह, मेवाड़ का सिसोदिया शासक राजसिंह और आमेर का कछवाहा शासक जयसिंह औरंगजेब के निकटस्थ थे। जयसिंह 1707 ई. में औरंगजेब की मृत्यु तक उसका मित्र और विश्वस्त परामर्शदाता बना रहा।
- जसवंत सिंह को उत्तर-पश्चिम में अफगानों की समस्या से निपटने का दायित्व सौंपा गया था।
- 1678 ई. में जसवंत सिंह की जमरूद में मृत्यु के पश्चात् मारवाड़ में उत्तराधिकार की समस्या उत्पन्न हो गई और अनेक दावेदार गद्दी पर अधिकार करना चाहते थे, लेकिन औरंगजेब ने इंद्र सिंह को मान्यता प्रदान की, परंतु राठौर शासकों ने उसे सत्ता से विहीन कर दिया।

औरंगजेब के समय हुए विद्रोह

विद्रोह	संबंधित तथ्य
बुंदेला विद्रोह (1661 ई.)	ओरछा के शासक छात्रसाल ने मराठों के विरुद्ध मुगलों के अभियान में उनकी सहायता की, किंतु शिवाजी की प्रेरणा से छत्रसाल ने औरंगजेब के विरुद्ध विद्रोह किया तथा 1707 ई. में स्वतंत्र बुंदेलखंड का शासक बना।
अफगान विद्रोह (उत्तर-पश्चिम सीमांत क्षेत्र 1667 ई.)	उद्देश्य 'पृथक् अफगान राज्य की स्थापना', इसे 'रोशनाई' नामक धार्मिक संप्रदाय ने पृष्ठभूमि प्रदान की। अफगान विद्रोही 'भाग' के नेतृत्व में मुगल सूबेदार अमीर खाँ ने दमन किया। अफरीदी नेता अकमल खाँ के नेतृत्व में स्वयं को 'राजा' घोषित किया, अपने नाम का खुतबा पढ़वाया तथा सिक्का चलवाया।
जाट विद्रोह (1669 ई.)	पहला संगठित विद्रोह (औरंगजेब के समय) का कारण—किसानों एवं भूमि विषयक समस्या। प्रारंभ में गोकुला का विद्रोह एवं राजाराम का विद्रोह हुआ। राजाराम ने अकबर के मकबरे को लूटा था। चूरामन के नेतृत्व में औरंगजेब की मृत्युपर्यंत विद्रोह करता रहा। अंत में मथुरा के पास 'भरतपुर' नामक स्वतंत्र राज्य की स्थापना।
सतनामी विद्रोह (मथुरा के निकट नारनौल नामक स्थान पर मार्च, 1672)	विद्रोह की शुरुआत एक सतनामी एवं स्थानीय मुगल सरदार के झगड़े को लेकर हुई। मूलरूप से एक धार्मिक संप्रदाय शुद्ध अद्वैतवाद में विश्वास। इन्हें 'मुण्डिया' भी कहा जाता था। सत्य तथा ईश्वर में विश्वास रखने के कारण स्वयं को 'सतनामी' कहते थे।
सिख विद्रोह (1675 ई.)	उद्देश्य धार्मिक कारण (एकमात्र धार्मिक विद्रोह) औरंगजेब के समय का अंतिम विद्रोह।
राजपूत विद्रोह (1679-1709 ई.)	उत्तराधिकार की समस्या
शाहजादा अकबर का विद्रोह (1681 ई.)	मेवाड़ एवं मारवाड़ से सहायता का आश्वासन प्राप्त करके 11 जनवरी, 1681 में शाहजादा अकबर ने स्वयं को बादशाह घोषित किया। बाद में वह फारस भाग गया और वहीं पर उसकी मृत्यु हो गई।
अंग्रेजों का विद्रोह (1686 ई.)	अंग्रेजों को हुगली से बाहर खदेड़ दिया गया।

- अजीत सिंह को मारवाड़ का राजा माना गया, जोकि जसवंत सिंह का पुत्र था।
- औरंगजेब ने जोधपुर पर अधिकार करके वहाँ के मंदिरों को ध्वस्त करने हेतु मुहतसिब को भी नियुक्त किया।
- इन कृत्यों ने मुगलों और राजपूतों में संबंध विच्छेद किया और दुर्गादास के नेतृत्व में राठौरों ने विद्रोह कर दिया। अजीत सिंह को अंतत: 1709 ई. में मुगल बादशाह बहादुरशाह ने शासक मान लिया और साथ ही तीस वर्षीय युद्ध (1679-1709 ई.) समाप्त हो गया।
- मेवाड़ के राजसिंह ने औरंगजेब को उत्तराधिकार युद्ध में समर्थन दिया था और औरंगजेब ने राणा राजसिंह को मांडल, बिदनूर और मांडलगढ़ के परगने प्रदान किए। कालांतर में जजिया कर को आरोपित करने के कारण मुगलों के राजपूतों से संबंध बिगड़ गए।
- मारवाड़ और मेवाड़ के संबंध में औरंगजेब की नीति दोषपूर्ण थी। इसी कारण मुगलों को कोई लाभ प्राप्त नहीं हुआ। हालाँकि हाड़ी, कछवाहा तथा अन्य सैन्य टुकड़ियाँ मुगलों की सेवा में रहीं, लेकिन महत्त्वपूर्ण दो राजपूत राज्यों (मेवाड़ और मारवाड़) के साथ संघर्ष ने मुगलों की राजपूत नीति को कमजोर कर दिया।

मुगल तथा जनजाति क्षेत्र

- जनजातीय लोग भारत के प्रत्येक क्षेत्र में विस्तारित थे। पंजाब में खोखर जनजाति 13वीं-14वीं शताब्दी में प्रभावशाली थी। यहाँ बाद में गक्खर लोगों का प्रभाव बढ़ गया, इसलिए इनके मुखिया कमाल **खान गक्खर** को अकबर ने मनसबदार बनाया।
- मुगलों की प्रभुत्व से पूर्व मुल्तान और सिंध में लंगाह तथा अरधुन जनजातियों का प्रभुत्व था।
- बिहार तथा झारखंड में चेर सरदारियों को 1591 ई. में राजा मानसिंह ने पराजित कर मुगल लूट की, किंतु वह उन्हें पूरी तरह अधीन नहीं कर सका।
- बंजारे, मध्य एशिया से व्यापारियों द्वारा लाई गई वस्तुओं को स्थानीय बाजारों में पहुँचाते थे।
- जहाँगीर अपने संस्मरण में लिखता है कि मुगल सैन्य अभियानों के दौरान बंजारे मुगल सैनिकों के लिए खाद्यान्न ढुलाई करते थे।
- 'अकबर नामा' में गढ़कटंगा के गोंड राज्य का उल्लेख मिलता है।

मुगल साम्राज्य का पतन

मुगल साम्राज्य निरंतर उत्तराधिकार की समस्या का सामना करता रहा।

शाहजहाँ के शासनकाल के अंतिम वर्षों में उसके पुत्रों के बीच संघर्ष रहा तथा फिर औरंगजेब की मृत्यु के पश्चात् मुगल साम्राज्य के राजसिंहासन के लिए युद्ध हुआ, इस परिस्थिति ने मुगल साम्राज्य के पतन के प्रारंभिक मार्ग को प्रशस्त किया।

अतिरिक्त तथ्य

तमिलनाडु बोर्ड एवं NIOS

- मुगलों को **तिमूरियन** भी कहा जाता था।
- बाबर को भारत आक्रमण का निमंत्रण राणा सांगा तथा दौलत खाँ लोदी ने दिया था।
- बाबर द्वारा प्रारंभिक विषय के क्रम में भीरा (1519-1520), सियालकोण (1520), लाहौर (1524), पानीपत (1526) शामिल है। बाबर ने युद्ध में आटोमैन (रूमी) या तुलगुमा पद्धति को अपनाया था।
- 1540 ई. में शेरशाह सूरी द्वारा स्थापित साम्राज्य को द्वितीय अफगान साम्राज्य के रूप में जाना जाता है। प्रथम अफगान साम्राज्य की स्थापना लोदी वंश के अधीन की गई थी।
- बाबर की आत्मकथा तुज़ुक-ए-बाबरी (बाबरनामा) को एक विश्व क्लासिक माना जाता है।
- बाबर के समय के जयपुर, ग्वालियर, अजमेर और काबुल शक्तिशाली राज्य थे, यद्यपि अकबर के शासनकाल में मुगल साम्राज्य का विस्तार हुआ और उन्होंने शीघ्र ही इन क्षेत्रों पर नियंत्रण कर लिया।
- अकबर ने 1562 में मालवा, 1564 में गोण्डवाना तथा 1573 में गुजरात पर कब्जा कर लिया।
- अकबर ने राजा मानसिंह और भगवान दास की सहायता से काबुल के मिर्जा हकीम को हराया। उसने 1586 में कश्मीर पर विजय प्राप्त की।
- जहाँगीर के शासनकाल में मलिक अंबर ने बरार, बालाघाट तथा अहमदनगर के काफी जिलों को पुन: जीत लिया तथा शहजादा खुर्रम के साथ मिल गया था।
- फ्रांस के लुई-16वें के समकालीन शाहजहाँ ने 30 वर्षों तक शासन किया। उसके शासनकाल में राजा के लिए प्रसिद्ध मयूर सिंहासन बनवाया गया था।
- शाहजहाँ के शासनकाल के दौरान बर्नियर, टैवर्नियर, मैडेलस्को और मनूची ने भारत का दौरा किया और यहाँ के बारे में विस्तृत विवरण दिया।

19

मुगलकालीन प्रशासन, समाज, आर्थिक एवं कला

(स्रोत)

New NCERT Class VII Chap 6 **नगर, व्यापारी और शिल्पीजन**, Chap 5 **जनजातियाँ, खानाबदोश और एक जगह बसे हुए समुदाय**, Chap 7 **क्षेत्रीय संस्कृतियों का निर्माण**, Old NCERT Class VII Chap 8 **वैभव विलास का युग**, Old NCERT Class XI Chap 16 **मुगलों के अधीन आर्थिक तथा सामाजिक जीवन**, Chap 17 **सांस्कृतिक एवं धार्मिक गतिविधियाँ**, New NCERT Class XII Chap 8 (II) **किसान, जमींदार और राज्य**, Chap 9 (II) **शासक और विभिन्न इतिवृत्त**, Tamil Nadu Board (Class XI), NIOS

मुगलकालीन प्रशासन

मुगलकाल में सरकार की संरचना एवं प्रशासनिक ढाँचा मूल रूप से अकबर द्वारा निर्मित एवं निर्धारित था। अकबर ने गुजरात विजय के पश्चात् प्रशासन का पुनर्गठन किया। मुगलकालीन प्रशासन का वर्णन निम्न है

केंद्रीय प्रशासन

- अकबर ने केंद्रीय प्रशासन तंत्र को विभिन्न विभागों के बीच सत्ता के विभाजन के सिद्धांत पर पुनर्गठित किया और विभागों के बीच पारस्परिक अंकुश और प्रति-संतुलन के नियम को लागू किया।
- अकबर ने केंद्रीय सरकारों के संगठन पर विशेष ध्यान दिया। मुगलकालीन केंद्रीय शासन प्रणाली दिल्ली सल्तनत के काल में विकसित शासन-संरचना पर आधारित थी, लेकिन विभिन्न विभागों के कार्यों को सावधानी के साथ पुनर्गठित किया गया और राजकाज के संचालन के लिए नियम बनाए गए। मुगलकालीन केंद्रीय प्रशासन का विस्तृत विवरण निम्नवत् है

बादशाह

- मुगल प्रशासनिक व्यवस्था के अंतर्गत केंद्रीय प्रशासन में बादशाह की स्थिति सर्वोच्च थी।
- मुगल बादशाह खलीफा की प्रधानता को नहीं मानते थे। इसने स्वयं को इस्लामी कानूनों के अनुसार, चुनने की स्वतंत्रता का अधिकार देकर बादशाह की स्थिति को सुदृढ़ कर लिया था।
- अबुल फजल बादशाह को **'फर-ए-ईजादी'** (ईश्वर) से प्राप्त होने वाले प्रकाश को ग्रहण करने वाले के रूप में वर्णित किया है। इस विषय पर वह ईरानी सूफी शिहाबुद्दीन सुहरावर्दी से प्रभावित था।

मंत्रिपरिषद्

- मुगलकालीन प्रशासन में मंत्रिपरिषद् बादशाह के प्रशासन की समस्त गतिविधियों को सुविधापूर्वक संचालित करती थी।
- मंत्रिपरिषद् का सर्वोच्च अधिकारी वजीर तथा राज्य का प्रधानमंत्री होता था।
- मध्य एशियाई और तैमूरी परंपरा एक सर्वशक्तिमान वजीर के अंतर्गत थी, जिसके अधीन विभिन्न विभागों के प्रधान कार्य करते थे। वजीर, राजा और प्रशासन के बीच की मुख्य कड़ी होता था।
- वजीर को नागरिक और सैन्य दोनों शक्तियाँ प्राप्त थीं। बैरम खान के शासनकाल में असीमित शक्तियों वाले वकील-वजीर का उदय हुआ।
- कालांतर में सैन्य विभाग को वजीर के नेतृत्व से पृथक् कर अलग केंद्रीय विभाग बना दिया गया, जिससे वजीर की शक्ति कमजोर हो गई।
- न्याय विभाग हमेशा एक पृथक् विभाग रहा था। इस प्रकार सर्वशक्तिमान वजीर की अवधारणा का त्याग कर दिया गया था।
- वकील के साथ बैरम खाँ वजीर पद की शक्तियों का भी उपभोग करता रहा।

वकील

- 'वकील' शब्द का अर्थ प्रतिनिधि होता है। इसके कार्य, अधिकार आदि स्पष्ट रूप से परिभाषित नहीं थे तथा ये मुख्य रूप से इस पद पर आसीन होने वाले अधिकारी पर निर्भर करते थे।
- मुगलकाल में वकील के पद को समाप्त नहीं किया गया, लेकिन उसकी सभी शक्तियाँ समाप्त कर दी गईं और वह मुख्य रूप से एक सजावटी पद बन गया।
- यह पद समय-समय पर महत्त्वपूर्ण सरदारों को प्रदान किया गया, लेकिन प्रशासन में इनकी कोई मुख्य भूमिका नहीं होती थी।

केंद्रीय प्रशासन के प्रमुख अधिकारी

केंद्रीय प्रशासन के प्रमुख अधिकारी निम्नलिखित हैं

दीवान

- मुगलकालीन प्रशासन के अंतर्गत आय-व्यय विभाग का प्रमुख वजीर कहलाता था। अकबर के समय वजीर को दीवान या **दीवान-ए-आला** कहा जाने लगा था। मुगलकालीन प्रशासनिक व्यवस्था के अंतर्गत राजस्व विभाग का प्रधान वजीर ही था, परंतु वह ऐसा व्यक्ति नहीं होता था, जिसका सरदारों के बीच कोई विशेष ऊँचा स्थान होता हो। बहुत-से सरदारों के मनसब वजीर के मनसब से ऊँचे होते थे।
- दीवान, आय-व्यय के अतिरिक्त **खालसा**, **जागीर** तथा **इनाम** भूमि पर भी नियंत्रण रखता था। अकबर के काल में मुजफ्फर खाँ तुरबती, टोडरमल, ख्वाजा शाह मंसूर, एत्मादुद्दौला, असद खाँ आदि दीवान के पद पर आसीन थे।

मीर बख्शी

- मुगलकालीन प्रशासनिक अधिकारियों में सैनिक विभाग का प्रधान मीर बख्शी कहलाता था। सरदारों के संगठन का प्रधान दीवान नहीं, बल्कि मीर बख्शी को माना जाता था। इसलिए इस पद पर केवल प्रमुख सरदारों को ही नियुक्त किया जाता था।
- सम्राट को सैन्य नियुक्तियों और पदोन्नति की सिफारिशें भी मीर बख्शी द्वारा की जाती थीं।
- मीर बख्शी साम्राज्य की खुफिया और सूचना एजेंसियों का प्रधान भी होता था। खुफिया अधिकारी (बरीद) और सूचना अधिकारी (वाकियानवीस) साम्राज्य के सभी भागों में नियुक्त किए जाते थे।
- मीर बख्शी का कार्य संबंधित अधिकारियों की सूचना, दरबार में सम्राट के समक्ष प्रस्तुत करना था।

मीर-ए-समां

- मुगलकालीन प्रशासनिक अधिकारियों में मीर-ए-समां तीसरा महत्त्वपूर्ण अधिकारी था। वह सम्राट की गृहस्थी का प्रबंधकर्ता होता था, जिन सरदारों पर सम्राट को पूर्ण विश्वास होता था, उन्हें ही इस पद पर नियुक्त किया जाता था।
- यह कारखाना प्रभारी होता था, क्योंकि हरम की सारी आवश्यकताएँ इन्हीं कारखानों के माध्यम से पूर्ण की जाती थीं।
- राजदरबार में शिष्टाचार का पालन, शाही अंगरक्षकों का नियंत्रण आदि इसी अधिकारी की सामान्य देख-रेख में हुआ करते थे। इस पद का नाम **दीवान-ए-बयूतात** था।

सद्र-उस-सुदूर

- सद्र-उस-सुदूर धार्मिक विभाग का प्रमुख अधिकारी था। उसका मुख्य कर्त्तव्य शरीयत के कानूनों की रक्षा करना था। वह नकद (वजीफा) और भूमि अनुदान (समूरगल, इनाम, मद्द-ए-माश) दोनों के वितरण से जुड़ा था।

काजी-उल-कुजात

- यह न्याय विभाग का प्रमुख था। इसका मुख्य कार्य नागरिक और आपराधिक दोनों मामलों में शरीयत कानून का संचालन करना था।
- मुख्य काजी की हैसियत से वह सूबा, सरकार, परगना और नगर स्तर पर काजियों की नियुक्ति का काम देखता था। सेना के लिए अलग से काजी होता था।

मुगल काल के प्रमुख उच्च अधिकारी

मीर-आतिश	यह शाही तोपखाने का प्रधान था। यह मंत्री पद नहीं होता था। इसकी सिफारिश पर महत्त्वपूर्ण नगरों में केंद्र द्वारा कोतवाल की नियुक्ति होती थी।
साहिब-तौजीह	यह सैनिक लेखाधिकारी होता था।
दीवान-ए-तन	यह वेतन और जागीरों से संबंधित मामलों का निपटारा करता था। इसे (युद्ध के अवसर को छोड़कर) सामान्यतः सेना को वेतन बाँटने का अधिकार होता था।
दरोगा-ए-डाक चौकी	गुप्तचर विभाग का प्रमुख होता था। यह इसके साथ-साथ पत्र-व्यवहार का भी प्रभारी होता था।
मीर-ए-अर्ज	यह बादशाह के पास भेजे जाने वाले आवेदन-पत्रों का प्रभारी होता था।
मीर-ए-बहर	यह जल-सेना का प्रधान होता था, इसका प्रमुख कार्य शाही नौकाओं की देखभाल करना था।
मीर-ए-तोजक (मीर-ए-तुजुक)	यह धर्मानुष्ठान का अधिकारी था। इसका कार्य धार्मिक उत्सवों आदि का प्रबंध करना था।
मीर-ए-बर्र	यह वन-विभाग का अधीक्षक था।
नाजिर-ए-बयूतात (दीवान-ए-बयूतात)	यह शाही कारखानों का अधीक्षक होता था।
वाकियानवीस	यह समाचार लेखक होता था, जो राज्य के सारे समाचारों से केंद्र को अवगत कराता था।
खुफिया-नवीस	यह गुप्त पत्र-लेखक होता था, जो गुप्त रूप से केंद्र को महत्त्वपूर्ण खबरें उपलब्ध कराता था।
स्वानिध-निगार	यह समाचार लेखक होता था।
हरकारा	यह जासूस और संदेशवाहक दोनों होता था।
वितिक्ची	अकबर ने अपने शासनकाल के 19वें वर्ष में दरबार की सभी घटनाओं एवं खबरों को लिखने के लिए इसकी नियुक्ति की। इसके अतिरिक्त यह प्रांतों के भूमि एवं लगान संबंधी कागजात तैयार करता था। यह अमलगुजार के अधीन कार्य करता था।
परवानची	ऐसी आज्ञाओं को लिखने वाला, जिस पर सम्राट की मुहर की आवश्यकता नहीं पड़ती थी।
मुशरिफ (लेखाधिकारी)	यह राज्य की आय-व्यय का लेखा-जोखा रखता था।
मुस्तौफी (लेखा परीक्षक)	यह मुशरिफ द्वारा तैयार आय-व्यय के लेखा-जोखा की जाँच करता था।
आमिल	अकबर ने अपने शासनकाल के 18वें वर्ष में गुजरात, बिहार और बंगाल को छोड़कर संपूर्ण उत्तर भारत में **एक करोड़** आय वाले परगनों की मालगुजारी वसूलने के लिए इसे नियुक्त किया, जिसे जनसाधारण में **किरोड़ी** कहा जाता था।
मुसद्दी	यह बंदरगाहों के प्रशासन की देखभाल करता था।
मुहतसिब	यह प्रजा के नैतिक आचरण को नियंत्रित करता था। साथ ही शरीयत के प्रतिकूल कार्यों को रोकता था। औरंगजेब ने हिंदू मंदिरों एवं पाठशालाओं को तोड़ने के लिए मुहतसिबों की नियुक्ति की।

प्रांतीय प्रशासन

- मुगलकाल में प्रांतीय प्रशासन को केंद्रीय प्रशासन के आधार पर ही विकसित किया गया। अकबर ने केंद्रीय सरकारों की भाँति प्रांतीय सरकारों के संगठन पर भी विशेष ध्यान दिया।
- मुगल शासकों ने प्रांतीय सरकारों के संगठन पर बहुत ध्यान दिया। मुगल साम्राज्य 15 सूबों में विभाजित था। इनमें बंगाल, बिहार, इलाहाबाद, अवध, आगरा, दिल्ली, लाहौर, मुल्तान, काबुल, अजमेर, मालवा, गुजरात अहमदनगर, खानदेश और बरार थे।
- प्रत्येक सूबे में एक-एक सूबेदार, दीवान, बख्शी, सदर काजी और वाकियानवीस आदि को नियुक्त किया जाता था और इस प्रकार **अंकुश और संतुलन** के सिद्धांत पर आधारित सुशासन का विस्तार सूबों में भी किया गया।
- सूबेदार सीधे सम्राट द्वारा नियुक्त किया जाता था। इसका कार्यकाल समान्यत: तीन वर्ष का होता था। यह सूबे में कानून एवं व्यवस्था के लिए जिम्मेदार होता था।
- दीवान सूबे के राजस्व विभाग का प्रमुख था। प्रांतीय दीवान की नियुक्ति सम्राट द्वारा की जाती थी। वह सूबे के राजस्व संग्रह की निगरानी रखता था और सूबे में सभी खर्चों का लेखा-जोखा रखता था।
- बख्शी को मीर बख्शी की सिफारिश पर शाही दरबार द्वारा नियुक्त किया जाता था। वह सूबों में मनसबदारों द्वारा रखे गए घोड़ों और सैनिकों की जाँच और निरीक्षण के लिए जिम्मेदार था।
- इन प्रांतीय अधिकारियों की नियुक्ति केंद्रीय अधिकारियों की सिफारिश पर की जाती थी। ये सभी अधिकारी संबंधित क्षेत्रों का कार्यभार संभालते थे।

जिला सरकार का प्रशासन

मुगलकालीन प्रशासन में सूबा कई **सरकारों** (जिलों) में बँटा होता था। मुगलकाल में जिले के लिए 'सरकार' शब्द का भी प्रयोग किया जाता था। सरकार के प्रमुख अधिकारी निम्नलिखित हैं

- **फौजदार** यह जिले में सैन्य बलों का प्रधान होता था। यह जिले में शांति व्यवस्था को बनाए रखने हेतु कार्य करता था।
- **अमलगुजार** यह मुख्यत: जिले में भू-राजस्व संबंधी कार्यों; जैसे-भू-राजस्व का निर्धारण करना एवं उसे वसूल करना आदि को संपादित करता था।
- **काजी** यह जिले में न्यायिक कार्यों को संपन्न करता था। यह फौजदारी एवं दीवानी के उन मामलों में न्याय करता था, जिनमें एक या दोनों पक्ष मुसलमान हों।
- **वितिक्ची** एक प्रकार का लिपिक था, जो भूमि की पैमाइश, उपज, लगान आदि के कागज संबंधी कार्यों को संपादित करता था।
- **खजानदार** यह खजाने की सुरक्षा का कार्य करता था। यह अमलगुजार के अधीन होता था।

परगना प्रशासन

प्रत्येक सरकार में अनेक परगने होते थे और अकबर के काल में परगना पूर्ववत् रहा। परगना के अंतर्गत प्रशासन के निम्न अधिकारी शामिल होते थे

- **शिकदार** यह परगना का प्रमुख अधिकारी होता था और इसका कार्य परगने में शांति व्यवस्था बनाए रखना और राजस्व वसूली संबंधी कार्यों में आमिल की सहायता करना था।
- **आमिल** यह परगने का वित्त अधिकारी होता था तथा यह किसानों से भू-राजस्व वसूली संबंधी कार्यों को संपादित करता था।
- **कानूनगो** यह परगने एवं गाँवों का सीमांकन करता था और दस्तावेजों की देखभाल करता था। यह परगने के पटवारियों का प्रधान होता था।
- **कारकून** यह परगने का क्लर्क होता था, जो हिसाब-किताब संबंधी कार्यों का लेखा-जोखा रखता था।
- **फौतदार** यह परगने का खजांची (कोषागार प्रभारी) था। परगने के खजानों की सुरक्षा का उत्तरदायित्व फौतदार का होता था।

ग्राम प्रशासन

मुगलकालीन स्थानीय प्रशासन के अंतर्गत गाँवों को **मावदा** अथवा **डीह** कहा जाता था। मावदा में कई छोटी बस्तियाँ होती थी, जिसे **नागला** कहा जाता था। शाहजहाँ ने सरकार एवं परगना के मध्य **चकला** नाम की इकाई स्थापित की थी। ग्राम प्रशासन के अंतर्गत निम्न अधिकारी शामिल होते थे

- **ग्राम प्रधान** यह मुकद्दम या चौधरी कहलाता था, जो गाँवों की शांति व्यवस्था को बनाए रखता था। यह भू-राजस्व अधिकारियों की भू-राजस्व वसूलने में सहायता करता था तथा बदले में इसे दस्तूरी (कमीशन) के रूप में भू-राजस्व का 2.5% हिस्सा प्राप्त होता था, इसे नानकार भी कहा जाता था।
- **पटवारी** यह गाँव की समस्त भूमि का विवरण रखता था और इसे भी दस्तूरी (कमीशन) के रूप में 1% हिस्सा मिलता था। यह राजस्व विभाग का सबसे निम्न स्तर का अधिकारी होता था।

स्थानीय प्रशासन के अन्य प्रमुख विभाग

पद	प्रमुख कर्त्तव्य
कोतवाल	इसका प्राथमिक कर्त्तव्य नगरवासियों के जीवन और संपत्ति की रक्षा करना था।
किलेदार	किले का प्रभारी
मुतसद्दी	बंदरगाह का प्रभारी

न्याय व्यवस्था

- न्याय का विचार मुगल राजतंत्र में सर्वोत्तम सद्गुण माना गया है। न्याय की अवधारणा का उद्देश्य राज्य को एक ऐसे क्षेत्र के रूप में प्रस्तुत करना है, जहाँ दुर्बल और सबल सभी परस्पर सद्भाव से रहते हों।
- मुगल न्याय व्यवस्था मूलत: इस्लामी न्याय व्यवस्था थी। जिसका आधार कुरान, हदीस, इज्मा तथा कयास थे।
- अबुल फजल के अनुसार, बादशाह अपनी प्रजा के 4 सत्त्वों की रक्षा करता था-**जीवन** (जन), **धन**, **सम्मान** (नायस) और **विश्वास** (दीन)।
- मुगलकालीन न्याय व्यवस्था के अंतर्गत बादशाह सर्वोच्च न्याय अदालत था। वह खुले दरबार में न्याय करता था तथा उसकी सहायता के लिए प्रधान, काजी, मुहतसिब आदि उपस्थित रहते थे।
- दीवानी मामलों में हिंदुओं के मुकदमें हिंदू कानूनों द्वारा तथा मुसलमानों के मुकदमें मुस्लिम कानून के आधार पर निपटाए जाते थे, लेकिन यदि किसी दीवानी मुकदमें में दोनों पक्ष शामिल होते थे, तो निर्णय का आधार मुस्लिम कानून होता था, जबकि फौजदारी मामलों में निर्णय मुस्लिम कानूनों के आधार पर ही दिया जाता था।

- गैर-धार्मिक मामलों में मुकदमों की सुनवाई **मीर-ए-अदल** करता था। विभिन्न मुगल शासकों के न्याय के दिन निर्धारित थे; जैसे-अकबर गुरुवार को, जहाँगीर मंगलवार को तथा शाहजहाँ और औरंगजेब बुधवार को न्याय करते थे।

मुद्रा व्यवस्था

- बाबर ने काबुल में चाँदी का **शाहरुखी** तथा कंधार में **बाबरी** नामक सिक्के चलाए। दाम, सामान्य रूप से प्रचलित सिक्का था।
- अकबर ने सोने, चाँदी, ताँबे के विभिन्न तौल एवं मूल्यों के सिक्के चलाए और उनका पारस्परिक अनुपात निश्चित कर दिया। **शंसब**, अकबर द्वारा चलाया गया सबसे बड़ा सोने का सिक्का था।
- अकबर द्वारा जारी की गई **मुहर** और **इलाही** सोने के सिक्के थे, जबकि रुपया एवं जलाली चाँदी के सिक्के थे। दाम तांबे का सिक्का था।

अकबर द्वारा जारी किए गए सिक्के

- निसार चाँदी का सिक्का था, जिसका प्रचलन जहाँगीर के काल में था। शाहजहाँ ने रुपए एवं दाम के मध्य एक सिक्का **आना** चलाया। एक रुपए में 16 आना होते थे।
- औरंगजेब ने अपने सिक्कों पर कलमा खुदवाना बंद करा दिया। इसके कुछ सिक्कों पर मीर अब्दुल बकी शाहबाई द्वारा रचित पद्य अंकित थे। इसके कुछ सिक्कों पर ध्रुपद के पद अंकित थे। मुगलकाल में सर्वाधिक टकसालों की संख्या औरंगजेब के काल में थी।

राजस्व व्यवस्था

- मुगल काल में भू-राजस्व तथा अन्य प्रकार के कर राजस्व के स्रोत थे। इनमें मुसलमानों से वसूला जाने वाला जकात कर (संपत्ति का 2.5%) तथा गैर-मुसलमानों से वसूला जाने वाला जजिया कर शामिल था।
- इसके अतिरिक्त खुम्स (लूट का माल) भी राजस्व का स्रोत था। अकबर ने विवाह की रजिस्ट्री की प्रथा चलाई एवं उस पर शुल्क लगाया।

भू-राजस्व निर्धारण की प्रणाली

- मुगलकाल में पैमाइश (मापना), जिसे जब्ती कहा जाता था, जिसके अंतर्गत भूमि को मापा जाता था तथा इसमें जोते या बोए गए क्षेत्र की माप के आधार पर भू-राजस्व का निर्धारण किया जाता था।
- भू-राजस्व इंतजमात के दो चरणों में थे- पहला कर निर्धारण, दूसरा वास्तविक वसूली। 'जमा', निर्धारित रकम थी जबकि 'हासिल' वास्तविक वसूली।
- अकबर ने पैमाइश की इस प्रणाली को लाहौर से इलाहाबाद (अब प्रयागराज) तक और मालवा तथा गुजरात में लागू किया।
- अकबर के अधीन राजस्व निर्धारण की और भी प्रचलित प्रणालियाँ थीं, जिनमें 'बँटाई' या 'गल्ला बख्शी' मुख्य थीं। इस प्रणाली में उपज निर्धारित अनुपात में किसानों और राज्य के मध्य बाँट दी जाती थी।
- कुछ परिस्थितियों में किसानों को जब्ती और बँटाई के मध्य चयन की भी सुविधा प्रदान की जाती थी। बँटाई के अंतर्गत किसानों को जिस या नकद में अदायगी करने की भी छूट थी।
- कपास, तिलहन, गन्ना आदि की फसलों के मामले में राज्य सामान्य रूप से नकद अदायगी चाहता था, इसलिए इन्हें 'नकदी फसल' कहा जाता था।
- अकबर के अधीन यह व्यापक रूप से प्रचलित एक प्रणाली थी-नसक/नस्क। इस प्रणाली में किसान द्वारा पूर्व में किए जाने वाले राजस्व के आधार पर उसकी मौजूदा देनदारी के विषय में लगाया गया विवरण होता था।
- इसके अतिरिक्त एक अन्य व्यवस्था प्रचलित थी, जिसे विद्वानों ने **कनकूत** या **आकलन** कहा है। इस व्यवस्था में अनुमान को आधार मानकर जमीन की माप की जाती थी तथा खड़ी फसल को देखकर पैदावार का आकलन किया जाता था।

कृषि भूमि की कोटियाँ

कृषि भूमि की कोटियों को निम्न रूपों में बाँटा गया था

- **पोलज** जिस भूमि पर लगभग प्रत्येक वर्ष कृषि की जाती थी, उसे पोलज कहा जाता था। टोडरमल बंदोबस्त के अंतर्गत यह सर्वश्रेष्ठ भूमि मानी गई थी।
- **परती** जिस भूमि पर कृषि नहीं की जाती थी, उस भूमि को परती कहा जाता था। इस भूमि को कुछ समय के लिए उर्वरा शक्ति को बढ़ाने के उद्देश्य से परती छोड़ा जाता था, हालाँकि इस भूमि का पूरा राजस्व कर देना पड़ता था।
- **चाचर** जो भूमि लगातार दो-तीन वर्ष परती रहती थी, उसे 'चाचर' कहा जाता था।
- **बंजर** जो भूमि पाँच या उससे अधिक समय तक कृषि में नहीं लाई जाती थी, उसे बंजर कहा जाता था। इस भूमि पर पाँचवें या आठवें वर्ष से पूरी या पोलज दर से राजस्व अदायगी करनी पड़ती थी।

दहसाला प्रणाली

- अकबर ने गुजरात विजय (1573 ई.) के पश्चात् भू-राजस्व की ओर व्यक्तिगत रूप से ध्यान देना आरंभ किया। पूरे उत्तर भारत में 'करोड़ी' नाम से जाने वाले अमले भर्ती किए गए, जिन्हें एक करोड़ **'दाम'** (तत्कालीन 2,50,000 रुपये) वसूल करने की जिम्मेदारी सौंपी गई।
- साथ ही, वे कानूनगो द्वारा भेजे गए तथ्यों के आँकड़ों की भी जाँच करते थे। वास्तविक उपज, स्थानीय कीमतों, उत्पादकता आदि के विषय में कानूनगो से प्राप्त जानकारी के आधार पर अकबर ने एक नई प्रणाली प्रारंभ की, जिसे **दहसाला प्रणाली** (1580 ई.) कहा जाता था।
- इस प्रणाली के अंतर्गत पिछले दस (दह) वर्ष के दौरान अलग-अलग फसलों की औसत उपजों और उनकी औसत कीमतों का अनुमान लगाया गया। औसत उपज का एक-तिहाई भाग राज्य का हिस्सा निर्धारित किया गया, लेकिन राजस्व को नकद के रूप में वसूल किया जाना निर्धारित किया गया। दहसाला प्रणाली को **टोडरमली व्यवस्था** भी कहा जाता है, क्योंकि टोडरमल अकबर के काल में एक राजस्व अधिकारी था, क्योंकि उसने शेरशाह के अधीन भी कार्य किया था।

सैन्य व्यवस्था

- मुगल साम्राज्य एक सैनिक राज्य था। मध्य काल के अन्य राज्यों की भाँति मुगल साम्राज्य सैन्य शक्ति पर आधारित था। मुगलों ने एक विशाल एवं शक्तिशाली सेना रखी थी, जिसमें घुड़सवार, पैदल, तोपें, ऊँट एवं हाथी आदि शामिल थे।

- मुगल सेना का सबसे महत्त्वपूर्ण हिस्सा घुड़सवार सेना थी। घोड़ों एवं सवारों की सही संख्या निर्धारित करने के लिए अकबर ने 1574 ई. में **दाग प्रथा** (घोड़ों को दागना) तथा **तसहीहा प्रथा** (सैनिकों का हुलिया रखना) प्रारंभ की थी।
- अकबर ने दाग प्रथा को नया रूप प्रदान करने हेतु घोड़ों को दाग लगाने की परंपरा प्रारंभ की। इन दो दागों में एक शाही दाग तथा दूसरा मनसबदार का दाग होता था। घोड़ों और हाथियों को दागने हेतु अकबर ने **दाग-ए-मुहाली** नामक पृथक् विभाग की स्थापना की थी।

मनसबदारी व्यवस्था

- मनसब शब्द का प्रयोग ऐसे व्यक्तियों के लिए होता था, जिन्हें कोई सरकारी पद या हैसियत प्राप्त हो। इस व्यवस्था में पद, वेतन तथा सैन्य उत्तरदायित्व, निर्धारित किए जाते थे। मनसब शब्द अरबी मूल का है, जिसका अर्थ पद होता है।
- मनसबदारी व्यवस्था 1567 ई. से अकबर द्वारा लागू की गई। पहले यह केवल एक पद (मनसब) होता था, किंतु 1594-95 ई. तक पद, जात और सवार में विभाजित हो गया। मनसब व्यवस्था के अंतर्गत सरदारों को 10,100 से लेकर 5,000 तक के मनसब प्रदान किए जाते थे। 5,000 से अधिक का मनसब शाही परिवार के सदस्यों को प्रदान किया जाता था। शाही परिवार से बाहर के **मिर्जा अजीज कोका** तथा **मान सिंह** को 7,000 के मनसब प्रदान किए गए थे।
- मुगलों के अधीन विकसित मनसबदारी प्रथा एक विलक्षण और विशिष्ट व्यवस्था थी, जिसका भारत से बाहर ऐसी किसी प्रचलित व्यवस्था से पूर्ण साम्य नहीं था। मनसबदारी प्रथा का मूल चंगेज खाँ की सैन्य व्यवस्था में देखा जा सकता है, जिसने अपनी सेना का संगठन दाशमिक प्रणाली के आधार पर किया था।
- कमान की सबसे छोटी इकाई दस थी और सबसे बड़ी 'तोमान', दस हजार की, जिसके सेनापति को **खान** कहा जाता था। मंगोल प्रणाली ने दिल्ली सल्तनत की सैन्य-व्यवस्था को भी प्रभावित किया, क्योंकि सल्तनत काल में क्रमशः सौ और हजार सिपाहियों के नायक की चर्चा मिलती है। सौ सिपाहियों का नायक 'सादी' तथा हजार सिपाहियों का नायक 'हजारा' कहलाता था।
- मुगलकालीन सैन्य व्यवस्था के अंतर्गत 500 जात से नीचे दर्जे के लोग 'मनसबदार', 500 से लेकर 2500 तक की जात वाले लोग 'अमीर' तथा 2500 से ऊपर की जात वाले लोग 'अमीर-ए-उम्दा' या 'उम्दा-ए-आजम' कहलाते थे, लेकिन कभी-कभी तीनों दर्जों के लिए मनसबदार का प्रयोग किया जाता था।
- मनसबदारी व्यवस्था में 'जात' शब्द का अर्थ व्यक्तिगत होता था। इसमें किसी व्यक्ति की व्यक्तिगत स्थिति तय की जाती थी न कि उसको मिलने वाले वेतन की।
- मनसबदारी व्यवस्था में सवार रैंक से पता चलता है कि एक व्यक्ति को कितने सवारों को बनाए रखना आवश्यक है।
- जहाँगीर ने मनसबदारी व्यवस्था में दु-अस्पा एवं सिंह-अस्पा प्रणाली लागू की। दु-अस्पा (दो घोड़ों वाला एक सैनिक) या सिह-अस्पा (तीन घोड़ों वाला एक सैनिक) एक ऐसी प्रणाली थी, जिसके अंतर्गत चयनित सरदारों को अपनी जात रैंक बढ़ाए बिना, सैनिकों का एक बड़ा कोटा बनाए रखने की अनुमति दी जा सकती थी।
- मनसबदार अपना वेतन राजस्व एकत्रित करने वाली भूमि के रूप में पाते थे, जिन्हें जागीर कहा जाता था, जो लगभग 'इक्ताओं' के समान था। किंतु मनसबदारों की मुक्तियों से अलग जागीरों से मात्र राजस्व को एकल करने का अधिकार या बसने या प्रशासन करने का अधिकार नहीं।
- मुगलकालीन मनसबदार अपने वेतन में से निर्धारित संख्या में रखे जाने वाले घोड़ों, हाथियों और भारवाही पशुओं (ऊँटों, खच्चरों, गाड़ियों आदि) पर होने वाले खर्चों को पूरा करते थे। इन खर्चों को पूरा करने के लिए मनसबदारों को अच्छे वेतन दिए जाते थे। पाँच हजारी मनसबदार को मासिक ₹ 30,000, तीन हजारी को ₹ 17,000 और एक हजारी को ₹ 8,200 तक दिए जाते थे।
- वेतन का एक-चौथाई भाग परिवहन दल पर खर्च किया जाता था। इसके अतिरिक्त मुगल मनसबदार विश्व के सबसे अधिक वेतन पाने वाले सरकारी सेवा संवर्ग का सदस्य होता था।

जागीर के प्रकार

प्रकार	प्रकृति	अर्थ
तनखा जागीर	हस्तांतरणीय	वेतन के बदले में दी जाती थी।
मशरूत जागीर	हस्तांतरणीय	कुछ शर्तों पर दी जाती थी।
वतन जागीर	वंशानुगत एवं हस्तांतरणीय	इसे जमीदारों या राजाओं को उनके स्थानीय प्रभुत्व में सौपा गया है।
अल तमगा जागीर	वंशानुगत एवं हस्तांतरणीय	यह मुस्लिम सरदारों को उनके जन्म स्थान पर दिया जाता है।

मुगलकालीन समाज

- मुगलकालीन समाज मुख्य रूप से निम्न, मध्य और उच्च वर्ग तीन वर्गों में बँटा हुआ था। निम्न या जनसाधारण वर्ग में किसान, मजदूर, दस्तकार, नौकर, दास, भिखारी आदि शामिल थे।
- मध्य वर्ग में व्यापारी, वैद्य, लेखक, मध्य स्तरीय अधिकारी, आर्थिक नेता आदि शामिल थे। उच्च वर्ग में शासक वर्ग के लोग शामिल थे।
- मुगलकालीन ग्रामीण जीवन प्रणाली के विषय में अनेक यूरोपीय व्यापारी और यात्रियों ने विवरण दिया है। सोलहवीं सदी के अंतिम दौर में भारत आने वाला यूरोपीय यात्री **रॉल्फ फिंच** था, जिसने बनारस के ग्रामीण लोगों के वस्त्रों का विवरण प्रदान किया था। कृषि इतिहास को समझने के लिए अबुलफजल की 'आइन-ए-अकबरी' महत्त्वपूर्ण स्रोत है।
- मुगलकाल में भारतीय-फारसी स्रोत किसानों के लिए आमतौर पर रैयत (रिआया) या मुज़रियान शब्द का प्रयोग करते थे।
- सत्रहवीं सदी के स्रोत दो किस्म के किसानों की चर्चा करते हैं- खुदकाश्त व पादिकाश्त। खुदकाश्त, जिस गाँव में रहते थे वहीं कृषि कार्य करते थे, जबकि 'पाहीकाश्त' दूसरे गाँवों में ठेके पर कार्य करते थे।
- **मोरलैंड** नामक एक आधुनिक लेखक के अनुसार, नर्मदा नदी के उत्तर में, बंगाल को छोड़कर जूतों का प्रचलन नहीं था, जिसका कारण चमड़े की ऊँची कीमतें थीं। **निकितन** के अनुसार, दक्कन के लोग खाली पैर रहते थे।
- ग्रामीण जीवन प्रणाली के लोगों का मुख्य आहार चावल, मोटे अनाज और दालें (जिन्हें पैलसर्ट कहा जाता था) थीं। बंगाल और तटवर्ती प्रदेशों के लोग मछली का सेवन करते थे तथा दक्षिण व प्रायद्वीपीय प्रदेशों के लोग माँस का उपयोग करते थे।

- समाज में जाति व्यवस्था की पाबंदियों के कारण संसाधनों में असमान वितरण व्याप्त था। यह समीकरण न केवल हिंदुओं में, बल्कि अन्य संप्रदायों में भी था। मुस्लिम संप्रदायों में 'हलाल खोरान' जैसी जातियाँ गाँव के बाहर निवास करती थी।
- मुगल ग्राम प्रशासन के अतिरिक्त हर जाति की भी अपनी जातीय पंचायत थी। राजस्थान, पश्चिमी उत्तर प्रदेश में पंचायतें काफी ताकतवर थीं, जो दीवानी तथा पारिवारिक मामलों का निपटारा करती थी।
- ग्रामीण सर्वेक्षण बताते हैं कि गाँवों में दस्तकार काफी अच्छी तादाद में रहते थे। इन दस्तकारों में कुम्हार, लोहार, बढ़ई, नाई, सुनार शामिल हैं।
- बंगाल में इन दस्तकारों को सेवाओं के बदले जमींदार 'रोज का भत्ता तथा खाने के लिए नकदी देते थें' जिसे 'जजमानी व्यवस्था' कहा जाता था।
- ग्रामीण कृषक समाज में महिलाओं की विशिष्ट भूमिका थी, जो बुआई, निराई, कटाई के साथ-साथ पकी फसल का दाना निकालने का काम करती थी। बढ़ते वाणिज्यीकरण ने महिलाओं की भूमिका को और स्पष्ट किया, जिस कारण वाणिज्यीकरण बढ़ा उसमें इनकी भूमिका का भी विस्तार था।
- श्रम आधारित समाज में महिलाओं की भूमिका प्रजनन की विशेषता के कारण महत्त्वपूर्ण थी, किंतु कुपोषण, महिला मृत्युदर आदि के कारण इनकी कमी भी रही इसलिए श्रम समाज में शादी के लिए 'दुल्हन की कीमत' भी दी जाती थी। भूमिहर भद्रजनों में महिलाओं को पुश्तैनी अधिकार भी मिले थे।
- मुगलकालीन समाज का एक हिस्सा सुदूर जंगली क्षेत्रों में भी निवास करता था, जो झारखण्ड, पूर्वी भारत, मध्य भारत, उत्तरी क्षेत्र (भारत-नेपाल तराई) आदि में विस्तारित थी।
- मुगलकालीन गाँवों में सामाजिक संबंधों की कल्पना पिरामिड के रूप में करें, तो जमींदार इसके संकरे शीर्ष पर थे। इनके पास मिल्कियत नामक संपत्ति थी, जो इनकी निजी जमीन थी।
- उत्तर भारत में गेहूँ या मोटे अनाजों की बनी चपातियाँ और दाल तथा हरी सब्जियाँ लोगों का भोजन था। **बारबोसा** और **डेला वैले** सूरत के व्यापारियों के उच्च रहन-सहन की व्यवस्था के बारे में उल्लेख करते हैं।

मुगलकालीन आर्थिक जीवन

- मुगलकाल में कृषि का विकास एवं विस्तार हुआ। मुगल शासकों, विशेषकर अकबर ने कृषि के विकास हेतु अनेक प्रकार के प्रोत्साहन दिए; जैसे-बंजर भूमि पर खेती, भू-राजस्व में छूट अथवा किसानों को ऋण देना।
- **आइन-ए-अकबरी** से खरीफ की 25 तथा रबी की 16 फसलों की तथा उनसे प्राप्त राजस्व का विवरण प्राप्त होता है।
- मुगलकालीन भारत के दौरान अनेक बंदरगाहों और शहरों से भारत तथा बाहरी दुनिया के बीच बड़े पैमाने पर वाणिज्य व्यापार होता था।
- मुगल साम्राज्य एशिया के उन बड़े साम्राज्यों में शामिल था, जिसमें मिंग (चीन), सफावी (ईरान), आटोमान (तुर्की) थे। इन्होंने चीन से लेकर भूमध्य सागर तक जमीनी व्यापार का जीवंत जाल बिछा दिया परिणामतः भारत के व्यापार में विस्तार हुआ।
- लगातार बढ़ते व्यापार के साथ भारत से निर्यातित वस्तुओं के भुगतान के रूप में एशिया से भारी मात्रा में चाँदी का प्रवाह आया परिणाम तथा अठारहवीं सदी तक धातु मुद्रा विशेषकर चाँदी के रुपयों की उपलब्धता पर्याप्त रही।
- भारत दक्षिण-पूर्वी एशिया और पश्चिम एशिया के कई देशों को न केवल खाद्य वस्तुएँ जैसे-चावल, चीनी आदि का निर्यात करता था, बल्कि इस क्षेत्र के व्यापार में भारतीय कपड़ों का बहुत महत्त्वपूर्ण स्थान था।
- भारत में 1605 ई. में पुर्तगालियों द्वारा तंबाकू लाया गया। इसके अतिरिक्त आलू तथा मिर्च भी पुर्तगालियों की ही देन हैं।
- कोरोमंडल तट पर उत्पादित कपड़ा दक्षिण-पूर्वी एशिया में सबसे अधिक निर्यात किया जाता था। इसके कारण ही डचों का विस्तार मछलीपट्टनम से दक्षिण में कोरोमंडल की ओर हुआ।

सांस्कृतिक एवं धार्मिक गतिविधियाँ

मुगल शासन के अंतर्गत भारत में सांस्कृतिक गतिविधियों का बहुमुखी विकास हुआ। इस काल में स्थापत्य, चित्रकारी, साहित्य एवं संगीत के क्षेत्रों में जिन परंपराओं की स्थापना हुई, उन्होंने एक प्रतिमान का सूत्रपात किया और भावी पीढ़ियों पर उनका गहरा प्रभाव पड़ा।

- 'शब-ए-बारात' हिजरी कैलेंडर के आठवें महीने में पड़ने वाली पूर्ण चंद्र रात्रि है। मान्यता के अनुसार इस रात मुसलमानों के लिए भाग्य का निर्धारण होता है तथा पाप मुक्ति के लिए प्रार्थनाएँ की जाती हैं।
- बादशाह भी अपने दिन की शुरुआत सूर्योदय के समय कुछ व्यक्तिगत धार्मिक प्रार्थनाओं से करता था। इसके पश्चात् झरोखा दर्शन होता था।
- मुगल शासक वर्ष में तीन मुख्य त्यौहार मनाया करते थे-सूर्यवर्ष तथा चंद्रवर्ष के अनुसार शासक का जन्म दिन और बसंतागमन पर फारसी नववर्ष 'नौरोज'।
- अकबर ईसाई धर्म के बारे में जानने का इच्छुक था। इसने जेसुइट पादरियों को आमंत्रित भी किया। अकबर का इबादत खान धार्मिक परिचर्चा का केंद्र था। पहला शिष्टमण्डल 1580 ई. में फतेहपुर सीकरी पहुँचा।

सांस्कृतिक एवं धार्मिक गतिविधियाँ निम्नलिखित हैं

स्थापत्य

- मुगलों ने शानदार किलों, राजमहलों, दरवाजों, सार्वजनिक इमारतों, मस्जिदों आदि का निर्माण करवाया। बाबर ने लाहौर तथा आगरा के आस-पास कुछ बगीचे लगवाए। शेरशाह ने स्थापत्य को नया आयाम दिया।
- सासाराम (बिहार) का प्रसिद्ध मकबरा और दिल्ली के पुराने किले में निर्मित उसकी मस्जिद (किला-ए-कुन्हा) स्थापत्य के उत्कृष्ट नमूने माने जाते हैं।

हुमायूँ का मकबरा

न संग्रह है।

किया तथा एशिया सोसाइटी

ा। महाभारत का फारसी भाषा
स काल में उत्बी तथा नजीरी दो
खे गए बाबर के संस्मरणों का

टोडरमल ने **भागवत पुराण** का
न फजल ने पंचतंत्र का अनुवाद
भारत की सभी पुस्तकें पांडुलिपियों
द्र शाही किताब खाना था।

ा महत्त्वपूर्ण कौशल मानी जाती थी।
ता था। अकबर के काल में इसी प्रकार

ायूँ नामा' में मुगलों की घरेलू दुनिया की
ारीख' की रचना अब्दुल कादिर बदायूँनी

मुगल दरबार में स्थान दिया गया। अब्दुल
व्यों की रचना की। उसने फारसी तथा हिंदी
किया।

चरितमानस की रचना की।

तंत्र भाषा का रूप लिया। **एकनाथ** तथा **तुकाराम**
सिख गुरुओं ने पंजाबी भाषा को एक नया जीवन

संगीत

- मुगलकालीन भारत में संगीत सांस्कृतिक जीवन का एक क्षेत्र था, जिसमें हिंदुओं और मुसलमानों ने एक-दूसरे का सहयोग किया।
- अकबर ग्वालियर के प्रसिद्ध गायक **तानसेन** का संरक्षक था। तानसेन को कई नए रागों की रचना का श्रेय दिया जाता है। जहाँगीर तथा शाहजहाँ और कई मुगल सरदारों ने भी अकबर के उदाहरण का अनुकरण किया।
- शाहजहाँ ने लाल खाँ को गुणसमुंदर की उपाधि प्रदान की थी। जगन्नाथ, रामदास, सुखसेन आदि शाहजहाँ के दरबार के प्रमुख गायक थे।
- जहाँगीर ने भी संगीत को प्रश्रय दिया उसने गजल गायक शौकी को **आनंद खाँ** की उपाधि प्रदान की थी। परवेज दाद, हमजान, छत्रखान आदि जहाँगीर के दरबार के संगीतज्ञ थे।
- औरंगजेब ने दरबार में संगीत पर पाबंदी लगा दी थी। इसी काल में फकीरुल्लाह ने मानसिंह तोमर की रचना **मानकुतुहल** का अनुवाद 'राग-दर्पण' नाम से कर बादशाह औरंगजेब को समर्पित किया था।
- मुहम्मद शाह रंगीला के काल में संगीत का अत्यधिक विकास हुआ। वह स्वयं प्रसिद्ध गायक था। उसने **अख्तर पिया** उपनाम से ख्याल की रचनाएँ कीं। मुहम्मद शाह के दरबारी गायकों, नेमत खाँ सदारंग तथा उसके भतीजे फिरोज खाँ अदारंग ने ख्याल गायकी को चरम पर पहुँचाया।
- मुगलकाल में नृत्यशैली का विकास हुआ। मुगल बादशाह तथा उनके अभिजातों के शासन में कत्थक नृत्य दरबारों में प्रस्तुत किया जाता था। आगे चलकर यह दो परंपराओं अर्थात् घरानों में फला-फूला- राजस्थान घराना तथा लखनऊ घराना में प्रसिद्ध हुआ।

NIOS

दीवान-ए-कुल कहा
र ने बाद में
हा।
चौकी की नियुक्ति
जाती थी।
सेवाएँ देने वाले अभिजात
शेष क्षेत्र के राजस्व वसूल
प दी जाती थी।
ागीरदारी प्रणाली
यह प्रणाली वंशानुगत

ाल में संपूर्ण राजस्व भूमि को दो
ा गया था- खालिस भूमि (प्राप्त
ी खजाने में), जागीर भूमि
रों के लिए)।
ा राजस्व बँटवारा तीन प्रकार से
- गल्ला या फसल बटाई (अनाज
ाने के बाद), खेत बटाई (खड़ी
की बटाई), लंक बटाई (फसल कटने
द बिना अनाज अलग किए)।

- राजस्व फसल बँटवारे का दूसरा तरीका कानकूत कहा जाता था, जिसमें भूमि की माप महत्वपूर्ण थी। भूमि माप के बाद फसल उत्पादन का आकलन कर राजस्व निर्धारण किया जाता था।
- मुगलकाल में कृषि का प्रसार हुआ। 'बिहार, अवध और बंगाल में कृषि विस्तार का कारण वनों की कटाई थी, जबकि पंजाब में नदियों का वृहद् जाल।
- मुगलकाल में स्थानीय बाजारों के अतिरिक्त आवधिक बाजारों के जरिए भी व्यापार होता था, जिन्हें **हाट** या **पैंठ** कहा जाता था।
- 'हुंडी' या 'विनिमय पत्र' एक मध्य कालीन व्यापारिक गतिविधि थी।
- अकबर ने हुमायूँ के चित्रकार मीर सैय्यद अली तथा अब्दुल समद को 'हम्जनामा' पांडुलिपि की व्याख्या के लिए नियुक्त किया।
- जहाँगीर की कला शैली 'रूप वादी शैली' का उदाहरण है।
- अकबर के स्थापत्य में जामा मस्जिद, बुलंद दरवाजा, शेख सलीम चिश्ती का मकबरा, जोधाबाई का मकबरा शामिल हैं। जहाँगीर कालीन स्थापत्य में अकबर का मकबरा, एत्माद-उल-दौला का मकबरा।
- शाहजहाँ कालीन स्थापत्य में दिल्ली का लाल किला, आगरा का मोती मस्जिद, दिल्ली की जामा मस्जिद, आगरा का लाल किला आदि शामिल हैं।
- मध्यकाल में महलों, मकबरों आदि में अलंकृत शैली का प्रयोग स्थापत्य में नया प्रयोग था, जिसमें सुलेखन, पत्तियों, रेखाचित्रों आदि का चित्रण शामिल है।
- फतुल्लाह शिराजी अकबर के काल का दक्ष इंजीनियर था। कागजों पर जिल्द बाँधने की कला का विकास इसी काल में हुआ।
- व्यापारिक सुविधा का एक दृष्टिकोण 'ददनी प्रथा' थी, जिसमें जो व्यापारी कारीगर से सामान खरीदता था। उसे उस उत्पादन के लिए कच्चा तथा जरूरी संरचना उपलब्ध करवाता था, जिससे छोटे कारीगर आर्थिक बोझ से बच जाते थे।
- मुगलकालीन व्यापारिक समुदायों में खत्री (पंजाब), कोमाती (गोलकुंडा), चैती (दक्षिण भारत), कलिंग (कोरोमंडल से उड़ीसा), कोमाती (तेलुगू व्यापारिक समूह), बोहरा आदि थे।
- अली कुल सलेम तथा अबू तालिब कलीम शाहजहाँ के शाहजहाँ के समय के मुख्य कवि थे। अबू तालिब कलीम ने 'बादशाहनामा' की रचना की थी।

- अकबर द्वारा निर्मित आगरा ...
का निर्माण (वर्ष 1572-...
उदाहरण है।
- मुगल वास्तुकला में 'चार बाग...
हुई। कुछ सर्वाधिक सुंदर चार ...
जहाँगीर तथा शाहजहाँ ने बनवाया ...
- अकबर ने मकबरा वास्तुकला के कु...
लिए हुमायूँ के मकबरे में सबसे पहल...
ऊँचा मेहराब प्रवेश द्वार इसका प्रतीक है।
- हुमायूँ का यह मकबरा 'हश्त-बिहिश्त' (...
हुआ) की परंपरा में निर्मित हुआ है, जिसमें ...
हुआ है तथा किनारों में सफेद संगमरमर का प्र...
- फतेहपुर सीकरी में निर्मित पंचमहल पर मंदिर ...
दिखता है। यहाँ की कई इमारतों पर गुजरात व माल...
भी प्रभाव दिखाई पड़ता है।
- अकबर के शासनकाल में निर्मित बुलंद दरवाजा स...
उदाहरण है। इसका निर्माण अकबर ने गुजरात विजय (1...
में कराया था।

बुलंद दरवाजा, फतेहपुर सीकरी

- जहाँगीर के काल में संगमरमर की इमारतें और दीवारों को अर्द्ध मूल्यवान पत्थरों से बनी फूल-पत्तियों से सजाने का चलन आरंभ हुआ, जिसे **पित्रादुरा** (Pietra-Dura) कहा जाता है।
- शाहजहाँ के शासनकाल में निर्मित ताजमहल स्थापत्य शैली का सुंदर उदाहरण है। अकबर के शासनकाल के आरंभ में दिल्ली में बनवाए गए हुमायूँ के मकबरे को, जिसमें संगमरमर का एक विशाल गुंबद भी शामिल है, ताजमहल की विशेषताओं का पूर्वसूचक माना जा सकता है।
- शाहजहाँ के काल में मुगल वास्तुकला के विभिन्न तत्त्व एक विशाल सद्भाव पूर्ण संश्लेषण में मिला दिए गए; जैसे-आगरा और दिल्ली में सार्वजनिक (दीवान-ए-आम) तथा व्यक्तिगत (दीवान-ए-खास) सभा कक्ष।
- इतिहासकारों द्वारा आगरा के ताजमहल को 'नदी-तट-बाग' शैली के स्थापत्य के रूप में माना गया। इस शैली में निवास स्थान चार-बाग के बीच में ना होकर नदी तटों के पास स्थित बाग के किनारों पर होता था।
- शाहजहाँ के शासनकाल में निर्मित आगरा की मोती मस्जिद और दिल्ली की जामा मस्जिद, मस्जिद निर्माण का एक अद्‌भुत उदाहरण है।

- ...
मु...
मि...

भाषा ...

- अकबर ...
फजल एक ...
उस युग का ...
की थी। इसक...
अकबर के शास...
पूरा किया गया।
- 'अकबर नामा' इसी ...
तीन जिल्दों में रचा ग...
तथा तीसरी जिल्द 'आइ...
- 'आइन-ए-अकबरी' पाँच ...
प्रशासन की जानकारी देते ...
प्रशासन), सिपह आबादी (सै...
(साम्राज्य तथा प्रांत का वित्त, ...
जिल्द लोक मजहब, साहित्य परंप...

- आइन के आखिरी जिल्द में अकबर के शुभ वचनों क...
- हेनरी ब्लेकमैन ने 'आइने-ए-अकबरी' का सम्पादन ...
ने इसे अपनी बिब्लियोथिक शृंखला में भी छापा।
- **फैजी** अकबर के अनुवाद विभाग का कार्य देखता थ...
में अनुवाद **रज्मनामा** के नाम से किया गया था। इ...
अन्य प्रमुख फारसी कवि थे। तुर्की भाषा में लि...
फारसी भाषा में अनुवाद किया गया था।
- इसके अतिरिक्त बदायूँनी ने **रामायण** का, ...
अनुवाद फारसी भाषा में किया था। अबुल...
अनवार-ए-सुहेली नाम से किया था। मुगल...
के रूप में थीं अर्थात् हस्तलिखित जिसका ...
- सुलेखन अर्थात् हाथ से लिखने की कल...
इसका प्रयोग भिन्न-भिन्न शैलियों में हो...
की एक शैली 'नस्तलिक' शैली थी।
- गुलबदन बेगम द्वारा रचित पुस्तक 'हुम...
झलक मिलती है। 'मुन्तखाब-उत-तव...
द्वारा की गई थी।
- अकबर के समय में हिंदू कवियों को ...
- रहीम खान-ए-खाना ने भक्ति का...
साहित्यिक परंपराओं को प्रभावित ...
- तुलसीदास ने अवधी भाषा में **राम**...
- दक्षिण भारत में मलयालम ने स्व...
ने मराठी भाषा में रचनाएँ कीं। ...
प्रदान किया।

अतिरिक्त तथ्य ...
तमिलनाडु बोर्ड एवं ...

- प्रशासन में दीवान को ...
जाता था, जिसे अकब...
दीवान-ए-आला क...
- **दारोगाई-ए-डाक** ...
प्रांतीय स्तर पर की...
- शासन को अपनी ...
वर्ग को किसी वि...
की जिम्मेदारी सौ...
- यह व्यवस्था ज...
कहलाती थी। ...
नहीं होती थी ...
- अकबर के क...
भागों में बाँट...
राजस्व शा...
(जागीरदा...
- फसलों ...
होता था ...
प्राप्त ...
फसल ...
के बा...

- आइन के आखिरी जिल्द में अकबर के शुभ वचनों का संग्रह है।
- हेनरी ब्लेकमैन ने 'आइने-ए-अकबरी' का सम्पादन किया तथा एशिया सोसाइटी ने इसे अपनी बिब्लियोथिक शृंखला में भी छापा।
- **फैजी** अकबर के अनुवाद विभाग का कार्य देखता था। महाभारत का फारसी भाषा में अनुवाद **रज्मनामा** के नाम से किया गया था। इस काल में उत्बी तथा नजीरी दो अन्य प्रमुख फारसी कवि थे। तुर्की भाषा में लिखे गए बाबर के संस्मरणों का फारसी भाषा में अनुवाद किया गया था।
- इसके अतिरिक्त बदायूँनी ने **रामायण** का, टोडरमल ने **भागवत पुराण** का अनुवाद फारसी भाषा में किया था। अबुल फजल ने पंचतंत्र का अनुवाद **अनवार-ए-सुहेली** नाम से किया था। मुगल भारत की सभी पुस्तकें पांडुलिपियों के रूप में थीं अर्थात् हस्तलिखित जिसका केंद्र शाही किताब खाना था।
- सुलेखन अर्थात् हाथ से लिखने की कला महत्त्वपूर्ण कौशल मानी जाती थी। इसका प्रयोग भिन्न-भिन्न शैलियों में होता था। अकबर के काल में इसी प्रकार की एक शैली 'नस्तलिक' शैली थी।
- गुलबदन बेगम द्वारा रचित पुस्तक 'हुमायूँ नामा' में मुगलों की घरेलू दुनिया की झलक मिलती है। 'मुन्तखाब-उत-तवारीख' की रचना अब्दुल कादिर बदायूँनी द्वारा की गई थी।
- अकबर के समय में हिंदू कवियों को मुगल दरबार में स्थान दिया गया। अब्दुल रहीम खान-ए-खाना ने भक्ति काव्यों की रचना की। उसने फारसी तथा हिंदी साहित्यिक परंपराओं को प्रभावित किया।
- तुलसीदास ने अवधी भाषा में **रामचरितमानस** की रचना की।
- दक्षिण भारत में मलयालम ने स्वतंत्र भाषा का रूप लिया। **एकनाथ** तथा **तुकाराम** ने मराठी भाषा में रचनाएँ कीं। सिख गुरुओं ने पंजाबी भाषा को एक नया जीवन प्रदान किया।

संगीत

- मुगलकालीन भारत में संगीत सांस्कृतिक जीवन का एक क्षेत्र था, जिसमें हिंदुओं और मुसलमानों ने एक-दूसरे का सहयोग किया।
- अकबर ग्वालियर के प्रसिद्ध गायक **तानसेन** का संरक्षक था। तानसेन को कई नए रागों की रचना का श्रेय दिया जाता है। जहाँगीर तथा शाहजहाँ और कई मुगल सरदारों ने भी अकबर के उदाहरण का अनुकरण किया।
- शाहजहाँ ने लाल खाँ को गुणसमुंदर की उपाधि प्रदान की थी। जगन्नाथ, रामदास, सुखसेन आदि शाहजहाँ के दरबार के प्रमुख गायक थे।
- जहाँगीर ने भी संगीत को प्रश्रय दिया उसने गजल गायक शौकी को **आनंद खाँ** की उपाधि प्रदान की थी। परवेज दाद, हमजान, छत्रखान आदि जहाँगीर के दरबार के संगीतज्ञ थे।
- औरंगजेब ने दरबार में संगीत पर पाबंदी लगा दी थी। इसी काल में फकीरुल्लाह ने मानसिंह तोमर की रचना **मानकुतुहल** का अनुवाद 'राग-दर्पण' नाम से कर बादशाह औरंगजेब को समर्पित किया था।
- मुहम्मद शाह रंगीला के काल में संगीत का अत्यधिक विकास हुआ। वह स्वयं प्रसिद्ध गायक था। उसने **अख्तर पिया** उपनाम से ख्याल की रचनाएँ कीं। मुहम्मद शाह के दरबारी गायकों, नेमत खाँ सदारंग तथा उसके भतीजे फिरोज खाँ अदारंग ने ख्याल गायकी को चरम पर पहुँचाया।
- मुगलकाल में नृत्यशैली का विकास हुआ। मुगल बादशाह तथा उनके अभिजातों के शासन में कत्थक नृत्य दरबारों में प्रस्तुत किया जाता था। आगे चलकर यह दो परंपराओं अर्थात् घरानों में फला-फूला- राजस्थान घराना तथा लखनऊ घराना में प्रसिद्ध हुआ।

अतिरिक्त तथ्य
तमिलनाडु बोर्ड एवं NIOS

- प्रशासन में दीवान को **दीवान-ए-कुल** कहा जाता था, जिसे अकबर ने बाद में **दीवान-ए-आला** कहा।
- **दारोगाई-ए-डाक चौकी** की नियुक्ति प्रांतीय स्तर पर की जाती थी।
- शासन को अपनी सेवाएँ देने वाले अभिजात वर्ग को किसी विशेष क्षेत्र के राजस्व वसूल की जिम्मेदारी सौंप दी जाती थी।
- यह व्यवस्था **जागीरदारी प्रणाली** कहलाती थी। यह प्रणाली वंशानुगत नहीं होती थी।
- अकबर के काल में संपूर्ण राजस्व भूमि को दो भागों में बाँटा गया था- खालिस भूमि (प्राप्त राजस्व शाही खजाने में), जागीर भूमि (जागीरदारों के लिए)।
- फसलों का राजस्व बँटवारा तीन प्रकार से होता था- गल्ला या फसल बटाई (अनाज प्राप्त होने के बाद), खेत बटाई (खड़ी फसल की बटाई), लंक बटाई (फसल कटने के बाद बिना अनाज अलग किए)।
- राजस्व फसल बँटवारे का दूसरा तरीका कानकूत कहा जाता था, जिसमें भूमि की माप महत्त्वपूर्ण थी। भूमि माप के बाद फसल उत्पादन का आकलन कर राजस्व निर्धारण किया जाता था।
- मुगलकाल में कृषि का प्रसार हुआ। बिहार, अवध और बंगाल में कृषि विस्तार का कारण वनों की कटाई थी, जबकि पंजाब में नदियों का वृहद् जाल।
- मुगलकाल में स्थानीय बाजारों के अतिरिक्त आवधिक बाजारों के जरिए भी व्यापार होता था, जिन्हें **हाट** या **पैंठ** कहा जाता था।
- 'हुंडी' या 'विनिमय पत्र' एक मध्य कालीन व्यापारिक गतिविधि थी।
- अकबर ने हुमायूँ के चित्रकार मीर सैय्यद अली तथा अब्दुल समद को 'हम्जनामा' पांडुलिपि की व्याख्या के लिए नियुक्त किया।
- जहाँगीर की कला शैली 'रूप वादी शैली' का उदाहरण है।
- अकबर के स्थापत्य में जामा मस्जिद, बुलंद दरवाजा, शेख सलीम चिश्ती का मकबरा, जोधाबाई का मकबरा शामिल हैं। जहाँगीर कालीन स्थापत्य में अकबर का मकबरा, एत्माद-उल-दौला का मकबरा।
- शाहजहाँ कालीन स्थापत्य में दिल्ली का लाल किला, आगरा का मोती मस्जिद, दिल्ली की जामा मस्जिद, आगरा का लाल किला आदि शामिल हैं।
- मध्यकाल में महलों, मकबरों आदि में अलंकृत शैली का प्रयोग स्थापत्य में नया प्रयोग था, जिसमें सुलेखन, पत्तियों, रेखाचित्रों आदि का चित्रण शामिल है।
- फतुल्लाह शिराजी अकबर के काल का दक्ष इंजीनियर था। कागजों पर जिल्द बाँधने की कला का विकास इसी काल में हुआ।
- व्यापारिक सुविधा का एक दृष्टिकोण 'ददनी प्रथा' थी, जिसमें जो व्यापारी कारीगर से सामान खरीदता था। उसे उस उत्पादन के लिए कच्चा तथा जरूरी संरचना उपलब्ध करवाता था, जिससे छोटे कारीगर आर्थिक बोझ से बच जाते थे।
- मुगलकालीन व्यापारिक समुदायों में खत्री (पंजाब), कोमाती (गोलकुंडा), चैती (दक्षिण भारत), कलिंग (कोरोमंडल से उड़ीसा), कोमाती (तेलुगू व्यापारिक समूह), बोहरा आदि थे।
- अली कुल सलेम तथा अबू तालिब कलीम शाहजहाँ के शाहजहाँ के समय के मुख्य कवि थे। अबू तालिब कलीम ने 'बादशाहनामा' की रचना की थी।

- अकबर द्वारा निर्मित आगरा का किला सुप्रसिद्ध है। फतेहपुर सीकरी के किले का निर्माण (वर्ष 1572-80 ई.) उसके काल के स्थापत्य का अप्रतिम उदाहरण है।
- मुगल वास्तुकला में 'चार बाग' बनाने की परंपरा अकबर के काल में शुरू हुई। कुछ सर्वाधिक सुंदर चार बाग को कश्मीर, आगरा तथा दिल्ली में जहाँगीर तथा शाहजहाँ ने बनवाया था।
- अकबर ने मकबरा वास्तुकला के कुछ तत्त्व अपने पूर्वज तैमूर के मकबरे से लिए हुमायूँ के मकबरे में सबसे पहली बार दिखने वाला केंद्रीय गुंबद और ऊँचा मेहराब प्रवेश द्वार इसका प्रतीक है।
- हुमायूँ का यह मकबरा 'हश्त-बिहिश्त' (केंद्रीय कक्ष आठ कमरों से घिरा हुआ) की परंपरा में निर्मित हुआ है, जिसमें लाल बलुआ पत्थर का प्रयोग हुआ है तथा किनारों में सफेद संगमरमर का प्रयोग हुआ है।
- फतेहपुर सीकरी में निर्मित पंचमहल पर मंदिर निर्माण शैली का प्रभाव दिखता है। यहाँ की कई इमारतों पर गुजरात व मालवा वास्तुकला शैली का भी प्रभाव दिखाई पड़ता है।
- अकबर के शासनकाल में निर्मित बुलंद दरवाजा स्थापत्य का अप्रतिम उदाहरण है। इसका निर्माण अकबर ने गुजरात विजय (1571) के उपलक्ष्य में कराया था।

बुलंद दरवाजा, फतेहपुर सीकरी

- जहाँगीर के काल में संगमरमर की इमारतें और दीवारों को अर्द्ध मूल्यवान पत्थरों से बनी फूल-पत्तियों से सजाने का चलन आरंभ हुआ, जिसे **पित्रादुरा** (Pietra-Dura) कहा जाता है।
- शाहजहाँ के शासनकाल में निर्मित ताजमहल स्थापत्य शैली का सुंदर उदाहरण है। अकबर के शासनकाल के आरंभ में दिल्ली में बनवाए गए हुमायूँ के मकबरे को, जिसमें संगमरमर का एक विशाल गुंबद भी शामिल है, ताजमहल की विशेषताओं का पूर्वसूचक माना जा सकता है।
- शाहजहाँ के काल में मुगल वास्तुकला के विभिन्न तत्त्व एक विशाल सद्भाव पूर्ण संश्लेषण में मिला दिए गए; जैसे-आगरा और दिल्ली में सार्वजनिक (दीवान-ए-आम) तथा व्यक्तिगत (दीवान-ए-खास) सभा कक्ष।
- इतिहासकारों द्वारा आगरा के ताजमहल को 'नदी-तट-बाग' शैली के स्थापत्य के रूप में माना गया। इस शैली में निवास स्थान चार-बाग के बीच में ना होकर नदी तटों के पास स्थित बाग के किनारों पर होता था।
- शाहजहाँ के शासनकाल में निर्मित आगरा की मोती मस्जिद और दिल्ली की जामा मस्जिद, मस्जिद निर्माण का एक अद्भुत उदाहरण है।
- मुगल परंपराओं से प्रभावित अनेक प्रांतीय तथा स्थानीय शासकों ने राजभवनों तथा किलों का निर्माण कराया। प्रांतीय राज्यों की मंदिर शैली में 'बंगाल शैली' का विशेष योगदान रहा। इस शैली में दोचाला (दो छतों वाली) तथा चौचाला (चार छतों वाली) मंदिर शैली उल्लेखनीय है।

चित्रकारी

- चित्रकारी के क्षेत्र में मुगलों ने विशिष्ट योगदान दिया। इन्होंने चित्रकारी में नए विषयों का समावेश किया; जैसे-दरबार, शिकार तथा युद्ध के दृश्यों का।
- जैनों के अतिरिक्त, कुछ प्रांतीय राज्यों ने भी, जैसे मालवा और गुजरात, पंद्रहवीं सदी में चित्रकारी को प्रश्रय प्रदान किया, लेकिन उसका प्रबल पुनरुत्थान अकबर के काल में हुआ।
- मीर सैय्यद अली तथा 'अब्दुल समद' मुगल सम्राट हुमायूँ के दरबारी चित्रकार थे। दसवंत और बसावन अकबर के दरबार के दो प्रसिद्ध चित्रकार थे। इन चित्रकारों ने महाभारत के फारसी अनुवाद, अकबरनामा तथा अन्य पुस्तकों को चित्रों से सजाने का कार्य किया था।
- जहाँगीर के अधीन मुगल चित्रकारी अपनी पराकाष्ठा पर पहुँच गई।
- मुगल साम्राज्य के पतन के साथ-साथ क्षेत्रीय राज्यों में इसका विस्तार होने लगा। मुगल दरबारी चित्रकारों ने दक्षिण में तथा राजदूत क्षेत्रों में इसका विस्तार किया। हिमाचल के तलहरी क्षेत्र में 'बसोहली शैली' का विकास हुआ। इस शैली की प्रमुख पुस्तक भानुदत्त की **रसमंजरी** है।
- जहाँगीर के शासनकाल में शिकार, लड़ाई और दरबार के दृश्यों के अतिरिक्त मनुष्य की एकल आकृतियों (पोर्ट्रेट) तथा पशुओं के चित्रण में विशेष प्रगति हुई। इस प्रकार की चित्रकारी में मंसूर का नाम प्रसिद्ध था।
- चित्रकारी की यह परंपरा शाहजहाँ के शासनकाल में जारी रही, किंतु औरंगजेब के समय संरक्षण के अभाव में मुगल चित्रकार देश के विभिन्न भागों में बँट गए। इससे राजस्थान तथा पहाड़ी चित्रशैलियों का विकास हुआ।
- महत्त्वपूर्ण चित्रित मुगल इतिहासों में सर्वाधिक जात 'अकबर-नामा' और 'बादशाह नामा' है। 'बादशाह नामा' का चित्रांकन न्याय की प्रणाली को भी संदर्भित करता है।
- राजस्थानी शैली की चित्रकारी में पूर्ववर्ती जैन शैली की परंपरा का मिश्रण मुगल शैली के साथ हुआ। इससे शिकार के दृश्य, राधा-कृष्ण की प्रेमलीला, मिथकीय विषय तथा बारहमासा इत्यादि का चित्रण हुआ।

भाषा एवं साहित्य

- अकबर के काल में फारसी कविता और गद्य अपने चरमोत्कर्ष पर था। अबुल फजल एक महान विद्वान, शैलीकार और इतिहासकार था, उसका भाई फैजी उस युग का प्रमुख कवि था। आइन-ए-अकबरी की रचना अबुल फजल ने की थी। इसका जिम्मा अकबर के आदेश पर अबुल फजल ने उठाया था। अकबर के शासन के 42वें वर्ष, 1598 ई. में पाँच संशोधनों के बाद, इसे पूरा किया गया।
- 'अकबर नामा' इसी परियोजना (आइन-ए-अकबरी) का हिस्सा था, जिसे तीन जिल्दों में रचा गया था। इसके पहले दो जिल्द अकबर के इतिहास से तथा तीसरी जिल्द 'आइन-ए-अकबरी' से जुड़ी है।
- 'आइन-ए-अकबरी' पाँच भागों की जिल्द है। जिसके प्रारंभिक तीन जिल्द प्रशासन की जानकारी देते हैं- मंजिल आबादी (शाही रख-रखाव तथा प्रशासन), सिपह आबादी (सैन्य तथा नागरिक प्रशासन), मुल्क आबादी (साम्राज्य तथा प्रांत का वित्त, राजस्व आँकड़ा) तथा चौथी और पाँचवीं जिल्द लोक मजहब, साहित्य परंपरा का वर्णन करती है।

मराठा राज्य एवं संघ

(स्रोत)

New NCERT Class VII Chap 8 अठारहवीं शताब्दी में नए राजनीतिक गठन, New NCERT Class VIII Chap 2 व्यापार से साम्राज्य तक कंपनी की सत्ता स्थापित होती है, Old NCERT Class VIII chap 2 अठारहवीं सदी का भारत, Old NCERT Class XI Chap 19 मुगल साम्राज्य का चर्मोत्कर्ष और विघटन-II, Old NCERT Class XII Chap 1 अठारहवीं सदी का भारत, Tamil Nadu Board (Class XI), NIOS

मराठा शक्ति का उदय

- मुगल साम्राज्य के विघटन के पश्चात् जिन क्षेत्रीय शक्तियों का उदय हुआ, उनमें सबसे महत्त्वपूर्ण मराठा राज्य था।
- मराठा राज्य के उद्‌भव में अनेक तात्कालिक राजनीतिक परिस्थितियों की महत्त्वपूर्ण भूमिका रही है।
- अहमदनगर और बीजापुर के प्रशासन और सेनाओं में मराठों को महत्त्वपूर्ण पद प्राप्त थे।
- जब मुगल दक्कन अभियान को बढ़ावा दे रहे थे, उस समय मराठों की शक्ति और प्रभाव का अत्यधिक विस्तार हो चुका था।
- दक्कन के शासकों तथा मुगलों दोनों ने उनका समर्थन प्राप्त करने का प्रयास किया।
- **मलिक अंबर** ने अस्थायी सहायक सैनिक सैन्य दलों के रूप में मराठों का उपयोग किया।
- साथ ही **गुरिल्ला युद्ध** का प्रयोग कर मराठों के घुड़सवारों का आत्मविश्वास भी बढ़ाया।
- महाराष्ट्र की भौगोलिक परिस्थितियाँ मराठों के उदय में सहायक सिद्ध हुईं। साथ ही संबंधित क्षेत्रों की पठारी भूमि किलों के निर्माण तथा जंगली प्रदेश गुरिल्ला युद्ध के लिए उपयुक्त थे।
- शाहजी भोंसले और उनके पुत्र शिवाजी के रूप में एक कुशल नेतृत्वकर्ता ने मराठा शक्ति के अभ्युदय में महत्त्वपूर्ण भूमिका निभाई।

शिवाजी

- शिवाजी का जन्म 1627 ई. में **शाहजी भोंसले** और **जीजाबाई** के यहाँ पुणे के शिवनेर के दुर्ग में हुआ था।
- अपनी माता और संरक्षक दादाजी कोंडदेव के मार्ग निर्देशन में शिवाजी कम आयु में ही शासन की सभी विद्या में निपुण हो गए। शिवाजी पर उनके गुरु रामदास का अत्यधिक प्रभाव पड़ा, जिनका संबंध धरकरी संप्रदाय से था।
- शिवाजी के नेतृत्व में मराठा शक्ति का उदय हुआ, क्योंकि इस क्षेत्रीय शक्ति का उदय निरंतर मुगल शासन का विरोध करके हुआ था।
- शिवाजी ने शक्तिशाली योद्धा परिवारों (देशमुखों) की सहायता से एक स्थायी राज्य की स्थापना की गई।
- अत्यंत गतिशील कृषक-पशुचारक (कुनबी) मराठों की सेना के मुख्य आधार बन गए। शिवाजी ने प्रायद्वीप में मुगलों को चुनौती देने के लिए इस सैन्य बल का प्रयोग किया।

शिवाजी के सैन्य अभियान

- शिवाजी ने सर्वप्रथम अपना सैन्य अभियान बीजापुर के विरुद्ध किया तथा 1643 ई. में सिंहगढ़ के किले को जीत लिया।
- 18 वर्ष की आयु में शिवाजी ने पूना, रायगढ़, कोण्डाना और तोरण के कई पहाड़ी किलों पर हमला किया।
- 1647 ई. में दादाजी कोंडदेव की मृत्यु के बाद, शिवाजी, शाहजी के उत्तराधिकारी के रूप में उनकी पूना जागीर के एकमात्र प्रभारी बन गए।

- 1654 ई. में शिवाजी ने **पुरंदर** के किले को नीलोजी नीलकंठ से जीता तथा 1656 ई. में चंद्रराव मोरे से जावली का किला जीता।
- जावली पर अधिकार की घटना ने शिवाजी को इन क्षेत्रों का अविवादित प्रमुख बना दिया, जिसने उनके क्षेत्र विस्तार का मार्ग प्रशस्त किया।
- अप्रैल, 1656 में उन्होंने रायगढ़ को अपनी राजधानी बनाया।
- शिवाजी ने 1657 ई. में बीजापुर के आरंभिक क्षेत्रों पर आक्रमण कर उन प्रदेशों को अपने अधिकार क्षेत्र में रखना प्रारंभ किया।
- उसने पश्चिमी घाट और समुद्र के मध्य वाले कोंकण क्षेत्र पर आक्रमण कर उसके उत्तरी भाग को जीत लिया।
- 1659 ई. में बीजापुर के शासक ने अफजल खाँ नामक सरदार को शिवाजी के विरुद्ध गुप्त अभियान पर भेजा था, लेकिन शिवाजी ने अपने तीक्ष्ण और साहसिक व्यवहार का परिचय देते हुए अफजल खाँ की हत्या कर दी और बीजापुर की सेना को पराजित करके कोंकण, कोल्हापुर व पन्हाला के किले पर अधिकार कर लिया।

मुगलों से संघर्ष

- औरंगजेब ने अपने मामा **शाइस्ता खाँ** को दक्षिण का सूबेदार नियुक्त कर शिवाजी के विरुद्ध सैन्य अभियान हेतु आदेश दिया।
- आरंभिक कार्रवाईयों में शाइस्ता खाँ ने पूना पर आधिपत्य स्थापित कर उसे अपना मुख्यालय बना लिया और उसके पश्चात् मुगलों ने कोंकण के उत्तरी भाग को भी मराठों से प्राप्त कर लिया।
- 1663 ई. में शिवाजी ने एक साहसिक कदम उठाते हुए मुगलों के पूना में स्थित शिविर में घुसकर आक्रमण कर दिया, उस आक्रमण में शाइस्ता खाँ बच गया और वहाँ से भाग गया, लेकिन उसका पुत्र फतह खाँ मारा गया।
- इन कृत्यों से क्रुद्ध होकर औरंगजेब ने शाइस्ता खाँ को बंगाल का सूबेदार नियुक्त कर दिया।
- 1664 ई. में शिवाजी ने मुगलों के प्रमुख बंदरगाह सूरत पर आक्रमण कर वहाँ से व्यापारिक वस्तुओं और अन्य माल को लूट लिया।
- शाइस्ता खाँ की विफलता के पश्चात् औरंगजेब ने आमेर के कछवाहा सरदार राजा जयसिंह को दक्षिण का सूबेदार नियुक्त किया, जयसिंह औरंगजेब के सबसे विश्वस्त सलाहकारों में से था, उसे औरंगजेब ने असीम प्रशासनिक और सैन्य शक्ति प्रदान की।
- 1665 ई. में जयसिंह ने कूटनीति का सहारा लेते हुए शिवाजी के पुरंदर प्रदेश पर आक्रमण कर दिया, परिणामस्वरूप शिवाजी और जयसिंह के मध्य समझौता वार्ता आरंभ हुई, जिसमें निम्न शर्तों पर सहमति बनी
  - शिवाजी को अपने 35 किलों में से 23 किले मुगलों को देने पड़े और 12 किले शिवाजी के पास इस शर्त पर छोड़े गए कि वह मुगलों के प्रति वफादार रहेगा।
  - बीजापुर राज्य के चार लाख हून की आमदनी वाले क्षेत्र, जो पहले से शिवाजी के पास थे, उन्हें पूर्ववत् यथास्थिति रहने दिया।
  - शिवाजी के अनुरोध पर उसे सम्राट की व्यक्तिगत सेवा से दूर रखा गया, लेकिन उसके अल्पवयस्क पुत्र शंभाजी को 5000 का मनसब प्रदान किया गया, लेकिन शिवाजी ने वचन दिया कि ''यदि मुगल दक्कन में कोई आक्रमण करेंगे, तो वह उसमें व्यक्तिगत रूप से शामिल होगा।''
  - यह समझौता पुरंदर की संधि के नाम से भी जाना जाता है।
- शिवाजी 1666 ई. में औरंगजेब से आगरा में मिले और उन्हें जयपुर महल में कैद कर लिया गया, लेकिन वह अपने हमशक्ल **होरजी-फर्जंद** को अपने स्थान पर लिटाकर भाग निकले।
- यद्यपि बीजापुर विरोधी अभियान की विफलता के साथ पुरंदर की संधि अर्थविहीन हो गई।
- सितंबर, 1666 में शिवाजी ने रायगढ़ पहुँचकर दक्षिण के सूबेदार मुअज्जम के द्वारा एक संधि प्रस्ताव रखा, जिसे औरंगजेब ने स्वीकार कर लिया।
- औरंगजेब ने शिवाजी को **राजा** की उपाधि प्रदान की तथा उसके पुत्र शंभाजी को मनसब प्रदान किया और बरार की जागीर भी प्रदान की।
- 1670 ई. में शिवाजी ने सूरत को पुनः लूटा और अगले चार वर्षों तक पुरंदर सहित अनेक किलों को मुगलों से जीत लिया।
- विशेष रूप से, खानदेश और बरार में आंतरिक आक्रमण किए।
- इन आक्रमणों का सफल होना इसलिए संभव हो पाया, क्योंकि मुगल उत्तर-पश्चिम प्रांत में अफगानों के दमन में व्यस्त थे।

शिवाजी का राज्याभिषेक

- 16 जून, 1674 को शिवाजी का विधिवत् राज्याभिषेक **रायगढ़** किले में प्रसिद्ध विद्वान् **विश्वेश्वर भट्ट** (गंगा भट्ट) द्वारा किया गया। शिवाजी ने **छत्रपति** की उपाधि धारण की थी।
- 1676 ई. में शिवाजी ने एक और साहसिक कदम उठाते हुए गोलकुंडा के शासक कुतुबशाह से उसके दरबार में उपस्थित मदन्ना और अखन्ना नामक दो भाइयों की सहायता से बीजापुर, कर्नाटक पर आक्रमण की योजना बनाई।
- कुतुबशाह ने अपनी राजधानी हैदराबाद में शिवाजी का स्वागत किया और एक औपचारिक समझौते को भी संपन्न किया।
- इस समझौते में यह निर्धारित किया गया कि कुतुबशाह शिवाजी को आर्थिक सहायता के रूप में वार्षिक एक लाख हून (लगभग 5 लाख रुपए) देगा और मराठा दरबार में अपना एक दूत भी रखेगा, लेकिन बदले में, कर्नाटक के जो प्रदेश जीते जाएँगे और वहाँ प्राप्त आमदनी (लूट का माल) में बराबर का हिस्सेदार होगा।
- शिवाजी ने बीजापुर से जिंजी और वेल्लोर का क्षेत्र प्राप्त किया।
- उसने अपने सौतेले भाई एकोजी के नियंत्रण वाले क्षेत्रों पर भी अपना नियंत्रण स्थापित किया।
- शिवाजी ने **हैन्दव-धर्मोद्धारक** की उपाधि ग्रहण की थी और शत्रु क्षेत्रों की हिंदू जनसंख्या को भी उन्होंने लूटा।
- कर्नाटक पर आक्रमण, शिवाजी की आखिरी सैन्य कार्रवाई थी। इस अभियान से लौटने के कुछ ही दिनों पश्चात् 1680 ई. में उनकी मृत्यु हो गई।

शिवाजी की प्रशासनिक व्यवस्था

- शिवाजी ने अपने शासनकाल में एक ठोस शासन प्रणाली की नींव रखी थी। हालाँकि शिवाजी की शासन प्रणाली बहुत समय तक दक्कनी राज्यों के सदृश थी।
- शिवाजी का साम्राज्य दो भागों में बँटा था। पहला भाग, शिवाजी के नियंत्रण में था और **स्वराज** (मुल्क-ए-कदिम) कहलाता था और दूसरा भाग वह क्षेत्र था, जो मुगलों और बीजापुर के अधिकार में था, जहाँ से शिवाजी चौथ वसूलते थे।

केंद्रीय प्रशासन

- शिवाजी के प्रशासन में राजा एक प्रमुख व्यक्ति था, जो प्रधान सेनापति एवं न्यायाधीश था।
- राजा को परामर्श देने के लिए आठ मंत्रियों को नियुक्त किया गया था, जिन्हें सामूहिक रूप से **अष्ट प्रधान** कहा गया है तथापि मंत्रियों के इस समूह का स्वरूप मंत्रिपरिषद् वाला नहीं था, क्योंकि मंत्री सीधे राजा के प्रति उत्तरदायी थे।
- शिवाजी की प्रशासनिक व्यवस्था के शीर्ष अधिकारियों के वर्ग अष्ट प्रधान की संरचना निम्न थी
  - **पेशवा** यह सबसे महत्त्वपूर्ण पद था, जो वित्त व्यवस्था और सामान्य प्रशासन के लिए उत्तरदायी था।
  - **सर-ए-नौबत/सेनापति** यह सेना संबंधी कार्यों का संचालन करता था। पेशवा की भाँति सेनापति का भी पद अत्यंत सम्मानजनक था और यह पद प्रमुख मराठा सरदारों को ही प्रदान किया जाता था।
  - **मजूमदार/अमात्य** यह पद राज्य के लेखपाल का था, जो वित्त व राजस्व संबंधी कार्यों की देखभाल करता था।
  - **वाकियानवीस** इस पद पर गुप्तचरी, डाक विभाग और राजकीय गृहस्थी की देख-रेख का दायित्व था।
  - **सुरुनवीस/चिटनिस** यह राजकीय पत्र व्यवहार तथा परगने का हिसाब रखने में राजा की सहायता करता था।
  - **दबीर/सुमंत** यह राज दरबार में नियम-कानून की देख-रेख करता था और बाहरी शक्तियों से संबंधों के मामलों में राजा को सहायता प्रदान करता था।
  - **न्यायाधीश** यह राजा के पश्चात् न्याय व्यवस्था का प्रमुख अधिकारी था।
  - **पंडितराव** यह पद परमार्थिक दानों (अनुदान) से संबंधित था।
- शिवाजी का राज्य 16 प्रांतों में विभक्त था। केंद्रीय सचिवालय को 'हुजूर दफ्तर' कहा जाता था।

प्रांतीय प्रशासन

- राज्य, प्रांत (सरसूबा) में बँटा था, जिसका प्रमुख अधिकारी सरसूबेदार अथवा **सर-ए-कारकून** अथवा मुख्य देशाधिकारी कहलाता था।
- प्रांत, महालों में विभक्त था, जिसका मुख्य अधिकारी सरहवलदार कहलाता था। गाँव (मौजा) सबसे छोटी इकाई थी, जिसका प्रमुख पटेल या पाटिल कहलाता था। इसका सहायक कुलकर्णी था।

राजस्व व्यवस्था

- शिवाजी ने मराठा साम्राज्य में जागीरदारी व्यवस्था के स्थान पर रैयतवाड़ी व्यवस्था लागू की। उन्होंने वंशानुगत राजस्व अधिकारियों की स्थिति बदल दी। शिवाजी ने जमीन पर वंशानुगत अधिकार रखने वाले मिरासदारों पर भी सख्ती से निगरानी रखी।
- मराठों की राजस्व व्यवस्था के मामले में शिवाजी ने मलिक अंबर की राजस्व व्यवस्था का अनुकरण किया था।
- 1679 ई. में अन्नाजी दत्तो ने राजस्व निर्धारित करने का कार्य पूर्ण किया।
- शिवाजी ने रस्सी द्वारा भूमि माप के स्थान पर 'काठी' एवं 'मानक छड़ी' (जरीब) के प्रयोग को प्रारंभ किया।
- शिवाजी ने भू-राजस्व को 33% से बढ़ाकर 40% कर दिया था, लेकिन अन्य कर और चुंगी कर को समाप्त कर दिया गया।

शिवाजी द्वारा लगाए गए कर

- **चौथ** शिवाजी ने अपने राज्य के निकट के मुगल क्षेत्रों पर कर लगाकर अपनी आय में वृद्धि की। यह कर भू-राजस्व का एक-चौथाई होता था, इसलिए इसे चौथाई या चौथ कहा जाने लगा।
- **सरदेशमुखी** यह पड़ोसी राज्यों से वसूला जाता था। यह पड़ोसी राज्य की आय का 10% या दसवाँ हिस्सा था। यह कर शिवाजी उस क्षेत्र के सबसे बड़े देशमुख (सरदेशमुख) होने के कारण लेते थे।
- **मिरासपट्टी या सिंहासन पट्टी** यह एक उपकर था।
- **कर्जापट्टी या जस्ती पट्टी** यह जमींदारों पर लगने वाला असाधारण कर था।
- **बाबती** चौथ की आय का 1/4 भाग राजा के लिए होता था।
- **सहोत्रा** चौथ की आय का 6% भाग पंत-सचिव के लिए होता था।
- **नादगुंडा** चौथ की आय का 3% राजा की इच्छा पर निर्भर था।

सैन्य प्रशासन

- शिवाजी ने एक नियमित और स्थायी सेना रखने की व्यवस्था प्रारंभ की। शिवाजी अपने स्थायी सैनिकों को नकद वेतन देते थे, हालाँकि कभी-कभी सरदारों को राजस्व दान (सरंजाम) भी दिए जाते थे।
- सेना में कड़ा अनुशासन था और किसी स्त्री या नर्तकी को सेना के साथ ले जाने की अनुमति नहीं थी।
- युद्ध में प्रत्येक सैनिक द्वारा लूटे गए माल का संपूर्ण विवरण रखा जाता था।
- शिवाजी ने एक वृहद् मराठा सेना का संगठन किया था। उनकी सेना में घुड़सवार, पैदल सेना, हाथी व तोपखाना शामिल थे। इनका विवरण निम्न है
  - **घुड़सवार** इसमें 30 से 40 हजार घुड़सवार सैनिक शामिल थे। घुड़सवार सैनिकों को दो भागों में बाँटा गया था
    - (i) **बरगीर** ये स्थायी घुड़सवार सैनिक थे तथा इन्हें सरकारी वेतन दिया जाता था। इन्हें 'पागा' कहा जाता था।
    - (ii) **सिलेदार** ये अस्थायी सैनिक थे ओर ये स्वयं ही अपने घोड़ों तथा हथियारों का प्रबंध करते थे।
  - **पैदल सेना** शिवाजी की सेना में 1 लाख पैदल सैनिक थे। सैन्य संरचना में नायक, हवलदार, जमादार इत्यादि अधिकारी होते थे।
  - **हाथी** शिवाजी की सेना में 1,300 हाथी शामिल किए गए थे, जो मैदानी युद्धों में भाग लेते थे।
  - **तोपखाना** शिवाजी के पास एक शक्तिशाली तोपखाना था, जिसमें 80 तोपें थीं। फ्रांसीसी सेना के आधार पर इसका गठन किया गया था।
- मराठा सैन्य किलों का उत्तरदायित्व तीन समकक्ष अधिकारियों को दिया जाता था
  - **हवलदार** यह पहाड़ी दुर्ग और आस-पास के क्षेत्र हवलदारों के अधीन होते थे।
  - **सर-ए-नौबत** यह संपूर्ण घुड़सवार सेना का प्रधान होता था।
  - **सबनीस** यह नागरिक (असैनिक) और राजस्व प्रशासन का कार्य संभालता था, जो ब्राह्मण होते थे।
- रसद और सैनिक सामग्री की देख-रेख कारखानानवीस करता था। मावली सैनिक शिवाजी के अंगरक्षक थे। मावली एक पहाड़ी लड़ाकू जाति थी।
- **मराठा नौ सेना** शिवाजी ने मराठों के लिए एक मजबूत नौसेना का गठन किया। उन्होंने अपनी नौसैनिक शक्ति का उपयोग सिद्दियों जंजीरा के और यूरोपीय व्यापारिक शक्तियों दोनों को रोकने के लिए किया। पहले सैन्य जहाज को 1654 ई. में कल्याण में कमीशन दिया गया था।

- इतिहासकार रॉबर्ट ओरमे के अनुसार मराठा नौसेना का नेतृत्व एडमिरल दरियासारंग और माईनाइक भंडारी ने किया था।

न्याय-व्यवस्था

- मराठा साम्राज्य में न्यायिक मामलों में राजा सर्वोच्च और अंतिम प्राधिकारी था। राजा के बाद न्यायाधीश और पंडितराव होते थे, जो उसके द्वारा नियुक्त और उसके प्रति जवाबदेह होते थे।
- राजा और न्यायाधीश के साथ, हुजूर हाजिर मजलिस या धर्मसभा (केन्द्रीय न्यायिक सभा) ने न्याय में एक महत्त्वपूर्ण भूमिका निभाई।
- ग्राम अधिकारी पटेल थे, जिनके पास प्रशासनिक, राजस्व और न्यायिक जिम्मेदारियाँ थी।
- वह गाँव के लोगों और मराठों की नौकरशाही की बीच मुख्य कड़ी थे। पटेल का पद वंशानुगत था।

मराठा अर्थव्यवस्था

- अत्यंत गति कृषि-पशुचारक समाज अर्थव्यवस्था तथा सैन्य व्यवस्था दोनों का आधार था।
- जब किसी क्षेत्र पर मराठा विजय अभियान पूरा हो जाता था तथा शासन के दृष्टिकोण से सुरक्षित हो जाता है, तो वहाँ स्थानीय परिस्थितियों के अनुसार वहाँ भू-राजस्व की माँग की जाती है।
- भू-राजस्व के सुदृढ़ीकरण के लिए वहाँ कृषि प्रोत्साहन तथा व्यापार सुदृढ़ीकरण किया जाता था। मराठा अभियान स्थापित शहरों के आर्थिक विकास एवं समृद्धि को नुकसान पहुँचाए बिना किए जाते थे, ताकि कालांतर में इनकी समृद्धि का लाभ लिया जा सके।
- चंदेरी क्षेत्र में उत्पादित रेशमी वस्त्रों को मराठों की राजधानी पुणे को बाजार के रूप में प्रयोग किया गया।
- मराठों ने अपने नियंत्रित क्षेत्रों में व्यापारिक मार्गों का विकास किया; जैसे- बुरहानपुर का व्यापारिक विस्तार आगरा-सूरत से बढ़कर दक्षिण में पुणे और नागपुर तथा पूर्व में लखनऊ तथा इलाहाबाद (अब प्रयागराज) तक विस्तारित हो गया।

शिवाजी के उत्तराधिकारी

शिवाजी की मृत्यु (1680 ई.) के समय उनक पुत्र शंभाजी पन्हाला के किले में कैद था। अत: शिवाजी का दूसरा पुत्र राजाराम गद्दी पर बैठा, लेकिन 20 जुलाई, 1680 को शंभाजी सेनापति हम्मीराव मोहिते की सहायता से राजाराम को गद्दी से अपदस्थ कर स्वयं पद पर आसीन हुआ। शिवाजी के उत्तराधिकारी निम्न हैं

- **शंभाजी** (1680-89 ई.) इसके शासनकाल में षड्यंत्र और विद्रोह बहुत अधिक हुए और उन्होंने ब्राह्मण कवि कलश को प्रशासन का सर्वोच्च अधिकार सौंप दिया। इन्होंने औरंगजेब के विद्रोही पुत्र शहजादा अकबर को संरक्षण प्रदान किया था, जिसके परिणामस्वरूप औरंगजेब ने शंभाजी की हत्या करवा दी। शंभाजी की हत्या के पश्चात् मराठा मंत्रिपरिषद् ने राजाराम को कैद से मुक्त करके शासक घोषित किया, क्योंकि शंभाजी का पुत्र शाहू अल्पवयस्क था।
- **राजाराम** (1689-1700 ई.) इसने मुगलों के आक्रमण से स्वयं को सुरक्षित रखने हेतु रायगढ़ के स्थान पर दक्षिण कर्नाटक क्षेत्र में स्थित जिंजी को आधार बनाया और उसे अपनी राजधानी घोषित किया। राजाराम की मृत्यु 1700 ई. में हुई और उसके अल्पवयस्क पुत्र शिवाजी द्वितीय को सिंहासन पर बिठाया गया और राजाराम की विधवा ताराबाई उसकी संरक्षिका बनी।
- **ताराबाई** (1700-1707 ई.) इसके शासनकाल में मराठों का पुन: उत्थान हुआ तथा सतारा, रायगढ़, सिंहगढ़ आदि स्थानों पर मराठों ने अपना आधिपत्य स्थापित कर लिया। मराठों में इसी समय आंतरिक युद्ध प्रारंभ हुआ, शंभाजी के पुत्र शाहू ने मराठा गद्दी पर अपना दावा पेश किया और इस गद्दी के संघर्ष में शाहू एवं ताराबाई के मध्य नवंबर, 1707 में खेड़ा का युद्ध हुआ और शाहू विजयी होकर मराठा शासक बना।
- **शाहू** (1707-1749 ई.) इसका राज्याभिषेक फरवरी, 1708 ई. में सतारा में हुआ और यही स्थान मराठों की राजधानी बनी। 1708 ई. में शाहू ने बालाजी विश्वनाथ को सेनाकर्ते (सैन्य व्यवस्थापक) पद पर आसीन किया और 1713 ई. में उसे पेशवा बना दिया। बालाजी विश्वनाथ के पेशवा बनने के पश्चात् धीरे-धीरे पेशवा पद मराठा राजनीति का प्रमुख पद बन गया और छत्रपति पद लगभग गौण हो गया। 1750 ई. में बालाजी विश्वनाथ और राजाराम द्वितीय के मध्य हुई संगोला की संधि के पश्चात् पेशवा मराठा संघ का वास्तविक प्रमुख बन गया।

पेशवाओं के अधीन मराठा साम्राज्य

शिवाजी की मृत्यु के पश्चात् मराठा राज्य में प्रभावी शक्ति चितपावन ब्राह्मणों के एक परिवार के पास रही, जो शिवाजी के उत्तराधिकारियों के शासनकाल में 'पेशवा' (प्रधानमंत्री) के रूप में अपनी सेवाएँ प्रदान करते रहे। मराठा साम्राज्य के पेशवाओं का विवरण निम्न है

बालाजी विश्वनाथ (1713-20 ई.)

- बालाजी विश्वनाथ एक ब्राह्मण थे। उन्होंने अपना जीवन एक छोटे से राजस्व अधिकारी के रूप में प्रारंभ किया था और धीरे-धीरे एक बड़े अधिकारी के रूप में स्वयं को स्थापित किया।
- शाहू ने 1713 ई. में बालाजी विश्वनाथ को पेशवा या प्रमुख प्रधान के पद पर नियुक्त किया था।
- बालाजी विश्वनाथ ने धीरे-धीरे शाहू का और अपना आधिपत्य मराठा सरदारों तथा महाराष्ट्र पर स्थापित कर लिया। केवल कोल्हापुर के दक्षिण के क्षेत्रों पर राजाराम के वंशजों का शासन था।
- पेशवा ने अपने हाथों में शक्ति का संकेंद्रण कर लिया और अन्य मंत्री तथा सरदार उसके सामने प्रभावहीन हो गए।
- वस्तुत: वह और उसका बेटा बाजीराव प्रथम ने पेशवा को मराठा साम्राज्य का कार्यकारी प्रधान बना दिया।
- बालाजी विश्वनाथ ने मराठा शक्ति को बढ़ाने के लिए मुगल अधिकारियों के आपसी झगड़ों का पूरा लाभ उठाया, उसने दक्कन की चौथ और सरदेशमुखी देने के लिए जुल्फिकार खाँ को मना लिया, अंत में उसने सैयद बंधुओं के साथ एक समझौता किया।
- उस समझौते के अनुसार वे सभी क्षेत्र, जो पहले शिवाजी के राज्य के भाग थे, शाहू को वापस कर दिए गए।
- बालाजी विश्वनाथ अपने नेतृत्व में एक मराठा फौज के साथ 1719 ई. में सैयद हुसैन अली खाँ के साथ दिल्ली गया और फर्रूखसियर के विरुद्ध सैयद बंधुओं की सहायता की।
- बालाजी विश्वनाथ को **मराठा साम्राज्य का द्वितीय संस्थापक** माना जाता है, उनकी मृत्यु 1720 ई. में हुई।

बाजीराव प्रथम (1720-40 ई.)

- बालाजी विश्वनाथ की मृत्यु के पश्चात् उसका 20 वर्षीय पुत्र बाजीराव प्रथम पेशवा के पद पर आसीन हुआ।
- युवा होने के साथ ही बाजीराव एक निर्भीक और प्रतिभावान सेनापति तथा महत्वाकांक्षी और चतुर राजनेता था, उसे शिवाजी के पश्चात् गुरिल्ला युद्ध का सबसे बड़ा प्रतिपादक कहा जाता है।
- बाजीराव प्रथम ने अपने जीवनकाल में मालवा, गुजरात और बुंदेलखंड आदि पर अधिकार स्थापित कर लिया था। इसी काल में मराठों के गायकवाड़, होल्कर, सिंधिया और भोंसले परिवारों ने प्रमुखता प्राप्त की।
- बाजीराव प्रथम जीवनपर्यंत दक्कन में निजाम-उल-मुल्क की शक्ति को नियंत्रित करने का प्रयास करता रहा।
- अंततः दोनों सेनाओं के मध्य हुए पालखेड़ा के युद्ध (1713 ई.) में निजाम-उल-मुल्क की पराजय हुई और उसे मराठों को चौथ और सरदेशमुखी देने के लिए बाध्य होना पड़ा।
- बाजीराव प्रथम ने 1733 ई. में जंजीरा के सिद्दियों के विरुद्ध एक शक्तिशाली अभियान जारी रखते हुए उन्हें पराजित किया; साथ ही पुर्तगालियों के विरुद्ध भी एक सशक्त अभियान करते हुए सालसेट और बसई (बस्सीन) पर अधिकार कर लिया।
- हालाँकि पश्चिमी तट पर पुर्तगालियों का अधिकार पूर्व की भाँति बना रहा। बाजीराव प्रथम की मृत्यु अप्रैल, 1740 में हुई थी।

प्रमुख मराठा सरदार

मराठा सरदार	संबंधित क्षेत्र	मराठा सरदार	संबंधित क्षेत्र
गायकवाड़	बड़ौदा	सिंधिया	ग्वालियर
होल्कर	इंदौर	पेशवा	पूना
भोंसले	नागपुर		

बालाजी बाजीराव (1740-61 ई.)

- बाजीराव प्रथम की मृत्यु के पश्चात् उसका अठारह वर्ष का पुत्र बालाजी बाजीराव पेशवा बना। भारतीय इतिहास में उन्हें **'नाना साहब'** के नाम से भी जाना जाता है।
- 1749 ई. में मराठा शासक शाहू की मृत्यु के बाद बालाजी बाजीराव ने स्वयं की सरकार का मुख्यालय पुणे (पूना) में स्थानांतरित किया, उन्होंने अपने पिता का अनुसरण करते हुए मराठा शक्ति का विभिन्न दिशाओं में विस्तार किया।
- बालाजी बाजीराव ने मालवा, गुजरात और बुंदेलखंड पर मराठों के अधिकार को मजबूती प्रदान की, उसने निरंतर बंगाल पर आक्रमण किया और 1751 ई. में बंगाल के नवाब को विवश होकर उड़ीसा मराठों को देना पड़ा।
- बालाजी बाजीराव ने हैदराबाद के निजाम को 1752 ई. में उदयगिरि (भोपाल) में हराया और निजाम को 62 लाख रुपयों के वार्षिक राजस्व वाले विशाल क्षेत्र को मराठों को सौंपना पड़ा।
- इस युद्ध में मराठों की पराजय के पश्चात् पेशवा बालाजी बाजीराव की मृत्यु जून, 1761 में हुई। पानीपत का तृतीय युद्ध (14 जनवरी, 1761) बालाजी बाजीराव के काल की प्रमुख घटना थी।

पानीपत का तृतीय युद्ध

- पानीपत का तृतीय युद्ध **मराठों** और **अफगानों** के मध्य हुआ था। इस युद्ध में मराठों का नेतृत्व पेशवा के अल्पवयस्क पुत्र विश्वास राव और उसके चचेरे भाई सदाशिव राव भाऊ ने किया था, तो वहीं अफगान सेना का नेतृत्व अहमदशाह अब्दाली ने किया। इस युद्ध में मराठों की पराजय हुई और अफगान विजयी हुए।
- इस युद्ध में पेशवा का पुत्र विश्वास राव, सदाशिव राव भाऊ तथा अनेक मराठा सेनापति सहित लगभग **28,000 सैनिकों** के साथ मारे गए। इस युद्ध में अफगान शासक अहमदशाह अब्दाली को रुहेलखंड के नजीबउद्दौला और अवध के शुजाउद्दौला सहित अन्य का भी समर्थन प्राप्त हुआ, तो वहीं जाटों (सूरजमल), राजपूतों एवं सिखों ने मराठों को सहायता प्रदान नहीं की थी।

माधव राव प्रथम (1761-72 ई.)

- बालाजी बाजीराव के पश्चात् सत्रह वर्षीय माधव राव प्रथम 1761 ई. में पेशवा बना। वह एक प्रतिभाशाली सैनिक और राजनेता था।
- ग्यारह वर्ष की अवधि में ही उसने मराठों की खोई हुई प्रतिष्ठा को वापस दिलाने में महत्त्वपूर्ण भूमिका निभाई। उसने हैदराबाद के निजाम को पराजित किया तथा उसे चौथ देने हेतु बाध्य किया, साथ ही मैसूर के हैदरअली को भी चौथ देने हेतु बाध्य होना पड़ा।
- मुगल बादशाह शाहआलम द्वितीय 1771 ई. में अंग्रेजों के संरक्षण को त्यागकर मराठों के संरक्षण को स्वीकार करते हुए इलाहाबाद से दिल्ली वापस आ गया। इसी दौरान 1771 ई. में क्षय रोग के कारण माधव राव प्रथम की मृत्यु हो गई।

नारायण राव (1772-73 ई.)

पुणे में बालाजी बाजीराव के छोटे भाई रघुनाथ राव और माधव राव प्रथम के छोटे भाई नारायण राव के बीच सत्ता के लिए हुए संघर्ष में नारायण राव 1773 ई. में मारा गया।

रघुनाथ राव (1773-74 ई.)

रघुनाथ राव 1773 ई. में पेशवा बना, किंतु नाना फड़नवीस की सहायता से नारायण का पुत्र माधव नारायण राव पेशवा नियुक्त किया गया।

माधव नारायण राव (1774-96 ई.)

- माधव नारायण राव पेशवा बना, जिससे क्षुब्ध होकर रघुनाथ राव अंग्रेजों के पास चला गया और उनकी सहायता से सत्ता को प्राप्त करने का प्रयास करने लगा, फलस्वरूप प्रथम आंग्ल-मराठा युद्ध प्रारंभ हुआ।
- माधव नारायण राव की कम आयु के कारण मराठा राज्य की देखभाल 'बारह भाई सभा' नाम की परिषद् को सौंपी गई।
- इस परिषद् के दो मुख्य सदस्य महादजी सिंधिया तथा नाना फड़नवीस थे। इसी समय प्रथम आंग्ल-मराठा युद्ध हुआ था।

प्रथम आंग्ल-मराठा युद्ध

- प्रथम आंग्ल-मराठा युद्ध (1775-82 ई.) के प्रारंभ होने का कारण मराठों की आपसी कलह और अंग्रेजों की महत्त्वाकांक्षा थी।
- इस युद्ध की शुरुआत तब हुई, जब अंग्रेजों ने पेशवा पद के लिए माधव राव द्वितीय के विरुद्ध रघुनाथ राव (राघोबा) के दावे का समर्थन किया।

- उस समय अधिकतर मराठा सरदार किशोर पेशवा माधवराव द्वितीय (माधव नारायण राव) और मराठा नेता नाना फड़नवीस के समर्थक थे।
- 1775 ई. में राघोबा और अंग्रेजों के मध्य सूरत की संधि हुई। 1776 ई. में नाना फड़नवीस तथा अंग्रेजों के मध्य पुरंदर की संधि हुई, जिसे बंबई सरकार ने अस्वीकार कर दिया था।
- तत्पश्चात् दोनों पक्षों के बीच बड़गाँव नामक स्थान पर युद्ध हुआ और अंग्रेजी सेना पराजित हुई तथा दोनों पक्षों के मध्य बड़गाँव की संधि (1779 ई.) हुई और अंग्रेजों ने 1773 ई. के बाद से मराठों के जीते गए प्रदेशों को वापस देने का वचन दिया।
- बड़गाँव की अपमानजनक संधि को वॉरेन हेस्टिंग्स ने मानने से इनकार कर दिया और निरंतर युद्ध को जारी रखा और अंततः 1780 ई. में अंग्रेजों को अहमदाबाद, गुजरात और ग्वालियर को जीतने में सफलता मिली, लेकिन 1782 ई. में सालबाई की संधि (अंग्रेज तथा महादजी सिंधिया के मध्य) से प्रथम आंग्ल-मराठा युद्ध बिना किसी निर्णय के समाप्त हुआ।

द्वितीय आंग्ल-मराठा युद्ध

- द्वितीय आंग्ल-मराठा युद्ध (1803 से 1806 ई.) के बीच मराठा सरदारों और अंग्रेजों के मध्य हुआ। इस युद्ध में अंग्रेजों द्वारा पराजित मराठा सरदारों के साथ निम्न संधियाँ की गईं
  - 1803 ई. में भोंसले और अंग्रेजों के मध्य देवगाँव की संधि हुई।
  - 1803 ई. में ही सिंधिया और अंग्रेजों के मध्य सूरजी-अर्जनगाँव की संधि हुई।
  - 1805 ई. में होल्कर और अंग्रेजों के मध्य राजपुरघाट की संधि हुई।
- इस युद्ध के पश्चात् अंग्रेजों ने मराठा शक्ति को अपने अधीन करते हुए उस पर अपनी श्रेष्ठता स्थापित की।

तृतीय आंग्ल-मराठा युद्ध

- तृतीय आंग्ल-मराठा युद्ध 1817-1818 ई. के मध्य हुआ।
- लॉर्ड हेस्टिंग्स ने भारत का गवर्नर जनरल बनने के पश्चात् मराठा शक्ति को समाप्त कर, उन्हें अंग्रेजी राज्य में विलय करने के प्रयास किए। उसने पिंडारियों के दमन के दौरान प्रमुख मराठा क्षेत्रों पर भी आक्रमण किए।
- भोंसले द्वारा 1816 ई. से पूर्व ही अंग्रेजों के साथ नागपुर की संधि को स्वीकार किया जा चुका था।
- 1817 ई. में अंग्रेजों द्वारा सिंधिया के साथ की गई ग्वालियर की संधि के फलस्वरूप सिंधिया को चंबल नदी के दक्षिण-पश्चिम में स्थित राज्यों से अपना प्रभाव हटाना पड़ा।
- जून, 1817 में अंग्रेजों ने पेशवा को मराठा-संघ के अध्यक्ष पद को त्यागने का आदेश दिया। इन सभी परिस्थितियों ने अंग्रेजों व विभिन्न मराठा सरदारों के मध्य युद्ध की शुरुआत की और परिणामस्वरूप मराठा शक्ति का पूर्ण रूप से समापन हो गया।
- पेशवा बाजीराव ने 1818 ई. में अंग्रेजों के समक्ष आत्मसमर्पण कर दिया।
- अंग्रेजों ने पेशवा का पद समाप्त कर बाजीराव द्वितीय को पेंशन देकर बिठुर भेज दिया तथा पूना का अंग्रेजी राज में विलय कर लिया गया। 1853 ई. में बिठुर में बाजीराव द्वितीय की मृत्यु के साथ ही मराठा साम्राज्य का पतन हो गया।

पेशवा बाजीराव द्वितीय
(1796-1818 ई.)

- माधव नारायण राव की मृत्यु (1795 ई.) के पश्चात् रघुनाथ राव (राघोबा) का पुत्र बाजीराव द्वितीय पेशवा बना, वह एक अयोग्य शासक था।
- पेशवा बाजीराव द्वितीय ने अंग्रेजों के साथ दिसंबर, 1802 में बसीन की संधि की थी, लेकिन सिंधिया और भोंसले जैसे मराठा सरदारों ने इस संधि को स्वीकार नहीं किया।
- अंग्रेजों ने अपनी चतुर कूटनीति के द्वारा आपस में संघर्षरत् मराठा सरदारों को विभाजित कर उन्हें द्वितीय (1803-06 ई.) तथा तृतीय आंग्ल-मराठा युद्ध (1817-18 ई.) में पराजित कर दिया।
- तत्पश्चात् अन्य मराठा राज्यों को यथास्वरूप रहने दिया गया, परंतु पेशवा वंशावली को समाप्त कर दिया गया।

मराठा साम्राज्य का पतन

- 1761 ई. में पानीपत की तीसरी लड़ाई के बाद दिल्ली से मराठों के देश के संचालन का सपना अधूरा रह गया।
- मराठा साम्राज्य को कई राज्यों जैसे नागपुर (भोंसले), बड़ौदा (गायकवाड़), इंदौर (होल्कर), ग्वालियर (सिंधिया) में बाँट दिया गया।
- इन सभी सरदारों को एक पेशवा के अंतर्गत एक कन्फेडरेशन (राजमंडल) के अधीन कर दिया गया।
- महाद्जी सिंधिया तथा नाना फड़नवीस अट्ठारवीं सदी के आखिरी दो मराठा योद्धा तथा राजनीतिज्ञ थे।

मराठा साम्राज्य के पतन का कारण

- मराठा साम्राज्य के पतन का मूल कारण यह था कि मराठा साम्राज्य उसी पतनोन्मुख समाज व्यवस्था का प्रतिनिधित्व करता था, जिसका मुगल साम्राज्य प्रतिनिधि था। दोनों एक ही प्रकार की अंतर्भूत स्थितियों के शिकार थे।
- मराठा सरदार भी अधिक सीमा तक मुगल सामंतों की भाँति थे, जैसे सरजामी व्यवस्था जागीर भी मुगल प्रणाली के समान थी।
- मराठा सरदार मुगल सामंतों की अपेक्षा कम अनुशासित थे।
- मराठा सरदारों ने एक नई अर्थव्यवस्था को विकसित करने का कोई प्रयत्न नहीं किया।
- वे विज्ञान एवं प्रौद्योगिकी को बढ़ावा देने में असफल रहे, उन्होंने व्यापार और उद्योग में कोई रुचि नहीं दिखाई।
- मराठों की राजस्व प्रणाली और प्रशासन बिल्कुल मुगलों की भाँति थे।
- मुगलों की भाँति मराठा शासक भी दयनीय किसान से राजस्व वसूल करने को तत्पर दिखाई दिए, उन्होंने कृषि उत्पादन का आधा भाग कर के रूप में लिया।
- मुगलों के विपरीत मराठा महाराष्ट्र से बाहर भी जनता को सुचारू प्रशासन प्रदान करने में विफल रहे।
- मुगलों की तुलना में वे भारतीय जनता में निष्ठा की भावना को अधिक मात्रा में जाग्रत नहीं कर सके।

- मराठों का अधिकार क्षेत्र भी बल पर आधारित था। उदीयमान ब्रिटिश सत्ता का मुकाबला मराठे केवल अपने राज्य को एक आधुनिक राज्य में रूपांतरित करके ही कर सकते थे, लेकिन वे ऐसा करने में असफल रहे।

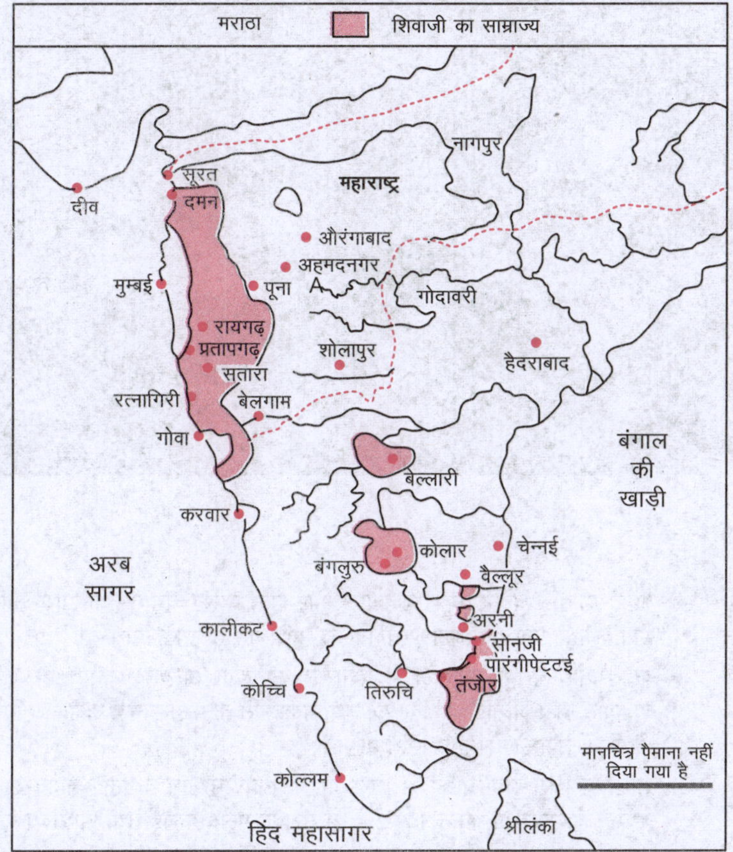

अतिरिक्त तथ्य
तमिलनाडु बोर्ड एवं NIOS

- 1676 ई. में शिवाजी ने दक्षिण में विजय अभियान शुरू किया तथा गोलकुंडा के सुल्तान के साथ एक गुप्त संधि पर हस्ताक्षर किया।
- उन्होंने सोनजी और वेल्लोर पर कब्जा कर लिया, जो उसके पिता शाह जी के थे।
- 1670 ई. में शिवाजी ने पश्चिमी तट के सबसे महत्वपूर्ण बन्दरगाह सूरत पर कब्जा कर लिया। 1672 ई. में मराठों ने चौथ या राजस्व का एक-चौथाई वार्षिक कर के रूप में लगाया।
- अष्ट प्रधान की रचना शिवाजी द्वारा नहीं की गई थी, क्योंकि इनमें से बहुत से अधिकारी जैसे पेशवा, मजूमदार, बकयानवीस, दाबिर तथा सुरुनवीस दक्कनी शासकों के समय भी थे।
- पंडित राव तथा न्यायाधीश को छोड़कर अष्ट प्रधान के सभी सदस्यों को सैन्य नेतृत्व के लिए भी कहा जाता था।
- ये पद वंशानुगत या स्थायी नहीं थे।
- प्रत्येक अष्ट प्रधान की सहायता के लिए आठ सहायक भी होते थे दीवान, मजूमदार फड़नवीस, सुरनवीस, कारखानावीश, चिटनिस, जमादार तथा पोटनवीश।
- चिटनवीश सभी राजनयिक पत्र व्यवहार तथा शाही पत्र लेखन से संबंधित था तथा पोटनीश शाही कारखाने की आय रखता था।
- प्रांतीय प्रशासन दक्कनी तथा मुगल प्रणाली पर आधारित था।
- प्रांतों से छोटे 'तर्फस' होते थे, जिनका मुखिया 'हवलदार' था। 'तर्फस' के बाद 'मौजास' या गाँव आते थे।
- मराठा प्रशासन में संभ्रांत ब्राह्मण वर्ग केंद्रीय नौकरशाही या स्थानीय प्रशासन में कार्यरत् थे। इन्हें कामवीसदार कहा जाता था। इनके पास कर लगाने और उन्हें एकत्रित करने का व्यापक अधिकार था।

उत्तर मुगल (18वीं सदी)

(स्रोत)

New NCERT Class VIII Chap 2 **व्यापार से साम्राज्य तक,**
Old NCERT Class VIII Chap 1 **भारत और आधुनिक दुनिया,**
Chap 2 **अठारहवीं सदी का भारत,**
Old NCERT Class XII Chap 1 **अठारहवीं शताब्दी का भारत,**
Tamil Nadu Board (Class XI), NIOS

औरंगजेब की मृत्यु के पश्चात्, जो मुगल बादशाह गद्दी पर बैठे, उन्हें **परवर्ती मुगल** या **उत्तर मुगल** कहते हैं। 1707 ई. में औरंगजेब की मृत्यु के पश्चात् मुगल साम्राज्य का पतन एवं विघटन आरंभ हो गया। परवर्ती मुगल शासकों का वर्णन निम्न है

बहादुरशाह प्रथम (1707-1712 ई.)

- बहादुरशाह प्रथम का जन्म 1643 ई. में बुरहानपुर में हुआ था। वह औरंगजेब का ज्येष्ठ पुत्र था। औरंगजेब की मृत्यु के पश्चात् गद्दी हेतु हुए संघर्ष में बहादुरशाह प्रथम विजयी हुआ।
- राजपूत राज्यों पर अधिक नियंत्रण स्थापित करने के लिए बहादुरशाह ने आमेर में जयसिंह के स्थान पर विजय सिंह को नियुक्त किया और मारवाड़ के अजीत सिंह को मुगल सत्ता के अधीन होने के लिए मजबूर किया।
- इसके शासनकाल में आमेर और जोधपुर शहरों पर कब्जा करने के लिए कड़े प्रतिरोध का सामना करना पड़ा।
- अपनी गलती का अहसास होने के बाद बहादुरशाह ने राजा जयसिंह और अजीत सिंह के राज्य को बहाल कर दिया। यद्यपि उच्च मनसब और महत्त्वपूर्ण प्रांतों की उनकी माँग स्वीकार नहीं की गई।
- मराठा सरदारों के प्रति बहादुरशाह की नीति ऊपरी तौर पर ही मेल-मिलाप की थी। उसने उन्हें दक्कन की सरदेशमुखी वसूलने का अधिकार तो दे दिया, किंतु चौथ का अधिकार नहीं दिया, इसलिए मराठे बहादुरशाह की नीति से पूर्णतया संतुष्ट नहीं हुए।
- बहादुरशाह प्रथम ने साहू को मराठों का विधिवत राजा नहीं माना तथा मराठा राज्य के ऊपर आधिपत्य के लिए ताराबाई और साहू को आपस में लड़ने के लिए छोड़ दिया।
- बहादुरशाह प्रथम ने गुरु गोविंद सिंह के साथ मेल-मिलाप के संबंध स्थापित किए, किंतु गुरु गोविंद सिंह की मृत्यु के बाद बंदा बहादुर के नेतृत्व में सिखों के मुगलों से संबंध अच्छे नहीं रहे।
- बहादुरशाह ने बुंदेल प्रमुख छत्रशाल और जात प्रमुख चूड़ामन के साथ शांति स्थापित की, जो बंदा बहादुर के विरुद्ध अभियान में उनके साथ थे।
- बहादुरशाह के शासनकाल में प्रशासन की दशा अत्यंत दयनीय हो गई। बादशाह द्वारा जागीरों का वितरण तथा पदोन्नति के फलस्वरूप राजकीय वित्त की स्थिति पहले से भी दयनीय हो गई।
- साम्राज्य जिन समस्याओं से घिरा था, उसके समाधान के लिए बहादुरशाह प्रथम प्रयासरत् था, किंतु 1712 ई. में उसकी मृत्यु हो गई तथा साम्राज्य एक बार पुन: गृहयुद्ध में फँस गया।
- बहादुरशाह प्रथम के दरबार में 1711 ई. में **जोसुआ केटेलर** के नेतृत्व में एक डच प्रतिनिधिमंडल आया था।
- इस शिष्ट मंडल का भव्य स्वागत किया गया था, जिसमें एक पुर्तगाली स्त्री **डोना जुलियाना** की महत्त्वपूर्ण भूमिका थी। इसे 'फिदावी बहादुरशाह जुलियाना' तथा 'बीबी जुलियाना' की उपाधि दी गई थी।
- मराठा शासक को दक्कन की चौथ और सरदेशमुखी इस शर्त पर दी गई कि उनकी वसूली मुगल अधिकारी करेंगे और फिर मराठा अधिकारियों को दे देंगे।
- जागीरों और ओहदों की अंधाधुंध वृद्धि पर रोक लगाकर जुल्फिकार खाँ ने साम्राज्य की वित्तीय स्थिति सुधारने का प्रयास किया तथा मनसबदारों को सीमित संख्या में सेना रखने के लिए मजबूर किया।
- जुल्फिकार खाँ ने एक प्रवृत्ति इजारा (भू-राजस्व को ठेके पर दिए जाने की प्रथा) को बढ़ावा दिया, जिससे किसानों का उत्पीड़न बढ़ गया।

जहाँदार शाह (1712-1713 ई.)

- मुगलशासन के इस चरण के दौरान मुगल राजनीति में एक नए तत्त्व का प्रवेश हुआ, जिसमें सरदार सत्ता के मालिक बन जाते थे और सत्ता पर कब्जा करने के लिए राजकुमारों को पालतू जानवर के रूप में इस्तेमाल करते थे।
- बहादुरशाह प्रथम की मृत्यु के पश्चात् उसका बेटा जहाँदार शाह गद्दी पर बैठा। जहाँदार शाह का जन्म 1661 ई. में हुआ था।

- बहादुरशाह प्रथम के चार पुत्र थे
  - जहाँदार शाह
  - अजीम-उस-शान
  - रफी-उस-शान
  - जहान शाह
- जहाँदार शाह ने जुल्फिकार खाँ के समर्थन से सत्ता प्राप्त की थी, जो औरंगजेब का सबसे ऊँचे पद वाला सेनापति था। जहाँदार शाह के शासन काल में प्रशासन जुल्फिकार खाँ के हाथ में था, जो वजीर बन गया था।
- जुल्फिकार खाँ ने दरबार में अपनी स्थिति मजबूत करने तथा साम्राज्य को बचाने के लिए राजपूत राजाओं और मराठों के साथ मैत्रीपूर्ण संबंध रखने का प्रयास किया। हिंदू सरदारों के साथ भी उसने जहाँदार शाह के शासनकाल में जजिया कर को समाप्त कर दिया था।
- जहाँदार शाह ने आमेर के शासक जयसिंह को 'मिर्जा राजा सवाईं' की पदवी प्रदान की और मालवा का सूबेदार नियुक्त किया।
- जहाँदार ने मारवाड़ के शासक अजीत सिंह को 'महाराजा' की पदवी प्रदान की और गुजरात का सूबेदार नियुक्त किया।
- इसके शासनकाल में इजारा पद्धति की शुरूआत हुई। इस प्रणाली में सरकार ने राजस्व किसानों और बिचौलियों की सरकार को एक निश्चित राशि भुगतान करने के लिए अनुबंधित किया, जबकि वे किसानों से जो कुछ भी कर सकते थे, उसे एकत्रित करने के लिए स्वतंत्र थे।

फर्रूखशियर (1713-1719 ई.)

- फर्रूखशियर का जन्म 1683 ई. में औरंगाबाद में हुआ था। जनवरी, 1713 में इन्होंने अपने चाचा जहाँदार शाह को पराजित कर मुगल सत्ता प्राप्त की।
- फर्रूखशियर को अपनी जीत सैयद बंधुओं-अब्दुल्ला खाँ तथा हुसैन अली खाँ के कारण मिली थी। इसलिए फर्रूखशियर ने अब्दुल्ला खाँ को **वजीर** और हुसैन अली खाँ को **मीर बख्शी** का पद प्रदान किया।
- 1719 ई. में सैयद बंधुओं ने फर्रूखशियर को गद्दी से हटा दिया तथा उसकी हत्या कर दी। फर्रूखशियर के पश्चात् सैयद बंधुओं ने दो युवा शहजादों रफी-उद्-दरजात (28 फरवरी से 4 जून, 1719) तथा रफी-उद् दौला (6 जून से 17 सितंबर, 1719) को गद्दी पर बिठाया, इनकी संदिग्ध बीमारी से मृत्यु हो गई।
- 1719 ई. में मराठा पेशवा बालाजी विश्वनाथ सैयद हुसैन अली खान के साथ दिल्ली आए तथा फर्रूखशियर को उखाड़ फेकने में सैयद बंधुओं की सहायता की।
- फर्रूखशियर सक्षम और क्रूर शासक था, इसलिए सैयद बंधुओं ने राज्य के मामलों नियंत्रण कर लिया।

सैयद बंधु

- 1713-1720 ई. तक प्रशासन पर सैयद बंधुओं का अधिकार रहा।
- सैयद बंधुओं ने धार्मिक सहिष्णुता की नीति अपनाई और जजिया कर को समाप्त कर दिया। उनका मानना था कि देश के राजकाज में हिंदू सरदारों और सामंतों को मुसलमान सामंतों के साथ मिलाकर ही शासन का संचालन किया जा सकता है।
- सैयद बंधुओं ने राजपूतों, मराठों तथा जाटों के साथ भी मेल-मिलाप की नीति अपनाई। सैयद बंधुओं ने आमेर के राजा जयसिंह तथा मारवाड़ के राजा अजीत सिंह तथा अनेक राजपूत राजकुमारों को प्रशासन में प्रभावशाली पद देकर अपने पक्ष में कर लिया।
- सैयद बंधुओं ने अपने प्रशासन के बाद के वर्षों में राजा साहू को (शिवाजी) स्वराज्य तथा दक्कन के 6 प्रांतों की चौथ और सरदेशमुखी वसूल करने का अधिकार प्रदान किया। इसके बदले में साहू ने उन्हें दक्कन में समर्थन प्रदान किया। सैयद बंधुओं ने जाट सरदार चूड़ामन के साथ भी अच्छे संबंध बनाए।
- सैयद बंधुओं ने बगावतों को दबाने, साम्राज्य को प्रशासनिक विभाजन से बचाने के अधिक प्रयास किए, किंतु उन्हें राजनीतिक प्रतिद्वंद्विता एवं दरबारी षड्यंत्रों का सामना करना पड़ा।

मुहम्मद शाह (1719-1748 ई.)

- रफी-उद्-दौला की मृत्यु के पश्चात् **मुहम्मद शाह** (1719 ई. में) मुगल सम्राट बना। इसका शासनकाल सितंबर, 1719 से 1748 ई. तक रहा था। इसके काल में सरदारों के विभिन्न दलों के मध्य विवाद ने केंद्रीय शक्ति को कमजोर बना दिया था।
- मुहम्मद शाह ने राज्य के मामले की उपेक्षा की और निजाम-उल-मुल्क जैसे सक्षम वजीरों को पूर्ण समर्थन देने के बजाय वह भ्रष्ट और बेकार रईसों के प्रभाव में आ गया और अपने ही मंत्रियों के खिलाफ साजिश रची।
- इस प्रकार निजाम-उल-मुल्क (जिसे 1722 ई. में वजीर नियुक्त किया गया था) ने अपने संदिग्ध स्वभाव के कारण सम्राट को छोडने का निर्णय लिया।
- निजाम-उल-मुल्क ने दक्कन में हैदराबाद राज्य की स्थापना की। धीरे-धीरे देश के कई हिस्सों अर्थात् बंगाल, अवध, हैदराबाद और पंजाब में दिल्ली के सम्राट के प्रति नाममात्र की निष्ठा रखने वाले वंशानुगत नवाब पैदा हुए।
- कई भागों में जमींदारों, राजाओं और नवाबों ने विद्रोह और स्वतत्रता का झंडा उठाया।
- मराठा सरदारों ने भी अपना उत्तरी विस्तार शुरू किया तथा मालव, गुजरात और बुंदेलखंड पर कब्जा कर लिया। कमजोर केंद्रीय नेतृत्व के कारण ही इसके काल में नादिरशाह पर आक्रमण हुआ।

नादिरशाह का आक्रमण

- मुहम्मद शाह के शासनकाल में ही 1739 ई. में नादिरशाह का आक्रमण हुआ।
- नादिरशाह ने 13 फरवरी, 1739 को हुए **करनाल युद्ध** में मुगलों को पराजित किया। नादिरशाह का भारत पर आक्रमण यहाँ की अपार धन संपदा की लूट करने के लिए हुआ था।
- **करनाल युद्ध** को जीतने के पश्चात् नादिरशाह ने दिल्ली पर भी अधिकार कर लिया तथा मुहम्मद शाह को बंदी बना लिया।
- अपनी दिल्ली विजय के उपरांत नादिरशाह यहाँ से प्रसिद्ध **कोहिनूर हीरा** तथा शाहजहाँ का रत्न जड़ित मयूर सिंहासन (तख्ते-ताऊस) अपने साथ ले गया।
- 1748 ई. में मुहम्मद शाह की मृत्यु के पश्चात् पुनः गृहयुद्ध की स्थिति उत्पन्न हो गई।

अहमदशाह (1748-1754 ई.)

- मुहम्मद शाह के पश्चात् अहमदशाह शासक बना। अहमदशाह के समय अफगान शासक अहमदशाह अब्दाली ने भारत पर कई बार आक्रमण किया।
- अहमदशाह अब्दाली ने 1748 से 1767 ई. तक उत्तरी भारत विशेष रूप से दिल्ली तथा मथुरा पर बार-बार आक्रमण किया। अब्दाली ने 1761 ई. के पानीपत के तृतीय युद्ध में मराठों को पराजित किया था।
- नादिरशाह और अब्दाली के आक्रमणों तथा मुगल सामंतशाही के आपसी झगड़ों के कारण 1761 ई. तक मुगल साम्राज्य का अस्तित्व एक अखिल भारतीय साम्राज्य के रूप में समाप्त हो गया, वह केवल दिल्ली का शासक मात्र रह गया।

आलमगीर द्वितीय (1754-1759 ई.)

- अहमदशाह के पश्चात् **आलमगीर द्वितीय** मुगल गद्दी पर आसीन हुआ। इसका नाम अजीजुद्दीन था।
- आलमगीर द्वितीय प्लासी के युद्ध (1757 ई.) के समय मुगल सम्राट था।

शाहआलम द्वितीय (1759-1806 ई.)

- आलमगीर द्वितीय के पश्चात् शाहआलम द्वितीय 1759 ई. में गद्दी पर आसीन हुआ। इसका नाम अली गौहर था। इसके शासनकाल में पानीपत का तृतीय युद्ध (1761 ई.) तथा बक्सर का युद्ध (1764 ई.) हुआ था।
- शाहआलम द्वितीय ने 1764 ई. में बंगाल के नवाब मीर कासिम और अवध के नवाब शुजाउद्दौला के साथ मिलकर **ईस्ट इंडिया कंपनी** के विरुद्ध युद्ध की घोषणा कर दी। बक्सर की लड़ाई (1764 ई.) में पराजित हो जाने के पश्चात् शाहआलम द्वितीय कई वर्षों तक इलाहाबाद (प्रयागराज) में 'ईस्ट इंडिया कंपनी' का पेंशन याफ्ता बनकर रहा।
- 1772 ई. में शाहआलम मराठों के संरक्षण में ब्रिटिश आश्रय छोड़कर पुनः दिल्ली लौटा। अंग्रेजों ने 1803 ई. में दिल्ली पर अधिकार कर लिया तथा 1806 ई. में अंग्रेजों द्वारा शाहआलम की हत्या कर दी गई। शाहआलम को दिल्ली पर शासन करने वाला अंतिम संप्रभु सम्राट माना जाता है।

अकबर द्वितीय (180-1837 ई.)

- इसे ब्रिटिशों के अधीन भारत पर शासन करने वाला प्रथम मुगल सम्राट माना जाता है।
- अकबर द्वितीय ने 1830 के दशक में महान समाज सुधारक राममोहन राय को 'राजा' की उपाधि दी और उन्हें मुगल सम्राट के दूत के रूप में इंग्लैंड भी भेजा।

बहादुरशाह द्वितीय (1837-1858 ई.)

- ये अंतिम मुगल सम्राट थे। ये उर्दू शायरी के अच्छे जानकार थे तथा 'जफर' उपनाम से कविताएँ लिखते थे।
- ये प्रसिद्ध उर्दू शायर मिर्जा गालिब के समकालीन थे। 1848 ई. में गवर्नर जनरल लॉर्ड डलहॉजी ने घोषणा की कि बहादुरशाह के उत्तराधिकारी को ऐतिहासिक लाल किला छोड़ना होगा।
- 1856 ई. में वायसराय लॉर्ड कैनिंग ने घोषणा की कि बहादुरशाह की मृत्यु के बाद मुगल राजाओं की उपाधि खो देंगे और उन्हें केवल राजकुमार के रूप में जाना जाएगा। 1857 के विद्रोह के दौरान विद्रोही सैनिकों और जमींदारों ने उन्हें भारत के सम्राट के रूप में मान्यता दी थी।

मुगल साम्राज्य के पतन के कारण

मुगल साम्राज्य के पतन के कारणों की व्याख्या विभिन्न इतिहासकारों ने अपने-अपने ढंग से प्रस्तुत की है। कुछ इतिहासकारों ने व्यक्तिगत कारणों को तो कुछ ने आर्थिक, सामाजिक व प्रशासनिक कारणों को प्रमुखता दी है। मुगल साम्राज्य के पतन हेतु उत्तरदायी कारणों को निम्न बिंदुओं में उल्लेखित किया गया है

1. औरंगजेब की नीतियाँ

औरंगजेब ने लगभग 50 वर्षों तक शासन किया। उसके दीर्घ शासनकाल के दौरान मुगल साम्राज्य अपने प्रादेशिक विस्तार के चरम पर पहुँच गया था। अपने उत्कर्ष के वर्षों में उसका शासन उत्तर में कश्मीर से लेकर दक्षिण में जिंजी तक तथा पश्चिम में हिंदूकुश से लेकर पूर्व में चिटगाँव तक विस्तृत था, लेकिन अपने शासनकाल के महत्त्वपूर्ण कार्यों के साथ-साथ औरंगजेब ने साम्राज्य विस्तार हेतु कई ऐसी नीतियाँ अपनाईं, जिन्होंने मुगल साम्राज्य के पतन में महत्त्वपूर्ण भूमिका निभाई, जो निम्नवत् हैं

औरंगजेब की धार्मिक नीति

- अपने पूर्ववर्ती शासकों के विपरीत, औरंगजेब को आडंबर पसंद नहीं था। उसकी ख्याति एक कट्टरतावादी और ईश्वर से डरने वाले मुसलमान के रूप में थी।
- औरंगजेब ने मुस्लिम कानून की हनीफी व्याख्या को अपनाया, जिसका पालन भारत में पारंपरिक रूप से किया जा रहा था, परंतु उसने धर्मनिरपेक्ष फरमान भी जारी किया, ऐसे फरमानों को **जवाबित** कहा जाता था। **जवाबित-ए-आलमगीरी** नामक एक कृति में औरंगजेब के फरमानों का संकलन किया गया है।
- औरंगजेब की धार्मिक नीति भेदभाव पूर्ण थी, जिससे दूसरे धर्मों के अनुयायियों के प्रति औरंगजेब के धर्मांध व्यवहार का परिचय मिलता है। इनमें सबसे महत्त्वपूर्ण था, मंदिरों के प्रति औरंगजेब का व्यवहार और साथ ही हिंदुओं पर जजिया कर लगाना।
- औरंगजेब ने अपने शासनकाल के आरंभ में ही यह आदेश दे दिया था कि साम्राज्य के सीधे नियंत्रण वाले प्रदेशों में नए मंदिर न बनाए जाएँ। पुराने मंदिरों को तोड़ने के लिए कोई आज्ञा नहीं थी, परंतु अकबर के शासनकाल में बनाए गए मंदिरों को भी नए मंदिरों में गिनने के आदेश दिए गए।
- इन आदेशों के फलस्वरूप बनारस के प्रसिद्ध विश्वनाथ मंदिर और जहाँगीर के शासनकाल में वीर सिंह जुदेव बुंदेला द्वारा मथुरा में बनाए गए केशवराय मंदिर को भी नष्ट कर दिया गया और उसके स्थान पर मस्जिदें बनवा दी गईं।
- इन मंदिरों को तोड़ने के पीछे औरंगजेब का राजनीतिक प्रयोजन भी था। मुस्तैद खाँ ने अपनी रचना **मआसिर-ए-आलमगीरि** में मथुरा के केशवराय मंदिर के विध्वंस के विषय में उल्लेख किया है।
- इसी संदर्भ में विगत बारह वर्षों के अंतर्गत ओडिशा में बनवाए गए सभी मंदिरों को तोड़ दिया गया। मंदिरों के साथ चल रहे विश्वविद्यालयों को भी नष्ट कर दिया गया।
- 1679 ई. में मारवाड़ राज्य में राजपूतों के मुगल शासन के प्रति विरोध करने पर सभी नए और पुराने मंदिर तोड़ दिए गए थे।
- औरंगजेब ने अपने शासनकाल के बाइसवें अर्थात् 1679 ई. में जजिया कर को पुनः लागू कर दिया था, उसने राजपूतों और ब्राह्मणों को भी इस कर से मुक्त नहीं किया।
- उसने सभी हिंदू अफसरों को सरकारी नौकरी से निकाल दिया। केवल उन्हीं हिंदुओं को नौकरी पर रहने दिया गया, जो अपना धर्म परिवर्तन कर हिंदू से मुसलमान बन गए थे।
- कुछ इतिहासकारों का मत है कि औरंगजेब का उद्देश्य भारत को 'दार-उल-हरब' (काफिरों का देश) से दार-उल-इस्लाम (मुसलमान बहुल आबादी वाले देश) में परिणत करना था।

औरंगजेब की दक्षिण नीति

- औरंगजेब की दक्षिण भारत की नीति भी मुगल साम्राज्य के पतन के लिए उत्तरदायी थी। मराठों का उदय मुगल साम्राज्य के पतन हेतु उत्तरदायी था। इसी कारण औरंगजेब ने मराठा शक्ति के बढ़ते प्रभाव को समाप्त करने हेतु दक्षिण विजय की नीति का अनुसरण किया।

- मराठों को दक्षिणी राज्य बीजापुर व गोलकुंडा से धन और सैनिक शिक्षा प्राप्त होती थी। साथ ही इन राज्यों में मराठे बड़ी संख्या में नौकरी भी करते थे तथा ऊँचे पदों पर सेवारत् थे। औरंगजेब ने मराठों के इन्हीं स्रोतों के ह्रास हेतु दक्षिण विजय की नीति को अंजाम दिया।
- औरंगजेब ने 1686 ई. में बीजापुर तथा 1687 ई. में गोलकुंडा पर विजय प्राप्त की तथा दोनों राज्यों को मुगल साम्राज्य में मिला लिया।
- औरंगजेब ने मराठों का दमन प्रारंभ किया। यह उसकी सबसे बड़ी भूल सिद्ध हुई, क्योंकि उसने धर्म को राजनीति से ऊपर रखा था।
- औरंगजेब ने क्रमश: शिवाजी के पुत्र संभाजी को पकड़कर उसकी हत्या के आदेश दिए, साथ ही साहू को 1707 ई. तक मुगल कैद में रखा गया। इसके बाद भी मराठों ने मुगलों के विरुद्ध लड़ाई जारी रखी।
- क्रमश: राजाराम और उसके पश्चात् उसकी विधवा पत्नी ताराबाई ने मराठों को नेतृत्व प्रदान किया और औरंगजेब की मृत्यु तक मराठा एक शक्तिशाली संघ में परिणत हो चुका था।

2. अयोग्य एवं दुर्बल उत्तराधिकारी

- औरंगजेब की मृत्यु के पश्चात् उसके उत्तराधिकारियों ने मुगल साम्राज्य को विनाशकारी स्तर तक पहुँचा दिया।
- अयोग्य व दुर्बल उत्तराधिकारियों की उपस्थिति ने मुगल साम्राज्य के पतन को अधोमुखी बना दिया।
- चतुर्दिक समस्या से मुगल साम्राज्य की कमजोर स्थिति में अभिजात गुटों में प्रतिद्वंद (ईरानी तथा तूरानी गुट) उभरा।
- इन गुटों द्वारा परवर्ती मुगल बादशाहों की स्वाहित में ताजपोशी ने साम्राज्य को अंतत: क्षीण कर दिया।
- बादशाह की स्थिति इतनी नाजुक हो चुकी थी कि मुगल बादशाह फर्रूखशियर (1713-1719 ई.) तथा आलमगीर द्वितीय (1754-1759 ई.) की हत्या कर दी गई, जबकि अहमदशाह तथा शाहआलम द्वितीय को अभिजातों द्वारा अंधा कर दिया गया।
- औरंगजेब के पश्चात् मुगल सत्ता में आए शासक कुशल प्रशासनिक क्षमता से कम थे और प्राय: अपने अधीनस्थ अधिकारियों पर आश्रित थे। साथ ही सत्ता को उत्कर्ष तक पहुँचाने हेतु इनके अपने दृष्टिकोण भी नहीं थे, जिसने मुगल साम्राज्य के पतन को अवश्यंभावी कर दिया।

3. विदेशी आक्रमण

- नादिरशाह के आक्रमण के पश्चात् अहमदशाह अब्दाली ने भारत पर आक्रमण किया।
- उसने पंजाब को जीतकर अफगानिस्तान का अभिन्न अंग बना लिया। साथ ही मराठों का अहमदशाह अब्दाली के साथ युद्ध हुआ, जिसमें मराठों की पराजय हुई। इसे पानीपत का तृतीय युद्ध (1761 ई.) के नाम से जाना जाता है।

4. आर्थिक शक्ति में ह्रास

- मुगल साम्राज्य के पतन का एक महत्त्वपूर्ण कारण आर्थिक कठिनाइयाँ थीं। अठारहवीं सदी तक मुगल शासकों के पास विभिन्न अधिकारियों को देने के लिए न तो पर्याप्त धन शेष था और न ही जागीरें थीं।
- औरंगजेब के पश्चात् केंद्रीय सत्ता की कमजोरी से नए शक्तिशाली वर्गों का उदय हुआ।
- ये नए सूबेदार राजस्व तथा सैन्य दोनों पर अपना नियंत्रण रखते थे, इसलिए विस्तृत मुगल क्षेत्रों के राजनीतिक, आर्थिक तथा सैन्य पकड़ धीरे-धीरे इनके हाथों में आ गई।
- सूबेदारों के प्रांतों पर नियंत्रण से केंद्र की ओर राजस्व प्रवाह में कमी हुई।
- इस काल खंड तक आते-आते जमींदार असंतुष्ट थे, क्योंकि शासन का उन पर कठोर नियंत्रण था। उनका मानना था कि सरदार राज्य की आमदनी का एक बड़ा भाग स्वयं ले लेते थे। अत: दोनों के बीच संघर्ष आरंभ हो गया। किसान भी जमींदारों के साथ थे, क्योंकि वे भी इसी परिस्थिति से त्रस्त थे।
- मुगल अधिकांश समय युद्धों में संलिप्त रहे, अत: उनको धन की आवश्यकता पर्याप्त रूप से बनी रहती थी। साथ ही औरंगजेब के दक्षिण अभियान से मुगलों का धन व्यय लगातार होता रहा। इन्हीं परिस्थितियों ने मुगलों की आर्थिक शक्ति का ह्रास किया।

5. मनसबदारी व्यवस्था में व्याप्त दोष

- औरंगजेब तथा उसके उत्तराधिकारियों के काल तक मनसबदारी व्यवस्था में दोष और त्रुटियाँ उत्पन्न होने लगी थीं। इस काल तक मनसबदारी प्रथा में अनेक परिवर्तन हुए थे।
- मुगल प्रशासन इस काल तक उतना सक्षम नहीं था, जितना कि अकबर के काल में था। औरंगजेब और उसके पश्चात् मनसबों की संख्या अकबर के काल से तीन गुना बढ़ गई थी।
- मनसबदार की चारित्रिक विशेषताओं में परिवर्तन आ गया था, क्योंकि अब वे पूर्व की भाँति ईमानदार नहीं थे। वे लगान का सही लेखा प्रस्तुत नहीं करते थे तथा बादशाह के लिए निश्चित संख्या में घुड़सवार भी नहीं रखते थे।
- अकबर के काल में मनसबदारों का एक प्रांत से दूसरे प्रांत में नियमित स्थानांतरण होता रहता था, जिससे वह किसी क्षेत्र में अधिक शक्तिशाली नहीं होते थे, लेकिन इसके विपरीत अठारहवीं सदी में अधिकारियों का प्राय: स्थानांतरण नहीं होता था, जिससे उनमें से बहुत-से अधिकारी छोटे स्थानीय शासकों की भाँति व्यवहार करने लगे थे।

6. सैनिक प्रशासन का कमजोर होना

- अठारहवीं सदी तक मुगलों का सैनिक प्रशासन कमजोर हो गया, क्योंकि मुगल सेना में उच्च अधिकारियों की संख्या का अनुपात बढ़ गया था। मुगल सेना अपने पूर्व के शासकों की भाँति नहीं थी, क्योंकि उनकी गुणवत्ता कमजोर हो गई थी।
- मुगल तोपखाना युद्ध-प्रौद्योगिकी में पिछड़ चुका था तथा उन्हें बंदूकों और तोपों के नवीनतम नमूनों में कोई रुचि नहीं रही थी, जिनका प्रयोग विश्व के अन्य देशों में किया जा रहा था।

7. नौसेना को महत्त्व नहीं दिया जाना

- मुगलों ने नौसेना के विकास को महत्त्व नहीं दिया, जो उनके लिए घातक सिद्ध हुआ। वे यूरोपीय देशों के आक्रमण से स्वयं को सुरक्षित महसूस करते थे, इसलिए उन्होंने शक्तिशाली नौसेना के निर्माण की ओर ध्यान नहीं दिया।
- अंग्रेजों ने अपनी नौसेना शक्ति के आधार पर संपूर्ण भारत पर प्रभुत्व स्थापित किया, तत्पश्चात् मुगल साम्राज्य का पतन सुनिश्चित हो गया।

22

भारत में यूरोपीय शक्ति का आगमन

(स्रोत)

New NCERT Class VIII Chap 2 व्यापार से साम्राज्य तक कंपनी की सत्ता स्थापित होती है, Chap 3 ग्रामीण क्षेत्र पर शासन चलाना, Old NCERT Class VIII Chap 2 अठारहवीं सदी का भारत, Chap 3 ब्रिटिश शासन का उदय और विस्तार, Old NCERT Class XII Chap 2 भारत में यूरोपियों का प्रवेश और अंग्रेजों की विजय, New NCERT Class XII Chap 9 उपनिवेशवाद और देहात, Tamil Nadu Board (Class XI), NIOS

- मध्यकाल में भारत तथा यूरोप के मध्य व्यापारिक संबंध थे। यह व्यापार मुख्यत: भारत के पश्चिमी तट से लालसागर और पश्चिमी एशिया के माध्यम से होता था। यह व्यापार मुख्यत: मसालों एवं अन्य कीमती वस्तुओं के व्यापार से संबद्ध था।
- मसालों की उपयोगिता को देखते हुए भारत तथा दक्षिण-पूर्व एशिया के अन्य देशों के साथ संगठित व्यापार के लिए यूरोप के विभिन्न देशों में व्यापारिक कंपनियों की स्थापना की गई।
- भारत में आने वाली यूरोपीय कंपनियों में सर्वप्रथम पुर्तगाली थे। भारत में कंपनियों के आने का क्रम- पुर्तगीज, डच, अंग्रेज, डेनिश और फ्रांसीसी हैं।
- पुर्तगालियों और स्पेनवासियों ने भौगोलिक खोजों का युग आरंभ किया। पुर्तगाल के राजकुमार **हेनरी** के प्रयासों से ही भौगोलिक खोजों के प्रयास को बल मिला।
- पुर्तगाल के नाविक **बार्थोलोम्योडियाज** ने 1487 ई. में उत्तमाशा अंतरीप की खोज की, जिसे उसने तूफानी अंतरीप कहा। 1492 ई. में स्पेन के निवासी **कोलंबस** ने भारत पहुँचने का मार्ग ढूँढते हुए अमेरिका की खोज की।

प्रमुख यूरोपीय कंपनियाँ

कंपनी	स्थापना	स्थापना स्थल
पुर्तगाली ईस्ट इंडिया कंपनी (एस्तादो द इंडिया)	1498 ई.	कालीकट
अंग्रेजी ईस्ट इंडिया कंपनी (द गवर्नर एंड कंपनी ऑफ मर्चेंट्स ऑफ लंदन ट्रेडिंग इन टू द ईस्ट इंडीज)	1600 ई.	सूरत
डच ईस्ट इंडिया कंपनी (वेरींगिडे ओस्त इंडिसे कंपनी)	1602 ई.	मसूलीपट्टनम
डेनिस ईस्ट इंडिया कंपनी	1616 ई.	सूतानाती
फ्रेंच ईस्ट इंडिया कंपनी (कंपनी देश इंडेस ओरिएंटलेस)	1664 ई.	सूरत

पुर्तगाली

- 1498 ई. में पुर्तगाली नाविक **वास्कोडिगामा** ने उत्तमाशा अंतरीप (केप ऑफ गुड होप) होते हुए भारत की खोज करने में सफलता प्राप्त की।
- वास्कोडिगामा, **अब्दुल मजीद** नामक गुजराती पथ-प्रदर्शक (गाइड) की सहायता से कालीकट के प्रसिद्ध बंदरगाह कप्पकडाबू पहुँचा।
- कालीकट के तत्कालीन हिंदू शासक जमोरिन ने वास्कोडिगामा का स्वागत किया तथा उसे मसाले एवं जड़ी-बूटियाँ इत्यादि अपने देश ले जाने की अनुमति दी।
- वास्कोडिगामा अपने **हेक्टर** नामक जहाज से काली मिर्च लेकर पुर्तगाल वापस लौट गया।
- वास्कोडिगामा को इन वस्तुओं से यात्रा व्यय निकालने के पश्चात् भी 60 गुना लाभ हुआ।
- पेड्रो अल्बारेज केब्राल 1500 ई. में भारत पहुँचने वाला दूसरा पुर्तगाली था। 1502 ई. में वास्कोडिगामा पुन: भारत आया।
- पुर्तगालियों ने 1502 ई. में कोचीन में अपनी पहली फैक्ट्री तथा 1505 ई. में कन्नूर में अपनी दूसरी फैक्ट्री स्थापित की।
- कोचीन एवं कन्नूर के अतिरिक्त पुर्तगालियों ने भारत में गोवा द्वीप और दमन में भी अपने व्यापारिक केंद्र स्थापित किए।
- पुर्तगालियों ने आरंभ से ही व्यापार के साथ शक्ति का प्रयोग किया। इस कार्य में उन्हें हथियारबंद जहाजों की श्रेष्ठता से सहायता मिली।
- मुगलों की नौसैनिक शक्ति के लिए खतरा उत्पन्न कर पुर्तगालियों ने मुगल सम्राट से भी व्यापार संबंधी अनेक छूटें प्राप्त कीं।

भारतीय क्षेत्र के पुर्तगाली गवर्नर

- **फ्रांसिस्को डी अल्मेडा** (1505-09 ई.) भारत में यह प्रथम पुर्तगाली गवर्नर था। इसने कन्नूर, कोचीन तथा अंजादीव में किले का निर्माण करवाया। भारत के संदर्भ में इसने ब्लू वाटर पॉलिसी अपनाई।
- **अल्फांसो डी अल्बुकर्क** (1509-15 ई.) यह भारत का दूसरा पुर्तगाली गवर्नर था। इसे भारत में पुर्तगाली शक्ति का वास्तविक संस्थापक माना जाता है। 1510 ई. में गोवा पर अधिकार करने वाला पुर्तगाली वायसराय अल्फांसो डी अल्बुकर्क था।
- **नीनो डी कुन्हा** (1529-38 ई.) अल्बुकर्क के पश्चात् नीनो डी कुन्हा गवर्नर बना। इसने 1530 ई. में पुर्तगाली प्रांतों की राजधानी कोचिन से बदलकर गोवा में स्थापित की। इसने 1534 ई. में दीव तथा बेसिन गुजरात के तत्कालीन शासक बहादुरशाह से प्राप्त किए।
- **अल्फांसो डीसूज़ा** (1542-1542 ई.) नीनो डी कुन्हा के पश्चात् मार्टिन अल्फांसो डीसूज़ा गवर्नर बना। इसके समय में प्रसिद्ध जेसुइट संत फ्रांसिस्को जेवियर गोवा आए थे।

दक्षिण

- भारतीय क्षेत्रों पर पुर्तगालियों के अधिकार का एक प्रमुख कारण यह था कि दक्षिण भारत मुगल साम्राज्य से बाहर था, इसलिए पुर्तगालियों को मुगलों की शक्ति का सामना नहीं करना पड़ा।
- 16वीं शताब्दी के उत्तरार्द्ध में इंग्लैंड तथा हॉलैंड के तत्पश्चात् फ्रांस ने भी व्यापारिक और प्रतिद्वंद्वी शक्तियाँ प्राप्त की थीं। इन लोगों ने विश्व व्यापार पर स्पेनी और पुर्तगाली एकाधिकार के विरुद्ध एक कड़ा संघर्ष शुरू कर दिया।
- इस संघर्ष में स्पेन तथा पुर्तगाल की पराजय हुई और अब अंग्रेज तथा डच व्यापारी **केप ऑफ गुड होप** होकर भारत आने वाले रास्ते का प्रयोग करने लगे। इस प्रकार डचों ने इंडोनेशिया तथा अंग्रेजों ने भारत, श्रीलंका और मलाया पर अधिकार स्थापित किया।

डच

- 1596 ई. में भारत में आने वाला प्रथम डच नागरिक कार्नेलियस हाउटमैन था।
- 1602 ई. में डच ईस्ट इंडिया कंपनी की स्थापना हुई और डच संसद ने एक चार्टर के माध्यम से कंपनी को युद्ध छेड़ने, संधियाँ करने, क्षेत्र विजित करने और किले बनाने के अधिकार दे दिए।
- डचों की रुचि भारत में नहीं, अपितु इंडोनेशिया के जावा, सुमात्रा और स्पाइस आइलैंड में थी, जहाँ पर मसालों का उत्पादन किया जाता था।
- डचों ने शीघ्र ही मलय जलडमरूमध्य और इंडोनेशियाई द्वीपों से पुर्तगालियों को निकाल दिया तथा इस क्षेत्र पर अधिकार में लगे अंग्रेजों को 1623 ई. में पराजित कर दिया।
- भारत में डचों के पहले अभियान का नेतृत्व **कार्नेलियस डी. हाउटमैन** ने किया था।
- डचों ने पश्चिमी भारत में गुजरात के सूरत, भड़ौच, कैम्बे और अहमदाबाद, केरल के कोचीन, मद्रास के नागपट्टनम, आंध्र प्रदेश के मसूलीपट्टनम्, बंगाल के चिन्सुरा, बिहार के पटना और उत्तर प्रदेश के आगरा में अपने व्यापारिक केंद्र खोले। 1658 ई. में डचों ने पुर्तगालियों से श्रीलंका भी जीत लिया।

डचों द्वारा भारत में स्थापित कंपनी

केंद्र	स्थापना वर्ष (ई.)	केंद्र	स्थापना वर्ष (ई.)
पुलीकट	1610	पटना	1659
सूरत	1616	नागपट्टनम	1659
चिनसुरा	1653	कोचीन	1663
कासिम बाजार	1659		

ब्रिटिश

- 1599 ई. में **मर्चेंट एडवेंचर्स** नाम से विख्यात कुछ व्यापारियों ने पूर्व से व्यापार करने के लिए एक कंपनी बनाई, जिसे ईस्ट इंडिया कंपनी कहा गया।
- 31 दिसंबर, 1600 को ब्रिटेन की महारानी एलिजाबेथ ने एक रॉयल चार्टर के द्वारा ईस्ट इंडिया कंपनी को पूर्व के साथ व्यापार का अधिकार प्रदान किया।
- ईस्ट इंडिया कंपनी को व्यापारिक एकाधिकार देने का उद्देश्य पूर्वी बाजार से सस्ते माल की खरीददारी में प्रतिस्पर्द्धा को कम करना था। यद्यपि यह एकाधिकार मात्र ब्रिटिश कंपनियों के ही मामले में था, जो इस उद्देश्य को पूरा करता न कि दूसरी यूरोपीय कंपनियों के लिए।
- 1608 ई. में इस कंपनी ने भारत के पश्चिमी तट पर स्थित सूरत में एक फैक्टरी खोलने का निश्चय किया और **कैप्टन हॉकिंस** को मुगल बादशाह जहाँगीर के दरबार में शाही आज्ञा लेने के लिए भेजा।
- एक शाही फरमान के परिणामस्वरूप कंपनी को पश्चिमी तट पर अनेक स्थानों पर फैक्टरियाँ खोलने की आज्ञा मिल गई।
- अंग्रेजों ने दक्षिण में अपनी पहली फैक्टरी मसूलीपट्टनम् में 1611 ई. में स्थापित की, किंतु शीघ्र ही उनकी गतिविधियों का केंद्र मद्रास हो गया, जिसका पट्टा वहाँ के स्थानीय राजा ने उन्हें प्रदान कर दिया था।
- राजा ने उस स्थान की किले बंदी करने, उसका प्रशासन चलाने और सिक्के ढालने की अनुमति इस शर्त पर दी कि बंदरगाह से प्राप्त चुंगी का आधा भाग राजा को दिया जाएगा। इसी स्थान पर अपनी फैक्टरी के आस-पास अंग्रेजों ने एक किला बनवाया, जिसका नाम फोर्ट सेंट जॉर्ज पड़ा।
- 1615 ई. में अंग्रेज राजदूत **टॉमस रो** मुगल बादशाह से साम्राज्य के सभी भागों में व्यापार करने और फैक्टरियाँ खोलने का अधिकार देने वाला एक शाही फरमान जारी करवाने में सफल रहा।
- 1622 ई. में जब सम्राट चार्ल्स द्वितीय ने पुर्तगाली राजकुमारी कैथरीन से विवाह किया, तो पुर्तगालियों ने उसे बंबई का द्वीप दहेज में दे दिया। इस प्रकार गोवा, दीव, दमन को छोड़कर पुर्तगालियों के हाथ से अन्य भारतीय क्षेत्र निकल गए।
- इंडोनेशिया के द्वीपों से हो रहे मसालों के व्यापार में भागीदारी को लेकर अंग्रेज और डच कंपनी में 1654 ई. में लड़ाई आरंभ हो गई।
- अंग्रेजों एवं डचों के मध्य चलने वाली यह लड़ाई 1667 ई. में उस समय समाप्त हुई, जब अंग्रेजों ने इंडोनेशिया पर सभी छोड़ दिए और बदले में डचों ने भारत की अंग्रेजी बस्तियों पर आक्रमण न करने का वचन दिया।

ईस्ट इंडिया कंपनी का विस्तार

- 1623 ई. तक ईस्ट इंडिया कंपनी ने सूरत, भड़ौच, अहमदाबाद, आगरा और मसूलीपट्टनम् में फैक्टरियाँ स्थापित कर ली थीं।
- आरंभ में कंपनी ने व्यापार और कूटनीति के साथ-साथ युद्धों का सहारा लेने और जिन क्षेत्रों में फैक्टरियाँ स्थापित की थीं, उन पर अधिकार करने के भी प्रयास किए।

- दक्षिण भारत में अंग्रेजों के लिए परिस्थितियाँ अधिक अनुकूल थीं, क्योंकि दक्षिण में कोई शक्तिशाली राज्य नहीं बचा था।
- 1668 ई. में ईस्ट इंडिया कंपनी ने ब्रिटिश सरकार से बंबई का द्वीप प्राप्त किया, जिसे 1687 ई. में अपने मुख्यालय के रूप में स्थापित किया।
- इस प्रकार बंबई के रूप में अंग्रेजों को एक बड़ा और आसानी से रक्षा कर सकने योग्य बंदरगाह प्राप्त हुआ।
- पश्चिमी तट पर अब कंपनी के हेड क्वार्टर के रूप में सूरत का स्थान अब बंबई ने ले लिया।
- पूर्वी तथा दक्षिण भारत में ईस्ट इंडिया कंपनी का विस्तार निम्न प्रकार से हुआ

पूर्वी भारत

- पूर्वी भारत में कंपनी ने अपनी फैक्टरियों में से एक की स्थापना 1633 ई. में उड़ीसा में की।
- 1651 ई. में कंपनी को बंगाल के हुगली नगर में व्यापार की आज्ञा मिल गई। अब कंपनी ने शीघ्र ही पटना, बालासोर, ढाका और बंगाल-बिहार के दूसरे स्थानों पर भी फैक्टरियाँ स्थापित कर लीं।
- कंपनी की महत्त्वाकांक्षा बढ़ने लगी और वह बंगाल में स्वतंत्र बस्ती स्थापित करने की योजना बनाने लगी, क्योंकि अब वह भारत में राजनीतिक सत्ता स्थापित करके मुगलों को मजबूर कर व्यापार में मनमानी छूट प्राप्त करना चाहती थी।
- 1686 ई. में अंग्रेजों ने हुगली को नष्ट कर दिया और मुगल सम्राट के विरुद्ध युद्ध की घोषणा कर दी।
- युद्ध का अंत अंग्रेजों के लिए घातक रहा, उन्हें बंगाल स्थित उनकी फैक्टरियों से भगा दिया गया और वे गंगा के मुहाने में एक द्वीप पर शरण लेने को बाध्य हुए।
- युद्ध के परिणामस्वरूप अंग्रेजों की सूरत, मसूलीपट्टनम और विशाखापट्टनम में स्थित फैक्टरियों पर बादशाह का अधिकार हो गया तथा बंबई में स्थित उनके किले पर भी अधिकार हो गया।
- 1698 ई. में कंपनी ने सूतानाती, कालिकट और गोविंदपुर की जमींदारी प्राप्त कर ली और वहाँ पर अपनी फैक्टरी के आस-पास फोर्ट विलियम नामक किला बनवाया।
- कंपनी ने मुगल सम्राट औरंगजेब से एक फरमान भी जारी करवा लिया, जिससे वह बिना शुल्क व्यापार कर सके। यद्यपि कंपनी के आधिकारियों ने इसका व्यापक दुरुपयोग किया।
- 1717 ई. में कंपनी ने सम्राट फर्रूखशियर से एक फरमान प्राप्त किया, जिसमें 1691 ई. में उन्हें प्राप्त विशेषाधिकारों को दोबारा मान्यता मिल गई और उन्हें गुजरात एवं दक्कन तक भी बढ़ा दिया गया।
- 12 अगस्त, 1765 में मुगल बादशाह ने ईस्ट इंडिया कंपनी को बंगाल का दीवान तैनात कर दिया।
- 18वीं सदी के पूर्वार्द्ध में बंगाल में मुर्शिद कुली खाँ एवं अलीवर्दी खाँ जैसे शक्तिशाली नवाबों के चलते कंपनी को कोई विशेष लाभ नहीं हुआ और कंपनी यहाँ नवाब का एक जमींदार होकर रह गई।
- 1740 के दशक में ब्रिटिश ईस्ट इंडिया कंपनी को राजनीतिक सत्ता स्थापित करने हेतु बल मिला तथा उस समय मुगल साम्राज्य का पतन आरंभ हो चुका था।

दक्षिण भारत

- पूर्वी एवं पश्चिमी भारत में विदेशी घुसपैठ की अधिक संभावना नहीं थी, क्योंकि पूर्व में अलीवर्दी खाँ एवं पश्चिम में मराठों का वर्चस्व था।
- इस समय दक्षिण भारत में विदेशी शक्तियों के लिए परिस्थितियाँ अनुकूल होती जा रही थीं, क्योंकि औरंगजेब की मृत्यु के पश्चात् मुगल सत्ता कमजोर हो गई थी और 1748 ई. में निजाम-उल-मुल्क आसफजाह की मृत्यु के पश्चात् उसका साम्राज्य कमजोर हो गया था।
- कर्नाटक में भी अस्थिरता का समय था। कर्नाटक में गद्दी के लिए चंदासाहब और नवाब अनवरूद्दीन में परस्पर संघर्ष जारी था।
- अत: इन परिस्थितियों में विदेशी शक्तियों को अपना राजनीतिक प्रभाव विस्तृत करने तथा दक्षिण के निकट भारतीय राज्यों के मामले पर नियंत्रण स्थापित करने में सहायता मिली।
- 17वीं सदी के अंत तक अंग्रेजों ने पुर्तगाली एवं डच प्रतिद्वंद्वियों को तो समाप्त कर दिया था, किंतु फ्रांस अब भी अंग्रेजों का प्रमुख प्रतिद्वंद्वी बना हुआ था। 1744 से 1763 ई. अर्थात् लगभग 20 वर्षों तक भारतीय व्यापार, संपत्ति और क्षेत्र पर अधिकार के लिए फ्रांसीसियों एवं अंग्रेजों के मध्य निरंतर युद्ध होते रहे।

डेनिश

- अंग्रेजों के पश्चात् 1616 ई. में डेनिश ईस्ट इंडिया कंपनी का भारत में आगमन हुआ।
- डेनिश कंपनी ने 1620 ई. में तंजौर के निकट ट्रैंकोबार में अपनी प्रथम फैक्ट्री स्थापित की।
- 1643 ई. से 1669 ई. के मध्य डेनिश ईस्ट इंडिया कंपनी की गतिविधियाँ भारत में नगण्य रहीं।
- 1670 ई. में डेनिश ईस्ट इंडिया कंपनी की पुनर्स्थापना की गई, जो 1729 ई. में भंग कर दी गई।
- डेनिशों ने 1676 ई. में बंगाल के सेरामपुर (श्रीरामपुर) नामक स्थान पर अपनी दूसरी फैक्ट्री स्थापित की।
- डेनिशों ने 1745 ई. में अपनी सभी फैक्ट्रियाँ ब्रिटिश कंपनी को बेच दीं तथा भारत छोड़कर चले गए।

फ्रेंच

- फ्रांस के सम्राट लुई 14वें के मंत्री कॉलवर्ट द्वारा 1664 ई. में फ्रेंच ईस्ट इंडिया कंपनी की स्थापना हुई, जिसे 'कंपनी देश इंडेस ओरिएंटलेस' कहा गया।
- 1667 ई. में **फ्रांसिस कैरो** के नेतृत्व में एक फ्रांसीसी दल भारत आया, जिसने दिसंबर, 1668 में सूरत में सबसे पहले व्यापारिक कारखाने की स्थापना की।
- 1674 ई. में फ्रांसिस मार्टिन ने पाँडिचेरी की स्थापना की। डचों ने अंग्रेजों की सहायता से 1693 ई. में पाँडिचेरी को छीन लिया, किंतु 1697 ई. में रिजविक की संधि के पश्चात् पाँडिचेरी पुन: फ्रांसीसियों को मिल गया।
- पाँडिचेरी के कारखाने में ही मार्टिन ने **फोर्ट लुई** का निर्माण कराया।
- फ्रांसीसियों ने 1721 ई. में मॉरिशस, 1724 ई. में मालाबार में स्थित माहे तथा 1739 ई. में करिकाल पर अधिकार कर लिया।
- 1742 ई. के पश्चात् फ्रांसीसी भी व्यापारिक लाभ कमाने की तुलना में राजनीतिक उद्देश्य की पूर्ति की दिशा में सक्रिय हो गए, परिणामस्वरूप अंग्रेज और फ्रांसीसियों के मध्य युद्ध आरंभ हो गया।

आंग्ल-फ्रांसीसी संघर्ष

- फ्रांसीसियों और अंग्रेजों के मध्य हुए संघर्ष को कर्नाटक युद्ध के नाम से जाना जाता है।
- लगभग 20 वर्षों तक चले इस संघर्ष के परिणामस्वरूप भारत में फ्रांसीसी शक्ति अंतिम रूप से क्षीण हो गई और भारत पर अंग्रेजों का शासन स्थापित हो गया।

कर्नाटक का प्रथम युद्ध (1746-48 ई.)

- कर्नाटक का प्रथम युद्ध अंग्रेजों व फ्रांसीसियों के मध्य लड़ा गया था। यह युद्ध यूरोप में हुए ऑस्ट्रिया के उत्तराधिकार युद्ध से प्रभावित था।
- 1748 ई. के **एक्स-ला-चैपल की संधि** द्वारा ऑस्ट्रिया का उत्तराधिकार युद्ध समाप्त हो गया, जिसके फलस्वरूप कर्नाटक का प्रथम युद्ध भी समाप्त हो गया। इस संधि के परिणामस्वरूप फ्रांसीसियों ने अंग्रेजों को मद्रास वापस लौटा दिया।

द्वितीय कर्नाटक युद्ध (1749-54 ई.)

- दक्कन के निजाम आसफजाह की 1748 ई. में मृत्यु हो गई, जिससे उसके पुत्र नासिरजंग तथा भतीजे मुजफ्फरजंग के मध्य उत्तराधिकार के लिए संघर्ष आरंभ हो गया। दूसरी ओर कर्नाटक के नवाब अनवरुद्दीन तथा उसके बहनोई चंदा साहब के मध्य भी विवाद प्रारंभ हो गया।
- इस स्थिति में डूप्ले ने लाभ उठाया तथा चंदा साहब और मुजफ्फरजंग से इस बात का गुप्त समझौता कर लिया कि वह उनको अपनी सैन्य सहायता देगा।
- 1749 ई. में इन तीनों सहयोगियों ने **अंबूर के युद्ध** में अनवरुद्दीन को पराजित कर उसकी हत्या कर दी। इसके पश्चात् उसका बेटा मुहम्मद अली त्रिचुरापल्ली भाग गया और शेष कर्नाटक चंदा साहब के अधिकार में आ गया। इस युद्ध के पश्चात् चंदा साहब ने पुरस्कार स्वरूप फ्रांसीसियों को पाँडिचेरी के निकट 80 गाँव प्रदान किए।
- हैदराबाद में नासिरजंग मारा गया और मुजफ्फरजंग निजाम अर्थात् दक्कन का सूबेदार बना। मुजफ्फरजंग ने फ्रांसीसी कंपनी को पाँडिचेरी के निकट जमीनें तथा मसूलीपट्टनम् का प्रसिद्ध नगर भी दिया। इसके अतिरिक्त कंपनी तथा उसकी सेनाओं को भी ₹ 5-5 लाख प्रदान किए गए।
- डूप्ले को ₹ 20 लाख के साथ एक जागीर भी दी गई, जिसकी वार्षिक आय ₹ 1 लाख थी। इसके अतिरिक्त उसे कृष्णा नदी से लेकर कन्याकुमारी तक के मुगल क्षेत्रों का आनरेरी गवर्नर भी बना दिया गया।
- डूप्ले ने अपने सर्वश्रेष्ठ अफसर **बुस्सी** को फ्रांसीसी सेना की एक टुकड़ी के साथ हैदराबाद में नियुक्त किया, इस नियुक्ति का उद्देश्य निजाम की रक्षा करना था।
- मुजफ्फरजंग की मृत्यु के पश्चात् बुस्सी ने निजाम-उल-मुल्क के तीसरे बेटे सलावतजंग को तत्काल गद्दी पर बैठा दिया। इसके बदले में सलावतजंग ने फ्रांसीसियों को आंध्र प्रदेश का वह क्षेत्र पुरस्कार स्वरूप प्रदान किया, जिसे उत्तरी सरकार कहा जाता था। इसमें 4 जिले मुस्तफानगर, एल्लौर, राजमुंद्री और चिकाकोल शामिल थे।
- फ्रांसीसियों की सफलताओं के प्रभाव को कम करने के लिए, अंग्रेज नासिरजंग और मुहम्मद अली से मिलकर षड्यंत्र कर रहे थे।
- 1750 ई. में उन्होंने मुहम्मद अली की ओर से अपनी पूरी शक्ति लगा देने का निश्चय किया।
- रॉबर्ट क्लाइव ने यह प्रस्ताव दिया कि कर्नाटक की राजधानी आर्काट पर आक्रमण करके त्रिचुरापल्ली में घिरे मुहम्मद अली पर फ्रांसीसियों का दबाव कम किया जा सकता है।
- यह प्रस्ताव स्वीकृत हो जाने के पश्चात् क्लाइव ने आर्काट पर आक्रमण कर उसे जीत लिया। अत: चंदा साहब और फ्रांसीसियों ने विवश होकर त्रिचुरापल्ली की घेरा बंदी कर ली।
- शीघ्र ही फ्रांसीसी सेना को आत्मसमर्पण हेतु विवश होना पड़ा और चंदा साहब की हत्या कर दी गई।
- अंतत: दोनों सरकारों ने एक शांति समझौता किया।
- अंग्रेज तथा फ्रांसीसियों के मध्य हुए समझौते के अंतर्गत 1754 ई. में अंग्रेजों के कहने पर डूप्ले को भारत से वापस बुला लिया गया। डूप्ले की वापसी भविष्य में फ्रांसीसी कंपनी के लिए घातक सिद्ध हुई।

तृतीय कर्नाटक युद्ध (1756-63 ई.)

- दोनों कंपनियों का यह अस्थायी समझौता 1756 ई. में समाप्त हो गया, जब इंग्लैंड और फ्रांस के मध्य एक और युद्ध छिड़ गया। इस युद्ध को **सप्तवर्षीय युद्ध** भी कहते हैं।
- सप्तवर्षीय युद्ध 1756-63 ई. तक भारत, कनाडा एवं यूरोपीय आदि देशों में हुआ। इसे 7 वर्षों तक चलने के कारण सप्तवर्षीय युद्ध कहते हैं। यह युद्ध ब्रिटेन एवं फ्रांस के मध्य हुआ था। इसमें फ्रांस की पराजय हुई।
- इस युद्ध के आरंभ में ही अंग्रेजों ने बंगाल पर नियंत्रण स्थापित कर लिया। हैदराबाद में भी अब अंग्रेजों का आधिपत्य स्थापित हो गया तथा निजाम ने इन्हें उत्तरी सरकार सौंप दी।
- 22 जनवरी, 1760 को **वांडीवाश युद्ध** में भारत फ्रांसीसी शक्ति के संदर्भ में निर्णायक रहा। जब अंग्रेज गवर्नर जनरल आयरकूट ने फ्रांसीसी गवर्नर काउंट-डी-लाली को पराजित कर दिया।
- वांडीवाश युद्ध का अंत 1763 ई. में पेरिस समझौते के साथ हुआ। इसके अनुसार फ्रांसीसियों को भारत में स्थित उनकी सभी फैक्टरियाँ वापस कर दीं गईं, किंतु अब वे उनकी किलाबंदी नहीं कर सकते थे और न ही वहाँ सैनिक रख सकते थे।

अतिरिक्त तथ्य
तमिलनाडु बोर्ड एवं NIOS

- पुर्तगालियों के द्वारा **कार्टज प्रणाली** प्रारंभ की गई। इस प्रणाली के अंतर्गत वे **समुद्री लुटेरों से सुरक्षा** के नाम पर व्यापारियों से शुल्क वसूल करते थे।
- अंग्रेज ईस्ट इंडिया कंपनी को **जॉन कंपनी** भी कहा जाता था। सन् 1600 में स्थापित यह संयुक्त शेयर कंपनी थी।
- विजयनगर (दक्षिण भारत) क्षेत्र में ब्रिटिशों को दमरला वेंकटाद्री नायक नामक स्थानीय मुखिया से जमीन का एक टुकड़ा प्राप्त हुआ। भूमि के इस टुकड़े में 1639 ई. में **सेंट जार्ज** नामक किले का निर्माण किया गया।
- बर्बर नामक फ्रेंच एजेंट के द्वारा औरंगजेब से 4 सितंबर, 1666 को व्यापार से संबंधित एक फरमान प्राप्त किया गया था।
- यूरोप में सप्त वर्षीय युद्ध (1756-1963) की परिणति का एक पक्ष भारत में स्थित आंग्ल-फांसीसी युद्ध के रूप में उभरा।
- संपूर्ण भारतीय क्षेत्रों से समस्त विश्व को सूती कपड़ों का निर्यात किया जाता था।

23

प्रांतीय स्वायत्त राजवंश

(स्रोत)

New NCERT Class VII Chap 8 **अठारहवीं शताब्दी में नए राजनीतिक गठन,**
New NCERT Class VII Chap 2 **व्यापार से साम्राज्य तक कंपनी की सत्ता स्थापित होती है,**
Class VIII Old NCERT Chap 2 **अठारहवीं सदी का भारत,**
Class XII Old NCERT Chap 1 **अठारहवीं सदी का भारत,**
Tamil Nadu Board (Class XI), NIOS

स्वतंत्र राज्यों का उदय

मुगल साम्राज्य ने अपनी विशेषताओं से संपूर्ण मध्ययुगीन भारत को प्रभावित किया। इसके उत्तरोत्तर शिथिल होते रहने पर एक प्रकार की राजनीतिक शून्यता की स्थिति उत्पन्न होती जा रही थी। इसी समय कुछ स्वतंत्र राज्यों का उदय हुआ, जिनका विवरण निम्न प्रकार है

हैदराबाद

- हैदराबाद राज्य की स्थापना 1724 ई. में निजाम-उल-मुल्क आसफजाह ने की थी। निजाम-उल-मुल्क का वास्तविक नाम **चिन-किलिच खाँ** था, इसने हैदराबाद में आसफजाही वंश की नींव रखी थी।
- सैयद बंधुओं की शक्ति को समाप्त करने में निजाम-उल-मुल्क आसफजाह की महत्त्वपूर्ण भूमिका थी।
- निजाम-उल-मुल्क आसफजाह को सर्वप्रथम इसे अवध की सूबेदारी सौंपी गई थी। इसके पश्चात् इसे दक्कन के वायसराय का पद प्राप्त हुआ, इसने 1720-22 ई. तक दक्कन में अपनी स्थिति सुदृढ़ की।
- निजाम-उल-मुल्क आसफजाह 1722-24 ई. तक मुगल साम्राज्य में वजीर के पद पर रहा था, किंतु वह वजीर के कार्य से परेशान हो गया था, क्योंकि बादशाह मुहम्मद शाह ने प्रशासन में सुधार लाने के उसके सभी प्रयासों को असफल कर दिया था।
- हैदराबाद राज्य पश्चिम की ओर से मराठों के विरुद्ध तथा पठारी क्षेत्र के स्वतंत्र तेलुगू सेना नायकों से युद्ध में संलग्न रहता था। पूर्व में निजाम की दृष्टि वस्त्रोत्पादक तथा धन संपन्न कोरोमंडल क्षेत्र पर थी, किंतु इस क्षेत्र में अंग्रेजों की उपस्थिति ने इसकी महत्त्वाकांक्षा पर रोक लगा दी।
- 1748 ई. में निजाम-उल-मुल्क आसफजाह की मृत्यु के बाद हैदराबाद उन्हीं विघटनकारी शक्तियों का शिकार हो गया, जो दिल्ली में सक्रिय थीं।

कर्नाटक

- **सआदत उल्ला खाँ** द्वारा 1720 ई. में कर्नाटक के स्वतंत्र राज्य की स्थापना की गई थी, जिसकी राजधानी अर्काट थी।
- कर्नाटक मुगल दक्कन का एक सूबा था और वह हैदराबाद के निजाम के अधिकार में आता था, किंतु यह स्वयं को दक्कन के नवाब के नियंत्रण से मुक्त कर अपने पद को वंशागत बना चुका था।
- कर्नाटक के नवाब सआदत उल्ला खाँ ने अपने भतीजे दोस्त अली को निजाम की स्वीकृति के बिना ही अपना उत्तराधिकारी बना दिया था।
- 1740 ई. में मराठों द्वारा दोस्त अली की हत्या कर दी गई, इसके पश्चात् सफदर अली, दोस्त अली का उत्तराधिकारी बना।
- नवाबी के लिए संघर्षों को लेकर कर्नाटक में स्थिति अनेक बार बिगड़ी, जिससे यूरोपीय कंपनियों को भारतीय राजनीति में हस्तक्षेप करने का प्रथम अवसर मिल गया।
- कर्नाटक में कंपनी को छोटे राज्यों से भी विरोध का सामना करना पड़ा। जैसे किट्टूर की रानी चेन्नम्मा का प्रतिरोध, इनके पश्चात चौकीदार रायन्ना का विरोध।

बंगाल

- 1651 ई. में अंग्रेजों ने बंगाल में अपनी पहली फैक्टरी शाहशुजा की अनुमति से स्थापित की थी। इसी वर्ष राजवंश की एक महिला की डॉ. बॉटन द्वारा चिकित्सा करने पर शाहशुजा ने अंग्रेजों को 3000 रुपये वार्षिक कर के बदले में बंगाल, बिहार तथा उड़ीसा में कर मुक्त व्यापार की अनुमति प्रदान कर दी।
- 1698 ई. में सूबेदार अजीम-उस-शान ने कंपनी को सूतानाती, कलकत्ता एवं गोविंदपुर की जमींदारी दे दी। 1717 ई. में मुगल सम्राट फर्रुखशियर ने ₹ 3000 वार्षिक कर के बदले में अंग्रेजों को व्यापारिक छूट प्रदान की।

- केंद्रीय सत्ता की बढ़ती कमजोरी का लाभ उठाकर मुर्शिद कुली खाँ एवं अली वर्दी खाँ ने बंगाल को स्वतंत्र शक्ति के रूप में स्थापित कर दिया। बंगाल पर शासन करने वाले प्रमुख शासक निम्न हैं

मुर्शिद कुली खाँ (1717-27 ई.)

- औरंगजेब के शासनकाल में मुर्शिद कुली खाँ 1700 ई. में बंगाल का सूबेदार नियुक्त किया गया। 1717 ई. में फर्रूखशियर ने उसे बंगाल का दीवान घोषित किया, किंतु मुर्शिद कुली खाँ ने ढाका से अपनी राजधानी मुर्शिदाबाद स्थानांतरित कर स्वयं को स्वतंत्र घोषित किया और इसने जागीर भूमि के काफी बड़े भाग को खालसा भूमि में परिवर्तित कर दिया तथा कृषि प्रथा की शुरुआत की।
- मुर्शिद कुली खाँ के शासन काल में तीन विद्रोह हुए थे। पहला विद्रोह सीताराम राय, उदय नारायण और गुलाम मुहम्मद ने तथा दूसरा एवं तीसरा विद्रोह क्रमशः शुजात खाँ एवं नजात खाँ ने किया था। 1727 ई. में मुर्शिद कुली खाँ की मृत्यु के पश्चात् उसका दामाद शुजाउद्दीन बंगाल की गद्दी पर बैठा।
- बंगाल में मुगल प्रभाव को कम करने के लिए इसने बंगाल के राजस्व का बड़े पैमाने पर पुनर्निधारण का आदेश दिया।

शुजाउद्दीन (1727-39 ई.)

मुर्शिद कुली खाँ की मृत्यु के बाद शुजाउद्दीन शासक बना। यह मुर्शिद कली खाँ का दामाद था। इसके पश्चात् इसका बेटा सरफराज खाँ गद्दी पर बैठा।

सरफराज खाँ (1739-40 ई.)

इसने आलमउद्दौला हैदरजंग की उपाधि ग्रहण कर शासन आरंभ किया, किंतु इसका कार्यकाल एक वर्ष तक ही रहा।

अलीवर्दी खाँ (1740-56 ई.)

- 1739 ई. में ही अलीवर्दी खाँ सरफराज खाँ को गद्दी से हटाकर स्वयं बंगाल का नवाब बन गया। इसके समय में बंगाल पर मराठों ने रघुनाथ राव के नेतृत्व में पाँच बार आक्रमण किया।
- मराठों के साथ शांति स्थापना के लिए उड़ीसा (ओडिशा) के क्षेत्र का राजस्व वसूली अधिकार मराठों को प्रदान किया गया। अलीवर्दी खाँ के शासनकाल में ही अंग्रेजों द्वारा कोलकाता के निकट फोर्ट विलियम का किला बनाने की प्रक्रिया शुरू हुई।
- राज्य और साहूकारों के बीच का वह संबंध जो अवध तथा हैदराबाद में विकसित हुआ था, अलीवर्दी खाँ के काल में भी देखने को मिला। इसके काल में जगत सेठ का साहूकार घराना अत्यंत समृद्धशाली हो गया।

सिराजुद्दौला (1756-57 ई.)

- अलीवर्दी खाँ के बाद उसका नाती सिराजुद्दौला 1756 ई. में बंगाल का नवाब बना। इसके नवाब बनने पर उसके परिवार के सदस्यों के बीच षड्यंत्र और झगड़े शुरू हो गए। इन साजिशों ने अंग्रेज कंपनी को बंगाल की राजनीति में हस्तक्षेप करने का अवसर दिया तथा अंग्रेजों ने कलकत्ता (फोर्ट विलियम) की किले बंदी का विस्तार आरंभ कर दिया।
- अंग्रेज कंपनी नवाब की किसी बात पर ध्यान दिए बिना अपनी मनमानी करती रही। कंपनी ने अपनी किले-बंदी तथा मुक्त व्यापार की नीति जारी रखी। नवाब ने क्रुद्ध होकर कासिम बाजार की अंग्रेज फैक्टरी पर अधिकार कर लिया तथा 20 जून, 1756 को कलकत्ता पर भी अधिकार कर लिया।

ब्लैक होल घटना (20 जून, 1756)

एक अंग्रेज अधिकारी जे. जेड. हॉलवेल के अनुसार, नवाब ने 20 जून की रात में 146 अंग्रेज बंदियों को 18 फुट लंबी एवं 14' 10" फुट चौड़ी कोठरी में बंद कर दिया। अगले दिन हॉलवेल सहित मात्र 23 व्यक्ति जीवित बचे। इतिहास में इस घटना को ब्लैक होल त्रासदी के नाम से जाना जाता है।

प्लासी का युद्ध (1757 ई.)

- अंग्रेज और सिराजुद्दौला के मध्य प्लासी में 23 जून, 1757 को युद्ध हुआ। इस युद्ध में मीर जाफर तथा उसके अन्य सहयोगियों ने भाग नहीं लिया, इस प्रकार प्लासी के युद्ध में नवाब की पराजय हुई।
- मीर जाफर नवाब सिराजुद्दौला का सेनापति था, जिसे क्लाइव ने प्रलोभन देकर अपने गुट में मिला लिया था।
- इस युद्ध में मीर मर्दान तथा मोहनलाल ने नवाब का साथ दिया तथा नवाब को पकड़ लिया गया और मीर जाफर के बेटे मीरन ने नवाब की हत्या कर दी।
- इस युद्ध में अंग्रेजी सेना का नेतृत्व रॉबर्ट क्लाइव तथा सिराजुद्दौला की सेना का नेतृत्व मीर जाफर तथा राजा दुर्लभ राय ने किया था।
- युद्ध में मीर जाफर की गलत रणनीतियों के कारण सिराजुद्दौला युद्ध भूमि में मारा गया। इस युद्ध ने भारत का राजनीतिक स्वरूप बदल दिया। यह ब्रिटिश कंपनी की पहली विजय थी।

मीर जाफर (1757-60 ई.)

- अंग्रेजों ने मीर जाफर को बंगाल का नवाब घोषित किया। बदले में कंपनी को बंगाल, बिहार और उड़ीसा में मुक्त व्यापार का अधिकार मिल गया तथा कलकत्ता के समीप चौबीस परगना जिले की जमींदारी भी प्राप्त हुई।
- कलकत्ता पर आक्रमण के हर्जाने के रूप में मीर जाफर ने कंपनी को और नगर के व्यापारियों को 1 करोड़ 77 लाख रुपये दिए तथा साथ ही अधिकारियों को रिश्वत दी गई।
- प्लासी के युद्ध के उपरांत भारत में ब्रिटिश सत्ता की स्थापना की शुरुआत हुई और नवाब उसकी कठपुतली बन गया।
- यद्यपि मीर जाफर ने कंपनी की सहायता से ही गद्दी प्राप्त की थी, किंतु वह पश्चाताप करने लगा, क्योंकि कंपनी की उपहार और रिश्वत संबंधी माँगों से उसका खजाना खाली होने लगा।

मीर कासिम (1760-63 ई.)

- कंपनी ने अक्टूबर, 1760 में मीर जाफर के स्थान पर उसके दामाद मीर कासिम को बंगाल का नवाब नियुक्त किया। मीर कासिम ने नवाब बनते ही कंपनी को बर्दवान, मिदनापुर और चिटगाँव जिलों की जमींदारी सौंप दी।
- मीर कासिम एक योग्य, कुशल और शक्तिशाली शासक था, वह बंगाल में अंग्रेजों के लिए एक खतरा बन गया।
- मीर कासिम ने यह महसूस किया कि स्वतंत्रता बनाए रखने हेतु धन और कुशल सेना की आवश्यकता है, अतः उसने राजस्व प्रशासन से भ्रष्टाचार समाप्त कर यूरोपीय आधार पर एक आधुनिक एवं अनुशासित सेना के गठन का प्रयास किया।
- इसके साथ ही नवाब 1717 ई. के शाही फरमान का कंपनी के नौकरों द्वारा दुरुपयोग रोकने का प्रयास कर रहा था, ज़बकि इन नौकरों की माँग थी कि उनका माल चाहे आयात के लिए हो या निर्यात के लिए उस पर कोई चुंगी (कर) न लगाई जाए।

- नवाब ने भारतीय व्यापारियों एवं सौदागरों के हितों के लिए अनेक कार्य किए तथा चुंगी वसूली समाप्त कर दी, जो पहले भारतीय व्यापारियों को देनी होती थी।
- इस प्रकार अंग्रेज, भारतीय व्यापारियों एवं अंग्रेज व्यापारियों को व्यापार में समानता का अधिकार देने को तैयार नहीं थे, इन्होंने भारतीय व्यापारियों पर पुन: कर लगाए जाने की माँग की। मीर कासिम की इन्हीं नीतियों के कारण कंपनी ने उसे हटाने का निर्णय किया।
- मीर कासिम को अपदस्थ कर पुन: मीर जाफर को नबाव बनाया गया, किंतु 1765 ई. में मीर जाफर की मृत्यु के पश्चात् क्लाइव ने एलान किया कि 'हमें खुद नबाव बनना पड़ेगा''। अंतत: 1765 ई. में मुगल सम्राट द्वारा कंपनी को बंगाल का दीवान नियुक्त कर दिया गया।

बक्सर का युद्ध

- 1763 ई. में जो लड़ाई हुई उसमें मीर कासिम की सेना पराजित हो गई तथा नवाब को बंगाल और बिहार से पलायन करना पड़ा। पराजित होने के पश्चात् मीर कासिम ने अवध के नवाब शुजाउद्दौला तथा तत्कालीन मुगल शासक शाहआलम द्वितीय के साथ एक समझौता किया।
- 22 अक्टूबर, 1764 को हुए बक्सर के युद्ध में इन तीनों सहयोगियों को कंपनी की सेना के हाथों पराजित होना पड़ा।
- यह युद्ध भारतीय इतिहास के सबसे निर्णायक युद्धों में से एक था, क्योंकि इसने तीन बड़ी भारतीय शक्तियों की संयुक्त सेना पर अंग्रेजी सेना की श्रेष्ठता सिद्ध कर दी। इस युद्ध ने अंग्रेजों को बंगाल, बिहार और उड़ीसा का निर्विवाद शासक बना दिया।

नजमुद्दौला (1765 ई.)

- 1763 ई. में अंग्रेजों ने मीर जाफर को पुन: नवाब बना दिया तथा कंपनी और उसके अधिकारियों के लिए बड़ी रकमें ली गईं। मीर जाफर की मृत्यु के पश्चात् उसके दूसरे पुत्र नजमुद्दौला को गद्दी पर बैठाया गया।
- अंग्रेजों ने 20 फरवरी, 1765 को नजमुद्दौला से एक नई संधि पर हस्ताक्षर करवाए। इस संधि के अनुसार नवाब को अपनी सेना भंग कर देना तथा बंगाल का शासन एक नायब सूबेदार के माध्यम से संचालित करना था, जिसकी नियुक्ति कंपनी को करनी थी, जिसे कंपनी की स्वीकृति के बिना हटाया नहीं जा सकता था। इस प्रकार कंपनी ने बंगाल के प्रशासन (निजामत) पर पूर्ण अधिकार कर लिया।
- 1765 ई. में शुजाउद्दौला और शाहआलम ने इलाहाबाद (प्रयागराज) में क्लाइव, जो उस समय कंपनी का गवर्नर था, के साथ इलाहाबाद की दो अलग-अलग संधियाँ कीं।

द्वैध शासन

- 1765 ई. से ईस्ट इंडिया कंपनी बंगाल की वास्तविक स्वामी बन गई। कंपनी की सेना का बंगाल पर नियंत्रण स्थापित हो गया और राजनीति की संपूर्ण शक्ति इसके अधीन हो गई।
- दीवान के रूप में कंपनी प्रत्यक्ष रूप से राजस्व वसूलने लगी। इस प्रकार कंपनी को अपना उप-सूबेदार नामांकित करने का अधिकार मिल गया तथा कंपनी का निजामत अथवा पुलिस और न्यायिक शक्तियों पर पूर्ण नियंत्रण स्थापित हो गया, इस व्यवस्था को **दोहरी या द्वैध सरकार** कहा गया।
- इस व्यवस्था (द्वैध शासन) में कंपनी का सत्ता पर पूर्ण अधिकार हो गया, जबकि उसके ऊपर किसी प्रकार का उत्तरदायित्व नहीं था।

अवध

यह राज्य पश्चिम में कन्नौज से लेकर पूर्व में कर्मनाशा नदी तक विस्तृत था। गंगा नदी क्षेत्र में होने के कारण यह अत्यधिक उपजाऊ क्षेत्र था तथा व्यापारिक दृष्टिकोण से इसलिए महत्त्वपूर्ण था, क्योंकि उत्तरी भारत तथा बंगाल के बीच व्यापारिक क्षेत्र अवध से ही गुजरता था।

अवध राज्य पर शासन करने वाले प्रमुख शासक निम्न हैं-

सआदत खाँ बुरहान-उल-मुल्क (1722-39 ई.)

- अवध के स्वायत्त राज्य का संस्थापक सआदत खाँ बुरहान-उल-मुल्क था। इसे 1722 ई. में अवध का सूबेदार बनाया गया था।
- सआदत खाँ मुगल सेना में एक अधिकारी था, इसने सैयद बंधुओं को हराने में सहायता की थी।
- सआदत खाँ की नियुक्ति के समय बगावत करने वाले जमींदारों ने मालगुजारी देने से मना कर दिया और अपनी निजी सेनाएँ गठित कीं तथा किले बनवाए और शाही सरकार की अवज्ञा की, अत: सआदत खाँ को इनके साथ संघर्षरत् रहना पड़ा।
- सआदत खाँ ने बड़े जमींदारों को अनुशासित किया तथा वित्तीय संसाधनों में वृद्धि की। जमींदारों द्वारा नियमित भू-राजस्व अदायगी का वचन देने पर इसने पराजित जमींदार को हटाया नहीं।
- सआदत खाँ ने 1723 ई. में नया राजस्व बंदोबस्त (रेवेन्यू सेटलमेंट) किया। इसने भू-लगान लगाकर किसानों की स्थिति में सुधार किया।
- सआदत खाँ ने जागीरदारी प्रथा को जारी रखा। 1739 ई. में अपनी मृत्यु के पूर्व वह स्वतंत्र हो गया था और उसने प्रांतों को अपनी वंशगत संपत्ति बना लिया था।
- राज्य ऋण प्राप्त करने के लिए स्थानीय सेठ, साहूकारों तथा महाजनों पर निर्भर रहता था। राज्य, राजस्व संग्रह का उत्तरदायित्व सबसे ऊँची बोली लगाने वाले इजारे दार को देता था। इस तरह का पहला प्रयोग अवध में देखने को मिलता है। इससे कालांतर में राज्य के साहूकार तथा महाजन राज्य के राजस्व प्रबंधन को प्रभावित करने लगे।

सफदरजंग (1739-54 ई.)

- सआदत खाँ की मृत्यु के पश्चात् उसका उत्तराधिकारी उसका भतीजा और दामाद सफदरजंग बना। 1748 ई. में सफदरजंग को साम्राज्य का वजीर बना दिया गया, इसके अतिरिक्त उसे इलाहाबाद का प्रांत भी दिया गया।
- सफदरजंग का शासनकाल 1748-54 ई. तक था। इसने बगावत करने वाले जमींदारों को दबाया तथा मराठों से मित्रता की। यह राजपूत सरदारों की वफादारी प्राप्त करने में भी सफल रहा। सफदरजंग ने रुहेलों एवं बंगश पठानों से लड़ाइयाँ लड़ीं। बंगश नवाबों के विरुद्ध 1750-51 ई. की लड़ाई के समय उसे मराठों की सैनिक सहायता एवं जाटों का समर्थन मिला।
- सफदरजंग ने पेशवा को उत्तर-पश्चिम भारत के कुछ क्षेत्रों में चौथ वसूली का अधिकार देने के लिए एक समझौते को स्वीकृति दी थी, किंतु यह अस्तित्व में नहीं आ सका।
- सफदरजंग ने न्याय की उचित व्यवस्था की, इसने नौकरियाँ देने में हिंदुओं तथा मुसलमानों के मध्य भेदभाव नहीं किया। इसकी सरकार में सबसे उच्च पद पर एक हिंदू नवाब राय आसीन था। 1753 ई. में बादशाह ने सफदरजंग को वजीर के पद से बर्खास्त कर दिया तथा 1754 ई. में इसकी मृत्यु हो गई।

शुजाउद्दौला (1754-75 ई.)

- सफदरजंग की मृत्यु के पश्चात् उसका पुत्र शुजाउद्दौला उसका उत्तराधिकारी बना। पानीपत के तृतीय युद्ध (1761 ई.) में शुजाउद्दौला ने अहमदशाह अब्दाली का साथ दिया था।
- शुजाउद्दौला ने बंगाल के नवाब मीर कासिम तथा मुगल सम्राट शाहआलम द्वितीय के साथ मिलकर बक्सर का युद्ध लड़ा था, किंतु वह पराजित हुआ।

वाजिद अली शाह (1847-56 ई.)

यह अवध का अंतिम नवाब था। इसी के शासनकाल में लॉर्ड डलहौजी ने 1854 ई. में अंग्रेज अधिकारी आउट्रम की रिपोर्ट के आधार पर कुशासन का आरोप लगाकर 1856 ई. में अवध का अंग्रेजी साम्राज्य में विलय कर लिया था।

मैसूर

- दक्षिण भारत में हैदराबाद के समीप हैदरअली के अधीन मैसूर की महत्त्वपूर्ण सत्ता का उदय हुआ। विजयनगर साम्राज्य का अंत होने के समय से ही मैसूर ने अपनी कमजोर स्वायत्तता बनाए रखी।
- 18वीं सदी के आरंभ में ही **नंजराज** (सर्वाधिकारी) और **देवराज** (दुलवई) नामक दो मंत्रियों ने मैसूर की शक्ति अपने अधीन कर ली थी।
- मैसूर का तत्कालीन शासक **चिक्का कृष्णराज** मात्र एक कठपुतली शासक बनकर रहा गया था। मैसूर पर शासन करने वाले प्रमुख शासक निम्न हैं

हैदरअली (1761-82 ई.)

- हैदरअली का जन्म 1721 ई. में एक सामान्य परिवार में हुआ था, इसने अपना जीवन मैसूर की सेना में एक साधारण अधिकारी के रूप में प्रारंभ किया था। वह एक प्रतिभाशाली सेनानायक तथा चतुर राजनीतिज्ञ था।
- मैसूर राज्य 20 वर्षों तक युद्ध में उलझा रहा, इस दौरान हैदरअली ने अवसर का लाभ उठाया और मैसूर की सेना में उच्च पद प्राप्त करने में सफलता प्राप्त की।
- हैदरअली ने शीघ्र ही पश्चिमी सैनिक प्रशिक्षण के महत्त्व को पहचाना और जो सैनिक उसके अधीन थे, उन्हें आधुनिक प्रशिक्षण दिलवाया।
- 1755 ई. में हैदर अली ने डिंडीगुल में एक आधुनिक शस्त्रागार की स्थापना की तथा इसमें फ्रांसीसी विशेषज्ञों की सहायता प्राप्त की। 1761 ई. में हैदरअली ने नंजराज को हटाकर मैसूर राज्य पर अधिकार कर लिया।
- उसने बिदनूर, सेरा, कन्नड़ और मालाबार के क्षेत्रों को जीत लिया। मालाबार को अपने अधीन करने का मुख्य कारण भारतीय समुद्र तट तक अपनी पहुँच बनाए रखना था।
- 1769 ई. के प्रथम आंग्ल-मैसूर युद्ध में हैदर अली ने अंग्रेजी फौज को पीछे हटने पर विवश कर दिया।
- हैदर अली की मृत्यु 1782 ई. में द्वितीय आंग्ल-मैसूर युद्ध के समय हुई।

टीपू सुल्तान (1782-99 ई.)

- हैदरअली की मृत्यु के बाद उसका पुत्र टीपू सुल्तान मैसूर की गद्दी पर आसीन हुआ।
- टीपू ने नई कैलेंडर व्यवस्था को अपनाया, सिक्का ढालने की नई प्रणाली का प्रयोग किया तथा माप-तौल के नए पैमाने को अपनाया।
- 1785 ई. में टीपू सुल्तान ने अपनी रियासत में पड़ने वाले बंदरगाहों से चंदन की लकड़ी, काली मिर्च, इलायची के निर्यात पर रोक लगा दी।
- इसे फ्रांसीसी क्रांति में अधिक रुचि थी, इसने श्रीरंगपट्टनम् में स्वतंत्रता का वृक्ष लगाया तथा यह **जैकोबिन क्लब** का सदस्य बना।
- टीपू सुल्तान को **शेर-ए-मैसूर** कहा जाता था। उसके राजसी झण्डे पर शेर की तस्वीर होती थी।
- 1791 ई. में मराठा घुड़सवारों ने जब शृंगेरी के शारदा-मंदिर को लूटा, तो टीपू ने माँ शारदा की प्रतिमा बनवाने के लिए कुछ धन दान किया।
- टीपू ने भारत में आधुनिक उद्योगों की स्थापना के लिए प्रयास किया। इसने विदेशी व्यापार के विकास के लिए फ्रांस, तुर्की, ईरान और पेगू (म्यांमार) में अपने दूत भेजे तथा चीन के साथ व्यापारिक संबंध बनाए।
- टीपू ने **जागीर प्रथा** को समाप्त करने तथा राजकीय आय में वृद्धि करने का प्रयास किया।
- टीपू के शासनकाल में पैदावार का **1/3 भाग** भू-राजस्व के रूप में वसूला जाता था, इसकी पैदल सेना यूरोप की शैली में बंदूकों से लैस थी। 1796 ई. में इसने एक नौसेना के गठन का प्रयास भी किया था।
- 1792 ई. में तृतीय आंग्ल मैसूर युद्ध में निजाम, मराठा तथा अंग्रेज की संयुक्त सेना के हमले के बाद टीपू को अंग्रेजों से **श्रीरंगपट्टनम्** की संधि करनी पड़ी, जिसके अंतर्गत टीपू को अपने दो बेटों को अंग्रेजों के पास बंधक के रूप में रखना पड़ा।
- 1799 ई. में चतुर्थ आंग्ल मैसूर युद्ध के दौरान टीपू पराजित हुआ और युद्ध भूमि में उसकी मृत्यु हो गई।

आंग्ल मैसूर संघर्ष

युद्ध	शासक	गवर्नर	संधि	विशेष तथ्य
प्रथम आंग्ल-मैसूर युद्ध (1767-69 ई.)	हैदरअली	लॉर्ड वेरेल्स्ट	मद्रास संधि (1769 ई.)	हैदरअली दक्षिण भारत का प्रथम शासक था, जो अंग्रेजों से पराजित नहीं हुआ।
द्वितीय आंग्ल-मैसूर युद्ध (1780-84 ई.)	हैदरअली	वॉरेन हेस्टिंग्स	मंगलौर संधि (1784 ई.)	हैदरअली की मृत्यु के बाद टीपू सुल्तान के नेतृत्व में युद्ध हुआ।
तृतीय आंग्ल-मैसूर युद्ध (1790-92 ई.)	टीपू सुल्तान	लॉर्ड कॉर्नवालिस	श्रीरंगपट्टनम् संधि (1792 ई.)	टीपू सुल्तान की स्थिति कमजोर हो गई।
चतुर्थ आंग्ल-मैसूर युद्ध (1799 ई.)	टीपू सुल्तान	लॉर्ड वेलेजली	मैसूर सहायक संधि	टीपू सुल्तान की मृत्यु, पुनः मैसूर में वाडियार वंश की स्थापना, अंग्रेजों ने वाडियार वंश के शासक से सहायक संधि की।

केरल

- 18वीं सदी में केरल, बहुत बड़ी संख्या में सामंत सरदारों एवं राजाओं में बँटा हुआ था, जिसमें कालीकट, चिरक्कल, कोचीन और त्रावणकोर प्रमुख थे।
- त्रावणकोर राज्य को 1729 ई. के बाद 18वीं सदी के एक अग्रणी राजनेता मार्तंड वर्मा के नेतृत्व में प्रमुखता मिली।

- मार्तंड वर्मा ने क्विलोन और इलायादाम को जीत लिया तथा डचों को पराजित किया, इसने यूरोपीय अफसरों की सहायता से पश्चिमी मॉडल के आधार पर एक फौज का गठन किया। 18वीं सदी के उत्तरार्द्ध में त्रावणकोर की राजधानी त्रिवेंद्रम (अब तिरुवनंतपुरम्) संस्कृत विद्या का एक प्रसिद्ध केंद्र बन गयी थी।
- मार्तंड वर्मा का उत्तराधिकारी राम वर्मा था, जो एक प्रसिद्ध कवि, विद्वान्, संगीतज्ञ, अभिनेता तथा सुसंस्कृत व्यक्ति था।

राजपूत राज्य

- प्रमुख राजपूत राज्यों ने मुगल सत्ता की बढ़ती हुई कमजोरी का लाभ उठाकर स्वयं को केंद्रीय नियंत्रण से स्वतंत्र कर लिया।
- 18वीं सदी में मुगल दरबारी राजनीति में कुछ राजाओं ने भागीदारी भी की, जिसमें जोधपुर के राजा अजीत सिंह प्रमुख हैं। गुटीय राजनीति के तहत् ही जोधपुर के राजा अजीत सिंह को गुजरात की तथा सवाई जयसिंह को मालवा की सूबेदारी मिल गई।
- 18वीं सदी का सबसे श्रेष्ठ राजपूत शासक आमेर का **सवाई जयसिंह** (1681-1743) था। यह एक विख्यात राजनेता, कानूनविद्, समाज सुधारक और विज्ञान प्रेमी था। जयसिंह ने 1733 ई. में **जयपुर** शहर की स्थापना की तथा उसे विज्ञान और कला का प्रसिद्ध केंद्र बनाया।
- जयसिंह एक महान् खगोलशास्त्री भी थे, उन्होंने देश के पाँच शहरों दिल्ली, जयपुर, उज्जैन, वाराणसी और मथुरा में पर्यवेक्षण शालाओं (जंतर मंतर) का निर्माण करवाया।
- जयसिंह ने सारणियों का एक सेट तैयार करवाया, जिससे लोगों को खगोलशास्त्र संबंधी पर्यवेक्षण करने में सहायता मिले, इसका नाम **जिज मुहम्मद शाही** था।
- जयसिंह ने यूक्लिड की 'रेखागणित के तत्त्व' तथा त्रिकोणमिति की अनेक कृतियों और लघु गणकों को बनाने और उनके प्रयोग संबंधी नेपियर की रचना का संस्कृत में अनुवाद करवाया।
- जयसिंह ने जयपुर पर 1699-1743 ई. तक शासन किया।

जाट

- जाट दिल्ली, आगरा, मथुरा और आस-पास के क्षेत्रों में रहते थे। वस्तुतः जाट, समृद्ध कृषक थे, जिनके प्रभुत्व में पानीपत तथा बल्लभगढ़ जैसे शहर महत्त्वपूर्ण केंद्र बन गए।
- मथुरा के आस-पास के जाट किसानों ने 1669 ई. में और इसके पश्चात् 1688 ई. में अपने जाट जमींदारों के नेतृत्व में विद्रोह किया।
- जाट विद्रोह जमींदारों के नेतृत्व में मूलतः एक कृषक विद्रोह था, किंतु यह लूटमार तक सीमित हो गया।
- भरतपुर के जाट राज्य की स्थापना चूड़ामन तथा बदन सिंह ने की, किंतु सूरजमल के नेतृत्व में जाट सत्ता अपनी उच्चतम गरिमा पर पहुँच गई।
- सूरजमल ने 1756 से 1763 ई. तक शासन किया, इसका राज्य पूर्व में गंगा से लेकर दक्षिण में चंबल तक तथा पश्चिम में आगरा के सूबे से लेकर उत्तर में दिल्ली के सूबे तक विस्तृत था।
- इसके राज्य में अन्य जिलों के अतिरिक्त आगरा, मथुरा, मेरठ तथा अलीगढ़ आदि शामिल थे। सूरजमल को **जाटों का अफलातून** (प्लेटो) कहा जाता है।
- 1763 ई. में सूरजमल की मृत्यु के पश्चात् जाट राज्य का पतन तथा विघटन हो गया।
- भरतपुर (राजस्थान) डीग में जाट शासक सूरजमल के द्वारा अंबर और आगरा की शैलियों का समन्वय करते हुए बाग स्थापत्य शैली का विकास किया गया। भरतपुर का किला स्थानीय स्थापत्य शैली में निर्मित है।

बंगश पठान और रुहेले

- मुहम्मद खाँ बंगश ने फर्रूखशियर और मुहम्मदशाह के शासनकाल में फर्रूखाबाद के आस-पास के क्षेत्रों (अलीगढ़ और कानपुर के मध्य) पर अपना अधिकार स्थापित कर लिया था।
- मुहम्मद खाँ बंगश एक अफगान था, जिसने नादिरशाह के आक्रमण के बाद मुगल शासन व्यवस्था के कमजोर होने पर 1741 ई. में रुहेलखंड नामक एक राज्य स्थापित किया।
- रुहेलखंड राज्य हिमालय की तराई के दक्षिण में गंगा और उत्तर में कुमायूँ की पहाड़ियों तक विस्तृत था।
- रुहेलखंड राज्य की राजधानी पहले **आंवला** थी, जो बाद में रामपुर स्थानांतरित हो गई।

उत्तर मुगलकालीन राज्य एवं उसके संस्थापक

राज्य	संस्थापक	समय
हैदराबाद	निजाम-उल-मुल्क	1724 ई.
कर्नाटक	सआदत उल्ला खाँ	1720 ई.
बंगाल	मुर्शिद कुली खाँ	1717 ई.
अवध	सआदत खाँ बुरहान-उल-मुल्क	1722 ई.
मैसूर	हैदरअली	1761 ई.
रुहेले एवं बंगश	मुहम्मद खाँ बंगश	1741 ई.

सिख

- गुरुनानक ने 15वीं शताब्दी में जिस मानवतावादी पंथ की स्थापना की, कालांतर में वह सिख धर्म के रूप में संगठित हुआ। सिखों को लड़ाकू समुदाय के रूप में परिवर्तित करने का कार्य गुरु हरगोविंद (1606-45 ई.) ने आरंभ किया था।
- अपने दसवें और अंतिम गुरु, गुरु गोविंद सिंह (1666-1708) के नेतृत्व में सिख एक राजनीतिक एवं फौजी शक्ति बने। इन्होंने 1699 ई. में खालसा पंथ की स्थापना की।
- गुरु गोविंद सिंह की मृत्यु के पश्चात् गुरु की परंपरा समाप्त हो गई और सिखों का नेतृत्व उनके विश्वासपात्र शिष्य बंदा बहादुर ने किया।
- बंदा बहादुर ने पंजाब के किसानों और निम्न स्तर जातियों के लोगों को एकत्रित करके मुगल फौज के विरुद्ध 8 वर्षों तक संघर्ष किया। 1715 ई. में बंदा बहादुर की निर्मम हत्या कर दी गई।
- अहमद शाह अब्दाली और नादिरशाह के आक्रमणों के समय पंजाब के प्रशासन में उत्पन्न समस्याओं ने सिखों को पुनः खड़ा होने का अवसर दे दिया।
- अब्दाली की वापसी के पश्चात् सिखों ने 1765-1800 ई. के मध्य पंजाब और जम्मू-कश्मीर को अपने अधिकार में कर लिया।
- 18वीं शताब्दी में सिक्खों ने स्वयं को **जत्थों** तथा बाद में **मिसलों** में संगठित किया। इन मिसलों की संयुक्त सेनाएँ **दल खालसा** कहलाती थीं।

- इन खालसा दलों की बैठकों में सामूहिक निर्णय लिए जाते थे, जिसे गुरुमंत्रा (गुरु का प्रस्ताव) कहा जाता था।
- सिक्खों ने **राखी व्यवस्था** की शुरूआत की जिसमें किसानों से उपज का 20% लिया जाता था, बदले में उनकी संरक्षा की जाती थी।
- खालसा ने 1765 ई. में अपना सिक्का जारी किया।
- सिख 12 **मिसलों** या **संघों** में संगठित थे, जो सूबे के विभिन्न भागों में कार्य करते थे। ये मिसल एक-दूसरे के साथ परस्पर सहयोग करते थे, मूलत: वे समानता के सिद्धांत पर आधारित थे।
- किसी मिसल के मामलों पर विचार करने तथा उसके प्रधान और अन्य अधिकारियों को चुनने में सभी सदस्य समान रूप से भाग लेते थे।
- धीरे-धीरे मिसलों का यह जनतांत्रिक और अकुलीन चरित्र लुप्त हो गया।

रणजीत सिंह के अधीन पंजाब

- 18वीं सदी के अंत में **सुकेरचकिया मिसल** के प्रधान रणजीत सिंह ने प्रमुखता प्राप्त कर ली। वह एक शक्तिशाली, साहसी सैनिक, कुशल प्रशासक तथा चतुर कूटनीतिज्ञ था। 1799 ई. में उसने लाहौर और 1802 ई. में अमृतसर पर अधिकार कर लिया।
- रणजीत सिंह ने सतलुज नदी के पश्चिम के सभी सिख प्रधानों को अपने अधीन कर लिया और पंजाब में अपना राज्य स्थापित किया। बाद में उसने कश्मीर, मुल्तान और पेशावर को भी जीत लिया।
- रणजीत सिंह ने मुगलों द्वारा जारी भू-राजस्व प्रणाली में कोई परिवर्तन नहीं किया तथा 50% सकल उत्पादन के आधार पर भू-राजस्व निश्चित किया।
- रणजीत सिंह ने यूरोपीय प्रशिक्षकों की सहायता से यूरोपीय आधार पर एक शक्तिशाली और अनुशासित सेना तैयार की। उन्होंने अपनी फौज में सिखों के अतिरिक्त गोरखों, बिहारियों, उड़ियों, पठानों, डोगरों तथा पंजाबी मुसलमानों को भी भर्ती किया।
- रणजीत सिंह ने लाहौर में तोप बनाने के कारखाने लगाए तथा उनमें मुसलमान तोपचियों को कार्य पर रखा गया। इसकी फौज एशिया की दूसरी सबसे अच्छी फौज थी, जबकि ईस्ट इंडिया कंपनी की फौज प्रथम स्थान पर थी।
- रणजीत सिंह का सबसे प्रमुख और विश्वासपात्र मंत्री फकीर **अजीजुद्दीन** था, जबकि वित्तमंत्री **दीवान दीनानाथ** था।
- 1809 ई. में अंग्रेजों ने रणजीत सिंह को सतलुज पार करने से मना कर दिया और नदी के पूरब के सिख राज्यों को अपने संरक्षण में ले लिया।
- 1839 ई. में रणजीत सिंह की मृत्यु के पश्चात् उनका राज्य आंतरिक कलह का शिकार हो गया।

पंजाब पर अंग्रेजों की विजय

- जून, 1839 में महाराजा रणजीत सिंह की मृत्यु के पश्चात् पंजाब में राजनीतिक अस्थिरता उत्पन्न हो गई।
- सेना में सिखों के खालसा नामक समूह का प्राधान्य हो गया और इसने राज्य के मामलों में हस्तक्षेप शुरू कर दिया। विभिन्न गुटों में शत्रुता बढ़ने लगी, ऐसी स्थिति में खालसा राजगद्दी के लिए निर्णय करने लगे।
- इसी समय अंग्रेजों ने पंजाब की ओर ध्यान दिया तथा सतलुज पार पाँच नदियों के देश पर ध्यान केंद्रित किया।
- रणजीत सिंह के पश्चात् उनका पुत्र दिलीप सिंह गद्दी पर बैठा, किंतु उसकी माँ रानी जिंदन अपने कृपापात्र अधिकारियों की सहायता से राजकाज देखती थीं। इन कृपापात्र अधिकारियों ने एक ओर तो अंग्रेजों के साथ साठगाँठ की और दूसरी ओर खालसा को अंग्रेजों पर आक्रमण के लिए उकसाया। 13 दिसंबर, 1845 को प्रथम आंग्ल-सिख युद्ध की शुरुआत हुई।
- **प्रथम आंग्ल-सिख युद्ध** (1845-46 ई.) में अंग्रेजी सेना का नेतृत्व ह्यूग गफ ने किया। इस युद्ध के समय लॉर्ड हार्डिंग भारत के गवर्नर-जनरल थे।
- सिख सेना का नेतृत्व प्रधान सेनापति तेजसिंह तथा प्रधानमंत्री राजा लाल सिंह ने किया।
- सिख शासक को 9 मार्च, 1846 में अंग्रेजों के साथ लाहौर में एक अपमानजनक संधि करनी पड़ी। इस संधि (लाहौर की संधि) के अनुसार, अंग्रेजों ने जालंधर दोआब को अपने अधीन कर लिया और 50 लाख रुपये नगद लेकर जम्मू और कश्मीर को राजा गुलाब सिंह को दे दिया गया, किंतु दिलीप सिंह गद्दी पर आसीन रहा।
- 16 दिसंबर, 1846 ई. को हुए एक अन्य समझौते के अनुसार, राज्य के समस्त विभागों के सभी मामलों पर लाहौर में स्थित अंग्रेज रेजीडेंट को पूर्ण अधिकार दे दिया गया। पंजाब पूर्ण रूप से अंग्रेजों के नियंत्रण में आ चुका था।
- 1848 ई. में पंजाब में अंग्रेजों के विरुद्ध अनेक विद्रोह हुए, इसमें से दो प्रमुख विद्रोहों के नेता मुल्तान के मूलराज और लाहौर के छतरसिंह अटारी थे।
- **द्वितीय आंग्ल-सिख युद्ध** (1848-49 ई.) में सिखों की पराजय के बाद मार्च, 1849 में पंजाब का ब्रिटिश भारत में विलय कर दिया गया। पंजाब के विलय के समय भारत का गवर्नर जनरल लॉर्ड-डलहौजी था।

18वीं सदी के लोगों की सामाजिक-आर्थिक व्यवस्था

18वीं शताब्दी के भारतीय समाज, अर्थव्यवस्था तथा संस्कृति पर अनेक महत्त्वपूर्ण प्रभाव दृष्टिगत होते हैं। मुगलकालीन विरासत के साथ यूरोपीय कंपनियों के आगमन से परिदृश्य तीव्रता के साथ परिवर्तित हुआ। इन परिवर्तनों का विवरण निम्न है

आर्थिक स्थिति

राज्य की बढ़ती हुई राजस्व माँगें, अधिकारियों के अत्याचार, सामंतों, लगान के ठेकेदारों और जमींदारों की धन लालसा, प्रतिद्वंद्वी सेनाओं के आक्रमण और प्रत्याक्रमण ने लोगों के जीवन को अत्यंत कठिन बना दिया था। 18वीं सदी के लोगों की सामाजिक एवं आर्थिक व्यवस्था को निम्न शीर्षकों द्वारा समझा जा सकता है

कृषि

- 18वीं सदी के दौरान भारतीय कृषि तकनीकी रूप से पिछड़ी हुई थी तथा किसानों की स्थिति भी अत्यंत दयनीय थी। यद्यपि कृषि उत्पादन पर ही शेष समाज निर्भर था, तथापि राज्य, जमींदार, जागीरदार तथा लगान के ठेकेदारों ने उनसे अधिकतम धन उगाहने की कोशिश की।
- भारतीय गाँव स्वावलंबी थे। संचार के साधन पिछड़े हुए थे, इसके बावजूद देश के अंदर और एशिया तथा यूरोप के देशों के साथ मुगलों के शासनकाल में व्यापक पैमाने पर व्यापार होता था।

वाणिज्य-व्यापार

- भारत फ़ारस की खाड़ी के क्षेत्रों से मोती, कच्चा रेशम, ऊन, खजूर, मेवे और गुलाब जल का आयात करता था।
- अरब से कहवा, सोना, दवाइयाँ तथा शहद; चीन से चीनी, चाय, चीनी मिट्टी और रेशम; तिब्बत से सोना, कस्तूरी और ऊनी कपड़ा; सिंगापुर से टिन, इंडोनेशिया के द्वीपों से मसाले, इत्र, शराब और चीनी; अफ्रीका से

हाथीदाँत एवं दवाइयाँ और यूरोप से ऊनी कपड़े, ताँबा, लोहा और सीसे जैसी वस्तुएँ तथा कागज का आयात किया जाता था।

- सूती कपड़ा भारतीय निर्यात की सबसे महत्त्वपूर्ण बस्तु थी, भारत कच्चा रेशम और रेशमी कपड़े, लोहे का सामान, नील, शोरा, अफीम, चावल, गेहूँ, चीनी, काली मिर्च, अन्य मसाले, रत्न और औषधियाँ भी निर्यात करता था।
- भारत हस्तशिल्प और कृषि उत्पादनों में स्वावलंबी था, इसलिए बड़े पैमाने पर विदेशी वस्तुओं का आयात नहीं करता था। इस सदी में व्यापार संतुलन भारत के पक्ष में था अर्थात् निर्यात, आयात से अधिक था।
- 18वीं सदी के दौरान लगातार झगड़े और अनेक क्षेत्रों में कानून व्यवस्था भंग हो जाने से देश के आंतरिक व्यापार को हानि पहुँची।
- जिन राजनीतिक कारकों ने व्यापार को हानि पहुँचाई, उन्होंने शहरी उद्योगों पर भी बुरा प्रभाव डाला।

नगरों का उदय

- इस काल में नए दरबारों तथा नए सरदारों के आविर्भाव के कारण फैजाबाद, लखनऊ, वाराणसी और पटना जैसे नए नगरों का उदय हुआ।
- इस काल में भारत विनिर्माण का व्यापक देश बना रहा।
- भारत सूती और रेशमी कपड़े, चीनी, जूट, रंग सामग्रियों, खनिजों, धातु के बर्तनों, शोरा और तेल का बड़े पैमाने पर उत्पादन करता था।
- इस काल में कपड़ा उद्योग के महत्त्वपूर्ण केंद्र-बंगाल में ढाका और मुर्शिदाबाद, बिहार में पटना, गुजरात में सूरत, अहमदाबाद और भड़ौच, मध्य प्रदेश में चंदेरी, महाराष्ट्र में बुरहानपुर, उत्तर प्रदेश में जौनपुर, बनारस, लखनऊ और आगरा, पंजाब में मुल्तान और लाहौर, आंध्र प्रदेश में मछलीपत्तनम, औरंगाबाद, चिकाकोल और विशाखापत्तनम, कर्नाटक में बंगलौर (बंगलुरु) तथा तमिलनाडु में कोयंबटूर और मदुरै आदि थे।
- कश्मीर ऊनी वस्त्रों का केंद्र था तथा महाराष्ट्र, आंध्र प्रदेश और बंगाल में जहाज उद्योग का केंद्र था।

शिक्षा

- 18वीं सदी में भारत में शिक्षा की पूर्णरूप से उपेक्षा नहीं की गई, जबकि शिक्षा त्रुटिपूर्ण थी।
- शिक्षा परंपरागत ही बनी हुई थी और पश्चिमी दुनिया में हुए द्रुत परिवर्तनों से इसका कोई संबंध नहीं था।
- उच्च शिक्षा के सभी केंद्रों को धन नवाब, राजा और धनी जमींदार देते थे। हिंदुओं में उच्च शिक्षा संस्कृत के माध्यम से होती थी।
- तत्कालीन फारसी राजकीय भाषा होने के कारण शिक्षा हिंदुओं और मुसलमानों में समान रूप से लोकप्रिय थी।
- प्राथमिक शिक्षा अधिक व्यापक थी, हिंदुओं में प्राथमिक शिक्षा शहर और गाँव की पाठशालाओं के माध्यम से तथा मुसलमानों में मस्जिदों में स्थित मकतबों में मौलवियों द्वारा दी जाती थी।
- प्राथमिक शिक्षा मुख्यत: ब्राह्मणों, राजपूतों और वैश्यों, जैसी उच्च जातियों में प्रचलित थी।
- इस काल में औसत साक्षरता ब्रिटिश काल की अपेक्षा कम नहीं थी।
- इस काल में लड़कियों के लिए शिक्षा सहज सुलभ नहीं थी तथा उच्च जातियों में कुछ महिलाएँ शिक्षित थीं, जोकि अपवादस्वरूप ही था।

सामाजिक संरचना

- 18वीं शताब्दी के दौरान विकसित सांस्कृतिक एकता के अतिरिक्त देश में सांस्कृतिक और सामाजिक ढाँचे समान नहीं थे। इस काल में लोग धर्म, क्षेत्र, कबीले, भाषा और जाति के आधार पर विभाजित थे।
- उच्च वर्गों का सामाजिक और सांस्कृतिक जीवन अनेक दृष्टियों से निम्न जातियों से भिन्न था। 18वीं सदी की सामाजिक संरचना को निम्न शीर्षकों के द्वारा समझा जा सकता है

जातिवाद

- जाति, हिंदुओं के सामाजिक जीवन की मुख्य विशेषता थी। हिंदू चार वर्णों के अतिरिक्त अनेक जातियों में बँटे हुए थे। इस काल में जाति प्रथा ने लोगों का कठोर विभाजन कर दिया था और सामाजिक क्रम में उनके स्थान स्थायी रूप से निश्चित कर दिए गए थे।
- ब्राह्मणों के नेतृत्व में उच्च जातियाँ सामाजिक प्रतिष्ठा और विशेषाधिकारों पर अपना एकाधिकार बनाए हुए थीं, इस काल में अंतर्जातीय विवाहों पर प्रतिबंध था।
- इस काल में सामान्यत: जातियाँ ही पेशे की निर्धारक थीं, परंतु इसके अपवाद भी मिलते हैं; जैसे-ब्राह्मण व्यापार में भी संलग्न थे, सरकारी सेवाओं में भी तथा कुछ के पास जमींदारी भी थी।
- वाणिज्यिक समुदायों तथा निम्न वर्णों ने भी आर्थिक गतिविधियों में भाग लेकर संपन्नता प्राप्त की थी।
- जाति परिषदें, पंचायतें और जाति के प्रधान जुर्मानों, प्रायश्चितों और जाति निष्कासन के द्वारा जाति के नियमों को सख्ती से लागू करते थे।
- 18वीं सदी के भारत में जाति एक बड़ी विभाजक शक्ति और विघटन का एक बड़ा तत्त्व थी, उसने प्राय: एक ही गाँव या क्षेत्र में रहने वाले हिंदुओं को अनेक छोटे-छोटे समूहों में बाँट दिया था।
- मुसलमान भी जाति, नस्ल, कबीले और दर्जे की दृष्टि से विभिन्न वर्गों में विभाजित थे। ईरानी, अफगानी, तुरानी और हिंदुस्तानी मुसलमान सामंत तथा अधिकारी एक-दूसरे से पृथक् रहते थे।

महिलाओं की स्थिति

- 18वीं सदी के भारत में परिवार पितृसत्तात्मक होते थे। पारिवारिक संपत्ति पर केवल पुरुषों का अधिकार निर्धारित किया गया था। अपवादस्वरूप केरल के नायर समुदाय में सामाजिक व्यवस्था मातृ प्रधान थी, महिलाओं का पुरुषों पर पूर्ण नियंत्रण होता था।
- अहिल्या बाई ने इंदौर पर 1766 से 1796 ई. तक शासन किया था। इसके अतिरिक्त अन्य अनेक ऐसी महिलाएँ थीं, जिन्होंने 18वीं सदी की राजनीति में महत्त्वपूर्ण भूमिका निभाई थी।
- उच्च वर्गों की महिलाओं को घर से बाहर कार्य करने के लिए नहीं भेजा जाता था, जबकि कृषक महिलाएँ सामान्यत: खेतों में कार्य करती थीं। पर्दा प्रथा अधिकांश उत्तर भारत के उच्च वर्गों में प्रचलित थी, दक्षिण भारत में इसका प्रचलन नहीं था।
- बाल विवाह संपूर्ण देश में प्रचलित था। दहेज प्रथा का भी प्रचलन था, यह विशेष रूप से बंगाल एवं राजपुताना में व्यापक रूप से प्रचलित थी।
- सती प्रथा के अतिरिक्त 18वीं सदी के भारत में दो बड़ी सामाजिक कुरीतियाँ बाल विवाह तथा विधवाओं की दयनीय अवस्था प्रचलित थीं।

- सती प्रथा अधिकांश राजपुताना, बंगाल और उत्तरी भारत के अन्य भागों में प्रचलित थी।
- यह प्रथा दक्षिण में प्रचलित नहीं थी। यद्यपि विधवा विवाह का प्रचलन नहीं था, महाराष्ट्र के गैर-ब्राह्मणों, जाट और उत्तर भारत के पहाड़ी क्षेत्रों के लोगों में विधवा पुनर्विवाह अधिक प्रचलित था।
- आमेर के **सवाई जयसिंह** तथा मराठा सेनापति परशुराम भाऊ ने विधवा पुनर्विवाह को बढ़ावा देने का प्रयत्न किया।

धार्मिक एवं सांस्कृतिक जीवन

- 18वीं सदी के दौरान सांस्कृतिक दृष्टि से भारत में दुर्बलता के लक्षण दिखाई देते हैं, यद्यपि पिछली सदियों से सांस्कृतिक निरंतरता स्थापित थी, किंतु भारतीय संस्कृति पूर्णत: परंपरावादी बनी रही।
- खानपान की प्रवृत्ति धार्मिक आधार पर नहीं अपितु स्थानिक परिवेश पर निर्धारित होती थी। जैसे ब्राह्मणों को सामिष भोजन की अनुमति नहीं थी, किंतु 13वीं शताब्दी में संस्कृत ग्रंथ बृहदधर्म पुराण में स्थानीय ब्राह्मणों को कुछ खास किस्म की मछली खाने की अनुमति थी। बंगाली साहित्य में मछली का बार-बार उल्लेख हुआ है।
- तत्कालीन सांस्कृतिक क्रियाकलापों का व्यय अधिकतर शाही दरबार, शासक और सामंत तथा सरदार वहन करते थे, किंतु उनकी आर्थिक स्थति में गिराबट होने के कारण सांस्कृतिक कार्यों की अवहेलना होने लगी। 18वीं सदी के सांस्कृतिक जीवन को निम्न शीर्षकों के माध्यम से समझ सकते हैं।

चित्रकला एवं संगीत

- मुगल शैली के अनेक चित्रकार इस काल में प्रांतीय दरबारों में चले गए, इनमें हैदराबाद, लखनऊ, पटना तथा कश्मीर प्रमुख थे।
- 18वीं सदी में संगीत विकसित होता रहा, इस क्षेत्र में मुहम्मद शाह के शासनकाल में प्रगति हुई। इस काल में लगभग सभी भाषाओं में कविता का जीवन से संबंध टूट गया था और वह अलंकारिक, कृत्रिम, यंत्रवत् और परंपरागत हो गई थी।

भाषा और साहित्य

- 18वीं सदी के साहित्यिक जीवन में उर्दू भाषा और उर्दू कविता का अधिक विकास हुआ और यह धीरे-धीरे उत्तर भारत के उच्च वर्गों के परस्पर सामाजिक संपर्क की भाषा बन गई।
- इस सदी में उर्दू के शायरों को अत्यधिक प्रतिष्ठा मिली थी। मीर तकी मीर, मिर्जा गालिब इत्यादि इस समय के प्रसिद्ध कवि थे।
- इस काल में मलयाली साहित्य का भी अधिक विकास हुआ। मलयाली साहित्य का यह विकास त्रावणकोर के शासकों **मार्तंड वर्मा** और **रामवर्मा** के संरक्षण में हुआ।
- केरल के महान् कवि **कुंचन नांबियार** इसी काल के थे, जिन्होंने सामान्य बोलचाल की भाषा में कविता लिखी।
- 18वीं सदी में केरल में कथकली, साहित्य, नाटक और नृत्य का पूर्ण विकास हुआ।
- **तायुमानवर** (1706-44) तमिल में सित्तर काव्य का एक उत्कृष्ट प्रवर्तक था। असम में साहित्य अहोम राजाओं के संरक्षण में विकसित हुआ था।
- पंजाबी का प्रसिद्ध प्रेम महाकाव्य **हीर रांझा** की रचना वारिश शाह ने 18वीं सदी में की थी।
- 18वीं सदी सिंधी साहित्य के लिए महत्त्वपूर्ण सदी रही, इसी समय शाह अब्दुल लतीफ ने अपने प्रसिद्ध कविता संग्रह 'रिसालों' की रचना की। 'सचल' और 'समा' इस काल के अन्य महान् सिंधी कवि थे।

धार्मिक समन्वय

- 18वीं सदी में मुसलमानों और हिंदुओं में मित्रतापूर्ण संबंध थे। युद्ध आदि अपवाद स्वरूप ही धार्मिक भेदभाव पर आधारित होते थे।
- इस काल की राजनीति मूलत: धर्म निरपेक्ष थी। सभी लोग एक-दूसरे के धर्म का सम्मान करते थे।
- हिंदू लेखकों ने प्राय: फारसी में लिखा और मुसलमान लेखकों ने हिंदी, बांग्ला और अन्य देशी भाषाओं में लिखा।
- इस काल (18वीं सदी) में मुसलमान लेखकों की विषय वस्तु-प्राय: हिंदू सामाजिक जीवन और धर्म; जैसे-राधा-कृष्ण, सीता-राम और नल-दमयंती होती थी।
- 18वीं सदी में धार्मिक क्षेत्रों में भी हिंदुओं के मध्य भक्ति आंदोलन तथा मुसलमानों के सूफी मत के प्रसार के फलस्वरूप पिछली शताब्दियों से, जो पारस्परिक प्रभाव और सम्मान की भावना विकसित हो रही थी, वह बढ़ती रही।
- बड़ी संख्या में हिंदू मुसलमान संतों की तथा मुसलमान हिंदू देवी-देवताओं और संतों के प्रति श्रद्धा भाव रखते थे।
- इस काल में अजमेर में शेख मुइनुद्दीन चिश्ती के पवित्र स्थान की वित्तीय सहायता मराठा लोग, जबकि नागौर के शेख शातहुल हामिद के पवित्र स्थान की सहायता तंजौर के राजा किया करते थे।
- उल्लेखनीय है कि 19वीं सदी के पूर्वार्द्ध के सबसे महान् भारतीय राजा राममोहन राय हिंदू और इस्लामी दार्शनिक तथा धार्मिक सिद्धांतों से समान रूप से प्रभावित थे।

अतिरिक्त तथ्य

तमिलनाडु बोर्ड एवं NIOS

- दक्षिण भारत में त्रावणकोर (केरल) के मार्तंड वर्मा तथा रामवर्मा ने सागरों तथा बंदरगाहों का उपयोग कर स्थिति को सुदृढ़ किया।
- मैसूर राज्य की महत्ता वाडियार वंश के शासकों कांथीरवा नरसाराजा तथा चिक्का देव राजा के काल में उभरी। बाद में हैदर अली द्वारा वाडियार वंश की सत्ता हटाकर मैसूर को संगठित किया गया।
- अवध के नबाबों के नेतृत्व में पहले फैजाबाद बाद में लखनऊ कला, साहित्य तथा शिल्प के क्षेत्र में दिल्ली का प्रतिस्पर्धी राज्य बना। सांस्कृतिक सामंजस्य के परिणामस्वरूप कत्थक नृत्य शैली का विकास देखने को मिलता है।
- 1720 से 1730 ई. तक अमृतसर सिख गतिविधियों का केंद्र था। तात्कालिक प्रमुख सिख नेता कपूर सिंह थे। जस्सा सिंह अहलूवालिया ने कपूरथला राज्य की नींव रखी।
- पूर्वी राजस्थान में जयपुर (पूर्व में आम्बेर) पर कछवाहा कुल का नियंत्रण था।
- 1720 ई. में गुजराती बंदरगाह सूरत ने अपनी महत्ता खो दी, जबकि बम्बई, मद्रास, कलकत्ता जैसे बंदरगाह उभरने लगें।
- समाज की सबसे छोटी इकाई **परिवार** था, जो पितृसत्तात्मक था, केवल केरल के जहाँ समाज मातृसत्तात्मक था।

ब्रिटिश काल की प्रशासनिक एवं आर्थिक नीतियाँ

(स्रोत)

New NCERT Class VIII Chap 3 ग्रामीण क्षेत्र पर शासन चलाना, Chap 4 आदिवासी, दीकु और एक स्वर्ण युग की कल्पना, New NCERT Class XII Chap 9 उपनिवेशवाद और देहात, Old NCERT Class VIII Chap 4 ब्रिटिश शासन का प्रशासनिक ढाँचा, नीतियाँ और उनका प्रभाव, Old NCERT Class XII Chap 3 भारत में ब्रिटिश साम्राज्य की आर्थिक नीतियाँ और प्रशासनिक ढाँचा, Tamil Nadu Board (Class XI), NIOS

- भारत के विस्तृत क्षेत्र को अधिकृत करने के पश्चात् इस पर नियंत्रण रखने और शासन का संचालन करने के लिए ब्रिटिश ईस्ट इंडिया कंपनी को समय-समय पर प्रशासनिक नीतियों का निर्माण और इसमें बदलाव की प्रक्रिया अपनानी पड़ी।
- 1757 से 1857 ई. की लंबी अवधि के दौरान कंपनी की प्रशासनिक नीति प्राय: बदलती रही, किंतु लक्ष्य सदैव एक ही था अर्थात् कंपनी के लाभ में वृद्धि तथा भारत पर ब्रिटिश पकड़ को मजबूत करना आदि।

ब्रिटिश काल की प्रशासनिक नीतियाँ

- भारत सरकार की प्रशासनिक नीतियाँ इन्हीं लक्ष्यों को पूरा करने के लिए निर्धारित की जाती थीं।
- ईस्ट इंडिया कंपनी द्वारा बंगाल पर अधिकार कर लेने के पश्चात् यहाँ 1765-72 ई. तक द्वैधशासन की व्यवस्था लागू की गई थी।
- 1772 ई. में द्वैधशासन की व्यवस्था समाप्त कर ब्रिटिश सरकार ने बंगाल का शासन अपने हाथों में लेकर अपने अधिकारियों की नियुक्ति की।

ब्रिटिश काल के प्रमुख अधिनियम

ब्रिटिश काल के प्रमुख अधिनियमों का वर्णन निम्न है

रेग्यूलेटिंग एक्ट 1773

- 1773 का रेग्यूलेटिंग एक्ट कंपनी की गतिविधियों से संबंधित पहला संसदीय कानून था, इस कानून के कारण कंपनी के **कोर्ट ऑफ डायरेक्टर्स** के गठन में परिवर्तन हुआ तथा उनकी गतिविधियाँ ब्रिटिश सरकार के अधीन आ गईं।
- इस एक्ट के अंतर्गत कंपनी के निर्देशकों को यह निर्देश दिया गया कि वे सैनिक तथा राजस्व संबंधी सभी कागजात ब्रिटिश सरकार के समक्ष समय-समय पर प्रस्तुत करें।
- इस एक्ट के अंतर्गत बंगाल के गवर्नर को अब कंपनी के अधीन सभी भारतीय क्षेत्रों का गवर्नर-जनरल बना दिया गया तथा बंबई एवं मद्रास इसके अधीन आ गए।
- इस एक्ट के अंतर्गत गवर्नर-जनरल की सहायता हेतु 4 सदस्यों की एक परिषद् (कौंसिल) का गठन किया गया।
- न्याय व्यवस्था के लिए इस एक्ट के अंतर्गत कलकत्ता में एक सुप्रीम कोर्ट की स्थापना की गई तथा मुख्य न्यायाधीश **सर इलिजा इंपे** को नियुक्त किया गया।
- इस एक्ट में यह प्रावधान भी था कि प्रत्येक अफसर इंग्लैंड वापस लौटते समय अपनी संपत्ति का ब्यौरा दे तथा यह बताए कि उसने यह संपत्ति कैसे अर्जित की।

संशोधनात्मक अधिनियम (एक्ट ऑफ सेटेलमेंट), 1781

- इस एक्ट को रेग्यूलेटिंग एक्ट (1773) की कमियों को दूर करने के लिए लाया गया था।
- इसके अनुसार कंपनी के पदाधिकारियों द्वारा अपने शासकीय रूप में किए गए कार्यों को उच्चतम न्यायालय के अधिकार क्षेत्र से बाहर रखा गया।
- इसके माध्यम से उच्चतम न्यायालय का अधिकार क्षेत्र स्पष्ट किया गया तथा कलकत्ता के सभी निवासियों को इसके अंतर्गत लाया गया।

पिट्स इंडिया एक्ट 1784

- रेग्यूलेटिंग एक्ट के दोषों तथा ब्रिटिश राजनीति के उतार-चढ़ाव के कारण 1784 ई. में एक और कानून बनाना पड़ा, जिसे **पिट्स इंडिया एक्ट** कहा जाता है।
- इस एक्ट के अंतर्गत भारतीय मामलों की देख-रेख के लिए 6 कमिश्नर नियुक्त किए गए, जिसे **बोर्ड ऑफ कंट्रोल** कहा गया। इसमें 2 कैबिनेट मंत्री भी शामिल होते थे।

- बोर्ड ऑफ कंट्रोल के माध्यम से ब्रिटिश सरकार भारत में कंपनी के सैनिक, असैनिक तथा राजस्व संबंधी मामलों पर पूर्ण नियंत्रण रख सकती थी, किंतु व्यापार पर कंपनी का एकाधिकार बना रहा। वह अपने अधिकारियों की नियुक्ति एवं बर्खास्तगी अपनी इच्छा से कर सकती थी।
- इस कानून ने भारत के शासन को गवर्नर-जनरल तथा तीन सदस्यों वाली एक कौंसिल के हाथ में दे दिया ताकि एक सदस्य का भी समर्थन जनरल को प्राप्त हो, तो वह कौंसिल से अपनी बात मनवा सके।
- इस कानून ने बंबई एवं मद्रास प्रेसीडेंसियों को युद्ध कूटनीति और राजस्व के मामलों में बंगाल के अधीन कर दिया।
- 1784 के एक्ट में प्रस्तुत किए गए सिद्धांत भारत में ब्रिटिश प्रशासन के आधार बने, इस समय से गवर्नर-जनरल भारत का वास्तविक शासक बन गया।
- गवर्नर-जनरल को अब सेना, पुलिस, सरकारी नौकरों तथा न्यायपालिका के माध्यम से शासन चलाना था, इसके ऊपर अब केवल ब्रिटिश संसद का ही नियंत्रण होता था।
- पिट्स इंडिया एक्ट ने वह सामान्य ढाँचा तो निर्धारित कर दिया, जिसमें भारत की सरकार 1857 ई. तक चलाई गई। किंतु बाद में इसके कानूनों में ऐसे अनेक महत्त्वपूर्ण परिवर्तन किए, जिनसे कंपनी की शक्तियों एवं विशेषाधिकारों में कमी आई।
- 1776 ई. में गवर्नर-जनरल को यह अधिकार दिया गया कि वह भारतीय साम्राज्य की शांति, सुरक्षा एवं उसके हितों को प्रभावित करने वाले महत्त्वपूर्ण प्रश्नों पर अपनी कौंसिल की राय ठुकरा सके।
- कानून-व्यवस्था स्थापित करने के लिए एक नियमित पुलिस दल का संगठन शुरू हुआ।
- कॉर्नवालिस के काल में इसे सुसंगठित रूप दिया गया। 1791 ई. में कलकत्ता के लिए एक पुलिस सुपरिटेंडेंट नियुक्त किया गया।

1786 का अधिनियम

- इस अधिनियम का उद्देश्य लॉर्ड कॉर्नवालिस को भारत के गवर्नर-जनरल का पद प्रदान करना था।
- इस अधिनियम द्वारा मुख्य सेनापति की शक्तियाँ भी गवर्नर-जनरल को प्रदान की गईं तथा विशेष परिस्थितियों में परिषद् के निर्णय को रद्द करने तथा लागू करने का अधिकार भी प्रदान कर दिया गया।

चार्टर एक्ट 1793

- इस एक्ट के द्वारा कंपनी के व्यापारिक अधिकारों को 20 वर्ष के लिए बढ़ाया गया।
- इस अधिनियम के अनुसार गवर्नर-जनरल की परिषद् द्वारा निर्णयों को रद्द करने की अधिकारिता का विस्तार भविष्य के लिए किया गया।

चार्टर एक्ट 1813

- इस एक्ट के द्वारा कंपनी का भारतीय व्यापार पर एकाधिकार समाप्त कर दिया, किंतु चाय और चीन के साथ व्यापार का एकाधिकार बना रहने दिया गया।
- इसके अंतर्गत कंपनी को अगले 20 वर्षों के लिए भारतीय प्रदेशों तथा राजस्व पर नियंत्रण का अधिकार प्रदान किया गया।
- भारत में ब्रिटिश साम्राज्य के नियंत्रण की संवैधानिक स्थिति को सर्वप्रथम इस चार्टर एक्ट में स्पष्ट किया गया था।
- इस चार्टर एक्ट के अंतर्गत भारत में शिक्षा के विकास हेतु वार्षिक खर्च के लिए ₹ 1 लाख दिए गए।
- इस एक्ट के द्वारा ईसाई मिशनरियों को भारत में प्रवेश दिया गया।

चार्टर एक्ट 1833

- इस एक्ट के द्वारा कंपनी के व्यापारिक अधिकारों को समाप्त कर केवल राजनीतिक कार्यों को स्वीकृति दी गई।
- ईस्ट इंडिया कंपनी द्वारा ट्रस्ट के रूप में भारत का प्रशासन संचालित किया गया था।
- इस चार्टर एक्ट द्वारा भारत के प्रशासन का केंद्रीकरण तथा बंगाल के गवर्नर-जनरल को भारत का गवर्नर जनरल नियुक्त किया गया।
- गवर्नर-जनरल की परिषद् में विधि सदस्य को शामिल किया गया तथा मैकाले को पहला विधि सदस्य नियुक्त किया गया।

चार्टर एक्ट 1853

- गवर्नर-जनरल की परिषद् में 6 नए सदस्यों में से 1 का चुनाव स्थानीय प्रांतीय सरकारों द्वारा किया जाना था।
- भारत के लिए एक विधानमंडल की व्यवस्था की गई। इसमें कुल 12 सदस्य थे। इसमें क्षेत्रीय प्रतिनिधित्व का सिद्धांत भी निहित था।
- नियुक्तियों के मामले में निदेशकों का अधिकार समाप्त कर प्रतियोगिता परीक्षा के माध्यम से नियुक्तियों की प्रक्रिया आरंभ की गई।

भारत सरकार अधिनियम,1858

- 1858 के अधिनियम द्वारा भारत में ईस्ट इंडिया कंपनी का शासन समाप्त करके क्राउन की सत्ता को स्थापित किया गया। भारत का प्रशासन अब ब्रिटिश क्राउन द्वारा संचालित किया जाने लगा।
- इस अधिनियम के अंतर्गत **भारत सचिव** का पद सृजित किया गया।
- इस अधिनियम के द्वारा गवर्नर-जनरल को अब वायसराय कहा जाने लगा, क्योंकि वह भारत में क्राउन का सीधा प्रतिनिधि होता था।

भारतीय परिषद् अधिनियम, 1861

- इस अधिनियम के अंतर्गत केंद्रीय सरकार को सार्वजनिक ऋण, वित्त, मुद्रा, डाक तथा तार के अधिकार प्रदान किए गए।
- धर्म एवं स्वायत्ताधिकार के संबंध में प्रांतीय सरकार को अधिक अधिकार प्रदान किए गए।
- बंबई तथा मद्रास प्रेसीडेंसी को स्वयं के लिए कानून बनाने तथा उसमें संशोधन का अधिकार प्रदान किया गया।
- इस अधिनियम द्वारा कानून में संशोधन के लिए गवर्नर-जनरल की अनुमति अनिवार्य कर दी गई।

भारतीय परिषद् अधिनियम, 1892

- इस अधिनियम द्वारा केंद्रीय विधानमंडल के सदस्यों की संख्या कम-से-कम 10 और अधिक-से-अधिक 16 निश्चित की गई।
- यह भी निश्चित किया गया कि इस परिषद् में कम-से-कम 40% लोग गैर-सरकारी हो सकते हैं।
- इस अधिनियम द्वारा विधानमंडल के सदस्यों को बजट पर विचार प्रकट करने तथा सार्वजनिक हितों के मामलों में 6 दिन की पूर्व सूचना देकर प्रश्न पूछने का अधिकार प्रदान किया गया।

भारतीय परिषद् अधिनियम, 1909

- इस अधिनियम को **मार्ले-मिण्टो सुधार** भी कहा जाता है। इस अधिनियम के द्वारा मुसलमानों के लिए पृथक् मताधिकार तथा पृथक् निर्वाचन क्षेत्रों की स्थापना की गई।
- इस अधिनियम का लक्ष्य भारत के लोगों को उत्तरदायी सरकार प्रदान करना नहीं, बल्कि इसका उद्देश्य विधान परिषदों को परामर्श संस्थाओं के रूप में विकसित करना था।
- इस एक्ट के माध्यम से परिषद् के सदस्यों को बजट की विवेचना करने तथा उस पर प्रश्न करने का अधिकार दिया गया।

भारत शासन अधिनियम, 1919

- यह अधिनियम मॉण्टेग्यू चेम्सफोर्ड रिपोर्ट-1917 पर आधारित था। इस अधिनियम द्वारा प्रांतों में प्रत्यक्ष चुनाव प्रणाली अपनाई गई, जिसमें सांप्रदायिक आधार पर आरक्षण की व्यवस्था थी।
- यह अधिनियम मताधिकार, संपत्ति संबंधी योग्यता पर आधारित था, इस अधिनियम के अंतर्गत महिलाओं को भी मताधिकार प्रदान किया गया।
- इस अधिनियम के द्वारा सर्वप्रथम केंद्रीय स्तर पर द्विसदनात्मक विधानमंडल की स्थापना की गई। एक सदन को राज्य परिषद् तथा दूसरे को विधानसभा कहा गया।
- केंद्रीय तथा प्रांतीय सरकारों के मध्य प्रशासन के विषयों को केंद्रीय तथा प्रांतीय दो वर्गों में विभक्त किया गया था।
- इसके अंतर्गत प्रांतीय शासन के क्षेत्र में **द्वैधशासन प्रणाली** लागू की गई। इस अधिनियम के अनुसार प्रांतीय विषयों को आरक्षित तथा हस्तांतरित नामक दो वर्गों में बाँटा गया।

भारत शासन अधिनियम, 1935

- इस अधिनियम के द्वारा भारत में सर्वप्रथम संघात्मक सरकार की स्थापना की गई, इस संघ को ब्रिटिश भारतीय प्रांत तथा कुछ देशी रियासतों को मिलाकर बनाया गया था।
- इस अधिनियम द्वारा प्रांतों में द्वैधशासन समाप्त करके केंद्र में द्वैधशासन लागू किया गया।
- इस अधिनियम में विषयों को तीन सूचियों में बाँटा गया था- **संघ सूची, राज्य सूची** तथा **समवर्ती सूची**।
- संघ सूची में कुल 59 विषय एवं राज्य सूची में 54 विषय थे, जबकि समवर्ती सूची में कुल 36 विषय थे।
- 1935 के अधिनियम द्वारा एक संघीय न्यायालय की स्थापना की व्यवस्था की गई थी। इस न्यायालय के विरुद्ध प्रिवी काउंसिल (इंग्लैंड) में अपील की जा सकती थी। इस अधिनियम के द्वारा वर्ष 1935 में बर्मा को भारत से अलग कर दिया गया।

भारतीय स्वतंत्रता अधिनियम, 1947

- माउंटबेटन की 3 जून, 1947 की योजना पर आधारित इस अधिनियम के अंतर्गत ब्रिटिश शासन को समाप्त कर 15 अगस्त, 1947 को भारत को स्वतंत्र एवं संप्रभु राष्ट्र घोषित कर दिया गया।
- इस अधिनियम ने वायसराय का पद समाप्त करके उसके स्थान पर भारत तथा पाकिस्तान नामक दो डोमिनियन राज्यों के लिए गवर्नर-जनरल के पद का सृजन किया। स्वतंत्र भारत के प्रथम व अंतिम भारतीय गवर्नर-जनरल सी. राजगोपालाचारी थे।

प्रांतीय शासन

- शासन की सुविधा के लिए अंग्रेजों ने भारत को दो प्रांतों मे बाँटा था। इन्हें प्रेसीडेंसी कहा गया; जैसे-बंगाल, बंबई, मद्रास प्रेसीडेंसी आदि। इन प्रेसीडेंसियों को गवर्नर तीन सदस्यीय एक कौंसिल की सहायता से चलाता था और उनकी नियुक्ति सम्राट करता था।
- प्रेसीडेंसियों की सरकारों को अन्य दूसरी प्रांतीय सरकारों से अधिक अधिकार एवं शक्तियाँ प्राप्त थीं। इन दूसरे प्रांतों का शासन गवर्नर-जनरल द्वारा नियुक्त लेफ्टिनेंट गवर्नर और चीफ कमिश्नर चलाते थे।
- 1833 ई. से पूर्व प्रांतीय सरकारों को बहुत स्वायत्तता प्राप्त थी, परंतु 1833 ई. में उनसे कानून बनाने का अधिकार ले लिया गया और उनके व्यय पर सख्त केंद्रीय नियंत्रण लगा दिया गया था।
- प्रांतों के व्यय की छोटी-छोटी बातों पर भी केंद्र सरकार का सख्त नियन्त्रण होता था, लेकिन यह प्रणाली अधिक विनाश का कारण सिद्ध हुई।
- प्रांतीय सरकारों द्वारा राजस्व के कुशलतापूर्वक संग्रह पर निगरानी रखना या उनके खर्च पर पर्याप्त नियंत्रण रखना केंद्रीय सरकार के लिए संभव नहीं था। इसलिए इन अधिकारियों ने सार्वजनिक वित्त के विकेंद्रीकरण का निर्णय लिया। प्रांतीय वित्त को केंद्रीय वित्त से अलग करने की दिशा में पहला कदम **लॉर्ड मेयो** द्वारा 1870 ई. में उठाया गया।
- 1877 ई. में लॉर्ड मेयो की इस योजना को लॉर्ड लिटन ने आगे बढ़ाया। उसने प्रांतीय सरकारों को भू-राजस्व, उत्पादन शुल्क, सामान्य प्रशासन और कानून तथा न्याय व्यवस्था जैसी कुछ और सेवाएँ भी सौंप दीं।
- इसके अतिरिक्त व्यय का भार उठाने के लिए प्रांतीय सरकार को उस प्रांत विशेष से स्टैंप, उत्पादन कर तथा आयकर, जैसे कुछ स्रोतों से प्राप्त आय का एक निश्चित भाग दिया जाने लगा।
- इस व्यवस्था में 1882 ई. में और भी परिवर्तन किया गया। अब प्रांतों को निर्धारित धन देने की प्रणाली समाप्त कर दी गई तथा यह निश्चित किया गया कि किसी प्रांत को कुछ स्रोतों से प्राप्त पूरी आय दे दी जाएगी और साथ ही कुछ अन्य स्रोतों से प्राप्त आय का एक निश्चित भाग दिया जाएगा।
- इस प्रकार यह निश्चित किया गया कि राजस्व के सभी स्रोतों से प्राप्त आय का एक निश्चित भाग प्रांतों को दिया जाएगा।
- इस प्रकार राजस्व के सभी स्रोतों को तीन भागों में बाँट दिया गया सामान्य, प्रांतीय तथा वे जिनसे प्राप्त आय केंद्र एवं राज्यों के मध्य विभाजित होनी थी।
- विकेंद्रीकरण के इन विभिन्न कदमों का अर्थ यह नहीं था कि एक वास्तविक प्रांतीय स्वायत्तता का प्रारंभ हो गया था या प्रांतीय प्रशासन में भारतीयों की भागीदारी होने लगी थी, बल्कि इसका उद्देश्य प्रशासकीय पुनर्गठन के माध्यम से व्यय को कम करना तथा आय को बढ़ाना था।
- सिद्धांत और व्यवहार दोनों में ही केंद्र सरकार का वर्चस्व बना रहा और केंद्र का राज्यों पर प्रभावी और व्यापक नियंत्रण जारी रहा।

स्थानीय संस्थाएँ

- वित्तीय कठिनाइयों के कारण सरकार ने प्रशासन का और भी विकेंद्रीकरण किया तथा नगरपालिकाओं तथा जिला परिषदों द्वारा स्थानीय शासन को प्रोत्साहित किया गया।
- सर्वप्रथम 1864 और 1868 ई. के मध्य स्थानीय संस्थाओं की स्थापना हुई। इनके सदस्य नामजद होते थे और इनका अध्यक्ष जिला मजिस्ट्रेट होता था। इसलिए ये संस्थाएँ किसी भी प्रकार से स्थानीय स्वशासन नहीं कही जा सकती थीं।

- 1882 ई. में स्थानीय संस्थाओं की दिशा में लॉर्ड रिपन ने कुछ कदम उठाए।
- इस समय एक सरकारी प्रस्ताव में ग्रामीण और नगरीय स्थानीय संस्थाओं द्वारा, जिनमें अधिकांश सदस्य गैर-अधिकारी हों, स्थानीय मामलों के प्रबंध की एक नीति निर्धारित की गई।
- इस प्रस्ताव में किसी स्थानीय संस्था के माध्यम के रूप में किसी गैर-अधिकारी के चुनाव की भी छूट दी गई, लेकिन सभी जिला परिषदों और नगरपालिकाओं में चुने हुए सदस्य अल्पमत में होते थे और वे बहुत ही कम मतदाताओं द्वारा चुने जाते थे, अत: जिलों के अधिकारी ही जिलापरिषदों, समितियों के अध्यक्ष बने रहे।
- कालांतर में गैर-अधिकारी नगरपालिका समितियों के अध्यक्ष बनने लगे। सरकार ने स्थानीय संस्थाओं की गतिविधियों पर कड़ा नियंत्रण लगाने और उनको अपने विवेकानुसार विलंबित या भंग करने का अधिकार अपने हाथ में रखा।
- कलकत्ता, मद्रास और बंबई के प्रेसीडेंसी नगरों को छोड़कर प्रत्येक स्थान पर स्थानीय संस्थाएँ सरकारी विभाग बनकर रह गईं।
- फिर भी राजनीतिक रूप से जागरूक भारतीयों ने रिपन के प्रस्ताव का स्वागत किया और इन स्थानीय संस्थाओं में सक्रिय रूप से इस आशा के साथ भाग लिया कि समय आने पर उनको स्थानीय स्वशासन के कारगर साधन के रूप में परिवर्तित किया जा सकेगा।

ब्रिटिश काल में लोक सेवा (सिविल सर्विस)

- भारत में सिविल सर्विस का जन्मदाता लॉर्ड कॉर्नवालिस था। कॉर्नवालिस को 1786 ई. में बंगाल का गवर्नर-जनरल नियुक्त किया गया।
- वह प्रशासन को पारदर्शी बनाने के लिए दृढ़ प्रतिज्ञ था।
- कॉर्नवालिस ने यह निर्धारित किया कि नागरिक सेवा में पदोन्नति वरिष्ठता के आधार पर होगी, जिससे उसके सदस्य बाहरी प्रभाव से मुक्त रहें।
- लॉर्ड वेलेजली ने 1800 ई. में नागरिक सेवा में आने वाले युवा लोगों के प्रशिक्षण के लिए कलकत्ता में फोर्ट विलियम कॉलेज की स्थापना की।
- कंपनी के निदेशकों को उसकी यह कार्यवाई पसंद नहीं आई। अत: 1806 ई. में उन्होंने कलकत्ता के स्थान पर इंग्लैंड के हेलीबरी के अपने ईस्ट इंडिया कॉलेज में प्रशिक्षण का कार्य आरंभ किया।
- 1853 ई. तक सिविल सेवा में सारी नियुक्तियाँ ईस्ट इंडिया कंपनी के निदेशक करते थे, किंतु कुछ सदस्यों की नियुक्ति करने का कार्य उन्होंने बोर्ड ऑफ कंट्रोल के सदस्यों को भी दे रखा था।
- 1853 ई. के चार्टर एक्ट के द्वारा यह कानूनी व्यवस्था लागू कर दी गई कि अब सिविल सेवा में सभी प्रवेश प्रतियोगी परीक्षाओं द्वारा किए जाएँगे। अत: अब कंपनी के निदेशकों से नियुक्ति का अधिकार छिन गया।
- 1793 ई. में यह व्यवस्था की गई कि प्रशासन के उन सभी पदों पर जहाँ 500 पौंड से अधिक वेतन मिलता था, केवल अंग्रेज ही नियुक्त हो सकते हैं, इस नीति को सेना, पुलिस, न्यायपालिका और इंजीनियरिंग में भी लागू किया गया।
- भारत सरकार पर भारतीयों का नियंत्रण न के बराबर था।
- कानून बनाने या प्रशासन की नीतियाँ निर्धारित करने में उनकी कोई भूमिका नहीं होती थी।
- भारतीयों को नौकरशाही से भी अलग रखा जाता था, जो नीतियों को लागू करते थे।
- प्रशासन में अधिकार और उत्तरदायित्व के सभी पदों पर चयन इंडियन सिविल सर्विस के सदस्यों से होता था, जिनकी भर्ती लंदन में होने वाली खुली वार्षिक प्रतियोगिता-परीक्षाओं द्वारा की जाती थी, जो 1853 ई. से शुरू हुई थी, इन परीक्षाओं में भारतीय भी बैठ सकते थे।
- सिविल सर्विस को **ब्रिटिश साम्राज्य का इस्पाती चौखटा** (Steel Frame of the British Empire) कहा गया था।
- 1863 ई. में सिविल सर्विसेज की परीक्षा उत्तीर्ण करने वाले प्रथम भारतीय **सत्येंद्र नाथ टैगोर** थे।
- कालांतर में और भी अनेक भारतीयों ने सिविल सर्विसेज की परीक्षा पास की, किंतु अंग्रेजों की अपेक्षा उनकी संख्या नगण्य थी। वास्तव में, सिविल सर्विसेज के दरवाजे भारतीयों के लिए बंद ही रहे, क्योंकि वे अनेक बाधाओं से ग्रस्त थे।
- यह परीक्षा अंग्रेजी माध्यम से होती थी। इस परीक्षा की प्रवृत्ति प्राचीन ग्रीक और लैटिन के ज्ञान पर आधारित थी, जिसे इंग्लैंड में लंबे और खर्चीले अध्ययन के बाद ही प्राप्त किया जा सकता था।
- इस परीक्षा में बैठने की आयु 1853 ई. में 23 वर्ष थी। 1866 ई. में इसे घटाकर 21 वर्ष और 1876 ई. में 19 वर्ष कर दिया गया। इससे प्रतियोगिता में अंग्रेजों की बराबरी करने में भारतीयों को कठिनाई होने लगी।
- महारानी की घोषणा (1858 ई.) में कहा गया था कि सिविल सर्विसेज में प्रवेश के लिए भारतीयों को अंग्रेजों के बराबर अवसर प्रदान किए जाएँगे, किंतु वास्तव में, सिविल सर्विस पर अंग्रेजों का ही एकाधिकार बना रहा।
- वर्ष 1918 के पश्चात् भारतीयों के दबाव में प्रशासकीय सेवाओं का धीरे-धीरे भारतीयकरण किया गया, लेकिन नियंत्रण और अधिकार के पद फिर भी अंग्रेजों के हाथों में बने रहे।

न्यायिक संगठन

- अंग्रेजों ने कुछ समय तक भारत में प्रचलित कानूनों को ही चलाया। भारतीय परंपरा के अनुसार विवाह, उत्तराधिकार आदि से संबंधित कानून रीति-रिवाजों तथा धर्मशास्त्रों पर आधारित थे।
- राजस्व और अपराधों से संबंधित मुकदमों का निर्णय शासक या उनके द्वारा नियुक्त न्यायाधीश करते थे।
- 1774 ई. में स्थापित सुप्रीम कोर्ट के जजों ने कुछ समय तक अंग्रेजी कानून लागू किए, किंतु इसे न तो कंपनी की सरकार ने पसंद किया और न ही भारतीय जनता ने पसंद किया। 1781 के एक्ट के माध्यम से अंग्रेजी कानूनों के प्रयोग को केवल अंग्रेजों तक सीमित कर दिया गया।

कॉर्नवालिस के प्रयास

- दीवानी और फौजदारी कचहरियों के श्रेणीबद्ध संगठन के द्वारा न्याय प्रदान करने की एक नई व्यवस्था की नींव रखी गई।
- इस व्यवस्था का आरंभ वॉरेन हेस्टिंग्स ने किया था, किंतु 1793 ई. में कॉर्नवालिस ने इसे और सुदृढ़ बनाया।
- मई, 1793 में कॉर्नवालिस कोड लाया गया। यह जॉर्ज बार्लो द्वारा तैयार किया गया था तथा इसमें 48 नियमों को संकलित किया गया। दीवानी तथा फौजदारी मामले को इसमें शामिल किया गया था।
- प्रत्येक जिले में एक दीवानी अदालत स्थापित की गई, जिसका प्रमुख जिला जज होता था, जो नागरिक सेवा का सदस्य होता था। कॉर्नवालिस ने दीवानी जज और कलेक्टर के पद को अलग-अलग कर दिया।

लॉर्ड विलियम बैंटिंक के प्रयास

- विलियम बैंटिंक ने न्यायिक सेवा में कार्य करने वाले भारतीयों को उच्च पदों पर भी नियुक्ति प्रदान की तथा उन्हें डिप्टी मजिस्ट्रेट, सबऑर्डिनेट जज और प्रिंसिपल सदर अमीन इत्यादि नियुक्त किया गया।
- सदर दीवानी अदालत और सदर निजामत अदालत के स्थान पर 1865 ई. में कलकत्ता, मद्रास और बंबई में उच्च न्यायालय (हाईकोर्ट) स्थापित किए गए।
- अधिनियम (Enactment) तथा पुराने कानूनों को संहिताबद्ध (Codification) करने की प्रक्रियाओं द्वारा अंग्रेजों ने कानूनों की एक नई प्रणाली स्थापित की। सरकार ने 1833 ई. में लॉर्ड मैकाले के नेतृत्व में भारतीय कानूनों को संहिताबद्ध करने के लिए एक विधि आयोग (Law Commission) नियुक्त किया।
- विधि आयोग के परिश्रम के फलस्वरूप भारतीय दंड संहिता (Indian Penal Code), पश्चिमी देशों की दीवानी प्रक्रिया और दंड प्रक्रिया संहिताएँ तथा कानूनों की अन्य संहिताएँ आईं। इसे 1860 ई. में भारत में लागू किया गया, जो आज भी इसी रूप में प्रवृत्त हैं।

कानून का शासन

- अंग्रेजों ने कानून के शासन या विधि का शासन (Rule of Law) की आधुनिक अवधारणा को लागू किया। इसका तात्पर्य यह था कि उनका प्रशासन सैद्धांतिक रूप में कानूनों के अनुसार चलाया जाएगा न कि शासन की सनक या वैयक्तिक इच्छा के अनुसार।
- कानूनों ने प्रजा के अधिकारों, विशेषाधिकारों और जिम्मेदारियों को स्पष्ट रूप से परिभाषित किया था।
- व्यवहार में अफसरशाही और पुलिस को मनमाने अधिकार थे, किंतु कानून का शासन कुछ समय तक व्यक्ति की वैयक्तिक स्वतंत्रता की गारंटी था।
- ब्रिटिश शासन के अंतर्गत प्रशासन मुख्य रूप से कानूनों के आधार पर न्यायालयों द्वारा उनकी व्याख्या के अनुसार चलाया जाता था।
- कानून का निर्माण, जनता द्वारा लोकतांत्रिक प्रक्रियाओं के द्वारा नहीं, बल्कि विदेशी शासकों द्वारा निरंकुश तरीके से किया जाता था, जो सरकारी कर्मचारियों तथा पुलिस को अधिक अधिकार प्रदान करते थे।

कानून के सम्मुख समानता

- अंग्रेजी शासन के दौरान भारतीय विधि प्रणाली कानून के सम्मुख समानता की अवधारणा पर आधारित थी। इसका तात्पर्य यह था कि कानून की दृष्टि से सभी मनुष्य समान हैं। जाति, धर्म या वर्ग के आधार पर बिना किसी भेदभाव के एक ही कानून सभी लोगों पर लागू होता था।
- पहले न्याय प्रणाली भेदभाव पर आधारित थी और तथाकथित यह उच्च जाति और निम्न जाति के बीच भेदभाव करती थी। एक ही अपराध के लिए गैर-ब्राह्मण की अपेक्षा एक ब्राह्मण को कम दंड दिया जाता था।
- न्याय की प्रक्रिया में ले जाने और उन्हें पूर्णतया नष्ट कर देने की धमकी, उन्हें आत्मसमर्पण हेतु विवश कर देती थी।
- पुलिस तथा शेष प्रशासकीय तंत्र के अंदर व्याप्त भ्रष्टाचार न्याय नहीं मिलने देता था। अधिकारी प्राय: धनी लोगों का पक्ष लेते थे। बिना सरकारी कार्यवाही से डरे जमींदार रैयतों पर अत्याचार करते थे। इसके विपरीत अंग्रेजों से पूर्व, जो न्याय प्रणाली थी, वह अपेक्षाकृत अनौपचारिक, शीघ्र और कम खर्चीली थी।
- इस प्रकार यद्यपि नई न्याय प्रणाली उस समय तक प्रगतिशील थी, जिस समय तक वह कानून के शासन और कानून के सम्मुख समानता के प्रशासकीय सिद्धांतों तथा विवेकपूर्ण और मानवोचित मानव निर्मित कानूनों पर आधारित थी।

ब्रिटिश काल की आर्थिक नीतियाँ

- 1600 से 1757 ई. तक भारत में ईस्ट इंडिया कंपनी की भूमिका एक ऐसे व्यापारिक निगम की थी, जो भारत में माल या बहुमूल्य धातुएँ लाता था तथा उसके बदले में यहाँ से कपड़े, मसालें आदि भारतीय माल लेकर उन्हें विदेशों में बेचता था।
- 1820 के दशक में ब्रिटिश आर्थिक नीतियाँ अर्थशास्त्री डेविड रिकार्डो से प्रभावित थी। रिकार्डो के अनुसार, कृषकों को भूमि से उत्पादित 'अधिशेष आय' पर लगान देना होता है, जिसका प्रयोग भूमि से उत्पादकता सुधार में किया जाना चाहिए।
- महाराष्ट्र, बंगाल आदि क्षेत्रों में रिकार्डो के सिद्धांत का प्रयोग किया गया।
- भारतीय मालों के विदेशों में विक्रय से कंपनी को अच्छा लाभ होता था। अत: कंपनी ब्रिटेन तथा दूसरे देशों में भारतीय वस्तुओं के लिए नए बाजार लगातार खोजती रहती थी, इस प्रकार भारतीय वस्तुओं के निर्यात से उसके उत्पादन को प्रोत्साहन मिला।

वस्त्रों के संबंध में नीति

- आरंभ से ही ब्रिटिश उद्योगपति ब्रिटेन में भारतीय वस्त्रों की लोकप्रियता से ईर्ष्या करते थे।
- अत: उन्होंने भारतीय वस्तुओं के ब्रिटेन में विक्रय को कम करने या समाप्त करने के लिए अपनी सरकार पर दबाव डाला।
- 1720 ई. तक छापेदार या रंगे सूती वस्त्रों के व्यापार पर प्रतिबंध लगाने वाले कानून बन चुके थे। साधारण वस्त्रों के आयात पर अत्यधिक कर लगाए गए।
- हॉलैंड को छोड़कर सभी यूरोपीय देशों ने भारतीय वस्त्रों के आयात पर या तो प्रतिबंध लगा दिए या उन पर भारी आयात शुल्क लगा दिए, लेकिन इन कानूनों के पश्चात् भी भारत के रेशमी और सूती वस्त्रों ने 18वीं सदी के मध्य तक विदेशी बाजारों में अपना स्थान बनाए रखा।

1757 ई. के पश्चात् आर्थिक नीति में परिवर्तन

- भारत के साथ ईस्ट इंडिया कंपनी के व्यापारिक संबंधों में 1757 ई. के प्लासी के युद्ध के पश्चात् गुणात्मक परिवर्तन आया।
- अब कंपनी बंगाल पर अपने राजनीतिक नियंत्रण के कारण भारतीय व्यापार और उत्पादन पर नियंत्रण स्थापित कर सकती थी और अपना भारतीय व्यापार बढ़ा सकती थी।
- कंपनी ने भारतीय वस्तुओं का निर्यात बढ़ाने के लिए बंगाल से प्राप्त राजस्व का उपयोग आरंभ किया।
- कंपनी ने कच्चे कपास की बिक्री पर एकाधिकार स्थापित कर लिया तथा उसके लिए बंगाल के बुनकरों से मनमाने दाम वसूलने लगी।
- इंग्लैंड में भारतीय वस्त्रों पर भारी आयात शुल्क भी देने पड़ते थे।
- 18वीं सदी के उत्तरार्द्ध तथा 19वीं सदी के पहले कुछ दशकों में ब्रिटेन में महत्त्वपूर्ण सामाजिक आर्थिक परिवर्तन हुए।

- आधुनिक मशीनों, कारखाना प्रणाली तथा पूँजीवादी व्यवस्था के चलते ब्रिटिश उद्योगों का तेजी से विकास और प्रसार हुआ, इस विकास को अनेक कारणों से बल मिला।
- युद्धों और उपनिवेशवाद के द्वारा ब्रिटेन ने अनेक विदेशी बाजारों पर एकाधिकार स्थापित कर लिया।
- इन निर्यात बाजारों के कारण ब्रिटेन के निर्यातक उद्योगों का उत्पादन तेजी से बढ़ा, जिसमें उत्पादन तथा संगठन की आधुनिकतम तकनीकों का उपयोग किया गया।
- अफ्रीका, वेस्टइंडीज, लैटिन अमेरिका, कनाडा, ऑस्ट्रेलिया, चीन और सबसे बढ़कर भारत ने ब्रिटिश निर्यात के लिए असीम अवसर उपलब्ध कराए। यह बात सूती वस्त्र उद्योग के संबंध में विशेष रूप से सही थी, जो ब्रिटेन की औद्योगिक क्रांति का प्रमुख वाहक बन गई।
- ब्रिटेन ने अब तक व्यापार की एक औपनिवेशिक प्रणाली स्थापित कर ली, जिससे औद्योगिक क्रांति को बल मिला और बदले में औद्योगिक क्रांति ने इस प्रणाली को और मजबूत बनाया।
- औद्योगिक क्रांति के कारण ब्रिटिश समाज में बुनियादी परिवर्तन आए। इसने तीव्र आर्थिक परिवर्तन के साथ ब्रिटेन की जनता का जीवन स्तर ऊँचा किया और इसका प्रभाव आज के विकसित देशों पर समान रूप से पड़ा था।
- औद्योगिक क्रांति के कारण ब्रिटेन का अधिकाधिक नगरीकरण होता जा रहा था। 1750 ई. में ब्रिटेन में 50,000 से अधिक जनसंख्या वाले केवल दो नगर थे, जबकि 1851 ई. में इनकी संख्या 29 हो चुकी थी।
- 1857 ई. में ब्रिटेन में 'कपास आपूर्ति संघ' की स्थापना तथा 1859 ई. में 'मैनचेस्टर कॉटन कंपनी' का बनाया जाना वस्त्र उद्योग में विस्तार का द्योतक था। इनका उद्देश्य 'वैश्विक परिपेक्ष्य में कपास उत्पादन को प्रोत्साहित करना था।'
- किंतु 1860 के दशक से पहले अमेरिकी कपास से निर्यात बंद होने के कारण ब्रिटेन के सूती वस्त्र निर्माताओं को परेशानी होने लगी, क्योंकि ब्रिटेन में कपास का भाग अमेरिका से आता था।
- भारत में सूरत तथा बंबई में दक्कन क्षेत्र कपास उत्पादन के मुख्य क्षेत्र के रूप में संदर्भित किए गए। 1862 ई. तक स्थिति यह थी कि ब्रिटेन में कपास आयात का 90% भाग भारत से आता था।
- बंबई, दक्कन के कपास तथा सूती वस्त्रों के लिए मिर्जापुर कस्बा संग्रह का प्रमुख केंद्र बना गया, जो रेलवे के विकास तक बना रहा।

ब्रिटिश उद्योगपतियों का भारतीय आर्थिक नीति पर प्रभाव

- ब्रिटेन में उद्योगपतियों के राजनीतिक प्रभाव में वृद्धि होने से वे ईस्ट इंडिया कंपनी के व्यापारिक एकाधिकार पर प्रहार करने लगे।
- ब्रिटिश उद्योगपतियों का लाभ भारत के साथ व्यापार से नहीं, बल्कि ब्रिटेन में औद्योगिक उत्पादन में निहित था, इसलिए वह तैयार भारतीय माल के आयात को नहीं बल्कि ब्रिटेन में तैयार माल का भारत को निर्यात चाहते थे।
- ब्रिटिश उद्योगपति भारत से कपास जैसे कच्चे माल के आयात को प्रोत्साहन देना चाहते थे।
- ब्रिटिश उद्योगपति, ईस्ट इंडिया कंपनी तथा पूर्व के साथ उसके व्यापारिक एकाधिकार और भारत के राजस्व तथा निर्यात व्यापार पर नियंत्रण तथा शोषण पद्धति को अपने लिए बाधा मानते थे।

मुक्त व्यापार की नीति

- 1793 तथा 1813 ई. के मध्य ब्रिटिश उद्योगपतियों ने कंपनी तथा उसके विशेषाधिकार के विरुद्ध एक शक्तिशाली अभियान चलाया और अंततः 1813 ई. में भारतीय व्यापार पर उसका एकाधिकार समाप्त कराने में सफल रहे।
- कंपनी के व्यापारिक एकाधिकार की समाप्ति के पश्चात् भारत के साथ ब्रिटेन के आर्थिक संबंधों का एक नया युग आरंभ हुआ, क्योंकि कृषक भारत को औद्योगिक इंग्लैंड का आर्थिक उपनिवेश बनना पड़ा।
- भारत सरकार ने अब मुक्त व्यापार अर्थात् ब्रिटिश माल के अबाध प्रवेश की नीति अपनाई। भारतीय दस्तकारों को अब ब्रिटेन में मशीनों से बने माल के साथ असमान प्रतियोगिता का सामना करना पड़ा, जिससे वे नष्ट होने लगे।
- ब्रिटिश सरकार ने भारतीयों को नील या फिर चाय, जैसे बागानों के उत्पादनों का या अनाजों का निर्यात करने के लिए भी मजबूर किया, क्योंकि ब्रिटेन में इन वस्तुओं की कमी थी।
- अंग्रेजों ने चीन में भारतीय अफीम की बिक्री को प्रोत्साहन दिया, क्योंकि इस व्यापार से ब्रिटिश अधिकारियों को बहुत लाभ तथा कंपनी द्वारा नियंत्रित भारतीय प्रशासन को अधिक राजस्व मिलता था।
- 19वीं सदी के अंत तक भारत का निर्यात मुख्यतः कच्चे कपास, जूट और रेशम, तिलहन, चमड़ा, नील और चाय तक सीमित था।
- इस प्रकार 1813 ई. के पश्चात् कंपनी की व्यापारिक नीति का निर्धारण ब्रिटिश उद्योगों की आवश्यकताओं के अनुसार होने लगा। इसका मुख्य उद्देश्य भारत को ब्रिटेन के कारखानों के माल का उपभोक्ता तथा कच्चे मालों का निर्यातक बनाना था।

संपत्ति का दोहन

- भारत की संपत्ति और संसाधनों का एक भाग अंग्रेज, ब्रिटेन को भेज रहे थे। इसके बदले भारत को पर्याप्त आर्थिक या भौतिक लाभ नहीं मिल पा रहा था। यह आर्थिक दोहन, ब्रिटिश शासन की मुख्य विशेषता थी।
- 1765 ई. में कंपनी ने बंगाल की दीवानी प्राप्त कर ली और इस प्रकार राजस्व पर उसका नियंत्रण स्थापित हो गया।
- शीघ्र ही कंपनी ने अपने अधीनस्थों से भी बड़े पैमाने पर प्रत्यक्ष दोहन की व्यवस्था स्थापित कर ली। वह बंगाल के राजस्व से ही भारतीय माल खरीदकर उसका निर्यात करने लगी। इन खरीदों को **पूँजी निवेश** (Capital Investment) कहा जाता था।
- 18वीं सदी के अंत तक भारत की राष्ट्रीय आय का लगभग 9% धन बाहर भेजा जा रहा था। वास्तविक दोहन और भी अधिक था, जो ब्रिटिश अधिकारियों के वेतन तथा व्यापारियों के लाभ के रूप में ब्रिटेन भेजा जाता था।
- इस दोहन का परिणाम यह हुआ कि भारत का निर्यात उसके आयात से तो अधिक हो गया, किंतु भारत को इसका कोई लाभ नहीं हुआ।
- 1858 ई. के पश्चात् यह दोहन और भी बढ़ गया। 19वीं सदी के अंत में यह दोहन भारत की राष्ट्रीय आय का लगभग 6% था और उसकी बचत का लगभग 1/3 था।
- 18वीं सदी और 19वीं सदी के आरंभ में अर्थात् ब्रिटेन के औद्योगीकरण के आरंभिक काल में भारत से बाहर ले जाई गई इस पूँजी की, ब्रिटेन में पूँजीवादी विकास के लिए पूँजी जुटाने में महत्त्वपूर्ण भूमिका रही।

यातायात और संचार के साधनों का विकास

ब्रिटिश शासन के दौरान यातायात तथा संचार माध्यमों का विकास हुआ, किंतु आधारभूत संरचना का यह विकास **लक्षित** था। यातायात और संचार के साधनों का विकास निम्नलिखित है

सड़क परिवहन

- 19वीं सदी के मध्य तक भारत में यातायात के साधन अत्यंत पिछड़े हुए थे। यातायात बैलगाड़ी एवं ताँगों तक सीमित था।
- ब्रिटिश शासकों का मानना था कि यदि भारत में ब्रिटिश मालों की आपूर्ति करनी है और ब्रिटिश उद्योगों के लिए यहाँ से कच्चा माल प्राप्त करना है, तो यहाँ एक सस्ती एवं आसान प्रणाली का विकास करना होगा। इन्होंने नदियों में स्टीमर चलाए और सड़कों में सुधार का कार्य आरंभ किया।
- कलकत्ता से दिल्ली तक **ग्रैंड ट्रंक रोड** पर 1839 ई. में कार्य आरंभ हुआ, जो 1850 के दशक में पूर्ण हुआ।
- सड़कों द्वारा देश के प्रमुख नगरों, बंदरगाहों और मंडियों को जोड़ने का प्रयास किया गया, किंतु यातायात में वास्तविक सुधार रेलों के आरंभ होने के पश्चात् ही हुआ।

भारत में रेलवे का विकास

- भारत में रेल लाइन बिछाने का पहला सुझाव 1831 ई. में मद्रास में आया था, किंतु इस रेल के डिब्बों को घोड़े खींचने वाले थे।
- भारत में भाप से चलने वाली रेलों का पहला प्रस्ताव 1834 ई. में इंग्लैंड में रखा गया। इस प्रस्ताव में यह निश्चित हुआ कि निजी कंपनियाँ भारत में रेल लाइनें बिछाएँ और रेल चलाएँ। भारत सरकार ने आश्वासन दिया कि इन कंपनियों को उनकी पूँजी पर कम-से-कम 5% लाभ मिलेगा।
- 1853 ई. में बंबई और थाणे के मध्य पहली रेल-लाइन यातायात के लिए खोल दी गई।
- 1849 ई. में भारत के गवर्नर-जनरल बने लॉर्ड डलहौजी ने 1853 ई. में लिखे अपने एक प्रसिद्ध नोट में रेलों के विकास का एक व्यापक कार्यक्रम प्रस्तुत किया। डलहौजी ने चार प्रमुख ट्रंक लाइनों के जाल का प्रस्ताव रखा, जो देश के आंतरिक भागों को बड़े बंदरगाहों से तथा देश के विभिन्न भागों को आपस में जोड़ सकें।
- 1869 ई. तक जमानत प्राप्त कंपनियों द्वारा 6,000 किमी से अधिक लाइन बिछाई जा चुकी थीं, किंतु यह प्रणाली अत्यधिक धीमी और खर्चीली सिद्ध हुई।
- 1869 ई. में भारत सरकार ने सरकारी उद्यम के रूप में नई रेल लाइनें बिछाने का निर्णय लिया, किंतु रेलों के प्रसार की गति अभी भी बहुत धीमी रही।
- 1880 के पश्चात् निजी कंपनियों और सरकार, दोनों ने रेल लाइनें बिछाईं।
- ये रेल लाइनें मुख्यत: भारत के आंतरिक भागों में स्थित कच्चे माल उत्पन्न करने वाले क्षेत्रों को निर्यात करने वाले बंदरगाहों से जोड़ने के लिए बिछाईं गई थीं।
- ब्रिटेन के साम्राज्यवादी हितों की पूर्ति के लिए बर्मा तथा पश्चिमोत्तर भारत में भी अनेक रेल लाइनों का विकास किया गया।
- रेलवे के विकास ने आर्थिक गतिविधियों को परंपरागत शहरों से विकेंद्रित कर दिया। लगभग सभी रेलवे स्टेशन कच्चे माल के संग्रह केंद्रों के रूप में विकसित हो गए।
- रेलवे नेटवर्क के विस्तार के बाद रेलवे वर्कशॉप और रेलवे कॉलोनियों की भी शुरुआत हो गई।
- जमालपुर, वाल्टेयर, बरेली जैसे रेलवे नगर अस्तित्व में आए।

वायु परिवहन

- भारत में हवाई परिवहन की शुरुआत वर्ष 1911 में की गई। इसमें इलाहाबाद (प्रयागराज) तथा नैनी के मध्य डाक और टेलीग्राफ विभाग द्वारा पहली हवाई मेल सेवा आरंभ की गई।
- वर्ष 1932 में भारत की पहली अंतर्राष्ट्रीय वायु सेवा आरंभ की गई। द्वितीय विश्वयुद्ध के पश्चात् विमानन सेवा में तीव्र विस्तार हुआ।
- ब्रिटिश आर्थिक नीति के प्रभाव में यातायात संरचना तथा संचार माध्यमों का विकास इन्हीं क्षेत्रों में अधिक हुआ, जो व्यापारिक मार्गों तथा व्यापारिक संचार को उत्प्रेरित कर सकने में सफल हों।

संचार व्यवस्था

- 1850 ई. में पहली प्रायोगिक बिजली तार लाइन डायमंड हार्बर तथा कोलकाता के मध्य शुरू की गई। 1881 ई. में देश में पहली औपचारिक टेलीफोन सेवा आरंभ की गई। वर्ष 1933 में भारत और ब्रिटेन के मध्य रेडियो टेलीफोन प्रणाली का उद्घाटन किया गया।
- अंग्रेजों ने एक कुशल और आधुनिक डाक-प्रणाली भी स्थापित की तथा तार व्यवस्था की शुरुआत की।
- लॉर्ड डलहौजी ने 1850 ई. में पोस्ट ऑफिस कमीशन गठित किया, जिसके सुझावों के आधार पर 1854 ई. में देश भर में पोस्ट ऑफिस की स्थापना की गई।
- लॉर्ड डलहौजी ने डाक-टिकटों का भी आरंभ किया, उसने डाक टिकट की दरें घटा दीं तथा पूरे देश में कहीं भी पत्र भेजने के लिए एक समान दर रखी, जो एक अधन्नी (पुराने 2 पैसे) थी, उसके सुधारों से पूर्व पत्र का डाक टिकट दूरी के हिसाब से लगता था।

मालगुजारी की नीति

- आयात के लिए भारतीय दस्तकारों के तथा दूसरों के माल खरीदने, पूरे भारत की विजय का खर्च उठाने और ब्रिटिश शासन को मजबूत करने तथा आवश्यक आर्थिक एवं प्रशासनिक खर्च आदि उठाने के लिए कंपनी को भारतीय राजस्व की आवश्यकता थी।
- 1813 ई. तक प्रशासक एवं न्याय प्रणाली में जितने भी परिवर्तन हुए, उनका लक्ष्य मालगुजारी संग्रह बढ़ाना ही था।
- भारत के शासक लंबे समय से खेतिहर पैदावार का एक भाग जमीन की मालगुजारी के रूप में लेते थे। यह मालगुजारी या तो कर्मचारियों की सहायता से या अप्रत्यक्ष रूप से ऐसे मध्यस्थों, जैसे जमींदारों, मालगुजारों आदि के माध्यम से ली जाती थी, जो काश्तकार से मालगुजारी वसूल करते थे और उसका एक भाग अपने कमीशन के रूप में रख लेते थे।

नई भूमि व्यवस्था

- 1765 ई. में कंपनी ने बंगाल, बिहार और ओडिशा की दीवानी प्राप्त कर ली थी अर्थात् उसे वहाँ मालगुजारी जमा करने का अधिकार मिल गया था।
- ब्रिटिश क्षेत्रों के विस्तार के साथ वसूली की राशि भी परिवर्तित की गई। भू-राजस्व कंपनी की आय का सबसे बड़ा स्रोत बन गया, इसका एक भाग कंपनी ब्रिटिश सरकार को भेंट करती थी।

- 1773 ई. में कंपनी ने अप्रत्यक्ष रूप से मालगुजारी की वसूली की व्यवस्था आरंभ की। अब वॉरेन हेस्टिंग्स ने मालगुजारी की वसूली के अधिकार को नीलामी पर लगाकर सबसे बड़ी बोली बोलने वाले को दे दिया।
- नई व्यवस्था (नीलामी) किसी के लिए भी लाभप्रद सिद्ध नहीं हुई, क्योंकि कंपनी को जितनी वसूली की आशा रहती थी, वह पूरी नहीं होती थी।
- दूसरी ओर जमींदार किसानों को लूटते जा रहे थे। अब इस व्यवस्था में परिवर्तन कर स्थायी बंदोबस्त की व्यवस्था लागू की गई।

स्थायी अथवा इस्तमरारी बंदोबस्त

- नीलामी की व्यवस्था से कंपनी की आय में सुस्थिरता नहीं आई, अतः अब स्थायी रूप से एक निश्चित रकम निर्धारित करने का निर्णय लिया गया।
- अंग्रेजों को लगता था कि इस सुधार से नियमित राजस्व की वसूली के साथ ही जमींदारों द्वारा जमीन में सुधार को प्रोत्साहन मिलेगा।
- लॉर्ड कॉर्नवालिस ने 1793 ई. में बंगाल और बिहार में स्थायी अथवा इस्तमरारी बंदोबस्त की प्रथा का आरंभ किया। स्थायी अथवा इस्तमरारी बंदोबस्त व्यवस्था की निम्न दो प्रमुख विशेषताएँ थीं
  - पहली यह की जमींदारों और मालगुजारों को भू-स्वामी बना दिया गया, उन्हें अब रैयतों से मालगुजारी की वसूली के लिए केवल सरकार के एजेंट के रूप में ही कार्य नहीं करना था, बल्कि अब वे अपने जमींदारी क्षेत्रों की सारी जमीन के मालिक बन गए। उनके स्वामित्व के अधिकार को वंशगत और अहस्तांतरणीय बना दिया गया।
  - दूसरी ओर काश्तकारों की स्थिति में गिरावट आई और अब वे बँटाईदार होकर रह गए तथा वे जमीन पर लंबे समय से चले आ रहे अधिकारों तथा पारंपरिक अधिकारों से वंचित कर दिए गए।
- जमींदारों को अपने क्षेत्र की जमीनों का स्वामित्व दिया गया तथा जमींदारों से लिया गया, भूमि कर स्थायी रूप से निर्धारित कर दिया गया। 1794 ई. में **सूर्यास्त नियम** (Sunset law) द्वारा जमींदारों की शक्तियों को नियंत्रित किया गया। निर्धारित समय तक कर का भुगतान नहीं होने पर जमींदारों का अधिकार समाप्त किया जा सकता था।
- आरंभ में मालगुजारी की रकमों का निर्धारण मनमाने तरीके से और जमींदारों से परामर्श किए बिना ही तय किया गया।
- इसके पीछे अधिकारियों का उद्‌देश्य अधिकतम धन जमा करना था। अतः मालगुजारी की बहुत अधिक दरें निश्चित की गईं।
- मालगुजारी की इस अत्यधिक तथा असंभव माँग का एक परिणाम यह हुआ कि 1794 और 1807 ई. के बीच जमींदारों की लगभग आधी जमीनें बेच दी गईं।
- 1793 ई. के पूर्व बंगाल और बिहार के जमींदारों के पास जमीन के अधिकांश भाग पर स्वामित्व नहीं था, क्योंकि इंग्लैंड में खेती का केंद्रीय चरित्र भू-स्वामी होता था और अंग्रेज अधिकारियों ने जमींदारों को इन्हीं भू-स्वामियों का प्रतिरूप मान लिया, परंतु इनमें मूलभूत अंतर था।
- ब्रिटेन का भू-स्वामी बँटाईदार ही नहीं, ब्लकि राज्य की दृष्टि में जमीन का स्वामी होता था, किंतु बंगाल में जमींदार बँटाईदार के लिए तो भू-स्वामी होता था, किंतु वह स्वयं राज्य के अधीन होता था।
- ब्रिटिश भू-स्वामी (जो अपनी आय का एक बहुत छोटा भाग ही भूमिकर के रूप में देता था) के विपरीत, बंगाल का जमींदार, जिस जमीन का मालिक था, उससे प्राप्त आय का 10/11 भाग कर के रूप में देता था।

स्थायी बंदोबस्त व्यवस्था लागू करने का कारण

- जमींदारों को जमीन का स्वामी मानने का निर्णय मूलतः राजनीतिक, आर्थिक वित्तीय एवं प्रशासकीय कारणों से प्रेरित था, जिसके तीन मार्गदर्शक कारण थे, जो इस प्रकार हैं
  - इनमें से प्रथम कारण चतुराई भरी राजविद्या का परिणाम था अर्थात् इसके पीछे राजनीतिक सहयोगी बनाने की आवश्यकता कार्य कर रही थी, उन्हें भारत में अपनी स्थिति मजबूत करने के लिए एक मजबूत माध्यम की आवश्यकता थी, जिसकी पूर्ति जमींदार कर सकते थे।
  - दूसरा और सबसे महत्त्वपूर्ण कारण वित्तीय सुरक्षा का था, इस्तमरारी बंदोबस्त के द्वारा कंपनी की आय को बहुत अधिक बढ़ा दिया गया। अब मालगुजारी की ऐसी दरें निर्धारित की गईं, जिनसे अत्यधिक लगान की प्राप्ति हो सकती थी।
  - तीसरा कारण इस्तमरारी बंदोबस्त के कारण खेतिहर उत्पादन बढ़ सकेगा। चूँकि यह निर्धारित था कि जमींदार की आय बढ़ने पर भी भविष्य की मालगुजारी में वृद्धि नहीं की जाएगी, इसलिए जमींदारों में कृषि उत्पादकता बढ़ाए जाने की रुचि उत्पन्न होगी।

इस्तमरारी बंदोबस्त को बाद में ओडिशा, मद्रास के उत्तरी जिलों और बनारस में भी लागू कर दिया गया। मध्य भारत के कुछ भागों और अवध में अंग्रेजों ने अस्थायी जमींदारी की एक व्यवस्था लागू की। इस व्यवस्था में जमींदारों को जमीन का स्वामी तो बना दिया गया, परंतु उन्हें जो मालगुजारी देनी पड़ती थी उसका समय-समय पर पुनर्निर्धारण किया जाता था।

स्थायी बंदोबस्त की समस्या

- स्थायी बंदोबस्त व्यवस्था में तय किया गया कि राजस्व इतना अधिक था कि जमीदारों द्वारा राजस्व चुकाया जाना मुश्किल होता जा रहा था।
- उन्नीसवीं सदी के प्रारंभिक दशक में बदलती आर्थिक परिस्थितियों में खेती में विस्तार से उत्पादकता तो बढ़ी, किंतु कंपनी द्वारा लगान का स्थायी निर्धारण होने के कारण कंपनी को इसका लाभ नहीं मिला।
- गाँव में किसानों द्वारा उच्च दर पर लगान जमा करना तथा जमीन पर उनका असुरक्षित अधिकार प्रमुख समस्या थीं। किसान प्रायः लगान जमा करने के लिए महाजनों से ऋण लेते थे।
- सूर्यास्त विधि का प्रावधान भी जमीदारों के लिए बहुत प्रतिकूल प्रावधान था, जिसके अनुसार यदि निश्चित तिथि को सूर्यास्त से पूर्व तक लगान जमा नहीं हो पाती, तो जमींदारी नीलाम कर दी जाती थी।

रैयतवाड़ी बंदोबस्त

- दक्षिणी एवं दक्षिणी-पश्चिमी भारत में ब्रिटिश शासन की स्थापना से भूमि बंदोबस्त की नई समस्याएँ उत्पन्न हुईं, क्योंकि इन क्षेत्रों में बड़ी-बड़ी जागीर वाले ऐसे जमींदार नहीं थे, जिनके साथ मालगुजारी बंदोबस्त किया जा सकता था।
- **रीड** और **मुनरो** के नेतृत्व में मद्रास के अधिकारियों ने सिफारिश की, कि सीधे वास्तविक काश्तकारों के साथ बंदोबस्त किया जाए, उनका यह भी मानना था कि इस्तमरारी बंदोबस्त व्यवस्था में कंपनी घाटे में जा रही थी।
- एक अन्य कारण यह था कि दक्षिण में परांपरागत जमींदार नहीं थे, इसलिए उन्हें सीधे रैयतों (किसानों) से ही लगान वसूल करना था।
- 1792 ई. में मद्रास प्रेसीडेंसी में एक नई व्यवस्था लागू की गई, जिसे रैयतवारी व्यवस्था कहते हैं।

- रैयतवाड़ी व्यवस्था में काश्तकार जिस जमीन पर कृषि करता था, उसे उसका स्वामी मान लिया जाता था, शर्त यह थी कि वह उस जमीन की मालगुजारी देता रहे।
- 1820 ई. में कर्नाटक और दक्षिण भारत के अनेक क्षेत्रों में इसे लागू किया गया। इसमें कंपनी सीधे किसानों से 33% भूमि कर प्राप्त करती थी।
- इस व्यवस्था के अंतर्गत जमीन के उपजाऊपन और फसल की किस्म के आधार पर राजस्व 30 वर्ष तक की अवधि के लिए निश्चित कर दिया गया।
- रैयतवाड़ी प्रथा ने कृषक स्थायित्व की किसी भी प्रथा को उत्पन्न नहीं किया, क्योंकि इस व्यवस्था में जमींदारों का स्थान स्वयं राज्य ने ले लिया, इस प्रकार रैयत सरकार के बँटाईदार मात्र रह गए।
- बँटाईदार (रैयत) यदि माल गुजारी देने में अक्षम हो जाते थे अथवा समय पर उसे अदा न कर सके तो उनकी जमीनें बेंच दी जाती थीं।
- सरकार के अनुसार मालगुजारी कोई कर नहीं, बल्कि लगान है।
- जमीन पर रैयतों के स्वामित्व को सरकार द्वारा समाप्त कर दिया गया, जिसमें प्रमुख कारण निम्न थे
  - अधिकांश क्षेत्रों में निर्धारित मालगुजारी अधिक होना।
  - सरकार द्वारा असमय मालगुजारी बढ़ाना।
  - फसल के नष्ट हो जाने पर भी मालगुजारी देना।
- राजस्व वसूली बड़ी सख्ती से होने के कारण रैयत प्राय: महाजनों के चंगुल में फँस जाता था। इस व्यवस्था ने सरकार को ही सबसे बड़ा जमींदार बना दिया और किसानों को अधिकारियों पर निर्भर होना पड़ा।

महालवाड़ी प्रथा

- गंगा के दोआब में, पश्चिमोत्तर प्रांत में, मध्यभारत के कुछ भागों और पंजाब में जमींदारी प्रथा का एक संशोधित रूप लागू किया गया, जिसे महालवाड़ी व्यवस्था कहा जाता है।
- महालवाड़ी प्रथा का प्रस्ताव सर्वप्रथम 1819 ई. में हॉल्ट मैकेंजी द्वारा लाया गया। इसे 1822 के अधिनियम VII द्वारा लागू किया गया।
- इस व्यवस्था में मालगुजारी का बंदोबस्त अलग-अलग गाँवों या जागीरों (महालों)के आधार पर उन जमींदारों या परिवार के मुखियाओं के साथ किया गया, जो सामूहिक रूप से उस गाँव या महाल का भू-स्वामी होने का दावा करते थे।
- संपूर्ण देश में अब भूमि को बेचने, गिरवी रखने और हस्तांतरित करने वाली वस्तु बना दिया गया। ऐसा मुख्य रूप से सरकार का राजस्व सुरक्षित रखने के लिए किया गया था।
- अब काश्तकार मालगुजारी जमा कर सकने हेतु जमीन की जमानत देकर उधार ले सकता था या उसका एक हिस्सा बेच सकता था। यदि वह ऐसा करने से इनकार करता तो सरकार मालगुजारी की रकम निकालने के लिए उसकी जमींन को नीलाम कर सकती थी।
- जमीन को निजी संपत्ति बनाया गया, क्योंकि स्थायित्व का अधिकार मिलने पर ही भू-स्वामी या रैयत उसमें सुधार करने का प्रयास करेगा। जमीन को सरलता से खरीदा एवं बेचा जा सकने वाला माल बनाकर अंग्रेजों ने देश में प्रचलित भूमि प्रथाओं में एक बुनियादी परिवर्तन कर दिया।

आदिवासी क्षेत्रों में भू-नीति

- घूमंतु काश्तकारों जो मुख्यत: पूर्वोत्तर तथा आदिवासी क्षेत्रों में रहते थे, से ब्रिटिश अधिकारियों को विशेष परेशानी थी, क्योंकि अस्थायी (स्थानांतरित) कृषि के कारण लगान निर्धारण में समस्या उभरी।
- अंग्रेज अपनी आमदनी का नियमित स्रोत चाहते थे। इसलिए वे झूम कृषि के स्थान पर इन क्षेत्रों में स्थायी कृषि के पक्ष में थे, किंतु वे कामयाब नहीं हुए।
- वन कानूनों द्वारा (1878 ई. में) अंग्रेजों ने सारे जंगलों पर अपना नियंत्रण स्थापित कर लिया।
- जंगलों को राज्य संपत्ति घोषित कर दिया गया तथा कुछ जंगलों को आरक्षित वन घोषित कर दिया गया।
- जंगलों से श्रम की उपलब्धता के लिए कुछ झूम काश्तकारों को जंगल के ही भीतर थोड़ा सा क्षेत्र खेती के लिए दिया गया तथा उसके बदले में कंपनी के लिए श्रम देने की शर्त थोपी गई।

अतिरिक्त तथ्य

तमिलनाडु बोर्ड एवं NIOS

- रेग्यूलेटिंग एक्ट 1773 के अंतर्गत बंगाल का पहला गवर्नर-जनरल वॉरेन हेस्टिंग्स था।
- न्यायिक सुधार के अंतर्गत कार्नवालिस ने बंगाल के प्रत्येक जिले अंग्रेजी न्यायाधीश तथा राजस्व संग्रह के लिए राजस्व कलेक्टरों को नियुक्त किया।
- बंबई कलकत्ता तथा मद्रास में 1727 ई. में महापौर न्यायालयों की स्थापना की गई। 1801 ई. में मद्रास में तथा 1823 ई. में बंबई में सर्वोच्च न्यायालयों की स्थापना हुई।
- ब्रिटिश काल में औपनिवेशिक नीति औपनिवेशीक शोषण का विकास तीन चरणों में हुआ-
  - प्रथम चरण (1757-1813) - प्रत्यक्ष लूटपाट का चरण
  - द्वितीय चरण (1813-58 ई.) - मुक्त व्यापार का चरण
  - तृतीय चरण (1858 से आगे) - आर्थिक साम्राज्यवाद का चरण
- सर्वप्रथम राजस्व खेती की व्यवस्था के अंतर्गत **वॉरेन हेस्टिंग्स** ने 1772 ई. में बंगाल क्षेत्र में 1 वर्षीय व्यवस्था लागू की, जिसे परिणाम बेहद असफल रहे, जिस कारण 1773 ई. में स्थायी बंदोबस्त लागू किया गया।
- कृषि उत्पादकता में वृद्धि के लिए सीमित कदमों के अंतर्गत उत्तरी, उत्तर-पूर्वी तथा दक्षिण-पश्चिमी भागों में जुताई के लिए नहरों का निर्माण किया गया।
- बहुमूल्य धातु के रूप में संपत्ति; जैसे–सोना और चाँदी को **बुलियन** कहा जाता है।
- **हाउस ऑफ कॉमन** की चयन समिति के सदस्य चार्ल्स ट्रेवली के द्वारा 1840 ई. में अवलोकन किया गया कि बंगाल में उत्पादित विशेष प्रकार के रेशमी कॉटन से ढाका में मलमल का निर्माण किया जाता है।
- **मद्रास यातना आयोग** (Torture Madras Commission) जिसका गठन मद्रास सरकार के द्वारा किया गया, ने 1855 ई. को अपने रिर्पोट में यह खुलासा किया कि किसानों से जमीन वापस लेने की प्रक्रिया में भारतीय जमींदारों एवं ब्रिटिश अधिकारियों के द्वारा व्यापक अत्याचार किए गए।
- कमजोर मानसून के कारण मद्रास प्रांत में 1876-78 तक भयंकर अकाल पड़े।
- **आर. सी. दत्त** के द्वारा यह अनुमान लगाया गया कि महारानी विक्टोरिया के शासनकाल के एक दशक (1891-1901) के दौरान कुल आय 647 मिलियन पाउंड में से 159 मिलियन पाउंड का निर्गमन इंग्लैंड की ओर हुआ। देश के इस कुल आय में 44% आबादी का योगदान था।

जनजातीय किसान और मजदूर आंदोलन

(स्रोत)

New NCERT Class VIII Chap 3 **ग्रामीण क्षेत्र पर शासन चलाना,** Chap 4 **आदिवासी, दीकु और एक स्वर्ण युग की कल्पना,** Chap 5 **जब जनता बगावत करती है : 1857 और उसके बाद,** New NCERT Class X Chap 2 **भारत में राष्ट्रवाद,** Chap 3 **भूमंडलीकृत विश्व का बनना,** New NCERT Class XII Chap 9 **उपनिवेशवाद और देहात,** Old NCERT Class VIII Chap 5 **ब्रिटिश शासन के विरुद्ध विद्रोह,** Chap 6 **1858 ई. के बाद भारत में ब्रिटिश नीतियाँ और प्रशासन,** Chap 9 **भारतीय राष्ट्रवाद का उदय,** Old NCERT Class XII Chap 13 **स्वराज के लिए संघर्ष-II 1927-1947,** Tamil Nadu Board (Class XI), NIOS

औपनिवेशिक शासन काल में अंग्रेजों ने भारत में अपने साम्राज्य विस्तार के क्रम में आदिवासियों, कृषकों तथा मजदूरों का अत्यधिक शोषण किया। उन्हें अपनी जमीनों से बेदखल किया गया, जिससे इन समुदायों में ब्रिटिश शासन के प्रति तीव्र असंतोष उत्पन्न हुआ। इस असंतोष का परिणाम विभिन्न विद्रोहों के रूप में सामने आया, जिनका विवरण निम्न है

जनजातीय विद्रोह

देश के आदिवासी क्षेत्रों पर ब्रिटिश नियंत्रण और प्रशासन स्थापित होने के पश्चात् आदिवासियों का शोषण आरंभ हो गया। ब्रिटिश शासन की नीतियों तथा शोषण के विरुद्ध आदिवासियों द्वारा समय-समय पर अनेक विद्रोह किए गए, जो निम्नलिखित हैं

- **भील विद्रोह** (1818-46 ई.) इस विद्रोह का आरंभ 1818 ई. में पश्चिमी घाट क्षेत्र में हुआ था। भीलों की अधिक जनसंख्या पश्चिमी तट पर खानदेश जिले में निवास करती थी। यह विद्रोह मध्य प्रदेश, महाराष्ट्र और राजस्थान आदि प्रदेशों में हुआ था। इस विद्रोह का प्रमुख कारण कृषि संबंधी परेशानियाँ थीं, जो अंग्रेजों द्वारा उत्पन्न की गई थीं। 1825 ई. में सेवरम के नेतृत्व में पुनः भीलों का विद्रोह हुआ और यह विद्रोह 1846 ई. तक चलता रहा।
- **खासी विद्रोह** (1830-33 ई.) यह विद्रोह उस समय आरंभ हुआ था, जब अंग्रेजों ने खासी और जयंतिया पहाड़ियों से सिलहट के मध्य सड़क निर्माण शुरू किया, स्थानीय लोगों ने इसे अपनी स्वतंत्रता में हस्तक्षेप माना। खासी विद्रोह के प्रमुख नेता तीरत सिंह थे। इस विद्रोह में वारमानिक तथा मुकुंद सिंह ने भी विशेष योगदान दिया था। अंग्रेजों द्वारा 1833 ई. में इस विद्रोह का दमन कर दिया गया।
- **कोल विद्रोह** (1831 ई.) यह विद्रोह 1831 ई. में राँची, सिंहभूम, हजारी बाग, पलामू और मालभूम में हुआ था। इस विद्रोह का प्रमुख कारण कोल आदिवासियों की जमीन छीनकर मुस्लिम एवं सिख कृषकों को देना था। इस विद्रोह का नेतृत्व सुर्गा एवं सिंगराय ने किया था।
- **खोंड विद्रोह** (1837-56 ई.) यह विद्रोह 1837 ई. से लेकर 1856 ई. के मध्य तमिलनाडु, बंगाल एवं मध्य भारत में रहने वाली खोंड जनजातियों द्वारा किया गया। इस विद्रोह का कारण सरकार द्वारा नरबलि प्रथा पर रोक लगाना था। इस विद्रोह का नेतृत्व चक्र बिसोई ने किया था।
- **संथाल विद्रोह** (1855-56) प्रारंभ में संथाल, ब्रिटिश सरकार के लिए आदर्श बशिंदे प्रतीत हुए, क्योंकि संथाल, अंग्रेजों के लिए जंगलों को साफ कर कृषि हेतु जमीन विकसित करने के लिए तत्पर थे।
- ब्रिटिश कंपनी ने जंगलों में बड़े क्षेत्र को 'दामिन-ए-कोह' के रूप में नामांकित कर संथालों को बसाया और बदले में जंगलों में कृषि भूमि के विस्तार के लिए राजी किया। किंतु समय के साथ शोषण की प्रवृत्ति में विस्तार को महसूस कर संथालों ने विद्रोह कर दिया।
- भागलपुर एवं राजमहल के संथाल आदिवासियों ने 1855 ई. में जमींदारों, साहूकारों के अत्याचार एवं भूमिकर अधिकारियों के दमनात्मक व्यवहार के प्रति विद्रोह किया। यह विद्रोह **भगिनीडीह** नामक गाँव से शुरू हुआ था। **सिद्धू** एवं **कान्हू** इस विद्रोह के प्रमुख नेता थे। इस विद्रोह के पश्चात् 1855 ई. में संथाल क्षेत्र को पृथक् नॉन रेगुलेशन जिला घोषित किया गया तथा इसका नाम संथाल परगना रखा गया।
- **रम्पा विद्रोह** (1879-80 पुनः 1886) आंध्र प्रदेश के तटवर्ती क्षेत्रों में रंपा विद्रोह का विस्तार हुआ था। इस विद्रोह का नेतृत्व **अल्लूरी सीताराम राजू** ने किया था। यह विद्रोह न केवल, ब्रिटिश शासन अपितु जमींदारों एवं साहूकारों के विरुद्ध था। रंपा विद्रोह के नेता सीताराम राजू ने वर्ष 1922-24 के बीच गाँधीजी की प्रेरणा से अहिंसक आंदोलन आरंभ किया, जिसका अंग्रेजों ने जल्दी ही दमन कर दिया।
- **मुंडा विद्रोह** (1895-99 ई.) झारखण्ड में होने वाले मुंडा आंदोलन एक प्रमुख जनजातीय आंदोलन था। इसका संबंध आदिवासी समाज को सुधारने से था। 1895 ई. में बिरसा ने अपने अनुयायियों से आह्वान किया कि वे अपने गौरवपूर्ण अतीत को पुनर्जीवित करने का संकल्प लें।

- इस आंदोलन का उद्देश्य मिशनरियों, महाजनों, हिंदू भू-स्वामियों और सरकार को बाहर निकालकर, बिरसा के नेतृत्व में मुंडा राज स्थापित करना था। मुंडा आंदोलन के प्रसार के क्रम में 1895 ई. में बिरसा मुंडा को गिरफ्तार कर जेल में डाल दिया गया और उनके ऊपर दंगा भड़काने का आरोप लगाया गया।
- यद्यपि बिरसा मुंडा प्रारंभ में मिशनरियों में जा कर उपदेश सुनते थे तथा वहाँ महसूस किया कि मुंडा समुदाय स्वर्ग का साम्राज्य हासिल कर सकता है। इन्होंने कुछ समय तक वैष्णव प्राचारक के साथ रहकर जनेऊ भी धारण किया, किंतु बाद में इन सबका विरोध भी किया, क्योंकि यह उन्हें बाहरी मानते थे।
- 1897 ई. में जेल से लौटने के बाद उन्होंने आह्वान किया कि उनके (बिरसा मुंडा) नेतृत्व में मुंडा साम्राज्य की स्थापना के लिए दिकुओं (बाहरी लोगों) की सत्ता को समाप्त कर दें।
- बिरसा के अनुयायी दिकु और यूरोपीयन सत्ता के प्रतीकों को निशाना बनाने लगे। उन्होंने थानों और चर्चों पर आक्रमण किए तथा जमींदारों व महाजनों की संपत्तियों को हानि पहुँचाई। वर्ष 1900 में बिरसा की हैजे से मृत्यु हो जाने पर यह आंदोलन धीमा पड़ गया।
- मुंडा आंदोलन दो दृष्टियों से काफी महत्त्वपूर्ण था-**पहला** इसने औपनिवेशिक सरकार को ऐसे कानून बनाने के लिए विवश किया, जिनके माध्यम से दिकु लोग आदिवासियों की जमीन पर आसानी से अधिकार न कर सकें। **दूसरा** इस विद्रोह ने यह स्पष्ट कर दिया कि अन्याय का विरोध करने और औपनिवेशिक शासन का विरोध करने में आदिवासी सक्षम थे।

प्रमुख जनजातीय विद्रोह

विद्रोह	वर्ष	क्षेत्र	नेतृत्वकर्ता
चुआर विद्रोह	1768	बंगाल	दुर्जन सिंह/जगन्नाथ
पहाड़िया विद्रोह	1772-80	झारखंड	रानी सर्वेश्वरी
तमाड़ विद्रोह	1772-1820	झारखंड	भोलानाथ सिंह, दुख मानकी
तिलका मांझी विद्रोह	1783	बिहार/झारखंड	तिलका मांझी
चेर विद्रोह	1817	पूर्वी भारत	भूषण सिंह
रामोसी विद्रोह	1822-29	पश्चिमी घाट	चित्तर सिंह
भील विद्रोह	1825-31	पश्चिमी घाट	सेवरम
कोल विद्रोह	1831-32	छोटानागपुर	सुर्गा/सिंगराय
खासी विद्रोह	1833	असम	तीरत सिंह
गोंड विद्रोह	1833	उड़ीसा	सुरेंद्र साईं
खोंड विद्रोह	1837-56	मध्य भारत	चक्र बिसोई
कूका आंदोलन	1840	पंजाब	भगत जवाहरमल
संथाल विद्रोह	1855-56	बिहार, झारखंड	सिद्धू-कान्हू
साफाहार विद्रोह	1868	झारखंड	भागीरथ माँझी
कोया विद्रोह	1879-86	आंध्र प्रदेश	राजन अनंत शय्यार
रम्पा विद्रोह	1879-1922	आंध्र प्रदेश	अल्लूरी सीताराम राजू
मणिपुर विद्रोह	1891	मणिपुर, रोंगमेई	जदोनांग/रानी गिडालू
मुंडा विद्रोह	1899-1900	बिहार, झारखंड	बिरसा मुंडा
ताना भगत आंदोलन	1914	बिहार, झारखंड	जतरा भगत/ बलराम भगत

किसान आंदोलन

- ब्रिटिश द्वारा भारतीय ग्रामीण कृषि को न केवल राजस्व के लिए, बल्कि यूरोपीय जरूरतों के लिए उपयोगी फसलों के हिसाब से प्रयुक्त किया गया।
- ब्रिटिश, भारत के विभिन्न भागों में किसी-न-किसी फसल के लिए किसानों को मजबूर करते रहे; जैसे-बंगाल में पटसन, असम में चाय, संयुक्त प्रांत में गन्ना-पंजाब में गेहूँ, महाराष्ट्र पंजाब में कपास तथा मद्रास में चावल।
- अनुबंधात्मक कृषि ने भारतीय किसानों की स्थिति को लगातार दयनीय कर दिया परिणाम स्वरूप विद्रोहों की एक शृंखला का उद्भव हुआ।

प्रमुख किसान आंदोलनों का वर्णन निम्न है

नील आंदोलन (1859)

- नील, उष्ण कटिबंधीय क्षेत्र में उगने वाला पौधा है। 13वीं सदी तक भारतीय नील का प्रयोग इटली, फ्रांस तथा यूरोप में सीमित मात्रा में प्रयोग होता था, किंतु 1783 से 1789 के बीच वेस्टइंडीज तथा अमेरिका से यूरोपीय क्षेत्र में नील आपूर्ति असीमित हो गई परिणामस्वरूप भारतीय नील की माँग बढ़ी।
- बढ़ती माँग के साथ ब्रिटिश उद्योगपतियों को भारतीय नील के प्रति आकर्षण बढ़ा। इस आकर्षण ने भारतीय किसानों के शोषण को भी बढ़ा दिया। इसकी परिणति नील आंदोलन था।
- नील आंदोलन अंग्रेजों के शासनकाल में होने वाला पहला संगठित किसान आंदोलन था। यह आंदोलन मार्च, 1859 में उस समय आरंभ हुआ, जब बंगाल के किसानों ने नील की खेती करने से इनकार कर दिया। विद्रोह के प्रसार के साथ ही किसानों ने लगान चुकाने से भी इनकार कर दिया।
- इस आंदोलन की शुरुआत बंगाल के नदिया जिले के गोविंदपुर गाँव से हुई। इस आंदोलन के नेता **दिगंबर विश्वास** और **विष्णु विश्वास** थे। इनके नेतृत्व में एकजुट होकर किसानों ने नील की खेती बंद कर दी।
- इस आंदोलन के फलस्वरूप 30 मार्च, 1860 को नील आयोग का गठन किया गया। इस आयोग ने बागान मालिकों को दोषी पाया।
- इस आंदोलन में **हिंदू पैट्रियाट** के संपादक **हरिश्चंद्र मुखर्जी** की महत्त्वपूर्ण भूमिका थी। नील बागान मालिकों के अत्याचार का विवरण दीनबंधु मित्र ने अपने नाटक **नील दर्पण** में किया है।

दक्कन विद्रोह (1875)

- पश्चिमी भारत में दक्कन क्षेत्र में होने वाला कृषक विद्रोह का मुख्य कारण रैयतवाड़ी भू-राजस्व व्यवस्था थी। यहाँ के किसान करों के भारी बोझ के साथ-साथ साहूकारों के चंगुल में भी फँसे हुए थे।
- अमेरिकी गृहयुद्ध की समाप्ति के पश्चात् कपास की कीमतों में भारी गिरावट आई, ऐसी परिस्थिति में साहूकारों का शोषण और बढ़ गया।
- 1867 ई. में सरकार ने भू-राजस्व की दरों में 50% की वृद्धि कर दी, जिससे कृषक समस्याएँ अपने चरम पर पहुँच गईं।
- किसानों को भू-राजस्व के भुगतान के लिए साहूकारों तथा व्यापारियों से ऋण लेना पड़ा, जिसके ब्याज की दरें अत्यधिक थीं। इन्हीं परिस्थितियों में दक्कन में विद्रोह हुए।
- 1875 ई. में महाराष्ट्र के पुणे, सतारा तथा अहमदनगर जिलों में किसानों ने विद्रोह आरंभ किया।
- यह आंदोलन मुख्यत: पूणे जिले के एक बड़े गाँव में शुरू हुआ। सूपा एक विपणन केंद्र था, जहाँ व्यापारी तथा साहूकार रहते थे।

- विद्रोहियों ने साहूकारों के ऋण दस्तावेजों को नष्ट करने की नीति अपनाई और सरकार ने आंदोलनकारियों के प्रति दमन की नीति अपनाई। लगभग 1,000 किसानों को बंदी बनाया गया।
- दंगों की प्रकृति तथा कारणों की जाँच के लिए सरकार ने **दक्कन विद्रोह आयोग** नियुक्त किया। इस आयोग ने बताया कि गरीबी के परिणामस्वरूप किसानों की ऋणग्रस्तता दक्कन विद्रोह का एकमात्र कारण थी।
- आयोग के सुझाव पर सरकार ने 1879 ई. में दक्कन कृषक राहत अधिनियम पारित किया। पूना सार्वजनिक सभा ने दक्कन कृषि राहत अधिनियम का समर्थन किया था।
- 'दक्कन विद्रोह' से संबंधित लेख का प्रकाशन 6 जून, 1876 में 'नेटिव ओपीनियन' नामक समाचार-पत्र में प्रकाशिक हुआ, जिसे बाद में मुंबई के नेटिव न्यूजपेपर्स में प्रकाशित किया गया था।

चंपारण सत्याग्रह (1917)

- चंपारण सत्याग्रह बिहार के चंपारण जिले में वर्ष 1917 में आरंभ हुआ था। चंपारण में नील की खेती का कार्य करने वाले किसानों पर यूरोपीय व्यापारी बहुत अत्याचार करते थे।
- किसानों को अपनी जमीन के 3/20 भाग पर नील की खेती करना और उन्हें व्यापारियों को निश्चित दाम पर बेचना पड़ता था। किसानों की इन समस्याओं का समाधान करने हेतु गाँधीजी चंपारण पहुँचे, उन्होंने यूरोपीय अधिकारियों को किसानों की समस्याओं से अवगत कराया।
- सरकार ने इस संबंध में एक कमेटी का गठन किया, जिसके सदस्य स्वयं गाँधीजी भी थे। इस प्रकार किसान जिन समस्याओं से पीड़ित थे, उनमें कमी हुई।

खेड़ा किसान आंदोलन (1918)

- वर्ष 1918 में गुजरात के खेड़ा जिले में किसानों की फसल नष्ट हो गई, किंतु सरकार ने पूरा लगान वसूलने का निर्णय लिया। फलतः किसानों ने आंदोलन शुरू कर दिया।
- फसल खराब हो जाने तथा प्लेग की महामारी के कारण खेड़ा जिले के किसान लगान चुकाने की स्थिति में नहीं थे।
- इस आंदोलन में गाँधीजी ने किसानों का साथ दिया और उन्हें यह परामर्श दिया कि जब तक सरकार लगान में छूट न दे, तब तक वे लगान देना बंद कर दें। सरकार द्वारा जब यह घोषणा की गई कि जो किसान लगान दे सकते हैं, वही लगान दें, तब यह आंदोलन वापस ले लिया गया।

किसान आंदोलन से संबंधित तथ्य

- 1928 ई. में सरदार बल्लभ भाई पटेल ने भू-राजस्व में वृद्धि के विरुद्ध बारदोली के किसानों का नेतृत्व किया था।
- किसानों का पहला अखिल भारतीय संगठन वर्ष 1936 में लखनऊ में स्थापित 'ऑल इंडिया किसान सभा' था। इस संगठन ने किसानों की माँगों और आजादी के संघर्ष के बीच गहरे संबंध स्थापित किए।
- किसानों और उनके आंदोलनों को संगठित करने में कुछ किसान नेताओं का भी योगदान था, जिनमें बाबा रामचंद्र, विजय सिंह पथिक, सहजानंद सरस्वती एवं एन. जी. रंगा आदि प्रमुख थे।
- मोपला विद्रोह मालाबार के किसानों का एक प्रमुख विद्रोह था, जो 20वीं सदी में लंबे समय तक चला।

प्रमुख कृषक आंदोलन

आंदोलन/विद्रोह	वर्ष	क्षेत्र	नेता
रंगपुर विद्रोह	1783	बंगाल	धीरज नारायण/नुरुलुद्दीन
अहोम विद्रोह	1828-30	असम	गदाधर सिंह/कुमार रूपचंद
मोपला विद्रोह	1836	मालाबार	सैयद अलावी
फराजी आंदोलन	1838	फरीदपुर	हाजी शरीयतुल्लाह, दादू मियाँ
सतारा विद्रोह	1839	सतारा	नरसिंहराव दत्तात्रेय
नील विद्रोह	1859	बंगाल	विष्णु विश्वास, दिगंबर विश्वास
कूका विद्रोह	1872	पंजाब	बाबा राम सिंह
पाबना विद्रोह	1873	बंगाल	ईशान चंद्र राय, शंभुपाल खुदीमुल्ला
फड़के विद्रोह	1879	महाराष्ट्र	वासुदेव बलवंत राय फड़के
पाइका विद्रोह	1904	उड़ीसा	जगबंधु अधिकारी
बिजोलिया आंदोलन	1905	राजस्थान	सीताराम दास, मणिक लाल वर्मा
चंपारण सत्याग्रह	1917	बिहार	महात्मा गाँधी
खेड़ा सत्याग्रह	1918	गुजरात	महात्मा गाँधी
एका आंदोलन	1920-21	उत्तर प्रदेश	मदारी पासी
बकाश्त आंदोलन	1935	बिहार	कार्यानंद शर्मा
वर्ली संघर्ष	1945	महाराष्ट्र	गोदावरी पुठलेकर
तेभागा आंदोलन	1946	बंगाल	भवानी सेन/सुनील सेन/रोनी सिंह

प्रमुख किसान संगठन

संगठन	वर्ष	संस्थापक
उत्तर प्रदेश किसान सभा	1918	गौरीशंकर मिश्र/इंद्रनारायण द्विवेदी
अवध किसान सभा	1920	बाबा रामचंद्र
बिहार किसान सभा	1929	सहजानंद सरस्वती
कृषक प्रजा पार्टी	1929	अब्दुर्रहीम/फजलुल हक
अखिल भारतीय किसान सभा	1936	सहजानंद सरस्वती/एन.जी रंगा

मजदूर आंदोलन

- मजदूरों अथवा श्रमिकों का पहला आंदोलन 1877 ई. में हुआ, जिसमें श्रमिकों ने नागपुर **एम्प्रेस मिल** में अपने वेतन की दरों के विरुद्ध हड़ताल की।
- 1890 ई. में **एन.एम. लोखंडे** ने **बंबई मिल हैंड्स एसोसिएशन** की स्थापना की, जिसे आंशिक रूप से भारत का पहला मजदूर संघ माना जाता है।
- 1881 ई. में प्रथम फैक्ट्री एक्ट पारित किया गया। यह कानून मुख्यतः बालश्रम से संबंधित था।
- दूसरा फैक्ट्री एक्ट 1891 ई. में बनाया गया। इसमें सभी मजदूरों के लिए साप्ताहिक छुट्टी की व्यवस्था की गई थी।

- मजदूर वर्ग की पहली संगठित हड़ताल ब्रिटिश स्वामित्व और प्रबंधन में चलने वाली रेलों में कार्य करने वाले मजदूरों ने 1899 ई. में की थी।
- वर्ष 1918 में बी.पी. वाडिया (बोमानजी पेस्टनजी वाडिया) द्वारा गठित मद्रास लेबर यूनियन एक महत्त्वपूर्ण और भारत का पहला मजदूर संगठन था।
- **वी. कल्याणसुंदरम चक्कराई चेट्टियार** आदि इस संगठन के अन्य प्रमुख नेता थे।
- वर्ष 1918 में गाँधीजी ने अहमदाबाद में टेक्सटाइल लेबर एसोसिएशन की स्थापना की, जो संभवत: उस समय की सबसे बड़ी ट्रेड यूनियन थी, इसमें कुल 14,000 सदस्य थे।
- भारत में ट्रेड यूनियन आंदोलन के एक अग्रणी नेता नारायण मल्हार राव जोशी थे।
- उन्होंने मजदूरों के पहले अखिल भारतीय संगठन 'आल इंडिया ट्रेड यूनियन कांग्रेस' की स्थापना में महत्त्वपूर्ण भूमिका निभाई थी।
- मजदूर आंदोलन भारत के भौगोलिक क्षेत्र के अतिरिक्त गिरमिटिया प्रथा (अनुबंध श्रमिक) के तहत कैरीबियाई देशों (यथा त्रिनिक्षद, गुयाना, सूरी नाम) में गए अप्रवासी भारतीय मजदूरों द्वारा भी संचालित किया जा रहा था।
- त्रिनिदाद में मुहर्रम के जुलूस को 'होसे' मेले के रूप में जाना जाता है।
- इसके अतिरिक्त 'रास्ता फारियानवाद, नामक विद्रोही धर्म' का संचालन तथा त्रिनिदाद तथा गुयाना में मशहूर 'चटनी म्यूजिक' द्वारा भी अप्रवासियों द्वारा ऐसे विद्रोहों को परिलक्षित किया गया था।

एटक की स्थापना

- वर्ष 1920 में एन.एम. जोशी, जोसेफ बैपटिस्टा तथा लाला लाजपत राय के प्रयासों से **अखिल भारतीय ट्रेड यूनियन कांग्रेस** (AITUC) की स्थापना हुई।
- एटक का प्रथम अधिवेशन वर्ष 1920 में बंबई में लाला लाजपत राय की अध्यक्षता में हुआ था। इसके प्रथम महामंत्री दीवान चमन लाल थे।
- एटक का दूसरा अधिवेशन वर्ष 1921 में झरिया में आयोजित हुआ, जिसमें स्वराज की स्थापना का प्रस्ताव पेश किया गया।

एटक में प्रथम विभाजन

- वर्ष 1929 के एटक के नागपुर अधिवेशन में एटक का दो भागों में विभाजन हो गया। इस अधिवेशन की अध्यक्षता जे.एल. नेहरू ने की थी।
- विभाजन का मुख्य मुद्दा यह था कि एटक अंग्रेजों द्वारा नियुक्त रॉयल कमीशन ऑन लेबर का बहिष्कार करेगी या नहीं।
- उदारवादी इसमें शामिल होना चाहते थे, जबकि उग्रवादी बहिष्कार करना चाहते थे।
- उदारवादियों ने एटक (AITUC) छोड़ दी तथा वी.वी. गिरि के नेतृत्व में 'इंडियन ट्रेड यूनियन फेडरेशन' (ITUF) का गठन किया।
- इस संगठन के अन्य नेता एन.एम. जोशी, शिवराज तथा लक्ष्मण लाल थे।
- आगे चलकर ITUF में और कुछ संगठनों के जुड़ने से इसका नाम बदलकर नेशनल ट्रेड यूनियन फेडरेशन (NTUF) हो गया।

एटक (AITUC) में द्वितीय विभाजन

- वर्ष 1931 में एटक में द्वितीय विभाजन हुआ, जब साम्यवादियों ने एटक से अलग होकर 'रेड ट्रेड यूनियन कांग्रेस' (RTUC) बनाई।
- इस संगठन के प्रमुख नेता सोमनाथ लाहिड़ी, बीटी रणदिवे, बंकिम मुखर्जी तथा भूपेंद्रनाथ दत्त आदि थे।
- केंद्रीय मजदूर संघ के संगठनों को एक करने के प्रयासों के परिणामस्वरूप वर्ष 1933 में नेशनल ट्रेड यूनियन फेडरेशन (NTUF) की स्थापना हुई।
- वर्ष 1938 में एटक तथा NTUF की नागपुर में संयुक्त बैठक हुई और प्रथम विभाजन के 11 वर्ष बाद वर्ष 1940 में दोनों में एकता स्थापित हुई।

मजदूरों की प्रमुख हड़तालें

- 1877- नागपुर की एम्प्रेस मिल में हड़ताल
- 1895- अहमदाबाद मिल मालिक संघ के विरुद्ध बुनकरों की हड़ताल
- 1899- ग्रेट इंडिया पेनिन्सुलर रेलवे में हड़ताल (प्रथम संगठित हड़ताल)
- 1908- बंबई में कपड़ा मिल मजदूरों द्वारा तिलक को दी गई कारावास की सजा के विरुद्ध हड़ताल (प्रथम राजनैतिक हड़ताल)
- 1918- बंबई कपड़ा मिल में हड़ताल
- 1922- टिस्को, जमशेदपुर में हड़ताल
- 1922- सूरत की कपड़ा मिल में हड़ताल
- 1924- बॉम्बे टेक्सटाइल मिल में हड़ताल
- 1928- बॉम्बे टेक्सटाइल मिल हड़ताल (सबसे लंबी हड़ताल-6 माह तक)
- 1929- पटसन कारखानों की हड़ताल (बंगाल जूट वर्कर्स)
- 1939- युद्ध विरोधी हड़ताल
- 1946- नौसेना विद्रोह के समय हड़ताल

प्रमुख कारखाना अधिनियम

अधिनियम	वायसराय	मुख्य तथ्य
1881 का फैक्ट्री एक्ट	लॉर्ड रिपन	7 वर्ष से कम आयु के बच्चों के कार्य करने पर प्रतिबंध। महीने में 4 दिन का अवकाश।
1891 का फैक्ट्री एक्ट	लॉर्ड लैंस डाउन	9 वर्ष से कम आयु के बच्चों के कार्य करने पर प्रतिबंध। कार्यावधि 11 घंटे/दिन, सप्ताह में 1 दिन का अवकाश।
1911 का फैक्ट्री एक्ट	लॉर्ड हार्डिंग	पुरुष कार्यावधि 12 घंटे निश्चित। अल्पायु के बच्चों पर रात्रि 7 बजे से सुबह 5 बजे तक प्रतिबंध।
1922 का फैक्ट्री एक्ट	लॉर्ड रीडिंग	बच्चों की कार्यावधि 7 घंटे प्रतिदिन निश्चित। 12-15 वर्ष की आयु के बच्चों को कारखानों में कार्य की अनुमति।
1934 का फैक्ट्री एक्ट	लॉर्ड विलिंगडन	मौसमी तथा गैर-मौसमी कारखानों में अंतर किया गया। अल्पायु बच्चों की कार्यावधि 5 घंटे निश्चित, श्रमिकों के चिकित्सा और आराम की व्यवस्था।
1944 का फैक्ट्री एक्ट	लॉर्ड वेवेल	नियमित कारखानों में श्रमिकों की कार्यावधि 9 घंटे तथा 200 श्रमिकों से अधिक होने पर कारखाने में कैंटीन की व्यवस्था।

अतिरिक्त तथ्य

तमिलनाडु बोर्ड एवं NIOS

- दक्षिण भारत में मालाबार और तटीय आंध्र प्रदेश के पॉलिगरों ने 18वीं सदी के अंत में विद्रोह किया।
- मालाबार क्षेत्र में मोपला विद्रोह महत्त्वपूर्ण **कृषक विद्रोह** था। मोपला अरब जातियों के वंशज जो धर्म परिवर्तन कर हिंदू बने थे।
- 1824 ई. में पश्चिमी उत्तर प्रदेश तथा हरियाणा के जाटों द्वारा विद्रोह किया गया।

26

सामाजिक-धार्मिक सुधार आंदोलन

(स्रोत)

New NCERT Class VIII Chap 7 महिलाएँ, जाति एवं सुधार, Old NCERT Class VIII Chap 8 धार्मिक तथा सामाजिक सुधार आंदोलन और सांस्कृतिक जागृति, Old NCERT Class XII Chap 5 19वीं सदी के पूर्वार्द्ध में सामाजिक और सांस्कृतिक जागरण, Chap 10 नए भारत का उदय, 1858 ई. के बाद के धार्मिक और सामाजिक सुधार, Tamil Nadu Board (Class XII), NIOS

19वीं सदी की एक प्रमुख विशेषता बौद्धिक एवं सांस्कृतिक चेतना थी। आधुनिक पश्चिमी संस्कृति का प्रभाव तथा विदेशी शक्ति द्वारा पराजित होने की भावना ने भारतीयों में नई जागृति उत्पन्न की। भारतीय जन-मानस में आई इस नई जागृति ने विभिन्न सामाजिक एवं धार्मिक सुधार आंदोलनों का मार्ग प्रशस्त किया।

प्रमुख सामाजिक सुधार आंदोलन

प्रमुख सामाजिक सुधार आंदोलन निम्न हैं

ब्रह्म समाज

- **राजा राममोहन राय** ने 1828 ई. में ब्रह्म सभा नामक एक धार्मिक संस्था की स्थापना की थी, जिसको बाद में ब्रह्म समाज के नाम से जाना गया।
- ब्रह्म समाज की स्थापना का उद्देश्य हिंदू धर्म में व्याप्त विभिन्न बुराइयों को दूर करना तथा एकेश्वर-वाद की शिक्षा देना था।
- ब्रह्म समाज के दो प्रमुख आधार तर्क शक्ति और वेद तथा उपनिषद् थे। इनके अतिरिक्त इसमें अन्य धर्मों की शिक्षाओं का भी समावेश मिलता है।
- ब्रह्म समाज ने मानवीय प्रतिष्ठा पर बल दिया तथा मूर्ति पूजा और सती प्रथा जैसी सामाजिक कुरीतियों की आलोचना की।
- राजा राममोहन राय ने समाज में व्याप्त जातिवाद, अश्पृश्यता तथा बहुविवाह की प्रथा का विरोध किया। राजा राममोहन राय के प्रयासों से लॉर्ड विलियम बैंटिंक ने 1829 ई. में एक कानून बनाकर सती प्रथा का अंत किया।
- राजा राममोहन राय ने जाति व्यवस्था की आलोचना करने वाले एक पुराने बौद्ध ग्रंथ 'ब्रजसूची (Brajyasuchi)' का अनुवाद बांग्ला भाषा में किया।
- राजा राममोहन राय महिला अधिकारों के प्रबल पक्षधर थे। इन्होंने महिलाओं की परवशता की निंदा की तथा इस विचार का विरोध किया कि महिलाएँ, पुरुषों से बुद्धि में या भौतिक दृष्टि से कमजोर हैं।
- राजा राममोहन राय ने महिलाओं को संपत्ति में अधिकार देने हेतु विशेष प्रयास किए तथा विधवाओं की अवनत स्थिति की कटु आलोचना की।
- राजा राममोहन राय, आधुनिक शिक्षा के सबसे प्रारंभिक प्रचारकों में से एक थे। वे आधुनिक शिक्षा को देश में आधुनिक विचारों को लाने का प्रमुख साधन मानते थे।
- राजा राममोहन राय भारत में राष्ट्रीय चेतना के उदय के एक महान प्रतीक थे। इन्होंने **एकेश्वरवाद** पर बल दिया तथा जातिप्रथा की कट्टरता का विरोध किया।
- राजा राममोहन राय ने अंतर्राष्ट्रीय घटनाओं में गहरी रुचि ली और स्वतंत्रता, जनतंत्र और राष्ट्रीयता के आंदोलन का समर्थन तथा अन्याय, उत्पीड़न और अत्याचार का विरोध किया।
- राजा राममोहन राय प्राच्य एवं पाश्चात्य चिंतन के संश्लिष्ट रूप के प्रतिनिधि थे। वे संस्कृत, फारसी, लैटिन, ग्रीक तथा हिब्रू सहित अनेक भाषाओं के ज्ञाता थे।
- राजा राममोहन राय भारतीय पत्रकारिता के अग्रदूत थे। इन्होंने बांग्ला, फारसी, हिंदी और अंग्रेजी में अनेक पत्र-पत्रिकाओं का संपादन किया।
- 1809 ई. में राजा राममोहन राय ने फारसी भाषा में अपनी प्रसिद्ध पुस्तक **एकेश्वरवादियों को उपहार** (Gift to Monotheists) लिखी, जिसमें इन्होंने एकेश्वरवाद के पक्ष में प्रबल तर्क दिया।

- राजा राममोहन राय ने 1818 ई. में **सती प्रथा** के विरुद्ध जनमत जुटाने का कार्य किया तथा पौराणिक ग्रंथों का प्रमाण देकर यह सिद्ध किया कि हिंदू धर्म सती प्रथा के विरोध में था।

सती, बालथाज़र साल्विन द्वारा बनाया गया चित्र

- राजा राममोहन राय ने 1820 ई. में 'प्रीसेप्ट्स ऑफ जीसस' नामक पुस्तक प्रकाशित की, जिसमें इन्होंने न्यूटेस्टामेंट के नैतिक और दार्शनिक संदेशों को उसकी चमत्कारी कहानियों से अलग करने की कोशिश की।
- 1830 ई. में राजा राममोहन राय मुगल शासक अकबर द्वितीय के दूत बनकर तत्कालीन ब्रिटिश सम्राट विलियम चतुर्थ के दरबार में उपस्थित होने के लिए ब्रिटेन गए, जहाँ इनको अकबर-द्वितीय की पेंशन राशि बढ़ाने का पक्ष ब्रिटिश क्राउन के सम्मुख रखना था, किंतु 27 सितंबर, 1833 को राजा राममोहन राय की ब्रिस्टल (इंग्लैंड) में मृत्यु हो गई।
- राजा राममोहन राय की मृत्यु के पश्चात् आचार्य रामचंद्र विद्यावागीश तथा द्वारिका नाथ टैगोर ने ब्रह्म समाज के कार्यों को आगे बढ़ाया।
- 1843 ई. के पश्चात् राजा राममोहन राय की ब्रह्म समाज की परंपरा को देवेंद्र नाथ ठाकुर ने आगे बढ़ाया। इन्होंने इस सिद्धांत का खंडन भी किया कि वैदिक ग्रंथ अनुल्लंघनीय हैं।

राजा राममोहन राय

- राजा राममोहन राय का जन्म 22 मई, 1774 को हुगली (बंगाल) में हुआ था। इन्हें **भारतीय पुनर्जागरण का अग्रदूत** माना जाता है।
- अकबर-द्वितीय द्वारा राजा राममोहन राय को 'राजा' की उपाधि दी गई थी।
- इनके द्वारा 1814 ई. में आत्मीय सभा तथा 1825 ई. में वेदांत कॉलेज की स्थापना की गई थी।
- 1817 ई. में राजा राममोहन राय और डेविड हेयर द्वारा कलकत्ता में हिंदू कॉलेज की स्थापना की गई थी।

प्रार्थना समाज

- प्रार्थना समाज की स्थापना 1867 ई. में आत्माराम पांडुरंग ने **केशवचंद्र सेन** की सहायता से बंबई में की थी।
- प्रार्थना समाज ने एकेश्वरवाद पर बल दिया तथा धर्म को जाति प्रथा की रूढ़ियों और पुरोहितों के वर्चस्व से मुक्त कराने का प्रयास किया।
- प्रार्थना समाज भक्ति परंपरा का समर्थक था, जिसने सभी जातियों की आध्यात्मिक समानता पर जोर दिया।
- संस्कृत के प्रसिद्ध विद्वान तथा इतिहासकार आर.जी. भंडारकर (1837-1925) और महादेव गोविंद रानाडे (1842-1901) इसके प्रमुख नेता थे।
- प्रार्थना समाज की स्थापना का प्रमुख उद्देश्य जाति प्रथा का विरोध, अछूतों का उद्धार, **बाल विवाह** का विरोध तथा **विधवा विवाह** एवं स्त्री शिक्षा को बढ़ावा देना आदि था।
- पंडिता रमाबाई तथा महादेव गोविंद रानाडे ने प्रार्थना समाज को प्रसिद्धि दिलाने में महत्त्वपूर्ण भूमिका निभाई।
- प्रार्थना समाज के प्रमुख नेता गोपाल गणेश आगरकर, गोपाल हरि देशमुख, मालाबारी शिन्दे आदि थे। प्रार्थना समाज पर ब्रह्म समाज का गहरा प्रभाव था। तेलुगू सुधारक वीरेशलिंगम के प्रयासों से प्रार्थना समाज का प्रसार दक्षिण भारत में भी हुआ।

केशवचंद्र सेन

- केशवचंद्र सेन का जन्म 1838 ई. में कलकत्ता (कोलकाता) में हुआ था। इन्होंने ब्रह्म समाज के विस्तार में योगदान दिया।
- 1865 ई. में ब्रह्म समाज में विभाजन के पश्चात् केशवचंद्र सेन ने 'भारतीय ब्रह्म समाज' की स्थापना की।
- इन्होंने देश के सामाजिक एवं शैक्षिक विकास में महत्त्वपूर्ण योगदान दिया। केशवचंद्र सेन द्वारा 'टेबरनेकल ऑफ न्यू डिस्पेंसेन' (1868) तथा 'इंडियन रिफार्म एसोसिएशन' (1870) की स्थापना की गई।

वेद समाज

- 1864 ई. में मद्रास में वेद समाज की स्थापना की गई। वेद समाज, ब्रह्म समाज से प्रेरित था। जिसने जातीय भेदभाव को समाप्त करने, विधवा विवाह तथा महिला शिक्षा को प्रोत्साहित करने की दिशा में काम किया।
- इसका दृष्टिकोण एकेश्वरवादी था, जिसने रूढ़िवादी हिंदुत्व के अंधविश्वासों की भी निन्दा की।

आर्य समाज

- आर्य समाज की स्थापना 1875 ई. में बंबई में स्वामी **दयानंद सरस्वती** द्वारा की गई थी। इसका मुख्यालय 1877 ई. में लाहौर में बनाया गया था।
- आर्य समाज की स्थापना का प्रमुख उद्देश्य वैदिक धर्म को पुनः स्थापित करना था।
- भारत को सामाजिक, धार्मिक व राजनीतिक रूप से एक सूत्र में बाँधना तथा भारतीय संस्कृति पर पाश्चात्य प्रभाव को रोकना था।
- स्वामी दयानंद सरस्वती वेदों को ईश्वर कृत एवं अनुल्लंघनीय मानते थे, इनका मानना था कि वेद समस्त ज्ञान का भंडार हैं। वे मूर्तिपूजा, कर्मकांड, पुरोहितवाद के तथा विशेष रूप से जाति प्रथा और ब्राह्मणों द्वारा प्रचलित हिंदू धर्म के विरोधी थे।
- स्वामी दयानंद ने अपने उपदेश हिंदी भाषा में दिए। हिंदी भाषा का उपयोग करने के कारण स्वामी जी के विचार उत्तर भारत की साधारण जनता तक पहुँच सके। उत्तर प्रदेश, राजस्थान, गुजरात और पंजाब में आर्य समाज का तेजी से प्रसार हुआ।
- स्वामी दयानंद सरस्वती ने पश्चिमी विज्ञान के अध्ययन का समर्थन किया और पश्चिमी ढंग की शिक्षा के प्रसार के लिए देश में स्कूलों तथा कॉलेजों की स्थापना की।
- इस प्रयास में लाला हंसराज की प्रमुख भूमिका रही, इन्होंने लाहौर में 'दयानंद एंग्लो वैदिक' स्कूल की स्थापना की थी।
- दूसरी ओर परंपरावादी शिक्षा के प्रसार के लिए स्वामी श्रद्धानंद ने वर्ष 1902 में हरिद्वार के निकट गुरुकुल कांगड़ी की स्थापना की थी।

- आर्य समाज, सुधार का प्रखर समर्थक था, इसने स्त्रियों की शिक्षा तथा इनकी दशा में सुधार के लिए प्रयास किए और छुआछूत एवं वंश परंपरा पर आधारित जाति प्रथा की कठोरताओं का विरोध किया।
- आर्य समाज का एक उद्देश्य हिंदुओं को धर्म परिवर्तन से रोकना भी था। इसके लिए दूसरे धर्मों के विरुद्ध एक संघर्ष हुआ, जो हिंदू, मुसलमान या ईसाई बन गया था, इसे पुन: हिंदू धर्म अपनाने के लिए शुद्धि आंदोलन चलाया गया।
- आर्य समाज के सदस्य 'दस सिद्धांतों' का अनुसरण करते हैं। इनमें प्रथम है-वेदों का अध्ययन, शेष सिद्धांत सद्गुण और भौतिकता से संबंधित हैं।

स्वामी दयानंद सरस्वती

- स्वामी दयानंद सरस्वती का जन्म 1824 ई. में गुजरात के काठियावाड़ जिले के मोरबी नामक स्थान पर हुआ था। इनके बचपन का नाम **मूल शंकर** था।
- इन्होंने दंडी स्वामी पूर्णानंद से 24 वर्ष की आयु में संन्यास की दीक्षा ली तथा पुन: 'वेदों की ओर लौटो' का नारा दिया।
- 'सत्यार्थ प्रकाश', 'ऋग्वेदारि वेदभाष्य भूमिका', 'पाखंड खंडन' तथा 'ऋग्वेद भाष्य' आदि उनकी प्रमुख पुस्तकें हैं। केशवचंद्र सेन ने स्वामी दयानंद सरस्वती को हिंदी भाषा में 'सत्यार्थ प्रकाश' लिखने की प्रेरणा दी। इन्होंने हिंदी को राष्ट्रभाषा के रूप में स्वीकार किया था।
- अपने परिवर्तन एवं सामाजिक सुधारों के कारण, इन्हें **भारत का मार्टिन लूथर** किंग कहा जाता है।
- वेलेंटाइन चिरोल ने आर्य समाज को 'भारतीय अशांति का जन्मदाता' कहा है। 30 अक्टूबर, 1883 को अजमेर में स्वामी दयानंद सरस्वती की मृत्यु हो गई।

रामकृष्ण मिशन

- स्वामी रामकृष्ण परमहंस (1836-86 ई.) 19वीं सदी के एक महत्त्वपूर्ण सुधारक तथा कलकत्ता के समीप दक्षिणेश्वर मंदिर के पुजारी थे।
- रामकृष्ण का प्रारंभिक नाम गदाधर चट्टोपाध्याय था। शंकर वेदांत से संबद्ध तोतापुरी ने इन्हें दीक्षित कर रामकृष्ण नाम दिया।
- रामकृष्ण के उपदेशों के प्रचार तथा इन्हें व्यवहार में उतारने के उद्देश्य से इनके शिष्य **स्वामी विवेकानंद** (1863-1902 ई.) ने 1897 ई. में रामकृष्ण मिशन की स्थापना की थी।
- इनके मिशन का उद्देश्य है-'समाज की सेवा करना'। इसका आदर्श वाक्य है- ''ईश्वर की आराधना का सर्वोत्तम मार्ग है, मानव जाति की सेवा करना।''
- विवेकानंद का सर्वाधिक बल सामाजिक क्रिया पर था, इनका मानना था कि ज्ञान यदि कर्म से हीन है, तो वह व्यर्थ है। इन्होंने सभी धर्मों के संकुचित दृष्टिकोण की आलोचना की तथा धर्मों की एकता पर बल दिया।
- भारत का विश्व के अन्य देशों से अलगाव की आलोचना करते हुए विवेकानंद ने लिखा कि ''दुनिया के सभी राष्ट्रों से हमारा अलगाव ही हमारे पतन का कारण है और शेष दुनिया की धारा में समा जाना ही इसका एकमात्र समाधान है।''
- विवेकानंद ने जाति प्रथा की तथा कर्मकांड, पूजा-पाठ और अंध विश्वास पर बल देने के कारण हिंदू धर्म की आलोचना की और जनता से स्वाधीनता, समानता तथा स्वतंत्र चिंतन की भावना अपनाने पर बल दिया।
- स्वामी जी व्यक्ति की मुक्ति के नहीं, अपितु सामाजिक कल्याण एवं समाज सेवा के पक्षधर थे।

स्वामी विवेकानंद

- स्वामी विवेकानंद का मूल नाम नरेंद्रनाथ दत्त था। महाराजा खेतड़ी के सुझाव पर इन्होंने अपना नाम स्वामी विवेकानंद रखा था।
- इन्होंने 1893 ई. में शिकागो (अमेरिका) के विश्व धर्म सम्मेलन में भाग लेकर हिंदू धर्म की महत्ता प्रतिपादित की।
- स्वामी जी को 19वीं सदी के हिंदू नवजागरण का संस्थापक भी कहा जाता था। इन्हें आधुनिक राष्ट्रीय आंदोलन का **आध्यात्मिक पिता** भी कहा जाता है।

यंग बंगाल आंदोलन

- यंग बंगाल आंदोलन का प्रवर्तक **हेनरी विवियन डेरोजिओ** था। डेरोजिओ का जन्म 1809 ई. में हुआ था। इसने 1826-31 ई. तक हिंदू कॉलेज में अध्यापन कार्य किया था।
- डेरोजिओ फ्रांस की क्रांति से प्रभावित थे। इन्होंने एक शिक्षक के रूप में छात्रों को विवेकपूर्ण ढंग से सोचने, समानता तथा स्वतंत्रता से प्रेम करने और सत्य की स्थापना के लिए प्रेरित किया। डेरोजिओ को उसकी क्रांतिकारिता के लिए 1831 ई. में हिंदू कॉलेज से निकाल दिया गया और उसके तुरंत बाद 22 वर्ष की युवावस्था में हैजे से उनकी मृत्यु हो गई।
- प्रसिद्ध राष्ट्रवादी नेता सुरेंद्रनाथ बनर्जी ने डेरोजिओ के अनुयायियों को ''बंगाल में आधुनिक सभ्यता का अग्रदूत'' एवं ''हमारी जाति के पिता'' कहा था।

बंगाल के प्रमुख समाज सुधारक

बंगाल के प्रमुख समाज सुधारक निम्न हैं

ईश्वरचंद विद्यासागर

- ईश्वरचंद विद्यासागर का जन्म बंगाल में 26 दिसम्बर, 1820 को हुआ था। इन्हें **बंगाल के पुनर्जागरण का अग्रदूत** माना जाता है।
- संस्कृत भाषा तथा दर्शन में अगाध श्रद्धा तथा पांडित्य के कारण विद्यार्थी जीवन में ही इन्हें 'विद्यासागर' की उपाधि प्रदान की गई।
- ईश्वरचंद विद्यासागर ने विधवा पुनर्विवाह के लिए संघर्ष कर लोकमत तैयार करने का प्रयास किया। इन्हीं के प्रयास से 1856 ई. में 'हिंदू विधवा पुनर्विवाह अधिनियम' पारित किया गया था। ईश्वरचंद विद्यासागर को बांग्ला भाषा के गद्य को सरल तथा आधुनिक बनाने के लिए जाना जाता है। इन्होंने बांग्ला लिपि की वर्णमाला को भी तर्कसंगत बनाया।
- 19वीं शताब्दी के उत्तरार्द्ध में विधवा विवाह के पक्ष में व्यापक आंदोलन हुए। मद्रास प्रेसीडेंसी के तेलुगू भाषी क्षेत्र में वीरेशलिंगम पंतुलु ने विधवा विवाह के समर्थन में एक संगठन बनाया था।
- ईश्वरचंद विद्यासागर ने 1849 ई. में **बेथुन स्कूल** की स्थापना में महत्त्वपूर्ण योगदान दिया। ये स्त्री शिक्षा के क्षेत्र में अग्रणी संस्था के रूप में पहचान बनाने में समर्थ हुए।

देवेंद्रनाथ ठाकुर

- देवेंद्रनाथ ठाकुर का जन्म 15 मई, 1817 को बंगाल में हुआ था। इन्होंने 1847 ई. में तत्वबोधिनी सभी की स्थापना की। इस सभा का मुख्य उद्देश्य लोगों को 'ब्रह्म धर्म' की शिक्षा देना था।
- देवेंद्रनाथ ठाकुर ने ब्रह्म समाज को विस्तार प्रदान किया। 1849 ई. में 'तत्वबोधिनी' पत्रिका का प्रकाशन आरंभ कर, इन्होंने 'ब्रह्म समाज' के विचारों को सामान्य लोगों तक पहुँचाया। 1865 ई. में ब्रह्म समाज में विभाजन के बाद देवेंद्रनाथ ठाकुर ने 'आदि ब्रह्म समाज' की स्थापना की।

थियोसोफिकल सोसायटी

- थियोसोफिकल सोसायटी की स्थापना संयुक्त राज्य अमेरिका में **मैडम एच.पी. ब्लावत्स्की** तथा कर्नल **एच.एस. अल्काट** द्वारा की गई थी।
- इस सोसायटी का मुख्यालय 1886 ई. में मद्रास के समीप अड्यार में स्थापित किया गया था। ऐनी बेसेंट के नेतृत्व में थियोसोफिकल आंदोलन शीघ्र ही भारत में विस्तृत हुआ।
- थियोसोफिस्टों ने हिंदुत्व, जरथ्रुष्ट (पारसी धर्म) तथा बौद्ध मतों, जैसे प्राचीन धर्मों को पुनर्स्थापित तथा मजबूत करने पर बल दिया। उनके द्वारा आत्मा के पुनरागमन के सिद्धांत का भी प्रचार किया गया।
- यह पश्चिमी देशों के ऐसे लोगों द्वारा चलाया जा रहा एक आंदोलन था, जो भारतीय धर्मों तथा दार्शनिक परंपरा का महिमामंडन करते थे।

ऐनी बेसेंट

- ऐनी बेसेंट एक आयरिश महिला थीं, जो 1893 ई. में भारत आई थीं।
- इन्होंने भारत में वर्ष 1916 में **होमरूल लीग आंदोलन** की शुरुआत की थी।
- ऐनी बेसेंट ने 1898 ई. में बनारस में सेंट्रल हिंदू स्कूल की स्थापना की थी, जिसे वर्ष 1916 में मालवीय जी ने बनारस हिंदू विश्वविद्यालय के रूप में विकसित किया।
- इन्होंने वर्ष 1917 के कलकत्ता कांग्रेस अधिवेशन की अध्यक्षता की थी।

पश्चिम भारत के प्रमुख समाज सुधारक

19वीं शताब्दी में पश्चिमी भारत में अनेक प्रमुख समाज सुधारक हुए, इन्होंने महत्त्वपूर्ण सुधारों के माध्यम से समाज को नई दिशा प्रदान की। पश्चिम भारत के प्रमुख समाज सुधारक निम्न हैं-

बाल शास्त्री जाम्भेकर

- मुंबई के पहले समाज सुधारकों में बाल शास्त्री जाम्भेकर प्रमुख थे। ये ब्राह्मणवादी रूढ़ियों के विरुद्ध संघर्षरत् रहे। ये मराठी पत्रकारिता के अग्रदूत थे।
- 1832 ई. में इन्होंने 'दर्पण' पत्रिका का प्रकाशन आरंभ किया। 'दर्पण' पत्रिका को मराठी पत्रिकाओं का आरंभ माना जाता है।

गोपाल हरि देशमुख

- गोपाल हरि देशमुख महाराष्ट्र के प्रसिद्ध समाज सुधारक थे। इन्हें **लोकहितवादी** के नाम से जाना जाता था। इन्होंने 1848 ई. में 'प्रभाकर' नामक पत्रिका का प्रकाशन आरंभ किया।
- गोपाल हरि देशमुख का संबंध **थियासोफिकल सोसायटी** तथा **आर्य समाज** से था। 1878 ई. में इन्होंने 'गीता तत्त्व' तथा 'सुभाषित' नामक पत्रिका का प्रकाशन किया। इन्होंने 'जातिभेद' नामक पुस्तक की रचना मराठी भाषा में की।

परमहंस मंडली

- परमहंस मंडली की स्थापना महाराष्ट्र में 1849 ई. में की गई। इसकी स्थापना **दादोबा पांडुरंग** तथा **दुर्गाराम मेहताजी** द्वारा की गई।
- इस संस्था ने जातिवाद के विरोध में आंदोलन चलाया। विधवा पुनर्विवाह तथा स्त्री शिक्षा के लिए परमहंस मंडली ने लोगों को जागरूक किया।
- परमहंस मंडली की शाखाएँ **पुणे**, **सतारा** तथा **महाराष्ट्र** के अनेक शहरों में स्थापित की गई थीं।

प्रमुख धार्मिक सुधार आंदोलन

प्रमुख धार्मिक सुधार आंदोलन निम्न हैं

मुस्लिम धर्म सुधार आंदोलन

- 19वीं शताब्दी में इस्लाम धर्म में व्याप्त कुरीतियों को दूर करने के लिए अनेक सुधारवादी आंदोलन चलाए गए।
- मुस्लिमों में धार्मिक सुधार के आधुनिक विचार 1857 ई. के विद्रोह के बाद विकसित हुए।
- इस दिशा में शुरुआत 1863 ई. में कलकत्ता में स्थापित **मुहम्मडन लिटरेरी सोसायटी** ने की।
- इस सोसायटी की स्थापना नवाब अब्दुल लतीफ ने की थी। इस सोसायटी ने आधुनिक विचारों के प्रकाश में धार्मिक, सामाजिक तथा राजनीतिक प्रश्नों पर विचार-विमर्श को बढ़ावा दिया तथा पश्चिमी शिक्षा अपनाने के लिए उच्च तथा मध्य वर्ग के मुसलमानों को प्रेरित किया।
- मुसलमानों में प्रमुख समाज सुधारक सैयद अहमद खान (1817-1898 ई.) थे। इन्होंने ही **अलीगढ़ आंदोलन** का प्रवर्तन किया था।
- इस आंदोलन का मुख्य उद्देश्य मुसलमानों में पाश्चात्य शिक्षा एवं वैज्ञानिक सोच को बढ़ावा देना था।
- इस आंदोलन से संबंधित अन्य प्रमुख व्यक्ति चिराग अली, अल्ताफ हुसैन हाली, नजीर अहमद तथा मौलाना शिबली नूमानी आदि थे।
- सैयद अहमद खान का विश्वास था कि मुसलमानों का धार्मिक और सामाजिक जीवन आधुनिक पाश्चात्य, वैज्ञानिक ज्ञान और संस्कृति को अपनाकर ही सुधारा जा सकता है। मुस्लिम समाज में आधुनिक शिक्षा का प्रचार उनका प्रथम ध्येय था।
- सैयद अहमद खान ने पाश्चात्य विज्ञान तथा संस्कृति के प्रचार के उद्देश्य से 1875 ई. में अलीगढ़ मुहम्मदन एंग्लो-ओरिएंटल कॉलेज की स्थापना की, जो बाद में अलीगढ़ मुस्लिम विश्वविद्यालय बना।
- सैयद अहमद खाँ आरंभ में हिंदू-मुस्लिम एकता के समर्थक थे, किंतु बाद में वे केवल मुस्लिमों के पक्षधर हो गए। इन्होंने हिंदुओं तथा कांग्रेस की स्थापना का भी विरोध किया।
- सैयद अहमद खाँ ने समाज में महिलाओं की दशा में सुधार तथा उनमें शिक्षा के प्रसार का समर्थन किया और पर्दा प्रथा का विरोध किया, इन्होंने बहुविवाह प्रथा तथा सामान्य बातों पर तलाक की भी निंदा की।

पारसी सुधार आंदोलन

- पारसियों में धार्मिक सुधार के लिए आरंभिक प्रयास 19वीं शताब्दी के प्रथम दशक में किए गए।
- पारसियों की सामाजिक अवस्था का पुनरुद्धार करना और पारसी धर्म की प्राचीन शुद्धता को पुनः प्राप्त करने के उद्देश्य से 1851 ई. में **रहनुमायी मज्दायसन सभा** (Religious Reform Association) की स्थापना की गई।
- रहनुमाई मज्दायसन सभा के प्रमुख संस्थापक दादाभाई नौरोजी, नौरोजी फरदोन जी तथा एस.एस.बंगाली आदि थे।
- दादाभाई नौरोजी तथा नौरोजी फरदोन जी ने मिलकर प्रमुख पारसी पत्रिका **रास्त गोफतार** का संपादन किया।

- इन सभी लोगों ने धर्म के क्षेत्र में रूढ़िवाद के विरुद्ध आंदोलन चलाया तथा स्त्रियों की शिक्षा एवं विवाह और स्त्रियों की सामान्य स्थिति के विषय में पारसी सामाजिक रीति-रिवाजों के आधुनिकीकरण का आरंभ किया।
- दादाभाई नौरोजी बंबई के एक प्रमुख समाज सुधारक थे। वे **पारसी धर्म सुधार संगठन** के संस्थापकों में से एक थे।
- ये पारसी कानून संघ में भी शामिल थे। इन्होंने इस संगठन में महिलाओं को कानूनी अधिकार दिलाने के लिए तथा पारसी लोगों का विवाह और उत्तराधिकार संबंधी समान कानून बनाने के लिए आंदोलन किए।

सिख सुधार आंदोलन

- सिखों के सुधारवादी संगठन के रूप में सिंह सभाओं की स्थापना 1873 ई. में अमृतसर में हुई थी तथा बाद में 1879 ई. में लाहौर में भी इसे स्थापित किया गया।
- 1870 के दशक में अमृतसर और लाहौर में स्थापित सिंह सभाओं ने सिखों में सुधार आंदोलन का आरंभ किया। तत्पश्चात् दोनों **सिंह सभाओं** का आपस में विलय हो गया।
- सिंह सभाओं ने शिक्षा के विस्तार में महत्त्वपूर्ण भूमिका निभाई तथा अंग्रेजों की सहायता से 1892 ई. में अमृतसर में खालसा कॉलेज की स्थापना की।
- इस कॉलेज ने गुरुमुखी, सिख धर्मज्ञान और पंजाबी भाषा के साहित्य को प्रोत्साहन दिया।
- कालांतर में 20वीं सदी के आरंभिक दशकों (1920 के बाद) में गुरुद्वारों में सुधार के लिए एक शक्तिशाली आंदोलन शुरू हुआ, उस समय गुरुद्वारे पुरोहितों एवं भ्रष्ट महंतों के अधिकार में थे।
- शिरोमणि गुरुद्वारा प्रबंध कमेटी और अकाली दल ने मिलकर आंदोलन चलाया कि सिख गुरुद्वारों का नियंत्रण सिख समाज के प्रतिनिधियों को दिया जाए।
- वर्ष 1921 में अकालियों के नेतृत्व में सिख जनता ने इन भ्रष्ट महंतों तथा इसकी सहायता करने वाली सरकार के विरुद्ध एक आंदोलन शुरू कर दिया।
- अकालियों ने शीघ्र ही सरकार से वर्ष 1922 में एक सिख गुरुद्वारा कानून बनवाया। इस कानून की सहायता और सीधी कार्यवाही के माध्यम से सिखों ने गुरुद्वारों से भ्रष्ट महंतों को बाहर कर दिया।
- अंततः वर्ष 1925 में एक कानून बनाकर गुरुद्वारों के संचालन की जिम्मेदारी शिरोमणि गुरुद्वारा प्रबंध कमेटी को सौंप दी गई।

दलित जातियों के आंदोलन

- 19वीं सदी में भारतीय समाज में पाश्चात्य शिक्षा के फलस्वरूप चेतना का संचार हुआ, जिससे भारतीय समाज में प्रचलित अंधविश्वासों से परिपूर्ण रीति-रिवाजों, प्रथाओं आदि के प्रति विरोध की भावना उत्पन्न हुई।
- मध्य भारत में सतनामी आंदोलन की शुरुआत घासीदास ने की थी, जिन्होंने चमड़े का काम करने वाले को संगठित किया।
- पूर्वी बंगाल में हरिदास ठाकुर ने मतुआ पंथ में चांडाल काश्तकारों के बीच काम किया। निम्न जातीय आंदोलन की शुरुआत सर्वप्रथम दक्षिण भारत में हुई थी।

सत्य शोधक समाज एवं ज्योतिबा फुले

- पश्चिमी भारत में निम्न जाति आंदोलन के प्रमुख नेता **ज्योतिराव गोविंद राव फुले** (1827-90 ई.) थे। इन्होंने दलितों एवं स्त्रियों के उत्थान के लिए विशेष कार्य किए। इन्हें ज्योतिबा फुले के नाम से भी पुकारा जाता था।
- इन्होंने 1848 ई. में तथाकथित निम्न जाति की लड़कियों के लिए स्कूल खोला, ताकि वे शिक्षा प्राप्त कर जागरूक हो सकें।
- इन्होंने 1873 ई. में 'सत्यशोधक समाज' की स्थापना की और सभी जातियों तथा धर्मों के लिए इसके द्वार खोल दिए। 'सत्यशोधक समाज' का लक्ष्य दलित जातियों के लोगों के लिए समान अधिकार प्राप्त करना था।
- महात्मा फुले ब्राह्मणों की प्रभुत्ता के विरोधी थे। इन्होंने ब्राह्मण पुरोहितों के बिना विवाह समारोह संपन्न कराने की प्रथा चलाई।
- ज्योतिबा फुले ने दलितों के उद्धार का, जो महान् कार्य किया उसके लिए इन्हें **महात्मा** की पदवी दी गई।
- 1872 ई. में ज्योतिराव फुले ने **गुलामगिरि** नामक पुस्तक लिखी। ज्योतिबा फूले ने 'गुलामगिरि' पुस्तक को अमेरिकी दासता विरोधी आंदोलन के कार्यकर्ताओं को समर्पित किया था।

श्री नारायण धर्म परिपालन योगम एवं श्री नारायण गुरु

- केरल में नारायण गुरु ने दलितोद्धार का एक महत्त्वपूर्ण आंदोलन चलाया। इन्होंने वर्ष 1903 में 'श्री नारायण धर्म परिपालन योगम' संगठन की स्थापना की थी।
- नारायण गुरु द्वारा चलाए गए एझवा आंदोलन के परिणामस्वरूप एझवा जाति के लोगों को मंदिर में प्रवेश का अधिकार मिला।
- नारायण गुरु ने जाति तथा धर्म पर आधारित भेदों को निरर्थक माना और सभी के लिए "एक जाति, एक धर्म और एक ईश्वर" (ओरु जाति, ओरु मतम्, ओरु दैवभ, मनुष्यानु) की आवश्यकता पर बल दिया।
- दक्षिण भारत में ब्राह्मणवादी प्रतिबंधों की बराबरी करने के लिए गैर-ब्राह्मणों ने 1920 के दशक में एक **आत्म सम्मान** आंदोलन चलाया।

डॉ. भीमराव अम्बेडकर

- डॉ. अम्बेडकर महार जाति में पैदा हुए थे। उच्च शिक्षा पर अध्ययन के लिए फेलोशिप प्राप्त की तथा अमेरिका गए। वर्ष 1919 में भारत लौटने के पश्चात् 'उच्च' जातीय संरचना पर लेखन किया।
- वर्ष 1927 में मंदिर प्रवेश आंदोलन शुरू किया तथा वर्ष 1927 से वर्ष 1935 तक ऐसे ही तीन आंदोलनों का संचालन किया।

महिला सुधार में महिलाएँ

- बीसवीं सदी की शुरुआत में मुस्लिम महिलाओं ने महिला शिक्षा को बढ़ावा देने के लिए अहम भूमिका निभाई, जिसमें बेगम रूकैया सखावत हुसैन ने कलकत्ता-पटना में मुस्लिम लड़कियों के लिए स्कूल खोले।
- इसी तरह का प्रयास भोपाल की बेगमों द्वारा भी किया गया। पुणे की ताराबाई शिंदे ने 'स्त्री पुरुष तुलना' नामक पुस्तक का प्रकाशन किया।
- पंडित रमाबाई ने पुणे में एक महिला विधवा गृह की स्थापना की तथा महिला स्वालंबन संबंधी प्रशिक्षण उपलब्ध करवाए।
- मुस्लिम समाज सुधारिका मुमताज अली ने कुरान शरीफ की आयातों का हवाला देकर महिला शिक्षा की वकालत की।

गैर-ब्राह्मण आंदोलन

- गैर-ब्राह्मण आंदोलन के नेताओं का तर्क था कि ब्राह्मण उत्तर से आए आक्रमणकारियों के वंशज हैं , जिन्होंने यहाँ के मूल निवासियों को विस्थापित कर दिया।
- ई.वी. रामास्वामी नायंकर (पेरियार) इसी विचार धारा के प्रतिनिधि थे।
- इन्होंने 'स्वाभिमान आंदोलन' की शुरुआत की और अछूतों को ''मूलतमिल तथा द्रविड़ संस्कृति का वाहक'' कहा।
- पेरियार वेद, पुराण तथा मनुस्मृति के कटु आलोचक थे।

अन्य समाज सुधार आंदोलन से जुड़ी संस्थाएँ

संस्थाएँ	स्थापना वर्ष	विवरण
देव समाज	1887	• शिवनारायण अग्निहोत्री द्वारा इसकी स्थापना की गई। • इस संस्था का मुख्यालय लाहौर में था।
धर्म सभा	1830	• यह सभा राधाकांत देव द्वारा स्थापित हुई। • स्त्री शिक्षा तथा सती प्रथा के विरुद्ध।
भारत धर्म महामंडल	1887	• पंडित दीनदयाल शर्मा द्वारा हरिद्वार में स्थापित। • सनातन धर्म के संरक्षण के लिए।
स्वामी नारायण मत	1804	• स्वामी सहजानंद द्वारा गुजरात में स्थापित।
राधास्वामी संप्रदाय	1861	• तुलसी राम द्वारा आगरा में स्थापित। • तुलसी राम शिवदयाल साहिब नाम से प्रसिद्ध।
मद्रास हिंदू एसोसिएशन	1892	• वीरेशलिंगम पन्तलु द्वारा स्थापित। • सामाजिक शुद्धि आंदोलन।
सर्वेण्ट्स ऑफ इंडिया सोसायटी	1905	• गोपाल कृष्ण गोखले द्वारा स्थापित। • सामाजिक सेवा के लिए तत्पर युवाओं का वर्ग बनाने के लिए स्थापित।
सोशल सर्विस लीग	1911	• नारायण मल्हार राव द्वारा स्थापित। • सामाजिक समस्याओं पर आँकड़ों के संग्रह तथा विमर्श को बढ़ावा देने के लिए।
सेवा समिति	1914	• हृदयनाथ कुंजरू द्वारा प्रयागराज में स्थापित। • सामाजिक सेवा के प्रति लोगों में जागरुकता उत्पन्न करने के उद्देश्य से स्थापित।
परमहंस मंडली	1840	• बंबई में स्थापना, जाति व्यवस्था, उन्मूलन के लिए अग्रसर। • अधिकांश उच्च जातियों के लोग शामिल।

अस्पृश्यता के विरुद्ध आंदोलन

आंदोलन	स्थापना वर्ष	संस्थापक
अराविपुरम आंदोलन	1888	श्री नारायण गुरु
मंदिर प्रवेश आंदोलन	1902	श्री नारायण गुरु, ए. कुमारन, टी. के. माधवन
प्रजा मित्र मंडली	1902	सी. आर. रेड्डी
श्री नारायण धर्म परिपालन योगम आंदोलन	1902-03	श्री नारायण गुरु
हरिजन सेवक संघ	1932	महात्मा गाँधी
बहिष्कृत हितकारिणी सभा	1924	बी. आर. अंबेडकर
जस्टिस पार्टी आंदोलन	1916-17	सी. एन. मुदालियर, टी. एन. नायर
आत्म सम्मान आंदोलन	1925	ई. वी. रामास्वामी नायकर
वायकोम सत्याग्रह	1925	कुमारन असन

अतिरिक्त तथ्य

तमिलनाडु बोर्ड एवं NIOS

- देवेन्द्रनाथ टैगोर ने 'ब्रह्मो-प्रण' की रचना की, जिसमें सदस्यों के कार्यों के विवरणों का उल्लेख किया गया।
- 19वीं सदी में पश्चिमी भारत के मुख्य सुधारवादियों में **के.टी. तेलंग, वी.एन. मांगलिक** तथा **आर.जी. भंडारकर** प्रमुख थे। 1844 ई. में मानव धर्म सभा की स्थापना हुई थी।
- 1893 ई. में आर्य समाज का औपचारिक विभाजन हुआ। मुंशीराम (स्वामी श्रद्धानंद), गुरुदत्त, लेखराम तथा अन्य ने गुरुकुल आधारित शिक्षा शुरू की। दूसरी विचार धारा लाल हंसराज तथा लाला लाजपत राय से जुड़ी थी।
- मुंशीराम तथा लेखराम ने दयानंद सरस्वती की विचार धारा को शतप्रतिशत अपनाते हुए जालंधर में आर्य कन्या पाठशाला तथा वर्ष 1902 में हरिद्वार के कांगड़ी में गुरुकुल की नींव रखी। जबकि लाला हंसराज की विचार धारा ने **दयानंद एंग्लो वैदिक स्कूल** की लाहौर में स्थापना की।
- 1880 के दशक में आर्य समाज द्वारा **गौरक्षिणी सभा** की नींव रखी गई।
- 19वीं शताब्दी में बंगाल में **फराजिस आंदोलन** में विशुद्ध इस्लाम पर लौटने पर बल दिया गया। इसके संस्थापक शरीयत उल्ला थे।
- **तारीख-ए-मुहम्मदिया** आंदोलन की शुरुआत टीटी मीर ने की थी, जिसे सैय्यद अहमद बरेलवी के नेतृत्व में आगे बढ़ाया गया।
- सैय्यद अहमद खाँ ने 1866 ई. में ब्रिटिश इंडियन एसोसिएशन की नींव रखी।
- भारतीय राष्ट्रीय कांग्रेस 1885 ई. के वार्षिक अधिवेशन के पश्चात् राष्ट्रीय सामाजिक सम्मेलन का आयोजन **एम.जी. रानाडे** के द्वारा प्रत्येक वर्ष किया जाने लगा।

भारत में प्रेस एवं शिक्षा का विकास

(स्रोत)

New NCERT Class VIII Chap 6 ''देशी जनता'' को सभ्य बनाना तथा राष्ट्र को शिक्षित करना, New NCERT Class X Chap 5 मुद्रण संस्कृति और आधुनिक दुनिया, Old NCERT Class VIII Chap 8 धार्मिक तथा सामाजिक सुधार आंदोलन तथा सांस्कृतिक जागृति, Old NCERT Class XII Chap 4 प्रशासनिक संगठन और सामाजिक तथा सांस्कृतिक नीति

भारत में प्रेस का विकास

- प्रेस वह प्रमुख साधन था, जिसके द्वारा राष्ट्रवादी भारतीयों ने देशभक्ति की भावनाओं तथा आधुनिक, आर्थिक-सामाजिक-राजनीतिक विचारों का प्रचार किया और एक अखिल भारतीय चेतना जागृत की।
- भारत में प्रेस का विकास 19वीं सदी के आरंभिक वर्षों में आरंभ हुआ और इसने जनमानस में एक नई चेतना उत्पन्न की। भारत के संदर्भ में प्रेस के विकास में विदेशियों एवं भारतीयों के प्रयास निम्न हैं

विदेशियों के प्रयास

- भारत में प्रिंटिंग प्रेस का विकास पुर्तगालियों ने किया था। 1557 ई. में पहला प्रिंटिंग प्रेस गोवा में लगाया गया।
- ईस्ट इंडिया कंपनी द्वारा बंबई (मुंबई) में 1684 ई. में प्रिंटिंग प्रेस की स्थापना की गई।
- आधुनिक भारतीय प्रेस का आरंभ 1766 ई. में मुंबई में विलियम बोल्ट्स के प्रयासों से हुआ।
- जेम्स ऑगस्टस हिक्की को भारत में पत्रकारिता के इतिहास का अग्रदूत कहा जाता है।
- हिक्की ने 1780 ई. में बंगाल गजट समाचार-पत्र का प्रकाशन आरंभ किया। भारत का प्रथम समाचार-पत्र **बंगाल गजट** था, जिसकी स्थापना 1780 ई. में हुई थी।
- विलियम जोंस, हेनरी थॉमस कोलब्रुक तथा नैथेनियल हॉलहेड आदि ने भारतीय भाषाओं के प्रति दिलचस्पी दिखाई। ये भारतीय भाषाओं एवं संस्कृति को फारसी भाषा में अनुवाद कर संदर्भित भारतीय विरासत को समझने का प्रयास कर रहे थे।
- इस संदर्भ में विलियम जोंस द्वारा 'एशियाटिक सोसायटी ऑफ बंगाल' की स्थापना की गई तथा **एशियाटिक रिसर्च** नामक शोध पत्रिका का भी प्रकाशन किया गया।
- कैथोलिक पुजारियों द्वारा 1579 ई. में कोचीन में पहली किताब का प्रकाशन किया गया।
- छापेखाने के विकास के साथ धार्मिक पुस्तकों का प्रकाशन होने लगा। तुलसीदास की 16वीं शताब्दी की पुस्तक रामचरित मानस का पहला मुद्रण 1810 ई. में कलकत्ता में हुआ था।

भारतीयों के प्रयास

- शिक्षित भारतीयों ने शीघ्र ही यह अनुभव किया कि जनमत को शिक्षित करने तथा आंदोलन एवं निंदा के द्वारा सरकार की नीतियों को प्रभावित करने में प्रेस की महत्त्वपूर्ण भूमिका हो सकती है।
- समाचार-पत्र आरंभ करने और उन्हें एक सक्षम राजनीतिक साधन बनाने में राजा राममोहन राय, विद्यासागर, दादाभाई नौरोजी, जस्टिस रानाडे, सुरेंद्रनाथ बनर्जी, लोकमान्य तिलक, मदनमोहन मालवीय, लाला लाजपत राय, विपिन चंद्र पाल एवं जी. सुब्रह्मण्यम अय्यर आदि ने महत्त्वपूर्ण भूमिका निभाई।
- राजा राममोहन राय ने दो पत्रों 'बांग्ला' में **संवाद कौमुदी** तथा 'फारसी' में **मिरातुल अखबार** का प्रकाशन किया, इनका उद्देश्य समाज सुधार के विचारों का प्रसार करना था।
- क्रिस्टोफर दास पॉल को **भारतीय पत्रकारिता का राजकुमार** कहा जाता है। पॉल ने हिंदू पैट्रियॉट समाचार-पत्र का प्रकाशन किया।
- दादाभाई नौरोजी ने **रास्त गोफ्तार** नामक पत्र का संपादन किया।

- 1890 ई. में बंबई से 'इंडियन सोशल रिफॉर्मर' नामक एक अंग्रेजी साप्ताहिक पत्र का प्रकाशन आरंभ किया गया।
- 19वीं शताब्दी के उत्तरार्द्ध में अनेक अंग्रेजी दैनिक पत्रों की स्थापना हुई, जिसमें द टाइम्स ऑफ इंडिया (1861 ई.), द पायनियर (1865 ई.), द स्टेट्समैन (1875 ई.) आदि प्रमुख हैं, ये पत्र ब्रिटिश सरकार की नीतियों के समर्थक थे।
- 19वीं सदी के उत्तरार्द्ध में बंगाल में स्थापित **अमृत बाजार पत्रिका** (1868 ई.) तथा मद्रास में स्थापित **द हिंदू** (1878 ई.) भारतीय दृष्टिकोण का समर्थन करने वाले महत्त्वपूर्ण समाचार-पत्र थे।
- राष्ट्रीय आंदोलन के विकास के साथ-साथ भारतीय प्रेस का भी विकास हुआ और इसने जनता में राष्ट्रीय चेतना जागृत करने में महत्त्वपूर्ण भूमिका निभाई। बाल गंगाधर तिलक द्वारा स्थापित मराठी पाक्षिक पत्र 'केसरी' एक ऐसा ही पत्र था।

भारत में हिंदी एवं अंग्रेजी के आरंभिक समाचार-पत्र

- भारत में प्रथम अंग्रेजी समाचार-पत्र का प्रकाशन 29 जनवरी, 1780 को जेम्स ऑगस्टस हिक्की द्वारा किया गया।
- यह **द बंगाल गजट** समाचार-पत्र था। इसे **कलकत्ता जनरल गजट** तथा **हिक्की गजट** के नाम से भी जाना जाता था। 1811 ई. में कलकत्ता क्रोनिकल का प्रकाशन जेएस बकिंघम ने किया।
- हिंदी भाषा में **उदंत मार्तंड** नाम से पहला समाचार-पत्र 30 मई, 1826 को कोलकाता से प्रकाशित किया गया। यह साप्ताहिक समाचार-पत्र था, जिसका प्रकाशन पंडित जुगल किशोर शुक्ल ने आरंभ किया।

प्रेस के विरुद्ध प्रतिबंध

- भारतीय प्रेस पर सेंसर लगाने के लिए ब्रिटिश सरकार ने समय-समय पर अनेक कानून बनाए तथा 20वीं सदी में जब राष्ट्रवादी प्रेस और भी शक्तिशाली हुआ, तो प्रेस की स्वतंत्रता और भी कम कर दी गई। भारतीय समाचार-पत्रों पर आरोपित कुछ प्रतिबंध निम्न हैं
  - वर्नाक्यूलर प्रेस एक्ट, 1878
  - समाचार-पत्र अधिनियम, 1908
  - भारतीय समाचार-पत्र अधिनियम, 1920
  - भारतीय समाचार-पत्र (संकटकालीन शक्तियाँ) अधिनियम, 1931
- 1835 ई. चार्ल्स मेटकॉफ ने भारतीय प्रेस को प्रतिबंधों से मुक्त कर दिया था, जिसका भारतीयों द्वारा उत्साहपूर्वक स्वागत किया गया।
- राष्ट्रवादी धीरे-धीरे प्रेस का उपयोग जनता में राष्ट्रवादी चेतना जागृत करने तथा सरकार की प्रतिक्रियावादी नीतियों की कड़ी आलोचना हेतु करने लगे। अत: ब्रिटिश अधिकारी भारतीय प्रेस के विरोधी हो गए।
- 1878 ई. में निर्मित **वर्नाक्यूलर प्रेस एक्ट** ने भारतीय भाषाओं के समाचार-पत्रों की आजादी पर कड़े प्रतिबंध आरोपित किए। इस कानून का भारतीयों द्वारा कड़ा विरोध किया गया, जिसके फलस्वरूप 1882 ई. में इस कानून को समाप्त कर दिया गया।
- वर्ष 1905 के स्वदेशी और बहिष्कार आंदोलन के पश्चात् वर्ष 1908 और 1910 में पुन: कड़े प्रेस कानून बनाए गए।

शिक्षा का विकास

- भारत में आधुनिक शिक्षा अंग्रेजों द्वारा आरंभ की गई थी, किंतु इस कार्य में ईसाई मिशनरियों एवं प्रबुद्ध भारतीयों ने भी महत्त्वपूर्ण भूमिका निभाई थी।
- सर्वप्रथम बंगाल के गवर्नर जनरल वॉरेन हेस्टिंग्स ने शिक्षा के प्रचार-प्रसार की दिशा में कार्य करते हुए 1781 ई. में मुस्लिम कानून और संबद्ध विषयों में अध्ययन और अध्यापन के लिए **कलकत्ता मदरसा** स्थापित किया।
- सर विलियम जोंस द्वारा 1784 ई. में कलकत्ता में 'एशियाटिक सोसायटी' की स्थापना की गई।
- एशियाटिक सोसायटी ने भारत के प्राचीन तथा मध्यकालीन अतीत, उसके इतिहास, भाषाएँ, साहित्य, दर्शन, कला, विज्ञान तथा कानून के अध्ययन को प्रोत्साहन दिया।
- शिक्षा के विकास की दिशा में कार्य करते हुए **सर जोनाथन डंकन** ने 1791 ई. में हिंदू कानून और दर्शन के अध्ययन के लिए बनारस में एक संस्कृत कॉलेज की स्थापना की।
- कलकत्ता मदरसा तथा बनारस संस्कृत कॉलेज इन दोनों ही संस्थाओं की स्थापना इस उद्देश्य से की गई थी कि कंपनी की अदालतों में न्याय प्रशासन के लिए योग्य भारतीय नियमित रूप से मिल सकें।
- शिक्षा के विकास में 1813 ई. के चार्टर एक्ट का महत्त्वपूर्ण योगदान है। इस एक्ट के द्वारा कंपनी को शिक्षा पर प्रतिवर्ष खर्च हेतु ₹ 1 लाख मंजूर किए गए।
- 1830 के दशक में स्कॉटलैण्ड से आए ईसाई प्रचारक विलियम एडम को बंगाल तथा बिहार के देशी स्कूलों में शिक्षा की प्रगति पर रिपोर्ट का जिम्मा सौंपा गया।
- वर्ष 1901 में रवीन्द्र नाथ टैगोर ने सृजनात्मक शिक्षा को प्राकृतिक परिवेश में उपलब्ध कराने के उद्देश्य से शांति निकेतन की स्थापना की।
- टैगोर पश्चिमी शिक्षा तथा भारतीय परंपरागत शिक्षा के श्रेष्ठ तत्त्वों का समन्वय चाहते थे।

पाश्चात्य-प्राच्य भाषा विवाद

- यह विवाद 1813 के चार्टर के पश्चात् उत्पन्न हुआ। इस विवाद का कारण निम्न बिंदुओं पर आधारित था, जो इस प्रकार हैं
  - (i) चार्टर एक्ट में दिए गए निर्देशों के अनुसार ब्रिटिश कंपनी द्वारा शासित भारतीय क्षेत्रों में शिक्षा का स्वरूप क्या हो?
  - (ii) शिक्षा के विकास के लिए किस भाषा का प्रयोग हो अंग्रेजी या स्थानीय भाषा?
- इन दोनों प्रश्नों पर दो वर्ग बन गए, जिन्हें प्राच्यवादी तथा पाश्चात्यवादी कहा गया। पाश्चात्यवादियों का नेता मैकाले था।
- प्राच्य शिक्षा के समर्थक एच.टी.प्रिंसेप, एच.एच.विल्सन थे तथा पाश्चात्य शिक्षा के समर्थक मुनरो, एल्फिंस्टन तथा लॉर्ड मैकाले थे।
- मैकाले ने अंग्रेजी के माध्यम से पश्चिमी ज्ञान की शिक्षा की वकालत की, जबकि प्राच्य शिक्षा के कुछ समर्थक संस्कृत, फारसी और अरबी की शिक्षा को प्रोत्साहन देने के पक्ष में थे और कुछ स्थानीय भाषाओं में आधुनिक ज्ञान की शिक्षा देने के समर्थक थे।

- यह विवाद 1835 ई. में समाप्त हुआ, जब सरकार ने अंततः अंग्रेजी (पाश्चात्य) शिक्षा के समर्थकों का साथ दिया और स्पष्ट किया कि भविष्य में सारा धन भारतीय जनता को अंग्रेजी साहित्य और अंग्रेजी भाषा के माध्यम से विज्ञान की शिक्षा प्रदान करने में उपयोग में लाया जाए।
- लॉर्ड मैकाले, जो उस समय गवर्नर जनरल की कौंसिल का विधि सदस्य था, ने अपने एक प्रसिद्ध आलोक पत्र में यह तर्क दिया कि भारतीय भाषाएँ इतनी विकसित नहीं हैं कि इस उद्देश्य को पूरा कर सकें और प्राच्य विद्या यूरोपीय विद्या से बिल्कुल निकृष्ट है।
- लॉर्ड मैकाले के अनुसार, ''एक अच्छे यूरोपीय पुस्तकालय का केवल एक खाना ही भारत और अरब देश के संपूर्ण साहित्य के बराबर है।''
- भारत सरकार ने 1835 ई. के निर्णय पर शीघ्र कार्यवाही करते हुए स्कूल और कॉलेजों में अंग्रेजी को शिक्षा का माध्यम बना दिया।

शिक्षा का अधोगामी निस्यंदन सिद्धांत

- शिक्षा पर खर्च की जाने वाली राशि अत्यल्प थी, इससे बहुत कम लोगों को शिक्षित किया जा सकता था।
- अतः यह सुनिश्चित किया गया कि इस राशि को उच्च और मध्यम वर्ग के कुछ लोगों को शिक्षित करने पर खर्च किया जाए।
- उच्च शिक्षित लोगों से यह आशा थी कि वे जनसाधारण को शिक्षित करने का कार्य करेंगे।
- इस प्रकार शिक्षा और आधुनिक विचार उच्च वर्गों से निकलकर निम्न वर्ग के लोगों को प्राप्त होंगे, इसी को शिक्षा का अधोगामी निस्यंदन सिद्धांत कहा गया।
- शिक्षा के अधोगामी निस्यंदन सिद्धांत की नीति ब्रिटिश शासन के अंत तक चली, परंतु इसे सरकारी रूप से 1854 ई. में समाप्त कर दिया गया था।

1854 का वुड डिस्पैच

- 1854 ई. में सरकार ने प्राथमिक स्कूलों से लेकर विश्वविद्यालय तक की शिक्षा की समुचित व्यवस्था करने की घोषणा की।
- आधुनिक भारत में यह शिक्षा के विकास के लिए एक महत्त्वपूर्ण कदम था।
- यह घोषणा, जो 'वुड डिस्पैच' के नाम से जानी जाती है, 1857 ई. के विद्रोह के पश्चात् विस्तारपूर्वक तैयार की गई थी।
- इस घोषणा के अंतर्गत प्रांतों में लोक शिक्षा विभागों की स्थापना की गई और 1857 ई. में कलकत्ता, बंबई और मद्रास में संबद्धकारी (Affiliating) विश्वविद्यालयों की स्थापना हुई।
- वुड योजना में स्कूली स्तर पर अंग्रेजी के साथ-साथ स्थानीय भाषाओं को भी शिक्षा का माध्यम बनाया गया, जबकि कॉलेज स्तर पर शिक्षा का माध्यम अंग्रेजी ही रहा।
- गैर-सरकारी स्कूलों तथा कॉलेजों के लिए सरकारी अनुदान की व्यवस्था की गई तथा इंडियन एजुकेशनल सर्विस (IES) नामक एक नई सेवा अस्तित्व में आई।
- यह सेवा संपूर्ण देश में सरकारी संस्थानों के लिए अध्यापक का चुनाव करती थी।

ब्रिटिश शिक्षा प्रणाली की कमजोरी

- परंपरागत भारतीय शिक्षा प्रणाली धीरे-धीरे सरकारी समर्थन के अभाव तथा 1844 ई. की सरकारी घोषणा के कारण समाप्त हो गई। 1844 ई. की घोषणा के अनुसार रोजगार के लिए आवेदन करने वालों को अंग्रेजी का ज्ञान होना चाहिए।
- इस शिक्षा प्रणाली की एक मुख्य कमजोरी थी-आम जनता की शिक्षा की उपेक्षा। इसके कारण जनसाक्षरता में गिरावट आई।
- शिक्षा के माध्यम के रूप में भारतीय भाषाओं के स्थान पर अंग्रेजी को अधिक महत्त्व देने के कारण शिक्षा के प्रसार में बाधा पहुँची।
- प्रारंभिक शिक्षा नीति की एक बड़ी कमजोरी यह थी कि इसमें लड़कियों की शिक्षा की अवहेलना की गई थी। कंपनी के प्रशासन ने वैज्ञानिक एवं तकनीकी शिक्षा की भी उपेक्षा की।
- 1857 ई. तक देश में कलकत्ता, बंबई और मद्रास में केवल तीन ही मेडिकल कॉलेज थे, जबकि उच्चतर तकनीकी शिक्षा हेतु केवल एक ही इंजीनियरिंग कॉलेज रुड़की में था।

भारतीयों द्वारा शिक्षा का प्रसार

- शिक्षा के प्रसार में भारतीय नेताओं ने भी महत्त्वपूर्ण भूमिका निभाई।
- शिक्षा पर ब्रिटिश नियंत्रण के विरोध में स्वतंत्रता आंदोलन के नेताओं ने राष्ट्रीय शिक्षा परिषद् की स्थापना की तथा राष्ट्रीय स्कूल एवं कॉलेज खोले।
- कालांतर में वाराणसी तथा अहमदाबाद में विद्यापीठों की और अलीगढ़ में जामिया मिलिया इस्लामिया की स्थापना की गई।
- रवींद्रनाथ ठाकुर ने शांति-निकेतन में विश्व भारती की स्थापना की।
- विद्यार्थियों को आत्मनिर्भर बनाने के उद्देश्य से गाँधीजी द्वारा तैयार **तालीम योजना** के अनुसार स्कूल खोले गए, बाद में डॉ. जाकिर हुसैन ने (तीसरे राष्ट्रपति) इस शिक्षा प्रणाली के विकास में महत्त्वपूर्ण भूमिका निभाई।

भारत में शिक्षा के सुधार से संबंधित प्रमुख आयोग एवं समिति

ब्रिटिश शासन के दौरान भारत में शिक्षा के सुधार के लिए अनेक महत्त्वपूर्ण आयोग तथा समितियों का गठन किया गया, जो इस प्रकार हैं

- **हंटर कमीशन, 1882** तत्कालीन भारतीय वायसराय लॉर्ड रिपन द्वारा 1882 ई. में हंटर कमीशन का गठन किया गया। इसका उद्देश्य ब्रिटिश भारत में शिक्षा संबंधी प्रगति की समीक्षा करना था। हंटर कमीशन ने प्राथमिक शिक्षा को अधिक व्यावहारिक करने का सुझाव दिया था। देशी शिक्षा को प्रोत्साहन देने के साथ विशिष्ट शिक्षा को भी इसमें स्थान देने की वकालत की गई, जिसमें नैतिक शिक्षा, धार्मिक शिक्षा इत्यादि शामिल थीं।
- **भारतीय विश्वविद्यालय अधिनियम, 1904** वर्ष 1902 में टॉमस रैले की अध्यक्षता में विश्वविद्यालय आयोग गठित किया गया था। रैले आयोग के सुझावों के आधार पर यह अधिनियम पारित हुआ। इस समय भारतीय वायसराय लॉर्ड कर्जन थे। इस अधिनियम द्वारा विश्वविद्यालयों में अनुसंधान तथा अध्यापन को व्यापक बनाने के लिए अध्यापकों के प्रशिक्षण की प्रक्रिया आरंभ की गई।

- **1913 का शिक्षा नीति संबंधी सरकारी प्रस्ताव** देश में शिक्षा के विस्तार की माँग और गोपाल कृष्ण गोखले के दबाव पर भारत सरकार ने वर्ष 1913 में शिक्षा नीति पर अपना प्रस्ताव पारित किया। इस प्रस्ताव के अंदर शिक्षा के विभिन्न अंगों पर प्रकाश डाला गया था। इस प्रस्ताव में पूर्व प्राथमिक विद्यालयों के विकास के साथ उत्तर प्राथमिक विद्यालयों के निर्माण पर बल दिया गया। स्थानीय संस्थाओं के प्रयास से विद्यालयों की स्थापना का निर्देश दिया गया।
- **सैडलर आयोग, 1917** इस आयोग का गठन वर्ष 1917 में कलकत्ता विश्वविद्यालय की समस्याओं के अध्ययन के लिए एम.ई. सैडलर के नेतृत्व में किया गया था। सैडलर आयोग ने स्नातक स्तर के पाठ्यक्रम के विविध पहलुओं के विषय में अपना सुझाव प्रस्तुत किया। सुझावों के आधार पर भारतीय शिक्षा में अनेक गुणात्मक परिवर्तन किए गए।
- **हार्टोग समिति, 1929** फिलीप जोसेफ हार्टोग की अध्यक्षता में हार्टोग समिति का गठन वर्ष 1929 में किया गया। इस समिति ने प्राथमिक स्तर पर शिक्षा की समस्याओं पर प्रकाश डाला। हार्टोग समिति ने स्वदेशी भाषा-साहित्य तथा इतिहास का ज्ञान प्रदान करने तथा प्रशिक्षित शिक्षकों की नियुक्ति पर बल दिया। शिक्षण सामग्री के अभाव को चिंताजनक माना गया।
- **सार्जेंट योजना, 1944** यह योजना वर्ष 1944 में तैयार की गई थी। इसका उद्देश्य 40 वर्षों में भारत को पूर्णत: साक्षर बनाना था। इस योजना में देशभर में विद्यालयों का जाल फैलाने पर बल दिया गया था। सार्जेंट योजना का औपचारिक नाम भारत में युद्ध उपरांत शिक्षा विकास पर सार्जेंट कमीशन की रिपोर्ट था। इसमें 6 से 11 वर्ष के बच्चों को नि:शुल्क शिक्षा पर बल दिया गया था।

अतिरिक्त तथ्य

तमिलनाडु बोर्ड एवं NIOS

- भारत में ब्रिटिश शिक्षा की शुरुआत 18वीं शताब्दी में कुछ चैरिटी स्कूलों द्वारा कलकता, मद्रास तथा बंबई में एंग्लो-इंडियन स्कूलों में बच्चों की शिक्षा द्वारा हुई।
- वुड डिस्पैच योजना के आधार पर 1855 ई. में जन निर्देश विभाग की स्थापना हुई। वुड डिस्पैच ने व्यावसायिक शिक्षा पर भी बल दिया।
- 1882 ई. में पंजाब विश्वविद्यालय तथा 1887 ई. में इलाहाबाद विश्वविद्यालय की स्थापना हुई।
- समाचार-पत्रों में कलकत्ता क्रॉनिकल का प्रकाशन 1786 ई. में, मद्रास कुरियर का 1788 ई. में तथा बॉम्बे हेराल्ड का प्रकाशन 1789 ई. में हुआ था।
- लॉर्ड वेलेस्ली के काल में 1799 ई. में सेंसरशिप ऑफ प्रेस एक्ट द्वारा प्रेस पर कड़ा प्रतिबंध आरोपित किया गया, जिसमें 1818 ई. (लॉर्ड हेस्टिंग्स काल में) थोड़ी ढील देते हुए प्री सेंसरशिप हटा लिया गया।

1857 का विद्रोह

(स्रोत)

New NCERT Class VIII Chap 5 **जब जनता बगावत करती है 1857 और उसके बाद**, New NCERT Class XII Chap 10 **विद्रोही और राज 1857 का आंदोलन और उसके व्याख्यान**, Old NCERT Class VIII Chap 5 **ब्रिटिश शासन के विरुद्ध विद्रोह**, Chap 6 **1858 ई. के बाद भारत में ब्रिटिश नीतियाँ और प्रशासन**, Old NCERT Class XII Chap 2 **भारत में यूरोपीयों का प्रवेश और ब्रिटिश विजय**, Chap 6 **1857 का विद्रोह**, Chap 7 **1858 ई. के बाद प्रशासनिक परिवर्तन**

1857 ई. में उत्तरी एवं मध्य भारत में एक शक्तिशाली जनविद्रोह आरंभ हुआ, जिसने ब्रिटिश शासन की नींव हिला दी। इस विद्रोह का आरंभ यद्यपि कंपनी की सेना के भारतीय सिपाहियों से हुआ था, किंतु शीघ्र ही एक व्यापक क्षेत्र के लोग इस विद्रोह में शामिल हो गए।

इन विद्रोहों में सिपाहियों के अतिरिक्त किसान, दस्तकार, जमींदार, विद्वान और शासक भी शामिल थे।

1857 के विद्रोह के प्रमुख कारण

1857 का विद्रोह सिपाहियों के असंतोष का परिणाम मात्र ही नहीं, वरन् औपनिवेशिक शासन के चरित्र, नीतियों तथा उसके कारण कंपनी शासन के प्रति जनता में उत्पन्न असंतोष और विदेशी शासन के प्रति घृणा का परिणाम था। इस विद्रोह के निम्न कारण थे

आर्थिक कारण

- इस विद्रोह का सबसे प्रमुख कारण अंग्रेजों द्वारा देश का आर्थिक शोषण तथा देश के परंपरागत ढाँचे का आर्थिक विनाश था, जिसने बड़ी संख्या में किसानों, दस्तकारों तथा शिल्पकारों को निर्धनता की स्थिति में पहुँचा दिया था।
- अंग्रेजों की भूमि-राजस्व संबंधी नीति, कानून और प्रशासन की व्यवस्था इस असंतोष के अन्य कारण थे।
- लगान की दर बहुत अधिक होने के कारण भूमि का स्वामित्व अनेक किसानों के हाथों से निकलकर व्यापारियों एवं महाजनों के हाथों में चला गया।
- ये नए जमींदार उन परंपराओं से अपरिचित थे, जो पुराने जमींदारों को किसानों से जोड़कर रखती थीं और इसलिए उन्होंने लगान में बहुत अधिक वृद्धि कर किसानों को निर्धन कर दिया। साथ ही जो किसान लगान नहीं दे सके, उनकी जमीनें छीन ली गईं।
- जमींदार भी भू-राजस्व की माँग बढ़ने के कारण परेशान हुए और उन्हें खतरा उत्पन्न हो गया कि उनकी जमींदारी की जमीनें तथा अधिकार जब्त हो जाएँगे तथा गाँव में उनकी स्थिति में गिरावट आ जाएगी।
- जब अधिकारियों, व्यापारियों तथा सूदखोरों ने जमींदारों का स्थान ले लिया, तब अपनी स्थिति में गिरावट से उनका असंतोष और बढ़ गया।
- जब इंग्लैंड में तैयार हुआ माल भारत पहुँचने लगा, तो यहाँ के पुराने हस्तशिल्प नष्ट हो गए। अंततः पीड़ित किसान और कारीगर ब्रिटिश शासन के विरुद्ध युद्ध में शामिल हो गए।
- निचले स्तरों पर प्रशासन (पुलिस, छोटे अधिकारी निचली अदालतें) में व्याप्त भ्रष्टाचार ने साधारण जनता को बुरी तरह प्रभावित किया।
- समाज के मध्य तथा उच्च वर्ग, विशेष रूप से उत्तर भारत में प्रशासन के उच्च आय वाले ऊँचे पदों में शामिल नहीं किए जाते थे, जिसका उन पर बुरा प्रभाव पड़ा।
- देशी रियासतों के नष्ट होने से इस पर आश्रित भारतीयों की जीविका के साधन समाप्त हो गए।
- इसके साथ ही रजवाड़ों पर आश्रित धर्मोपदेशक, पंडितों तथा मौलवियों का भविष्य भी खतरे में पड़ गया। अतः विदेशी शासन के प्रति भारतीयों के मन में घृणा का भाव उत्पन्न हो गया।

सामाजिक कारण

- ब्रिटिश सरकार की अलोकप्रियता का एक और प्रमुख कारण उसका विदेशी होना भी था।
- अंग्रेज भारत में सदैव विदेशी ही बने रहे, उनका भारतीय लोगों के साथ कोई सामाजिक संबंध या संपर्क नहीं रहा।

- पूर्व के विदेशी शासकों की भाँति अंग्रेजों ने उच्च वर्गों के भारतीयों से भी सामाजिक संपर्क नहीं रखा।
- वे प्रजातीय श्रेष्ठता के दंभ में रहते हुए भारतीयों के साथ अपमानजनक एवं धृष्टतापूर्ण व्यवहार करते रहे।
- अंग्रेज भारत में बसने नहीं आए थे, वरन् उनका प्रमुख उद्देश्य धन कमाना तथा उस धन को ब्रिटेन भेजना था।
- भारत की जनता नए शासकों के इस मूल विदेशी चरित्र को पहचानती थी, अत: उन्होंने अंग्रेजों को कभी भी अपना शुभचिंतक नहीं माना।

राजनीतिक कारण

- अंग्रेजों की राज्य विस्तार नीति के कारण भारत के अनेक शासकों और सरदारों में उनके प्रति असंतोष व्याप्त हो गया था।
- अंग्रेजों ने उनके साथ सहायक संधि कर ली थी, किंतु वे इन संधियों को इच्छानुसार समाप्त कर देते थे।
- सिंध एवं पंजाब के विलय से अंग्रेजों के प्रति जनमानस में असंतोष की भावना उत्पन्न हो गई थी।
- 1854 ई. में **डलहौजी** ने झाँसी पर अधिकार कर लिया और वहाँ के मृत राजा के दत्तक पुत्र को उसका उत्तराधिकारी नहीं माना।
- 1851 ई. में जब पेशवा बाजीराव द्वितीय की मृत्यु हुई, तो उसके दत्तक पुत्र नाना साहब को पेशवा के रूप में मिलने वाली पेंशन देने से अंग्रेजों ने इनकार कर दिया था।
- 1849 ई. में डलहौजी ने मुगल वंश की प्रतिष्ठा पर यह घोषणा करके आघात किया कि बहादुरशाह के उत्तराधिकारी को ऐतिहासिक लाल किला छोड़कर दिल्ली के बाहर कुतुबमीनार के निकट रहना होगा।
- 1856 ई. में कैनिंग ने यह घोषणा की कि बहादुरशाह की मृत्यु के बाद मुगलों से सम्राट की पदवी छीन ली जाएगी, वे केवल राजा ही कहे जाएँगे।
- 1856 ई. में डलहौजी ने अवध को ब्रिटिश शासन में मिला लिया, इसकी पूरे भारत में विशेष रूप से अवध में तीखी प्रतिक्रिया हुई।
- इसके कारण अवध और कंपनी की सेना में विद्रोह का वातावरण उत्पन्न हो गया।
- 1851 ई. में गवर्नर जनरल लॉर्ड डलहौजी ने अवध रियासत की संवृद्धि को देखते हुए उसके संदर्भ में कहा था कि "ये गिलास फल (चेरी) एक दिन हमारे ही मुँह में आकर गिरेगा।"
- गर्वनर जनरल लॉर्ड वेलेजली के द्वारा 1801 ई. में ही अवध के नवाब सआदत अली खान द्वितीय के साथ सहायक संधि की गई थी।
- अखिल भारतीय भावना के अभाव में इन सिपाहियों ने शेष भारत को जीतने में अंग्रेजों की सहायता की थी, किंतु उनके अंदर क्षेत्रीय और स्थानीय निष्ठा विद्यमान थी।
- अवध के विलय के पश्चात् सिपाहियों की आय पर भी बुरा प्रभाव पड़ा। अब अवध में उनके परिवारों के पास, जो भी जमीनें थीं, उन पर उन्हें अधिक कर देने पड़ रहे थे।
- अवध के अधिग्रहण के लिए डलहौजी ने तर्क दिया कि वह अवध की जनता को नवाब के कुप्रबंध तथा तालुकदारों के दमन से मुक्ति दिलाना चाहता था।
- नवाब का प्रशारान और सेना के भंग हो जाने से हजारों कुलीन एवं भद्र लोग, अधिकारी तथा सिपाही बेरोजगार हो गए।
- इसी प्रकार जो व्यापारी, दुकानदार तथा दस्तकार अवध के दरबार तथा कुलीनों की सेवा करते थे, उनकी जीविका भी चली गई।
- अंग्रेजों ने अधिकांश तालुकदारों तथा जमींदारों की जागीरें भी जब्त कर लीं। अत: अपनी जागीरों और सामाजिक प्रतिष्ठा को पुन: प्राप्त करने के लिए परेशान ये लोग ब्रिटिश शासन के शत्रु बन गए।

धार्मिक कारण

- ब्रिटिश शासन के विरोध में जनता के विद्रोह का प्रमुख कारण यह भी था कि इस शासन के कारण धर्म खतरे में था।
- इस भय का प्रमुख कारण उन ईसाई मिशनरियों की गतिविधियाँ थीं, जो प्रत्येक स्थान पर स्कूलों, अस्पतालों, जेलों और बाजारों में होती थीं।
- ये मिशनरी लोगों को ईसाई बनाने के प्रयास करते और हिंदू धर्म एवं इस्लाम पर सार्वजनिक रूप से तीखा प्रहार करते थे। ये जनता की पुरानी परंपराओं एवं मान्यताओं का उपहास और निंदा करते थे।
- 1830 ई. के पश्चात् कंपनी ने ईसाई मिशनरियों को खुलकर ईसाई धर्म के प्रचार-प्रसार का काम करने एवं यहाँ तक कि जमीन एवं संपत्ति जुटाने की भी छूट प्रदान कर दी।
- ईसाई मिशनरियों ने जब कुछ लोगों का धर्म परिवर्तन कराया, तो जनता को अपने धर्म के सामने उपस्थित खतरे का प्रमाण मिल गया।
- 1850 ई. में सरकार ने एक कानून बनाया, जिसके अनुसार धर्म बदलकर ईसाई बनने वालों को अपनी पैतृक संपत्ति में अधिकार मिला।
- इसके अतिरिक्त सरकार अपने खर्च पर सेना में ईसाई उपदेशक या पादरी नियुक्त करती थी।
- अनेक लोगों की रूढ़िवादी, धार्मिक और सामाजिक भावनाएँ उन मानवतावादी उपायों के कारण भड़कीं, जो सरकार ने भारतीय सुधारकों की सलाह पर किए।
- उनका मत था कि एक विदेशी सरकार को उनके धर्म एवं परंपराओं में हस्तक्षेप करने का कोई अधिकार नहीं है।
- सती प्रथा का उन्मूलन, विधवा पुनर्विवाह संबंधी कानून तथा लड़कियों के लिए पश्चिमी शिक्षा की व्यवस्था आदि भारतीय जनमानस को अनाधिकारी हस्तक्षेप के समान लगे।
- पूर्व के भारतीय शासकों ने मंदिरों, मस्जिदों से जुड़ी जमीनों एवं उनके पुजारियों या सेवा संस्थाओं को कर से मुक्त कर रखा था, किंतु उनसे कर वसूलने की सरकारी नीति से भी लोगों की धार्मिक भावनाओं को आघात लगा।
- जमीनों पर निर्भर अनेक ब्राह्मण और मुस्लिम परिवारों में रोष व्याप्त हो गया और वे यह प्रचार करने लगे कि अंग्रेज उनके धर्म को नष्ट करना चाहते हैं।

सैनिक कारण

- 1857 के विद्रोह की शुरुआत कंपनी के सिपाहियों द्वारा की गई थी। ये वही सिपाही थे, जिन्होंने अपनी निष्ठा और ईमानदारी से कंपनी की सेवा की थी, किंतु वे अब विद्रोही बन गए।
- समाज के दूसरे वर्गों, विशेषकर किसानों की आशाएँ, इच्छाएँ और दु:ख इन सिपाहियों के मध्य भी प्रतिबिंबित होते थे। ये सिपाही वास्तव में 'वर्दीधारी किसान' ही थे।
- सिपाही भी इस विश्वास से ग्रस्त थे कि अंग्रेज उनके धर्मों में हस्तक्षेप कर रहे थे और भारतीयों को ईसाई बनाने पर बल दे रहे थे।

- संचार के माध्यमों से इन विचारों का प्रसार बड़ी तीव्रता के साथ हो रहा था, जैसे-जब 7वीं अवध इर्रेग्युलर कैवेलरी ने नए कारतूसों के इस्तेमाल से इनकार करते हुए 48वीं नेटिव इन्फ्रेंट्री को लिखा कि "हमने अपने धर्म की रक्षा के लिए यह फैसला लिया है और 48वीं नेटिव इन्फ्रेंट्री के हुक्म का इंतजार कर रहे हैं।"
- सिपाहियों की अपनी धार्मिक या जातिगत शिकायतें भी थीं। उन दिनों भारतीय लोग जाति आदि के नियमों का कठोरता से पालन करते थे।
- सैनिक अधिकारियों की ओर से सिपाहियों की जाति या पंथ के चिह्नों के उपयोग पर, दाढ़ी रखने या पगड़ी पहनने आदि पर प्रतिबंध था।
- 1856 ई. में एक कानून बना, जिसके अनुसार प्रत्येक नए भर्ती होने वाले सिपाही को आवश्यकता पड़ने पर समुद्र पार जाकर सेवा करने की जमानत देनी पड़ती थी।
- इससे भी सिपाहियों की भावनाओं को आघात पहुँचा, क्योंकि उस समय की हिंदू-धार्मिक मान्यताओं के अनुसार समुद्र यात्रा पाप थी।
- सिपाहियों की अनेक दूसरी शिकायतें भी थीं। अधिकारियों तथा सिपाहियों के मध्य एक बहुत बड़ी असमानता उत्पन्न हो गई थी तथा ब्रिटिश अधिकारी सिपाहियों से प्रायः अपमान का व्यवहार करते थे।
- अंग्रेजों की सेना में भारतीय सिपाहियों के लिए पदोन्नति के मार्ग बंद थे। सेना में ऊँचे पद यूरोपीय अफसरों के लिए सुरक्षित थे।
- भारतीय और यूरोपीय सैनिकों के वेतन में भी बड़ा अंतर था। यूरोपीय अफसर भारतीय सिपाहियों को घृणा की दृष्टि से देखते थे।
- युद्ध में जाने पर भारतीय सैनिकों को अतिरिक्त भत्ता मिलता था, परंतु युद्ध की समाप्ति पर और उनके सहयोग से जीते गए क्षेत्रों पर अंग्रेजों का अधिकार हो जाने के बाद भारतीय सैनिकों का भत्ता बंद कर दिया जाता था।
- बंगाल में 1764 ई. में एक सिपाही विद्रोह घटित हो चुका था, किंतु उसका दमन कर दिया गया था। 1806 ई. में बेल्लूर में सिपाहियों ने विद्रोह किया था, किंतु भयंकर हिंसा के बाद इसका भी दमन कर दिया गया था।
- 1824 ई. में बैरकपुर में सिपाहियों की 47वीं रेजीमेंट ने समुद्री मार्ग से बर्मा जाने से इनकार कर दिया था। अतः यह रेजीमेंट तोड़ दी गई थी, इसके निहत्थे सिपाहियों पर गोले फैंके गए तथा सिपाहियों के नेताओं को फाँसी दे दी गई।
- 1844 ई. में वेतन और भत्तों के प्रश्नों पर सात बटालियनों ने विद्रोह किया।
- इसी प्रकार अफगान-युद्ध के दौरान अफगानिस्तान में तैनात सिपाही विद्रोह करने ही वाले थे, किंतु समय पर उसका दमन कर दिया गया था।
- 1857 ई. का विद्रोह ब्रिटिश नीतियों और साम्राज्यवादी शोषण के प्रति जन-असंतोष का कारण था, किंतु यह कोई आकस्मिक घटना नहीं थी। लगभग एक शताब्दी तक संपूर्ण भारत में ब्रिटिश आधिपत्य के विरोध में तीव्र जनप्रतिरोध होते रहते थे।
- बंगाल और बिहार में जैसे ही ब्रिटिश शासन स्थापित हुआ, वैसे ही सशस्त्र विद्रोह आरंभ हो गए। 1763 से 1856 ई. के मध्य 40 बड़े तथा अनेक छोटे विद्रोह हुए।
- इन विद्रोहों का नेतृत्व प्रायः राजा, नवाब, जमींदार, भूस्वामी और पोलिगार करते थे, किंतु लड़ने वाली फौज में किसान, दस्तकार, शासकों, जमींदारों और पोलिगारों के भूतपूर्व सैनिक भाग लेते थे।

तात्कालिक कारण

- 1857 ई. के विद्रोह का तात्कालिक कारण चर्बी लगे कारतूसों का प्रयोग था। ज्ञातव्य है कि सेना में नई एनफील्ड राइफल का प्रयोग आरंभ किया गया।
- अपवाह यह थी कि कारतूसों पर गाय और सुअर की चर्बी लगे कागज का खोल चढ़ाया गया था और कारतूस को राइफल में भरने से पूर्व उसके सिरे को दाँतों से काटना पड़ता था।
- अतः इससे हिंदू तथा मुसलमान सिपाही दोनों भड़क गए, उन्हें यह लगा कि चर्बीदार कारतूसों का प्रयोग उनके धर्म को भ्रष्ट कर देगा।
- 1857 के विद्रोह से ठीक पहले राशन (आटे की बोरी) में गाय एवं सुअर के हड्डियों का बारीक चूरा होने की अफवाह फैली थी। इस अफवाह के कारण भी इनके मन में धर्म भ्रष्ट होने का भय घर कर गया था।

1857 के विद्रोह का आरंभ एवं उसकी प्रगति

- विद्रोह का आरंभ 10 मई, 1857 को दिल्ली से 36 मील दूर मेरठ में हुआ, यह तीव्रता से उत्तर भारत में विस्तृत हो गया।
- यह विद्रोह जल्द ही उत्तर में पंजाब से लेकर दक्षिण में नर्मदा तक तथा पूर्व में बिहार से लेकर दक्षिण में राजस्थान तक विस्तृत हो गया।
- मेरठ में होने वाले विद्रोह से पूर्व बैरकपुर में **मंगल पांडे** शहीद हो चुके थे। वे एक सिपाही थे, जिन्हें 29 मार्च, 1857 को विद्रोह करने तथा अपने अधिकारियों पर हमला करने के कारण 8 अप्रैल, 1857 को फाँसी दे दी गई थी।
- मेरठ की छावनी में 24 अप्रैल, 1857 को तीसरी देशी घुड़सवार सेना के 90 लोगों ने चर्बीदार कारतूस का प्रयोग करने से इनकार कर दिया था, जिनमें से 85 को 9 मई, 1857 को बर्खास्त कर 10-10 वर्ष की सजा दी गई और उन्हें जंजीरों में जकड़ दिया गया, इससे मेरठ में तैनात भारतीय सिपाहियों में एक विद्रोह भड़क उठा।
- सिपाहियों ने अगले ही दिन अर्थात् 10 मई को अपने कैदी साथियों को स्वतंत्र करा लिया और अनेक अधिकारियों को मार डाला तथा विद्रोह का झंडा बुलंद किया।
- विद्रोह की शुरुआत भारतीय सैनिकों से बनी पैदल सेना से हुई, जो शीघ्र ही घुड़सवार फौज और फिर शहर तक फैल गई। शहर और आस-पास के देहात के लोग सिपाहियों के साथ जुड़ गए।
- सिपाहियों ने शस्त्रागार पर अधिकार कर लिया तथा रिकॉर्ड दफ्तर, जेल, अदालत, डाकखाने, सरकारी खजाने जैसी सरकारी इमारतों को लूटकर नष्ट किया जाने लगा तथा शहर को दिल्ली-मेरठ से जोड़ने वाली टेलीग्राफ लाइनें काट दी गईं।
- विद्रोही सिपाही सूर्यास्त के बाद दिल्ली की ओर चल दिए और अगली सुबह 11 मई को दिल्ली पहुँच गए। उनके दिल्ली पहुँचने पर दिल्ली की पैदल सेना भी उनके साथ मिल गई।
- विद्रोही सैनिकों ने यूरोपीय अधिकारियों को मार डाला और शहर को अपने अधिकार में ले लिया तथा बूढ़े और शक्तिहीन **बहादुरशाह जफर** को भारत का सम्राट घोषित कर दिया।
- दिल्ली शीघ्र ही इस मुख्य विद्रोह का केंद्र बन गई तथा बहादुरशाह जफर इसके महान् प्रतीक बन गए।

- इस अंतिम मुगल बादशाह को, जिस प्रकार स्वतः स्फूर्त ढंग से देश का नेता बना दिया गया, वह इस तथ्य का प्रमाण था कि मुगल शासकों के लंबे शासन ने इस राजवंश को भारत की राजनीतिक एकता का प्रतीक बना दिया था। केवल इस एक कार्य के द्वारा सिपाहियों ने फौजी विद्रोह को क्रांतिकारी युद्ध में परिवर्तित कर दिया।
- सिपाहियों के अनुरोध पर बहादुरशाह ने भारत के सभी राजाओं और सरदारों को पत्र लिखकर उनसे आग्रह किया कि वे ब्रिटिश साम्राज्य से लड़ने और उनको हटाने के लिए भारतीय राज्यों का एक महासंघ स्थापित करें। बंगाल की पूरी सेना विद्रोह में शामिल हो गई और यह विद्रोह तीव्रता से विस्तृत हो गया।
- अवध, रूहेलखंड, दोआब, बुंदेलखंड, मध्य भारत, बिहार का एक बड़ा भाग और पूर्वी पंजाब इन सभी स्थानों पर ब्रिटिश साम्राज्य का नियंत्रण कुछ समय के लिए कमजोर हो गया।
- अनेक रजवाड़ों में शासक तो अंग्रेज मालिकों के प्रति वफादार बने रहे, परंतु उनकी फौजों में विद्रोह उत्पन्न हो गया। इसी प्रकार ग्वालियर के 20,000 से अधिक फौजी ताँत्या टोपे और झाँसी की रानी लक्ष्मीबाई के साथ चले गए।
- राजस्थान तथा महाराष्ट्र के अनेक छोटे सरदार अपनी जनता का विश्वास प्राप्त करके विद्रोही बन गए। हैदराबाद तथा बंगाल में भी छिटपुट विद्रोह हुए।

विद्रोह का व्यापक चरित्र

- उत्तरी और मध्य भारत में सिपाहियों के विद्रोह ने नागरिक जनता को भी सामान्य विद्रोह के लिए प्रेरित किया।
- किसानों, दस्तकारों, दुकानदारों, मजदूरों और जमींदारों की व्यापक भागीदारी ने विद्रोह को वास्तविक शक्ति प्रदान की।
- उत्तर प्रदेश तथा बिहार में किसानों तथा जमींदारों ने सूदखोरों तथा नए जमींदारों पर आक्रमण कर अपनी परेशानियों को व्यक्त किया।
- विद्रोह का लाभ उठाकर उन्होंने सूदखोरों की खाता बहियों तथा ऋण के दस्तावेजों को नष्ट कर दिया तथा अदालतों, तहसील कार्यालयों, माल गुजारी के दस्तावेजों तथा थानों पर आक्रमण किए।
- 1857 ई. के विद्रोह की शक्ति बहुत कुछ हिंदू-मुस्लिम एकता में निहित थी। सभी विद्रोहियों ने बहादुरशाह को अपना सम्राट स्वीकार कर लिया था।
- नेतृत्व के स्तर पर हिंदुओं तथा मुसलमानों को समान प्रतिनिधित्व प्राप्त था। विद्रोह में हिंदू-मुस्लिम एकता को स्वीकार करते हुए एक ब्रिटिश अधिकारी एचिंसन ने स्वीकार किया है कि "इस मामले में हम मुसलमानों को हिंदुओं से नहीं लड़ा सकते।"
- 1857 ई. की घटनाओं से स्पष्ट होता है कि मध्यकाल में तथा 1858 ई. से पहले भारत की जनता एवं राजनीति अपने मूल रूप में सांप्रदायिक नहीं थी।

1857 के विद्रोह के प्रमुख केंद्र

1857 के विद्रोह के प्रमुख केंद्रों का विवरण निम्न है

- **दिल्ली** यहाँ विद्रोह के प्रतीक मुगल शासक बहादुरशाह जफर थे, परंतु वास्तविक नियंत्रण एक सैनिक समिति के हाथों में था, जिसके प्रमुख जनरल बख्त खान थे।
- बख्त खान ने ही बरेली के सैनिकों का नेतृत्व किया था तथा उनको दिल्ली ले आए थे।
- ब्रिटिश सेना में वे तोपखानें के एक सामान्य सूबेदार थे। बख्तखान विद्रोह के प्रमुख केंद्र में साधारण तथा निम्न वर्ग के प्रतिनिधि थे।
- **कानपुर** इस विद्रोह के नेता नाना साहब थे, जो अंतिम पेशवा बाजीराव-द्वितीय के दत्तक पुत्र थे। सिपाहियों की सहायता से नाना साहब ने अंग्रेजों को कानपुर छोड़ने पर विवश किया तथा स्वयं को पेशवा घोषित कर दिया। नाना साहब की ओर से लड़ने का मुख्य भार मुख्यतः उनके विश्वसनीय सेवक ताँत्या टोपे के सिपाहियों पर था। नाना साहब के एक और विश्वसनीय सेवक अजीमुल्लाह थे, जो राजनीति में प्रचार कार्य में निपुण थे।
- **लखनऊ** इस विद्रोह का नेतृत्व अवध के नवाब की पत्नी बेगम हजरत महल कर रही थीं। इन्होंने अपने पुत्र बिरजीस कादिर को अवध का नवाब घोषित कर दिया। बेगम ने लखनऊ के सिपाहियों तथा अवध के किसानों और जमींदारों की सहायता से अंग्रेजों के विरुद्ध युद्ध शुरू कर दिया। अंग्रेजों ने भागकर रेजीडेंसी में शरण ली, अंततः रेजीडेंसी का घेरा सफल नहीं हुआ, क्योंकि वहाँ छोटी-सी ब्रिटिश सेना उनकी रक्षा करने में सफल रही।
- **झाँसी** इस विद्रोह का नेतृत्व रानी लक्ष्मीबाई ने किया था। वह झाँसी के दिवंगत शासक गंगाधर राव की विधवा थीं। जब अंग्रेजों ने झाँसी की गद्दी के लिए एक उत्तराधिकारी गोद लेने के लिए रानी के अधिकार को नहीं माना और उनके राज्य का अधिग्रहण कर लिया तथा उन्हें धमकी दी कि झाँसी में सैनिकों को भड़काने के लिए उन्हें उत्तरदायी माना जाएगा, तब रानी विद्रोहियों में शामिल हो गई।

  विद्रोहियों के साथ मिलकर रानी अंग्रेजों से बहुत बहादुरी के साथ लड़ीं। युद्ध के दौरान रानी को झाँसी छोड़नी पड़ी। ताँत्या टोपे तथा अपने अफगान रक्षकों की सहायता से इन्होंने ग्वालियर पर अधिकार कर लिया।

  ग्वालियर में अंग्रेजों के वफादार महाराज सिंधिया ने रानी से लड़ने का प्रयास किया, किंतु उनके अधिकांश सैनिक रानी से मिल गए। सिंधिया ने आगरा जाकर अंग्रेजों से शरण ले ली। 17 जून, 1858 को अंग्रेजों से लड़ते हुए रानी ग्वालियर में वीरगति को प्राप्त हुईं।
- **आरा** (बिहार) इस विद्रोह के प्रमुख नेता कुँवर सिंह थे, जो आरा के समीप जगदीशपुर के एक असंतुष्ट जमींदार थे। ये विद्रोह के संभवतः सबसे प्रमुख सैनिक नेता तथा रणनीतिज्ञ थे।
- **फैजाबाद** मौलवी अहमदुल्लाह फैजाबाद से विद्रोह के एक प्रमुख नेता थे। ये मद्रास के रहने वाले थे। इन्होंनें 1856 ई. में अंग्रेजों के विरुद्ध जिहाद का प्रचार गाँव-गाँव घूमकर किया। इस दौरान वे पालकी में बैठकर चलते थे। पालकी के आगे-आगे ढोल और पीछे उनके समर्थक होते थे, इसलिए उन्हें 'डंका शाह' भी कहा था।
- जनवरी, 1857 में ये उत्तर भारत में फैजाबाद आ गए थे। फैजाबाद में इन्होंने ब्रिटिश सैनिकों की उस कंपनी से भीषण लड़ाई लड़ी, जो उनको राजद्रोह के प्रचार से रोकने के लिए भेजी गई थी।
- मई, 1857 में जब बगावत भड़क उठी, तो ये अवध में एक मान्य नेता के रूप में उभरे।
- लोग इन्हें करिश्माई व्यक्तित्व (जादुई शक्तियों) का धनी मानते थे। उनकी मान्यता थी कि इन्हें कोई नहीं हरा सकता।
- **मांडला क्षेत्र (मध्य प्रदेश)** राजगढ़ की रानी अवंति बाई लोधी के द्वारा 4000 सैनिकों की फौज तैयार की गई एवं अंग्रेजों के विरुद्ध उसको नेतृत्व भी प्रदान किया गया, क्योंकि ब्रिटिश अधिकारियों के द्वारा उनके राज्य के प्रशासन पर नियंत्रण स्थापित कर लिया गया था।

- बड़ौत परगना (उत्तर प्रदेश) इस क्षेत्र के प्रमुख नेता शाहमल थे। इन्होंने देश के मुखियाओं और काश्तकारों को संगठित किया और अंग्रेजों के विरुद्ध विद्रोह के लिए तैयार किया। इन्होंने एक अंग्रेज अधिकारी के बंगले को अपने कब्जे में ले लिया तथा वे वहाँ 'न्याय भवन' भवन नाम से विवादों एवं झगड़ों का निपटान करने लगे। जुलाई, 1857 में एक युद्ध में इनकी मृत्यु हो गई।

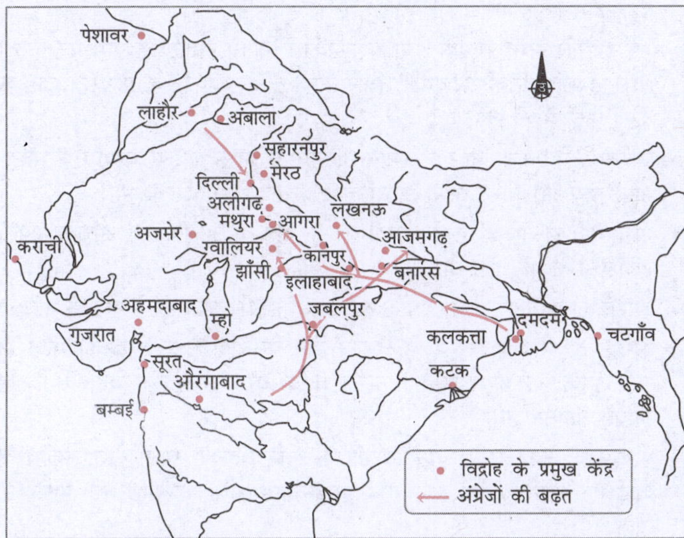

1857 के विद्रोह की असफलता के कारण

1857 का विद्रोह बहुत बड़े क्षेत्र में विस्तृत था और इसे जनता का व्यापक समर्थन भी प्राप्त था, परंतु फिर भी यह पूरे देश को या भारतीय समाज के सभी अंगों तथा वर्गों को प्रभावित नहीं कर सका। 1857 के विद्रोह की असफलता के निम्न कारण थे

सीमित क्षेत्र

यह विद्रोह दक्षिण भारत तथा पूर्वी और पश्चिमी भारत के अधिकांश भागों में विस्तृत नहीं था, क्योंकि इन क्षेत्रों में पहले अनेक विद्रोह हो चुके थे। बंबई, मद्रास, बंगाल तथा पश्चिमी पंजाब में जनता विद्रोहियों से सहानुभूति रखती थी। फिर भी ये प्रांत अप्रभावित रहे। इसके अतिरिक्त असंतुष्ट तथा बेदखल जमींदारों को छोड़कर उच्च तथा मध्य वर्गों के अधिकांश लोग विद्रोहियों के आलोचक थे।

देशी राजाओं द्वारा अंग्रेजों का सहयोग

- भारतीय रजवाड़ों के अधिकांश शासक और बड़े जमींदार स्वार्थी तथा अंग्रेजों की शक्ति से भयभीत थे, इसलिए वे विद्रोह में शामिल नहीं हुए।
- इसके साथ ही ग्वालियर के सिंधिया, इंदौर के होल्कर, हैदराबाद के निजाम, जोधपुर के राजा तथा दूसरे राजपूत शासक भोपाल के नवाब, पटियाला, नाभा और जींद के सिख शासक तथा पंजाब के दूसरे सिख सरदार, कश्मीर के महाराजा, नेपाल के राजा तथा दूसरे अनेक सरदारों एवं जमींदारों ने विद्रोह को कुचलने में अंग्रेजों को सक्रिय सहायता दी।
- वास्तव में, भारतीय शासकों में 1% से अधिक विद्रोह में शामिल नहीं हुए। गवर्नर जनरल लॉर्ड कैनिंग ने बाद में यह टिप्पणी की कि इन शासकों तथा सरदारों ने "तूफान के आगे बाँध की तरह कार्य किया, वरना यह तूफान एक ही लहर में हमें बहा ले जाता।"

संपन्न वर्गों, जमींदारों तथा व्यापारियों द्वारा विद्रोहियों का साथ न देना

- संपन्न वर्गों के अधिकांश लोगों ने विद्रोहियों का सक्रिय विरोध किया। यहाँ तक की विद्रोह में शामिल अवध के बहुत से जमींदारों ने अपनी जागीर वापस प्राप्त करने का आश्वासन पाकर स्वयं को विद्रोह से अलग कर लिया।
- ग्रामीण ज़नता के हमलों का निशाना सूदखोर थे, इसलिए वे स्वाभाविक तौर पर विद्रोह के शत्रु थे, किंतु धीरे-धीरे व्यापारी भी इसके शत्रु बन गए।
- युद्ध का खर्च जुटाने के लिए विद्रोहियों को व्यापारियों पर भारी कर लगाने पड़े थे या सेना को भोजन देने के लिए उनके गोदामों पर कब्जा करना पड़ा था।
- व्यापारी प्राय: अपनी दौलत और माल छिपा देते थे तथा विद्रोहियों को मुफ्त में सामान देने से मना कर देते थे।
- कलकत्ता (कोलकाता) तथा मद्रास (चेन्नई) के व्यापारियों ने अंग्रेजों का साथ दिया।
- बंगाल के जमींदार भी अंग्रेजों के वफादार बने रहे, क्योंकि वे अंग्रेजों द्वारा उत्पन्न किए गए थे।
- इसके अतिरिक्त बिहार में जमींदारों के प्रति किसानों की शत्रुता ने बंगाल के जमींदारों को भी भयभीत कर दिया था।

उच्च शिक्षित भारतीयों द्वारा विद्रोह को समर्थन न देना

- आधुनिक शिक्षा प्राप्त भारतीयों ने भी विद्रोह का साथ नहीं दिया। विद्रोही जिस प्रकार अंधविश्वासों का उपयोग करते थे या प्रगतिशील सामाजिक उपायों का विरोध करते थे, उससे भारतीय नाराज होकर दूर हो गए।
- शिक्षित भारतीयों का मानना था कि अंग्रेज भारत का आधुनिकीकरण करेंगे, जबकि जमींदारों, पुराने शासकों और सरदारों तथा दूसरे सामंती तत्त्वों के नेतृत्व में लड़ने वाले विद्रोही देश को पीछे ले जाएँगे।
- कालांतर में शिक्षित भारतीयों ने अपने अनुभव से यह जाना की विदेशी शासन देश का आधुनिकीकरण करने में न केवल असमर्थ सिद्ध हुआ, बल्कि उसने उसे गरीब एवं पिछड़ा बनाए रखा। इस मामले में 1857 ई. के विद्रोही कहीं अधिक दूरदर्शी सिद्ध हुए।
- 1858 ई. के पश्चात् की घटनाओं ने दिखाया कि शीघ्र ही ब्रिटिश शासन के विरुद्ध एक शक्तिशाली और एक आधुनिक आंदोलन का नेतृत्व उन्होंने सँभाल लिया।

सीमित संसाधन तथा अनुशासन की कमी

- भारतीयों में एकता का अभाव विद्रोह के लिए घातक सिद्ध हुआ, किंतु विद्रोहियों के लक्ष्य को आघात पहुँचाने वाला यह केवल एकमात्र कारण ही नहीं था, बल्कि उनके पास आधुनिक अस्त्र-शस्त्रों तथा अन्य युद्ध सामग्री की भी कमी थी।
- सिपाही बहादुर तथा स्वार्थरहित तो थे, परंतु उनमें अनुशासन की कमी भी थी, क्योंकि कभी-कभी वे अनुशासित सेना के स्थान पर दंगाई भीड़ की भाँति व्यवहार करने लगते थे।
- 1857 ई. के विद्रोह ने भारतीय जनता को एक साथ जोड़ने में तथा उनमें एक देश का वासी होने की चेतना जगाने में महत्त्वपूर्ण भूमिका निभाई।
- ब्रिटिश सरकार ने देश में बड़ी संख्या में सेना, धन तथा अस्त्र-शस्त्रों का उपयोग किया। इसे अधिकांश भारतीय शासकों तथा सरदारों का समर्थन भी प्राप्त था। अत: विद्रोह का दमन कर दिया गया।

1857 के विद्रोह का दमन

- विद्रोहियों के अभियान को एक बड़ी क्षति उस समय पहुँची, जब अंग्रेजों ने 20 सितंबर, 1857 को दिल्ली पर पुन: अधिकार कर लिया।
- **सम्राट बहादुरशाह** को बंदी बना लिया गया तथा अभियोग चलाकर अक्टूबर, 1858 में उन्हें रंगून (बर्मा) में पत्नी बेगम जीनत महल के साथ निर्वासित कर दिया गया।
- वहीं पर नवंबर, 1862 में उनकी मृत्यु हो गई। उनके तीनों पुत्रों की दिल्ली के खूनी दरवाजे के पास गोली मारकर हत्या कर दी गई।
- दिल्ली के पतन के बाद विद्रोह का केंद्र बिंदु नष्ट हो गया। विद्रोह के दूसरे नेता बहादुरी से युद्ध लड़ते रहे, किंतु अंग्रेजों ने उनके विरुद्ध एक शक्तिशाली आक्रमण केंद्रित कर दिया था।
- मई और जून, 1857 में पारित कई कानूनों के माध्यम से संपूर्ण उत्तर भारत में मार्शल लॉ लागू कर दिया गया, साथ ही विद्रोह में शामिल होने के शक के आधार पर भी भारतीयों पर मुकदमा चलाने एवं उन्हें सजा देने का अधिकार अंग्रेज अधिकारियों को प्रदान कर दिया गया।
- जॉन लॉरेंस, आउट्रम, हैवलॉक, नील, कैंपबेल और ह्यूरोज आदि कुछ ऐसे ब्रिटिश कमांडर थे, जिन्होंने इस विद्रोह को दबाने में महत्त्वपूर्ण भूमिका निभाई।
- विद्रोह को कुचलने हेतु ब्रिटेन से ब्रिटिश सैनिकों की नई टुकड़ियाँ भी बुलवायी गई थीं। दिल्ली पर ब्रिटिशों के द्वारा पंजाब एवं कलकता दोनों ओर से (दोतरफा) हमले किए गए थे।
- मार्च, 1858 में लखनऊ में ब्रिटिश सैनिकों का कब्जा हो गया। बेगम हजरत महल ने समर्पण करने से इनकार कर दिया तथा वह नेपाल चली गईं।
- नाना साहब की कानपुर में पराजय हुई, किंतु उन्होंने आत्मसमर्पण करने से इनकार कर दिया और 1859 ई. के आरंभ में वे नेपाल चले गए। बाद में इनके बारे में कुछ भी पता नहीं चला।
- ताँत्या टोपे मध्य भारत के जंगलों में जाकर छिप गए और वहीं से आदिवासियों के सहयोग से एक भयानक छापामार युद्ध लड़ते रहे। अप्रैल, 1859 में उन्हें पकड़ लिया गया।
- ताँत्या टोपे पर शीघ्र ही मुकदमा चलाकर उन्हें 15 अप्रैल, 1859 को फाँसी दे दी गई।
- विद्रोहियों के पास सैनिक कार्यवाहियों की साझी योजनाओं, अधिकार संपन्न प्रमुखों या केंद्रीकृत नेतृत्व का भी अभाव था। देश के विभिन्न भागों में हो रहे विद्रोहों के बीच कोई सामंजस्य नहीं था।
- आंदोलनकारियों को भारत को गुलाम बनाने वाले उपनिवेशवाद की या आधुनिक विश्व की कोई विशेष समझ नहीं थी।
- इनके पास भविष्य के कार्यक्रम, सुसंगत विचारधारा, राजनीतिक परिप्रेक्ष्य या भावी समाज और अर्थव्यवस्था के प्रति एक स्पष्ट दृष्टि का अभाव था।
- यह विद्रोह सत्ता पर अधिकार के बाद लागू किए जाने वाले किसी सामाजिक विकल्प से रहित था।
- इस प्रकार आंदोलन में विभिन्न प्रकार के तत्त्व शामिल थे, जो केवल ब्रिटिश शासन के प्रति अपनी घृणा द्वारा ही जुड़े हुए थे, इनमें से प्रत्येक की अपनी-अपनी शिकायतें थीं और स्वतंत्र भारत की राजनीति की अपनी-अपनी धारणाएँ थीं।
- एक आधुनिक प्रगतिशील कार्यक्रम के अभाव में प्रतिक्रियावादी राजा और जमींदार आंदोलन का नेतृत्व अपने पक्ष में करने में सफल हो गए।
- सिपाही तथा साधारण जनता धीरे-धीरे एक भिन्न प्रकार का नेतृत्व विकसित कर रहे थे। उदाहरण के लिए, दिल्ली में प्रशासकों की बनाई गई 10 सदस्य समिति में 6 सिपाही तथा 4 नागरिक थे। इसमें सभी निर्णय बहुमत से किए जाते थे।
- यह समिति सभी सैनिक तथा प्रशासकीय निर्णय सम्राट के नाम पर करती थी। नई सांगठनिक संरचनाएँ तैयार करने के इस प्रकार के प्रयास विद्रोह के दूसरे केंद्रों में भी किए गए।
- भारतीयों में एकता का यह अभाव भारतीय इतिहास के इस चरण में संभवत: अपरिहार्य था। भारत अभी आधुनिक राष्ट्रवाद से अपरिचित था।
- अभी देश से तात्पर्य छोटी-छोटी बस्ती, क्षेत्र या अधिक-से-अधिक अपनी राजसत्ता के प्रति प्रेम था।
- झाँसी की रानी 17 जून, 1858 को युद्ध भूमि में लड़ते हुए शहीद हो गई।
- 1858 ई. में गंभीर रूप से घायल होने के बाद कुँवर सिंह की मृत्यु हो गई। उनके भाई अमर सिंह के नेतृत्व में दिसंबर, 1859 तक बिहार में विद्रोह लड़ाई चलता रही।
- 1859 ई. तक बख्त खान, बरेली के खान बहादुर खान, नाना साहब के भाई राव साहब और मौलवी अहमदुल्लाह सभी वीरगति को प्राप्त हो चुके थे।

1857 के विद्रोह के परिणाम

- 1857 का विद्रोह असफल रहा, किंतु अपनी विफलता में भी इसने एक महान उद्देश्य की पूर्ति की।
- यह उस आंदोलन का प्रेरणास्रोत बन गया, जिसने वह कर दिखाया, जो विद्रोह न कर सका। 1857 ई. के विद्रोह के पश्चात् ब्रिटिश नीतियों एवं व्यवस्था में व्यापक परिवर्तन लाए गए।

इस विद्रोह के प्रमुख परिणाम निम्नलिखित हैं

कंपनी की सत्ता का अंत तथा प्रशासनिक परिवर्तन

- विद्रोह की असफलता के पश्चात् ब्रिटिश क्राउन ने कंपनी से भारत पर शासन के सभी अधिकार वापस ले लिए।
- 1 नवंबर, 1858 को इलाहाबाद (अब प्रयागराज) में आयोजित दरबार में **लॉर्ड कैनिंग** ने महारानी की उद्घोषणा को पढ़ा।
- भारत में शासन के लिए 1858 ई. का अधिनियम पारित किया गया। अब गवर्नर-जनरल को **वायसराय** (क्राउन का प्रतिनिधि) बना दिया गया।
- इस अधिनियम के अनुसार, अब भारत का शासन ब्रिटिश साम्राज्ञी की ओर से भारत के राज्य सचिव को चलाना था, जिसकी सहायता के लिए 15 सदस्यीय भारत परिषद् का गठन किया गया था।
- 1861 ई. के **भारत परिषद् अधिनियम** के अंतर्गत तीन भारतीयों को विधान परिषद् में नियुक्त किया गया।
- 1861 ई. में ही इंडियन हाईकोर्ट एक्ट तथा भारतीय लोकसेवा अधिनियम पारित किया गया।

सैन्य परिवर्तन

- 1857 ई. के विद्रोह में भारतीय सैनिकों ने बहुत महत्त्वपूर्ण भूमिका निभाई थी। ऐसा ही विद्रोह पुनः न हो, इसलिए सेना का पुनर्गठन किया गया।
- भारतीय सैनिकों के विद्रोह करने की क्षमता को कम करने के लिए अनेक कदम उठाए गए। सर्वप्रथम सेना में यूरोपीय सैनिकों का वर्चस्व सुनिश्चित किया गया। सेना में भारतीयों के मुकाबले यूरोपियों की संख्या बढ़ा दी गई। बंगाल की सेना में अब यह अनुपात 1 : 2 का तथा मद्रास और बंबई में यह अनुपात 2 : 5 का था।
- इसके साथ ही भौगोलिक एवं सैनिक महत्त्व के स्थानों पर यूरोपीय सेनाओं को तैनात किया गया। तोपखाने, जैसे सेना के महत्त्वपूर्ण विभाग पूर्णतः यूरोपीय के अधीन हो गए।
- इसके अतिरिक्त अधिकारी वर्ग से भारतीयों को बाहर रखने की पुरानी नीति का सख्ती से पालन किया जाने लगा। वर्ष 1914 तक किसी भी भारतीय को सूबेदार से उच्च पद नहीं दिया गया।
- सेना के भारतीय अंग का संगठन **संतुलन और जवाबी संतुलन** तथा 'बाँटो और राज करो' की नीति के आधार पर किया गया, जिससे किसी ब्रिटिश-विरोधी विद्रोह के लिए एकजुट होने का अवसर उन्हें प्राप्त न हो सके।
- सेना की भर्ती में जाति, क्षेत्र और धर्म के आधार पर भेदभाव किए जाने लगे। भारतीयों को 'लड़ाकू' और 'गैर लड़ाकू' जातियों में बाँट दिया गया।
- अवध, बिहार, मध्य भारत और दक्षिण भारत के सैनिकों ने ही आरंभ में अंग्रेजों की भारत विजय में सहायता की थी, परंतु 1857 ई. के विद्रोह में भाग लेने के कारण उनको 'गैर-लड़ाकू' घोषित कर दिया गया। अब बड़ी संख्या में सेना में उनको भर्ती करना बंद कर दिया गया।
- दूसरी ओर विद्रोह को कुचलने में सहायता देने वाले पंजाबियों, गोरखों एवं पठानों को 'लड़ाकू' जाति घोषित किया गया और उनको बड़ी संख्या में भर्ती किया जाने लगा। 1875 ई. तक ब्रिटिश भारत की सेना का आधा भाग पंजाबियों का था।
- भारतीय रेजीमेंटों को अनेक जातियों और वर्गों का मिश्रण बना दिया गया, जिससे की वे सभी एक-दूसरे को संतुलित करती रहें। सैनिकों की सांप्रदायिक, जातिगत, कबीलाई और क्षेत्रीय निष्ठाओं को प्रोत्साहित किया गया, जिससे उनके बीच राष्ट्रवाद की भावना उत्पन्न न हो सके।

रियासतों के प्रति नीति में परिवर्तन

- 1857 ई. के विद्रोह के बाद भारतीय रियासतों के संबंध में एक अलग प्रकार की नीति अपनाई गई।
- 1857 ई. से पहले अंग्रेज भारतीय राज्यों को हड़पने का कोई भी अवसर नहीं चूकते थे, किंतु अब यह नीति बदल गई।
- अक्टूबर, 1858 में महारानी विक्टोरिया द्वारा जारी किए गए घोषणा-पत्र में यह कहा गया कि ब्रिटिश सरकार भारतीय रियासतों को साम्राज्य में नहीं मिलाएगी और पहले से चले आ रहे समझौतों का सम्मान करेगी।
- रजवाड़ों के उत्तराधिकारी गोद लेने की प्रथा को भी स्वीकृति प्रदान कर दी गई।
- मुसलमानों की जमीन और संपत्ति बड़े पैमाने पर जब्त की गई। उन्हें संदेह एवं शत्रुता की दृष्टि से देखा जाने लगा, क्योंकि अंग्रेजों को यह लगता था कि यह विद्रोह उनके ही कारण उत्पन्न हुआ था।

जमींदारों के प्रति नीति में परिवर्तन

- जमींदारों एवं भू-स्वामियों को बनाए रखने की नीति अपनाई गई एवं उन्हें पुनः स्थापित किया गया।
- जमींदारों और भू-स्वामियों को भारतीय जनता के परंपरागत और स्वाभाविक नेता कहकर उनकी प्रतिष्ठा में वृद्धि की गई।
- किसानों के विरुद्ध जमीन पर उनके अधिकारों को सुरक्षा दी गई और राष्ट्रवादी रुझान वाले शिक्षित वर्ग के विरुद्ध उनका उपयोग किया जाने लगा।

1857 के विद्रोह का महत्त्व

- 1857 ई. का विद्रोह असफल हो गया, किंतु इसके दूरगामी परिणाम हुए। इस विद्रोह के नेताओं को भारतीयों ने राष्ट्रीय नायकों का दर्जा दिया तथा देश के लिए न्योछावर होने की प्रेरणा प्राप्त की।
- इस विद्रोह के परिणामस्वरूप देश राजनैतिक रूप से एक हुआ तथा भारतीयों में अंग्रेजों के प्रति घृणा की भावना बढ़ती गई।
- इस विद्रोह से जिस अभियान की शुरुआत हुई, उसकी अंतिम परिणति वर्ष 1947 में स्वतंत्रता के साथ पूरी हुई।

29

भारत का राष्ट्रीय आंदोलन प्रथम चरण (1885-1915)

(स्रोत)

New NCERT Class VIII Chap 8 राष्ट्रीय आंदोलन का संघटन : 1870 के दशक से 1947 तक,
Old NCERT Class VIII Chap 9 भारतीय राष्ट्रवाद का उदय, Chap 10 स्वराज के लिए संघर्ष,
Old NCERT Class X Chap 16 भारत का स्वाधीनता संघर्ष,
Old NCERT Class XII Chap 9 नए भारत का उदय : राष्ट्रीय आंदोलन (1858-1905),
Chap 11 राष्ट्रवादी आंदोलन (1905-1918) : उग्र राष्ट्रवाद का उदय,
Tamil Nadu Board (Class XI), NIOS

कांग्रेस से पूर्व की राजनीतिक संस्थाएँ

- 19वीं शताब्दी के उत्तरार्द्ध में राष्ट्रीय राजनीतिक चेतना बहुत तीव्रता से विकसित हुई और भारत में एक संगठित राष्ट्रीय आंदोलन की शुरुआत हुई।
- 1870 और 1880 के दशक में ब्रिटिश शासन के प्रति असंतोष गहरा हुआ, क्योंकि 1878 ई. में पारित आर्म्स एक्ट तथा 1833 में पारित इल्बर्ट बिल ने भारतीय जन-मानस में अंग्रेजों की शोषणात्मक प्रवृत्ति का सही आकलन प्रस्तुत किया।
- 1851 ई. में कलकत्ता में **ब्रिटिश इंडियन एसोसिएशन** की स्थापना हुई। इसने ब्रिटिश सरकार तक भारतीय शिकायतें पहुँचाने के अतिरिक्त देश के प्रशासन में भारतीयों को भागीदार बनाने की माँग की सिफारिश की।
- भारतीय जनता के कल्याणार्थ भारत तथा ब्रिटेन के ब्रिटिश अधिकारियों के पास अभिवेदनों को भेजने के लिए 1852 ई. में बंबई एसोसिएशन की स्थापना हुई।
- इसी उद्देश्य के लिए 1852 ई. में मद्रास नेटिव एसोसिएशन की स्थापना हुई, उन्होंने (दोनों संस्थाओं) इस बात की भी माँग की कि प्रशासन में भारतीयों को उच्च पद मिलना चाहिए।
- 1866 ई. में लंदन में दादा भाई नौरोजी ने **ईस्ट इंडिया एसोसिएशन** की स्थापना की।
- इसका उद्देश्य भारतीय प्रश्नों पर विचार करना तथा भारत के कल्याण की दिशा में ब्रिटेन के नेताओं को प्रभावित करना था।
- 1870 ई. में स्थापित **पुणे सार्वजनिक सभा**, 1876 में स्थापित इंडियन एसोसिएशन, 1884 में स्थापित **मद्रास महाजन सभा**, 1885 में स्थापित **बॉम्बे प्रेसीडेंसी एसोसिएशन** आदि ऐसे संगठन थे, जो कांग्रेस की स्थापना से पूर्व व्यापक स्तर पर जनता का प्रतिनिधित्व करते थे।
- उपर्युक्त सभी संगठन सरकार की आलोचना करने में अधिक प्रखर और भारतीयों के प्रति सरकार द्वारा अपनाई गई भेदभाव और दमन की नीतियों के विरुद्ध थे।
- यद्यपि इन संगठनों की गतिविधियाँ अपने-अपने प्रदेशों तक सीमित थीं, किंतु इनकी माँगें अखिल भारतीय स्वरूप की थीं।
- 1883 ई. में सुरेंद्रनाथ बनर्जी ने कलकत्ता में एक अखिल भारतीय राष्ट्रीय सम्मेलन आयोजित किया, जिसमें देश के सभी क्षेत्रों के लोगों को बुलाया गया।
- सुरेंद्रनाथ बनर्जी ने दिसंबर, 1885 में कलकत्ता में एक और राष्ट्रीय सम्मेलन बुलाया। इसी समय कुछ अन्य नेताओं ने एक अखिल भारतीय सम्मेलन बुलाया, जो बंबई में दिसंबर, 1885 में आयोजित किया गया। यही संगठन भारतीय राष्ट्रीय कांग्रेस बना।
- भारतीय राष्ट्रीय कांग्रेस भारतीय जनता की आकांक्षाओं का प्रतिनिधित्व करने वाला संगठन था, जिसमें भारतीय जनता की आजादी के लिए संघर्ष किया गया।

भारतीय राष्ट्रीय कांग्रेस की स्थापना

- 28-30 दिसंबर, 1885 में बंबई में एक सम्मेलन आयोजित किया गया। कांग्रेस की स्थापना में भारत के एक अवकाश प्राप्त ब्रिटिश अधिकारी **ए.ओ.ह्यूम** ने महत्त्वपूर्ण भूमिका निभाई। उन्होंने देश के प्रमुख बड़े नेताओं से सहयोग प्राप्त कर कांग्रेस की स्थापना की।
- बंबई के 'गोकुलदास तेजपाल संस्कृत कॉलेज' में आयोजित (दिसंबर, 1885) कांग्रेस के प्रथम सम्मेलन की अध्यक्षता डब्ल्यू.सी. बनर्जी ने की थी।
- इस सम्मेलन में भाग लेने वाले अन्य प्रमुख नेता थे-दादा भाई नौरोजी, के. टी. तैलंग, फिरोजशाह मेहता, एस.सुब्रह्मण्यम अय्यर, पी.आनंद चार्लू, दिनशा वाचा, जी.जी.आगरकर, तथा एम. वीर राघवाचारी आदि।
- कांग्रेस के प्रथम सम्मेलन में सुरेंद्रनाथ बनर्जी शामिल नहीं हुए थे, क्योंकि उन्होंने उसी दौरान कलकत्ता में एक राष्ट्रीय सम्मेलन बुलाया था।

भारतीय राष्ट्रीय कांग्रेस के उद्देश्य

- भारतीय राष्ट्रीय कांग्रेस की स्थापना का प्रमुख उद्देश्य देश के विभिन्न भागों के राष्ट्रवादी, राजनीतिक कार्यकर्ताओं के बीच मैत्रीपूर्ण संबंध विकसित करना था।
- कांग्रेस अपनी स्थापना तथा उद्देश्य के लिहाज से 'मध्यमार्गी' पार्टी थी, जिसने शासन-प्रशासन में भारतीयों की भागीदारी व सरकार में भारतीयों की ऊँचे पदों पर भागीदारी की माँग की।
- शासन व्यवस्था के भारतीयकरण की माँग नस्लवाद के विरुद्ध चल रहे आंदोलन का एक हिस्सा था, क्योंकि उस समय महत्त्वपूर्ण पदों पर ब्रिटिशों का ही नियंत्रण रहता था।
- इसके अन्य उद्देश्य जाति, धर्म, प्रांत का भेद किए बिना राष्ट्रीय एकता की भावना को विकसित तथा मजबूत करना, जनप्रिय क्षेत्रों का निरूपण तथा उन्हें सरकार के समक्ष रखना था।
- देश में जनमत को प्रशिक्षित और संगठित करना भी इसके उद्देश्यों में शामिल था।

कांग्रेस की स्थापना के संबंध में विभिन्न दृष्टिकोण

- भारतीय राष्ट्रीय कांग्रेस की स्थापना के संबंध में अनेक मिथक प्रचलित हैं, जिनमें से एक प्रमुख **सेफ्टी वाल्व सिद्धांत** है।
- सेफ्टी वाल्व सिद्धांत के अंतर्गत यह माना जाता है कि ए.ओ.ह्यूम ने तत्कालीन वायसराय लॉर्ड डफरिन के निर्देश, मार्गदर्शन एवं सलाह पर ही इस संगठन की स्थापना की, जिससे कि उस समय भारतीय जनता में पनपते असंतोष को विस्फोटक रूप लेने से रोका जा सके और असंतोष की समाप्ति हेतु संवैधानिक निकास या सुरक्षा वाल्व उपलब्ध कराया जा सके।
- सेफ्टी वाल्व सिद्धांत के जनक **लाला लाजपत राय** थे, जिन्होंने ह्यूम के जीवनीकार विलियम वेडरबर्न के कथन को आधार बनाकर वर्ष 1916 में 'यंग इंडिया' में प्रकाशित अपने लेख में यह सिद्धांत प्रस्तुत किया।
- कालांतर में वामपंथी आर.पी.दत्त, दक्षिणपंथी एम.एस. गोलवलकर, उदारवादी सी.एफ. एंड्रूज ने भी कांग्रेस की स्थापना में ब्रिटिश सरकार की भूमिका को स्वीकार किया।

भारतीय राष्ट्रीय कांग्रेस का आरंभिक दौर

- भारतीय राष्ट्रीय कांग्रेस के बंबई अधिवेशन के बाद प्रत्येक वर्ष दिसंबर में प्राय: भिन्न-भिन्न स्थानों पर कांग्रेस के अधिवेशन आयोजित होते रहे।
- कांग्रेस का दूसरा अधिवेशन 1886 ई. में कलकत्ता में आयोजित किया गया, जिसमें लगभग 450 लोगों ने भाग लिया। **सुरेंद्रनाथ बनर्जी** ने पहली बार कांग्रेस अधिवेशन में भाग लिया।
- कांग्रेस के कलकत्ता अधिवेशन, 1886 की अध्यक्षता **दादाभाई नौरोजी** ने की। ये कुल 3 बार कांग्रेस के अध्यक्ष बनें।
- 1887 ई. में कांग्रेस का तीसरा अधिवेशन मद्रास में आयोजित किया गया। इस अधिवेशन की अध्यक्षता बदरुद्दीन तैयब जी ने की थी।
- 1888 ई. में इलाहाबाद (प्रयागराज) में आयोजित कांग्रेस के चतुर्थ सम्मेलन में कुल 1300 प्रतिनिधियों ने भाग लिया। इस अधिवेशन की अध्यक्षता एक अंग्रेज **जॉर्ज यूले** ने की थी।
- कालांतर में कांग्रेस की अध्यक्षता करने वाले अन्य अंग्रेज थे-विलियम वेडरबर्न (1889), अल्फ्रेड वेब (1894) और हेनरी जॉन कॉटन (1904)।
- 1890 ई. में कलकत्ता विश्वविद्यालय की पहली महिला स्नातक **कादंबिनी गांगुली** ने कांग्रेस अधिवेशन को संबोधित किया था।
- 1885 से 1905 तक की अवधि में कांग्रेस के कुछ अन्य अध्यक्ष थे-फिरोजशाह मेहता, सुरेंद्रनाथ बनर्जी, रहीमतुल्ला सयानी, आनंद चारलू, आनंद मोहन बोस तथा गोपाल कृष्ण गोखले।

कांग्रेस के उदारवादी एवं उग्रवादी चरण

भारतीय राष्ट्रीय आंदोलन के प्रथम चरण के अंतर्गत भारतीय राष्ट्रीय कांग्रेस द्वारा संपादित आंदोलन को कार्यक्रम एवं नीतियों के आधार पर दो चरणों में बाँटा जा सकता है

1. उदारवादी चरण (1885-1905) 2. उग्रवादी चरण (1905-1919)

1. उदारवादी चरण (1885-1905)

- आरंभिक वर्षों में भारतीय राष्ट्रीय कांग्रेस पर 'उदारवादी' कहे जाने वाले नेताओं का वर्चस्व था, इन्हें नरमपंथी भी कहा जाता था। उदारवादी नेता कानून की सीमा में रहकर, संवैधानिक आंदोलन तथा धीरे-धीरे व्यवस्थित तरीके से शासन में सुधार की माँग का समर्थन करते थे।
- उदारवादियों का विश्वास था कि यदि जनमत को उभारा तथा संगठित किया जाए और प्रार्थना पत्रों, सभाओं, प्रस्तावों तथा भाषणों के द्वारा अधिकारियों तक जनता की माँगों को पहुँचाया जाए, तो वे धीरे-धीरे कर इन एक-एक माँगों को पूरा करेंगे।
- उदारवादियों के आंदोलन के दबाव में ब्रिटिश सरकार को 1892 ई. में भारतीय परिषद् कानून पास करना पड़ा। इस कानून द्वारा शाही विधायी परिषद् तथा प्रांतीय परिषदों में सदस्यों की संख्या बढ़ा दी गई।
- इनमें से कुछ सदस्यों को भारतीय अप्रत्यक्ष चुनाव द्वारा चुन सकते थे, किंतु बहुमत सरकारी सदस्यों का ही रहता था। राष्ट्रवादी 1892 ई. के कानून से पूर्णत: असंतुष्ट थे।

उदारवादियों की प्रमुख माँगें एवं उनके विभिन्न दृष्टिकोण का विवरण निम्न है

उदारवादियों की प्रमुख माँगें

- उदारवादी चरण में कांग्रेस ने धीरे-धीरे सुधार लागू करने और सरकार तथा प्रशासन में भारतीयों को अधिकाधिक स्थान देने की माँग की।
- उदारवादी चरण में कांग्रेस ने विधानसभाओं को अधिक अधिकार देने और इन सभाओं के सदस्यों को निर्वाचित करके विधानसभाओं को प्रतिनिधि संस्थाएँ बनाने की माँग की। कांग्रेस ने यह माँग भी की कि जिन प्रांतों में विधान सभाएँ नहीं हैं, वहाँ इनकी स्थापना की जाए।
- इस चरण में कांग्रेस की यह माँग थी कि भारतीयों को उच्च सरकारी पदों पर भर्ती किया जाए और सिविल सर्विस की परीक्षाएँ भारत में भी होनी चाहिए।
- कांग्रेस ने भू-राजस्व में कमी करने और भारतीय उद्योगों के विकास के लिए सरकार की आर्थिक नीतियों में परिवर्तन की माँग की।
- कांग्रेस ने प्रशासन तथा सेना पर होने वाले भारी खर्च तथा भारतीय धन के विदेश जाने का विरोध किया।
- उदारवादियों की अन्य प्रमुख माँगें थीं-भाषण तथा बोलने की आजादी, लोक कल्याण की योजनाओं का विस्तार और शिक्षा का प्रसार।
- कांग्रेस ने यह भी माँग की कि सरकार को भारतीयों के कल्याण का कार्य करना चाहिए और ब्रिटेन के हितों के लिए भारतीय शोषण को समाप्त करना चाहिए।

उदारवादियों का दृष्टिकोण

- उदारवादी या नरमपंथी भारतीय समाज के उच्च वर्ग के थे, वे अंग्रेजी भाषा में शिक्षित थे। उनकी धारणा यह थी कि सरकार उनकी माँगों को स्वीकार कर लेगी।
- उदारवादियों का दृष्टिकोण ब्रिटिश विरोधी नहीं था, उनका यह मानना था कि सरकार उनकी न्यायोचित माँगों पर विचार कर, उन पर सुधार का प्रयास करेगी। इसके लिए उदारवादियों द्वारा प्रस्ताव पास किए गए तथा प्रतिवेदन तैयार कर विचारार्थ सरकार के पास भेजे गए।
- भारतीयों का पक्ष सामने रखने के लिए प्रमुख भारतीयों के दल ब्रिटेन भेजे गए।
- 1889 ई. में भारतीय राष्ट्रीय कांग्रेस की एक ब्रिटिश समिति बनाई गई। इस समिति ने 1890 ई. में **इंडिया** नामक एक पत्रिका भी प्रकाशित करनी प्रारंभ की।
- भारतीय नेताओं ने इंग्लैंड के उन समाजसेवियों का सहयोग प्राप्त करने के प्रयास किए, जो भारत से सहानुभूति रखते थे। उन्हें यह आशा थी कि अनुनय-विनय के इन तरीकों से भारतीय जनता धीरे-धीरे वे अधिकार प्राप्त कर लेगी, जो ब्रिटिश जनता को प्राप्त हैं और इस प्रकार भारत स्वतंत्र हो जाएगा।

कांग्रेस के प्रति सरकार का दृष्टिकोण

- ब्रिटिश सरकार ने कांग्रेस की माँगों पर कोई ध्यान नहीं दिया। आरंभ में ब्रिटिश शासकों ने कांग्रेस के प्रति कुछ सहानुभूति दर्शाई, किंतु जल्द ही वे कांग्रेस के विरोधी हो गए।
- ब्रिटिश अधिकारियों के कांग्रेस अधिवेशनों में भाग लेने पर रोक लगा दी गई और कांग्रेस को राजद्रोही संगठन समझा जाने लगा।
- लॉर्ड डफरिन ने 1887 ई. में एक सार्वजनिक भाषण में कांग्रेस की आलोचना करते हुए कहा कि 'यह जनता के बहुत सूक्ष्म भाग' की प्रतिनिधि है।
- लॉर्ड कर्जन ने 1894 ई. में वायसराय बनने के बाद कहा था कि "कांग्रेस का महल जीर्ण-शीर्ण हो रहा है और भारत में रहते हुए मेरी मुख्य इच्छा यह है कि मैं शांति के साथ इसे मरने में सहयोग दे सकूँ।"
- भारतीय जनता की बढ़ती एकता अंग्रेजी शासन के लिए बड़ा खतरा है, यह महसूस करके अंग्रेज अधिकारियों ने 'बाँटों और राज करो' की नीति को लागू और उसे प्रोत्साहित किया।
- अंग्रेजों ने भारतीय जनता को धार्मिक आधार पर बाँटना शुरू किया, उन्होंने हिंदुओं तथा मुसलमानों के हितों को अलग-अलग बताया तथा उच्च वर्गीय मुसलमानों को कांग्रेस की गतिविधियों में भाग लेने से रोकने लगे।
- राष्ट्रवाद का विकास रोकने के लिए अंग्रेजों ने जहाँ एक ओर छोटी-छोटी छूटें प्रदान कीं, वहीं दूसरी ओर निर्मम दमन की नीति भी अपनाई, किंतु अधिकारियों का यह विरोध राष्ट्रीय आंदोलन के विकास को रोकने में असफल रहा।

2. उग्रवादी चरण (1906-1919)

- 19वीं सदी के उत्तरार्द्ध से ही भारतीय जनता में राजनीतिक असंतोष बढ़ता जा रहा था।
- उदारवादियों के प्रयास का कोई अधिक सफल निष्कर्ष नहीं निकल सका था।
- औपनिवेशिक शोषण निरंतर जारी था, अतः नरमपंथी धीरे-धीरे अपनी लोकप्रियता खोने लगे।
- ऐसी परिस्थिति में एक नए नेतृत्व का उद्भव हुआ, जिनका व्यवहार अधिक संघर्षशील और अधिक उग्रराष्ट्रवादी भावना में विश्वास रखता था, इनकी माँगें आमूल परिवर्तनवादी थीं। यह दल उग्रवादी या गरमपंथी कहलाया।
- गरमपंथियों ने नरमपंथियों के निवेदन की राजनीति की आलोचना की तथा निर्भरता, रचनात्मकता, स्वराज के लिए संघर्ष जैसे मुद्दों पर बल दिया।
- आंदोलन के इस चरण में एक ओर उग्रवादी तथा दूसरी ओर क्रांतिकारी विचारधारा ने नेतृत्व संभाला।
- उग्रवादी नेताओं में बाल गंगाधर तिलक अरविंद घोष, विपिन चंद्र पाल तथा लाला लाजपत राय प्रमुख थे। उग्रवाद के उदय के कारण निम्न हैं

अंग्रेजी राज की प्रकृति की समझ

- आरंभिक काल के नेताओं ने आँकड़ों से यह सिद्ध किया कि अंग्रेजी राज तथा उसकी नीतियाँ ही भारत की दरिद्रता का मूल कारण हैं।
- दादाभाई नौरोजी ने सर्वप्रथम अपने प्रसिद्ध लेख **पावर्टी एंड अनब्रिटिश रूल इन ब्रिटिश इंडिया** में औपनिवेशिक आर्थिक नीतियों की आलोचना करते हुए इनको भारत की दरिद्रता का मूल कारण बताया।
- ब्रिटिश आर्थिक नीतियों के दूसरे विख्यात आलोचक आर.सी.दत्त थे, इन्होंने अपनी पुस्तक **इकोनॉमिक हिस्ट्री ऑफ इंडिया** में ब्रिटिश शोषणकारी नीतियों को उजागर किया।
- 1892 ई. का कौंसिल एक्ट, भारतीय दृष्टिकोण से निराशाजनक सिद्ध हुआ, क्योंकि इसमें सरकारी सदस्यों का ही बहुमत बना रहा।

अंतर्राष्ट्रीय घटनाओं का प्रभाव

- 1868 ई. के पश्चात् एक आधुनिक जापान के उदय ने यह स्पष्ट कर दिया कि एक पिछड़ा हुआ एशियाई देश भी बिना किसी पश्चिमी सहायता के अपना विकास कर सकता है।
- 1896 ई. में इथियोपिया के द्वारा इटली की पराजय तथा वर्ष 1905 में जापान के द्वारा रूस की पराजय ने यूरोपीय श्रेष्ठता के भ्रम को तोड़ दिया।
- आयरलैंड, रूस, मिस्र, तुर्की और जापान के क्रांतिकारी आंदोलनों तथा दक्षिण अफ्रीका के बोअर युद्ध ने भारतीयों को यह विश्वास दिला दिया कि यदि जनता एकजुट और बलिदान के लिए तैयार हो, तो शक्तिशाली निरंकुश सरकारों को चुनौती दे सकती है।

विचारकों का योगदान

- 19वीं सदी के कुछ महान भारतीय विचारक एवं नेता; जैसे-स्वामी विवेकानंद, तिलक, अरविंद घोष और बिपिनचंद्र पाल आदि ने भी लोगों को उग्रवाद के मार्ग पर अग्रसर होने के लिए प्रोत्साहित किया।
- स्वामी विवेकानंद ने घोषणा की कि "दुनिया में अगर कोई पाप है, तो वह निर्बलता है, निर्बलता का त्याग करो; निर्बलता पाप है और निर्बलता मृत्यु है।" उन्होंने कहा कि "भारत की एकमात्र आशा भारत की जनता है। ऊँचे वर्ग शारीरिक और नैतिक दृष्टि से मृतप्राय हैं।"

उग्र राष्ट्रवादी विचार संप्रदाय का अस्तित्व

- राष्ट्रीय आंदोलन के लगभग आरंभ से ही उग्र राष्ट्रवाद का एक संप्रदाय देश में ही मौजूद था।
- इस संप्रदाय के प्रतिनिधि बंगाल में राज नारायण बोस और अश्विनी कुमार दत्त तथा महाराष्ट्र में विष्णु शास्त्री चिपलूणकर थे।
- इस संप्रदाय के सबसे महत्त्वपूर्ण प्रतिनिधि बाल गंगाधर तिलक थे, उन्होंने अपने पत्र 'केसरी' के माध्यम से राष्ट्रवाद का प्रचार किया।

सरकार की दमनकारी नीतियाँ

- बाल गंगाधर तिलक ने 1893 ई. में गणपति उत्सव के आयोजन के साथ गीतों और भाषणों के द्वारा राष्ट्रवादी विचारों के प्रचार के लिए कार्य करना आरंभ कर दिया।
- 1895 ई. में बाल गंगाधर तिलक ने शिवाजी महोत्सव का आरंभ किया, इसका उद्देश्य शिवाजी के माध्यम से नवयुवकों में राष्ट्रवाद की भावना उत्पन्न करना था।
- तिलक ने 1896-97 ई. में महाराष्ट्र में 'कर न देने' का आंदोलन भी चलाया। उन्होंने अकाल-पीड़ित किसानों को मालगुजारी देने से भी मना किया।
- जब सरकार के विरुद्ध घृणा और असंतोष भड़काने के आरोप में बाल गंगाधर तिलक को वर्ष 1897 ई. में गिरफ्तार किया गया, तो उन्होंने सरकार से क्षमा माँगने से इनकार कर दिया, जिस पर उन्हें 18 माह की कैद की सजा हुई।
- 1897 ई. में चापेकर बंधुओं को फाँसी की सजा देने के बाद नाटू बंधुओं (बलवंतराव रामचंद्र नाटू तथा हरि रामचंद्र नाटू) को बिना किसी ट्रायल के देश से बाहर जाने का आदेश दिया गया। 1898 ई. में भारतीय दंड संहिता में 124(ए) तथा 156 (ए) जैसे दमनकारी कानून जोड़े गए।
- वर्ष 1904 में कार्यालय गोपनीयता कानून (Official Secrets Act) द्वारा प्रेस की स्वतंत्रता का दमन किया गया तथा इसी समय भारतीय विश्वविद्यालय अधिनियम, (1904) के द्वारा विश्वविद्यालयों पर सरकारी नियंत्रण और सख्त कर दिया गया। वर्ष 1905 में बंगाल का विभाजन कर दिया गया।
- तिलक के अतिरिक्त उग्र राष्ट्रवाद के दूसरे महत्त्वपूर्ण नेता बिपिनचंद्र पाल, अरविंद घोष और लाला लाजपत राय थे।

प्रशिक्षित नेतृत्व

- वर्ष 1905 तक भारत में ऐसे अनेक नेता थे, जो पहले राजनीतिक आंदोलनों के मार्गदर्शन तथा राजनीतिक संघर्षों के नेतृत्व संबंधी बहुमूल्य अनुभव अर्जित कर चुके थे।
- कांग्रेस के कार्यकर्ताओं में ही कुछ भिन्न राजनैतिक विचारधारा और कार्यनीति वाले राष्ट्रवादियों के नए दल का कांग्रेस के अंदर ही उदय और विकास हुआ।
- कई कारणों से 19वीं सदी के अंत में यह दल, जिसे गरमदल कहा जाता है, विकसित हुआ। इसमें सबसे महत्त्वपूर्ण प्रतिनिधि लोकमान्य तिलक थे।
- इसके अतिरिक्त राजनारायण बोस, अश्विनी कुमार दत्त, विष्णुशास्त्री चिपलूणकर, बिपिनचंद्र पाल और अरविंद घोष जैसे नेता इसका प्रतिनिधित्व करते थे।
- राजनीतिक कार्यकर्ताओं की एक प्रशिक्षित टुकड़ी के बिना राष्ट्रीय आंदोलन को एक उच्चतर राजनीतिक स्तर तक ले जाना बहुत कठिन होता।

पद्धति एवं कार्य

- उग्रवादियों का राष्ट्रवाद भावुकता से परिपूर्ण था। राष्ट्रवाद की इस प्रेरणादायक धारणा में सामाजिक, आर्थिक एवं राजनीतिक सभी आदर्शों का समावेश था।
- बाल गंगाधर तिलक ने इस बात का विरोध किया कि 'एक विदेशी सरकार जनता के निजी जीवन में हस्तक्षेप करे' उन्होंने 1891 ई. के विवाह अधिनियम तक 1881 के प्रथम फैक्ट्री एक्ट का भी विरोध किया।
- अरविंद घोष ने इंदुप्रकाश समाचार-पत्र में **न्यू लैम्प्स फॉर ओल्ड** नामक निबंध में उग्रवाद की क्रमबद्ध व्याख्या की। तिलक ने **मराठा** एवं **केसरी पत्र** के माध्यम से उग्रवाद का प्रचार किया। स्वराज, स्वदेशी तथा बहिष्कार का नारा सर्वप्रथम बाल गंगाधर तिलक ने ही दिया था।
- उग्रवादी राजनीति आत्म सहायता, बहिष्कार तथा निष्क्रिय प्रतिरोध की पद्धति पर आधारित थी। बिपिनचंद्र पाल ने 'न्यू इंडिया' तथा लाला लाजपत राय ने 'पंजाबी' नामक पत्र के माध्यम से ब्रिटिश सरकार पर प्रहार किया।

बंगाल विभाजन

- बंगाल विभाजन के साथ भारत के राष्ट्रीय आंदोलन का दूसरा चरण आरंभ हुआ है। इस समय तक उग्र राष्ट्रवाद की परिस्थितियाँ विकसित हो चुकी थीं।
- 19 जुलाई, 1905 को लॉर्ड कर्जन ने एक आज्ञा जारी कर बंगाल को दो भागों में बाँट दिया। पहले भाग में पूर्वी बंगाल एवं असम तथा दूसरे भाग में शेष बंगाल था।
- बंगाल विभाजन के संदर्भ में तर्क यह दिया गया कि बंगाल का प्रांत इतना बड़ा था कि एक प्रांतीय सरकार द्वारा उसका प्रशासन चलाना असंभव था।

बंगाल विभाजन का उद्देश्य

- बंगाल विभाजन का मुख्य उद्देश्य राष्ट्रीय आंदोलन को कमजोर करना था, क्योंकि बंगाल उस समय भारतीय राष्ट्रवाद का केंद्र माना जाता था। विभाजन के द्वारा अधिकारी बंगाल में राष्ट्रवाद के प्रसार को रोकना चाहते थे।
- बंगाल विभाजन का दूसरा उद्देश्य-हिंदुओं और मुसलमानों में 'फूट डालना था।'
- ब्रिटिश अधिकारियों का मानना था कि नए प्रांतों में मुसलमानों का बहुमत होगा, इसलिए यह उनके हित में होगा।
- अंग्रेजों का मानना था कि इस प्रकार वे मुसलमानों को राष्ट्रीय आंदोलन से अलग करने में सफल होंगे।

बंग-भंग तथा स्वदेशी आंदोलन

- भारतीय राष्ट्रीय कांग्रेस और बंगाल के राष्ट्रवादियों ने विभाजन का प्रबल विरोध किया। उनका मानना था कि प्रशासन में कुशलता लाने के लिए हिंदी भाषा, बिहार और उड़िया भाषी उड़ीसा को बंगाली भाषी क्षेत्र से अलग किया जा सकता था, किंतु सरकार ने यह कदम राष्ट्रवाद को नष्ट करने के लिए उठाया, अत: बंगाल विभाजन के विरुद्ध एक आंदोलन आरंभ हो गया।
- राष्ट्रवादियों ने बंगाल विभाजन को एक प्रशासनीय उपाय ही नहीं, बल्कि इसे भारतीय राष्ट्रवाद के लिए एक चुनौती स्वीकार किया, उन्होंने इसे बंगाल को क्षेत्रीय और धार्मिक आधार पर विभाजित करने का प्रयास माना और धार्मिक आधार पर इसलिए कि पूर्वी क्षेत्रों में हिंदुओं और पश्चिमी क्षेत्रों में मुसलमानों का बहुमत था।
- बंग-भंग विरोधी आंदोलन या स्वदेशी और बहिष्कार आंदोलन बंगाल के पूरे राष्ट्रीय नेतृत्व के प्रयासों के कारण ही संभव हुआ।
- आरंभ में इस आंदोलन के नेता सुरेंद्रनाथ बनर्जी तथा कृष्ण कुमार दत्त, जैसे 'नरमपंथी' थे, किंतु बाद में इसका नेतृत्व उग्र और क्रांतिकारी राष्ट्रवादियों ने संभाल लिया।

विभाजन विरोधी आंदोलन

- विभाजन विरोधी आंदोलन 7 अगस्त, 1905 को प्रारंभ हुआ, उस दिन कलकत्ता के टाउनहॉल में विभाजन के विरुद्ध एक बहुत बड़ा प्रदर्शन हुआ। 16 अक्टूबर, 1905 को बंगाल विभाजन लागू हुआ।
- आंदोलन के नेताओं ने इस दिन को पूरे बंगाल में **शोक दिवस** के रूप में मनाने की घोषणा की। इस दिन लोगों ने उपवास रखे, हड़तालें की तथा गंगा स्नान किया।
- विभाजन के समय ही रवींद्रनाथ ठाकुर ने अपना प्रसिद्ध गीत- **आमार-सोनार बांग्ला** लिखा था, जिसे सड़कों पर जुलूस में शामिल जनता गाती थी।
- बाद में वर्ष 1971 में बांग्लादेश ने इसे अपने राष्ट्रीय गीत के रूप में अपनाया।
- इस आंदोलन में **वंदे मातरम्** गीत बंगाल का राष्ट्रगान बन गया, बाद में यही पूरे राष्ट्रीय आंदोलन का राष्ट्रगान बन गया।
- कवि रवींद्रनाथ टैगोर के सुझाव पर यह दिन जन-एकता और **मैत्री दिवस** के रूप में भी मनाया गया।
- रक्षा बंधन के उत्सव का एक नए तरीके से उपयोग किया गया। बंगालियों एवं बंगाल के दो टुकड़े की अटूट एकता के प्रतीक के रूप में हिंदू-मुसलमानों ने एक-दूसरे की कलाइयों पर राखियाँ बाँधी।

स्वदेशी और बहिष्कार

- बंगाल के नेताओं ने शीघ्र ही यह अनुभव किया कि केवल प्रदर्शनों, सार्वजनिक सभाओं और प्रस्तावों से शासकों पर बहुत अधिक प्रभाव नहीं हो रहा है, तो उन्होंने स्वदेशी और बहिष्कार आंदोलन चलाने का निर्णय लिया।
- 'स्वदेशी' के अंतर्गत भारतीय वस्तुओं का उपयोग तथा ब्रिटिश वस्तुओं के बहिष्कार का निर्णय लिया गया, इस आंदोलन से व्यापक सफलता मिली।
- स्वदेशी आंदोलन का एक महत्त्वपूर्ण पक्ष आत्मनिर्भरता या आत्मशक्ति पर दिया जाने वाला बल था।
- आत्मनिर्भरता से तात्पर्य-राष्ट्र की गरिमा, सम्मान तथा आत्मविश्वास की घोषणा से था, जबकि आर्थिक क्षेत्र में इसका अर्थ देशी उद्योगों एवं अन्य उद्यमों को बढ़ावा देना था।
- आंदोलन के दौरान अनेक कपड़ा मिलें, साबुन और माचिस के कारखाने हैंडलूम उद्यम, राष्ट्रीय बैंक एवं बीमा कंपनियाँ खुलीं।
- आचार्य प्रफुल्ल चंद राय ने इसी समय प्रसिद्ध 'बंगाल केमिकल स्वदेशी स्टोर्स' की स्थापना की।
- संस्कृति के क्षेत्र में स्वदेशी आंदोलन के अनेक परिणाम सामने आए तथा राष्ट्रवादी काव्य, गद्य और पत्रकारिता का विकास हुआ।
- इस समय रवींद्रनाथ टैगोर, रजनीकांत सेन, सैयद अबू मुहम्मद और मुकुंद दास आदि ने देशभक्ति से ओत-प्रोत गीतों की रचना की।
- शिक्षा को बढ़ावा देने के लिए 15 अगस्त, 1906 को एक राष्ट्रीय शिक्षा परिषद् की स्थापना की गई। कलकत्ता में एक राष्ट्रीय कॉलेज का आरंभ हुआ, जिसके प्रधानाचार्य अरविंद घोष थे।
- आंध्र प्रदेश के डेल्टा क्षेत्रों में स्वदेशी एवं बहिष्कार आंदोलन को 'वंदेमातरम् आंदोलन' के नाम से जाना जाता था।

विभिन्न वर्गों की भूमिकाएँ

- स्वदेशी आंदोलन में बंगाल के नवयुवकों ने भी महत्त्वपूर्ण भूमिका निभाई। उन्होंने स्वदेशी का प्रयोग तथा प्रचार किया और विदेशी वस्त्रों की दुकानों के सामने धरना दिया।
- स्वदेशी आंदोलन की एक प्रमुख बात इसमें स्त्रियों की सक्रिय भागीदारी थी। शहरी मध्य वर्ग की महिलाओं ने जुलूस एवं प्रदर्शनों में भाग लिया।

आंदोलन का दमन

- ब्रिटिश सरकार ने आंदोलनकारियों के प्रति कठोर व्यवहार अपनाया। 'वंदे मातरम्' का नारा लगाने पर प्रतिबंध लगा दिया। जनसभाओं को सीमित कर दिया गया तथा प्रेस पर नियंत्रण हेतु कानून बनाए गए।
- स्वदेशी कार्यकर्ताओं पर मुकदमे चलाए गए तथा उन्हें दीर्घकालिक जेल-सजाएँ दी गईं तथा अनेक छात्रों को शारीरिक दंड दिए गए।
- अप्रैल, 1906 में वारीसाल में आयोजित प्रांतीय सम्मेलन में स्वयं सेवकों पर पुलिस ने बर्बरतापूर्व लाठी चार्ज किया तथा सम्मेलन को भंग कर दिया।
- दिसंबर, 1908 में बंगाल के नौ नेताओं को देश से बाहर कर दिया गया, जिसमें बंगाल के प्रमुख नेता कृष्ण कुमार मिश्र तथा अश्विनी कुमार दत्त आदि भी थे। वर्ष 1908 में बाल गंगाधर तिलक को गिरफ्तार करके 6 वर्ष के लिए जेल की सजा दी गई। मद्रास में चिदंबरम पिल्लै और आंध्र प्रदेश में हरि सर्वोत्तम राव, को बंदी बनाया गया।
- आंदोलन के अधिकांश नेता गिरफ्तार हो गए। अरविंद घोष तथा विपिन चंद्र पाल, जैसे नेताओं ने सक्रिय जीवन से संन्यास ले लिया।
- वर्ष 1907 में सूरत विभाजन से कांग्रेस का संगठन कमजोर हुआ तथा यह समाज के सभी वर्गों को अपने अंदर समाहित नहीं कर सका। अत: स्वदेशी एवं बहिष्कार आंदोलन अपने उद्देश्यों में पूर्णत: सफल नहीं रहा।

मुस्लिम लीग की स्थापना

- बंगाल का विभाजन हिंदू और मुस्लिम समुदायों के बीच फूट डालने का सबसे बड़ा कारण बना। **आगा खाँ** के नेतृत्व में मुसलमानों का एक शिष्ट मंडल तत्कालीन वायसराय लॉर्ड मिंटो से मिला तथा उसने मुसलमानों के लिए एक विशिष्ट स्थिति की माँग की।
- वर्ष 1906 में सलीमुल्ला खाँ और आगा खाँ के नेतृत्व में ढाका में मुस्लिम लीग की स्थापना की गई। मुस्लिम लीग के प्रथम अध्यक्ष **वकार-उल-मुल्क मुश्ताक हुसैन**, जबकि **नवाब सलीमुल्ला खाँ** इसके संस्थापक अध्यक्ष थे।

कांग्रेस विभाजन

- बंगाल विभाजन के विरुद्ध आरंभ हुए आंदोलन ने और स्वदेशी तथा बहिष्कार के आंदोलन के प्रसार ने कांग्रेस की नीतियों को प्रभावित किया।
- गरम तथा नरम दल सहित कांग्रेस के भीतर के सभी दल बंगाल विभाजन के विरुद्ध एकजुट हुए।
- वर्ष 1905 में **गोपालकृष्ण गोखले** की अध्यक्षता में हुए बनारस कांग्रेस अधिवेशन में स्वदेशी और बहिष्कार के आंदोलन को समर्थन दिया गया, किंतु नरम दल एवं गरम दल में मतभेद बने रहे।
- गरमपंथी, स्वदेशी तथा बहिष्कार आंदोलन को बंगाल से बाहर देश में भी प्रसार तथा औपनिवेशिक सरकार के साथ किसी भी रूप में जुड़ने का बहिष्कार चाहते थे, जबकि नरमपंथी बहिष्कार को केवल बंगाल और विदेशी मालों तक सीमित रखना चाहते थे।

- कलकत्ता में वर्ष 1906 में आयोजित कांग्रेस के अधिवेशन के समय भी नरम दल तथा गरम दल के बीच मतभेद बढ़ते जा रहे थे। दोनों दलों में अध्यक्ष पद को लेकर भी मतभेद थे, किंतु अंतत: दादाभाई नौरोजी को कांग्रेस अध्यक्ष बनाया गया।
- वर्ष 1906 के कलकत्ता कांग्रेस अधिवेशन में दादाभाई नौरोजी ने अपने अध्यक्षीय भाषण में घोषणा की कि भारत के राष्ट्रीय आंदोलन का उद्देश्य ''ग्रेट ब्रिटेन या उपनिवेशों की तरह का स्वशासन या स्वराज्य है।''
- वर्ष 1906 का अधिवेशन गरमपंथियों के दृष्टिकोण से महत्त्वपूर्ण सिद्ध हुआ, क्योंकि इनके प्रभाव से इस अधिवेशन में स्वदेशी, बहिष्कार, स्वशासन एवं राष्ट्रीय शिक्षा के प्रस्ताव पास हुए।

सूरत अधिवेशन

- कांग्रेस का सूरत अधिवेशन वर्ष 1907 में आयोजित किया गया। इस अधिवेशन में नरम दल और गरम दल में विभिन्न मुद्दों पर मतभेद सामने आए, जिससे गरम दल कांग्रेस से अलग हो गया। यह कांग्रेस में हुई पहली फूट थी।
- कांग्रेस पर अब नरम दल वालों का पूर्णत: अधिकार हो गया तथा गरम दल वाले कांग्रेस से अलग होकर कार्य करने लगे। 9 वर्ष बाद वर्ष 1916 में दोनों दलों का पुन: एकीकरण हुआ।

गरमपंथियों तथा नरमपंथियों के प्रति ब्रिटिश सरकार की नीति

- सूरत अधिवेशन में हुए विभाजन से किसी भी दल को लाभ नहीं हुआ। नरमपंथियों का राष्ट्रवादियों की नई पीढ़ियों से संपर्क टूट गया तथा ब्रिटिश सरकार को **फूट डालो ओर राज करो** की नीति को लागू करने का अवसर मिल गया।
- ब्रिटिश सरकार द्वारा नरमपंथियों को अपने पक्ष में कर लिया गया तथा गरमपंथियों के दमन की नीति अपनाई गई।
- नरमपंथियों को प्रसन्न करने के लिए ब्रिटिश सरकार द्वारा वर्ष 1909 के **इंडियन कौंसिल एक्ट** के रूप में संवैधानिक सुधारों की घोषणा की गई। वर्ष 1911 में बंगाल विभाजन समाप्त करने की भी घोषणा की गई तथा केंद्र सरकार की राजधानी कलकत्ता से हटाकर दिल्ली लाई गई।

दिल्ली दरबार

वर्ष 1911 ई. में दिल्ली दरबार का आयोजन किया गया। इस दरबार में ब्रिटेन के महाराजा जॉर्ज पंचम तथा उनकी महारानी ने भी भाग लिया। दरबार की प्रमुख घोषणाएँ निम्न हैं

- दरबार में भारतीय राजे-रजवाड़ों ने भी भाग लिया और ब्रिटिश सत्ता के प्रति अपनी वफादारी की घोषणा की।
- दिल्ली दरबार के अवसर पर दो महत्त्वपूर्ण घोषणाएँ की गईं-एक तो वर्ष 1905 में किए गए बंगाल के विभाजन को रद्द किया गया। दूसरे भारत की राजधानी कलकत्ता से दिल्ली स्थानांतरित कर दी गई।
- दिल्ली दरबार या साम्राज्यीय दरबार एक राज्याभिषेक समारोह था, जिसमें ब्रिटेन के राजा और रानी का राज्याभिषेक होता था।
- भारत में यह दरबार 1877, 1903 ई. तथा 1911 में आयोजित किया गया था।
- वर्ष 1911 के दिल्ली दरबार के समय वायसराय **लॉर्ड हार्डिंग** था।

क्रांतिकारी आंदोलन (प्रथम चरण)

- अपीलों या जन-आंदोलन के माध्यम से सुधारों तथा स्वराज के लिए संघर्ष करने वाले गरम दल और नरम दल के अतिरिक्त देश के कुछ क्षेत्रों में क्रांतिकारियों के कुछ ऐसे समूह थे, जो ब्रिटिश शासन को बलपूर्वक समाप्त करने में विश्वास रखते थे।
- क्रांतिकारियों के गुप्त संगठन होते थे और वे अपने सदस्यों को गोला बारूद बनाने और हथियार चलाने का प्रशिक्षण देते थे। इन संगठनों में अधिकांशत: ऐसे नौजवान शामिल थे, जो अंग्रेजों की दमनकारी नीति से क्रुद्ध थे।

भारत में क्रांतिकारी आंदोलन

- क्रांतिकारी संगठन महाराष्ट्र और बंगाल में अधिक सक्रिय थे। क्रांतिकारियों के दो महत्त्वपूर्ण संगठन थे- महाराष्ट्र में **अभिनव भारत सोसायटी** और बंगाल में **अनुशीलन समिति**। इनके सदस्यों ने बदनाम ब्रिटिश अफसरों, पुलिस अधिकारियों, मजिस्ट्रेटों, मुखबिरों, गवर्नरों तथा वायसरायों के विरुद्ध हिंसात्मक कार्यवाहियाँ कीं।
- 30 अप्रैल, 1908 को **खुदीराम बोस** और **प्रफुल्ल चाकी** ने डगलस किंग्सफोर्ड की हत्या करने की कोशिश की। किंग्सफोर्ड मुजफ्फरपुर का जिला जज था, लेकिन गलती से दो अंग्रेज महिलाएँ मिसेज केनेडी तथा उनकी पुत्री की हत्या कर दी गई। प्रफुल्ल चाकी ने स्वयं को गोली मारकर आत्महत्या कर ली, जबकि खुदीराम बोस पकड़े गए और 11 अगस्त, 1908 को उन्हें फाँसी दे दी गई।

अलीपुर षड्यंत्र केस (1908)

- कलकत्ता के माणिकतल्ला गार्डन हाउस पर पुलिस ने छापा मारा, इस स्थान को क्रांतिकारी बम बनाने और हथियार चलाने का अभ्यास करने के लिए उपयोग करते थे। इस छापे में अरविंद घोष एवं उनके भाई वारींद्र घोष सहित अनेक क्रांतिकारी पकड़े गए। इस केस को अलीपुर षड्यंत्र केस के नाम से जाना जाता है।
- इस घटना में अरविंद घोष को रिहा कर दिया गया, उसके बाद उन्होंने सभी राजनीतिक गतिविधियों से संन्यास ले लिया तथा पांडिचेरी चले गए और उन्होंने वहीं पर अपना आश्रम स्थापित कर लिया।

- अंग्रेजों के विरुद्ध हिंसा की और भी कुछ घटनाएँ हुई, जैसे-ढाका के मजिस्ट्रेट तथा नासिक एवं तिरुनेलवेली के कलेक्टरों की गोली मारकर हत्या कर दी गई।
- वर्ष 1912 में वायसराय **लॉर्ड हार्डिंग** की हत्या का प्रयास किया गया। ब्रिटिश भारत की नई राजधानी दिल्ली में हार्डिंग के पहुँचने पर उस पर बम फेंका गया।

विदेशों में क्रांतिकारी आंदोलन

- भारतीय क्रांतिकारी विश्व के अन्य क्षेत्रों में भी सक्रिय थे। उन्होंने लंदन, पेरिस, बर्लिन, और उत्तरी अमेरिका तथा एशिया में अपने केंद्र स्थापित किए थे। उन्होंने पत्र-पत्रिकाएँ निकालीं और क्रांतिकारी विचारों का प्रचार किया।
- भारत के बाहर कार्य करने वाले कुछ प्रमुख क्रांतिकारी थे; श्यामजी कृष्ण वर्मा, मैडम भीखाजी कामा, एम. बरकतुल्ला, वी.वी.एस अय्यर, लाला हरदयाल, रास बिहारी बोस, सोहन सिंह भाखना, विनायक दामोदर सावरकर, उवैयदुल्ला सिंधी और मानवेंद्र नाथ राय।

- बाघा जतिन जर्मनी से लाए गए हथियारों से विद्रोह की तैयारी कर रहे थे, किंतु उन्हें मार दिया गया। इसी प्रकार 19 वर्षीय करतार सिंह सराभा को हथियार लाने के आरोप में फाँसी दे दी गई।
- काबुल में भी एक क्रांतिकारी दल ने स्वतंत्र भारत की अंतरिम सरकार स्थापित की।
- राजा महेंद्र प्रताप उसके राष्ट्रपति और बरकतुल्ला प्रधानमंत्री बने।

गदर आंदोलन

- 19वीं शताब्दी के उत्तरार्द्ध में बहुत से भारतीय यूएसए तथा कनाडा में रहने लगे थे। यहाँ पर गोरे मजदूरों एवं उनके संगठनों द्वारा भारतीयों के प्रवेश का विरोध किया गया।
- वर्ष 1908 में कनाडा में भारतीयों के प्रवेश पर प्रतिबंध लगा दिया गया। इससे भारतीयों में असंतोष की भावना उत्पन्न हुई।
- प्रवासी भारतीयों द्वारा अनेक पत्र-पत्रिकाओं एवं संगठनों की स्थापना की गई।

गदर पार्टी की स्थापना

- गदर पार्टी की स्थापना वर्ष 1913 में **भाई परमानंद**, **सोहन सिंह भाखना** एवं **लाला हरदयाल** ने सैन फ्रांसिस्को (अमेरिका) में की थी।
- यह एक क्रांतिकारी संगठन था। काशीराम पंडित, करतार सिंह सराभा तथा रामचंद्र भी इस संगठन से जुड़े थे।
- सोहन सिंह भाखना गदर पार्टी के अध्यक्ष, लाला लाजपत राय सचिव तथा काशीराम पंडित इसके कोषाध्यक्ष चुने गए।
- गदर पार्टी की **प्रथम बैठक** में यह निर्णय लिया गया कि सैन फ्रांसिस्को में **युगांतर आश्रम** नाम से मुख्यालय स्थापित किया जाएगा। रामचंद्र तथा बरकतुल्ला ने इसमें सहायता की।

गदर पत्रिका

- गदर पार्टी ने **गदर** नामक साप्ताहिक पत्रिका का संपादन किया।
- आरंभ में यह पत्रिका उर्दू, अंग्रेजी, मराठी और पंजाबी में प्रकाशित होती थी। 1 नवंबर, 1913 को गदर का प्रथम अंक प्रकाशित हुआ, जो उर्दू में था, 9 नवंबर, 1913 से यह गुरुमुखी (पंजाबी) में भी प्रकाशित होने लगा।
- इस पत्रिका का एक अंक पख्तो भाषा में भी प्रकाशित हुआ था। गदर पत्रिका के कारण ही इस आंदोलन का नाम गदर आंदोलन पड़ा।

प्रथम महायुद्ध के दौरान राष्ट्रीय आंदोलन

- प्रथम विश्वयुद्ध शुरू होने पर ब्रिटिश सरकार ने भारत के भी उसमें शामिल होने की घोषणा कर दी। युद्ध के लिए भारतीय जनता एवं भारतीय संसाधनों का उपयोग किया जाने लगा।
- भारतीय सेना की संख्या बढ़ाकर 1.5 लाख कर दी गई तथा भारतीयों को बलपूर्वक सेना में भर्ती किया जाने लगा।
- युद्ध के दौरान मुसलमान बड़ी संख्या में ब्रिटिश विरोधी संघर्ष में शामिल हुए। ब्रिटिश साम्राज्यवाद तुर्की के खलीफा (सर्वोच्च इस्लामी धार्मिक नेता) का विरोधी था, अत: खिलाफत की रक्षा का प्रश्न मुसलमानों के लिए सबसे महत्त्वपूर्ण था।
- भारतीय राजनीति में सक्रिय विभिन्न विचारधाराओं के लोगों तथा रजवाड़ों ने इस युद्ध में ब्रिटिश सरकार का समर्थन किया।
- वर्ष 1916 ई. में चेम्सफोर्ड भारत में वायसराय बनकर आए एवं उन्होंने घोषणा की कि भारत में ब्रिटिश शासन का लक्ष्य स्वशासन की स्थापना करना है।
- प्रथम विश्वयुद्ध काल में कांग्रेस के चार अधिवेशन हुए प्रत्येक अधिवेशन में इस साम्राज्यवादी युद्ध का पूर्ण समर्थन किया गया।
- **गाँधीजी** एवं **लोकमान्य तिलक** जैसे राष्ट्रवादी नेता भी ब्रिटिश सरकार को साम्राज्यवादी युद्ध में समर्थन देने के पक्ष में हो गए।
- गाँधीजी ने सरकार की युद्ध प्रयासों में सहायता की, जिसके लिए सरकार ने उन्हें **केसर-ए-हिंद से** सम्मानित किया।
- युद्ध के दिनों में महात्मा गाँधी ने भारतीय युवाओ को सेना में भर्ती होने के लिए प्रोत्साहित किया था, जिसके लिए उन्हें सेना में **भर्ती कराने वाला सार्जेंट** भी कहने लगे थे।
- क्रांतिकारी नेताओं का प्रथम विश्वयुद्ध के संबंध में एक भिन्न विचार था, उन्होंने युद्ध को एक अवसर के रूप में देखा तथा देश की स्वतंत्रता के लिए प्रयास किया।

अतिरिक्त तथ्य
तमिलनाडु बोर्ड एवं NIOS

क्रांतिकारी आंदोलन (प्रथम चरण) की घटनाएँ

- श्याम जी कृष्ण वर्मा ने लंदन में वर्ष 1905 में **इंडिया हाउस** नाम के एक केंद्र की स्थापना की, जिसका उद्देश्य क्रांतिकारी आंदोलन का बाह्य प्रसार था।
- मैडम कामा ने फ्रांसीसी समाजवादियों के संपर्क से **वंदे मातरम्** नामक क्रांतिकारी पत्रिका का प्रकाशन किया।
- वर्ष 1913 में सैन फ्रांसिस्को शहर में सोहन सिंह भाकना द्वारा **गदर आंदोलन** की शुरुआत की गई। लाला हरदयाल इसके अन्य प्रमुख नेता थे।
- बाघ जातिन, रास बिहारी बोस तथा सचिंद्र सांथाल बंगाल के प्रमुख क्रांतिकारी थे।
- भारत में राष्ट्रवाद के उदय में इन कारकों का भी योगदान रहा था, जैसे
  - अहस्तक्षेप की नीति एवं गैर-औद्योगिकीकरण की प्रक्रिया का भारतीयों के ऊपर पड़ने वाला प्रभाव।
  - भूमि को बिक्री योग्य संपत्ति के रूप में चिह्नित करना तथा कृषि का व्यवसायीकरण।
  - **नस्लीय भेदभाव** ब्रिटिशों के द्वारा नस्लीय भेद-भाव की नीति का पालन किया जाना।
- स्वदेशी का तात्पर्य है-अपने देश में निर्मित। स्वदेशी के विचार के उद्भव का मार्ग एवं लोकप्रियता **महादेव गोविंद रानाडे** के द्वारा 1872 ई. में दी गई श्रृंखलाबद्ध व्याख्यान से बढ़ी।
- **गोपालकृष्ण गोखले के अनुसार**, ''स्वदेशी आन्दोलन न केवल उद्योगों की उन्नति से संबंधित है, बल्कि वह राष्ट्र के लोगों के सर्वांगीण विकास हेतु भी है।''
- उदारवादी एवं उग्रवादी दोनों ने ही आंदोलन में शिक्षाविदों की भूमिका को स्वीकारा। उन्होंने प्रेस सहित विभिन्न माध्यमों से राष्ट्रीय चेतना जागृत करने का प्रयास किया।
- राष्ट्रीय चेतना में वृद्धि हेतु दादाभाई नौरोजी के द्वारा **रस्त गोफतार** एवं **वॉयस ऑफ इण्डिया** नामक दो पत्रिकाओं का प्रकाशन एवं सम्पादन किया गया।

30

भारत का राष्ट्रीय आंदोलन द्वितीय चरण (1915-1935)

(स्रोत)

NCERT Class VIII Chap 8 **राष्ट्रीय आंदोलन का संघटन : 1870 के दशक से 1947 तक**, NCERT Class X Chap 2 **भारत में राष्ट्रवाद**, NCERT Class XII Chap 11 **महात्मा गाँधी और राष्ट्रीय आंदोलन (सविनय अवज्ञा और उससे आगे)**, Old NCERT Class VIII Chap 9 **भारतीय राष्ट्रवाद का उदय**, Old NCERT Class X Chap 16 **भारत का स्वाधीनता संघर्ष**, Old NCERT Class XII Chap 11 **राष्ट्रवादी आंदोलन** (1905-1918) : **उग्र राष्ट्रवाद का उदय**, Chap 12 **स्वराज के लिए संघर्ष-I** (1919-1927), Chap 13 **स्वराज के लिए संघर्ष-II** (1927-1947)

भारतीय राष्ट्रीय आंदोलन का द्वितीय चरण अनेक प्रकार से महत्त्वपूर्ण रहा है। इसी चरण में कांग्रेस लीग समझौते तथा होमरूल आंदोलन की शुरुआत हुई।

इस चरण की सबसे उल्लेखनीय घटना महात्मा गाँधी का भारत आगमन तथा उनका राष्ट्रीय आंदोलन का नेतृत्व सँभालना था, जिससे आंदोलन की दशा व दिशा दोनों परिवर्तित हो गईं। यहीं से राष्ट्रीय आंदोलन के गाँधीवादी चरण का आरंभ हुआ था।

प्रमुख अधिवेशन, आंदोलन एवं धाराएँ

वर्ष 1915 से 1935 के बीच हुए अधिवेशन, आंदोलन एवं घटनाओं का विवरण निम्न है

लखनऊ अधिवेशन (1916)

- राष्ट्रवादी भावना और राष्ट्रीय एकता की आकांक्षा के कारण वर्ष 1916 के लखनऊ अधिवेशन में ऐतिहासिक महत्त्व की दो घटनाएँ हुईं।
- पहली, कांग्रेस के दोनों दल (नरम दल एवं गरम दल) पुन: एक हो गए। दूसरी, लखनऊ अधिवेशन में कांग्रेस एवं मुस्लिम लीग दोनों में समझौता हो गया। लखनऊ अधिवेशन में उग्र राष्ट्रवादियों के प्रवेश के कारण निम्न थे
  - पुराने विवाद अब अर्थहीन हो गए थे।
  - आपसी मतभेद के कारण कांग्रेस राजनीतिक निष्क्रियता का शिकार हो गई थी।
- बाल गंगाधर तिलक तथा ऐनी बेसेंट द्वारा इस दिशा में महत्त्वपूर्ण प्रयास किए गए थे।
- गोपाल कृष्ण गोखले तथा फिरोजशाह का देहांत हो जाने के कारण व्यापक विरोध की संभावनाएँ कम हो गई थीं तथा बाल गंगाधर तिलक ने भी घोषित किया कि वे ब्रिटिश साम्राज्य के अंतर्गत स्वशासन (डोमिनियन) के पक्षधर हैं न कि पूर्ण स्वतंत्रता के, उन्होंने इसे **स्वराज** कहा।
- कांग्रेस का लखनऊ अधिवेशन **सूरत फूट** (1907) के बाद एकता का पहला अधिवेशन था। इसने स्वशासन के लिए संवैधानिक सुधारों की माँग की।
- वर्ष 1916 में कांग्रेस एवं मुस्लिम लीग का अधिवेशन लखनऊ में हुआ। इस सम्मेलन में मुस्लिम लीग के अध्यक्ष **मोहम्मद अली जिन्ना** तथा कांग्रेस के अध्यक्ष **अंबिकाचरण मजूमदार** थे।
- कांग्रेस तथा मुस्लिम लीग को समीप लाने में ऐनी बेसेंट की महत्त्वपूर्ण भूमिका थी।
- कांग्रेस और मुस्लिम लीग की यह एकता कांग्रेस-लीग समझौते पर हस्ताक्षर के साथ स्थापित हुई। इस समझौते को सामान्यत: **लखनऊ समझौते** के नाम से जाना जाता है।
- कांग्रेस और मुस्लिम लीग को समीप लाने में बाल गंगाधर तिलक एवं जिन्ना की भी महत्त्वपूर्ण भूमिका थी, क्योंकि ये दोनों यह मानते थे कि केवल हिंदू-मुस्लिम एकता के द्वारा ही स्वशासन को प्राप्त किया जा सकता है।
- कांग्रेस और मुस्लिम लीग दोनों ने अपने अधिवेशन में एक ही प्रस्ताव पारित किया तथा अलग-अलग चुनाव मंडलों के आधार पर राजनीतिक सुधारों की एक साझी योजना सामने रखी और माँग की कि ब्रिटिश सरकार यथाशीघ्र भारत को स्वशासन दे।
- लखनऊ समझौता हिंदू-मुस्लिम एकता के विकास में एक महत्त्वपूर्ण कदम था, किंतु पृथक् निर्वाचक मंडल के सिद्धांत को समर्थन देने से इस समझौते से संप्रदायवाद को सुदृढ़ता प्राप्त हुई।

लखनऊ समझौते की महत्ता

- लखनऊ समझौते की महत्ता इस तथ्य में निहित है कि इसने नरमपंथी और उग्र राष्ट्रवादियों के मध्य तथा भारतीय राष्ट्रीय कांग्रेस और मुस्लिम लीग के मध्य एकता स्थापित की, जिससे राष्ट्रीय आंदोलन में एक नया उत्साह उत्पन्न हो गया।
- सरकार ने राष्ट्रवादी जनमत को संतुष्ट करने के लिए 20 अगस्त, 1917 को घोषणा की कि "ब्रिटिश साम्राज्य के अखिल अंग के रूप में भारत में एक उत्तरदायी सरकार की स्थापना की दृष्टि से स्वशासी संस्थाओं का क्रमिक विकास करना उसकी नीति थी"।
- इसके पश्चात् जुलाई, 1918 में मांटेग्यू-चेम्सफोर्ड सुधारों की घोषणा की गई।

होमरूल लीग आंदोलन (1916)

- अनेक भारतीय नेताओं का मानना था कि सरकार तब तक वास्तविक अधिकार नहीं देगी, जब तक कि उसके ऊपर जनता का दबाव न डाला जाए, इसलिए एक वास्तविक राजनैतिक आंदोलन की आवश्यकता थी।
- इसी आवश्यकता को देखते हुए वर्ष 1915-16 में दो होमरूल लीगों की स्थापना की गई।
- इनमें से एक लीग के नेता **बाल गंगाधर तिलक** थे, तो दूसरे के नेता **ऐनी बेसेंट** और **एस. सुब्रह्मण्यम अय्यर** थे।
- इन दोनों होमरूल लीगों ने आपसी सहयोग से संपूर्ण देश में इस माँग को प्रचारित किया कि युद्ध के पश्चात् भारत को होमरूल या स्वशासन दिया जाए।
- होमरूल आंदोलन के दौरान ही तिलक ने अपना प्रसिद्ध नारा दिया था कि "स्वराज हमारा जन्मसिद्ध अधिकार है और मैं इसे लेकर रहूँगा।"
- इन दोनों लोगों ने तीव्रता से प्रगति की और होमरूल लीग आंदोलन की माँग संपूर्ण देश में विस्तृत हो गई है।
- कांग्रेस की निष्क्रियता से दुःखी अनेक नरमपंथी राष्ट्रवादी भी होमरूल लीग आंदोलन से जुड़ गए।
- इन होमरूल लीगों के विरुद्ध ब्रिटिश सरकार ने शीघ्र ही दमन का मार्ग अपनाया।
- जून, 1917 में ऐनी बेसेंट को गिरफ्तार कर लिया गया, किंतु जनता के विरोध के कारण विवश होकर सरकार ने सितंबर, 1917 में उन्हें छोड़ दिया।
- बाल गंगाधर तिलक की होमरूल लीग का प्रभाव कर्नाटक, महाराष्ट्र (बंबई को छोड़कर), मध्य प्रांत एवं बरार तक था।
- बाल गंगाधर तिलक की होमरूल लीग के प्रथम अध्यक्ष **जोसेफ बैपटिस्टा** तथा सचिव **एन.सी.केलकर** थे।
- ऐनी बेसेंट ने सितंबर, 1916 में मद्रास में अखिल भारतीय होमरूल लीग की स्थापना की तथा जॉर्ज को अपनी लीग का सचिव बनाया।
- ऐनी बेसेंट की लीग से सुब्रह्मण्यम अय्यर, मोतीलाल नेहरू, तेज बहादुर सप्रू, बी.पी. वाडिया जैसे नेता जुड़े हुए थे।
- मॉण्टेग्यू घोषणा के बाद ऐनी बेसेंट ने अपनी होमरूल लीग का कार्य बंद कर दिया तथा तिलक के वेलेंटाइन चिरोल (इंडिया अनरेस्ट के लेखक) पर मान हानि का मुकदमा करने के लिए लंदन जाने के कारण यह आंदोलन नेतृत्व विहीन होकर समाप्त हो गया।

गाँधीजी के प्रारंभिक सत्याग्रह

- 9 जनवरी, 1915 को गाँधी जी दक्षिण अफ्रीका से भारत आए। वे भारत से दक्षिण अफ्रीका वर्ष 1893 में गए थे।
- 1894 ई. में दक्षिण अफ्रीका में गाँधी जी ने नटाल भारतीय कांग्रेस का गठन किया और **इंडियन ओपिनियन** (Indian opinion) नामक एक अखबार का प्रकाशन आरंभ किया।
- गाँधीजी द्वारा सत्याग्रह का प्रथम बार प्रयोग वर्ष 1906 में दक्षिण अफ्रीका में किया गया था। सत्याग्रह का अर्थ है-सत्य हेतु अहिंसक संघर्ष।
- सत्याग्रह की प्रेरणा गाँधीजी ने अमेरिकी लेखक **हेनरी डेविड थोरो** के निबंध 'सिविल डिसोबिडिएंस' (Civil Disobedience) से ली थी।
- भारत आगमन पर गाँधीजी गोपाल कृष्ण गोखले के विचारों से सर्वाधिक प्रभावित हुए, जो आगे चलकर गाँधीजी के राजनीतिक गुरु भी हुए।
- गाँधीजी की पहली महत्त्वपूर्ण सार्वजनिक उपस्थिति फरवरी, 1916 में बनारस हिंदू विश्वविद्यालय के उद्घाटन समारोह में हुई।
- गोपाल कृष्ण गोखले के परामर्श पर गाँधीजी ने दो वर्षों (वर्ष 1915-16) तक पूरे देश में भ्रमण किया। तत्पश्चात् उन्होंने वर्ष 1917-18 में तीन प्रारंभिक आंदोलनों का नेतृत्व किया। इन आंदोलनों का विवरण निम्न है

चंपारण सत्याग्रह (1917)

- वर्ष 1917 का चंपारण (बिहार) सत्याग्रह गाँधीजी का पहला बड़ा सत्याग्रह था।
- चंपारण में नील के खेतों में कार्य करने वाले किसानों पर यूरोपीय नील बागान मालिक अत्यधिक अत्याचार करते थे।
- वे किसानों को अपनी जमीन के 3/20 भाग पर नील की खेती करने तथा उसे निर्धारित दामों पर बेचने के लिए बाध्य करते थे। इस समस्या से छुटकारा पाने हेतु अनेक किसानों ने गाँधीजी को चंपारण आने का निमंत्रण दिया।
- गाँधीजी, डॉ. राजेंद्र प्रसाद, मजहरूल-हक, जे.बी. कृपलानी, नरहरि पारिख और महादेव देसाई के साथ वर्ष 1917 में चंपारण पहुँचे और किसानों की स्थिति की विस्तृत जाँच-पड़ताल की।
- चंपारण के ब्रिटिश अधिकारियों ने उन्हें चंपारण से चले जाने का आदेश दिया, किंतु गाँधीजी नहीं माने। अंततः विवश होकर ब्रिटिश सरकार ने एक जाँच समिति का गठन किया, जिसमें गाँधीजी भी सदस्य के रूप में शामिल थे।
- गाँधीजी आयोग को यह समझाने में सफल रहे कि **तीन कठिया पद्धति** (3/20 भाग पर नील की खेती करने की प्रथा) समाप्त होनी चाहिए तथा किसानों से जो धन अवैध रूप से वसूला गया है, उसके लिए किसानों को मुआवजा दिया जाना चाहिए। इसके पश्चात् बागान मालिक अवैध वसूली का हिस्सा लौटाने को तैयार हुए।

अहमदाबाद मिल मजदूर आंदोलन (1918)

- वर्ष 1918 में गाँधीजी ने अहमदाबाद के मजदूरों और मिल मालिकों के एक विवाद में हस्तक्षेप किया। यहाँ पर मालिकों एवं मजदूरों में **प्लेग बोनस** को लेकर विवाद था।
- गाँधीजी ने मजदूरों की मजदूरी में वृद्धि की माँग करने तथा इसके लिए शांतिपूर्वक हड़ताल करने की सलाह दी। इस आंदोलन के दौरान स्वयं गाँधीजी ने मजदूरों की ओर से आमरण अनशन किया।
- गाँधीजी के अनशन ने मिल मालिकों पर दबाव डाला, जिससे वे मजदूरी में 35% की वृद्धि पर सहमत हो गए। इस आंदोलन में मिल मालिकों में से एक अंबालाल साराभाई की बहन अनुसूइया बेन ने गाँधीजी का साथ दिया।

मालवीय समिति

- कांग्रेस ने जलियाँवाला बाग हत्याकांड की जाँच के लिए मदन मोहन मालवीय समिति का गठन किया।
- इस समिति में मोतीलाल नेहरू, गाँधीजी, सी.आर.दास, अब्बास तैयब जी तथा एम.आर.जयकर शामिल थे, इसे **तहकीकात कमेटी** भी कहा जाता है।

खिलाफत आंदोलन (1919)

- भारतीय मुसलमान तुर्की के सुल्तान को इस्लाम का खलीफा मानते थे। प्रथम विश्व युद्ध में तुर्की मित्र देशों के विरुद्ध था। युद्ध के समय ब्रिटिश राजनीतिज्ञों ने भारतीय मुसलमानों को वचन दिया था कि वे तुर्की के साम्राज्य को हानि नहीं पहुँचाएँगे, लेकिन युद्ध के बाद तुर्की का विघटन कर दिया गया।
- तुर्की के साथ हुए अन्याय के विरुद्ध वर्ष 1919 में मुहम्मद अली तथा शौकत अली (अली बंधु), अबुल कलाम आजाद, हसरत मोहानी और अन्य लोगों [illegible]क नेतृत्व में आंदोलन चलाया गया।
- [illegible]ारतीयों मुसलमानों की माँग थी कि पुराने ऑटोमन साम्राज्य में स्थित पवित्र [illegible]स्लिम स्थानों पर खलीफा का नियंत्रण बना रहना चाहिए।
- [illegible]हम्मद अली एवं शौकत अली ने अपने पत्र **कामरेड** के माध्यम से [illegible]लाफत आंदोलन का प्रचार-प्रसार किया। इस आंदोलन को चलाने के [illegible]ए जो खिलाफत कमेटी बनी थी, उसमें गाँधीजी भी शामिल हुए। गाँधीजी [illegible]इस आंदोलन को हिंदू-मुस्लिम एकता के अवसर के रूप में देखा।
- [illegible] अक्टूबर, 1919 को खिलाफत दिवस मनाया गया तथा 23 नवंबर को [illegible]का पहला सम्मेलन दिल्ली में फजलुल हक की अध्यक्षता में हुआ। [illegible]ले दिन सम्मेलन की अध्यक्षता गाँधीजी ने की।
- [illegible] 1920 के आरंभ में गाँधीजी ने घोषणा की कि खिलाफत का प्रश्न [illegible]ानिक सुधारों तथा पंजाब के अत्याचारों से भी अधिक महत्त्वपूर्ण है। [illegible] तुर्की के साथ शांति संधि मुसलमानों को संतुष्ट नहीं करती, तो वे [illegible]ह्योग आंदोलन करेंगे।
- [illegible]1920 में इलाहाबाद (प्रयागराज) में सभी दलों का एक सम्मेलन हुआ, [illegible] स्कूलों, कॉलेजों और अदालतों के बहिष्कार का एक कार्यक्रम [illegible]या गया। खिलाफत आंदोलन ने 31 अगस्त, 1920 को एक असहयोग [illegible]लन का आरंभ किया तथा इसका नेतृत्व गाँधीजी को सौंपा गया।

[illegible]योग आंदोलन (1920-22)

- [illegible] की शोषणकारी नीति, रॉलेट एक्ट, जलियाँवाला बाग हत्याकांड, [illegible]त का मुद्दा, सरकार की दमनकारी नीतियाँ आदि सभी ने गाँधीजी [illegible] नए आंदोलन हेतु प्रेरित किया। अत: गाँधीजी ने सरकार के साथ [illegible]ग करने का निर्णय लिया।
- [illegible], 1920 में कलकत्ता में आयोजित विशेष कांग्रेस अधिवेशन के [illegible]ाँधीजी ने कहा था कि ''भारत में ब्रिटिश शासन भारतीयों के सहयोग [illegible]ापित हुआ था और यह शासन इसी सहयोग के कारण चल पा रहा [illegible] भारत के लोग अपना सहयोग वापस ले लें तो साल भर के भीतर [illegible]ासन ढह जाएगा और स्वराज की स्थापना हो जाएगी।''
- [illegible]वेशन में गाँधीजी की इस योजना को स्वीकृति मिली कि जब तक [illegible] खिलाफत संबंधी अत्याचारों पर उचित कार्रवाई नहीं होती और [illegible]स्थापित नहीं होता, तब तक सरकार से असहयोग किया जाएगा। [illegible] कांग्रेस अधिवेशन की अध्यक्षता लाला लाजपत राय ने की थी।

असहयोग के प्रमुख कार्यक्रम

कलकत्ता कांग्रेस के विशिष्ट अधिवेशन में कांग्रेस ने सरकार से असहयोग के लिए निम्न कार्यक्रम बनाए

- सरकारी शिक्षण संस्थाओं का बहिष्कार।
- अदालतों एवं विधानमंडलों का बहिष्कार।
- विदेशी वस्त्रों का त्याग।
- सरकारी उपाधियों एवं सम्मानों का त्याग।
- सरकारी नौकरी से इस्तीफा।
- खादी वस्त्रों का उपयोग करना।
- सरकारी करों का भुगतान न करना।
- सरकारी कानूनों का शांतिपूर्ण उल्लंघन।

कांग्रेस का नागपुर अधिवेशन

- कांग्रेस के असहयोग संबंधी कार्यक्रम को दिसंबर, 1920 में नागपुर में आयोजित कांग्रेस के वार्षिक अधिवेशन में अनुमोदित कर दिया गया। नागपुर कांग्रेस अधिवेशन, 1920 के अध्यक्ष एम. वीरराघवाचारियार थे।
- नागपुर अधिवेशन में कांग्रेस के संविधान में निम्नलिखित परिवर्तन किए गए
  - प्रांतीय कांग्रेस कमेटियों को भाषायी आधार पर पुनर्गठित किया गया।
  - कांग्रेस का नेतृत्व 15 सदस्यों की एक वर्किंग कमेटी को सौंपा गया, जिसमें अध्यक्ष एवं सचिव शामिल थे।
  - गाँवों, कस्बों एवं मुहल्लों तक कांग्रेस समितियों का गठन किया गया।
  - कांग्रेस सदस्यता शुल्क घटाकर प्रतिवर्ष चार आने (25 पैसे) कर दिया गया, ताकि निर्धन ग्रामीण एवं नगर के निर्धन लोग भी इसके सदस्य बन सकें।
  - 300 सदस्यों वाली अखिल भारतीय कांग्रेस समिति का गठन किया गया।
  - स्वयंसेवकों का दल बनाना और इसमें 1.5 लाख स्वयं सेवकों की भर्ती का लक्ष्य रखा गया।
- उपरोक्त परिवर्तनों के अतिरिक्त स्वदेशी, विशेष रूप से हाथ की कताई-बुनाई को प्रोत्साहन देना, हिंदुओं में अस्पृश्यता निवारण, हिंदू-मुस्लिम एकता का संवर्द्धन तथा यथासंभव हिंदी के प्रयोग आदि को सम्मिलित किया गया। गाँधीजी ने यह आश्वासन दिया कि यदि इन कार्यक्रमों पर अमल हुआ, तो 1 वर्ष के अंदर स्वराज्य प्राप्त हो जाएगा।

असहयोग आंदोलन का अभूतपूर्व दौर

- वर्ष 1921-22 आंदोलन का एक अभूतपूर्व दौर था। इस समय हजारों की संख्या में छात्रों ने सरकारी स्कूल-कॉलेज छोड़कर राष्ट्रीय स्कूलों एवं कॉलेजों में प्रवेश लिया।
- देशबंधु चितरंजन दास, मोतीलाल नेहरू, राजेंद्र प्रसाद, किचलू, राजगोपालाचारी, सरदार पटेल, टी. प्रकाशम् और आसफ अली जैसे वकीलों ने अपनी वकालतें छोड़ दीं। असहयोग आंदोलन में स्त्रियों ने बहुत उत्साह से भाग लिया और अपने वस्त्र एवं आभूषणों का दान किया।
- सरकारी आँकड़ों के अनुसार, 1921 में 396 हड़तालें हुईं, जिनमें 6 लाख श्रमिक शामिल थे और इससे 70 लाख कार्यदिवसों का नुकसान हुआ था।
- विदेशी वस्त्रों का बहिष्कार किया गया और संपूर्ण देश में विदेशी वस्त्रों की होली जलाई गई तथा खादी स्वतंत्रता का प्रतीक बन गई।
- जुलाई, 1921 में एक प्रस्ताव पारित करके खिलाफत आंदोलन में घोषणा की गई कि कोई मुसलमान भारत की सेना में भर्ती नहीं होगा। सितंबर में राजद्रोह का आरोप लगाकर अली भाइयों को कैद कर लिया गया।

खेड़ा सत्याग्रह (1918)

- वर्ष 1918 में गुजरात के खेड़ा जिले में किसानों की फसल नष्ट हो जाने पर भी सरकार ने लगान छोड़ने से इनकार कर दिया और पूरा लगान वसूलने का निर्देश जारी किया गया। अत: किसानों ने आंदोलन आरंभ कर दिया।
- इस आंदोलन में गाँधीजी ने किसानों का साथ दिया और उन्हें सलाह दी कि जब तक लगान में छूट नहीं मिलती, वे लगान देना बंद कर दें। अंतत: सरकार ने केवल उन्हीं किसानों से लगान वसूलने के आदेश दिए, जो लगान दे सकते हों। इस प्रकार यह आंदोलन समाप्त हो गया। खेड़ा सत्याग्रह के दौरान ही सरदार वल्लभभाई पटेल, गाँधीजी के अनुयायी बने थे।

रॉलेट एक्ट (1919)

- देश में फैल रही राष्ट्रीयता की भावना तथा क्रांतिकारी गतिविधियों को समाप्त करने के लिए ब्रिटिश सरकार को पुन: शक्ति की आवश्यकता थी, क्योंकि भारत रक्षा अधिनियम, जिसे युद्धकाल में सरकार विरोधी तत्त्वों के दमन के लिए पास किया गया था, की अवधि समाप्त हो रही थी।
- इसी संदर्भ में सर सिडनी रॉलेट की अध्यक्षता में एक **सेडीशन समिति** का गठन 10 सितंबर, 1917 को किया गया। इस समिति को यह जाँच करनी थी कि भारत में क्रांतिकारी आंदोलन से संबंध रखने वाले षड्यंत्र कहाँ तक विस्तृत हैं और इनसे निपटने के लिए किस प्रकार के कानूनों की आवश्यकता है।
- रॉलेट समिति ने अपनी रिपोर्ट अप्रैल, 1918 में पेश की। समिति के प्रतिवेदन के आधार पर दो विधेयक बनाए गए।
- 18 मार्च, 1919 को 'क्रांतिकारी अराजकता अधिनियम' को पारित कर दिया गया, इसकी अवधि 3 वर्ष थी, इसे ही **रॉलेट एक्ट** कहा जाता है।

रॉलेट एक्ट का प्रावधान

- मार्च, 1919 में सरकार ने केंद्रीय विधानपरिषद् के प्रत्येक भारतीय सदस्य द्वारा विरोध के बावजूद रॉलेट एक्ट पास कर दिया।
- इस एक्ट में सरकार को अधिकार प्राप्त था कि वह किसी भी भारतीय पर अदालत में मुकदमा चला सकती थी और दंड दिए बिना जेल में बंद कर सकती थी। इस एक्ट के द्वारा कैदी को अदालत में प्रत्यक्ष उपस्थित करने (ब्रिटेन में) के कानून को भी निलंबित कर दिया गया।
- राजद्रोहात्मक कार्यों के संदेह मात्र से ही किसी व्यक्ति को बिना मुकदमा चलाए दो वर्ष तक के लिए कैद किया जा सकता था या किसी स्थान पर नजरबंद किया जा सकता था। गाँधीजी ने इस कानून को 'शैतान की करतूत' और 'निरंकुशवादी' बताया था।

एक्ट का विरोध

- केंद्रीय विधानमंडल में जब भारतीयों का विरोध विधेयक को कानून बनने से नहीं रोक पाया, तो मुहम्मद अली जिन्ना, मदन मोहन मालवीय, मजहरूल हक ने केंद्रीय विधानमंडल की सदस्यता से त्यागपत्र दे दिया।
- अन्य राष्ट्रवादियों की भाँति गाँधीजी को भी रॉलेट एक्ट से निराशा हुई। अत: उन्होंने वर्ष 1919 में एक सत्याग्रह सभा का गठन किया। इस सभा के सदस्यों ने इस कानून का पालन न करने तथा गिरफ्तारी एवं जेल जाने की शपथ ली।
- गाँधीजी सत्याग्रह सभा के अध्यक्ष थे। सत्याग्रह सभा का मुख्य कार्य प्रचार साहित्य का प्रकाशन एवं वितरण, सत्याग्रहियों के हस्ताक्षर एकत्रित करना तथा उन्हें अहिंसक कार्यों का प्रशिक्षण देना था। सत्याग्रह आयोजित करने में राष्ट्रवादी प्रेस ने बहुत सहायता की।
- 30 मार्च, 1919 को दिल्ली से सत्याग्रह प्रारंभ हो गया। स्वा जुलूस पर पुलिस द्वारा गोलियाँ चलाई गईं।
- अमृतबाजार पत्रिका ने इसे 'भारी भूल' तथा बाम्बे क्रॉनिक का चरम रूप' कहकर पुकारा।
- इस एक्ट को भारतीय जनता ने 'काला कानून तथा बि दलील तथा बिना वकील के कानून' की संज्ञा देकर इसकी
- इस घटना के पश्चात् गाँधीजी का पंजाब तथा दिल्ली कर दिया गया। 9 अप्रैल, 1919 को गाँधीजी पलवल (ह समय गिरफ्तार कर लिए गए।
- गाँधीजी की गिरफ्तारी के विरोध के कारण ब्रिटिश सर जाकर रिहा कर दिया। इस एक्ट के विरोध में बंबई में **सभा** बनाई, जिसके सदस्य जमनादास, द्वारकादास उमर सोमानी, बी.जी. हार्नीमन आदि थे।
- गाँधीजी के नेतृत्व में 30 मार्च, 1919 की तिथि सत्याग्रह आंदोलन के लिए निर्धारित की गई थ 6 अप्रैल कर दिया गया। सत्याग्रहियों द्वारा हिंसा कारण गाँधीजी ने 18 अप्रैल, 1919 को अपना स

जलियाँवाला बाग हत्याकांड (191

- 13 अप्रैल, 1919 को वैशाखी के दिन अमृतसर सार्वजनिक सभा का आयोजन किया गया। इस 1919 को सत्याग्रहियों पर गोली चलाने तथा एवं **डॉ. सैफुद्दीन** किचलू की गिरफ्तारी का
- अमृतसर का तत्कालीन ब्रिटिश कमांडर आयोजन से अत्यंत परेशान हुआ और उस ओर से घेरकर वहाँ एकत्रित लोगों पर गोली गोलीकांड में 379 लोग मारे गए तथा 120
- इस हत्याकांड के पश्चात् पूरे पंजाब में मार्श
- इस घटना के समय पंजाब का लेफ्टिनेंट जबकि सैन्य अधिकारी रेगिनाल्ड रेक्स आदेश दिया था।
- जलियाँवाला हत्याकांड के विरोध में कवि हुड' की उपाधि वापस कर दी। इस हत्य ने गवर्नर-जनरल की कार्यकारिणी परि
- हत्याकांड के अभियुक्त जनरल डायर कर दिया गया। ब्रिटेन में डायर की प्र ऑफ कॉमन्स में भाषण दिए गए कहा गया।

हंटर कमीशन

- कांग्रेस के बार-बार आग्रह एवं व्य की जाँच के लिए 19 अक्टूबर घोषणा की गई।
- इस कमीशन में भारतीय सदस नारायण तथा साहिबजादा सुल्त 'डायर' पर कोई दंडात्मक नहीं की।

मालवीय समिति

- कांग्रेस ने जलियाँवाला बाग हत्याकांड की जाँच के लिए मदन मोहन मालवीय समिति का गठन किया।
- इस समिति में मोतीलाल नेहरू, गाँधीजी, सी.आर.दास, अब्बास तैयब जी तथा एम.आर.जयकर शामिल थे, इसे **तहकीकात कमेटी** भी कहा जाता है।

खिलाफत आंदोलन (1919)

- भारतीय मुसलमान तुर्की के सुल्तान को इस्लाम का खलीफा मानते थे। प्रथम विश्व युद्ध में तुर्की मित्र देशों के विरुद्ध था। युद्ध के समय ब्रिटिश राजनीतिज्ञों ने भारतीय मुसलमानों को वचन दिया था कि वे तुर्की के साम्राज्य को हानि नहीं पहुँचाएँगे, लेकिन युद्ध के बाद तुर्की का विघटन कर दिया गया।
- तुर्की के साथ हुए अन्याय के विरुद्ध वर्ष 1919 में मुहम्मद अली तथा शौकत अली (अली बंधु), अबुल कलाम आजाद, हसरत मोहानी और अन्य लोगों के नेतृत्व में आंदोलन चलाया गया।
- भारतीयों मुसलमानों की माँग थी कि पुराने ऑटोमन साम्राज्य में स्थित पवित्र मुस्लिम स्थानों पर खलीफा का नियंत्रण बना रहना चाहिए।
- मोहम्मद अली एवं शौकत अली ने अपने पत्र **कामरेड** के माध्यम से खिलाफत आंदोलन का प्रचार-प्रसार किया। इस आंदोलन को चलाने के लिए जो खिलाफत कमेटी बनी थी, उसमें गाँधीजी भी शामिल हुए। गाँधीजी ने इस आंदोलन को हिंदू-मुस्लिम एकता के अवसर के रूप में देखा।
- 17 अक्टूबर, 1919 को खिलाफत दिवस मनाया गया तथा 23 नवंबर को इसका पहला सम्मेलन दिल्ली में फजलुल हक की अध्यक्षता में हुआ। अगले दिन सम्मेलन की अध्यक्षता गाँधीजी ने की।
- वर्ष 1920 के आरंभ में गाँधीजी ने घोषणा की कि खिलाफत का प्रश्न संवैधानिक सुधारों तथा पंजाब के अत्याचारों से भी अधिक महत्त्वपूर्ण है।
- यदि तुर्की के साथ शांति संधि मुसलमानों को संतुष्ट नहीं करती, तो वे असहयोग आंदोलन करेंगे।
- जून, 1920 में इलाहाबाद (प्रयागराज) में सभी दलों का एक सम्मेलन हुआ, जिसमें स्कूलों, कॉलेजों और अदालतों के बहिष्कार का एक कार्यक्रम अपनाया गया। खिलाफत आंदोलन ने 31 अगस्त, 1920 को एक असहयोग आंदोलन का आरंभ किया तथा इसका नेतृत्व गाँधीजी को सौंपा गया।

असहयोग आंदोलन (1920-22)

- अंग्रेजों की शोषणकारी नीति, रॉलेट एक्ट, जलियाँवाला बाग हत्याकांड, खिलाफत का मुद्दा, सरकार की दमनकारी नीतियाँ आदि सभी ने गाँधीजी को एक नए आंदोलन हेतु प्रेरित किया। अत: गाँधीजी ने सरकार के साथ असहयोग करने का निर्णय लिया।
- सितम्बर, 1920 में कलकत्ता में आयोजित विशेष कांग्रेस अधिवेशन के दौरान गाँधीजी ने कहा था कि "भारत में ब्रिटिश शासन भारतीयों के सहयोग से ही स्थापित हुआ था और यह शासन इसी सहयोग के कारण चल पा रहा है। अगर भारत के लोग अपना सहयोग वापस ले लें तो साल भर के भीतर ब्रिटिश शासन ढह जाएगा और स्वराज की स्थापना हो जाएगी।"
- इस अधिवेशन में गाँधीजी की इस योजना को स्वीकृति मिली कि जब तक पंजाब तथा खिलाफत संबंधी अत्याचारों पर उचित कार्रवाई नहीं होती और स्वराज्य स्थापित नहीं होता, तब तक सरकार से असहयोग किया जाएगा। इस विशेष कांग्रेस अधिवेशन की अध्यक्षता लाला लाजपत राय ने की थी।

असहयोग के प्रमुख कार्यक्रम

कलकत्ता कांग्रेस के विशिष्ट अधिवेशन में कांग्रेस ने सरकार से असहयोग के लिए निम्न कार्यक्रम बनाए

- सरकारी शिक्षण संस्थाओं का बहिष्कार।
- अदालतों एवं विधानमंडलों का बहिष्कार।
- विदेशी वस्त्रों का त्याग।
- सरकारी उपाधियों एवं सम्मानों का त्याग।
- सरकारी नौकरी से इस्तीफा।
- खादी वस्त्रों का उपयोग करना।
- सरकारी करों का भुगतान न करना।
- सरकारी कानूनों का शांतिपूर्ण उल्लंघन।

कांग्रेस का नागपुर अधिवेशन

- कांग्रेस के असहयोग संबंधी कार्यक्रम को दिसंबर, 1920 में नागपुर में आयोजित कांग्रेस के वार्षिक अधिवेशन में अनुमोदित कर दिया गया। नागपुर कांग्रेस अधिवेशन, 1920 के अध्यक्ष एम. वीरराघवाचारियार थे।
- नागपुर अधिवेशन में कांग्रेस के संविधान में निम्नलिखित परिवर्तन किए गए
  - प्रांतीय कांग्रेस कमेटियों को भाषायी आधार पर पुनर्गठित किया गया।
  - कांग्रेस का नेतृत्व 15 सदस्यों की एक वर्किंग कमेटी को सौंपा गया, जिसमें अध्यक्ष एवं सचिव शामिल थे।
  - गाँवों, कस्बों एवं मुहल्लों तक कांग्रेस समितियों का गठन किया गया।
  - कांग्रेस सदस्यता शुल्क घटाकर प्रतिवर्ष चार आने (25 पैसे) कर दिया गया, ताकि निर्धन ग्रामीण एवं नगर के निर्धन लोग भी इसके सदस्य बन सकें।
  - 300 सदस्यों वाली अखिल भारतीय कांग्रेस समिति का गठन किया गया।
  - स्वयंसेवकों का दल बनाना और इसमें 1.5 लाख स्वयं सेवकों की भर्ती का लक्ष्य रखा गया।
- उपरोक्त परिवर्तनों के अतिरिक्त स्वदेशी, विशेष रूप से हाथ की कताई-बुनाई को प्रोत्साहन देना, हिंदुओं में अस्पृश्यता निवारण, हिंदू-मुस्लिम एकता का संवर्द्धन तथा यथासंभव हिंदी के प्रयोग आदि को सम्मिलित किया गया। गाँधीजी ने यह आश्वासन दिया कि यदि इन कार्यक्रमों पर अमल हुआ, तो 1 वर्ष के अंदर स्वराज्य प्राप्त हो जाएगा।

असहयोग आंदोलन का अभूतपूर्व दौर

- वर्ष 1921-22 आंदोलन का एक अभूतपूर्व दौर था। इस समय हजारों की संख्या में छात्रों ने सरकारी स्कूल-कॉलेज छोड़कर राष्ट्रीय स्कूलों एवं कॉलेजों में प्रवेश लिया।
- देशबंधु चितरंजन दास, मोतीलाल नेहरू, राजेंद्र प्रसाद, किचलू, राजगोपालाचारी, सरदार पटेल, टी. प्रकाशम् और आसफ अली जैसे वकीलों ने अपनी वकालतें छोड़ दीं। असहयोग आंदोलन में स्त्रियों ने बहुत उत्साह से भाग लिया और अपने वस्त्र एवं आभूषणों का दान किया।
- सरकारी आँकड़ों के अनुसार, 1921 में 396 हड़तालें हुईं, जिनमें 6 लाख श्रमिक शामिल थे और इससे 70 लाख कार्यदिवसों का नुकसान हुआ था।
- विदेशी वस्त्रों का बहिष्कार किया गया और संपूर्ण देश में विदेशी वस्त्रों की होली जलाई गई तथा खादी स्वतंत्रता का प्रतीक बन गई।
- जुलाई, 1921 में एक प्रस्ताव पारित करके खिलाफत आंदोलन में घोषणा की गई कि कोई मुसलमान भारत की सेना में भर्ती नहीं होगा। सितंबर में राजद्रोह का आरोप लगाकर अली भाइयों को कैद कर लिया गया।

खेड़ा सत्याग्रह (1918)

- वर्ष 1918 में गुजरात के खेड़ा जिले में किसानों की फसल नष्ट हो जाने पर भी सरकार ने लगान छोड़ने से इनकार कर दिया और पूरा लगान वसूलने का निर्देश जारी किया गया। अत: किसानों ने आंदोलन आरंभ कर दिया।
- इस आंदोलन में गाँधीजी ने किसानों का साथ दिया और उन्हें सलाह दी कि जब तक लगान में छूट नहीं मिलती, वे लगान देना बंद कर दें। अंतत: सरकार ने केवल उन्हीं किसानों से लगान वसूलने के आदेश दिए, जो लगान दे सकते हों। इस प्रकार यह आंदोलन समाप्त हो गया। खेड़ा सत्याग्रह के दौरान ही सरदार वल्लभाई पटेल, गाँधीजी के अनुयायी बने थे।

रॉलेट एक्ट (1919)

- देश में फैल रही राष्ट्रीयता की भावना तथा क्रांतिकारी गतिविधियों को समाप्त करने के लिए ब्रिटिश सरकार को पुन: शक्ति की आवश्यकता थी, क्योंकि भारत रक्षा अधिनियम, जिसे युद्धकाल में सरकार विरोधी तत्त्वों के दमन के लिए पास किया गया था, की अवधि समाप्त हो रही थी।
- इसी संदर्भ में सर सिडनी रॉलेट की अध्यक्षता में एक **सेडीशन समिति** का गठन 10 सितंबर, 1917 को किया गया। इस समिति को यह जाँच करनी थी कि भारत में क्रांतिकारी आंदोलन से संबंध रखने वाले षड्यंत्र कहाँ तक विस्तृत हैं और इनसे निपटने के लिए किस प्रकार के कानूनों की आवश्यकता है।
- रॉलेट समिति ने अपनी रिपोर्ट अप्रैल, 1918 में पेश की। समिति के प्रतिवेदन के आधार पर दो विधेयक बनाए गए।
- 18 मार्च, 1919 को 'क्रांतिकारी अराजकता अधिनियम' को पारित कर दिया गया, इसकी अवधि 3 वर्ष थी, इसे ही **रॉलेट एक्ट** कहा जाता है।

रॉलेट एक्ट का प्रावधान

- मार्च, 1919 में सरकार ने केंद्रीय विधानपरिषद् के प्रत्येक भारतीय सदस्य द्वारा विरोध के बावजूद रॉलेट एक्ट पास कर दिया।
- इस एक्ट में सरकार को अधिकार प्राप्त था कि वह किसी भी भारतीय पर अदालत में मुकदमा चला सकती थी और दंड दिए बिना जेल में बंद कर सकती थी। इस एक्ट के द्वारा कैदी को अदालत में प्रत्यक्ष उपस्थित करने (ब्रिटेन में) के कानून को भी निलंबित कर दिया गया।
- राजद्रोहात्मक कार्यों के संदेह मात्र से ही किसी व्यक्ति को बिना मुकदमा चलाए दो वर्ष तक के लिए कैद किया जा सकता था या किसी स्थान पर नजरबंद किया जा सकता था। गाँधीजी ने इस कानून को 'शैतान की करतूत' और 'निरंकुशवादी' बताया था।

एक्ट का विरोध

- केंद्रीय विधानमंडल में जब भारतीयों का विरोध विधेयक को कानून बनने से नहीं रोक पाया, तो मुहम्मद अली जिन्ना, मदन मोहन मालवीय, मजहरूल हक ने केंद्रीय विधानमंडल की सदस्यता से त्यागपत्र दे दिया।
- अन्य राष्ट्रवादियों की भाँति गाँधीजी को भी रॉलेट एक्ट से निराशा हुई। अत: उन्होंने वर्ष 1919 में एक सत्याग्रह सभा का गठन किया। इस सभा के सदस्यों ने इस कानून का पालन न करने तथा गिरफ्तारी एवं जेल जाने की शपथ ली।
- गाँधीजी सत्याग्रह सभा के अध्यक्ष थे। सत्याग्रह सभा का मुख्य कार्य प्रचार साहित्य का प्रकाशन एवं वितरण, सत्याग्रहियों के हस्ताक्षर एकत्रित करना तथा उन्हें अहिंसक कार्यों का प्रशिक्षण देना था। सत्याग्रह आयोजित करने में राष्ट्रवादी प्रेस ने बहुत सहायता की।
- 30 मार्च, 1919 को दिल्ली से सत्याग्रह प्रारंभ हो गया। स्वामी श्रद्धानंद के जुलूस पर पुलिस द्वारा गोलियाँ चलाई गईं।
- अमृतबाजार पत्रिका ने इसे 'भारी भूल' तथा बाम्बे क्रॉनिकल ने इसे 'दमन का चरम रूप' कहकर पुकारा।
- इस एक्ट को भारतीय जनता ने 'काला कानून तथा बिना अपील, बिना दलील तथा बिना वकील के कानून' की संज्ञा देकर इसकी आलोचना की।
- इस घटना के पश्चात् गाँधीजी का पंजाब तथा दिल्ली में प्रवेश प्रतिबंधित कर दिया गया। 9 अप्रैल, 1919 को गाँधीजी पलवल (हरियाणा) में प्रवेश के समय गिरफ्तार कर लिए गए।
- गाँधीजी की गिरफ्तारी के विरोध के कारण ब्रिटिश सरकार ने उन्हें बंबई ले जाकर रिहा कर दिया। इस एक्ट के विरोध में बंबई में गाँधीजी ने **सत्याग्रह सभा** बनाई, जिसके सदस्य जमनादास, द्वारकादास, शंकर लाल बैंकर, उमर सोमानी, बी.जी. हार्नीमन आदि थे।
- गाँधीजी के नेतृत्व में 30 मार्च, 1919 की तिथि एक अखिल भारतीय सत्याग्रह आंदोलन के लिए निर्धारित की गई थी। यद्यपि इसे बढ़ाकर 6 अप्रैल कर दिया गया। सत्याग्रहियों द्वारा हिंसा का मार्ग अपनाए जाने के कारण गाँधीजी ने 18 अप्रैल, 1919 को अपना सत्याग्रह वापस ले लिया।

जलियाँवाला बाग हत्याकांड (1919)

- 13 अप्रैल, 1919 को वैशाखी के दिन अमृतसर के जलियाँवाला बाग में एक सार्वजनिक सभा का आयोजन किया गया। इस सभा में लोग 10 अप्रैल, 1919 को सत्याग्रहियों पर गोली चलाने तथा कांग्रेसी नेताओं **डॉ. सत्यपाल** एवं **डॉ. सैफुद्दीन** किचलू की गिरफ्तारी का विरोध कर रहे थे।
- अमृतसर का तत्कालीन ब्रिटिश कमांडर जनरल डायर इस सभा के आयोजन से अत्यंत परेशान हुआ और उसने जलियाँवाला बाग को चारों ओर से घेरकर वहाँ एकत्रित लोगों पर गोली चलाने का आदेश दे दिया, इस गोलीकांड में 379 लोग मारे गए तथा 1200 लोग घायल हुए।
- इस हत्याकांड के पश्चात् पूरे पंजाब में मार्शल लॉ लागू कर दिया गया।
- इस घटना के समय पंजाब का लेफ्टिनेंट गवर्नर माइकल ओ. डायर था, जबकि सैन्य अधिकारी रेगिनाल्ड रेक्स डायर था, जिसने गोली चलाने का आदेश दिया था।
- जलियाँवाला हत्याकांड के विरोध में कवि रबींद्रनाथ ठाकुर ने अपनी 'नाइट हुड' की उपाधि वापस कर दी। इस हत्याकांड के विरोध में सर शंकरन नायर ने गवर्नर-जनरल की कार्यकारिणी परिषद् से त्यागपत्र दे दिया।
- हत्याकांड के अभियुक्त जनरल डायर को सजा के रूप में नौकरी से बर्खास्त कर दिया गया। ब्रिटेन में डायर की प्रशंसा में हाउस ऑफ लार्ड्स और हाउस ऑफ कॉमन्स में भाषण दिए गए तथा उसे **ब्रिटिश साम्राज्य का शेर** कहा गया।

हंटर कमीशन

- कांग्रेस के बार-बार आग्रह एवं व्यापक असंतोष को ध्यान में रखकर घटना की जाँच के लिए 19 अक्टूबर, 1919 को हंटर आयोग के गठन की घोषणा की गई।
- इस कमीशन में भारतीय सदस्यों में चमन लाल शीतलवाड़, पंडित जगत नारायण तथा साहिबजादा सुल्तान अहमद खान शामिल थे। हंटर कमीशन ने 'डायर' पर कोई दंडात्मक या अनुशासनात्मक कार्रवाई की सिफारिश नहीं की।

- सरकार ने आंदोलन को समाप्त करने के लिए दमन का सहारा लिया। वर्ष 1921 के अंत तक गाँधीजी को छोड़कर सभी महत्त्वपूर्ण नेता तथा 3000 कांग्रेसी कार्यकर्ताओं को जेल में बंद कर दिया गया।
- नवंबर, 1921 में प्रिंस ऑफ वेल्स के भारत भ्रमण के दौरान उनका व्यापक विरोध किया गया।
- दिसंबर, 1921 के अहमदाबाद अधिवेशन में इस बात का संकल्प किया गया कि स्वराज्य स्थापित होने तक अहिंसक आंदोलन जारी रहेगा।

असहयोग आंदोलन की प्रगति

- वर्ष 1921 के अंत तक आंदोलन जनता तक अपनी पहुँच बना चुका था। संयुक्त प्रांत तथा बंगाल के हजारों किसानों ने असहयोग का पालन किया।
- संयुक्त प्रांत के कुछ भागों में बँटाईदारों ने जमींदारों की अनुचित माँगे मानने से इनकार कर दिया।
- वर्ष 1921 से 1922 के मध्य विदेशी कपड़ों का आयात आधा रह गया था। उसकी कीमत ₹ 102 करोड़ से घटकर ₹ 57 करोड़ रह गई।
- अवध में किसानों का नेतृत्व संयासी बाबा रामचंद्र ने किया था। इससे पहले यह फिजी में गिरमिटिया मजदूर के रूप में काम कर चुके थे।
- जवाहरलाल नेहरू, बाबा रामचंद्र एवं कुछ अन्य नेताओं के नेतृत्व में 'अवध किसान सभा' का गठन किया गया। एक महीने के भीतर ही इसके 300 से भी अधिक शाखाएँ बन चुकी थीं।
- पंजाब में सशक्त अकाली विद्रोह उत्पन्न हो गया, जो आरंभ में धार्मिक सुधारवादी आंदोलन था, लेकिन कुछ समय के लिए असहयोग आंदोलन के साथ एक रूप हो गया।
- नवंबर, 1925 में 'सिख गुरुद्वारा एवं श्राइन एक्ट' के द्वारा गुरुद्वारों का नियंत्रण 'शिरोमणि गुरुद्वारा प्रबंध कमेटी' के हाथों में दे दिए जाने से यह आंदोलन समाप्त हो गया।
- असम में चाय बागानों के मजदूरों ने असहयोग आंदोलन के पक्ष में हड़ताल की। 1859 ई. के इनलैण्ड इमिग्रेशन एक्ट के तहत बगानों में काम करने वाले मजदूरों को बिना अनुमति बगान से बाहर जाने की छूट नहीं होती थी और शायद ही कभी छुट्टी मिलती थी। मिदनापुर के किसानों ने यूनियन बोर्ड को कर देने से इनकार कर दिया।
- डुग्गीराला गोपालकृष्णय्या के नेतृत्व में गुंटूर में एक शक्तिशाली आंदोलन आरंभ हो गया।
- केरल के कुछ भागों में विद्रोह आरंभ हो गया। अधिकांश विद्रोही मोपला किसान थे। विद्रोह को बर्बरतापूर्वक समाप्त कर दिया गया। 2000 से अधिक मोपला मारे गए तथा 45,000 को बंदी बनाया गया।
- 1 फरवरी, 1922 को महात्मा गाँधी ने घोषणा की कि यदि सात दिनों के अंदर राजनीतिक बंदी रिहा नहीं किए जाते और प्रेस पर सरकार का नियंत्रण समाप्त नहीं होता, तो वे करों की गैर-अदायगी समेत एक सामूहिक सविनय अवज्ञा आंदोलन करेंगे।

चौरी-चौरा कांड एवं असहयोग आंदोलन का स्थगन (1922)

- 5 फरवरी, 1922 को संयुक्त प्रांत (उत्तर प्रदेश) के गोरखपुर जिले के चौरी-चौरा नामक स्थान पर 3000 किसानों के एक कांग्रेसी जुलूस पर पुलिस द्वारा गोली चलाने से नाराज भीड़ ने पुलिस थाने पर हमला करके आग लगा दी, जिसमें 22 पुलिस कर्मी मारे गए।
- इस घटना से व्यथित होकर गाँधीजी ने 12 फरवरी, 1922 को असहयोग आंदोलन को स्थगित करने की घोषणा की।
- कांग्रेस वर्किंग कमेटी ने 12 फरवरी को गुजरात के बारदोली नामक स्थान पर अपनी बैठक की और एक प्रस्ताव द्वारा उन सभी गतिविधियों पर रोक लगा दी, जिनसे कानून का उल्लंघन हो सकता था। इस बैठक में यह निर्धारित किया गया कि अब लोग अपना समय चरखे को लोकप्रिय बनाने, राष्ट्रीय विद्यालय चलाने, छुआछूत मिटाने तथ हिंदू-मुस्लिम एकता को प्रोत्साहित करने जैसे रचनात्मक कार्यों में लगाएँ।

समकालीन अन्य आंदोलन

आंदोलन	वर्ष	प्रमुख तथ्य
झंडा सत्याग्रह	1923	कांग्रेस के ध्वज के प्रयोग को रोकने के विरुद्ध प्रारंभ।
वलसाड सत्याग्रह (गुजरात)	1923	डकैती कर के विरोध में आंदोलन का सूत्रपात।
गुरु का बाग सत्याग्रह (पंजाब)	1922-23	अपदस्थ महंत और नवगठित शिरोमणि गुरुद्वारा प्रबंधक कमेटी के मध्य प्रारंभ।
तारकेश्वर सत्याग्रह (बंगाल)	1924	एक भ्रष्ट महंत के विरुद्ध स्वामी विश्वानंद द्वारा प्रारंभ।
वायकोम सत्याग्रह (केरल)	1924-25	मंदिर में प्रवेश हेतु, टी.के. माधवन द्वारा प्रारंभ।

असहयोग आंदोलन के बाद की राजनीतिक स्थिति

- असहयोग आंदोलन के स्थगित होने से राष्ट्रवादियों ने इसके पक्ष-विपक्ष में अपने मत दिए।
- कुछ ऐसे राष्ट्रवादी थे, जिनकी गाँधीजी में पूरी श्रद्धा थी और उन्हें विश्वास था कि आंदोलन पर यह रोक संघर्ष की गाँधीवादी रणनीति का ही एक भाग है, किंतु कुछ युवा राष्ट्रवादियों ने आंदोलन स्थगन का विरोध किया।
- सुभाषचंद्र बोस और जवाहरलाल नेहरू जैसे नेताओं ने असहयोग आंदोलन को स्थगित करने के निर्णय का विरोध किया, किंतु अंततः गाँधीजी का निर्णय सभी को स्वीकार करना पड़ा।
- इस प्रकार पहला असहयोग और नागरिक अवज्ञा आंदोलन समाप्त हो गया।
- ब्रिटिश सरकार ने अशांति फैलाने के अभियोग में गाँधीजी को 10 मार्च, 1922 को गिरफ्तार कर लिया तथा 6 वर्ष की कैद की सजा सुनाई।
- सजा सुनाने से पूर्व न्यायाधीश ब्रूमफील्ड का कथन था कि 'यदि भारत में घट रही घटनाओं की वजह से सरकार के लिए सजा के इन वर्षों में कमी और आपको मुक्त करना संभव हुआ, तो इससे मुझसे ज्यादा कोई प्रसन्न नहीं होगा।'
- असहयोग आंदोलन की समाप्ति और गाँधीजी की गिरफ्तारी के पश्चात् देश के राजनैतिक वातावरण में गहरी निराशा उत्पन्न हो गई।
- गाँधी जी फरवरी, 1924 में जेल से रिहा किए गए।
- महात्मा गाँधी के अमेरिकी जीवनी लेखक लुई फिशर के अनुसार, "1857 के विद्रोह के बाद पहली बार असहयोग आंदोलन के परिणामस्वरूप अंग्रेजी राज की नींव हिल गई थी।"

महत्त्वपूर्ण तथ्य

- असहयोग आंदोलन के समय वर्ष 1920 में गाँधीजी ने अपना **केसर-ए-हिंद** पदक वापस कर दिया, जो उन्हें ब्रिटिश सरकार द्वारा प्रदान किया गया था।
- वर्ष 1920 में कलकत्ता में हुए कांग्रेस के विशेष अधिवेशन की अध्यक्षता **लाला लाजपत राय** ने की थी।
- वर्ष 1921 में अहमदाबाद कांग्रेस अधिवेशन की अध्यक्षता **हकीम अजमल खां** ने की थी।
- असहयोग आंदोलन के समय मुहम्मद अली जिन्ना, जी.एस.खापर्डे, बिपिनचंद्र पाल और ऐनी बेसेंट जैसे नेताओं ने कांग्रेस छोड़ दी।

स्वराज पार्टी (1923)

- असहयोग आंदोलन को वापस लेने के पश्चात् कांग्रेस दो दलों में बँट गई। इनमें से एक दल 'परिवर्तनवादी' तो दूसरा दल 'अपरिवर्तनवादी' था।
- असहयोग आंदोलन शुरू होने के समय विधानपरिषदों का बहिष्कार करने का निर्णय लिया गया था।
- एक दल (परिवर्तनवादी दल) जिसका नेतृत्व सी.आर.दास, मोतीलाल नेहरू तथा विट्ठलभाई पटेल कर रहे थे, वे चाहते थे कि कांग्रेस को चुनावों में भाग लेना चाहिए और परिषदों को उनके अंदर पहुँचकर तोड़ना चाहिए।
- दूसरा दल (अपरिवर्तनवादी दल), जिसका नेतृत्व वल्लभभाई पटेल राजगोपालाचारी, डॉ. राजेंद्र प्रसाद तथा डॉ. अंसारी आदि लोग कर रहे थे, इस प्रस्ताव का विरोधी था। वे चाहते थे कि कांग्रेस रचनात्मक कार्य में लगी रहे।
- वर्ष 1922 में कांग्रेस का अधिवेशन गया में हुआ, जिसके अध्यक्ष सी.आर.दास थे। इस अधिवेशन ने परिषदों में न जाने के प्रस्ताव को अस्वीकार कर दिया।
- इस प्रस्ताव के समर्थकों ने वर्ष 1923 में 'कांग्रेस खिलाफत स्वराज पार्टी' की स्थापना की, जिसके अध्यक्ष सी.आर.दास तथा सचिव मोतीलाल नेहरू थे। यह पार्टी 'स्वराज पार्टी' के नाम से प्रसिद्ध हुई।
- स्वराज पार्टी को कांग्रेस के अंदर ही एक समूह के रूप में कार्य करना था। इसने कांग्रेस के लगभग सभी कार्यक्रमों को स्वीकार किया।
- इसी बीच 5 फरवरी, 1924 को स्वास्थ्य के कारण गाँधीजी को जेल से रिहा किया गया, किंतु वे दोनों दलों में एकता बनाए रखने में असफल रहे। गाँधीजी के परामर्श पर दोनों दलों ने कांग्रेस में रहकर ही अलग-अलग तरीके से कार्य करने का निर्णय लिया।

स्वराज पार्टी में विभाजन

- जून, 1925 में सी.आर.दास की मृत्यु के पश्चात् स्वराज पार्टी में भी संकट उत्पन्न हो गया।
- स्वराज पार्टी के नेता मोतीलाल नेहरू और सी. आर. दास कट्टर राष्ट्रवादी थे, किंतु सांप्रदायिकता ने इस पार्टी को विभाजित कर दिया।
- स्वराज पार्टी ने नवंबर, 1923 में हुए चुनाव में अच्छी सफलता प्राप्त की, उन्होंने केंद्रीय धारा सभा की चुनाव से भरी जाने वाली 101 सीटों में से 42 सीटें जीत लीं।
- मार्च, 1925 में स्वराज्यवादी एक प्रमुख राष्ट्रवादी नेता विट्ठल भाई पटेल को केंद्रीय धारा सभा का अध्यक्ष बनाने में सफल रहे।
- जिस समय राष्ट्रीय आंदोलन फिर से शक्ति अर्जित करने में लगा था, ऐसे समय में स्वराज्यवादियों ने राजनीतिक शून्य को भरा, उन्होंने वर्ष 1919 में निर्मित सुधार कानून की कमी को भी दर्शाया।
- इस काल में व्यापक राजनीतिक गतिविधियाँ नहीं हुईं, फिर भी ब्रिटिश विरोधी भावनाओं को जीवित रखने में स्वराजियों ने महत्त्वपूर्ण भूमिका निभाई। उन्होंने ब्रिटिश शासकों द्वारा प्रस्तुत उनकी नीतियों तथा प्रस्तावों के लिए परिषदों की सम्मति प्राप्त करना लगभग असंभव बना दिया।

क्रांतिकारी आंदोलन : द्वितीय चरण

- वर्ष 1922 में गाँधीजी द्वारा असहयोग आंदोलन वापस ले लेने से देश में युवाओं को निराशा हुई, जिससे उनके अंदर यह भावना उत्पन्न हुई कि केवल हिंसात्मक तरीके से ही स्वतंत्रता प्राप्त की जा सकती है।
- इन युवाओं ने रूस, चीन, आयरलैंड, तुर्की तथा मिस्र आदि क्रांतियों से प्रेरित होकर ब्रिटिश साम्राज्य को समाप्त करने का प्रयास किया। इसके लिए पुरानी संस्थाओं; जैसे-युगांतर, अनुशीलन समिति आदि को पुनर्जीवित किया गया।

क्रांतिकारी संगठन

प्रमुख क्रांतिकारी संगठनों का वर्णन निम्न है

हिंदुस्तान रिपब्लिकन एसोसिएशन (1924)

- एक अखिल भारतीय सम्मेलन के बाद अक्टूबर, 1924 में सशस्त्र क्रांति के लिए संगठन के उद्देश्य से हिंदुस्तान रिपब्लिकन एसोसिएशन (हिंदुस्तान प्रजातंत्र संघ) की स्थापना हुई। सचिन सान्याल, जोगेश चंद्र चटर्जी आदि ने इसकी स्थापना की थी।
- हिंदुस्तान रिपब्लिकन एसोसिएशन (HRA) का उद्देश्य-ब्रिटिश शासन को समाप्त करने हेतु एक सशस्त्र विद्रोह का संगठन करना था।
- वर्ष 1925 में HRA क्रांतिकारियों के दल द्वारा हरदोई से लखनऊ जा रही एक रेल को काकोरी नामक स्थान पर लूट लिया गया, जिसमें सरकारी खजाना था। इसी को **काकोरी कांड** के नाम से जाना जाता है।
- इस घटना के बाद क्रांतिकारी युवकों को गिरफ्तार कर उन पर काकोरी षड्यंत्र केस (1925) नामक मुकदमा चलाया गया।
- इस केस में 17 लोगों को जेल की सजा हुई, चार को आजीवन कारावास का दंड मिला, जबकि राम प्रसाद बिस्मिल, अशफाक उल्ला खाँ, रोशन सिंह तथा राजेंद्र लाहिड़ी को फाँसी की सजा मिली।
- चंद्रशेखर आजाद भी HRA से संबंधित थे, किंतु वे पकड़े नहीं जा सके थे।
- भगत सिंह ने वर्ष 1926 में पंजाब में **नौजवान भारत सभा** की स्थापना की थी।

हिंदुस्तान सोशलिस्ट रिपब्लिकन एसोसिएशन (1928)

- वर्ष 1928 में चंद्रशेखर आजाद ने अन्य लोगों के साथ मिलकर 'हिंदुस्तान सोशलिस्ट रिपब्लिकन एसोसिएशन' (HSRA) की स्थापना दिल्ली स्थित फिरोज शाह कोटला में की थी। भगत सिंह इस संगठन के प्रमुख नेता थे।
- 30 अक्टूबर, 1928 को साइमन कमीशन विरोधी एक प्रदर्शन पर लाठीचार्ज से पंजाब के महान नेता लाला लाजपत राय का निधन हो गया।
- इस घटना से क्रुद्ध होकर HSRA के क्रांतिकारियों भगत सिंह, चंद्रशेखर आजाद तथा राजगुरु ने लाठीचार्ज का नेतृत्व करने वाले ब्रिटिश पुलिस अधिकारी सांडर्स की हत्या कर दी। HSRA के नेताओं ने यह निर्णय लिया कि अपने बदले हुए राजनीतिक उद्देश्यों तथा जनक्रांति की आवश्यकता के विषय में जनता को जागरूक करना आवश्यक है। अत: 8 अप्रैल, 1929 को भगतसिंह और बटुकेश्वर दत्त ने केंद्रीय धारा सभा में बम फेंका।

- बम फेंकने का उद्‌देश्य किसी की हत्या करना नहीं, बल्कि क्रांतिकारियों के एक पर्चे के अनुसार 'बहरों को सुनाना' था।
- केंद्रीय धारा सभा में बम फेंकने का कारण ट्रेड डिस्प्यूट बिल को लागू करना था। इस दमनकारी कानून के माध्यम से सरकार मजदूरों के आंदोलनों का दमन करना चाहती थी।
- इस बमकांड के बाद भगत सिंह और बटुकेश्वर दत्त ने भागने का प्रयास नहीं किया, बल्कि स्वयं को जानबूझकर गिरफ्तार करवाया, क्योंकि वे क्रांतिकारी प्रचार के लिए अदालत को एक मंच के रूप में उपयोग करना चाहते थे।
- कालांतर में HSRA के अधिकांश क्रांतिकारियों को पकड़कर जेल में डाल दिया गया तथा उनके साथ दुर्व्यवहार किया गया, जिसके विरोध में उनके द्वारा भूख हड़ताल प्रारंभ कर दी गई।
- इस भूख हड़ताल के कारण 64 दिनों बाद एक क्रांतिकारी जतिनदास की मृत्यु हो गई, इस घटना से पूरे देश में रोष व्याप्त हो गया।
- जनता के देशव्यापी विरोध के बावजूद 23 मार्च, 1931 को भगत सिंह, सुखदेव तथा राजगुरु को फाँसी दे दी गई।

इंडियन रिपब्लिकन आर्मी (1930)

- क्रांतिकारी आंदोलन के इतिहास की एक सबसे महत्त्वपूर्ण घटना वर्ष 1930 में बंगाल में घटित हुई, जहाँ 18 अप्रैल, 1930 को इंडियन रिपब्लिकन आर्मी (IRA) के क्रांतिकारियों ने मास्टर सूर्यसेन के नेतृत्व में चटगाँव पुलिस शस्त्रागार पर हमला किया। कुछ समय तक चटगाँव में ब्रिटिश शासन नहीं चला।

अन्य क्रांतिकारी गतिविधियाँ

- पंजाब में हरिकिशन ने पंजाब के गवर्नर की हत्या का असफल प्रयास किया।
- दिसंबर, 1930 में तीन जवानों विनय बोस, बादल गुप्त और दिनेश गुप्त ने कलकत्ता की राइटर्स बिल्डिंग में प्रवेश कर जेल पुलिस अधीक्षक की हत्या कर दी।
- मार्च, 1929 में 31 प्रमुख मजदूर और कम्युनिस्ट नेताओं को गिरफ्तार कर लिया गया, इनमें तीन अंग्रेज भी थे। इन सभी पर चार वर्षों तक मुकदमा चलाया गया, जिसे **मेरठ षड्यंत्र मुकदमा** कहा जाता है। मुकदमे की समाप्ति पर अभियुक्तों को जेल की सजा दी गई।

क्रांतिकारी आंदोलन में महिलाओं की भागीदारी

- क्रांतिकारी आन्दोलन के द्वितीय चरण में महिलाओं की सक्रिय भागीदारी रही। दुर्गादेवी, सुशीला देवी, प्रेमा देवी तथा प्रकाशवती कपूर आदि महिलाओं ने इसमें महत्त्वपूर्ण भूमिका निभाई। बंगाल की क्रांतिकारी महिलाओं की भूमिका ज्यादा सक्रिय रही।
- दिसंबर, 1931 कोमिला की दो युवतियों सुनीति चौधरी और शांतिघोष ने कोमिला के जिलाधिकारी की हत्या कर दी।
- फरवरी, 1932 में छात्रा बीना दास ने दीक्षांत समारोह के दौरान उपाधि ग्रहण करते समय गवर्नर पर गोली चलाई।
- प्रीतिलता वाडेकर पहाड़तली (चटगाँव) रेलवे इंस्टीट्यूट पर छापा मारने के समय शहीद हो गईं। कल्पनादत्त सूर्यसेन के साथ वर्ष 1935 में गिरफ्तार हुई, जिन्हें आजीवन कारावास की सजा दी गई।

साइमन कमीशन (1928)

- वर्ष 1922 के बाद राष्ट्रीय आंदोलन में आई शिथिलता नवंबर, 1927 में उस समय टूटी, जब ब्रिटिश सरकार (टोरी सरकार) ने इंडियन स्टेट्यूटरी कमीशन का गठन किया, जिसे सामान्यतः साइमन कमीशन के नाम से जाना जाता है, इसके अध्यक्ष जॉन साइमन थे।
- ब्रिटिश सरकार ने साइमन कमीशन की नियुक्ति वर्ष 1919 में इंडिया एक्ट के कामकाज की (सफलता) की जाँच करने के लिए की थी। इस कमीशन के सभी सदस्य अंग्रेज थे, अतः सभी भारतीयों ने कमीशन की घोषणा का विरोध किया।
- साइमन कमीशन की नियुक्ति से सारे देश में उसका विरोध आरंभ हुआ। वर्ष 1927 में कांग्रेस के मद्रास अधिवेशन, जिसकी अध्यक्षता डॉ. अंसारी कर रहे थे, ने कमीशन के बहिष्कार का निर्णय लिया।
- हिंदू महासभा तथा मुस्लिम लीग ने भी साइमन कमीशन के बहिष्कार का निर्णय लिया तथा राष्ट्रीय कांग्रेस का समर्थन किया। कमीशन के सदस्यों में सर जान साइमन (अध्यक्ष), क्लीमेंट एटली, हेनरी लेवी लासन, एडवर्ड काडोगान, वेर्नोन हार्टशोर्न, जॉर्ज लेन फॉक्स एवं डोनाल्ड हावर्ड शामिल थे।

साइमन कमीशन का विरोध

- कमीशन के भारत पहुँचने पर एक शक्तिशाली राष्ट्रव्यापी विरोध आंदोलन आरंभ हो गया। इस समय राष्ट्रवादी उत्साह और एकता अपनी चरम सीमा पर पहुँच गई।
- 3 फरवरी, 1928 को कमीशन के बंबई पहुँचने पर एक अखिल भारतीय हड़ताल का आयोजन किया गया।
- कमीशन जहाँ-जहाँ भी गया, वहीं हड़तालें एवं काले झंडे दिखाकर 'साइमन, वापस जाओ' के नारे लगाए गए।
- जनता के विरोध को दबाने के लिए सरकार द्वारा निर्मम दमन तथा पुलिस कार्यवाहियों का सहारा लिया गया। मद्रास में प्रदर्शनकारियों पर गोलियाँ चलाई गईं, लाहौर में पुलिस द्वारा लाठीचार्ज में लाला लाजपत राय की मृत्यु हो गई तथा लखनऊ में जवाहर लाल नेहरू और गोविंद बल्लभ पंत जैसे नेताओं पर लाठीचार्ज किया गया।

नेहरू रिपोर्ट (1928)

- भारत सचिव लॉर्ड बर्कनहेड ने साइमन कमीशन की नियुक्ति के साथ ही राष्ट्रीय नेतृत्व को एक ऐसा संविधान बनाने की चुनौती दी, जो देश के सभी समुदायों एवं वर्गों को स्वीकार हो।
- सभी महत्त्वपूर्ण भारतीय नेताओं और दलों ने परस्पर एकत्रित होकर संवैधानिक सुधारों की एक वैकल्पिक योजना बनाकर साइमन कमीशन की चुनौती का जवाब देने का प्रयास किया।
- कांग्रेस ने जनवरी, 1928 में प्रथम और मार्च, 1928 में द्वितीय सर्वदलीय सम्मेलन का आयोजन किया, जिसमें कुल 29 दलों ने भाग लिया।
- 19 मई, 1928 को तीसरा सर्वदलीय सम्मेलन बंबई में डॉ. अंसारी की अध्यक्षता में हुआ, जिसमें मोतीलाल नेहरू की अध्यक्षता में एक कमेटी नियुक्त की गई।
- इस कमेटी को 1 जुलाई, 1928 तक भारत के संविधान का एक प्रारूप तैयार करने का उत्तरदायित्व दिया गया।
- नेहरू समिति ने 28 अगस्त, 1928 को अपनी रिपोर्ट प्रस्तुत की, जिसे लखनऊ में आयोजित सर्वदलीय सम्मेलन में स्वीकार कर लिया गया।

नेहरू रिपोर्ट की प्रमुख सिफारिशें

- भारत को अधिराज्य (डोमीनियन) का दर्जा दिया जाए, इसका स्थान ब्रिटिश शासन के अधीन अन्य उपनिवेशों के समान ही हो।
- सांप्रदायिक निर्वाचन प्रणाली को समाप्त कर दिया जाए तथा इसके स्थान पर संयुक्त निर्वाचन प्रणाली अपनाई जाए।
- भाषायी आधार पर प्रांतों का गठन हो।
- केंद्र एवं राज्यों में उत्तरदायी सरकार की स्थापना हो।
- भारत धर्मनिरपेक्ष राज्य होगा, लेकिन अल्पसंख्यकों के धार्मिक एवं सांस्कृतिक हितों का पूर्ण संरक्षण होगा।

नेहरू रिपोर्ट का विरोध

- दिसंबर, 1928 के कलकत्ता में आयोजित सर्वदलीय सम्मेलन में नेहरू रिपोर्ट को अस्वीकार कर दिया गया।
- मुस्लिम लीग, हिंदू महासभा और सिख लीग के कुछ सांप्रदायिक रुझान वाले नेताओं ने रिपोर्ट के संदर्भ में अपनी आपत्तियाँ प्रकट कीं।
- नेहरू रिपोर्ट में डोमिनियन स्टेट्स की माँग पर सुभाषचंद्र बोस तथा जवाहरलाल नेहरू ने 'इंडिपेंडेंस फॉर इंडिया लीग' नामक कांग्रेस के अंदर एक दबाव समूह का निर्माण किया। इसका उद्देश्य-पूर्ण स्वाधीनता के लक्ष्य को स्वीकार करने के लिए अभियान चलाना था।
- वर्ष 1928 के कांग्रेस के कलकत्ता अधिवेशन में जे.एल.नेहरू, सुभाषचंद्र बोस एवं एस. सत्यमूर्ति जैसे युवा नेताओं द्वारा डोमिनियन स्टेट्स के मुद्दे पर विरोध व्यक्त किया गया, किंतु फिर भी कांग्रेस ने डोमिनियन स्टेट्स का प्रस्ताव पास किया।
- डोमिनियन स्टेट्स की माँग के साथ ही कांग्रेस ने यह घोषणा की कि यदि एक वर्ष के भीतर डोमिनियन स्टेट्स का शासन नहीं दिया जाएगा, तो वह पूर्ण स्वाधीनता की माँग करेगी और इसकी प्राप्ति हेतु जन आंदोलन का मार्ग अपनाएगी।

कांग्रेस का लाहौर अधिवेशन (1929)

- कांग्रेस द्वारा नेहरू रिपोर्ट के संदर्भ में सरकार को दी गई चेतावनी का एक वर्ष बीत गया, किंतु सरकार ने कोई उत्तर नहीं दिया, जिसके फलस्वरूप दिसंबर, 1929 में कांग्रेस के लाहौर अधिवेशन में 'पूर्ण स्वराज्य' का लक्ष्य घोषित किया गया।
- कांग्रेस के लाहौर अधिवेशन की अध्यक्षता जवाहरलाल नेहरू ने की थी।

लाहौर अधिवेशन में पारित प्रस्ताव

- इस अधिवेशन में पारित प्रस्ताव के द्वारा 'पूर्ण स्वराज्य' को कांग्रेस का उद्देश्य घोषित किया गया।
- गाँधीजी को स्वाधीनता आंदोलन का नेतृत्व ग्रहण करने के लिए कहा गया।
- प्रस्ताव में कहा गया कि कोई भी कांग्रेसी और राष्ट्रवादी विधान सभाओं के चुनाव में भाग न ले और सभी विधान सभाओं की सदस्यता से त्यागपत्र दे दें। पूर्ण स्वाधीनता की प्राप्ति के लिए सविनय अवज्ञा आंदोलन चलाने का निर्णय लिया गया।
- 2 जनवरी, 1930 को कांग्रेस की कार्य समिति में यह निर्णय लिया गया कि 26 जनवरी, 1930 को 'पूर्ण स्वराज दिवस' के रूप में मनाया जाएगा।
- भारतीय इतिहास में 26 जनवरी, 1930 को पूरे देश में 'प्रथम स्वतंत्रता दिवस' के रूप में मनाया गया।
- 26 जनवरी का दिन भारतीय जनता के इतिहास में एक महत्त्वपूर्ण दिन बन गया। जब तक भारत पर ब्रिटिश शासन स्थापित रहा, तब तक प्रत्येक वर्ष 26 जनवरी का दिन स्वतंत्रता दिवस के रूप में मनाया जाता रहा।
- स्वाधीनता प्राप्ति के बाद संविधान का निर्माण हुआ तथा 26 जनवरी के स्मरणीय दिन को वर्ष 1950 में भारत के गणतंत्र दिवस के रूप में चुन लिया गया और उसी दिन से भारत का संविधान भी लागू हो गया।

सविनय अवज्ञा आंदोलन (1930-33)

- वर्ष 1930 में स्वाधीनता दिवस मनाने के बाद गाँधीजी के नेतृत्व में सविनय अवज्ञा आंदोलन आरंभ हुआ।
- यह गाँधी जी का दूसरा सविनय अवज्ञा आंदोलन था, जो 12 मार्च, 1930 को गाँधीजी के प्रसिद्ध दांडी मार्च के साथ शुरू हुआ था। इस दिन गाँधीजी अपने अहमदाबाद के साबरमती आश्रम से अपने चुने हुए 78 अनुयायियों के साथ 240 किमी दूर गुजरात के समुद्र तट पर **दांडी** नामक स्थान पर पहुँचे।
- वे 24 दिनों तक प्रत्येक रोज लगभग 10 किमी का सफर तय करते थे।
- 6 अप्रैल को दांडी पहुँच कर गाँधीजी ने समुद्र तट से मुट्ठी भर नमक उठाकर नमक कानून तोड़ा, उस समय नमक के उत्पादन पर सरकार का एकाधिकार था, अत: किसी के लिए नमक बनाना गैर-कानूनी था।
- गाँधीजी के द्वारा अपनी 'नमक यात्रा' की पूर्व सूचना वायसराय लॉर्ड इरविन को दे दी गई थी, किंतु इरविन इस यात्रा के महत्त्व को नहीं समझ सके थे।
- समाजवादी कार्यकर्ता कमलादेवी चट्टोपाध्याय के कहने पर गाँधीजी ने इस आंदोलन के साथ महिलाओं को जोड़ा।

आंदोलन का विकास

- गाँधीजी द्वारा नमक कानून तोड़ने के साथ पूरे देश में सविनय अवज्ञा आंदोलन आरंभ हो गया। सुभाषचंद्र बोस ने गाँधीजी के दांडी मार्च की तुलना 'नेपोलियन के पेरिस मार्च' तथा 'मुसोलिनी के रोम मार्च' से की।
- अब नमक कानून तोड़ना सरकार के विरोध का प्रतीक बन गया। तमिलनाडु में सी. राजगोपालाचारी ने दांडी-यात्रा की तरह त्रिचनापल्ली से वेदारण्यम तक की यात्रा की।
- धरासणा (गुजरात) में सरोजिनी नायडू ने नमक के सरकारी डिपो तक अहिंसात्मक सत्याग्रहियों की यात्रा का नेतृत्व किया। पुलिस द्वारा लाठीचार्ज में 300 से अधिक सत्याग्रही घायल हुए।
- केरल में के. केलप्पन ने कालीकट से पोयान्नूर तक की नमक यात्रा की।
- उड़ीसा में नमक सत्याग्रह गोपबंधु चौधरी के नेतृत्व में बालासोर, कटक और पुरी में चलाया गया।
- आंध्र प्रदेश में नमक सत्याग्रह के संचालन के लिए 'शिविरम' की स्थापना की गई। 14 अप्रैल को नमक कानून तोड़ने के कारण जवाहरलाल नेहरू को गिरफ्तार किया गया।
- 4 मई, 1930 को गाँधीजी को गिरफ्तार कर लिया गया, उन्होंने घोषणा की थी कि वे धरासणा नमक कारखाने पर धावा बोलेंगे। गाँधीजी की गिरफ्तारी के बाद आंदोलन और तीव्र हो गया।
- पश्चिमोत्तर सीमा-प्रांत में आंदोलन का नेतृत्व 'सीमांत गाँधी' के नाम से विख्यात खान अब्दुल गफ्फार खाँ ने किया। इनके नेतृत्व में पठानों ने खुदाई खिदमतगार गफ्फार (ईश्वर के सेवक) नामक संगठन बना लिया, जो जनता के बीच 'लाल कुर्ती वाले' कहलाते थे। ये लोग अहिंसा एवं स्वाधीनता संघर्ष को समर्पित थे।

- खान अब्दुल गफार खाँ को अप्रैल, 1930 में गिरफ्तार कर लिया गया। नमक सत्याग्रह के दौरान लगभग 6000 लोगों को गिरफ्तार किया गया था, जिनमें गाँधीजी भी शामिल थे। 1930 में रेलवे कामगारों एवं 1932 में गोदी कामगारों के द्वारा हड़तालें की गईं।
- 1930 में छोटा नागपुर की टिनखानों के हजारों मजदूरों ने गाँधी टोपी पहनकर रैलियों एवं बहिष्कार अभियानों में भाग लिया।
- इसी समय उत्तर-पश्चिम सीमा प्रांत में आंदोलनकारियों से निपटने के लिए सरकार ने गढ़वाल रेजीमेंट की दो टुकड़ियाँ पेशावर भेजीं, किंतु चंद्रसिंह गढ़वाली के नेतृत्व में सैनिकों ने निहत्थे आंदोलनकारियों पर गोली चलाने से इनकार कर दिया, इसके परिणामस्वरूप सिपाहियों का कोर्ट मार्शल किया गया।
- इसी प्रकार भारत के पूर्वी भाग में भी आंदोलन का विस्तार हुआ। यहाँ पर आंदोलन का नेतृत्व नागा महिला गैडिनेल्यू ने किया, उस समय इनकी आयु मात्र 13 वर्ष थी।
- रानी गैडिनेल्यू ने कांग्रेस और गाँधीजी के आह्वान पर विदेशी शासन के विरुद्ध विद्रोह किया, किंतु वर्ष 1932 में रानी गौडिनेल्यू को पकड़कर आजीवन कारावास की सजा दी गई।
- देश स्वतंत्र होने पर प्रधानमंत्री जवाहरलाल नेहरू ने इन्हें 'रानी' की उपाधि से सम्मानित किया। इन्हें नागालैंड की 'जॉन ऑफ आर्क' भी कहा जाता है।
- आंदोलन के दौरान महाराष्ट्र, कर्नाटक और मध्य भारत में जंगल कानून तोड़े गए। पूर्वी भारत में जनता ने चौकीदारी कर देने से मना कर दिया।
- संयुक्त प्रांत में लगान न देने का आंदोलन चला। यहाँ पर जमींदारों तथा किसानों से लगान न देने का आह्वान किया गया। रायबरेली तथा आगरा इस आंदोलन के प्रमुख केंद्र थे।
- असम में छात्रों ने **कनिंघम सर्कुलर** के विरोध में आंदोलन चलाया।
- इस आंदोलन की एक प्रमुख विशेषता स्त्रियों की भागीदारी थी। हजारों महिलाओं ने सत्याग्रह में भाग लिया तथा विदेशी वस्त्रों और शराब बेचने वाली दुकानों पर धरना दिया।

आंदोलन का दमन

पूर्व की भाँति सरकार ने इस आंदोलन के लिए दमन का सहारा लिया। गाँधीजी तथा दूसरे कांग्रेसी नेताओं सहित 90,000 से अधिक सत्याग्रही गिरफ्तार किए गए तथा कांग्रेस को गैर-कानूनी घोषित कर दिया गया।

प्रथम गोलमेज सम्मेलन (1930)

- सविनय अवज्ञा आंदोलन के दौरान ही ब्रिटिश सरकार ने लंदन में भारतीय नेताओं और सरकारी प्रवक्ताओं का पहला सम्मेलन आयोजित किया। इसका उद्देश्य-साइमन कमीशन की रिपोर्ट पर विचार करना था।
- कांग्रेस ने इस सम्मेलन का बहिष्कार किया, जबकि भारतीय राजाओं, मुस्लिम लीग, हिंदू महासभा तथा कुछ अन्य संगठनों के प्रतिनिधि इसमें शामिल हुए। यह सम्मेलन 12 नवंबर, 1930 से 19 जनवरी, 1931 तक आयोजित किया गया था, जिसकी अध्यक्षता तत्कालीन ब्रिटिश प्रधानमंत्री रैम्जे मैक्डोनॉल्ड ने तथा उद्घाटन सम्राट जॉर्ज पंचम ने किया था।
- कांग्रेस द्वारा इस सम्मेलन का बहिष्कार करने के कारण इसका कोई सार्थक परिणाम नहीं निकल सका।
- ब्रिटिश सरकार यह जानती थी कि कांग्रेस की सहमति के बिना भारत में संविधानात्मक परिवर्तन के संबंध में जो निर्णय किए जाते हैं, उन्हें भारतीय जनता स्वीकार नहीं करेगी।

गाँधी-इरविन समझौता (1931)

- प्रथम गोलमेज सम्मेलन की असफलता के पश्चात् ब्रिटिश सरकार कांग्रेस तथा गाँधीजी का सहयोग प्राप्त करना चाहती थी, क्योंकि उन्होंने यह अनुभव किया कि जब तक भारत के प्रमुख राजनीतिक दल की सहमति प्राप्त नहीं होगी, तब तक संवैधानिक सुधारों की कोई भी योजना सफल नहीं हो पाएगी। अतः सरकार ने उदारवादी नेता तेजबहादुर सप्रू, जयकर, श्रीनिवास शास्त्री के माध्यम से गाँधीजी को तत्कालीन वायसराय इरविन से बातचीत के लिए तैयार किया।
- मार्च, 1931 में गाँधीजी और लॉर्ड इरविन के मध्य समझौता हुआ, इस समझौते की निम्न शर्तें थीं
  - हिंसात्मक अपराधियों के अतिरिक्त सभी राजनैतिक कैदी रिहा किए जाएँगे।
  - उपयोग हेतु नमक बनाने की छूट दी जाएगी।
  - विदेशी वस्त्रों तथा शराब की दुकान पर धरना देने का अधिकार दिया जाएगा तथा आपातकालीन अध्यादेशों को वापस लिया जाएगा।
  - अपहरण की गई संपत्ति वापस की जाएगी।
- कांग्रेस की ओर से गाँधीजी सविनय अवज्ञा आंदोलन स्थगित करने पर सहमत हो गए। कांग्रेस द्वितीय गोलमेज सम्मेलन में भाग लेने के लिए इस शर्त पर तैयार हो गई कि प्रस्तावित संवैधानिक सुधारों का आधार संघीय व्यवस्था एवं उत्तरदायित्वपूर्ण शासन होगा।
- अनेक कांग्रेसी नेताओं और विशेष रूप से युवा वामपंथी गाँधी-इरविन समझौते के विरोधी थे, क्योंकि सरकार ने एक भी प्रमुख राष्ट्रवादी माँग नहीं मानी थी और भगत सिंह तथा उनके दो अन्य साथियों की फाँसी की सजा को आजीवन कारावास में बदलने से भी इनकार कर दिया था।

कांग्रेस का कराची अधिवेशन (1931)

- गांधी-इरविन समझौते को स्वीकृति देने हेतु 29 मार्च, 1931 को कांग्रेस का अधिवेशन कराची में आयोजित किया गया, इस अधिवेशन की अध्यक्षता सरदार वल्लभभाई पटेल ने की थी।
- उल्लेखनीय है कि सम्मेलन से 6 दिन पूर्व ही भगत सिंह, सुखदेव तथा राजगुरु को फाँसी दे दी गई थी, जिससे संपूर्ण देश में रोष व्याप्त था।
- राष्ट्रवादियों का मानना था कि गाँधीजी को समझौते पर हस्ताक्षर नहीं करना चाहिए था। गाँधीजी को अपनी कराची यात्रा में तीव्र विरोध का सामना करना पड़ा। जवाहरलाल नेहरू तथा सुभाषचंद्र बोस भी इस समझौते से संतुष्ट नहीं थे।

कराची अधिवेशन की मुख्य बातें

- इस अधिवेशन में गाँधी-इरविन समझौते या दिल्ली समझौते को स्वीकृति प्रदान की गई। इस अधिवेशन में प्रथम बार 'पूर्ण स्वराज' को परिभाषित किया गया तथा पूर्ण स्वराज के लक्ष्य को पुनः दोहराया गया।
- इस अधिवेशन में मौलिक अधिकारों तथा आर्थिक नीति के संबंध में एक महत्त्वपूर्ण प्रस्ताव स्वीकार किया गया, उसने देश की सामाजिक और आर्थिक समस्याओं के बारे में राष्ट्रीय आंदोलन की नीति निर्धारित की।
- मौलिक अधिकारों का प्रस्ताव जवाहरलाल नेहरू द्वारा तैयार किया गया था।
- प्रस्ताव में कुछ उद्योगों के राष्ट्रीयकरण, भारतीय उद्योगों के विकास और मजदूरों तथा किसानों के लिए कल्याणकारी योजनाओं को भी स्वीकार किया गया था। यह प्रस्ताव राष्ट्रीय आंदोलन पर समाजवादी विचारों के बढ़ते प्रभाव का परिचायक था।

द्वितीय गोलमेज सम्मेलन (1931)

- द्वितीय गोलमेज सम्मेलन का आयोजन 7 सितंबर, 1931 से 1 दिसंबर, 1931 तक लंदन में आयोजित किया गया था।
- इस सम्मेलन में भाग लेने वाले कांग्रेस के एकमात्र प्रतिनिधि गाँधीजी थे।
- 5 मार्च, 1931 को लॉर्ड इर्विन के साथ एक समझौते के तहत गाँधीजी इस सम्मेलन में भाग लेने के लिए सहतम हुए थे।
- गाँधीजी के साथ एस.एस.राजपुताना जहाज में महादेव देसाई, देवदास गाँधी, घनश्याम दास बिड़ला तथा मीरा बेन भी शामिल थीं।
- इस सम्मेलन में शामिल अन्य नेता थे-सरोजिनी नायडू (महिला प्रतिनिधि), मदनमोहन मालवीय (हिंदू महासभा), तेज बहादुर सप्रू तथा सी.वाई. चिंतामणि (उदारवादी), जिन्ना, अली इमाम, मोहम्मद इकबाल (मुस्लिम लीग), एस.के. दत्ता (भारतीय ईसाई), डॉ. बी. आर. अंबेडकर (दलित वर्ग) आदि।
- द्वितीय गोलमेज सम्मेलन के दौरान ही विंस्टन चर्चिल ने गाँधीजी को 'देशद्रोही फकीर' कहा था।

सम्मेलन के मुख्य बिंदु

- गोलमेज सम्मेलन के सफल होने के लिए यह आवश्यक था कि अल्पसंख्यकों की समस्या का समाधान पहले ही निकाल लिया जाए।
- इस संबंध में गाँधीजी का मुस्लिम नेताओं से संपर्क का कोई नतीजा नहीं निकला।
- मुसलमानों के बीच जिन्ना के 14 सूत्रीय कार्यक्रम पर लगभग सर्वसम्मति थी, ऐसी स्थिति में सांप्रदायिक प्रश्न पर किसी प्रकार के समझौते की संभावना अत्यंत क्षीण थी। सम्मेलन में भाग लेने वाले अन्य वर्ग; जैसे–हिन्दू महासभा, सिख, यूरोपीय लीग, हरिजन प्रतिनिधि आदि भी राष्ट्रीय हित की बजाय अपने संकीर्ण हितों पर जोर दे रहे थे।

सम्मेलन की असफलता

- सम्मेलन में अल्पसंख्यकों के मुद्दे को लेकर गतिरोध उत्पन्न हो गया। मुसलमानों के अतिरिक्त अन्य वर्ग भी पृथक् निर्वाचन की माँग करने लगे।
- दलित नेता बी.आर.अंबेडकर ने भी दलितों के लिए पृथक् निर्वाचन की माँग की, जिसे गाँधीजी ने अस्वीकार कर दिया।
- गाँधीजी सभी माँगे मानने के लिए तैयार थे यदि मुस्लिम लीग स्वराज की माँग का समर्थन करे, किंतु लीग ने समर्थन देने से इनकार कर दिया और वार्ता टूट गई। अंततः सांप्रदायिक मामले पर कोई निर्णय न हो पाने के कारण द्वितीय गोलमेज सम्मेलन बिना किसी परिणाम के समाप्त हो गया।

सविनय अवज्ञा आंदोलन का दूसरा चरण (1932)

- गोलमेज सम्मेलन की असफलता तथा संयुक्त प्रांत और पश्चिमोत्तर सीमा प्रांत की बिगड़ती हुई स्थिति के कारण गाँधीजी भारत लौट आए।
- इस समय देश के अनेक भागों में किसानों में असंतोष की लहर व्याप्त हो चुकी थी। विश्वव्यापी मंदी के कारण खेतिहर पैदावार के दाम गिर गए थे।
- संयुक्त प्रांत में लगान में कमी एवं बँटाईदारों की बेदखली के कारण कांग्रेस ने 'न लगान न टैक्स' का आंदोलन चलाया।
- पश्चिमोत्तर सीमा प्रांत में सरकार की मालगुजारी नीति के विरुद्ध **खुदाई खिदमतगार** किसान आंदोलन चला रहे थे।
- किसान आंदोलन बिहार, आंध्र प्रदेश, मध्य प्रांत, बंगाल और पंजाब में भी विस्तृत हो रहा था।
- अतः गाँधीजी के भारत वापस आने पर उनके सामने नागरिक अवज्ञा आंदोलन को पुनः आरंभ करने के अतिरिक्त कोई और विकल्प शेष नहीं था।
- इस समय वायसराय लॉर्ड विलिंगडन थे, जिनका मत था कि कांग्रेस के साथ समझौता करना बहुत बड़ी भूल थी, उनकी सरकार किसी भी आंदोलन के दमन के लिए तैयार थी।
- भारत वापस आने पर गाँधीजी ने वायसराय से मिलना चाहा, किंतु वायसराय ने मिलने से इनकार कर दिया। अतः कांग्रेस कार्यसमिति ने 1 जनवरी, 1932 को सविनय अवज्ञा आंदोलन को दोबारा शुरू करने का निर्णय लिया।
- आंदोलन शुरू होने के पश्चात् 4 जनवरी, 1932 को गाँधीजी समेत कांग्रेस के अन्य नेता गिरफ्तार कर लिए गए तथा कांग्रेस को गैर कानूनी संस्था घोषित कर दिया गया। आंदोलन के दौरान सामान्य कानून निलंबित कर दिए गए और प्रशासन अध्यादेशों के सहारे चलने लगा।
- लाखों सत्याग्रही गिरफ्तार किए गए। राष्ट्रवादी साहित्य प्रतिबंधित कर दिया गया तथा राष्ट्रवादी समाचार-पत्रों पर दोबारा से सेंसरशिप लागू कर दिया गया। अंततः सरकारी दमन सफल रहा, क्योंकि इसे सांप्रदायिक और दूसरे प्रश्नों पर भारतीय नेताओं के मध्य मतभेद होने से सहायता मिली।
- नागरिक अवज्ञा आंदोलन धीरे-धीरे समाप्त हो गया। कांग्रेस ने इस सविनय अवज्ञा आंदोलन को अधिकारिक रूप से मई, 1933 में निलंबित कर दिया और मई, 1934 में इसे वापस ले लिया गया।

सांप्रदायिक निर्णय (1932)

- भारतीय अल्पसंख्यकों की समस्या आपसी समझौते से हल न कर सकने के कारण ब्रिटिश प्रधानमंत्री रैम्जे मैक्डोनॉल्ड ने 16 अगस्त, 1932 को सांप्रदायिक अधिनियम (कम्युनल अवार्ड) की घोषणा की।
- कम्युनल अवार्ड अंग्रेजों की 'फूट डालो और राज करो' की नीति का एक प्रमाण था। इसके अंतर्गत पृथक् निर्वाचन पद्धति को मुसलमानों, भारतीय ईसाइयों, यूरोपियो, एंग्लो-इंडियन और सिखों के अतिरिक्त हरिजनों पर भी लागू कर दिया गया।
- गाँधीजी ने इसका विरोध करते हुए माँग की कि दलित वर्ग के प्रतिनिधियों का चुनाव वयस्क मताधिकार के आधार पर आम निर्वाचन मंडल के माध्यम से होना चाहिए।
- अपनी माँग मनवाने के लिए गाँधीजी 20 सितंबर, 1932 को आमरण अनशन पर बैठ गए, इस समय गाँधीजी यरवदा जेल में थे।
- गाँधीजी के अनशन के 5 दिन बाद 26 सितंबर, 1932 को मदन मोहन मालवीय, सी. राजगोपालाचारी, राजेंद्र प्रसाद तथा पुरुषोत्तम दास के प्रयत्नों से गाँधीजी और अंबेडकर के मध्य एक समझौता हुआ, जो पूना समझौते के नाम से जाना जाता है।
- डॉ. अम्बेडकर ने वर्ष 1930 में 'ऑल इंडिया डिप्रेस्ड क्लासेस एसोसिएशन' का गठन किया।

पूना समझौता

- दलितों के लिए पृथक् निर्वाचक मंडल के प्रावधान को समाप्त कर दिया गया। प्रांतीय विधानमंडल में दलितों के लिए सुरक्षित सीटों की संख्या 71 से बढ़ाकर 148 कर दी गई।
- केंद्रीय विधानमंडल में दलित वर्गों के लिए सुरक्षित सीटों की संख्या में 18% की वृद्धि की गई।

तृतीय गोलमेज सम्मेलन (1932)

- तृतीय गोलमेज सम्मेलन का आयोजन नवंबर, 1932 में उस समय किया गया, जब कांग्रेस संघर्षरत् थी।
- लंदन में होने वाले इस सम्मेलन का कांग्रेस द्वारा बहिष्कार किया गया, इस सम्मेलन में 46 प्रतिनिधियों ने भाग लिया था।
- इस सम्मेलन में भारत सरकार अधिनियम 1935 हेतु तैयार प्रस्ताव के अंतरिम स्वरूप को पेश किया गया।
- यह सम्मेलन 24 दिसंबर, 1932 को समाप्त हो गया। इसकी समाप्ति के पश्चात् एक श्वेत-पत्र जारी किया गया।
- इस श्वेत-पत्र पर विचार करने हेतु लॉर्ड लिनलिथगो की अध्यक्षता में एक संयुक्त समिति का गठन किया गया।
- इस समिति ने 22 नवम्बर, 1934 को अपनी रिपोर्ट प्रस्तुत की थी।
- तीनों गोलमेज सम्मेलनों में भाग लेने वाले एकमात्र भारतीय प्रतिनिधि **डॉ. भीमराव अंबेडकर** थे।

क्रांतिकारी आंदोलन से जुड़ी पत्र-पत्रिकाएँ एवं पुस्तकें

पत्रिका/पुस्तक	लेखक/संपादक
युगांतर	वारींद्र कुमार घोष एवं भूपेंद्र नाथ दत्त
संध्या	ब्रह्माबांधव उपाध्याय
तलवार (बर्लिन)	वीरेंद्र नाथ चट्टोपाध्याय
फ्री हिंदुस्तान (वैंकुवर)	तारकनाथ दास
बंदी जीवन	सचिंद्र नाथ सान्याल
वंदे मातरम्	अरविंद घोष
द लाइफ डिवाइन	अरविंद घोष
सावित्री	अरविंद घोष
गीता रहस्य	बाल गंगाधर तिलक
भवानी मंदिर	वारींद्र घोष
भारत माता	अजीत सिंह
स्वदेश सेवक पत्र	जी. डी. कुमार
वर्तमान रणनीति	अविनाश चंद्र भट्टाचार्य
कर्मयोगिनी (अंग्रेजी)	अरविंद घोष
सर्कुलर-ए-आजादी	रामनाथपुरी
पथेर दावी	शरतचंद्र चट्टोपाध्याय
बम मैनुअल	पी. एन. बापट
जमींदार	सिराजुद्दीन
वर्तमान रणनीति	वारींद्र कुमार घोष
न्यू इंडिया	बिपिन चंद्र पाल

प्रमुख क्रांतिकारी संगठन

संगठन	संबंधित व्यक्तित्व
मित्र मेला पूना, 1899	सावरकर बंधु
अनुशीलन समिति (कलकत्ता, ढाका, 1902)	बारींद्र कुमार घोष, जतिंद्र नाथ बनर्जी प्रमथनाथ, पुलिनदास
अनुशीलन समिति (मिदनापुर 1902)	ज्ञानेंद्र नाथ बोस
अभिनव भारत सभा (पूना, 1904)	वी.डी.सावरकर
भारत माता समिति, 1904	जे.एम चटर्जी, नीलकांत ब्रह्मचारी बांची अय्यर
इंडियन होमरूल सोसायटी (लंदन, 1905)	श्यामजी कृष्ण वर्मा
स्वदेश बांधव समिति (बारिसाल)	अश्विनी कुमार दत्त
भारत माता सोसायटी (पंजाब, 1907)	अंबा प्रसाद एवं अजीत सिंह
बंगाल स्वयंसेवी	हेमचंद्र घोष, लीलानाग
हिंद एसोसिएशन ऑफ अमेरिका, 1913	सोहन सिंह भाखना
इंडियन रिपब्लिकन आर्मी, 1930	सूर्यसेन
गदर दल (सैन फ्रांसिस्को, 1913)	लाला हरदयाल, सोहन सिंह भाखना
हिंदुस्तान रिपब्लिकन एसोसिएशन (कानपुर, 1924)	सचिंद्र सान्याल, योगेश चंद्र चटर्जी एवं चंद्रशेखर आजाद
अंजुमाने मोहिब्बाने वतन (लाहौर, 1926)	भगत सिंह
नौजवान सभा (लाहौर, 1926)	भगत सिंह
हिंदुस्तान सोशलिस्ट रिपब्लिकन एसोसिएशन (दिल्ली, 1928)	चंद्रशेखर आजाद

प्रमुख क्रांतिकारी मुकदमें

मुकदमा	वर्ष	प्रमुख तथ्य
अलीपुर षड्यंत्र केस	1908	अरविंद घोष तथा 32 अन्य शामिल।
नासिक षड्यंत्र केस	1909-10	विनायक दामोदर सावरकर को आजीवन निर्वासन तथा अन्य 26 को कारावास।
हावड़ा षड्यंत्र केस	1910	मुख्य अभियुक्त जतिन बनर्जी।
ढाका षड्यंत्र केस	1910	पुलिन-दास को 7 वर्ष की सजा।
बारीसाल षड्यंत्र केस	1913	नरेंद्र मोहन सेन की गिरफ्तारी।
विक्टोरिया षड्यंत्र केस	1914	गुरुदत्त सिंह, दलीप सिंह को कारावास।
दिल्ली षड्यंत्र केस	1915	मास्टर अमीरचंद, अवध बिहारी बालमुकुंद को फाँसी।
लाहौर षड्यंत्र केस	1915	152 व्यक्तियों को अभियुक्त बनाया गया।
बनारस षड्यंत्र केस	1915-16	सचींद्र सान्याल को आजीवन कालापानी की सजा।
मांडले षड्यंत्र केस	1916	17 अभियुक्तों में से 7 को मृत्युदंड, 5 को आजीवन कारावास।
सेन फ्रांसिस्को षड्यंत्र केस	1917-18	105 व्यक्तियों को अभियुक्त बनाया गया।
काकोरी षड्यंत्र केस	1925	रामप्रसाद बिस्मिल, अशफाक उल्ला खाँ, राजेंद्र लाहिड़ी तथा रोशन लाल को फाँसी।
लाहौर षड्यंत्र केस	1929-30	भगत सिंह, सुखदेव तथा राजगुरु को फाँसी।
मेरठ षड्यंत्र केस	1929	13 मजदूर नेताओं की गिरफ्तारी, जिसमें 3 अंग्रेज भी थे। चार वर्ष तक मुकदमा चलाने के बाद जेल की सजा।

भारत का राष्ट्रीय आंदोलन तृतीय चरण (1935-1947)

(स्रोत)

New NCERT Class VIII Chap 8 **राष्ट्रीय आंदोलन का संघटन :** 1870 के दशक से 1947 तक, New NCERT Class XII Chap 11 **महात्मा गाँधी और राष्ट्रीय आंदोलन, (सविनय अवज्ञा और उससे आगे),** Old NCERT Class XII Chap 14 **विभाजन को समझना** Old NCERT Class VIII Chap 12 **स्वतंत्र भारत,** Old NCERT Class X Chap 16 **भारत की स्वाधीनता,** Old NCERT Class XII Chap 13 **स्वराज के लिए संघर्ष-II** (1927-1947)

भारत की स्वतंत्रता का तृतीय चरण

मांटेग्यू चेम्सफोर्ड सुधार 1919 शीघ्र ही जनता के असंतोष का कारण बन गया, जिसके कारण देश में संवैधानिक सुधारों के लिए प्रदर्शन हुए। प्रांतों में पूर्ण उत्तरदायी सरकार के गठन पर बल दिया गया, जिसके फलस्वरूप वर्ष 1935 का भारत सरकार अधिनियम अस्तित्व में आया।

भारत सरकार अधिनियम, 1935

- नवंबर, 1932 में जिस समय कांग्रेस स्वतंत्रता के लिए संघर्षरत् थी, उसी समय लंदन में तीसरे गोलमेज सम्मेलन का आयोजन किया गया, जिसमें कांग्रेस शामिल नहीं हुई।
- यह अधिनियम समिति प्रतिनिधिक शासन व्यवस्था का आश्वासन व्यक्त करने वाला था।
- तीन सम्मेलनों में हुए विचार-विमर्श का परिणाम भारत सरकार अधिनियम, 1935 के अंतर्गत कानूनी रूप में सामने आया।

अधिनियम के प्रमुख प्रावधान

- इस अधिनियम में एक नए अखिल भारतीय संघ की स्थापना की गई तथा प्रांतों में प्रांतीय स्वायत्तता के आधार पर एक नई शासन प्रणाली स्थापित की गई।
- केंद्र में द्विसदनात्मक विधायिका की व्यवस्था की गई, जिसमें रजवाड़ों को भिन्न-भिन्न प्रतिनिधित्व दिया गया था, किंतु रजवाड़ों के प्रतिनिधियों का चुनाव जनता द्वारा नहीं, अपितु उन्हें वहाँ के शासकों द्वारा मनोनीत किया जाता था। ब्रिटिश भारत की मात्र 14% जनसंख्या को ही मताधिकार प्राप्त था।
- रक्षा तथा विदेश विभाग विधायिका के क्षेत्र से बाहर थे, जबकि दूसरे विषयों पर गवर्नर-जनरल का विशेष नियंत्रण था।
- प्रांतों को अधिक स्थानीय अधिकार दिए गए थे। प्रांतीय विधानसभाओं के प्रति उत्तरदायी मंत्रियों का प्रशासन के प्रत्येक विभाग पर नियंत्रण था, उन्हें कानूनी गतिविधियों पर विशेषाधिकार तथा अपने कानून बनाने के अधिकार थे। नागरिक प्रशासन और पुलिस पर भी उसका पूरा नियंत्रण था।
- यह अधिनियम राष्ट्रवादियों की आकांक्षाओं को पूरा नहीं कर सका, क्योंकि आर्थिक एवं राजनीतिक शक्ति अभी भी ब्रिटिश सरकार के हाथों में केंद्रित थी।
- वर्ष 1935 के नए कानून का कड़ा विरोध करने के अतिरिक्त कांग्रेस ने इसके अंतर्गत होने वाले चुनावों में भाग लेने का निर्णय लिया, क्योंकि वह इस कानून की अलोकप्रियता सिद्ध करना चाहती थी।

1937 के प्रांतीय चुनाव

- वर्ष 1935 के अधिनियम के अंतर्गत वर्ष 1937 में प्रांतीय चुनाव हुए, जिसमें कांग्रेस ने भाग लिया। 11 प्रांतों में हुए चुनाव में कांग्रेस ने 5 प्रांतों संयुक्त प्रांत, मध्य प्रांत, बिहार, उड़ीसा, मद्रास आदि में पूर्ण बहुमत प्राप्त किया।
- इस चुनाव में कांग्रेस बंबई, असम तथा उत्तर-पश्चिमी सीमा प्रांत में सबसे बड़ी पार्टी के रूप में उभरी।
- बंगाल, पंजाब तथा सिंध में कांग्रेस को बहुमत नहीं मिला।
- पंजाब में 'मुस्लिम लीग' तथा 'यूनियनिस्ट पार्टी' ने सरकार बनाई, बंगाल में 'कृषक प्रजा पार्टी' तथा 'मुस्लिम लीग' ने, जबकि सिंध में 'सिंध यूनाइटेड पार्टी' ने कांग्रेस की सहायता से संयुक्त सरकार का गठन किया, इस प्रकार कांग्रेस ने 11 प्रांतों में से 8 प्रांतों में अपनी सरकार बनाई।

कांग्रेस सरकारों का कार्यकाल (1937-39)

वर्ष 1937 के चुनाव में कांग्रेस ने 8 राज्यों में अपनी सरकार बनाई। प्रशासन को सुचारु रूप से चलाने के लिए सरदार पटेल, मौलाना आजाद तथा डा. राजेंद्र प्रसाद की सदस्यता में एक केंद्रीय नियंत्रण परिषद् का गठन किया गया, जिसे 'उपसंसदीय समिति' नाम दिया गया।

कांग्रेस सरकारों का इस्तीफा

- प्रांतों में कांग्रेस सरकार के कार्यकाल के दौरान मुस्लिम लीग उसके विरुद्ध प्रचार अभियान चलाती रही, यह विरोध 'पीरपुर रिपोर्ट' (1938), बिहार 'शरीफ रिपोर्ट' (मार्च, 1939) तथा **फजलुल हक** की 'मुस्लिम सफरिंग अंडर कांग्रेस रूल रिपोर्ट' (दिसंबर, 1938) में देखने को मिला।
- द्वितीय विश्वयुद्ध में भारत को बिना सहमति शामिल करने के मुद्दे पर कांग्रेस मंत्रिमंडलों ने 29-30 अक्टूबर, 1939 को इस्तीफा दे दिया।
- कांग्रेस मंत्रिमंडलों द्वारा त्यागपत्र दिए जाने के कारण मुस्लिम लीग ने 22 दिसंबर, 1939 को 'मुक्ति दिवस' के रूप में मनाया।

कांग्रेस का त्रिपुरी संकट

- वर्ष 1938 में सुभाष चंद्र बोस **हरिपुरा अधिवेशन** के अध्यक्ष चुने गए। वर्ष 1939 में त्रिपुरी में प्रस्तावित अधिवेशन के लिए उन्होंने चुनाव में पुन: खड़े होने का निर्णय लिया।
- सरदार पटेल, राजेंद्र प्रसाद, आचार्य कृपलानी आदि ने उनके इस निर्णय का विरोध किया तथा पट्टाभि सीतारमैय्या को अपना उम्मीदवार बनाया। सीतारमैय्या को गाँधी जी का समर्थन प्राप्त था।
- चुनाव में सुभाष चंद्र बोस ने विजय प्राप्त की, किंतु बोस के अध्यक्ष बनने पर कांग्रेस वर्किंग कमेटी के 15 में से 13 सदस्यों ने त्यागपत्र दे दिया। अंतत: बोस ने अध्यक्ष पद से इस्तीफा देकर **फारवर्ड ब्लॉक** की स्थापना 3 मई, 1939 में की।
- सुभाषचंद्र बोस के स्थान पर राजेंद्र प्रसाद को अध्यक्ष मनोनीत किया गया।

द्वितीय विश्वयुद्ध एवं राष्ट्रीय आंदोलन

- द्वितीय विश्व युद्ध 1 सितंबर, 1939 में आरंभ हो गया। इस युद्ध की शुरुआत हिटलर की सेना द्वारा पोलैंड पर आक्रमण के साथ हुई।
- इससे पूर्व हिटलर मार्च, 1938 में आस्ट्रिया तथा मार्च, 1939 में चेकोस्लोवाकिया पर अधिकार कर चुका था।
- 3 सितंबर, 1939 को ब्रिटेन भी इस युद्ध में शामिल हो गया तथा 5 सितंबर, 1939 को ब्रिटेन ने भारत को युद्धरत राष्ट्र घोषित कर दिया।
- भारतीय नेताओं विशेषत: कांग्रेसी नेताओं ने भारत को युद्ध में शामिल करने पर गहरी आपत्ति प्रकंट की तथा युद्ध में सहयोग एवं समर्थन देने के लिए दो शर्तें रखीं
  1. तुरंत राष्ट्रीय सरकार की स्थापना की जाए।
  2. ब्रिटेन वादा करे की युद्ध समाप्त होते ही भारत स्वतंत्र हो जाएगा।
- वायसराय लॉर्ड लिनलिथगो ने कांग्रेस की इस माँग को अस्वीकार कर दिया।
- 10-14 सितंबर, 1939 में कांग्रेस कार्य समिति की वर्धा (महाराष्ट्र) बैठक में नेताओं द्वारा विभिन्न विचार प्रकट किए गए।
- गाँधीजी का मानना था कि भारत को ब्रिटेन की बर्बादी की कीमत पर स्वतंत्रता नहीं चाहिए।
- महात्मा गाँधी तथा जवाहरलाल नेहरू दोनों हिटलर तथा मुसोलिनी के कट्टर आलोचक थे। इसलिए गाँधी तथा नेहरू फासीवादी शक्तियों के विरुद्ध ब्रिटेन का समर्थन करना चाहते थे।
- सुभाष चंद्र बोस ने युद्ध में सहयोग की नीति का विरोध करते हुए कहा कि ब्रिटेन पर आया यह संकट भारत को आजादी दिलाने का एक दुर्लभ अवसर है।
- 23 अक्टूबर, 1939 को कांग्रेस कार्य समिति की बैठक में वायसराय के वक्तव्य को सरकार की साम्राज्यवादी नीति का हिस्सा बताकर अस्वीकार कर दिया गया।
- इस सम्मेलन में युद्ध का समर्थन न करने का निर्णय लिया गया तथा कांग्रेस की प्रांतीय सरकारों को त्यागपत्र देने का आदेश दिया गया।

अगस्त प्रस्ताव (8 अगस्त, 1940)

- कांग्रेस मंत्रिमंडलों के त्यागपत्र के पश्चात् कांग्रेस का वार्षिक अधिवेशन मार्च, 1940 में **मौलाना अबुल कलाम** की अध्यक्षता में रामगढ़ में आयोजित किया गया।
- इस अधिवेशन में कांग्रेस ने कहा कि वह इस शर्त पर सरकार का सहयोग करेगी कि केंद्र में अंतरिम राष्ट्रीय सरकार का गठन किया जाए।
- कांग्रेस के इस प्रस्ताव के प्रत्युत्तर में वायसराय लिनलिथगो ने कांग्रेस का सहयोग प्राप्त करने के लिए एक प्रस्ताव रखा, जिसे 'अगस्त प्रस्ताव' के नाम से जाना जाता है। अगस्त प्रस्ताव के मुख्य बिंदु निम्न थे
  - युद्ध के पश्चात् प्रतिनिधि मूलक **संविधान निर्मात्री सभा** का गठन किया जाएगा।
  - वर्तमान की कार्यकारिणी में सदस्यों की संख्या में वृद्धि की जाएगी।
  - एक युद्ध सलाहकार परिषद् का गठन किया जाएगा।
  - अल्पसंख्यकों को विश्वास में लिए बिना किसी भी संवैधानिक परिवर्तन को लागू नहीं किया जाएगा।
  - भारत के लिए डोमिनियन स्टेट्स मुख्य लक्ष्य।
- कांग्रेस ने इन प्रस्तावों को अस्वीकार कर दिया। जवाहरलाल नेहरू ने डोमिनियन स्टेट्स के मुद्दे पर प्रतिक्रिया व्यक्त करते हुए कहा कि 'यह दरवाजे में जड़ी जंग लगी कील की तरह है।'

व्यक्तिगत सत्याग्रह (1940)

- अगस्त प्रस्ताव अस्वीकार करने के पश्चात् कांग्रेस ने व्यक्तिगत सत्याग्रह आरंभ करने का निर्णय लिया, इसका उद्देश्य युद्ध के विरुद्ध प्रचार करना था।
- अक्टूबर, 1940 में गाँधीजी ने कुछ चुने हुए व्यक्तियों को साथ लेकर सीमित पैमाने पर सत्याग्रह चलाने का निर्णय लिया।
- व्यक्तिगत सत्याग्रह वर्धा के निकट पवनार आश्रम से 17 अक्टूबर, 1940 को आरंभ हुआ।
- सत्याग्रह करने वाले पहले व्यक्ति **विनोबा भावे**, दूसरे **जवाहरलाल नेहरू** तथा तीसरे **सरदार वल्लभ भाई पटेल** थे।
- इस सत्याग्रह के दौरान अधिकतर सत्याग्रहियों को गिरफ्तार कर लिया गया था, जिन सत्याग्रहियों को गिरफ्तार नहीं किया जा सका वे गाँवों के रास्ते दिल्ली की ओर बढ़ने लगते थे। इसी कारण से इस आंदोलन को **दिल्ली चलो आंदोलन** भी कहा जाता है।

क्रिप्स मिशन (1942)

- वर्ष 1942 के आरंभ में ब्रिटिश सरकार को युद्ध प्रयासों में भारतीयों के सक्रिय सहयोग की आवश्यकता थी। अत: ब्रिटिश प्रधानमंत्री विंसटन चर्चिल ने ऐसा सहयोग प्राप्त करने के उद्देश्य से एक कैबिनेट मंत्री सर स्टैफोर्ड क्रिप्स के नेतृत्व में 22 मार्च, 1942 में एक मिशन भारत भेजा।
- क्रिप्स लेबर पार्टी के नेता तथा भारतीय राष्ट्रीय आंदोलन के समर्थक थे। क्रिप्स ने घोषणा की कि भारत में ब्रिटिश नीति का उद्देश्य यहाँ "जितनी जल्दी संभव हो स्वशासन की स्थापना करना है।"

क्रिप्स मिशन के मुख्य प्रस्ताव निम्न थे

- युद्ध के पश्चात् एक ऐसे भारतीय संघ के निर्माण का प्रयत्न किया जाएगा, जिसका स्तर अधिराज्य (डोमिनियन स्टेट्स) होगा।
- युद्ध के तत्काल बाद एक ब्रिटिश संविधान निर्मात्री सभा का गठन किया जाएगा, जिसमें ब्रिटिश भारत और देशी रजवाड़ों के प्रतिनिधि शामिल होंगे।
- संविधान सभा द्वारा निर्मित संविधान को सरकार दो शर्तों पर लागू कर सकेगी
  1. भारत का कोई भी प्रांत यदि नए संविधान से सहमत नहीं है, तो उसे वर्तमान संवैधानिक स्थिति बनाए रखने का अधिकार होगा।
  2. प्रत्येक देशी रियासत इस संविधान का अनुपालन करने या इसे अस्वीकार करने के लिए स्वतंत्र होगी।

- नए भारतीय संविधान का निर्माण होने तक भारत की रक्षा का उत्तरदायित्व ब्रिटिश सरकार पर होगा।

क्रिप्स प्रस्ताव पर कांग्रेस की प्रतिक्रिया

- कांग्रेस तथा मुस्लिम लीग दोनों ने क्रिप्स प्रस्तावों को स्वीकार नहीं किया। गाँधीजी ने क्रिप्स प्रस्ताव को **उत्तरतिथिय चेक** (Post Dated Cheque) कहा। जवाहरलाल नेहरू ने इसके आगे 'ऐसा बैंक जो टूट रहा है' जोड़ दिया।
- कांग्रेस वायसराय की कार्यकारी परिषद् में एक भारतीय को रक्षा सदस्य के रूप में शामिल करना चाहती थी, जिसे मिशन ने अस्वीकार कर दिया। कांग्रेस द्वारा इस बिंदु पर वार्ता टूट गई।
  मुस्लिम लीग ने इसे दो आधारों पर अस्वीकार कर दिया
  1. इस प्रस्ताव में पृथक् निर्वाचन मंडल को मान्यता नहीं दी गई थी।
  2. भारत विभाजन की माँग को स्वीकार नहीं किया गया था।
- 29 मार्च, 1942 को क्रिप्स मिशन की घोषणा हुई तथा 11 अप्रैल, 1942 को इसे वापस ले लिया गया।
- क्रिप्स मिशन की असफलता, जापानी आक्रमण का बढ़ता भय तथा द्वितीय विश्वयुद्ध के कारण वस्तुओं की बढ़ती हुई कीमतों एवं वस्तुओं के अभाव ने जनमानस को असंतोष से भर दिया।

भारत छोड़ो आंदोलन (1942)

- क्रिप्स मिशन की असफलता के चार माह के अंदर ही आजादी के लिए भारतीय जनता का तीसरा महान संघर्ष आरंभ हो गया, इस संघर्ष को 'भारत छोड़ो आंदोलन' के नाम से जाना जाता है।
- 8 अगस्त, 1942 को बंबई में हुई अखिल भारतीय कांग्रेस कमेटी की बैठक में 'भारत छोड़ो' प्रस्ताव की पुष्टि कर दी गई, इस बैठक की अध्यक्षता मौलाना अबुल कलाम आजाद ने की थी।
- इससे पूर्व 14 जुलाई, 1942 को वर्धा में आयोजित कांग्रेस कार्य समिति की बैठक में भारत छोड़ो आंदोलन का प्रस्ताव पारित किया गया था।
- भारत छोड़ो प्रस्ताव जवाहरलाल नेहरू जी ने पेश किया था, जिसे थोडे-बहुत संशोधनों के साथ 8 अगस्त, 1942 को स्वीकार कर लिया गया।
- प्रस्ताव में कहा गया कि "देश ने साम्राज्यवादी सरकार के विरुद्ध अपनी इच्छा स्पष्ट कर दी है, अब उसे इस बिंदु से लौटने का कोई औचित्य नहीं है।
- अत: समिति अहिंसक तरीके से व्यापक धरातल पर गाँधीजी के नेतृत्व में जन संघर्ष शुरू करने का प्रस्ताव स्वीकार करती है।"
- 8 अगस्त की रात्रि में कांग्रेस प्रतिनिधियों को संबोधित करते हुए गाँधीजी ने कहा कि "मैं पूर्ण स्वाधीनता से कम किसी चीज पर संतुष्ट होने वाला नहीं हूँ" अब मैं आपको एक छोटा-सा मंत्र दे रहा हूँ; आप इसे अपने दिल में संजोकर रखें और हर एक साँस में इसका जाप करें वह मंत्र यह है कि 'करो या मरो' (Do or Die) जिसका अर्थ है, हम भारत को आजाद कराएँगे या इस प्रयास में अपनी जान दे देंगे। भारत छोड़ो आंदोलन के मुख्य कार्यक्रम निम्न थे-
- आंदोलन को रोकने वाले सभी आदेशों का उल्लंघन।
- नमक बनाना।
- गैर कानूनी सभाओं की सदस्यता स्वीकारना।
- वकीलों को वकालत छोड़ने का निर्देश।
- विद्यार्थी अपने विद्यालय तथा महाविद्यालयों का बहिष्कार करें।
- जज अदालतें छोड़ दें।
- सरकारी कर्मचारी अपना पद त्याग दें।
- मजदूरों की हड़ताल।
- विदेशी कपड़ों का बहिष्कार।
- शराब की दुकानों का बहिष्कार।
- व्यापार में विदेशी मुद्रा के प्रयोग का बहिष्कार।
- कर न देना।
- फौजों को रोकना।
- आंदोलनकारियों को बंदी बनाने पर भी आंदोलन स्थगित न करना आदि।

आंदोलन का प्रारंभ एवं प्रसार

- 9 अगस्त, 1942 को आंदोलन के शुरू होते ही **आपरेशन जीरो** के अंतर्गत गाँधीजी, मौलाना आजाद सहित कांग्रेस के सभी प्रमुख नेताओं को गिरफ्तार कर लिया गया तथा कांग्रेस को पुन: गैर-कानूनी घोषित कर दिया गया।
- गिरफ्तारी के पश्चात् गाँधीजी तथा सरोजिनी नायडू को **आगा खाँ** पैलेस में तथा जवाहरलाल नेहरू, जी.बी.पंत, सीता रमैय्या तथा आचार्य जे. बी. कृपलानी को अहमद नगर जेल में रखा गया।
- राजेंद्र प्रसाद को पटना जेल में जयप्रकाश नारायण को हजारीबाग जेल में रखा गया।
- 9 अक्टूबर, 1942 को जयप्रकाश नारायण जेल से भाग निकले तथा आजाद दस्ते का गठन किया।
- जो कांग्रेसी नेता गिरफ्तार नहीं हो सके (राम मनोहर लोहिया, अरुणा आसफ अली) उन्होंने गुप्त रूप से जनता का नेतृत्व किया। जनता ने स्वयं नेतृत्व संभालकर जुलूस निकाला।

आंदोलन का प्रभाव

- आंदोलन का सर्वाधिक प्रभाव बंगाल, बिहार, बंबई, उ.प्र. तथा मद्रास में रहा।
- कांग्रेस के शीर्ष नेताओं की गिरफ्तारी की खबर से पूरे देश में एक स्वत: स्फूर्त आंदोलन उत्पन्न हो गया तथा जनता ने अपने ढंग से प्रतिक्रिया व्यक्त की।
- पूरे देश में कारखानों में, स्कूलों और कॉलेजों में हड़तालें और काम बंदी हुई, और प्रदर्शन हुए जिन पर लाठी चार्ज और फायरिंग भी हुई।
- जनता द्वारा थानों, डाकखानों, रेलवे-स्टेशनों आदि ब्रिटिश शासन के प्रतीकों पर हमले किए गए।
- टेलीफोन के तार तोड़ दिए गए, खंभे गिरा दिए गए, रेल लाइनें उखाड़ दी गईं और सरकारी इमारतों में आग लगा दी गई, इस मामले में मद्रास और बंगाल सबसे अधिक प्रभावित हुए।
- संयुक्त प्रांत, बिहार, बंगाल, उड़ीसा, आंध्र प्रदेश, तमिलनाडु एवं महाराष्ट्र के विभिन्न हिस्सों में ब्रिटिश शासन लुप्त हो गया।
- सरकार के दमन के कारण यह आंदोलन भूमिगत हो गया।
- इसका नेतृत्व अच्युत पटवर्धन, राममनोहर लोहिया, आसफ अली, सुचेता कृपलानी, बीजू पटनायक तथा जयप्रकाश नारायण आदि ने किया।
- 9 अगस्त, 1942 को कांग्रेसी नेताओं को बंदी बनाए जाने के तुरंत बाद पहली बार कांग्रेस रेडियो (Congress Radio) स्थापित किया गया।
- राममनोहर लोहिया, बी.एम.खाकर, उषा मेहता आदि ने इसकी व्यवस्था की।
- कांग्रेस रेडियो स्टेशन मुख्य रूप से बंबई एवं नासिक से कार्य कर रहा था। गुप्त कांग्रेस रेडियो का सर्वप्रथम संचालन उषा मेहता ने किया था।

गाँधीजी के क्रियाकलाप

- आंदोलन के प्रति सरकार की दमनात्मक नीति के विरुद्ध गाँधीजी ने **आगा खाँ पैलेस** में 10 फरवरी, 1943 को 21 दिन के उपवास की घोषणा की, इससे पूरे देश में आक्रोश बढ़ गया।
- गाँधीजी की रिहाई की माँग करते हुए वायसराय की कार्यपरिषद् के तीन सदस्यों एम.एस.अणे, एन.आर.सरकार, एच.पी.मोदी ने त्यागपत्र दे दिया।
- इसी बीच गाँधीजी ने सरकार को भ्रमित करते हुए 7 मार्च, 1943 को उपवास तोड़ दिया।
- गाँधीजी की अस्वस्थता को देखते हुए 9 मई, 1943 को उन्हें रिहा कर दिया गया।
- गाँधीजी की जेल से रिहाई से पूर्व उनकी पत्नी कस्तूरबा गाँधी और निजी सचिव महादेव देसाई की मृत्यु हो चुकी थी।
- गाँधीजी की रिहाई के विरोध में ब्रिटिश प्रधानमंत्री विंस्टन चर्चिल ने कहा था "जब दुनिया में हम हर कहीं जीत रहे हैं ऐसे समय में हम एक कमबख्त बुड्ढे के सामने कैसे झुक सकते हैं, जो हमेशा से हमारा शत्रु रहा है।"
- सामान्यत: छात्र, मजदूर और किसान ही इस विद्रोह के आधार थे, जबकि उच्च वर्गों के लोग तथा नौकरशाह आदि सरकार के वफादार बने रहे।

समानांतर सरकारें

बलिया

- अवधि - एक सप्ताह, अगस्त, 1942
- नेतृत्व - चितू पांडेय।
- स्थानीय जिलाधिकारी से शासन के सभी अधिकार छीन लिए गए तथा जेल में बंद सभी कांग्रेसी नेताओं को रिहा कर दिया गया।

तामलुक (मिदनापुर बंगाल)

- अवधि - दिसंबर, 1942 से सितंबर, 1944 तक।
- जातीय सरकार ने तूफान पीड़ितों की सहायता के लिए कार्यक्रम प्रारंभ किये।
- नेतृत्व - सतीश सामंत, मातंगिनी हजारा आदि।
- सशस्त्र विद्युतवाहिनी का गठन।

सतारा (महाराष्ट्र)

- अवधि - अगस्त, 1943 से मई, 1946 तक।
- सबसे अधिक समय तक चलने वाली सरकार।
- नेतृत्व - क्रांति सिंहा, नाना पाटिल, वाई.वी.चह्वाण।
- प्रति सरकार जन अदालत का गठन।

वर्ष 1942 के पश्चात् राष्ट्रीय घटनाक्रम

वर्ष 1942 के पश्चात् राष्ट्रीय घटनाक्रम निम्न है

आजाद हिंद फौज (1943)

- द्वितीय महायुद्ध के दौरान आजाद हिंद फौज की स्थापना और उसकी गतिविधियाँ आजादी के संघर्ष की एक महत्त्वपूर्ण घटना थी।
- रास बिहारी बोस, जो कि एक भारतीय क्रांतिकारी थे तथा कई वर्षों से जापान में रह रहे थे, इन्होंने दक्षिण-पूर्व एशिया के देशों में रह रहे भारतीयों के सहयोग से 'इंडियन इंडिपेंडेंस लीग' की स्थापना की।
- जापान ने ब्रिटिश फौजों को पराजित करके दक्षिण-पूर्व एशिया के लगभग सभी देशों पर कब्जा कर लिया और ब्रिटिश सेना के भारतीय सैनिकों को बंदी बना लिया।
- इंडियन इंडिपेंडेंस लीग ने ब्रिटिश शासन से भारत को आजाद कराने के उद्देश्य से भारतीय युद्धबंदियों को लेकर आजाद हिंद फौज बनाई।
- आजाद हिंद फौज के गठन में **कैप्टन मोहन सिंह** की महत्त्वपूर्ण भूमिका थी, जो कि अंग्रेजों की भारतीय सेना के एक अफसर थे।
- इसी बीच वर्ष 1941 में सुभाष चंद्र बोस भारत से भाग निकलने में सफल हुए और वे भारत की आजादी के लिए कार्य करने हेतु जर्मनी पहुँच गए।
- इंडियन इंडिपेंडेंस लीग का नेतृत्व करने और आजाद हिंद फौज का पुनर्निर्माण करने तथा इसके कार्यक्रम बनाने के लिए बोस 2 जुलाई, 1943 में सिंगापुर चले गए।
- आजाद हिंद फौज में उस समय 45000 सैनिक थे, इसमें भारतीय बंदियों के अतिरिक्त वे भारतीय भी थे, जो दक्षिण-पूर्व एशिया के विभिन्न देशों में बसे हुए थे।
- 4 जुलाई, 1943 को रासबिहारी बोस ने उन्हें आजाद हिंद फौज का सर्वोच्च सेनापति बना दिया था।
- 21 अक्टूबर, 1943 को सुभाष चंद्र बोस ने आजाद हिंद फौज के सर्वोच्च सेनापति की हैसियत से सिंगापुर में स्वतंत्र भारत की 'अस्थायी सरकार' का गठन किया।

- 23 अक्टूबर, 1943 को इस 'अस्थायी सरकार' ने मित्र शक्तियों के विरुद्ध युद्ध की घोषणा कर दी।
- 31 दिसंबर, 1943 को बोस अंडमान पहुँचे तथा अंडमान एवं निकोबार का प्रशासन अपने हाथों में ले लिया।
- जापान द्वारा प्रदत्त अंडमान और निकोबार द्वीपों को क्रमश: शहीद और स्वराज नाम देकर सुभाषचंद्र बोस ने 30 दिसंबर, 1943 को इन द्वीपों पर भारतीय ध्वज फहराया।
- 18 मार्च, 1944 को आजाद हिंद फौज ने भारत को आजाद कराने के उद्देश्य से बर्मा की सीमाओं को पार कर उत्तर-पूर्वी भारत के क्षेत्र नागालैंड पर घेरा डाल दिया, जो लगभग एक वर्ष तक चला।
- फौजी सेनाओं ने कोहिमा तक पहुँचकर तिरंगा फहरा दिया।
- जुलाई, 1944 में सुभाष चंद्र बोस ने आजाद हिंद रेडियो के एक प्रसारण में गाँधीजी के नाम, एक विशेष प्रसारण में कहा कि "भारत की स्वतंत्रता का आखिरी युद्ध शुरू हो गया है।
- राष्ट्रपिता भारत की मुक्ति के इस पवित्र युद्ध में हम आपका आशीर्वाद एवं कामना चाहते हैं।" इसी संबोधन में सुभाष चंद्र बोस ने सर्वप्रथम गाँधीजी को राष्ट्रपिता कहा था।
- आजाद हिंद फौज का नारा था-'जय हिंद' और 'दिल्ली चलो'। 'तुम मुझे खून दो मैं तुम्हें आजादी दूँगा' का प्रसिद्ध नारा बोस ने मलेशिया में फौज को संबोधित करते हुए दिया था। 22 सितंबर, 1944 को सुभाष ने **शहीद दिवस** मनाया।
- द्वितीय विश्व युद्ध में जापान की स्थिति दयनीय हो गई, अत: आजाद हिंद फौज को भी पीछे हटना पड़ा। सुभाष सिंगापुर से जापान की ओर चले गए।
- ताइपे (ताइवान) हवाई अड्डे पर एक विमान दुर्घटना में 18 अगस्त, 1945 को सुभाषचन्द्र बोस का निधन हो गया।
- आजाद हिंद फौज के अन्य अधिकारियों को गिरफ्तार कर उन पर मुकदमा चलाया गया।

आजाद हिंद फौज पर मुकदमा

- आजाद हिंद फौज के सैनिकों एवं अधिकारियों को गिरफ्तार कर लिया गया तथा नवंबर, 1945 में ब्रिटिश सरकार द्वारा उन पर दिल्ली के लाल किले में मुकदमा चलाया गया।
- इस मुकदमें के तीन मुख्य अभियुक्त **मेजर शाहनवाज खान, कर्नल प्रेम सहगल** तथा **कर्नल गुरुदयाल सिंह ढिल्लो** थे।
- इन पर चलाए गए मुकदमों से संपूर्ण देश में विद्रोह की भावना भड़क गई और ये तीनों देश के विभिन्न संप्रदायों की सांकेतिक एकता के प्रतीक बन गए।
- भारत के विभिन्न दलों-कांग्रेस, मुस्लिम लीग, अकाली दल तथा कम्युनिस्ट पार्टी ने भी मुकदमें का विरोध किया तथा इनकी रिहाई की माँग की।
- आजाद हिंद फौज के बचाव के लिए एक समिति का गठन किया गया। इस समिति में प्रमुख वकील भूला भाई देसाई, तेज बहादुर सप्रू, अरुणा आसफ अली, कैलाश नाथ काटजू तथा जवाहर लाल नेहरू आदि थे।
- सरकार ने तीनों अभियुक्तों को फाँसी की सजा सुनाई। इस निर्णय के विरोध में पूरे देश में कड़ी प्रतिक्रिया हुई, अंतत: विवश होकर तत्कालीन वायसराय लॉर्ड वेवेल ने अपने विशेषाधिकारों का प्रयोग करते हुए मृत्युदंड की सजा को क्षमा कर दिया।

अस्थायी सरकार

- मुख्यालय - रंगून
- मान्यता देने वाले देश - जर्मनी, जापान
- राष्ट्रपति, प्रधानमंत्री - सुभाषचंद्र बोस
- वित्त अध्यक्ष - ए.सी.चटर्जी
- प्रचार एवं प्रसारण विभाग - एस.ए. अय्यर
- महिला संगठन का कार्यभार - लक्ष्मी सहगल

आजाद हिंद फौज संगठन

- सुभाष ब्रिगेड - शाहनवाज खान
- गाँधी ब्रिगेड - इनायत खान
- आजाद ब्रिगेड - गुलजारा सिंह
- नेहरु ब्रिगेड - जी.एस. ढिल्लो
- रानी झाँसी रेजीमेंट - लक्ष्मी सहगल

वेवेल प्लान (1945)

- वर्ष 1945 में ब्रिटेन में एटली की सरकार आई और वायसराय लिनलिथगो की जगह वेवेल भारत के वायसराय बनकर आए।
- मई, 1945 तक सभी राजनीतिक नेता जेल से रिहा कर दिए गए तथा जून, 1945 को वेवेल ने एक योजना प्रस्तुत की, जिसकी निम्न शर्तें थीं
  - केंद्र में नई कार्यकारी परिषद् का गठन किया जाएगा। परिषद् में वायसराय तथा सैन्य प्रमुख के अतिरिक्त शेष सभी भारतीय होंगे। प्रतिरक्षा विभाग वायसराय के अधीन होगा।
  - कार्यकारिणी में मुसलमानों की संख्या सवर्ण हिंदुओं के बराबर होगी।
  - कार्यकारिणी परिषद् एक अंतरिम राष्ट्रीय सरकार के समान होगी। गवर्नर जनरल बिना कारण निषेधाधिकार का प्रयोग नहीं करेगा।
  - सभी राजनैतिक दलों की एक सम्मिलित सभा बुलाई जाएगी, ताकि कार्यकारिणी की नियुक्ति के लिए एक सर्वसम्मत सूची प्रस्तुत की जा सके।
- वेवेल प्रस्ताव पर विचार-विमर्श हेतु 25 जून, 1945 को शिमला में एक सम्मेलन का आयोजन किया गया, जिसमें कांग्रेस के साथ मुस्लिम लीग को बराबरी का दर्जा दिया गया। इस सम्मेलन में कांग्रेस के प्रतिनिधि के रूप में मौलाना अबुल कलाम आजाद और लीग के प्रतिनिधि के रूप में जिन्ना ने भाग लिया।
- जिन्ना की माँग थी कि वायसराय की परिषद् के सभी सदस्य मुस्लिम लीग से लिए जाएँ, क्योंकि लीग ही मुसलमानों की एकमात्र प्रतिनिधि है। जिन्ना की यही माँग सम्मेलन की असफलता का कारण बनी।
- शिमला सम्मेलन में मुस्लिम लीग को वीटो का अधिकार मिला, जो यह था कि यदि मुसलमानों को किसी प्रस्ताव पर आपत्ति है, तो ऐसे प्रस्ताव 2/3 बहुमत से पारित होने पर ही स्वीकार किए जाएँ।

भारत में आम चुनाव (1945-46)

- द्वितीय विश्व युद्ध के पश्चात् ब्रिटेन में हुए सत्ता परिवर्तन के फलस्वरूप एटली के नेतृत्व में लेबर पार्टी की सरकार बनी, जिसने भारत में आम चुनाव कराने की घोषणा की।
- दिसंबर, 1945 में चुनाव परिणाम घोषित किए गए, जिसमें केंद्रीय विधानसभा तथा प्रांतीय विधानसभा में कांग्रेस को बहुमत प्राप्त हुआ।
- केंद्रीय विधानसभा में कांग्रेस को 91.3% मत मिले, जबकि प्रांतीय विधान मंडलों में कांग्रेस को बंबई, मद्रास, संयुक्त प्रांत बिहार, उड़ीसा और मध्य प्रांत में पूर्ण बहुमत मिला।

- कुल 11 प्रांतों में से 8 प्रांतों में कांग्रेस की सरकार बनी। केंद्रीय विधान सभा में कांग्रेस को 102 में से 57 सीटें मिलीं।
- प्रांतों में कांग्रेस को वर्ष 1937 में जहाँ 714 सीटें मिली थीं, वहीं वर्ष 1946 में 923 सीटें प्राप्त हुईं।
- केंद्रीय विधानसभा में मुस्लिम लीग ने सभी मुस्लिम सीटें जीत लीं। बंगाल तथा सिंध में मुस्लिम लीग को पूर्ण बहुमत मिला।
- पंजाब में मुस्लिम लीग सबसे बड़े दल के रूप में उभरी, किंतु हिंदू, सिख, यूनियनिस्ट दलों ने खिज्र हयात खाँ के नेतृत्व में साझा सरकार का गठन किया।

नौसैनिक विद्रोह (1946)

- आजाद हिंद फौज तथा भारत छोड़ो आंदोलन की घटनाओं ने ब्रिटिश सरकार के भारतीय सैनिकों को भी प्रभावित किया।
- 18 फरवरी, 1946 को रॉयल नेवी के गैर-कमीशन अधिकारियों एवं सैनिकों जिन्हें **रेटिंग्स** कहा जाता था, नस्लीय भेदभाव तथा खराब भोजन के प्रतिवाद में हड़ताल कर दी। यह विद्रोह बंबई के नौसैनिक प्रशिक्षण पोत एच एम. आई. एस. तलवार पर किया गया था।
- हड़ताली नाविकों ने एक नौसेना केंद्रीय हड़ताल समिति का चुनाव किया, जिसके प्रमुख एम. एस. खान थे।
- विद्रोही सैनिक बी.सी. दत्त की रिहाई की माँग कर रहे थे, जिन्हें जहाज पर **भारत छोड़ो** लिखने के कारण गिरफ्तार कर लिया गया था।
- शीघ्र ही यह विद्रोह अन्य स्थलों-कराची, मद्रास तथा कलकत्ता तक फैल गया। विद्रोहियों ने जहाजों से ब्रिटिश यूनियन जैक को उतारकर उसके स्थान पर कांग्रेस, लीग तथा कम्युनिस्ट पार्टी के प्रतीक वाले तिरंगे, चाँद तथा हसिया-हथौड़ा के निशान वाले ध्वज फहराए।
- नौसेना विद्रोह के समर्थन में 22 फरवरी, 1946 को बंबई में हड़ताल हुई, जिसमें लाखों की संख्या में मजदूरों ने भाग लिया।
- सरकार ने विद्रोहियों के दमन हेतु एडमिरल गॉडफ्रे को भेजा सरकार के व्यवहार को देखते हुए सरदार पटेल ने मामले में हस्तक्षेप किया।
- पटेल और जिन्ना ने नौसैनिकों से आत्मसमर्पण की अपील की। 25 फरवरी, 1946 को विद्रोहियों ने यह कहते हुए आत्मसमर्पण किया कि ''हम भारत के सामने आत्मसमर्पण कर रहे हैं, ब्रिटेन के सामने नहीं।''

कैबिनेट मिशन योजना (1946)

- ब्रिटिश सरकार ने वर्ष 1946 में घोषणा की कि वह भारत में अपना शासन समाप्त करना चाहती है।
- फरवरी, 1946 में ब्रिटेन के प्रधानमंत्री एटली ने भारत में एक तीन सदस्यीय उच्चस्तरीय शिष्टमंडल भेजने की घोषणा की।
- इस शिष्टमंडल के अध्यक्ष भारत सचिव लॉर्ड **पैथिक लारेंस** थे, जबकि अन्य दो सदस्य सर स्टैफोर्ड क्रिप्स (व्यापार बॉर्ड के अध्यक्ष) तथा **ए.वी.एलेक्जेंडर** (नौसेना मंत्री) थे। इसे **कैबिनेट मिशन** के नाम से जाना जाता है।
- कैबिनेट मिशन का प्रमुख कार्य भारत को शांतिपूर्वक सत्ता हस्तांतरण के लिए उपायों एवं संभावनाओं को तलाशना था, अत: मई, 1946 में कैबिनेट मिशन ने अपना प्रस्ताव जारी किया।

कैबिनेट मिशन के मुख्य प्रस्ताव

- ब्रिटिश सरकार तथा भारतीय राजाओं को मिलाकर एक भारतीय संघ (संघीय सरकार) के निर्माण की सिफारिश की गई, जिसके पास विदेश विभाग, रक्षा और संचार रहेंगे और शेष शक्तियाँ तथा विषय राज्यों के पास रहेंगे। इस प्रकार दोनों क्षेत्रों के प्रतिनिधियों द्वारा कार्यपालिका और विधायिका की रचना की जाएगी।
- प्रांतों को पृथक्-पृथक् कार्यपालिका और विधायिका के साथ समूह बनाने का अधिकार होगा और प्रत्येक समूह को अपने अधीन रखे जाने वाले प्रांतीय विषयों का निर्णय करने का अधिकार होगा।
- संघीय विषयों के अतिरिक्त अन्य सभी विषय तथा अवशिष्ट शक्तियाँ प्रांतों के पास होंगी।
- प्रांतों को तीन श्रेणियों में बाँटा गया
  - **समूह क** - मद्रास, बंबई, संयुक्त प्रांत, मध्य प्रांत, बिहार, उड़ीसा।
  - **समूह ख** - पंजाब, उत्तरी-पश्चिमी सीमा प्रांत एवं सिंध।
  - **समूह ग** - बंगाल एवं असम।
- संविधान सभा के निर्माण हेतु प्रत्येक प्रांत को 10 लाख लोगों के लिए एक प्रतिनिधि के अनुपात में जनसंख्या के सांप्रदायिक आधार पर स्थान दिए जाएँगे।
- मतदाताओं के तीन वर्ग थे-सामान्य, मुस्लिम तथा सिख। ब्रिटिश भारतीय प्रांतों से 292 सदस्य संविधान सभा में चुने जाने थे, जबकि 96 सदस्य देशी रियासतों से एवं 4 सदस्य मुख्य आयुक्त में से चुने जाने थे।
- कैबिनेट मिशन ने मुस्लिम लीग की पाकिस्तान की माँग को अस्वीकार कर दिया।
- मिशन ने स्पष्ट किया कि सभी दलों की सहायता से शीघ्र ही एक अंतरिम सरकार की स्थापना की जाएगी।

कैबिनेट मिशन पर प्रतिक्रिया

- कांग्रेस के अनुसार प्रांतों को यह छूट होनी चाहिए कि वे समूहों में सम्मिलित हों या नहीं। इसके अनुसार समूहों में सम्मिलित होने की अनिवार्यता प्रांतीय स्वायत्तता के सिद्धांतों के विपरीत है।
- मुस्लिम लीग के अनुसार, समूहीकरण की शर्त समूह 'ख' तथा 'ग' के लिए अनिवार्य होनी चाहिए।
- 6 जून, 1946 को मुस्लिम लीग ने तथा 24 जून, 1946 को कांग्रेस ने कैबिनेट मिशन योजना को स्वीकार कर लिया।
- लीग ने 29 जुलाई, 1946 को अपनी स्वीकृति वापस ले ली और पाकिस्तान के निर्माण के लिए 16 अगस्त, 1946 से प्रत्यक्ष कार्यवाही शुरू की।
- पाकिस्तान की माँग पर शुरू की गई इस प्रत्यक्ष कार्यवाही से कलकत्ता में व्यापक स्तर पर हिंसा फैल गई, जो आगे ग्रामीण बंगाल, बिहार और संयुक्त प्रांत तक फैली।
- 7 जून, 1946 को कांग्रेस कमेटी ने स्वीकार किया कि कांग्रेस संविधान सभा में शामिल होगी। वर्ष 1946 में संविधान सभा का गठन हुआ, किंतु लीग अपना पृथक् संविधान चाहती थी।
- मुस्लिम लीग ने 16 अगस्त, 1946 को पृथक् पाकिस्तान के निर्माण के लिए प्रत्यक्ष कार्यवाही दिवस मनाने की घोषणा की तथा अंतरिम सरकार में शामिल होने से इनकार कर दिया।

अंतरिम सरकार का गठन (1946)

- मुस्लिम लीग द्वारा अंतरिम सरकार में शामिल होने से इनकार करने के बाद वेवेल द्वारा 6 अगस्त, 1946 को जवाहरलाल नेहरू को अंतरिम सरकार बनाने के लिए आमंत्रित किया गया।
- 24 अगस्त, 1946 को जवाहरलाल नेहरू के नेतृत्व में भारत की पहली अंतरिम राष्ट्रीय सरकार की स्थापना की गई, जिसमें मुस्लिम लीग की भागीदारी नहीं थी।
- 2 सितंबर, 1946 को कांग्रेस ने जवाहरलाल नेहरू के नेतृत्व में एक अंतरिम मंत्रिमंडल (सरकार) का गठन किया।
- अंतरिम सरकार में जवाहरलाल नेहरू, सरदार पटेल, डा.राजेंद्र प्रसाद, आसफ अली, सी. राजगोपालाचारी, शरद बोस, जॉन मथाई, सरदार बलदेव सिंह, सरफराज अहमद खाँ, जगजीवन राम, सैयद अली जहीर और सी.एच.भाभा आदि शामिल थे।
- 26 अक्टूबर, 1946 को मुस्लिम लीग भी अंतरिम सरकार में शामिल हुई। अंतरिम सरकार में मुस्लिम लीग के 5 सदस्य शामिल हुए।
- 9 दिसंबर को संविधान सभा की प्रथम बैठक हुई, जिसमें सच्चिदानंद सिन्हा को अस्थायी अध्यक्ष चुना गया।
- 11 दिसंबर, 1946 को डॉ. राजेंद्र प्रसाद को सभा का स्थायी अध्यक्ष चुना गया। 13 दिसंबर, 1946 को नेहरू ने उद्देश्य प्रस्ताव पेश किया।

एटली की घोषणा एवं माउंटबेटन योजना

- 20 फरवरी, 1947 को ब्रिटेन के प्रधानमंत्री क्लीमेंट एटली ने घोषणा की, कि ब्रिटेन जून, 1948 तक भारत का शासन छोड़ देगा।
- मार्च, 1947 में वेवेल के स्थान पर माउंटबेटन भारत का वायसराय बनकर आया, जिसने कांग्रेस एवं मुस्लिम लीग के नेताओं से विचार-विमर्श के बाद भारत के विभाजन का प्रस्ताव रखा।

माउंटबेटन योजना के मुख्य प्रावधान

माउंट बेटन योजना के मुख्य प्रावधान निम्न थे

- 15 अगस्त, 1947 से भारत में दो अधिराज्यों की स्थापना की जाएगी और सभी शक्तियाँ इसे हस्तांतरित कर दी जाएँगी।
- सिंध, उत्तर-पश्चिमी सीमा प्रांत, पश्चिमी पंजाब, पूर्वी बंगाल, बलूचिस्तान तथा असम के सिलहट जिले को छोड़कर सभी प्रांत भारत में शामिल होने थे।
- पंजाब एवं बंगाल के बँटवारे के लिए **रेडक्लिफ आयोग** का गठन किया जाएगा।
- दोनों अधिराज्यों के मंत्रिमंडलों के सुझाव पर गवर्नर जनरल को संवैधानिक प्रमुख के रूप में नियुक्त किया जाना था।
- दोनों अधिराज्यों को प्रभुत्व संपन्न घोषित करके, उन्हें अपने-अपने संविधान बनाने का अधिकार दिया गया।
- भारतीय राजाओं को भारत या पाकिस्तान में शामिल होने की इजाजत दी गई, उन्हें स्वतंत्र रहने का विकल्प नहीं दिया गया।
- उत्तर-पश्चिम सीमा प्रांत तथा असम के सिलहट जिले में जनमत संग्रह के द्वारा पता लगाया जाना था कि वहाँ की जनता किसके साथ रहना चाहती है।

माउंटबेटन योजना पर प्रतिक्रिया

- 3 जून, 1947 को माउंटबेटन ने भारतीय समस्या के हल हेतु जो सुझाव दिए थे, उन्हें कांग्रेस कार्य समिति द्वारा स्वीकार कर लिया गया।
- 14 जून, 1947 को कांग्रेस की महासमिति की बैठक में **गोविंद बल्लभ पंत** ने देश विभाजन की माउंटबेटन योजना को स्वीकार करने का प्रस्ताव पेश करते हुए कहा कि "आज हमें पाकिस्तान तथा आत्महत्या में से एक चुनना है, देश की मुक्ति पाने का यही एकमात्र रास्ता है, इससे भारत में एक शक्तिशाली संघ की स्थापना होगी।"
- देश विभाजन का विरोध करते हुए गाँधीजी ने कहा "यदि सारा भारत भी आग की लपट में घिर जाए तो भी पाकिस्तान नहीं बनेगा।" यदि कांग्रेस विभाजन चाहती है तो यह मेरे मृत शरीर पर होगा। इसके पश्चात् गाँधीजी ने वायसराय माउंटबेटन से मिलकर जिन्ना को सरकार बनाने के लिए आमंत्रित करने को कहा, जिससे विभाजन को टाला जा सके।
- गाँधीजी के सुझाव का सरदार पटेल तथा नेहरू द्वारा विरोध किया गया। अंत में गाँधीजी द्वारा भी निराश होकर विभाजन को स्वीकार कर लिया गया।
- कांग्रेस के राष्ट्रवादी मुस्लिम नेता मौलाना आजाद तथा खान अब्दुल गफ्फार खाँ (सीमांत गाँधी) ने विभाजन के प्रस्ताव का विरोध किया था।

भारतीय स्वतंत्रता अधिनियम, 1947

- माउंटबेटन योजना के आधार पर 4 जुलाई, 1947 को ब्रिटिश संसद में भारतीय स्वतंत्रता विधेयक पेश किया गया, जिसे 18 जुलाई, 1947 को स्वीकृति मिल गई।
- इस अधिनियम के आधार पर 14 अगस्त को पाकिस्तान तथा 15 अगस्त को भारत स्वतंत्र हो गया। पश्चिमी पंजाब, पूर्वी बंगाल, सिंध और पश्चिमोत्तर सीमा प्रांत को मिलाकर पृथक् देश के रूप में पाकिस्तान राज्य बना।
- मुहम्मद अली जिन्ना पाकिस्तान के पहले गवर्नर-जनरल तथा लियाकत अली खाँ पहले प्रधानमंत्री बने, जबकि लॉर्ड माउंटबेटन स्वतंत्र भारत के प्रथम गवर्नर जनरल और जवाहरलाल नेहरू प्रथम प्रधानमंत्री बनें।

पाकिस्तान प्रस्ताव से विभाजन तक

- पाकिस्तान के गठन की माँग उर्दू कवि मोहम्मद इकबाल द्वारा शुरू की गयी मानी जाती है। सर्वप्रथम वर्ष 1930 के मुस्लिम लीग के अधिवेशन में इन्होंने "उत्तर-पश्चिमी भारतीय मुस्लिम राज्य" की जरूरत पर बल दिया।
- पाकिस्तान (पाक-स्तान) शब्द का गठन चौधरी रहमत अली द्वारा वर्ष 1933 तथा 1935 में लिखित पर्चों में किया गया, जिसे पंजाब, अफगान, कश्मीर, सिंध, बालूचिस्तान (PAK-STAN) से गढा गया।
- 23 मार्च, 1940 को मुस्लिम लीग ने उपमहाद्वीप के मुस्लिम बहुल क्षेत्रों के लिए कुछ स्वायत्तता की माँग का प्रस्ताव पेश किया।
- वर्ष 1946 में कैबिनेट मिशन योजना वापसी के बाद मुस्लिम लीग ने पाकिस्तान की माँग को अमली जामा पहनाने के लिए हिंसात्मक रूप अपनाया, जिसे 'प्रत्यक्ष कार्यवाही दिवस' के रूप में जाना गया।
- मार्च, 1947 में कांग्रेस हाई कमान ने बढती हिंसा को रोकने के लिए पंजाब को मुस्लिम बहुल तथा हिंदू बहुल हिस्से में बाँटने का प्रस्ताव मंजूर किया।
- इस विभाजन में सर्वाधिक हिंसा पंजाब में हुई। वर्ष 1946 से लेकर विभाजन के बाद लंबे समय तक लोगों का पलायन होता रहा। सर्वाधिक पलायन बंगाल से हुआ तथा यह सबसे लंबे समय तक चला।
- महात्मा गाँधी तथा उत्तर-पश्चिम सीमा प्रांत के नेता खान अब्दुल गफ्फार खान अंत तक विभाजन के पक्ष में नहीं थे।

गवर्नर, गवर्नर-जनरल एवं वायसराय

(स्रोत)

New NCERT Class VIII Chap 1 प्रारंभिक कथन : कैसे, कब, कहाँ, Chap 2 व्यापार से साम्राज्य तक कंपनी की सत्ता स्थापित होती है, Old NCERT Class X Chap 16 भारत का स्वाधीनता संघर्ष, Old NCERT Class XII Chap 2 भारत में यूरोपियों का प्रवेश और अंग्रेजों की विजय, Chap 3 भारत में ब्रिटिश साम्राज्य की आर्थिक नीतियाँ तथा प्रशासनिक ढाँचा (1757-1857), Chap 4 प्रशासनिक संगठन और सामाजिक एवं सांस्कृतिक नीति, Chap 6 1857 का विद्रोह, Chap 7 1858 ई. के बाद प्रशासनिक परिवर्तन Chap 13 स्वराज के लिए संघर्ष-II (1927-1947)

गवर्नर, गवर्नर-जनरल एवं वायसराय पद का सृजन

- ईस्ट इंडिया कंपनी का कार्य संचालन 1772 ई. तक बंगाल के गवर्नर द्वारा किया जाता था।
- मद्रास एवं बंबई प्रेसीडेंसी में भी अलग से गवर्नर होते थे।
- 1772 ई. के पश्चात् बंगाल का गवर्नर, गवर्नर-जनरल हो गया, जो 1833 ई. तक रहा। **वॉरेन हेस्टिंग्स** प्रथम गवर्नर-जनरल था।
- 1833 से 1857 ई. तक बंगाल का गवर्नर-जनरल भारत का गवर्नर-जनरल कहलाया। **लॉर्ड विलियम बैंटिंक** भारत का प्रथम गवर्नर जनरल था।
- 1857 ई. की क्रांति के पश्चात् भारत के गवर्नर-जनरल का पद समाप्त कर वायसराय नामक पद का सृजन किया गया। **लॉर्ड कैनिंग** प्रथम वायसराय था।
- 1935 के एक्ट द्वारा वायसराय के पद को पुन: गवर्नर-जनरल बना दिया गया, जो वर्ष 1950 तक जारी रहा।

प्रमुख गवर्नर, गवर्नर-जनरल एवं वायसराय

प्रमुख गवर्नर, गवर्नर-जनरल एवं वायसराय निम्न हैं

लॉर्ड क्लाइव (1757-60 तथा 1765-67 ई.)

- प्लासी युद्ध की विजय (1757 ई.) के पश्चात् क्लाइव को बंगाल का गवर्नर बनाया गया। क्लाइव ने 1764 ई. के बक्सर के युद्ध में सफलता के पश्चात् 1765 ई. में बंगाल में द्वैधशासन लागू किया, जो 1772 ई. तक चलता रहा। इसी के काल में **श्वेत विद्रोह** हुआ था।
- क्लाइव द्वारा **सोसायटी फॉर ट्रेड** की स्थापना की गई थी। आलमगीर द्वितीय द्वारा इसे 'उमरा' की उपाधि दी गई थी। प्रसिद्ध राजनीतिज्ञ एडमंड बर्क ने क्लाइव को 'बड़ी-बड़ी नींव रखने वाला' कहा था।

क्लाइव के पश्चात् बंगाल के गवर्नर

क्लाइव के पश्चात् बंगाल के निम्न गवर्नर हुए, जो इस प्रकार हैं

- हालवेल (1760 ई.) इसने ब्लैक होल की घटना का वर्णन किया था।
- वेन्सिटार्ट (1760-65 ई.) यह बक्सर युद्ध के समय बंगाल का गवर्नर था।
- वेरेलस्ट (1767-69 ई.) यह द्वैधशासन के समय बंगाल का गवर्नर था।
- कर्टियर (1769-72 ई.) इसके काल में 1770 ई. में बंगाल में आधुनिक भारत का प्रथम अकाल पड़ा।

वॉरेन हेस्टिंग्स (1772-85 ई.)

- वॉरेन हेस्टिंग्स 1750 ई. में कंपनी के क्लर्क के रूप में कलकत्ता आया तथा शीघ्र ही अपनी योग्यता से कासिम बाजार का अध्यक्ष बन गया।
- 1772 ई. में हेस्टिंग्स बंगाल का गवर्नर बना। 1773 ई. के रेग्यूलेटिंग एक्ट के द्वारा उसे भारत में ब्रिटिश प्रदेशों का गवर्नर-जनरल बनाया गया।
- हेस्टिंग्स के द्वारा 1772 ई. में द्वैधशासन समाप्त करके बंगाल पर कंपनी का सीधा शासन लागू किया गया। इसी वर्ष से कलकत्ता, जोकि कंपनी का प्रमुख केंद्र था, बंगाल की वास्तविक राजधानी बना।
- हेस्टिंग्स को रियासतों के साथ होने वाली **घेरे की नीति** (रिंग ऑफ फेंस) का जनक माना जाता है। इसी के काल में ही 1784 का **पिट्स इंडिया एक्ट** पारित किया गया था।

वॉरेन हेस्टिंग्स के सुधार निम्न हैं

- **राजस्व सुधार** हेस्टिंग्स ने 1772 ई. में राजस्व बोर्ड (बोर्ड ऑफ रेवेन्यू) का गठन किया, जिसमें भूमि कर सुधार के अंतर्गत 1772 ई. में कर संग्रहण के अधिकार उच्चतम बोली लगाने वाले जमींदारों को 5 वर्ष के लिए नीलाम कर दिए गए। 1776 ई. में पंचवर्षीय व्यवस्था के स्थान पर एक वर्षीय व्यवस्था को लागू किया गया।

- **न्यायिक सुधार** 1773 के रेग्यूलेटिंग एक्ट के **अनुसार 1774 ई. में** कलकत्ता में एक सुप्रीम कोर्ट की स्थापना की गई। **इसका प्रथम मुख्य** न्यायाधीश एलिजा इम्पे था, जबकि तीन अन्य न्यायाधीश **चैम्बर्स,** लिमैस्टर तथा हाइड थे। हेस्टिंग्स द्वारा 1772 ई. में प्रत्येक जिले में एक फौजदारी तथा दीवानी अदालतों की स्थापना की गई थी।
- **सामाजिक सुधार** हेस्टिंग्स के सामाजिक सुधार के अंतर्गत सर विलियम जोन्स द्वारा 1784 ई. में 'दक्षिण एशियाटिक सोसायटी ऑफ बंगाल' की स्थापना की गई। कलकत्ता में मुस्लिम शिक्षण के विकास के लिए एक मदरसा स्थापित किया गया। हेस्टिंग्स के शासनकाल में ही 7 दिसंबर, 1773 को अवध के नवाब के साथ 'बनारस की संधि' की गई थी। हेस्टिंग्स ने 1775 ई. में अवध के नवाब आसफ़ुद्दौला से 'फैजाबाद की संधि' की थी, जिसके अंतर्गत बनारस का राजा चेतसिंह कंपनी पर आश्रित हो गया।

लॉर्ड कॉर्नवालिस (1786-93 ई.)

वॉरेन हेस्टिंग्स के पश्चात् सर जॉन मैकफरसन एक वर्ष (1785-86) के लिए कार्यकारी गवर्नर-जनरल बना और 1786 ई. में लॉर्ड कॉर्नवालिस गवर्नर-जनरल बनकर भारत आया, कॉर्नवालिस द्वारा किए गए प्रमुख सुधार निम्न हैं

- **न्यायिक सुधार** कॉर्नवालिस ने अपने न्यायिक सुधार के अंतर्गत न्याय प्रशासन तथा कर प्रशासन को पृथक् कर दिया अर्थात् कलेक्टर की न्यायिक व फौजदारी शक्तियाँ ले ली गईं और उसके पास अब केवल कर संबंधी शक्तियाँ ही शेष रह गईं। कॉर्नवालिस के इस सुधार को 'कॉर्नवालिस कोड' या 'शक्तियों के पृथक्करण' का सिद्धांत कहा जाता है।
- **सिविल सेवा सुधार** कॉर्नवालिस को 'भारत में सिविल सेवा का जनक' माना जाता है। सिविल सेवा परीक्षा प्रारंभ में इंग्लैंड में होती थी। सत्येंद्र नाथ टैगोर आई.सी.एस. बनने वाले प्रथम भारतीय थे। प्रारंभ में इस परीक्षा की अधिकतम आयु 23 वर्ष थी, जिसे लॉर्ड लिटन ने घटाकर 19 वर्ष कर दिया था।
- **पुलिस सुधार** कॉर्नवालिस ने ग्रामीण क्षेत्रों में जमींदारों के पुलिस अधिकारों को समाप्त कर थानों की स्थापना की और वहाँ एक दरोगा व कुछ पुलिस कर्मचारियों को नियुक्त किया। मजिस्ट्रेट को जिले की पुलिस व्यवस्था का उत्तरदायित्व सौंप दिया गया। इस प्रकार कॉर्नवालिस ने पुलिस तथा न्यायिक प्रशासन को सीधे अपने अधीन कर लिया।
- **राजस्व सुधार** कॉर्नवालिस ने 1787 ई. में प्रांत को राजस्व क्षेत्रों में विभाजित कर उन पर एक कलेक्टर नियुक्त कर दिया। 1790 ई. में जमींदारों को भूस्वामी मान लिया गया। कॉर्नवालिस ने कंपनी के कर्मचारियों के निजी व्यापार को समाप्त कर दिया तथा प्रत्येक पदाधिकारी को भारत आने से पूर्व अपनी संपत्ति का ब्यौरा देना अनिवार्य कर दिया।
- **स्थायी बंदोबस्त** कॉर्नवालिस ने 1790 ई. में बंगाल के जमींदारों के लिए भूमि के लिए दस वर्षीय लगान की व्यवस्था लागू की, जिसे बाद में 1793 ई. में स्थायी कर दिया गया, इसे ही स्थायी बंदोबस्त कहा गया। स्थायी बंदोबस्त की व्यवस्था में कॉर्नवालिस ने जॉन शोर का सहयोग लिया था।
  यह व्यवस्था बंगाल, बिहार एवं ओडिशा में लागू की गई थी। कॉर्नवालिस पुन: 1805 ई. में भारत में गवर्नर-जनरल बनकर आया था। इसी दौरान 1805 ई. में गाजीपुर (उत्तर प्रदेश) में इसकी मृत्यु हो गई। गाजीपुर में ही उसकी समाधि स्थित है।

जॉन शोर (1793-98 ई.)

- ब्रिटिश संसद ने सर जॉन शोर के समय में 1793 का चार्टर एक्ट पास किया। इसने देशी राज्यों के संबंध में अहस्तक्षेप की नीति का पालन किया तथा जमींदारों को भूमि का वास्तविक स्वामी माना।
- सर जॉन शोर के समय में ही निजाम और मराठों के मध्य 1795 ई. में **खुर्दा का युद्ध** लड़ा गया था।

लॉर्ड वेलेजली (1798-1805 ई.)

- 1798 ई. में रिचर्ड वेलेजली, जिसे मार्क्विस ऑफ वेलेजली के नाम से जाना जाता है, बंगाल का गवर्नर-जनरल बना।
- इसे **बंगाल का शेर** भी कहा जाता था, इसकी प्रसिद्धि का मुख्य कारण 'सहायक संधि प्रणाली' थी।

सहायक संधि प्रणाली

- भारत में फ्रांसीसियों के भय को समाप्त करने तथा अंग्रेजी सत्ता की श्रेष्ठता को बनाए रखने हेतु वेलेजली ने भारत में सहायक संधि प्रणाली को प्रचलित किया।
- सहायक संधि को स्वीकार करने वाले राज्यों के वैदेशिक संबंध अंग्रेजी शासन के अधीन थे, परंतु उनके आंतरिक मामलों में हस्तक्षेप नहीं किया जाता था।
- सहायक संधि स्वीकार करने वाले राज्यों को अपनी राजधानी में एक अंग्रेज रेजीडेंट रखना होता था तथा कंपनी की पूर्व आज्ञा के बिना शासक किसी भी यूरोपीय को अपनी सेना में नहीं रख सकता था।
- सहायक संधि स्वीकार करने वाले प्रमुख राज्य हैदराबाद(1798 ई.), मैसूर (1799 ई.), तंजौर (1799 ई.), अवध (1801 ई.), पेशवा (1802 ई.), भोंसले (1803 ई.), सिंधिया (1804 ई.) इत्यादि थे। इन राज्यों के अतिरिक्त जयपुर, जोधपुर, मच्छेड़ी, बूंदी तथा भरतपुर आदि राज्यों ने भी सहायक संधि प्रणाली को स्वीकार किया था।
- वेलेजली के समय में ही द्वितीय आंग्ल-मराठा युद्ध (1802 ई.) हुआ तथा पेशवा बाजीराव द्वितीय और अंग्रेजों के मध्य बसई अथवा **बसीन की संधि** हुई। वेलेजली के समय में ही चतुर्थ आंग्ल-मैसूर युद्ध (1799 ई.) हुआ था, जिसमें श्रीरंगपट्टम का दुर्ग अंग्रेजों ने जीत लिया था और टीपू सुल्तान को वीरगति प्राप्त हुई थी।
- 1799 ई. में वेलेजली ने प्रेस पर प्रतिबंध आरोपित किया तथा सिविल सेवकों के प्रशिक्षण हेतु 1800 ई. में कलकत्ता में फोर्ट विलियम कॉलेज की स्थापना की। 1803 ई. में इसने शिशु हत्या पर पूर्णत: प्रतिबंध लगा दिया।

सर जॉर्ज बार्लो (1805-07 ई.)

- सर जॉर्ज बार्लो के शासनकाल की प्रमुख घटना वेल्लोर में सिपाहियों का विद्रोह (1806 ई.) था, जिसका मुख्य कारण फौजी-वर्दियों को पहनने, बालो को काटने आदि से संबंधित था।
- इस विद्रोह का दमन मद्रास के तत्कालीन गवर्नर विलियम बैंटिंक ने किया था।

लॉर्ड मिंटो प्रथम (1807-13 ई.)

- लॉर्ड मिंटो प्रथम के काल की प्रमुख घटना अमृतसर की संधि (1809 ई.) थी। यह मिंटो तथा सिख शासक रणजीत सिंह के मध्य हुई थी।
- इस संधि पर अंग्रेजों की ओर से चार्ल्स मैटकॉफ ने हस्ताक्षर किया था।

लॉर्ड हेस्टिंग्स (1813-23 ई.)

लॉर्ड हेस्टिंग्स 1813 ई. में गवर्नर-जनरल बनकर भारत आया, इसके शासनकाल की प्रमुख घटनाएँ निम्न हैं

- **आंग्ल नेपाल युद्ध** (1814-16 ई.) लॉर्ड हेस्टिंग्स को सर्वप्रथम नेपाल के विरुद्ध 1814 ई. में कार्यवाही करनी पड़ी। कर्नल निकल्सन तथा गार्डनर के नेतृत्व में अंग्रेजों ने अल्मोड़ा पर अधिकार कर लिया। गोरखा नेता अमर सिंह थापा पराजित हो गया तथा मार्च, 1816 में संगौली की संधि हुई। संगौली की संधि के अनुसार गढ़वाल, कुमायूँ, शिमला, रानीखेत एवं नैनीताल अंग्रेजों के अधिकार में आ गए तथा गोरखों ने काठमांडू में ब्रिटिश रेजीडेंट रखना स्वीकार किया।
- **पिंडारियों का दमन** (1817-18 ई.) लॉर्ड हेस्टिंग्स को पिंडारियों के दमन का श्रेय भी प्राप्त था, पिंडारी लुटेरों का एक दल था, जिसमें हिंदू तथा मुस्लिम दोनों सम्मिलित थे। हेस्टिंग्स ने टॉमस हिसलोप के साथ मिलकर पिंडारियों के विरुद्ध अभियान चलाया। पिंडारियों के प्रमुख नेता वासिल मुहम्मद, करीम खाँ, अमीर खाँ तथा चीतू थे। वासिल मुहम्मद ने सिंधिया के यहाँ शरण ली, जिसे सिंधिया ने अंग्रेजों को सौंप दिया। करीम खाँ को गोरखपुर में एक छोटी सी रियासत दे दी गई तथा चीतू को शेर मारकर खा गया। अमीर खान को टोंक का नवाब बना दिया गया। इस प्रकार 1824 ई. तक पिंडारियों का दमन कर दिया गया।
- **मराठा संघ का अंत** हेस्टिंग्स ने मराठों को तृतीय आंग्ल-मराठा युद्ध में पराजित कर मराठा संघ को भंग कर दिया। 1 जून, 1817 को पेशवा ने अपनी पराजय स्वीकार कर एक संधि पर हस्ताक्षर किए, जिसके अनुसार मराठा संघ समाप्त हो गया। हेस्टिंग्स ने बाजीराव द्वितीय को गद्दी से हटाकर ₹ 18 लाख वार्षिक पेंशन देकर कानपुर के समीप बिठूर नामक स्थान पर भेज दिया।
- **भूमि व्यवस्था** हेस्टिंग्स के समय में ही एलफिंस्टन ने बंबई में रैयतवाड़ी व्यवस्था को लागू किया। बंगाल में रैयत के अधिकारों को सुरक्षित रखने के लिए 1822 ई. में टेनेंसी एक्ट या काश्तकारी अधिनियम लागू किया।

लॉर्ड एमहर्स्ट (1823-28 ई.)

- लॉर्ड एमहर्स्ट के काल की प्रमुख घटना प्रथम आंग्ल-बर्मा युद्ध तथा भरतपुर का उत्तराधिकार युद्ध है। प्रथम आंग्ल-बर्मा युद्ध 1824-26 ई. तक लड़ा गया था, जिसका अंत 1826 ई. की **यांडबू की संधि** के साथ हुआ था।
- 1824 ई. का बैरकपुर सैन्य विद्रोह भी एमहर्स्ट के काल में हुआ था। इस विद्रोह का प्रमुख कारण फौज की एक टुकड़ी को बर्मा जाने की आज्ञा देना था। यह प्रथम गवर्नर-जनरल था, जो मुगल सम्राट अकबर द्वितीय से समानता रखता था।

लॉर्ड विलियम बैंटिंक (1828-35 ई.)

यह बंगाल का अंतिम गवर्नर-जनरल तथा भारत का प्रथम गवर्नर-जनरल था, इसके पूर्व यह 1803 ई. में मद्रास का गवर्नर नियुक्त किया गया था। 1806 ई. में इसने सैनिकों के माथे पर जातीय चिह्न लगाने और कानों में बालियाँ पहनने पर रोक लगा दी थी। लॉर्ड विलियम बैंटिंक के प्रमुख सुधार निम्न हैं

- **सामाजिक सुधार** लॉर्ड विलियम बैंटिंक ने दिसंबर, 1829 में एक अधिनियम द्वारा विधवाओं के सती होने को अवैध घोषित किया। प्रारंभ में यह कानून केवल बंगाल प्रेसीडेंसी में लागू था, जिसे 1830 ई. में बंबई तथा मद्रास प्रेसीडेंसियों में भी लागू कर दिया गया। बैंटिंक ने ठगी प्रथा की समाप्ति के लिए कर्नल स्लीमैन की नियुक्ति की। 1830 ई. तक ठगी प्रथा का अंत हो गया। बैंटिंक ने नरबलि तथा राजपूतों में बालिका शिशु हत्या पर भी प्रतिबंध लगाया। 1833 के चार्टर एक्ट की धारा-87 के अनुसार, जाति या वर्ण के स्थान पर योग्यता को ही सेवा का आधार माना गया।
- **शिक्षा संबंधी सुधार** लॉर्ड बैंटिंक के काल में अंग्रेजी को भारत में उच्च शिक्षा का माध्यम मान लिया गया। इसके शासनकाल में 1835 ई. में कलकत्ता में एक मेडिकल कॉलेज की स्थापना की गई थी।
- **रियासतों के प्रति नीति** लॉर्ड बैंटिंक ने रियासतों के प्रति अहस्तक्षेप की नीति अपनाई, परंतु कुछ रियासतों में अव्यवस्था का आरोप लगाकर उसे ब्रिटिश प्रांतों में मिला लिया; जैसे-1831 ई. में मैसूर, 1834 ई. में कुर्ग तथा कछार की रियासतों को मिलाया। इसके काल में आगरा एक नई प्रेसीडेंसी बना तथा यहाँ एक सर्वोच्च न्यायालय की स्थापना भी हुई।

सर चार्ल्स मैटकॉफ (1835-36 ई.)

- सर चार्ल्स मैटकॉफ को भारत में समाचार-पत्रों के मुक्तिदाता के रूप में जाना जाता है।
- इसने प्रेस पर लगे प्रतिबंधों को समाप्त किया था।

लॉर्ड ऑकलैंड (1836-42 ई.)

- लॉर्ड ऑकलैंड के शासनकाल की सबसे महत्त्वपूर्ण घटना प्रथम आंग्ल-अफगान युद्ध (1839-42 ई.) था, जिसमें अंग्रेजों को अधिक क्षति हुई थी।
- इसके शासनकाल में अफगान समस्या के समाधान हेतु शाहशुजा, रणजीत सिंह तथा अंग्रेजों के मध्य 1838 ई. में एक त्रिपक्षीय संधि हुई थी।
- इस संधि के द्वारा शाहशुजा को अफगानिस्तान की गद्दी पर बैठाया जाना था, किंतु बाद में रणजीत सिंह इस संधि से अलग हो गए।
- लॉर्ड ऑकलैंड के काल में ही 1839 ई. में कलकत्ता से दिल्ली तक **जी.टी. रोड** का निर्माण शुरू करवाया गया तथा इसी के समय में **शेरशाह सूरी मार्ग** का नाम बदलकर **ग्रांड ट्रंक रोड** (जी.टी.रोड) रख दिया गया।

लॉर्ड एलनबरो (1842-44 ई.)

- लॉर्ड एलनबरो के समय में ही चार्ल्स नेपियर के नेतृत्व में 1843 ई. में सिंध का विलय कर लिया गया।
- एलनबरो का कार्यकाल **कुशल अकर्मण्यता की नीति** का काल कहा जाता है। इसके समय में ही 1843 ई. में दास प्रथा का अंत हुआ था।

लॉर्ड हार्डिंग (1844-48 ई.)

- लॉर्ड हार्डिंग के शासनकाल की प्रमुख घटना प्रथम आंग्ल-सिख युद्ध था। यह युद्ध 1845 ई. में प्रारंभ हुआ, जिसमें चार लड़ाइयाँ मुदकी, सबराँव, बट्टोवाल व आलीवाल में हुईं।
- सबराँव की लड़ाई में सिख पराजित हो गए तथा इस युद्ध की समाप्ति 1846 ई. की 'लाहौर की संधि' के साथ हुई। मानव बलि प्रथा का दमन तथा शिशु हत्या पर रोक हार्डिंग के काल की महत्त्वपूर्ण घटना थीं।

लॉर्ड डलहौजी (1848-56 ई.)

लॉर्ड डलहौजी 36 वर्ष की आयु में 1848 ई. में भारत का गवर्नर-जनरल बनकर भारत आया, उसने युद्ध व व्यपगत सिद्धांत (Doctrine of Lapse) के आधार पर अंग्रेजी साम्राज्य का विस्तार करते हुए अनेक महत्त्वपूर्ण कार्य किए, इनका विवरण निम्न प्रकार है

- **साम्राज्य विस्तार** लॉर्ड डलहौजी के समय में ही 1848 ई. में द्वितीय आंग्ल-सिख युद्ध हुआ, जिसमें सिखों की पराजय हुई तथा 1849 ई. में पंजाब को अंग्रेजी साम्राज्य में मिला लिया गया। लॉर्ड डलहौजी के समय में ही द्वितीय आंग्ल-बर्मा युद्ध (1852 ई.) हुआ था, जिसमें बर्मा की पराजय हुई तथा लोअर बर्मा व पेगू का अंग्रेजी साम्राज्य में विलय कर लिया गया। 1850 ई. में सिक्किम का अंग्रेजी राज्य में विलय हो गया। 1856 ई. में एक बड़ी कार्यवाही के बाद संथालों के विद्रोह का दमन कर दिया गया।
- **व्यपगत सिद्धांत** इस सिद्धांत का पालन करते हुए डलहौजी ने 1848 ई. में सतारा, 1849 ई. में जैतपुर तथा संबलपुर, 1850 ई. में बघाट, 1850 ई. में उदयपुर, 1853 ई. में झाँसी तथा 1854 ई. में नागपुर को अंग्रेजी साम्राज्य में मिला लिया। आउट्रम की रिपोर्ट के आधार पर कुशासन का आरोप लगाकर 1856 ई. में अवध को अंग्रेजी साम्राज्य में मिला लिया गया।
- **प्रशासनिक सुधार** डलहौजी ने प्रशासनिक सुधारों के अंतर्गत भारत के गवर्नर-जनरल के कार्यभार को कम करने के लिए बंगाल के लिए एक लेफ्टिनेंट गवर्नर की नियुक्ति की। इसके साथ ही उन नए प्रदेशों को, जिन्हें हाल ही में ब्रिटिश साम्राज्य में मिलाया गया था, के लिए डलहौजी ने सीधे प्रशासन की व्यवस्था प्रारंभ की, जिसे **नॉन रेग्यूलेशन प्रणाली** कहा जाता है। इसके अंतर्गत प्रदेशों में नियुक्त कमिश्नरों को प्रबल रूप से गवर्नर-जनरल के प्रति उत्तरदायी बनाया गया।
- **सैन्य सुधार** इसके अंतर्गत डलहौजी ने कलकत्ता में स्थित तोपखाने का कार्यालय मेरठ में तथा सेना का मुख्य कार्यालय शिमला में स्थापित किया। लॉर्ड डलहौजी के समय में भारतीय सेना एवं अंग्रेजी सेना का अनुपात क्रमश: 6:1 था।
- **शिक्षा संबंधी सुधार** उच्च शिक्षा से संबंधित **वुड डिस्पैच** (1854 ई.) लॉर्ड डलहौजी के समय ही पारित हुआ था। इसके अंतर्गत प्राथमिक शिक्षा से लेकर विश्वविद्यालय स्तर तक की शिक्षा के लिए व्यापक योजना बनाई गई।
- **रेल एवं तार** डलहौजी के कार्यकाल में भारत में 1853 ई. में प्रथम रेलवे लाइन बंबई से थाणे तथा दूसरी रेलवे लाइन 1854 ई. में कलकत्ता से रानीगंज के मध्य बिछाई गई। डलहौजी के काल में ही प्रथम तार सेवा (टेलीग्राम सर्विस) का आरंभ कलकत्ता से आगरा (1854) के मध्य प्रारंभ हुआ।
- **डाक सुधार** लॉर्ड डलहौजी के समय में 1854 ई. में नया पोस्ट ऑफिस एक्ट पारित किया गया, जिसके अंतर्गत तीनों प्रेसीडेंसियों में एक-एक महानिदेशक नियुक्त करने की व्यवस्था की गई। देश में डाक टिकटों का आरंभ डलहौजी के समय में ही हुआ।
- **सार्वजनिक निर्माण विभाग** लॉर्ड डलहौजी ने सर्वप्रथम एक सार्वजनिक निर्माण विभाग बनाया, जिसके अंतर्गत गंगा नहर का निर्माण कर 8 अप्रैल, 1854 को उसे सिंचाई के लिए खोल दिया। डलहौजी ने ग्रांड ट्रंक रोड का निर्माण कार्य पुन: शुरू करवाया।

लॉर्ड कैनिंग (1856-62 ई.)

- लॉर्ड कैनिंग ईस्ट इंडिया कंपनी का अंतिम गवर्नर-जनरल तथा ब्रिटिश सम्राट के अधीन प्रथम वायसराय था। कैनिंग के काल में ही विधवा पुनर्विवाह अधिनियम पारित किया गया था।
- कैनिंग के ही काल में 1861 ई. में भारतीय दंड संहिता की स्थापना हुई थी तथा 1861 ई. में ही प्रसिद्ध **भारतीय कौंसिल अधिनियम** पारित हुआ था।
- कैनिंग के ही काल में 1857 ई. का विद्रोह हुआ था तथा 1858 ई. में महारानी विक्टोरिया की उद्घोषणा द्वारा ईस्ट इंडिया कंपनी का शासन समाप्त हुआ था।
- कैनिंग के समय में ही भारतीय उच्च न्यायालय अधिनियम, 1861 के अंतर्गत कलकत्ता, बंबई तथा मद्रास में एक-एक उच्च न्यायालय की स्थापना की गई।
- वुड डिस्पैच की सिफारिशों के आधार पर 1857 ई. में लंदन विश्वविद्यालय के अनुरूप कलकत्ता, बंबई तथा मद्रास में विश्वविद्यालयों की स्थापना की गई।

लॉर्ड एल्गिन प्रथम (1862-63 ई.)

- लॉर्ड एल्गिन प्रथम के कार्यकाल में बहावियों का विद्रोह प्रमुख घटना थी, जिसे दबा दिया गया था।
- लॉर्ड एल्गिन की मृत्यु 1863 ई. में **धर्मशाला** (हिमाचल प्रदेश) में हुई थी।

सर जॉन लॉरेंस (1864-69 ई.)

- सर जॉन लॉरेंस ने अफगानिस्तान के संदर्भ में अहस्तक्षेप की नीति अपनाई तथा तत्कालीन शासक शेर अली से मित्रता की।
- इसके समय में 1866 ई. में ओडिशा में तथा 1868-69 ई. में बुंदेलखंड एवं राजपूताना में भीषण अकाल पड़ा।
- इस अकाल से उभरने के लिए सर जॉर्ज कैंपवेल के नेतृत्व में अकाल आयोग का गठन किया गया। लॉरेंस के समय में ही भारत एवं यूरोप के मध्य प्रथम **समुद्री टेलीग्राफ सेवा** आरंभ की गई थी।
- इसी के काल में 1868 ई. में पंजाब तथा अवध में काश्तकारी अधिनियम पारित हुआ था।

लॉर्ड मेयो (1869-72 ई.)

- भारत में वित्त के विकेंद्रीकरण का आरंभ लॉर्ड मेयो के काल में हुआ था।
- मेयो के काल में ही 1872 ई. में भारत में प्रथम बार जनगणना आरंभ हुई थी। मेयो द्वारा अजमेर में मेयो कॉलेज की स्थापना की गई थी।
- 1872 ई. में एक पठान ने अंडमान द्वीप में मेयो की हत्या कर दी थी।

लॉर्ड नार्थब्रुक (1872-76 ई.)

- पंजाब का प्रसिद्ध कूका आंदोलन लॉर्ड नार्थब्रुक के समय में हुआ था।
- इसके द्वारा मोहम्मडन एंग्लो ओरियंटल कॉलेज को ₹ 10,000 का दान दिया गया था। इसके शासनकाल में ही 'प्रिंस ऑफ वेल्स' (किंग एडवर्ड सप्तम) भारत आए थे।

लॉर्ड लिटन (1876-80 ई.)

- लॉर्ड लिटन एक महान् लेखक तथा प्रतिभावान शासक था। साहित्य जगत में यह **ओवन मैरिडिथ** के नाम से प्रसिद्ध था।
- लॉर्ड लिटन के समय ही द्वितीय आंग्ल-अफगान युद्ध (1878-80 ई.) लड़ा गया था। यह अफगानिस्तान के प्रति फॉरवर्ड (अग्र) नीति का अनुसरण करने वाला गवर्नर था। लॉर्ड लिटन के काल की अन्य प्रमुख घटनाएँ निम्न हैं
  - लॉर्ड लिटन के शासनकाल में 1 जनवरी, 1877 को दिल्ली दरबार का आयोजन किया गया था, जिसमें महारानी विक्टोरिया को **कैसर-ए-हिंद** की उपाधि से सम्मानित किया गया था।

- इसके कार्यकाल में रिचर्ड स्ट्रेची की अध्यक्षता में 1878 ई. में अकाल आयोग का गठन किया गया था, इस आयोग ने प्रत्येक प्रांत में अकाल कोष के गठन की सलाह दी थी।
- लॉर्ड लिटन के ही काल में 1878 में **वर्नाक्यूलर प्रेस एक्ट** पारित किया गया था, इस एक्ट के द्वारा भारतीय भाषा के समाचार-पत्रों को प्रतिबंधित कर दिया गया। इस एक्ट को **गला घोट अधिनियम** (Gagging Act) भी कहा गया।

लॉर्ड रिपन (1880-84 ई.)

- लॉर्ड रिपन भारत का सर्वाधिक लोकप्रिय गवर्नर-जनरल था। फ्लोरेंस नाइटिंगेल ने रिपन को 'भारत के उद्धारक' की संज्ञा दी और उसके शासनकाल को भारत में स्वर्ण युग का आरंभ कहा था।
- लॉर्ड रिपन के काल से ही प्रथम नियमित जनगणना की शुरूआत (1881 ई.) मानी जाती है। इसी के शासनकाल में ही प्रथम फैक्ट्री एक्ट पारित हुआ था।
- इसने 1882 ई. में वर्नाक्यूलर प्रेस एक्ट को समाप्त कर दिया था। इसके शासनकाल में ही 1882 ई. में **हंटर कमीशन** का गठन किया गया था। यह कमीशन प्राथमिक शिक्षा से संबंधित था।
- रिपन के काल में ही भारत में स्थानीय स्वशासन की शुरुआत हुई थी, जिसके अंतर्गत ग्रामीण क्षेत्रों में स्थानीय बोर्ड बनाए गए तथा जिला उपविभाग एवं तहसील बोर्ड बनाने की योजना बनी।
- इसके शासनकाल की एक प्रमुख घटना **इल्बर्ट बिल विवाद** (1883) थी।

लॉर्ड डफरिन (1884-88 ई.)

- लॉर्ड डफरिन के काल की एक महत्त्वपूर्ण घटना तृतीय आंग्ल-बर्मा युद्ध (1885-88 ई.) था। इस युद्ध में बर्मा की पराजय हुई।
- इसके ही शासनकाल में 1885 ई. में बंगाल में **टेनेंसी एक्ट** (बंगाल कृषक अधिनियम) पारित हुआ था, जिसके अनुसार जमींदार अपनी इच्छानुसार किसानों की भूमि नहीं छीन सकते थे।
- डफरिन के समय में ही 1885 ई. में भारतीय राष्ट्रीय कांग्रेस की तथा 1887 ई. में इलाहाबाद विश्वविद्यालय की स्थापना हुई थी।

लॉर्ड लैंसडाउन (1888-1894 ई.)

- लॉर्ड लैंसडाउन के समय में 1891 ई. में द्वितीय फैक्ट्री एक्ट और 1892 ई. में इंडियन काउंसिल एक्ट पारित हुआ था।
- इसी के शासनकाल में ही भारत और अफगानिस्तान के मध्य सीमा रेखा का निर्धारण हुआ था। भारत अफगानिस्तान की सीमा रेखा को **डूरंड रेखा** कहा जाता है।

लॉर्ड एल्गिन द्वितीय (1894-99 ई.)

- लॉर्ड एल्गिन द्वितीय के कार्यकाल में 1896 ई. में उत्तर प्रदेश, मध्य प्रदेश, बिहार तथा पंजाब के हिसार में भयंकर अकाल पड़ा, जिसका प्रभाव 2 वर्षों तक रहा।
- इन अकालों की जाँच के लिए 1898 ई. में जेम्स लायल की अध्यक्षता में एक 'अकाल आयोग' का गठन किया गया था।
- एल्गिन के समय में ही 1893 ई. में एक **अफीम आयोग** का गठन किया गया था। इसने भारत के विषय में लिखा था कि "भारत को तलवारों के बल पर जीता गया था और तलवार के बल पर ही इसकी रक्षा की जाएगी।"

लॉर्ड कर्जन (1899-1905 ई.)

लॉर्ड कर्जन ने भारत में अनेक महत्त्वपूर्ण कार्यों को संपन्न किया था, उसके द्वारा भारत में किए गए कुछ प्रमुख सुधार निम्न हैं

- **विदेश नीति** कर्जन ने नए उत्तर-पश्चिम सीमा प्रांत का गठन किया, उसने तिब्बती बौद्ध गुरु दलाई लामा पर रूस की ओर झुकाव का आरोप लगाकर तिब्बत में हस्तक्षेप किया। वर्ष 1903 में कर्नल यंग हस्बैंड के नेतृत्व में सेना ने तिब्बतियों से संधि की।
- **शिक्षा में सुधार** कर्जन ने थॉमस रैले के अधीन वर्ष 1902 में एक 'विश्वविद्यालय' आयोग का गठन किया। इस आयोग की सिफारिश के आधार पर ही वर्ष 1904 में 'भारतीय विश्वविद्यालय अधिनियम' पारित किया गया।
- **पुलिस सुधार** लॉर्ड कर्जन ने वर्ष 1902 में सर एंड्र्यू फ्रेजर की अध्यक्षता में एक पुलिस आयोग गठित किया। वर्ष 1903 में पुलिस विभाग में सी.आई.डी. (Criminal Investigation Department) की स्थापना की गई।
- **अकाल आयोग का गठन** लॉर्ड कर्जन के काल में एंटनी मैक्डोनॉल्ड की अध्यक्षता में एक अकाल आयोग की नियुक्ति की गई। इसका कार्य अकाल सहायता की व्यवस्था को योग्यतापूर्वक चलाने के संबंध में सिफारिश करना था।
- **कृषि सुधार** वर्ष 1901 में भारत में सिंचाई की समस्या का अध्ययन करने हेतु सर कॉलिन स्कॉट मानक्रीफ की अध्यक्षता में एक सिंचाई आयोग का गठन किया गया था।

लॉर्ड मिंटो द्वितीय (वर्ष 1905-10)

- लॉर्ड मिंटो के काल में वर्ष 1906 में मुस्लिम लीग की स्थापना ढाका में हुई थी। वर्ष 1906 में कलकत्ता में आयोजित कांग्रेस अधिवेशन में कांग्रेस द्वारा अपना लक्ष्य 'स्वराज' घोषित किया गया था।
- लॉर्ड मिंटो द्वितीय के समय में ही वर्ष 1908 में खुदीराम बोस को फाँसी तथा तिलक को 6 वर्ष के कारावास की सजा हुई थी।
- इसी के शासनकाल में ही इंडियन काउंसिल एक्ट, 1909 या मार्ले मिंटो सुधार पारित हुआ था।

लॉर्ड हार्डिंग द्वितीय (वर्ष 1910-16)

- लॉर्ड हार्डिंग द्वितीय के शासनकाल में वर्ष 1911 में **दिल्ली दरबार** का आयोजन किया गया था। दिल्ली दरबार में ब्रिटेन के राजा जॉर्ज पंचम तथा रानी मेरी का आगमन हुआ था।
- 23 दिसंबर, 1912 को दिल्ली में अधिकृत रूप से प्रवेश करते समय हार्डिंग पर बम फेंका गया था, जिसमें वह घायल हो गया।
- हार्डिंग द्वितीय के समय ही वर्ष 1914 में प्रथम विश्वयुद्ध प्रारंभ हुआ था।
- वर्ष 1916 में लॉर्ड हार्डिंग द्वितीय ने बनारस हिंदू विश्वविद्यालय को अपनी स्वीकृति प्रदान की थी।

लॉर्ड चेम्सफोर्ड (वर्ष 1916-21)

- लॉर्ड चेम्सफोर्ड के समय में ही वर्ष 1916 में होमरूल लीग का गठन हुआ था।
- इसी समय पूना में महिला विश्वविद्यालय की स्थापना हुई थी और वर्ष 1917 में शिक्षा पर 'सैडलर आयोग' की नियुक्ति हुई थी।

- इसी के काल में 1919 का रॉलेट एक्ट पारित हुआ था तथा 13 अप्रैल, 1919 को जलियाँवाला बाग हत्याकांड की घटना घटित हुई और भारत सरकार अधिनियम, 1919 पारित किया गया था।
- चेम्सफोर्ड के शासनकाल में ही खिलाफत आंदोलन, असहयोग आंदोलन तथा तृतीय अफगान युद्ध हुआ था।

लॉर्ड रीडिंग (वर्ष 1921-26)

- लॉर्ड रीडिंग भारत में आने वाला **एकमात्र यहूदी वायसराय** था, इसके शासनकाल में **एकवर्थ कमीशन** की अनुशंसा पर रेल बजट को आम बजट से अलग किया गया।
- रीडिंग के समय में ही दिसंबर, 1992 में स्वराज पार्टी का गठन हुआ था तथा 5 फरवरी, 1922 को चौरी-चौरा की घटना के बाद असहयोग आंदोलन वापस लिया गया।
- इसी के शासनकाल में प्रशासनिक सेवाओं के लिए दिल्ली और लंदन में वर्ष 1923 से एक साथ परीक्षा की व्यवस्था की गई और वर्ष 1924 में लोक सेवा परीक्षा के लिए आयोग का गठन किया गया था। 9 अगस्त, 1925 को काकोरी घटना के समय रीडिंग ही भारत का वायसराय था।

लॉर्ड इरविन (वर्ष 1926-31)

- लॉर्ड इरविन के कार्यकाल में वर्ष 1928 में साइमन कमीशन भारत आया था। इसी समय मोतीलाल नेहरू की अध्यक्षता मे नेहरू रिपोर्ट प्रकाशित हुई। नेहरू रिपोर्ट के विरोध में जिन्ना का 14 सूत्रीय फार्मूला आया।
- इरविन के समय ही वर्ष 1928 में रॉयल कमीशन (कृषि संबंधी) का गठन किया गया। 31 दिसंबर, 1929 को लाहौर अधिवेशन में 'पूर्ण स्वराज की घोषणा' की गई तथा 16 जनवरी, 1930 को संपूर्ण देश में स्वतंत्रता दिवस का आयोजन किया गया।
- 12 मार्च, 1930 को गाँधीजी द्वारा सविनय अवज्ञा आंदोलन का आरंभ किया गया और वर्ष 1930 में ही लंदन में प्रथम गोलमेज सम्मेलन का आयोजन हुआ था। मार्च, 1931 में गाँधी-इरविन समझौता इरविन के काल की महत्त्वपूर्ण घटना थी।

लॉर्ड विलिंगडन (वर्ष 1931-36)

- लॉर्ड विलिंगडन के कार्यकाल में लंदन में द्वितीय गोलमेज सम्मेलन (1931) का आयोजन किया गया।
- विलिंगडन के काल में ही रैम्जे मैक्डोनॉल्ड ने सांप्रदायिक निर्णय की घोषणा की थी और तृतीय गोलमेज सम्मेलन (1932) का आयोजन भी विलिंगडन के ही काल में हुआ था।
- 1935 का 'भारत सरकार अधिनियम' इसी समय स्वीकृत हुआ था। इसी के काल में वर्ष 1935 में बर्मा भारत से पृथक् हुआ तथा वर्ष 1936 में 'भारतीय किसान सभा' का गठन हुआ था।

लॉर्ड लिनलिथगो (वर्ष 1936-44)

- लॉर्ड लिनलिथगो का भारत सरकार अधिनियम, 1935 के ढाँचे के निर्माण में प्रमुख योगदान था।
- लिनलिथगो के काल में ही 1935 के अधिनियम के अंतर्गत वर्ष 1936-37 में पहला आम चुनाव संपन्न हुआ था।
- लिनलिथगो के काल में 1 सितंबर, 1939 को द्वितीय विश्वयुद्ध आरंभ हुआ। इस युद्ध में भारतीयों का सक्रिय सहयोग प्राप्त करने के उद्देश्य से इसने भारतीय नेताओं के समक्ष 8 अगस्त, 1940 को एक प्रस्ताव रखा, जिसे **अगस्त प्रस्ताव** के नाम से जाना जाता है।
- लिनलिथगो के शासनकाल में ही वर्ष 1940 में पाकिस्तान की माँग रखी गई तथा गाँधीजी द्वारा व्यक्तिगत सत्याग्रह चलाया गया।

लॉर्ड वेवेल (वर्ष 1944-47)

- लॉर्ड वेवेल के काल में द्वितीय विश्वयुद्ध की समाप्ति हुई तथा 25 जून, 1945 को शिमला सम्मेलन का आयोजन हुआ था। जिन्ना की हठधर्मिता के कारण यह सम्मेलन असफल रहा।
- वेवेल के ही काल में मार्च, 1946 में कैबिनेट मिशन भारत आया, इस योजना के अनुसार अंतरिम सरकार की व्यवस्था की गई।
- वेवेल के काल में आजाद हिंद फौज के सैनिकों पर नवंबर, 1945 में लाल किले में मुकदमा चला तथा 18 फरवरी, 1946 को नौसैनिक विद्रोह हुआ।

लॉर्ड माउंटबेटन (1947-48 ई.)

- मार्च, 1947 में वेवेल के स्थान पर लॉर्ड माउंटबेटन ने कार्यभार सँभाला। माउंटबेटन ने 3 जून, 1947 को माउंटबेटन प्लान की घोषणा की, जो भारत के विभाजन से संबंधित था।
- 4 जुलाई, 1947 को एटली द्वारा भारतीय स्वतंत्रता विधेयक ब्रिटिश संसद में प्रस्तुत किया गया, जिसे 18 जुलाई, 1947 को ब्रिटिश संसद द्वारा पारित कर दिया गया।
- विधेयक के अनुसार, भारत और पाकिस्तान नामक दो स्वतंत्र राष्ट्रों के निर्माण की घोषणा की गई।
- 14 अगस्त को पाकिस्तान तथा 15 अगस्त, 1947 को भारत स्वतंत्र हुआ। स्वतंत्रता के पश्चात् लॉर्ड माउंटबेटन को स्वतंत्र भारत का प्रथम गवर्नर-जनरल बनाया गया।

सी. राजगोपालाचारी (1947-48 ई.)

जून, 1948 से जनवरी, 1950 तक सी.राजगोपालाचारी स्वतंत्र भारत के गवर्नर-जनरल रहे। इनके ही शासनकाल में 26 नवंबर, 1949 को संविधान को अंगीकृत किया तथा 26 जनवरी, 1950 को लागू किया गया। ये स्वतंत्र भारत के प्रथम भारतीय गवर्नर-जनरल तथा भारत के अंतिम गवर्नर-जनरल थे।

स्वतंत्रता के पश्चात् भारत

(स्रोत)

Old NCERT Class VIII Chap 10 **स्वतंत्रता के बाद,**
Old NCERT Class XII Chap 14 (III) **विभाजन को समझना,**
New NCERT Class XII Chap 12 **संविधान का निर्माण एक नए युग की शुरुआत,**
Old NCERT Class XII Chap 13 **स्वराज्य के लिए संघर्ष-II**

स्वतंत्रता के पश्चात् भारत के समक्ष चुनौतियाँ

- स्वतंत्रता प्राप्ति के पश्चात् देश के समक्ष अनेक चुनौतियाँ विद्यमान थीं, जिनमें सबसे प्रमुख चुनौती देश की एकता और अखंडता को सुनिश्चित करते हुए एक राष्ट्र के रूप में भारत का पुनर्निर्माण करना था।
- स्वतंत्रता के पश्चात् के वर्षों में अनेक ऐसी महत्त्वपूर्ण घटनाएँ घटित हुईं, जिन्होंने देश की वर्तमान दशा और दिशा को निश्चित करने में महत्त्वपूर्ण भूमिका निभाई।
- स्वतंत्रता के पश्चात् सबसे महत्त्वपूर्ण कार्य राजनैतिक रूप से देश को एकता के सूत्र में बाँधना तथा इसके लिए ऐसे संविधान का निर्माण करना, जो भारत की विविधतापूर्ण संस्कृति के अनुकूल तथा एक सफल लोकतंत्रात्मक गणराज्य के रूप में भारत की स्थिति सुदृढ़ करने में सक्षम हो।
- स्वतंत्रता प्राप्ति के पश्चात् महत्त्वपूर्ण मुद्दा पृथक् निर्वाचन को भी लेकर था, जिसमें संविधान सभा दो धड़ों (पक्षों) में बँटी थी।
- मद्रास के बी.पोकर बहादुर जहाँ अल्पसंख्यकों के पृथक् निर्वाचन के पक्ष में थे, वहीं पटेल, गोविंद बल्लभ पंत, आर. वी. धूलेकर, बेगम ऐजाज रसूल इसे राष्ट्रीय एकता के लिए खतरा मानते थे।

संविधान का निर्माण

- भारत के संविधान का विकास गहन रूप से भारतीय स्वतंत्रता आंदोलन से जुड़ा है। स्वतंत्रता आंदोलन के विकास क्रम में ही संविधान निर्माण की आधारशिला रखी गई।
- सर्वप्रथम वर्ष 1928 की 'नेहरू रिपोर्ट' के माध्यम से ही भारतीयों द्वारा संविधान की रूपरेखा प्रस्तुत की गई। यह रिपोर्ट मोतीलाल नेहरू की अध्यक्षता में गठित समिति द्वारा बनाई गई थी।
- वर्ष 1940 में **लॉर्ड लिनलिथगो** द्वारा प्रस्तुत 'अगस्त प्रस्ताव' में सर्वप्रथम ब्रिटिश सरकार ने स्वीकार किया कि भारत के लिए नए संविधान का निर्माण कार्य प्रमुख रूप से (पूर्णतया नहीं) भारतीयों द्वारा होना चाहिए।
- वर्ष 1942 के क्रिप्स मिशन में सर्वप्रथम संविधान की स्थापना के तरीकों का उल्लेख किया गया था।
- वर्ष 1946 की कैबिनेट मिशन योजना के अंतर्गत **संविधान निर्मात्री सभा** का गठन हुआ, जिसके सदस्यों का चुनाव वयस्क मताधिकार के आधार पर किया जाना निश्चित हुआ तथा प्रत्येक 10 लाख की जनसंख्या पर एक सदस्य चुनने की व्यवस्था की गई। संविधान में सदस्यों की संख्या 389 निर्धारित की गई, जिसमें से 296 सदस्यों का चुनाव भारतीय ब्रिटिश प्रांतों व 93 सदस्यों का मनोनयन रियासतों द्वारा किया जाना था।
- जुलाई-अगस्त, 1946 में संविधान सभा के लिए हुए चुनाव में ब्रिटिश प्रांतों के अंतर्गत आने वाली 296 सीटों के लिए हुए चुनाव में 208 सीटों पर कांग्रेस ने तथा मुस्लिमों हेतु निर्धारित 78 सीटों में से 73 सीटों पर मुस्लिम लीग को विजय मिली, जबकि शेष 15 सीटों पर अन्य दलों के स्वतंत्र उम्मीदवार विजयी हुए।
- मुस्लिम लीग द्वारा संविधान सभा में सम्मिलित न होने के कारण जून, 1947 में संविधान सभा का पुनर्गठन हुआ, जिसमें सदस्यों की संख्या 324 निश्चित की गई।
- इस संविधान सभा ने संविधान निर्मात्री सभा एवं अंतरिम संसद की दोहरी भूमिका का निर्वहन किया। संविधान सभा का प्रथम अधिवेशन 9 दिसंबर, 1946 को हुआ। इसके अस्थायी अध्यक्ष **सच्चिदानंद सिन्हा** थे।
- 11 दिसंबर, 1946 को संविधान सभा की दूसरी बैठक हुई, जिसमें डॉ. राजेंद्र प्रसाद को संविधान सभा का स्थायी अध्यक्ष निर्वाचित किया गया।
- 13 दिसम्बर, 1946 को जवाहरलाल नेहरू द्वारा 'उद्देश्य प्रस्ताव' पेश किया गया, जिसमें संविधान के आदर्शों की रूपरेखा निहित थी।

- उद्देश्य प्रस्ताव में भारत को एक ''स्वतंत्र संप्रभु गणराज्य'' घोषित किया गया था। प्रस्ताव नागरिकों को 'न्याय, समानता व स्वतंत्रता' का आश्वासन देने वाला था।
- 26 नवंबर, 1949 को संविधान को अंगीकृत किया गया। 24 जनवरी, 1950 को संविधान सभा की अंतिम बैठक हुई, जिसमें **डॉ. राजेंद्र प्रसाद** देश के प्रथम राष्ट्रपति चुने गए। 26 जनवरी, 1950 को इस संविधान को लागू कर दिया गया।

महत्त्वपूर्ण तथ्य

- **डॉ. भीमराव अंबेडकर** संविधान की प्रारूप समिति के अध्यक्ष थे।
- संविधान सभा के दो मुख्य प्रशासनिक अधिकारी **बी. एन. राव** (भारत सरकार के संवैधानिक सलाहकार) तथा **एस. एन. मुखर्जी** (संविधान सभा के मुख्य योजनाकार) थे।
- गुजरात के **के. एम. मुंशी** तथा मद्रास के **अल्लादि कृष्णास्वामी अय्यर** दोनों प्रसिद्ध वकील थे। इनके द्वारा प्रारूप समिति के महत्त्वपूर्ण सुझाव दिए गए।
- संविधान सभा में बंबई से कांग्रेस की महिला सदस्य **हंसा मेहता** ने संविधान सभा में महिलाओं के लिए सामाजिक, आर्थिक एवं राजनैतिक न्याय की माँग की थीं। संविधान सभा के कुल 11 सत्र आयोजित किए गए थे।

रियासतों का एकीकरण

- भारतीय स्वतंत्रता अधिनियम, 1947 के अनुसार रियासतों के संदर्भ में ब्रिटिश सर्वोपरिता का अंत कर दिया गया तथा उन्हें इस अधिनियम द्वारा निर्मित दो अधिराज्यों भारत एवं पाकिस्तान में से किसी एक में शामिल होने की या अपने भावी संबंधों के निर्धारण की स्वतंत्रता प्रदान की गई।
- 15 जून, 1947 को अखिल भारतीय कांग्रेस कमेटी ने घोषणा की कि वह भारत की किसी भी रियासत की स्वतंत्रता की घोषणा करने तथा भारत के अवशिष्ट भाग से पृथक् होकर रहने के अधिकार को स्वीकार नहीं कर सकती है।
- रियासतों के मामले को सुलझाने के उद्देश्य से 5 जुलाई, 1947 को **भारतीय रियासत विभाग** की स्थापना की गई, जिसका कार्यभार तत्कालीन गृह मंत्री सरदार वल्लभभाई पटेल को सौंपा गया।
- सरदार पटेल के प्रयत्नों के फलस्वरूप भारत के स्वतंत्र होने से पूर्व लगभग सभी राज्यों (रियासतों) का भारत में विलय हो चुका था, किंतु 15 अगस्त, 1947 तक जम्मू-कश्मीर, हैदराबाद एवं जूनागढ़ आदि रियासतें अपना स्वतंत्र अस्तित्व बनाए हुई थीं। इन रियासतों का वर्णन निम्न है-

जूनागढ़

- जूनागढ़ रियासत की जनसंख्या लगभग 7 लाख थी, जिसमें 80% हिंदू थे। यहाँ का नवाब **महावतखान** था। सितंबर, 1947 में जूनागढ़ रियासत ने पाकिस्तान में शामिल होने की घोषणा कर दी, जबकि राज्य की अधिकांश जनसंख्या भारत में रहना चाहती थी, अतः जनता के विरोध के फलस्वरूप जूनागढ़ का नवाब पाकिस्तान भाग गया।
- नवाब के पलायन के पश्चात जूनागढ़ के तत्कालीन दीवान **शाहनवाज भुट्टो** ने 8 नवंबर, 1947 को जूनागढ़ के भारत में विलय का पत्र भारत सरकार को भेजा। फलत: 9 नवंबर, 1947 को भारत सरकार ने जूनागढ़ का प्रशासन प्राप्त कर लिया।
- कालांतर में 20 जनवरी, 1948 को जनमत संग्रह के माध्यम से जूनागढ़ रियासत का भारतीय संघ में विलय कर लिया गया।

हैदराबाद

- हैदराबाद भारत की सबसे बड़ी रियासत थी, जो चारों ओर से भारतीय भू-भाग से घिरी हुई थी। यहाँ का निजाम **मीर उस्मान अली खाँ** था।
- नवाब का झुकाव पाकिस्तान की ओर था, जबकि रियासत की बहुसंख्यक जनता हिंदू थी।
- 29 नवंबर, 1947 को भारत सरकार एवं हैदराबाद रियासत के मध्य 1 वर्ष की अवधि के लिए यथास्थिति समझौता संपन्न हुआ, जिससे कि 15 अगस्त, 1947 के पूर्व की स्थिति बनी रहे।
- निजाम ने समझौते का पालन नहीं किया, अतः वह भारत के साथ विलय को लेकर सकारात्मक नहीं था, उसने अपनी सैन्य क्षमता में वृद्धि के साथ ही हैदराबाद की जनता का दमन करना भी आरंभ कर दिया था।
- निर्दोष लोगों की रक्षा हेतु भारत सरकार ने हैदराबाद में **ऑपरेशन पोलो** के अंतर्गत सैन्य कार्यवाही की।
- सितंबर, 1948 में भारतीय सेना ने मेजर जे. एन. चौधरी के नेतृत्व में हैदराबाद में प्रवेश कर उसका भारतीय संघ में विलय कर लिया।

कश्मीर

- कश्मीर की समस्या शेष दो रियासतों से भिन्न थी। यहाँ की बहुसंख्यक जनता मुस्लिम थी, जबकि यहाँ का शासक हिंदू था।
- कश्मीर अपनी स्वतंत्र स्थिति बनाए रखने के पक्ष में था, जबकि पाकिस्तान इसे अपने राज्य में मिलाना चाहता था।
- अक्टूबर, 1947 में पाकिस्तानी सैनिकों ने कबाइली जनता के रूप में कश्मीर पर आक्रमण कर दिया।
- राज्य की रक्षा के लिए 24 अक्टूबर, 1947 को **महाराजा हरिसिंह** ने भारत सरकार से सैन्य सहायता की माँग की तथा कश्मीर का भारतीय संघ में विलय का अनुरोध किया।
- भारत सरकार ने कश्मीर के राजा के इस प्रस्ताव को स्वीकार करते हुए 26 अक्टूबर, 1947 को भारतीय सेना को कश्मीर भेजा तथा युद्ध की समाप्ति पर जनमत संग्रह की शर्त के साथ कश्मीर को भारत का हिस्सा मान लिया गया।
- 31 अक्टूबर, 1947 को अस्थायी संकटकालीन शासन का निर्माण किया गया और **शेख अब्दुल्ला** को इसका प्रधान नियुक्त किया गया।
- जनवरी, 1948 में भारत सरकार ने संयुक्त राष्ट्र सुरक्षा परिषद् में पाकिस्तानी कबाइलियों के कश्मीर पर आक्रमण करने की सूचना दी, दूसरी ओर पाकिस्तान ने इस विलय को अवैध बताया।
- संयुक्त राष्ट्र सुरक्षा परिषद् ने वर्ष 1948 में इस समस्या के समाधान हेतु **अंतर्राष्ट्रीय आयोग** की नियुक्ति की।
- जनवरी, 1949 को भारत व पाकिस्तान युद्ध विराम के लिए इस शर्त पर मान गए कि कश्मीर में संयुक्त राष्ट्र संघ के निरीक्षण में जनमत संग्रह होगा।
- वर्ष 1951 में जम्मू-कश्मीर विधानसभा की बैठक प्रारंभ हुई तथा वर्ष 1954 में राज्य की संविधान सभा ने जम्मू-कश्मीर के भारतीय संघ में विलय की पुष्टि कर दी।

यूरोपीय उपनिवेशों का एकीकरण

- स्वतंत्रता के बाद भी भारत में पुर्तगाल और फ्रांस के उपनिवेश बने हुए थे। पुर्तगाली उपनिवेशों में गोवा, दमन और दीव तथा दादरा एवं नगर हवेली था, जबकि फ्रांसीसी उपनिवेशों में पांडिचेरी, कराइकल, यनम, माहे और चंद्रनगर शामिल थे।
- वर्ष 1954 में भारत और फ्रांस के मध्य हुए एक समझौते के माध्यम से फ्रांस ने अपने सभी भारतीय उपनिवेशों को भारत को लौटा दिया।
- गोवा में कांग्रेसी नेता त्रिस्ताओ ब्रगांजा कुन्हा ने गोवा को पुर्तगाल से आजादी दिलाने के लिए संघर्ष किया, अंततः भारतीय सेना की सहायता से गोवा वर्ष 1961 में भारत का अंग बन गया।

भाषायी समस्या

- 1920 के दशक में कांग्रेस द्वारा आश्वासन दिया गया था कि देश की आजादी के बाद प्रत्येक बड़े भाषायी समूह को अलग प्रांत बना दिया जाएगा।
- स्वतंत्रता के पश्चात् देश की राष्ट्रीय राजभाषा की समस्या एक प्रमुख समस्या के रूप में उत्पन्न हुई। **बी. जी. खेर** की अध्यक्षता में एक सरकारी भाषा समिति का गठन किया गया। दक्षिण के राज्य हिंदी भाषा का विरोध कर रहे थे।
- संयुक्त प्रांत के कांग्रेसी सदस्य आर. वी. धुलेकर ने हिंदी भाषा को संविधान निर्माण की भाषा के रूप में प्रयोग कर वकालत की, किन्तु भाषा के प्रश्न पर विवाद बना रहा।
- अंततः भाषा समिति ने देव नागरी में लिखी हिन्दी को राजभाषा के रूप में स्वीकार किया तथा हिंदी को राष्ट्रभाषा के रूप में स्वीकारने के लिए धीरे-धीरे आगे बढने का प्रस्ताव रखा।
- प्रारंभ में 15 वर्षों तक अंग्रेजी का इस्तेमाल होता रहेगा जबकि प्रत्येक प्रांत को अपने काम के लिए कोई एक क्षेत्रीय भाषा चुनने का अधिकार होगा।
- वर्ष 1948 में संविधान सभा में न्यायाधीश **एस. के. धर** के अधीन एक भाषायी प्रांत आयोग गठित किया गया। इस आयोग ने राष्ट्रीय एकता एवं प्रशासनिक सुविधा दोनों ही दृष्टियों से भाषायी आधार पर प्रांतों के गठन का प्रस्ताव रद्द कर दिया।
- दिसंबर, 1948 में एक आयोग गठित किया गया, जिसमें नेहरू, पटेल एवं पट्टाभि सीतारमैया शामिल थे। इसे **जे. वी. पी. आयोग** भी कहा जाता है। इस आयोग ने भी भाषायी आधार पर प्रांतों के गठन के प्रस्ताव को अस्वीकार कर दिया।
- मद्रास प्रेसीडेंसी के तेलुगूभाषी क्षेत्रों के लोगों ने गाँधीवादी नेता पोट्टी श्री रामुलू के नेतृत्व में आंदोलन आरंभ कर दिया। इनकी माँग एक नए आंध्र प्रदेश का गठन करने हेतु थी।
- 58 दिनों के लंबे अनशन के बाद 15 दिसंबर, 1952 को श्री रामुलू की मृत्यु हो गई, जिसके कारण हिंसा विस्तृत हो गई, अतः वर्ष 1953 में आंध्र प्रदेश को राज्य का दर्जा प्राप्त हो गया। इस आंदोलन की सफलता के पश्चात् देश के अन्य भागों में भी भाषा के आधार पर राज्य गठन की माँग तीव्र हो गई।
- वर्ष 1953 में फजल अली की अध्यक्षता में **राज्य पुनर्गठन आयोग** का गठन किया गया। के. एम. पणिक्कर एवं हृदयनाथ कुंजरू इस आयोग के सदस्य थे। इस आयोग ने वर्ष 1956 में अपनी रिपोर्ट सौंपी, इस आयोग ने भाषायी आधार पर प्रांतों के गठन की सिफारिश की।
- फजल अली आयोग की रिपोर्ट के आधार पर वर्ष 1960 में बंबई प्रांत का विभाजन मराठी क्षेत्रों के लिए महाराष्ट्र तथा गुजराती भाषा के लिए गुजरात राज्य में कर दिया गया।
- वर्ष 1966 में पंजाब प्रांत का भी विभाजन भाषा के आधार पर दो राज्यों में कर दिया गया। पंजाबी भाषी क्षेत्रों को मिलाकर पंजाब तथा हिंदी क्षेत्रों को मिलाकर हरियाणा बनाया गया।

आर्थिक प्रगति की रूपरेखा

- स्वतंत्रता के पूर्व भी आर्थिक आयोजन के प्रयास किए गए थे। वर्ष 1938 में नेहरू की प्रेरणा से राष्ट्रीय योजना समिति का गठन हुआ। वर्ष 1944 में 8 उद्योगपतियों ने मिलकर आर्थिक विकास के लिए एक योजना बनाई, जिसे **बांबे प्लान** के नाम से जाना जाता है।
- श्रीमन नारायण ने 'गाँधीवादी योजना' तथा एम. एन. राय ने 'पीपुल्स प्लान' बनाया। भारत आर्थिक नीतियों में 'मिश्रित अर्थव्यवस्था' को अपनाना चाहता था, जिसमें राज्य और निजी क्षेत्र, दोनों ही उत्पादन बढ़ाने तथा रोजगार पैदा करने में भूमिका का निर्वाह करेंगे।
- के. सी. नियोगी समिति की संस्तुति पर 15 मार्च, 1950 को संविधानेत्तर संस्था के रूप में योजना आयोग का गठन किया गया।
- योजना आयोग द्वारा बनाई गई कार्य योजनाओं का मूल्यांकन करने हेतु 6 अगस्त, 1952 को एक गैर-संवैधानिक संस्था **राष्ट्रीय विकास परिषद्** का गठन किया गया। योजना आयोग एवं राष्ट्रीय विकास परिषद् ने मिलकर पंचवर्षीय योजनाओं को मूर्त रूप दिया।
- भारत में प्रथम पंचवर्षीय योजना वर्ष 1951 (1 अप्रैल) में आरंभ हुई। इस योजना में कृषि क्षेत्र को प्राथमिकता दी गई। प्रथम पंचवर्षीय योजनाकाल में ही भाखड़ा नांगल, दामोदर घाटी तथा हीराकुड जैसी बहुउद्देशीय परियोजनाओं को आरंभ किया गया था।
- भारत की द्वितीय पंचवर्षीय योजना में आधारभूत उद्योगों के विकास को प्राथमिकता दी गई थी। इसका मुख्य कारण आधारभूत एवं भारी उद्योगों पर विशेष बल के साथ तीव्र औद्योगीकरण करना था, इस योजना की अवधि वर्ष 1956 से 1961 तक थी।
- द्वितीय पंचवर्षीय योजना में ही वर्ष 1959 में भिलाई इस्पात उद्योग की स्थापना की गई। इस उद्योग की स्थापना सोवियत संघ के सहयोग से की गई। तृतीय पंचवर्षीय योजना की अवधि वर्ष 1961-1966 तक थी। इस योजना का प्रमुख लक्ष्य कृषि एवं उद्योगों का तीव्र विकास करके भारतीय अर्थव्यवस्था को आत्मनिर्भर बनाना था।
- तृतीय पंचवर्षीय योजना चीन एवं पाकिस्तान के आक्रमण, विदेशी विनिमय संकट एवं प्रतिकूल व्यापार शेष के कारण अपने लक्ष्यों को प्राप्त नहीं कर सकी। इसी योजनावधि में प्रथम बार भारतीय रुपये का अवमूल्यन हुआ।

बैंकिंग क्षेत्र में सुधार

- योजनाविधि में भारत सरकार ने कृषि एवं उद्योगों के विकास के साथ साथ बैंकिंग क्षेत्र में भी महत्त्वपूर्ण कार्य किया। 1 अप्रैल, 1935 को स्थापित किए गए भारतीय रिजर्व बैंक (RBI) का 1 अप्रैल, 1949 को राष्ट्रीयकरण किया गया तथा उसे भारत के केंद्रीय बैंक का दर्जा दिया गया।
- इसी क्रम में 1 जुलाई, 1955 को **गोरेवाला समिति** की अनुशंसाओं पर इंपीरियल बैंक का राष्ट्रीयकरण करके उसे 'स्टेट बैंक ऑफ इंडिया' नाम दिया गया। वर्तमान में **भारतीय स्टैट बैंक** भारत का सबसे बड़ा व्यावसायिक बैंक है।
- 30 अप्रैल, 1950 की नई औद्योगिक नीति घोषित की गई, जिसमें सरकार ने समाजवादी समाज की स्थापना को अपना लक्ष्य निर्धारित किया। इस औद्योगिक नीति को **भारत का आर्थिक संविधान** कहा जाता है।

सामाजिक प्रगति की रूपरेखा

- स्वतंत्रता के पश्चात् भारत में भूमि सुधार, शिक्षा, स्वशासन आदि के लिए महत्त्वपूर्ण कदम उठाए गए। औपनिवेशिक भूमि व्यवस्था में परिवर्तन कर नवीन भू-राजस्व व्यवस्था को लागू किया गया।
- महालवाड़ी, रैयतवाड़ी तथा स्थायी बंदोबस्त प्रणालियों को समाप्त करके भूमि सुधार हेतु महत्त्वपूर्ण कार्य किए गए।
- नवीन कृषि नीति के अंतर्गत मध्यस्थों का उन्मूलन किया गया तथा काश्तकारी सुधारों को लागू करके कृषि का पुनर्गठन किया गया और जमींदारी प्रथा का धीरे-धीरे उन्मूलन कर दिया गया।

जमींदारी उन्मूलन

- काश्तकारों के सुधारों के लिए लगान का नियमन एवं भूमि पर स्वामित्व दिया गया। जमींदारी उन्मूलन एवं भूमि सुधार अधिनियम, 1950 सर्वप्रथम उत्तर प्रदेश में पारित किया गया, बाद में यह सभी राज्यों में पारित हो गया।
- कृषि कानून का पुनर्गठन करते हुए खेतों की सीमाबंदी एवं चकबंदी की गई तथा जमींदारों या प्रतिव्यक्ति अधिकतम जमीन रखने की उच्चतम सीमा सभी राज्यों में निश्चित की गई। 1960 के दशक में खाद्यान्न संकट उत्पन्न होने के पश्चात् भारत में 1970 के दशक में हरित क्रांति लाने के विशेष प्रयास किए गए, परिणामस्वरूप भारत खाद्यान्न में आत्मनिर्भर बना।

सामुदायिक विकास कार्यक्रम

- गाँधीजी की विचारधारा के अनुरूप ग्रामीण क्षेत्रों को सामाजिक, आर्थिक एवं राजनीतिक रूप से सशक्त बनाने हेतु 2 अक्टूबर, 1952 से सामुदायिक विकास कार्यक्रम आरंभ किया गया।
- वर्ष 1953 में **राष्ट्रीय विकास योजना** को प्रारंभ किया गया। वर्ष 1957 में बलवंत राय मेहता की अध्यक्षता में ग्रामोद्धार समिति का गठन किया गया। मेहता समिति ने त्रिस्तरीय पंचायती राज व्यवस्था की सिफारिश की। इसके तीन स्तर हैं—ग्राम पंचायत, तहसील पंचायत तथा जिला पंचायत।
- 1 अप्रैल, 1959 को सरकार ने मेहता समिति की सिफारिशें स्वीकार कर लीं तथा 2 अक्टूबर, 1959 को राजस्थान के नागौर जिले से पंचायती राज की शुरुआत जवाहरलाल नेहरू द्वारा की गई।

विधायी सुधार कार्य

- वर्ष 1951 में खान अधिनियम बनाया गया, जिसके द्वारा स्त्रियों का खान में कार्य करना वर्जित कर दिया गया तथा गृह सेवा कानून ने स्त्रियों हेतु कार्य करने के लिए 8 घंटे निर्धारित किए।
- वर्ष 1955 में हिंदू विवाह कानून बनाया गया, जिसके द्वारा बहु-विवाह को गैर-कानूनी बनाया गया।
- वर्ष 1956 में **अस्पृश्यता संबंधी कानून** पारित किया गया, जिसके अंतर्गत अस्पृश्यता को गैर-कानूनी संज्ञेय अपराध बना दिया गया।
- वर्ष 1960 में भारत के मुख्य न्यायाधीश पी. एन. भगवती द्वारा गुजरात में सर्वप्रथम लोक अदालत की स्थापना की गई तथा वर्ष 1961 में **दहेज विरोधी अधिनियम** पारित किया गया।

प्रेस एवं शिक्षा की प्रगति

- स्वतंत्रता प्राप्ति के पश्चात् भारत में प्रेस एवं शिक्षा के क्षेत्र में अनेक महत्त्वपूर्ण कदम उठाए गए
  - प्रेस के क्षेत्र में प्रगति
  - समाचार-पत्र जाँच समिति
- सरकार द्वारा समाचार-पत्रों के कानूनों की समीक्षा करने के लिए वर्ष 1947 में **श्री गंगानाथ झा** की अध्यक्षता में समाचार-पत्र जाँच समिति गठित की गई। इस समिति ने भारतीय दंड संहिता की धारा 124-A एवं 153-A में संशोधित करने की सिफारिशें की थीं।

समाचार-पत्र अधिनियम, 1951

- भारत सरकार ने वर्ष 1951 में समाचार-पत्र (आपत्तिजनक विषय) प्रकाशित करने पर जमानत माँगने तथा जब्त करने का प्रावधान किया।
- भारत सरकार ने समाचार-पत्र आयोग की अनुशंसा पर 1951 में समाचार-पत्र अधिनियम को वर्ष 1956 में निरस्त करके 1956 का संसद कार्यवाही अधिनियम पारित किया, जिससे भारतीय प्रेस के विकास को एक नई दिशा मिली।

समाचार-पत्र आयोग

1951 के समाचार-पत्र अधिनियम के विरोध के परिणामस्वरूप भारत सरकार ने भारतीय समाचार-पत्रों के कार्य की समीक्षा करने के लिए **न्यायाधीश जी. एस.** राजाध्यक्ष की अध्यक्षता में **समाचार-पत्र आयोग** को गठित किया, जिसने वर्ष 1954 में अपनी रिपोर्ट पेश की।

शिक्षा के क्षेत्र में प्रगति

शिक्षा के क्षेत्र में निम्न आयोगों द्वारा प्रगति की गईं, जो निम्न प्रकार हैं

राधाकृष्णन आयोग (1948-49)

- स्वतंत्रता के पश्चात् राष्ट्रीय सरकार ने शिक्षा की दिशा में विकास हेतु वर्ष 1948 में सर्वपल्ली राधाकृष्णन की अध्यक्षता में एक आयोग का गठन किया। इस आयोग द्वारा वर्ष 1949 में निम्नलिखित अनुशंसाएँ की गईं
  - विश्वविद्यालय से पूर्व 12 वर्ष का अध्ययन अनिवार्य हो।
  - विश्वविद्यालय में कम-से-कम 180 दिन की पढ़ाई अनिवार्य हो।
  - शिक्षा को समवर्ती सूची में शामिल किया जाए।
  - विश्वविद्यालय की स्नातक उपाधि प्रशासनिक सेवाओं के लिए आवश्यक हो।
  - कृषि, वाणिज्य, इंजीनियरिंग तथा टेक्नॉलॉजी विधि और आयुर्विज्ञान पर अधिक बल दिया जाए।

विश्वविद्यालय अनुदान आयोग (1953)

- वर्ष 1949 में डॉ. राधाकृष्णन आयोग की अनुशंसाओं के पश्चात् भारत सरकार ने वर्ष 1953 में विश्वविद्यालय अनुदान आयोग का गठन किया।
- यह एक स्वायत्ततापूर्ण संस्थान है, इसे शिक्षा स्तरों को निश्चित एवं समंवित करने का अधिकार दिया गया है।

कोठारी शिक्षा आयोग (1964)

- भारत सरकार ने शिक्षा के सभी पक्षों एवं प्रक्रमों की समीक्षा के लिए वर्ष 1964 में डॉ. डी. एस. कोठारी की अध्यक्षता में एक आयोग का गठन गया। इस आयोग द्वारा की गई प्रमुख अनुशंसाएँ निम्न हैं
  - माध्यमिक शिक्षा को व्यावसायिक बनाया जाए।
  - विश्वविद्यालय में अंतर्राष्ट्रीय मानकों को स्थापित किया जाए।
  - कृषि अनुसंधान तथा वैज्ञानिक शिक्षा को उच्च प्राथमिकता दी जाए।
  - सामाजिक उत्तरदायित्व तथा नैतिकता की भावना को उत्पन्न करने वाली शिक्षा प्रणाली अपनाई जाए।

वैज्ञानिक प्रगति

- भारत ने स्वतंत्रता के बाद परमाणु ऊर्जा के शांतिपूर्ण उपयोग को प्राथमिकता दी तथा इस उद्देश्य से वर्ष 1948 में **परमाणु ऊर्जा आयोग** की स्थापना की गई। परमाणु ऊर्जा आयोग के पहले अध्यक्ष **होमी जहाँगीर भाभा** थे।
- वर्ष 1954 में **परमाणु ऊर्जा विभाग** की स्थापना की गई। भाभा ने वर्ष 1954 में विचारकीय दीर्घकालीन नाभिकीय ऊर्जा का कार्यक्रम बनाया। इस कार्यक्रम का प्रमुख उद्देश्य यूरेनियम एवं थोरियम के प्राकृतिक संसाधनों का शांतिपूर्ण कार्यों के लिए उपयोग करना था।
- भारत ने नाभिकीय ऊर्जा के अनुसंधान हेतु देश का पहला परमाणु अनुसंधान रिएक्टर **अप्सरा** 4 अगस्त, 1956 को बंबई में स्थापित किया।
- वर्ष 1960 में कनाडा के सहयोग से 'साइरस' नामक अनुसंधान रिएक्टर की स्थापना की गई तथा वर्ष 1962 में नांगल (पंजाब) में प्रथम गुरु (भारी) जल संयंत्र की स्थापना की गई। वर्ष 1963 में तिरुवनंतपुरम के समीप थुम्बा में प्रथम साउंडिंग रॉकेट का प्रक्षेपण किया गया।
- वर्ष 1969 में **इंडियन नेशनल कमिटी फॉर स्पेस रिसर्च** (INCOSPAR) का पुनर्गठन करके भारतीय अंतरिक्ष अनुसंधान संगठन (ISRO) की स्थापना की गई।

अंतर्राष्ट्रीय संबंधों की रूपरेखा

अंतर्राष्ट्रीय संबंधों की रूपरेखा निम्न है

पंचशील समझौता

- पंचशील समझौता भारत एवं चीन के मध्य 29 अप्रैल, 1954 को हुआ था। इस समझौते से आशय आचरण के पाँच सिद्धांतों से था, इस समझौते के प्रमुख बिंदु निम्न हैं
  - एक-दूसरे की प्रादेशिक अखंडता और सर्वोच्च सत्ता के लिए पारस्परिक सम्मान की भावना।
  - परस्पर अनाक्रमण की भावना।
  - एक-दूसरे के आंतरिक मामलों में हस्तक्षेप न करना।
  - समानता एवं पारस्परिक लाभ।
  - शांतिपूर्ण सह-अस्तित्व की भावना का विकास।
- वर्ष 1954 में तिब्बत के मुद्दे को लेकर भारत एवं चीन के मध्य पंचशील समझौते के परिणामस्वरूप निर्धारित मापदंडों ने भारत की विदेश नीति को एक सकारात्मक दिशा प्रदान की।

गुट-निरपेक्षता

- भारतीय स्वतंत्रता के समय अंतर्राष्ट्रीय राजनीति में दो ध्रुवीय गुट उपस्थित थे, प्रथम साम्यवादी गुट था, जिसका नेतृत्व सोवियत संघ कर रहा था, जबकि दूसरे पूँजीवादी गुट का नेतृत्व अमेरिका कर रहा था।
- स्वतंत्रता के पश्चात् भारत ने किसी भी गुट में शामिल न होकर गुट निरपेक्षता की नीति अपनाई। इस नीति का पालन करने से भारत दोनों गुटों के प्रति तटस्थ रहकर अपना सामाजिक-आर्थिक विकास कर सकता था।
- कृष्ण मेनन ने वर्ष 1952 से 1962 के बीच संयुक्त राष्ट्र (यूएन) में भारतीय प्रतिनिधि मंडल का नेतृत्व करते हुए गुटनिरपेक्षता की नीति पर व्यापक पहल की थी। 20 सितंबर, 1961 को भारत के प्रधानमंत्री जवाहरलाल नेहरू, मिस्र के राष्ट्रपति कर्नल नासिर तथा तत्कालीन यूगोस्लाविया के राष्ट्रपति मार्शल टीटो ने मिलकर बेलग्रेड में गुटनिरपेक्ष आंदोलन की शुरुआत की।
- गुटनिरपेक्ष देशों का द्वितीय तथा तृतीय शिखर सम्मेलन क्रमशः काहिरा एवं लुसाका (जांबिया) में आयोजित किए गए थे।

एशियाई नीति

पड़ोसी देशों एवं एशियाई देशों के साथ मित्रवत् संबंध बनाने तथा आपसी सद्भाव में वृद्धि हेतु भारत ने अनेक प्रयास किए हैं, जो निम्न हैं

- **प्रथम एशियाई सम्मेलन** (मार्च, 1947) यह सम्मेलन वैश्विक मामलों की भारतीय परिषद् के तत्त्वावधान में नई दिल्ली में आयोजित किया गया। इसका उद्देश्य एशियाई राष्ट्रों के मध्य मैत्री व सहयोग को प्रोत्साहित करना तथा एशियाई जनता की प्रगति व हितों में वृद्धि करना था।
- **द्वितीय एशियाई सम्मेलन** (जनवरी, 1949) इंडोनेशिया की समस्या पर विचार करने के लिए नई दिल्ली में 19 देशों के प्रतिनिधियों का एक सम्मेलन हुआ, जिसमें इंडोनेशिया पर अधिग्रहण की निंदा की गई तथा डच पुलिस एवं सैनिकों को अविलंब इंडोनेशिया छोड़ने को कहा गया और जनवरी, 1950 तक इंडोनेशिया को स्वतंत्र किए जाने की माँग की गई।
- **बांडुंग सम्मेलन** (1955) इंडोनेशिया के बांडुंग शहर में अप्रैल, 1955 में एफ्रो एशियाई देशों का एक सम्मेलन आयोजित किया गया, जिसमें 29 देशों के 340 एशियाई अफ्रीकी प्रतिनिधियों ने भाग लिया। इसका आयोजन भारत, बर्मा एवं इंडोनेशिया ने सम्मिलित रूप से किया था। इसमें पंचशील के सिद्धांतों पर बल दिया गया तथा एशियाई अफ्रीकी देशों से संबंध रखने वाली आर्थिक, सामाजिक और सांस्कृतिक समस्याओं पर विचार किया गया। इस सम्मेलन को तृतीय शक्ति के अभ्युदय का प्रतीक कहा गया।

स्वेज नहर संकट (1956)

- अमेरिका एवं ब्रिटेन द्वारा मिस्र पर गुटनिरपेक्षता की नीति छोड़ने का दबाव बनाया तथा नील नदी पर आस्वान बाँध (डैम) बनाने के लिए किया गया वित्तीय सहायता का वादा तोड़ दिया, प्रतिक्रिया स्वरूप मिस्र ने स्वेज नहर का राष्ट्रीयकरण कर दिया। इससे नहर का उपयोग करने वाले देशों ने नहर के अंतर्राष्ट्रीयकरण की माँग शुरू कर दी।
- मिस्र द्वारा की गई कार्यवाही की प्रतिक्रियास्वरूप ब्रिटेन, फ्रांस तथा इजरायल ने स्वेज क्षेत्र में सैन्य कार्यवाही हेतु अपनी सेनाएँ भेजीं, जिसे नेहरू ने इसे खुला आक्रमण बताया, क्योंकि कस्तुनतुनिया संधि (1889 ई.) के अनुसार इसे मिस्र का अभिन्न भाग माना गया था। भारत के प्रयास और संयुक्त राष्ट्र संघ के दबाव के कारण इस संकट का समाधान हुआ और वर्ष 1969 में स्वेज़ नहर का राष्ट्रीयकरण हो गया।

पी. एल. 480 समझौता

- वर्ष 1959 में अमेरिकी राष्ट्रपति आइजनहावर ने अपनी भारत यात्रा से प्रभावित होकर स्वदेश वापसी के पश्चात् मई, 1960 में दोनों देशों के मध्य 4 वर्ष की अवधि के लिए **पी. एल. 480** नामक एक समझौता किया गया।
- 7 दिसंबर, 1964 को प्रधानमंत्री **लाल बहादुर शास्त्री** के समय में भारत और अमेरिका के मध्य नई दिल्ली में एक समझौता हुआ, जिसके अंतर्गत अमेरिका ने भारत को तारापुर में परमाणु संयंत्र स्थापित करने के लिए $ 8 करोड़ की वित्तीय सहायता प्रदान की तथा इसके लिए ईंधन देने का भी आश्वासन दिया।
- वर्ष 1964 में भारत में उत्पन्न खाद्यान्न संकट के समय अमेरिका ने **पी. एल. 480** के अंतर्गत भारत को बड़ी मात्रा में खाद्यान्नों की आपूर्ति की।
- वर्ष 1965 में भारत-पाक युद्ध के समय अमेरिका ने दोनों देशों पर युद्ध न बंद करने तक आर्थिक प्रतिबंध लगा दिए तथा भारतीयों को दी जाने वाली खाद्यान्न सामग्री की आपूर्ति रोक दी। युद्ध के समय पाकिस्तान द्वारा भारतीयों पर उन्हीं युद्धास्त्रों का प्रयोग किया गया, जो अमेरिका ने उसे प्रदान किए थे, परंतु अमेरिका द्वारा इस पर पाकिस्तान के विरुद्ध कोई आपत्ति नहीं की गई।

चित्रकला

(स्रोत)

New NCERT Class XI Fine Arts Chap 1 प्रागैतिहासिक शैल-चित्र, Chap 3 मौर्य कालीन कला, Chap 4 भारतीय कला और स्थापत्य में मौर्योत्तर कालीन प्रवृत्तियाँ, Chap 5 परवर्ती भित्ति-चित्रण परंपराएँ

भारतीय चित्रकला

- स्मृति, भावना, आनंद आदि को अभिव्यक्त करने के लिए समुचित रंगों के उपयोग एवं छाया-प्रकाश आदि के कौशलपूर्ण प्रयोग द्वारा सादृश्य का बोध कराना **चित्रकला** कहलाता है।
- भारतवर्ष में चित्रकला की परंपरा अत्यंत प्राचीनकाल से विद्यमान थी।
- भारत में चित्रकला की अपनी विशिष्ट शैली है और इसके अंतर्गत मानव सदियों से जीवन के विविध पक्षों का चित्रण करता रहा है।
- धार्मिक, सामाजिक और ऐतिहासिक संदर्भ को चित्रित करने में भारतीय चित्रकारों ने अभिव्यक्ति की पूर्णता को प्राप्त किया है।

चित्रकला के रूप

भारत में चित्रकला के 4 प्रमुख रूप परिलक्षित होते हैं, जो निम्न हैं

- **भित्ति चित्र** ये चित्र भवनों एवं गुफाओं की दीवारों पर चित्रित किए जाते हैं।
- **चित्रपट** ये चित्र वस्त्रों या चर्म पर चित्रित किए जाते हैं।
- **चित्रफलक** ये चित्र पाषाण, काष्ठ या किसी अन्य धातु पर चित्रित किए जाते हैं।
- **लघु चित्रकारी** पुस्तकों के आवरण पृष्ठों अथवा वस्त्रों पर चित्रित किए जाते हैं।

भारतीय चित्रकला का विकास क्रम

भारतीय चित्रकला के विकास क्रम को निम्न दो भागों में विभक्त किया गया है

1. प्रागैतिहासिक चित्रकला
2. ऐतिहासिक चित्रकला

1. प्रागैतिहासिक चित्रकला

- प्रागैतिहासिक काल में लेखन कला का अभाव था, अत: इस काल में मनुष्य ने अपने भावों तथा विचारों को अभिव्यक्त करने हेतु चित्रों एवं रेखाचित्रों का सहारा लिया। ये चित्र दीवारों तथा गुफाओं पर प्रस्तर उपकरणों के माध्यम से बनाए गए।
- प्रागैतिहासिक शैल चित्र को पुरापाषाण युगीन शैल चित्र भी कहा जाता है। पूर्व-पुरापाषाण युगीन चित्र के साक्ष्य प्राप्त नहीं हुए हैं।
- भारत में चित्रों के प्राचीनतम प्रमाण उत्तर पुरापाषाण काल से प्राप्त हुए हैं। इस काल में अनेक ऐसी गुफाएँ मिली हैं, जिनकी दीवारें उन जानवरों के सुंदर चित्रों से भरी पड़ी हैं, जिनका उन गुफाओं में रहने वाले लोग शिकार किया करते थे।
- ये लोग मनुष्यों एवं उनकी गतिविधियों के दृश्य चित्रित करते थे और वृत्त, वर्ग तथा आयत जैसी अनेक ज्यामितीय आकृतियाँ और प्रतीक भी बनाते थे।
- भारतीय शिला चित्रों की ओर ध्यान आकृष्ट कराने का श्रेय सर्वप्रथम **आर्किबोल्ड कैंपबेल कार्लाइल** तथा **जॉन-कार्कबर्न** को जाता है, जिन्होंने 1880 ई. में कैमूर (मिर्जापुर) की पहाड़ियों के चित्रों का परिचय दिया।
- वर्ष 1917 में कलाविद् पर्सी ब्राउन को अपनी पुस्तक **इंडियन पेंटिंग** के प्रथम संस्करण में प्रागैतिहासिक चित्रकला को भारतीय चित्रकला के इतिहास के प्रारंभ के साथ जोड़ने का श्रेय प्राप्त हुआ है।
- पंचमढ़ी के शैल चित्रों को प्रकाश में लाने का श्रेय **डॉ. जी. आर. हंटर** को है, जिन्होंने यहाँ के गुफा चित्रों पर 'द रॉक पेंटिंग्स ऑफ महादेव हिल्स' नामक पुस्तक लिखी।

प्रागैतिहासिक शैलचित्रों के प्राप्ति स्थल

- प्रागैतिहासिक शैल चित्रों के अवशेष वर्तमान में मध्य प्रदेश, उत्तर प्रदेश, आंध्र प्रदेश, कर्नाटक और बिहार के अनेक जिलों में स्थित गुफाओं की दीवारों पर पाए गए हैं।
- उत्तराखंड में कुमाऊँ की पहाड़ियों से भी शैल चित्र प्राप्त हुए हैं। अल्मोड़ा से कुछ दूरी पर स्थित सुयाल नदी के किनारे स्थित लखुडियार में पाए गए शैलाश्रयों में प्रागैतिहासिक काल के अनेक चित्र प्राप्त हुए हैं। यहाँ पाए जाने वाले चित्रों को तीन श्रेणियों-मानव चित्र, पशु चित्र एवं ज्यामितीय आकृतियों में बाँटा गया है।
- ये चित्र सफेद, काले और लाल रंग के होते हैं। कश्मीर से ऐसे दो शिलापट्ट मिलें हैं, जिन पर चित्र उत्कीर्ण हैं। भीमबेटका के कलाकार अनेक रंगों का प्रयोग करते थे, जिनमें काला, पीला, लाल, बैंगनी, भूरा, हरा और सफेद रंग प्रमुख थे।
- लाल और सफेद रंग का प्रागैतिहासिक चित्रों में अधिक प्रयोग होता है। लाल रंग का निर्माण हिरमय (गेरू) से, हरा रंग कैल्सेडोनी नामक पत्थर से तथा सफेद रंग संभवत: चूना पत्थर से किया जाता था।
- पेंटिंग हेतु ब्रुश का निर्माण पेड़ की पतली रेशेदार टहनियों से किया जाता था।
- भीमबेटका से प्राप्त शैलचित्र शैलाश्रयों की दीवारों, सतहों और भीतरी छतों पर भी बनाए गए हैं। कुछ चित्र तो ऐसी गुफाओं या शैलाश्रयों से मिले हैं, जहाँ लोग निवास करते थे।

भीमबेटका के शैलचित्र

- भीमबेटका मध्य प्रदेश की राजधानी भोपाल के दक्षिण में 45 किमी की दूरी पर स्थित है। यहाँ 10 वर्ग किमी के क्षेत्र में लगभग 800 शैलाश्रय (शेल्टर) विद्यमान हैं। इनमें से 500 शैलाश्रय चित्रित पाए गए हैं।
- आंध्र प्रदेश और कर्नाटक में नवपाषाणकालीन मनुष्यों द्वारा बनाए गए शिलाचित्र प्राप्त होते हैं। यहाँ पाए जाने वाले स्थलों में कुपगल्लू, पिक्लीहाल और टेक्कलकोटा अधिक प्रसिद्ध हैं।
- आंध्र प्रदेश एवं कर्नाटक में पाए जाने वाले चित्रों के विषय हैं- साँड, हाथी, सांभर, चिंकारा, भेड़, बकरी, घोड़ा, शैलकृत मानव, त्रिशूल आदि।
- इस काल में सबसे अधिक और सुंदर शैलचित्र मध्य प्रदेश में विंध्याचल की शृंखलाओं और उत्तर प्रदेश में कैमूर की पहाड़ियों में मिले हैं।
- मध्य प्रदेश के विंध्याचल की पहाड़ियों में स्थित स्थल भीमबेटका से बहुतायत मात्रा में शैलचित्र पाए गए हैं। भीमबेटका गुफाओं की खोज वर्ष 1957-58 में **डॉ. वी.एस. वाकणकर** द्वारा की गई थी।
- भीमबेटका में पाए गए चित्रों के विषय अनेक प्रकार के हैं। यहाँ दैनिक जीवन की घटनाओं के अतिरिक्त, धार्मिक एवं भव्य दृश्यों का चित्रण मिलता है, जिनमें शिकार, नृत्य, संगीत, हाथी-घोड़ों की सवारी, जानवरों की लड़ाई, शरीर-सज्जा, शहद एकत्रित करने, छद्मवेष जैसे अनेक चित्र मिलते हैं।

प्रागैतिहासिक चित्रकला की विषय-वस्तु

- इस काल में चित्रकला की मुख्य विषय-वस्तु आदि मानव की जीवनचर्या से ही मुख्य रूप से संबंधित है। इस काल की चित्रकला में शिकार के चित्रों की बहुलता प्राप्त होती है। ज्यामितीय आकृतियाँ व आड़ी-तिरछी लकीरों के माध्यम से चित्र निर्माण इस काल की चित्रकला की प्रमुख विशेषता है।
- जानवरों को प्राकृतिक अवस्था में, मानवों को साज-सज्जा के साथ एवं स्त्रियों को निर्वस्त्र एवं सवस्त्र दोनों ही रूपों में चित्रित किया गया है।
- इन चित्रों का आम विषय सामूहिक नृत्य रहा है।

2. ऐतिहासिक काल की चित्रकला

ऐतिहासिक काल की चित्रकला को चार कालखंडों में विभाजित किया गया है, जो निम्न प्रकार हैं

1. शास्त्रीय काल की चित्रकला (ई.पू. तीसरी सदी से 9वीं सदी)
2. पूर्व मध्यकालीन चित्रकला (9वीं-13वीं सदी)
3. मध्यकालीन चित्रकला (13वीं से 18वीं सदी)
4. औपनिवेशिक काल की चित्रकला (18वीं सदी से वर्ष 1947)

1. शास्त्रीय काल की चित्रकला

- शास्त्रीय काल से तात्पर्य उस काल से है, जब चित्रकला, कला के रूप में विकसित हो चुकी थी तथा चित्रों को बनाने के नियम तथा रंग संयोजन, सामग्री आदि के चयन के वैज्ञानिक सिद्धांत एवं मापदंड निर्धारित किए जा चुके थे।
- शास्त्रीय चित्रकला के अंतर्गत धार्मिक एवं लौकिक दोनों ही विषयों के चित्रों के अंकन प्राप्त होते हैं।
- प्राकृतिक सौंदर्य जातक ग्रंथों के दृश्य, मानवीय भावनाओं के दृश्य, नृत्य, गान, जुलूस आदि प्रकार के दृश्य इन चित्रों में अंकित हैं।

शास्त्रीय काल की चित्रकला के प्रमुख केंद्र

शास्त्रीय काल की चित्रकला के प्रमुख केंद्र निम्न हैं

जोगीमारा चित्रकला

- जोगीमारा, छत्तीसगढ़ के सरगुजा क्षेत्र में रायगढ़ की पहाड़ियों पर स्थित है। यहाँ जोगीमारा, सीताबेंगड़ा, लक्ष्मण बेंगड़ा तथा अन्य अनेक छोटी गुफाएँ हैं।
- जोगीमारा की गुफा के ऊपर एक बड़ा-सा छिद्र है, जिससे गुफा प्रकाशित रहती है। इसे **वरुण का मंदिर** भी कहा जाता है।
- जोगीमारा गुफा में मानव, हाथी, शार्क मछली की आकृतियों के साथ ही नारी गुड़ियों जैसी आकृतियाँ चित्रित की गई हैं। यहाँ के चित्रों में लाल, काले तथा पीले रंगों का प्रयोग मिलता है। यहाँ की पृष्ठभूमि सर्वत्र श्वेत मिलती है।

अजंता

- अजंता, महाराष्ट्र राज्य के औरंगाबाद जिले में अवस्थित गुफा स्थल है। 1840 ई. में मद्रास सेना के एक सिपाही ने इसकी खोज की थी। 1843 ई. में जेम्स फर्ग्यूसन ने अपने लेखों के आधार पर अजंता के महत्त्व को उद्घाटित किया था।
- अजंता में कुल 29 गुफाएँ हैं, जिनमें विविध विषयों से संबंधित चित्रों का अंकन प्राप्त होता है। इन चित्रों का सृजन ई. पू. दूसरी सदी से लेकर 7वीं सदी ई. तक शुंग, कुषाण, गुप्त, वाकाटक एवं चालुक्यवंशी शासकों के काल में हुआ।

- अजंता की गुफाओं को ऊपर से नीचे की ओर काटकर निर्मित किया गया है। गुफाओं के बाहर अलंकृत बरामदे हैं।
- अजंता की गुफाओं में चार गुफाएँ चैत्य गुफाएँ हैं, जो ई. पू. दूसरी और पहली सदी (गुफा सं. 10 व 9) तथा ईसा की 5 वीं शताब्दी (गुफा सं. 19 व 26) में निर्मित की गई हैं।
- अजंता में चित्रकला की दो विधियाँ प्रचलित थीं, फ्रेस्को विधि तथा टेंपरा विधि।

अजंता के चित्रों की विषय-वस्तु

अजंता के चित्रों की विषय-वस्तु निम्न है

- **गुफा संख्या** 1 इस गुफा में नंद दीक्षा, बुद्ध की (काम) विजय, बोधिसत्व पद्मपाणि, वज्रपाणि, काली राजकुमारी, पुलकेशिन द्वितीय आदि के चित्र अंकित हैं।
- **गुफा संख्या -2** महारानी माया का स्वप्न और गर्भ धारण, बुद्ध का जन्म, बुद्ध के सात कदम, इंद्रलोक के दृश्य आदि इस गुफा में प्राप्त होते हैं।
- **गुफा संख्या 9** ये गुफा चित्र सर्वाधिक प्राचीन है। इस गुफा में नागराजा का चित्र तथा राजकीय जुलूस का दृश्य सर्वाधिक दर्शनीय है।
- **गुफा संख्या 16** इसमें मरणासन्न राजकुमारी का चित्र सर्वाधिक उल्लेखनीय है। इसी गुफा में बुद्ध के महाभिनिष्क्रमण का दृश्य अंकित है।
- **गुफा संख्या 17** इसे चित्रशाला कहा गया है। यहाँ अधिकतर बुद्ध के जन्म, जीवन, महाभिनिष्क्रमण तथा महापरिनिर्वाण के दृश्य चित्रित हैं। जातक कथाएँ सर्वाधिक इसी गुफा में चित्रित की गई हैं।
- **गुफा संख्या 26** गुफा संख्या 26 बहुत बड़ी है और भीतर का संपूर्ण कक्ष (मंडप) बुद्ध की अनेक प्रतिमाओं से उकेरा गया है और उनमें बड़ी प्रतिमा महानिर्वाण की है।

अजंता की चित्रकला

एलोरा की चित्रकला

- एलोरा, महाराष्ट्र के औरंगाबाद जिले में अजंता से लगभग 100 किमी दूरी पर स्थित प्रसिद्ध गुफा स्थल है। यहाँ बौद्ध, ब्राह्मण एवं जैन धर्म की 34 गुफाएँ प्राप्त होती हैं।
- आरंभिक 12 गुफाएँ बौद्ध धर्म से तत्पश्चात् की 16 गुफाएँ (13-28) ब्राह्मण धर्म से तथा बाद की 5 गुफाएँ जैन धर्म से संबंधित हैं।
- एलोरा में ईसा की 5 वीं सदी से लेकर 11वीं सदी तक के तीन भिन्न-भिन्न धर्मों के मठ/धर्म भवन एक साथ पाए जाते हैं।
- ब्राह्मण गुफाओं में शैव एवं वैष्णव धर्म से संबंधित अनेक भित्ति चित्र उत्कीर्ण किए गए हैं।
- शैव धर्म से संबंधित चित्रों में कैलाश पर्वत को उठाए हुए रावण, अंधकासुर वध, कल्याण सुंदर चित्र विशेष हैं, जबकि वैष्णव धर्म से संबंधित चित्रों में विष्णु के विभिन्न अवतारों को दर्शाया गया है।

एलोरा की चित्रकला

बाघ की चित्रकला

- बाघ की गुफाएँ मध्य प्रदेश के धार जिले में बाघ की पहाड़ियों पर उत्कीर्ण हैं। इनकी खोज 1818 ई. में **डेजर फील्ड** ने की थी। इनकी संख्या 9 है, इन्हें गुप्तकाल में चित्रित किया गया था।
- बाघ की गुफाएँ प्राकृतिक नहीं, अपितु चट्टानों को काटकर बनाई गईं हैं। ये प्राचीन समय में सातवाहन काल में बनाई गई थीं।
- बाघ की गुफा संख्या 2 को **पांडवों की गुफा** कहा जाता है। गुफा संख्या 3 के मुख पर हाथियों की पंक्ति के उत्कीर्णन होने के कारण इसे **हाथीखाना** नाम दिया गया है। यहाँ की चौथी गुफा को **रंगमहल** के नाम से जाना जाता है।
- बाघ की गुफाओं के चित्र दैनिक जीवन की घटनाओं के विषय से संबंधित हैं। यहाँ पर चिकनी दीवारों पर चूने की सफेदी करके चित्र बनाए जाते थे।
- यहाँ के चित्रों में लाल, पीला, सफेद व खाकी रंगों का उपयोग मिलता हैं। पशु-पक्षियों के चित्रण में यहाँ के चित्रकार बहुत कुशल थे।

बादामी की चित्रकला

- कर्नाटक राज्य के पास बादामी नामक स्थान पर **चालुक्य शैली** के चार गुहा मंदिर प्राप्त हुए हैं, जिसका निर्माण चालुक्य वंशी नरेशों द्वारा करवाया गया था। इन चार गुफाओं में 3 ब्राह्मण धर्म से, जबकि 1 जैन धर्म से संबंधित हैं।
- चालुक्य नरेश **मंगलेश** ने बादामी गुफाओं की खुदाई का संरक्षण किया था। यहाँ की गुफा संख्या 4 के शिलालेख में 578-79 ई. का उल्लेख मिलता है।
- इसमें यह भी उल्लेख मिलता है कि यह गुफा बहुत सुंदर थी और विष्णु की प्रतिमा को समर्पित थी।
- बादामी से प्राप्त भित्ति चित्रों में भावपूर्ण शैली दृष्टिगत होती है। यहाँ के चित्रों में इंद्र की सभा का चित्र, विशेष रूप से उल्लेखनीय है।
- शिव की शिल्पाकृति में उनके 9 जोड़ी हाथ दर्शाए गए हैं।
- कीर्तिवर्मन (पुलकेशिन-I के पुत्र) को अपनी पत्नी एवं सामंतों के साथ एक नृत्य का आनंद लेते हुए दर्शाया गया है।

सित्तनवासल की चित्रकला

- तमिलनाडु में तंजौर जिले के समीप स्थित सित्तनवासल चित्रकला का प्रमुख केंद्र है।
- यहाँ पहाड़ों को काटकर जैन गुहा मंदिरों का निर्माण किया गया है। यहाँ की चित्रकला के विकास का श्रेय पांड्य शासकों को जाता है।
- यहाँ के गुहा मंदिरों की दीवारों पर अनेक चित्र बने हैं, जिनकी भाव-भंगिमा, हस्तमुद्रा, आकृति एवं अलंकरण अत्यंत जीवंत शैली में बने हैं।
- इनमें एक छत पर बने कमलवन में मीन, मकर, कच्छप, हाथी, महिष एवं हंस को संयुक्त मुद्रा में अंकित किया गया है।
- चैत्य के बरामदे के भीतरी छत एवं ब्रैकेट पर भी चित्र उत्कीर्ण किए गए हैं।
- बरामदे के खंबों पर नृत्य करती हुई परियों के चित्र उत्कीर्ण हैं। इसका चित्रण हल्की पृष्ठभूमि पर सिंदूरी लाल रंग से किया गया है।
- चित्र में आँखें बड़ी-बड़ी एवं कुछ के चेहरे से बाहर निकली हुई बनाई गई हैं।

2. पूर्व मध्यकालीन चित्रकला

- पूर्व मध्यकाल में भारतीय चित्रकला, मूर्तिकला एवं स्थापत्य कला की अति व्याप्ति तथा बौद्ध धर्म के निर्बल होने के कारण कमजोर पड़ गई और अब वह लोकजीवन के संरक्षण में चली गई।
- पूर्व मध्यकाल में बड़े-बड़े भित्ति चित्रों के स्थान पर लघु चित्रों की परंपरा गतिमान हुई।
- पूर्व मध्यकालीन चित्रकला शैली संपूर्ण वृहत्तर भारत में अपनी क्षेत्रीय विशिष्टताओं के साथ मध्यदेशीय अपभ्रंश शैली, पाल शैली, गुजराती शैली तथा जैन शैली आदि रूपों में प्रकट होती है।
- इस शैली को 'प्राकृत शैली' के सामान्य नाम से भी अभिहित किया जाता है।

पूर्व मध्यकालीन चित्रकला की प्रमुख शैलियाँ

पूर्व मध्यकालीन चित्रकला की प्रमुख प्राकृत शैलियाँ निम्न रूपों में विकसित हुई हैं

- **मध्यदेशी** (अपभ्रंश) **शैली** इस शैली के चित्रों का निर्माण 11वीं से 15वीं शताब्दी के बीच ताड़-पत्र, कपड़े एवं कागज पर हुआ। चेहरे की बनावट, नुकीली नाक तथा आभूषण की अत्यधिक साज-सज्जा इस शैली के चित्रों की प्रमुख विशेषता है। इस चित्रकला शैली के प्रमुख केंद्र-जौनपुर, मथुरा, वृंदावन एवं कन्नौज थे। यह अवध अथवा ब्रज की लोक संस्कृति से प्रभावित हैं।
- **पूर्वी शैली** (पाल शैली) बंगाल में पाल वंश के शासकों धर्मपाल एवं देवपाल के शासनकाल में चित्रकला की पाल शैली का विकास हुआ। इस शैली के चित्र वस्तुत: बौद्ध धर्म से संबंधित हैं। प्रारंभ में ताड़-पत्र एवं बाद में कागज पर बनाए जाने वाले चित्रों में वज्रयान बौद्ध धर्म के चित्र हैं। इस शैली का एक अन्य केंद्र नेपाल था।
- **पश्चिमी शैली** इस शैली को उद्घाटित करने का श्रेय आनंद कुमार स्वामी को जाता है। इस शैली के चित्र मुख्यत: अहमदाबाद, मारवाड़, मालवा, जौनपुर, अवध, पंजाब, नेपाल, बंगाल तथा उड़ीसा (वर्तमान ओडिशा) में मिलते हैं। इस चित्रकला शैली में पर्वत, नदी, सागर, पृथ्वी, अग्नि, बादल तथा वृक्ष आदि का बहुतायत चित्रण मिलता है। पश्चिम शैली के चित्रों में जैन धर्म से संबंधित चित्र प्रमुखता लिए हुए हैं।

3. मध्यकालीन चित्रकला

- भारतीय चित्रकला के इतिहास का मध्य युग विभिन्न राज्याश्रयों के द्वारा पल्लवित एवं पुष्पित होता रहा है। इस काल में रीतिकालीन साहित्य अपने संपूर्ण अंगोपांगों के साथ विकसित होकर श्रृंगार प्रधान बना रहा।
- मध्यकालीन चित्रकला के अंतर्गत नायिका को विभिन्न आधारों पर वर्गीकृत किया जाता है। वर्गीकरण का आधार नायक का नायिका से मिलन, विरह, विश्वासघात आदि स्थितियों को बनाया गया है।
- इस काल में बारहमासा वर्ष के 12 महीनों के दौरान नायिका के श्रृंगार, मन स्थिति की भावनाओं तथा क्रीड़ाओं को चित्रित किया जाता था।

मध्यकालीन चित्रकला की प्रमुख शैलियाँ

मध्यकालीन चित्रकला की प्रमुख शैलियाँ निम्नलिखित हैं

दक्कन शैली

- इस शैली का प्रमुख केंद्र बीजापुर था। इसे बीजापुर के शासक अली आदिलशाह तथा इब्राहिमशाह ने संरक्षण प्रदान किया था। इस शैली के चित्रों पर फारसी प्रभाव दिखाई पड़ता है।
- रागमाला के चित्रों का चित्रांकन इस शैली में विशेष रूप से किया गया है।
- इस शैली का विस्तार गोलकुंडा एवं अहमदनगर राज्यों तक था।

मालवा शैली

- 12 वीं से 14 वीं सदी के मध्य मालवा जैन धर्म के प्रभाव से जैन चित्रकला का केंद्र बन गया। मालवा चित्रकला शैली में गुजरात की प्राकृत तथा फारसी शैली का मिश्रण मिलता है।
- इस शैली के चित्र 'कल्पसूत्र' एवं 'न्यामतनामा' जैसे ग्रंथों में मिलते हैं।

विजयनगर शैली

- इस चित्रकला के अंश वर्तमान आंध्र प्रदेश के हिंदूपुर के पास लेपाक्षी के मंदिरों में दृष्टिगोचर होते हैं। इसी कारण विजयनगर की चित्रकला शैली को लेपाक्षी शैली भी कहा जाता है। यह भगवान शिव का मंदिर है।
- त्रिची (तिरुपिराकुतरम, तमिलनाडु में) के समीप पाए गए चित्र, जो 14 वीं सदी में बनाए गए थे, विजयनगर शैली के आरंभिक चरण के नमूने हैं।
- विजयनगर की राजधानी हम्पी में विरुपाक्ष मंदिर में मंडप की भीतरी छत पर अनेक चित्र बने हुए हैं, जो विजयनगर के राजवंश के इतिहास की घटनाओं तथा रामायण एवं महाभारत के प्रसंगों को दर्शाते हैं।
- इस मंदिर में विष्णु के अनेक अवतारों का भी चित्रण मिलता है। बुक्काराय के आध्यात्मिक गुरु विद्यारण्य को एक पालकी में बैठाकर शोभा यात्रा में ले जाते हुए चित्र उत्कीर्ण किए गए हैं।
- आँखे बड़ी-बड़ी एवं पतली कमर दर्शायी गई हैं। यहाँ के चित्रों में आकृतियों के पार्श्व चित्र और चेहरे भी दिखाए गए हैं।

नायक शैली

- इस शैली का विकास 17वीं एवं 18वीं शताब्दी में तिरुपराकुनरम्, श्रीरंगम् एवं तिरूवरूर में हुआ। तिरुपराकुनरम् से 14वीं एवं 17वीं शताब्दी के उत्कीर्ण चित्र पाए गए हैं।
- आरंभिक चित्र वर्धमान महावीर के जीवन से संबंधित हैं। नायक कालीन चित्रों में रामायण एवं महाभारत के प्रसंग चित्रित हैं। कहीं-कहीं कृष्णलीला के दृश्य भी चित्रित हैं।

- तिरूवरूर में मुचुकुंद की कथा के चित्र बनाए गए हैं। चिदंबरम (तमिलनाडु) में भगवान शिव एवं विष्णु से संबंधित कथाओं का चित्रण किया गया है।
- ऐसा माना जाता है कि नायक शैली के चित्र बहुत हद तक विजयनगर शैली का ही विस्तृत रूप है।
- विजयनगर शैली के विपरीत नायक शैली में आकृति की कमर पतली एवं पेट अंदर की ओर दबा हुआ बनाया गया है। तमिलनाडु के तिरूवलंजुलि में निर्मित नटराज का चित्र इसका एक बेहतर उदाहरण है।

मुगल शैली

- यह एक लघु चित्रकला शैली है। ईरान के प्रभाव से मुगलकाल में 16वीं एवं 19वीं शताब्दी में इस चित्रकला का विकास हुआ। मुगल बादशाहों ने ईरानी कलाकारों को अपने दरबार में नियुक्त किया।
- हिंदू तथा ईरानी शैली के संयोग से भारत में मुगल चित्रकला शैली का प्रादुर्भाव हुआ। मुगल शैली के राजसी और सामंती प्रभाव से आक्रांत होने के कारण उसमें जनसामान्य की रुचि अधिक नहीं थी।

बाबर के काल में चित्रकला

- बाबर की आत्मकथा 'बाबरनामा' में उसके चित्रकला विषयक प्रेम का उल्लेख प्राप्त होता है। बाबर ने अपने संस्मरण में फारसी चित्रकला की समीक्षा की तथा चित्रकार बिहजाद का उल्लेख किया है।
- बिहजाद का उल्लेख करते हुए बाबर ने कहा कि वह एक कुशल चित्रकार है, किंतु वह दाढ़ीविहीन युवा चेहरे नहीं बना पाता।

केरल शैली

- इस कला शैली में चमकदार रंगों का प्रयोग होता था और मानव आकृतियों को त्रिआयामी रूप में प्रस्तुत किया जा सकता था। केरल के चित्रकारों ने (16वीं-18वीं सदी के दौरान) स्वयं अपनी एक चित्रात्मक भाषा तथा तकनीकी का विकास किया था।
- केरल के भित्ति चित्र 60 से भी अधिक स्थलों में पाए गए हैं, जिनमें तीन महल भी शामिल हैं- कोच्चि का डच महल, कायमकुलम का कृष्णापुरमहल और पद्मनाभपुरम महल।
- केरल के पुंडरीकपुरम मंदिर, पनायनरकावु, तिरुकोडिनाथम त्रिपदयार का श्रीराम मंदिर और त्रिसूल के वडक्कुनापन मंदिर में केरल की भित्ति चित्रकला की परिपक्व अवस्था दृष्टिगोचर होती है।

केरल शैली

- केरल शैली के सादृश्य भित्तिचित्र वर्तमान में भी भारत के कई राज्यों में प्रचलित हैं; जैसे-पिठोरों (राजस्थान एवं गुजरात), मिथिला भित्तिचित्र (बिहार), वर्ली (महाराष्ट्र) इत्यादि।

हुमायूँ के काल में चित्रकला

- हुमायूँ के काल में **ख्वाजा अब्दुस्समद** और **मीर सैयद अली** कुशल चित्रकार थे। ये दोनों ही फारस (ईरान) के चित्रकार थे, जिनसे हुमायूँ अपने निर्वासन के दौरान ईरान में मिला था।
- 1555 ई. में पुनः बादशाह बनने के पश्चात् हुमायूँ ने इन दोनों कलाकारों को अपने दरबार में आमंत्रित किया।
- हुमायूँ के द्वारा 'निगार खाना' (चित्रों की कार्यशाला) स्थापित करवाया गया।
- 'प्रिंसेज ऑफ द हाउस ऑफ तैमूर' (1545-50) इस काल का एक महत्त्वपूर्ण चित्रण है।

अकबर के काल में चित्रकला

- अकबर ने अपने शासनकाल में एक चित्रशाला की स्थापना की, जिसका प्रबंध एक दरोगा के हाथ में था।
- इस काल में चित्रित होने वाले प्रमुख ग्रंथ- आइने-अकबरी, रज्मनामा, (महाभारत), रामायण, नल दमन (नल-दमयंती), कलीला दमन (पंचतंत्र), अयार दानिश (पंचतंत्र का दूसरा अनुवाद), जफरनामा तथा चंगेजनामा आदि थे।
- अकबर के काल में व्यक्ति चित्र (शबीह) को बड़ा प्रोत्साहन मिला। उसने स्वयं के तथा साम्राज्य के सभी आयु के व्यक्तियों के चित्र बनवाए।
- अबुल फजल के अनुसार, अकबर की शाही चित्र शाला में 100 से भी अधिक चित्रकार नियुक्त किए गए थे।

अकबर कालीन प्रमुख चित्रकार निम्न हैं

- **मीर सैयद अली** यह हुमायूँ के काल में भारत आया था। यह एक कुशल चित्रकार था, जिसकी रुचि लौकिक एवं दैनिक जीवन से संबंधित चित्रों में थी। 'मजनूं का जन्म', 'लैला के सामने जंजीरों में जकड़ा मजनूं', 'बहराम गौर एवं गडरिया' तथा 'हफ्त औरंग' आदि सैयद अली द्वारा बनाए गए प्रमुख चित्र हैं।
- **ख्वाजा अब्दुस्समद** यह ईरान का एक प्रसिद्ध चित्रकार था, जो हुमायूँ के काल में मुगल दरबार में आया था। इसे 'शीरी-कलम' की उपाधि प्रदान की गई थी।
- **दसवंत** यह अब्दुस्समद का शिष्य था। ईरानी शैली में हिंदू शैली का पुट देकर मुगल शैली की स्थापना में इसका उल्लेखनीय योगदान है। यह एक हिंदू कहार था।
- रज्मनामा के अधिकांश चित्र दसवंत ने बनाए हैं। 'तैमूरनामा' के एक चित्र में भी इसका नाम है। इसे हिंदू देवी-देवताओं के चित्रांकन में कुशलता प्राप्त थी। उन्माद रोग से ग्रसित होने के कारण इसने आत्महत्या कर ली थी।
- **बसावन** आइने-अकबरी के अनुसार, बसावन चित्र की पृष्ठभूमि उभारने, आकृतियों के विशिष्ट निरूपण, रंगों के यथोचित प्रयोग तथा व्यक्ति चित्रों के निर्माण में सर्वश्रेष्ठ हैं। इसका नाम तैमूरनामा, अकबरनामा, रज्मनामा, बहारिस्तानें जामी आदि ग्रंथों में मिलता है। अकबर कालीन रामायण के चित्र भी इसी चित्रकार ने बनाए हैं।
- अकबर के द्वारा हुमायूँ की कलात्मक विरासत 'हम्जानामा' के चित्रण कार्य को आगे बढ़ाया गया। इसके 1400 पन्नों के चित्रण में लगभग 15 वर्ष (1567-82) का समय लगा। इसका चित्रण मीर सैयद अली एवं अब्द उस समद (प्रसिद्ध फारसी चित्रकार) के निरीक्षण में किया गया।
- अकबर के (प्रसिद्ध फारसी चित्रकार) काल में ही महाकाव्य 'महाभारत' का 'रज्मनामा' नाम से फारसी में अनुवाद एवं चित्रण किया गया।

जहाँगीर कालीन चित्रकला

- जहाँगीर के शासनकाल की चित्रकला में चित्रों की संख्या पर कम एवं गुणवत्ता पर अधिक ध्यान दिया गया। साथ ही गैर-धार्मिक प्रवृत्ति के भी अधिकांश चित्र चित्रित किए गए।
- जहाँगीर चित्रकला का प्रेमी तथा स्वयं भी चित्रकार था। उसने अकबर द्वारा स्थापित राजकीय चित्रशाला को इलाहाबाद किले में स्थानांतरित करवाया तथा अका रिजा को इसका अधीक्षक बनाया।
- अका रिजा का पुत्र 'अबुल हसन' जहाँगीर-कालीन एक प्रसिद्ध चित्रकार था, जिसे **नादिर-उज्जमा** की उपाधि दी गई थी।
- यह जहाँगीर का प्रिय चित्रकार भी था। शरीफ खाँ भी इस काल का एक प्रमुख चित्रकार था, जिसकी उपाधि अमीर-उल-उमरा की थी।
- जहाँगीर के काल में स्त्रियाँ भी चित्रकारी करती थीं। इस काल में चित्रकारी के अंतर्गत चित्रों में पांडुलिपियों से ध्यान हटाकर उसके स्थान पर एलबम चित्रकारी और वैयक्तिक रूपचित्रों पर अधिक बल दिया गया।

जहाँगीर कालीन प्रमुख चित्रकार निम्न हैं

- **उस्ताद मंसूर** इसकी उपाधि नादिर उल-अस्र की थी। यह पक्षियों तथा पुष्पों के चित्रण में निपुण था। टर्कीकाक तथा बाज उसके द्वारा निर्मित विख्यात चित्र हैं।
- **विशनदास** यह व्यक्ति-चित्र में निपुण था। जहाँगीर ने इसे ईरान के शाह अब्बास का चित्र बनाने हेतु भेजा था।
- **फारुखबेग** यह भी आकृति चित्रण में निपुण चित्रकार था। 'गुलशन' एलबम में इसके द्वारा बनाए गए चित्र मिलते हैं, जिसमें 'बाज एवं युवा सरदार' उल्लेखनीय कृति हैं।
- **मनोहर** यह बसावन का पुत्र तथा जहाँगीर कालीन एक प्रसिद्ध चित्रकार था। इसके द्वारा 1620 ई. में 'दरबार में उपस्थित जहाँगीर' का चित्र बनाया गया, जिस पर बादशाह ने हस्ताक्षर करके ब्रिटिश राजदूत सर टॉमस रो को दिया था।
- रेतघड़ी (आवरग्लास) पर विराजमान जहाँगीर का चित्र उनके दरबारी चित्रकार विचित्र के द्वारा 1625 ई. में बनाया गया।

शाहजहाँ के काल की चित्रकला

- इस काल में अधिकांश दरबारी चित्र ही बनाए गए थे। 1647 ई. में चित्रित शाहजहाँनामा (बादशाहनामा) इस काल की सर्वोत्तम कृति है।
- चित्रकारी में रत्नों का भी प्रयोग किया जाता था।
- इस काल के प्रमुख चित्रकारों में गोवर्द्धन, मीर हाशिम, अनूप, चित्तूर, फकीरुल्लाह आदि थे।

राजपूत शैली

- मुगल काल में चित्रकला को व्यापक प्रोत्साहन मिला, जिसका प्रभाव क्षेत्रीय शासकों पर भी पड़ा। इनमें से मुगलों के घनिष्ठ सहयोगी राजपूत शासक प्रमुख रहे हैं।
- राजपूत शासकों ने मुगल चित्रशालाओं के अनेक चित्रकारों को अपना संरक्षण प्रदान किया, जिन्होंने राजपूत शैली के विकास में महत्त्वपूर्ण योगदान दिया।
- राजपूत शैली के चित्र राजाओं-महाराजाओं के दरबार में जैसे-मेवाड़, बूँदी, मालवा, कोटा, जयपुर, बीकानेर, किशनगढ़, जोधपुर (मारवाड़), सिरोही इत्यादि में विशेष रूप से प्रचलित रहे हैं।
- आनंद कुमार स्वामी (कलाकार) के द्वारा वर्ष 1916 में इसे 'राजपूत चित्रकला' का नाम दिया गया।
- प्राय: चित्रों का निर्माण 'वसली' पर किया जाता था।
- कागज के पतले पन्नों को गोंद से चिपकाकर आवश्यक मोटाई वाली वसली तैयार की जाती थी।
- यह शैली विशुद्ध रूप से हिंदू परंपराओं पर आधारित है। इस शैली में रागमाला से संबंधित चित्र विशेष महत्त्वपूर्ण हैं।

राजपूत शैली

- राजपूत शैली का विकास कई शाखाओं में हुआ, जिसका विवरण निम्न है
  - **बीकानेर शैली** इस शैली की प्रमुख विशेषता मुस्लिम कलाकारों द्वारा हिंदू धर्म से संबंधित एवं पौराणिक विषयों का चित्रांकन करना है। रामलाल, अकीजा, हसन रजा, रुकनुद्दीन आदि इस शैली के प्रमुख चित्रकार हैं।
  - **मेवाड़ शैली** यह शैली राजस्थानी जनजीवन व धर्म का वास्तविक स्वरूप प्रस्तुत करती है। राधा-कृष्ण की लीलाएँ इस शैली की प्रमुख विषय-वस्तु है। इस शैली का विकास 1605 ई. में निसारदीन द्वारा चुनार में निर्मित 'रागमाला चित्रों' से माना जाता है। राजा जगत सिंह (1607-1652) के शासनकाल में साहिबदीन एवं मनोहर नामक चित्रकार के द्वारा इस शैली को परिष्कृत किया गया। केशव की 'रसिक प्रिया' तथा 'बिहारी सतसई' का चित्रण सर्वाधिक हुआ है। इस कला शैली का एक प्रसिद्ध चित्र 'रामायण के युद्धकांड' (1652) है।
  - **जयपुर शैली** इस शैली की उत्पत्ति 'आमेर' (पूर्व राजधानी) में हुई थी। इसका सर्वाधिक विकास सवाई जय सिंह (1699-1743) के शासनकाल में हुआ। शासक प्रताप सिंह के द्वारा 50 कलाकारों को नियुक्त किया गया था। चित्रकारी में व्यापक मात्रा में सोने का प्रयोग किया गया। आकृतियों का निर्माण जीवंत एवं बड़े आकारों में किया जाता था।

    इस शैली के अनेक चित्र 1600 ई. से 1900 ई. के मध्य शेखावटी, सीकर, नवलगढ़, झुंझुनू आदि स्थानों पर मिलते हैं। इस शैली के चित्रों में कृष्णलीला, राग-रागिनी, रासलीला के अतिरिक्त शिकार तथा हाथियों की लड़ाई के चित्र बनाए गए हैं।

- **जोधपुर शैली** यह मारवाड़ की प्रमुख शैली है। इस शैली में रामायण कृष्णलीला, नायिका-भेद, बारहमासा, पंचतंत्र, शिव पुराण आदि ग्रंथों पर आधारित चित्र प्रमुखता से दर्शाए गए हैं।
- **किशनगढ़ शैली** राजस्थान की किशनगढ़ शैली अपने शृंगारिक चित्रों के लिए प्रसिद्ध है। इस शैली को उत्कर्ष पर पहुँचाने का श्रेय किशनगढ़ नरेश सावंत सिंह (उपनाम-नागरीदास) को है। सावंत सिंह (नागरीदास) ने **'बनी-ठनी'** के नाम से विख्यात अर्द्ध सुंदरी में राधा के स्वरूप की कल्पना की तथा राधा-कृष्ण संबंधी काव्यात्मक कलाकृतियाँ तैयार करवाईं। निहाल चंद भी इस कला शैली के चित्रों का एक प्रतिभावान चित्रकार था। बनी-ठनी का चित्रण इन्हीं के द्वारा किया गया था।
  इस चित्र को संकलित करके राष्ट्रीय संग्रहालय, नई दिल्ली में रखा गया है।
- **बूंदी शैली** राव छत्रशाल ने बूंदी शैली को पर्याप्त संरक्षण प्रदान किया। इस चित्रण की मुख्य विशेषता भू-दृश्य रहित पहाड़ियाँ, बहती नदियाँ और रंग-बिरंगे फूलों वाली घनी हरियाली के रूप में चित्रित हैं।
- **कोटा शैली** आखेट, हाथियों की लड़ाइयाँ और राजाओं-महाराजाओं के अनेक चित्र इस शैली की प्रमुख विशेषता है। इस चित्रकला शैली में चारों ओर पथरीली चट्टानें, विशेष आकार वाले पेड़-पौधे और उनके बीच में कोटा नरेश और आश्रित व्यक्ति अनुचर आदि इधर-उधर बिखरे दिखाए गए हैं।
- **अलवर शैली** इस शैली का प्रारंभ 1775 ई. में अलवर के राजा प्रताप सिंह ने किया था। इस शैली के चित्रों में बारीक कार्य, परदों पर धुएँ के समान छाया तथा रेखाओं की सुदृढ़ता दर्शनीय है। अलवर के लघुचित्रों में हरे व नीले रंग का प्रयोग प्रचुर मात्रा में मिलता है।
- **पहाड़ी शैली** राजपूत शैली से प्रभावित पहाड़ी चित्रकला उत्तर पश्चिमी हिमालय के विभिन्न पहाड़ी राज्यों में विकसित हुई। इस शैली के चित्रकारों के मुख्य केंद्र बसौली, जसरोता, मनकोट, चंबा और नूपुर आदि थे।
- **बसौली शैली** इस कला शैली का विकास राजा कृपाल पाल (1678-95 ई.) के संरक्षण में हुआ। इस शैली में कश्मीर की भित्ति चित्र शैली, लोककला शैली और राजस्थानी व मुगल शैली का समन्वय दिखाई देता है।
- **गुलेर शैली** इस शैली के चित्रों का मुख्य विषय रामायण व महाभारत की घटनाएँ रहीं। रामलाल नैनसुख, निक्का और गुरसहाय इस शैली के प्रमुख चित्रकार हैं।
- **कांगड़ा शैली** इस शैली का सर्वाधिक विकास कटोच राजवंश के शासक संसार चंद (1775-1823 ई.) के काल में हुआ। इस शैली में प्रकृति प्रेम की भावना को दर्शाया गया है।
- इस शैली के प्रसिद्ध चित्रकार मनक फंतु, परखू एवं खुशलाल थे। इस शैली का प्रमुख केंद्र व्यास नदी के किनारे तीरों 'सुजानपुर' एवं 'आलमपुर' था। इसकी विषय-वस्तु भागवत पुराण, गीत गोविंद, नलदमयंति, बिहारी सतसई, रागमाला एवं बारहमासा था। इनमें भागवत पुराण चित्रों की शृंखला सबसे प्रसिद्ध है।
- **गढ़वाली शैली** गढ़वाल नरेश पृथपाल शाह (1625-60 ई.) के दरबार में रहने वाले दो चित्रकारों शामनाथ तथा हरदास ने इस शैली को जन्म दिया था। नायिका भेद, धार्मिक चित्रण, व्यक्ति चित्र एवं पशु-पक्षी चित्रण आदि इस शैली के प्रमुख विषय-वस्तु रहे हैं। मौलाराम इस शैली का विख्यात चित्रकार था।
- **मालवा शैली** इस शैली का विकास 16वीं एवं 17वीं शताब्दी में हुआ। इसका विस्तार मध्य भारत के व्यापक क्षेत्रों में रहा। इस शैली के प्रसिद्ध चित्रकार माधो दास रहे हैं। इनके द्वारा 'राग मेघा' नामक प्रसिद्ध चित्र बनाए गए। इस शैली के अधिकांश चित्रों का संकलन दतिया महल से किया गया है। इसके अंतर्गत रामायण, महाभारत इत्यादि प्रसंग से संबंधित चित्र बनाए गए हैं।

4. औपनिवेशिक काल की चित्रकला

- औपनिवेशिक शासनकाल में अनेक प्रकार की नई कला के रूपों, शैलियों, सामग्री और तकनीकों का सूत्रपात हुआ, जो आज हमारे जीवन में सहज स्वाभाविक प्रतीत होते हैं।
- कोई मनोहारी भू-दृश्य, किसी तस्वीर में यथार्थपरक मानव छवि या किसी देवता का चित्र, मशीनों द्वारा असंख्य मात्रा में छापी गई तस्वीरें आदि इस प्रकार के उदाहरण हैं। इस काल की प्रमुख शैलियाँ निम्न हैं

ब्रिटिश शैली

- 18वीं सदी में यूरोप से अनेक चित्रकार अंग्रेज व्यापारियों एवं शासकों के साथ भारत आए।
- ये चित्रकार अपने साथ तैल चित्रकारी की तकनीकी के साथ यथार्थवादी चित्रण की परंपरा भी लेकर आए। इस शैली की प्रमुख विशेषताएँ निम्न हैं
  - **मनोरम दृश्य** इस शैली में भारत को ऐसे अनूठे रूप में दर्शाया जाता था, जिसकी ब्रिटिश कलाकार सैलानियों को जाँच करनी थी। टॉमस डेनियल तथा विलियम डेनियल इसके प्रसिद्ध चित्रकार थे।
  - **प्राधिकार का चित्रण** यह रूप चित्रकारी की विधा थी। यह शासक वर्ग की धन-संपदा को दर्शाती हैं। योहान जोफनी (जर्मनी) इस विधा के प्रमुख चित्रकार हैं। अर्माट के नवाब मोहम्मद अली खान का प्रसिद्ध तैल-चित्र जॉर्ज विल्सन ने बनाया था।
  - **इतिहास की चित्रकारी** इस शैली में भारत में अंग्रेजों की विजय को यशमान के रूप में दर्शाया जाता था। इसकी शुरुआत 1762 ई. में फ्रांसिस हेमेन द्वारा निर्मित मीर जाफर द्वारा क्लाइव की अगवानी के चित्र से होती है।

दरबारी शैली

- औपनिवेशिक काल में विभिन्न दरबारों में चित्रकला का पर्याप्त विकास हुआ। मैसूर की राजधानी श्रीरंगपट्टनम् में स्थित उनके महल की दीवारों पर स्थानीय कलाकारों द्वारा बनाए गए भित्ति चित्र, लघु चित्र, दरबारी शैली की प्रमुख विशेषताओं को बताते हैं।
- चित्रों में परिप्रेक्ष्य विधि एवं रोशनी तथा परछाईं का प्रयोग यूरोपीय प्रभाव का प्रमाण है। कुछ दरबारी कलाकारों द्वारा अंग्रेजों के लिए 'कंपनी चित्रों' का निर्माण किया गया।

पटना कलम

- पटना कलम चित्रकला शैली मुगलकाल एवं ब्रिटिश काल के मध्य की कड़ी है। यह शैली मुगल वंश के पतन के दौर में आरंभ हुई थी।
- पानी के रंगों पर आधारित इस चित्रकला शैली का आरंभ 18वीं सदी के उत्तरार्द्ध में हुआ था। इस चित्रकला से तत्कालीन जनसामान्य के दैनिक क्रियाकलाप का चित्रण सामने आता है।
- इसे **कंपनी शैली** भी कहा जाता है, क्योंकि यूरोपीय व्यापारियों ने इसे प्रोत्साहित किया था।

आधुनिक राष्ट्रीय कला शैली

19वीं सदी के अंत में कला एवं राष्ट्रवाद के मध्य गहरा संबंध स्थापित हो गया। अतः अब चित्रकारों द्वारा ऐसी चित्रकला शैली का प्रयोग आरंभ किया गया, जिसे पाश्चात्य एवं भारतीय दोनों कसौटियों पर देखा जा सके।

इस शैली के अंतर्गत दो कला शैलियाँ महत्त्वपूर्ण हैं

1. **राजा रवि वर्मा की कला** ये आधुनिक राष्ट्रीय चित्रकला शैली को विकसित करने वाले आरंभिक चित्रकारों में से एक थे। वे त्रावणकोर राजपरिवार से थे। उन्होंने तैल चित्रकारी और यथार्थपरक जीवन अध्ययन की पश्चिमी कला में महारत हासिल कर भारतीय आध्यात्मिक चित्र निर्मित किए। अपने चित्रों को सामान्यजन तक पहुँचाने के लिए राजा रवि वर्मा ने बंबई में राजा रवि वर्मा प्रेस की स्थापना की थी।
2. **अवनींद्र नाथ टैगोर की कला** अवनींद्र नाथ टैगोर ने राजा रवि वर्मा की शैली को नकार कर केवल भारतीय शैली में निर्मित गैर-पश्चिमी कला पर बल दिया। इन्होंने अजंता की चित्रकारी से प्रेरणा प्राप्त की। इनकी नई भारतीय शैली में भारत की विभिन्न लघु चित्र परंपराओं के लक्षण भी दिखाई देते हैं। भारत को देवी दुर्गा के रूप में दर्शाने वाला इनका चित्र विख्यात है।

लोक चित्रकला

लोक चित्रकला मुख्यतः कला का पारंपरिक रूप है, जिसमें मधुबनी, पटचित्र, वर्ली कला, कालीघाट बर्तन और फर्श चित्रकला आदि शामिल हैं।

- **मधुबनी कला** इस कला का प्रमुख केंद्र मधुबनी (बिहार) का गाँव लहेरियागंज तथा जितवारपुर है। परंपरा के अनुसार कला का यह रूप दीवारों पर चित्रित किया जाता है। इसका प्रयोग कोहबर में पौराणिक कथाएँ चित्रित करने के लिए किया जाता है। मधुबनी चित्रकला में रामायण की कहानियों और अन्य हिंदू देवी-देवताओं का बहुतायत में चित्रण मिलता है। इसे मिथिला कला शैली भी कहा जाता है। यह सबसे प्रसिद्ध समकालीन चित्रकला रूपों में से एक है।
- **पिथौरा चित्रकला** यह चित्रकारी गुजरात की राठवास तथा मध्य प्रदेश की भिलाल जनजाति द्वारा की जाने वाली एक भित्ति चित्रकारी है। यह कला के एक रूप से अधिक अनुष्ठानिक कृत्य है, जो ईश्वर की प्रार्थना करने एवं उसे प्रसन्न करने के लिए की जाती है।

पिथौरा चित्रकला

- **पटचित्र कला** यह कला ओडिशा की लोककला है। ओडिशा के पटचित्रों (कैनवास पेंटिंग्स) का विकास पुरी जैसे तीर्थ स्थलों में हुआ। ओडिशा के अतिरिक्त इसका चित्रण राजस्थान, गुजरात एवं पश्चिम बंगाल में भी किया जाता है। इस चित्रकारी के विषयों में मुख्यतः बहन सुभद्रा एवं भाई बलराम के साथ भगवान जगन्नाथ, दशावतार, भगवान श्री कृष्ण के जीवन की घटनाएँ और अन्य पौराणिक घटनाएँ शामिल हैं। इस चित्रकला का चित्रण कपड़े, ताड़ के पत्ते या कागज पर किया जाता है।
- **थांगकर चित्रकला** थांगकर तिब्बती बौद्ध चित्रकला है, जो सूती अथवा रेशमी कपड़े पर की जाती है। इस चित्रकला में बुद्ध तथा बोधिसत्वों से संबंधित चित्रों का चित्रांकन किया जाता है।
- **वर्ली कला** इस कला का प्रचलन महाराष्ट्र में हुआ है। महाराष्ट्र की वर्ली जनजातियों द्वारा अपने दैनिक व सामाजिक जीवन की विभिन्न रचनाओं को दीवारों पर चित्रित किया जाता है।
- इन चित्रों के पारंपरिक रूप से मुख्यतः चावल के पिसे हुए आटे से अपने घरों की भूरंगों की दीवारों को चित्रित किया जाता है। प्रजनन की देवी के रूप में चौंक देवी माँ पाल घाट की आकृति का चित्रण किया जाता है। कंसारी देवी, नामक अन्य देवी का भी चित्रण प्रायः देखने को मिलता है।
- **कालीघाट बर्तन कला** इस कला का विकास 18वीं सदी में कलकत्ता (कालीघाट) के समीपवर्ती गाँवों के स्थानीय खर्रा चित्रकार (पटुआ) और कुम्हार जाति द्वारा किया गया था। इन चित्रकारों द्वारा मिट्टी के बर्तनों में पौराणिक देवी-देवताओं की चित्रकारी आरंभ की गई।
- **कलमकारी चित्रकला** 'कलमकारी' शब्द का शाब्दिक अर्थ है- कलम से बनाए गए चित्र। यह चित्रकारी आंध्र प्रदेश में की जाती है। इस कला शैली में सूती कपड़ों पर हाथ से अथवा ब्लॉकों से चित्र बनाए जाते हैं। कलमकारी काम में वानस्पतिक रंग ही प्रयोग किए जाते हैं।

कलमकारी चित्र

- **फर्श चित्रकला** (रंगोली) इसे सामान्यतः त्योहार, पूजा, उत्सव तथा विवाह आदि शुभ अवसरों पर बनाया जाता है। इसमें सूखे और प्राकृतिक रंगों का प्रयोग किया जाता है। इस कला में रंग, पिसा चावल, सिंदूर, हल्दी, आटा, चूना इत्यादि का प्रयोग होता है।
- **गोंड चित्रकला** यह चित्रकला मध्य प्रदेश के गोंड जनजाति में प्रचलित है। इसके अंतर्गत मनुष्यों, जानवरों एवं प्रकृति (वनस्पति) का चित्रण किया

जाता है। ज्यामितीय आकृति आकार के धार्मिक चित्रों का चित्रण झोपड़ियों की दीवारों पर किया जाता है। धार्मिक चित्रों का मुख्य विषय-वस्तु 'राधे-कृष्ण एवं गोपियाँ' हैं।

भारत की जीवंत कला परंपराएँ

आधुनिक भारत के प्रमुख चित्रकार

- **नंदलाल बोस** मोटी रेखाओं और सादे रंगों के प्रयोग द्वारा नंदलाल बोस ने चित्रकला के क्षेत्र में महत्त्वपूर्ण योगदान दिया। उमा, तपस्या, घायल बकरी को ले जाते भगवान बुद्ध, कृष्णार्जुन, शिव पार्वती आदि इनकी प्रमुख कलाकृतियाँ हैं।
- **असित कुमार हल्दार** ये चित्रकला की आधुनिक शैली के महान चित्रकार थे। इन्होंने काव्य रचनाओं को चित्रण द्वारा अभिव्यक्त करके चित्रकला को नवीन रूप प्रदान किया।
- **अमृता शेरगिल** यह देश की सबसे कम आयु की चित्रकार हैं, जिन्हें वर्ष 1934 में चित्रकला जगत का एशिया का सर्वोच्च सम्मान 'ग्रैंड सैलान' प्रदान किया गया। 'स्वास्ति', 'एलीफैंट्स बाथिंग इन ग्रीन पुल' एवं 'हिल साइड' इनकी प्रमुख कृतियाँ हैं।
- **मकबूल फिदा हुसैन** इन्हें वर्ष 1966 में बर्लिन में आयोजित फिल्म फेस्टिवल में गोल्डन वियर पुरस्कार मिला था। इन्होंने महाभारत तथा रामायण का चित्रांकन भी किया था। हिंदू धर्म की विवादित पेंटिंग बनाने के लिए देश में इनका तीव्र विरोध हुआ था।
- **यामिनी राय** यह एक प्रसिद्ध बंगाली चित्रकार हैं, जिनकी चित्राकृतियों में 'बंगाल स्कूल ऑफ आर्ट्स' का प्रभाव नगण्य है। इनके चित्र सरल प्रकृति के तथा भावुकतापूर्ण हैं।
- **भवेश सान्याल** इनकी चित्रकला में सामाजिक समस्याओं तथा त्रासदी की झलक दिखाई देती है। इनकी कला पर कश्मीर एवं कांगड़ा शैली का प्रभाव है।
- **तैयब मेहता** यह एक प्रसिद्ध चित्रकार हैं, जिन्हें वर्ष 2007 में भारत सरकार द्वारा कला के क्षेत्र में 'पद्म भूषण पुरस्कार' से सम्मानित किया गया था।
- **शोभा सिंह** यह तैल चित्र निर्माण में दक्ष आधुनिक चित्रकला की प्रमुख चित्रकार थीं।

अतिरिक्त तथ्य
तमिलनाडु बोर्ड एवं NIOS

- **भारत की प्रागैतिहासिक चित्रकला** पंचमढ़ी शैल चित्र- यह मध्य प्रदेश में स्थित है। पंचमढ़ी का शाब्दिक अर्थ है- 'पाँच गुफाओं का समूह'। यहाँ गायों की कतारों में सामूहिक चित्र बनाए गए हैं। इनको रंगने में मृदा तथा खनिज रंगों का प्रयोग किया गया है, जो गेरुआ (केसरिया) एवं लाल रंग हैं।
- **सिंधु घाटी सभ्यता की चित्रकला** सिंधु सभ्यताकालीन बर्तनों पर पशु-आकृतियाँ- सामान्यतः बाघ, बैल, हिरण, सर्प एवं मछलियों की आकृतियाँ चित्रित की गई हैं। बर्तन अच्छी तरह पकाए गए, चमकदार एवं गहरे लाल रंग के होते थे। प्रायः सभी बर्तनों के निचले भाग को काले रंगों से रंगा गया है। चित्रित किए गए बर्तन सामान्यतः भंडारण हेतु उपयोग में लाए जाते थे। बर्तनों का आकार उचित अनुपात में निर्मित किए गए हैं। कुछ बर्तनों में 'ज्यामितिक मछली' (मोटिफ) चित्रित किए गए हैं। इन्हें ईसा पूर्व तीसरी शताब्दी का माना जाता है। इसकी प्राप्ति मेहरगढ़ से हुई है। कुछ बर्तनों में पंख फैलाए मोर की आकृति चित्रित की गई है।
- **तंजौर चित्र शैली** इस शैली का उद्‌गम स्थल तमिलनाडु के तंजौर शहर को माना जाता है। इसका विकास 16वीं सदी से 18वीं सदी के मध्य नायक एवं मराठा शासकों के संरक्षण में हुआ। इसकी विषय वस्तु मुख्यतः हिंदू देवी-देवता, राजा, रजवाड़े, मिथकीय चरित्र इत्यादि रहे हैं। इन चित्रों को लकड़ी के तख्ते पर कपड़ा चिपकाकर बनाया जाता है। यही कारण है कि तमिल में इन चित्रों को **पालमई पदानी** भी कहा जाता है, जिसका तात्पर्य है- लकड़ी पर बने चित्र। 'पंचमुखी आंजनेय' इस चित्रकला शैली का सबसे प्रसिद्ध चित्र है।
- **मैसूर चित्रकला** इस कला शैली का विकास 18वीं सदी के दौरान कर्नाटक के मैसूर नगर में हुआ। इसकी विषय वस्तु हिंदू देवी-देवता एवं उनसे संबंधित कथानक रहे हैं। इनका चित्रण पांडुलिपियों में भी किया गया है। इस शैली का सबसे प्रसिद्ध चित्र **मत्स्यावतार** (गंजिका कार्ड) है।
- **कालीघाट चित्र शैली** इस कला का उद्‌गम कोलकाता के कालीघाट नामक स्थान से माना जाता है। यह कोलकाता में 19वीं सदी में हो रहे सामाजिक एवं सांस्कृतिक उथल-पुथल का परिणाम था। इसकी विषय-वस्तु हिंदू देवी-देवता, सामाजिक बुराइयों पर कटाक्ष करना, नृत्यांगना, संगीतकार, बाल सँवारती महिला, लाल गुलाब हाथ में लिए हुए स्थूल-कार्य स्त्री, मछली, झींगा, सर्प, बिल्ली इत्यादि थी। इस शैली का सबसे प्रसिद्ध चित्र **सीता एवं लव-कुश** का चित्रण है।

मूर्तिकला

(स्रोत)

New NCERT Class XI Fine Arts Chap 3 **मौर्य कालीन कला**, Chap 4 **भारतीय कला और स्थापत्य में मौर्योत्तर कालीन प्रवृत्तियाँ**, Chap 7 **भारतीय कांस्य प्रतिमाएँ**, Tamil Nadu Board (Class XI), NIOS

भारतीय मूर्तिकला

- मूर्तिकला, कला का वह रूप है, जिसमें पत्थर, लकड़ी, धातु, टेराकोटा या मोम आदि की सहायता से त्रिविमीय आकृतियाँ निर्मित की जाती हैं।
- भारत में मूर्तिकला के प्राचीनतम साक्ष्य हड़प्पा काल के मिलते हैं, जबकि कुषाण काल से गुप्तकाल के मध्य (ई. पू. प्रथम शताब्दी से 5वीं सदी ई.) में यह अपने चरम पर पहुँच गई, किंतु मुस्लिम सत्ता स्थापित होने के उपरांत इसका विकास अवरुद्ध हो गया।
- मध्यकाल में विजयनगर साम्राज्य से भी मूर्तिकला के कुछ उल्लेखनीय उदाहरण प्राप्त होते हैं, किंतु इसके बाद मूर्तिकला के विकास में ह्रास के लक्षण स्पष्ट होने लगे।

हड़प्पा सभ्यता की मूर्तिकला

- हड़प्पा सभ्यता की मूर्तिकला उत्कृष्ट स्तर की थी। इस काल में धातु, पत्थर, सेलखड़ी तथा मिट्टी से निर्मित अनेक मूर्तियाँ प्राप्त हुई हैं।
- सैंधव कलाकार धातु पिघलाना और दो धातुओं के संयोग से मिश्रित धातु बनाना भी जानते थे।
- धातु ढालने, साँचों द्वारा मूर्ति और मुद्राएँ (मुहरें) निर्मित करने में सिंधु सभ्यता के कलाकार दक्ष थे। इस काल में मुख्यत: काँस्य, प्रस्तर आदि की मूर्तियों का निर्माण किया जाता था।

हड़प्पा सभ्यता की मूर्तिकला को निम्न शीर्षकों के माध्यम से समझ सकते हैं

धातु मूर्तियाँ

- हड़प्पा सभ्यता के कलाकार कांसे की ढलाई बड़े पैमाने पर करते थे। इनकी कांस्य मूर्तियाँ कांसे को ढालकर बनाई जाती थीं।
- काँस्य मूर्तियों में सर्वाधिक प्रसिद्ध मूर्ति मोहनजोदड़ो से प्राप्त 4.5 सेमी लंबी एक नर्तकी की कांस्य मूर्ति है, जिसका काल 2500 ई.पू. माना जाता है।
- दायमाबाद (महाराष्ट्र) में हुई पुरातात्त्विक खुदाइयों से 1500 ई. पू. के अनेक छोटी-छोटी प्रतिमाओं के समूह प्राप्त हुए हैं।
- कांस्य निर्मित मूर्तियों में मानव तथा पशुओं दोनों की मूर्तियाँ प्राप्त होती हैं। कांसे से निर्मित पशुओं की मूर्तियों में भैंस एवं बकरी की मूर्तियाँ विशेष रूप से उल्लेखनीय हैं।
- कांसे की नर्तकी के अतिरिक्त ताँबे की नर्तकी की एक अन्य मूर्ति भी प्राप्त हुई है।
- इसके अतिरिक्त पुरुष नर्तक की भी एक कांस्य मूर्ति प्राप्त हुई है, जिसके पैर विन्यास देखकर इसके नृत्यरत होने का अनुमान लगाया जा सकता है।
- सैंधव सभ्यता में इन धातु मूर्तियों में ढलाई की जिस विधि का प्रयोग किया जाता है, उसे **मधुच्छिष्ट** विधि या **लुप्त मोम तकनीकी** (Lost Wax) कहा गया है।
- दक्षिण भारत में अभी भी नटराज की मूर्तियाँ इसी विधि से निर्मित की जाती हैं।
- लोथल में पाया गया ताँबे का कुत्ता और पक्षी तथा कालीबंगा में पाई गई साँड की कांस्य मूर्ति आदि हड़प्पा सभ्यता की मूर्तिकला के भव्य उदाहरण हैं।

मृण्मूर्तियाँ

- सैंधव मूर्तिकला के अंतर्गत मृण्मूर्तियाँ भी बनाई जाती थीं, किंतु वे पत्थर या कांसे की मूर्तियों जितनी अच्छी नहीं होती थीं।
- इस सभ्यता के अंतर्गत लाल रंग की ठोस पकाई हुई मिट्टी की मूर्तियाँ उल्लेखनीय हैं।
- इनमें से अधिकांश मूर्तियाँ हस्तनिर्मित हैं। ये मनुष्यों एवं पशुओं दोनों की हैं। मानव मूर्तियों में अधिक मूर्तियाँ स्त्रियों की हैं।

प्रमुख मृण्मूर्तियों का वर्णन निम्नलिखत है

- **पुरुष एवं स्त्रियों की मृण्मूर्तियाँ** सैंधव मूर्तियों में मातृदेवी की प्रतिमाएँ अधिक उल्लेखनीय हैं। कालीबंगा और लोथल में पाई गई नारी मूर्तियाँ हड़प्पा और मोहनजोदड़ो में पाई गई मातृदेवी की मूर्तियों से सर्वथा भिन्न हैं। हड़प्पा से प्राप्त एक नारी मूर्ति की योनि से पौधा निकलता दर्शाया गया है। इसे विद्वानों ने मातृदेवी माना है। इसका संबंध पौधे के जन्म और वृद्धि से था। मूर्तियों का निर्माण अधिकतर चिकोटी विधि से किया जाता था। मृण्मूर्तियों में पुरुष एवं स्त्रियों के अतिरिक्त पशु-पक्षियों की मूर्तियाँ भी प्राप्त हुई हैं। मानव मृण्मूर्तियाँ ठोस होती हैं, जबकि पशु-पक्षियों की मूर्तियाँ प्रायः खोखली होती थीं। सर्वाधिक मृण्मूर्तियाँ पशु-पक्षियों की ही प्राप्त हुई हैं।
- **पशु-पक्षियों की मृण्मूर्तियाँ** पशुओं में बैल, भैंस, भेड़, बकरा, कुत्ता, हाथी, बाघ, गैंडा, भालू, खरगोश आदि की मूर्तियाँ मिली हैं, किंतु गाय की मृण्मूर्ति प्राप्त नहीं हुई है, जबकि पक्षियों में मोर, तोता, कबूतर, बत्तख, गौरैया, चील तथा उल्लू की मूर्तियाँ प्राप्त हुई हैं। सैंधव कलाकार मृण्मूर्तियों के निर्माण में एक विशेष प्रकार की कोचली मिट्टी का उपयोग करते थे, जिसकी सहायता से खिलौने, गहने आदि निर्मित किए जाते थे।

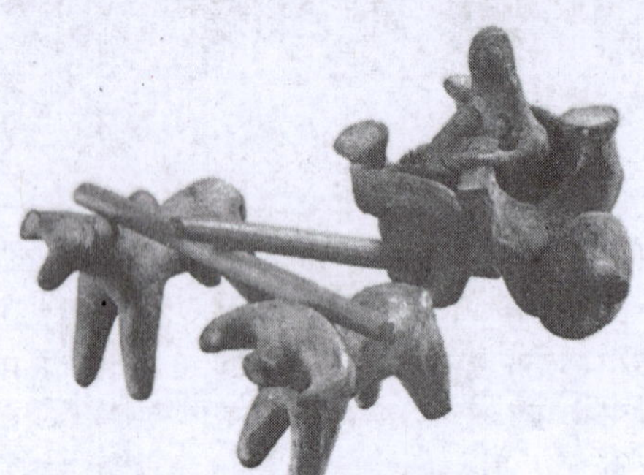

टेरीकोटा

पाषाण मूर्तियाँ

- मोहनजोदड़ो से लगभग एक दर्जन तथा हड़प्पा से तीन प्रस्तर मूर्तियाँ प्राप्त हुई हैं। हड़प्पा से प्राप्त मूर्तियाँ अपेक्षाकृत अधिक प्रभावशाली हैं। इनका निर्माण सेलखड़ी, एस्बेस्टस, चूना पत्थर, बलुआ पत्थर तथा स्लेटी पत्थर आदि की सहायता से किया गया है।
- यह बाएँ कंधे को ढकते हुए तिपतिया छाप वाली शॉल ओढ़े हुए है। योगी के मस्तक पर गोल अलंकरण तथा नेत्र अधखुले हैं।

मोहनजोदड़ो से प्राप्त पुरोहित की मूर्ति

- प्रस्तर निर्मित मूर्तियों में सर्वप्रथम मोहनजोदड़ो से प्राप्त योगी या पुरोहित की मूर्ति विशेष उल्लेखनीय है, यह सेलखड़ी (मुलायम चट्टान) की बनी है। योगी की मूँछें नहीं हैं, किंतु दाढ़ी विशेष रूप से सँवारी गई है।
- हड़प्पा की पाषाण मूर्तियों में दो सिर रहित मानव मूर्तियाँ प्राप्त हुई हैं। पहली मूर्ति लाल-बलुआ पत्थर की तथा दूसरी काले पत्थर की बनी हुई है।
- पहली मूर्ति में गर्दन के ऊपर कंधों के निचले भाग में छिद्र किए गए हैं। दूसरी मूर्ति के हाथ-पैर खंडित अवस्था में हैं। विद्वानों ने इसे किसी नर्तक या नर्तकी की मूर्ति बताया है।

मौर्यकालीन मूर्तिकला

मौर्यकाल में मूर्तिकला के दो रूप दिखाई देते हैं, पहला लोक मूर्तिकला तथा दूसरा दरबारी अथवा राजकीय मूर्तिकला। इनका संक्षिप्त विवरण इस प्रकार है

लोक मूर्तिकला

- मौर्यकालीन लोक मूर्तिकला समकालीन लोक मान्यताओं का प्रतिनिधित्व करती है। ये मूर्तियाँ लोक कलाकारों द्वारा निर्मित की गई हैं।
- इस काल की लोक कला के प्रमुख उदाहरण यक्ष एवं यक्षिणियों की प्रतिमाएँ हैं, जो विभिन्न स्थानों से प्राप्त हुई हैं।
- पटना, विदिशा और मथुरा जैसे अनेक स्थलों पर यक्षों तथा यक्षिणियों की विशाल मूर्तियाँ पाई गई हैं। ये विशाल प्रतिमाएँ अधिकतर खड़ी मुद्रा में निर्मित हैं।
- इन सभी प्रतिमाओं की एक विशेषता यह है कि इनकी सतह पॉलिश की हुई अर्थात् चिकनी है। इनके चेहरों के निर्माण में मूर्तिकला की निपुणता एवं स्पष्टता दिखाई देती है।
- यक्ष-यक्षिणियों की प्रतिमाओं में सर्वोत्कृष्ट उदाहरण दीदार गंज (पटना) से प्राप्त यक्षिणी की मूर्ति है।
- यह एक आदमकद लंबी, ऊँची और सुगठित प्रतिमा है। इसमें मौर्य शैली की विशिष्ट चमकदार पॉलिश की गई है। यक्षिणी के हाथ में चंवर है। यह लंबी मूर्ति बलुआ पत्थर की बनी है।
- इस मूर्ति का बायाँ हाथ टूटा हुआ है। इसे पटना संग्रहालय में संरक्षित रखा गया है।
- यक्ष-यक्षिणियों की मूर्तियों में मथुरा के परखम ग्राम से प्राप्त मणिभद्र यक्ष की मूर्ति विशेष उल्लेखनीय है।
- इस काल में पटना, विदिशा, शिशुपालगढ़ तथा महरौली आदि स्थानों से भी यक्ष-यक्षणियों की प्रतिमाएँ मिली हैं, जो तत्कालीन लोक धर्म का प्रतिनिधित्व करती हैं।

राजकीय मूर्तिकला

- यह मूर्तिकला राजकीय कारीगरों द्वारा राजकीय आदेश के अनुसार निर्मित मूर्तियों में परिलक्षित होती है। अशोक स्तंभों के शीर्ष इसके प्रमुख आरंभिक उदाहरण हैं।
- स्तंभों के शीर्ष पर साँड, शेर, हाथी जैसे जानवरों की आकृतियाँ निर्मित की गई हैं।
- शीर्षाकृतियों वाले स्तंभों में से कुछ आज भी सुरक्षित हैं और बसाढ़ बखीरा, लौरिया नंदनगढ़ व रामपुरवा तथा उत्तर प्रदेश में संकिसा व सारनाथ में देखे जा सकते हैं।

- अशोक के स्तंभों में सर्वाधिक महत्त्वपूर्ण सारनाथ से प्राप्त सिंह शीर्ष स्तंभ है, जो मौर्यकालीन मूर्ति-परंपरा का सर्वोत्कृष्ट उदाहरण है। यह आज हमारा राष्ट्रीय प्रतीक है।
- इसकी गोलाकार वेदी पर चार शेरों की बड़ी- बड़ी प्रतिमाएँ स्थापित हैं और वेदी के निचले भाग में घोड़ा, साँड, हिरन आदि गतिशील मुद्रा में चित्रित हैं। यह स्तंभ शीर्ष 'धर्मचक्रप्रवर्तन' का प्रतीक है।
- इस सिंह शीर्ष के मूलत: पाँच अवयव (भाग) थे
  (i) स्तंभ (शैफट) जो अब कई भागों में टूटकर विभक्त हो चुका है।
  (ii) एक कमल घंटिका आधार।
  (iii) उस पर बना हुआ एक ढोल, जिसमें चार पशु दक्षिणावर्त रूप में गतिमान दिखाए गए हैं।
  (iv) चार सिंह जो एक-दूसरे की ओर पीठ किए हुए हैं।
  (v) एक सर्वोपरी तल धर्मचक्र, जो कि एक बड़ा पहिया का रूप है।
- रामपुरवा के वृषभ स्तंभ में मधुकलश और ताड़ सदृश अलंकरण युक्त वृत्ताकार शीर्ष फलक के ऊपर स्थित मजबूत सुगठित वृषभ और आधार उल्टे कमल के फूल के डिजाइन का है। यह अशोककालीन मूर्तिकला का उत्कृष्ट नमूना है।
- अशोककालीन मूर्तिकला का एक उत्कृष्ट प्रमाण उड़ीसा की धौली चट्टान को काटकर निर्मित की गई हाथी की एक मूर्ति है।
- इस विशालकाय हाथी को चट्टान से बाहर निकलते हुए दर्शाया गया है।
- इसी प्रकार कालसी (देहरादून) की चट्टान पर भी हाथी की आकृति उत्कीर्ण है। हाथी के पैरों के मध्य भाग में **गजतमे** लिखा गया है।
- बिहार के बाराबार की पहाड़ियों में स्थित लोमस ऋषि के गुफा के चैत्य के मेहराब पर एक गतिशील हाथी की प्रतिमा उत्कीर्ण की गई है।

राजकीय मूर्तिकला

कुषाणकालीन मूर्तिकला

- कुषाण काल के अंतर्गत कला एवं संस्कृति की विशेष प्रगति हुई।
- कुषाणकाल में मृत राजाओं की मूर्तियाँ बनाने की परंपरा आरंभ हुई, जिसे **देवकुल** कहा गया।
- यह चीनी परंपरा से प्रभावित थी, जिसमें शासक को देवतुल्य दर्जा दिया जाता था।
- कुषाण काल में सम्राट कनिष्क के समय में मूर्तिकला का विकास हुआ। इस समय कला की दो प्रमुख शैलियाँ-गांधार मूर्तिकला शैली तथा मथुरा मूर्तिकला शैली का विकास हुआ।

इन शैलियों का विस्तृत विवरण इस प्रकार है

गांधार मूर्तिकला शैली

- गांधार कला शैली को **ग्रीक-बौद्ध शैली** भी कहा जाता है। इसकी उत्पत्ति का स्रोत एशिया माइनर है, इस शैली की विषय-वस्तु बौद्ध परंपरा से ली गई थी, किंतु निर्माण का ढंग यूनानी था।
- गांधार शैली की आरंभिक बुद्ध मूर्ति पेशावर (पाकिस्तान) के पास शाह ढेरी के कनिष्क चैत्य से मिली है। इसमें अस्थि मंजूषा पर बुद्ध पद्मासन मुद्रा में विराजमान हैं, उनके दाएँ व बाएँ हाथ में क्रमश: ब्रह्मा व इंद्र की मूर्तियाँ हैं।

गांधार मूर्तिकला

- यह कला शैली बैक्ट्रिया, पार्थिया एवं गांधार की स्थानीय परंपरा के संगम का परिणाम था।
- गांधार शैली की एक प्रमुख विशेषता इसकी व्यापकता और जीवंतता है, जिसमें बुद्ध और बोधिसत्वों की शैलमूर्ति, शैलपट्टियों में उत्कीर्ण बुद्ध के जीवन चरित्र और जातक कहानियाँ शामिल हैं।
- गांधार कला के अंतर्गत मूर्तियों में यथार्थता को दिखाया गया है। बुद्ध एवं बोधिसत्वों की मूर्तियाँ काले स्लेटी पाषाण से बनाई गई हैं।
- गांधार शैली की मूर्तियों का विषय और भाव-भूमि तो भारतीय है, किंतु उनके अंकन की विधा यवन और रोमन कला से प्रभावित है।
- प्रसिद्ध वास्तुविद् मार्शल के अनुसार यह कला शैली 25-60 ई. के मध्य पह्लव काल में जन्मी, कुषाण काल में विकसित हुई तथा चौथी शताब्दी में इसका ह्रास आरंभ हो गया।
- गांधार कला के अंतर्गत बुद्ध एवं बोधिसत्वों की बहुसंख्यक मूर्तियों का निर्माण किया गया।
- ब्राह्मण तथा जैन धर्म से संबंधित मूर्तियाँ इस शैली में नहीं मिलती हैं।
- मूर्तियाँ काले स्लेटी पत्थर के अतिरिक्त चूने तथा पकी मिट्टी से बनी होती हैं। ये मूर्तियाँ ध्यान, पद्मासन, धर्मचक्रप्रवर्तन, वरद तथा अभय मुद्रा में हैं।

मथुरा कला शैली

- इस कला शैली का जन्म कनिष्क के समय मथुरा में हुआ। इस शैली में लाल-बलुआ पत्थर का प्रयोग हुआ है।
- इस शैली में हिंदू, बौद्ध तथा जैन धर्मों से संबंधित मूर्तियों का निर्माण किया गया है। बुद्ध की प्रथम मूर्ति के निर्माण का श्रेय (पहली शताब्दी ई.) इसी शैली को दिया जाता है।
- संख्या की दृष्टि से बुद्ध की प्रतिमाएँ अधिक पाई गई हैं।
- इस कला शैली का विस्तार उत्तर भारत के अनेक स्थानों में हो गया।

- पंजाब में संघोल स्थल पर पाई गई स्तूप की मूर्तियाँ इसका सबसे अच्छा उदाहरण हैं।
- मथुरा कला आदर्शवादी है। इसमें काल्पनिकता को दिखाने पर अधिक बल दिया गया है।
- नवीनता, समृद्धि और सुंदरता से युक्त मूर्तिकला, खड़ी हुई आकृति, नक्काशीदार पट्टी और प्रतिकृति तथा सम्राट और विशिष्ट व्यक्तियों की आकृति आदि मथुरा कला शैली की प्रमुख विशेषताएँ हैं।
- मथुरा मूर्तिकला शैली को भारतीय शैली का स्वर्णयुग माना जाता है।
- मथुरा के मूर्तिकारों ने भारतीय पूर्व परंपरा का अनुगमन करते हुए मूर्ति रचना में अपनी मौलिक कल्पनाओं को प्रतिष्ठित किया।
- मथुरा कला शैली की एक प्रमुख विशेषता यह है कि इसमें चित्तीदार लाल बलुआ पत्थर का उपयोग किया गया था।
- इस शैली की मूर्तियाँ पश्चिम में पंजाब और राजस्थान से लेकर पूर्व में बिहार और बंगाल तक के क्षेत्र को आच्छादित करती थीं।

बौद्ध मूर्तियाँ

- मथुरा कला शैली में बुद्ध एवं बोधिसत्वों की खड़ी तथा बैठी मूर्तियाँ मिली हैं। बुद्ध मूर्तियों में कटरा से प्राप्त मूर्ति (ईसा की दूसरी शताब्दी) विशेष रूप से उल्लेखनीय है, जिसे चौकी पर उत्कीर्ण लेख में बोधिसत्व की संज्ञा दी गई है। इसमें बुद्ध को भिक्षु वंश में दर्शाया गया है।
- मथुरा शैली में बुद्ध के अतिरिक्त मैत्रेय, अवलोकितेश्वर इत्यादि बोधिसत्वों की मूर्तियाँ भी मथुरा शैली में मिलती हैं। मैत्रेय भविष्य में जन्म लेने वाले बुद्ध हैं।

प्रमुख बौद्ध मुद्राएँ

प्रमुख बौद्ध मुद्राएँ निम्न हैं

- **अभय मुद्रा** यह सुरक्षा, शांति, परोपकार और भय के निवारण का प्रतीक है। इस मुद्रा में दाहिना हाथ कंधे की ऊँचाई तक उठा होता है। बाहें मुड़ी हुई तथा हथेली बाहर की ओर होती हैं। अंगुलियाँ तनी हुई तथा एक-दूसरे से जुड़ी होती हैं तथा बायाँ हाथ नीचे की ओर लटका हुआ होता है।
- **भूमि स्पर्श मुद्रा** इस मुद्रा में हाथ भूमि की ओर फैला हुआ तथा हथेली अपनी ओर होती है। यह मुद्रा बुद्ध की मार पर विजय का प्रतीक है, जिसमें बुद्ध अपनी शुचिता एवं शुद्धता के लिए साक्षी रूप में धरती का आह्वान करते हैं।
- **धर्मचक्र मुद्रा** यह मुद्रा तब बनती है जब वक्षस्थल के सामने दोनों हाथ वितर्क में जुड़े होते हैं, दाईं हथेली आगे और बाईं हथेली ऊपर की ओर होती है। दाहिने हाथ का अँगूठा और तर्जनी अंगुली गोलाई में जुड़ी होती है। शेष तीन अंगुलियाँ खड़ी होती हैं।
- **ध्यान मुद्रा** इसमें दोनों हाथ पद्मासन स्थिति में गोद में रखे होते हैं। दायाँ हाथ बाएँ हाथ पर होता था और अंगुलियाँ पूर्णरूप से फैली होती थीं। दोनों हाथों के अंगूठे परस्पर जुड़कर एक त्रिकोण की आकृति बनाते हैं।
- **वरद मुद्रा** यह हितकारी मुद्रा भी कहलाती थी। इसमें बाएँ हाथ की बाँह को मोड़कर तथा हथेली को ऊपर उठाकर दर्शाया जाता है। अंगुलियाँ थोड़ी मुड़ी होती हैं। गुप्तकाल में अवलोकितेश्वर की मूर्तियों में इस मुद्रा को दर्शाया गया है।
- **ज्ञान मुद्रा** यह मुद्रा अंगूठे और तर्जनी के पोर को एक साथ स्पर्श करके घेरा बनाकर बनाई जाती है। हथेली के साथ हाथ हृदय की ओर होता है।

शासकों की मूर्तियाँ

- बुद्ध एवं बोधिसत्वों के अतिरिक्त मथुरा कला शैली में कनिष्क की एक सिर रहित मूर्ति मिली है।
- जिस पर **महाराज राजाधिराज देवपुत्रों कनिष्कों** का अंकन मिलता है। यह मूर्ति 5.7 फुट ऊँची है, जो खड़ी मुद्रा में है।
- इस श्रेणी की दूसरी मूर्ति कुषाण शासक वेम तक्षम (विम कडफिसेस) की है, जो सिंहासनारूढ़ है तथा सिंहासन के आगे दो सिंह बने हैं।

हिंदू देवी-देवताओं की मूर्तियाँ

- हिंदू देवताओं में कुबेर, नाग, शिव, सूर्य तथा यक्ष की पाषाण प्रतिमाएँ मिली हैं। इसके अतिरिक्त चतुर्भुज विष्णु की मूर्तियाँ मिली हैं।
- इनके तीन हाथों में शंख, चक्र एवं गदा तथा चौथा हाथ अभय मुद्रा में दर्शाया गया है।
- शिव की प्रतिमाएँ लिंग एवं मानव दोनों रूपों में मिली हैं। शिव के साथ पार्वती की प्रथम प्रतिमा इसी कला शैली में मिली है।
- अर्द्ध-नारीश्वर की मूर्ति भी सर्वप्रथम मथुरा शैली में बनी। सूर्य की प्रतिमाओं को लंबे कोट, पतलून तथा बूट पहने दो या चार घोड़ों के रथ पर सवार दिखाया गया है। स्पष्टतः यह ईरानी परंपरा है।
- देवियों की मूर्तियों में दुर्गा, लक्ष्मी, हारीति व सप्तमातृका आदि मूर्तियों का अंकन मथुरा शैली में हुआ है।
- जैन मूर्तियाँ दो प्रकार की हैं, खड़ी मूर्तियाँ, कायोत्सर्ग मुद्रा (शरीर के ममत्व का त्याग) में तथा बैठी मूर्तियाँ पद्मासन मुद्रा में हैं।
- खड़ी मुद्रा की मूर्तियाँ वस्त्रविहीन तथा घुटनों तक लंबे हाथों वाली हैं। पद्मासन में बैठी मूर्तियाँ ध्यान मुद्रा में हैं।
- तीर्थंकरों की प्रतिमाओं के वक्ष-स्थल पर 'श्री वत्स' का चिह्न अंकित है।

सारनाथ एवं कौशाम्बी कला शैली

- सारनाथ में भी कुषाणकालीन खड़ी मुद्रा वाले बुद्ध की बहुत-सी मूर्तियाँ मिली हैं, जिनका वस्त्र पारदर्शी एवं दोनों कंधों पर ढका हुआ दिखाया गया है, गति एक समान है तथा धर्मराजिका स्तूप के चारों ओर उत्कीर्ण है और ये सारनाथ संग्रहालय में रखी हुई हैं।
- सिर के चारों ओर आभामंडल दर्शाया गया है, लेकिन अलंकरण बहुत कम किया गया है।
- इनमें से कुछ तो अकेले बुद्ध की हैं और कुछ में बुद्ध को बोधिसत्व पद्मपाणि और वज्रपाणि के साथ दर्शाया गया है।
- कौशाम्बी कला के अंतर्गत मूर्तियाँ मौर्यकाल के समान चुनार के बलुआ पत्थर से निर्मित हैं।
- यहाँ बहुसमरूपक मृण्मूर्तियाँ भी बनी थीं, जिनमें स्त्री-पुरुष, पशु-पक्षी, गजलक्ष्मी, सूर्य आदि की मूर्तियाँ प्रमुख हैं।
- देवनी मोरी का स्तूप (गुजरात) गंगा की घाटी से बाहर निर्मित स्तूपों में एक अच्छा उदाहरण है। यहाँ प्रतिमाओं को पतले स्वरूप में दर्शाया गया है।

गुप्तकालीन मूर्तिकला

गुप्तकालीन मूर्तिकारों ने कुषाण काल और पूर्व-मध्य काल की कला के मध्य संतुलित समन्वय स्थापित किया। इस काल की मूर्तियों में महीन काले चित्तीदार कठोर दानेदार पत्थर का उपयोग किया गया।

इस काल की प्रमुख मूर्तियों को निम्न रूपों में वर्गीकृत किया जा सकता है

बौद्ध मूर्तियाँ

- गुप्तकालीन बौद्ध मूर्तियाँ अभय, वरद, ध्यान, धर्मचक्रप्रवर्तन आदि मुद्रा में हैं। इसमें **सारनाथ** की बुद्ध मूर्ति सर्वाधिक आकर्षक है। यह लगभग 2 फुट 4.5 इंच ऊँची है। इसमें बुद्ध पद्मासन मुद्रा में विराजमान हैं, उनके सिर पर अलंकृत प्रभामंडल है।
- सुल्तानगंज से प्राप्त बुद्ध की प्रतिमा अभय मुद्रा में है। ताँबे से निर्मित यह मूर्ति 7.5 फुट ऊँची है। वर्तमान में यह लंदन के बर्मिंघम संग्रहालय में है।
- गुप्त एवं वाकाटक कालीन कांस्य प्रतिमाएँ 'सुबाह्य' होती थीं अर्थात् बौद्ध भिक्षुक द्वारा इन्हें कहीं भी व्यक्तिगत रूप से पूजा हेतु ले जाया जा सकता था तथा बौद्ध विहारों में कहीं भी स्थापित की जा सकती थीं।
- 9वीं शताब्दी के दौरान बौद्ध धर्म की वज्रयान शाखा के प्रभाव बढ़ने से अब बौद्ध देवियों की भी पूजा की जाने लगी थी। इस समय 'तारा देवी' की मूर्तियों की पूजा अत्यधिक लोकप्रिय रही थी।

जैन मूर्तियाँ

- गुजरात और राजस्थान प्राचीन काल से ही जैन धर्म का केंद्र रहे हैं।
- वड़ोदरा के समीप अकोटा से 5वीं शताब्दी के अंत से 7वीं शताब्दी के अंत तक की बड़ी संख्या में कांस्य मूर्तियाँ पाई गई हैं। इनके निर्माण में **लुप्त-मोम प्रक्रिया** (Lost Wax Technique) का उपयोग किया गया है।
- जैन तीर्थंकरों को एक नए स्वरूप में 'सिंहासन पर विराजमान' दर्शाया गया है और इन मूर्तियों को एकल या तीन से चौबीस तीर्थंकरों के समूह में दिखाया गया है।

वैष्णव मूर्तियाँ

- गुप्त शासक वैष्णव मत के पोषक थे। अत: इस काल में भगवान विष्णु की अनेक प्रतिमाओं का निर्माण किया गया। इस काल की विष्णु मूर्तियाँ चतुर्भुजी हैं।
- देवगढ़ के दशावतार मंदिर में विष्णु की नाभि से कमल निकलता दर्शाया गया है। कमल पर ब्रह्मा विराजमान हैं, ऊपर आकाश में नंदी पर सवार शिव-पार्वती, मयूर पर कार्तिकेय तथा ऐरावत पर इंद्र दर्शाए गए हैं।
- हिमाचल प्रदेश और कश्मीर क्षेत्र से 8वीं, 9वीं एवं 10वीं शताब्दियों की कांस्य प्रतिमाएँ पाई गई हैं। इस काल में इन क्षेत्रों में विष्णु की प्रतिमाओं के निर्माण में विविधता देखने को मिलती है।
- यहाँ विष्णु की पूजा चार सिरों वाले अर्थात् 'चतुरानन विष्णु' के रूप में की जाती थी। इन्हें 'बैकुंठ विष्णु' या 'बैकुंठवासी विष्णु' कहा जाता है।
- चतुरानन विष्णु प्रतिमा की केंद्रीय मुख 'वासुदेव' तथा अन्य दो मुख 'नरसिंह' एवं 'वराह' के होते थे।
- गुप्तकाल में विष्णु के वाराह अवतार की मूर्तियों का निर्माण किया गया है। उदयगिरि से इस काल की विशाल वाराह प्रतिमा मिली है। इसमें वाराह को पृथ्वी को अपने दाँतों में उठाए दिखाया गया है। वाराहरूपी विष्णु शेषनाग पर स्थित हैं।

शैव मूर्तियाँ

- इस काल में बनी शैव मूर्तियाँ लिंग एवं मानव दोनों रूपों में दर्शायी गई हैं। **लिंग चतुर्मुख** अथवा एक मुखी है, इन्हें **लिंगमुख** कहा जाता है।
- इस काल में अन्य हिंदू देवी-देवताओं की मूर्तियाँ मिली हैं; जैसे- सूर्य, इंद्र, ब्रह्मा, दुर्गा, यम, कुबेर, स्कंद आदि।

मृण्मूर्तियाँ

- गुप्तकाल के कलाकारों ने विष्णु, कार्तिकेय, दुर्गा, गंगा, यमुना आदि देवी-देवताओं की बहुसंख्यक मूर्तियाँ निर्मित कीं। इन मूर्तियों में चिकनाहट और सुडौलता पाई जाती है।
- गुप्तकाल की एक अन्य प्रसिद्ध मूर्ति परिनिर्वाण की मूर्ति है, जो गोरखपुर के समीप कुशीनगर में परिनिर्वाण मंदिर में स्थापित है। इसमें बुद्ध को पश्चिम की ओर मुख तथा उत्तर की ओर सिर रखकर सोते हुए दर्शाया गया है।

दक्षिण भारतीय मूर्तिकला

दक्षिण भारतीय मूर्तिकला को निम्न प्रकार में वर्गीकृत किया जा सकता है

अमरावती मूर्तिकला

- इस शैली की प्रतिमाओं का निर्माण दक्षिण भारत में गोदावरी तथा कृष्णा नदियों के बीच अमरावती नामक स्थान पर हुआ। इसे बौद्ध धर्म से प्रेरणा मिली और सातवाहन राजाओं का संरक्षण मिला।
- अमरावती कला में बुद्ध को प्रतीकों तथा मूर्तियों दोनों प्रकार से व्यक्त किया गया है। यहाँ भगवान बुद्ध की 6-6 फीट से ऊँची खड़ी मूर्तियाँ बहुत ही गंभीर, उदासीन और वैराग्य भाव से परिपूर्ण हैं। अमरावती से प्राप्त स्वतंत्र बुद्ध मूर्तियों के बाल घुँघराले हैं, उनके कंधों पर संघाटि वस्त्र हैं। इन मूर्तियों का काल ईसा पूर्व दूसरी शताब्दी माना जाता है।

अमरावती मूर्तिकला

- बौद्ध धर्म की वज्रयान शाखा के उदय के साथ सद्‌गुणों का मानवीयकरण करके प्रतिमा के रूप में प्रस्तुत किया जाने लगा।
- अमरावती, नागार्जुन कोंडा एवं गुंटापल्ली (आंध्र प्रदेश) से बुद्ध की स्वतंत्र मूर्तियाँ प्राप्त की गई हैं।

चालुक्य मूर्तिकला

- चालुक्य काल में भी मूर्तिकला का पर्याप्त विकास हुआ। इस काल की मूर्तियों पर गुप्त तथा पल्लव शैलियों का प्रभाव दृष्टिगोचर होता है।
- इस काल में अधिकांश मूर्तियों का निर्माण मंदिरों को सजाने के लिए किया गया। गुफा, स्तंभों तथा छतों पर बड़ी संख्या में मूर्तियाँ उत्कीर्ण की गई हैं।
- बादामी की गुफा संख्या 1 में नटराज शिव की 16 भिन्न-भिन्न मुद्राओं में मूर्तियाँ उत्कीर्ण हैं।
- इसके अतिरिक्त विष्णु, गजलक्ष्मी, पार्वती तथा काल्पनिक पशु आदि का भी अंकन मिलता है।

- चालुक्यकालीन अजंता की मूर्तियों में सबसे प्रसिद्ध मूर्ति महापरिनिर्वाण मूर्ति है। यह मूर्ति गुफा संख्या 26 में उत्कीर्ण की गई है।
- इस मूर्ति में बुद्ध का दायाँ हाथ उनके सिर के नीचे है और वह शयन की मुद्रा में है, जबकि नीचे उनके अनुयायी विलाप कर रहे हैं।
- इस काल में अजंता की गुफा संख्या 19 में नागराजा एवं उसकी रानी की मूर्ति उत्कीर्ण की गई है। गुफा संख्या 2 में **हारीति माता की मूर्ति** उत्कीर्ण है।

चोल मूर्तिकला

- मंदिर स्थापत्य के साथ-साथ चोल काल में पत्थर एवं धातु की मूर्तियों का भी निर्माण करवाया गया।
- मूर्तियाँ इतने उभार के साथ निर्मित हैं कि दीवार के सहारे सजीव खड़ी प्रतीत होती हैं।
- चोलकालीन मूर्तियों में अंग-प्रत्यंगों का अंकन किया गया है, इनमें देवी-देवताओं की ही मूर्तियाँ अधिक हैं। चोल काल की मूर्तियों में शैव मूर्तियों की बहुलता है।
- इस काल में पत्थरों की अपेक्षा कांस्य मूर्तियाँ अधिक निर्मित हुई हैं, इसमें सर्वाधिक भव्य मूर्ति नटराज शिव की है।
- इस मूर्ति में शिव को उनके दाहिने पैर पर संतुलित रूप से खड़े हुए और उसी पैर के पंजे से अज्ञान या विस्मृति के दैत्य 'अपस्मार' को दबाते हुए प्रदर्शित किया गया है।
- इस काल में नटराज की एक विशाल प्रतिमा त्रिचरापल्ली (तमिलनाडु) के तिरुभरंगकुलम से मिली है, जो वर्तमान में दिल्ली संग्रहालय में है।
- **गंगैकोंडचोलपुरम** की चंडेशानुग्रह मूर्तियाँ सर्वाधिक विख्यात हैं। इसमें भक्त चण्डेश के ऊपर शिव कृपा के दृश्य को कुशलतापूर्वक प्रदर्शित किया गया है। दारासुरभ का मंदिर मूर्तियों का विशाल संग्रह है, जहाँ नाट्यशास्त्र की समस्त मुद्राओं का अंकन किया गया है।

चोल मूर्तिकला

- चोल कालीन कांस्य मूर्तियों का व्यापक संरक्षण 10वीं शताब्दी में चोल वंशीय विधवा महारानी 'सैवियान महादेवी' के द्वारा किया गया।

राष्ट्रकूट मूर्तिकला

- गुप्त तथा चालुक्य से प्रेरणा प्राप्त कर राष्ट्रकूटों ने भी अनेक भव्य मूर्तियों का निर्माण किया।
- इस काल में एलोरा तथा ऐलीफैंटा में अनेक मूर्तियों का निर्माण किया गया।
- एलोरा में शिव की तीन शक्तियों उत्पत्ति, स्थिति व विनाश से संबंधित मूर्तियाँ उत्कीर्ण हैं।
- कैलाश मंदिर में उत्कीर्ण रावण के द्वारा कैलाश पर्वत को उठाने वाली मूर्ति उल्लेखनीय है।
- एलीफैंटा में उत्कीर्ण मूर्तियाँ मूर्तिशिल्प के चरमोत्कर्ष को व्यक्त करती हैं। यहाँ की गुफा में शिव, ब्रह्मा, गणेश, यम तथा स्कंद आदि की मूर्तियाँ निर्मित हैं।
- एलीफैंटा की गुफा के उत्तरी द्वार पर स्थित विश्व प्रसिद्ध त्रिमूर्ति है, जो राष्ट्रकूट कला का सर्वोत्तम उदाहरण है।
- इस मूर्ति का तादात्म्य शिव के तीन रूपों शांत, उग्र तथा शक्ति से है, इसे महेश मूर्ति की संज्ञा दी गई है।

बाहुबली (गोमतेश्वर)

- बाहुबली, प्रथम जैन तीर्थंकर ऋषभदेव के ज्येष्ठ पुत्र थे। इनकी अनेक विशालकाय प्रतिमाएँ निर्मित की गईं, जिनमें सबसे प्रसिद्ध कर्नाटक के हासन जिले के **श्रवणबेलगोला** में स्थित है।
- यह मूर्ति एकाश्मक मुद्रा में तथा 18 मी ऊँची है। इसका निर्माण 983 ई. में गंग वंश के मंत्री चामुंडराय द्वारा करवाया गया था। यह विश्व की विशालतम स्वतंत्र रूप से खड़ी मूर्तियों में से एक है। यह मूर्ति ग्रेनाइट पत्थर से निर्मित की गई है।

पूर्व-मध्यकालीन मूर्तिकला

- पूर्व मध्यकाल में गुर्जर-प्रतिहारों ने विष्णु के ब्रह्मांडीय स्वरूप, शिव-पार्वती विवाह आदि की मूर्तियाँ निर्मित करवाईं।
- चंदेलकाल में स्त्रियों की अति संवेदनशील मूर्तियों का निर्माण किया जाने लगा। खजुराहो की मूर्तियों में रतिक्रिया का प्रदर्शन किया गया है।
- पूर्व-मध्यकालीन मूर्तिकला की प्रमुख विशेषताएँ निम्न हैं
  - इस काल में मूर्तियों का निर्माण चूना-पत्थर से हुआ है।
  - राजपूतकालीन मूर्तियाँ भावपूर्ण, सुंदर, पूर्ण आकार वाली तथा सजीव हैं।
  - इस काल की देवताओं की मूर्तियों में अनेक हाथ निर्मित हैं।
  - इस काल में गुप्तकालीन मूर्तियों की विशेषता पाई जाती है।

पाल शैली

- पाल शैली बंगाल के पाल वंश से संबंधित है। इसे पूर्वी भारतीय शैली भी कहा जाता है।
- इसकी प्रमुख विशेषता यह है कि इसमें चिकने काले रंग के कसौटी वाले पाषाण तथा धातुओं की सहायता से मूर्तियों का निर्माण किया गया। इसका प्रवर्तक धीमान् तथा विपत्तपाल को माना जाता है।
- इस शैली में ब्राह्मण, बौद्ध तथा जैन धर्म से संबंधित अनेक देवी-देवताओं की मूर्तियाँ बनाई गई हैं।
- ये मूर्तियाँ नालंदा, बोधगया, राजगृह तथा भागलपुर आदि स्थलों से प्राप्त हुई हैं। ये मूर्तियाँ हस्तनिर्मित हैं, जिनमें मौलिकता का अभाव पाया जाता है।

मध्यकालीन मूर्तिकला

मध्यकाल में मुस्लिम शासकों ने मूर्तिकला की उपेक्षा की। इस काल में क्षेत्रीय स्तर पर मूर्तिकला का विकास हुआ, जिसमें जगन्नाथ पुरी के मंदिर की मूर्तियाँ, उड़ीसा मंदिर की मूर्तियाँ, कोणार्क मंदिर की मूर्तियाँ तथा विजयनगर की मूर्तियाँ आदि विशेष प्रसिद्ध हैं।

विजयनगर में मूर्तिकला

- विजयनगर दक्षिण भारत में अंतिम हिंदू साम्राज्य था। इस साम्राज्य के शासनकाल में हम्पी, ताड़पत्री, कांचीपुरम आदि स्थानों पर अनेक सुंदर मंदिरों का निर्माण किया गया। इन मंदिरों का उत्कीर्णन चोल एवं चालुक्य परंपराओं के आधार पर किया गया।
- देवी और देवताओं की मूर्तियों के अतिरिक्त विजयनगर सम्राटों ने मंदिरों में अपनी विशालकाय प्रतिमाओं का निर्माण भी करवाया।
- तिरुपति में कृष्णदेव राय को अपनी दो महारानियों तिदमालंबा और चित्र देवी के साथ मूर्ति रूप में प्रस्तुत किया गया है।
- चिदंबरम के गोपुरम में **कृष्णदेव राय** की मूर्ति स्थापित की गई, इसी काल में रामायण और महाभारत का वर्णनात्मक निरूपण भी किया गया है।
- इस काल में देवालयों के प्रांगण में विशाल नंदी (शिव का वाहन वृषभ) की मूर्तियाँ भी निर्मित की गईं।
- हंपी के विरुपाक्ष मंदिर के प्रांगण में विशालकाय एकाश्मक नंदी **येदुरु वासवला** इसका उल्लेखनीय उदाहरण है।
- विजयनगर साम्राज्य के पश्चात् भारतीय मूर्तिकला में ह्रास की प्रवृत्ति उत्पन्न हुई।
- मुगल काल में क्षेत्रीय स्तर पर प्राचीन मूर्तिकला की नकल भी देखने को मिलती है।
- ब्रिटिशकाल में लखनऊ में आर्ट स्कूल खुलने के पश्चात् लखनऊ मूर्तिकला का प्रसिद्ध केंद्र बन गया।
- कलकत्ता भी आधुनिक काल में मूर्तिकला का प्रसिद्ध केंद्र बना, यहाँ भारतीय एवं विदेशी शैलियों में मूर्तियों का निर्माण हुआ।
- पहाड़ी रियासतों में भी अत्यंत उच्चकोटि की मूर्तियों का निर्माण किया गया। इस काल में बंगाल, उत्तर प्रदेश, पंजाब, बंबई, जयपुर, ग्वालियर तथा चेन्नई आदि मूर्तिकला के प्रमुख केंद्र थे।

आधुनिक काल की मूर्तियाँ

- आधुनिक काल में मूर्तियों के निर्माण को किसी विशेष शैली के अंतर्गत नहीं रखा जा सकता।
- वर्तमान समय में वृहद् मूर्तियों का निर्माण किया जा रहा है, जो अपनी भव्यता के कारण आकर्षण का केंद्र हैं।
- **ट्रिम्फ ऑफ लेबर** (Trimph of Labour) विशालकाय कांस्य मूर्तिशिल्प देवी प्रसाद राय चौधरी (1899-1975) के द्वारा निर्मित किया गया। इसे मरीना तट (चेन्नई) पर वर्ष 1959 में गणतंत्र दिवस की पूर्व संध्या पर स्थापित किया गया। इसमें चार पुरुष आकृतियों को एक चट्टान को सरकाते हुए दर्शाया गया है, जो राष्ट्र निर्माण में मानवीय श्रम के महत्त्व एवं उपयोगिता को दर्शाता है।
- **संथाल फैमिली** नामक विशालकाय मूर्तिशिल्प का निर्माण रामकिंकर बैज के द्वारा वर्ष 1937 में किया गया था। इसे 'शांतिनिकेतन' के कलाभवन में स्थापित किया गया है। इसका निर्माण धातु के आमेटर एवं कंक्रीट मिश्रित सीमेंट से किया गया है।
- **'क्राइज अन हर्ड'** नामक कांस्य मूर्तिशिल्प का निर्माण वर्ष 1958 में अमरनाथ सहगल के द्वारा किया गया, जिसमें तीन आकृतियाँ पति, पत्नी एवं बच्चे की हैं।
- **'गणेश' मूर्तिशिल्प** का निर्माण पी.वी. जानकीराम द्वारा वर्ष 1970 में ऑक्सीकृत ताँबे के द्वारा किया गया है। इसे एन.जी.एम.ए., दिल्ली में संग्रहित रखा गया है।
- **'वन श्री' या 'जंगल की देवी'** शिल्प का निर्माण मृणालिनी मुखर्जी के द्वारा वर्ष 1994 में किया गया। इसका निर्माण सुतली के रेशों से 1970 के दशक में प्रारंभ किया गया था।

'आदियोगी' शिव मूर्ति

- यह मूर्ति कोयम्बटूर (तमिलनाडु) स्थित **ईशा योग केंद्र** में स्थापित है। इस मूर्ति की ऊँचाई 112 फुट है।
- भगवान शिव की इस विशालकाय प्रतिमा का डिजाइन सद्गुरु जग्गी बोस ने किया है।
- यह मूर्ति धातु के टुकड़े और स्टीक से निर्मित है। इस मूर्ति का वजन 500 टन है। इस मूर्ति की स्थापना का उद्देश्य लोगों को योग के लिए प्रेरित करना है।

अतिरिक्त तथ्य
तमिलनाडु बोर्ड एवं NIOS

- हड़प्पाकालीन योगी आवक्ष या पुरोहित की प्रस्तर मूर्ति का आकार 14.5 × 11 सेमी. है।
- इसे कराची नेशनल म्यूजियम, पाकिस्तान में संरक्षित करके रखा गया है।
- इस मूर्ति की विशेष रूप से तराशी हुई दाढ़ी यह दर्शाती है कि उस काल के लोगों को फैशन की समझ थी।
- बैविलोन में मंदिरों के पुरोहित भी इस त्रिफुलिया से सज्जित वस्त्र धारण करते थे।

हड़प्पाकालीन मूर्तियाँ

- हड़प्पाकालीन कांसे की नर्तकी की मूर्ति को **लॉस्टवैक्स** तकनीक के माध्यम से बनाया गया है।
- इस तकनीक में सबसे पहले मोम की मूर्ति बना ली जाती थी, फिर उसके ऊपर मिट्टी/गोबर का लेप लगाया जाता था। इस लेप के सूखने पर मोम को गर्म करके बाहर निकाल लिया जाता था तथा उस खाली स्थान पर धातु के तरल पदार्थ को डाल कर उसे मूर्ति का आकार दिया जाता था।
- हड़प्पाकालीन मृण्मूर्तियों में **मातृदेवी** की मूर्ति इसका एक बेहतर उदाहरण है। इनका निर्माण धार्मिक पूजा के उद्देश्य से किया जाता था।
- धरती माता के रूप में मातृदेवी की उपासना की जाती थी। इसका निर्माण 2500 ई. पू. में किया गया था। इसकी प्राप्ति मोहनजोदड़ो से हुई है। इसका आकार 8.5 × 3.4 सेमी है।
- इसे राष्ट्रीय संग्रहालय, नई दिल्ली में संरक्षित रखा गया है।
- **मौर्य कालीन मूर्तिकला** चंवर धारिणी यक्षिणी मूर्ति की ऊँचाई 162.2 सेमी है।

स्थापत्य एवं वास्तुकला

(स्रोत)

Old NCERT Class X भारत की सांस्कृतिक विरासत, New NCERT Class XI Fine Arts Chap 1 प्रागैतिहासिक शैल-चित्र, Chap 3 मौर्य कालीन कला, Chap 4 भारतीय कला और स्थापत्य में मौर्योत्तर कालीन प्रवृत्तियाँ, Chap 5 परवर्ती भित्ति-चित्रण परंपराएँ, Chap 6 मंदिर स्थापत्य और मूर्तिकला, Chap 7 भारतीय कांस्य प्रतिमाएँ, Chap 8 इंडो-इस्लामिक वास्तुकला के कुछ कलात्मक पहलू

प्राचीन भारत की स्थापत्य एवं वास्तुकला

भवन निर्माण एवं शिल्प विज्ञान के सम्मिलित रूप को स्थापत्य कला अथवा वास्तुकला कहा जाता है। भारतीय स्थापत्य एवं वास्तुकला के उद्भव तथा विकास के इतिहास में हड़प्पा सभ्यता, मौर्य, शुंग, कुषाण, गुप्त, राष्ट्रकूट, पल्लव एवं चोल आदि वंश के शासकों का उल्लेखनीय एवं महत्त्वपूर्ण योगदान रहा है।

आरंभिक स्थापत्य साक्ष्य

आरंभिक स्थापत्य साक्ष्य निम्न हैं

हड़प्पा सभ्यताकालीन निर्माण

- भारत में स्थापत्य कला के आरंभिक साक्ष्य हड़प्पा सभ्यता से प्राप्त होते हैं। हड़प्पा सभ्यता के उत्खनित स्थलों से ज्ञात हुआ है कि इस सभ्यता के निवासी महान निर्माणकर्ता एवं वास्तुकार थे।
- हड़प्पावासी सुनियोजित नगरों के निर्माण में निपुण थे। उन्होंने अनेक भवनों का निर्माण किया।
- विभिन्न सुविधाओं से युक्त मकान, अन्नागार, विशाल स्नानागार आदि से पता चलता है कि हड़प्पावासी निर्माण कार्य में अत्यंत कुशल थे।
- हड़प्पा सभ्यता की प्रमुख विशेषता यहाँ का नगर नियोजन था। नगर नियोजन के अंतर्गत हड़प्पा सभ्यता के निवासियों ने नगरों में सार्वजनिक एवं निजी भवन, सार्वजनिक जलाशय, सुनियोजित मार्ग व्यवस्था एवं उत्कृष्ट नालियों का निर्माण किया।
- इस सभ्यता के नगर सुव्यवस्थित योजना के अनुसार बनाए गए थे, सड़कें चौड़ी और सीधी होती थीं, जो एक-दूसरे को समकोण पर काटती थीं।
- हड़प्पा सभ्यता के नगरों को दो भागों में बाँटा गया था, ये दो भाग थे-दुर्ग तथा निचला नगर।
- दुर्ग को अपेक्षाकृत ऊँचे स्थान पर बनाया गया था, जिसमें सार्वजनिक महत्त्व के भवन आदि होते थे, जबकि निचले नगर में निवास भवन आदि होते थे।
- मोहनजोदड़ो से एक विशाल स्नानागार मिला है, जिसके चारों ओर छोटे-छोटे कमरे बने हुए थे तथा पानी तक पहुँचने के लिए उत्तर एवं दक्षिण दिशा में सीढ़ियाँ भी बनाई गई थीं।
- हड़प्पा में मकानों के निर्माण में पकी ईंटों का प्रयोग किया गया था। कुछ मकान बहुमंजिला भी होते थे।
- प्रत्येक मकान में कुआँ और स्नानागार भी था। मोहनजोदड़ो में जल-निकासी की व्यवस्था बहुत अच्छी थी। घरों की नालियाँ एक बड़ी और मुख्य नाली से जुड़ी होती थीं।
- हड़प्पा सभ्यता में अनाज रखने के लिए अन्नागार की भी व्यवस्था थी। इस सभ्यता के प्रमुख स्थल लोथल से बंदरगाह का प्रमाण मिला है, जिससे यह सिद्ध होता है कि लोथल, प्राचीनकाल में एक महत्त्वपूर्ण व्यापारिक केंद्र था।

मौर्यकालीन स्थापत्य

मौर्यकालीन स्थापत्य के प्रमुख साक्ष्य निम्न हैं

राजप्रासाद

- प्राचीन भारत की स्थापत्य कला की उत्कृष्टता का एक प्रमुख उदाहरण मौर्यकालीन राजप्रासाद, सभाभवन तथा पाटलिपुत्र नगर हैं।
- यूनानी राजदूत मेगस्थनीज ने चंद्रगुप्त मौर्य के राजप्रासाद की बहुत प्रशंसा की तथा बताया कि यह राजप्रासाद लकड़ी का बना हुआ एक विशाल महल था। यह एक विशाल भवन समूह था, जिसमें अनेक कमरे थे।

- **एरियन** के अनुसार, सूसा तथा एकबतना के राजप्रासाद भी भव्यता में चंद्रगुप्त मौर्य के राजप्रासाद की बराबरी नहीं कर सकते थे।
- **स्ट्रैबो** के अनुसार, चंद्रगुप्त मौर्य की राजधानी पाटलिपुत्र (पोलिब्रेथा) गंगा एवं सोन नदियों के संगम पर बसी थी। इसकी लंबाई 80 स्टेडिया तथा चौड़ाई 18 स्टेडिया थी। यह समानांतर चतुर्भुज के आकार का था। नगर के चारों ओर लगभग 700 फीट चौड़ी खाई थी।

सभा भवन

- चंद्रगुप्त मौर्य का सभाभवन मौर्यकाल का एक प्रमुख स्थापत्य था। यह ऐतिहासिक काल का प्रथम विशाल अवशेष है, जो एक मंडप के रूप में है। इसके मुख्य भाग में 10-10 स्तंभों की 8 कतारें हैं।
- मंडप के एक ओर काष्ठ (लकड़ी) के मंच मिले हैं, जिन्हें शिल्प कला का अद्भुत उदाहरण माना जाता है।

स्तंभ

- स्तंभ स्थापित करने की परंपरा भारत में प्राचीनकाल से ही रही है, इसके पीछे मुख्यत: धार्मिक एवं राजनीतिक कारण थे।
- भारत में स्तंभों का निर्माण मौर्यकाल में आरंभ हुआ था। मौर्यकालीन अशोक स्तंभ प्राचीन प्रस्तर स्थापत्य के उत्कृष्ट उदाहरण हैं।
- अशोक स्तंभ की प्रमुख विशेषता यह है कि इनके शीर्ष भव्य हैं, जिनमें पशुओं के चित्र अत्यंत बारीकी से उत्कीर्ण किए गए हैं। सारनाथ में स्थित सिंह शीर्ष स्तंभ वास्तुकला का एक भव्य नमूना है।
- अशोक के सारनाथ सिंह शीर्ष स्तंभ में सिंहों के मस्तक पर धर्मचक्र स्थापित है, जिसमें मूलत: 32 तीलियाँ (राष्ट्रध्वज में 24 तीलियाँ) हैं।
- सिंहों के नीचे की फलक पर चारों दिशाओं में चार चक्र स्थापित हैं, जो बुद्ध के धर्मचक्रप्रवर्तन का प्रतीक हैं, इसकी फलक पर अश्व, गज, बैल तथा सिंह की आकृतियाँ उत्कीर्ण हैं।

स्तूप

- स्तूप का शाब्दिक अर्थ-ढेर लगाना या थूहा लगाना होता है, जिसका प्राकृत भाषा में रूपांतरण 'थूप' मिलता है। चिता स्थान पर निर्मित होने के कारण इसे चैत्य भी कहा जाने लगा।
- स्तूप का उल्लेख सर्वप्रथम ऋग्वेद में प्राप्त होता है। बुद्धकाल से पूर्व स्तूप का संबंध महापुरुषों के स्मारकों के साथ जुड़ चुका था।
- महात्मा बुद्ध के परिनिर्वाण के पश्चात् उनकी शव भस्म को आठ भागों में बाँटा गया तथा उन पर समाधियों का निर्माण किया गया, जिन्हें स्तूप कहा गया।

विभिन्न कालों के स्तूपों का वर्णन निम्न है

- मौर्य काल में स्तूपों का निर्माण अधिकांशत: बुद्ध के **स्मृति-चिह्नों** (रेलिक्स) पर किए गए थे।
- कुछ महत्त्वपूर्ण स्तूप राजगृह, वैशाली, वेथदीप एवं पावा (बिहार), कपिलवस्तु, अल्लकप्पा एवं रामग्राम (नेपाल) तथा कुशीनगर एवं पिप्पलिवन (उत्तर प्रदेश) में स्थापित किए गए हैं।
- कुछ स्तूपों का निर्माण अवंती, देवनिमोरी (गुजरात) एवं गांधार (गंगा घाटी से बाहर) में भी किए गए हैं।
- दूसरी शताब्दी में निर्मित स्तूपों में एक बेलनाकार ढोल, एक वृत्ताकार अंडा एवं चोटी पर एक हर्मिका तथा छत्र होते थे।

मौर्यकालीन स्तूप

मौर्यकाल में बनाए गए स्तूपों का विवरण निम्न है

भरहुत स्तूप

- भरहुत स्तूप सतना (मध्य-प्रदेश) में मौर्य सम्राट अशोक द्वारा निर्मित करवाया गया था। इस स्तूप की खोज 1873 ई. में जनरल कनिंघम द्वारा की गई थी। कनिंघम ने इसका अवशेष एकत्रित करके उसे कलकत्ता म्यूजियम में संरक्षित किया।
- इस स्तूप के व्यास का आधार 68 फीट तथा इसके चारों ओर पत्थरों की एक लंबी बाड़ थी। इस स्तूप में बुद्ध के जीवन की घटनाएँ तथा 30 जातक कथाएँ अंकित की गई हैं।
- बुद्ध पूजा के अंकन में पशुओं तथा मनुष्य को श्रद्धा से भगवान बुद्ध की पूजा करते हुए दर्शाया गया है। एक चित्र में हाथियों को बोधिवृक्ष की पूजा करते हुए दर्शाया गया है।
- मौर्यकालीन स्थापत्य में देश के विभिन्न क्षेत्रों में निर्मित स्तूपों को शामिल किया जाता है।

साँची का स्तूप

- साँची का स्तूप मध्य प्रदेश के रायसेन जिले में स्थित है, जो सम्राट अशोक द्वारा निर्मित करवाया गया था। 1818 ई. में इसकी खोज जनरल टायलर ने की थी।
- यह स्तूप ईंटों से निर्मित है। महास्तूप में महात्मा बुद्ध तथा इसके समीप निर्मित दो छोटे स्तूप में बुद्ध के शिष्यों क्रमश: सारिपुत्र तथा महामोदग्लायन के अवशेष सुरक्षित हैं।
- साँची का स्तूप आज भी सुरक्षित अवस्था में है। इस स्तूप के चारों ओर पत्थर के बाड़ लगे हुए हैं, जो मौर्यकाल के बाद जोड़े गए हैं। स्तूप के चारों कोनों पर चार द्वार बने हुए हैं, जिसमें बहुत सुंदर कारीगरी वाले पैनल हैं।
- इन पैनलों में बुद्ध के जीवन की घटनाओं और जातक कथाओं की घटनाओं के दृश्य अंकित हैं।
- इसमें पेड़ों और फूलों की डिज़ाइनें, पशु और पक्षी यक्ष और यक्षिणियों तथा नर-नारियों के सुंदर चित्र भी हैं।
- स्तूप के शिखर पर एक **हर्मिका** है, जिसके ऊपर एक छत्रदंड स्थापित है। यह छत्रदंड अशोक द्वारा प्रचारित बौद्ध धर्म का प्रतीक है। स्तूप के गुंबद के चारों ओर मार्ग बने हैं, जो **वेदिका** (रेलिंग) से युक्त हैं।
- साँची के स्तूप की ऊँचाई 54 फीट तथा इसका व्यास 120 फीट है। बुद्ध के जीवन से संबंधित विविध दृश्यों का अंकन यहाँ भरहुत की अपेक्षा अधिक है।

साँची का स्तूप

कुषाणकालीन स्तूप

- प्रसिद्ध कुषाण शासक कनिष्क के शासनकाल में अनेक स्तूपों एवं विहारों का निर्माण हुआ था।
- उसने अपनी राजधानी पुरुषपुर (पेशावर) में 400 फीट ऊँचा स्तूप बनवाया था। फाह्यान तथा ह्वेनसांग दोनों ने इसका उल्लेख किया है।
- कनिष्क के शासनकाल में तक्षशिला के धर्मराजिका स्तूप के आकार में वृद्धि की गई थी, ऊँचे चबूतरे पर निर्मित यह स्तूप गोलाकार तथा पाषाण निर्मित था।

सातवाहनकालीन स्तूप

- सातवाहन काल में अनेक स्तूपों, चैत्यों, गुफाओं तथा विहारों का निर्माण हुआ था।
- सातवाहन काल में उत्कीर्ण उन गुफाओं में सातवाहन शासकों की मूर्तियाँ उत्कीर्ण की जाती थीं, जो उनके द्वारा बौद्ध भिक्षुओं को दान में दी जाती थीं। सातवाहनकालीन स्तूप निम्न हैं

अमरावती स्तूप

- आंध्र प्रदेश के वेंगी क्षेत्र में स्थित स्तूपों जगय्यपेट, अमरावती, भट्टीपोलरो, नागार्जुनकोंडा, गोली इत्यादि में अमरावती स्तूप का एक महत्त्वपूर्ण स्थान है। इस स्तूप का निर्माण सम्राट अशोक द्वारा करवाया गया था।

अमरावती स्तूप

- अमरावती में एक महाचैत्य है, जिसमें अनेक प्रतिमाएँ थीं, जो अब चेन्नई संग्रहालय, अमरावती स्थल के संग्रहालय, नई दिल्ली के राष्ट्रीय संग्रहालय और लंदन के ब्रिटिश म्यूजियम में सुरक्षित रखी हुई हैं।
- साँची के स्तूप की भाँति अमरावती के स्तूप में भी प्रदक्षिणा पथ है, जो वेदिका से ढका हुआ है और वेदिका पर अनेक आख्यात्मक प्रतिमाएँ निरूपित की गई हैं।
- वाशिष्ठीपुत्र पुलमावी के काल में इस स्तूप का जीर्णोद्धार करवाया गया था। वर्तमान में यह स्तूप नष्ट हो चुका है, इस स्तूप की खोज 1797 ई. में कर्नल मैकेंजी ने की थी।
- अमरावती स्तूप का व्यास 162 फीट तथा वेदिका का घेरा 800 फीट होने का अनुमान है।
- इसमें 9 फीट ऊँचे 136 स्तंभ तथा लगभग पौने तीन फुट ऊँची 348 सूचियाँ लगी हैं।
- वेदिका (तोरण द्वार) के ऊपर चार सिंहों की मूर्तियाँ उत्कीर्ण की गई हैं।
- गुंटापल्ली (एलुरू के समीप, आंध्र प्रदेश) में चट्टान को काटकर एवं भूमि को खोदकर एक छोटे गजपृष्ठीय (बहुकोणीय) एवं वृत्ताकार चैत्य कक्ष का निर्माण ईसा पूर्व दूसरी शताब्दी में किया गया था।

नागार्जुनीकोंडा स्तूप

- अमरावती से लगभग 95 किमी उत्तर में कृष्णा नदी के तट पर स्थित नागार्जुनी पहाड़ी पर स्तूपों का निर्माण करवाया गया था, जिसे नागार्जुनीकोंड स्तूप कहा जाता है। यहाँ इक्ष्वाकु वंश का शासन था, जो सातवाहनों के उत्तराधिकारी थे।
- इक्ष्वाकुवंशी राजा ब्राह्मण धर्म के अनुयायी थे, किंतु उनकी रानियों की अनुरक्ति बौद्ध धर्म में थी। इन्हीं की प्रेरणा से यहाँ बौद्ध धर्म का प्रचार करवाया गया।
- इक्ष्वाकु नरेश वीर पुरुष दत्त के शासन काल में यहाँ महास्तूप का निर्माण एवं संवर्धन किया गया।
- नागार्जुनीकोंडा स्तूप की खोज वर्ष 1926 में लांगहर्स्ट द्वारा की गई थी। यहाँ के स्तूप भी अमरावती से मिलते जुलते हैं।
- यहाँ का महास्तूप गोलाकार था, जिसका व्यास 166 फीट तथा ऊँचाई 80 फीट थी।
- इस स्तूप के शिलापट्टों पर बौद्ध कथानक उत्कीर्ण हैं, जिसे अनेक दृश्य जातक कथाओं से लिए गए हैं।

गुप्तकालीन स्तूप

गुप्तकालीन स्तूपों में सारनाथ स्थित 'धमेख स्तूप' का महत्त्वपूर्ण स्थान है। यह स्तूप 128 फीट ऊँचा है, जो बिना किसी चबूतरे के समतल भूमि पर निर्मित है।

गुफाएँ

- भारतीय वास्तुशिल्प का एक महत्त्वपूर्ण चरण गुफाओं की वास्तुशिल्प का विकास है।
- भारत के विभिन्न भागों में अनेक ऐसी गुफाओं का पता चला है, जो दूसरी सदी ई. से लेकर 10वीं सदी ई. तक की हैं।
- प्राचीन काल में भिक्षुओं के निवास स्थान हेतु तथा धार्मिक उद्देश्यों से विशाल चट्टानों में गुफाओं को उत्कीर्ण करने की कला का विकास हुआ। विभिन्न कालों की गुफाएँ निम्न हैं

मौर्यकालीन गुफा स्थापत्य

मौर्य सम्राट अशोक व उसके पौत्र दशरथ के काल में बाराबर तथा नागार्जुनी की पहाड़ियों को काटकर आजीवकों के लिए आवास बनाए गए थे, इन गुफाओं की छतों तथा दीवारों पर चमकीली पॉलिश मिलती है।

मौर्यकालीन गुफाओं का विवरण निम्न है

- **नागार्जुनी की गुफाएँ** नागार्जुनी पर्वत पर कुल 3 गुफाएँ हैं, जिनमें 'गोपिका गुफा' महत्त्वपूर्ण है। इसे सम्राट दशरथ ने अपने राज्याभिषेक के वर्ष निर्मित करवाया था। दूसरी तथा तीसरी गुफाएँ क्रमश: 'वहियक' तथा 'वडधिक' हैं।
- **बराबर गुफा समूह** अशोककालीन बराबर पहाड़ी की गुफाओं में 'सुदामा की गुफा' तथा 'कर्णचौपड़ की गुफा' सर्वप्रसिद्ध हैं। सुदामा की गुफा का निर्माण अशोक के शासनकाल के 12वें वर्ष तथा कर्णचौपड़ की गुफा का निर्माण

19वें वर्ष में करवाया गया था। सुदामा की गुफा में दो कोष्ठ हैं, जिनकी छत ढोलकाकार हैं। दशरथ के समय निर्मित 'लोमश ऋषि की गुफा' बाराबर समूह की सबसे प्रसिद्ध गुफा है।

बराबर गुफा समूह

गुप्तकालीन गुफा स्थापत्य

गुप्तकालीन गुफाओं का विवरण निम्न है

- **बाघ की गुफाएँ** बाघ की गुफाएँ मध्य प्रदेश के धार जिले से प्राप्त हुई हैं, ये गुफाएँ बौद्ध धर्म से संबंधित हैं। बाघ पहाड़ी से कुल 9 गुफाएँ (विहार) प्राप्त हुई हैं, ये विहार भिक्षुओं के निवास के लिए सातवाहन काल में बनवाए गए थे। इस गुफा का निर्माण बलुआ पत्थर पर किया गया है। इस गुफा का मुख 'बधानी' नामक मौसमी नदी की तरफ है।
- मूल 9 गुफाओं में से केवल 5 गुफाओं (गुफा संख्या 2, 3, 4 एवं 7) का ही अस्तित्व बचा हुआ है। इनमें सबसे महत्त्वपूर्ण गुफा संख्या 4 है, जिसे सामान्यत: 'रंगमहल' के नाम से जाना जाता है। ये पाँचों गुफाएँ बौद्ध भिक्षुओं के विहार हैं।
- **उदयगिरि की गुफाएँ** इन गुफाओं का निर्माण गुप्तकाल में हुआ था, जो मध्य प्रदेश के विदिशा में अवस्थित हैं। यहाँ की गुफाएँ भागवत तथा शैव धर्मों से संबंधित हैं। उदयगिरि गुफा से चंद्रगुप्त द्वितीय के महासंधिविग्रहिक वीरसेन का एक लेख मिलता है। यहाँ की सबसे प्रसिद्ध गुफा वाराह गुफा है।

उदयगिरि की गुफाएँ

- **एलोरा की गुफाएँ** यह महाराष्ट्र के औरंगाबाद जिले में अजंता से 100 किमी. की दूरी पर स्थित है। यहाँ 5वीं से लेकर 11वीं शताब्दी तक के तीन भिन्न-भिन्न धर्मों (जैन, बौद्ध एवं ब्राह्मण) के मठ या धर्म भवन एक साथ पाए जाते हैं। इन तीनों ही धर्मों से संबंधित यहाँ कुल 34 गुफाएँ हैं।

चैत्यगृह एवं विहार

- चैत्य शब्द का शाब्दिक अर्थ है-चिता संबंधी। आरंभ में महात्मा बुद्ध तथा उनके शिष्यों के अवशेषों पर जो समाधियाँ बनाई गईं, उन्हें ही चैत्य या स्तूप कहा जाता है।
- पहले, चैत्य या स्तूप खुले स्थानों पर बनाए जाते थे, किंतु कालांतर में उन्हें भवनों में स्थापित किया जाने लगा, जिसे चैत्यगृह कहा गया। चैत्यगृह दो प्रकार के होते थे
  1. पहाड़ियों को काटकर बनाए गए चैत्यगृह।
  2. खुले स्थानों पर ईंट-पत्थरों की सहायता से निर्मित चैत्य गृह।
- विहारों को प्राय: गुफाओं में निर्मित किया गया, अत: इन्हें गुहा विहार भी कहा जाता था।
- इसके अतिरिक्त मैदानी क्षेत्रों में भी विहारों का निर्माण किया गया। गुहा विहारों के अंदर चौकोर विशाल मंडप बनाया जाता था, जिसमें बौद्ध भिक्षु निवास करते थे।

प्रमुख चैत्य एवं विहार

प्रमुख चैत्य एवं विहार निम्न हैं

- **पीतलखोरा चैत्य** यह खानदेश में स्थित है। यह गुफा सतमाला नामक पहाड़ी में स्थित है। इन गुफाओं की खुदाई ईसा पूर्व दूसरी सदी में प्रारंभ हुई थी। उत्कीर्ण लेखों के अनुसार इसका निर्माण प्रतिष्ठान (पैठन) के श्रेणियों द्वारा करवाया गया था। यहाँ पर कमलासन आरुढ़ देवी लक्ष्मी तथा उनका अभिषेक करते दो हाथियों को दर्शाया गया है।
- **अजंता चैत्य एवं विहार** अजंता चैत्य एवं विहार महाराष्ट्र में औरंगाबाद जिले में स्थित है। यहाँ पर बड़े-बड़े पर्वतों को काटकर एक मील के अर्द्ध वर्गाकार क्षेत्र में 29 गुफाएँ बनाई गई हैं। प्रारंभ की गुफाएँ ई. पू. दूसरी शताब्दी की हैं, जबकि बाद में निर्मित 7वीं शताब्दी तक की हैं। 16वीं, 17वीं गुफा का निर्माण वाकाटक नरेश हरिषेण के एक मंत्री बराहदेव ने करवाया था। 16वीं गुफा सबसे सुंदर विहार है, इसके गर्भगृह में बुद्ध की विशालकाय मूर्ति लंबपाद मुद्रा में बनी है। यहाँ की गुफा संख्या 17 के बरामदे की दीवारों में चित्रित 'जीवन चक्र' के कारण इसे 'राशिचक्र गुफा' भी कहा जाता है। 19वीं गुफा, जोकि चैत्य है, में बुद्ध का अंकन प्रतीकों में न होकर मूर्तियों में किया गया है। वाकाटक नरेश हरिषेन का सामंत एवं उस क्षेत्र का स्थानीय शासक उपेन्द्रगुप्त को गुफा सं. 17-20, बुद्धभद्र को गुफा संख्या 26 एवं मथुरादास को गुफा संख्या 4 का संरक्षक माना जाता है।
- **कार्ले चैत्य** कार्ले चैत्य महाराष्ट्र के पुणे जिले में भोरघाट नामक पहाड़ी पर स्थित है। यहाँ एक भव्य चैत्यगृह तथा तीन विहार हैं। यह चैत्य सबसे बड़ा तथा सुरक्षित अवस्था में है। यह 124 फीट लंबा, 45 फीट चौड़ा तथा 46 फीट ऊँचा है, इसमें उत्कीर्ण लेख के अनुसार इसका निर्माण वैजयंती के भूतपाल श्रेष्ठी ने करवाया था।
- **नासिक चैत्य** वर्तमान में यह गोदावरी के तट पर स्थित महाराष्ट्र के नासिक जिले में स्थित है। यहाँ कुल 17 गुफाएँ उत्कीर्ण हैं, जिसमें यह एक चैत्य तथा 16 विहार हैं। गुफा में अंकित लेख के अनुसार सातवाहन नरेश कृष्ण (ई. पू. दूसरी सदी) ने इसका निर्माण करवाया था। यहाँ के तीन बड़े गुहा विहारों का निर्माण क्रमश: शक शासक नहपान, सातवाहन नरेश गौतमीपुत्र शातकर्णि तथा यज्ञश्री शातकर्णि के समय हुआ था। नासिक चैत्यगृह को पाण्डुलेण विहार कहा जाता है, इसमें एक संगीतशाला भी बनाई गई थी।

- **कन्हेरी विहार** यह विहार मुंबई से 16 मील दूर उत्तर में स्थित है, इसका प्राचीन नाम कृष्णगिरि था। यहाँ बौद्ध धर्म के हीनयान और महायान दोनों मतों से संबंधित कलाकृतियाँ मिलती हैं, ये कार्ले गुफाओं से समता रखती हैं।
- **भाजा चैत्य** यह महाराष्ट्र के पुणे जिले में स्थित है। ये गुफाएँ लगभग ई. पू. दूसरी सदी के लगभग उत्कीर्ण हुई थीं। इनमें विहार, चैत्यगृह तथा 14 स्तूप हैं। चैत्यगृह में मूर्ति न होकर मंडप के स्तंभों पर त्रिरत्न, नंदिपद, श्रीवत्स, चक्र आदि उत्कीर्ण हैं।

भाजा चैत्य

मंदिर

- मंदिर स्थापत्य गुप्तकाल में प्रारंभ हुआ, जहाँ एक ओर स्तूप और उसका निर्माण कार्य जारी रहा, वहीं दूसरी ओर सनातन/हिंदू धर्म के मंदिर एवं देवी-देवताओं की मूर्तियाँ बनने लगीं। प्रायः मंदिरों को संबंधित देवी-देवताओं की मूर्तियों से सजाया जाता था।
- प्रत्येक मंदिर में एक प्रधान या अधिष्ठाता देवता की प्रतिमा होती थी। मंदिरों के पूजागृह तीन प्रकार के होते थे
  1. संधर प्रकार (जिसमें प्रदक्षिणापथ होता है।)
  2. निरंधर प्रकार (जिसमें प्रदक्षिणापथ नहीं होता है।)
  3. सर्वतोभद्र (जिसमें सभी ओर से प्रवेश किया जा सकता है।)

हिंदू-मंदिर का मूल रूप

हिंदू-मंदिर निम्न भागों से निर्मित होता है

- **गर्भगृह** यह प्रारंभिक मंदिरों में एक छोटा-सा प्रकोष्ठ होता था, जिसमें प्रवेश के लिए एक छोटा-सा द्वार होता था। समय के साथ-साथ इस प्रकोष्ठ का आकार बढ़ता गया। गर्भगृह में मंदिर के मुख्य अधिष्ठाता देवता की मूर्ति स्थापित की जाती है और यही पूजा-पाठ या धार्मिक क्रियाओं का केंद्रबिंदु होता है।
- **मंडप** यह मंदिर का प्रवेश कक्ष होता था, जो पर्याप्त बड़ा होता था। इसमें काफी संख्या में लोग एकत्रित हो सकते थे। इस मंडप की छत सामान्यतः खंभों पर टिकी होती है।
- **विमान या शिखर** पूर्वोत्तर काल में मंदिरों पर शिखर बनाए जाने लगे, जिसे उत्तर भारत में शिखर और दक्षिण भारत में विमान कहा जाने लगा।
- **वाहन** यह मंदिर के अधिष्ठाता देवता की सवारी होती थी। वाहन को एक स्तंभ या ध्वज के साथ गर्भगृह के साथ कुछ दूरी पर रखा जाने लगा।

मंदिर स्थापत्य की शैलियाँ

भारत में मंदिर निर्माण की तीन शैलियाँ प्रचलित थीं, जो इस प्रकार हैं

द्रविड़ शैली

- इस शैली को दक्षिण भारत की द्रविड़ शैली कहते हैं। द्रविड़ शैली के मंदिरों की प्रमुख विशेषता यह होती है कि यह मंदिर चारों ओर से चहारदीवारी से घिरा होता है, इस चहारदीवारी के बीच में प्रवेश द्वार होते हैं, जिन्हें गोपुरम कहते हैं।
- मंदिर के गुंबद का रूप जिसे तमिलनाडु में 'विमान' कहा जाता है, मुख्यतः एक सीढ़ीदार पिरामिड की तरह होता है, जो ऊपर की ओर ज्यामितीय रूप से उठा होता है।
- दक्षिण भारतीय मंदिरों में, शिखर शब्द का प्रयोग मंदिर की चोटी पर स्थित मुकुट जैसे तत्त्व के लिए किया जाता है, जिसकी आकृति सामान्यतः एक छोटी स्तूपिका या एक अष्टभुजी गुमटी जैसी होती है।
- द्रविड़ शैली के मंदिरों की एक प्रमुख विशेषता यह होती है कि इसमें मंदिरों के द्वार पर द्वारपालों की विशाल प्रतिमाएँ बनाई जाती थीं, जिन्हें देखकर यह स्पष्ट होता है कि वे मंदिर की रक्षा कर रहे हों।
- इस शैली के मंदिरों के परिसर में कोई बड़ा तालाब या जलाशय होता है।
- भारत में द्रविड़ शैली के मंदिरों का निर्माण मुख्य रूप से पल्लव, चालुक्य, चोल एवं पांड्य आदि शासकों के शासनकाल में हुआ।
- द्रविड़ मंदिरों की भी कई उप-श्रेणियाँ हैं, जिनकी आकृतियाँ पाँच प्रकार की हैं- वर्गाकार, आयताकार, अंडाकार, वृत्त और अष्टास्त्र।
- वर्गाकार आकृति को सामान्यतः कूट और चतुरस्त्र भी कहा जाता है।
- आयताकार आकृति को शाला या आयतस्त्र तथा अंडाकार आकृति को गजपृष्ठीय कहा जाता है, जो कि हाथी के पीठ के समान होती है।
- गजपृष्ठीय चैत्यों के प्रवेश द्वार को घोड़े की नाल के आकार का बनाया जाता था, जिसे 'नासी' कहा जाता है।

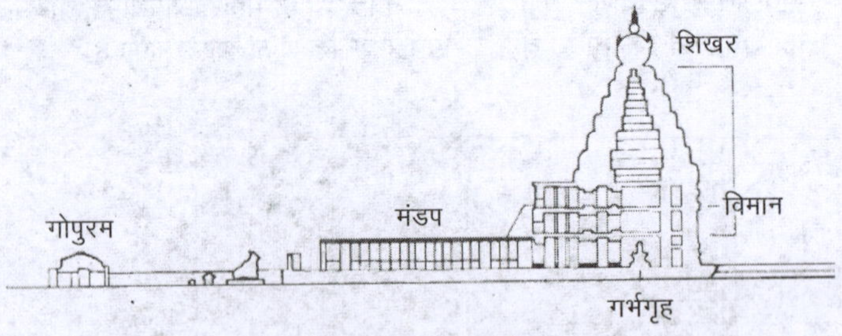

द्रविड़ शैली का मंदिर

बेसर शैली

- बेसर शैली में नागर एवं द्रविड़ दोनों शैलियों के गुण मिलते हैं। इस शैली के मंदिर आयताकार आधार पर नहीं होते थे, बल्कि बहुभुजी अथवा तारों की आकृति के होते थे, जो भवन के समान आकृति वाले एक ऊँचे ठोस चबूतरे पर स्थित होते थे।
- इन मंदिरों में समतलता की दृढ़ भावना प्रकट होती है, क्योंकि इनके चबूतरे एवं दीवारें समान रूप से हाथियों, अश्वारोहियों, हंसों, राक्षसों, पुराणों तथा कथाओं के दृश्यों की खुदी हुई चित्र वल्लरियों से ढकी हुई हैं।

- इस शैली का विकास चालुक्य, राष्ट्रकूट एवं होयसल राजवंशों के काल में हुआ। एहोल, बादामी, पट्टडकल, बेलूर एवं हलेविड के मंदिर इसके प्रमुख उदाहरण हैं।

नागर शैली

- उत्तर भारत में मंदिर स्थापत्य/वास्तु की जो शैली लोकप्रिय हुई उसे 'नागर शैली' कहा जाता है।
- इस शैली की एक प्रमुख विशेषता यह थी कि संपूर्ण मंदिर एक विशाल चबूतरे (वेदी) पर बनाया जाता था और उस तक पहुँचने के लिए सीढ़ियाँ होती थीं।
- सामान्यत: इन मंदिरों में दक्षिण भारतीय या द्रविड़ शैली के विपरीत, कोई चहारदीवारी या दरवाजे नहीं होते थे। मंदिर में एक घुमावदार गुंबद होता है, जिसे शिखर कहा जाता है।
- पहले मंदिरों में एक ही शिखर होता था, किंतु कालांतर में मंदिरों में कई शिखरों का निर्माण किया जाने लगा।
- मंदिर का गर्भगृह सदैव सबसे ऊँचे शिखर के ठीक नीचे बनाया जाता है।
- भारत के भिन्न-भिन्न भागों में मंदिरों के भिन्न-भिन्न भागों को अलग-अलग नामों से जाना जाता है, किंतु एक साधारण शिखर को जिसका आधार वर्गाकार होता है और दीवारें अंदर की ओर मुड़कर चोटी पर एक बिंदु पर मिलती हैं, उसे सामान्यत: रेखा-प्रासाद कहा जाता है।

नागर शैली में निर्मित मंदिर

- नागर शैली का एक दूसरा प्रमुख वास्तु रूप 'फमसाना किस्म के भवन' हैं। इसमें भवनों को रेखा-प्रासाद की तुलना में अधिक चौड़े एवं कम ऊँचाई वाले बनाए जाते हैं।
- इनकी छतें अनेक शिलाओं को जोड़कर बनाई जाती हैं। इसका निर्माण भवन के केंद्रीय भाग के ऊपर एक निश्चित सीमा तक किया जाता है।
- फमसाना की छतें भीतर की ओर नहीं मुड़ी होती बल्कि वे सीधी ऊपर की ओर ढलवाँ होती हैं। नागर शैली की उप-श्रेणी को 'वलभी' कहते हैं।
- वलभी श्रेणी के वर्गाकार मंदिरों में मेहराबदार छतों से शिखर का निर्माण होता है। इस मेहराबी कक्ष का किनारा गोल होता है। इन भवनों को सामान्यत: **'शकटाकार भवन'** कहा जाता है।

प्रमुख मंदिर

भारत में आरंभिक मंदिरों का निर्माण गुप्तकाल में हुआ, जो कालांतर में अपनी भव्यता के लिए जाने जाते हैं। विभिन्न कालक्रम में मंदिरों का विवरण निम्न है

गुप्तकालीन प्रमुख मंदिर

गुप्तकालीन प्रमुख मंदिर निम्नलिखित हैं

- **बोधगया का मंदिर** 5वीं सदी के मंदिरों में बोधगया के मंदिर का भी उल्लेख किया जा सकता है। इस मंदिर के गर्भगृह में 'भूमि स्पर्श मुद्रा' में बुद्ध की विशाल प्रतिमा स्थापित है।
- **साँची का मंदिर** साँची के महास्तूप के दक्षिण-पूर्व की ओर बने इस मंदिर को मंदिर संख्या-17 कहा जाता है। यह गुप्तकाल का प्रारंभिक मंदिर है, इसकी छत समतल तथा गर्भगृह चौकोर है।
- **देवगढ़ का दशावतार मंदिर** इस मंदिर का निर्माण छठी शताब्दी के प्रारंभिक वर्षों में हुआ था, इसे गुप्तकालीन मंदिर स्थापत्य का एक श्रेष्ठ उदाहरण माना जाता है। इस मंदिर का निर्माण एक ऊँचे चबूतरे पर किया गया है। गर्भगृह का प्रवेशद्वार द्वारपालों, नंदी तथा देवताओं की मूर्तियों से अलंकृत है। मंदिर की दीवारों पर शेषशायी विष्णु, नर-नारायण तथा गजेंद्रमोक्ष आदि के भव्य दृश्य उत्कीर्ण हैं। यह मंदिर पंचायतन शैली में निर्मित है, इस शैली में मुख्य देवालय को एक वर्गाकार वेदी पर बनाया जाता है और चारों कोनों पर चार सहायक देवालय बनाए जाते हैं।
- **भीतरगाँव का मंदिर** यह मंदिर उत्तर प्रदेश के कानपुर के निकट भीतरगाँव में स्थित है। आर्य शैली के इस मंदिर में गुप्तकालीन ईंटों का प्रयोग किया गया है, इस मंदिर का निर्माण एक चबूतरे पर किया गया है, जिसका व्यास 36 फीट है। मंदिर की चौकोर छत पर 70 फीट ऊँचा शिखर निर्मित है। मंदिर के पूर्वी भाग में स्थित बरामदे के सामने गर्भगृह निर्मित है, जिसमें प्रतिमा प्रतिष्ठित है। मंदिर की दीवारों को रामायण, महाभारत व पुराणों के आख्यानों से सजाया गया है।
- **नचनाकुठार का पार्वती मंदिर** यह मंदिर मध्य प्रदेश के पन्ना जिले में नचनाकुठार नामक स्थान पर स्थित है। यह मंदिर 35 फुट ऊँचे चबूतरे पर निर्मित है, जिसके चारों ओर बरामदा तथा छत सपाट है।
- **भूमरा का शिवमंदिर** यह मंदिर मध्य प्रदेश के सतना जिले के भूमरा नामक स्थान पर स्थित है। वर्तमान में यह मंदिर जीर्ण-शीर्ण अवस्था में है। मंदिर के प्रवेश द्वार स्तंभ के बाईं ओर मकरवाहिनी गंगा तथा कछुवावाहिनी यमुना की मूर्तियाँ स्थापित हैं।
- **सिरपुर का लक्ष्मण मंदिर** यह मंदिर छत्तीसगढ़ के सिरपुर नामक स्थान पर ईंटों से निर्मित मंदिर है। इस मंदिर का वास्तु भीतरगाँव मंदिर के समान है।

चालुक्य (सोलंकी) कालीन मंदिर स्थापत्य

- इस काल में गुजरात के अंहिलवाड़ तथा राजस्थान के आबू पर्वत पर मंदिर निर्मित किए गए हैं। ये मुख्य रूप से जैन धर्म से संबंधित हैं।
- इस काल के मंदिरों का निर्माण ऊँचे चबूतरे पर किया जाता था।
- इस काल के प्रसिद्ध मंदिरों में गुजरात के मेहसाणा जिले में स्थित मोढेरा का सूर्य मंदिर है, इसका निर्माण सोलंकी राजवंश के राजा भीमदेव प्रथम ने 1026 ई. में करवाया था।
- राजस्थान के आबू पर्वत पर दो प्रसिद्ध मंदिर हैं, जो संगमरमर से निर्मित हैं, जिन्हें दिलवाड़ा का मंदिर कहा जाता है।
- इसे सोलंकी नरेश भीमदेव प्रथम के मंत्री विमलशाह द्वारा 11वीं सदी में बनवाया गया था।

पालकालीन मंदिर स्थापत्य

- बिहार और बंगाल में 9वीं से 12वीं शताब्दियों के मध्य की अवधि में निर्मित प्रतिमाओं की शैली को 'पाल शैली' कहा जाता है, जिसका नामकरण तत्कालीन पाल शासकों के आधार पर किया गया।
- पालयुगीन स्मारकों के अवशेष पहाड़पुर (राजशाही-बांग्लादेश) की खुदाई से प्राप्त हुए हैं। यहाँ से एक विशाल मंदिर के अवशेष प्राप्त हुए हैं। इस मंदिर में कई चबूतरे हैं।
- संभवतः यह मंदिर सर्वतोभद्र शैली (चारों दिशाओं में प्रवेश संभव) में बना है। ईंट से निर्मित यह मंदिर आज भी विद्यमान है।
- बंगाल के बर्दमान नामक स्थान पर स्थित सिद्धेश्वर मंदिर सबसे अलंकृत है। यह मंदिर भी ईंटों से निर्मित है।
- इस मंदिर की चोटी पर एक बड़ा आमलक बना हुआ है। वक्र, कंगूरे तथा ओतली इस मंदिर की प्रमुख विशेषताएँ हैं।

चंदेलकालीन मंदिर स्थापत्य

- मध्य प्रदेश के छतरपुर जिले के समीप खजुराहो में चंदेल शासकों ने अनेक भव्य मंदिरों का निर्माण करवाया था, जिनमें 25 मंदिर आज भी विद्यमान हैं, जो ग्रेनाइट एवं लाल बलुआ पत्थरों से निर्मित हैं।
- खजुराहो का लक्ष्मण मंदिर विष्णु को समर्पित है। यह मंदिर चंदेलवंशीय राजा धंग द्वारा 954 ई. में बनवाया गया था।
- नागर शैली में निर्मित यह मंदिर एक ऊँची वेदी (प्लेटफॉर्म) पर स्थित है। मंदिर तक पहुँचने के लिए सीढ़ियों का निर्माण किया गया है।
- खजुराहो स्थित **कंदरिया महादेव का मंदिर** राजा धंग देव द्वारा निर्मित करवाया गया है।
- मंदिर के गर्भगृह में संगमरमर का शिवलिंग स्थापित किया गया है। यह मंदिर भारतीय मंदिर स्थापत्य की शैली की पराकाष्ठा है।
- खजुराहो के मंदिरों में अधिकांश हिंदू देवी-देवताओं के मंदिर हैं, जिनमें चौसठ योगिनी का मंदिर विशेष रूप से प्रसिद्ध है। यह मंदिर 10वीं सदी से पहले का है।
- इस मंदिर में कई छोटे वर्गाकार देवालय हैं, जो ग्रेनाइट के शिलाखंडों को काटकर बनाए गए हैं।
- इनमें से प्रत्येक देवालय देवियों को समर्पित हैं। यहाँ पर कुछ जैन मंदिर भी हैं।

चंदेलकालीन मंदिर स्थापत्य

ओडिशा के मंदिर

- ओडिशा के मंदिर **नागर शैली** के उत्कृष्ट उदाहरण हैं, यहाँ 8वीं-13वीं सदी तक पत्थर निर्मित अनेक मंदिरों का निर्माण किया गया। पहाड़ियों से सुरक्षित होने के कारण यहाँ के अधिकांश मंदिर आक्रमणों से सुरक्षित रहे। यहाँ के अधिकतर मंदिर भुवनेश्वर, पुरी तथा कोणार्क में स्थित हैं।
- भुवनेश्वर के मंदिरों के मुख्य भाग के सम्मुख चौकोर कक्ष बनाया गया है, जिसे जगमोहन (सभा मंडप) कहा जाता है। जगमोहन, पिरामिड के आकार का होता है। ओडिशा में मंदिरों के शिखर को देउल कहा जाता था। मंदिरों का बाह्य भाग अत्यंत उत्कीर्णित होता था, जबकि भीतरी भाग सामान्यतः खाली होता था। यहाँ के मंदिरों में चहारदीवारी पाई जाती है।
- ओडिशा के मंदिरों में कोणार्क स्थित सूर्य मंदिर विशेष उल्लेखनीय है। यह मंदिर 13वीं शताब्दी में निर्मित हुआ था। इस मंदिर का शिखर 70 मी ऊँचा था, जो अधिक भारी होने के कारण 19वीं शताब्दी में नष्ट हो गया।
- सूर्य मंदिर एक ऊँचे आधार (वेदी) पर स्थित है। मंदिर में बड़े-बड़े पहियों के 12 जोड़े हैं, पहियों के चारों ओर नाभिकेंद्र (हब) हैं, जो सूर्यदेव की पौराणिक कथा का स्मरण कराते हैं, जिसके अनुसार सूर्य 7 घोड़ों द्वारा खींचे जा रहे रथ पर सवार होते हैं। मंदिर की दक्षिणी दीवार पर सूर्य की एक विशाल प्रतिमा है, जो हरे पत्थर की बनी हुई है।

ओडिशा का भुवनेश्वर मंदिर

पल्लवकालीन मंदिर स्थापत्य

दक्षिण में भक्ति लहर के परिणामस्वरूप मंदिर वास्तुकला का विस्तार हुआ। पल्लव नरेशों का शासनकाल, कला एवं स्थापत्य की उन्नति के लिए विशेष रूप से प्रसिद्ध है। पल्लव वास्तुकला ही दक्षिण की द्रविड़ कला शैली का आधार बनी। इसी से दक्षिण भारतीय स्थापत्य के तीन प्रमुख अंगों 1. मंडप, 2. रथ तथा 3. विशाल मंदिर का जन्म हुआ। पर्सी ब्राउन ने पल्लव वास्तुकला को चार भागों में बाँटा है

1. **महेंद्र वर्मन शैली** पल्लव वास्तुकला का प्रारंभ महेंद्रवर्मन प्रथम के काल से माना जाता है। मंडगपट्टू लेख से पता चलता है कि उसने ईंट, लकड़ी, लोहा, चूना आदि के प्रयोग के बिना ही एक नई वास्तुशैली को जन्म दिया। महेंद्रवर्मन प्रथम ने मंडप शैली का विकास किया, जिससे गुहा मंदिरों के निर्माण की परंपरा आरंभ हुई। तोडमंडलम की प्राकृत शिलाओं को उत्कीर्ण कर मंदिर बनाये गए, जिसे 'मंडपम' कहा जाता है।
2. **मामल्ल शैली** इस शैली का विकास नरसिंह वर्मन प्रथम महामल्ल के काल में हुआ था। इसके अंतर्गत दो प्रकार के स्मारक बने हैं, मंडप तथा एकाश्म मंदिर, जिन्हें रथ कहा गया है। इस शैली में सभी स्मारक मामल्लपुरम् (महाबलीपुरम्) में विद्यमान हैं।

3. **रथमंदिर** रथ निर्माण कला में पत्थरों को तराशकर एकाश्मक मंदिरों का निर्माण किया जाता था। रथ मंदिरों में प्रमुख हैं–द्रौपदी रथ, नकुल-सहदेव रथ, अर्जुन रथ, भीम रथ, धर्मराज रथ, गणेश रथ, पिंडारि रथ तथा वलैयंकट्टै रथ आदि। रथ मंदिरों में द्रौपदी रथ सबसे छोटा है। सबसे बड़ा रथ धर्मराज रथ है, इसे द्रविड़ शैली का अग्रदूत माना जाता है। इन रथों को **'सप्त पैगोडा'** कहा जाता है।
4. **राजसिंह शैली** इस शैली का प्रारंभ नरसिंहवर्मन द्वितीय राजसिंह ने किया था। इसमें गुहा मंदिरों के स्थान पर पाषाण, ईंट आदि की मदद से इमारती मंदिर बनाए गए थे। ग्रेनाइट पत्थरों से निर्मित तटीय मंदिर (शोर मंदिर), ईश्वर मंदिर तथा मुकुंद मंदिर तटीय मंदिर के आरंभिक उदाहरण हैं। महाबलीपुरम् का तटीय मंदिर नरसिंहवर्मन द्वितीय (700-728 ई.) जिन्हें राज सिंह भी कहा जाता है। काँची का कैलाशनाथ मंदिर राजसिंह शैली का उत्कर्ष है। इसे राजसिंह ने आरंभ करवाया तथा महेन्द्रवर्मन द्वितीय ने पूरा करवाया। इस मंदिर में द्रविड़ शैली की सभी विशेषताएँ; जैसे परिवेष्ठित प्रांगण, गोपुरम, स्तंभ युक्त मंडपम, विमान आदि मिलते हैं।

चालुक्यकालीन मंदिर स्थापत्य

चालुक्य काल (556-757 ई.) में कला व स्थापत्य में उल्लेखनीय प्रगति हुई। इस समय बौद्धों एवं जैनों की तर्ज पर हिंदू देवताओं के लिए पर्वतों को काटकर मंदिर बनाए गए।

चालुक्यकालीन प्रमुख मंदिर निम्नलिखित हैं

- **एहोल** एहोल को मंदिरों का नगर कहा जाता है। यहाँ लगभग 70 मंदिरों के अवशेष प्राप्त हुए हैं। इनका निर्माण काल 450-600 ई. के लगभग है। एहोल के मंदिर गुप्तों के समकालीन हैं, इसमें नागर एवं द्रविड़ शैलियों का मिश्रण मिलता है। एहोल का विष्णु मंदिर अभी भी सुरक्षित है। एहोल की विश्वविख्यात मूर्ति विष्णु के वराह अवतार की है, जिसमें वराह को पृथ्वी की रक्षा करते हुए दर्शाया गया है।
- **पट्टडकल** चालुक्य मंदिरों में सर्वोच्चतम उदाहरण पट्टडकल में स्थित विरुपाक्ष मंदिर है। यह मंदिर विक्रमादित्य द्वितीय के शासन काल (733-44 ई.) में उसकी पटरानी लोका महादेवी द्वारा बनवाया गया था। यह मंदिर प्रारंभिक द्रविड़ कला का एक उदाहरण है।

राष्ट्रकूटकालीन मंदिर स्थापत्य

- 750 ई. के लगभग दक्कन क्षेत्र पर आरंभिक पश्चिमी चालुक्यों का नियंत्रण राष्ट्रकूटों के हाथ में आ गया था, उनकी वास्तुकला की सबसे बड़ी उपलब्धि थी–एलोरा का कैलाशनाथ मंदिर।
- कैलाशनाथ मंदिर पूर्णतया द्रविड़ शैली में निर्मित है।
- यह मंदिर भगवान शिव को समर्पित है, जो कैलाशवासी हैं, इसलिए इसे कैलाशनाथ मंदिर की संज्ञा दी गई है। इस मंदिर का प्रवेश द्वार 'गोपुरम' जैसा है।
- यह पूरा मंदिर एकाश्म पत्थरों से निर्मित किया गया है।
- मंदिर का प्रांगण 276 फीट लंबा तथा 154 फीट चौड़ा है, इसका विमान दो मंजिला है।
- एलीफैंटा में चालुक्य सामंत शिलाहार शासन करते थे। 9वीं सदी के आरंभ में यहाँ त्रिमुखी गुफाएँ उत्कीर्ण की गईं।
- इसमें सर्वाधिक आकर्षक त्रिमुखी महेश मूर्ति (शिव के शांत, उग्र और शक्ति रूप) भारतीय कला की अमूल्य विरासत है।

राष्ट्रकूटकालीन मंदिर स्थापत्य

चोलकालीन मंदिर स्थापत्य

- चोल काल (850-1279 ई.) को दक्षिण भारत की कला का स्वर्णकाल कहा जाता है। **फर्ग्यूसन** के अनुसार, चोल शासकों ने दैत्यों के समान कल्पना की तथा जौहरियों के समान उसे पूरा किया।
- आरंभिक चोल मंदिरों में विजयालय द्वारा निर्मित नर्थामलाई का चोलेश्वर मंदिर चोल शैली का सुंदर उदाहरण है। चोल कला का उत्कर्ष तंजौर तथा गंगैकोंड चोलपुरम् के निर्माण में परिलक्षित होता है। चोलकालीन प्रमुख मंदिर निम्न हैं
  - **तंजौर का वृहदेश्वर मंदिर** तंजौर का शिव मंदिर जिसे राजराजेश्वर या वृहदेश्वर मंदिर कहा जाता है, समस्त भारतीय मंदिरों में सबसे बड़ा और ऊँचा है, इसका निर्माण 1009 ई. के लगभग राजाराज चोल द्वारा करवाया गया था। यह मंदिर 500×200 फीट के विशाल प्रांगण में निर्मित है। इसका बहुमंजिला विमान 70 मी (लगभग 230 फीट) ऊँचा है। इसके अंदर विशाल शिवलिंग स्थापित है, इस मंदिर को द्रविड़ शैली का सर्वोत्तम नमूना माना जाता है।
  - **गंगैकोंडचोलपुरम् मंदिर** इस मंदिर का निर्माण राजेंद्र चोल (1014-1044 ई.) ने करवाया था। यह मंदिर 340×100 फीट आकार में निर्मित है। यह मंदिर राजेंद्र चोल की उत्तर भारत विजय की स्मृति में बनाया गया था। यह मंदिर द्रविड़ शैली में निर्मित है। परवर्ती चोल मंदिरों में दारासुरम का ऐरावतेश्वर मंदिर, त्रिभुवनम का कम्पमहेश्वर मंदिर आदि प्रमुख हैं।

अंकोरवाट

- अंकोरवाट मंदिर कंबोडिया के अंकोर में मीकांग नदी के तट पर अवस्थित एक विशाल हिंदू मंदिर है। इस मंदिर का निर्माण खमेर वंश के शासक सूर्यवर्मन द्वितीय (1112-1153 ई.) ने करवाया था।
- खमेर शैली में निर्मित यह मंदिर भगवान विष्णु को समर्पित है। इसकी दीवारों पर रामायण एवं महाभारत के दृश्य उत्कीर्ण हैं।

- इसी मंदिर की तर्ज पर भारत के बिहार राज्य के पूर्वी चंपारण में विशाल रामायण मंदिर का निर्माण किया जा रहा है।
- भारत में मंदिर निर्माण की जो परंपरा गुप्त युग में प्रारंभ हुई थी, वह तुर्क सत्ता स्थापित होने से नकारात्मक रूप से प्रभावित हुई। मध्यकाल में मंदिर निर्माण का उल्लेखनीय कार्य विजयनगर साम्राज्य में हुआ।

मध्यकालीन स्थापत्य कला

मध्यकालीन स्थापत्य कला के अंतर्गत सल्तनत काल, प्रांतीय राजवंश तथा मुगल काल की स्थापत्य कला को शामिल किया जाता है।

सल्तनतकालीन स्थापत्य कला

- तुर्कों के भारत आगमन के बाद जिस नई स्थापत्य कला का विकास हुआ, वह न तो पूर्णतया विदेशी थी और न ही भारतीय।
- विदेशी और भारतीय स्थापत्य कला के इस समन्वय से एक नई शैली का विकास हुआ, जिसे 'इंडो इस्लामिक शैली' कहा जाता है।
- सल्तनत शासक वास्तुकला के महान संरक्षक थे और उनके संरक्षण में समन्वय की यह प्रक्रिया आरंभ हुई। पुनः क्षेत्रीय परिवर्तनों के साथ यह अनेक राज्यों में जारी रही।
- मुगल काल में समन्वय की प्रक्रिया अधिक विकसित हुई और इस काल में भारत के कुछ महानतम स्मारकों का निर्माण हुआ।
- सल्तनतकालीन स्थापत्य कला की प्रमुख विशेषता चूना-गारा का सीमेंट के रूप में प्रयोग तथा मेहराबों, गुंबदों, ऊँची मीनारों तथा डाटदार छतों का व्यापक प्रयोग था।
- तुर्की इमारतों में खान से निकाली हुई अथवा बनाई हुई सामग्री के द्वारा भवन निर्माण किया गया। पक्की इमारतों में पत्थरों का प्रयोग बढ़ गया।

हुमायूँ का मकबरा

गुलाम वंश की स्थापत्य कला

- इस वंश के शासकों में कुतुबुद्दीन ऐबक, इल्तुतमिश तथा बलबन आदि थे। इस काल के कुछ प्रमुख स्थापत्य पुरानी हिंदू इमारतों के ध्वंसावशेष पर निर्मित हैं।
- दिल्ली की मस्जिद को 'कुव्वत-उल-इस्लाम' मस्जिद (कुतुबमीनार) भी कहते हैं। यह 70 मी लंबी तथा 30 मी चौड़ी है।
- कुतुबमीनार चार मंजिला इमारत थी, बाद में इल्तुतमिश ने इसमें एक और मंजिल जोड़ते हुए इसे पाँच मंजिला बना दिया।
- इस मीनार में अधिकतर लाल एवं पांडु रंग के बलुआ पत्थर हैं। इसकी ऊपरी मंजिलों में कहीं-कहीं संगमरमर का भी प्रयोग हुआ है।
- कुतुबुद्दीन ऐबक द्वारा दिल्ली और अजमेर में बनवाई गई मस्जिदें सल्तनत काल की सबसे पहली इमारतें हैं।

कुव्वत-उल-इस्लाम मस्जिद

- कुतुबुद्दीन के उत्तराधिकारी इल्तुतमिश ने भी अनेक इमारतों का निर्माण करवाया, जिसमें इल्तुतमिश का मकबरा तथा सुल्तान गढ़ी का मकबरा सर्वाधिक प्रसिद्ध हैं।
- इल्तुतमिश का मकबरा 1234 ई. में निर्मित किया गया था, जो लाल पत्थर से बना है।
- सुल्तान गढ़ी का मकबरा (1231 ई.) इल्तुतमिश ने अपने ज्येष्ठ पुत्र नसीरुउद्दीन के लिए बनवाया था।
- यह भारत में निर्मित प्रथम मकबरा है। इल्तुतमिश को मकबरा शैली का जन्मदाता माना जाता है।
- इल्तुतमिश को कुतुबमीनार को पूर्ण कराने का श्रेय भी प्राप्त है।
- सल्तनत काल की एक प्रमुख इमारत **बलबन का मकबरा** था। इसका निर्माण बलबन ने करवाया था।
- इसमें पहली बार वास्तविक मेहराब का प्रयोग किया गया है। यह मेहराब तिकोने डॉट पत्थरों और एक मुंडेर पर आधारित थी।

तुगलक काल की स्थापत्य कला

- सल्तनत काल में सर्वाधिक भवन-निर्माण कार्य तुगलक के काल में हुए, इस काल में गयासुद्दीन तुगलक, मुहम्मद-बिन-तुगलक तथा फिरोजशाह तुगलक आदि के द्वारा निर्मित स्थापत्य प्रमुख हैं।
- तुगलककालीन प्रमुख इमारतों में दिल्ली स्थित गयासुद्दीन तुगलक के मकबरे का महत्त्वपूर्ण स्थान है।
- इस मकबरे का निर्माण 1320-25 ई. के मध्य गयासुद्दीन तुगलक द्वारा करवाया गया था, ऊँची दीवारों से घिरा हुआ यह मकबरा अनियमित पंचभुज जैसा प्रतीत होता है, इस मकबरे में लाल बलुआ और सफेद पत्थरों का प्रयोग मिलता है।
- मुहम्मद तुगलक के शासनकाल में तुगलकाबाद के समीप आदिलाबाद के किले का निर्माण करवाया गया।
- जहाँपनाह नगर का निर्माण भी मुहम्मद तुगलक द्वारा करवाया गया था।
- फिरोजशाह तुगलक के काल में भी अनेक इमारतों का निर्माण हुआ था, जिसमें फिरोजशाह का मकबरा, खिड़की मस्जिद, खान-ए-जहाँ तेलंगानी का मकबरा, काली मस्जिद तथा बेगमपुरी मस्जिद आदि प्रमुख हैं। फिरोजशाह का मकबरा संगमरमर और लाल पत्थर से निर्मित है।

सैयदकालीन स्थापत्य कला

- सैयद शासकों का काल स्थापत्य कला की दृष्टि से ह्रास का काल था, क्योंकि तैमूर लंग के आक्रमण ने दिल्ली सल्तनत को नष्ट-भ्रष्ट कर दिया था।
- इस काल में खिज्र खाँ ने 'खिज्राबाद' तथा मुबारक शाह ने 'मुबारकाबाद' नामक नगर का निर्माण करवाया।
- सैयद काल में बने सुल्तान मुबारक शाह सैयद का मकबरा एवं मुहम्मद शाह का मकबरा प्रमुख इमारतें हैं। मुहम्मद शाह का मकबरा सामान्य ऊँचाई का अष्टभुजीय मकबरा है।

खिलजी काल की स्थापत्य कला

- इस काल में अलाउद्दीन खिलजी तथा उसके उत्तराधिकारियों द्वारा इमारतों का निर्माण किया गया।
- सीरी किला अलाउद्दीन ने 1303 ई. में मंगोल आक्रमण से सुरक्षा के लिए बनवाया था।

अलाई दरवाजा

- अलाउद्दीन ने कुव्वत-उल-इस्लाम मस्जिद का और भी विस्तार किया तथा मस्जिद की बाहरी दीवार में एक दरवाजे का निर्माण करवाया, जिसे **अलाई दरवाजा** कहा जाता है।
- मार्शल ने अलाई दरवाजे के बारे में कहा है कि "अलाई दरवाजा इस्लामी स्थापत्य के खजाने का सबसे सुंदर हीरा है।" अलाई दरवाजे में लाल पत्थर का प्रयोग किया गया है।
- अलाउद्दीन द्वारा निर्मित अन्य इमारतें हजार सितून (हजार स्तंभों वाला महल), जमातखाना मस्जिद, हौज-ए-अलाई तथा सीरी का किला प्रमुख हैं।
- हजार सितून का निर्माण 1303 ई. में दिल्ली के निकट सीरी नामक नगर के पास हुआ है।

लोदी कालीन स्थापत्य कला

- इस काल में मुख्य निर्माण कार्य सुल्तान सिकंदर लोदी व इब्राहिम लोदी द्वारा निर्मित इमारतें हैं।
- सिकंदर लोदी द्वारा बनाई गई प्रमुख इमारतों में बहलोल लोदी का मकबरा प्रमुख है।
- इस मकबरे का निर्माण लाल पत्थरों से किया गया है, इस मकबरे में तीन मेहराब एवं द्वार स्तंभ हैं।
- सिकंदर लोदी के मकबरे का निर्माण इब्राहिम लोदी ने करवाया था। इसके गुंबद के चारों ओर आठ खंभे बने हैं तथा इसके चारों किनारों पर बुर्ज का निर्माण किया गया है।
- मोठ की मस्जिद लोदी काल की एक प्रमुख इमारत है, जिसका निर्माण सिकंदर लोदी के वजीर मियाँ भुईया ने करवाया था।

प्रांतीय स्थापत्य शैलियाँ

इंडो-इस्लामिक वास्तुकला को परंपरा की दृष्टि से अनेक श्रेणियों में बाँटा जाता है, जिनके नाम हैं—शाही शैली (दिल्ली सल्तनत), प्रांतीय शैली (मांडु, गुजरात, बंगाल और जौनपुर), मुगल शैली (दिल्ली, आगरा और लाहौर) और दक्कनी शैली (बीजापुर तथा गोलकुंडा) आदि। प्रांतीय स्थापत्य शैलियों का विस्तृत विवेचन निम्न प्रकार है

जौनपुर

- जौनपुर के स्थापत्य की प्रमुख विशेषता इनकी भारी-भरकम इमारतें हैं, इनमें मीनारें नहीं हैं तथा इनकी विशेषता ढलवा दीवारों के साथ राजसी दरवाजों का निर्माण है। इन इमारतों में इंडो-इस्लामी स्थापत्य शैलियों का मिश्रण है।
- जौनपुर की स्थापत्य कला का उत्कृष्ट नमूना **अटाला मस्जिद** है, जिसका निर्माण 1408 ई. में इब्राहिम शाह शर्की ने करवाया था।
- यह मस्जिद इंडो-इस्लामिक शैली का एक उदाहरण है। इसके मेहराब एवं गुंबद हिंदू शैली में बने हैं।
- महमूद शाह द्वारा 1450 ई. में निर्मित लाल दरवाजा मस्जिद, इब्राहिम शाह शर्की द्वारा 1430 ई. में निर्मित झंझरी मस्जिद आदि जौनपुर की शैली में बनी प्रसिद्ध इमारतें हैं।
- जामा मस्जिद का निर्माण 1470 ई. में हुसैन शाह शर्की द्वारा करवाया गया था।

अटाला मस्जिद

बंगाल

- बंगाल की इमारतों में ईंटों का प्रयोग व्यापक रूप से हुआ, क्योंकि बंगाल में पत्थरों का अभाव है।
- इसके अतिरिक्त छोटे-छोटे खंभों पर नुकीली मेहराबें तथा हिंदू प्रतीक चिह्नों; जैसे—कमल का प्रयोग सजावट के लिए किया गया, साथ ही कॉर्निस का इस्लामी अनुकरण भी बंगाल की स्थापत्य कला की विशेषता है।
- पांडुआ की अदीना मस्जिद, गौड़ की सोना मस्जिद, तथा कदम रसूल की मस्जिद आदि इमारतों में बंगाल स्थापत्य के प्रमुख लक्षण दृष्टिगोचर होते हैं।

- अदीना मस्जिद का निर्माण 1368 ई. में सिकंदर शाह ने करवाया था। यह भारत की विशालतम मुस्लिम इमारत है। इसकी एक प्रमुख विशेषता ढलवाँ दीवारें हैं।
- कदम रसूल तथा सोना मस्जिद का निर्माण नुसरत शाह (1519-32 ई.) ने करवाया था। 'इकलाखी मकबरा' भी बंगाल का एक प्रमुख स्थापत्य है, यह मकबरा पांडुआ में स्थित है। यह जलालुद्दीन मुहम्मद शाह का मकबरा है।

मालवा

- मालवा शैली की प्रसिद्ध इमारतों में हिंडोला महल (हुशंगशाह द्वारा 1425 ई. में निर्मित), मांडू स्थित जहाज महल (महमूद प्रथम द्वारा निर्मित), मांडू की सर्वाधिक आकर्षक इमारत हैं।
- फतेहाबाद स्थित सात मंजिला कुश्क महल स्थापत्य कला का एक सुंदर नमूना है। इस महल का निर्माण 1445 ई. में सुल्तान महमूद खिलजी ने करवाया था।

कश्मीर

- कश्मीरी स्थापत्य कला की प्रमुख विशेषता थी—लकड़ी का बहुतायत मात्रा में प्रयोग। लकड़ी पर विविध प्रकार की नक्काशी से भवनों/इमारतों में सौंदर्य की अभिवृद्धि हुई है। अन्य प्रांतीय शैलियों की भाँति यहाँ भी इंडो इस्लामी शैली विकसित हुई है।
- कश्मीर के शासक सिकंदरशाह ने श्रीनगर में मदीन साहिब के मकबरे का निर्माण 15वीं शताब्दी में करवाया था, जिसका विस्तार जैनुल आबिदीन ने किया था।
- जैनुल आबिदीन ने वूलर झील में एक कृत्रिम द्वीप जैना लंका बसाया था। कश्मीर के भवनों में अखुन मुल्लाशाह का मकबरा एवं मस्जिद तथा हमदान की मस्जिद आदि स्थापत्य कला का प्रमुख उदाहरण है।
- कश्मीर की इमारतों में जैनुल आबिदीन की माँ का मकबरा विशेष प्रसिद्ध है। यह मकबरा पूर्णत: ईंटों और पॉलिशदार टाइलों से बना है, इसका निर्माण ईरानी शैली में किया गया है।

गुजरात

- प्रांतीय राज्यों में गुजरात की स्थापत्य शैली को सर्वाधिक स्थानीय शैली माना जाता है। इस शैली में लकड़ी के स्तंभों के स्थान पर पत्थर के स्तंभों का प्रयोग किया गया है।
- इस शैली का सबसे उत्कृष्ट उदाहरण अहमदाबाद की जामा मस्जिद है, जिसका निर्माण 1423 ई. में अहमदशाह द्वारा करवाया गया था।
- महमूद बेगड़ा (1459-1511 ई.) का काल गुजराती स्थापत्य का उल्लेखनीय काल है। इस काल में चम्पानेर, जूनागढ़ और खेड़ा की स्थापना की गई। अहमदाबाद के संस्थापक अहमदशाह ने तीन दरवाजा और जामा मस्जिद का निर्माण करवाया।
- अहमदाबाद की सबसे भव्य इमारत सादी सैयद मस्जिद है, जिसे आमतौर पर जाली वाली मस्जिद कहते हैं।

विजयनगर का स्थापत्य

- दक्षिण भारत में विजयनगर का साम्राज्य 1336 ई. सदी में स्थापित एवं 1565 ई. में नष्ट हुआ।
- अपने लंबे शासन काल के दौरान वास्तुकला के क्षेत्र में विजयनगर साम्राज्य की अनेक उपलब्धियाँ हैं।
- विजयनगर साम्राज्य का स्थापत्य द्रविड़ शैली के आधार पर विकसित हुआ। विजयनगर साम्राज्य दक्षिण भारत में मंदिर निर्माण का चरमोत्कर्ष काल था।
- हंपी का विट्ठल स्वामी मंदिर तथा हजारा-राम मंदिर यहाँ के स्थापत्य कला के भव्य उदाहरण हैं।
- हजारा-राम तथा विट्ठल मंदिर का निर्माण कृष्णदेव राय ने करवाया था। इसने चिदंबरम्, काँचीपुरम् तथा एकनाथ मंदिरों का भी निर्माण करवाया। विजयनगर की स्थापत्य कला की प्रमुख विशेषता कल्याण मंडप एवं हजार स्तंभों वाले गोपुरम् का निर्माण था।
- इस काल में मंदिरों में राजा-रानी की मूर्तियाँ स्थापित की जाती थीं। तिरुपति मंदिर में कृष्णदेव राय व उनकी पत्नियों की मूर्तियाँ हैं।
- विजयनगर की राजधानी हम्पी की किले बंदी, वास्तुकला की दृष्टि से अपना अलग महत्त्व रखती है।
- इसमें ईंटों को जोड़ने के लिए किसी अन्य सामग्री का प्रयोग न कर उन्हें परस्पर गूँथा गया है।
- विजयनगर की वास्तुकला की अंतिम शैली को **मदुरा शैली** कहा जाता है, क्योंकि इसे सर्वाधिक प्रोत्साहन मदुरा के नायकों ने दिया।
- इस शैली के मंदिरों में रामेश्वरम्, श्रीरंगम्, त्रिवल्लुर, जंबुकेव्वरा, चिदंबरम् व मिन्नैवेली आदि आज भी दर्शनीय हैं।

विजयनगर की स्थापत्य कला

बहमनी स्थापत्य कला

- दक्कन के बहमनी सुल्तानों ने बीदर और गुलबर्गा में अनेक इमारतों का निर्माण करवाया, जिनकी शैली विशिष्ट है। इसमें ईरान, सीरिया, तुर्की और दक्षिण भारत की शैलियाँ अपनाई गई हैं।
- गुलबर्गा की जामा मस्जिद बहुत प्रसिद्ध है। इस मस्जिद का साहन (परिसर) अनेक गुंबदों से ढका हुआ है। यह भारत की एकमात्र ऐसी मस्जिद है, जिसका सेहन ढका हुआ है।
- मीनारों के स्थान पर इसके चारों कोनों पर गुंबद है, और 5वाँ गुंबद शेष गुंबदों से बड़ा है, जो नमाज कक्ष के ऊपर निर्मित है।
- यहाँ मकबरों के दो समूह हैं। पहले समूह में दो सुल्तानों के मकबरे हैं और इसमें तुगलक कालीन कला का प्रभाव झलकता है, जबकि हफ्त गुंबद (सात गुंबद) कहे जाने वाले दूसरे समूह में ईरानी और प्राचीन भारतीय शैलियों का प्रभाव दिखाई देता है।
- बीदर में भी अनेक मकबरे हैं, जिसमें सुल्तान अहमद अली शाह का मकबरा तथा महमूद गवाँ का मकबरा प्रसिद्ध हैं। महमूद गवाँ के मकबरे का निर्माण एक विशिष्ट फारसी शैली में हुआ है।

- बहमनी सल्तनत में बिखराव के बाद नए शासकों ने **मेहतर महल** और **इब्राहिम रौजा** जैसी अनेक इमारतें बनवाईं।
- बीजापुर का **गोलगुंबज** विश्व के विशालतम गुंबदों में से एक है, जिसका निर्माण मुहम्मद आदिलशाह ने करवाया था।

मुगलकालीन स्थापत्य कला

- वास्तुकला के क्षेत्र में समन्वय की जो प्रक्रिया सल्तनत काल में आरंभ हुई थी, वह मुगल काल में पूरी हुई।
- वास्तुकला और अन्य क्षेत्रों में मुगलकाल की उपलब्धियाँ सर्वश्रेष्ठ हैं।
- प्रथम दो मुगल सम्राटों बाबर और हुमायूँ ने ईरानी वास्तुकारों से अनेक इमारतें बनवाईं।
- बाबर ने संभल, आगरा तथा पानीपत (काबुली मस्जिद 1528-29 ई.) में मस्जिदों का निर्माण करवाया।
- आगरा स्थित आरामबाग तथा जहराबाग उद्यान भी बाबर ने निर्मित करवाया था। हुमायूँ ने दिल्ली में दीन-पनाह (1533 ई. में निर्मित) नामक नगर की स्थापना की थी।
- इस काल की प्रमुख इमारतों में सासाराम (बिहार) स्थित शेरशाह का मकबरा है। यह मकबरा एक तालाब के मध्य स्थित है, जो अपनी भव्यता के लिए प्रसिद्ध है।
- शेरशाह ने स्वयं अपने मकबरे का निर्माण करवाया था। यह मकबरा वर्ष 1545 ई. में बनकर पूरा हुआ था।

अकबर काल

- मुगल वास्तुकला का वास्तविक आरंभ अकबर के काल में हुआ। इस काल की सबसे महत्त्वपूर्ण इमारत दिल्ली स्थित 'हुमायूँ का मकबरा' है।
- लाल बलुआ पत्थर से निर्मित इस मकबरे का निर्माण हुमायूँ की पत्नी हमीदाबानू बेगम ने 1564 ई. में करवाया था।
- इसे ताजमहल का पूर्वगामी कहा जाता है। इस मकबरे पर ईरानी प्रभाव है, किंतु इसमें ईरानियों की भाँति ईंटों और पालिशदार टाइलों का उपयोग नहीं, अपितु संगमरमर का उपयोग हुआ है, यह मकबरा चारों ओर से एक बाग से घिरा है।
- आगरा और लाहौर के किले अकबर द्वारा बनवाई गई दूसरी प्रमुख इमारतें हैं। अकबर के बाद के शासकों ने किले के अंदर कई इमारतों का निर्माण एवं फेरबदल भी करवाया।
- इन इमारतों में आंगन और खंभे भी हैं। इस शैली की वास्तुकला में पहली बार कोनियों (ब्रैकेट्स) में हाथियों, शेरों, मोरों और दूसरे अन्य सजीव प्राणियों का चित्रण किया गया है।
- अकबर के काल की सबसे बड़ी उपलब्धि है- आगरा से लगभग 40 किमी दूर फतेहपुर सीकरी में एक नई राजधानी का निर्माण।
- फतेहपुर सीकरी में स्थित बुलंद दरवाजा अकबरकालीन स्थापत्य का प्रमुख उदाहरण है।
- इस दरवाजे की मेहराब 41 मी चौड़ी तथा 50 मी ऊँची है।
- यह दरवाजा लाल और पीले बलुआ पत्थर से निर्मित है और मेहराबों की रूपरेखा निर्मित करने में सफेद संगमरमर का भी प्रयोग किया गया है।

जहाँगीर काल

- सिकंदरा स्थित अकबर का मकबरा, जिसका निर्माण अकबर ने शुरू करवाया था, जहाँगीर के शासन में पूरा हुआ।
- मकबरे की मेहराबें और गुंबद बहुत भव्य हैं, इस इमारत पर बौद्ध विहारों का प्रभाव है।
- एत्मादउद्दौला का मकबरा जहाँगीर के काल की एक प्रसिद्ध इमारत है, जिसका निर्माण नूरजहाँ ने अपनी पिता एत्मादउद्दौला की स्मृति में 1626 ई. में करवाया था।
- संगमरमर से निर्मित यह मकबरा रंगीन पच्चीकारी (पित्रादूरा) के लिए प्रसिद्ध है।

शाहजहाँ काल

- शाहजहाँ का काल मुगल वास्तुकला का चरमोत्कर्ष काल था। इस काल में संगमरमर का व्यापक प्रयोग इमारतों में किया जाने लगा। अलंकरण हेतु 'पित्रादूरा' का बड़े पैमाने पर प्रयोग हुआ।
- शाहजहाँ द्वारा दिल्ली में शाहजहानाबाद नामक नगर बसाया गया। दिल्ली में उसने लाल किला तथा उसके अंदर अनेक इमारतों का निर्माण करवाया। दिल्ली की जामा मस्जिद और आगरे का ताजमहल शाहजहाँकालीन स्थापत्य का चरमोत्कर्ष है।
- लाल किले में स्थित दीवान-ए-आम तथा दीवान-ए-खास भव्य इमारत हैं।
- शाहजहाँ द्वारा बनवाई गई सबसे भव्य इमारत तामजहल है, जिसे उसने अपनी पत्नी मुमताज महल की याद में बनवाया था।
- इसे 'संगमरमर का बना हुआ स्वप्न' कहा जाता है, इसका मुख्य स्थापत्यकार उस्ताद अहमद लाहौरी था।

औरंगजेब का काल

- औरंगजेब के काल में मुख्यत: तीन ही स्थापत्य के साक्ष्य मिलते हैं, जिसमें लाहौर की बादशाही मस्जिद, दिल्ली के लाल किले की मोती मस्जिद और औरंगाबाद में स्थित राबिया-उद्-दौरानी का मकबरा प्रमुख हैं।
- लाल किले की मोती मस्जिद संगमरमर से निर्मित है। औरंगाबाद में स्थित राबिया-उद्-दौरानी (औरंगेजब की पत्नी) का मकबरा 1678 ई. में निर्मित करवाया गया था। इसे बीवी का मकबरा भी कहा जाता है।
- इसका स्थापत्य ताजमहल जैसा है। बादशाही मस्जिद का निर्माण 1674 ई. में फिदाई खाँ की देख-रेख में किया गया था।

एत्मादुद्दौला का मकबरा (जहाँगीर के समय)

आधुनिक स्थापत्य कला

- भारत में यूरोपियों के आगमन के पश्चात् यहाँ सुदृढ़ किले, भव्य गिरजाघर तथा प्रशासनिक इमारतें निर्मित की गईं।
- पुर्तगालियों ने गोवा में आइबेरियन वास्तुकला शैली में भव्य चर्च निर्मित किए। 18वीं सदी में वास्तुकला की पल्लडियन शैली को भारत में प्रारंभ करने के प्रयास किए गए।
- लखनऊ में जनरल मार्टिन द्वारा बनाई गई कासटेशिया इमारत इसका उल्लेखनीय उदाहरण है।

नगर नियोजन एवं भवन निर्माण

विभिन्न स्थानों पर नगर नियोजन एवं भवन निर्माण निम्न हैं

मद्रास

- अंग्रेजों ने सर्वप्रथम सूरत को अपनी व्यापारिक गतिविधियों का केंद्र बनाया तत्पश्चात वे मद्रास पहुँचे।
- 1639 ई. में उन्होंने मसुलीपट्टनम में एक व्यापारिक चौकी बनाई।
- बाद में उन्होंने यहीं पर फोर्ट सेंट जॉर्ज की स्थापना की, जो व्हाइट टाउन का केंद्र बना, जिसमें यूरोपीयन निवास करते थे, जबकि ब्लैक टाउन फोर्ट के बाहर स्थित होता था।

कलकत्ता

- 1698 ई. में अंग्रेजी कंपनी ने सुतानाती, कलिकाता और गोबिंदपुर नामक तीन गाँवों की जमींदारी प्राप्त की और यहाँ पर फोर्ट विलियम का निर्माण किया।
- 1798 ई. में लॉर्ड वेलेजली ने कलकत्ता में गवर्नमेंट हाउस बनवाया। नगर नियोजन के लिए 1817 ई. में लॉटरी कमेटी बनाई गई।
- इसके अंतर्गत लॉटरी को बेचकर होने वाली आय से नगर की व्यवस्था होती थी।

बंबई

बंबई (मुंबई) के सार्वजनिक भवनों के निर्माण के लिए चार प्रकार की स्थापत्य शैलियों का प्रयोग किया गया, जिसमें से दो शैलियाँ नियो क्लासिकल शैली तथा नव गॉथिक शैली इंग्लैंड से आयातित थीं। इनका विवरण निम्न है

- **नियो क्लासिकल शैली** में बड़े स्तंभों के मध्य रेखा गणितीय संरचनाओं का निर्माण इसकी विशेषता थी। यह शैली मूल रूप से प्राचीन रोमन भवन निर्माण शैली से निकली थी। मुंबई का टाउन हाल (1833 ई.) इसी शैली में निर्मित है।
- **नव गॉथिक शैली** में ऊँची उठी छतें, नोकदार मेहराबें और बारीकसाज- सज्जा इस शैली की विशेषता होती है। इस शैली का जन्म गिरजाघरों से हुआ था। नव गॉथिक शैली में निर्मित प्रमुख इमारतें हैं सचिवालय, बांबे विश्वविद्यालय और उच्च न्यायालय।
- **इंडो सारसेनिक शैली** हिंदू तथा मुस्लिम शैलियों से प्रेरित थी, इस शैली के अधिकांश भवन मद्रास (चेन्नई) में हैं।
- **गुजराती शैली** इसका उपयोग भारतीयों ने अंग्रेजों के समक्ष भारतीय वास्तु शिल्प के आधुनिक रूप को प्रस्तुत करने के लिए किया। मुंबई का ताजमहल होटल तथा गेटवे ऑफ इंडिया इसी शैली में निर्मित हैं।

नई दिल्ली

- 1911 ई. में राजधानी परिवर्तन के दौरान ब्रिटिश वास्तुकारों ने शानदार भवनों के निर्माण किए।
- मुख्य वास्तुकार एडविन लुटियंस और एडवर्ड बेकर ने हिंदू एवं इस्लामिक शैलियों को यूरोपीय शैली में संश्लेषित कर तैयार किया।
- इस शैली में निर्मित अधिकतम भवन विशालकाय तथा मजबूत होते थे। सर जॉन लारेंस ने मुगलों की प्रेरणा से सुंदर उद्यानों की शृंखला विकसित की।

अक्षरधाम

- अक्षरधाम नई दिल्ली में यमुना तट पर स्थित प्रमुख स्थापत्य है। इस मंदिर का निर्माण हिंदू धर्म के स्वामी नारायण संप्रदाय के आराध्य-ज्योतिर्धर भगवान स्वामीनारायण की स्मृति में करवाया गया है।
- वर्ष 2007 में इसे गिनीज बुक ऑफ वर्ल्ड रिकॉर्ड्स ने विश्व का सबसे बड़ा मंदिर परिसर घोषित किया है।

अक्षरधाम मंदिर

संगीत एवं नृत्य

(स्रोत)

Old NCERT Class X Chap 14 **भारत की सांस्कृतिक विरासत**

संगीत

- 'संगीत रत्नाकर' में संगीत को परिभाषित करते हुए कहा गया है कि गीत, वाद्य और नृत्य, इन तीनों का समुच्चय ही संगीत है।"
- भारतीय संगीत की परंपरा वैदिककाल से चली आ रही है, जब वैदिक छंदों के गान के लिए लय-ताल, आरोह-अवरोह आदि के सिद्धांत स्थापित किए गए थे।
- संगीत लयबद्ध एवं तालबद्ध अभिव्यक्ति है। अपनी मधुरता के लिए भारतीय संगीत को प्रतिष्ठा प्राप्त है।
- वर्तमान में भारतीय संगीत जिस ऊँचाई पर है, वह इसकी लंबी यात्रा का एक पड़ाव है।
- प्राचीनकाल से आरंभ होकर यह आधुनिक काल की अपनी यात्रा में नई चेतनाओं के साथ आगे बढ़ा है।

भारतीय संगीत का विकास क्रम

भारतीय संगीत हजारों वर्षों के विकास का परिणाम है, इसके विकास क्रम का अध्ययन निम्न शीर्षकों के अंतर्गत किया जा सकता है

प्राचीन काल में संगीत

- भारतीय संगीत आरंभ से आध्यात्मिकता के आधार पर विकसित हुआ है।
- इसके प्राचीनतम संकेत हड़प्पा सभ्यता की नृत्यरत स्त्री एवं पुरुषों की मूर्तियों से प्राप्त होते हैं। संगीत कला के साहित्यिक साक्ष्य वेदों से मिलते हैं।
- ऋग्वेद में संगीत को आर्यों के मनोरंजन का साधन बताया गया है। सामवेद तो गायन का ही वेद है, जिसमें वैदिक मंत्रों के गायन की विधियाँ बताई गई हैं।
- मंत्रों को गाने वाले पुरोहित को 'उद्गाता' कहा जाता था, इस समय मुख्यत: तीन स्वर सा, रे, गा ही प्रचलित थे।
- वैदिक ग्रंथों के अतिरिक्त रामायण एवं महाभारत में भी वाद्ययंत्रों का उल्लेख मिलता है। सात स्वरों का उल्लेख भी महाभारत ग्रन्थ में ही मिलता है।
- भरतमुनि की पुस्तक '**नाट्यशास्त्र**' भी संगीत एवं नाट्य की प्राचीनतम रचना (ई. पू. दूसरी सदी) है।
- वर्तमान में प्रचलित संगीत संबंधी अधिकांश शब्दों का प्रयोग इसी पुस्तक के आधार पर किया जाता है।
- संगीत कला की दृष्टि से मातंग ऋषि के ग्रंथ **वृहद्देशी** की रचना महत्त्वपूर्ण है, इस ग्रंथ में राग की धारणा का विस्तृत वर्णन मिलता है। सारंग देव कृत **संगीत रत्नाकर** में 264 रागों का उल्लेख मिलता है।
- भारतीय गायन और वाद्य संगीत दोनों सात मुख्य स्वरों और पाँच गौण स्वरों पर आधारित हैं। कालांतर में अनेक प्रकार के तंत्री वाद्यों, सुषिर वाद्यों और ताल वाद्यों का आविष्कार किया गया।

मध्यकाल में संगीत

- मध्यकाल, भारतीय संगीत के विकास की दृष्टि से महत्त्वपूर्ण काल रहा है। इसी काल में भारतीय शास्त्रीय संगीत अस्तित्व में आया।
- दिल्ली सुल्तानों, मुगल बादशाहों तथा क्षेत्रीय शासकों ने इस काल में संगीत को विशेष प्रोत्साहन दिया।
- भारतीय शास्त्रीय संगीत की हिंदुस्तानी शैली का विकास आरंभिक सूफी एवं भक्त संतों द्वारा किया गया।
- अमीर खुसरो ने सितार तथा तबले जैसे वाद्ययंत्रों का आविष्कार किया था। प्रसिद्ध संगीतकार गोपाल नायक को अलाउद्दीन खिलजी का संरक्षण प्राप्त था।

- अमीर खुसरो को भारत में प्रचलित **कव्वाली** नामक संगीत शैली का जन्मदाता माना जाता है। ख्याल गायन के आरंभ का श्रेय भी अमीर खुसरो को दिया गया है।
- मुगल काल में हिंदुस्तानी शास्त्रीय संगीत अपनी पराकाष्ठा पर पहुँच गया। स्वामी हरिदास, तानसेन, बैजूबावरा, तुलसीदास, सूरदास, मीराबाई, अदारंग और सदारंग जैसे संगीतज्ञों एवं भक्त संतों के प्रयासों से यह काल शास्त्रीय संगीत का चर्मोत्कर्ष काल रहा।
- इस काल में क्षेत्रीय राजवंशों; जैसे- राजपूत, बहमनी, जौनपुर के शर्की व अवध के नवाबों ने भी संगीत कला को प्रोत्साहित किया। बीजापुर के शासक इब्राहिम आदिलशाह ने **किताब-ए-नौरस** की रचना की, जिसमें हिंदू देवी-देवताओं एवं मुस्लिम संतों की प्रशंसा में रचे गए गीतों को रागबद्ध किया गया है।
- मध्यकाल में जौनपुर के शर्की शासकों ने **ख्याल** गायन की शुरुआत की तथा इसी समय अवध के अंतिम नवाब वाजिद अली शाह द्वारा **ठुमरी** गायन को प्रोत्साहित किया गया, इसी काल में संगीत घराने अस्तित्व में आए।

आधुनिक काल में संगीत

- 18वीं सदी तक संगीत घराने संगीत शिक्षा के केंद्र थे। अंग्रेजों के आगमन के पश्चात् घरानों की परंपरा कमजोर होने लगी, क्योंकि अंग्रेज शासकों ने संगीत शिक्षा को प्रोत्साहन नहीं दिया।
- इस काल में संगीत की औपचारिक शिक्षा हेतु संगीतज्ञों ने संगीत महाविद्यालय की स्थापना की।

भारतीय संगीत के रूप

प्राचीन काल में भारतीय संगीत के दो रूप प्रचलित थे- **मार्गी** तथा **देशी**। कालांतर में मार्गी रूप विलुप्त हो गया, परंतु देशी रूप बना रहा। यही देशी रूप बाद में अन्य दो रूपों-**शास्त्रीय संगीत** तथा **लोक संगीत** में विकसित हुआ। इनका विवरण इस प्रकार है

1. शास्त्रीय संगीत

भारतीय शास्त्रीय संगीत का विकास ई. पू. प्रथम सहस्राब्दी के लगभग गाए जाने वाले समन गीतों से माना जाता है। समन गीत कुछ पृथक् रूपों में अभी भी उत्तरी तथा दक्षिणी भारत में गाए जाते हैं।

शास्त्रीय संगीत की शैलियाँ

- भारत में गायन और वाद्य दोनों प्रकार के संगीत के क्षेत्र में दो शास्त्रीय शैलियों का विकास हुआ, इनमें से एक हिंदुस्तानी संगीत शैली और दूसरा कर्नाटक संगीत शैली है।
- हिंदुस्तानी तथा कर्नाटक दोनों ही संगीत शैलियों के लिए भरतमुनि के ग्रंथ नाट्यशास्त्र को आधार माना जाता है। यह ईसा-पूर्व दूसरी से चौथी शताब्दी के मध्य रचित महत्त्वपूर्ण ग्रंथ है।

हिंदुस्तानी शैली

- यह संगीत की मुख्यत: उत्तर भारतीय शैली है। मध्यकाल में जब भारतीय संगीत परंपरा में फारसी तत्त्वों का मिश्रण होने लगा, तो इसके समन्वय के फलस्वरूप हिंदुस्तानी संगीत शैली का उद्भव हुआ। इस शैली की सर्वाधिक प्राचीन रचना **ध्रुपद** मानी जाती है, जो स्वामी हरिदास की रचना है।
- कालांतर में हिंदुस्तानी शैली में ख्याल, ठुमरी, टप्पा, तराना इत्यादि शैलियाँ विकसित हुईं। हिंदुस्तानी संगीत के कुछ कालजयी संगीतज्ञ अमीर खुसरो, तानसेन, बैजूबावरा, स्वामी हरिदास, चण्डीदास, शंकर पंडित, भीमसेन जोशी आदि हैं।

हिंदुस्तानी संगीत की गायन शैलियाँ

हिंदुस्तानी संगीत की प्रमुख गायन शैलियाँ निम्नलिखित हैं

- **ध्रुपद** यह हिंदुस्तानी शैली की प्राचीनतम शैली है, इसके जनक स्वामी हरिदास थे। ध्रु-पद का सर्वप्रथम गायक सुल्तान अलाउद्दीन खिलजी के समकालीन गोपाल नायक को माना जाता है।
- **ख्याल** यह स्वर प्रधान गायन शैली है। ख्याल गाने से पूर्व आलाप नहीं लिया जाता है। प्रसिद्ध सूफी संत अमीर खुसरो को ख्याल का जनक माना जाता है। ख्याल को शास्त्रीय स्वरूप प्रदान करने का श्रेय सदानंद नियामत खाँ (18वीं शताब्दी) को जाता है। ख्याल की भाषा ब्रजभाषा, राजस्थानी, पंजाबी या हिंदी होती है, इसकी विषयवस्तु राजस्तुति, नायिका वर्णन, श्रृंगार रस संबंधी परिस्थितियाँ तथा विवाह प्रसंग आदि होते हैं।
- **धमार** इस गायन शैली का उल्लेख 'संगीत शिरोमणि' ग्रंथ में मिलता है। धमार गायन की भाषा में ब्रजभाषा की प्रधानता है। इनमें श्रृंगार रस प्रधान तथा लय प्रधान शैली का गायन है।
- **ठुमरी** अर्द्धशास्त्रीय संगीत की गायन शैली ठुमरी एक श्रृंगारिक रचना है, जिसमें शब्दों को भाव एवं कल्पनाशीलता से गाते हैं। 19वीं शताब्दी में नवाब वाजिद अली शाह के काल में यह गायन शैली अत्यधिक लोकप्रिय हुई।
- **टप्पा** पंजाब के पहाड़ी भागों में उत्पन्न तथा अवध के दरबार में ठुमरी के साथ विकसित टप्पा हिंदी मिश्रित भाषा का श्रृंगार प्रधान गीत है। यह एक क्लिष्ट प्रधान शैली है, जिसके विकास में शोरी मियाँ तथा उनके शिष्य मियाँ गम्मू और ताराचंद का योगदान उल्लेखनीय है।
- **तराना** यह एक कर्कश प्राकृतिक राग है, इसमें अर्थहीन शब्दों की रचना होती है। यह तबला और सितार के आघात से उत्पन्न हुआ है, इस शैली का प्रारंभ अमीर खुसरो ने किया था।

कर्नाटक शैली

कर्नाटक शैली के जनक पुरंदरदास हैं। इसे प्रचारित प्रसारित करने में त्यागराज, श्याम शास्त्री तथा मुत्थुस्वामी दीक्षितार ने महत्त्वपूर्ण योगदान दिया। इन्हें कर्नाटक संगीत के 'त्रिरत्न' कहा जाता है, इस शैली में वाद्ययंत्रों के वादन में लय को प्राथमिकता दी जाती है।

कर्नाटक संगीत की गायन शैलियाँ

कर्नाटक संगीत की गायन शैलियाँ निम्नलिखित हैं

- **वर्णन** यह शैली हिंदुस्तानी ठुमरी के समान होती है, इसमें रागों को कोमलता एवं मधुरता के साथ गाया जाता है। इसके तीन मुख्य भाग हैं-पल्लवी, अनुपल्लवी तथा मुक्तयी स्वर।
- **जावाली** यह मुख्य रूप से प्रेम गीत गाने की शैली है, इसे भरतनाट्यम नृत्य के साथ प्रयोग किया जाता था।
- **तिल्लाना** यह हिंदुस्तानी शैली के तराना के समान होती है, इसमें भक्तिगीत गए जाते हैं।

शास्त्रीय संगीत के अंग

आरंभ में गायन, वादन (वाद्ययंत्रों) एवं नृत्य संगीत के अंग माने जाते थे, किंतु अब नृत्य को एक स्वतंत्र विद्या माना जाने लगा है और गायन एवं वादन ही इसके अंतर्गत आते हैं, जो इस प्रकार हैं

- **गायन** गायन अर्थात् गायकी के आठ अंग माने गए हैं, इसलिए इसे अष्टांग गायकी कहा जाता है। गायन के आठ अंगों में स्वर, गीतबंदिश, ताल एवं लय, अलाप, तान, मींड, गमक, बोल अलाप व बोल तान आदि शामिल हैं।
- **वादन/वाद्ययंत्र** (साज) संगीत में गायन के साथ दूसरा महत्त्वपूर्ण भाग वादन है। वादन में वाद्ययंत्रों का प्रयोग नाद उत्पन्न करने हेतु होता है। भारतीय संगीत में प्रयुक्त होने वाले वाद्ययंत्रों में गायन के आठ अंगों में से सात अंगों को व्यक्त करने की क्षमता होनी चाहिए। सुरीले साजों में गमक, मींड, तान के खटके, यथास्थान स्वर आलाप आदि पूर्णरूप से अभिव्यक्त होने चाहिए। भारतीय संगीत परंपरा के प्रसिद्ध ग्रंथ नाट्यशास्त्र में पाँच प्रकार के वाद्यों का उल्लेख है, जो तत्वाद्य, तंतु वाद्य, सुषिर वाद्य, अवनद्य वाद्य, घन वाद्य हैं।

शास्त्रीय संगीत के घराने

शास्त्रीय संगीत से जुड़े गायन की परंपरा के मुख्य घराने निम्नलिखित हैं

- **ग्वालियर घराना** यह घराना ध्रुपद एवं ख्याल गायन हेतु प्रसिद्ध है। इस घराने के हद्दू खाँ, हस्सू खाँ और नत्थू खाँ तीनों भाई मशहूर ख्याल गाने वाले और ग्वालियर राज्य के दरबारी उस्ताद थे।
- **आगरा घराना** यह घराना हिंदुस्तानी संगीत के प्रसिद्ध घरानों में से एक है, इसकी स्थापना 13वीं सदी में हुई। उस्ताद फैयाज खाँ आगरा घराने के थे, जिन्होंने पूरे देश में ख्याति प्राप्त की। हाजी सुजान खान तथा उस्ताद घग्घे खुदा बख्श इसके संस्थापक थे।
- **किराना घराना** यह घराना भारतीय शास्त्रीय संगीत और गायन की हिंदुस्तानी ख्याल गायकी की परंपरा को वहन करने वाले हिंदुस्तानी घरानों में से एक है। किराना घराने का नामकरण उत्तर प्रदेश के शामली जिले की एक तहसील कस्बा कैराना से हुआ माना जाता है। इस घराने के संस्थापक अब्दुल करीम खाँ तथा अब्दुल वाहिद खाँ थे।
- **बनारस घराना** शास्त्रीय संगीत के क्षेत्र में इस घराने का बहुत ही महत्त्वपूर्ण योगदान है। यह घराना गायन और वादन दोनों कलाओं के लिए प्रसिद्ध रहा है। इस घराने के गायक ख्याल एवं टप्पा गायकी के लिए जाने जाते हैं, इसके साथ ही बनारस घराने के तबला वादकों की भी अपनी एक स्वतंत्र शैली रही है।
- **मेवाती घराना** यह घराना हिंदुस्तानी संगीत के प्रसिद्ध घरानों में से एक है, इसके संस्थापक घग्गे नजीर खान थे। इस घराने से संबंधित प्रमुख गायक पंडित जसराज, मणिराम, मोतीराम, संजीव अभयंकर, पंडित शिवकुमार शर्मा हैं।
- **बेतिया घराना** उत्तरी बिहार का यह प्रसिद्ध ध्रु-पद गायन घराना बेतिया राजदरबार में 19वीं शताब्दी के पूर्वार्द्ध में अस्तित्व में आया। इस घराने का उद्गम तानसेन के पुत्र से संबंधित है। शाहजहाँ के समय मुगल दरबार से कुछ संगीतकार बेतिया राजदरबार में पहुँचे और उन्होंने इस घराने को सृजित किया।
- **सेनिया घराना** तानसेन की वंश परंपरा सेनिया घराना कहलाती है। यह घराना ध्रुपद गायकी से संबंध रखता है। तानसेन के तीन पुत्रों बिलास खाँ, सूरत सेन तथा पुत्री सरस्वती ने इस घराने को मजबूत किया। कालांतर में यह घराना अनेक शाखाओं में बँट गया; जैसे-जयपुर सेनियां घराना, रामपुर सेनिया घराना, मैहर सेनिया घराना आदि।
- **दिल्ली घराना** इस घराने का प्रवर्तक तानसेन को माना जाता है। ख्याल गायन का यह प्राचीनतम घराना है। इसकी स्थापना अंतिम मुगल बादशाह बहादुरशाह जफर तथा उनके गुरु मियाँ अचपल ने 19वीं शताब्दी में की थी।
- **लखनऊ घराना** यह घराना ठुमरी तथा टप्पा दोनों प्रकार की गायकी के लिए प्रसिद्ध है। इसकी ठुमरी नजाकत और जटिल अलंकरण से परिपूर्ण है। बनारस की तुलना में यहाँ श्रृंगारिकता अधिक दिखाई देती है।
- **मैहर घराना** यह रामपुर से निकला घराना है। यह रागों के सृजन एवं गायकी के लिए प्रसिद्ध है। गायन के अतिरिक्त यह घराना वादन के लिए भी प्रसिद्ध है, इसकी स्थापना प्रसिद्ध सरोद वादक अलाउद्दीन खाँ ने की थी।
- **पटियाला घराना** यह नवीनतम संगीत घराना है, इसकी शुरुआत नए समय में होने के कारण इसके कलाकारों को ख्याल, ठुमरी और टप्पा में महारत हासिल है। पटियाला घराना के संस्थापक उस्ताद फतेह अली खान तथा उस्ताद अलीबख्श थे।
- **रामपुर घराना** यह सेनिया घराने की अंतिम कड़ी है तथा इसकी शैली ध्रुपदी है, इसके संस्थापक उस्ताद इनायत खाँ थे।

2. लोक संगीत

लोक संगीत या लोकगीत मानवीय संवेदनाओं की सहज अभिव्यक्ति है। महात्मा गाँधी ने कहा था कि ''लोकगीतों में धरती गाती है, पर्वत गाते हैं, नदियाँ गाती हैं फसलें गाती हैं।''

भारत के प्रमुख लोकगीत

भारत के प्रमुख लोकगीत निम्नलिखित हैं

- **राजस्थान के लोकगीत** 'हालरा' शिशु जन्म के अवसर पर 'मिरगिहो' जनजाति द्वारा गाया जाता है। 'झाडूलो' शिशु के मुंडन के अवसर पर गाया जाता है। 'गणगौर' गौरी पूजन के अवसर पर गाया जाने वाला लोकगीत है।
- **ब्रज के लोकगीत** सोहर, तेगा गीत, जगमोहन, लुलगरा शिशु जन्म के अवसर पर गाए जाने वाले लोक गीत हैं। पीली चिट्ठी, हरद हाथ, मढ़ावा, भाँवर पूरनमल (सभी विवाह गीत), एकादशी गीत, होरी, देवठान (धार्मिक गीत) आदि ब्रज के प्रसिद्ध लोक गीत हैं।
- **छत्तीसगढ़ी लोकगीत** ददरिया, करमा व सुवा, भोजली, पुतरा-पुतरी, बाँसगीत, डण्डा गीत आदि छत्तीसगढ़ी लोकगीत हैं।
- **बुंदेलखंडी लोकगीत** आल्हा, उदल, सगुन, चिरैया, बुझौवल आदि बुंदेलखंड के प्रसिद्ध लोकगीत हैं।
- **निमाड़ी लोकगीत** विवाह के अवसर पर निमाड़ी क्षेत्र (धार, देवास, इंदौर क्षेत्र) में रोते हुए पितरों को आमंत्रित किया जाता है।
- **अवधी व भोजपुरी लोकगीत** सोहर, विरहा, कहरवा, मलहिया, बजरवा, नयकवा निरवाही गीत, होली, चैती, कजली आदि अवधी व भोजपुरी के लोकगीत हैं।
- **मैथिली लोकगीत** नचारीगीत, समदाउनी, झूमर, तिरहुति बटगमनी, मलार छठगीत, खेल आदि मिथिला (उत्तर बिहार) क्षेत्र के प्रमुख लोकगीत हैं।

नृत्य

- भारतीय नृत्यकला की एक समृद्ध शास्त्रीय परंपरा रही है, इसमें भावनाओं की अभिव्यक्ति की जाती है।
- प्रागैतिहासिक काल के लखुडियार गुफा (एक लाख गुफाएँ) में चित्रित दृश्य सामूहिक 'नृत्य' की प्रवृत्ति को प्रदर्शित करती है, क्योंकि इसमें मानव आकृतियों को एक-दूसरे के हाथ पकड़कर नाचते हुए दर्शाया गया है। वर्तमान में भी इस शैली के नृत्य आदिवासी समुदायों में देखने को मिलते हैं।
- उत्तर पुरापाषाण युग में नर्तकों को हरे रंग से चित्रित किया जाता था।
- अधिकांशत: सामूहिक नृत्य ही प्रचलित थे। सामान्यत: नृत्य उत्सव भोजन हेतु जानवरों का शिकार किए जाने के उपरांत ही किया जाता था।
- मोहनजोदड़ो से प्राप्त नर्तकी की कांस्य प्रतिमा सिंधु सभ्यता में प्रचलित नृत्य की उत्कृष्टता एवं महत्ता को प्रदर्शित करती है।
- नटराज के रूप में शिव की जो मुद्रा प्रचलित है, वह इस बात की प्रतीक है कि भारतीय जनता के जीवन पर नृत्यकला का कितना गहरा प्रभाव रहा है।
- नृत्य को राजाओं और महाराजाओं तथा साधारण जनता सबका संरक्षण प्राप्त हुआ। शास्त्रीय संगीत-नृत्य और लोक-संगीत दोनों की विविधता और समृद्धि भारत की सांस्कृतिक विरासत का एक महत्त्वपूर्ण अंग है।

शास्त्रीय नृत्य

- शास्त्र का अर्थ है- नियमों की पुस्तक या सार-संग्रह शास्त्र ग्रंथ। यह लिखित या अलिखित परंपरा शैली में हो सकता है।
- भारतीय परंपरा में 'पंचम वेद' माने जाने वाले भरतमुनि के नाट्यशास्त्र को नृत्य शैली का पहला लिखित स्रोत माना जाता है।
- शास्त्रीय नृत्यों में एक निश्चित क्रम होता है, नियम कठोर होते हैं, तथा नृत्य में चेष्टाओं, भाषा, पैरों की भंगिमाओं, शारीरिक क्रियाओं और लय के साथ एक जटिलता होती है। सारंगदेव के 'संगीत रत्नाकर' के अनुसार, शास्त्रीय नृत्य के तीन पहलू (नृत, नृत्य तथा नाट्य) होते हैं।

प्रमुख नृत्य मुद्राएँ

- नंदीकेश्वर का 'अभिनयदर्पण', (जो 5वीं से 13वीं शताब्दी में लिखी गई) विस्तार से हाथ की मुद्राओं और पैर की क्रियाओं की चर्चा करता है।
- एक हाथ की 28 मुद्राएँ (असंयुक्त हस्त) और दोनों हाथ की 24 मुद्राएँ (संयुक्त हस्त) संभव हैं।
- एक हस्तमुद्रा के एक-दूसरे से अलग 30 अर्थ हो सकते हैं।
- शरीर की विविध भंगिमाएँ संभव हैं; उदाहरण के लिए त्रिभंग मुद्रा, जिसमें शरीर को गला, कटि एवं घुटनों पर इस प्रकार मोड़ा जाता है कि शरीर का आकार अंग्रेजी के 'S' अक्षर की तरह हो जाता है।

भारतीय शास्त्रीय नृत्य

संगीत नाटक अकादमी भारत सरकार ने **आठ नृत्यों** को शास्त्रीय नृत्य का दर्जा दिया है, ये निम्नलिखित हैं

1. **कथकली** यह केरल की नृत्य शैली है। यह नृत्य एवं नाटक का संयोजन है। मुदीयेट्टु और कृष्णअट्टम कथकली की समग्र विशेषताओं का एक अंग है। इसमें नर्तक, भारत की पौराणिक कथाओं के चरित्रों का अभिनय करते हैं। कथकली में देवताओं, मानवों व दानवों की रंग-बिरंगी आकर्षक पोशाकें पहनी जाती हैं।
2. **भरतनाट्यम्** भरतमुनि के नाट्यशास्त्र से संबद्ध यह नृत्य अत्यंत परंपराबद्ध तथा शैलीनिष्ठ नृत्य है। इस नृत्य शैली का विकास दक्षिण भारत के तमिलनाडु राज्य में मद्रास एवं तंजौर में विशेष रूप से हुआ। भरतनाट्यम् में नृत्य के तीन मूलभूत तत्त्वों को कुशलतापूर्वक शामिल किया गया है, ये हैं–भाव, राग तथा ताल। भरतनाट्यम् की उत्पत्ति देवदासियों द्वारा किए जाने वाले नृत्य 'सादिर' से मानी जाती है।

भरतनाट्यम

3. **ओडिसी** भरतमुनि के नाट्यशास्त्र पर आधारित यह नृत्य शैली ओड़िशा में दूसरी शताब्दी ई. पू. से ही प्रचलित रही है। यह प्राचीनतम शास्त्रीय नृत्य शैली है, जैन राजा खारवेल इसके प्रमुख संरक्षक थे। इस नृत्य का मुख्य भाव समर्पण एवं आराधना होता है, इसमें त्रिभंग पर ध्यान केंद्रित किया जाता है। ओडिसी नृत्य में भगवान विष्णु के कृष्णावतार की कथाएँ प्रदर्शित की जाती हैं। यह एक कोमल कवित्वमयी नृत्य है।
4. **कुचिपुड़ी** यह आंध्र प्रदेश का नृत्य है। यह नृत्य भरतमुनि के नाट्यशास्त्र के सिद्धांतों का पालन करता है। यह मुख्यत: पुरुषों का नृत्य है। चिंता कृष्णमूर्ति तथा तादेपल्ली पेराया ने कुचिपुड़ी में स्त्रियों को शामिल करवाया। इसमें लय एवं तांडव नृत्य का भी समावेश होता है तथा इसमें पद संचालन, हस्त मुद्राओं, ग्रीवा संचालन आदि पर विशेष बल दिया जाता है। कुचिपुड़ी को 20वीं शताब्दी में उच्चतम शिखर पर पहुँचाने का श्रेय लक्ष्मी नारायण शास्त्री को जाता है।
5. **मणिपुरी** यह मणिपुर का नृत्य है, जो अन्य नृत्यों से भिन्न है। यह नृत्य वैष्णव धर्म से प्रभावित है। इस नृत्य शैली में राधा-कृष्ण की रासलीलाओं का आयोजन किया जाता है, जो जीवात्मा एवं परमात्मा के अद्भुत संबंध का परिचायक है। इस नृत्य का स्वर्णकाल मणिपुर के शासकों 'भाग्यचंद्र' व 'कीर्तिचंद्र' के शासनकाल में रहा। आनुष्ठानिक नृत्य से सृष्टि को दर्शाने वाले लाई हरोबा को इस नृत्य का प्रारंभिक रूप माना जाता है।
6. **सत्तरिया** सत्रिया अथवा सत्तरिया नृत्य भारत के शास्त्रीय नृत्यों में से एक है। यह असम से संबद्ध शास्त्रीय नृत्य है। यह नृत्य एवं अभिनय का सम्मिश्रण है। सत्रिया का सृजन महान वैष्णव संत श्रीमंत शंकर देव द्वारा वैष्णव मत के प्रचार-प्रसार के उद्देश्य से 15वीं सदी में किया गया था।
7. **कत्थक** यह उत्तर भारत के मंदिरों के पुजारियों द्वारा महाकाव्यों की कथा बाँचते समय स्वांग और हाव-भाव प्रदर्शन के फलस्वरूप किया जाता था। 15वीं-16वीं सदी में राधाकृष्ण उपाख्यानों या रासलीला की लोकप्रियता से कत्थक का और विकास हुआ। लखनऊ के नवाब वाजिद अली शाह के काल में कत्थक अपनी पराकाष्ठा पर पहुँच गया।

8. **मोहिनीअट्टम्** यह केरल का नृत्य है। यह एकल नृत्य शैली है, जिसमें कलाकार की वेशभूषा सादी परंतु आकर्षक होती है। मोहिनीअट्टम की विषयवस्तु प्रेम तथा **भगवान के प्रति समर्पण** है। यह मुख्य रूप से महिलाओं द्वारा किया जाता है। इस नृत्य को भगवान विष्णु ने मोहिनी रूप में केरल में सागर के तट पर किया था, इसलिए इस नृत्य का नाम मोहिनीअट्टम् पड़ा'। मोहिनीअट्टम् का सर्वप्रथम उल्लेख 16वीं सदी में मझमंगलम नारायण नम्पुतिरी की कृति 'व्यवहारमाला' में मिलता है।

मोहिनीअट्टम्

अन्य अर्द्धशास्त्रीय नृत्य

ये नृत्य भी शास्त्रीय नृत्य की श्रेणी के हैं, परंतु इन्हें संगीत नाटक अकादमी द्वारा शास्त्रीय नृत्य की मान्यता नहीं दी गई है। अन्य प्रमुख अर्द्धशास्त्रीय नृत्यों का विवरण निम्नवत् हैं

- **कोथू नृत्य** इसका मंचन केरल की चकयार जाति के पेशेवर कलाकारों द्वारा कोथाभवम मंदिर में किया जाता है।
- **पटाकोम नृत्य** यह नृत्य भी केरल से संबंधित है। तकनीक में यह कोथू के ही समान है, किंतु इसमें नृत्य तत्त्व का अभाव होता है। कथन को गद्य एवं गीत के माध्यम से व्यक्त किया जाता है।
- **अष्टपदी अट्टम नृत्य** यह भी केरल का अर्द्धशास्त्रीय नृत्य है, जो जयदेव के गीतगोविंद पर आधारित है।
- **यक्षगान नृत्य** यह कर्नाटक का प्रसिद्ध ग्रामीण पृष्ठ भूमि वाला अर्द्धशास्त्रीय नृत्य है, इसकी भाषा कन्नड़ तथा विषय पौराणिक कथाएँ होती हैं।
- **चाक्यारकुंतू नृत्य** केरल राज्य में आर्यों के आगमन के समय से इसका आयोजन मंदिरों में किया जा रहा है।
- **औट्टनतुल्लू नृत्य** यह केरल राज्य का एकांकी नृत्य है, जिसमें सामाजिक विषयों की कथावस्तु होती है।
- **थुलाल नृत्य** यह भी केरल का अर्द्धशास्त्रीय नृत्य है, इसके प्रणेता कुंचन नांबियार थे।
- **मीनाक्षीनाट्कम नृत्य** यह केरल के पलक्कड़ जिले में प्रचलित नृत्य नाटक है। इसमें मीनाक्षी का पात्र पुरुष द्वारा निभाया जाता है।
- **गौड़िया नृत्य** यह बंगाल का शास्त्रीय नृत्य है, जो संरक्षण के अभाव में विलुप्त होने की कगार पर पहुँच चुका था, किंतु अब सरकार इसे संरक्षण दे रही है।

जनजातीय नृत्य

जनजातीय नृत्य की समृद्ध परंपरा भी उल्लेखनीय है। जनजातीय क्षेत्रों में इन नृत्य परंपराओं को सक्रिय रखने का प्रयास विभिन्न जनजातियों ने किया है। जनजातीय नृत्य का विवरण निम्नवत है

- **ककसार नृत्य** यह नृत्य छत्तीसगढ़ के बस्तर जिले की अबुझमारिया जनजाति द्वारा किया जाता है। वर्षा एवं फसल के देवता 'ककसार' की पूजा के उपरांत यह नृत्य किया जाता है। यह प्रणय निवेदन के पर्व के रूप में भी जाना जाता है।
- **भगोरिया नृत्य** यह नृत्य मध्य प्रदेश गुजरात, झारखंड तथा छत्तीसगढ़ के आदिवासी अंचलों में भगोरिया पर्व के दौरान किया जाता है, इस नृत्य के दौरान आदिवासी युवक, युवतियों को पान प्रस्तुत कर प्रणय निवेदन करते हैं।
- **सुआ नृत्य** यह मध्य प्रदेश और छत्तीसगढ़ की बैगा जनजाति की स्त्रियों का प्रमुख नृत्य है, इसमें स्त्री मनोभावों का विहंगम दृश्य उपस्थित होता है।
- **सैला नृत्य** यह नृत्य छत्तीसगढ़ के उत्तर-पूर्वी क्षेत्र में सरगुजा तथा जसपुर जिलों में किया जाता है। यह सभी आदिवासी समुदायों द्वारा कृषि उत्पादन के उल्लास में किया जाता है।
- **डोमकच नृत्य** यह छत्तीसगढ़ के आदिवासी अंचलों में विवाह-अवसरों पर किया जाने वाला युगल नृत्य है।
- **बैंबू** (बाँस) **नृत्य** यह नागालैंड के आदिवासियों का लोकनृत्य है, जिसमें लकड़ी के बड़े-बड़े डंडों को लेकर नृत्य किया जाता है।
- **गैडी नृत्य** यह मारिया गौड़ जनजाति का नृत्य है। इसमें शारीरिक संतुलन को प्रदर्शित किया जाता है।
- **सरहुल नृत्य** यह छत्तीसगढ़ की उराँव जनजाति का नृत्य है। इसका आयोजन चैत्रमास की पूर्णिमा को किया जाता है। यह नृत्य प्रकृति की पूजा का आदिम स्वरूप है।

सरहुल नृत्य

भाषा, साहित्य एवं दर्शन

(स्रोत)

Old NCERT Class X Chap 14 **भारत की सांस्कृतिक विरासत,**
Old NCERT Class XI Chap 25 **दर्शन का विकास**

- भाषा और साहित्य के क्षेत्र में भारत की धरोहर समृद्ध रही है। यहाँ अनेक भाषाओं एवं संबंधित साहित्य का विकास हुआ।
- प्राचीन भारत में बोली जाने वाली कुछ भाषाएँ, जिनका साहित्य बहुत ही समृद्ध था, लुप्त हो चुकी हैं, परंतु कुछ दूसरी भाषाओं का महत्त्व अभी भी बना हुआ है। भारत में संस्कृत अब बोलचाल की भाषा नहीं रही है, परंतु वह अभी भी अनेक धार्मिक कार्यों तथा साहित्य की भाषा है।
- जो भाषाएँ वर्तमान में बोली जाती हैं, उन पर संस्कृत का प्रभाव पड़ा। वर्तमान की इन भाषाओं का विकास प्राचीनकाल के अंतिम भाग में आरंभ हुआ।

भाषाएँ

- भारत में छोटे-छोटे अनेक भाषा-समूहों के अतिरिक्त दो मुख्य भाषा-समूह हैं- **हिंद-यूरोपीय** या **इंडो-आर्यन** और **द्रविड़।**
- उत्तरी भारत की अधिकांश भाषाएँ हिंद-यूरोपीय में आती हैं, जबकि दक्षिण भारत की भाषाएँ द्रविड़ समूह में आती हैं।
- हड़प्पा लिपि को अभी तक पढ़ा नहीं जा सका है। अत: उनके द्वारा बोली जाने वाली भाषा की जानकारी उपलब्ध नहीं है।
- भारत में आने वाले आर्यों की भाषा संस्कृत थी और वह हिंद-यूरोपीय समूह की भाषा है। धीरे-धीरे संस्कृत का मानकीकरण हुआ।
- महान वैयाकरण **पाणिनि** ने ईसा-पूर्व चौथी सदी में संस्कृत का एक अत्यधिक वैज्ञानिक व्याकरण तैयार किया था।
- संस्कृत धर्म, दर्शन और ज्ञान-विज्ञान की भाषा थी और उच्च वर्गों के लोग (ब्राह्मण और क्षत्रिय) इसका प्रयोग करते थे।
- साधारण जनता अनेक बोलियाँ बोलती थी, जिन्हें **प्राकृत** कहते हैं। बुद्ध ने अपने उपदेश जनता की भाषा अर्थात् प्राकृत में दिए।
- बौद्ध साहित्य पालि में लिखा गया, जो एक प्राकृत बोली थी। अशोक के शिलालेख जनता की भाषाओं में लिखे गए।
- द्रविड़ भाषाओं में सबसे प्राचीन भाषा तमिल है। दूसरी द्रविड़ भाषाओं का विकास लगभग एक हजार ई. पू. माना जाता है।
- संस्कृत गुप्तकाल में फिर से एक बार ज्ञान-विज्ञान की भाषा बन गई, परंतु प्राकृत बोली का विकास होता रहा। अनेक बोलियाँ जो विकसित हुईं उन्हें, **अपभ्रंश** कहा जाता है। ये बोलियाँ मध्यकाल में विभिन्न क्षेत्रों में विकसित होने वाली आधुनिक भारतीय भाषाओं का आधार बनीं।
- तुर्कों और मुगलों के शासनकाल में दो नई भाषाएँ अरबी और फारसी भारत में प्रचलित हुईं।
- फारसी का महत्त्व अधिक था। यह सैकड़ों वर्षों तक राजदरबार की भाषा रही और उन्नीसवीं सदी तक इसका प्रयोग होता रहा।
- मध्यकाल में उर्दू नामक एक नई भाषा का विकास हुआ। यह भाषा हिंदी की बोलियों पर आधारित थी और इसका शब्दकोश बहुत कुछ फारसी से आया था।
- उर्दू संपूर्ण उत्तर भारत और दक्कन के नगरों की सामान्य भाषा बन गई।
- विजयनगर साम्राज्य के महानतम शासक कृष्णदेव राय स्वयं भी तेलुगू और संस्कृत के लेखक थे, उन्होंने 'विष्णुचित्रीय' की रचना की थी।
- अकबर के काल में हिंदी साहित्य का उल्लेखनीय विकास हुआ। तुलसीदास और संत सूरदास इसके समकालीन थे।
- केशव मिश्र कृत 'अलंकारशेखर' की रचना भी अकबर के काल में ही हुई थी।
- बिहारी लाल की प्रसिद्ध हिंदी पुस्तक 'सतसई' की रचना अकबर के काल के बाद हुई थी। उर्दू में वली, मीर तकी मीर, मीर दर्द, नजीर अकबराबादी, असदुल्लाह खान गालिब, इकबाल महान शायर हुए।
- 18वीं सदी में उर्दू गद्य का विकास हुआ, जब फारसी और संस्कृत के अधिकांश ऐतिहासिक ग्रंथों का उर्दू में अनुवाद होने लगा।
- साथ ही उर्दू में गद्य के अनेक मौलिक ग्रंथ भी लिखे गए; जैसे- मुहम्मद हुसैन आजाद का 'दरबारे अकबरी।'

भारत की प्रमुख भाषाएँ

- भारत सरकार ने संविधान की आठवीं अनुसूची में भारत की प्रमुख भाषाओं को राजभाषा के रूप में मान्यता प्रदान की है।
- आठवीं अनुसूची में शामिल भाषाएँ निम्न प्रकार से हैं- असमिया, बांग्ला, गुजराती, हिंदी, कन्नड़, कश्मीरी, मलयालम, मराठी, ओडिया, पंजाबी, संस्कृत, तमिल, तेलुगू, उर्दू, सिंधी, नेपाली, मणिपुरी, कोंकणी, बोडो, मैथिली, डोगरी, संथाली।

संस्कृत

- देवभाषा का दर्जा प्राप्त संस्कृत भाषा का पूरे भारतीय समाज के साथ सांस्कृतिक संबंध है।
- इतिहासकारों के अनुसार 1500 ई. पू. के आस-पास भारत आने वाले आर्य संस्कृत भाषी थे।
- भारत में संस्कृत भाषा में अनेक महान ग्रंथों की रचना हुई तथा यह रचना क्रम उतार-चढ़ाव के साथ निरंतर चलता रहा।
- वर्तमान समय में भाषा के रूप में संस्कृत का प्रयोग नगण्य हो गया है, परंतु साहित्य सृजन की भाषा के रूप में आज भी प्रचलित है।

हिंदी

- 'हिंदी' संज्ञा का प्रयोग हिंदी की भाषा के रूप में हुआ। 1424-25 ई. में शर्फुद्दीन यजदी द्वारा लिखित 'जफरनामा' में हिंदी शब्द का पहली बार प्रयोग किया गया।
- हिंदी भारोपीय (भारतीय + यूरोपीय) भाषा परिवार की एक प्रमुख भाषा है। इसकी लिपि देवनागरी है।
- **चंदबरदाई** द्वारा रचित **पृथ्वीराज रासो** आरंभिक हिंदी का प्रथम महाकाव्य है, यह रासो साहित्य के अंतर्गत आता है।
- आधुनिक काल में भारतेंदु हरिश्चंद्र, मैथिलीशरण गुप्त, महावीर प्रसाद द्विवेदी, प्रेमचंद, जयशंकर प्रसाद ने अपनी रचनाओं द्वारा हिंदी भाषा साहित्य को समृद्ध बनाया।

तमिल

- यह सभी प्रकार की द्रविड़ भाषाओं की जननी मानी जाती है। तमिल भाषा का प्राचीनतम ग्रंथ **तोलकप्पियम** माना जाता है, यह तमिल व्याकरण ग्रंथ है।
- तमिल साहित्य की प्राचीन रचनाओं को **संगम साहित्य** के नाम से जाना जाता है।
- पूर्व मध्य काल में तमिल साहित्य पर अलवार तथा नयनार भक्ति धारा का प्रभाव पड़ा।
- वैष्णव भक्ति पदों का संग्रह नल्लयिरा दिव्य प्रबंधम् तथा शैव कवियों की रचनाओं के संग्रह को **तिरुमुराइ** कहा जाता है।

तेलुगू

- आंध्र में बोली जाने वाली तेलुगू भाषा पर सर्वाधिक प्रभाव द्रविड़ भाषा का है। नान्नया को तेलुगू का 'आदि कवि' कहा जाता है।
- तेलुगू की प्रथम रामायण गोना बुद्ध रेड्डी कृत **रंगनाथ रामायण** है।
- तेलुगू के प्रमुख कवियों में रंगनाथ, नान्नया, अथर्वन, मूलघोटक, बेधन्ना, भरन्ना, हुलक्की, भास्कर आदि प्रमुख रूप से शामिल हैं।

कन्नड़

- कन्नड़ भाषा पर संस्कृत का प्रभाव अधिक दृष्टिगोचर होता है। कन्नड़ भाषा का प्रथम साहित्य नृपतुंग (अमोघवर्ष) द्वारा रचित **कविराजमार्ग** को माना जाता है।
- 10वीं सदी के प्रमुख कन्नड़ कवि पम्पा, पोन्ना, रन्ना हैं, जिन्हें 'रत्नत्रय' (तीन रत्न) के नाम से जाना जाता था।
- 15वीं सदी में कुमार व्यास ने 'कन्नड़ भारत' नामक महाकाव्य लिखा।
- नरहरि जिसे 'कन्नड़ वाल्मीकि' भी कहा जाता है, उसने तोरवे रामायण लिखी।
- वर्ष 1850-1920 के सांस्कृतिक जागरण में बी.. बम श्री कंठरया, के. वी. पुट्टपा, एम. गोविंद पाई आदि का नाम प्रमुख रूप से शामिल है।

ओडिया

- ओडिया मुख्य रूप से ओडिशा में बोली जाने वाली भाषा है, इसे छठी शास्त्रीय भाषा का दर्जा प्रदान किया गया है।
- इसका उद्भव 9वीं शताब्दी में तथा 13वीं शताब्दी में साहित्यिक रूप में हुआ।
- 14वीं शताब्दी में सरलादास ने चंडीपुराण, विलंक रामायण, महाभारत इत्यादि ग्रंथों की रचना की।
- राधानाथ राय एक प्रसिद्ध ओडिया कवि हैं, जिनकी कृति 'महायात्रा' को ओडिया का प्रमुख काव्य माना जाता है।

मलयालम

- यह मुख्यत: केरल राज्य में बोली जाती है, आरंभिक काल में मलयालम में तीन मुख्य धाराएँ थीं-पच्च मलयालम या अतिमिश्रित धारा, तमिल धारा एवं संस्कृत धारा।
- केरल वर्मा ने सभी कक्षाओं के लिए मलयालम भाषा में पाठ्य-पुस्तकें तैयार कीं।
- अपनी रचनाओं द्वारा राजा राजा वर्मा ने मलयालम को अधिकृत व्याकरण **केरल पाणिनियम** दिया और मलयालम साहित्य में राष्ट्रवाद का समावेश किया।

शास्त्रीय भाषाएँ

- प्राचीन भारतीय भाषाओं की साहित्य परंपरा का संरक्षण और संवर्द्धन करने हेतु केंद्र सरकार द्वारा उन्हें शास्त्रीय भाषा का दर्जा प्रदान किया जाता है।
- वर्तमान में छ: भाषाओं को शास्त्रीय भाषा का दर्जा दिया गया है, जो तमिल (2004), संस्कृत (2005), तेलुगू (2008), कन्नड़ (2008), मलयालम (2013) तथा ओडिया (2014) हैं।
- केंद्र सरकार शास्त्रीय भाषाओं हेतु निम्न लाभ प्रदान करती है
  - शास्त्रीय भाषा के अध्ययन के लिए उत्कृष्टता केंद्र स्थापित किया जा सकता है।
  - विश्वविद्यालय अनुदान आयोग से आग्रह किया जा सकता है कि शुरुआत में कम-से-कम केंद्रीय विश्वविद्यालयों में संबंधित भाषा में विशेषज्ञता प्राप्त प्रतिष्ठित विद्वानों हेतु पेशेवर पीठों (Professional Chairs) की स्थापना की जाए।

भारतीय भाषा परिवार

भाषाएँ	विशेषताएँ
इंडो-आर्यन भाषा परिवार	आर्य भाषा परिवार में संस्कृत से संबंधित भाषाएँ आती हैं। यह भारतीय भाषाओं में सबसे महत्त्वपूर्ण भाषा परिवार है। देश की प्रमुख भाषाएँ-हिंदी, बंगाली, मराठी, गुजराती, पंजाबी, सिंधी, असमिया, ओडिया, कश्मीरी, उर्दू, डोगरी, राजस्थानी, मैथिली और संस्कृत इसके अंतर्गत आती हैं।
द्रविड़ भाषा परिवार	यह देश का दूसरा सबसे महत्त्वपूर्ण भाषा परिवार है, जिसमें दक्षिण भारत में बोली जाने वाली लगभग सभी भाषाएँ शामिल हैं।
ऑस्ट्रिक भाषा परिवार	इसका विकास भूमध्यसागरीय क्षेत्र से आए हुए निवासियों द्वारा हुआ। ऑस्ट्रिक भाषाएँ मध्य और पूर्वी भारत के पहाड़ी व वनीय क्षेत्रों में बोली जाती हैं। ये काफी प्राचीन भाषाएँ हैं और इन्हें बोलने वालों को प्राचीन संस्कृत ग्रंथों में निषाद कहा जाता था। संथाली, मुंडारी, गोंड, उराँव, खोंड, मान-खमेर आदि इस वर्ग की भाषाएँ हैं।
चीनी-तिब्बती भाषा परिवार	इस परिवार में देश के उत्तर-पूर्व में बोली जाने वाली भाषाएँ शामिल हैं। इसमें मुख्यतः तिब्बती, बाल्ती, लद्दाखी, लाहूली, शेरपा, चंबा, लेप्चा, अर्का, डफला, मिश्मी, बोडो, नागा, कचिंन आदि शामिल हैं।

भारत की प्रमुख लिपियाँ

भारत की प्रमुख लिपियाँ निम्नलिखित हैं

- **ब्राह्मी लिपि** यह लिपि भारत की प्राचीनतम पढ़ी जा सकने वाली लिपि है। सम्राट अशोक के अभिलेखों में इसका प्रयोग किया गया है। इस लिपि को सर्वप्रथम जेम्स प्रिंसेप ने पढ़ा था। भारत की अधिकांश लिपियाँ (अरबी, फारसी के अतिरिक्त) ब्राह्मी लिपि से ही विकसित हुई हैं।
- **खरोष्ठी लिपि** इसे बैक्ट्रियन तथा इंडो-बैक्ट्रियन आदि नामों से जाना जाता है। यह भी दाएँ से बाएँ लिखी जाती थी। इसकी उत्पत्ति अरमाइक लिपि से हुई है। इसका उपयोग प्राचीनकाल में पश्चिमोत्तर क्षेत्र में ईरानी शासन के दौरान होता था। सम्राट अशोक के शहबाजगढ़ी, मानसेहरा अभिलेख में इसका उपयोग हुआ है।
- **नागरी लिपि** यह लिपि देवनागरी की पूर्ववर्ती लिपि है। इसमें शब्दों की लंबाई के बराबर ही मात्रा लगाई जाती है। यह लिपि 8वीं शताब्दी के आस-पास गुप्त लिपि के मध्य पूर्व प्रारूप के रूप में प्रचलित थी।
- **देवनागरी लिपि** इस लिपि की उत्पत्ति की स्पष्ट जानकारी नहीं है। उत्तर भारत के अतिरिक्त इस लिपि का प्रचलन विजयनगर तथा पल्लव शासकों के काल में भी रहा। हिंदी, संस्कृत, मराठी, भोजपुरी, मैथिली, नेपाली, कोंकणी आदि भाषाएँ इसी लिपि में लिखी जाती हैं। सर्वप्रथम चंदेल शासकों के अभिलेखों में इसका प्रयोग हुआ है।
- **कुटिल लिपि** इस लिपि में अक्षरों का लेखन अव्यवस्थित होता है। यह लिपि छठीं से नौवीं शताब्दी तक प्रचलन में रही। इसे न्यूनकोणीय तथा सिद्धमातृका लिपि भी कहा जाता है।
- **गुजराती लिपि** यह देवनागरी से विकसित लिपि है। प्रारंभ में इस लिपि के अक्षरों के शीर्ष पर रेखाएँ होती थीं, किंतु अब नहीं दिखाई देती।

प्राचीन भारतीय साहित्य

- भारतीय आर्यों की प्राचीनतम ज्ञात पुस्तक 'ऋग्वेद' है, जो वैदिक संस्कृत में रचे हुए 1028 छंदों का संग्रह है।
- अधिकांश छंदों में वैदिक देवताओं की स्तुति की गई है और इन्हें यज्ञों या बलिदानों के समय पढ़ा जाता था।
- 'ऋग्वेद' के बाद तीन और वेदों की रचना की गई है- यजुर्वेद, सामवेद तथा अथर्ववेद।
- यजुर्वेद यज्ञ के संपादन की विधियाँ बताता है, सामवेद में ऋग्वेद के छंदों के गायन की विधि बताई गई है, वहीं अथर्ववेद में अनेक संस्कारों और कर्मकांडों का वर्णन है।
- वेदों के बाद अनेक 'ब्राह्मण' ग्रंथों की रचना हुई, जिनमें वैदिक साहित्य और आदेशों की विस्तृत व्याख्या की गई है।
- ब्राह्मण ग्रंथों के परिशिष्ट भागों को 'आरण्यक' कहते हैं, इनमें अनेक संस्कारों को बताया गया है।
- उपनिषद् साहित्य में ब्रह्मांड का आरंभ, जीवन-मृत्यु, भौतिक और आध्यात्मिक जगत, ज्ञान की प्रकृति और अनेक दार्शनिक प्रश्नों की विवेचना की गई है।
- 'वृहदारण्यक' तथा 'छांदोग्य' आरंभिक उपनिषद् हैं। उपनिषद् संवाद रूप में हैं और इनमें सरल तथा सुंदर बिंबों के द्वारा गूढ़ विचार व्यक्त किए गए हैं।
- भारत के दो प्रमुख महाकाव्य रामायण और महाभारत हैं। महाभारत में लगभग एक लाख श्लोक हैं।
- भगवतगीता में, जो बाद में महाभारत का एक अंग बनी, एक गूढ़ दार्शनिक सिद्धांत का विवेचन किया गया है, इसमें मोक्ष प्राप्ति के तीन मार्ग (कर्म, ज्ञान, भक्ति) बताए गए हैं।
- रामायण महाकाव्य में भगवान श्रीराम की कथा का वर्णन है, यह महाभारत की तुलना में छोटी है।
- आरंभिक बौद्ध साहित्य पालि भाषा में है। यह तीन भागों में विभक्त है सुत्रपिटक, विनयपिटक तथा अभिधम्म पिटक।
- गुप्त काल नाटक के विकास का स्वर्ण काल था। इस काल के महान लेखक कालिदास, भवभूति, भारवि, भर्तृहरि तथा माघ आदि हैं। कालिदास ने कुमारसंभवम्, रघुवंश, मेघदूत, अभिज्ञानशांकुतलम् आदि ग्रंथों की रचना की।
- गुप्तकाल की प्रमुख रचनाओं में कादंबरी (हर्षचरित), 'उत्तर-रामचरित' (भवभूति), किरातार्जुनीय (भारवि), मुद्राराक्षस (विशाखदत्त), मृच्छकटिकम (शूद्रक), दशकुमारचरित (दंडी) आदि शामिल हैं।
- कहानियों के सबसे प्रसिद्ध संग्रह 'पंचतंत्र' और 'कथासरितसागर' हैं, जिनका अनुवाद विश्व की अनेक भाषाओं में हो चुका है।
- चार द्रविड़ भाषाओं (तमिल, तेलुगू, कन्नड़ और मलयालम) की अपनी-अपनी लिपियों और साहित्य का विकास हुआ।
- एट्टुटोगाई (आठ काव्य संकलन) 'तोलकाप्पियम' (व्याकरण ग्रंथ) पट्टूप्पट्टू (दस गीत) तथा कुरल (तिरुवल्लुवर कृत) प्रमुख तमिल ग्रंथ थे।
- सिलप्पदिकारम् तथा मणिमेकलै दो प्रसिद्ध प्रेम ग्रंथ हैं, जो तमिल में लिखे गए हैं।

मध्यकालीन साहित्य

- मध्यकाल में कश्मीर में दो महान ग्रंथों की रचना हुई–सोमदेव की 'कथासरित्सागर' तथा कल्हण की 'राजतरंगिणी'।
- राजतरंगिणी भारत का पहला ऐतिहासिक ग्रंथ है, इस ग्रंथ में कश्मीर के इतिहास का वर्णन मिलता है। जयदेव की 'गीतगोविंद' संस्कृत के सबसे सुंदर काव्यग्रंथों में से एक है।
- चंदबरदाई का 'पृथ्वीराज रासो' प्राचीनतम हिंदी का एक आरंभिक ग्रंथ है।
- मध्यकाल का एक प्रमुख संस्कृत ग्रंथ विल्हण का 'विक्रमांकदेवचरित' है, जो चालुक्य राजा विक्रमादित्य छठे का जीवन चरित है।
- राष्ट्रकूट शासक अमोघवर्ष ने कन्नड़ भाषा में 'कविराजमार्ग' की रचना की, जो मध्यकाल की एक महत्त्वपूर्ण पुस्तक है।
- पंपा ने 'आदिपुराण' और 'विक्रमार्जुन-विजय' की रचना की, प्रथम ग्रंथ का संबंध प्रथम जैन तीर्थंकर के जीवन से है, जबकि द्वितीय ग्रंथ महाभारत पर आधारित है।
- पोन्ना ने 'शांति पुराण' लिखा है, जो सोलहवें जैन तीर्थंकर का समकालीन एक और महान् कन्नड़ लेखक था।
- अजितपुराण तथा गदायुद्ध उसके दो प्रसिद्ध ग्रंथ थे। कंबन ने तमिल में 'रामायणम' की रचना की। तमिल साहित्य में यह अलवारों और नयनारों के भक्ति गीतों का संग्रह था।
- 'बीसलदेव रासो' सल्तनतकाल की प्रसिद्ध रचना है, जिसका रचनाकार नरपति नाल्ह है। इस रचना में 'अल्हा तथा ऊदल' की वीरगाथा रचित है।
- मुल्ला दाउद का ग्रंथ 'चंदायन' (लोरकहा) संभवत: अवधी का प्राचीनतम ग्रंथ है। जियाउद्दीन बरनी ने 'तारीखे-फिरोजशाही' लिखी, जिसमें खिलजी और तुगलक वंशों के राज्य का विस्तृत विवरण मिलता है।
- अमीर-खुसरो निजामुद्दीन औलिया के शिष्य थे, उन्होंने आशिका, नूह-सिपिहर, किरानुल-सदायन और अनेक काव्य ग्रंथों की रचना की।
- अमीर खुसरो दिल्ली के आस-पास बोली जाने वाली भाषा को हिंदवी कहते थे और उसे अपनी मातृभाषा बतलाते थे।
- मध्यकाल में हिंदी की दो प्रमुख बोलियाँ थी- भोजपुरी और अवधी। कबीर की अधिकांश रचनाएँ अवधी में हैं। मलिक मोहम्मद जायसी ने अवधी में 'पद्मावत्' लिखी। अवधी में तुलसीदास का प्रसिद्ध ग्रंथ 'रामचरितमानस' इसी काल की रचना है। सूफी संत शेख बुरहान के शिष्य कुतुबन ने 'मृगावती' नामक ग्रंथ की रचना अवधी भाषा में की थी।

दर्शन का विकास

भारतीय दर्शन 'आस्तिक' विचारधाराओं से प्रभावित है। यहाँ वेदों की प्रामाणिकता पर विश्वास किया गया है। प्राचीन भारतीय इतिहास में ईसवी सन् के आरंभ तक दर्शन के छह संप्रदाय (पद्धतियाँ) विकसित हो चुके थे। इनका संक्षिप्त विवरण इस प्रकार है

- **सांख्य दर्शन** सांख्य की व्युत्पत्ति संख्या शब्द से हुई है। यह सबसे प्राचीन दर्शन माना जाता है। प्राचीन सांख्य दर्शन के अनुसार जगत की सृष्टि के लिए दैवी शक्ति का अस्तित्व मानना आवश्यक नहीं है। जगत की उत्पत्ति ईश्वर से नहीं, अपितु प्रकृति से होती है। यह तर्क मूलक प्राचीन मत था। चौथी सदी के आस-पास सांख्य दर्शन में प्रकृति के अतिरिक्त पुरुष नामक एक और उपादान जुड़ा और दोनों को सृष्टि का कारण माना गया। सांख्य दर्शन के अनुसार, यथार्थ ज्ञान की प्राप्ति से मोक्ष प्राप्त हो सकता है और मोक्ष प्राप्त होने पर मानव को दु:ख से हमेशा के लिए छुटकारा मिल जाता है। यह यथार्थ ज्ञान, प्रत्यक्ष अनुमान और शब्द से हो सकता है।
- **योग दर्शन** इसके अनुसार मोक्ष, ध्यान और शारीरिक साधना से मिलता है। ज्ञानेन्द्रियों और कर्मेन्द्रियों का निग्रह योग मार्ग का मूलाधार है। मोक्ष की प्राप्ति के लिए अनेक प्रकार के आसन अर्थात् विभिन्न स्थिति में दैहिक व्यायाम तथा प्राणायाम अर्थात् श्वास के व्यायाम बताए गए हैं।
- **न्याय दर्शन** न्याय या विश्लेषण पद्धति का विकास तर्कशास्त्र के रूप में हुआ है। इस दर्शन के अनुसार, ज्ञान की प्राप्ति से मोक्ष प्राप्त हो सकता है। न्याय दर्शन में तर्क का प्रयोग निम्नलिखित प्रकार से किया जाता है
  - पर्वत अग्नियुक्त है, क्योंकि वहाँ धुआँ है, जहाँ-जहाँ धुआँ रहता है, वहाँ-वहाँ अग्नि रहती है, जैसे रसोई घर में।
  - न्याय दर्शन में तर्क के प्रयोग का जो महत्त्व प्रतिपादित हुआ, उससे भारतीय विद्वान् प्रभावित होकर तार्किक रीति से सोचने और बहस करने की ओर अग्रसर हुए।
- **वैशेषिक दर्शन** यह द्रव्य अर्थात् भौतिक तत्त्वों के विवेचन को महत्त्व देता है। यह सामान्य और विशेष के बीच तुलना करता है। पृथ्वी, जल, तेज, वायु और आकाश के मिश्रण से नई वस्तुएँ बनती हैं। वैशेषिक दर्शन ने परमाणुवाद की स्थापना की, इसके अनुसार भौतिक वस्तुएँ परमाणुओं के संयोजन से बनी हैं। वैशेषिक दर्शन ने ही भारत में भौतिकशास्त्र का आरंभ किया, लेकिन इस वैज्ञानिक दृष्टि को ईश्वर में विश्वास और आध्यात्मवाद ने अपने में फँसा लिया तथा दर्शन में भी स्वर्ग और मोक्ष समा गए।
- **मीमांसा दर्शन** मीमांसा का मूल अर्थ है- तर्क करने और अर्थ लगाने की कला, लेकिन इसमें तर्क का प्रयोग विविध वैदिक कर्मों के अनुष्ठानों का औचित्य सिद्ध करने में किया गया है, इसके अनुसार मोक्ष इन्हीं वेद-विहित कर्मों के अनुष्ठान से प्राप्त होता है। मीमांसा के अनुसार, वेद में कही गई बातें सदा सत्य हैं, इस दर्शन का मुख्य लक्ष्य स्वर्ग और मोक्ष की प्राप्ति है। मीमांसा दृढ़तापूर्वक बताती है कि मोक्ष प्राप्त करने के लिए यज्ञ करना चाहिए।
- **वेदांत दर्शन** वेदांत का अर्थ है- वेद का अंत। ईसा-पूर्व दूसरी सदी में संकलित बादरायण का ब्रह्मसूत्र इस दर्शन का मूल ग्रंथ है। वेदांत दर्शन पर नौवीं सदी में शंकर ने तथा बारहवीं सदी में रामानुज ने काव्य लिखे थे। शंकर ब्रह्म को निर्गुण बताते हैं, किंतु रामानुज के अनुसार ब्रह्म सगुण है। शंकर ज्ञान को मोक्ष का मुख्य कारण मानते हैं, किंतु रामानुज भक्ति को मोक्ष-प्राप्ति का मार्ग बताते हैं। वेदांत दर्शन का मूल आरंभिक उपनिषदों में पाया जाता है, इसके अनुसार ब्रह्म ही सत्य है, अन्य प्रत्येक वस्तु माया अर्थात् अवास्तविक है। आत्मा और ब्रह्म में अभेद है, अत: जो कोई आत्मा को या स्वयं को पहचान लेता है, उसे ब्रह्म का ज्ञान हो जाता है। कर्मवाद का संबंध भी वेदांत से है, इसका अर्थ है कि मनुष्य को पूर्व जन्म में किए गए कर्मों का परिणाम भुगतना पड़ता है।

भारतीय दर्शन और उसके प्रणेता

	दर्शन	संस्थापक	प्रमुख ग्रंथ
1.	न्याय	गौतम	न्यायसूत्र
2.	वैशेषिक	कणाद	पदार्थ धर्म संग्रह
3.	सांख्य	कपिल	सांख्यकारिका
4.	योग	पतंजलि	योगसूत्र
5.	मीमांसा	जैमिनी	मीमांसा सूत्र
6.	वेदांत	बादरायण	ब्रह्मसूत्र

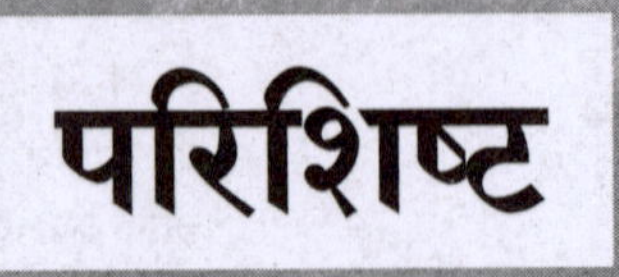

परिशिष्ट

भारत का ऐतिहासिक घटनाक्रम

2350-1750 ई.पू.	सिंधु घाटी सभ्यता का काल	1206 ई.	कुतुबुद्दीन ऐबक द्वारा दिल्ली सल्तनत की स्थापना
1500-600 ई.पू.	वैदिक काल	1210 ई.	इल्तुतमिश दिल्ली सल्तनत का शासक बना
563-483 ई.पू.	बुद्ध का काल	1236 ई.	रजिया सुल्तान शासिका बनी
540-468 ई.पू.	महावीर का काल	1241 ई.	बहरामशाह के समय प्रथम मंगोल आक्रमण
544-492 ई.पू.	बिम्बिसार का शासनकाल *(हर्यंक वंश)*	1326-27 ई.	मुहम्मद-बिन-तुगलक द्वारा दिल्ली से दौलताबाद राजधानी परिवर्तन
326 ई.पू.	सिकंदर का भारत पर आक्रमण	1333 ई.	मोरक्को के यात्री इब्नबतूता का भारत आगमन
322 ई.पू.	चंद्रगुप्त मौर्य शासक बना	1336 ई.	विजयनगर राज्य की स्थापना
305 ई.पू.	चंद्रगुप्त मौर्य एवं सेल्यूकस के मध्य युद्ध	1347 ई.	बहमनी राज्य की स्थापना
304-299 ई.पू.	मेगस्थनीज, मौर्य दरबार में रहा	1398 ई.	तैमूर का आक्रमण
269 ई.पू.	अशोक शासक बना	1498 ई.	वास्को-डि-गामा का भारत आगमन
261 ई.पू.	अशोक की कलिंग विजय	1506 ई.	सिकंदर लोदी द्वारा राजधानी दिल्ली से आगरा स्थानांतरित
185 ई.पू.	मौर्य वंश का अंत	1510 ई.	पुर्तगालियों द्वारा गोवा पर अधिकार
183 ई.पू.	हिंद-यवन का आक्रमण	1509-1529 ई.	कृष्णदेव राय का शासनकाल
57 ई.पू.	विक्रम संवत् की स्थापना	1526 ई.	पानीपत का प्रथम युद्ध; बाबर द्वारा इब्राहिम लोदी पराजित
45 ई.	हिप्पालस द्वारा मानसून की खोज	1527 ई.	खानवा का युद्ध, बाबर द्वारा राणा साँगा की पराजय
78 ई.	शक संवत् का प्रारंभ	1533 ई.	हुमायूँ ने दिल्ली में दीनपनाह नगर का निर्माण कराया।
150 ई.	संस्कृत का पहला अभिलेख *(जूनागढ़ अभिलेख)*	1540 ई.	बिलग्राम का युद्ध, शेरशाह द्वारा हुमायूँ अंतिम रूप से पराजित
319 ई.	गुप्त संवत् का आरंभ, चंद्रगुप्त प्रथम का राज्यारोहण	1555 ई.	सरहिंद का युद्ध; बैरम खाँ द्वारा सिकंदर सूर पराजित, हुमायूँ पुनः दिल्ली के तख्त पर बैठा
350-375 ई.	समुद्रगुप्त का शासनकाल	1556 ई.	अकबर शासक बना, पानीपत के तृतीय युद्ध में हेमू की पराजय
375-415 ई.	चंद्रगुप्त द्वितीय का शासनकाल, फाह्यान (399-414 ई.) का भारत आगमन	1565 ई.	विजयनगर और बहमनी के बीच तालीकोटा का युद्ध
415-455 ई.	कुमारगुप्त का शासनकाल, नालंदा विश्वविद्यालय की स्थापना	1567 ई.	अकबर द्वारा मनसबदारी व्यवस्था की शुरुआत
455-467 ई.	स्कंदगुप्त का शासनकाल, हूणों का प्रथम आक्रमण	1575 ई.	इबादतखाना की स्थापना
510 ई.	भानुगुप्त के ऐरण अभिलेख से सती प्रथा का प्रथम साक्ष्य	1576 ई.	हल्दीघाटी का युद्ध
606-647 ई.	हर्षवर्द्धन का शासनकाल	1579 ई.	अकबर द्वारा महजर की घोषणा
630 ई.	हर्ष के काल में ह्वेनसांग का भारत आगमन	1582 ई.	दीन-ए-इलाही की घोषणा
632 ई.	हर्ष एवं पुलकेशिन द्वितीय के बीच युद्ध	1600 ई.	ईस्ट इंडिया कंपनी की स्थापना
712 ई.	सिंध पर अरबों का आक्रमण	1608 ई.	विलियम हॉकिंस का जहाँगीर के दरबार में आगमन
915-16 ई.	अलमसूदी का भारत आगमन	1615 ई.	सर टॉमस रो का आगमन
1001-1026 ई.	महमूद गजनी का भारत पर सत्रह बार आक्रमण, अलबरूनी का भारत आगमन	1627 ई.	शिवनेर के किले में शिवाजी का जन्म हुआ
1015-1044 ई.	चोल शासक राजेंद्र प्रथम का शासनकाल	1665 ई.	शिवाजी एवं जयसिंह के बीच पुरंदर की संधि
1178 ई.	गुजरात के शासक भीम द्वितीय द्वारा मुहम्मद गोरी पराजित	1674 ई.	शिवाजी का राज्याभिषेक, फ्रांसिस मार्टिन द्वारा पॉण्डिचेरी की स्थापना
1191 ई.	तराइन का प्रथम युद्ध, पृथ्वीराज चौहान द्वारा गोरी पराजित	1699 ई.	गुरु गोविंद सिंह द्वारा खालसा पंथ की स्थापना
1192 ई.	तराइन का द्वितीय युद्ध, पृथ्वीराज चौहान पर मुहम्मद गोरी की विजय	1707 ई.	औरंगज़ेब की मृत्यु
1194 ई.	चंदावर का युद्ध, गोरी द्वारा गड़वाल शासक जयचंद पराजित	1717 ई.	ईस्ट इंडिया कंपनी को फर्रुखसियर द्वारा स्वतंत्र व्यापार का फरमान
1199 ई.	बख्तियार खिलजी द्वारा नालंदा विश्वविद्यालय को नष्ट किया जाना	1724 ई.	चिनकिलिच खाँ 'निजामुल्मुल्क' ने दक्कन में स्वतंत्र हैदराबाद राज्य की स्थापना की।

1739 ई.	करनाल का युद्ध, दिल्ली पर नादिरशाह का आक्रमण	1911 ई.	बंगाल विभाजन को रद्द किया गया
1748 ई.	अहमदशाह अब्दाली का भारत पर आक्रमण	1912 ई.	राजधानी कलकत्ता से दिल्ली स्थानांतरित
1757 ई.	प्लासी का युद्ध	1913 ई.	गदर पार्टी की स्थापना, रवींद्रनाथ टैगोर को गीतांजलि के लिए नोबेल पुरस्कार से सम्मानित किया गया
1764 ई.	बक्सर का युद्ध	1914 ई.	प्रथम विश्वयुद्ध का प्रारंभ
1772 ई.	वॉरेन हेस्टिंग्स बंगाल का गवर्नर नियुक्त	1915 ई.	महात्मा गाँधी का दक्षिण अफ्रीका से भारत आगमन
1773 ई.	रेग्युलेटिंग एक्ट पारित	1916 ई.	होमरूल लीग की स्थापना, कांग्रेस-लीग के बीच लखनऊ समझौता
1784 ई.	पिट्स इंडिया एक्ट पारित	1917 ई.	गाँधीजी का चंपारण सत्याग्रह
1793 ई.	भू-राजस्व का स्थायी बंदोबस्त लागू	1919 ई.	रॉलेट अधिनियम पारित किया गया, मॉण्टेग्यू-चेम्सफोर्ड सुधार, जलियाँवाला बाग नरसंहार
1799 ई.	टीपू सुल्तान की मृत्यु	1920 ई.	खिलाफत तथा असहयोग आंदोलन का प्रारंभ
1806 ई.	अंग्रेज़ों का दिल्ली पर अधिकार	1922 ई.	चौरी-चौरा कांड, असहयोग आंदोलन की वापसी
1809 ई.	अंग्रेज़ों एवं रणजीत सिंह के बीच अमृतसर की संधि	1924 ई.	हिंदुस्तान रिपब्लिकन आर्मी की स्थापना, गाँधीजी मात्र एक बार कांग्रेस के अध्यक्ष बने
1816 ई.	अंग्रेज कंपनी और गोरखों के बीच संगौली की संधि	1925 ई.	कानपुर में भारतीय साम्यवादी दल की स्थापना, रेल बजट को सामान्य बजट से पृथक् किया गया
1824 ई.	बैरकपुर का सैन्य विद्रोह	1927 ई.	साइमन कमीशन की नियुक्ति
1829 ई.	सती प्रथा का अंत	1928 ई.	साइमन कमीशन का भारत आगमन, हिंदुस्तान सोशलिस्ट रिपब्लिकन आर्मी की स्थापना
1833 ई.	बंगाल का गवर्नर-जनरल भारत का गवर्नर-जनरल बना	1929 ई.	भगत सिंह और बटुकेश्वर दत्त ने केंद्रीय सभा में बम फेंका, कांग्रेस का लाहौर अधिवेशन
1839 ई.	कलकत्ता से दिल्ली तक जीटी रोड का निर्माण प्रारंभ	1930 ई.	गाँधीजी की दांडी यात्रा, प्रथम गोलमेज सम्मेलन, सविनय अवज्ञा आंदोलन आरंभ
1843 ई.	सिंध पर अंग्रेजों का आधिपत्य	1931 ई.	द्वितीय गोलमेज सम्मेलन, गाँधी-इरविन समझौता, भगत सिंह को फाँसी
1853 ई.	भारत में रेलवे का प्रारंभ	1932 ई.	तृतीय गोलमेज सम्मेलन, कम्युनल अवॉर्ड, गाँधीजी और अंबेडकर के बीच पूना समझौता
1854 ई.	शिक्षा का वुड्स डिस्पैच	1933 ई.	गाँधीजी ने 'हरिजन' नामक पत्रिका का प्रकाशन आरंभ किया
1857 ई.	अंग्रेजों के खिलाफ प्रसिद्ध विद्रोह बंबई, मद्रास व कलकत्ता विश्वविद्यालय की स्थापना	1934 ई.	कांग्रेस समाजवादी पार्टी का गठन
1860 ई.	भारत में बजट प्रणाली की शुरुआत	1935 ई.	भारत सरकार अधिनियम पारित
1865 ई.	भारत व यूरोप के बीच प्रथम 'समुद्री टेलीग्राफ सेवा' प्रारंभ	1937 ई.	प्रांतीय चुनाव, संघीय न्यायालय की स्थापना
1872 ई.	जनगणना का प्रारंभ	1938 ई.	सुभाष चंद्र बोस कांग्रेस के अध्यक्ष निर्वाचित
1875 ई.	आर्य समाज की स्थापना	1939 ई.	द्वितीय विश्वयुद्ध का आरंभ, फॉरवर्ड ब्लॉक की स्थापना
1876 ई.	सुरेंद्रनाथ बनर्जी द्वारा 'इंडियन एसोसिएशन' की स्थापना	1940 ई.	गाँधीजी का व्यक्तिगत सत्याग्रह
1877 ई.	दिल्ली दरबार का आयोजन	1941 ई.	सुभाष चंद्र बोस का नजरबंदी से पलायन
1878 ई.	वर्नाक्यूलर प्रेस एक्ट लागू हुआ	1942 ई.	भारत छोड़ो आंदोलन का प्रारंभ
1883 ई.	इल्बर्ट बिल विवाद	1944 ई.	सुभाष चंद्र बोस ने महात्मा गाँधी को राष्ट्रपिता कहा
1885 ई.	भारतीय राष्ट्रीय कांग्रेस की स्थापना	1945 ई.	वेवेल प्लान, आजाद हिंद फौज के सैनिकों पर मुकदमा
1887 ई.	इंग्लैंड में 'इंडिया रिफार्म कमिटी' की स्थापना	1946 ई.	कैबिनेट मिशन का भारत आगमन, मुस्लिम लीग का प्रत्यक्ष कार्यवाही दिवस, संविधान सभा की पहली बैठक, रॉयल इंडियन नेवी में विद्रोह
1888 ई.	सैयद अहमद खान द्वारा 'संयुक्त भारतीय राजभक्त सभा' की स्थापना	1947 ई.	अंग्रेजों द्वारा भारत छोड़ने का निर्णय, भारत एवं पाकिस्तान की स्वतंत्रता एवं विभाजन
1893 ई.	स्वामी विवेकानंद का शिकागो विश्व धर्म संसद में भाषण	1948 ई.	गाँधीजी की हत्या
1896 ई.	कांग्रेस द्वारा 'धन के निष्कासन का सिद्धांत स्वीकृत'	1950 ई.	भारत का संविधान लागू
1902 ई.	रैले कमीशन की नियुक्ति	1951 ई.	भारत के प्रथम आम चुनाव
1905 ई.	बंगाल विभाजन	1953 ई.	भाषायी आधार पर आंध्र प्रदेश का गठन
1906 ई.	मुस्लिम लीग की स्थापना	1954 ई.	गुटनिरपेक्षता का सिद्धांत प्रस्तुत
1907 ई.	मैडम भीकाजी कामा ने स्टुटगार्ड *(जर्मनी)* में भारतीय ध्वज फहराया, सूरत में कांग्रेस का विभाजन	1962 ई.	भारत-चीन युद्ध, दमन एवं दीव तथा गोवा भारत में शामिल
1909 ई.	मार्ले-मिण्टो सुधार; मुसलमानों के लिए पृथक् निर्वाचक मंडल	1964 ई.	जवाहरलाल नेहरू की मृत्यु

प्राचीन भारत के अभिलेख

अभिलेख	शासक	विषय
पिपरहवा बौद्ध अस्थि कलश अभिलेख	शाक्य शासक	• उत्तर प्रदेश के बस्ती जिले में स्थित पिपरहवा से प्राप्त। • बुद्ध के महापरिनिर्वाण के ठीक बाद में उत्कीर्ण। • ब्राह्मी लिपि तथा प्राकृत भाषा अंकित।
सोहगौरा ताम्रपत्र अभिलेख	चंद्रगुप्त मौर्य	• दो कोष्ठागारों का उल्लेख जिसमें दुर्भिक्ष के दौरान अन्न वितरण का आदेश।
अशोक का प्रथम गिरनाथ शिलालेख	अशोक	• पशु हत्या और मांसभक्षण का निषेध।
अशोक का द्वितीय गिरनाथ शिलालेख	अशोक	• कल्याणकारी कार्यों की चर्चा, धम्म प्रचार का आदेश।
अशोक का त्रयादेश शिला अभिलेख	अशोक	• अशोक के जीवन तथा कलिंग विजय की चर्चा। • खरोष्ठी लिपि में शहबाजगढ़ी से प्राप्त।
अशोक का सप्तम स्तंभ अभिलेख	अशोक	• राज्याभिषेक के 27 वर्ष बाद उत्कीर्ण यह अभिलेख अशोक द्वारा धर्म प्रचार का सिंहावलोकन है। • टोपरा से प्राप्त तथा दिल्ली के फिरोजशाह कोटला में स्थापित।
रुम्मिनदेई लघु स्तंभ अभिलेख	अशोक	• राज्याभिषेक के 20 वर्ष बाद अशोक रुम्मिनदेई आया तथा बुद्ध के जन्म स्थान की यात्रा की। • बुद्ध के प्रति श्रद्धा प्रकट करते हुए लुम्बिनी ग्राम के निवासियों के भूमिकर को $\frac{1}{8}$ भाग कर दिया।
बेसनगर गरुड़ स्तंभ अभिलेख	एंटियालसिड्स (हेलियोडोरस)	• संस्कृत से प्रभावित प्राकृत भाषा एवं ब्राह्मी लिपि में उत्कीर्ण। • मध्य प्रदेश के विदिशा में स्थापित भागवत धर्म के प्रतीक के रूप में स्थापित।
हाथीगुम्फा अभिलेख	खारवेल	• ओडिशा के उदयगिरि पहाड़ी से प्राप्त, ब्राह्मी लिपि तथा संस्कृत प्रभावित प्राकृत में रचित। • खारवेल के जीवन तथा विजय अभियानों का विवरण, जैन धर्म का अनुयायी होने की चर्चा।
नासिक अभिलेख	गौतमी पुत्र शातकर्णी	• सातवाहन शासकों के विजयों का वर्णन। • भाषा प्राकृत तथा लिपि ब्राह्मी है।
जूनागढ़ अभिलेख (गिरनार अभिलेख)	रुद्रदामन	• संस्कृत भाषा तथा ब्राह्मी लिपि में उत्कीर्ण, संस्कृत का पहला भारतीय अभिलेख। • समकालीन शासकों के साथ अपनी उपलब्धियों का विवरण। • सुदर्शन झील के पुनरुद्धार की चर्चा।
प्रयाग स्तंभ लेख	समुद्रगुप्त	• संस्कृत भाषा तथा ब्राह्मी लिपि में उत्कीर्ण। • दक्षिणापथ के 12 राजाओं के विरुद्ध युद्ध का विवरण। • अशोक तथा जहाँगीर का लेख भी उत्कीर्ण।
मेहरौली का लौहस्तंभ लेख	चंद्रगुप्त द्वितीय	• कुतुबमीनार परिसर (पूर्व में मिहिरपुरी गाँव) में स्थापित। • संस्कृत भाषा तथा ब्राह्मी लिपि में उत्कीर्ण अभिलेख। • विष्णु पद पर्वत पर विष्णु ध्वज स्थापित करने का विवरण।
मंदसौर अभिलेख	कुमार गुप्त प्रथम	• संस्कृत भाषा तथा ब्राह्मी लिपि में उत्कीर्ण। • इस अभिलेख में लाट प्रदेश की तंतुवाय श्रेणी का दशपुर में बस जाने का विवरण है। • प्रशस्ति का रचयिता वत्सभट्टि है।
जूनागढ़ जिला अभिलेख	स्कंदगुप्त	• अभिलेख संस्कृत भाषा तथा ब्राह्मी लिपि में है। • अभिलेख के आरंभ में विष्णु की स्तुति की गई है। • सुदर्शन झील के तटबंध का पुनर्निर्माण पर्णदत्त के पुत्र चक्रपालित द्वारा करवाए जाने का विवरण मिलता है।
भितरी स्तंभ अभिलेख	स्कंदगुप्त	• गाजीपुर (उत्तर प्रदेश) में प्राप्त • इस अभिलेख में गुप्त वंश की वंशावली उत्कीर्ण की गई है। • स्कंदगुप्त द्वारा पुष्यमित्रों को हराने का विवरण दिया गया है।
हरहा शिला अभिलेख	ईशान वर्मन	• संस्कृत भाषा तथा ब्राह्मी लिपि में उत्कीर्ण, इस अभिलेख की खोज बाराबंकी (उत्तर प्रदेश) जिले के हरहा गाँव में हीरानंद शास्त्री ने वर्ष 1915 में की। • अभिलेख पर तिथि 611 विक्रम संवत् (554 ई.) उत्कीर्ण है। • मौखरी शासकों की उपलब्धियों का विवरण है।
ऐहोल अभिलेख	पुलकेशिन द्वितीय	• संस्कृत तथा ब्राह्मी लिपि में उत्कीर्ण, रविकीर्ति द्वारा जैन मंदिर की दीवारों पर उत्कीर्ण। • हर्षवर्द्धन पर पुलकेशिन द्वितीय की विजय का वर्णन।
ऐरण स्तंभ लेख	भानुगुप्त	• इसमें सती प्रथा का प्रथम उल्लेख मिलता है। • हूण शासक तोरमाण की चर्चा मिलती है।

इतिहास से संबंधित प्रसिद्ध कथन

प्राचीन भारत

- हड़प्पा और मोहनजोदड़ो एक विस्तृत साम्राज्य की जुड़वा राजधानी थीं। *स्टुअर्ट पिग्गट*
- ज्योतिष के क्षेत्र में भारत यूनान का ऋणी है। *गार्गी संहिता*
- कोई भी व्यक्ति अपनी जाति से बाहर विवाह नहीं कर सकता था। व्यवसाय परिवर्तन भी संभव नहीं था। केवल ब्राह्मणों को व्यवसाय परिवर्तन का अधिकार आपातकाल में था। *मेगस्थनीज*
- देवताओं का प्रिय धम्मविजय को सबसे मुख्य विजय समझता है। *अशोक का तेरहवाँ शिलालेख*
- धम्म सभी धर्मों की साझी संपत्ति है। वस्तुत: अभिलेखों में विहित धम्म सभी धर्मों का सार था। *फ्लीट*
- ऐसा कोई वर्ष नहीं बीतता था, जिसमें भारत रोमन राजकोष से दस करोड़ सेसोस्टियर (रोमन सिक्का) न खींच लेता हो। *प्लिनी*
- हर्षवर्द्धन के काल में खेतों की सिंचाई 'घटी यंत्र' या 'तुलायंत्र' द्वारा होती थी। *बाणभट्ट*
- सिंधु नदी पार कर के सेल्यूकस ने चंद्रगुप्त से युद्ध किया तथा अंत में दोनों के मध्य संधि हुई तथा दोनों में वैवाहिक संबंध स्थापित हो गए। *एप्पिआनस*
- मेसोपोटामिया प्रेरक है, सिंधु सभ्यता की। *व्हीलर*
- सभा और समिति प्रजापति की दो पुत्रियाँ हैं। *अथर्ववेद*
- मोक्ष का उपाय ज्ञान नहीं, अपितु भक्ति अर्थात् ईश्वर के प्रति प्रेम है। *रामानुज*
- हर्ष महायान बौद्ध धर्म का अनुयायी था और अन्य धर्मों का आदर नहीं करता था। *ह्वेनसांग*
- भारत की वैधानिक सीमा हिंदुकुश पर्वत थी। *वी. ए. स्मिथ*
- चंद्रगुप्त मौर्य ने छः लाख सेना के द्वारा संपूर्ण भारत को रौंद डाला और उस पर अधिकार कर लिया। *प्लूटार्क*
- मैंने उत्तर को छोड़कर शेष तीन क्षेत्रों को जीत लिया है। *कनिष्क*
- राजा बच्चा ही क्यों न हो, उसका आदर करना चाहिए, क्योंकि वह मानव रूप धारण करके शासन करने वाला देवता होता है। *मनुस्मृति*
- अपने जीवन के अंतिम काल में उसे (अशोक को) केवल आधे आँवले पर निर्वाह करना पड़ा। *दिव्यावदान*
- समुद्रगुप्त युद्ध और विजय के लिए ही प्यासा नहीं था, बल्कि उसके चरित्र का एक और शिष्ट पक्ष था काव्य तथा संगीत के प्रति लगाव। *प्रयाग प्रशस्ति*
- समुद्रगुप्त 'भारत का नेपोलियन' था। *वी. ए. स्मिथ*

मध्यकालीन भारत

- यदि मैं किसी गलत कार्य के लिए दोषी रहूँगा, तो अपने खिलाफ भी फैसला कर सकता हूँ। *अकबर*
- मैं नहीं जानता कि सरा में क्या है और क्या नहीं? मैं अपने राज्य के हित में जो कुछ ठीक समझता हूँ, करता हूँ। कयामत के दिन मेरा क्या होगा, मैं नहीं जानता? *अलाउद्दीन खिलजी*
- दौलताबाद गुमराह शक्ति का स्मारक चिह्न था। *लेनपूल*
- फिरोज तुगलक सल्तनत युग का अकबर था। *हेनरी इलियट तथा एलिफिन्स्टन*
- सुल्तान अपनी प्रजा से मुक्त हुआ तथा प्रजा अपने सुल्तान से मुक्त हुई। *बदायूँनी (मोहम्मद तुगलक की मृत्यु पर)*
- हुमायूँ गिरते-पड़ते इस जीवन से मुक्त हो गया, जबकि ठीक उसी तरह जिस तरह तमाम जिंदगी वह गिरते-पड़ते चलता रहा था। *लेनपूल*
- बाबर अपने समय के एशियाई शासकों में सबसे अधिक प्रतिभाशाली एवं किसी देश तथा काल के सम्राटों में उच्च पद पाने योग्य थे। *वी. ए. स्मिथ*
- जहाँगीर के साथ मुगल चित्रकला की वास्तविक आत्मा पतनोन्मुख हो गई। *पर्सी ब्राउन*
- शाहजहाँ ने ताजमहल का निर्माण अपनी आध्यात्मिक संतुष्टि के लिए करवाया था। *डब्ल्यू. ई. बेगले*
- अकबर का मकबरा (सिकंदरा में) एक महान् भारतीय शासक का पुण्य स्मारक है। *हॉवेल*
- फतेहपुर सीकरी जैसी वास्तुकला की कृति न तो अतीत में हुई और न भविष्य में होगी। *वी. ए. स्मिथ*
- 'फतेहपुर सीकरी पत्थर में प्रेम तथा एक महान् व्यक्ति के मस्तिष्क की अभिव्यक्ति है।' *फर्ग्युसन*
- शेरशाह का सासाराम में मकबरा समूचे उत्तर भारत की सर्वोत्तम कृति है। *पर्सी ब्राउन*
- यदि रजिया स्त्री न होती, तो उसका नाम भारत के महान् मुस्लिम शासकों में लिया जाता। *एलिफिन्स्टन*
- राजा पृथ्वी पर ईश्वर का प्रतिनिधि (नियामतें खुदाई) होता है, अत: उसके द्वारा किया गया प्रत्येक कार्य न्याय-संगत होता है। *बलबन*
- दक्षिण में औरंगजेब के यश और शरीर दोनों की समाधि बनी। *वी. ए. स्मिथ*
- मैंने मुट्ठी भर बाजरे के लिए दिल्ली के साम्राज्य को लगभग खो दिया था। *शेरशाह (मारवाड़ विजय के बारे में)*
- अलाई दरवाजा इस्लामी स्थापत्य कला के खजाने का सबसे बड़ा हीरा है। *जॉन मार्शल*
- वह (कृष्णदेव राय) सबसे अधिक विद्वान् एवं पूर्ण राजा था। वह ऐसे व्यक्तियों में से था, जो विदेशियों का सम्मान करता था, वह एक महान् एवं न्यायप्रिय शासक था। *डोमिंगो पायस*

आधुनिक भारत

- नेहरू देशभक्त हैं और जिन्ना राजनीतिज्ञ। *मोहम्मद इकबाल*
- ब्रिटिश शासन अपने वजन एवं शक्ति में दुर्धर्ष बेलन है, जिसके अपने उपयोग हैं, किंतु इससे भूमि के उपजाऊ होने में मदद नहीं मिलती। *रबींद्रनाथ टैगोर*
- मैं एक दिव्य दृष्टि नहीं हूँ, मैं एक व्यावहारिक आदर्शवादी होने का दावा करता हूँ। *महात्मा गाँधी*
- एकीकृत बंगाल एक शक्ति है तथा विभाजित बंगाल टूटकर बिखर जाएगा। *हरबर्ट रिजले*
- भारतीय मैदानों में बुनकरों की हड्डियाँ बिखरी हुई दिखाई देती थीं। *विलियम बैंटिंक*
- जिस प्रकार सारी धाराएँ अपने जल को सागर में ले जाकर मिला देती हैं, उसी प्रकार मनुष्य को सारे धर्म ईश्वर की ओर ले जाते हैं। *स्वामी विवेकानंद*

- जो काम 50 हजार हथियारबंद सिपाही न कर सके, उसे महात्मा जी ने कर दिया। उन्होंने शांति कायम कर दी। *माउंटबेटन*
- सारे जहाँ से अच्छा हिन्दोस्ताँ हमारा। *मोहम्मद इकबाल*
- समूचा भारत एक विशाल बंदीगृह है। *सी. आर. दास*
- स्मरण रहे जमींदारों को हमें अपना मित्र बनाना है। *महात्मा गाँधी*
- क्रांति की तलवार में धार वैचारिक पत्थर पर रगड़ने से ही आती है। *भगत सिंह*
- शेर की तरह एक दिन जीना बेहतर है, लेकिन भेड़ की तरह लंबी जिंदगी जीना अच्छा नहीं। *टीपू सुल्तान*
- किसानों को स्वयं को न केवल विदेशी गुलामी से, बल्कि भू-स्वामियों व पूँजीपतियों की गुलामी से भी मुक्त करना होगा। *भगत सिंह*
- आज हमारे देश को आवश्यकता है, लोहे के स्नायुओं तथा इस्पात की नाड़ियों की। *विवेकानंद*
- हम सब धरती के बेटे हैं, हमें साथ रहना है। मेरी बात मानिए, भारत तब तक आगे नहीं बढ़ सकता, जब तक कि हिंदू और मुसलमान एक नहीं हो जाते। *जिन्ना*
- सतत जागरूकता ही स्वाधीनता का मूल्य है। *जवाहरलाल नेहरू*
- मैं देश के बालू से ही कांग्रेस से बड़ा आंदोलन खड़ा कर दूँगा। *महात्मा गाँधी*
- तुम मुझे खून दो, मैं तुम्हें आजादी दूँगा। *सुभाषचंद्र बोस*
- "भारत की एकमात्र आशा उसकी जनता है। ऊँचे वर्ग शारीरिक और नैतिक दृष्टि से मृतप्राय हैं।" *विवेकानंद*
- राजनीतिक स्वतंत्रता किसी भी राष्ट्र की प्राणवायु है। *अरविंद घोष*
- स्वराज्य मेरा जन्मसिद्ध अधिकार है और मैं इसे प्राप्त करके रहूँगा। *बाल गंगाधर तिलक*
- भारत का विभाजन मेरी लाश पर ही होगा, जब तक मैं जीवित हूँ, तब तक भारत का विभाजन नहीं होने दूँगा। *महात्मा गाँधी*
- यदि ईश्वर अस्पृश्यता को सहन करने लगे, तो मैं ऐसे ईश्वर को भी मान्यता नहीं दूँगा। *बाल गंगाधर तिलक*
- हिंदुस्तान तलवार के बल पर जीता गया है तथा तलवार के बल पर ही इसकी रक्षा की जाएगी। *एल्गिन-II*
- वेदों की ओर लौटो। *स्वामी दयानंद सरस्वती*
- यदि हमने पाकिस्तान की माँग को स्वीकार नहीं किया, तो इस देश में अनेक पाकिस्तान बन जाएँगे। हर दफ्तर में पाकिस्तान की एक इकाई होगी। *सरदार पटेल*
- सरफरोशी की तमन्ना अब हमारे दिल में है। *रामप्रसाद बिस्मिल*
- हमने सिरदर्द से छुटकारा पाने के लिए सिर कटवाना बेहतर समझा। *जवाहरलाल नेहरू*
- दिल्ली चलो। *सुभाषचंद्र बोस*
- इंकलाब जिंदाबाद *भगत सिंह*
- जय हिंद। *सुभाषचंद्र बोस*
- पाकिस्तान का निर्माता जिन्ना या मोहम्मद इकबाल नहीं वरन् लॉर्ड मिंटो था। *डॉ. राजेंद्र प्रसाद*
- यह एक ऐसे लुटे हुए देश की अवस्था है, जहाँ लुटेरा लगातार लूट रहा है और फिर साफ बचकर निकल जाता है। *दादाभाई नौरोजी*
- एक देश के लिए स्वराज परम आवश्यक है। सुधार और उत्तम राज्य इसके विकल्प नहीं हो सकते। *लाला लाजपत राय*
- मुझे लगता है सत्याग्रह ही आतंकवाद को रोकने का एकमात्र उपाय है। *महात्मा गाँधी*
- कांग्रेस धीरे-धीरे लड़खड़ाकर गिर रही है और भारत में रहते हुए मेरी यह बहुत बड़ी आकांक्षा है कि मैं इसकी शांतिपूर्ण मृत्यु में सहायक बनूँ। *लॉर्ड कर्जन*
- क्रांति से हमारा तात्पर्य यह है कि अन्याय पर आधारित मौजूदा व्यवस्था समाप्त होनी चाहिए। *भगत सिंह*
- होमरूल भारत का अधिकार है। भारत राष्ट्र के रूप में अपना न्यायिक अधिकार ब्रिटिश साम्राज्य से माँगता है। *ऐनी बेसेंट*
- भारतीय राष्ट्रीय कांग्रेस की स्थापना के पीछे मुख्य कारण इसके जन्मदाताओं की साम्राज्य को छिन्न-भिन्न होने से बचाने की चिंता थी। *लाला लाजपत राय*
- वह जनता के उस अल्पसंख्यक वर्ग का प्रतिनिधित्व करती है, जिसकी संख्या कम-से-कम है। *डफरिन (कांग्रेस के बारे में)*
- हमारा राष्ट्र एक वृक्ष की तरह है, जिसका मूल तना स्वराज है और स्वदेशी तथा बहिष्कार उसकी शाखाएँ। *तिलक*
- मेरी एकमात्र आशा प्रार्थना में और उसके उत्तर में निहित है। *महात्मा गाँधी*

दक्षिण भारत के प्राचीन मंदिर तथा निर्माता (द्रविड़ शैली के विभिन्न मंदिर)

मंदिर	स्थान	समय	निर्माता
कैलाशनाथ मंदिर	काँचीपुरम	700 ई.	नरसिंहवर्मन द्वितीय (राजसिम्हा)
वैकुण्ठ पेरुमल मंदिर	काँचीपुरम	1720 ई.	नरसिंहवर्मन द्वितीय
मुक्तेश्वर मंदिर	काँचीपुरम	आठवीं शताब्दी ई.	नंदिवर्मन
चोलेश्वर मंदिर	काँचीपुरम	नौवीं शताब्दी ई.	विजयालय
नागेश्वर मंदिर	कुम्बकोणम	नौवीं शताब्दी ई.	आदित्य प्रथम
तिरु वालेश्वर मंदिर	ब्रह्मदेशम	दसवीं शताब्दी ई.	राजराज प्रथम
राजराजेश्वर (वृहदेश्वर) मंदिर	तंजौर	ग्यारहवीं शताब्दी ई.	राजराज प्रथम
वैद्यनाथ मंदिर	तिरुचिरापल्ली	ग्यारहवीं शताब्दी ई.	राजराज प्रथम
उत्तर कैलाश मंदिर	तंजौर	1106 ई.	लोगा महादेवी (राजराज प्रथम की पत्नी)
शिवदेवालय मंदिर	मंदिर पोलन्नरुवा	ग्यारहवीं शताब्दी ई.	राजराज प्रथम
एरावतेश्वर मंदिर	कुम्बकोनम	बारहवीं शताब्दी ई.	राजराजा द्वितीय
कंपहरेश्वर मंदिर	तिरुभुवनम	1176 ई.	कुलोत्तुंग तृतीय
विरुपाक्ष मंदिर	हम्पी (कर्नाटक)	चौदवीं शताब्दी	लखन दंडेश (देवराय द्वितीय का सामंत)
वरदराज पेरुमल मंदिर	काँचीपुरम (तमिलनाडु)	तीसरी शताब्दी ई.	चोल शासक
मीनाक्षी मंदिर	मदुैर (तमिलनाडु)	चौथी शताब्दी ई.	पांड्य शासक

दिल्ली सल्तनत तथा मुगल कालीन स्थापत्य

सल्तनकालीन शासक दिल्ली सल्तनत	स्थापत्य निर्माण
कुतुबुद्दीन ऐबक	• कुव्वत-उल-इस्लाम मस्जिद • कुतुबमीनार • अढ़ाई दिन का झोपड़ा
इल्तुतमिश	• सुल्तानगढ़ी का मकबरा • इल्तुतमिश का मकबरा • गंधक की बावली (दिल्ली)
बलबन	• लाल महल • बलबन का मकबरा
अलाउद्दीन खिलजी	• अलाई दरवाजा • सीरी फोर्ट • हजार सितून (दिल्ली)
गयासुद्दीन तुगलक	• तुगलकाबाद • गयासुद्दीन का मकबरा
मुहम्मद-बिन-तुगलक	• जहाँपनाह नगर • अदिलाबाद का किला • निजामुद्दीन औलिया का मकबरा (दिल्ली)
फिरोजशाह तुगलक	• फिरोजशाह कोटला • खानेजहाँ तेलंगानी का मकबरा
सिकंदर लोदी	• मोठ की मस्जिद • आगरा नगर • बड़े खाँ तथा छोटे खाँ का मकबरा
इब्राहिम लोदी	• सिकंदर लोदी का मकबरा
मुगलकालीन शासक	
बाबर	• काबुली बाग मस्जिद (पानीपत) • जामी मस्जिद (संभल) • राम बाग (आगरा)
हुमायूँ	• दीनपनाह (दिल्ली)
अकबर	• आगरा का किला • पंचमहल • फतेहपुर सिकरी • सलीम चिश्ती का मकबरा • बुलंद दरवाजा
बेगा बेगम	• हुमायूँ का मकबरा
जहाँगीर	• अकबर का मकबरा (सिकंदरा) • एत्मादुद्दौला का मकबरा (आगरा में नूरजहाँ द्वारा निर्मित) • शालीमार बाग (कश्मीर)
शाहजहाँ	• शाहजहाँनाबाद नगर • चाँदनी चौक (जहाँआरा द्वारा निर्मित) • ताजमहल (आगरा) • लाल किला (दिल्ली)
औरंगजेब	• बादशाही मस्जिद (लाहौर) • मोती मस्जिद (लाल किला-दिल्ली) • राबिया उद्-दौरानी का मकबरा (औरंगाबाद)
शेरशाह	• शेरशाह का मकबरा (सासाराम) • ग्रैंड ट्रंक रोड (पेशावर से सोनार गाँव तक) • शेरमंडल (दिल्ली)

इतिहास की महत्त्वपूर्ण रचनाएँ

रचना प्राचीन	रचनाकार
अष्टाध्यायी	पाणिनि
महाभाष्य	पतंजलि
कथासरित्सागर	सोमदेव
वृहत्कथा मंजरी	क्षमेंद्र
अर्थशास्त्र	कौटिल्य
नीतिसार	कामंदक
मृच्छकटिकम	शूद्रक
मालविकाग्निमित्रम्	कालिदास
हर्षचरित	बाणभट्ट
पृथ्वीराज रासो	चंदबरदाई
राजतरंगिणी	कल्हण
उत्तर रामचरित	भवभूति
तोल्काप्पियम	तोल्काप्पियार
शिलपादिकारम	इलंगो आडिगा
मणिमैखले	सीतलैसत्तनार
जीवक चिंतामणि	तिरुक्कदेवर
गीत गोविंद	जयदेव
रसमंजरी	भानुदत्त
रसिकप्रिया	केशवदास
कविप्रिया	केशवदास
बिहारी सतसई	बिहारीलाल

दिल्ली सल्तनत काल की प्रमुख रचनाएँ

तारीखे हिंद	अलबरुनी
ताज उल-मासिर	हसन निजामी
तारीखे फिरोजशाही	जियाउद्दीन बरनी
फतूहाते फिरोजशाही	फिरोजशाह तुगलक
जैनुल अखबार	अबी सईद
तबकाते नासिरी	मिन्हाज-उस-सिराज
तारीखे मसूदी	अबुल फजल मुहम्मद बिन हुसैन अल बैहाकी
किताब-उल-रेहला	इब्नबतूता
तारीखे सलातीन-ए-अफगान	अहमद यादगार
किताब-उल-यामिनी	उत्बी
खजायन-उल-फुतूह	अमीर खुसरो
फतवा-ए-जहाँदारी	जियाउद्दीन बरनी

मुगल काल की रचनाएँ

बाबरनामा	बाबर
हुमायूँनामा	गुलबदन बेगम
तारीखे शेरशाही	अब्बास खाँ शेरवानी
तारीखे रशीदी	मिर्जा हैदर दुगलत
तारीखे फरिश्ता	मुहम्मद कासिम फरिश्ता
तबकाते अकबरी	निजामुद्दीन अहमद
रज्मनामा	बदायूँनी
अकबरनामा	अबुल फजल
तुजूक-ए-जहाँदारी	जहाँगीर
बादशाहनामा	अब्दुल हमीद लाहौरी
शाहजहाँ नामा	इनायत खान
बादशाहनामा	मुहम्मद अमीन कजविनी
नुस्खा ए-दिलकुशा	भीमसेन

आधुनिक काल की रचनाएँ

अनहैप्पी इंडिया	लाला लाजपत राय
इंडिया डिवाइडेड	राजेंद्र प्रसाद
पाकिस्तान ऑर द पार्टीशन ऑफ इंडिया	बी. आर. अंबेडकर
अनाइहिलेशन ऑफ कॉस्ट	बी. आर. अंबेडकर
सत्यार्थ प्रकाश	दयानंद सरस्वती
पॉवर्टी एंड अन ब्रिटिश रूल इन इंडिया	दादाभाई नौरोजी
इंडिया विन्स फ्रीडम	अबुल कलाम आजाद
गोल्डन थ्रेसहोल्ड	सरोजिनी नायडू
सांग्स ऑफ इंडिया	सरोजिनी नायडू
द फर्स्ट इंडियन वॉर ऑफ इंडेपेंडेंस	वीर सावरकर
द लाइफ डिवाइन	अरबिंदो घोष
आनंद मठ	बंकिम चंद्र चटर्जी
लेक्चर्स फ्रॉम कोलम्बो टू अल्मोड़ा	स्वामी विवेकानंद
हिंद स्वराज	महात्मा गाँधी
गीता रहस्य	बाल गंगाधर तिलक

भारतीय इतिहास के प्रमुख युद्ध

युद्ध	समय	किसके बीच
हाइडेस्पीज का युद्ध	326 ई. पू.	सिकंदर-पोरस
कलिंग युद्ध	261 ई. पू.	अशोक - कलिंग शासक
सिंध की लड़ाई	712 ई. पू.	मोहम्मद कासिम-अरब
पेशावर का युद्ध	1001 ई.	–
तराईन का प्रथम युद्ध	1191 ई.	मुहम्मद गोरी-पृथ्वीराज
तराईन का द्वितीय युद्ध	1192 ई.	मुहम्मद गोरी-पृथ्वीराज
चंदावर का युद्ध	1194 ई.	मुहम्मद गोरी-जयचंद
तराईन का तीसरा युद्ध	1215 ई.	इल्तुतमिश-यल्दोज
पानीपत का प्रथम युद्ध	1526 ई.	बाबर-इब्राहिम लोदी
खानवा का युद्ध	1527 ई.	बाबर-राणा सांगा
चंदेरी का युद्ध	1528 ई.	बाबर-मेदिनीराय
घाघरा का युद्ध	1529 ई.	बाबर-महमूद लोदी
चौसा का युद्ध	1539 ई.	शेरशाह-हुमायूँ
कन्नौज (बिलग्राम) का युद्ध	1540 ई.	शेरशाह-हुमायूँ
पानीपत का द्वितीय युद्ध	1556	अकबर-हेमू
तलीकोटा का युद्ध	1565	विजयनगर-बहमनी
हल्दी घाटी का युद्ध	1576	अकबर-राणा प्रताप
प्लासी का युद्ध	1757	अंग्रेज-बंगाल नवाब
वांडीवाश का युद्ध	1760	अंग्रेज-फ्रांसीसी
पानीपत का तृतीय युद्ध	1761	अहमदशाह अब्दाली-मराठे
बक्सर का युद्ध	1764	अंग्रेज-संयुक्त गठबंधन
प्रथम आंग्ल मैसूर युद्ध	1767-69	अंग्रेज-हैदर अली
द्वितीय आंग्ल मैसूर युद्ध	1780-84	अंग्रेज-हैदर अली
तृतीय आंग्ल-मैसूर युद्ध	1790	टीपू सुल्तान-अंग्रेज
चतुर्थ आंग्ल मैसूर युद्ध	1799	टीपू सुल्तान-अंग्रेज
प्रथम अंग्रेज सिख युद्ध	1845-46	अंग्रेज सिख
चिलियान वाला युद्ध (द्वितीय सिख युद्ध)	1848-49	अंग्रेज सिख
प्रथम कर्नाटक युद्ध	1744-48	अंग्रेज फ्रांसीसी
द्वितीय कर्नाटक युद्ध	1748-54	अंग्रेज फ्रांसीसी
तीसरा कर्नाटक युद्ध	1756-63	अंग्रेज फ्रांसीसी
प्रथम अंग्रेज-मराठा युद्ध	1775-82	अंग्रेज मराठा
द्वितीय अंग्रेज-मराठा युद्ध	1803-05	अंग्रेज मराठा
तीसरा अंग्रेज-मराठा युद्ध	1817-18	अंग्रेज मराठा
प्रथम एंग्लो-अफगान युद्ध	1838-42	अंग्रेज अफगान शासक
द्वितीय एंग्लो-अफगान युद्ध	1878-80	अंग्रेज अफगान शासक

आधुनिक भारत के चर्चित व्यक्तित्व

दादाभाई नौरोजी (1825-1917 ई.)	• ब्रिटिश संसद के निचले सदन 'हाउस ऑफ कॉमन्स' में चुने जाने वाले पहले भारतीय। • भारतीय राष्ट्रीय कांग्रेस की स्थापना में सक्रिय सहयोग तथा 1886, 1893 एवं 1906 में इसके अध्यक्ष निर्वाचित। • इन्हें 'ग्रैंड ओल्ड मैन ऑफ इंडिया' भी कहा जाता है।
महादेव गोविंद रानाडे (1842-1901 ई.)	• महाराष्ट्र के प्रसिद्ध समाज सुधारक व राष्ट्रवादी नेता। • गोपाल कृष्ण गोखले इन्हें अपना गुरु मानते थे। • प्रार्थना समाज, दक्कन एजुकेशन सोसायटी, विधवा पुनर्विवाह समिति आदि संस्था में सक्रिय भूमिका।
बदरुद्दीन तैयबजी (1844-1906 ई.)	• उदारवादी कांग्रेसी व समाज सुधारक। • कांग्रेस के पहले मुस्लिम अध्यक्ष (1887 ई. में मद्रास अधिवेशन)।
ऐनी बेसेंट (1847-1933 ई.)	• सेंट्रल हिंदू कॉलेज की स्थापना (1898 ई.)। • वर्ष 1907 में थियोसोफिकल सोसायटी की अध्यक्षा बनीं। • प्रमुख पत्र–कॉमन वील एवं न्यू इंडिया। • वर्ष 1916 में स्वदेशी आंदोलन हेतु होमरूल लीग की स्थापना की। • वर्ष 1917 में *(कलकत्ता अधिवेशन)* कांग्रेस की प्रथम महिला अध्यक्षा बनीं।
आनंद मोहन बोस (1847-1906 ई.)	• बंगाल के प्रमुख शिक्षाविद्, समाज सुधारक एवं सक्रिय राष्ट्रवादी। • 1883 ई. में भारतीय राष्ट्रीय सम्मेलन का आयोजन। • इंडियन एसोसिएशन के संस्थापक व सचिव। • 1898 ई. में कांग्रेस के मद्रास अधिवेशन के अध्यक्ष।
सुरेंद्रनाथ बनर्जी (1848-1925 ई.)	• राष्ट्रवादी नेता, पत्रकार, विधिवेत्ता व शिक्षाविद्। • 1876 ई. में 'इंडियन एसोसिएशन' की स्थापना की। • वर्ष 1918 में 'इंडियन नेशनल लिबरल फेडरेशन' की स्थापना की।
बाल गंगाधर तिलक (1856-1920 ई.)	• उग्रवादी विचारधारा के समर्थक, लाल-बाल-पाल में शामिल। • केसरी एवं मराठा जैसे पत्रों द्वारा जागृति फैलाने का अनवरत प्रयास किया। • महाराष्ट्र में गणपति महोत्सव तथा शिवाजी महोत्सव का आयोजन प्रारंभ किया। • 1897 ई. में निर्भीक पत्रकारिता के कारण 18 माह का कारावास, वर्ष 1908 में मांडले जेल में 6 वर्ष का कारावास।
श्यामजी कृष्ण वर्मा (1857-1930 ई.)	• क्रांतिकारी विचारधारा के प्रमुख स्वतंत्रता सेनानी। • लंदन में भारतीय स्वतंत्रता आंदोलन का प्रतिनिधित्व किया। • वर्ष 1905 में लंदन में 'इंडिया हाउस' की स्थापना की। • इंग्लैंड में 'होमरूल सोसायटी' की स्थापना (वर्ष 1905) की।
बिपिन चंद्र पाल (1858-1932 ई.)	• क्रांतिकारी विचारों के नेता। • भारत में क्रांतिकारी विचारधारा के प्रारंभिक विचारकों में प्रमुख, स्वदेशी एवं बंग-भंग आंदोलन में महत्त्वपूर्ण भूमिका निभाई। • विदेशों में भारतीय स्वराजय के प्रमुख प्रचारक।
मैडम भीकाजी कामा (1861-1936 ई.)	• भारत की प्रथम सुविख्यात क्रांतिकारी महिला। • यूरोप *(पेरिस)* तथा अमेरिका से क्रांतिकारी गतिविधियों का संचालन किया। • भारतीय क्रांतिकारियों की माँ उपाधि से अभिहित। • वर्ष 1907 में स्टुटगार्ट की समाजवादी कांग्रेस में भाग लिया तथा विदेश में भारत का स्वनिर्मित प्रथम राष्ट्रीय ध्वज फहराने वाली प्रथम एवं एकमात्र महिला।
पंडित मदनमोहन मालवीय (1861-1946 ई.)	• प्रारंभ में अध्यापक बाद में वकील तथा प्रमुख राष्ट्रवादी बने। • वर्ष 1902 में संयुक्त प्रांत की विधानपरिषद् के लिए निर्वाचित हुए। वर्ष 1910 से 1920 तक केंद्रीय विधानसभा के सदस्य रहे व वर्ष 1921 में इम्पीरियल काउन्सिल के लिए चुने गए। • हिंदू महासभा के संगठनकर्ता थे; वर्ष 1934 के सांप्रदायिक निर्णय *(पंचाट)* का विरोध किया। • वर्ष 1916 में काशी हिंदू विश्वविद्यालय की स्थापना की तथा वर्ष 1919-38 तक इसके कुलपति रहे।
लाला लाजपत राय (1865-1928 ई.)	• निर्भीक पत्रकार एवं जुझारू स्वतंत्रता सेनानी, इन्हें 'शेर-ए-पंजाब' या 'पंजाब केसरी' भी कहा जाता था। • उग्रवादी गरम दल के 'लाल बाल पाल' में शामिल। • वर्ष 1920 में कांग्रेस के कलकत्ता विशेष अधिवेशन के अध्यक्ष मनोनीत। • स्वराज दल के संस्थापकों में से एक, डी. ए. वी. कॉलेज की स्थापना में भी सहयोग दिया। • नवंबर, 1928 में साइमन कमीशन के विरुद्ध प्रदर्शन के दौरान लाठी-प्रहार में घायल एवं शहीद हुए।
गोपाल कृष्ण गोखले (1866-1915 ई.)	• महाराष्ट्र के प्रसिद्ध राष्ट्रवादी नेता। • वर्ष 1905 में कांग्रेस के बनारस अधिवेशन के अध्यक्ष। • महात्मा गाँधी के राजनीतिक गुरु।
चितरंजन दास (1870-1925 ई.)	• प्रख्यात राष्ट्रवादी, कुशल वक्ता तथा प्रसिद्ध विधिवेत्ता। • वर्ष 1921 में अहमदाबाद तथा वर्ष 1922 में गया के कांग्रेस अधिवेशन के अध्यक्ष। • वर्ष 1923 में मोतीलाल नेहरू एवं अन्य के साथ मिलकर स्वराज पार्टी की स्थापना की।

सोहन सिंह भाखना (1870-1968 ई.)	• प्रसिद्ध क्रांतिकारी, वर्ष 1913 में हिंद संघ (बाद में प्रशांत तटीय हिंद संघ) की स्थापना की। • गदर नामक पत्र का प्रकाशन, कामागाटामारू कांड से संबद्ध। • वर्ष 1930 में जेल से रिहाई के पश्चात् किसान सभाओं के संगठन में जुट गए।
श्री अरबिंदो घोष (1872-1950 ई.)	• बंगाल विभाजन काल के प्रसिद्ध राष्ट्रवादी नेता। • इंडियन सिविल सर्विस का परित्याग। • आरंभ में बंगाल में क्रांतिकारी आंदोलन के नेता। • संन्यास लेकर (वर्ष 1910) पांडिचेरी में आश्रम की स्थापना की। • युगांतर, कर्मयोगी, धर्म आदि पत्रों का संपादन किया। • अलीपुर षड्यंत्र केस में एक वर्ष का कारावास (वर्ष 1908-09), इसके बाद राजनीति से संन्यास लिया।
वल्लभभाई पटेल (1875-1950 ई.)	• वर्ष 1918 में खेड़ा सत्याग्रह में भाग लेकर राजनीतिक जीवन प्रारंभ किया। • वर्ष 1922 में बारदोली सत्याग्रह का सफल नेतृत्व, इसी के फलस्वरूप सरदार की उपाधि मिली। • रजवाड़ों एवं रियासतों का भारत संघ में विलय इनकी महान् उपलब्धि थी। • स्वतंत्र भारत के प्रथम उप-प्रधानमंत्री एवं गृहमंत्री (1947 से 1949) बने।
तेज बहादुर सप्रू (1875-1949 ई.)	• विधिवेत्ता व उदारवादी कांग्रेसी नेता। • नेशनल कन्वेन्शन के संस्थापक अध्यक्ष। • वर्ष 1913-1916 के बीच संयुक्त प्रांत की विधानपरिषद् के सदस्य रहे। वर्ष 1920-1923 तक वायसराय की परिषद् के कानूनी सदस्य रहे। • आजाद हिंद फौज का मुकदमा लड़ा (वर्ष 1945 । • वर्ष 1921 में विधि सदस्य। • लंदन में प्रिवी काउंसिल के सदस्य (वर्ष 1934)।
चक्रवर्ती राजगोपालाचारी (1878-1972 ई.)	• प्रसिद्ध स्वतंत्रता सेनानी, राजनीतिक नेता एवं विचारक। • इन्हें आधुनिक भारत का 'चाणक्य' कहा जाता था। • ये वर्ष 1937-39 तक मद्रास के मुख्यमंत्री, वर्ष 1947 में केंद्रीय सरकार में मंत्री फिर पश्चिम बंगाल के राज्यपाल बने। • वर्ष 1948-50 तक स्वतंत्र भारत के प्रथम एवं अंतिम भारतीय गवर्नर-जनरल रहे। • नए दल 'स्वतंत्र पार्टी' की स्थापना की तथा दक्षिण में हिंदी लागू करने का विरोध किया। • वर्ष 1954 में भारत-रत्न से सम्मानित। • इनकी प्रमुख पुस्तकें-रिलीजन एंड कल्चर, रिकॉन्सिलिएशन, नेशंस वॉयस थीं।
सरोजिनी नायडू (1879-1949 ई.)	• प्रख्यात कवयित्री और राष्ट्रवादी नेता। • भारत कोकिला के नाम से प्रसिद्ध। • वर्ष 1925 में कानपुर के कांग्रेस अधिवेशन की अध्यक्षता, कांग्रेस की प्रथम भारतीय महिला अध्यक्ष। • स्वतंत्रता के पश्चात् प्रथम महिला राज्यपाल *(उत्तर प्रदेश)।* • इनकी प्रमुख पुस्तकें साँग ऑफ इंडिया, ब्रोकन विंग थीं।
नारायण मल्हार जोशी (1879-1955 ई.)	• ट्रेड यूनियन आंदोलन के जन्मदाता। • वर्ष 1929 में इंडियन ट्रेड यूनियन फेडरेशन की स्थापना की। • वामपन्थी आंदोलन में सक्रिय भागीदारी। • वर्ष 1921 से 1926 तक केंद्रीय विधानसभा, दिल्ली के निर्वाचित सदस्य रहे।
डॉ. पट्टाभि सीतारमैया (1880-1959 ई.)	• व्यवसाय से चिकित्सक, प्रमुख राष्ट्रवादी। • भारतीय राष्ट्रीय कांग्रेस के सरकारी इतिहासकार। • वर्ष 1939 में सुभाषचंद्र बोस से कांग्रेस अध्यक्ष पद का चुनाव हारे तथा वर्ष 1948 में कांग्रेस के अध्यक्ष बने। • मध्य प्रदेश के प्रथम राज्यपाल।
मदनलाल धींगरा (1883-1909 ई.)	• लंदन में भारतीय होमरूल सोसायटी, अभिनव भारत सोसायटी तथा इंडिया हाउस से संबद्ध रहे। • वर्ष 1909 में लंदन में कर्नल वाइली की गोली मारकर हत्या की। • वर्ष 1909 में ही इनको लंदन की पेंटविले जेल में फाँसी दे दी गई।
लाला हरदयाल (1884-1939 ई.)	• प्रसिद्ध क्रांतिकारी, पत्रकार व शिक्षाविद्। • गदर पार्टी के संस्थापक सदस्य। • भारत में सशस्त्र क्रांति के लिए प्राच्य ब्यूरो (जर्मनी) खोला। • बर्कले विश्वविद्यालय में संस्कृत व दर्शन के प्रोफेसर (संयुक्त राष्ट्र अमेरिका)। • अमेरिका से 'गदर' तथा स्विट्जरलैंड से 'वंदेमातरम्' नामक पत्र निकाला।
डॉ. राजेंद्र प्रसाद (1884-1963 ई.)	• गाँधीजी के अनन्य अनुयायी, राष्ट्रीय आंदोलन में सक्रिय भागीदारी। • वर्ष 1934 के बंबई अधिवेशन में कांग्रेस के अध्यक्ष बने। • वर्ष 1946 में खाद्य एवं कृषि मंत्री, संविधान सभा के अध्यक्ष तथा वर्ष 1950 में भारत के प्रथम राष्ट्रपति बने। • प्रमुख पुस्तकें—इंडिया डिवाइडेड, महात्मा गाँधी एंड बिहार।

अबुल कलाम आजाद (वर्ष 1988-1958)	• प्रमुख कांग्रेसी नेता तथा स्वतंत्रता सेनानी, अरबी, फारसी, उर्दू एवं मुस्लिम शिक्षा के प्रकांड विद्वान्। • देवबंद शाखा से संबद्ध, 16 वर्ष की आयु में आजाद उपनाम धारण। • कई पत्रों अल-हिलाल, अल-बिलाल, द वकील आदि का प्रकाशन किया। • इनकी प्रमुख पुस्तकें इंडिया विन्स फ्रीडम, तसरीहात-ए-आजाद थीं। • ये वर्ष 1923 में दिल्ली में विशेष कांग्रेस अधिवेशन की अध्यक्षता करने वाले सबसे कम आयु (35 वर्ष) के व्यक्ति थे। • वर्ष 1940-46 तक पुनः कांग्रेस के अध्यक्ष रहे। • स्वतंत्र भारत के प्रथम शिक्षा मंत्री
सर्वपल्ली राधाकृष्णन् (1888-1975 ई.)	• धर्म एवं दर्शन के प्रसिद्ध विद्वान्। • लंदन, मैनचेस्टर, ऑक्सफोर्ड आदि कई विश्वविद्यालयों में दर्शनशास्त्र के प्रोफेसर तथा बनारस हिंदू विश्वविद्यालय के उपकुलपति रहे। • स्वतंत्रता के बाद रूस में भारत के राजदूत, प्रथम दो बार भारत के उपराष्ट्रपति (वर्ष 1952-62) तथा भारत के राष्ट्रपति (वर्ष 1962-66) रहे। • इनका जन्मदिवस 5 सितंबर को शिक्षक दिवस के रूप में मनाया जाता है।
आचार्य नरेंद्र देव (1889-1956 ई.)	• शिक्षाविद्, राष्ट्रवादी व समाजवादी नेता। • कांग्रेस समाजवादी पार्टी के संस्थापक सदस्य। • लखनऊ तथा बनारस हिंदू विश्वविद्यालय के उपकुलपति।
स्वामी सहजानंद सरस्वती (1889-1950 ई.)	• संन्यासी, स्वतंत्रता सेनानी व बिहार के प्रमुख किसान नेता। • वर्ष 1929 में बिहार किसान सभा का गठन किया। • अखिल भारतीय किसान सभा की वर्ष 1936 में स्थापना। • इन्हें **किसान-प्राण** भी कहा जाता था।
खान अब्दुल गफ्फार खान (1890-1988 ई.)	• पश्चिमोत्तर सीमा प्रांत के प्रसिद्ध गाँधीवादी नेता। • बादशाह खान एवं 'सीमांत गाँधी' के नाम से प्रसिद्ध। • 'खुदाई खिदमतगार' नामक संस्था तथा 'लालकुर्ती आंदोलन' के संस्थापक। • भारत विभाजन के प्रबल विरोधी, इस कारण से उन्हें स्वाधीन पाकिस्तान में लंबे समय तक गिरफ्तार करके रखा गया, पाकिस्तान में पख्तूनिस्तान बनाने का आंदोलन चलाया। • वर्ष 1987 में भारत-रत्न से विभूषित।
भीमराव अंबेडकर (1891-1956 ई.)	• विधिवेत्ता, सामाजिक कार्यकर्ता, राजनीतिज्ञ, लेखक तथा शिक्षाविद्। • वर्ष 1924 में 'दलित वर्ग संस्थान' तथा वर्ष 1927 में 'समाज समता संघ' की स्थापना की। • वर्ष 1924 में 'बहिष्कृत हितकारिणी सभा' को संगठित किया तथा वर्ष 1936 में 'स्वतंत्र पार्टी' की स्थापना की। • अंतरिम सरकार में विधि मंत्री तथा संविधान सभा की प्रारूप समिति के अध्यक्ष।
आचार्य विनोबा भावे (1895-1982 ई.)	• झंडा सत्याग्रह, मंदिर प्रवेश आंदोलन, नमक सत्याग्रह, दांडी मार्च, भारत छोड़ो आंदोलन आदि में सक्रिय भागीदारी। • व्यक्तिगत सत्याग्रह (वर्ष 1940) के प्रथम सत्याग्रही। • स्वतंत्रता के बाद भूदान एवं सर्वोदय आंदोलनों का नेतृत्व।
सुभाषचंद्र बोस (1897-1945 ई.)	• वर्ष 1920 में भारतीय सिविल सेवा में चौथा स्थान प्राप्त किया, किंतु शीघ्र ही त्याग-पत्र दे दिया। • वर्ष 1921 में कांग्रेस में शामिल तथा राष्ट्रीय आंदोलनों में भाग लेना प्रारंभ किया। • वर्ष 1938 तथा 1939 में *(हरिपुरा तथा त्रिपुरी अधिवेशन में)* कांग्रेस के अध्यक्ष चुने गए। • वर्ष 1939 में कांग्रेस की अध्यक्षता त्याग दी तथा 'फॉरवर्ड ब्लॉक' नामक दल की स्थापना की। • अगस्त, 1943 में आजाद हिंद फौज की कमान सँभाली।
रामप्रसाद बिस्मिल (1897-1927 ई.)	• उत्तर प्रदेश के प्रसिद्ध क्रांतिकारी। • वर्ष 1920-30 के दशक में उत्तरी भारत में क्रांतिकारी गतिविधियों के प्रमुख प्रसारक एवं केंद्र बिंदु। • हिंदुस्तान समाजवादी गणतंत्रीय सेना के संस्थापक सदस्य। • काकोरी कांड (अगस्त, 1925) में सक्रिय भूमिका के कारण गोरखपुर में फाँसी दी गई।
उधम सिंह (1899-1940 ई.)	• पंजाब के प्रसिद्ध क्रांतिकारी, भगतसिंह के सहयोगी। • जलियाँवाला बाग कांड के समय पंजाब के गवर्नर माइकल ओ डायर की इंग्लैंड जाकर वर्ष 1940 में हत्या की। • 31 जुलाई, 1940 को लंदन में फाँसी।
एन. जी. रंगा (वर्ष 1900-1995)	• गुंटूर में पहले रैयत संघ (वर्ष 1923) की स्थापना की। • भारत के वामपंथी आंदोलन में सक्रिय भूमिका निभाई। • वर्ष 1936 में लखनऊ में 'अखिल भारतीय किसान सभा' की स्थापना में अति महत्त्वपूर्ण भूमिका निभाई और उपसभापति बने।

अशफ़ाक उल्ला खाँ (वर्ष 1900-1927)	• उग्रवादी क्रांतिकारी। • 'हिंदुस्तान रिपब्लिकन एसोसिएशन' के सदस्य। • काकोरी षड्यंत्र के प्रमुख अभियुक्त। • रामप्रसाद बिस्मिल, चंद्रशेखर आजाद आदि के प्रमुख सहयोगी। इन्हें फैजाबाद में फाँसी दी गई।
जयप्रकाश नारायण (वर्ष 1902-1979)	• वर्ष 1929 में कांग्रेस के श्रमिक आंदोलनों एवं संगठन से जुड़े रहे। • वर्ष 1934 में 'कांग्रेस सोशलिस्ट पार्टी' का गठन। • सविनय अवज्ञा आंदोलन में सक्रिय योगदान। • भारत छोड़ो आंदोलन (वर्ष 1942) में हजारीबाग जेल से फरार, गुप्त समिति का निर्माण एवं संचालन। • भूदान आंदोलन में सक्रिय एवं उत्कृष्ट योगदान। • वर्ष 1975-77 आपातकाल के विरुद्ध आंदोलन का नेतृत्व किया।
चंद्रशेखर आजाद (वर्ष 1906-1931)	• वर्ष 1921 में असहयोग आंदोलन में भाग लिया। • वर्ष 1925 में काकोरी ट्रेन की लूट में भाग लिया। • वर्ष 1928 में फिरोजशाह कोटला, दिल्ली में 'हिंदुस्तान सोशलिस्ट रिपब्लिकन एसोसिएशन' (HSRA) की स्थापना की। • लाला लाजपत राय की मौत का बदला लेने के लिए, वर्ष 1928 में लाहौर में साण्डर्स पर गोली चलाई। • वर्ष 1931 में अल्फ्रेड पार्क, इलाहाबाद में पुलिस मुठभेड़ के दौरान स्वयं को गोली मारकर शहीद हो गए।
भगतसिंह (वर्ष 1907-1931)	• वर्ष 1924 में हिंदुस्तान सोशलिस्ट रिपब्लिकन एसोसिएशन में सम्मिलित हुए तथा बाद में महासचिव बने। • वर्ष 1925 में लाहौर में 'नवजवान भारत सभा' की स्थापना की। • 8 अप्रैल, 1929 को बटुकेश्वर दत्त के साथ दिल्ली की केंद्रीय विधानसभा में बम फेंका एवं आत्मसमर्पण कर दिया। 'व्हाई आई एम. एन. एथीस्ट', भगत सिंह की प्रसिद्ध रचना है। • लाहौर षड्यंत्र केस में मुकदमा चलाकर सुखदेव एवं राजगुरु के साथ इन्हें 23 मार्च, 1931 को फाँसी दे दी गई।